IRLANDE

Capitales : Dublin (république d'Irlande), Belfast (Irlande du Nord ou Ulster – province du Royaume-Uni)

Superficie : 70 280 km^2 (république d'Irlande), 13 900 km^2 (Irlande du Nord)

Population : 4 239 848 habitants en république d'Irlande et 1 741 600 habitants en Irlande du Nord

Monnaies : euro (€) en république d'Irlande, livre sterling (£) en Irlande du Nord

Langues officielles : irlandais et anglais

Collection sous la responsabilité d'Anne Teffo

Ont contribué à l'élaboration de ce guide :

Édition	Stéphanie Vinet, Anne-Claire Juramie
Rédaction	Claire Moreau-Shirbon, Magali Triano
Cartographie	Stéphane Anton, Michèle Cana, Marie-Christine Defait, Evelyne Girard, Valentina Alecu, Cristina Bragaru, Augustin Ciuraru, Teodora Coroiu, Alexandru Iorga, Aura Nicolae, Claudiu Spiridon, Severin Vlad
Conception graphique	Laurent Muller (couverture), Agence Rampazzo (maquette intérieure)
Relecture	Zone libre
Régie publicitaire et partenariats	michelin-cartesetguides-btob@fr.michelin.com *Le contenu des pages de publicité insérées dans ce guide n'engage que la responsabilité des annonceurs.*
Remerciements	Maria Gaspar, Manuel Sanchez
Contacts	Michelin Cartes et Guides Le Guide Vert 46, avenue de Breteuil 75324 Paris Cedex 07 ✆ 01 45 66 12 34 – Fax : 01 45 66 13 75 www.cartesetguides.michelin.fr www.ViaMichelin.fr

Parution 2009

Votre avis nous intéresse

Vous souhaitez donner votre avis sur nos publications ou nous faire part de vos expériences ?

Rendez-vous sur **www.votreaviscartesetguides.michelin.fr**

Note au lecteur

L'équipe éditoriale a apporté le plus grand soin à la rédaction de ce guide et à sa vérification. Toutefois, les informations pratiques (prix, adresses, conditions de visite, numéros de téléphone, sites et adresses Internet…) doivent être considérées comme des indications du fait de l'évolution constante des données. Il n'est pas totalement exclu que certaines d'entre elles ne soient plus, à la date de parution du guide, tout à fait exactes ou exhaustives. Elles ne sauraient de ce fait engager notre responsabilité.

Le Guide Vert,

la culture en mouvement

Vous avez envie de bouger pendant vos vacances, le week-end ou simplement quelques heures pour changer d'air ? Le Guide Vert vous apporte des idées, des conseils et une connaissance récente, indispensable, de votre destination.

Tout d'abord, **sachez que tout change**. Toutes les informations pratiques du voyage évoluent rapidement : nouveaux hôtels et restaurants, nouveaux tarifs, nouveaux horaires d'ouverture... Le patrimoine aussi est en perpétuelle évolution qu'il soit artistique, industriel ou artisanal... Des initiatives surgissent partout pour rénover, améliorer, surprendre, instruire, divertir. Même les lieux les plus connus innovent : nouveaux aménagements, nouvelles acquisitions ou animations, nouvelles découvertes enrichissent les circuits de visite.

Le Guide Vert **recense** et **présente ces changements** ; il réévalue en permanence le niveau d'intérêt de chaque curiosité afin de bien mesurer ce qui aujourd'hui vaut le voyage (distingué par ses fameuses 3 étoiles), mérite un détour (2 étoiles), est intéressant (1 étoile). Actualisation, sélection et évaluation sur le terrain sont les maîtres mots de la collection, afin que Le Guide Vert soit à chaque édition le reflet de la réalité touristique du moment.

Créé dès l'origine pour **faciliter et enrichir vos déplacements**, Le Guide Vert s'adresse encore aujourd'hui à tous ceux qui aiment connaître et comprendre ce qui fait l'identité d'une région. Simple, clair et facile à utiliser, il est aussi idéal pour voyager en famille. Le symbole 👨‍👧 signale tout ce qui est intéressant pour les enfants : zoos, parcs d'attractions, musées insolites, mais également animations pédagogiques pour découvrir les grands sites.

Ce guide vit pour vous et par vous. N'hésitez pas à nous faire part de vos remarques, suggestions ou découvertes ; elles viendront enrichir la prochaine édition de ce guide.

Anne Teffo
Responsable de la collection
Le Guide Vert Michelin

ORGANISER SON VOYAGE

QUAND ET OÙ PARTIR

À FAIRE AVANT DE PARTIR

L'IRLANDE PRATIQUE

À FAIRE ET À VOIR

POUR PROLONGER LE VOYAGE

COMPRENDRE LA RÉGION

NATURE ET PAYSAGES

HISTOIRE

ARTS ET ARCHITECTURE

CULTURE ET TRADITIONS

L'IRLANDE AUJOURD'HUI

SOMMAIRE

DÉCOUVRIR LES SITES

Ring of Kerry (république d'Irlande).

G. Guiglio / MICHELIN

ORGANISER SON VOYAGE

QUAND ET OÙ PARTIR

L'Irlande est un pays qui invite à prendre tout son temps, que ce soit pour voyager, boire un verre ou discuter avec les habitants. Les suggestions qui suivent pourront vous aider à tirer le meilleur parti de votre séjour.

Au fil des saisons

QUAND VOYAGER EN IRLANDE ?

Ouverte sur l'océan Atlantique, l'Irlande bénéficie d'un climat océanique tempéré par l'influence du courant tiède du Gulf Stream, qui coule vers le nord le long de ses côtes ouest. Les vents soufflant en majorité du sud-ouest apportent des pluies abondantes et des ciels toujours changeants. Les chutes de neige sont rares, sauf sur les reliefs les plus élevés, où le chiffre annuel des précipitations peut dépasser 2400 mm. Il y a peu d'écarts de température ; il est rare qu'il fasse très chaud ou très froid. Dans les mois les plus rigoureux, janvier et février, les températures varient entre 4 °C et 7 °C ; dans les mois plus chauds, juillet et août, elles oscillent entre 14 °C et 16 °C. En revanche, il peut pleuvoir en toutes saisons. Le Sud-Ouest est la région la plus humide, l'Est la plus sèche. Mais partout, la question qui se pose n'est pas tant la quantité que la persistance des pluies. Pourtant, même si les jours sans averse ni petite bruine sont rares, gardons à l'esprit que c'est justement cela qui est pour partie responsable de la fraîcheur de l'air et de la luminosité du paysage.

La bonne période

Les mois les plus ensoleillés sont mai et juin, les plus chauds juillet et août : l'été est la meilleure saison pour visiter l'Irlande. C'est là qu'ont lieu la plupart des fêtes et festivals. La contrepartie est un fort taux d'occupation des hôtels et stations touristiques.

Info pratique

POUR CONNAÎTRE LA MÉTÉO

République d'Irlande

Met Éireann – ✆ *01 806 4200 - fax 01 806 4247 - www.met.ie*

Irlande du Nord

Met Office – ✆ *0139 288 5680 - fax 0139 288 5681 - metlib@metoffice.com - www.metoffice.co.uk*

Nos propositions d'itinéraires

Dublin est devenue une destination de week-end recherchée, mais l'Irlande est un pays qu'il vaut mieux découvrir en prenant tout son temps, pour mieux s'imprégner de son ambiance unique et s'accorder en douceur à son rythme paisible. Les itinéraires suivants vont du circuit court au départ de grandes villes à l'exploration de régions entières. Ceux qui souhaitent vraiment découvrir le maximum de choses en un temps limité peuvent faire le **Grand Tour du pays**, qui répertorie tous les sites à ne pas manquer – quitte à revenir très bientôt poursuivre la découverte !
Tous les circuits commencent et s'achèvent près d'un point d'entrée pratique, port ou aéroport.

DUBLIN ET SES ENVIRONS

Une semaine au départ de Dublin (350 km).

On se félicitera qu'à une courte distance de la capitale, si vivante et riche d'un grand éventail d'attractions, se trouvent certains des plus grands sites d'Irlande : les stupéfiants monuments préhistoriques de la vallée de la Boyne, de grands manoirs entourés de parcs majestueux, les vestiges laissés par les premiers chrétiens de la vallée isolée de Glendalough, et aussi de charmants bourgs de campagne et villégiatures de bord de mer.

1er et 2e jours – Voir Week-end à Dublin.

3e jour – Le circuit part vers le nord, via le joli port de Howth et le noble château de Malahide, jusqu'à la ville de Drogheda où vous pouvez séjourner.

4e jour – Départ pour les sites funéraires préhistoriques de Newgrange et de Knowth, puis vers la campagne paisible où s'est déroulée la bataille décisive de la Boyne. Roulez jusqu'au village très animé de Trim pour y passer la nuit.

5e jour – De bon matin, visitez l'immense château anglo-normand de Trim, avant de reprendre la route pour rejoindre la magnifique résidence palladienne de Castletown à l'ouest de la capitale puis, près de Kildare, le Curragh, centre de l'élevage de chevaux et des courses hippiques.

6e jour – Visitez un autre superbe manoir à Russborough, puis empruntez la route qui gravit les pentes des monts Wicklow, jusqu'à leur trésor, les ruines du monastère de Glendalough. En fin de journée, filez vers la côte est pour y séjourner.

7e jour – Après avoir passé la nuit au bord de la mer à Wicklow, retournez sur Dublin en passant par les magnifiques jardins de Powerscourt et les agréables faubourgs sud de la capitale.

MULTIPLES FACETTES DE L'ULSTER

Une semaine au départ de Belfast (600 km).

Gardez à l'esprit que six des comtés de l'Ulster se trouvent en Irlande du Nord, trois en république d'Irlande ; Les nombreuses richesses de cette province ne peuvent s'apprécier qu'au cours d'un séjour prolongé, mais ce circuit est une bonne introduction à la province, ses principales villes, ses merveilleux paysages naturels et ses nombreux atouts apportés par l'homme, dont plusieurs musées de rang international.

1er jour – Promenez-vous au centre-ville de Belfast et le long du front de mer. Visitez St Malachy's Church et Oval Church avant de déjeuner au Crown Liquor Saloon. L'après-midi, découvrez l'Ulster Museum et faites une balade dans les Botanic Gardens, sans oublier les deux serres.

2e jour – Sortez de la ville vers l'est pour visiter le passionnant musée des Traditions populaires et des Transports *(Ulster Folk and Transport Museum)*, à Cultra, avant de rejoindre la station balnéaire de Bangor pour y passer la soirée.

3e jour – Pour ce troisième jour, les grandes résidences et beaux parcs de Mount Stewart et Castle Ward vous attendent sur la route de Downpatrick, la ville du saint patron de l'Irlande, et de la station balnéaire très fréquentée de Newcastle qui vous promet une soirée des plus animées.

4e jour – Dès l'aube, appréciez la traversée des monts Mourne et de leurs merveilleux paysages, véritable invitation à la balade. L'itinéraire regagne ensuite la ville sacrée de l'Irlande, Armagh. Moins grandioses, mais tout aussi intéressantes que les précédentes, les résidences de campagne d'Ardress et The Argory vous y attendent.

5e jour – Rendez-vous sur les rivages du Lough Neagh. Parmi les centres d'intérêt de ce plus grand lac d'Irlande figurent Peatlands Park, avec sa faune abondante et ses démonstrations de récolte de la tourbe, les croix celtiques d'Ardboe, et deux bourgs typiques de l'époque de la Plantation, Cookstown et Draperstown. Passez la nuit dans les environs.

6e jour – Le lendemain, ne manquez pas l'Ulster-American Folk Park, étape indispensable avant de rejoindre la dernière ville en Europe qui ait été ceinte de remparts, Londonderry. Vous pouvez y séjourner pour vous imprégner de l'ambiance chaleureuse des pubs du centre-ville.

7e jour – Le lendemain, reprenez la route vers l'est, le long de la côte, en passant par Portrush et Portstewart, jusqu'aux extraordinaires formations géologiques de la Chaussée des Géants et à la jolie station balnéaire de Ballycastle. L'après-midi, le retour à Belfast traverse les impressionnants paysages des glens de l'Antrim et suit la route en corniche de la côte de l'Antrim.

LES PLUS BEAUX PAYSAGES ET SITES DU SUD-EST

Une semaine au départ de Rosslare (500 km).

Suivez les traces des Anglo-Normands qui se sont dispersés dans le pays, bâtissant de grands châteaux forts, églises et abbayes, et découvrez en même temps un des grands sites de l'ancienne Irlande, la colline sacrée de Cashel. Deuxième ville de la république d'Irlande, Cork a son atmosphère bien à elle. La côte sud-est aux paysages harmonieux présente de nombreux centres d'intérêt.

1er jour – Au départ du port des car-ferries de Rosslare, prenez la route de Wexford, célèbre pour son festival d'opéra, en visitant au passage Johnstown Castle et son intéressant musée agricole irlandais. L'itinéraire se poursuit, via le National Heritage Park, jusqu'aux villes historiques d'Enniscorthy puis New Ross qui offre un cadre agréable pour séjourner.

2e jour – Découvrez les ruines romantiques de l'abbaye de Jerpoint avant de rejoindre la cité médiévale de Kilkenny. Cette ville, l'une des plus séduisantes d'Irlande, mérite de s'y attarder.

3e jour – Passez la journée à Kilkenny, visitez son château et son parc, avant de vous offrir un moment de shopping au Kilkenny Design Centre. L'après-midi, découvrez la grotte de Dunmore.

4e jour – Rendez-vous au rocher de Cashel qui envoûte tous ceux qui visitent son sommet couvert de vestiges. La route se poursuit ensuite vers le sud, passe par Caher, avec son château, et

Fermoy, où l'on traverse une magnifique rivière, puis rejoint la deuxième ville de la république d'Irlande, Cork (2 nuits).

5e jour – Cork a son atmosphère bien à elle. Pour vous en imprégner, baladez-vous dans les rues principales English Market, Grand Parade et St Patrick's Street. Admirez St Fin Barre's Cathedral, avant de franchir la rivière jusqu'au carillon de Shandon Bells et Cork City Gaol.

6e jour – Au départ de Cork, le circuit suit la côte vers l'est jusqu'à la ville maritime de Cobh, qui domine la vaste rade de Cork. Il traverse ensuite le merveilleux port ancien de Youghal pour gagner la seconde implantation viking du Sud-Est, Waterford, connue pour sa vie culturelle animée. Passez-y la soirée.

7e jour – Le lendemain, prenez le ferry qui traverse la rade de Waterford afin de découvrir sur l'autre rive les abbayes, jardins, châteaux et plages de la péninsule de Hook, avant de rentrer directement sur Rosslare.

MERVEILLES DU GALWAY, DU SLIGO ET DU CONNEMARA

Une semaine au départ de Knock (850 km).

On dirait parfois que le Connemara se compose plus de ciel, de mer, de tourbière et de lacs que de terre ferme ; et pourtant ses montagnes, comme les Twelve Bens aux dômes superbement arrondis, ont une présence impressionnante. L'aride paysage calcaire du Burren présente un contraste saisissant. Et la ville de Galway est l'une des plus animées de toute l'Irlande.

1er jour – Au départ de l'aéroport de Knock, le circuit mène d'abord au nord vers la plaisante capitale régionale de Sligo à l'ambiance enjouée, et au pays du poète Yeats. À l'ouest de Sligo, le nord du comté de Mayo déroule de vastes tourbières. Visitez les monuments préhistoriques des Céide Fields et les falaises et montagnes de l'île d'Achill. Poursuivez la route jusqu'à Castlebar pour y séjourner.

2e jour – Visitez l'ultramoderne musée de la Vie rurale de Turlough, avant de retourner à l'ouest vers l'élégant Westport et Westport House, un des plus beaux manoirs de l'Ouest irlandais.

3e jour – Dès l'aube, appréciez l'ascension de la montagne sacrée de saint Patrick, Croagh Patrick, qui se dresse au sud-ouest. Le circuit se poursuit ensuite vers le sud, traverse les Sheffry Hills, contourne le fond de la rade de Killary, semblable à un fjord, et passe par l'opulente résidence de campagne du 19e s. de Kylemore Abbey pour rejoindre le joli bourg de Clifden.

4e jour – Prenez le temps d'apprécier les paysages typiques du Connemara se déroulant sur la route d'Inveran, point de départ de la ligne aérienne qui dessert Inishmore, bastion de la langue et des traditions gaéliques.

5e jour – Prenez l'avion pour passer une journée sur Aranmore, la plus grande des îles d'Aran, où le tourisme est venu adoucir le mode de vie, autrefois très rude, des îliens.

6e jour – De retour sur la grande terre, laissez-vous enchanter par l'animation pétillante de Galway. Promenez-vous dans la vieille ville médiévale et jouissez à loisir de son ambiance nocturne.

7e jour – Reprenez la route pour le sud de Galway où s'étend l'étrange paysage lunaire du Burren. Les falaises de Moher sont parmi les plus hautes d'Europe. Le circuit retourne sur Knock en passant par Ennis, capitale miniature du comté de Clare, par le bourg classé d'Athenry et le petit évêché de Tuam.

LE CŒUR DE L'IRLANDE, LES COMTÉS MÉCONNUS

Une semaine au départ de Dublin (550 km).

Outre des monuments exceptionnels, comme le grand complexe monastique de Clonmacnoise et les énigmatiques constructions en terre des alentours de Tulsk, cet itinéraire à l'attention des amateurs éclairés donne à voir des détails parfois ignorés des voyageurs pressés : châteaux et manoirs de campagne, bourgades absorbées dans leurs activités, hauteurs surprenantes, rives du Shannon, et l'une des tourbières les plus vastes et les mieux conservées d'Irlande.

1er et 2e jours – Voir Week-end à Dublin.

3e jour – À partir de Dublin, le circuit s'oriente vers le nord-ouest et Trim, dominé par son grand château fort anglo-normand, les tertres funéraires de Loughcrew, l'ancien fief de la famille Pakenham à Tullynally, puis se poursuit à destination de Mullingar, ville de marché où vous pouvez séjourner.

4e jour – Profitez de cette matinée pour découvrir le comté de Longford qui possède des atouts étonnants, comme le merveilleux village planifié d'Ardagh. Celui de Roscommon est fier de Strokestown House, avec aussi son village planifié et un poignant musée de la Famine. Ces attraits font de Strokestown une ville d'étape des plus agréables.

5e jour – Visitez Boyle, qu'embellissent les fiers vestiges de son abbaye avant de poursuivre l'itinéraire qui vire au sud vers Tulsk. Ici, le centre d'accueil de Cruachan Aí offre un aperçu des anciens mystères celtiques. Dirigez-vous ensuite vers Athlone à l'extrémité sud du Lough Ree, pour y passer la nuit.

6e jour – Après une balade dans le centre-ville d'Athlone, partez à la découverte de l'enclos monastique de Clonmacnoise, un des grands sites religieux d'Irlande, et prolongez le plaisir par la visite de l'extraordinaire petite cathédrale romane de Clonfert. Le circuit s'éloigne du Shannon et se dirige vers Birr, antichambre du grand manoir et du domaine de Birr Castle Desmesne. Vous pouvez séjourner dans la petite bourgade georgienne.

7e jour – À l'est de Birr vous attend l'ascension des hauts sommets des monts Slieve Bloom, souvent méconnus des touristes. Au nord-est, près du petit village de Tullamore, s'ouvre la vaste et étrange tourbière de Clara, potentiellement dangereuse. De là, l'itinéraire rejoint Dublin en droite ligne.

LE SUD-OUEST ET LES COMTÉS DE CORK, KERRY ET LIMERICK

Dix jours au départ de Shannon (850 km).

Avec ses péninsules rocheuses qui s'étirent dans l'Atlantique, les montagnes les plus hautes d'Irlande et ses somptueux paysages de l'intérieur, l'extrême Sud-Ouest est sans doute la région la plus attractive d'Irlande : nombreux sont les visiteurs qui viennent la découvrir, et ce depuis le tout début du tourisme.

1er jour – Au départ de l'aéroport de Shannon, le circuit passe par le château du 15e s. de Bunratty, et son parc des traditions populaires, puis rejoint la troisième ville de la république d'Irlande, Limerick, où vous passerez deux nuits.

2e jour – À Limerick, découvrez les merveilles du Hunt Museum et remontez à pied au château et à St Mary's Cathedral. En soirée, direction le pub Dolans pour écouter de la musique traditionnelle.

3e jour – Suivez une boucle au sud de Limerick pour voir les vestiges préhistoriques du Lough Gur Interpretive Centre, la ville fortifiée de Kilmallock et le bourg rural de Mallow qui émaillent la route jusqu'à Cork (2 nuits).

4e jour – Visitez le centre-ville de la grande ville animée de Cork. L'après-midi, rendez-vous à Cobh pour découvrir le plus important des ports irlandais transatlantiques.

5e jour – Le littoral qui se déroule à l'ouest de Cork est ponctué de charmants petits villages de pêcheurs et bourgades maritimes comme Kinsale. La côte réserve d'autres merveilles, comme Skibbereen, Skull et Bantry au fond de sa baie profonde. Cette ville de marché et de pêcheurs est votre étape pour la nuit.

6e jour – La magnifique route côtière de l'Anneau de Beara serpente autour de la péninsule de Beara, pour aboutir à la jolie ville de Kenmare. Ce centre de tourisme très animé offre à ses visiteurs un grand choix d'hôtels et de restaurants.

7e jour – Kenmare est le point de départ d'une autre route touristique, l'Anneau du Kerry, qui explore la magnifique péninsule d'Iveragh. On aperçoit au loin le pic de la montagne engloutie de Great Skellig Island, site austère d'un ancien couvent, avant d'atteindre une région de lacs et de montagnes réputée, celle de Killarney (3 nuits).

8e jour – Le matin, promenez-vous dans le centre pour admirer notamment St Mary's Cathedral. L'après-midi, explorez le parc national à pied et suivez le sentier pédestre jusque Knockreer Demesne et Ross Castle.

9e jour – Reprenez la voiture pour visiter les alentours : Muckross House, Muckross Friary et la péninsule de Muckross, ainsi que la cascade de Torc et Ladies View.

10e jour – Au départ de Killarney, la route traverse le port de langue irlandaise de Dingle, à la pointe de la péninsule de Dingle, où l'on voit des cabanes en forme de ruche, et où l'on aperçoit au loin les îles Blasket battues par les vagues, avant de s'orienter vers l'intérieur des terres et Tralee, la cathédrale d'Ardfert, le château de Glin Castle, et de retourner à Limerick et Shannon Airport.

ODYSSÉE EN ULSTER

Deux semaines au départ de Belfast (950 km).

Un circuit presque complet de la vieille province, qui passe en revue les attraits des six comtés situés en Irlande du Nord, mais aussi ceux des trois comtés de l'Ulster faisant partie de la république d'Irlande : la campagne paisible du Cavan et du Monaghan et, contraste saisissant, les paysages sauvages de la côte et des monts du Donegal.

Du 1er jour au 4e jour – Voir les quatre premiers jours du circuit Multiples facettes de l'Ulster.

5e jour – D'Armagh, le circuit se poursuit au sud-ouest, passe en république d'Irlande et traverse les comtés de Monaghan et de Cavan, avant de bifurquer vers le nord-ouest en direction de la région des lacs du Fermanagh et sa petite capitale, Enniskillen, où vous pouvez faire étape (2 nuits).

6e jour – Baladez-vous en ville et visitez le château d'Enniskillen et ses musées. Dans l'après-midi, découvrez l'intérieur majestueux de Castle Coole.

7e jour – Suivez les rives du Lower Lough Erne pour découvrir l'île de Devenish, Castle Archdale et White Island, la statue de Janus, la poterie de Belleek. Après Belleek et sa fameuse fabrique de céramique, entrez dans le comté du Donegal. Passez la nuit dans ce petit bourg attrayant situé sur l'embouchure de l'Eske.

8e jour – Après avoir visité la ville de Donegal, l'itinéraire mène vers l'ouest aux spectaculaires falaises du Slieve League et au village de Glencolumbkille, où souffle toujours l'esprit de saint Columba. Le circuit s'oriente vers l'intérieur des terres jusqu'à la ville du tweed, Ardara, puis au nord à travers le parc national de Glenveagh, jusqu'à la petite station tranquille de Dunfanaghy, à l'abri du promontoire de Horn Head.

9e jour – Le circuit repart en passant devant le Grianan of Aileach, une très ancienne forteresse, pour rejoindre la célèbre cité fortifiée de Londonderry, en Irlande du Nord. Passez deux soirées dans cette cité animée pour y apprécier l'ambiance festive de ses pubs.

10e jour – Promenez-vous sur les remparts et visitez Tower Museum. Shopping et pause-déjeuner en centre-ville avant de partir à la découverte des touchantes fresques du quartier Bogside.

11e jour – Partez en direction des monts Sperrin pour découvrir l'une des nombreuses attractions, l'Ulster-American Folk Park. À l'est des montagnes, découvrez Cookstown, bourg typique de la Plantation où vous pourrez séjourner.

12e jour – Rendez-vous sur les rivages du Lough Neagh, plus grand lac du pays, pour découvrir la célèbre croix celtique d'Ardboe, ou encore la résidence du 17e s. d'un colon à Springhill. Plus au nord vient Draperstown, une autre ville de la Plantation. Les stations balnéaires du Nord, Portrush et Portstewart sont idéales pour marquer une étape.

13e jour – Prévoyez la journée pour admirer la Chaussée des Géants et sa côte *(Causeway Coast)*. La station de Ballycastle bénéficie d'un vaste choix d'hébergements.

14e jour – L'itinéraire retourne à Belfast en suivant la route côtière de l'Antrim, traversant les paysages spectaculaires des vallées *(glens)* de l'Antrim, avec une dernière étape au grand château anglonormand de Carrickfergus.

GRAND TOUR DE L'IRLANDE

Deux semaines au départ de Dublin (1 750 km).

Ce que l'Irlande a de mieux à offrir au visiteur qui s'y rend pour la première fois ; une mise en appétit qui ne pourra que lui donner l'envie de revenir l'explorer en détail.

1er jour – Une journée à Dublin, histoire de vous donner envie de revenir : prenez l'un des bus touristiques qui sillonnent la ville pour découvrir entre autres Trinity College, Grafton Street, Phoenix Park, O'Connell Street, Smithfield… Passez ensuite la soirée à explorer le quartier de Temple Bar.

2e jour – Après la visite d'un des plus beaux manoirs irlandais, Russborough, empruntez la route en direction des monts Wicklow pour rejoindre, dans une profonde vallée boisée, les vestiges du monastère de Glendalough. Poursuivez ensuite jusqu'à la cité historique de Kilkenny pour y passer la nuit.

3e jour – Après vous être imprégné de l'atmosphère de « l'acropole irlandaise », le rocher de Cashel, poursuivez la route vers le sud, pour rejoindre Cork, prochaine ville-étape.

4e jour – Visitez le centre-ville de la grande cité animée de Cork, avant de reprendre la route en fin de journée en direction de Killarney, nichée dans son incomparable cadre de lacs et de montagnes.

5e jour – Consacrez cette journée à l'Anneau du Kerry, circuit traditionnel autour de la péninsule d'Iveragh.

6e jour – Quittez Cork pour la péninsule de Dingle, avec ses cabanes anciennes en pierre, ses prés enclos de murets et ses vues sur les rochers des îles Blasket. Séjournez à Limerick, l'ancienne cité est aujourd'hui tout à fait branchée.

7e jour – Entre autres attraits, le comté de Clare a sa petite capitale, Ennis, les impressionnantes falaises de Moher et

l'étrange paysage calcaire des Burren. Au nord des Burren, Galway, une des villes les plus séduisantes d'Irlande, domine sa vaste baie. Passez-y deux nuits.

8e jour – Promenez-vous dans la vieille ville médiévale de Galway ; l'après-midi, prenez la route d'Aughnanure Castle et du charmant village de pêcheurs d'Oughterard, sur le Lough Corrib.

9e jour – La route de Clifden traverse ce que beaucoup disent être le plus irlandais des paysages : les tourbières, lacs miroitants et monts arrondis du Connemara. Vous découvrez encore cette merveilleuse région sur la route de Westport, près de Croagh Patrick, la montagne de saint Patrick.

10e jour – Après Castlebar et le remarquable et tout nouveau musée de la vie rurale de Turlough, le circuit rejoint la ville la plus active du nord-ouest, Sligo.

11e jour – Le passage en Irlande du Nord se fait à Enniskillen, au cœur du magnifique pays des lacs du Fermanagh.

12e jour – L'Ulster-American Folk Park est une étape indispensable sur la route de la célèbre ville fortifiée de Londonderry où vous pouvez passer une soirée agréable.

13e jour – Consacrez cette journée à l'une des plus remarquables curiosités naturelle du pays : la Chaussée des Géants. Un dépaysement garanti que vous pouvez prolonger en longeant la splendide côte, Antrim Glens, jusqu'à Belfast.

14e jour – Il y a beaucoup de choses à voir dans la capitale de l'Irlande du Nord : St Malachy's Church et Oval Church, l'Ulster Museum et les Botanic Gardens… Une bonne balade qui vous fera apprécier une bière bien fraîche en fin de journée au Crown Liquor Saloon.

15e jour – Retournez sur Dublin par la vallée de la Boyne, riche d'un site de bataille et d'extraordinaires monuments préhistoriques.

Nos idées de week-end

La multiplication des liaisons aériennes et notamment de celles à bas prix crée un phénomène d'engouement pour des week-ends ou courts séjours à destination de l'Irlande.

Voir aussi les compagnies aériennes dans « Se rendre en Irlande » (p. 20).

Belfast

1er jour – Partez à pied à la découverte du centre-ville de Belfast à partir de Donegall Square. Visitez St Malachy's Church, Oval Church et St Anne's Cathedral avant de déjeuner au Crown Liquor Saloon. L'après-midi, découvrez l'Ulster Museum et faites une balade dans les Botanic Gardens. Le soir dînez dans le quartier très animé du Golden Mile.

2e jour – Sortez de la ville vers le nord pour découvrir le château et le zoo de Belfast. L'après-midi, prenez la route vers l'est de la capitale pour visiter le passionnant musée des Traditions populaires et des Transports *(Ulster Folk and Transport Museum)*, à Cultra.

Dublin

1er jour – Commencez par ce joyau de l'art irlandais, le Livre de Kells, au Trinity College. Puis remontez Grafton Street et ses rues latérales pour profiter des musiciens de rue et de certaines des boutiques les plus élégantes de Dublin.

Promenez-vous dans les jardins de St Stephen's Green avant de revenir dans les rues proches de la rive nord pour déjeuner. L'après-midi, visitez le National Museum ou la National Gallery, baladez-vous dans Merrion Square et goûtez un aperçu de la vie à l'époque georgienne au N° 29, Number Twenty Nine. Passez la soirée à explorer le quartier de Temple Bar.

2e jour – Le deuxième jour, rendez-vous dans la vieille ville pour admirer les œuvres d'art conservées à la Chester Beatty Library. Vous pouvez suivre la visite guidée du château de Dublin ou entrer dans Christ Church Cathedral ou St Patrick's Cathedral. Après le déjeuner, prenez le bus pour Kilmainham Gaol, et une leçon d'histoire irlandaise récente ; ensuite, vous goûterez le contraste des styles entre les expositions du Irish Museum of Modern Art et de son bâtiment, le Royal Kilmainham Hospital.

Kilkenny

1er jour – Visitez le château de Kilkenny et son parc, puis allez faire du shopping au Kilkenny Design Centre. Après le déjeuner, prenez la voiture pour aller visiter les profondeurs de la grotte de Dunmore.

2e jour – Suivez vers le sud la vallée de la Nore, pour visiter les superbes ruines de l'abbaye de Jerpoint ; poursuivre jusqu'au charmant village d'Inistioge, pour ensuite gravir et redescendre Brandon Hill jusqu'à Graiguenamanagh, sur la Barrow.

Sligo

1er jour – Visitez la Niland Gallery pour voir de belles peintures de Jack B. Yeats et promenez-vous dans les ruines de l'abbaye. Après le déjeuner, partez en croisière sur le Lough Gill pour découvrir l'île d'Innisfree et Parke's Castle.

2e jour – Partez à la découverte du pays de W. B. Yeats – pèlerinage sur la tombe du poète à Drumcliff, à l'ombre du Benbulben, et à Lissadell, résidence de la comtesse Markievicz, avant de reprendre vers l'intérieur des terres la route de la cascade de Glencar.

WEEK-END PROLONGÉ

Cork

1er jour – Explorez English Market et les rues principales, Grand Parade et St Patrick's Street. Admirez l'architecture exubérante de St Fin Barre's Cathedral, œuvre de William Burges. Après le déjeuner, traversez la rivière pour actionner le carillon Shandon Bells et voir comment on traitait les prisonniers de la Cork City Gaol.

2e jour – Faites une excursion au château de Blarney pour embrasser la pierre de Blarney; finissez la boucle en visitant Mallow et Fermoy, sur la belle rivière Blackwater.

3e jour – Roulez jusqu'à Fota House et son parc animalier. Rendez-vous à Cobh pour le déjeuner, et terminez la journée par une dégustation de whisky à Old Midleton Distillery.

Westport et sa région

1er jour – Baladez-vous dans la charmante bourgade; descendez tranquillement vers le Quayside pour déjeuner. L'après-midi, visitez Westport House.

2e jour – Roulez vers l'ouest pour découvrir la péninsule de Murrisk, et certains des plus beaux paysages de l'Ouest irlandais : Croagh Patrick et Killary Harbour.

3e jour – Prenez la route vers le nord pour visiter le Marian Shrine, à Knock, et le Museum of Country Life à Turlough, près de Castlebar.

Enniskillen

1er jour – Baladez-vous en ville et visitez le château d'Enniskillen et ses musées. Dans l'après-midi, découvrez l'intérieur majestueux de Castle Coole.

2e jour – Au sud-ouest d'Enniskillen se trouve une autre maison de campagne, moins austère : Florence Court, avec son exubérante décoration en stuc. À proximité, vous pouvez visiter en bateau une partie des grottes Marble Arch Caves.

3e jour – Suivez les rives du Lower Lough Erne pour découvrir l'île de Devenish, Castle Archdale et White Island, la statue de Janus, la poterie de Belleek, le point de vue des falaises de Magho et Tully Castle.

Londonderry

1er jour – Faites la promenade des remparts et visitez Tower Museum, la cathédrale et Long Tower Church.

2e jour – Partez en excursion dans les monts Sperrin : parc rural de la vallée de la Roe, col de Glenshane, prieuré de Dungiven, moulin pour pilonner le lin de Wellbrook, cromlechs de Beaghmore, Ulster Plantation Centre de Draperstown, Springhill, Sperrin Heritage Centre, Ulster American Folk Park et imprimerie Gray à Strabane.

3e jour – Faites un circuit vers le nord autour de la péninsule d'Inishowen *(Inis Eoghain)*, en visitant les nombreux sites préhistoriques et paléochrétiens : Grianán of Aileach, croix celtiques de Carrowmore, église et croix de Clonca; découvrez la pointe de Malin Head, connue pour son centre de météorologie marine, et le musée militaire de Fort Dunree.

Vacances à thème

L'office national du tourisme irlandais fournit des renseignements sur les séjours à thème : croisière, courses de chevaux, vélo, golf, randonnée, découverte des jardins, cours de cuisine… et toutes sortes de stages d'été – comme, l'apprentissage de la langue irlandaise.

CHEVAL ET ROULOTTE

Que vous soyez débutant ou chevronné, galoper à travers la campagne irlandaise est une bonne façon d'appréhender les paysages.

Association of Irish Riding Establishments (Association des centres équestres) – ✆ *045 850800 - www.aire.ie*

Equestrian Holidays Ireland (Groupement de centres spécialisés dans le tourisme équestre) – *www.ehi.ie*. Ce site référence une sélection de structures touristiques dédiées à l'équitation.

La **roulotte**, qui sert de logement, est une manière paisible d'explorer les charmantes routes irlandaises.

Irish Horse Drawn Caravans – *www.irishhorsedrawncaravans.com*

Contacts selon les comtés

Clissmann Horse Caravans – *Co. Wicklow - ✆ 0404 48188 - mary@clissmann.com*

Into the West 2000 Horse Drawn Caravans – *Co. Galway - ✆ 090 974 5211 - cartronhouse@hotmail.com*

Kilvahan Horse Drawn Caravans – *Co. Laois - ✆ 057 873 5178 - kilvahan@eircom.net*

Mayo Horsedrawn Caravan Holidays Ltd – *Co. Mayo - ℘ 094 32054 - post@mayoholidays.com*

Voir aussi la rubrique « Carriole à cheval » (p. 38).

CROISIÈRES

Les principales voies navigables sont le Shannon, la voie Shannon-Erne et le Lough Erne. Vous pouvez également louer des péniches sur la Barrow, le Grand Canal et le Shannon.

Pour tout savoir sur les séjours-croisières et croisières de plaisance sur le Shannon, sur les circuits en péniche ou en bateaubus, sur les bateaux-restaurants, consultez la brochure publiée par l'**office national du tourisme**.

Les offices de tourisme locaux renseignent aussi sur les festivités qui se déroulent sur les rivières et canaux.

Inland Waterways Association of Ireland – *20 Darling Street - Enniskillen - ℘ 028 66 32 3004 - fax 028 66 346 236 - www.waterwaysireland.org.* Cette association réunit sur son site quantité d'informations sur les croisières fluviales.

Sailing Holidays in Ireland – *www.sailingireland.com.* Ce site référence les principales marinas, écoles de voile et société de location de bateaux.

Waveline Cruisers Ltd – *Quigley's Marina - Killinure Point - Glassan - Athlone - Co. Westmeath - ℘ 090 648 5711 - fax 090 648 5716 - www.waveline.ie.* Croisières sur la rivière Shannon.

Riversdale Barge Holidays – *Ballinamore - Co. Leitrim - ℘ 071 96 44122 - www.riversdalebargeholidays.com.* Location de péniches.

Waterways Ireland – *℘ 0845 127 1020 - www.waterwaysholidays.com.* Centrale de réservation de bateaux.

Voir aussi la rubrique « Croisières » (p. 39).

À LA CARTE

Des vacances à la carte peuvent être organisées en voiture avec chauffeur autour de toutes sortes d'activités, promenade, vélo, cheval, chasse à courre, chasse à l'affût ou suivi à la trace du gibier, pêche, généalogie.

Tailormade-Ireland – *The Farmhouse, - Lisnavagh - Rathvilly - Co. Carlow - ℘ 059 91 611473 - www.tailormade-ireland.com*

Go-Ireland – *Old Orchard House - Market Street - Killorglin - Co. Kerry - ℘ 066 976 2094 - ireland@goactivities.com - www.goactivities.com*

CULTURE

Langue et folklore

La plupart de ces stages sont organisés dans les régions de langue irlandaise *(Gaeltacht)* : cours de langue, langue et civilisation, ateliers de flûte irlandaise *(tin whistle)*, danses irlandaises *(set dancing)*, chant *(seannós)* sont proposés. Au programme figurent aussi des randonnées et des soirées culturelles, avec des conférences sur les traditions irlandaises, des lectures de poésie et des concerts de musique traditionnelle. Il existe également des stages d'archéologie, de poterie celtique, de *bodhrán*, etc.

Oideas Gael – *Gleann Cholm Cille - Co. Donegal - ℘ 074 97 30248 - fax 074 97 30348 - www.oideas-gael.com*

Info pratique

ROUTES LITTÉRAIRES

Les personnes férues de littérature aimeront sans doute découvrir les endroits où le dramaturge **Oliver Goldsmith** a vécu son enfance *(voir Longford)*, visiter les villes où l'écrivain **Anthony Trollope** a passé son séjour irlandais, comme à Belfast *(voir Ulster Museum)*, ou suivre l'itinéraire qui retrace les pas de **Patrick Kavanagh** *(voir p. 179)*.

Cours de cuisine

Dunbrody Abbey Cookery Centre – *Campile - New Ross - Co. Wexford - ℘ 051 388 933 - www.cookingireland.com*

ROUTES HISTORIQUES

Sarsfield's Ride

Cet itinéraire bien signalé de 113 km, qui retrace la chevauchée historique de Sarsfield, effectue une large boucle autour de **Limerick** par des routes secondaires à travers des petits villages et des paysages préservés. Il suit d'aussi près que possible celui effectué par le général Patrick Sarsfield en août 1690 pour intercepter un convoi anglais d'artillerie de siège. Pendant que son armée assiégeait Limerick, le roi d'Angleterre Guillaume III d'Orange, avait établi son camp à Caherconlish, à 13 km à l'est de la ville. Il attendait l'arrivée de gros canons en provenance de Dublin. Muni de renseignements fournis par un déserteur, Sarsfield parvient à sortir du château du roi Jean avec 600 cavaliers. Sa troupe se dirige vers le nord-est sur la rive nord du Shannon, en passant par Bridgetown ; elle traverse le fleuve à gué en amont du pont de Killaloe, tenu par les

Orangistes. À peu près à cet endroit, des éclaireurs la rejoignent et lui indiquent un itinéraire par Kiloscully et le bois de Ballyhourigan, où ils font étape pour se reposer. Puis ils gravissent les monts Silvermine et Slievefelim en passant par Toor et Rear Cross. À partir de Doon, ils poursuivent vers le sud, en suivant de près la frontière du comté, jusqu'à Monard, où ils tournent vers l'ouest. À Cullen, ils découvrent que le mot de passe du camp orangiste est... Sarsfield. Ils attendent après minuit pour effectuer les trois derniers kilomètres jusqu'à Ballyneety, où ils atteignent l'objectif de leur sortie et détruisent les canons anglais.

Siège de Kinsale

Les sites correspondant aux différents campements et aux batailles des diverses forces en présence lors du siège de Kinsale sont indiqués par une dizaine de panneaux en bord de route autour de Kinsale.

ROUTES TOURISTIQUES

De nombreuses routes touristiques sillonnent l'Irlande. Répertoriées par les offices de tourisme locaux, elles sont signalisées par des panneaux marron portant la mention **Slí** qui signifie route. Quelques-unes sont développées dans ce guide, parmi lesquelles :

– **Inis Eoghain Scenic Drive** dans le Donegal *(voir p. 328)* ;

– **Arigna Scenic Drive** autour du Lough Key près de Boyle *(voir p. 326)* ;

– **Slea Head Drive** sur la péninsule de Dingle *(voir p. 241)* ;

– **l'Anneau du Kerry** autour de la péninsule d'Iveragh, à l'ouest de Killarney *(voir p. 266)* ;

– **l'Anneau de Beara** autour de la péninsule de Beara, à l'ouest de Glengarriff *(voir p. 251)* ;

– **La route touristique de la vallée de la Nier** au sud de Clonmel *(voir p. 221)*.

À FAIRE AVANT DE PARTIR

Où s'informer

OFFICES DU TOURISME

Tourism Ireland a été conjointement créé par *Fáilte Ireland*, l'autorité nationale du tourisme en république d'Irlande, et le *Northern Ireland Tourist Board*, organe officiel du tourisme en Irlande du Nord. Cette structure rassemble ainsi les informations touristiques relatives à l'île dans son ensemble. Elle dispose de brochures variées et de cartes qui vous permettront de préparer au mieux votre voyage ; quant à son site Internet, c'est une mine de renseignements.

France – *Tourisme Irlandais - 33 r. de Miromesnil - 75008 Paris - ✆ 01 70 20 00 20 - fax 01 47 42 01 64 - www.irlande-tourisme.fr*

Belgique – *Tourism Ireland - av. Louise 327 - 1050 Bruxelles - ✆ (02) 275 01 71 - www.ireland-tourism.be*

Canada – *Tourism Ireland - 2 Bloor Street West - Suite 1501 - Toronto M4W 3E2 - ✆ (1) 800 223 6470 - www.tourismireland.com*

Suisse – *Tourism Ireland - Mettlenstrasse 22 - CH8142 Uitikon - ✆ 01 210 4153 - www.tourismireland.com*

AMBASSADES

République d'Irlande

France – *12 av. Foch - 75116 Paris - ✆ 01 44 17 67 00 - www.embassyofirelandparis.com*

Belgique – *Rue Wiertz 50 - 1050 Bruxelles - ✆ (02) 235 66 76.*

Canada – *Suite 1105 - 130 Albert Street - Ottawa - Ontario KIP 4G4 - ✆ (613) 233 6281.*

Suisse – *Kirchenfeldstrasse 68 - CH-3005 Berne - ✆ (031) 352 14 42/43.*

Irlande du Nord

France – *35 r. du Faubourg Saint-Honoré - 75008 Paris - ✆ 01 44 51 31 00 - www.amb-grandebretagne.fr*

Belgique – *Rue d'Arlon 85 - 1040 Bruxelles - ✆ (02) 287 62 11 - www.britishembassy.gov.uk/belgium*

Suisse – *Thunstrasse 50 - CH-3000 Berne 15 - ✆ (031) 359 77 00 - www.britain-in-switzerland.ch*

Canada – *British High Commission - 80 Eglin Street - Ottawa ON K1P 5K7 - ✆ (613) 237 1530 - www.britain-in-canada.org*

SITES INTERNET

Voici quelques adresses de sites à consulter ; la plupart sont en anglais :

www.12travel.com – Renseignements sur les régions, les villes, l'hébergement, les visites, informations utiles, cartes interactives, etc.

www.travelireland.org – Transports, hébergement et autres informations touristiques.

www.rte.ie – Radio et télévision irlandaises.

www.ireland.com – Le site du quotidien irlandais *Irish Times.*

www.independent.ie – Site du quotidien *Irish Independent.*

www.entertainment.ie – L'agenda culturel de l'Irlande : concerts, expositions, festivals…

www.irelandseye.com – Magazine en ligne sur l'Irlande, sa culture, son histoire, ses traditions…

AGENCES DE VOYAGES SPÉCIALISÉES

Gaéland Ashling – *4 quai des Célestins - 75004 Paris - ✆ 01 42 71 44 44 - www.gaeland-ashling.com.* Ce voyagiste est spécialiste de l'Irlande et de la Grande-Bretagne. Vaste gamme d'hébergement. Vols au départ de Paris et de la plupart des grandes villes de province.

Bennett Voyages – *Terranova 3 - 29/31 r. Cuvier - 93100 Montreuil-sous-Bois - ✆ 0825 12 12 24 - www.bennett.fr.* Un voyagiste expérimenté, spécialisé sur l'Europe du Nord et de l'Ouest, qui propose des séjours en individuel (week-end, B & B, roulotte) ou en circuit accompagné.

Celtictours – *95 r. d'Amsterdam - 75008 Paris - ✆ 01 42 85 64 30 - www.celtictours.fr.* Une agence du groupe Kuoni qui propose des séjours individuels ou accompagnés dans les pays celtes.

Comptoir des Pays Celtes – *344 r. St-Jacques - 75005 Paris - ✆ 0892 293 039 (0,34 €/mn) - www.comptoire.fr.* Circuits accompagnés, itinéraires à la carte, location de roulotte ou simplement réservation de B & B.

Quartier Libre – *Le Britannia - allée C - 20 bd Eugène-Deruelle - 69432 Lyon Cedex 03 - ✆ 04 78 53 39 28 - www.quartier-libre.fr.* 3 circuits de 8 jours (dont un en Irlande du Nord) et 2 autotours (avion + hôtel + voiture) au départ de Paris et de la province.

Info pratique

Comment appeler en Irlande

République d'Irlande – Composez le 00 + 353 suivi de l'indicatif régional (sans le 0) et du numéro du correspondant.

Irlande du Nord – Composez le 00 + 44 suivi de l'indicatif de la ville (sans le 0) et du numéro du correspondant.

Décalage horaire

Été comme hiver, l'Irlande a une heure de décalage avec l'heure continentale européenne.

Tourisme et handicaps

Suite aux Jeux olympiques Spéciaux de 2003, de nombreux lieux publics et sites touristiques ont été adaptés aux personnes handicapées. La plupart des sites décrits dans ce guide sont ainsi accessibles aux personnes à mobilité réduite.

Dans ce guide, le symbole ♿ signifie accès aux fauteuils roulants.

Vous pouvez consulter les organismes et sites internet suivants :

National Disability Authority (république d'Irlande) – *25 Clyde Road - Dublin 4 - ✆ 01 608 04 00 - www.nda.ie*

Disability Action (Irlande du Nord) – *Portside Business Park - 189 Airport Road West - Belfast BT3 9AD - ✆ 028 9029 7880 - www.disabilityaction.org*

Everybody's HotelDirectory – *www.everybody.co.uk*. Information en ligne pour l'hébergement en Irlande des personnes, handicapées ou non.

Trident Holiday Homes – *✆ 01 201 8440 - www.tridentholidayhomes.ie*. Vaste choix d'hébergement dans toute l'Irlande, adapté à l'accueil des personnes en fauteuil roulant.

Bon à savoir – *Le Guide Michelin Great Britain & Ireland* indique les hôtels équipés pour les personnes à mobilité réduite.

Formalités

DOCUMENTS IMPORTANTS

Pièces d'identité

Une carte nationale d'identité en cours de validité suffit pour les citoyens de l'Union européenne, ou un passeport en cours de validité pour les ressortissants des pays hors UE. Une autorisation parentale de sortie du territoire est nécessaire pour les mineurs voyageant seuls ou avec des adultes non titulaires du droit de garde.

Véhicules

Les conducteurs des pays de l'Union européenne doivent se munir de la carte grise, du permis de conduire, de la carte verte internationale et d'un autocollant placé à l'arrière de la voiture précisant la nationalité du véhicule. Ceux des autres pays doivent avoir un permis de conduire international.

En cas de perte ou de vol de documents officiels, il convient de faire une déclaration à la police de la localité ou à la police touristique.

ASSURANCE SANTÉ

La carte européenne permet aux ressortissants de l'Union de bénéficier d'une prise en charge sur place des frais médicaux. Pensez à faire votre demande auprès de votre caisse d'assurance maladie deux à trois semaines au moins avant votre départ ; elle reste valable un an. Si vous n'avez pas eu le temps de faire les démarches, sachez que l'on peut vous fournir un certificat provisoire, valable trois mois. En cas de nécessité de rapatriement, c'est votre assurance ou celle de votre carte bancaire qui prend le relais.

Les ressortissants d'autres pays que ceux de l'UE doivent quant à eux souscrire une assurance médicale complète.

Les soins doivent être prescrits par un médecin conventionné par le ministère de la Santé irlandais (*Health Board Panel of Doctors*, liste disponible auprès des services de santé locaux).

Voir la rubrique « Santé » (p. 36).

DOUANES

Les ressortissants des pays de l'Union européenne n'ont pas besoin de faire une déclaration de douane à leur entrée en Irlande. Toutefois, certaines marchandises sont interdites ou contrôlées pour des raisons sanitaires ou environnementales, comme la viande et la volaille.

Il n'existe plus de *duty free* à l'intérieur de la zone UE. Cependant, pour les boissons alcoolisées et les tabacs, l'UE a fixé des seuils. Pour les alcools forts (supérieurs à 22°), la limite est de 10 l ; pour les produits intermédiaires (porto, xérès, sherry...), elle est de 20 l ; pour les bières, elle est de 110 l. Pour le tabac, vous ne devez pas dépasser 800 cigarettes, 400 cigarillos, 200 cigares ou 1 kg de tabac à fumer.

ANIMAUX DOMESTIQUES

Les animaux domestiques (chiens, chats et furets) d'un état membre de l'Union européenne doivent se faire établir un passeport européen pour entrer sur l'île. Ce document atteste que l'animal est identifié par une puce électronique et qu'il a reçu un vaccin antirabique dont l'efficacité a été contrôlée par un test sanguin, qu'il a subi un traitement contre les tiques et les vers entre 24h et 48h avant le départ. Le transport devra se faire par une compagnie maritime ou aérienne agréée.

Pour un animal provenant de Suisse ou du Canada, les conditions sont les mêmes à ceci près qu'il faut en plus un certificat vétérinaire. Pour les autres pays, l'animal sera soumis six mois à la quarantaine.

En ce qui concerne l'accueil en B & B ou hôtel, vérifiez bien à la réservation que les animaux sont acceptés.

Renseignements en français : www.citizensinformation.ie, rubrique *Moving Country*.

Qu'emporter ?

Quelle que soit la saison, se munir de **vêtements imperméables** ou tout au moins d'un coupe-vent. Plutôt qu'un parapluie, incontrôlable par grand vent, emportez une capuche ou un chapeau de pluie.

Prévoyez également des lainages, car les soirées restent fraîches même en été et les températures peuvent varier de façon conséquente d'un jour à l'autre. Bien entendu, l'été connaît aussi ses belles journées faisant apprécier un vêtement plus léger.

Ceux qui souhaitent découvrir la campagne doivent emporter des chaussures confortables, solides et imperméables.

Dans un autre registre, pensez à acheter avant de partir un **répulsif anti-insecte** : dans les zones humides, entre juin et août, l'air est envahi de moucherons qui piquent (*midges* en anglais).

Se rendre en Irlande

En été, vous aurez un très grand choix de compagnies aériennes.

Sachez que la plupart des compagnies maritimes n'assurent la liaison que de mars à septembre. En dehors de ces périodes, vous devrez transiter par la **Grande-Bretagne** pour faire passer votre véhicule, ce qui rallongera votre voyage de 24h au moins.

EN AVION

Aéroports

L'Irlande compte parmi les destinations européennes proposées à bas prix par certaines compagnies aériennes et desservies, sur le territoire français, par de nombreux aéroports régionaux. De fait, le choix et les prix des billets d'avion varient considérablement, de 100 à 500 € l'aller-retour.

Bon à savoir – En haute saison ou autour des principaux jours fériés (St-Patrick, Pâques), réservez longtemps à l'avance pour bénéficier de tarifs intéressants.

Les vols entre Paris et Dublin comme entre Paris et Belfast dure environ 1h30. Des vols internationaux atterrissent et décollent aussi de Shannon, Cork, Knock, Kerry et Waterford.

Tous les aéroports sont reliés par bus aux villes voisines.

Compagnies aériennes

Aer Lingus est la compagnie aérienne nationale. L'Irlandaise Ryanair fait partie des compagnies à bas prix les plus dynamiques d'Europe. Toutes les deux appliquent une taxe sur les bagages enregistrés en soute. Choisissez de la payer en ligne afin d'éviter une majoration supplémentaire.

Bon à savoir – La plupart des compagnies aériennes offrent une formule avion + voiture qui peut s'avérer intéressante en termes de tarifs.

Aer Lingus – *11 r. Auber - 75009 Paris - ☏ 0 821 230 267 - www.aerlingus.com.* La compagnie irlandaise propose des vols réguliers directs entre Paris-Charles-de-Gaulle, Dublin et Cork. Autres vols au départ de la province : Bordeaux, Lyon, Marseille et Nice. Renseignez-vous sur les vols saisonniers proposés au départ d'autres villes de Province. De Bruxelles, Charleroi, Genève ou Zurich, vols pour Dublin. Plusieurs formules sont proposées : forfait week-end ou encore vols à tarif préférentiel sous certaines conditions.

Ryanair – *☏ 0 892 232 375 (0,34 €/mn) - www.ryanair.com.* Cette compagnie, la moins chère (sauf le week-end), assure 2 ou 3 liaisons/j avec Dublin à partir de l'aéroport de Beauvais. Une navette payante (26 € AR) part à proximité de la porte Maillot à Paris. Vols direct à partir de Brest, Biarritz, Nantes, Grenoble, Carcassonne, Rodez, Tours, La Rochelle et Marseille. Ryanair assure également des liaisons régulières Charleroi-Dublin/Shannon.

Air France – *119 av. des Champs-Élysées - 75008 Paris - ☏ 36 54 (0,34 €/mn) - www.airfrance.fr.* Vols réguliers de Paris vers

Dublin, Cork et Shannon. Nombreuses formules et correspondances à partir des villes de province.

Easyjet – *✆ 0 825 0825 08 (0,34 €/mn) - www.easyjet.fr.* Vols au départ de Paris-Charles de Gaulle et Nice vers Belfast. Autres lignes régulières également au départ de Zurich et Genève vers Belfast.

Aer Arann – *1 Northwood av. - Santry, Dublin - ✆ 0818 210 210 - www.aerarann.com.* En saison, la compagnie propose des vols entre Lorient et Waterford, Kerry, Cork ou Galway. Départs également en saison de Nantes, La Rochelle et Brest vers Cork et de Bordeaux vers Waterford.

Centrales de réservation

Anyway – *60 r. de Prony - 75017 Paris - ✆ 0 892 302 301 (0,34 €/mn) - www.anyway.com.* Vols à tarif réduit, séjours en promotion, locations de voiture, etc.

Go Voyages – *22 r. d'Astorg - 75008 Paris - ✆ 0 899 651 951 (1,349 €/appel, puis 0,34 €/mn) - www.govoyages.com.* Vols au départ de Paris et de la Province pour Dublin, Cork et Shannon.

Nouvelles Frontières – *13 av. de l'Opéra - 75001 Paris - ✆ 0 825 000 747 - www.nouvellesfrontieres.com.* Vols secs ou formules de séjour.

Look Voyages – *✆ 01 45 15 31 70 - www.look-voyages.fr.* Vols secs à prix compétitifs.

Plein Vent Voyages – *6 r. Président-Carnot - 69000 Lyon - ✆ 0 892 350 073 (0,337 €/mn) - www.pleinvent-voyages.com.* Agence spécialisée dans les vols et séjours au départ de Marseille et Lyon.

EN BATEAU

Traversées directes depuis la France

Les traversées directes partent de Cherbourg vers Rosslare, et de Roscoff vers Cork ou Rosslare. Elles durent de 13h pour Roscoff-Cork à 18h30 pour Cherbourg-Rosslare. Il faut compter environ 400 € l'aller simple pour un véhicule et deux passagers. Dans tous les cas, surtout en période de vacances, réservez très longtemps à l'avance. Les petits budgets apporteront leur pique-nique à bord.

La plupart de ces compagnies maritimes proposent des formules associant traversées et hébergements mais les tarifs restent encore assez élevés.

Brittany Ferries – *Port du Bloscon - BP 72 - 29688 Roscoff Cedex - ✆ 0 825 828 828 (0,15 €/mn) - www.brittanyferries.fr.* Cette compagnie propose la liaison entre Roscoff et Cork de mars à octobre, sur des navires modernes et confortables.

Irish Ferries – *20 r. Cuvier - immeuble Terra Nova 3 - 93558 Montreuil Cedex - ✆ 01 56 93 43 40 - www.bennett.fr.* Traversées de Cherbourg à Rosslare (sauf en janvier) et de Cherbourg à Rosslare de mai à septembre.

Celtic Link ferries – *Gare maritime Transmanche - 50100 Cherbourg - ✆ 02 33 43 23 87 - www.celticlinkferries.com.* Traversées directes entre Cherbourg et Rosslare. La compagnie ne prend pas de passagers piétons.

Traversées via la Grande-Bretagne

Il est possible toute l'année de passer par la Grande-Bretagne, au départ des ports bretons et normands ainsi que des ports du Nord et de Belgique. La traversée entre la Grande-Bretagne et l'Irlande se fait entre Holyhead et Dublin, entre Pembroke ou Fishguard et Rosslare ou entre Stranraer et Belfast.

Certaines compagnies proposent des forfaits et billets combinés pour les traversées entre le continent et la Grande-Bretagne d'une part, la Grande-Bretagne et l'Irlande d'autre part :

Brittany Ferries, **Irish Ferries** *(voir ci-dessus)* et **P & O Ferries** *(✆ 0 825 120 156 (0,15 €/mn) - www.poferries.com).* Ces trois compagnies proposent un grand nombre de combinaisons entre la plupart des ports de la Manche, par l'Eurotunnel ou les lignes Roscoff-Plymouth, St-Malo-Portsmouth, Cherbourg-Poole ou encore Caen-Portsmouth et celles de la compagnie **Stena-Line** *(✆ 0870 420 1267 - www.stenaline.ferries.org)*, entre Fishguard et Rosslare, Holyhead et Dublin, Stranraer et Belfast.

SeaFrance Voyages – *1 av. de Flandre - 75019 Paris - ✆ 0 825 082 505 (0,15 €/mn) - www.seafrance.fr.* Traversées de la Manche Calais-Douvres à combiner avec celles de la mer d'Irlande jusqu'à Dublin ou Rosslare proposées par Irish Ferries *(voir plus haut).*

Réserver son hébergement

Les Bed & Breakfast chez l'habitant et les Guesthouse sont les formules de logement les plus répandues sur l'île. À Dublin et dans les régions touristiques de la république d'Irlande, il est conseillé de réserver pour les vacances scolaires (Noël, Pâques, et juin-septembre).

Voir aussi « Se loger » (p. 31).

Centrales de réservation

Gulliver Call Centre – *✆ 066 979 2030 - www.gulliver.ie.* Service de réservation de chambres des organisations du Tourisme régional irlandais ; une petite commission est retenue ; vous réglez une partie au service de réservations et le solde au propriétaire.

Bed & Breakfast

Vous êtes logé chez l'habitant. Chaque maison compte rarement plus de trois à quatre chambres. Celles avec salle de bains sont dites *en suite rooms*, celles qui en partagent une sont appelées *standard rooms* et sont moins chères. Les B & B portant le label *Farmhouse* sont de véritables fermes en activité.

Les offices de tourisme locaux disposent généralement de listes d'adresses, ils peuvent faire votre réservation moyennant une commission et des arrhes.

Bon à savoir – En règle générale, si vous comptez arriver après 18h, précisez-le à la réservation. Entre octobre et mars, beaucoup de B & B sont fermés : renseignez-vous à l'avance.

Town and Country Homes Association *(✆ 071 982 2222 - www.townandcountry.ie)* et **Irish Farmhouse Holidays** *(4 Ballycummin Village - Raheen - Limerick - ✆ 061 309 955 - www.irishfarmholidays.com)* comptent près de 1 100 adresses agréées par le Irish Tourist Board. Signalés par un **trèfle vert**, les établissements répondent à des critères de qualité et de confort et s'alignent sur les tarifs recommandés. Le guide *The Definitive Irish Bed & Breakfast & Self Catering* les répertorie ; il est vendu au prix de 5 €.

Family Homes of Ireland – *✆ 091 552 000 - www.family-homes.ie.* Cette association indépendante rassemble un nombre croissant de B & B signalés par deux mains tenant un cœur rouge. Les prix sont souvent inférieurs aux tarifs officiels.

Northern Ireland Farm and Country Holidays – *Greenmount Lodge - 58 Greenmount Road - Omagh BT7 90YE - ✆ 028 8284 1325 - www.nifcha.com.* Tourisme rural en Irlande du Nord.

Guesthouses et manoirs

À mi-chemin entre le B & B et l'hôtel, classés à part en raison d'un nombre de chambres plus important, ils sont plus chers que les B & B mais leur charme et leur confort le justifient souvent.

Manor House Hotels – *1 Sandyford Office Park - Foxrock - Dublin 18 - ✆ 0818 281 281 - www.manorhousehotels.com*

Ireland's Blue Book – *Mount St Crescent - Dublin 2 - ✆ 01 676 9914 - fax 01 631 4990 - www.irelands-blue-book.ie.* Maisons et restaurants de campagne.

The Hidden Ireland – *P O Box 31 - Westport - Co. Mayo - ✆ 098 66650 - fax 098 66651 - www.hidden-ireland.com.* Vaste choix unique de demeures historiques privées, offrant un hébergement de style.

Hôtels

Assez chers et souvent impersonnels, le principal attrait des hôtels est bien souvent leur situation au cœur des centres-villes.

Irish Hotels Federation – *13 Northbrook Road - Dublin 6 - ✆ 01 808 4419 - www.irelandhotels.com.* Le site internet de la Fédération irlandaise de l'hôtellerie propose un large choix d'hébergement dans toute l'Irlande. Réservation en ligne possible par système sécurisé.

Northern Ireland Hotels Federation – *✆ 028 9077 6635 - www.nihf.co.uk.* Rassemblant tous les hôtels les plus importants en Irlande du Nord, la NIHF propose un service de recherche d'hébergement par catégorie, site ou nom d'établissement ainsi qu'un service de réservation en ligne.

Kinlay House – *2-12 Lord Edward Street - Dublin 2 - ✆ 01 679 6644 ; Bob and Joan's Walk - Shandon - Cork - ✆ 021 4508 966 ; Merchants Road - Eyre Square - Galway - ✆ 091 565 244 - www.kinlayhouse.ie.* Chaîne d'hôtels à Dublin, Cork et Galway.

Barnacles Accommodation Centre – *Seville House - New Dock Street - Galway - ✆ 091 569 689 - www.barnacles.ie.* Chaîne d'hôtels à Dublin et Galway.

Locations

Elegant Ireland – *15 Harcourt Street - Dublin 2 - ✆ 01 475 1632 ou 01 475 1665 - fax 01 475 1012 - www.elegant.ie.* Location de châteaux, manoirs ou cottages traditionnels.

Irish Cottages and Holiday Homes Association – *Bracken Road - Sandyford - Dublin 18 - ✆ 01 205 2777 - fax 01 293 3025 - www.irishcottageholidays.com.* Hébergement de standing dans des maisons construites dans un style traditionnel. Les cottages sont regroupés par lot de plusieurs maisons, offrant ainsi la possibilité d'avoir quelques voisins et de profiter d'un cadre au calme.

Active Ireland Properties Ltd – *19 Harcourt Street - Dublin 2 - ✆ 01 478 2045 - fax 01 478 4327 - www.activeireland.ie.*

Locations de courte durée de propriétés haut de gamme, dont des maisons du 18e s., moulins et villages restaurés.

Auberges de jeunesse

Pour un hébergement bon marché, pensez aux auberges de jeunesse (chambres simples, doubles et à 4/6 lits) :

An Oige (Youth Hostel Association) – *61 Mountjoy Street - Dublin 7 - ✆ 01 830 4555 - fax 01 830 5808 - www.anoige.ie.* 23 auberges de jeunesse réparties sur toute l'île, proposant un hébergement de qualité pour petits budgets, en séjour individuel, famille ou groupe.

Independent Holiday Hostels Ireland – *57 Lower Gardiner Street - Dublin 1 - ✆ 01 836 4700 - fax 0 836 4710 - www.hostels-ireland.com.* Réseau de 100 auberges de jeunesse réparties sur toute l'île.

Northern Ireland Hostelling International – *✆ 028 9032 4733 - www.hini.org.uk.* L'HINI propose des auberges de jeunesse à Armagh, Belfast, Bushmills, Enniskillen, Newcastle et Whitepark Bay. Réservation en ligne possible.

Camping

En raison des aléas climatiques, caravanes, camping-cars et mobil-homes sont préférés à la toile de tente.

Irish Caravan & Camping Council – *P O Box 4443 - Dublin 2 - Fax 098 28237 - www.camping-ireland.ie*

Northern Ireland Caravan and Camping – *www.discovernorthernireland.com.* Site de réservation des campings en Irlande du Nord.

Prévoir son budget

ARGENT

La monnaie de la république d'Irlande est l'**euro**. La somme que les visiteurs peuvent importer n'est pas limitée.

L'Irlande du Nord utilise la **livre sterling** (£1 = 1GBP = 100 pence = 100p = 1,31 € au moment où nous rédigeons ce guide). Mais l'euro y est accepté.

Voir aussi la rubrique « Argent » (p. 34).

COÛT DE LA VIE

À **Dublin**, la vie est plus chère qu'ailleurs dans le pays. Les prix peuvent monter pendant la saison estivale (de juin à septembre), notamment sur la côte et dans l'Ouest irlandais, mais il est toujours possible de discuter le prix des chambres d'hôtels, surtout en fin de journée.

Vous devez ajouter au **budget quotidien** pour une personne, calculé ci-dessous sur la base du partage d'une chambre pour deux, un coût moyen journalier de 10 € pour les visites et le transport *(pour le prix de l'essence, voir p. 27).*

Petit Budget – Avec hébergement dans les B & B les plus simples, repas dans les pubs ou les Coffee Shops à midi et dans les restaurants le soir, transports en commun, vous dépenserez au moins 90 €/j, 65 £ en Irlande du Nord.

Budgets moyens – Pour une nuit dans un hôtel confortable, un déjeuner dans une pizzeria, un bar à vins ou une brasserie et le dîner dans un restaurant de catégorie moyenne, comptez un budget moyen par jour de 115 €, 85 £ en Irlande du Nord.

Budgets plus larges – Pour une nuit en hôtel de première catégorie et deux repas dans des restaurants gastronomiques, prévoyez un budget quotidien de 170 €, 130 £ en Irlande du Nord.

VOYAGER MOINS CHER

De nombreux sites touristiques affichent des réductions pour les familles, les enfants, les seniors, les étudiants et les chômeurs. Si vous souhaitez en bénéficier, emportez avec vous les preuves nécessaires.

De nombreux hôtels allouent des tarifs préférentiels pour des courts séjours, week-ends ou séjours d'au moins trois jours. Hors saison, ou si vous arrivez tard dans la journée, il est possible de négocier les prix.

L'association des auberges de jeunesse *(Youth Hostel Association)* propose des forfaits comprenant bons de logement *(hostel vouchers)* avec carte de train ou de bus, ou bien avec billet aller-retour et location de bicyclette.

Les étudiants peuvent consulter le site Internet **www.otu.fr**.

Cartes train et bus

Il existe toutes sortes de cartes de réduction de train et de formules associant le train et le bus. Avant de partir, renseignez-vous auprès de votre société de chemins de fer nationale, ou sur les sites **www.raileurope.com** et **www.budgettravel.com**.

Voir aussi « L'Irlande pratique » (p. 25).

L'IRLANDE PRATIQUE

Adresses utiles

OFFICES DU TOURISME

République d'Irlande

Irish Tourist Board *(Bord Fáilte) – Baggot Street Bridge - Dublin 2 - ✆ 01 602 4000 (appels de l'intérieur de la République uniquement) - fax 066 979 2035 ; 53 Amiens Street - Dublin 1 - ✆ 01 884 7700 - fax 01 855 6821 - www.failteireland.ie*

Irlande du Nord

Northern Ireland Tourist Board (NITB) – *Anne Court - 59 North Street - Belfast BT1 1NB - ✆ 028 9023 1221 ; 16 Nassau Street - Dublin 2 - ✆ 01 679 1977 - www.discovernorthernireland.com*

Offices du tourisme locaux

Les adresses et numéros de téléphone des offices de tourisme situés dans la plupart des grandes villes et dans de nombreuses localités touristiques sont indiqués dans les **carnets pratiques** des villes et sites du guide.

Bon à savoir – Ces offices peuvent fournir plans de villes, horaires et renseignements sur les visites, les animations locales et les équipements sportifs. Beaucoup proposent des services de change et de réservation d'hôtels.

ORGANISATIONS RÉGIONALES

République d'Irlande

Dublin Tourism (comté et ville de Dublin) – *Dublin Tourism Centre - Suffolk Street - Dublin 2 - ✆ 01 605 7700 ou 085 023 03 30 (numéro gratuit à utiliser sur place) - www.visitdublin.com*

South West Tourism (sud-ouest : comtés de Cork et Kerry) – *Grand Parade - Cork - ✆ 021 425 5100 - fax 021 425 5199 - www.corkkerry.ie*

Ireland West Tourism (ouest : comtés de Galway, Mayo et Roscommon) – *Forster Street - Galway - ✆ 091 537 700 - fax 091 537 733 - www.irelandwest.ie*

East Coast and Midlands East Tourism (côte est et centre : comtés de Kildare, Laois, Longford, Louth, Meath, Offaly Nord, Westmeath et Wicklow) – *Market House - Dublin Road - Mullingar - ✆ 044 48650 - fax 044 40413 - www.eastcoastmidlands.ie*

South East Tourism (sud-est : comtés de Carlow, Kilkenny, Tipperary sud, Waterford et Wexford) – *41 The Quay - Waterford - ✆ 051 875 823 - fax 051 877 388 - www.southeastireland.com*

North West Tourism (nord-ouest : comtés de Cavan, Donegal, Leitrim, Monaghan et Sligo) – *Temple Street - Sligo - ✆ 071 916 1201 - fax 071 916 0360 - www.irelandnorthwest.ie*

Shannon Development (région du Shannon : comtés de Clare, Limerick, Kerry, Tipperary nord et Offaly sud) – *www.shannonregiontourism.ie*

Info pratique

MISES EN GARDE

Surtout dans les grandes villes, veillez à ne pas mettre en évidence votre portefeuille, votre appareil photo ou tout autre objet de valeur.

En cas de vol, établissez la liste de ce qui vous a été dérobé et portez plainte auprès des autorités de police locales. Vous pouvez demander l'aide du consulat de France qui pourra, si besoin, vous accompagner dans les démarches. Contactez votre banque afin de faire opposition sur votre carte bancaire, la compagnie aérienne pour les billets d'avion et enfin appelez votre assurance afin de lui déclarer le sinistre dont vous avez été victime.

Voir les numéros d'urgence (p. 37).

Irlande du Nord

Belfast Visitor and Convention Bureau – *47 Donegall Place - Belfast BT1 AD - ✆ 028 9024 6609 - fax 028 9031 2424 - www.gotobelfast.com*

Derry Visitor and Convention Bureau (Londonderry) – *44 Foyle Street - Londonderry BT48 6AT - ✆ 028 7126 7284 - fax 028 7137 7992 - www.derryvisitor.com*

Armagh Down Tourism Partnership (comtés d'Armagh et Down) – *40 West Street - Newtownards BT23 4EN - ✆ 028 9182 2881- fax 028 9182 2202 - www.armaghanddowntourism.com*

Fermanagh Lakeland Tourism (région des lacs du Fermanagh) – *Wellington Road - Enniskillen BT74 4EF - ✆ 028 6632 3110 - fax 028 6632 5511 - www.fermanaghlakelands.com*

Causeway Coast and Glens (Chaussée des Géants et vallées de l'Antrim) – *11 Lodge Road - Coleraine BT52 1LU - ✆ 028 7032 7720 - fax 028 7032 7719 - www.causewaycoastandglens.com*

AMBASSADES ET CONSULATS

France – *36, Ailesbury Road - Dublin 4 - ✆ (01) 277 5000 - www.ambafrance.ie.* Consulat : même adresse.

Belgique – *Shrewsbury House - Shrewsbury Road - Dublin 4 - ✆ (01) 269 2082 ou (01) 269 1588.*

Canada – *65-68 St Stephen's Green - Dublin 2 - ✆ (01) 234 4100 - www.canada.ie*

Suisse – *6 Ailesbury Road - Dublin 4 - ✆ (01) 218 6382.*

Se déplacer

EN VOITURE

Circulation

Le pays dispose d'un réseau routier relativement dense compte tenu de sa population. Il y a bien quelques portions d'autoroute, dont la M 50 qui contourne Dublin à l'ouest, plusieurs tronçons entre Dublin et Belfast (M 1/A 1) ou encore les autoroutes desservant l'Ouest (M 1) et le Nord-Ouest (M 2), au départ de Belfast. Cependant, de nombreuses routes sont étroites, sinueuses et bordées de talus qui obstruent souvent la vue. De même, dans les régions de tourbières, le bitume peut présenter des ondulations de surface : il faut alors conserver une allure modérée. Pour prévoir vos trajets, ne misez donc pas sur des moyennes ambitieuses, vous mettrez forcément plus de temps !

Renseignements sur le permis de conduire et l'assurance : voir « Formalités » (p. 19).

Code de la route

En Irlande, la conduite est à gauche, mais la priorité reste à droite. Le port de la ceinture de sécurité est obligatoire à l'avant comme à l'arrière. Les enfants de moins de 12 ans doivent voyager sur la banquette arrière et le siège bébé est obligatoire en dessous de 18 kg. En cas de panne ou d'accident, il est obligatoire de signaler son véhicule par un triangle de sécurité et par les feux de détresse.

Tracer la route

Quelques tronçons de route, dans des zones d'accès difficiles, ont donné lieu à de véritables épopées de construction, dont la grande route de Galway à Clifden, tracée dans les années 1820 à travers le paysage sauvage du **Connemara**. Une dizaine d'années plus tard, William Bald a construit la route côtière de l'**Antrim**, un des plus beaux itinéraires du monde.

Équivalences pour la vitesse										
km/h	10	30	50	70	80	90	100	110	120	130
mph	6	19	31	43	50	56	62	68	75	81

Limitations de vitesse

Agglomération : 30miles/h - 48 km/h.

Route : 60 m/h - 96 km/h.

Autoroute (et sur quatre-voies en Irlande du Nord) : 70 m/h - 112 km/h.

Alcool au volant

Le taux d'alcoolémie doit être inférieur à 80 mg. La loi est très stricte en matière de consommation d'alcool et en cas de non respect, les sanctions sont très sévères.

Signalisation routière

Les panneaux routiers suivent un code de couleurs : bleu pour les autoroutes, vert pour les nationales, noir sur fond blanc pour les destinations locales, marron pour les destinations touristiques.

Les localités sont indiquées en anglais et en gaélique.

Les distances sont parfois indiquées en miles (= 1,6 km), parfois en kilomètres.

Péages

Les seules voies à péage sont la Dublin-East-Link qui franchit l'estuaire de la Liffey, et la West-Link, axe nord-sud situé à l'ouest de la ville *(voir p. 149)*.

Stationnement

Le stationnement peut être limité en centre-ville et les indications suivantes sont à respecter :

– **ligne rouge** = arrêt interdit (voie de grande circulation) ;

– **double ligne jaune** = interdiction de stationner ;

– **simple ligne jaune** = interdiction de stationner aux périodes indiquées ;

– **pointillé jaune** = stationnement autorisé à certaines heures.

Vous trouverez en ville des parkings à étages, des stationnements payants avec parcmètres et des zones à disque. Les *parkings discs* sont vendus chez les épiciers-marchands de journaux et bonbons (*sweet shops* ou *corner shops*). Le panneau de stationnement vous précise une durée (1,2 ou 3h), qui correspond à une section de votre carnet de *discs*. Vous pouvez rester plus longtemps : il suffit d'aligner, coincé sur votre pare-brise ou sur le tableau de bord, le nombre de sections correspondant à la durée désirée.

Chaque section doit être perforée ou grattée pour indiquer l'heure d'arrivée ou de renouvellement de la durée.

Contraventions

Le véhicule en stationnement interdit peut entraîner une amende, être immobilisé par un sabot ou être emmené en fourrière. Ceux qui sont suspectés de conduire sous l'influence de l'alcool doivent subir un alcootest et sont poursuivis s'il est positif.

Les conducteurs pris en excès de vitesse sont passibles de poursuites. Des panneaux préventifs (caméras) sont placés en bord de route ; certains, de couleur jaune, s'allument quand les véhicules dépassent les limites autorisées.

Assistance automobile

Votre compagnie d'assurance habituelle peut vous proposer des services d'assistance automobile à l'étranger. Vous pouvez aussi consulter les organismes suivants :

Europ-Assistance – *IDA Business Park - Athlumney - Navan - Co. Meath - ℘ 0844 338 5533 - www.europ-assistance.co.uk*

Automobile-Club de France – *6 pl. de la Concorde - 75008 Paris - ℘ 01 43 12 43 12 - fax 01 43 12 43 43 - www.automobileclub.org*

Carburant

Le carburant est moins cher qu'en France, sauf pour le diesel qui est nettement plus élevé.

La plupart des stations-service ont deux types de pompes ; les sans plomb arborent une bande verte ou une poignée verte.

Cartes et plans

Les repères cartographiques indiqués au début de chaque chapitre de la partie Découvrir correspondent à la carte Michelin de référence :

Carte Michelin National **n° 712**, à l'échelle 1/400 000, couvre entièrement la république d'Irlande et l'Irlande du Nord, avec leur réseau d'autoroutes et de routes principales (N ou A) et de nombreuses routes secondaires (R/L ou B). Elle fournit des renseignements sur les liaisons maritimes, un tableau des distances en miles et en kilomètres, les plans des villes de Dublin et Belfast, ainsi qu'un index des localités.

Carte Michelin National **n° 713**, à l'échelle 1/1 000 000 couvre la totalité du Royaume-Uni et de la république d'Irlande, avec le réseau d'autoroutes et de routes principales des deux pays. Elle fournit des renseignements sur les liaisons maritimes, un tableau des distances en miles et en kilomètres.

Bon à savoir – Ces deux cartes existent en version indéchirable (respectivement n°s 797 et 798).

Atlas Michelin Grande-Bretagne - Irlande (n° 122), à l'échelle 1/300 000, couvre la totalité du Royaume-Uni et de la république d'Irlande, avec les réseaux nationaux d'autoroutes et de routes principales. Il comprend un tableau des distances en miles et en kilomètres, plus de 59 plans de ville, ainsi qu'un index des localités. Vous pouvez également vous procurer la version **Mini atlas** (n° 96) à l'échelle 1/1 000 000.

En complément de ces cartes et pour aider le voyageur, le site internet **www.ViaMichelin.fr** permet de calculer des itinéraires personnalisés, et offre bien d'autres services : cartes Michelin en ligne, adresses d'hôtels et de restaurants sélectionnés par le Guide Michelin, et toutes sortes d'informations utiles pour le voyageur.

Location de voitures

Des agences de location de voitures sont présentes dans les aéroports, les gares, et toutes les grandes villes d'Irlande. Les limites d'âge pour louer une voiture sont en général 21 et 70 ans.

Le **permis de conduire international** est exigé des ressortissants de pays hors Union européenne.

Rendre un véhicule à l'agence où il a été loué revient moins cher que de le remettre dans une autre agence.

Avant de franchir la frontière entre la république d'Irlande et l'Irlande du Nord, il est important de vérifier si votre assurance vous couvre dans l'autre pays.

Principales compagnies

De nombreuses compagnies aériennes proposent des forfaits, souvent avantageux, associant avion + voiture. Comptez de 180 à 300 €/semaine pour

Info pratique

LES TRAVERSÉES EN BACS

Une fois en république d'Irlande, **trois bacs** permettent de franchir des estuaires de fleuves et de raccourcir les trajets : le premier franchit le **Shannon** entre Tarbet au sud et Killimer au nord (20mn) ; le second franchit l'**estuaire de Waterford** entre Ballyhack à l'est et Passage East à l'ouest (10mn env.) ; le troisième relie Glenbrook à Carrigaloe, près de Cobh, dans la **rade de Cork** (durée 5mn).

un véhicule de catégorie A selon la compagnie et les disponibilités. Certaines compagnies internationales consentent des réductions lorsque vous payez par carte bancaire.

Car Rental council of ireland – *5 Pembroke Street Upper - Dublin - ✆ 01 676 16 90 - www.carrentalcouncil.ie.* Cette organisation met à disposition une liste complète des loueurs de voitures agréés en Irlande.

Auto Escape – *✆ 0 820 150 300 (0,12 €/mn) - www.autoescape.com.* Compagnie française de location de véhicules qui s'occupe de négocier pour vous le meilleur prix sur place : vous payez d'avance et on vous envoie le bon de retrait du véhicule. Une formule pratique et assez compétitive en termes de tarifs.

TRANSPORTS EN COMMUN

En bus

Ce moyen de transport est de loin le plus répandu et le plus efficace pour vous rendre partout dans l'île. En règle générale, les bus sont confortables et moins chers que le train, des arrêts sont prévus en route et les points de départ et d'arrivée sont toujours proches des centres-villes. À titre comparatif, un aller-retour Dublin-Cork vaut autour de 60 € en train, 18 € en bus ; Dublin-Galway coûte autour de 40 € aller-retour en train et deux fois moins en bus.

Vous pouvez vous procurer l'*Expressway Bus Timetable* (guide des fréquences et horaires) dans les stations de bus et les offices de tourisme. Méfiez-vous en dehors de l'été, des fréquences qui varient considérablement.

Outre les deux compagnies nationales que sont **Bus Éireann** en république d'Irlande et **Ulsterbus** en Irlande du Nord, de nombreuses petites compagnies privées desservent le pays. Elles sont souvent moins chères et plus rapides que les compagnies nationales, notamment à destination de l'ouest de l'île. Pour le Donegal, c'est même la seule option pour joindre certains petits villages.

Bus Éireann propose toutefois des forfaits intéressants comme **l'Irish Rover** pour toute l'île, y compris l'Irlande du Nord (172 € pour 8 jours, 255 € pour 15 jours). Certaines formules qui combinent bus et train sont très intéressantes à l'instar de l'**Irish Explorer Rail/Bus** et la **Emerald Card Bus/Rail** *(Voir « Cartes de réductions » p. 29).*

Bus Éireann – *✆ 01 836 6111 - www.buseireann.ie*

Ulsterbus – *✆ 028 906 66630 - www.translink.co.uk*

Dublin Bus (Bus Atha Cliath) – *✆ 01 873 4222 - www.dublinbus.ie*

Belfast City Bus – *Voir Ulsterbus (ci-dessus).*

National Express – *✆ 087 178 18181 - www.nationalexpress.com*

En train

Relativement cher et assez lent, le train n'est sans doute pas la meilleure façon de se déplacer dans l'île. Le réseau ferroviaire est peu dense.

En **république d'Irlande**, il dessert la plupart des villes importantes à partir de Dublin et une seule ligne traverse le pays, reliant l'Ouest à Waterford et Rosslare. La capitale et sa banlieue côtière (Howth, Bray) sont desservies par le DART, ligne électrique performante qui reprend en partie le tracé du tout premier chemin de fer irlandais, le Dublin and Kingstown de 1838.

En **Irlande du Nord**, le réseau est encore plus clairsemé ; Belfast possède quelques lignes de banlieue et est reliée à

Distances en km	Belfast	Cork	Derry	Donegal	Dublin	Galway	Killarney	Limerick	Sligo	Waterford
Belfast		424	117	180	169	313	480	368	197	329
Cork	424		477	402	249	200	88	93	334	115
Derry	117	477		69	231	277	486	371	133	389
Donegal	180	402	69		233	204	407	296	66	357
Dublin	169	249	231	233		215	312	199	217	161
Galway	313	200	277	204	215		214	106	146	221
Killarney	480	88	486	407	312	214		114	354	191
Limerick	368	93	371	296	199	106	114		240	125
Sligo	197	334	133	66	217	146	354	240		294
Waterford	329	115	389	357	161	221	191	125	294	

Info pratique

TRAIN
Horaires enregistrés des liaisons ferroviaires avec **Dublin** :
Ballina - *01 8054 299;*
Belfast - *01 8054 277;*
Cork - *01 8054 200/021 504 544;*
Galway - *01 8054 222;*
Killarney et **Tralee** - *01 8054 266;*
Limerick - *01 8054 211/061 413 355;*
Sligo - *01 8054 255;*
Waterford - *01 8054 233;*
Westport - *01 8054 244;*
Wexford et **Rosslare** - *01 8054 288.*

Londonderry et Dublin. Entre Mullingar en république d'Irlande et Derry en Irlande du Nord, une distance de 210 km, ne dispose d'aucune ligne ferroviaire.

Chemins de fer de la République d'Irlande – *Iarnród Éireann Travel Centre - 35 Lower Abbey Street - Dublin 1 - 01 836 62 22 - www.irishrail.ie*

Chemins de fer d'Irlande du Nord – *Central Station - Belfast BT1 3PB - 028 906 66630 - www.translink.co.uk*

Railtours – *01 856 0045 - www.railtours.ie.* Organise des excursions à la journée en train.

Cartes de réductions

En Irlande, les cartes Irish Rover Rail et Emerald Card Rail and Bus (pour toute l'Irlande), Irish Explorer Rail et Irish Explorer Rail and Bus (pour la république d'Irlande) permettent de voyager à volonté en Irlande en train ou train + bus. Elles sont délivrées dans les principales gares ferroviaires et routières. Les prix varient en fonction de la durée de la carte. Par exemple, la carte Emerald Card, qui permet de circuler librement sur le réseau ferroviaire et de bus de toute l'Irlande, coûte 248 € pour un adulte, 124 € pour un enfant, pour 8 jours de voyage pris en 15 jours consécutifs. La Irish Explorer qui propose la même chose en république d'Irlande seulement, 222 € et 110 €.

Consultez le site **www.irishrail.ie**

Vous pouvez vous procurer dans les gares routières d'Ulsterbus le forfait Freedom of Northern Ireland, valable 1 ou 7 jours, permettant de circuler librement sur le réseau régulier d'Ulsterbus.

La compagnie **Tours international** (*01 703 1888 - www.cietours.ie)* propose également des circuits en train + bus + avion + voiture en Irlande.

Déplacements combinés en train + bus, voir aussi « Voyager moins cher » (p. 24).

Tarifs étudiants

Les étudiants munis de la carte internationale d'étudiant (ISIC) peuvent obtenir la carte Student Travelsave, qui vous permet de bénéficier de réductions de 50 % sur Irish Rail et 30 % sur Bus Éireann, et toutes sortes d'autres réductions.

En France, se renseigner dans les CROUS et sur www.otu.fr ou www.carteisic.com ou wwww.isic.tm.fr

En république d'Irlande

USIT – *19-21 Aston Quay - O'Connel Bridge - Dublin - 01 602 1600 - www.usitnow.ie*

En Irlande du Nord

USIT – *Fountain Centre - College Street - Belfast BT1 6 - 028 90 327 111 - www.usitnow.com - www.campustravel.co.uk*

EN VÉLO

Le vélo peut être un bon moyen de découvrir la campagne irlandaise à condition d'être équipé pour affronter le vent et la pluie. Étant donné l'état des routes et le relief accidenté, prévoyez également d'emporter votre propre vélo ; ceux proposés en location sont souvent rudimentaires et peu confortables.

Les routes, souvent étroites, ne disposent quasiment pas de pistes cyclables, aussi méfiez-vous des automobilistes qui ralentissent rarement pour les cyclistes et qui roulent au milieu de la route dans les virages.

Prendre le train ou le bus avec votre vélo ne pose pas de problème, mais soyez prêt à payer un petit supplément. En revanche, sur les bateaux pour les îles, le vélo est transporté gratuitement.

Louer un vélo

Vous pouvez louer des bicyclettes dans toute l'Irlande. Les offices de tourisme diffusent une liste de magasins de location de vélos en Irlande du Nord.

Irish Cycling Safaris – *Belfield Bike Shop - Belfield House - University College Dublin - Dublin 4 - 01 260 0749 - www.cyclingsafaris.com.* Circuits accompagnés ou non par un guide, avec possibilité d'assistance par une fourgonnette pour le transport des bagages.

Rent-a-Bike Ireland – *1 Patrick Street - Limerick - Co. Limerick - 061 416 983. www.irelandrentabike.com*

Irish Cycle Hire – *Unit 6 - Enterprise Centre - Ardee - Co. Lough - 041 685 3772. www.irishcyclehire.com*

Voir aussi la rubrique « Cyclotourisme » (p. 39).

Hébergement et restauration

Les **encadrés pratiques** des villes et sites suggèrent des adresses d'hôtels et de restaurants.

Bon à savoir – Au cas où vous ne trouveriez pas d'hôtel ou de restaurant qui vous convienne parmi notre sélection, vous pouvez également consulter le *Guide Michelin Great Britain & Ireland*.

De manière générale, Dublin est plus chère que les autres villes, mais propose un vaste éventail de restaurants, de la table gastronomique à la restauration rapide, et d'hébergements, de l'hôtel de luxe au B & B. À Dublin comme dans d'autres villes universitaires, les maisons d'étudiants (*student halls of residence*) proposent des chambres bon marché pendant les vacances universitaires.

En dehors de la capitale, les stations touristiques les plus fréquentées proposent un bon choix d'hôtels et de restaurants. Chaque ville de taille moyenne en possède au moins un. Dans les petites villes et les villages, on trouve en général des chambres à louer au bar du coin, ou bien le propriétaire peut indiquer une adresse. On trouve des B & B dans tout le pays. Si vous souhaitez découvrir le mode de vie des propriétaires terriens d'autrefois, goûtez au manoir de campagne converti en B & B ou en hôtel, où on vous proposera sans doute de dîner à la table commune. Pour un séjour d'une semaine ou plus, vous trouverez presque partout dans le pays des hébergements à louer.

NOS CATÉGORIES DE PRIX

Le tarif indiqué pour chaque établissement correspond au prix d'une nuit en chambre double (sauf pour les auberges de jeunesse : tarif par personne). Hormis pendant des événements particuliers, la personne seule qui occupe une chambre double bénéficiera la plupart du temps d'une petite réduction. Le supplément pour le petit-déjeuner est indiqué le cas échéant. Il est toujours bon de se faire préciser tous les détails avant de réserver : salle d'eau dans la chambre (en suite), petit-déjeuner et TVA compris.

Pour toute réservation, il vous sera demandé un numéro de carte de crédit, et peut-être un fax ou un e-mail de confirmation.

Les tarifs indiqués pour les restaurants représentent le prix d'un menu ou d'un repas complet sans les boissons. Bien entendu, les prix peuvent varier en fonction du nombre de plats et de boissons commandés. Le vin peut être cher et faire monter de façon sensible l'addition.

NOTRE SÉLECTION

Les établissements que nous avons retenus se partagent en trois catégories.

La catégorie ⊜ comprend les meilleurs des petits établissements, simples mais bien tenus. Pour les chambres les moins chères, le service sera minimum et la salle de bains commune.

Les restaurants entrant dans cette catégorie sont en général simples et sans prétention.

Dans la catégorie ⊜⊜, vous trouverez des chambres dans des maisons reconverties, pensions et hôtels. La réservation est fortement recommandée, car ces petits établissements ont souvent une clientèle d'habitués. Les restaurants de cette catégorie sont un peu plus stylés.

Pour la catégorie ⊜⊜⊜, Les restaurants de cette catégorie sont des établissement d'excellence, aux critères gastronomiques exigeants et à l'ambiance raffinée. Si vous souhaitez, malgré un budget assez serré, vous offrir un restaurant réputé mais un peu cher du centre-ville, notez que beaucoup de ces établissements présentent un excellent rapport qualité-prix pour le déjeuner.

NOS CATÉGORIES DE PRIX

	Se restaurer (prix déjeuner)		Se loger (prix de la chambre double)	
	République d'Irlande	**Irlande du Nord**	**République d'Irlande**	**Irlande du Nord**
⊜	jusqu'à 20 €	jusqu'à 15 £	jusqu'à 70 €	jusqu'à 55 £
⊜⊜	plus de 20 € à 35 €	plus de 15£ à 30 £	plus de 70 € à 100 €	plus de 55£ à 90 £
⊜⊜⊜	plus de 35 € à 60 €	plus de 30£ à 50 £	plus de 100 € à 150 €	plus de 90£ à 120 £
⊜⊜⊜⊜	plus de 60 €	plus de 50£	plus de 150 €	plus de 120£

Dans la catégorie ⊜⊜⊜⊜, nous recommandons un nombre réduit d'hôtels et de restaurants haut de gamme ; comme on peut s'y attendre, les prix reflètent la qualité du confort et du service.

Se loger

Hôtels, pensions, Bed and Breakfast (B & B) et hébergements bon marché ont été soigneusement sélectionnés pour leur caractère, leur situation intéressante, la qualité de leur confort ou leur bon rapport qualité-prix. Tous ces établissements ont été visités, mais peuvent avoir subi des changements depuis notre dernier passage.

Pour avoir des adresses d'organismes qui publient des brochures ou fournissent des renseignements, voir « Réserver son hébergement » (p. 21).

Bed & Breakfast

La distinction entre Bed and Breakfast et *guesthouse* est souvent floue, mais le Bed and Breakfast typique est une maison familiale, proposant trois à quatre chambres à prix modéré. Cette forme simple d'hébergement se trouve partout en Irlande, allant du modeste bungalow au manoir. Séjourner dans une maison particulière offre l'occasion de partager la vie d'une famille irlandaise.

Auberges/chambres de pub

Dans les petites villes et les villages, l'auberge a souvent quelques chambres à louer.

Hôtels

En règle générale, les hôtels sont de taille moyenne à grande, avec des salles d'eau dans les chambres et toute une gamme d'équipements et de services.

Le stationnement peut être un problème au centre-ville, mais de nombreux hôtels possèdent leur propre parking sur place ou à une courte distance à pied.

Dans une petite ville, l'hôtel fait aussi souvent office de discothèque, et peut être très bruyant le samedi jusqu'à tard dans la nuit, surtout s'il y a une réception de mariage.

Pour le petit-déjeuner, la plupart des établissements proposent une collation légère de type continental, café, pain et confiture, ou bien le breakfast traditionnel. Les établissements plus importants proposent parfois un choix d'entrées, céréales, porridge, fruits frais ou en compote, yaourt et jus de fruits, suivies d'un plat principal, en général d'œufs ou de poisson, et enfin des toasts avec de la marmelade, le tout accompagné de thé ou de café.

Bon à savoir – Les termes *hotel* et *guesthouse* (pension, maison d'hôte) s'utilisent de manière assez floue, souvent au gré du propriétaire, pour tout un éventail d'établissements.

Pensions

Le terme **guesthouse** s'applique à un établissement plus petit que l'hôtel, doté d'une gamme d'équipements plus réduite, s'adressant, de manière générale, plus au vacancier qu'à l'homme d'affaires. Les établissements varient beaucoup, du bâtiment moderne construit à cet effet à la maison georgienne ou victorienne.

Vacances à la ferme

Pays à dominante rurale, l'Irlande possède de nombreuses fermes, dont beaucoup accueillent les visiteurs pendant la saison estivale.

Logement indépendant

Dans de nombreuses régions, notamment les zones touristiques, des villages de vacances construits de toutes pièces proposent à la location des petits groupes de cottages bien équipés.

Résidences universitaires

L'hébergement dans les universités (chambres individuelles et appartements avec kitchenette) est possible pendant les vacances, notamment à Dublin, Cork et Galway.

Auberges de jeunesse

Il y a cinquante auberges de jeunesse en république d'Irlande, six en Irlande du Nord. Plusieurs organismes proposent cet hébergement bon marché dans différentes villes.

Terrains de camping

L'Irlande possède de nombreux terrains de camping et de caravaning homologués et classés, avec des équipements modernes et toutes sortes d'activités sportives.

Se restaurer

On trouve toutes sortes d'établissements : restaurants haut de gamme proposant des mets de la plus haute qualité et le dernier cri dans l'art culinaire, bars à vins, bistrots, brasseries, mais aussi restauration rapide avec les pizzerias, les cafés et les *fish and chip shops* traditionnels, qui vendent des portions à emporter de poisson croustillant accompagné de frites. Entre deux se trouvent les restaurants des hôtels de moyenne catégorie, appréciés des familles, et de nombreux pubs.

Les restaurants des propriétés du National Trust (Irlande du Nord seulement) proposent des repas dans la journée, et le thé avec des gâteaux.

Certains cafés, pubs et établissements décontractés aux horaires souples préparent des repas légers en milieu de journée.

Les restaurants retenus dans ce guide ont été choisis pour leur qualité, leur ambiance, leur situation et leur bon rapport qualité-prix.

À TABLE

La cuisine irlandaise doit sa réputation a la qualité, l'abondance et la fraîcheur de ses produits. L'agneau de terroir, les poissons et les fruits de mer en sont les plus beaux fleurons. Le dîner classique consiste en une entrée, un plat et un dessert, mais dans de nombreux établissements, il est possible de ne prendre qu'une entrée et un plat, ou un plat et un dessert. Les portions sont souvent copieuses ; pour les Irlandais la quantité est la condition d'un bon repas. Le repas est en général accompagné par une boisson, alcoolisée ou non, et suivi de thé ou de café (soluble, sauf dans les grands restaurants). La plupart des restaurants servent de l'eau en bouteille, plate *(still)* ou gazeuse *(sparkling)*, mais une carafe ordinaire *(tap water)* vous sera servie à la demande.

Spécialités

Malgré la vogue des restaurants et des bistrots internationaux, rien ne vaut un solide *Irish Stew*, ragoût national de mouton, oignons, carottes et pommes de terre, longuement mijoté sur le fourneau. Pays agricole, l'Irlande fournit en effet une viande de grande qualité, notamment le bœuf et l'agneau, et d'excellents produits laitiers : beurre, crème et fromages traditionnels (Gubbeen, Cashel Blue, Cooleeney, Carrigbyrne, etc.).

Près de la côte, vous devriez trouver un choix intéressant de poissons ; en principe, le saumon figure partout sur les menus. Dans les restaurants bon marché, la carte ne suggérera sans doute guère de fruits ni de légumes frais, mais les pommes de terre sont excellentes.

Essayez les curiosités : le pain au bicarbonate *(soda bread)*, les croquettes de pommes de terre *(potato cakes)* au petit-déjeuner, les huîtres *(oysters)* accompagnées de Guinness, le boudin (*black pudding*, spécialité du comté de Cork) et le *carrageen* – une sorte d'algue utilisée dans les plats salés et sucrés.

Voir « Saveurs d'Irlande » (p. 106).

Horaires

Si vous êtes adepte de l'Irish breakfast, petit-déjeuner traditionnel composé de céréales, jus de fruits, œufs, bacon, saucisses, tomates, toasts et boisson chaude, vous aurez tout intérêt à opter pour le rythme irlandais : léger à midi, plus consistant le soir et surtout plus tôt qu'en France, ce qui vous laisse la soirée pour les pubs.

Les restaurants ouvrent en général le soir de 18h30 à 22h et pour le déjeuner de midi à 14h15, en fonction de leur localisation. Beaucoup ferment un jour par semaine ; en Irlande du Nord, ils peuvent fermer plus tôt (entre 19h et 20h) le dimanche et le lundi. Il est toujours recommandé de réserver pour le soir, surtout le week-end.

Pourboires

Le pourboire est laissé à l'appréciation du client, mais il est habituel de laisser 10 % de l'addition quand le service a été particulièrement plaisant.

D'ordinaire, TVA (VAT) et service (12,5 %) sont compris dans la note. Certains restaurants laissent en blanc la somme sur les facturettes de carte de crédit pour que le client puisse ajouter le pourboire à la note.

Sortir le soir

MUSIQUE TRADITIONNELLE

Le soir, la distraction la plus typiquement irlandaise consiste à se rendre dans un pub, en ville ou à la campagne, pour s'imprégner de musique et de chants traditionnels irlandais. Traditionnellement, on y joue du violon *(fiddle)*, de la flûte et du tambourin en peau de chèvre *(bodhrán)*, et des instruments à anches libres, comme l'accordéon, le mélodéon et le concertina ; s'y sont ajoutés plus récemment la guitare et le banjo.

Ces dernières années, la musique irlandaise a pris de l'importance. Les concerts ont lieu dans les pubs, mais aussi lors d'assemblées appelées *céile*, et de réunions hebdomadaires et mensuelles organisées sous l'égide du ministère de la Culture.

Comhaltas Ceoltóirí Éireann – *Cultúrlann na hÉireann - 32 Belgrave Square - Monkstown - Co. Dublin - ☎ 01 280 0295 - www.comhaltas.ie*

Bon à savoir – Les offices de tourisme fournissent aussi des informations.

Intimement associées à la musique traditionnelle, les danses irlandaises se composent de figures individuelles

Info pratique

ÉCOUTER DE LA HARPE
On joue rarement de la harpe aujourd'hui, mais vous pourrez en entendre lors du **O'Carolan Harp Festival Keadew** *(✆ 071 964 7247 - www.ocarolanharpfestival.ie)* qui se déroule en juil.-août.

ancestrales *(sean-nós)*, et surtout de figures de groupe *(set dancing)*. La plupart des figures de *set dancing*, qui remonte au 18e s., sont des adaptations de danses militaires aux airs de l'époque, comme la gigue, le quadrille, la matelote et la polka.
Voir « Tradition musicale » (p. 103).

FESTIVALS CULTURELS

L'Irlande organise un certain nombre de festivals littéraires et musicaux en hommage à un artiste particulier ou à un groupe d'artistes. Beaucoup sont accompagnés de fanfares et défilés, courses de chevaux et régates, en fonction de la région.
Voir « Fêtes et festivals » (p. 46).

BANQUETS IRLANDAIS

Pour une soirée typiquement irlandaise, vous pouvez participer à un banquet médiéval, accompagné de musique et de poésie.
Châteaux de Knappogue *(voir p. 364)*, Bunratty *(voir p. 379)*, Dunguaire *(voir p. 318)*, Brú Ború à Cashel *(voir p. 216)*.

THÉÂTRES

La scène irlandaise est très active, et non seulement Dublin et Belfast, car beaucoup de villes de province possèdent des théâtres. À Dublin, l'Abbey Theatre et le Gate Theatre proposent un programme de pièces classiques et contemporaines. Fêtes saisonnières et vie rurale sont évoquées en musique, chansons, danses et mime dans les spectacles du National Folk Theatre of Ireland de Tralee *(voir p. 292)*, inspirés par la tradition gaélique d'Irlande. Le Irish Theatre *(Taibhearc na Gaillimhe)* de Galway *(voir p. 373)*, financé par l'État, programme des spectacles en langue irlandaise.

CONCERTS CLASSIQUES

À Dublin, le National Concert Hall (Earlsfort Terrace) organise des concerts de musique classique et contemporaine dans le quartier de Temple Bar, des salles plus petites accueillent des soirées jazz, blues, etc. À Belfast, un programme de manifestations variées se déroule au Waterfront Hall. On peut assister à des opéras à Dublin et Belfast.
Voir « Sorties » dans Dublin pratique et Belfast pratique.
En été, des concerts de musique de chambre sont donnés par des musiciens irlandais ou étrangers dans les manoirs et grandes résidences, renseignez-vous au National Concert Hall de Dublin *(voir p. 154)*.

Vie quotidienne

ACHATS

En règle générale, les magasins ouvrent du lundi au samedi de 9h à 17h30 (20h ou 21h le jeudi). Certains magasins et centres commerciaux des grandes villes sont ouverts le dimanche après-midi.
Les ressortissants de pays hors Union européenne peuvent obtenir le remboursement de la TVA. Demandez les détails au service clients des grands magasins.
Bon à savoir – Des boutiques spécialisées et centres d'artisanat sont répertoriés dans l'encadré pratique des villes et sites sous la rubrique « Achats ».

ARGENT

Distributeurs

Les distributeurs *(cash dispensers)* sont nombreux dans les villes, plus rares dans les campagnes, surtout dans l'Ouest. Avant de démarrer vos circuits, vérifiez que vous disposez de suffisamment d'argent liquide.
En république d'Irlande, zone euro, les retraits aux distributeurs automatiques par les ressortissants de l'Union européenne n'entraînent pas de prélèvement de commissions.
En Irlande du Nord, vous pouvez retirer des livres sterling dans les distributeurs de billets moyennant une commission forfaitaire. Il est, selon la somme désirée, quelquefois plus avantageux de se rendre au guichet d'une banque.

Banques

Les banques ouvrent du lundi au vendredi, sauf les jours fériés, de 10h à 16h30 en république d'Irlande et de 9h30 à 15h30 en Irlande du Nord.

Change

On peut pratiquer le change dans les aéroports, dans certains offices de tourisme, agences de voyages et hôtels.

Travellers chèques

Une pièce d'identité est nécessaire pour échanger les travellers ou les Eurochèques dans les banques. Le montant de la commission est variable ; elle est en général plus élevée dans les hôtels et les magasins.

Cartes de crédit

Magasins, hôtels, restaurants et stations-service acceptent très largement les principales cartes de crédit, American Express, Visa/Barclaycard (Carte Bleue), Eurocard (Mastercard/Access) et Diners Club.

En cas de perte ou de vol, l'idéal est de contacter votre agence bancaire pour faire opposition ; par défaut, quelques numéros utiles :

Centre d'opposition VISA – République d'Irlande – *1 800 55 80 02* ; Irlande du Nord (Royaume-Uni) – *0800 891 725.*

Serveur vocal des cartes bancaires :

Access/Eurocard – *01702 364 364 ;*
Amex – *020 7222 9633.*

ÉLECTRICITÉ

Le courant est de 220 volts en république d'Irlande et 240 en Irlande du Nord. Les prises sont à 3 fiches, non compatibles avec les nôtres.

Un **adaptateur** est nécessaire pour brancher les prises 2 fiches sur les prises 3 fiches. Ces adaptateurs sont en vente dans les aéroports, les ferries, les quincailleries et parapharmacies.

FRONTIÈRE

La frontière entre la république et l'Irlande du Nord n'est pas toujours bien signalée. Les contrôles sont très rares mais pas impossibles. La situation s'étant considérablement apaisée, vous ne risquez absolument rien en Irlande du Nord.

INTERNET

Les cybercafés sont très répandus. Ils pratiquent des horaires d'ouverture très larges, surtout en nocturne et même le dimanche. Les tarifs varient un peu : à partir de 3 €/h de connexion dans des villes comme Dublin ou Cork et autour de 5 € dans de plus petites villes. Comptez 4 £/h en Irlande du Nord.

JOURS FÉRIÉS

Ces jours-là, magasins, musées et monuments peuvent être fermés ou avoir des horaires d'ouverture différents.

1er janvier – Nouvel An.

17 mars – Saint-Patrick (république d'Irlande).

Lundi le plus proche du 17 mars – Équivalent de la Saint-Patrick (Irlande du Nord).

Mars ou avril – **Vendredi saint** *(Good Friday)* en république d'Irlande.

Mars ou avril – Lundi de Pâques.

Lundi le plus proche du 1er Mai – Fête du travail.

Dernier lundi de mai – May Bank Holiday (Irlande du Nord).

Premier lundi de juin – June Bank Holiday (république d'Irlande).

12 juillet – Orange Day (Irlande du Nord).

1er lundi d'août – August Bank Holiday (république d'Irlande).

Dernier lundi d'août – August Bank Holiday (Irlande du Nord).

Dernier lundi d'octobre – October Bank Holiday (république d'Irlande).

25 décembre – Noël.

26 décembre – St Stephen's Day/*Boxing Day.*

Bon à savoir – En plus des vacances scolaires habituelles de Noël, de printemps et d'été, les jeunes Irlandais ont des congés de mi-trimestre pour Halloween (1er novembre) et aux alentours de la Saint-Patrick (17 mars).

MÉDIAS

Journaux

Les quotidiens nationaux de la république d'Irlande sont *The Irish Times*, *The Independent* et *The Examiner.*

Les quotidiens nationaux d'Irlande du Nord sont *The Times*, *The Independent*, *The Daily Telegraph* et *The Guardian.*

Télévision

Il y a 4 chaînes de télévision nationales en république d'Irlande : RTE1, RTE2, TV3 et TG4 ; TG4 est en langue irlandaise.

En Irlande du Nord, il y a 5 chaînes de télévision : BBC1, BBC2, ITV, Channel 4 et Channel 5.

Radio

Radio 1 est la radio nationale, attachée aux infos, débats et reportages. 2FM est consacrée à la musique populaire, tandis que FM3 privilégie la musique classique. De nombreuses radios locales sont diffusées à travers le pays, y compris en gaélique.

POSTE

La république d'Irlande utilise ses propres timbres, l'Irlande du Nord les timbres britanniques. Ils sont en vente

Info pratique

POIDS ET MESURES
1 *mile* = 1,6 km 1 km = 0,62 *mile*
1 *yard* = 0,91 m 1 m = *1,1 yard*
1 *acre* = 0,4 ha 1 ha = *2,5 acre*
1 *pound* = 0,45 kg 1 kg = 2,20 *pounds*
1 *gallon* = 4,54 l 1 l = 0,22 *gallon*
1 *pint* = 0,57 l

dans les bureaux de poste et certains magasins (marchands de journaux et de tabac).
Le courrier met 3 à 7 jours pour l'Europe. L'affranchissement pour une carte ou une lettre est de 0,75 € (0,44 £ en Irlande du Nord)

Horaires

En république d'Irlande, les bureaux de poste sont ouverts du lundi au samedi, de 8h à 17h ou 17h30. Ils sont fermés le dimanche et les jours fériés, et 1h15 pour le déjeuner. Les bureaux annexes ferment en général à 13h un jour par semaine.
En Irlande du Nord, les bureaux sont ouverts du lundi au vendredi de 9h à 17h30, et le samedi de 9h à 12h30. Les bureaux annexes ferment à 13h le mercredi.

SANTÉ

Médecins

En cas d'urgence, les ressortissants de l'UE munis de la carte européenne peuvent être admis aux urgences des hôpitaux irlandais.

Pharmacies

Nommées *pharmacy* ou *chemist*, elles n'ont pas le monopole des médicaments vendus sans ordonnance. Antipyrétiques, antitussifs, laxatifs, etc. sont vendus dans les grandes surfaces et les commerces d'alimentation.
Voir aussi « Assurance santé » (p. 19).

TABAC

Il est interdit de fumer dans les lieux publics, les transports et tous les commerces habilités à vendre de l'alcool (hôtels, restaurants, pubs et discothèques). Les B & B n'acceptent pas que l'on fume dans les chambres.
Le prix du paquet de 20 cigarettes est à plus de 7 €, à l'exception de quelques marques. Les cigarettes sont vendues dans les épiceries et la plupart des pubs disposent de distributeurs automatiques.

TÉLÉPHONE

Eircom gère le service du téléphone *(www.eircom.ie)* en république d'Irlande et British Telecom Northern Ireland *(www.bt.com)* en Irlande du Nord.

Appels locaux

Lorsqu'il s'agit d'un appel strictement local, faites simplement le numéro de votre correspondant. Un appel local d'une cabine coûte 0,15 €/mn.

Appels internationaux

Pour téléphoner à l'étranger, composer 00, suivi du code du pays, du code régional (sans le préfixe 0) et du numéro du correspondant.
Les codes des différents pays figurent au début des annuaires.
00 33 : France
00 32 : Belgique
00 1 : Canada et États-Unis
00 352 : Luxembourg
00 41 : Suisse
Voir aussi « Comment appeler en Irlande » (p. 19).

Cabines téléphoniques

Les cabines à carte sont moins chères que celles à pièces. Vous pouvez acheter des cartes téléphoniques pour les appels nationaux et internationaux dans les bureaux de poste et certains magasins (bureaux de tabac, maisons de la presse).
En général, il est plus cher (+ 30 %) d'appeler à l'étranger à partir d'un hôtel que d'une cabine.

Portables

Les opérateurs de **téléphonie mobile** proposent des options internationales, variables selon votre forfait habituel. Les appels hors forfait sont extrêmement onéreux. Informez-vous auprès de votre service client.
Bouygues Télécom : normalement, le changement de réseau se fait automatiquement au passage des frontières européennes. Contactez votre service client en cas de doute.

Info pratique

RENSEIGNEMENTS TÉLÉPHONIQUES
Irlande du Nord – ☎ *118 500* ; renseignements internationaux - ☎ *118 505* ; annuaire électronique - ☎ *0800 600 900 - www.yell.co.uk*
République d'Irlande – ☎ *11850* ; renseignements internationaux - ☎ *114* ; annuaire électronique - ☎ *01 618 8000 - www.goldenpages.ie*

Orange : vous devez appeler votre service client à l'avance pour activer l'option « Orange sans frontières » et capter une fois dans le pays.

SFR : selon votre forfait (option « monde » ou non), il est préférable d'appeler votre service client 48h à l'avance.

TOILETTES PUBLIQUES

Elles sont gratuites en République (*Mna* pour les femmes, *Fir* pour les hommes), payantes en Irlande du Nord. Les stations-service en mettent à votre disposition, n'hésitez pas à demander la clé.

URGENCES

Appeler le **999** pour tous les services d'urgence (appel gratuit dans toute l'Irlande).

Demandez les pompiers *(Fire)*, la police, l'ambulance, les gardes-côtes *(Coastguard)* ou le sauvetage en mer *(Sea Rescue)*, en montagne *(Mountain Rescue)* ou spéléologique *(Cave Rescue)*.

VISITES

Les horaires d'ouverture et les prix d'entrée des sites peuvent varier. Les informations dispensées dans le guide, valables au moment de sa rédaction, le sont à titre indicatif.

Horaires

Sauf mention dans le guide, les billetteries ferment en principe 30mn avant la fermeture du site ou du monument. Dans certains endroits, où l'espace ou les équipements sont limités, les billets comportent une limite horaire. De nombreux sites et châteaux sont fermés entre novembre et mars. Dans certains cas, les horaires sont irréguliers car l'accueil est assuré par des bénévoles.

En république d'Irlande, galeries nationales et musées nationaux sont en général fermés le lundi.

Bon à savoir – De nombreuses églises anglicanes *(Church of Ireland)* et presbytériennes sont fermées en dehors des offices.

Tarifs

Les prix d'entrée sont donnés pour une personne adulte. Ils sont souvent assez élevés, entre 5 et 10 €. Sur les sites naturels, l'accès au parking est payant. Les familles, les enfants, les étudiants, les retraités et les chômeurs bénéficient de tarifs réduits.

Passeport pour les sites

Le centre du Patrimoine du gouvernement irlandais propose une carte à l'année, **Heritage Card**, pour découvrir les monuments et les jardins nationaux. Son prix est de 21 € pour les adultes, 16 € pour les enfants, 8 € pour les étudiants et 55 € par famille. Elle est en vente dans tous les sites nationaux *(www.heritageireland.ie)*. Comme elle n'est pas proposée spontanément, pensez à la demander dès votre première visite, le prix de la carte est amorti très vite.

Voir aussi « Patrimoine » (p. 40).

Personnes handicapées

Toutes sortes d'équipements sont proposés (accès handicapés, aide aux malentendants et malvoyants) : il est conseillé de se faire préciser au préalable par téléphone le détail des équipements installés.

À FAIRE ET À VOIR

Loisirs et activités de A à Z

La nature a doté l'Irlande d'un environnement varié, propice à la pratique de sports et loisirs en plein air. Sa longue côte découpée offre de nombreuses possibilités pour la baignade, la voile, la plongée, la planche à voile, la pêche côtière et la pêche en mer. Les innombrables lacs et cours d'eau de l'intérieur sont réputés pour le nautisme, le canoë, le ski nautique, et sont un paradis pour les pêcheurs. Les golfeurs trouvent ici des parcours sur les côtes comme dans les terres. Les chaînes montagneuses, qui bordent du nord au sud la côte atlantique, invitent à la randonnée, les courses d'orientation et l'escalade. Les plaines agricoles, du sud et du centre, sont le domaine privilégié de la chasse à courre et des courses de chevaux. Enfin, la randonnée à cheval *(pony trekking)* se pratique partout.

Bon à savoir – Dans la partie « Découvrir les sites » du guide, vous trouverez une petite sélection de prestataires d'activités sportives ou de loisirs dans les **encadrés pratiques**.

Pour d'autres renseignements sur toutes les activités ci-dessous, contactez l'**office du tourisme d'Irlande**. Deux autres adresses utiles pour les plus sportifs :

Irish Sports Council – *Frederick Buildings - South Frederick Street - Dublin 2 - 01 662 1444 - fax 01 679 9291 - www.irishsportscouncil.ie*

Sports Council for Northern Ireland – *House of Sport - 2A Upper Malone Road - Belfast BT9 5LA - 028 9038 1222; fax 028 9068 2757 - www.sportni.org*

ACTIVITÉS NAUTIQUES

Canoë

Les nombreux lacs et rivières proposent de belles possibilités.

Canoeing Northern Ireland – *028 9030 3930 - www.countrysiderecreation.com*

Voir Cavan, Enniskillen.

Planche à voile

Les centres de véliplanchisme les plus fréquentés se trouvent au nord-ouest de l'Irlande, sur la côte du comté de Mayo, à Easky, et sur la côte du comté de Donegal, à Bundoran, où les championnats européens attirent de nombreuses nationalités.

Voir Galway, Kinsale, Sligo, Westport.

Plongée sous-marine

L'Irlande possède de beaux fonds sous-marins notamment le long de la côte ouest, dans les eaux claires de l'Atlantique, où le Gulf Stream attire une faune marine abondante.

Irish Underwater Council – *78A Patrick Street - Dún Laoghaire - Co. Dublin - 01 284 4601 - www.cft.ie*

Voir péninsule de Dingle, Kenmare, New Ross, Connemara, côte du Donegal, Westport.

Surf

Le milieu et le nord de la côte ouest ont les meilleures conditions, mais on pratique aussi le surf sur les côtes nord, sud-ouest et sud de l'Irlande. Le surf n'est possible sur la côte est que par fort vent du sud ou tempête. On loue des planches de surf sur place.

Irish Surf Association – *Easkey House, Easkey - Co. Sligo - 096 49428 - www.isasurf.ie*

Voile

Il y a des **ports de plaisance** tout le long des côtes et sur les lacs intérieurs. *Sailing Ireland* (Pratiquer la voile en Irlande), un dépliant de l'office du tourisme irlandais, donne des informations sur la location de yachts et sur les courses au large qui attirent des équipes internationales. Tous les yacht-clubs appartiennent à l'Irish Sailing Association.

Irish Sailing Association – *3 Park Road, Dún Laoghaire - Co. Dublin - 01 280 0239 - www.sailing.ie*

Voir Cobh, Skibbereen, Galway, Lough Neagh.

AUTOUR DU CHEVAL

Équitation

L'office du tourisme irlandais publie une brochure répertoriant les promenades à cheval et randonnées organisées, les centres hippiques avec pension, les vacances à cheval avec relais d'étapes.

Equestrian Holidays Ireland – *Clonshire Equestrian Centre - Adare - Co. Limerick - 061 396 770 - www.ehi.ie*

Voir côte du Donegal, Londonderry.

Carriole à cheval

Dans les régions rurales et dans certains sites touristiques, le transport en véhicule tiré par un cheval existe toujours. La carriole menée par un cocher *(jarvie)* est une façon très populaire de visiter des sites comme ceux de Killarney.

Voir aussi « Cheval et roulotte » (p. 15).

Courses de chevaux

Vous pouvez voir des courses de chevaux presque partout en Irlande. Les plus connues de la région de Dublin sont The Curragh, Punchestown, Leopardstown et Fairyhouse. Sont particulièrement populaires celles de Fairyhouse (à Pâques), Killarney (en mai), Curragh (en juin), Killarney (en juillet), de Galway, Tramore et Tralee (en août), Galway et Listowel (en septembre) et Leopardstown et Limerick (en décembre).

Horse Racing Ireland – *Ballymany - The Curragh - Co. Kildare - ✆ 045 455 455 - www.goracing.ie*

Voir Dublin, Kildare.

COURSES DE LÉVRIERS

Il existe 18 cynodromes, où ces courses très populaires se déroulent le soir : Ballyskeagh, Cork, Dublin, Dundalk, Dungannon, Enniscorthy, Galway, Kilkenny, Lifford, Limerick, Londonderry, Longford, Mullingar, Newbridge, Thurles, Tralee, Waterford et Youghal.

Bord na gCon – *Irish Greyhound Board - 104 Henry Street - Limerick - ✆ 061 316 788 - www.igb.ie*

Voir Dublin, Clonmel, Cork, Enniscorthy, Limerick.

CROISIÈRES

Riche d'une multitude de rivières et de lacs, l'Irlande est aussi entourée par la mer. Son réseau de canaux et de voies navigables, autrefois très étendu, est tombé en désuétude avec l'arrivée du chemin de fer et l'amélioration des transports routiers. Mais, ces dernières années, certains tronçons ont été restaurés et ouverts à la croisière, notamment le canal de Ballinamore à Ballyconnell, rouvert en 1994 pour compléter la voie navigable Shannon-Erne *(voir p. 321)*. Le Grand Canal, qui relie Dublin au Shannon, et la Barrow navigable sont aussi ouverts aux vacanciers, qui y circulent à bord de péniches de location.

Voir aussi la rubrique « Croisières » (p. 16) et encadrés pratiques de Dublin, Athlone, Dundalk, Kinsale, Wexford, Birr, Cong, Connemara, Sligo, Lough Neagh, Enniskillen.

CYCLOTOURISME

La brochure *L'Irlande à vélo* de l'office national de tourisme propose différents itinéraires parmi lesquels :

The Táin Trail – Au cœur du pays, de Rathcroghan à la péninsule de Cooley et retour, cette piste (585 km) suit d'aussi près que possible l'itinéraire qu'auraient effectué les troupes de la légendaire Maeve à la poursuite du taureau brun de Cooley. Il s'inspire d'un des grands récits légendaires d'Irlande, Le raid sur le bétail de Cooley *(Táin bó Cúailgne)*. Ce parcours en boucle peut s'emprunter à tout endroit ; il traverse de nombreux points d'intérêt historique. Sur la partie nord, au départ de Rathcroghan, la piste traverse Strokestown, Longford, Fore, Kells, Louth, Dundalk et Omeath pour rejoindre Carlingford ; sur la partie sud, qui commence à Carlingford, elle traverse Monasterboice, Slane, Kells, contourne Mullingar, et se poursuit à travers Kilbeggan, Clara, Athlone et Roscommon pour regagner Rathcroghan.

Cycle Northern Ireland – *The Stable Yard - Barnetts's Demesne - Malone Road Belfast - ✆ 028 903 03930 - www.cycleni.com*

Irish Cycling Federation – *Kelly Roche House - 619 North Circular Road - Dublin 1 - ✆ 01 855 1522/3 - fax 01 855 1771 - www.cyclingireland.ie*

Voir la rubrique « En vélo » (p. 29).

GOLF

L'office du tourisme irlandais publie la brochure *Golfing in Ireland*, donnant une sélection de parcours, en bord de mer comme à l'intérieur.

Golfing in Ireland – *✆ 01850 230 330 - www.golf.ireland.ie*

Les canaux au fil du temps

Au milieu du 18e s., quand le gouvernement a financé leur construction dans l'espoir qu'ils entraîneraient l'essor du commerce, les canaux ont connu un âge d'or. Ils servaient à transporter les marchandises lourdes et les denrées agricoles, mais aussi pour les passagers de **flyboats** tirés par des chevaux lancés au galop, à l'allure moyenne de 13 km/h. Quelques-uns des hôtels où ils faisaient étape le soir subsistent : à Portobello dans le sud de Dublin, à Robertstown *(voir p. 189)* et celui en ruine de Shannon Harbour, près de Banagher, dans le comté d'Offaly. L'écrivain Anthony Trollope a voyagé ainsi lors de son premier séjour en Irlande. Son roman victorien *The Kellys and the O'Kellys* décrit l'aventure du voyage.

Golfing Union of Ireland – *National Headquarters - Carton Demesne, Maynooth - Co. Kildare - ✆ 01 505 4000 - www.gui.ie*

Voir Kilkenny, Donegal, Bangor, Antrim, Carrickfergus, Armagh, Londonderry, Sligo.

PATRIMOINE

Monuments historiques

En république d'Irlande

Dúchas, le service du patrimoine irlandais, est responsable de la protection du patrimoine national, qu'il s'agisse de bâtiments ou de zones naturelles. Quelque 25 villes ont été classées « Heritage Towns » pour leur architecture, leur patrimoine historique ou leur caractère. Leurs richesses sont présentées dans leurs centres du patrimoine, les **Heritage Centres**. L'**Heritage Card**, valable un an, ouvre l'accès illimité à tous les lieux que gère le Dúchas. Elle est en vente dans la plupart des sites ou par téléphone.

Dúchas Education and Visitor Services – *51 St Stephen's Green - Dublin 2 - ✆ 01 647 2453 ou 01 647 3000 - www.heritageireland.ie*

Voir aussi la rubrique « Visites » (p. 37).

En Irlande du Nord

Le **National Trust** britannique possède plus de 200 résidences historiques et jardins et 49 sites industriels en Irlande du Nord, Angleterre, pays de Galles et Écosse. La **carte de membre** (34,50 £) ouvre l'accès illimité à tous ses sites. Elle est en vente dans la plupart des sites ou directement auprès du National Trust.

Direction du NT en Irlande du Nord – *Rowallane House - Saintfield, Ballynahinch - Co. Down BT24 7LH - ✆ 028 9751 0721 - www.nationaltrust.org.uk*

Demeures et jardins

Houses, Castles and Gardens of Ireland – *16a Woodlands Park - Blackrock, Co. Dublin - ✆ 01 2889 114 - www.castlesgardensireland.com.* Regroupe et liste les grandes demeures comme les monuments archéologiques ou parcs paysagers privés et propose un guide complet retraçant l'histoire architecturale et horticole de l'Irlande.

Espaces protégés

La république d'Irlande compte quatre **parcs nationaux** – Glenveagh, Connemara, Wicklow Mountains et Killarney.

Des deux côtés de la frontière ont été répertoriés de nombreux parcs forestiers *(forest parks)* et parcs ruraux *(country parks)* aménagés pour le public et les loisirs, et de nombreuses **réserves naturelles** (tourbières, dunes, etc.).

Environment & Heritage Service (protection de l'Environnement) – *Natural Heritage - Commonwealth House - 35 Castle Street - Belfast BT1 1GH - ✆ 028 9025 1477 - fax 028 9045 6660 - www.ehsni.gov.uk*

The Wildlife Service/Dúchas (Faune d'Irlande) – *Voir plus haut Dúchas Education and Visitor Services.*

Irish Peatland Conservation Council (protection des tourbières) – *Allen Nature Centre - Lullymore - Rathangan - Co. Kildare - ✆ 045 860 133 - www.ipcc.ie*

Birdwatch Ireland (observation des oiseaux) – *P.O. Box 12 - Greystones - Co. Wicklow - ✆ 01 281 9878 - fax 01 281 0997 - www.birdwatchireland.ie*

Royal Society for Protection of Birds (protection des oiseaux) – *Belvoir Park Forest - Belfast BT8 4QT - ✆ 028 9049 1547 - fax 028 9049 1669 - www.rspb.org.uk*

PÊCHE

L'office du tourisme d'Irlande diffuse des brochures donnant les informations sur les dates de la saison et des compétitions, les sociétés de pêche, les tarifs des licences et des permis et les possibilités d'hébergement. Pour plus d'informations, contacter :

Central Fisheries Board – *Balnagowan House - Mobhi Boreen - Glasnevin - Dublin 9 - ✆ 01 837 9206 - www.cfb.ie*

En **Irlande du Nord**, permis et licences s'obtiennent dans les boutiques d'articles de pêche ou auprès de :

Fisheries Conservancy Board for Northern Ireland – *1 Mahon Road - Portadown - Co. Armagh - BT62 3EE - ✆ 028 3833 4666 - www.fcbni.com*

Voir Dundalk, monts Wicklow, Abbeylex, Cavan, Clonmel, Cobh, péninsule de Dingle, Enniscorthy, Kinsale, Birr, Tralee, Connemara, côte du Donegal, Donegal Glens, Ennis, Galway, Westport, Portumna, Sligo, Bangor, Lough Neagh, monts Sperrin.

RANDONNÉES PÉDESTRES

L'Irlande entretient une trentaine d'itinéraires balisés (flèche jaune et silhouette de marcheur) qui couvrent tout le pays en empruntant des routes désaffectées, des sentiers et des pistes forestières.

Info pratique

CONSEILS AUX RANDONNEURS

Comme le temps peut changer rapidement et sans prévenir, il est recommandé d'indiquer à quelqu'un l'itinéraire prévu et l'heure de retour envisagée, et de bien s'équiper : vêtements appropriés, boussole, cartes et topo-guide.

Bon à savoir – Les sentiers réservés à la randonnée ne sont pas destinés aux chevaux ni aux VTT. Les chiens ne sont pas autorisés sur les trajets qui traversent des fermes (un chien qui poursuit les animaux domestiques court le risque d'être abattu).

The Bangor Trail – Dans l'Ouest irlandais, cette ancienne piste de conducteurs de bétail d'environ 32 km mène de Newport, sur le rivage de la baie de Clew, vers le nord jusqu'à Bangor Erris, en traversant les monts Nephin Beg. Cette région du nord-ouest du Connacht est faite de collines qu'entoure une vaste étendue de tourbière vierge, dépourvue d'arbres ou de maisons – rien entre la bruyère et le ciel, à part un fermier ou un berger isolé.

The Cavan Way – Dans le nord-ouest du comté de Cavan, entre Blacklion et Dowra, la piste de 26 km passe au-dessus des collines, atteint Shannon Pot, la source du grand fleuve, puis suit surtout la route jusqu'à Dowra, où elle rejoint la piste du Leitrim.

The Leitrim Way *(Slí Liatroma)* – La randonnée (48 km) relie pistes anciennes et récentes au départ de Drumshanbo, le long de la rive est du Lough Allen, au pied du Slieve Anierin. Elle traverse Dowra, première ville sur le cours du Shannon, remonte la vallée d'Owennayle, passe sur un plateau couvert de lande, longe le Doo Lough (vues panoramiques), traverse la plaine et la forêt, franchit le plateau de Tullykeherny et redescend à Manorhamilton par une route de campagne.

The Dingle Way – Cette randonnée (168 km) qui commence et s'achève à Tralee permet de découvrir les merveilleux paysages de la péninsule de Dingle. Il n'y a que le tronçon Tralee-Camp qui ne soit pas exceptionnel.

The East Munster Way – Le sentier (70 km) part de Carrick-on-Suir, traverse Clonmel et s'achève à Clogheen, dans le comté de Waterford. Il comprend des pistes forestières, des paysages de lande ouverts et un chemin de halage en bord de rivière.

The Kerry Way *(Slí íbh Ráthach)* – Cette boucle qui part de Killarney et y revient peut être faite dans un sens ou dans l'autre. C'est le circuit pédestre le plus long, 214 km. Il serpente à travers les Macgillycuddy Reeks avant de rejoindre la côte à Glenbeigh et de courir vers le sud, puis vers l'est, en traversant Caherciveen, Waterville, Derrynane, Sneem et Kenmare.

En plus des sentiers ci-dessus, d'autres figurent dans les « carnets pratiques » chapitres concernés : Beara Way *(voir Kenmare)*, Burren Way *(voir les Burren)*, Wicklow Way *(voir monts Wicklow)*.

Où s'informer

L'office du tourisme publie des brochures sur les sentiers de randonnées balisés.

Walking/Cycling Ireland – *PO Box 5520, Ballsbridge - Dublin 4 - ✆ 01 668 8278 - www.irelandwalkingcycling.com*

Walk Northern Ireland – *The Stableyard - Barnett's Demesne - Malone Road - Belfast - ✆ 028 9030 3930 - www.walkni.com*

TRAIN TOURISTIQUE

Ces dernières années, on assiste à de nombreuses initiatives pour faire revivre des lignes secondaires ou des tronçons de lignes principales auparavant désaffectées.

Chemins de fer

Dans la première partie du 20e s., tout le pays était desservi par un réseau de voies ferrées, suivant pour l'essentiel le fonctionnement des trains anglais, bien que le format retenu, unique en son genre, soit une voie large de 1,60 m au lieu de la norme européenne 1,435 m. Les endroits reculés étaient desservis par des lignes à voie étroite, chacune avec son caractère bien particulier, comme celles du Donegal ou de l'ouest du Clare *(voir p. 350)*, très souvent objet de dérision. À cette époque, les chemins de fer irlandais avaient un charme suranné qui, malgré leurs inconvénients, faisaient les délices des passionnés, même s'ils ne séduisaient guère les usagers qui les pratiquaient au quotidien. Dans les années 1950 et 1960, l'augmentation du trafic routier sonne le glas des lignes à voie étroite, puis d'une bonne partie du réseau principal.

Des excursions en train tiré par une locomotive à vapeur sont organisées sur le réseau national et quelques voies touristiques. La plus longue est la ligne **Tralee-Blennerville**, mais on peut faire de courtes promenades sur le Fintown Railway dans le Donegal, au Foyle Valley Railway Centre à Londonderry, à Downpatrick.

Deux anciens **trains de tourbières** circulent : le Clonmacnoise and West Offaly Railway, près de Birr, et le chemin de fer à voie étroite du Peatlands Park, entre Dungannon et le Lough Neagh.

Railway Preservation Society – *Ashgrove House - Kill Avenue - Dún Laoghaire - Co. Dublin - ✆ 028 2826 0803 - www.rpsi-online.org*

Voyager en famille

L'Irlande est une destination idéale pour les enfants. On trouve des piscines et des centres de loisirs dans toutes les grandes villes, mais aussi de nombreuses plages à baignade sur la côte, et des terrains d'aventures dans les monts Wicklow et à Westport House. Plusieurs tronçons de voie ferrée ont été remis en service pour des excursions (*voir ci-dessus*). On voit des modèles réduits de trains en état de marche au West Cork Model Railway Village, près de Clonakilty, et au Fry Model Railway, à Malahide.

Toutes sortes de modèles de voitures anciennes sont exposées au musée des Transports de Clonmel, celui du château de Howth, au nord de Dublin, celui de Killarney, et au Ulster Folk and Transport Museum, près de Bangor.

Ceux qui sont fascinés par la technique apprécieront le grand télescope du château de Birr, en état de marche après restauration.

Beaucoup d'enfants seront captivés par les démonstrations d'artisans des musées d'Art et Traditions populaires : Muckross Farms près de Killarney, Ulster Folk and Transport Museum près de Bangor et Ulster-American Folk Park, au nord d'Omagh, dans les monts Sperrin. Ils seront certainement intrigués de découvrir le mode de vie de leurs ancêtres des siècles précédents au Craggaunowen Centre, près d'Ennis, qui abrite le *Brendan*, reconstitution d'un bateau à l'ancienne ; ou au Lough Gur Interpretive Centre, au sud de Limerick,

SITES OU ACTIVITÉS À FAIRE EN FAMILLE

	Nature	Musées ou sites	Loisirs
Dublin	Le jardin zoologique de Phoenix Park	Le musée d'Histoire naturelle ; Dublinia ; le musée du Chemin de fer à Malahide Castle	
Abbeyleix		Les machines à vapeur du Stradbally Steam Museum	
Athlone			Une promenade en drakkar sur le Lough Ree
Vallée de la Boyne		Battle of the Boyne Centre	
Cavan			Activités nautiques sur le Lough Oughter
Drogheda			Plages de Bettystown et Clogherhead
Dundalk			Adventure Centre à Carlingford
Kells	Loughcrew Historic Gardens		
Kildare		Le musée du Cheval irlandais à l'Irish National Stud	
Wicklow Mountains	Les aquariums du National Sea Life Centre à Bray		Blessington Lakes Land, Clara Lara Fun Park et Tiglin Adventure Centre
Cashel		Lar na Pairce ; Caher Castle	
Cobh	Wild Life Park		
Cork	Doneraile Wild Life Park	Lifetime Lab ; Blackrock Castle Observatory	
Péninsule de Dingle	L'aquarium Oceanworld	Celtic and Prehistoric Museum	

SITES OU ACTIVITÉS À FAIRE EN FAMILLE

	Nature	Musées et sites	Loisirs
Kenmare	Bonane Heritage Park		
Kilkenny	Dunmore Cave		
Killarney		Muckross House et Muckross Farms ; Skellig Experience	
Kinsale		Village ferroviaire miniature à Clonakilty	Promenades guidées sur les traces des fantômes
New Ross		Le trois-mâts *Dunbrody*	
Skibbereen	Le planétarium de Skull	Le vistor centre de Mizen Head	
Tralee	L'aquarium Fenit Sea World	Le moulin à vent de Blennerville ; la chaumière de A day in the Bog à Listowel	
Waterford		Waterford Crystal	Splashworld
Wexford	Parc d'agrément du Irish Agricultural Museum		
Birr	West Offaly Railway	Le grand télescope du château	
Boyle	Lough Key Forest Park		
Le Burren	Aillwee Cave et Doolin Cave	Cliffs of Moher Visitor Experience	
Connemara	Connemara National Park ; Les jardins de Kylemore	Dan O'Hara heritage and History Centre	
Donegal		Donegal Railway Heritage Centre	Plage de Rossnowlagh ; Centre Waterworld
Côte du Donegal		Glencolmcille Folk Village	
Donegal Glens		Dunlewy Centre	Le petit train du Lake Finn
Ennis	Les dauphins à Kilrush	Craggaunowen Centre	
Limerick		Folk Park au Bunratty Castle	
Westport		Le National Museum : Country Life	
Belfast	Belfast Zoological Gardens	Ulster Folk and Transport Museum	W5 Discovery Centre
Antrim Glens			Le labyrinthe végétal de Carnfunnock Country Park
Bangor	Crawfordsburn Country Park		
Carrickfergus		Le château de Carrickfergus	
Downpatrick	La serre des papillons tropicaux de Seaford Garden		
Lisburn		Irish Linen Centre	
Lough Neagh			Le petit train de Peatlands Park
Monts Mourne			Castle and Islands Park ; le centre Tropicana ; Coco's Indoor Adventure Playground à Newcastle
Portrush	Countryside Centre ; la ferme ouverte Leslie Hill		Dunluce Centre ; les attractions foraines de Portrush
Strangford Lough	L'aquarium Exploris ; Delamont Country Park		
Armagh	Le planétarium	Navan Fort	
Enniskillen	Marble Arch Cave		Lakeland Canoe Centre à Castle Island
Monts Sperrin		Ulster-American Folk Park	

au Irish National Heritage Park, près de Wexford, et au Ulster History Park, au nord d'Omagh, dans les monts Sperrin. Le zoo de Dublin, le parc animalier de Fota et le zoo de Belfast abritent de nombreuses espèces d'animaux. Dans le parc national du Connemara, les célèbres poneys galopent en liberté. On voit des hardes de daims paître librement dans plusieurs autres parcs : parc national de Glenveagh dans le Donegal, réserve de faune de Doneraile près de Mallow, parc forestier de Parkanaur, près de Dungannon.

De nombreux centres équestres proposent des promenades à poney ou à cheval. À Killarney, les carrioles à cheval attendent les visiteurs.

L'érosion a creusé un certain nombre de grottes *(caves)* que l'on peut explorer en toute sécurité : Aillwee Cave dans les Burren, Mitchelstown Cave près de Caher, Dunmore Cave près de Kilkenny, Crag Cave près de Tralee et Marble Arch Caves près d'Enniskillen.

Tourism Ireland *(voir p. 18)* édite un guide, *Family Fun Guide*, répertoriant les activités et sites destinés aux enfants.

Que rapporter

L'Irlande produit un certain nombre d'articles qui ont acquis une réputation internationale, comme le cristal de Waterford, les pull-overs en laine d'Aran ou le tweed du Donegal. Ouvert au début des années 1960, le Kilkenny Design Centre a donné un nouvel élan à la création et au design des artisans et de l'industrie irlandais, et commercialise une large gamme d'objets *(voir Kilkenny et Dublin)*.

Dans tout le pays fonctionnent de nombreuses entreprises moins connues, et beaucoup d'artisans produisent toutes sortes d'articles. Les fabricants de tissus, d'objets en verre et de porcelaines, proposent la visite de leurs ateliers et de leurs espaces de vente. On trouve souvent leurs productions dans les grands magasins et les boutiques spécialisées des grandes villes. Dans certaines régions, les artisans sont spécialisés. D'autres se rassemblent au sein de **villages d'artisans** organisés par le gouvernement, à Dingle, Donegal, Blennerville près de Tralee ou Roundstone au Connemara.

Voir Drogheda (Millemount Craft Centre), Mullingar (Mullingar Bronzes and Pewter), Tralee (Blennerville Windmill), péninsule de Dingle (Craft Centre), Kenmare (Kenmare Heritage Centre).

Lainages

Les épais tricots de laine écrue (non teintée) associés aux îles d'Aran, les plus connus des tricots irlandais, sont en vente partout en Irlande. Le pays produit une grande diversité d'autres vêtements tricotés, dans une vaste gamme de textures et de couleurs, en particulier d'épais pull-overs pour résister au vent et à la pluie, utilisant les points de tricot traditionnels : points de panier, de mûre, de couverture, cordé, en losange, tressé, en treillage, en zigzag.

Dentelle

Au 19e s., l'Irlande comptait de nombreux centres de fabrication de dentelle, peu ont survécu. Dans la plupart, le savoir-faire était transmis par des religieuses ; les dentellières de Clones et de Carrickmacross sont aujourd'hui organisées en coopératives. La dentelle à l'aiguille de Kenmare est la plus difficile à réaliser ; celle de Clones se fait au crochet. Les autres centres produisent des « dentelles intermédiaires », à partir d'un filet de coton tissé mécaniquement.

Lin

La demande en draps, nappes et serviettes à thé maintient quelque 20 maisons linières en activité. Tissu d'habillement, le lin connaît un bel essor depuis que les mélanges avec des fibres synthétiques ou d'autres fibres naturelles ont réduit sa tendance à se froisser. Il est aujourd'hui utilisé par les créateurs du monde entier, qui apprécient sa texture, son aspect lustré, sa solidité et sa faculté d'être frais en été et un isolant efficace en hiver ; il se teint facilement de couleurs claires et vives. Sur le thème du lin, le Linen Homelands Tour visite le Irish Linen Centre ainsi que plusieurs manufactures de lin à Lisburn et alentour *(voir p. 449)*.

Tweed

Le terme de tweed s'est appliqué pour la première fois, à la fin du 19e s., au drap de laine tissé à la main dans le comté de Donegal. Le tweed est aujourd'hui tissé sur des métiers mécaniques par quatre ateliers, à Donegal, Kilcar, Ardara et Downies. Trois de ces entreprises emploient des tisserands qui utilisent chez eux leur métier à tisser manuel. Presque toutes ont diversifié leur production, du tricot au prêt-à-porter, ou par l'ajout d'autres fibres naturelles : lin, coton, soie.

À l'origine, les tweeds étaient obtenus à partir de laine naturelle non teinte – grise, brune ou crème. Comme la laine colorée n'était produite qu'en petite

CORRESPONDANCE DES TAILLES										
Vêtements	**Femmes**					**Hommes**				
Irlande	32/10		34/12	36/14	38/16	36		38	40	42
France	38		40	42	44	46		48	50	52
Chaussures	**Femmes**					**Hommes**				
Irlande	3	4	5	6	7	6	7	8	9	10
France	36	37	38	39	40	40	41	42	43	44

quantité, elle était introduite sous la forme de mouchetures au moment du cardage. Les teintures étaient extraites de plantes, de lichens, de suie, de tourbe et de minéraux.

La fabrique d'Avoca Handweavers *(voir p. 211)* a été fondée en 1723 ; the Kerry Woollen Mills *(voir p. 271)* date aussi du 18e s. Foxford *(voir p. 403)* et Blarney *(voir p. 154)* ont débuté la production au 19e s.

Métaux précieux et décoratifs

Dans tout le pays, particulièrement dans les villages d'artisans, des artistes travaillent l'or, l'argent, le bronze, l'étain et les émaux pour produire plats et plaques décoratives, colliers, pendentifs et boucles d'oreille. Réalisées en or, les bagues de Claddagh traditionnelles montrent deux mains tenant un cœur surmonté d'une couronne.

Cristal

La plus ancienne et la plus célèbre des cristalleries est établie à **Waterford** ; depuis son renouveau, en 1951, plusieurs entreprises plus petites ont suivi et ont commencé à produire du cristal au plomb soufflé, puis taillé, gravé, décoré ou non : Cavan Crystal, Galway Crystal, Grange Crystal, Sligo Crystal, Tipperary Crystal et Tyrone Crystal. La plupart des fabriques ont ouvert leurs propres points de vente et proposent la visite guidée des ateliers.

Porcelaine et poterie

La plus importante fabrique de porcelaine se trouve à **Belleek**. Elle fabrique une porcelaine « parian », à l'imitation du marbre de Paros, fine et translucide, et se spécialise dans la production d'objets tressés imitant la vannerie et de décors floraux imitant la nature.

L'usine d'Irish Dresden *(voir p. 310)* préserve et développe la tradition des délicates porcelaines ornementales originaires de Dresde, en Allemagne.

On trouve en Irlande de nombreux ateliers de potiers, qui fabriquent des articles tournés à la main, comme dans le Connemara ou à la Stephen Pearce Pottery de Shanagarry.

Ébénisterie

Un certain nombre de travailleurs sur bois produisent des objets tournés à la main : coupes, objets décoratifs ou pieds de lampe. Les gracieuses sculptures réalisées à partir de morceaux de bois de tourbe *(bogwood)* tourmentés sont des pièces uniques. Certains tourneurs sur bois fabriquent des instruments de musique comme les cornemuses et les *bodhráns* (tambourins en peau de chèvre).

Gastronomie

Les produits consommables les plus commodes à rapporter en souvenir sont le whisky irlandais ou une bouteille de Baileys Irish Cream ou Irish Mist. Si le voyage n'est pas trop long, vous pouvez aussi rapporter des fromages irlandais, du saumon fumé et d'autres poissons ou viandes fumés.

Fêtes et festivals

JANVIER

Derry – White Light Festival : événement artistique électronique et contemporain avec projection d'images sur les façades architecturales et dans les rues de la ville. www.derryvisitor.com

FÉVRIER

Dublin – Dublin Film Festival : pendant 10 jours, les salles de la ville proposent une large variété de films internationaux. www.dubliniff.com

Ville différente chaque année – All Ireland Dancing Championships : concours de danse ouvert aux participants de tous pays. www.allirelands.info

MARS

Ballycastle, Fair Head – Horse Ploughing Match and Heavy Horse Show : une des trois grandes foires irlandaises, avec présentation de chevaux de trait et concours de labour.

Belfast – Belfast Literary Festival : festival littéraire mettant à l'honneur les meilleurs auteurs régionaux, irlandais et du monde entier.

Dans les principales villes d'Irlande – St Patrick's Day Parade : le 17 mars, le défilé de la Saint-Patrick ponctue 4 jours de feux d'artifice, carnaval, fanfares et représentations théâtrales.

Dublin – Feis Ceoil Music Festival : festival de musique classique, pour tous instruments et chanteurs. www.feisceoil.ie

Galway – Galway Pœtry & Literature Festival : lectures publiques de poèmes, débats autour de la littérature et pièce de théâtre.

AVRIL

Ville différente tous les ans – World Irish Dancing Championships : concours de danse auquel participent 4 000 danseurs du monde. www.worldirishdancing.com

MAI

Bantry – Bantry Mussel Fair : fête des produits de la mer et des producteurs de moules ; animations de rue gratuites.

Belfast – The Ninth Cathedral Quarter Arts Festival : musique, théâtre, littérature, comédie, cirque et arts visuels. www.cqaf.com

Derry – Festival de Jazz et de Big Band. ✆ 028 7137 6545 - www.cityofderryjazzfestival.com

Ennis – Fleadh Nua : festival folklorique de musiciens, chanteurs, danseurs, « wrenboys », « biddyboys » et « strawboys » unis par leur riche culture. www.fleadhnua.com

Listowel – Writers' Week : semaine des Écrivains : festival littéraire avec ateliers, expositions et une foire aux livres. www.writersweek.ie

Newtownards – Lough Lively : les légendes et traditions de Strangford Lough reprennent vie pendant une semaine de festivités. Manifestations à Castle Espic, Mount Stewart et Exploris à Portaferry. www.ards-council.gov.uk

Portrush – Raft Race Weekend : fanfares, théâtre de rue, démonstrations de parachutisme et course de rafts, pour collecter des fonds pour le sauvetage en mer. www.portrushrnli.com

Warrenpoint – Blues on the Bay : Festival International de Blues patroné par Guinness. www.bluesonthebay.com

JUIN

Ballycastle – Fleadh Amhrán agus Rince : festival traditionnel de chant, de musique et de danse.

Bangor – Festival de la Mer : activités à la fois sur l'eau et hors de l'eau avec musique et attractions interactives. www.northdowntourism.com

Belfast – Maritime Festival : grands voiliers, musique, activités pour enfants, expositions, excursions en bateau et sports nautiques. www.belfastcity.gov.uk/events
Holywood International Jazz festival. www.holywoodjazzfestival.com

Dublin – Bloomsday : le 16 juin, célébration annuelle du grand roman de James Joyce, *Ulysse* : lectures, théâtralisation, musique, théâtre et théâtre de rue.

Kildare – Irish Derby : grande manifestation hippique au Curragh Racecourse. www.curragh.ie

Lieu différent tous les ans – Irish Open Golf Championship : championnat irlandais de golf.

Loughcrew – Loughcrew Opera : spectacle d'opéra dans les jardins de Loughcrew.

Plusieurs lieux en république d'Irlande – AIB Music festival : une dizaine de jours de concerts classiques disséminés dans les plus belles demeures du pays. ✆ 01 278 15 28.

Portaferry – Galway Hookers' Regatta *(Crinniú na mBád)* : régates annuelles de voiliers traditionnels (hourques) sur le Strangford Lough.

Strangford – Opéra à Castle Ward. www.castlewardopera.com

JUILLET

Belfast et autres lieux – Twelfth of July Parades : parades du 12 juillet des Orangistes : fanfares, bannières et confréries de l'ordre d'Orange célèbrent l'anniversaire de la bataille de la Boyne.

Belfast, Dixon Park – International Rose Week : concours international de roses.

Derry – Régate de la Foyle : rencontres de bateaux à voile, de grands voiliers et activités sur le rivage, musique et animations dans les rues. www.cruisenorth-west.com

Dublin – James Joyce Summer School : stage d'été James Joyce : conférences, séminaires et manifestations : Newman House, St Stephen's Green, où Joyce lui-même a étudié (2 semaines). www.joycesummerschool.ie

Galway – Galway Arts Festival : théâtre, danse, concerts et animations de rue : le premier festival interdisciplinaire d'art d'Irlande (10 jours). Race Week : fin juillet, une semaine de courses hippiques prestigieuses.

Milltown Malbay et autres lieux – Willie Clancy Summer School : stages d'été Willie Clancy : premier festival de musique celtique traditionnelle (surtout cornemuses).

Sligo – Yeats International Summer School : université d'été Yeats : fin juillet-déb. août. Conférences et séminaires. www.yeats-sligo.com

Westport – Pèlerinage de Croagh Patrick : dernier dimanche.

AOÛT

Armagh – All-Ireland Intermediate Road Bowls Finals – Finale irlandaise du Road Bowls : cet ancien sport pratiqué seulement dans les comtés d'Armagh et de Cork consiste à lancer des boulets de canon.

Ballycastle – Oul' Lammas Fair : la plus ancienne foire traditionnelle d'Irlande : vente de chevaux, animations de rue, concours, étals de marché.

Ballyshannon – Ballyshannon Folk and Traditional Music Festival : concerts de musique irlandaise sous des auvents et en plein air. www.ballyshannonfolkfestival.com

Belfast – Festival « Féile an Phobail » : concerts, débats, visites, expositions, art dramatique et théâtre de rues dans plusieurs endroits de Belfast ouest. www.feilebelfast.com

Birr – National Country Fair : première fête de la chasse et de la pêche d'Irlande ; foire agricole pour toute la famille. www.irishgameandcountryfair.com

Clifden – Connemara Pony Show : grand concours de poneys du Connemara, le cheval natif d'Irlande.

Clogher Valley – William Carleton Summer School : université d'été, événement littéraire annuel avec conférences, lectures, expositions et visites en hommage au romancier du 19e s. William Carleton. www.williamcarletonsummerschool.org

Dublin – Kerrygold Horse Show : grand concours de saut d'obstacles de Dublin, rassemblant des équipes internationales de cavaliers sur le domaine de la Royal Dublin Society à Ballsbridge. Événement hippique et mondain de l'année.

Donegal/Sligo – Pan Celtic International Festival : jeux interceltiques mettant l'accent sur la voile, l'aviron, le kayak et le surf.

Keadew – O'Carolan Harp and Traditional Music Festival : interprétation des compositions de O'Carolan, musique, chants et danses irlandaises, nombreuses manifestations en plein air *(voir Boyle)*. www.ocarolanharpfestival.ie

Kilkenny – Kilkenny Arts Festival, festival artistique : musique, art visuel, théâtre, littérature, activités artistiques en plein air pour les enfants.

Killorglin – Puck Fair : foire des lutins, une des trois grandes manifestations irlandaises : trois nuits de festivités autour d'un bouc installé sur un trône ; foire aux chevaux, busking, concerts en plein air, défilés et feux d'artifice (3 jours).

Kinvarra – Gathering of the Boats *(Crinniú na mBád)* : rassemblement de bateaux : régates de hourques de Galway.

Lisdoonvarna – Lisdoonvarna Matchmaking Festival : première foire aux célibataires d'Irlande, avec concerts, danses et courses de chevaux (fin août à début octobre *(voir le Burren)*.

Lieu différent chaque année – *Fleadh Cheoil na hEireann* : musique traditionnelle irlandaise, concerts, discussions et chants (3 jours).

Stradbally – Steam Engine Rally : rassemblement de locomotives à vapeur à Stradbally Hall, près du musée des locomotives Stradbally Steam Museum *(voir p. 159)*.

Tralee – Rose of Tralee Festival : fête de la rose de Tralee : orchestres, défilés, danses, courses de chevaux et autres façons de célébrer l'art d'être irlandais *(voir Tralee)*.

SEPTEMBRE

Dans tout le pays – National Heritage Week : semaine du Patrimoine : visites à pied, conférences, expositions, récitals de musique, défilés en

NOUVELLES CARTES MICHELIN
Laissez-vous porter par votre imagination.
705 National 705
MICHELIN
EUROPE
MICHELIN
EUROPE

costume et manifestations organisées par de nombreuses associations locales et nationales.

Clarenbridge – Clarenbridge Oyster Festival : fête des huîtres. Concours féminin international d'ouverture d'huîtres, dégustation, gastronomie, bonne bière, danses et musique. www.clarenbridge.com

Dublin – All Ireland Hurling Finals : finale panirlandaise de hurling à Croke Park.
All Ireland Football Finals : finale panirlandaise de football gaélique à Croke Park.

Galway – International Oyster Festival : championnat mondial d'ouverture d'huîtres dans les pubs, dégustation, musique, chants et danses. www.galwayoysterfest.com

SEPTEMBRE - OCTOBRE

Belfast/Dublin – Irish Ancestor Family History Conference : conférence organisée à Belfast et à Dublin, pendant une semaine, proposant une aide concrète pour la recherche généalogique.

Dublin – Dublin Theatre Festival : festival des meilleures pièces de théâtre mondiales ; nouvelles productions des grandes compagnies irlandaises. www.dublintheatrefestival.com

Waterford – Waterford International Festival of Light Opera : festival-concours de groupes amateurs de comédies musicales et opérettes au Théâtre Royal.

OCTOBRE

Cork – Cork International Film Festival : le plus ancien festival de cinéma d'Irlande, qui présente les meilleures productions mondiales et sert de plate-forme au nouveau cinéma irlandais.

Kinsale – Kinsale International Festival of Fine Food : festival international de gastronomie et des vins : musique, danses et dégustations dans une ambiance conviviale.

Nobber – O'Carolan Harp and Cultural Festival, festival O'Carolan : ateliers de luthiers et facteurs d'instruments, concours de harpe. Concerts de musique traditionnelle, danses, messe traditionnelle en gaélique, conférences *(voir p. 187)*.

Wexford – Wexford Festival Opera : festival à l'audience internationale, production d'opéras rarement joués et autres activités culturelles attirant un vaste public de connaisseurs durant une semaine.

OCTOBRE - NOVEMBRE

Comté d'Armagh – Festival de Cornemuse William Kennedy : concerts dans plusieurs endroits, pour célébrer la vie et l'œuvre de William Kennedy, joueur de cornemuse du 18e s. www.wkpf.org

Belfast – Belfast Festival at Queen's : plus grand festival des arts d'Irlande : concerts classiques et folk en passant par le jazz ; théâtre, ballets et cinéma.

Cork – Cork Jazz Festival : un des premiers festivals mondiaux de jazz, rendez-vous incontournable des plus grands noms du jazz.

DÉCEMBRE

Belfast – Belfast Craft Fair : grande foire d'artisanat, où plus de 200 exposants proposent leur production.

LEXIQUE

Un peu de vocabulaire pour vous guider dans vos visites.

Alt – falaise
An Lár – centre-ville
Ard – haut, hauteur
Áth – gué

Bád (baud) – bateau
Baile (bally) – ville, terrain communal, ferme
Bán (bawn) – blanc, blond, prairie
Beag (beg) – petit
Béal – ouverture, entrée, estuaire
Bealltaine (Beltany) – 1er Mai, mois de mai
Beann (ban, ben) – sommet, colline pointue, corne, pignon
Beannchar – riche en sommets, collines pointues, cornes, pignons
Bearna (barn) – trou, fossé
Beith – bouleau
Bile (bilia) – arbre vénéré
Bó – vache
Boireann (burren) – grand rocher, zone rocheuse
Both (boh) – hutte, tente
Bóthar (boher) – route
Buí (bwee, boy) – jaune
Bun – extrémité, fond

Cabhan (cavan) – creux
Caiseal (cashel) – château, fort de pierre circulaire
Caisleán – château
Caladh – port, lieu marécageux, lieu de débarquement
Capall – cheval
Carraig – rocher
Cath – bataille
Cathair – fort de pierre circulaire, ville
Cealtrach (caltragh) – terre de sépulture ancienne
Céide – petite colline
Cill (kill) – église
Cillín – chapelle, sépultures d'enfants
Cliath – claie
Cloch – pierre
Cluain – pré
Cnap – tertre, petite colline ronde
Cno – colline
Coinicéar – garenne
Com – vallon en montagne

Dairbhre – bois de chênes
Dearg – rouge
Díseart – désert, ermitage
Doire – zone boisée
Droichead – pont
Droim – crête, arête
Dubh – noir
Dún – fort

Eaglais – église
Eas – cascade
Eiscir (esker) – arête ou crête
Eochail (oghill) – bois d'if
Fearbán – parcelle de terre
Fionn (fin) – blanc, clair, transparent, blond
Fir – hommes

Gall (gaul) – étranger
Gorm – bleu
Gort – champ

Inbhear (inver) – estuaire
Inis (inish) – île

Leithinis (lehinshi) – péninsule
Lios (lis) – fort de terre circulaire, anneau
Lúr – if

Mna – femmes
Mór – grand
Móta – douve, haut tertre artificiel
Muc – cochon
Muirbheach – étendue sableuse en bord de mer
Muireasc – prairie marécageuse en bord de mer

Óg – jeune, petit
Oileán – île
Omhna – arbre, tronc

Poll – grotte, creux

Ráth – fort en terre
Rinn – pointe de terre

Sagart – prêtre
Sceir – rocher pointu
Sean – vieux
Sí – enchanté, colline des fées
Slí – chemin, route
Sliabh (slieve) – montagne
Sruth – cours d'eau

Teach – maison
Teampall – église
Tobar – puits
Tóchar (togher) – chaussée
Trá – plage, rivage
Túr – tour
Turlach (turlough) – lac à sec en été

Uachtar – sommet, partie supérieure

POUR PROLONGER LE VOYAGE

Nos conseils de lecture

BEAUX LIVRES

Irlande, carnet de bord d'un pêcheur d'images, Philip Plisson, Patrick Mahe (Chêne, 2000).
Merveilleuse Irlande, Peter Harbinson (Könemann, 2000).
Les Plus Beaux Villages d'Irlande, Fitz-Simon, Palmer (Bibliothèque des Arts, 2000).
Grandes demeures d'Irlande, H. Mont gomery-Massinbeg, C. S. Sykes (Könemann, 2000).
Les Maisons de campagne en Irlande, Ann Rooney Heuer (MPL Éditions, 1999).
Le Livre de Kells, Bernard Meehan (Thames et Hudson, 1995).
Irlande : art de vivre et traditions, Mike Bunn (Albin Michel, 1992).
L'Art de vivre en Irlande, Marianne Heron, Walter Pfeiffer (Flammarion, 1992).

RÉCITS DE VOYAGE, GUIDES PRATIQUES

L'Adieu au Connemara, Hervé Jaouen (Pocket, 2005).
Journal d'Irlande, Hervé Jaouen (Ouest-France, 2003).
Journal d'Aran et d'autres lieux, Nicolas Bouvier (Payot-Rivages, Petite Bibliothèque Payot, 2001).
Nulle Part, mais en Irlande, Franz Bartelt (Le temps qu'il fait, 2002).
Désirs d'Irlande, Catherine de Saint-Phalle, Paul Brennan (Actes Sud, 1999).
L'Irlande dans un verre, Pete McCarthy (Hoëbecke, 2003).
Parlons gaélique, Patrick Le Besco (L'Harmattan, 2001).

HISTOIRE, ÉCONOMIE

Histoire de l'Irlande et des Irlandais, Pierre Joannon (Perrin, 2006).
Histoire de l'Irlande, des origines à l'État libre, Ernest Joynt (Cairn, 2003).
Atlas historique d'Irlande (Autrement, 2002).
Irlande, une singulière intégration européenne, M. C. Considère-Charon (Economica, 2002).
Irlande la rebelle : Belfast, 1969-1999, Georges Baquet (L'Harmattan, 2002).
L'Irlande contemporaine de A à Z, Jean Guiffan (Armeline, 2000).
La Résistance irlandaise 1916-2000, Roger Faligot (Terre de Brume, 1999).
Une voix pour la paix en Irlande, Gerry Adams (Coop Breizh, 1998).
Histoire et civilisation de l'Irlande, Catherine Maignant (Nathan Université, 1996).
L'Épopée celtique d'Irlande, Jean Markale (Payot, 1993).

AUTOBIOGRAPHIES, CONTES

Les Cendres d'Angela, Frank McCourt (J'ai Lu).
Sept Hivers à Dublin, Elizabeth Bowen (Payot-Rivages, Petite Bibliothèque Payot).
Portrait de l'artiste en jeune homme, James Joyce (Gallimard, Folio).
Dramatis personae, Autobiographie, William Butler Yeats (Mercure de France).
Contes et légendes des pays celtes, Jean Markale (Ouest-France, 2008).

JEUNESSE

Pendant la famine en Irlande, Carol Drinkwater (Gallimard jeunesse, 2006).
Les Voyages de Gulliver, Jonathan Swift (Le Livre de Poche).

FICTIONS

Mémoires de Barry Lyndon..., William Thackeray (GF Flammarion).
Le Portrait de Dorian Gray (Gallimard, Folio), *La Ballade de la geôle de Reading* (Allia), *De profundis* (Le Livre de Poche), Oscar Wilde.
Gens de Dublin, *Ulysse*, James Joyce (Gallimard, Folio).
Trois Nôs irlandais, William Butler Yeats (José Corti).
Les Îles d'Aran (Climats), *Dans le Wicklow, l'ouest du Kerry et le Connemara* (Climats), John Millington Synge.
On s'est déjà vu quelque part ? Chimères, Nuala O'Faolain (10/18).
Dernier Automne, Elizabeth Bowen (Rivages).
Un beau mariage (La Table Ronde), *L'Amour sans larmes* (Gallimard, Folio), Molly Keane.
Le Mont-Brûlé, Daphné Du Maurier (Phébus).
Irlande, nuit froide, Deirdre Madden (Belfond).
Un cœur fanatique, Les Filles de la campagne, Edna O'Brien (Fayard).

Retour en Irlande, Maeve Binchy (Pocket).
Désormais notre exil, La Bruyère incendiée, Colm Tóibín (10/18).
La Mer (Robert Laffont), *L'Intouchable* (Flammarion), John Banville.
Paddy Clarke Ha Ha Ha, La femme qui se cognait dans les portes, Roddy Doyle (Robert Laffont).

POLICIERS

Mort d'un spécialiste de Joyce, Bartholomew Gill (Fayard).
Connemara Queen, Hervé Jaouen (Gallimard, Folio Policier).
Les morts reviennent toujours, Charles Palliser (Phébus).

THÉÂTRE ET POÉSIE

Pygmalion, George Bernard Shaw (L'Arche).
En attendant Godot, Oh les beaux jours, Fin de partie, Samuel Beckett (Minuit).
Le Baladin du monde occidental, John Millington Synge (L'Avant-Scène, Théâtre).
Dix Pièces, dernières pièces, William Butler Yeats (L'Arche)
Poèmes (1966-1984), Seamus Heaney (Gallimard).
Quarante-Cinq Poèmes, William Butler Yeats (Gallimard, Poésie).
Voir « La littérature » (p. 91).

Idées CD

The Collection ou *Clannad in concert*, Clannad.
How the West was Won, De Dannan.
Old Hag you have killed me, The Bothy Band.
Another sky, Altan.
Collection Part 2, Christy Moore.
Et les albums de Wolfe Tones, The Chieftains.
Voir « Tradition musicale » (p. 103).

Quelques DVD

La Fille de Ryan, David Lean (1970).
Gens de Dublin, John Huston (1987).
The Commitments, Alan Parker (1991).
Au nom du père, Jim Sheridan (Ours d'or 1994).
The Crying Game (1992), *Michael Collins* (1996), Neil Jordan.
The Snapper (1993), *The Van* (1996), Stefen Frears.
Bloody Sunday, Paul Greengrass (Ours d'or 2002).
The Magdalen Sisters, Peter Mullan (Lion d'or 2002).
Le vent se lève, Ken Loach (Palme d'or 2006).
Once, John Carney (2007).
Garage, Leonard Abrahamson (2007).
Voir « Le cinéma » (p. 95).

Retrouver l'Irlande à Paris

CENTRES CULTURELS

Centre Culturel Irlandais – *5 r. des Irlandais - 75005 - ✆ 01 58 52 10 30 - ww. centreculturelirlandais.com.* Destiné à promouvoir la culture irlandaise, ce centre propose des expositions, concerts, films et débats. Bibliothèque et médiathèque.
L'Association Irlandaise – *22 r. Delambre - 75014 - ✆ 01 47 64 39 31 - www. association-irlandaise.org.* Cette association, ouverte aux Français comme aux Irlandais, informe sur la culture traditionnelle irlandaise et propose des initiations à la danse, au chant et à la musique celtique.

BOUTIQUES À PARIS

L'épicerie irlandaise de Paris – *5 cité de Wauxhall - 75010 - ✆ 01 42 00 36 20.*
Le comptoir irlandais – *157 bd Voltaire - 75011 - ✆ 01 43 71 25 81 ; 57 r. de Tolbiac - 75013 - ✆ 01 44 24 08 87.* Alimentation, pulls, livres, bijoux, maillots de rugby, cadeaux divers.
Irlande house of cashmere – *24 r. du roi de Sicile - 75004 - ✆ 01 42 78 94 78.* Pulls et lainages irlandais.
Le cottage irlandais – *50 r. Monge - 75005 - ✆ 01 40 46 86 41.* Vêtements irlandais homme et femme.

RESTAURANTS - PUBS

Carr's – *1 r. du Mont-Thabor - 75001 - ✆ 01 42 60 60 26.*
Corcoran's Irish Pub – *23 bd Poissonnière - 75002 - ✆ 01 40 39 00 16.*
Kitty O'Shea's – *10 r. des Capucines - 75002 - ✆ 01 42 96 02 99.*
Connolly's Corner – *12 r. de Mirbel - 75005 - ✆ 01 43 36 55 40.*
Corcoran's Irish Pub – *28 r. Saint-André-des-Arts - 75006 - ✆ 01 40 46 97 46.*
James Joyce Pub – *71 bd Gouvion Saint-Cyr -75017 - ✆ 01 44 09 70 32.*

Le site monastique de Clonmacnoise.

J. E. Sceau / MICHELIN

COMPRENDRE L'IRLANDE

NATURE ET PAYSAGES

Les raisons qui poussent à traverser la mer pour visiter l'Irlande sont multiples : accueil amical et chaleureux de ses habitants, sensation de se trouver aux extrêmes confins ouest du continent européen, riche héritage celtique... Mais le paysage irlandais constitue, pour tous, et quelles que soient les passions de chacun, l'attrait numéro un incontestable. Méritant mille fois l'appellation d'île d'Émeraude, l'Irlande brille assurément d'une infinité de nuances de vert (*fourty shades of green*, « quarante nuances de vert », dit-on là-bas). C'est aussi une terre de montagnes désolées et d'étranges formations rocheuses, de falaises vertigineuses découpées par la fureur de l'Atlantique, de plages de sable, de tourbières envahies par les fleurs, de domaines magnifiquement arborés. Rassemblés dans les limites d'une île de dimensions moyennes, tous ces éléments composent une variété extraordinaire de paysages. Quand on sait que même au point le plus central qui soit, on ne se trouve jamais à plus de 95 km de la mer, on comprend la fascination exercée par l'Irlande.

B. Pérousse / MICHELIN

L'Invermore (Connemara).

La physionomie

Contrairement à l'île type, un cercle de **côtes basses** qui s'élève vers un centre montagneux, l'Irlande présente un cœur en majorité formé de plaines de basse altitude, protégées à leur pourtour par une barrière élevée. Ce n'est qu'à partir de Dublin, en allant vers le nord, que la terre s'ouvre largement sur la mer, en un vaste portail de 80 km de terres fertiles, par lequel les vagues successives d'envahisseurs ont pénétré dans le pays. Au sud, dominant Dublin, les monts Wicklow s'élèvent à 925 m à Lugnaquilla. Mais c'est dans l'extrême sud-ouest que l'on trouve le plus haut sommet de l'île, et ses paysages de montagne les plus spectaculaires. Là, Carrantuohill (1 038 m) et les Macgillycuddy's Reeks règnent sur les splendeurs des lacs de Killarney et de la péninsule d'Iveragh. Cette péninsule appartient à une série bien plus vaste de plis montagneux parallèles, qui suivent à peu près la direction est-ouest ; brutalement plissés à l'époque hercynienne, ils comprennent le massif armoricain en Bretagne et celui du Harz en Allemagne. Mais en Irlande aussi, ils forment toute une série de chaînes qui séparent le milieu du pays de la côte sud. Leur équivalent au nord sont des chaînes nord-est/sud-ouest, plissées à l'époque calédonienne. Elles s'enfoncent dans l'Atlantique au niveau du Donegal et du Connaught, traversant le détroit resserré qui sépare l'Ulster de l'Écosse.

Bordées par ces systèmes montagneux anciens, les **régions du centre** reposent pour l'essentiel sur un socle très érodé de calcaire du carbonifère. Source des généreux pâturages, riches en calcium, qui ont fait la réputation de l'Irlande, c'est loin pourtant d'être un paysage monotone. De célèbres formations s'y élèvent, comme le grand escarpement de Benbulben, dressé au-dessus de Sligo, ou bien les paysages lunaires du Burren, dans le comté de Clare. Les époques glaciaires ont profondément marqué de nombreux paysages du milieu du pays. En se retirant, les glaciers ont abandonné des moraines friables d'argile, de sable et de graviers, dont de vastes étendues restent aujourd'hui insuffisamment drainées. Mais les dépôts de gravier sableux qu'on appelle **eskers**, laissés autrefois par les rivières qui coulaient sous les glaciers, ont toujours fourni un passage à pied sec à travers des terres qui sinon resteraient quasi impénétrables. Les calottes glaciaires ont aussi formé de grandes étendues de **drumlins**, monticules de forme ovale, aisément reconnaissables lorsqu'ils sont en partie submergés, comme dans Clew Bay et le Strangford Lough. Au nord, une large bande de drumlins traverse toute l'île. La terre gorgée d'eau qui les entoure constitue une barrière pour les communications qui pourrait bien avoir contribué, dans les temps anciens, à la naissance de l'identité singulière de l'Ulster.

LES TOURBIÈRES

Les tourbières sont un des traits les plus étonnants du paysage irlandais. Les plus étendues d'Europe, elles occupent près d'un sixième de la superficie du pays. Elles ont joué un grand rôle dans l'histoire, l'économie et la mémoire collective de l'Irlande.

La tourbe se forme dans des terrains gorgés d'eau, par l'accumulation de végétaux partiellement décomposés. Il en existe de deux sortes. La tourbière de couverture, ou **blanket bog**, se forme dans les zones de fortes précipitations où le taux d'humidité est très élevé, surtout dans les montagnes de la frange littorale ouest. Elle se compose surtout d'herbes mortes et de laîches. Elle est souvent moins épaisse (2 à 6 m) que la tourbière haute ou **raised bog**, qui concerne plutôt les terres basses, et se forme dans des zones de moindres précipitations, au-dessus de la nappe phréatique. Ce type de tourbière se compose de mousse des marais (sphaigne), qui s'accumule en formant un dôme. Elle peut atteindre une épaisseur de 12 m. Recouvrant une bonne partie du milieu du pays, elle y crée un paysage particulier, ouvert et naturel par contraste avec les champs cultivés qui l'entourent souvent.

Les tourbières hautes se sont développées au fil du temps sans intervention humaine notable, mais la formation des tourbières de couverture a été affectée par des activités humaines comme le brûlis, le débroussaillage et le déboisement pour le pâturage. La tourbe est un excellent conservateur : sous les tourbières de couverture de l'ouest, on a mis au jour des vestiges de forêt primitive et de cultures néolithiques. En 2006, un manuscrit, intact, du 9e s. a ainsi été découvert dans une tourbière. Ce psautier de Saint-Materne, soulevé par un bulldozer, a été qualifié de « découverte d'une importance prodigieuse » par les experts du National Museum of Ireland.

Souvent, au fil des âges, les tourbières irlandaises ont servi de refuge aux rebelles et aux hors-la-loi (comme la forêt ou le maquis dans d'autres pays). Territoire inconnu, d'accès difficile, elles ont empêché les envahisseurs d'étendre leur contrôle sur le pays tout entier.

La disparition précoce de la couverture forestière de l'Irlande, et l'absence quasi totale de gisements de charbon, ont fait que la tourbe (appelée **turf** en Irlande) est devenue la première source de **combustible**. Les mottes de tourbe sont coupées à l'aide d'une *slane*, bêche munie d'une lame latérale placée en angle droit, puis mises à sécher en piles. Une fois que le vent les a tout à fait séchées, on les entrepose dans des silos près des maisons. Quand l'été est beau, une famille peut amasser du combustible pour plusieurs années. Le son et l'odeur du feu de tourbe qui rougeoie dans un coin de la pièce à vivre ou du pub font naître de puissantes émotions dans le cœur des Irlandais.

Les tourbières sont exploitées à une **échelle industrielle** depuis le milieu du 20e s., pour fournir au pays une partie de son énergie électrique, et aussi des quantités intéressantes de mousse de tourbe utilisée en horticulture. Les machines d'extraction du Bord na Móna (Conseil de développement des tourbières) offrent un spectacle impressionnant, quand elles raclent d'énormes quantités de tourbe, séchée au soleil et broyée dans les tourbières, qui ont été asséchées au préalable durant une période de 5 à 7 ans. La tourbe ainsi récoltée est façonnée en briquettes à usage domestique, ou brûlée dans l'une des cinq centrales thermiques à tourbe irlandaises.

Bon à savoir – Les tourbières peuvent être dangereuses. Il est imprudent de s'y aventurer seul.

LE LITTORAL

Là où la terre rencontre l'océan, le soubassement rocheux de l'Irlande est mis à nu de façon spectaculaire. C'est surtout le cas à l'ouest, où les péninsules montagneuses s'achèvent brutalement en d'orgueilleux promontoires, tandis que fjords et bras de mer pénètrent loin à l'intérieur des terres.

Le rivage nord du comté d'Antrim arbore ce qui est certainement la plus célèbre merveille naturelle d'Irlande, la **Chaussée des Géants**, agglomération d'innombrables colonnes créées il y a 60 millions d'années par de violents phénomènes volcaniques.

Peu de barrières naturelles sont aussi impressionnantes que le rebord des monts **Burren**, dans le comté de Clare, un alignement de schistes et de grès formant sur 8 km les falaises de Moher, à 200 m au-dessus des vagues de l'Atlantique. Le calcaire de ce désert minéral du Burren fait un bond dans la mer pour former les îles d'Aran, où les falaises abruptes d'Inishmore, bien que moins hautes, sont tout aussi spectaculaires. L'archipel éparpillé le long de la côte ouest offre d'autres paysages extraordinaires ; par exemple, le rocher battu par les vagues de Skellig Michael, austère refuge d'une rude communauté monastique aux premiers temps du christianisme.

Les falaises les plus hautes sont celles de la péninsule du **Slieve League**, dans le Donegal : un haut bastion de quartzite s'y dresse à 601 m au-dessus des flots.

Dans l'est du pays, la côte se caractérise plutôt par de magnifiques ports naturels, anciennes vallées envahies par la mer, par des falaises calcaires basses et de splendides étendues de sable.

LES CHAMPS

En dépit de son récent essor économique, l'Irlande reste essentiellement un **pays agricole**, avec plus de 80 % de sa surface exploitée par les fermes. Il s'agit, pour l'essentiel, de **pâturages**. L'Irlande possède 95 % des meilleurs herbages de l'Union européenne. Les terres cultivées prospèrent dans l'est, moins humide, notamment dans la péninsule d'Ards en Ulster et le comté de Wexford, où l'**orge** est cultivée de manière intensive.

Comme ailleurs en Europe océane, les champs sont **enclos** plutôt qu'ouverts. La répartition variée des champs reflète une évolution historique complexe. La clôture traditionnelle est le **talus**, surmonté de buissons et d'arbres du pays, qu'on laisse volontiers pousser au naturel plutôt que de les disposer pour faire barrière au bétail. Cette végétation feuillue compense dans une certaine

mesure l'absence de forêts en Irlande, et apporte sa diversité à un paysage qui pourrait autrement devenir monotone.

Dans les péninsules rocailleuses de l'ouest, entre autres, les **pierres sèches** servent à élever des murets. Les îles d'Aran utilisent ce système de délimitation de façon très élaborée : de minuscules enclos y sont bordés de murets construits de manière à laisser passer le vent, qui sinon les abattrait.

Dans ce type de région, à sol pauvre et à précipitations abondantes, on avait aménagé des « **lazy beds** » (lits paresseux), en disposant, dans le sens de la pente du terrain, des rangées de fumier, puis

La côte du Londonderry (Downhill).

en les recouvrant de part et d'autre de mottes de terre retournées. Ces rangées surélevées étaient drainées aisément grâce aux gouttières ainsi formées. La terre y était bien exposée au soleil, sur les côtés comme sur le dessus, autant d'avantages dans un pays plutôt frais et humide. Le *lazy bed* a connu son heure de gloire avec la culture intensive de la **pomme de terre**, dans les années qui ont précédé la Grande Famine. Des paysages entiers présentent encore les ridules caractéristiques créées par ces remblais, laissés par la suite à l'abandon. On les trouve parfois à une altitude où toute forme de culture semblerait vouée à l'échec.

RIVIÈRES ET LACS

L'omniprésence de l'eau dans le paysage irlandais ne surprend personne. Les rivières totalisent 26 000 km, les lacs *(loughs)* couvrent 1 450 km². La faible densité de la population et l'absence relative d'industries polluantes font que, pour l'essentiel, leur eau n'est pas polluée. Riche en faune aquatique, elle est très poissonneuse.

Les cours d'eau qui naissent sur le flanc des montagnes côté mer sont souvent courts et en pente forte, et se jettent directement dans l'océan. Ceux qui prennent source à l'intérieur des terres forment des rivières de plaine au cours indolent, bordées de plaines fluviales, s'élargissant souvent en lacs. Ainsi coule le **Shannon**, le plus long fleuve d'Irlande avec 370 km, serpentant à travers la campagne du milieu du pays, formant les vastes étendues de **Lough Ree** et **Lough Derg** avant d'aborder, au-dessous de Limerick, son interminable estuaire.

En Ulster, **Lough Neagh** est, de loin, plus impressionnant que la Bann qui l'alimente. Peu profond, c'est avec 400 km² le plus grand plan d'eau d'Irlande, où les anguilles pullulent.

Le plus beau paysage lacustre du pays s'est créé au long du cours de l'Erne, avec les **Upper** et **Lower Lough Erne**, parsemés d'îles, et une multitude de lacs de moindre importance.

Dans le sud, les rivières naissant loin à l'intérieur des terres se sont taillé un passage à travers les chaînes des hautes terres pour atteindre l'océan. Les vallées ainsi creusées par les rivières Blackwater, Nore, Suir, Barrow et Slaney sont souvent de toute beauté.

Faune et flore

LA VÉGÉTATION

À l'origine, une grande partie de l'Irlande était couverte d'arbres, notamment de forêts de **chênes rouvres**. Le déboisement nécessaire à l'agriculture commence au néolithique, et se poursuit jusqu'à ce qu'il ne reste pratiquement plus de forêt naturelle, ni même semi-naturelle. Ce sont les Britanniques qui lancèrent la dernière attaque contre la forêt d'origine aux 17e et 18e s., pour répondre aux besoins de la construction et des fonderies, mais aussi pour priver les rebelles irlandais de leur dernier refuge. On voit encore des vestiges de forêt naturelle dans le sud des monts Wicklow et autour de Killarney, où l'on trouve aussi de merveilleux spécimens d'**arbousier**.

Au 18e s., de nombreux propriétaires de domaines ont fait des efforts considérables pour replanter des arbres, dans le souci d'aménager leurs parcs suivant la mode anglaise. Des **essences étrangères** ont été importées en complément des espèces locales : pin sylvestre, hêtre, châtaignier, araucaria et cèdre du Liban. L'impact sur le paysage fut considérable comme 6 % des terres faisaient partie de domaines privés. Il sera largement atténué par la suite avec le démantèlement et le morcellement de nombreux domaines. Le sort de la « Grande Maison » anglo-irlandaise est assez connu. Ce que l'on connaît moins, c'est l'abattage de son patrimoine d'arbres et de forêt ornementale, et leur conversion en terre agricole et monotones plantations de conifères. Un certain nombre de domaines a néanmoins survécu, certains sous forme de **parcs forestiers** publics, d'autres gérés par le National Trust en Irlande du Nord.

Depuis fort longtemps, les jardiniers tirent parti du climat favorable de l'Irlande, où il ne gèle jamais. Les jardins irlandais sont réputés pour l'extraordinaire variété de leurs plantes, notamment quand il est possible de les abriter du vent. Plusieurs merveilleux jardins subtropicaux ont été créés, dont celui de Garinish Island, au port de Glengarriff, en fleurs toute l'année.

Le **rhododendron** se plaît beaucoup en Irlande ; il a envahi la nature, où il s'empare du territoire des arbres et autres buissons. On constate le même phénomène avec le **fuchsia**, autre échappé des jardins, qui a investi les haies. Sans doute le paysage le plus fascinant pour sa flore est le **Burren**, où une grande profusion de petites plantes de sols acides et calcaires coexiste en harmonie.

Le trèfle

Le *shamrock* est indissociable de l'Irlande car, selon la légende, saint Patrick aurait utilisé ses trois feuilles pour expliquer le symbole de La Trinité aux païens… En parcourant le pays, vous verrez surtout qu'il contribue largement au tapis vert apprécié des moutons !

LES ESPÈCES ANIMALES

Sa position stratégique sur la route des migrations explique le grand nombre de palmipèdes et échassiers qui trouvent refuge dans les zones lacustres ou marécageuses, certaines aménagées d'ailleurs en **réserve ornithologique** *(voir The Gearagh à Cork)*. On peut ainsi observer cygnes sauvages et oies cendrées, courlis, vanneaux et pluviers dorés.

Sur le littoral, vous entendrez les nuées de fous de Bassan et verrez peut-être le macareux moine au large bec de couleur vive. Certaines îles abritent des colonies de mouettes tridactyles, guillemots, cormorans, pétrels, petits pingouins et puffins *(voir Skellig Islands près de Killarney, Cape Clear Island près de Skibbereen, Copeland Islands près de Bangor)*. Et avec un peu de chance, vous verrez sur les rochers, avant qu'ils ne disparaissent dans l'eau effarouchés, des phoques gris et des veaux marins et apercevrez peut-être baleines, tortues marines, requins et dauphins. Ces espèces se régalent dans les eaux poissonneuses qui environnent l'Irlande. Bancs de sardines ou harengs, bars, lieus, soles, raies, requins attirent également les pêcheurs.

Des espèces rares sont parfois visibles dans l'intérieur du pays, tels le busard Saint-Martin dans les monts Sperrin.

L'Irlande possède également une race de poney spécifique : le Connemara.

HISTOIRE

Plus que d'autres pays d'Europe, l'Irlande contemporaine reste marquée par son passé mouvementé. Toutefois, après un long et lent processus couronné par l'accord historique du Vendredi saint de 1998 *(Good Friday Agreement)*, une nouvelle page de l'histoire irlandaise s'est ouverte. Les traditions antagonistes et les farouches sentiments identitaires qui ont façonné le pays s'estompent. La paix semble désormais bien installée en Irlande du Nord. En outre, la République a connu, entre 1995 et 2005, une décennie de prospérité spectaculaire, perdant pour la première fois son statut de pays à l'émigration massive, pour devenir terre d'immigration.

R. Holzbachova / Ph. Benet / MICHELIN

Bateau d'émigrants par E. Hayes.

Chronologie

L'IRLANDE CELTIQUE

Env. 8000 av. J.-C – On estime que l'Irlande est habitée dès la fin de l'ère glaciaire, au mésolithique.

6000-1750 av. J.-C. – Âge de la pierre. Vers 3000 av. J.-C., les hommes passent du stade de la chasse et de la cueillette à celui de l'agriculture. Construction de dolmens et tombes à couloir, comme dans la vallée de la Boyne.

1750-500 av. J.-C. – Âge du bronze.

500 av. J.-C. à 450 apr. J.-C. – Âge du fer. Les tribus celtiques arrivent d'Europe. Luttes intertribales pour la suprématie et le titre de roi suprême ou Haut roi *(ard-rí)*.

55 av. J.-C. au déb. du 5e s. apr. J.-C. – Invasion romaine de la Bretagne (Angleterre), mais pas de l'Irlande. Pièces de monnaie et bijoux romains attestent les liens commerciaux.

4e-5e s. – Les Celtes irlandais (connus sous le nom de Scots ou Écossais) colonisent l'ouest de l'Angleterre et de l'Écosse.

432-461 – **Mission de saint Patrick** qui convertit l'Irlande au christianisme.

6e-11e s. – Période monastique. Écriture du *Livre de Kells (voir Kells)*. Les missionnaires irlandais voyagent sur le continent européen.

795 – **Invasions vikings**. Venus de Norvège et du Danemark, les Vikings effectuent des raids sur les monastères situés près des côtes et des voies navigables. Ils s'implantent à partir de 841.

1014 – **Bataille de Clontarf**. Brian Ború, roi du Munster, remporte une victoire à la Pyrrhus contre les forces associées des Vikings danois et du roi de Leinster.

1156 – Mort de Turlough O'Connor, dernier souverain local influent.

1159 – **Henri II Plantagenêt** reçoit du pape Adrien IV le titre de seigneur d'Irlande et sa bénédiction pour envahir le pays.

L'IRLANDE ANGLO-NORMANDE

1169 – Invitée par Dermot, le roi du Leinster, à expulser ses rivaux, une armée anglo-normande commandée par « Strongbow », Richard de Clare, débarque à Baginbun, sur la côte sud. En 1171, à la mort de Dermot, Strongbow s'autoproclame roi du Leinster, au grand mécontentement d'Henri II Plantagenêt, qui finit par obtenir de son vassal trop ambitieux une déclaration d'allégeance humiliante. Henri II étend le contrôle anglais sur l'essentiel du pays.

L'**Angleterre** jouera dorénavant un rôle permanent dans les affaires irlandaises. Pourtant, les intérêts des Anglo-Irlandais divergeront souvent de ceux de leur mère patrie, et beaucoup de colons deviendront « plus Irlandais que les Irlandais ».

1177 – **Invasion anglo-normande** de l'Ulster sous Jean de Courcy.

1185 – Le **prince Jean**, désigné Lord d'Irlande, visite le pays. Il y retourne en 1210.

1297 – Réunion du premier **parlement irlandais**.

1315-1318 – **Invasion de Bruce**. Édouard Bruce, frère du roi Robert d'Écosse, débarque à Carrickfergus avec 6 000 mercenaires écossais, les **gallowglasses**. Il est couronné roi en 1316, mais meurt à la bataille de Faughart, près de Dundalk, en 1318.

1348-1350 – La **peste noire** anéantit un tiers de la population.

1366 – À l'initiative de la couronne à Londres, les **statuts de Kilkenny** tentent d'établir une séparation entre Anglo-Normands et Irlandais d'origine. Ainsi, le mariage mixte, l'adoption d'enfants irlandais, chevaucher à cru, le *hurling*, la langue et le costume irlandais, le soutien aux conteurs et poètes irlandais sont prohibés, mais les Anglo-Normands restent bien implantés.

1394 et **1399** – **Richard II** débarque en Irlande pour y rétablir l'ordre.

1446 – Première mention du mot **Pale** pour désigner la zone sous influence anglaise. Au 15e s., il ne s'agit que d'une étroite bande côtière allant de Dundalk au sud de Dublin.

1471 – Le comte de Kildare, **Gerald Fitzgerald**, devient le premier lord-député (gouverneur) d'Irlande, montrant l'influence de cette famille.

1487 – Le prétendant au trône d'Angleterre Lambert Simnel est couronné **Edward V** à Dublin par le comte de Kildare.

1491 – **Perkin Warbeck**, prétendant au trône d'Angleterre, débarque à Cork, sans opposition du comte de Kildare.

1494 – Sir Edward Poynings est nommé lord-député. Il fait voter le **Poynings' Act**, faisant obligation au parlement irlandais d'obtenir le consentement royal pour se réunir et légiférer.

1534-1540 – Échec de la **Révolte de Kildare** (ou révolte géraldine) qui met un terme à la suprématie des Fitzgerald, comtes de Kildare.

RÉFORME ET PLANTATION

1539 – Réforme et dissolution forcée des monastères.

1541 – Henri VIII se fait proclamer roi d'Irlande par le parlement irlandais et y entame une politique de **colonisation** (dite Plantation).

1556 – Colonisation des comtés de Laois (comté de la Reine) et d'Offaly (comté du Roi) par des anglais.

1579 – La **rébellion des Desmond** (Munster) est sévèrement réprimée par Elizabeth Ire. Confiscation et colonisation des terres des rebelles.

L'Invincible Armada, bel et bien vaincue en 1588

Plus de 30 navires de l'Armada espagnole ont fait naufrage au large de l'Irlande, entre Antrim et Kerry. On estime qu'ils transportaient environ 8 000 marins et canonniers, 2 100 rameurs, 19 000 soldats et 2 431 pièces d'artillerie. Les survivants furent tués par les Irlandais ou pourchassés par les Anglais.

Port na Spaniagh, sur la Chaussée des Géants, marque l'emplacement où le vaisseau *Gerona* a coulé sans laisser de survivants. Certains de ses trésors, récupérés dans l'épave par des plongeurs en 1968, sont exposés à l'Ulster Museum. On a pu retrouver quantité de vestiges intéressants de deux navires de guerre espagnols, *La Duquesa Santa Anna* et *La Trinidad Valencia*, coulés à Kinnagoe Bay sur la péninsule d'Inishowen *(voir p. 329)*. Trois bateaux, *La Juliana*, *La Levia* et *La Santa Maria de Vision*, ont sombré à Streedagh Point, au nord de Sligo ; plus de 1 300 hommes se sont noyés. Le capitaine Francisco de Cuellar, un des rescapés, a réussi à rejoindre le rivage à Streedagh. Il raconte le naufrage et son périple jusqu'à Antrim, via Leitrim, Donegal et Derry, d'où il a embarqué pour l'Écosse avant de gagner Anvers, puis l'Espagne.

1585 – L'Irlande est organisée et divisée en **27 comtés** qui envoient des membres au Parlement.

1588 – Après sa défaite dans les eaux de la Manche *(voir l'encadré p. 63)*, l'**Armada espagnole**, poussée par les vents, remonte la côte est de la Grande-Bretagne et contourne la côte nord de l'Écosse. Au large des côtes irlandaises, la tempête décime encore ses rangs.

1598 – Hugh O'Neill, comte de Tyrone, conduit la rébellion irlandaise et bat l'armée anglaise à la **Bataille de Yellow Ford** *(voir Dungannon)*.

1601 – **Siège de Kinsale**. 4 000 Espagnols débarquent à Kinsale pour soutenir Hugh O'Neill, mais se retirent lors du siège de la ville.

1603 – À Mellifont, Hugh O'Neill et Rory O'Donnell, comte de Tyrconnell, se soumettent à Charles Blount, **lord Mountjoy**, gouverneur, au nom d'Elizabeth.

1607 – O'Neill et O'Connell, comtes de Tyrconnell et de Tyrone, font voile de Rathmullan, avec plusieurs dizaines d'autres chefs *(voir côte du Donegal)* vers leur exil sur le continent. Cet épisode de la **fuite des comtes** marque la fin du pouvoir de l'Irlande gaélique.

1607-1641 – Colonisation de l'Ulster sous Jacques Ier. Les terres sont confisquées au profit des protestants des Lowlands d'Écosse, qui s'installent dans les comtés du nord de l'Irlande.

1641 – **Rébellion des Confédérés** provoquée par la politique du lord-député et le désir des Irlandais dépossédés de récupérer leurs terres. De nombreux colons protestants sont massacrés.

1642 – **Confédération de Kilkenny**. Les Irlandais et les « Vieux Anglais » catholiques s'allient pour défendre leur religion, leurs propriétés et leurs droits politiques.

1649 – **Olivier Cromwell,** qui a mené la rébellion contre la royauté et fait décapiter Charles Ier, soumet l'Irlande au *Commonwealth* d'Angleterre, avec une grande brutalité, dévastant Drogheda et Wexford et déportant des milliers d'Irlandais aux Antilles.

1653 – Durant la **colonisation cromwellienne**, la plupart des propriétaires terriens catholiques sont dépossédés et sont contraints de se retirer à l'ouest du Shannon. La proportion des terres possédées par les catholiques décroît brutalement.

1660 – Restauration de Charles II ; quelques terres sont rendues à leurs propriétaires catholiques.

1678 – La **conjuration Oates**, prétexte à l'arrestation, l'emprisonnement et l'exécution de nombreux catholiques, dont Oliver Plunkett, archevêque d'Armagh *(voir Drogheda)*.

1685 – La révocation de l'édit de Nantes en France incite les protestants de France ou **huguenots** à fuir en Angleterre et en Irlande.

1688 – La **Glorieuse révolution** : Jacques II catholique, renversé, fuit vers l'Irlande. **Guillaume d'Orange**, protestant, accepte la couronne d'Angleterre. Treize apprentis de Londonderry ferment les portes de la ville devant les troupes de Jacques II. L'année suivante, l'armée jacobite assiège trois mois la ville.

1690 – **Bataille de la Boyne** *(voir vallée de la Boyne)*. À l'issue de cette bataille, le nouveau roi d'Angleterre Guillaume III d'Orange et ses alliés, champions de la cause protestante, mettent en déroute Jacques II, de tradition catholique, qui s'enfuit en France. C'est un tournant décisif.

1691 – **Siège de Limerick**. Après les batailles d'Athlone et d'Aughrim *(voir Athenry)*, l'armée irlandaise se retire à Limerick, où elle est assiégée. Le traité de Limerick permet aux défenseurs irlandais de se rendre avec les honneurs. Surnommés les **Wild Geese** (« oies sauvages »), ils sont autorisés à partir pour la France, où nombre rejoignent l'armée du roi.

L'HÉGÉMONIE ANGLO-IRLANDAISE

1695 – Les articles du traité de Limerick qui garantissent les droits des catholiques sont vite oubliés, et les terribles **lois pénales** *(voir p. 97)* sont adoptées. Elles restreignent sévèrement les droits des catholiques en matière de propriété, de liberté de culte et d'éducation.

1711 – Établissement du **Linen Board**, conseil du lin, pour contrôler la qualité et l'exportation du textile. Avec le traçage des canaux, des routes et la planification urbaine, c'est un des grands progrès qui contribuent à la prospérité du pays.

1778 – Les **Volontaires** engagés pour défendre l'Irlande contre les Français soutiennent l'idée d'un parlement irlandais indépendant.

1782 – Abrogation de la loi Poynings et établissement d'un parlement irlandais indépendant, le « **parlement**

La Grande Famine

La récolte de pommes de terre, base alimentaire de la population paysanne, est détruite par le mildiou. 800 000 personnes meurent de faim, du typhus et du choléra. Des centaines de corps sont ensevelis directement dans les fosses communes. Des milliers d'affamés envahissent les hospices et les villes, où l'on organise la distribution du maïs, importé par le gouvernement. La capacité des hospices, 100 000 personnes, est cinq fois inférieure au nombre de personnes en demande de soins. Les quakers font de leur mieux pour secourir les affamés. Des soupes populaires sont organisées par des propriétaires compatissants et par des groupes protestants en quête de nouveaux fidèles. En 1847, on fait venir 50 grands chaudrons des fonderies Darby à Coalbrookdale, en Angleterre. Pour tenter de soulager la population, les autorités lancent un immense programme de travaux publics. La main-d'œuvre, chichement payée, est ainsi occupée.

Grattan », du nom d'Henry Grattan, dirigeant de la campagne pour l'indépendance.

1791 – Formation à Belfast des **United Irishmen**, ou Irlandais unis, pour l'essentiel presbytériens, qui promeuvent l'idéal d'une république sans distinctions de religion.

1791-1793 – **Lois d'exemption des catholiques** (*Catholic Relief Acts, voir p. 99*).

Septembre 1795 – Fondation de l'**ordre d'Orange** par des protestants attachés à la couronne, après des combats entre les Peep O'Day Boys (« gars du point du jour », protestants) et les Defenders (« défenseurs », catholiques).

1796 – Échec d'une invasion française dans la baie de Bantry *(voir Bantry)*.

1798 – **Rébellion des Irlandais unis**, fomentée par **Wolfe Tone**. Les principaux engagements ont lieu à Antrim, Wexford et Mayo. Le soulèvement est réprimé avec brutalité ; 30 000 rebelles sont tués. Capturé, Tone se donne la mort en prison.

L'IRLANDE DANS LE ROYAUME-UNI

1800 – **Acte d'union**. Suppression du parlement irlandais à Dublin. La représentation de l'Irlande à Westminster est assurée par 100 députés à la Chambre des communes, ainsi que par 28 lords temporels et 4 lords spirituels à la Chambre des lords.

1803 – **Rébellion d'Emmett**. Soulèvement avorté conduit par **Robert Emmett** (1778-1803) après son exil politique en France ; il avait, en vain, misé sur l'invasion de l'Angleterre par Napoléon. Emmett sera pendu, mais le discours qu'il tient dans le banc des accusés sera une source d'inspiration pour les futures générations de nationalistes.

1823 – **Daniel O'Connell** (1775-1847), avocat catholique, surnommé Conseiller ou Libérateur du peuple irlandais, est élu député du comté de Clare après sa campagne pour la reconnaissance des droits des catholiques et l'abrogation de l'Acte d'union.

1829 – L'élection de O'Connell entraîne l'adoption de l'**Acte d'émancipation des catholiques**, qui leur accorde enfin le droit de siéger au Parlement. C'est, de fait, l'abrogation des lois pénales de 1695.

1845-1849 – La **Grande Famine** *(voir encadré ci-dessus)*. De nombreux propriétaires expulsent leurs métayers désormais démunis, incapables de payer leurs loyers (en 1847, 16 propriétaires sont assassinés). D'autres organisent leur émigration ; tant de gens meurent au cours de ces voyages ou pendant la quarantaine, qu'on surnomme les bateaux « navires-cercueils ». Au cours de ces années de famine, un million d'Irlandais, hommes et femmes, émigrent vers l'Angleterre, l'Écosse, le Canada et les États-Unis.

1848 – **Insurrection** avortée de la **Jeune Irlande** *(Young Ireland)* conduite par William Smith O'Brien (1803-1864).

1858 – Fondation de la **Fraternité des Irlandais républicains** *(Irish Republican Brotherhood – IRB)*, groupe révolutionnaire appelé aussi *Fenians*.

1867 – Les **martyrs de Manchester**. Trois *Fenians* sont exécutés pour avoir tué un policier au cours de l'attaque d'un fourgon de police à Manchester, dans une tentative pour libérer deux prisonniers. La nature douteuse des preuves retenues contre eux ébranle la confiance des Irlandais dans la justice britannique.

1869 – La situation anormale de l'**Église anglicane d'Irlande** comme église officielle de l'État est reconnue, et l'Église est séparée de l'État.

1870-1933 – **Lois agraires** *(Land Acts)*. 17 lois votées au cours de cette période aboutiront au transfert des grands domaines des propriétaires terriens à leurs métayers.

1874 – 59 défenseurs du **Home Rule**, parti de l'autonomie, sont élus au Parlement.

1875-1891 – Propriétaire terrien protestant, le député **Charles Stewart Parnell** (1846-1891) devient leader du Home Rule, puis président de la Ligue agraire (fondée par Michael Davitt).

1886 – Première proposition de loi du Home Rule pour garantir à l'Irlande différents degrés d'indépendance dans les questions intérieures. Présentée par Gladstone, elle est rejetée par le Parlement.

1879-1882 – La **Ligue agraire** fait campagne pour la réforme des lois sur le fermage et le métayage au moyen de la résistance passive.

1891-1923 – **Congested Districts Board**. Conseil fondé pour affecter les fonds de l'Église d'Irlande aux régions les plus pauvres du pays, construire des ports, promouvoir la pêche, la conservation du poisson et les méthodes modernes d'agriculture. Après 1903, ce Conseil reçoit le pouvoir de redistribuer les grands domaines aux petits exploitants.

1893 – Deuxième loi du Home Rule rejetée par le Parlement.

1905-1908 – Fondation du **Sinn Féin** (« Nous-mêmes »), parti révolutionnaire qui promeut l'indépendance de l'Irlande.

1912 – Troisième proposition de Home Rule présentée par Asquith. L'Ulster s'oppose farouchement à l'indépendance : les trois quarts de la population adulte, entraînés par le protestant **Edward Carson**, signent un engagement de s'y opposer par tous les moyens. Une milice d'opposition se forme, équipée d'armes importées en contrebande : l'**Ulster Volunteer Force**. En réponse se créent à Dublin les **Nationalist Irish Volunteers**.

1914 – Le déclenchement de la **Première Guerre mondiale** met en suspens la question du Home Rule et retarde la guerre civile. De nombreux Irlandais de toutes obédiences s'enrôlent comme volontaires dans l'armée britannique.

1916 – Lundi de Pâques. Insurrection armée à Dublin *(voir encadré ci-contre)*.

1917 – Le **Sinn Féin** est réorganisé sous Eamon De Valera en un mouvement pour l'indépendance représentatif de toute la nation.

1918 – Lors des **élections législatives**, les Home Rulers de Redmond sont battus ; les candidats du Sinn Féin remportent 73 sièges.

1919 – Composée le 8 janvier, la **Déclaration d'Indépendance** est lue le 21 janvier en irlandais, anglais et français devant le premier **Dáil Éireann** (Assemblée d'Irlande) à Dublin.

1919-1920 – **Guerre d'Indépendance**. L'Armée républicaine irlandaise *(Irish Republican Army – IRA)* lance une campagne d'actions visant à empêcher l'administration de l'Irlande par la Grande-Bretagne. La loi martiale est proclamée. La police royale irlandaise est renforcée par d'anciens militaires britanniques, les Black and Tans (noir et kaki), qui se taillent une réputation pour leur brutalité.

1920 – La loi dite **Government of Ireland Act** organise la partition de l'île. Six des neuf comtés de l'Ulster

Dix dates clés

432-461 – Saint Patrick convertit l'Irlande au christianisme.

795 – Invasions des Vikings, venus de Norvège et du Danemark.

1177 – Invasion anglo-normande de l'Ulster.

1541 – Henri VIII auto-désigné roi d'Irlande ; début de la colonisation anglaise.

1588 – L'Invincible Armada essuie une défaite cuisante sur la côte est.

1695 – Les lois pénales restreignent les droits des catholiques.

1845-1848 – Grande famine (800 000 morts). Un million d'Irlandais émigrent.

1919-1920 – Guerre d'indépendance.

1921 – Traité anglo-irlandais. Indépendance de 26 comtés du Sud. La république d'Irlande est proclamée en 1949.

1998 – Accords du Vendredi saint, aboutissant au partage équitable du pouvoir en Irlande du Nord en 2007.

Easter Rising

Le chef des nationalistes modérés, **John Redmond**, espère que la participation des Irlandais à l'effort de guerre britannique amènera vite l'autonomie après les hostilités. Mais le conseil militaire de l'IRB, les nationalistes les plus extrémistes, organise en secret une insurrection. **Roger Casement** et le stock d'armes qu'il convoie depuis l'Allemagne à bord d'un cargo sont interceptés ; ordres et contre-ordres sèment un moment la confusion, mais l'insurrection n'est pas différée. Le **lundi de Pâques 1916**, des colonnes de Volontaires marchent sur Dublin et s'emparent d'endroits stratégiques, dont la poste centrale dans O'Connell Street, où ils établissent leur quartier général. Du perron, **Patrick Pearse** proclame la république d'Irlande. La résistance dure une semaine : le samedi suivant, les insurgés, très inférieurs en nombre et en armes, doivent se rendre. L'insurrection, qui se voulait d'ampleur nationale, est restée confinée à Dublin, et c'est l'échec. L'opinion publique n'y a pas adhéré. Mais les attitudes changeront après le passage des chefs en cour martiale et leur exécution.

demeurent au sein du Royaume-Uni, conformément aux vœux de la majorité de la population, avec un parlement séparé (« un parlement protestant pour un peuple protestant »). Le **statut de dominion** est accordé aux 26 autres comtés, qui prendront le nom d'État Libre.

LA PARTITION DE L'INDÉPENDANCE

1921 – Signature, le 6 décembre, du traité anglo-irlandais instaurant le gouvernement de l'Irlande.

1922-1923 – **Guerre civile** entre l'armée de l'État Libre *(Free State Army)*, conduite par **Michael Collins**, et les républicains qui rejettent toute partition, même temporaire. Le nombre de morts est supérieur à celui de la guerre d'Indépendance. Collins est assassiné, mais les républicains sont vaincus.

6 décembre 1922 – Constitution de l'**État libre d'Irlande** *(Irish Free State)*, avec les 26 comtés. Le corps législatif à deux chambres se compose du Sénat et du Dáil Éireann.

1937 – Nouvelle constitution, qui transforme le nom officiel du pays en **Éire**.

1938 – Le gouvernement britannique rend à l'Irlande trois bases navales (port de Cork, île de Bere et lac Swilly).

1939-1945 – **Seconde Guerre mondiale** (appelée en Éire l'*Urgence, Emergency*). L'Éire, officiellement neutre, aide en secret les Alliés.

18 avril 1949 – L'Éire quitte le Commonwealth et prend le nom de **république d'Irlande**.

1955 – La république d'Irlande rejoint les **Nations unies** (ONU). Des soldats irlandais participent à leurs missions de paix.

1965 – Signature du traité économique de libre échange anglo-irlandais.

1968-1969 – Début des « Troubles ».

1973 – L'entrée de la république d'Irlande et de l'Irlande du Nord (par le biais du Royaume-Uni) au sein de la **CEE** (devenue depuis l'Union européenne) ouvre une période de prospérité agricole et l'accès aux fonds de la Communauté pour des programmes de développement.

1983 – La république d'Irlande se prononce par référendum contre l'avortement. **Gerry Adams** devient président du Sinn Féin.

1986 – La république d'Irlande se prononce par référendum contre la légalisation du divorce.

1990 – **Mary Robinson** est élue présidente de la république d'Irlande.

1994 – En août, Gerry Adams proclame une cessation des hostilités de la part de l'IRA. En octobre, les loyalistes annoncent un cessez-le-feu.

1995 – À une faible majorité, la république d'Irlande se prononce par référendum en faveur de la légalisation du divorce.

1997 – Élection de **Mary McAleese** à la présidence de la république d'Irlande après la démission de Mary Robinson. **Bertie Ahern** devient *Taoiseach*, Premier ministre. Son implication, de longue date, dans le processus de paix en Ulster avec celles de Tony Blair et de Bill Clinton, sera capitale.

1998 – **Accords de paix du Vendredi saint**. La république d'Irlande entérine l'adoption de l'**euro** comme monnaie officielle.

2001 – Par référendum, les électeurs de la République votent contre l'élargissement de l'Union européenne à l'est. Le traité d'élargissement sera finalement adopté par un second référendum en 2002.

2002 – **Alex Maskey** devient le premier maire Sinn Féin de Belfast. La police royale de l'Ulster (RUC) devient la police d'Irlande du Nord.
Mise en circulation de l'euro en république d'Irlande.
Par référendum, la République rejette (à 50,42 %) la proposition de durcir l'accès à l'IVG, qui reste cependant interdite, sauf en cas de mise en danger de la vie de la mère.

2004 – Par référendum constitutionnel (à 79 %), la République restreint l'accès à la nationalité irlandaise.

2005 – Le 28 juillet, l'IRA annonce la fin de la lutte armée, puis organise l'abandon de son arsenal militaire.

2007 – Le Sinn Féin reconnaît la légitimité de la police et de la justice d'Irlande du Nord.
Le 26 mars, accord sur la formation d'un gouvernement entre Unionistes et Sinn Féin, en Irlande du Nord, qui entre en fonction le 9 mai. Le 31 juillet, fin de la mission de maintien de l'ordre de l'armée britannique en Irlande du Nord.

2008 – Au cours de son troisième mandat de Premier ministre, Berthie Ahern démissionne ; **Brian Cowen**, du même parti *(Fianna Fail)*, lui succède. Le 12 juin, par référendum (à 53,4 %), la République irlandaise rejette le **traité de Lisbonne**, déclenchant une crise politique au sein de l'Union européenne.
Après des années de prospérité économique fulgurante, la récession pointe dans la République.

Les « Troubles » en Irlande du Nord

Pour s'élever contre un découpage électoral qui entérine la subordination des catholiques dans le Nord (Ulster), même dans les cantons où ils sont majoritaires, un mouvement pour les droits civiques voit le jour à la fin des années 1960. En 1969, des militants protestants et la police s'en prennent violemment à une marche de protestation organisée entre Belfast et Londonderry. Bientôt, l'armée britannique est déployée ; d'abord à Derry puis à Belfast. On assiste à la renaissance de l'activité de l'IRA (qui se divise), dont l'objectif est de forcer les Anglais à quitter la province. En 1972, le dimanche 30 janvier *(Bloody Sunday)*, 13 civils tombent sous les balles de la police au cours d'une manifestation. Westminster décide de suspendre le parlement d'Irlande du Nord, à Stormont, pour gouverner en direct, et un Tribunal pénal d'exception est mis en place.

Au cours des années 1970 et 1980, les tentatives successives des Britanniques pour échafauder une nouvelle forme de partage du pouvoir entre catholiques et protestants, qui soit acceptable par tous, échouent les unes après les autres. Notamment, les accords pourtant prometteurs de Sunningdale en 1973 sont tués dans l'œuf par une immense grève des syndicats protestants. L'escalade entre attentats et représailles de la part des ultras de l'IRA ou des paramilitaires loyalistes sème la mort dans les deux camps et la désolation dans la population. En 1979, lord Mountbatten est abattu par l'IRA, dont les bombes explosent désormais aussi sur le territoire britannique. En 1981, 10 militants républicains emprisonnés en Irlande du Nord font la grève de la faim pour obtenir le statut de prisonnier politique. **Bobby Sands** se fait élire député depuis sa prison avant de se laisser mourir de faim comme 9 autres prisonniers après lui. Le gouvernement de Margaret Thatcher ne veut rien entendre.

Mais au début des années 1990, les pourparlers entre les différents partis reprennent. Sous la houlette de John Major d'abord, avec la déclaration de Downing Street en 1993, qui enclenche un lent et difficile processus de paix, puis grâce à la volonté farouche d'aboutir de Tony Blair, aidé par Bill Clinton et Bertie Ahern, président de la république d'Irlande. Les dirigeants des deux premières formations politiques adverses d'Irlande du Nord, **David Trimble** et **John Hume**, recevront le prix Nobel de la paix pour leurs efforts conjugués. L'IRA annonce un cessez-le-feu, l'annule, puis le restaure. Ses dissidents poursuivent les actes de violence ; les troubles locaux continuent. Soutenu massivement par des référendums tenus dans les deux Irlande, l'accord historique du Vendredi saint de 1998 ouvre la voie à des élections législatives établies sur la représentation proportionnelle, et au partage équitable du pouvoir en Irlande du Nord. Les intérêts des nationalistes et des républicains sont représentés dans la nouvelle assemblée ; on y trouve notamment des membres du Sinn Féin. Malgré l'attentat le plus meurtrier de toute l'histoire des *Troubles*, perpétré par une branche dissidente de l'IRA qui fait 29 morts et 200 blessés à Omagh cet été-là, le processus de paix continue. L'Assemblée fonctionne. David

M. Triano / MICHELIN

Fresque évoquant les « Troubles » en Irlande du Nord (Londonderry).

Trimble est Premier ministre quand, en 2002, les débats sont suspendus suite aux désaccords sur le désarmement de l'IRA. Londres reprend, pour quatre ans le contrôle direct de l'Irlande du Nord. Pourtant, le dialogue est relancé. Secrètement, Londres maintient des contacts avec l'IRA : **Gerry Adams**, leader du Sinn Féin, passé de l'action militante au dialogue avec Downing Street et Washington, doit contenir ses ultras. Le gouvernement britannique lâche du lest sur la sécurité et vise la racine des problèmes. Pour atténuer les différences de conditions de vie entre protestants et catholiques en Irlande du Nord, il investit massivement dans la santé, l'habitat et l'emploi dans les quartiers catholiques pauvres.

Depuis l'Accord du Vendredi saint, il aura fallu neuf ans d'avancées minuscules, de reculades désespérantes et d'efforts d'une génération lasse des conflits, pour qu'en 2007, enfin, – la nouvelle Assemblée d'Irlande du Nord une fois remise en fonctionnement – une paix durable s'installe. En effet, les unionistes protestants et le Sinn Féin de Gerry Adams signent un accord de partage du pouvoir. Et le 8 mai, le révérend **Ian Paisley**, ennemi des « papistes » et leader du Democratic Unionist Party, celui-là même qui, en 1969, rameutait les extrémistes contre la grande marche pour les droits civiques, devient Premier ministre d'Irlande du Nord. Son vice-Premier ministre s'appelle **Martin Mac Guinness**, son ex-ennemi, le numéro deux du Sinn Féin. Les *Troubles*, qui auront fait plus de 3 000 morts, sont bel et bien finis. Même si l'on peut toujours redouter, ici et là, les actions isolées de quelque ultra. Belfast et Londonderry sont redevenues des cités agréables. Les traditionnels défilés orangistes du 2 juillet, qui pendant ces tristes décennies créaient un quasi-état de guerre, se déroulent sans incident, à quelques mineures exceptions près.

La diaspora irlandaise

Quarante millions de personnes d'origine irlandaise vivent aux États-Unis, 5 millions au Canada, 5 millions en Australie, et des millions en Grande-Bretagne. S'il apparaît difficile de mesurer l'influence du peuple irlandais dans le monde, elle n'est pas, à coup sûr, proportionnelle à la taille du pays d'origine !

Sous le règne d'Elizabeth Ire, l'application forcée de la Réforme anglicane contraint une partie de la population à quitter le Munster pour l'Espagne et le Portugal. La conquête de 1603 occasionne de nouveaux départs pour l'Espagne et la Bretagne. Cromwell envoie des régiments entiers (peut-être jusqu'à 34 000 hommes) en Espagne et au Portugal, tandis que de nombreux civils sont déportés aux Antilles, où ils peuvent être vendus comme esclaves. En 1691, le traité de Limerick donne lieu à la fuite des « **oies sauvages** », soldats qui partent pour la France avec femmes et enfants, et vont servir dans l'armée française jusqu'en 1697 ; certains poursuivent jusqu'en Espagne, où trois régiments irlandais sont constitués.

Les premiers émigrants transatlantiques sont surtout des presbytériens. Descendants des Écossais venus en Ulster au 17e s. (appelés aux États-Unis les

« Scots-Irish », ou « Scotch-Irish »), ils émigrent par familles entières au début du 18e s. à cause de leur religion et de la hausse des fermages. Les catholiques irlandais, hommes ou femmes, émigrent plutôt jeunes et en célibataires. Les « Scotch-Irish » ont une grande influence aux États-Unis, particulièrement durant la guerre d'Indépendance et dans le domaine de l'éducation. Le cœur de l'implantation en provenance de l'Ulster se situe dans l'arrière-pays des Appalaches. Beaucoup de ces pionniers ont joué un rôle dans la conquête de l'Ouest et la construction du chemin de fer américain. Plus d'un quart des présidents des États-Unis sont des descendants de colons Irlandais-Écossais. Les liens entre l'Irlande et l'Amérique sont retracés en détail à l'Ulster-American Folk Park *(voir monts Sperrin)*, au centre Andrew-Jackson *(voir Carrickfergus)* et dans plusieurs fermes familiales.

Dans les vingt-cinq années qui suivent les guerres napoléoniennes, l'émigration reprend et plus d'un million d'hommes et de femmes irlandais émigrent vers la Grande-Bretagne et les États-Unis. Ce mouvement vers l'étranger connaît un point culminant durant la Grande Famine. Pendant les pires années, près d'un million prennent la fuite ; 2,5 millions suivent au cours de la décennie.

La grande vague d'émigrants du 19e s. est majoritairement composée de catholiques du Donegal, du Connaught, du Munster et du Leinster, comtés qui n'avaient pas connu beaucoup d'émigration jusque-là. Nombre d'Irlandais débarquent au Canada, puis passent la frontière des États-Unis pour échapper à la tutelle britannique. Parmi leurs descendants célèbres figurent les présidents Kennedy, Reagan et Clinton. Les Irlandais qui émigrent vers l'Australie et la Nouvelle-Zélande sont moins nombreux. Certains sont déportés dans les bagnes de ces colonies.

Les Irlandais établissent leurs premières colonies au pays de Galles et en Écosse au 5e s. Depuis, le flux d'émigration vers la Grande-Bretagne a souvent varié. Beaucoup avaient espéré atteindre l'Amérique pour fuir la famine qui sévissait en Irlande, mais, dépourvus de moyens ou trop faibles pour poursuivre le voyage, ils restent et s'installent à Liverpool et à Glasgow. Londres compte une communauté irlandaise prospère, particulièrement au nord de la Tamise. **Margaret Thatcher**, Premier ministre du Royaume-Uni de 1978 à 1991, descend elle-même de Catherine Sullivan, émigrée de Kenmare en 1811, et installée comme blanchisseuse en Angleterre. Au cours des 18e et 19e s., beaucoup d'Irlandais qui viennent travailler en Grande- Bretagne sur les chantiers des canaux, dans l'agriculture ou le bâtiment, ont l'habitude de retourner chez eux passer l'hiver. Ceux qui partent en Amérique et en Australie reviennent rarement. Malgré leurs origines paysannes, la plupart des immigrants irlandais s'installent dans les grandes villes plutôt que dans les zones rurales de leur pays d'adoption.

À la fin du 20e s., le mouvement s'inverse. La prospérité économique freine la fuite des talents nationaux vers l'étranger, et on constate en Irlande le plus important excédent migratoire de l'Union européenne. Elle attire notamment des dizaines de milliers de jeunes gens hautement qualifiés qui trouvent des emplois dans les pays anglophones, Grande-Bretagne ou États-Unis. L'Irlande a aussi attiré, dans les années 1995-2000, des entrepreneurs séduits par la fiscalité et le dynamisme libéral de ses gouvernements successifs. Il faut noter également le retour sur le sol irlandais d'anciens émigrants qui souhaitent profiter du niveau de vie plus élevé (quand ils peuvent se permettre d'y acheter un logement, le prix de ceux-ci ayant plus que doublé entre 1995 et 2000) et du renouveau culturel de l'Irlande d'aujourd'hui.

DES IRLANDAIS ÉTABLIS EN FRANCE

En 1688, Theobald, septième vicomte **Dillon**, lève sur ses terres du Roscommon deux régiments d'infanterie qui, après le traité de Limerick, feront partie des 11 000 « oies sauvages » *(voir encadré p. 374)* passées en France. Ils y constituent le régiment Dillon, qui sert le trône de France jusqu'en 1791, avant de former le 87e régiment d'infanterie. **Arthur Dillon** (1670-1733), fils de Theobald, devient lieutenant général des armées du roi et père de cinq fils, qui jouent un rôle éminent à la cour de Louis XV ; le dernier, Arthur (1721-1806), devient archevêque de Toulouse, puis de Narbonne.

Autre « oie sauvage », **Gérard Lally**, seigneur de Tollondalla, cousin des Dillon et brigadier dans le régiment Dillon, épouse une Française. Son fils est le célèbre Thomas Arthur, baron de Tollendal, dit **Lally-Tollendal** (1702-1766), qui sera condamné à mort pour n'avoir pas su préserver les territoires conquis par la France en Inde. Voltaire plaidera pour sa réhabilitation.

Né à Limerick en 1715, **Jean-Baptiste MacMahon** aurait été un descendant de Brian Ború, roi d'Irlande *(voir p. 62)*. La défaite définitive de Charles-Édouard Stuart à Culloden l'amène à quitter l'Irlande en 1746 et à s'établir à Reims, où il passe son doctorat de médecine, puis en Bourgogne, où un mariage avec une richissime veuve le met en possession du château de Sully. Son petit-fils, **Patrice MacMahon** (1808-1893), embrasse la carrière militaire et, après s'être illustré en Algérie et en Crimée, devient en 1848 général de brigade ; sénateur de l'Empire en 1856, maréchal de France (1859), duc de Magenta, gouverneur général de l'Algérie de 1864 à la chute de l'Empire, il sera enfin président de la République de 1873 à 1879.

Richard Hennessy (1724-1800) était le fils cadet de Charles Hennessy, seigneur de Ballymacmoy dans le comté de Cork. Au 18e s., les Lois pénales exercées à l'encontre des catholiques le contraignent à quitter son pays. Passé au service de Louis XV, il s'enrôle dans le régiment Dillon. Après douze ans de service, il quitte l'armée, et, séduit par la clémence du climat charentais, s'installe à **Cognac**. En 1765, il fonde une maison de négoce d'eaux-de-vie, qui connaît une grande prospérité. Huit générations de la famille Hennessy ont donné à leur cognac sa réputation.

On trouve dans toute la Gironde, et notamment à Bordeaux, trace de nombre d'Irlandais réfugiés qui s'y sont enracinés. Qu'il s'agisse de membres éminents du clergé, d'« oies sauvages » catholiques ayant fui la domination protestante, ou bien d'immigrés pour raisons économiques. Les « Wine Geese », (oies du vin, jeu de mot sur la quasi-homophonie entre les mots *wild*, sauvage et *wine*, vin) sont des producteurs ou négociants en vins. Une balade en crus bordelais suffit à évoquer cet héritage : châteaux Lynch-Bagès ou Lynch-Moussas, château Mac Carthy, château Dillon, châteaux Clarke, Boyd-Cantenac, etc. (on en compte plus de vingt). Au cœur de Bordeaux, les traces sont innombrables : Robert Dillon, de l'illustre famille, mort en sortant de table le soir du 5 février 1764, est enterré à l'église Ste-Eulalie. Les splendides hôtel Mac Carthy ou Exschaw ou encore la maison Gernon de 1769, sur l'élégant pavé des Chartrons, attestent la puissance de ces familles de riches négociants irlandais. La place Mitchell ou le château Trompette rappellent le maître verrier **François Patrice Mitchell** (ou Pierre Mitchell) qui, tout juste arrivé, créa la Royal Glass Manufacture en 1723. Sous l'impulsion de Deetrius Mac Carthy et de François de Sourdy, archevêque de Bordeaux, un **séminaire irlandais** est fondé, au début 17e s., qui assura la formation de générations d'aspirants prêtres catholiques brimés sur la terre natale, ainsi que de théologiens ou philosophes. Patrice Everard, évêque de Cashel et confesseur de Louis XIV ou RIchard O'Reilley, archevêque d'Armagh et Primat d'Irlande au début du 19e s. en sont d'illustres élèves.

ARTS ET ARCHITECTURE

Voici un pays d'artistes qui met en avant la création et ses créateurs, ceux d'aujourd'hui comme ceux d'hier. L'Irlande est couverte de tombes mégalithiques, de monastères ou de croix celtiques. Ses châteaux forts, manoirs, jardins clos et maisons georgiennes sont toujours entretenus. Les lettres irlandaises, nourries d'une tradition orale unique, rayonnent à travers le monde, irriguant le théâtre et le cinéma contemporains. Quatre prix Nobel de littérature pour un si petit territoire, des poètes que l'on cite en attendant le bus, des statues aux coins de rue : l'Irlande aime tellement les artistes qu'elle les attire de partout, en leur réservant une fiscalité privilégiée…

J. Malburet / MICHELIN

Dans la vallée du Glendalough.

L'architecture

LA PRÉHISTOIRE

Les premières traces d'habitation humaine en Irlande remontent à environ 8000 av. J.-C. Mais les premiers hommes qui ont laissé de véritables vestiges architecturaux sont les agriculteurs du néolithique, qui ont vécu en Irlande entre 4000 et 2000 av. J.-C. Des restes de leurs cabanes ont été trouvés près du lac Gur *(voir Limerick)*.

Tombes mégalithiques

Les monuments les plus visibles et les mieux conservés de ces hommes sont les tombes mégalithiques.

Les plus impressionnantes sont les **tombes à couloir** de Newgrange, Knowth et Dowth dans la vallée de la Boyne, du mont Bricklieve, de Loughcrew, Fourknocks et Knockmany. Chacune comprend un passage menant à une grande chambre, couverte d'une pierre plate ou voûtée en encorbellement. Parfois, trois pièces plus petites, contenant des bassins de pierre, sont rattachées à la chambre principale, l'ensemble formant une croix. Les sépultures étaient recouvertes d'un tertre circulaire en terre ou en pierre, renforcé par un cercle de pierres verticales. Ces tombes à couloir datent de 3000-2500 av. J.-C. Les plus anciennes constructions mégalithiques, les **tombes à cour**, sont formées d'une longue chambre, divisée en compartiments et couverte sur toute sa longueur d'une butte de pierre retenue par une bordure de pierres verticales. À l'entrée, des menhirs flanquent une cour semi-circulaire à ciel ouvert, comme à Creevykeel *(voir Sligo)* et à la sépulture d'Ossian *(voir Antrim Glens)*. Un troisième type de tombe mégalithique, la **tombe portail**, ou dolmen, se rencontre près de la côte est, à Proleek notamment *(voir Dundalk)*. La tombe est constituée de deux pierres dressées face à face. D'autres blocs, alignés derrière elles, soutiennent une lourde dalle de pierre hissée au moyen d'une rampe de terre, disparue depuis longtemps. Ces ouvrages datent d'environ 2000 av. J.-C.

Édifices de l'âge du bronze

Les **cromlechs** ou cercles de pierres levées remontent à l'âge du bronze (1750-500 av. J.-C.). On les trouve surtout dans le sud-ouest du pays *(voir Donegal Glens, Kenmare, Downpatrick,*

Sperrin Mountains). Celui de Drombeg *(voir Kinsale)* aurait servi à déterminer le jour le plus court de l'année.

Les **menhirs** isolés auraient été érigés pour marquer des limites, ou l'emplacement de tombes. Certains ont parfois été transformés par la suite en monuments chrétiens ; on les a gravés d'une croix ou d'une inscription oghamique *(voir « La langue irlandaise », p. 102)*.

Les **fosses à cuisson** *(fulacht fiadh)* sont des réalisations aussi anciennes. On les remplissait, puis on y déposait des pierres brûlantes pour y faire bouillir de l'eau.

Habitations de l'âge du fer

À l'âge du fer, les hommes habitaient des villages protégés, souvent accessibles par une chaussée artificielle. Une de leurs constructions est le fort circulaire, entouré par un remblai de terre *(ráth ou dún)* ou par un mur de pierre *(caiseal)*, et bordé par un fossé. Sur les collines, ils bâtissaient des **forts en pierres sèches** *(cashels)*, aux murs très épais abritant des chambres. Bien qu'ils aient fait l'objet de restaurations à différentes époques, les forts de Dún Aonghasa *(voir îles d'Aran)* et de Grianán of Aileach *(voir Buncrana)* illustrent particulièrement bien ce type de construction. Ils aménageaient aussi des îles artificielles ou **crannógs**, plates-formes de pierres sur un lac ou dans un marais. De nombreux *crannógs* ont été habités de l'âge de la pierre jusqu'au début du 17e s. On peut en admirer une reconstitution à Craggaunowen *(voir Ennis)*.

Des huttes individuelles en clayonnage enduit de torchis ou en pierre étaient rassemblées à l'intérieur du fort. Dans l'Ouest, des cabanes en forme de ruche *(clocháins)* étaient entièrement bâties en pierre et voûtées en encorbellement, technique déjà utilisée dans la construction des tombes à couloir. On voit des habitations de ce style au monastère de Great Skelling et à Clochan na Carraige, sur les îles d'Aran. C'est dans les régions dépourvues de forêts que la pierre se substituait au bois. Souvent, un couloir souterrain servait de magasin ou de refuge à l'intérieur de l'enclos du fort.

L'ARCHITECTURE MONASTIQUE IRLANDAISE

Il reste peu de traces des premiers bâtiments chrétiens en Irlande car, construits avec des matériaux fragiles (bois ou clayonnages enduits de torchis), ils n'ont pas résisté au temps. Les chroniques décrivent de belles églises en planches lissées, montrant une grande maîtrise du travail du bois, mais aucune n'a survécu.

Les premiers monastères s'entourent d'un mur ou d'un talus circulaire, divisé à l'intérieur en cercles concentriques, comme à Nendrum *(voir Strangford Lough)*, ou en secteurs affectés à différents usages. Le cimetière, considéré comme la porte du Ciel, était le plus important.

Clochers ronds

Comme les grandes croix appelées croix celtiques, les tours rondes étroites, légèrement coniques, qui marquent les sites des tout premiers monastères, sont à quelques exceptions près propres à l'Irlande. Elles ont été élevées entre 950 et le 12e s. pour servir de clochers. Pour annoncer les offices, on sonnait les cloches à la main du haut de la tour. Elles servaient aussi à abriter les trésors et comme refuges. Pour la plupart, la porte d'entrée s'élevait à 3 m environ au-dessus du sol. Les tours restées intactes font de 15 à 30 m de haut. Toutes étaient dotées d'un toit conique, parfois remplacé plus tard par des créneaux. Environ 65 clochers subsistent, plus ou moins bien conservés, dont 12 demeurés intacts. La plupart sont construits sans fondations.

Tombes de saints

Certaines sépultures de saints sont surmontées par un **monument funéraire** en pierre ressemblant à une église miniature. Ces constructions, comme celle de St Ciaran à Clonmacnoise *(voir ce nom)*, comptent parmi les plus anciens édifices en pierre identifiés d'Irlande.

Églises

Les premières **églises de pierre** comprenaient une seule pièce avec une porte orientée à l'ouest et une fenêtre à l'est. Les églises avec nef et chœur n'apparaissent qu'au 12e s. Aucune des églises subsistantes n'est très grande, mais il en existe souvent plusieurs sur un même site. L'emploi de grosses pierres dans leur construction accentue l'impression de petitesse. Les toits étaient vraisemblablement couverts de chaume ou de bardeaux.

Spécificité irlandaise, de rares églises présentent un **toit de pierre** construit en encorbellement. La plus simple est l'oratoire de Gallarus *(voir péninsule de Dingle)* ; mais au 13e s. on utilise des dalles de pierre pour couvrir l'église St-Doulagh, près de Malahide. Les oratoires de saint Columba, de saint Mochta et de saint Flannan, ainsi que la chapelle de Cormac possèdent une petite pièce entre la voûte du plafond et le toit. Les premières églises sont dépouillées d'ornements. Mais les vestiges de White Island *(voir Enniskillen)* font exception à cette règle : huit stèles sculptées fixées aux murs ont probablement été ajoutées à une époque plus tardive.

LE MOYEN ÂGE

Style roman

Il est introduit au 12e s. alors même que le style gothique apparaît sur le continent. La première église de ce style construite en Irlande est la chapelle de Cormac, à Cashel *(voir ce nom)*, achevée en 1139. Les églises romanes irlandaises sont toujours de dimension modeste. Ce qui les caractérise est que seuls les arcs en plein cintre des portes, des fenêtres et des voûtes présentent des éléments décoratifs : animaux fantastiques, masques humains, motifs géométriques, pour l'essentiel médaillons, chevrons et denticules. La chapelle de Cormac compte de très belles sculptures, plusieurs arcatures aveugles, des voûtes nervurées peintes et les plus anciennes fresques du pays.

La richesse d'ornementation des portails principaux est une spécificité irlandaise : les meilleurs exemples se trouvent à Clonfert *(voir Portumna)*, Ardfert *(voir Tralee)* et Roscrea (église St-Cronan).

Châteaux normands

Les premiers châteaux construits par les Normands comprenaient une **motte féodale** reliée à une **basse cour** *(voir dessin dans l'ABC)*. On peut en admirer un exemple à Clough *(voir Downpatrick)*.

À partir du 13e s., les Normands construisent des donjons de pierre. Ils sont carrés et renforcés par de puissants contreforts (Trim, Carrickfergus, Greencastle – *voir Buncrana*), polygonaux (Dundrum – *voir monts Mourne*) et Athlone), ou encore circulaires (Nenagh – *voir Killaloe*).

Au cours du 13e s., les tours-porches prennent de l'importance et des défenses sont ajoutées sous forme de barbacanes. À la fin du 13e s. apparaît un nouveau type de château, au plan symétrique. Aux quatre coins de la cour intérieure s'élève une tour d'angle ronde ; au milieu de l'un des murs, un corps de garde sert aussi de donjon, comme à Roscommon *(voir Strokestown)*.

Églises gothiques

Introduite en Irlande à la fin du 12e s., l'architecture gothique y rencontre moins de succès qu'ailleurs ; peu d'exemples subsistent. La plupart des cathédrales témoignent des influences anglaise et galloise. Les monastères, édifiés par des moines venus du continent, adoptent pour leur part le plan défini par **saint Benoît** : cloître carré bordé de galeries, autour duquel s'ordonnent l'église au nord, la sacristie et la salle capitulaire à l'est, le réfectoire et les cuisines au sud et le cellier à l'ouest. Les dortoirs occupent l'étage des ailes est et sud.

Au début du 13e s., bien des cathédrales sont remaniées. Malgré les nombreuses modifications dont elles font l'objet, les deux cathédrales anglicanes de Dublin conservent des parties de cette époque. La cathédrale St-Patrick de Dublin, achevée en 1254, et à laquelle on ajoute une tour en 1372, est très influencée dans sa forme et sa décoration par le style gothique primitif anglais.

Au 15e s., une seconde période de construction coïncide avec l'édification de nombreux monastères franciscains dans l'Ouest du pays. La plupart des églises existantes sont alors remaniées pour se conformer à la nouvelle mode. L'insertion de vastes fenêtres à remplage, tout en augmentant la luminosité intérieure, fournit aux tailleurs de pierre de nouvelles possibilités de décoration. C'est à cette époque que sont réalisés à Jerpoint *(voir Kilkenny)* les chapiteaux et hauts-reliefs du cloître, d'inspiration nettement locale.

Maisons fortes

Après la peste noire (1348-1350), l'activité des bâtisseurs est devenue si modeste qu'en 1429 Henri VI offre une contribution de 10£ pour toute construction d'un château ou d'une maison forte (manoir ou demeure fortifiée). Plus de 70 % des maisons fortes construites par les Irlandais ou par des étrangers se dressent au sud d'un axe Dublin-Galway. Elles se distinguent par leur verticalité, une pièce s'élevant au-dessus d'une autre, sur quatre ou cinq étages, avec parfois une pièce secrète aménagée entre deux niveaux. La défense de la maison reposait sur l'inclinaison donnée à la base des murs, la présence de meurtrières aux angles, de merlons à double gradin, dits **créneaux irlandais**, et de mâchicoulis au-dessus des angles et de l'entrée. Construites entre 1450 et 1650, la plupart des maisons fortes s'élevaient au milieu d'un enclos fortifié ou **bawn**. Les éléments décoratifs n'apparaissent que dans les châteaux plus vastes et d'époque plus tardive.

LE STYLE DIT DE LA PLANTATION

Châteaux

Au début du 17e s., dans un pays passé sous le contrôle anglais, des demeures rectangulaires plus luxueuses, flanquées de tours d'angle carrées, sont élevées à Kanturk *(voir Mallow)*, Portumna, Glinsk *(voir Stokestown)* et Ballygally *(voir Antrim Glens)*. Des maisons fortes se voient ajouter une demeure plus moderne, comme à Leamaneh *(voir Le Burren)*, Donegal ou Carrick-on-Suir. Ces bâtiments témoignent de l'influence de la Renaissance avec leur fenestrage régulier de grandes croisées à meneaux.

Planter's Gothic

Le style gothique dit de la Plantation est introduit au début du 17e s. par les colons anglais et écossais à l'occasion de la construction d'églises paroissiales. La belle cathédrale St Columb de Londonderry en est une illustration.

Fortifications côtières

Sous la Restauration, plusieurs villes importantes vont être protégées par des forts en forme d'étoile : le fort Charles à Kinsale est le mieux conservé. Après les tentatives françaises de débarquement (baie de Bantry en 1796, Killala en 1798), des tours de vigie sont élevées sur les côtes. La construction des **tours Martello** (du nom de l'ingénieur qui a développé ce système de surveillance en Corse au 15e s.) débute en 1804. Environ une cinquantaine de ces structures massives aux murs épais ponctuent le littoral entre Drogheda et Cork et le long de l'estuaire du Shannon. La tour James-Joyce, à Sandycove (Dublin), en pierre de granit, est caractéristique.

L'ÉPOQUE CLASSIQUE

Manoirs et châteaux campagnards

Entre la bataille de la Boyne (1690) et la Rébellion (1798), le pays traverse une période de paix et de prospérité relative, durant laquelle on construit d'élégantes demeures à la campagne. Les pignons ornés et la brique rouge viendraient de l'influence de Guillaume d'Orange. Les influences française et anglaise dominent la fin du 17e s. Le 18e s. est influencé par la vogue, venue surtout d'Angleterre, des architectes italiens, puis par d'autres inspirés par la Grèce antique. Au 19e s., les architectes prônent le retour aux styles Tudor et gothique dans les constructions religieuses et civiles. La plupart des châteaux de campagne sont bâtis en pierre locale. La **villa palladienne** est très à la mode au 18e s. : un pavillon central à un ou deux étages est relié par des colonnades droites ou courbes à des pavillons plus petits, abritant les cuisines, les écuries ou des bâtiments de ferme.

Le plus éminent architecte de la première moitié du 18e s., **Richard Castle** (né Richard Cassels – 1690-1751) était d'origine huguenote. Il réalise de nombreux manoirs de robuste apparence : Powerscourt House *(voir monts Wicklow)*, Westport House, Russborough House *(voir monts Wicklow)*, Newbridge House *(voir Dublin)*. Il reprendra le cabinet de **sir Edward Lovett Pearce**, l'architecte du parlement de Dublin (1729), aujourd'hui siège de la Banque d'Irlande, qui a joué un rôle important dans la conception de Castletown. Les grands architectes **Robert Adam** (1728-1792) et William Chambers travaillent peu en Irlande. Le premier laisse le mausolée des

O. Forir / MICHELIN

Le château de Powerscourt.

Templetown *(voir Antrim)*, le second le Casino Marino à Dublin, une coûteuse gentilhommière néoclassique agrémentée d'une folie.

En 1781, **James Gandon** (1742-1823) vient en Irlande dessiner Emo Court *(voir Abbeyleix)*. À Dublin, le bureau des douanes et le Palais de justice illustrent bien son style néoclassique. **James Wyatt** (1746-1813) réalise son chef-d'œuvre au château de Coole, mais participe aussi à la construction du château de Slane *(voir vallée de la Boyne)*. L'un des plus célèbres architectes irlandais, **Francis Johnston** (1761-1829), est un représentant à la fois du style classique (poste centrale de Dublin) et du néogothique (chapelle royale du château de Dublin).

Décoration intérieure

De nombreux intérieurs doivent leurs plafonds en stuc richement ornementé aux frères tessinois **Lafranchini**. L'un d'entre eux crée les stucs rococo des cages d'escaliers extérieures de Castletown House *(voir Maynooth)*. À la même époque, Robert West réalise des stucs de la même qualité. La décoration des pièces de Powerscourt House *(voir monts Wicklow)* est due à **Michael Stapleton**, principal ambassadeur du style Adam.

Églises

Le classicisme pénètre en Irlande au 17e s. L'église St-Michan de Dublin et celle de Lismore, par William Robinson, montrent quelques éléments d'architecture du 17e s. On dote l'église anglicane Ste-Anne de Shandon, à Cork, de style georgien, d'une impressionnante tour ouest d'inspiration orientale. Le modèle néoclassique rectangulaire, précédé d'un portique inspiré du temple grec, se répand et donne de prestigieuses réalisations. À Dublin, les églises St Werburgh, St George, St Stephen et la Pro-Cathedral ; à Coolbanagher, St John the Evangelist construite par James Gandon ; à Belfast, St George.

LA REPRISE DES STYLES ANCIENS

Le néogothique fait son apparition en Irlande dans les années 1760, et s'illustre aux châteaux Ward et de Malahide *(voir Dublin)*. Dans un premier temps, des éléments gothiques (créneaux, arcs brisés) et des plafonds voûtés ornés de stucs sophistiqués sont ajoutés aux édifices de style classique, comme au château Ward. Les châteaux de Kilkenny (William Robertson) et de Dromoland (George et James Pain, 1826), sont agrandis et remaniés dans les styles néoTudor ou gothique. Le château de Johnstown *(voir Wexford)* est un exemple plus tardif de remaniements néogothiques inspirés par le romantisme et la recherche de l'asymétrie, correspondant tout à fait au goût victorien.

Le musée du Trinity College à Dublin, dû à Deane et Woodward, est un exemple type du style néogothique vénitien. Le château de Gosford *(voir Armagh)* est de style néoroman, celui de Glenveagh *(voir Donegal Glens)* suit le style des châteaux médiévaux irlandais, ceux de Belfast et de Blarney *(voir Cork)* le style féodal écossais.

Églises néogothiques

Bon nombre d'églises néogothiques du début du 19e s., comme la Très-Sainte-Trinité (autrefois chapelle royale) du château de Dublin, sont décorées avec profusion. Plus tard, l'influence d'Augustus Welby Pugin, qui touchera largement l'Irlande, et du Pugin irlandais J. J. McCarthy, contribue à la vogue d'édifices construits suivant les principes du Moyen Âge. St Fin Barre's Cathedral, à Cork, par William Burges, illustre cette tendance. La plus grande réalisation de McCarthy est sans doute la nouvelle grande cathédrale d'Armagh, fidèle au style gothique Decorated. C'est un exemple unique et remarquable dans la fièvre de construction qui suit l'Acte d'émancipation, quand de nombreuses cathédrales et églises paroissiales catholiques sont élevées dans un style gothique assez éclectique.

LE 20e SIÈCLE

Si les débuts du jeune État libre voient la restauration des édifices civils bombardés durant l'insurrection de 1916, la poste centrale, le Palais de justice *(Four Courts)* et le bureau des douanes *(Custom House)*, les nouvelles formes d'expression architecturale sont rares. Le mouvement **Arts and Crafts** ne fait guère école en Irlande : l'hôtel de ville de Cavan par William Scott est une exception notable, avec son architecture riche en volumes, pauvre en détails ornementaux mais très expressive. À Dublin, l'University College (R. M. Butler) et le College of Sciences (sir Aston Webb) illustrent le néoclassicisme de l'époque. Sans doute l'édifice le plus grandiose de cette période est l'immense hôtel de ville de Belfast (J. Sheehy), que l'on compare à un gâteau de mariage avec son dôme et ses tours d'angle.

Le modernisme

Le modernisme en architecture n'arrive que tardivement en Irlande. Mais il en existe un exemple précoce et remarquable, avec l'église du Christ-Roi à Cork (Turner's Cross) conçue par Barry Byrne, de Chicago. Les modifications amenées par le concile Vatican II, favorisant la célébration du culte au milieu des fidèles, inspire des projets d'églises originaux, reflétant parfois les caractéristiques régionales : dans le comté de Donegal, les églises St-Conal à Glenties, St-Michel à Creeslough, l'église des Dominicains à Athy ; à Bunclody *(voir Enniscorthy)*, la Sainte-Trinité. L'architecture civile moderne fait son apparition avec la centrale hydroélectrique d'Ardnacrusha en 1929 et le terminal de l'aéroport de Dublin en 1940.

L'ARCHITECTURE IRLANDAISE TYPIQUE

Villes et villages

Les premiers villages irlandais *(clachans)* étaient constitués de chaumières en clayonnage enduit de torchis. Ce sont les Vikings qui ont fondé les premières villes, toujours sur les estuaires : Drogheda, Dublin, Waterford et Wexford. La plupart d'entre elles possédaient un **tholsel** (*toll stall* ou octroi), souvent une arche ou porte à plusieurs étages, où l'on acquittait des droits de passage. Les Normands se sont surtout implantés dans le sud et l'est de l'Irlande, dans des villes souvent entourées de murs. Certaines parties subsistent à Athenry, Kilmallock, Youghal, Fethard et Londonderry.

Les premières implantations urbaines de grande ampleur apparaissent à la fin du 16e s. et au 17e s., lors de la colonisation (1607-1641) de l'Ulster, du Munster et de quelques parties du Leinster. Des maisons à colombages, aujourd'hui disparues, sont alors construites le long d'une rue ou autour d'un *green*, place couverte d'herbe, souvent baptisée **The Diamond** (le losange), bien qu'elle en ait rarement la forme. On en trouve encore en Ulster. Dans beaucoup de villes irlandaises, les bâtiments les plus élégants sont le marché et le tribunal, parfois réunis en un seul édifice.

Aux 18e et 19e s., de nombreux propriétaires terriens entreprennent d'édifier des villes suivant un plan bien défini, avec de grandes avenues (Strokestown et Moy), des allées bordées d'arbres (Westport, Birr et Castlebar), des formes inhabituelles (plan en croix de Kenmare), des rangées de cottages *(rows)* construits en pierre locale (Glassan, au nord-est de Athlone) ou encore des copies de chaumières anglaises (Adare). Dans les grandes villes, d'élégantes **terraces** (rangées de maisons uniformes) dont l'architecture s'inspire du style classique, sont construites en pierre locale ou en brique rouge. Au 19e s. à Dublin, on utilise la brique grise fabriquée avec l'argile locale, le calcaire de la région et le granit gris de Wicklow. Les plans établis par la commission aux avenues (Wide Streets Commission, mise en place à Dublin à partir de 1758) sont à l'origine des élégantes entrées georgiennes irlandaises (en général flanquées de colonnes) et des fenestrages symétriques. Les fenêtres les plus hautes ornent l'étage noble ; leur taille décroît avec l'élévation de la façade. Certaines *terraces* d'époque plus tardive sont d'une plus grande cohérence esthétique (Fitzwilliam Street et Fitzwilliam Square à Dublin, Pery Square

IIC/Axiom/Gettyimages

Quartier résidentiel de Dublin.

à Limerick). La décoration intérieure, souvent de belle qualité, s'inspire du classicisme, notamment pour les manteaux des cheminées, stucs et boiseries.

Au 20e s., l'urbanisme en Irlande n'est pas une grande réussite. Les projets grandioses de reconstruction de Dublin, après le désastre de 1916, sont dessinés, mais jamais mis en œuvre. De nombreuses rues de Belfast, où se pressent les maisons trop serrées de la fin du 19e s., sont remplacées, à la suite de différents projets de relogement, dont les moins réussis consistent en blocs d'immeubles bruts. La création de la ville nouvelle de Craigavon, sur le modèle britannique des zones urbaines de Lurgan et Portadown, n'est qu'en partie réalisée. Dans le Sud, la prospérité des campagnes et le laxisme des contrôles d'urbanisme sont responsables de l'abandon du *bothán* pittoresque mais sous-équipé, au profit d'un éparpillement de maisons et de bungalows, confortables mais mal intégrés au paysage.

Habitations traditionnelles

La campagne irlandaise est émaillée de maisons d'habitation et dépendances de fermes, mais aussi de forges et de **sweathouses**. Ces dernières sont de petites cabanes de pierre, qui étaient utilisées comme sauna, ou pour soigner les pleurésies et autres affections. On y allumait un grand feu. Une fois l'intérieur bien chaud, on retirait les cendres, que l'on remplaçait au sol par des brassées de roseaux pour éviter de se brûler les pieds.

Le recensement de 1841 identifie quatre types d'habitation. Le plus modeste, **bothán**, correspondait à la maison à pièce unique sans fenêtre et couverte de chaume, qui prédominait à l'ouest d'une ligne allant de Londonderry à Cork. Les maisons étaient très peu meublées et le loyer était fixé en fonction du nombre de pièces et de fenêtres. Elles ont souvent été détruites à l'occasion d'expulsions ou laissées à l'abandon. Elles sont reconstituées dans des musées de plein air : Bunratty Folk Park *(voir Limerick)*, Glencolmcille Folk Village *(voir côte du Donegal)*, Ulster Folk Park et Ulster American Folk Park *(voir monts Sperrin)*.

Les types intermédiaires, des fermes à un ou deux niveaux, ont subsisté en plus grand nombre. Elles sont équipées de fenêtres, de cheminées et de nombreuses pièces s'ordonnant en hiérarchie selon leur rôle.

La **long house** ou longère irlandaise, dont les pièces en enfilade sont desservies par un escalier à une extrémité, a perduré du Moyen Âge au 18e s. La maison de Cratloe *(voir Limerick)* est une des rares à avoir subsisté.

La **maison georgienne** de plan rectangulaire, à façade symétrique dotée d'ornements de style classique (fenêtres vénitiennes ou de Wyatt), d'impostes en éventail et d'un porche à colonnes, était très appréciée par les classes moyennes.

Constructions contemporaines

Pendant que l'architecte et designer **Eileen Gray** (1879-1976) devient, en France, une figure majeure du style Arts déco, son Irlande natale reste quasi hermétique aux mouvements du moment. Quelques réalisations urbaines des années 1950 font basculer le pays dans la modernité. Ainsi la Busàras Station (gare routière centrale) de Dublin, en 1952, par **Michael Scott** (1905-1989). Cet artiste complet, qui signe entre autres les studios Radio Telefis Éirann de Dubin, des cinémas comme à Athlone ou Carlow, et le World Fair à New York, sera également comédien. Il joue dans nombre de créations à l'Abbey Theatre, dont il conçoit le nouveau bâtiment en 1966. En 1967, **Paul Koralek** réalise la bibliothèque Berkeley de Trinity College, très applaudie. Le déclin économique des années 1970-1980 encourage peu la créativité. Inaugurée en 2002, la nouvelle aile Millenium Wing de la National Gallery de Dublin, due à Benson & Forsyth, fait l'unanimité. En 2003, le pont James-Joyce, de **Santiago Calatrava** et le saisissant *Monument of Light* en acier de **Ian Ritchie**, haut de 120 m et appelé simplement *The Spire* (« la flèche »), ont été instantanément adoptés comme nouveaux repères dublinois. Avec la prospérité économique, de multiples complexes de logements, de très nombreux centres commerciaux et quelques bâtiments publics ont poussé entre 1995 et 2005, à Dublin, Cork ou Limerick, reflétant avec plus ou moins de bonheur les grands courants architecturaux internationaux. Sur fond de sages rangées de maisons particulières, *semi-detached* ou *terraced*, les audaces contemporaines dans les périphéries urbaines contrastent. Les Visitor Centres récents des falaises de Moher *(voir Le Burren)* et de Dunquin *(voir péninsule de Dingle)* représentent des exemples très réussis d'intégration du bâti dans le paysage qu'il célèbre.

ABC d'architecture

Style roman

CATHÉDRALE DE CLONFERT (12e s.) – Portail principal

L'arc intérieur entourant immédiatement la porte est plus ancien de 3 siècles que le reste du portail. Celui-ci se compose de cinq colonnes et de cinq arcs en plein cintre, surmontés de rampants moulurés encadrant un fronton triangulaire, le tout coiffé d'un fleuron.

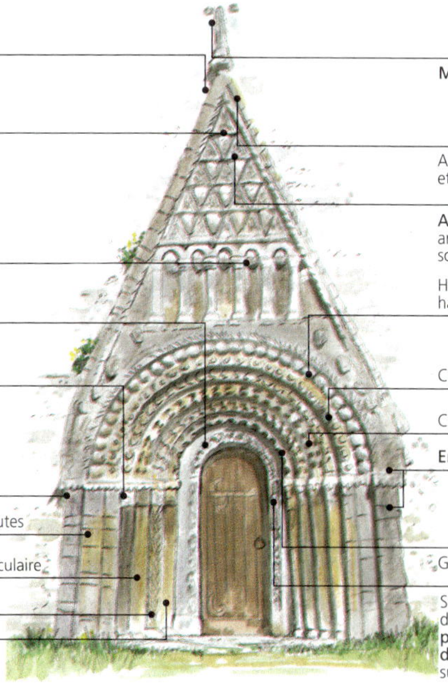

Moyen Âge

ABBAYE DE JERPOINT (12e s. avec tour du 15e s.)

Style gothique

CATHÉDRALE ST-PATRICK (13e s.) – Dublin

Réalisée dans le style gothique Early English, elle fut intensément restaurée au 19e s.

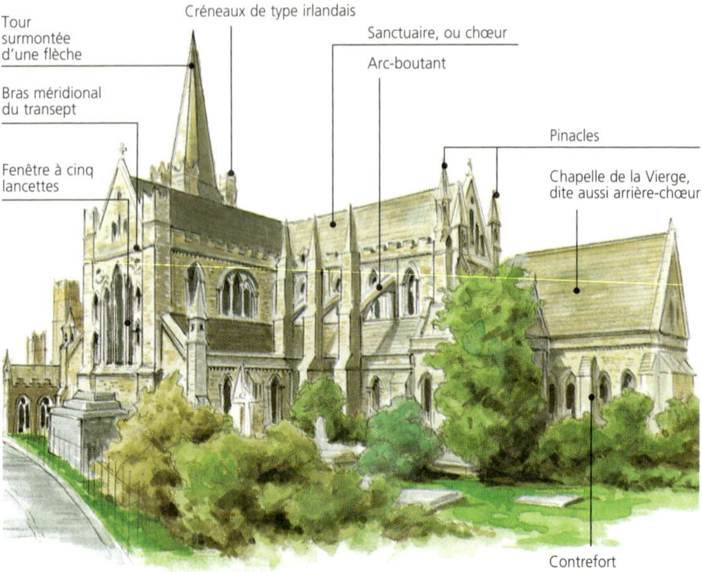

Style néoclassique

ÉGLISE-CATHÉDRALE DU CHRIST (18e s.) – Waterford

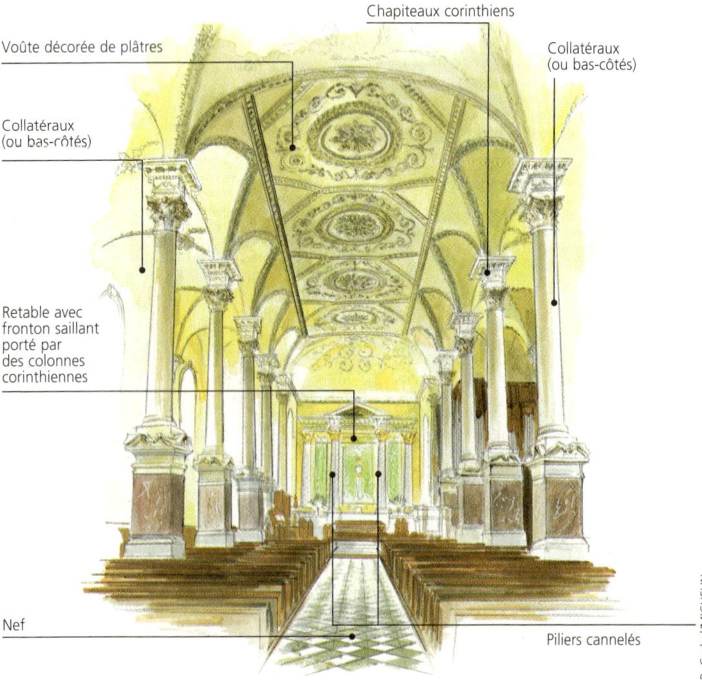

Style néogothique

ÉGLISE DE LA TRÈS-SAINTE-TRINITÉ (ancienne chapelle royale – 19e s.)
Château de Dublin

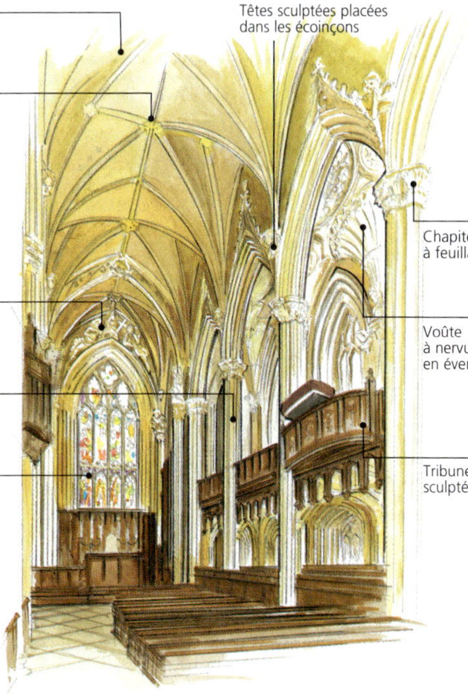

ARCHITECTURE MILITAIRE

Époque normande

Motte et basse cour

Dans les années qui suivirent la conquête, les Normands érigèrent des châteaux de bois au sommet d'une butte de terre, naturelle ou artificielle, dite motte. Une palissade entourait un enclos constituant la basse cour (bailey), où étaient groupés les écuries, magasins, etc. Par la suite, la pierre se substitua au bois.

R. Corbel/MICHELIN

15ᵉ-17ᵉ s.

CHÂTEAU DE DUNGUAIRE (1520, restauré au 19ᵉ s.)

Manoir fortifié se composant d'une **maison forte** précédée d'une cour dite **bawn**, fermée par une muraille défensive. Les pièces d'habitation, pourvues de fenêtres, occupent les étages.

17ᵉ s.

FORT CHARLES (vers 1670) – Kinsale

16e s.

CHÂTEAU DE PORTUMNA (1518)
Cette demeure à demi fortifiée, à baies symétriques, est précédée d'un jardin clos régulier.

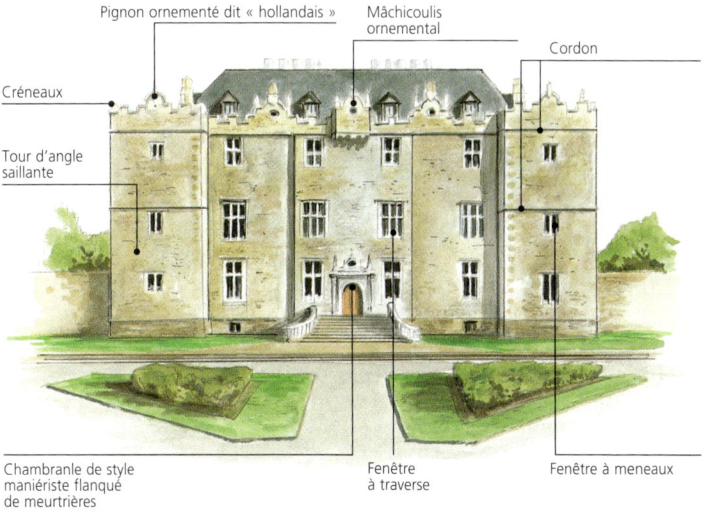

ARCHITECTURE CIVILE

17e s.

SPRINGHILL (vers 1680, avec adjonctions du 18e s.)
Demeure non fortifiée présentant une façade symétrique percée de grandes fenêtres régulières.

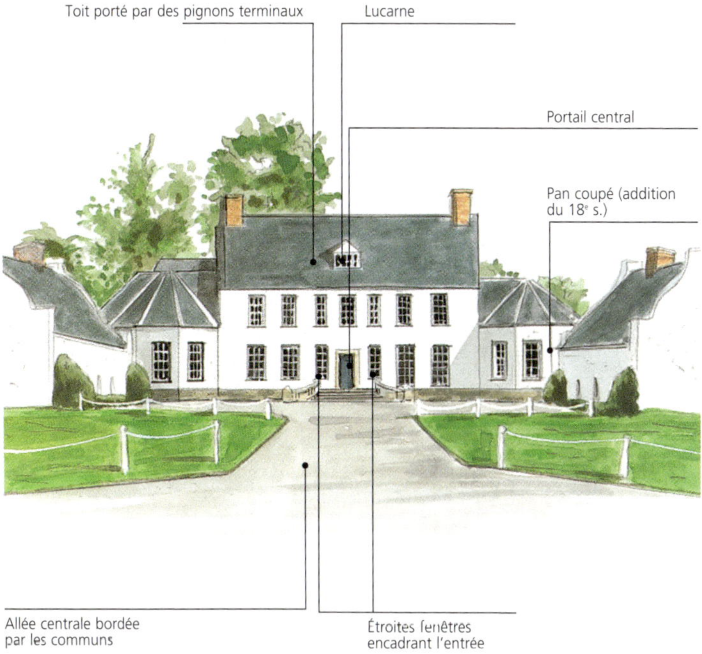

R. Corbel/MICHELIN

18e s.

URBANISME GEORGIEN

Ces rangées de maisons de style uniforme, dites terraces, construites en brique rouge, s'élèvent sur quatre niveaux et sont régulièrement percées de fenêtres à formes à guillotine, au nombre de trois par étage de maison. L'importance accordée aux pièces de réception, situées au premier étage, est soulignée par la dimension des fenêtres, plus hautes.

Portes et impostes (vers 1740)

Porte surmontée d'une lanterne d'imposte et encadrée de piliers à chapiteaux ioniques

Porte surmontée d'une imposte décorée et encadrée de piliers à chapiteaux ioniques

Porte surmontée d'une imposte décorative et encadrée de piliers à chapiteaux ioniques, de fenêtres et de gratte-pieds

Porte surmontée d'une imposte décorée et encadrée de piliers à chapiteaux ioniques

R. Corbel/MICHELIN

18e s.

RUSSBOROUGH (1743-1756)

Cette demeure de **style palladien** se compose d'un **pavillon central** relié aux ailes des communs (cuisines et écuries) par des **colonnades incurvées**.

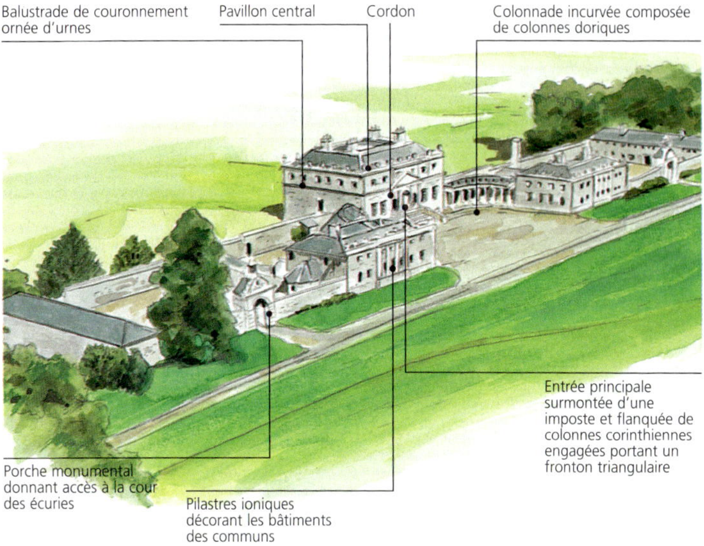

PLÂTRES DU 18e s.

FLORENCE COURT (vers 1740)

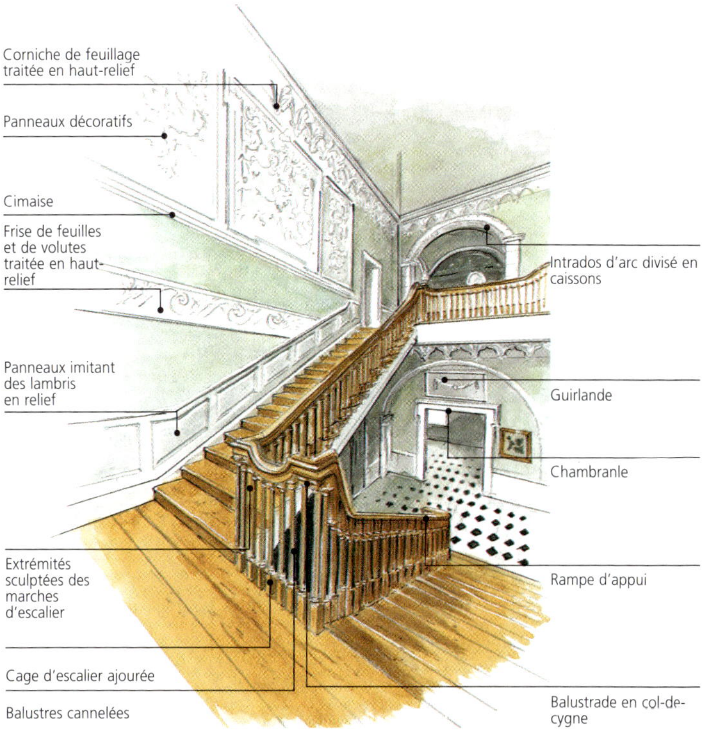

Style néoclassique

MARCHÉ COUVERT DE MONAGHAN (1791)

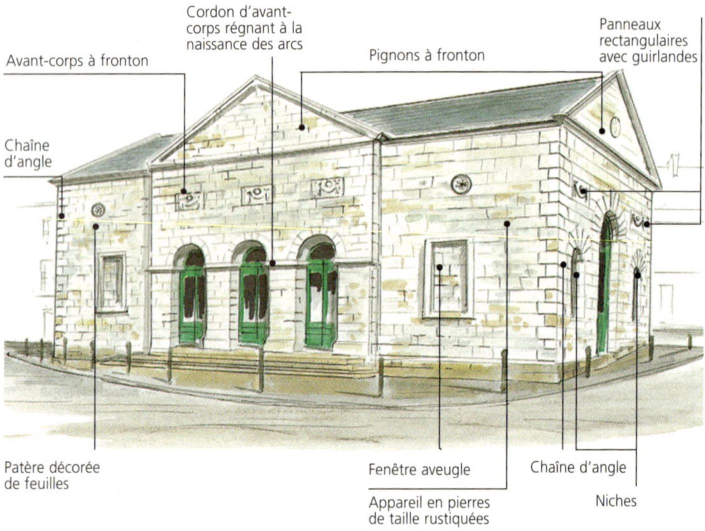

Styles remis à l'honneur

Un regain d'intérêt pour les styles du Moyen Âge ranima le goût pour les façades et baies asymétriques et les lignes de toit brisées.

CHÂTEAU DE LISMORE (néogothique du 19e s.)

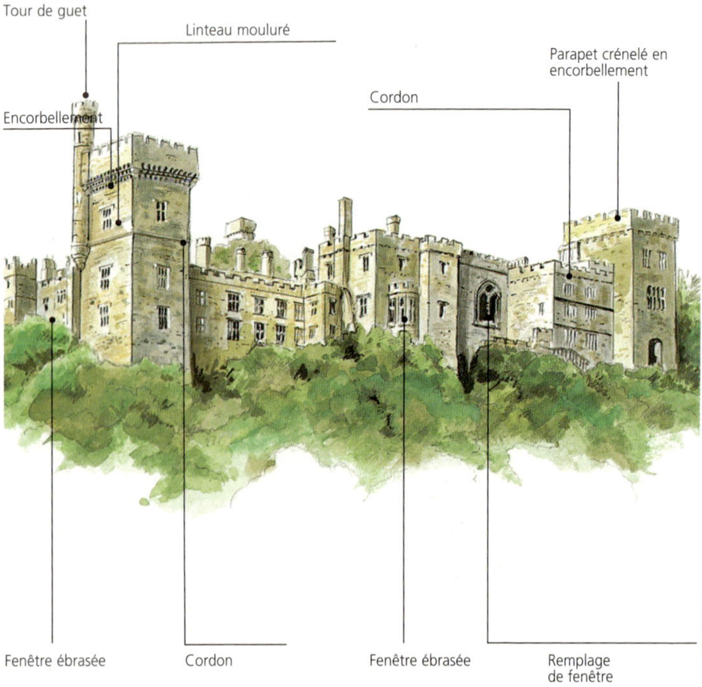

R. Corbel/MICHELIN

Les arts irlandais

Sensibles aux influences venues de Grande-Bretagne et du reste de l'Europe, leur ajoutant souvent une saveur locale particulière, les arts irlandais de l'époque paléochrétienne sont sans égal pour leur originalité et leur créativité. Sculpteurs, joailliers, enlumineurs, entre autres, trouvent donc leur inspiration dans le superbe patrimoine d'artisanat celtique du pays. À la fin du 19ᵉ et au début du 20ᵉ s., avec le mouvement du renouveau gaélique, des échos plus ténus de la tradition celte apparaissent dans la peinture et les arts graphiques. Mais auparavant, l'Irlande était devenue, presque autant que l'Angleterre, un haut lieu des arts et du savoir-faire de l'époque georgienne. La vie brillante, parfois excentrique, des propriétaires anglo-irlandais se reflète dans la peinture, autant que dans l'architecture et les arts décoratifs de l'époque.

LES ARTS CELTES

Le **cercle** est un élément décoratif distinctif de l'art celte ; les artisans se servaient d'un compas en métal pour marquer les contours du motif sur la pièce ou la page à décorer. Ils utilisaient aussi les courbes en S ou en C, les spirales, volutes et zigzags, qu'ils ornaient d'entrelacs et de motifs travaillés.

Il existe aussi des motifs dont le style s'apparente à celui de la civilisation de **La Tène**, un site celte près de Neufchâtel, en Suisse, qui fut florissant dans les cinq derniers siècles av. J.-C. Ce style de La Tène se retrouve sur deux monuments de granit du 3ᵉ s. av. J.-C., à Turoe *(voir Athenry)* et Castlestrange *(voir Strokestown)*, les seuls de ce genre qui subsistent en Irlande. Sans doute édifiés pour des cérémonies religieuses, ils ressemblent à l'omphalos de Delphes en Grèce, que les Celtes ont pillé en 290 av. J.-C.

De talentueux artisans

Parmi les plus beaux bijoux celtes, en or, figure le **torque**, lourd collier rigide des guerriers. L'orfèvre étirait le métal en longues bandes minces, dont il tressait une corde, qu'il ajustait au cou du guerrier. Les Celtes décoraient aussi les fibules pour attacher les vêtements, les harnais des chevaux et les fourreaux de leurs épées. Ces pièces étaient souvent ornées d'émaux, avec une préférence pour le rouge. Un motif récurrent de l'artisanat celtique est le **triskèle**, figure dotée de trois bras ou jambes symbolisant la Terre, le Feu et l'Eau.

Des sculptures anciennes montrent des figures féminines nues aux jambes croisées, appelées **Sheela-na-gig** ; elles doivent beaucoup aux cultes païens. On a avancé de nombreuses interprétations pour ces sculptures, dont certaines sont délibérément grotesques. On admet raisonnablement qu'elles étaient liées à un culte de la fertilité. La plupart ont été trouvées autour ou à l'intérieur des églises.

Un âge d'or

Le **manuscrit enluminé** est un point culminant de l'art celtique irlandais. Le premier exemple remarquable est une copie des psaumes des environs de l'an 600, attribuée traditionnellement à saint Columba. En comparaison d'ouvrages plus tardifs, il est relativement simple ; son élément essentiel est la grande initiale enluminée qui orne le début de chaque paragraphe. Ses motifs ornementaux de spirale celtique et d'animaux stylisés se développent particulièrement au cours du 7ᵉ s. avec le **Livre de Durrow**, où apparaît une grande diversité d'encres de couleur, en plus du noir du manuscrit de Columba. Des pages entières sont consacrées à l'ornementation plutôt qu'au texte. Le motif caractéristique des bandes entrelacées fait son apparition. Pendant le siècle et demi qui suit, la maîtrise croissante de l'art des copistes donne naissance à des manuscrits de plus en plus sophistiqués et travaillés. Cet art culmine dans le magnifique **Livre de Kells** *(voir p. 122)* daté des environs de l'an 800, mondialement connu.

La même virtuosité se retrouve dans certaines réalisations des façonneurs de métal et joailliers. La ceinture-reliquaire

Le livre de Kells.

de Moylough (vers 700), en argent et émaux, présente une décoration somptueuse de spirales, d'entrelacs et de têtes d'animaux. Presque monumental, le **calice d'Ardagh**, de la même époque, est un chef-d'œuvre d'ornementation colorée. Pourtant, on ne pouvait admirer sa base extraordinairement travaillée, trois frises en or entourant un cristal de roche, que très brièvement, à la messe, pendant l'élévation. De la même manière, la décoration sur la face intérieure de la **broche de Tara** ne pouvait être appréciée que par la personne qui s'en servait pour attacher son manteau.

L'ART DU VITRAIL

Il n'y a plus en Irlande de vitraux du Moyen Âge restés en place. Mais cet art a suscité un nouvel intérêt vers 1770, avec les travaux sur émaux, pour la plupart profanes, de Thomas Jervais et de Richard Hand. Au 19e s., la vogue du néogothique engendre une forte demande, pour les églises comme pour les maisons. Les œuvres les plus remarquables de cette période se trouvent dans l'église catholique St-Patrick de Dundalk, conçues par Early de Dublin, Hardman de Birmingham et Meyer de Munich ; la fenêtre est du chœur de l'église anglicane St-Patrick de Monaghan, due à l'Allemand F. S. Barff ; le vitrail de l'autel réalisé par Michael O'Connor (1801-1867) pour la cathédrale de l'Assomption à Tuam.

La remarquable contribution des Irlandais aux vitraux du 20e s. doit beaucoup à la fondation, par Edward Martyn et Sarah Purser, de **An Túr Gloine** (*La Tour de Verre*, 1903-1963). Peintre portraitiste, **Sarah Purser** réalise des dessins pour plusieurs fenêtres, dont Cormac of Cashel pour la cathédrale St-Patrick de Dublin. Un autre membre fondateur, Michael Healy, a laissé son œuvre dans la cathédrale de Loughrea.

Wilhelmina Margaret Geddes travailla pour An Túr Gloine de 1912 à 1925. Certains de ses vitraux sont exposés à la galerie municipale d'Art moderne de Dublin et au musée de l'Ulster.

Evie Hone (1894-1955) rejoint An Túr Gloine en 1934. Son travail, souvent inspiré par la sculpture médiévale irlandaise, comprend *L'Ascension* (1948, église catholique de Kingscourt) et *Les Béatitudes* (1946, chapelle de la maison de retraite jésuite de Tullabeg, près de Tullamore).

Harry Clarke (1889-1931) développe un style tout à fait personnel dès 1915, s'inspirant de l'iconographie et des légendes irlandaises. Les douze vitraux destinés à la chapelle Honan (université de Cork), sa première commande publique, comptent parmi ses plus belles réalisations. Son Vitrail de Genève (1928) est exposé à la galerie municipale d'Art moderne de Dublin. Peu avant sa mort, il exécuta sa commande d'église la plus importante : le Jugement dernier avec la Vierge et saint Paul pour l'église St-Patrick de Newport.

Aujourd'hui, James Scanion et Maud Cotter, vivant tous deux à Cork, illustrent la pérennité de l'art du vitrail.

La peinture

Au 17e s., la culture gaélique est sur son déclin, et les principales influences artistiques en Irlande sont anglaises et européennes. Une guilde des peintres est fondée à Dublin en 1670, mais l'art pictural ne se développe guère avant la fondation, en 1746, des écoles de la Société de Dublin *(Dublin Society's Schools)*. Elles ont pour but de promouvoir la création artistique et la production d'objets manufacturés. Le premier maître, Robert West (mort en 1770), et son assistant, James Mannin, ont été formés en France. L'élève le plus étonnant de l'école est sans doute **Hugh Douglas Hamilton** (1739-1808), qui excelle dans le portrait au pastel. En 1778, il visite l'Italie, et se tourne vers la pratique de la peinture à l'huile au cours de son séjour à Rome. Membre de l'École irlandaise du paysage, apparue au 18e s., **Susanna Drury** connaît le succès de 1733 à 1770 ; ses toiles de la Chaussée des Géants sont exposées à l'Ulster Museum de Belfast. **George Barret** (environ 1732-1784), qui s'installe en Angleterre en 1763, introduit l'élément romantique dans ses paysages. **Thomas Roberts** (1748-1778), familier de la peinture française et flamande, expose plusieurs œuvres dans le style de Claude Vernet. La figure dominante du 18e s. est **James Barry** (1741-1806), qui réalise de grandes toiles néoclassiques. **Joseph Peacock** (environ 1783-1837), originaire de Dublin, connaît le succès en représentant des scènes de fête.

Parmi les artistes qui séjournent à Dublin au 18e s., **Vincent Valdré** (1742-1814) réalise trois panneaux pour le plafond de St Patrick's Hall, au château de Dublin ; **Angelika Kauffmann** (1741-1807) passe sept mois en Irlande en 1771 comme invitée du vice-roi, lord Townshend.

La constitution en 1823 de la Royal Hibernian Society encourage l'art irlandais en offrant aux peintres une exposition annuelle. Après l'Acte d'union en 1800, de nombreux artistes irlandais partent pour Londres : Martin Archer Shee (1769-1850) devient président de la Royal Academy en 1830. Daniel Maclise (1806-1870) est un peintre historique apprécié. **Nathaniel Hone** (1831-1917) passe dix-sept années en France, travaillant en extérieur comme les peintres de l'école de Barbizon. **Roderic O'Conor** (1860-1940), originaire du comté de Roscommon, suit des études à Anvers et en France, où il rencontre Gauguin. L'influence de ce dernier et celle de Van Gogh sont évidentes dans son œuvre. **John Lavery** (1856-1948), de Belfast, étudie à Paris. Il est célèbre pour ses portraits, mais il peint aussi de nombreuses scènes de la campagne française. Une autre artiste, **Sarah Purser** (1848-1943), étudie aussi à l'étranger, c'est une portraitiste prolifique,

Plusieurs artistes dignes d'intérêt marquent le 20e s. La représentation de la vie irlandaise permet à **Jack B. Yeats** (1871-1957), frère du poète W. B. Yeats, d'affirmer son coup de pinceau hardi, aux couleurs éclatantes. **Paul Henry** (1876-1958) est réputé pour son rendu de la clarté lumineuse de l'Ouest irlandais. **William Orpen** (1878-1931), formé à la Metropolitan School of Art de Dublin et à la « Slade » de Londres, devient un portraitiste à la mode et un peintre de guerre officiel ; Seán Keating (1889-1977) et Patrick Tuohy (1894-1930) font partie de ses élèves irlandais. Le cubisme est introduit en Irlande par Mainie Jellett (1897-1977) et son amie **Evie Hone** (1894-1955), davantage connue pour son travail du vitrail. Avec ces deux artistes, **Louis Le Brocquy** (né en 1916) initia, en 1943, des Irish Exhibitions of Living Art, Salon annuel qui continue d'exposer l'avant-garde. Le Bocquy, peintre majeur, honoré par les grands musées du monde tels le Guggenheim à New York ou la Tate Gallery à Londres, a beaucoup collaboré avec les écrivains, illustrant leurs ouvrages ou signant des portraits de Beckett, Seamus Heaney ou Bono du groupe U2.

Depuis 1991, la National Gallery et la **Hugh Lane Gallery** se sont associées au musée d'Art moderne de Kilmainham, à Dublin, pour passer commande d'œuvres. Elles alimentent ainsi leurs fonds permanents tout en stimulant la créativité des artistes. La Hugh Lane Gallery a aussi reconstitué, en 2001, l'atelier londonien de **Francis Bacon** (1909-1992), né à Dublin, de parents anglais. Enfin, Il faut citer deux formes de peinture contemporaine, particulières à l'Irlande : l'école d'art naïf de Tory Island, dans le Donegal, et les grandes fresques murales qui, à Belfast et Londonderry, témoignent des années de *Troubles* *(voir p. 68)*.

La sculpture

STÈLES ET PILIERS DE PIERRE

Les premiers monuments de pierre sont des stèles posées à plat sur les tombes entre le 8e et le 12e s. Le monastère de **Clonmacnoise** en rassemble la plus importante collection de toute l'Irlande. Peut-être un peu plus anciens, des piliers de pierre gravés d'une croix servaient parfois à marquer les tombes. Certains pourraient être des pierres levées préhistoriques réemployées.

GRANDES CROIX OU CROIX CELTIQUES

C'est surtout dans l'est du pays que l'on voit ce type de croix richement ornementée, emblème de l'Irlande, que l'on trouve aussi en Écosse et dans l'ouest et le nord de l'Angleterre. On pense qu'elles ont remplacé de petites croix en bois peintes ou couvertes de bronze et qu'elles ont probablement été sculptées dans la pierre pour que les pillards ne puissent pas les emporter. Elles auraient servi de lieu de prière aux fidèles. De hauteur variable (2 à 6 m), elles se dressent, pour la plupart, sur un socle pyramidal. Le haut de la croix est généralement entouré d'un anneau et surmonté d'un fleuron, souvent en forme de petite châsse. L'anneau décoratif devait avoir une signification symbolique. Les premières croix décorées apparaissent à la fin du 8e s. ; certaines se trouvent au monastère de Clonmacnoise. Les motifs sont surtout géométriques (spirales et entrelacs).

Aux 9e et 10e s., on décore les croix de scènes tirées du Nouveau Testament et de l'Ancien, fait exceptionnel dans l'art paléochrétien. Des scènes comportant des animaux sont souvent réalisées à la base de la croix. La croix de Moone *(voir Athy)* comporte aussi toute une iconographie animale et biblique.

Les croix du 12e s. innovent et sont souvent dépourvues d'anneau *(voir Cashel et Glendalough)*. Vers cette date, la représentation d'un évêque ou d'un abbé, inspirée par l'art du continent, commence à dominer. Les monastères de

Monasterboice *(voir vallée de la Boyne)*, de Clonmacnoise, de Kells et d'Ahenny renferment les plus beaux groupes de ces croix.

DU MOYEN ÂGE À LA RENAISSANCE

Un élément caractéristique de la période médiévale est le **sarcophage**, placé dans le chœur d'un grand nombre d'églises. Le couvercle s'orne de l'effigie du défunt, et, parfois, de celle de sa femme, les côtés de représentations de saints ou d'apôtres. Aux 15e et 16e s., des personnages et des scènes de la Crucifixion y apparaissent, sculptés en haut relief : le sarcophage de l'évêque Wellesley dans la cathédrale de Kildare et le tombeau de Piers Butler, dans la cathédrale St-Canice à Kilkenny, en sont de beaux exemples.

La sculpture du 17e s. est essentiellement religieuse, comme les stucs de l'église St Audeon de Dublin, dus aux artistes jacobéens Segrave et Cosgrave. Mais elle gagne le domaine profane avec les manteaux de cheminée sculptés en pierre et en bois : les châteaux de Donegal et de Carrick-on-Suir *(voir Clonmel)* en offrent de beaux exemples. Les tombeaux du 17e s., inspirés de la Renaissance, ne manquent pas d'allure, comme le monument O'Brien dans la cathédrale Ste-Marie de Limerick, le monument Chichester de l'église St-Nicolas de Carrickfergus et le monument du comte de Cork à Youghal. De beaux motifs sculptés en pierre et en bois de l'époque de la Restauration subsistent aussi, notamment à l'hôpital royal de Kilmainham à Dublin.

DU 18e S. À NOS JOURS

Au 18e s., l'effervescence qui règne dans la construction fournit beaucoup d'ouvrage aux sculpteurs. Les allégories de la Justice et de Mars, au-dessus des portes du château de Dublin, sont dues à **Van Nost le Jeune** ainsi que la statue de George III, aujourd'hui à Mansion House. **Edward Smyth** (1749-1812), ancien élève des Dublin Society's Schools, sculpte les armes de l'Irlande sur le pavillon des Douanes de Dublin ; il réalise les mascarons figurant les rivières d'Irlande sur les clés de voûte des arcs. Il exécute aussi les sculptures du Palais de justice, sous la direction de James Gandon, ainsi que celles de l'actuelle Banque d'Irlande. Il est l'élève de Simon Vierpyl (vers 1725-1810), auteur des sculptures du Casino Marino et des urnes encadrant les escaliers extérieurs.

Au 19e s., le néoclassicisme grec domine dans la décoration : une très belle collection de monuments, en particulier celui dédié à lady Rossmore et réalisé par Thomas Kirk (1781-1845), se trouve dans l'église St-Patrick de Monaghan. **John Hogan** (1800-1858) passe pour être l'un des plus grands sculpteurs du 19e s. Ses œuvres en plâtre sont exposées à la galerie Crawford de Cork. Deux de ses contemporains travaillent pour l'Albert Memorial de Londres : Patrick MacDowell (1799-1870), auteur du groupe de l'Europe, à la base du monument, et John Henry Foley (1818-1874) qui sculpte l'effigie de bronze du prince Albert. À Dublin, le monument O'Connell et les statues de Burke, Goldsmith et Grattan sur le campus de l'université (Trinity College), sont les plus belles œuvres de John Foley. Le mémorial Cullen, dans la Pro-Cathedral, est l'œuvre la plus réussie de Thomas Farrell (1827-1900). Le spectaculaire monument consacré à Wellington (Wellington Testimonial), réalisé par l'architecte anglais Robert Smirke, se dresse dans Phoenix Park à Dublin. Les remarquables reliefs en bronze à sa base ont été exécutés par J. F. Kirk, Farrell et Hogan.

L'œuvre d'Oliver Sheppard (1864-1941) est très influencée par l'Art nouveau. À Dublin, le monument à Parnell, dans O'Connell Street, est signé Auguste Saint-Gaudens. Le sculpteur-portraitiste dublinois **Albert Power** (1883-1945) est élu membre de la Royal Hibernian Academy en 1911. Quelques-unes de ses œuvres ornent les cathédrales de Cavan et de Mullingar, ainsi qu'Eyre Square à Galway. Le travail de F. E. William (1909-1992), originaire de Belfast, est représenté par une série de sculptures figuratives en bronze exposées au musée de l'Ulster. Au nombre des réalisations plus récentes, on peut citer *Les Enfants de Lir*, d'Oisín Kelly (1916-1981) dans le Jardin du souvenir, à Dublin.

Aujourd'hui, grâce à un important budget consacré à l'art dans la ville, d'innombrables sculptures ont fait leur apparition. On citera la statue originale de C. S. Lewis, à Belfast (qui le représente en train d'ouvrir une armoire, allusion au début de ses *Chroniques de Narnia)*, mais aussi celles d'Oscar Wilde et James Joyce ainsi que la célèbre personnification de la rivière Liffey, dans O'Connell Street, à Dublin, celle de W. B. Yates à Sligo. Écrivains adulés, sportifs locaux, personnages de chanson et même *Fungie*, le dauphin du port de Dingle, animent les rues irlandaises. L'université de Limerick, s'enorgueillit d'un monument signé par

James McKenna (1933-2000). Cet artiste aux sujets toujours humanistes, qui travaillait la pierre et le bois, était également poète et dramaturge (plusieurs de ses pièces, dont le premier drame rock, ont été jouées à l'Abbey Theatre).

La littérature

Les hommes et les femmes de lettres irlandais ont largement contribué au rayonnement littéraire des îles Britanniques. La poésie a inspiré les bardes celtes et les moines du Moyen Âge. Les Irlandais ont apporté à la langue anglaise leur fantaisie, leur esprit et leur sens de la satire, et y ont introduit d'inimitables tournures gaéliques. Quatre écrivains irlandais ont reçu le prix Nobel de littérature : William Butler Yeats en 1923, George Bernard Shaw en 1925, Samuel Beckett en 1969 et Seamus Heaney en 1995.

L'INFLUENCE CELTIQUE

Les Celtes n'ont pas laissé une littérature écrite, mais leur **tradition orale** a légué un riche patrimoine de mythes et d'histoires qui a inspiré les générations suivantes. Dans le scriptorium des églises, le travail des moines consistait à recopier la Bible et d'autres textes religieux, et à écrire leurs propres commentaires. Ils ornaient leur travail, tout particulièrement la première majuscule des chapitres, de motifs celtiques sophistiqués. On peut admirer plusieurs de ces **manuscrits enluminés**, dont le plus célèbre est le Livre de Kells, conservé dans l'ancienne bibliothèque de l'université Trinity College, à Dublin. *Navigatio*, un récit de cette époque reculée en latin médiéval, raconte le voyage d'Irlande en Amérique effectué par saint Brendan au 6e s.

LITTÉRATURE ANGLO-IRLANDAISE

La littérature anglo-irlandaise connaît une première période d'épanouissement à la fin du 17e s. et au 18e s. Des auteurs dramatiques comme George Farquhar (1678-1707) et **Richard Brinsley Sheridan** (1751-1816), connu pour sa comédie satirique *L'École de la médisance* (1777), apportent leur contribution au théâtre, tandis qu'**Oliver Goldsmith** (1728-1774), plus éclectique, produit romans (*Le Vicaire de Wakefield* – 1766), poèmes (*Le Voyageur* – 1764) et pièces de théâtre (*Elle s'abaisse pour vaincre* – 1773).

L'auteur phare de la période est **Jonathan Swift** (1667-1745), né en Irlande, qui étudie au Trinity College de Dublin et passe de nombreuses années en Angleterre avant d'être nommé doyen de la cathédrale Saint-Patrick à Dublin. Il y restera jusqu'à la fin de ses jours. *Les Voyages de Gulliver* (1726) est la plus connue de ses œuvres satiriques sur la société irlandaise du 18e s.

Son ami et compagnon d'études **William Congreve** (1670-1729) écrit des pièces pleines d'esprit, comme *Le Train du monde*, qui inspireront Oscar Wilde et G. B. Shaw. Après avoir passé son enfance dans sa famille maternelle en Irlande, **Laurence Sterne** (1713-1768) se fait un nom en Angleterre comme romancier novateur, avec *Tristram Shandy* et *Le Voyage sentimental*. Il est aussi perçu comme un précurseur de la fiction « au fil de la conscience » que pratiquera plus tard James Joyce.

Beaucoup des écrivains irlandais qui rencontrent succès et célébrité partent pour Londres : ils contribuent au renom de la littérature et de la scène anglophones. Le titre du roman *Dracula* est plus connu que son auteur, **Bram Stoker** (1847-1912), qui travaille des années comme fonctionnaire tout en écrivant des critiques de théâtre, avant de s'installer à Londres comme manager du grand acteur Henry Irving. Seul son premier roman, *A Snake's Pass*, se situe en Irlande. **George Moore** (1852-1933) s'attache à décrire la bonne société de Dublin dans *Drame en mousseline* et introduit le réalisme d'un Zola dans le roman *(Esther Waters)*. Mais il ne connaît pas la gloire d'**Oscar Wilde** (1854-1900), qui remporte un immense succès sur la scène londonienne avec ses pièces *De l'importance d'être constant* et *L'Éventail de Lady Windermere*, et dans la société anglaise avec ses tenues et son style si originaux, avant sa disgrâce et la prison à Reading. **George Bernard Shaw** (1856-1950) étudie le dilemme anglo-irlandais dans ses articles de journaux et dans sa pièce *L'Autre Île de John Bull*. Il explore les contradictions de la société anglaise dans *Sainte Jeanne et Pygmalion*.

LA RENAISSANCE LITTÉRAIRE IRLANDAISE

En même temps, dans le cadre du **renouveau gaélique** *(voir encadré p. 92)*, se produit en Irlande une renaissance littéraire. Elle s'appuie surtout sur la tradition populaire. Une des grandes premières figures, **George Russell** (1867-1935), connu sous le pseudonyme

AE, était un mystique, poète et peintre, économiste et journaliste. Mais le chef de file du mouvement littéraire et le grand écrivain de l'époque reste **William Butler Yeats** (1856-1939). Influencé par les mythes et légendes d'Irlande, il se forge une renommée comme poète et auteur dramatique. C'est l'un des membres fondateurs du **Abbey Theatre** *(voir Dublin)*. Il vit plusieurs années dans le comté de Sligo; frappé par la force de l'imaginaire populaire dans la tradition orale irlandaise, notamment dans les récits héroïques et légendes mythologiques, il s'en inspire pour son écriture. Son approche de l'occulte se manifeste dans son intérêt pour ces récits irlandais, qu'il rapporte dans des *Contes de fées et contes populaires de la paysannerie irlandaise* (1888), suivis des *Contes de fées irlandais* (1892). Établissant une distinction entre conte populaire, légende et mythe, il est l'un des premiers à interpréter cette tradition irlandaise. Il admire Douglas Hyde pour son attachement à la langue et aux récits anciens. Yeats fait partie d'un groupe pour lequel l'écriture anglo-irlandaise témoigne du renouveau d'une culture menacée de disparition par l'évolution de la société. Une autre personnalité phare de ce mouvement est **Augusta, lady Gregory** (1852-1932), qui vit dans le comté de Galway. Elle se lie d'amitié avec Yeats. Ils s'influencent mutuellement et rassemblent de nombreux éléments du folklore local. Parmi ses œuvres les plus connues figure *Visions et croyances dans l'Ouest de l'Irlande* (1920), l'aboutissement de vingt années de recherches avec Yeats sur la région. Son *Livre d'histoire de Kiltartan* (1909) reprend pour la première fois de nombreux aspects de récits anciens traditionnels, racontés par les habitants du cru. Comme Yeats, elle reconnaît la grande richesse du folklore des « paysans, des bêcheurs de pommes de terre et des vieillards », chaîne ininterrompue de la tradition, cette profusion de ballades, contes et récits qui animaient le quotidien des villageois du comté de Galway.

Quelques-uns des plus grands succès de l'Abbey Theatre à ses débuts sont dus à **John Millington Synge** (1871-1909), auteur de *À cheval vers la mer*, *Le Baladin du monde occidental*, inspirés par les îles d'Aran. Dans son *Ombre de la ravine*, suggérée par les monts Wicklow, la langue prime sur l'impression de solitude laissée par des paysages désolés. Il en va de même des pièces pacifistes de **Sean O'Casey** (1880-1964), *L'Ombre d'un franc-tireur*, *Junon et le Paon* et *La Charrue et les Étoiles*, qui dénoncent les conséquences de la Première Guerre mondiale.

LES THÈMES IRLANDAIS

Plusieurs auteurs connus du 19ᵉ s. s'inspirent de la vie irlandaise. **Maria Edgeworth** (1767-1849 – *voir encadré p. 190*) acquiert une renommée internationale et l'admiration de Walter Scott avec ses romans *Le Loyer exorbitant du château* et *L'Absent*. **William Carleton** (1794-1869) situe les siens dans le milieu rural du comté de Tyrone. Le thème développé par **Gerald Griffin** (1803-1840) dans le roman *Les Collégiennes* sera adapté pour la scène par Dion Boucicault (auteur par ailleurs d'une satire théâtrale de la société anglaise, *Le Bel Air de Londres*) sous le titre *La Jeune et Belle Irlandaise*; Benedict en tire un opéra intitulé *Le Lis de Killarney*. **Anthony Trollope** (1815-1882) débute sa carrière littéraire alors qu'il est employé des postes en Irlande; il reprend des sujets irlandais pour deux de ses romans. Admiré par Tolstoï, **Canon Sheehan** (1852-1913) connaît un grand succès aux États-Unis avec ses romans sur la vie dans les campagnes. Somerville

Le renouveau gaélique

À la fin du 19ᵉ s., il va permettre la sauvegarde de la littérature de langue irlandaise qui, vers 1800, avait atteint son point le plus bas. Peter O'Leary (Athair Peadar – 1839-1920) est une de ses grandes figures; son conte populaire de 1910 *Séadna* abandonne les vieilles conventions littéraires de l'irlandais et opte pour la vigoureuse langue parlée contemporaine; Pádraig O'Conaire (1882-1928) fait de même dans ses nouvelles. Parmi les auteurs les plus connus, Máirtín Cadhain, natif du Connemara, est un ancien professeur d'irlandais du Trinity College. Son roman *Cré na Cille* (*L'Argile du cimetière*, 1949) est le plus connu des récits récents en prose. Des personnes qui ont vécu ou travaillé sur l'île de Great Blasket, en face de la côte du Kerry, ont rédigé plusieurs ouvrages illustrant la vie sur l'île avant le départ définitif de ses habitants, au début des années 1950. Des poètes irlandais modernes, comme Seán O Ríordéin, Máirtín O Direáin et Nuala ní Dhomhnaill, ont été traduits dans plusieurs langues.

James Joyce (portrait de 1934 par Jacques Blanche).

et Ross, partenariat littéraire associant **Edith Somerville** (1858-1949) et sa cousine Violet Florence Martin (1862-1915, pseudonyme **Martin Ross**) prennent pour cible la société anglo-irlandaise dans leurs romans *La Véritable Charlotte* et les très humoristiques *Expériences d'un magistrat irlandais*.

LES ÉCRIVAINS EXILÉS

L'étroitesse d'esprit de la société irlandaise est illustrée par le théâtre et la fiction de **George Moore** (1852-1933), qui vivra une partie de sa vie à Paris. Elle l'est encore mieux par **James Joyce** (1882-1941), souvent considéré comme le plus fameux, et certainement le plus novateur, des écrivains de langue anglaise du 20e s. La parution de son recueil de nouvelles *Dubliners* est longuement retardée par son éditeur, qui espère y effectuer des coupures. Les idées anticléricales et antinationalistes de Joyce le poussent à quitter Dublin en 1904, pour s'exiler à Trieste, puis Zurich et Paris. Son œuvre majeure, le long roman *Ulysse*, raconte la vie d'un juif dublinois, Léopold Bloom. Son héros circule dans la ville dans une étrange reprise des pérégrinations du héros de Homère. Le roman pousse la langue anglaise dans ses derniers retranchements, créant de remarquables effets au moyen de procédés tels que le monologue intérieur et le flot ininterrompu de la conscience. Il s'attache aux détails les plus intimes du quotidien, et sera pour cela interdit non seulement en Irlande, mais en Grande-Bretagne et en Amérique. Joyce entreprend ensuite la rédaction de son monumental roman *La Veillée de Finnegan (Finnegan's wake)*. Il y poursuit encore plus loin sa quête littéraire, exploitant le potentiel de dizaines d'autres langues que l'anglais, et prenant un vif plaisir à l'insertion de jeux de mots et de paradoxes d'une grande complexité.

Très influencé par Joyce (il sera l'associé de l'écrivain plus âgé lors de son séjour à Paris), **Samuel Beckett** (1906-1989) reste surtout connu comme fondateur du théâtre de l'absurde. Comme Joyce, il trouve la vie bien trop contraignante en Irlande, et passe la majeure partie de sa vie en France, où il sera médaillé de la Résistance après la guerre. Mais contrairement à Joyce, Beckett dépouille la langue au maximum, pour communiquer sa vision aride de l'existence humaine, « vie intolérable qui ne mérite même pas d'être achevée ». Son œuvre la plus célèbre est *En attendant Godot*, pièce qu'il écrit d'abord en français, et qu'il traduit ensuite. Montée pour la première fois en 1953, elle suscite autant d'admiration que de perplexité. Ce conte austère, apparemment sans objet, met en scène deux vagabonds qui attendent en vain un mystérieux personnage, qu'on ne voit jamais.

LES ÉCRIVAINS IRLANDAIS CONTEMPORAINS

Le début du 20e s. voit la naissance de la poésie réaliste. **Patrick Kavanagh** (1904-1967), dont le premier volume, *Ploughman and Other Poems*, paraît en 1936, est son chef de file. Il influence l'œuvre de John Montague (1929), auteur de *Rough Field* (1972), et de l'Irlandais du Nord **Seamus Heaney** (1939, Prix Nobel en 1995), avec *The Death of a Naturalist* (1966). Autre poète, Louis MacNeice (1907-1963), proche du cercle des poètes anglais Auden, Spender et Day-Lewis, influencera l'œuvre de **Derek Mahon** (1941), auteur de *The Hudson Letter* (1995). Un des grands noms de la période pour le roman est **Flann O'Brien** (1911-1966), de son vrai nom Brian O'Nolan, qui écrit aussi des chroniques satiriques dans les colonnes de l'*Irish Times* sous le pseudonyme Myles Na Gopaleen.

Le thème de la « grande maison » traverse l'univers romanesque d'**Elizabeth Bowen** (1899-1973) avec, par exemple, *Le Dernier Automne* ; l'œuvre de Molly Keane (1905-1997) auteur de *Un beau mariage* sous le nom de M. J. Farrell ; celle d'Aidan Higgins (1927) avec *Ma chienne d'Irlande* ; de Jennifer Johnston (1930), avec *L'Illusionniste* ; et de David Thomson, avec *Woodbrook* (1974).

Parmi les écrivains d'envergure figure **John B. Keane** (1928-2002), dont l'œuvre infiniment spirituelle décrit notamment le comté de Kerry. Sa première pièce, *Sive*, remporte le festival panirlandais de théâtre ; on tire un film de *The Field* en 1990 ; son meilleur roman est *The Bodhran Makers*. **Edna O'Brien** et **John McGahern** (1934) comptent parmi les romanciers contemporains les plus célèbres. Dans *Les Filles de la campagne*, Edna O'Brien (1932) évoque la sexualité féminine dans les années 1950 en Irlande. Interdit dans le pays dès sa parution, le livre a été brûlé sur la place de son village natal du comté de Clare. John McGahern (1934), auteur de *Entre toutes les femmes*, vit dans le comté de Leitrim ; il fait l'unanimité auprès de la critique et du public. *Troubles*, de J. G. Farrell (1935-1979) teinte d'un humour original la réalité cruelle de la guerre d'Indépendance. **Brendan Behan** (1923-1964), qui, très jeune, participe aux actions de l'IRA et connaît la prison en Grande-Bretagne et en Irlande, se sert de cette expérience pour ses pièces animées et pleines d'humour *L'Escarpeur* et *L'Otage* (écrit à l'origine en irlandais), ainsi que pour son autobiographie *Confessions d'un rebelle*. Connu mondialement depuis l'adaptation réussie au cinéma de ses contes fantastiques pour enfants *Chroniques de Narnia*, **Clive Staples Lewis** (1898-1963), ami de J. R. Tolkien, était un spécialiste de littérature médiévale, ardent défenseur de la foi chrétienne et prolifique homme de lettres.

The Lonely Passion of Judith Hearne (1955) de l'Irlandais du Nord Brian Moore (1921), *Le Garçon boucher* de **Patrick McCabe** (1955) et *Resurrection Man* d'Eoin McNamee (1960), aussi de l'Ulster, ont été adaptés au cinéma. Des œuvres de nombreux écrivains d'Irlande du Sud l'ont également été : *The Commitments et Paddy Clarke Ha Ha Ha* (récompensé par le Booker prize en 1993) de **Roddy Doyle** (1958) et *La Bicyclette de la violence* de Colin Bateman (1962). En 1997, **Frank McCourt** (1934), qui vit aux États-Unis, a reçu le prix Pulitzer pour *Les Cendres d'Angela*, récit tragique et pourtant plein d'humour, d'une enfance misérable à Limerick et d'une émigration ratée aux États-Unis.

Joseph O'Connor (1963), prolifique journaliste, nouvelliste, scénariste, figure parmi les romanciers qui commentent l'Irlande d'aujourd'hui et ont dit adieu à la tradition du lyrisme vert. Avec *Le Dernier des Iroquois* (1991), *Inishowen* (2000) et surtout *Étoile des mers* (2002), son pastiche historique, il dresse des portraits satiriques. **Nuala O'Faolain** (1940-2008) a tenu longtemps une spirituelle chronique quotidienne dans le *Irish Times* avant de publier *On s'est déjà vu quelque part* en 2002. Ce roman autobiographique non dénué d'humour a connu un retentissement considérable. D'innombrables femmes se sont reconnues et senties libérées par ce récit où, pour la première fois, la toujours difficile condition de la femme en Irlande osait s'étaler. Un débat national s'en est suivi. **Dermot Bolger**, né en 1959, possède, lui aussi, une vision politique de l'histoire récente. Auteur de très nombreuses pièces, recueils de poèmes et romans, ce natif de Dublin suggère l'ouverture de l'identité nationale. *Toute la famille sur la jetée du paradis*, son dernier livre traduit en français est une saga haletante et sombre.

À côté des écrivains de qualité, gros vendeurs comme John Banville, Clare Keegan, Ann Enright, ou l'auteur de romans policiers, **John Connally**, il faut citer un style où les Irlandaises excellent, la *chick lit*, ou littérature romanesque et branchée pour jeunes femmes. Dans la lignée de leur aînée Maeve Binchy (1940) et dans la foulée du phénomène *Bridget Jones*, les romans de Cecilia Ahern, Marian Keyes ou Cathy Kelly dominent le marché. Quant à **Pete Mc Carthy**, il a poussé au bout l'art irlandais du récit de voyage. Son *McCarthy's bar* (2000) est une balade hilarante dans le pays, avec arrêt dans chaque pub qui porte ce nom. L'Irlande reste un pays où, dans les librairies, les piles de recueils de poésie continuent de se vendre très bien. Jeunes et moins jeunes en ressortent avec un opus de Seamus Heaney ou Derek Mahon, mais aussi Desmond O'Grady John Montague et bien d'autres joueurs de mots.

La vie théâtrale irlandaise est également bouillonnante. Ses dramaturges, parmi les plus créatifs qui soient, rayonnent sur la scène mondiale. Citons **Brian Friel** (1929), auteur de *Danser à Lughnasa* (adapté au cinéma en 1998), Thomas Kilroy (1934) avec *Illusions comiques à l'irlandaise*, **Thomas Murphy** (1935) auteur de *Bailegangaire* ou *La ville d'où le rire a disparu*, et **Frank McGuinness** (1956), dont on peut retenir *Regarde les fils de l'Ulster*. À côté d'eux apparaissent de jeunes dramaturges à la renommée internationale. Soutenus par le Abbey Theatre ou le Gate Theatre de Dublin et le Royal Court de Londres, et par des troupes indépendantes comme le Rough Magic de Dublin, la Druid Theatre Company de Galway et le Red Kettle de

Waterford. Cette nouvelle génération comprend **Sebastian Barry** (1955), également romancier et poète toujours concerné par la loyauté et la politique, auteur notamment du *Régisseur de la chrétienté*, de *Our Lady of Sligo* ou *The Pride of Parnell Street*; **Martin McDonagh** (1972), connu pour sa trilogie *La Reine de beauté de Leenane*, *Un crâne à Connemara* et *L'Ouest solitaire*; Conor McPherson (1971) a écrit *The Weir*, Marina Carr (1964), *La Mai* et Enda Walsh, *Disco Pigs*.

Le cinéma

C'est le 20 avril 1896 que le cinéma apparaît pour la première fois en Irlande, avec la projection à Dublin d'un film des frères Lumière. Dès 1909, la première salle de cinéma, le « Volta », est inaugurée dans la capitale par James Joyce. Très vite, le cinéma joue un grand rôle. C'est encore vrai aujourd'hui; ces dernières années, le gouvernement a encouragé l'industrie cinématographique. De nombreux films étrangers ont été tournés en Irlande, et le cinéma irlandais a produit des œuvres remarquables.

En 1904, **J. T. Jameson** fonde la première association du cinéma irlandais, la IAC (Irish Animated Company), qui permettra, en association avec le cinéma américain soucieux de plaire aux nombreux émigrants d'origine irlandaise, d'installer le cinéma dans les mentalités et d'aider ses premiers pas. Deux autres agences nationales de cinéma rejoindront la IAC en 1916 et 1917 : la Société cinématographique d'Irlande (FCOI) et la General Film Supply (GFS).

Mais ce n'est qu'à partir de 1922, quand se constitue l'État libre irlandais, que le cinéma commence à prospérer. Le contexte politique va lui fournir ses premiers thèmes, comme les **Pâques sanglantes** de 1916 pour *Irish Destiny*, tourné en 1926 par Isaac Eppel, ou certains épisodes de la guerre d'Indépendance pour *Guest of the Nation* (1935) de Denis Johnston, ou *The Dawn* (*L'Aube* – 1936) de Tom Cooper.

Parmi les films tournés en Irlande dans les années 1930, le plus connu à travers le monde est le documentaire *L'Homme d'Aran*. Œuvre d'un Américain d'origine irlandaise, **Robert Flaherty**, il présente une image touchante et magnifique de la rude vie traditionnelle des gens des îles d'Aran. Mais il s'agit plus d'une évocation romantique de la lutte ancestrale de l'homme contre les éléments qu'un reportage fidèle sur un lieu, une période ou des personnes précis.

Le *Henry V* de Laurence Olivier est un des plus anciens films non irlandais réalisé presque entièrement en Irlande. Tourné en 1944 pour soutenir le moral des troupes, il fait du domaine de Powerscourt, en territoire neutre irlandais, la toile de fond pour la reconstitution grandeur nature de la bataille d'Azincourt. Embauchés comme figurants, des centaines d'agriculteurs de la région y démontrent leurs talents de hardis chevaliers.

Nombreux sont les films qui choisissent l'Irlande pour décor de scénarios censés se situer ailleurs, comme *Braveheart* (1996) de Mel Gibson, où la ville de Trim, son vaste château et ses alentours, figurent l'Écosse du rebelle William Wallace. Déjà en 1956, le petit Youghal Harbour était devenu New Bedford (Massachusetts), le port où le capitaine Achab, dans *Moby Dick*, hisse les voiles pour partir à la recherche de la baleine blanche. Mais le plus souvent, l'Irlande joue son propre rôle, ou du moins offre une version d'elle-même. Dans le film à décor irlandais sans doute le plus célèbre, *L'Homme tranquille* (1952), le pays est figé dans une sorte de mystérieux paradis rural pré-industriel, habité par des Irlandais et Irlandaises stéréotypés et pittoresques. Ce film du grand **John Ford**, lui-même d'origine irlandaise, raconte le retour au pays d'un boxeur, joué par un John Wayne mémorable; il offre une des plus longues scènes de bagarre du cinéma, dans laquelle Wayne et son rival traversent en se rouant de coups tout un village, de la cour de ferme jusqu'au pub. Dans *La Fille de Ryan* (1970), David Lean évoque un autre genre de conflit avec les amours d'une jeune Irlandaise mariée et d'un officier de la garnison britannique. Sa vision exaltée des paysages sauvages et marins de l'Ouest n'a jamais été surpassée depuis. Les Français ont été séduits en 1977 par *Un taxi mauve* d'Yves Boisset, tourné en Irlande avec Philippe Noiret.

Ces dernières années, les cinéastes irlandais et étrangers ont dépassé la vision traditionnelle du pays; ils puisent leurs thèmes dans la politique contemporaine et la question sociale, tout comme dans l'histoire et la littérature. L'épopée biographique de **Neil Jordan** *Michael Collins* (1996), qui retrace la vie et l'époque du leader républicain charismatique condamné à l'échec, arrive en seconde position après *Le Titanic* au box-office irlandais; cela n'est pas uniquement dû à la performance de Liam Neeson dans le rôle-titre. Neeson n'est qu'un des nombreux **acteurs irlandais**, comme Gabriel Byrne, Stephen Rea, Colin

Fête nationale

Le 17 mars, jour de la Saint-Patrick, les églises font le plein et les Irlandais arborent volontiers un trèfle *(shamrock, seamróg)* à la boutonnière. Cette coutume remonterait au 16e s. Aux États-Unis, les communautés d'origine irlandaise participent massivement aux célébrations, devenues très commerciales. C'est de l'autre côté de l'Atlantique qu'est née la tradition du chapeau vert, un clin d'œil à celui du *leprechaun*, le farfadet malicieux des contes *(voir « Mythes et légendes » p. 100)*. Depuis quelques années, à l'initiative du Festival interceltique de Lorient, la **Saint-Patrick** donne lieu à une grande soirée celtique à Paris, tandis qu'on fait la fête dans tous les pubs irlandais du monde. C'est aussi, le 17 mars que les hôtels et B & B qui ferment pour l'hiver, rouvrent leurs portes.

La plus célèbre légende de Brigitte est associée à Kildare, où la sainte souhaitait bâtir un couvent. Le roi du lieu n'acceptait de lui donner comme terrain que ce que son manteau pouvait recouvrir. Quand Brigitte a étendu sa cape sur le sol, elle tapissa plusieurs hectares. Le 1er février, jour de la Sainte-Brigitte, on confectionne en son honneur des croix de paille ou de jonc *(Cros Bhríde)*, de styles différents suivant les régions.

L'ÉGLISE CELTE

Tandis que les barbares envahissent l'Europe continentale, l'Église d'Irlande développe une organisation originale, fondée sur le monachisme. Un très grand nombre de monastères apparaissent aux 6e et 7e s. ; dès le 8e s., l'administration de l'Église est aux mains des abbés. Les évêques assument toujours leurs devoirs sacramentaux et de nouveaux prélats sont consacrés, mais ils ne sont pas affectés à des évêchés particuliers. Certains **monastères** fleurissaient autour de la retraite d'un ermite, mais bon nombre d'entre eux avaient pour fondateur le chef d'un clan, dont les membres de la famille entraient dans la vie religieuse et remplissaient les différentes charges en tant qu'abbés, évêques, prêtres, enseignants ou ascètes. Les tâches manuelles étaient exécutées soit par les moines, soit par les occupants d'origine de la terre, hommes mariés et pères de famille, dont les fils aînés recevaient généralement une éducation cléricale à l'école du monastère. La plupart des établissements monastiques vivaient en autarcie, produisant eux-mêmes leurs aliments, vêtements, livres, outils et possédant leurs chevaux. Certains monastères semblent avoir été fondés sur d'anciens sites païens ; d'autres s'installaient près des grandes voies de communication, souvent aux frontières d'un royaume. Les **bibliothèques** des monastères renfermaient des exemplaires des Écritures saintes, des ouvrages des Pères de l'Église, de certains auteurs classiques et quelques livres d'histoire. Dans le scriptorium, les moines réalisaient des copies de textes existants ou rédigeaient leurs propres travaux d'érudition, suivant des techniques méticuleuses, bien décrites et illustrées au centre du patrimoine Colmcille *(voir Donegal Glens)*.

Les moines irlandais ont développé une forte tradition **d'ascétisme**, s'appuyant sur une triple classification du martyre. Les ascètes désireux de contempler la présence de Dieu se groupaient en petites communautés monastiques dans des endroits reculés, tout particulièrement sur des îles comme l'austère rocher, perdu au large, de Great Skellig.

L'EMPRISE DE ROME

À la suite de quatre synodes tenus dans la première moitié du 12e s., l'Église irlandaise perd son caractère original et est progressivement réorganisée. Quatre provinces et 33 nouveaux diocèses sont créés, avec chacun un évêque. Certaines églises monastiques deviennent des cathédrales, d'autres sont utilisées comme églises paroissiales. Les ordres monastiques du continent sont introduits : les augustins prennent la relève d'anciens centres monastiques pour être près du peuple ; les cisterciens choisissent des nouveaux sites isolés, en accord avec leur règle ascétique, qui attire de nombreux moines irlandais depuis leurs vieux monastères. En 1272, on dénombre 38 maisons cisterciennes en Irlande. Au 13e s., les franciscains s'installent dans les villes, et au 15e s., ils essaiment dans l'ouest et le nord.

L'indépendance de l'Église irlandaise est encore réduite par les Normands, avec la bénédiction de Henri II Plantagenêt et des papes Adrien IV et Alexandre III, dans le but « d'étendre les limites de l'Église romaine ». Les statuts de Kilkenny (1366) interdisent aux Irlandais l'entrée dans les monastères dirigés par les Anglais. Les prêtres s'exprimant en anglais doivent être nommés dans des paroisses anglophones.

LA RÉFORME

Au 16e s., les Églises d'Angleterre et d'Irlande sont déclarées indépendantes de Rome, et les monastères supprimés. En 1591, le Trinity College de Dublin est créé pour former des prêtres irlandais anglicans. Même si les catholiques se voient ouvrir certains diplômes en 1793, le titre d'enseignant est réservé aux anglicans jusqu'en 1873. Les réformes du 16e s. ne sont mises en application en Irlande que par intermittence. La majorité des Irlandais restent fidèles à l'Église catholique, et de nombreux monastères subsistent, jusqu'à leur suppression par Cromwell. Au début du 17e s., la colonisation de l'Ulster par les Écossais des Lowlands introduit un presbytérianisme fervent.

LES LOIS PÉNALES

Parmi les nombreuses mesures répressives introduites après la bataille de la Boyne (1690), les catholiques se voient interdire l'armée, la magistrature, le commerce, la fonction publique, le service de la Couronne et l'achat de terres. Les domaines des catholiques peuvent passer en totalité au fils aîné s'il se convertit à la religion officielle, sinon ils sont divisés entre tous les fils. Évêques et clergé régulier catholiques sont bannis d'Irlande, le culte catholique interdit. Les prêtres circulent sous des déguisements et disent la messe en plein air dans des lieux retirés ou des églises de monastères en ruine; pour éviter d'être pris, ils utilisent des objets de culte démontables. Comme il est interdit aux catholiques d'aller à l'école, d'enseigner et d'étudier à l'étranger, l'instruction est organisée dans les **hedge schools**, « écoles des haies ». Cachés derrière les haies, les maîtres enseignent aux enfants le latin, le grec, l'arithmétique, l'irlandais, l'anglais, l'histoire et la géographie. Récompensés de leur tâche en monnaie ou en nature, ces maîtres sont des membres respectés de la communauté irlandaise. Plusieurs d'entre eux sont aussi des poètes.

AUTRES CONFESSIONS

Les catholiques ne sont pas seuls à souffrir de répressions. Les **presbytériens écossais** émigrés en Ulster sont souvent traités sans ménagement, bien que le pouvoir protestant ne puisse pas se permettre de se les mettre entièrement à dos. L'édit de Tolérance de 1719 leur accorde la liberté de culte, mais ils continuent à subir différentes discriminations. Ils s'indignent d'avoir à verser la dîme à l'Église d'Irlande. Au 18e s., beaucoup partent pour l'Amérique, mais la majorité demeure. Leur mécontentement trouve son expression dans le large soutien à la rébellion de 1798; une bonne proportion des Irlandais unis *(United Irishmen)* sont presbytériens.

Les **quakers anglais** qui ont émigré en Irlande à l'époque de la guerre civile subissent aussi diverses discriminations. Mais au début du 18e s., la situation s'apaise. Comme leurs coreligionnaires dans le monde, malgré des débuts souvent très modestes, de nombreux quakers font une belle carrière dans le commerce et l'industrie.

LA LIBERTÉ DE CULTE

Les libertés de culte et d'éducation sont garanties par les lois d'exemption des catholiques *(Catholic Relief Acts)* de 1791 et 1793. En 1795, le **séminaire de Maynooth** est créé pour former le clergé catholique. Ancien élève d'une hedge

Les moines missionnaires irlandais

La contribution des moines irlandais à la rechristianisation de l'Europe après les invasions barbares est si importante que certains voient dans les Irlandais les sauveurs de la civilisation. À la fin du 6e s., saint Colomban fonde des monastères à Luxeuil, Annegray et Fontaines en France, et Bobbio en Italie. Son disciple saint Gall donne son nom au monastère suisse le plus connu, qui conserve une précieuse collection de manuscrits irlandais. Saint Columba (Colmcille en irlandais) quitte son pays natal pour fonder un monastère sur l'île d'Iona; de là, des moines partiront à Lindisfarne, au nord de l'Angleterre, et à la cour de Charlemagne. Fursey fonde une communauté à Lagny, près de Paris, tandis que **Jean Érigène** (Johanne Eriugena) gagne à Laon sa renommée de philosophe. Plusieurs moines irlandais partent jusqu'en Allemagne, ou plus loin, **Kilian** à Würzburg, Virgil au 8e s. à Salzburg, **Marianus Scottus** au 11e s. à Cologne, Fulda et Mayence; un autre Marianus Scotus, membre d'une grande famille du Donegal, choisit Ratisbonne. Mais celui qui a effectué le plus grand périple est sans doute saint **Brendan** *(voir Ennis)*, qui est peut-être arrivé jusqu'en Amérique.

Halloween

Quand la turbulente Église catholique irlandaise, qui avait hérité de bien des éléments de l'antique religion druidique, dut s'intégrer à l'Église catholique romaine, elle lui transféra quelques nouveautés. Ainsi, le Nouvel An celtique devint la Toussaint, ou jour des morts. La fête de Halloween est une résurgence de ces traditions celtiques. On célèbre le passage d'une année à l'autre et cette nuit-là, les vivants et les morts sont censés communiquer. Aux États-Unis, au Canada, en Australie, en Irlande, de nombreuses festivités entourent Halloween avec, notamment, une foule de rituels amusants pour les enfants qui vont, la nuit tombée, de porte en porte, chanter et faire des farces, en demandant « *trick or treat ?* » (« une confiserie ou une farce ? ») chez les voisins. On allume aussi des lanternes *(jack o'lantern)* dans des citrouilles évidées. Avec des intentions commerciales, certains ont tenté d'implanter ces traditions en France. Sans grand succès, faute de véritables racines.

school, **Edmund Rice** *(voir Kilkenny)* obtient en 1820 la reconnaissance par le pape des **Frères chrétiens** *(Christian Brothers)*, ordre qui fonde de nombreuses écoles de garçons en Irlande. En 1831, les hedge schools du 18e s. sont remplacées par les écoles nationales. La séparation de l'Église anglicane d'Irlande et de l'État a lieu en 1869.

À l'exception de Trinity College et de deux collèges à l'existence éphémère, à Maynooth et Galway au 16e s., l'Irlande ne possédait aucune université. En 1845, des chartes prévoient la création de trois établissements à Belfast, Cork et Galway, mais l'opposition catholique fait que seul le Queen's College de Belfast se développe. L'Université catholique de Dublin (1854), dont le recteur était le cardinal Newman, est annexée à l'Université nationale d'Irlande lors de sa fondation, en 1908. Deux ans plus tard, le séminaire de Maynooth accède au statut de collège de l'Université nationale.

Pèlerinages et pardons

Depuis le 8e s., époque où l'Irlande est presque entièrement devenue chrétienne, la vie des saints a joué un rôle majeur dans la foi populaire, donnant naissance à une foule de légendes. Puissants intervenants dans de nombreux domaines ici-bas ou dans l'au-delà, les saints étaient souvent considérés comme des héros ou des héroïnes.

La tradition orale a été profondément influencée par la biographie des saints. L'Irlande fourmille d'histoires de saints : il existe des milliers de puits sacrés associés à des saints régionaux. On leur confère des vertus curatives, pour des maux spécifiques ou non, et on s'y rend beaucoup, surtout pour la fête du saint. Les Irlandais observent toujours la fête de leurs saints régionaux, ainsi que le **pattern** ou pardon (*pátrún* en Irlandais moderne, dérivé de patron) : la communauté se rend à un puits sacré ou un autre site religieux, placé sous la protection du saint patron local. Dans de nombreux endroits, les puits sacrés sont associés aux arbres aux haillons. Tirant leur nom des centaines de morceaux d'étoffes colorées attachés à leurs branches, ces *rag trees* servent à invoquer l'assistance divine, souvent pour une guérison.

De nombreux sites religieux traditionnels accueillent toujours des **pèlerinages** : Glencolumbkille le jour de la Saint-Columba (9 juin) ; Clonmacnoise le jour de la Saint-Kieran (9 septembre) ; Croagh Patrick en juillet, où les pèlerins font pieds nus l'ascension du sommet. Les pèlerinages les plus éprouvants ont lieu au purgatoire de Saint-Patrick *(St Patrick's Purgatory)*, dans l'île du lac Derg (au sud-est de Donegal), où saint Patrick passa quarante jours à prier et jeûner. Pendant la saison (1er juin au 15 août), les pèlerins vont pieds nus pendant trois jours, prennent part à une nuit de veille et ne prennent qu'un seul repas par jour, composé de pain, de thé ou de café noir.

Mythes et légendes

Ils sont les meilleures sources pour comprendre la « celtitude ». La plupart des récits les plus anciens trouvent leur origine en Irlande, et bien que beaucoup aient été transcrits par des moines chrétiens, on y trouve autant de divinités que d'héroïques mortels.

LA RELIGIOSITÉ

Les Celtes semblent avoir voué un culte à de nombreuses divinités, dieux de la Chasse et de la Guerre, déesses de la Fertilité, des Récoltes et de la Guérison. En Irlande, on honore Brigid et Daghdha, mais aussi Cernunnos, dieu des Bêtes, des Plantes et des Forêts, qui a pour emblème les bois de cerf. Chaque tribu a aussi son dieu propre. Ils pensent que des déesses de l'eau dotées de pouvoirs de guérison et de protection habitent certains puits. Ils considèrent comme sacrés ces puits, mais aussi des sources et des rivières (notamment la Boyne) ainsi que certains arbres, comme le chêne ; ils gravent des représentations de leurs dieux sur les troncs.

De grands rassemblements ont lieu, au cours desquels jeux et courses sont organisés, dans des sites royaux ou de réunion très anciens, comme Tara et Tullaghoge. Les Celtes enterrent leurs morts, parfois après crémation, avec des offrandes de nourriture et d'ornements ; ils pensent qu'après la mort le défunt rejoint ses ancêtres, les dieux de l'Autre Monde, qui sont censés vivre dans des tertres sacrés. Ces tertres, en fait des sépultures préhistoriques, se voient par exemple à Newgrange, Tara et Rathcrogan.

LES FÉES

La croyance dans l'Autre Monde, peuplé de créatures surnaturelles, reste un élément important de la tradition irlandaise. Ces créatures vivraient dans des forteresses, dans les montagnes, au fond des lacs ou de la mer. Des centaines de contes et légendes subsistent sur le « petit peuple » des fées. En irlandais, on appelle les fées *sí* ou *na daoine maithe* : les bonnes personnes, ou *na daoine beaga* : les petites personnes. On dit souvent que ces êtres sont des anges déchus, ou les anciens dieux, les *Tuatha Dé Danann*, ou encore le monde des défunts. Ces êtres surnaturels sont censés demeurer invisibles pour les humains. Comme ils vivent dans la terre, dans l'air et dans l'eau, les noms de lieux y font très souvent référence. On dit souvent que les tumuli en terre appelés *rath* ou *lios* sont les forteresses des fées, et qu'on y entend parfois leur musique. De nombreuses légendes racontent comment les fées « empruntent » ou « volent » un mortel pour les assister dans leurs tâches. Les fées avaient aussi la réputation de remplacer parfois un bébé par un enfant fée. Les parents rentrant de leurs travaux pour découvrir un enfant malade ou agonisant dans son berceau percevaient rapidement qu'il s'agissait d'un *changeling*, un enfant substitué.

LA BANSHEE

À ne pas confondre avec les fées, la *banshee (Bean Sí)* est un esprit féminin solitaire, dont la plainte étrange est annonciatrice de mort. Les traditions liées à la *banshee* demeurent très vivaces. Beaucoup de légendes la mettent en scène, souvent en train de peigner sa longue chevelure. Dans une de ces histoires, un homme ramasse un peigne de *banshee* et le rapporte chez lui. La nuit suivante, il entend des plaintes ; on cogne à sa fenêtre. Saisissant le peigne avec des pincettes, il le passe par la fenêtre. La *banshee* emporte son peigne, mais les pincettes sont brisées : l'homme voit le sort qui était réservé à sa main.

La tradition de ce personnage de mauvais augure, associé à la mort, aux lamentations et au deuil, est encore présente en ville comme à la campagne. Autrefois, lors de la veillée et de l'enterrement d'un mort, le rituel s'accompagnait des lamentations *(caoineadh)* des femmes. Des femmes du village, souvent les plus âgées, se réunissaient dans la maison du défunt et se relayaient pour pratiquer ce rituel. Il consistait en improvisations chantées, avec de la musique et un refrain, pendant la veillée du corps et au cimetière. La veillée était aussi l'occasion de se réunir, de raconter des histoires, fumer la pipe, boire du whisky et jouer aux cartes. Le clergé n'approuvait pas toutes ces coutumes.

LES CYCLES MYTHIQUES ET HISTORIQUES

Quatre cycles d'antiques sagas irlandaises sont parvenus jusqu'à nous. Une des plus belles expressions de l'imaginaire irlandais, ils restent aujourd'hui une source d'inspiration.

Le **cycle mythologique** parle des héros ou des dieux qui habitaient l'Irlande avant l'arrivée des Celtes et conte les histoires de la bataille de Moytura, des enfants de Lir, de la cour d'amour pour Etain.

Le **cycle d'Ulster** raconte les exploits des chevaliers de la Branche rouge du fort de Navan ; il comprend le raid sur le bétail de Cooley *(Táin Bó Cúailgne)*, poème épique décrivant la capture par la reine Maeve du Connaught du célèbre taureau brun de Cooley ; et la victoire de Cúchulain, le champion de l'Ulster, sur Ferdia, celui du Connaught.

Le **cycle d'Ossian** ou **cycle fenian** se déroule sous le règne de Cormac Mac Airt, qui aurait régné à Tara au 3e s. ; il évoque Fionn Mac Cumhaill et les Fianna, dont la capitale occupait la colline d'Allen. Les contes fenians parlent des hauts faits des Fianna, les guerriers fenians. Des centaines de tombes néolithiques sont appelées « lits de Dhiarmuid et Gráinnes » ; la légende veut que ces amants y aient dormi au cours de leurs voyages en Irlande.

Le **cycle historique** enfin, ou cycle des rois, est vraisemblablement un mélange d'histoires et de fictions. Beaucoup de noms de lieux et de sites sont liés aux personnages et aux aventures de ces récits.

Un grand nombre de légendes et d'épisodes tirés des cycles alimentent la tradition des conteurs, jusqu'à peu très vivante en Irlande. Ces histoires ne sont pas seulement transmises par écrit, par la littérature. Elles restent vivantes grâce à la tradition orale, en anglais comme en irlandais ; elles composaient une bonne partie du répertoire du **conteur** *(seanchaí)*, un personnage qui jouait un grand rôle dans la société.

Les pierres oghamiques

La forme d'écriture la plus ancienne de la langue irlandaise est l'**ogham**. La plupart des inscriptions oghamiques trouvées sur les pierres en Irlande sont des épitaphes gravées entre les 4e et 7e s. L'ogham s'appuie sur l'alphabet latin, et a probablement été adapté par des poètes et des érudits avant que l'alphabet latin ne se répande dans l'Irlande chrétienne. L'écriture se compose de 20 signes associés en groupes de 5 lignes maximum de part et d'autre, ou en travers, d'une ligne centrale souvent gravée sur l'arête verticale d'une pierre levée. Beaucoup de ces pierres levées se trouvent dans les régions du Sud.

La langue irlandaise

Irlandais ou gaélique, quel que soit le nom utilisé, cette langue est très expressive et subtile. Peu usitée, sauf dans les régions du Gaeltacht, elle a néanmoins profondément influencé la manière dont les Irlandais parlent l'anglais, qui l'a largement remplacée. Langue indo-européenne, elle appartient au groupe celtique, avec le gaélique écossais et la langue morte de l'île de Man (les deux dont elle se rapproche le plus), le gallois, le gaélique de Cornouailles et le breton. Abandonné dans les années 1960, son très bel alphabet connaît un regain de faveur et se rencontre sur les panneaux routiers, ou quand il a été choisi pour son caractère décoratif.

LA TRANSITION VERS L'ANGLAIS

L'emploi de la langue irlandaise décline au 16e s. sous le joug de plus en plus pesant de la loi et de l'administration anglaises et, au 17e s., des articles répressifs des Lois pénales. De nombreux Irlandais se tournent vers l'anglais dans un souci d'ascension sociale. La tendance se renforce à partir de 1831 avec l'enseignement public en anglais. Pendant et après la Grande Famine (1845-1847), un grand nombre d'irlandophones meurent ou émigrent. On estime qu'en 1835 un Irlandais sur deux parlait le gaélique ; en 1851, ce nombre est tombé à un sur quatre, en 1911 à un sur huit.

LE RENOUVEAU GAÉLIQUE

Au 19e s., on assiste à un regain d'intérêt pour le patrimoine gaélique, étroitement associé à la montée du nationalisme irlandais. Plusieurs sociétés, dont l'ancêtre du Irish National Theatre, sont fondées pour promouvoir la renaissance de l'ancienne langue naturelle de toute l'île et la culture irlandaise. En 1893, Douglas Hyde fonde la Gaelic League, pour la « dé-anglici-sation de l'Irlande », par l'emploi du gaélique et le retour aux racines culturelles irlandaises. Elle instaure un festival annuel de culture irlandaise. C'est à elle que l'on doit l'institution de la Saint-Patrick (17 mars), la fête nationale.

En 1922, la Constitution décrète le gaélique langue officielle, et son enseignement devient obligatoire à l'école primaire. En 1923, il devient obligatoire pour entrer dans la fonction publique de l'État irlandais indépendant ; la constitution de 1937 en fera la première langue officielle du pays. Pour encourager l'usage de l'irlandais, le nouveau gouvernement institue en 1925 une commission d'enquête sur la situation des régions d'expression gaélique. Son rapport entraîne la création du Gaeltarra Éireann (1935) et du Udarás na Gaeltachta (1980), qui visent à développer les ressources de ces régions, appelées collectivement le **Gaeltacht**. Avec une population de plus de 80 000 habitants (tous ne sont pas irlandophones), elles se trouvent surtout dans les superbes comtés de l'Ouest du pays, isolés et peu peuplés : Donegal, Mayo, Galway et Kerry ; d'autres poches subsistent aussi dans le Sud, près de Cork, dans les comtés de Waterford et de Meath.

Aujourd'hui, le ministère de la Culture, du Patrimoine, du Gaeltacht et des îles est chargé de leur développement économique et social, ainsi que de la promotion de la langue irlandaise. Plus de 40 % des adultes disent la parler. La **radio** de langue irlandaise *Raidió na Gaeltachta* diffuse des programmes depuis 1972. La chaîne de **télévision** nationale en langue irlandaise TG4 *(Telefis na Gaeilge)* créée en 1996 est généraliste, elle diffuse ses programmes sous-titrés en anglais, et a l'exclusivité de certains matchs du GAA, le Tour de France ou le tournoi de Wimbledon.

Fondés à l'occasion du renouveau gaélique du 19e s., les **stages linguistiques** d'été sont devenus un élément permanent du Gaeltacht, animant et insufflant à chaque génération une inspiration nouvelle. Ils attirent dans l'ouest et le sud du pays, de très nombreux stagiaires, irlandais ou internationaux. D'autant qu'ils génèrent autour d'eux une intense animation culturelle, avec de nombreux concerts, spectacles et la langue demeure un emblème majeur de l'identité irlandaise.

L'irlandais possède une grammaire complexe. La plupart des étrangers ont des difficultés avec sa prononciation ; certaines consonnes peuvent rester muettes ou changer de sonorité en fonction de leur position. Même les anglophones doivent se familiariser avec l'emploi de l'irlandais dans des expressions officielles. Le Premier ministre est toujours appelé *Taoiseach*, le parlement *Dáil Éireann*, l'office national du tourisme *Bord Fáilte*, les chemins de fer nationaux *Iarnród Éireann*, et tous les bus qui rejoignent le centre-ville de Dublin arborent la direction *An Lár*.

Voir aussi le Lexique (p. 51).

Tradition musicale

Avec la harpe pour emblème national, instrument de musique peu fréquent qui plus est, l'Irlande affiche bien sa singularité. Musique, chant, danse sont ancrés au plus profond de la culture irlandaise et font partie de la vie quotidienne. Les sessions improvisées le soir, au pub, voient naître chaque jour musiques et chansons nouvelles. Avec ses énergiques et brillants instrumentistes, issus des multiples écoles régionales, avec son amour des mots et du lyrisme, l'Irlande connaît une scène musicale exceptionnellement riche. Qu'elle soit traditionnelle, rock ou classique, elle évolue et dépasse les frontières.

LES PRINCIPAUX INSTRUMENTS

La **harpe celtique**, qui dominait la scène musicale depuis le Moyen Âge, a été proscrite par les Anglais qui y voyaient un symbole nationaliste. La harpe accompagnait en général le chant ou la récitation de poésie. Les joueurs de harpe irlandais étaient admirés pour leur technique rapide et allègre ; leur statut social, déjà codifié au 8e s., était enviable. **Turlough O'Carolan** (1670-1738, *voir encadré p. 327*), même s'il débuta trop tard dans la vie de harpiste pour atteindre le plus haut niveau de savoir-faire, fut un compositeur exceptionnel et très recherché. Il laissa plus de 200 airs remarquablement créatifs, qui sont toujours joués à l'heure actuelle.

La **cornemuse** est mentionnée pour la première fois dans les textes au 11e s. et décrite pour la première fois au 15e s. Il

Tourism Ireland

L'Irlande affiche de nombreux festivals musicaux.

semble qu'elle n'était encore utilisée que lors de spectacles. C'est au 18e s. qu'apparaît la cornemuse irlandaise, la *uilleann* (cornemuse à coude), dont les bourdons sont manipulés avec les doigts. Ces instruments sont réputés pour la qualité des sons qu'ils produisent et la dextérité qu'ils demandent. Ils sont étroitement associés à la musique traditionnelle irlandaise, qui a trouvé ces dernières décennies un écho international.

LA MUSIQUE TRADITIONNELLE DE NOS JOURS

Vers le milieu du 19e s., la musique traditionnelle irlandaise, accompagnant ou non les danses, suscite un grand intérêt hors des régions isolées où elle n'avait jamais cessé d'être pratiquée dans la cellule familiale. Un énorme travail de collecte est réalisé par des amateurs qui publient, en 1855, des milliers de mélodies anciennes. Ce mouvement de curiosité pour la musique nationale s'intensifie. Dans les années 1940, **Seamus Ennis** sillonne l'ouest à bicyclette pendant cinq ans pour noter deux mille morceaux, puis il conçoit des émissions avec la BBC. Les concours se développent et la vague explose dans les années 1970. Aujourd'hui, les festivals abondent et les musiciens se retrouvent dans les pubs de toute l'Irlande pour des sessions qui peuvent être organisées et commerciales ou bien improvisées et gratuites. Outre la cornemuse, on entend aussi violon *(fiddle)*, flûte, *tin whistle* (flûte irlandaise en métal), accordéon, concertina, mélodéon, banjo, bouzouki, guitare, claviers, petites cuillères et *bodhrán* (tambourin en peau de chèvre).

Stages musicaux et festivals attirent une foule d'amateurs de tous pays toute l'année. Les festivals sont couronnés, en août, par le *All Ireland Fleadh*. L'événement pédagogique le plus connu est sans doute la **Willie Clancy Summer School**, qui anime les deux premiers week-ends de juillet à Milltown Malbay (comté de Clare). D'innombrables cours d'instruments sont donnés dans les écoles, par exemple des stages de violon à Glenties, dans le Donegal (en octobre).

DES AIRS TRADITIONNELS À LA MUSIQUE POP

Les enregistrements réalisés par les Irlandais d'Amérique, qui disposent de moyens inconnus sur l'île, et la formation de *Ceoltóiri Chualann* par Seán O'Riada au début des années 1960 contribuent à faire connaître la musique irlandaise. Ce groupe de musiciens de très haute qualité crée un style plus formel. Les **Chieftains**, issus de ce groupe, lui ouvrent l'audience d'un public international. À la même époque aux États-Unis, les frères Clancy et Tommy Makem rendent célèbre la ballade irlandaise. Dans les années qui suivent naissent de nombreux groupes, dont les Dubliners, Bothy Band, De Dannan, Planxty et Altan. Des membres de la famille Brennan, du comté de Donegal où l'on parle irlandais, forment le groupe **Clannad** et se font connaître sur la scène de la variété anglaise et irlandaise tandis qu'un autre membre de la famille, **Enya**, se taille une carrière internationale en solo. Tout comme **Shaun Davey**, grand compositeur pour le cinéma ou **Paddy Moloney**, *piper* des Chieftains et inlassable créateur, **Donal Lunny** reste un des artistes les plus inventifs de la scène irlandaise. Producteur, compositeur, virtuose multi-instrumentiste, il a fait partie du Bothy Band et de Planxty. Il a introduit le bouzouki dans le paysage irlandais et continue de faire évoluer la musique. Les belles voix de **Christle Moore** et de **Mary Black** résonnent dans toutes les maisons. L'accordéon de **Sharon Shannon**, le *fiddle* de la belle **Nolaig Casey**, la cornemuse du gentleman **Liam O'Flynn,** ex-de Planxty qui participe à des projets symphoniques, la harpe de **Loreena McKennit**, née au Canada, font partie de la vie de tous les jours.

Dans les années 1950 et 1960, des groupes animent les bals dans toute l'Irlande. Des musiciens comme **Rory Gallagher** et **Van Morrison** y font leurs débuts avant de poursuivre leur carrière en solo. La musique country irlandaise touche un large public en Irlande. La musique traditionnelle a influencé les groupes de ces dernières décennies, tant et si bien qu'on donne souvent au rock irlandais l'appellation « rock celtique ». **Thin Lizzy** et Rory Gallagher ont été parmi les premiers à atteindre une renommée internationale. Van Morrison et **U2** conservent toujours leur rang sur la scène mondiale, séduisant les nouvelles générations. D'autres vedettes internationales plus récentes, comme **The Cranberries**, **Sinéad O'Connor** et **The Corrs** ont fait naître un intérêt mondial pour la musique celtique.

Depuis 1993, suivant une tendance venue du Royaume-Uni, plusieurs groupes irlandais se sont créés pour répondre à la demande d'un public adolescent. **Boyzone**, **B*witched** et, plus récemment **Westlife,** ont rencontré un énorme succès commercial. Des

Grand public

Le spectacle **Riverdance**, créé en 1994, se produit aujourd'hui sur les cinq continents. Sur une musique composée par Bill Whelan, il met en scène et chorégraphie des dizaines de danseurs et danseuses dans d'époustouflantes séquences où ils exécutent toutes les danses d'Irlande. Riverdance, conçu à base d'éléments traditionnels, a fait autant pour la popularité de la danse irlandaise que les Chieftains et les Dubliners pour la musique. D'autres spectacles de danse irlandaise, comme *Lord of the Dance*, lui ont emboîté le pas.

Irlandais du Nord sont arrivés au-devant de la scène dans les années 1990 et ont séduit le public britannique autant que l'irlandais : Therapy, Divine Comedy, Ash. Sous les feux des projecteurs, la pop star **David Holmes** est un ancien DJ célèbre pour ses mixages.

Les groupes qui ne figurent pas encore au palmarès ont leurs fans fidèles, qui assistent en masse à leurs manifestations. La vie de ces musiciens *underground* est remarquablement décrite dans le roman *The Commitments*, de Roddy Doyle, et le film d'Alan Parker (1991) qu'il a inspiré.

DANSE ET CHANT

La danse de groupe trouve son origine en Irlande au 18e s. Elle consiste en figures enseignées par des maîtres à danser itinérants, qui ont adapté les pas de danse français à la musique locale. Ces danses ont beaucoup de succès, et de nombreuses salles permettent de s'y entraîner et d'y assister. Des stages sont organisés régulièrement.

Présent dans de nombreux festivals, le chant est au cœur de celui d'Ennistymon (juin), dans le comté de Clare. Les airs traditionnels, dits « dans le style ancien » *(sean-nós),* sont intimement liés à la langue irlandaise, mais on les chante aussi en anglais. Les chansons traditionnelles en irlandais sont vieilles de deux ou trois siècles, parfois plus ; les mélodies sont encore plus anciennes. Les airs qu'on chante en anglais peuvent être récents ou provenir de ballades médiévales. Les mélodies, sans accompagnement, sont libres et ornementées, avec de nombreuses variantes régionales. La région de Rath Cairn, dans le comté de Meath, où l'on parle l'irlandais, accueille en octobre le festival de chant *Eigse Dharach Uí Chatháin.*

Les Irlandais aiment les musiques et les artistes sans frontières. Un circuit en bus permet désormais, à Dublin, de partir sur les traces de U2, de Thin Lizzy mais aussi de Jonathan Swift et de Haendel, qui donna ici la première audition de son oratorio le *Messie*, en 1742 *(voir p. 149).*

Les loisirs

SPORTS

Les Irlandais s'adonnent avec ferveur à presque tous les sports, avec une prédilection pour leurs sports traditionnels spécifiques, comme le *hurling (iománaíocht)* et le football gaélique *(peil).* Fondé en 1884 à Thurles, le mouvement largement rural de la **Gaelic Athletic Association** *(Cumann Lúthchleas Gael. GAA)* administre tous ces sports en même temps que le **handball** *(liathróid láimhe)* et les *rounders*, une sorte de base-ball. Le stade national de la GAA, Croke Park à Dublin (80 000 places) porte le nom de son premier président, l'archevêque Croke (1824-1902). Les musées de la GAA de Croke Park et Thurles offrent une remarquable illustration de l'histoire de l'association et des exploits des champions de *hurling* et de football local.

Le **hurling** est un jeu très ancien, extrêmement rapide *(voir Lár na Páirce consacré à l'histoire des jeux gaéliques, p. 217).* Deux équipes de 15 joueurs s'affrontent, armées de la longue crosse appelée *hurley (camán).* Le jeu consiste à envoyer une balle en liège et cuir à l'intérieur ou par-dessus des buts semblables à ceux du rugby. Prendre la balle en main est permis dans certains cas, ce qui pimente le jeu, qui peut paraître parfois violent et incohérent aux yeux du non-initié. Le *Camogie* est une adaptation du *hurling* pour les joueuses féminines ; les parties sont plus courtes, avec des équipes de 12 et un terrain plus petit.

Le **football gaélique**, qui se joue avec un ballon rond, utilise le même terrain que le *hurling* et suit des règles similaires. Le football australien doit beaucoup à son ancêtre gaélique. On peut également citer le **Road Bowling**, très pratiqué dans les comtés de Cork et d'Armagh, où une boule en fer doit parcourir avec un minimum de lancers un tronçon de route de campagne sinueuse *(voir encadré p. 485).* Ces deux sports ne sont guère pratiqués en dehors de l'Irlande.

Autres disciplines

Le **golf** est infiniment populaire en Irlande. Accessible à tous et très peu cher, pour la plupart des terrains. On en compte plus de 3 000, dont certains sont publics et d'autres parmi les plus recherchés du monde. Les 18 ou 9 trous jouissent de la splendide nature Irlandaise et les parcours sont souvent spectaculaires. Mais l'on peut aussi s'amuser ou s'entraîner sur les multiples terrains de *pitch and putt* (lancer et faire rouler) qui pullulent.

Les Irlandais pratiquent également de manière intensive, les concours de **fléchettes**. Les petits garçons s'entraînent avec leur père contre une cible en sisal collée sur la porte du garage. Plus tard, les concours se passent au pub. En solo ou en équipe, il s'agit, partant des chiffres 501 ou 301, d'arriver à zéro le premier, en déduisant les points gagnés. Muni de trois fléchettes, le joueur tente de décrocher le centre *(bull's eye)* qui donne 50 points. Les autres cases rapportent différents points. Celui qui tient la craie doit être bon en calcul mental et l'ardoise n'attend pas. Mais l'on se prend rarement au sérieux et une pinte est bientôt partagée.

COURSES DE CHEVAUX

Le **cheval** joue un rôle particulier en Irlande. Les grandes foires aux chevaux figurent toujours au programme des festivités. L'élevage et les courses hippiques ont de profondes racines dans la culture. Avant la christianisation du pays, des courses étaient déjà organisées à l'occasion de fêtes. Les compétitions de natation, elles aussi d'origine celte faisaient partie du rituel de l'immersion des chevaux, ces dernières n'ont été abandonnées que récemment.

Le cœur de l'élevage, de l'entrainement et des courses se concentre au Curragh, dans le Kildare. Il y a environ 28 champs de courses en Irlande. Le plus ancien trophée connu est une coupe offerte en 1640 par les représentants du duc de Leinster. Le premier **steeple-chase** *(voir encadré p. 236)*, sorte de course d'obstacles inventée par lord Doneraile, a lieu en 1752 sur un parcours de 7 km reliant les églises de Buttevant et de St Leger, près de Doneraile.

COURSES DE LÉVRIERS

Toutes les villes, même petites, possèdent leur cynodrome *(greyhound track)*. Les courses de lévriers attirent un public immense, familial, qui peut se retrouver tous les soirs de semaine. La course est organisée derrière un leurre (lapin de métal le plus souvent). Les courses ne durent que quelques minutes mais se suivent à un rythme rapide. Dans une ambiance survoltée, les paris fusent, et les familles peuvent boire et manger en même temps qu'encourager leurs lévriers favoris.

Saveurs d'Irlande

L'Irlande est un pays hospitalier, d'une grande sociabilité, où les gens se réunissent volontiers dans un bar ou autour d'une table.

LA GASTRONOMIE

L'Irlande a gagné une réputation de créativité pour ses spécialités alléchantes, concoctées par une génération de chefs particulièrement doués : formés en Irlande, ils ont atteint le niveau des meilleurs. Ils savent tirer parti de l'abondance des produits locaux : légumes et fruits, viande et produits laitiers, grande variété de poissons d'eau douce et de mer. La réputation des **langoustines** de Dublin *(Dublin bay prawn)* et des **huîtres** de Galway s'étend bien au-delà des limites de la région. Les Irlandais maîtrisent parfaitement l'art d'accommoder la **pomme de terre**, le légume national, introduite dans l'île à la fin du 16e s. Chaque année, le **Festival gourmand** de Kinsale met à l'honneur cette diversité.

Le petit-déjeuner

Le traditionnel *Irish fry*, appelé dans le Nord *Ulster fry*, est composé d'œufs frits, de saucisses, de bacon, de boudin noir, de saumon, de gâteaux de pommes de terre, de champignons et de tomates. Autrefois, c'était le petit-déjeuner de tout le monde. Aujourd'hui, c'est encore vrai à la campagne mais les urbains, souvent pressés en semaine, s'en régalent le week-end. Le *fry* peut être servi comme repas du soir. Les autres plats du petit-déjeuner sont les *kippers* (harengs fumés et salés) et le *kedgeree* (pilaf de poisson).

Les plats traditionnels

Il n'existe pas de recette officielle pour l'**Irish Stew** (ragoût de mouton), qui consiste en un collier de mouton mijoté dans une cocotte avec des pommes de terre, des oignons et des herbes. Le **colcannon**, plat de fête dégusté à la fin des moissons ou le jour de Halloween (31 octobre), se compose de purée de pommes de terre, d'oignons, de panais et de chou blanc, mélangés avec du beurre et de la crème. Le **champ** est un plat plus simple de pommes de terre en

O. Forir / MICHELIN

Le fameux « soda bread ».

purée avec du beurre, auquel on ajoute de la ciboulette hachée ou tout autre végétal : persil, échalote, oignon vert, ortie, petits pois, chou, voire carotte cuite dans du lait. Pour faire le **coddle**, on fait mijoter ensemble, disposés par couches, jambon, saucisses de porc, pommes de terre et oignons. Le **collar and cabbage** est composé d'un collier de porc, préalablement bouilli, recouvert de chapelure et de sucre brun puis mis au four, et servi avec du chou cuit dans le bouillon du porc.

Diverses sortes d'algues, riches en vitamines et en minéraux, et à haute teneur nutritive, étaient traditionnellement employées pour épaissir les soupes et les ragoûts. Les **Carraghénanes** *(carrageen)* sont toujours utilisées pour faire un dessert de saveur délicate. La *rhodymenia* est transformée en sucrerie sous le nom de **dulse**.

Les produits de la mer

Le roi des poissons d'eau douce est le **saumon**, qu'il soit sauvage ou élevé en pisciculture. Il est souvent poché ou grillé lorsqu'il est dégusté comme plat principal. Le saumon fumé d'Irlande l'est par tradition au bois de chêne. L'autre poisson de rivière le plus fréquemment servi est la **truite**, sauvage ou de pisciculture.

Les **fruits de mer**, crabe, homard, coquilles Saint-Jacques, moules et langoustines, s'achètent surtout dans le sud-ouest. Les huîtres de la baie de Galway sont charnues et succulentes. Les eaux irlandaises sont riches en poissons : sole (dite localement *black sole*), limande, plie, lotte, turbot, barbue, saint-pierre, morue, colin, églefin, maquereau et hareng.

Les viandes

Le **bœuf**, de toute première qualité, est élevé sur les riches pâturages de l'est et du sud de l'Irlande. **L'agneau** vient des hautes terres. Le **porc** est présent sous de nombreuses formes : rôtis et côtelettes ; jambon ou bacon ; pieds de porcs *(crúibíní)* ; boudins blancs ; boudins noirs *(drisheen)*, aromatisés de *tanaisie* et dégustés au petit-déjeuner. Le gibier le plus apprécié est le lapin, mais on sert aussi du lièvre et du faisan.

Les produits laitiers

Le beurre et la crème fraîche sont abondamment utilisés dans la cuisine irlandaise. La crème glacée est un dessert très apprécié. Ces dernières années, de nombreux **fromages** fabriqués à la main sont apparus sur le marché : le **cashel blue** (bleu de Cashel), fromage doux et crémeux, veiné de bleu, fait à partir du lait de vache à Tipperary, plus doux que le Stilton ; le cooleeny, un fromage doux, du même type que le camembert, fabriqué à Thurles dans le comté de Tipperary ; le **milleens**, fromage particulier et relevé, avec une croûte bien faite, produit et affiné à Skull, dans le comté de Cork.

Le pain

Une grande variété de pains est proposée pour le petit-déjeuner et le thé. Le plus célèbre est le **soda bread**, fait de farine blanche ou brune et de babeurre. Le **barm brack** est une sorte de brioche aux fruits secs à base de levure (*baírin breac* = gâteau moucheté).

LES BOISSONS

La boisson irlandaise traditionnelle est la forte bière brune *(stout)* brassée par **Guinness** ou Murphy's ; mais les bières

Irish Coffee

Cette délicieuse invention se compose d'une mesure de whisky, de sucre roux et de café noir brûlant, mélangés dans un grand verre et couronnés d'une couche de crème fraîche.

plus légères, blondes ou brunes, sont aussi couramment choisies. Le **Black Velvet** (velours noir) est un cocktail de bière brune et de champagne.

Pour une touche de patriotisme, on peut demander **The Flag**, cocktail de crème de menthe, tequila et Southern Comfort, reprenant le vert, le blanc et l'orange du drapeau irlandais.

Whiskey ou whisky

L'origine du whiskey irlandais (écrit habituellement avec un « e », mais pas systématiquement) se perd dans la nuit des temps, mais il était déjà distillé dans toute l'Irlande au 16e s. Il semble que la reine Elizabeth Ire l'ait beaucoup apprécié. En 1661, le whiskey de contrebande *(poteen)* fait son apparition quand les Anglais instaurent une taxe sur la distillation et une régie pour en contrôler la qualité et la quantité de la production. À la fin du 17e s., 2 000 distilleries sont encore en activité. Les grandes **distilleries de Dublin** produisent les marques les plus célèbres : John Power, John Jameson, George Roe et William Jameson. Ces marques et d'autres s'exportent dans tout l'Empire britannique. En 1872, les ventes font un bond lorsque la production des cognacs français décroît, à cause de la maladie qui touche les vignes de la région de Cognac. Mais d'autres événements les affectent. Le marché britannique ferme ses portes avec la guerre d'Indépendance irlandaise. La prohibition aux États-Unis (1920-1933) interrompt les exportations. En 1966, l'industrie du whiskey tente de pallier l'hégémonie du whisky écossais, et concentre sa force de production en créant le groupe Irish Distillers. Une nouvelle distillerie est fondée à Midleton. Au début des années 1970, le groupe rachète celle de Bushmills. Mais il sera lui-même racheté en 1989 par le groupe Pernod-Ricard.

Malgré le succès des *blended whiskies* (obtenus par assemblages) d'Écosse, les distillateurs irlandais choisissent de conserver la légèreté et l'arôme plus rond de leur produit traditionnel. Ils les obtiennent grâce à une triple distillation. Le grain, qui a gardé son enveloppe, est, une fois moulu, additionné d'eau chaude. Le mélange est brassé dans une grande cuve, jusqu'à en dégager les sucres ; le liquide est ensuite soutiré. On répète l'opération deux fois. Le liquide issu des premiers et deuxièmes brassages est pompé dans des récipients appelés *washbacks* ; l'adjonction de levure permet, par réaction avec les sucres, d'obtenir un liquide légèrement coloré. Quand la fermentation est achevée, le liquide est distillé trois fois. L'alcool achève sa maturation dans d'anciens tonneaux à xérès ou à bourbon, puis en cuve pendant deux ou trois jours.

Il n'y a plus que trois distilleries de **whiskey** (le « whisky » irlandais) : Bushmills (comté d'Antrim), qui produit le seul pur malt, et Midleton (comté de Cork), toutes deux propriétés de la même société ; et Cooley à Dundalk. Mais il y a beaucoup de marques différentes. Leurs saveurs dépendent de subtiles variations dans le procédé de fabrication.

L'IRLANDE AUJOURD'HUI

La réussite économique irlandaise doit beaucoup à l'intervention énergique de l'État et au rattachement enthousiaste de l'Irlande à l'Union européenne dans la dernière décennie du 20e s. Les signes de cette prospérité sont visibles partout : dans le nombre de belles cylindrées sur les routes ou la débauche de constructions dans le paysage. Parallèlement, la société irlandaise a vécu de profondes transformations, sans perdre, bien au contraire, ses particularismes si attrayants pour le visiteur. Ni la percée du pays dans le grand mouvement de la vie internationale, ni l'arrivée massive d'immigrants n'ont encore érodé l'identité irlandaise.

Ph Hurlin / MICHELIN

Pub à Skibbereen (comté de Cork).

La population

LES ORIGINES

Les Irlandais sont généralement rattachés aux **peuples celtes**, mais cette qualification est plus culturelle que vraiment ethnique. Vers 8000 ans av. J.-C., bien avant l'arrivée des Celtes, des chasseurs-cueilleurs mésolithiques passent l'isthme qui relie encore l'Écosse à l'Irlande, et s'installent dans les régions côtières et les vallées fluviales. Il semble que les Celtes, aujourd'hui dominants, soient arrivés par vagues successives au cours de la seconde moitié du millénaire avant notre ère, refoulés aux confins ouest du continent européen par l'expansion de l'Empire romain et la pression des tribus germaniques d'Europe centrale. Quand le christianisme fait son apparition en Irlande au 5e s., la population atteint, selon les estimations, 250 000 habitants. Vers la fin du 8e s. commencent les premiers raids des Vikings. Leur but initial est le pillage ; mais par la suite ils s'installent, fondent des villes côtières, et finissent par s'intégrer à la population locale. Les immigrants suivants viennent pour l'essentiel de Grande-Bretagne. Les envahisseurs anglo-normands et leurs successeurs sont suivis, aux 16e et 17e s., par l'arrivée organisée de colons et de fermiers. À l'aube du 18e s., un quart environ des deux millions et plus d'habitants sont d'origine anglaise, galloise et écossaise. D'autres groupes beaucoup moins nombreux apportent néanmoins leur touche particulière : huguenots à la fin du 17e s, juifs surtout à la fin du 19e et au début du 20e s. Avant les années 1980, le retard de l'économie fait que la proportion d'immigrants venus d'autres continents que l'Europe reste pratiquement nulle.

STRUCTURE ET RÉPARTITION

L'Irlande compte environ 5 930 000 habitants : 1 689 000 pour l'Irlande du Nord (Ulster) ; 4 240 000 pour la république d'Irlande (Éire). C'est une avancée remarquable par rapport aux 4,5 millions du début du 20e s., conséquence de la baisse de la natalité et d'une émigration constante. Elle provient largement de l'excédent migratoire. Mais c'est encore loin des 8 millions de la période précédant la Grande Famine *(voir p. 65)*.

La densité moyenne de la population, 52 habitants au km^2, est faible en comparaison avec les autres pays d'Europe occidentale. Une grande proportion d'Irlandais vit toujours dans des petits bourgs ou en pleine campagne. Il y a assez peu de villages : la ferme familiale isolée est la forme d'habitation rurale la plus courante. Beaucoup de **bourgs** qui seraient classés comme villages partout ailleurs en Europe, avec quelques centaines d'habitants, offrent tout l'éventail des services de la ville : marché, magasins, pubs, officines. La construction en milieu rural a récemment renforcé ce mode d'implantation éparpillé, avec de nouveaux corps de ferme et résidences fièrement édifiés au milieu des champs, et le développement de chapelets de maisons basses en bordure des routes.

Les villes les plus importantes se trouvent sur la côte. Le nombre d'habitants de l'agglomération de Dublin semble disproportionné : 1 045 769 ; le grand Belfast atteint 276 459. Aucun autre centre régional de la République n'approche le chiffre de la capitale : même le grand Cork, agglomération qui a explosé ces dernières années, ne compte que 119 418 habitants.

Dans la République, le taux de natalité, deuxième d'Europe après celui de la France, a baissé, puis remonté récemment, mais la population reste très jeune, avec plus de 40 % de moins de 25 ans et 25 % de moins de 15 ans.

UNE SOCIÉTÉ PLUS MIXTE

Pendant des siècles, et bien qu'autochtones, les **itinérants** *(Travellers)* ont constitué la minorité la plus visible dans la République. Catholiques, descendants des pauvres gens chassés pendant la Grande Famine, ils déplacent leurs camions et leurs caravanes d'un site de bord de route à un autre, et vivent pour l'essentiel de la ferraille. On les appelle aussi *Tinkers* (*tin* = « fer banc »). Il existait aussi des petites communautés chinoises. Par ailleurs, la République, surtout ses régions tranquilles de l'ouest, attire depuis longtemps des résidents d'autres pays d'Europe, en particulier d'Allemagne.

Depuis la prospérité économique, le visage de l'Irlande, quasi exclusivement blanche jusque-là, a changé. Le besoin de main-d'œuvre a attiré de nombreux immigrants. Ce sont de jeunes adultes en majorité et les chiffres du dernier recensement de 2006, analysés en 2008, sont éloquents. Avec 420 000 résidents étrangers, c'est un habitant de l'Irlande sur dix qui n'est pas né sur place. On compte 188 nationalités présentes en Éire, la majorité des résidents étrangers provient de 10 pays : 230 000 citoyens du Royaume-Uni, 63 000 Polonais, 25 000 Lituaniens, 14 000 Lettons, 12 000 Allemands, 9 000 Français, 8 000 Slovaques, 8 500 Roumains. Mais on vient en Irlande de plus loin que l'Europe. Ils sont 9 000 Philippins, 9 000 Indiens, 11 300 Chinois, 42 000 Africains, dont 17 000 Nigérians, ces derniers, souvent des familles entières, catholiques qui ont bénéficié du droit d'asile. L'assimilation ne se passe pas sans frictions. Dans *Galway, city of strangers*, l'écrivain Michael O'Loughlin fait témoigner des étrangers. Un chauffeur de taxi d'origine jamaïcaine raconte comment il fut le premier Noir rencontré par la plupart de ses voisins galwégians. Une Polonaise, aussi catholique qu'eux, rappelle aux Irlandais que c'est « Dieu qui a voulu ériger la cité de Babel ». En 2004, une large majorité d'Irlandais (79 %) s'est prononcée en faveur d'une restriction de l'accès à la nationalité. Il ne suffit plus d'être né sur le territoire. Depuis le ralentissement économique de 2007-2008, les journaux populaires sont prompts à désigner le nombre d'étrangers qui pointent désormais au chômage : 38 500 sur le total des 221 000 sans emploi en juillet 2008. Pourtant, invisibles sur ces chiffres, de très nombreux étrangers sont déjà repartis, comme beaucoup de Polonais (près de 300 000 sont venus travailler en Irlande depuis 2004), depuis la baisse de l'activité dans le secteur du bâtiment. Toutefois, la société mixte est désormais une réalité irlandaise. Les boutiques polonaises sont légion, les mariages mixtes moins rares. Et le gouvernement vient d'annoncer que son site d'informations sur la circulation routière sera désormais disponible, outre l'irlandais et l'anglais, en polonais, russe et chinois.

OBÉDIENCES RELIGIEUSES

Ces dernières années, le pouvoir et l'autorité de l'Église catholique ont été ébranlés par une série de scandales, mais la république d'Irlande reste toujours résolument catholique : 92 % des Irlandais se déclarent rattachés à cette Église. La proportion de pratiquants reste très élevée, moins dans les quartiers défavorisés de Dublin que dans les zones rurales. Les interdits de l'Église, dans des domaines comme celui de l'avortement, demeurent largement respectés. L'Église catholique vit actuellement une crise majeure des vocations.

Le culte est tout aussi présent en Irlande du Nord, où la population, à majorité protestante (60 %), se divise en presbytériens, méthodistes, fidèles de l'Église d'Irlande ou d'autres obédiences mineures. Les catholiques forment environ un tiers de la population de l'Ulster ; leur proportion est en augmentation.

L'économie

LE PASSÉ RÉCENT

Au 19e s., l'union avec la Grande-Bretagne n'a apporté pour l'essentiel à l'Irlande ni les bénéfices ni les divers inconvénients de la révolution industrielle ; à l'exception de Belfast, où la présence d'une industrie manufacturière textile et alimentaire a stimulé le développement de l'industrie mécanique. Belfast rejoint les rangs des centres industriels britanniques ; son rôle s'affirme dans la première moitié du 20e s., quand Harland et Wolff construisent des paquebots comme le *Titanic*, et Short ses célèbres hydravions. Entre 1939 et 1945, l'économie de l'Irlande du Nord est stimulée par les besoins de l'industrie de guerre, et la présence de bases militaires britanniques et américaines.

En revanche, dans les années qui suivent l'indépendance, la république d'Irlande, au sud, s'attache plus à l'autosubsistance qu'à la modernisation de son économie. Elle reste trop dépendante de son agriculture, et de l'exportation de sa production agricole vers la Grande-Bretagne. Certaines initiatives gouvernementales stimulent l'économie, comme l'équipement hydroélectrique du Shannon. Mais le taux élevé d'émigration de la population en âge de travailler reste une faiblesse fondamentale de l'économie. La dépression mondiale des années 1930 et la guerre commerciale avec la Grande-Bretagne constituent autant de freins au progrès. Pendant la guerre de 1939-1945, la neutralité de l'Irlande, quelle que soit

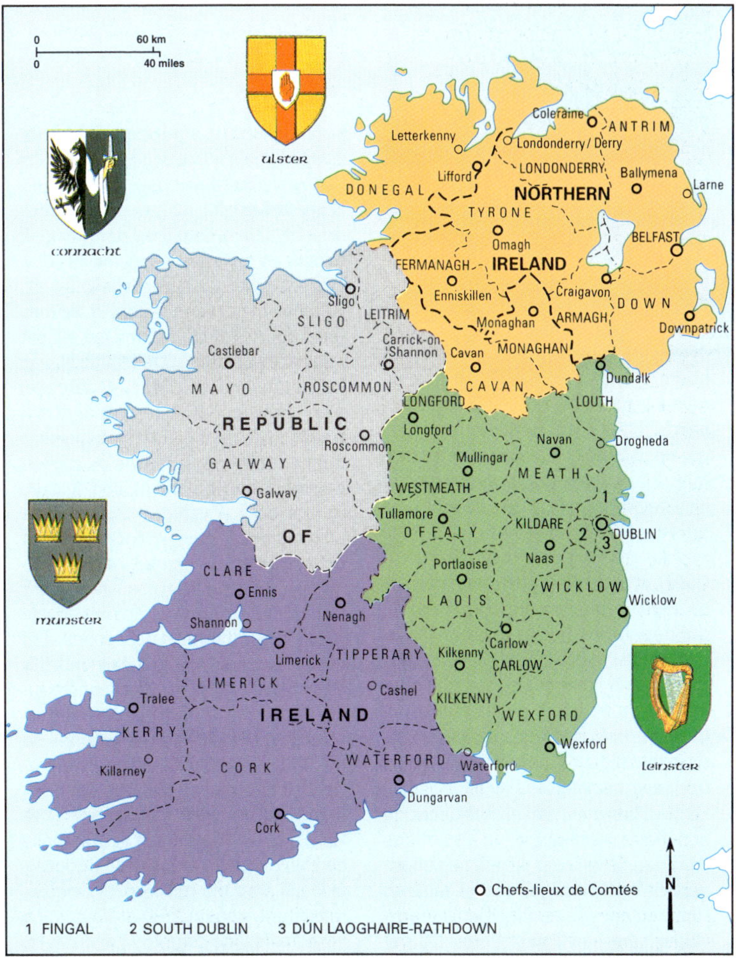

sa raison d'être politique, n'apporte ni un essor de la production ni l'aide américaine qui soutiendra l'économie d'après-guerre de la France et d'autres pays. Néanmoins, à partir des années 1950, une série de mesures sont prises pour ouvrir le champ de l'économie et stimuler la croissance ; avantages fiscaux et incitations encouragent l'industrie moderne, tournée vers l'exportation, et attirent les investissements étrangers. Le pays vit un nouvel élan quand il rejoint en 1972 la CEE, bientôt appelée Union européenne.

LE « TIGRE CELTIQUE »

Après un creux dans les années 1980 où le taux de chômage a atteint 15 % et l'inflation 11 %, les années 1990 voient couronner les initiatives gouvernementales combinées au bénéfice dû à l'aide massive reçue de l'Europe. Celle-ci fut employée judicieusement, notamment dans la recherche, l'éducation et les infrastructures. Dans les années 1990, le taux de croissance de l'Irlande est le double de la moyenne de l'UE. L'industrie moderne, produits chimiques et pharmaceutiques, électronique, biotechnologie, informatique, constitue 75 % de la production industrielle.

Grâce aux subsides et à l'incitation fiscale, l'investissement étranger afflue. De nombreuses multinationales installent sièges et laboratoires en Éire. Le secteur des services se taille la part du lion dans le boom. De multiples *call centres* emploient des jeunes de partout, parlant toutes les langues de la planète. Le dynamisme encourage l'arrivée de très nombreux entrepreneurs étrangers en même temps que les Irlandais, décomplexés, créent leur petite entreprise à qui mieux mieux. La puissance économique du « tigre celtique » est telle que l'Irlande intègre le projet de monnaie unique européenne, en conformité avec les critères du traité de Maastricht (1992), et peut réduire les impôts de 3 % en 1999. Le phénomène d'émigration, qui depuis des siècles grevait si lourdement la vie irlandaise, s'inverse. Les immigrants viennent au secours d'un marché du travail en pleine ébullition. Beaucoup des nouveaux arrivants sont de jeunes diplômés, apportant avec eux une expertise acquise ailleurs.

Le **tourisme** est devenu la seconde activité économique de la république d'Irlande. Six millions de visiteurs étrangers s'y rendent chaque année. Autrefois rudimentaires, les équipements touristiques sont peu à peu remplacés par des centres d'accueil d'avant-garde. La politique de protection des sites, autrefois insouciante, a fait place à l'attention méticuleuse de l'agence gouvernementale chargée de la conservation du patrimoine national, l'*Office of Public Works* (OPW). Aujourd'hui, les Britanniques forment toujours plus de la moitié des visiteurs de la République ; le nombre d'Américains du Nord s'élève environ à un million.

À la fin de 2007 et en 2008, à l'unisson de l'Europe de l'Ouest, les signes de ralentissement s'accumulent en Irlande. Le secteur de la construction s'essouffle, les lots neufs ne se vendent plus si vite. Le prix de l'immobilier, qui avait doublé entre 1995 et 2000 et continué d'enfler, commence à baisser. L'inflation reprend, certaines entreprises délocalisent et le chômage réapparaît. Avec 5,6 milliards d'euros de rentrées en moins en 2008 dans son budget, l'État se voit contraint de lancer des coupes sévères dans les dépenses publiques. Il est fortement critiqué pour ne pas avoir su épargner au temps fort de la prospérité.

L'organisation politique

Le président de la **république d'Irlande** (*Uachtaran na h Éireann*) est élu au suffrage universel direct pour 7 ans. Quand **Mary Robinson**, avocate militante des droits de l'Homme et donc de la Femme, fut élue en 1990, des changements notables ont eu lieu rapidement dans le pays. Devenue haut commissaire aux Nations unies pour les droits de l'homme, elle fut remplacée par une autre femme élevée en Irlande du Nord, **Mary McAleese**, bien réélue en 2004. Le président, s'il n'a officiellement qu'un rôle représentatif, peut influer sur la vie du pays. Il nomme le gouvernement, dont le chef, le *Taoiseach* (Premier ministre, c'est lui qui dirige le pays) est actuellement **Brian Cowen**. Ce dernier a succédé au marquant **Bertie Ahern**, unanimement respecté en Europe, qui aida à mener le pays à la prospérité et qui fut très actif dans le processus de paix en Irlande du Nord. Mis en cause par une enquête sur des questions d'enrichissement personnel, Bertie Ahern a démissionné en mai 2008. Cowen, comme Ahern, appartient au **Fianna Fail** (FF), l'un des deux grands partis majoritaires, avec le **Fine Gael** (FG). Le **Parlement** est composé de deux chambres. Les 166 députés, élus à la proportionnelle, pour cinq ans maximum, siègent au *Dail Éireann*. En ce moment, on y compte 78 députés FF,

Lexique politique de l'Irlande du Nord

Sinn Féin (« Nous-mêmes ») : parti républicain et aile politique de l'IRA, fondé en 1905, attaché à la réunification de l'île, a engendré de nombreuses scissions. **Gerry Adams** est son leader, il tint un rôle clé dans les accords de paix et le partage du pouvoir.

IRA : Irish Republicain Army. Fondée en 1916 par des membres du Sinn Féin, c'est le bras armé du mouvement républicain. Maintes fois divisée, notamment entre les Provos (interdits) et les Officiels, l'IRA a déclaré la fin de la lutte armée et lancé le processus de rendre ses armes en 2005.

Unionisme : tendance politique modérée, qui approuve le rattachement tel qu'il est de l'Irlande du Nord à la Grande-Bretagne. La cause **loyaliste** est la version violente de l'unionisme.

UUP : Ulster Unionist Party, principal parti unioniste, modéré.

SDLP : Social Democratic and Labour Party, principal parti majoritairement catholique, nationaliste, très opposé à la violence.

DUP : Democratic Unionist Party, parti unioniste radical. Son leader est le révérend **Ian Paisley** qui a réussi à mettre en place le partage du pouvoir entre unionistes et républicains.

Stormont : désigne le Parlement d'Irlande du Nord et le gouvernement de la province, situés dans ce quartier de Belfast.

51 FG, 20 Labour, 6 Verts et 4 Sinn Féin. Remarquons que le Sinn Féin est la seule formation politique en Europe présente aux élections dans deux pays : à la fois dans la République et en Irlande du Nord. La **chambre haute**, ou *Scanad Éireann*, compte 60 membres. 43 sont élus par des grands corps, 11 par le Premier ministre et 6 par des membres de deux universités : la National University of Ireland et l'University of Dublin, c'est-à-dire Trinity College. Les 26 comtés sont administrés par des conseils de comtés élus tous les cinq ans.

L'**Irlande du Nord** est une des provinces du Royaume-Uni, comme le pays de Galles, l'Écosse ou l'Angleterre. Ses 6 comtés disposent d'un statut de semi-autonomie, depuis les accords de 1998, avec leur propre gouvernement et leur propre assemblée. C'est cette assemblée dont Londres avait suspendu le fonctionnement entre 2002 et 2006.

La société

LE SYSTÈME ÉDUCATIF

Gratuite et obligatoire de 6 à 16 ans, l'école, si elle est financée en majeure partie par l'État, continue d'être gérée tout aussi majoritairement par l'Église catholique dans la république d'Irlande, et par chaque communauté, protestante ou catholique, en Irlande du Nord. Récemment, on a vu naître des écoles multiconfessionnelles et un mouvement de laïcisation est en marche. Mais prêtres et religieuses font encore largement partie du corps enseignant.

Avant de rejoindre l'école primaire, les enfants irlandais fréquentent très souvent des *playschools* remarquables. Au cours du cursus secondaire, les écoliers passent le *junior certificate* et le *leaving certificate*, équivalent du baccalauréat. 99 % des élèves passent cet examen de sortie. Un apprentissage du gaélique est obligatoire. Depuis l'adhésion à l'Union européenne, l'Irlande a investi massivement dans le système éducatif. Outre ses universités prestigieuses comme Trinity College à Dublin, ses sept universités et de très nombreux instituts technologiques de pointe dispensent un enseignement admiré et performant. Dans la tranche des 25-34 ans, il y a 40 % de plus de diplômés au niveau doctorat que dans la même tranche d'âge du reste de l'Europe. Autrefois parent pauvre du système, la formation permanente des adultes a, elle aussi, été réformée. Facilement accessible bien qu'un peu chère, qualifiante, elle accompagne efficacement les professionnels en désir de reconversion ou de nouveaux diplômes.

LA CONDITION DES FEMMES

Avec l'élection de Mary Robinson à la tête de l'État en 1990, la République a connu un grand bond en avant dans le domaine des libertés individuelles. C'est ainsi, grâce à l'impulsion de cette avocate militante des droits de l'homme et des minorités que l'homosexualité a été décriminalisée en 1993. Repoussé par référendum en 1986, le divorce a été autorisé en 1995, mais avec une majorité si minime que les mouvements catholiques ont tenté de faire invalider le vote. Le divorce n'est de fait possible que depuis 1997. Si, aujourd'hui, la contraception est légale et en vente libre, ce fut longtemps et reste quelquefois encore, un sujet tabou dans certaines officines ou dispensaires. Par référendum en 2002, les Irlandais ont dit non à un durcissement des conditions de l'IVG. Il reste toutefois interdit, sauf dans des cas très restreints de mise en danger de la vie de la mère. En revanche, l'information sur l'IVG n'est pas interdite et, chaque année, plus de 7 000 jeunes Irlandaises traversent la mer d'Irlande pour rejoindre les cliniques spécialisées de l'Angleterre. Cette situation hypocrite est dénoncée par de très nombreuses voix. La question de la violence domestique est aussi désormais abordée. Les femmes irlandaises étudient plus longtemps, travaillent de plus en plus (850 000 en 2007 contre 595 000 en 1999) et les bébés arrivent de plus en plus tard. Trois enfants sur cinq naissent d'une mère de plus 30 ans en 2006, alors qu'en 1980 elles avaient moins de 30 ans. Enfin, en 2005-2006, on constate plus de naissances chez les femmes de plus de 40 ans, que chez les adolescentes.

L'ALCOOLISME

Déclaré cause nationale par Mary McAleese, présidente de la république d'Irlande, qui l'a traité de fléau ridicule et ruineux, l'alcoolisme est désormais pris au sérieux. Alors qu'il diminue dans les pays de l'UE, il continuait d'augmenter en Irlande en 2004, avec une consommation en hausse de 25 % entre 1995 et 2000. Le gouvernement a affiné les études et constaté que si 23 % des Irlandais ne boivent jamais, ceux qui lèvent le coude absorbent 12,1 litres d'alcool pur par an (5,5 l en France). L'alcoolisme chez les adolescents inquiète particulièrement. Le coût est évalué à 2,65 milliards d'euros, soit 2,6 % du PNB et l'on considère que chaque ménage dépense 5,5 % du budget en boissons alcoolisées. Les accidents de circulation dus à l'alcool sont en nette augmentation. Parallèlement à un durcissement des conditions de conduite (il était possible, jusqu'à juillet 2008, de prendre le volant sans posséder pour autant son permis de conduire « complet »), le gouvernement a pris des mesures pour endiguer le problème. Avec l'objectif de ramener la consommation au niveau européen, soit environ 9 litres par an. Ainsi l'accès des mineurs au pub après 20h, le contrôle du sponsoring sportif par les marques d'alcool sont régulés et des campagnes d'information auprès des scolaires et des personnels de bars sont lancées. Le *Government alcohol advisory group*, qui suit l'affaire, a été institué en 2008. Pour le moment, ce sont toujours de pimpantes camionnettes aux couleurs de la Guinness qui ravitaillent en repas et... en eau, les cyclistes de la course annuelle du Ring of Kerry!

LE PUB, CŒUR DE VIE

Plus varié et plus intéressant que ses avatars, qui connaissent un succès de marketing dans le monde entier, le pub reste au cœur d'une bonne part de la vie sociale irlandaise. Dans les campagnes et les petits bourgs, c'est le lieu où, toutes catégories sociales confondues, l'on vient échanger les infos, lancer une souscription pour réparer le toit de l'église, organiser le soutien à la mamie isolée ou au club de foot des enfants. Certains pubs font aussi office d'épicerie générale. Les pubs des grandes villes, à Belfast comme à Dublin, peuvent être des endroits à la splendeur quasi baroque, imprégnés d'une aura littéraire ou politique. On s'y retrouve après le bureau ou près de la maison, avec amis et voisins.
Boire un verre et discuter reste la préoccupation essentielle des clients. Mais, de plus en plus, les pubs servent de bons petits plats, midi et soir. Très souvent, ces établissements possèdent une salle de restaurant séparée, qui fait le plein en soirée et le week-end. L'étranger de passage se verra toujours adresser la parole, inviter à partager la conversation. Le pub est l'endroit idéal pour chanter, goûter, sans fumée depuis 2003, une ambiance joviale, le fameux *craic* irlandais, terme intraduisible qualifiant un bon moment passé ensemble, accompagné de musique traditionnelle ou contemporaine. Dans tout le pays, l'un ou l'autre soir de la semaine, on apporte son instrument. Médecin et plombier, avocat et étudiant, fillette à la jolie voix, gamin qui s'est entraîné toute la semaine se retrouvent pour des sessions improvisées. C'est l'occasion de mesurer ses capacités, de goûter le plaisir de jouer ensemble. Pour le visiteur, c'est la spontanéité même de ces manifestations qui en fait tout le charme.

LES MÉDIAS

Friands d'informations et de débats, les Irlandais font encore, alors que les sites spécialisés sur internet connaissent un franc succès, une consommation impressionnante de **presse écrite**. Bien diffusée, même dans les endroits les plus reculés du pays, la presse accompagne les premières heures de la matinée, et la majeure partie du dimanche, de tout un chacun. Le *Irish Times*, né en 1859, jouit d'un grand prestige. Il a compté d'illustres plumes, comme Flann O'Brian dont la chronique a duré plus de 25 ans, Nuala O'Faolain ou le redouté Kevin Myers parti à la concurrence. Lire ce journal de référence est un plaisir pour tout anglophone, tant la langue y est bien maniée. Unioniste à l'origine, d'esprit social-démocrate, le *Irish Times* a soutenu les avancées de Mary Robinson. Ses pages *OpEd* (opinions et éditoriaux) ont accueilli des colonnes signées Tony Blair ou Bill Clinton. Son concurrent direct est le *Irish Independant*, qui appartient au turbulent milliardaire sir Tony O'Reily. Son groupe, le INM, possède 180 titres dans 21 pays et a livré une guerre sans merci au *Times* au début des années 2000. À coup de prix cassés ou de nouveau format lancé par surprise, il avait pris un net avantage, surtout grâce à son édition du dimanche. Mais ce journal populiste de droite a, à son tour, souffert de l'arrivée sur le marché des éditions irlandaises de plusieurs journaux anglais populaires, comme le *Daily Mail*. Aujourd'hui, le *Times* vend 120 000 exemplaires par jour et le *Independant* 150 000. Des chiffres énormes pour un pays de 4 millions d'habitants. D'autant qu'il faut encore ajouter le *Irish Examiner*, le quotidien du soir *Evening Herald* et de nombreux journaux locaux très lus. En Irlande du Nord, *Belfast Telegraph*, *Newsletter* et *Irish News* se partagent les lecteurs.

La RTE représente la télévision publique irlandaise. Ses chaînes principales, généralistes, sont RTE1 et RTE2 (nées en 1961 et 1978). TG4, sa chaîne en gaélique, fut lancée la nuit de Halloween en 1996. Elle émet en gaélique avec sous-titrage en anglais et produit de remarquables émissions très suivies. La RTE diffuse aussi 11 stations de radio, généralistes ou spécialisées. L'Irlande du Nord a sa chaîne locale de la BBC ainsi que UTV, sa station du réseau indépendant britannique ITV, très populaire également en Éire. La chaîne privée TV3, est, elle aussi, populaire partout, car elle diffuse l'inoxydable feuilleton anglais *Coronation Street*, qui est dans sa 48e année.

Les temps changent

Ce jour-là de juillet 2008, l'incident fait la une des flashs radio et occupe tous les forums de discussion pendant l'après-midi. Une paroissienne de Dunmore, dans le comté de Galway, n'a pas retrouvé son sac en revenant de la communion, hier, à l'église. Le prêtre est interviewé à de nombreuses reprises et la paroissienne, choquée, a reçu sa visite de réconfort chez elle, peu après. De même que d'innombrables témoignages de compassion. Elle va bien. Avec une économie florissante et soudain beaucoup d'argent à dépenser, visible partout, les années 1995-2007 ont fait basculer le pays, longtemps resté pauvre, dans une ère nouvelle. Mais l'Irlande n'a pas perdu la tête pour autant. Tous les signes extérieurs de richesse sont là, les grosses cylindrées encombrent les minuscules routes côtières, les *coffee shops* branchés poussent comme des champignons dans la rue principale du moindre bourg, les vols réguliers vers Lourdes connaissent toujours autant de succès mais ceux qui mènent à la maison secondaire sur plage avec cocotiers s'arrachent aussi. Les enfants trentenaires d'une fermière, jamais sortie de son comté (qui a onze frères et sœurs), revendent leur première maison pour deux millions d'euros. Pendant ce temps-là, les clefs de bien des B & B sont sur la porte parfois ouverte, même en ville, quand le propriétaire est absent. Le long des routes et des plages, par groupe de deux, les femmes joggent à n'en plus finir. L'obésité aussi, galope. De très nombreuses églises, faute de paroissiens, ont été vendues par petite annonce dans les journaux ; elles ont été reconverties en bureaux, restaurants ou offices de tourisme. À la télévision, à l'heure de grande écoute, on dresse le hit parade des businessmen qui ont réussi le plus de bénéfices d'une année sur l'autre. Les *bosses* qui arrivent en tête occupent les secteurs de l'aviation, de l'immobilier, des télécommunications… Avec seulement 25 millions d'euros de gain, le groupe U2 est très loin sur la liste. Elle n'en revient pas : pour la première fois, Mary a entendu un de ses petits-enfants lui dire « *I dont want carrots* » (« je ne veux pas de carottes »). Et l'économiste David McWilliams dissèque dans *Generation Game* la sociologie du tout nouveau syndrome irlandais des adultes trop gâtés par le boom économique. Mais un vol pendant la communion reste exceptionnel.

Dublin★★★

506 211 HABITANTS (1 045 769 AGGLOMÉRATION) – COMTÉ DE DUBLIN
CARTE MICHELIN 712 N7-8 – CARTE GÉNÉRALE RABAT II C3

Traversée par la Liffey, « la belle ville » de Dublin, capitale de la république d'Irlande, est tournée vers la mer, le port et la vaste étendue de sa baie. Au sud, la silhouette omniprésente des monts Wicklow forme une magnifique toile de fond ; les faubourgs résidentiels s'étendent jusqu'au Ben of Howth au nord et au cap Dalkey au sud. Environ un tiers des habitants de la république d'Irlande habitent le grand Dublin. L'élégance de son architecture georgienne, l'animation de plus en plus cosmopolite de ses rues, de ses cafés, bars et restaurants, en font une destination irrésistible, pas seulement pour un week-end, mais pour un séjour de découverte prolongé.

Se repérer – Dublin *(Baile Átha Cliath)* s'étend sur la côte est, à l'embouchure de la Liffey et sur le rivage de la baie qui porte son nom. C'est le noyau du réseau routier et ferroviaire de la République, avec des liaisons directes vers toutes les grandes villes irlandaises. Dublin est desservie par un aéroport international (au nord du centre-ville) et par des liaisons maritimes avec l'Angleterre (Liverpool, Holyhead, l'île de Man).

À ne pas manquer – Le Livre de Kells à Trinity College et les trésors d'art celtique du National Museum ; Dublin Castle ; les manuscrits de Chester Beatty Library ; Phoenix Park.

Organiser son temps – Prévoir deux jours pour visiter le centre-ville et une journée ou deux pour vous offrir une escapade aux alentours.

Avec les enfants – Le musée d'Histoire naturelle et l'atmosphère fascinante de ses galeries victoriennes ; Dublinia qui dévoile le Dublin médiéval ; le jardin zoologique de Phoenix Park ; le musée du Chemin de fer et la maison de poupée de Malahide Castle à Maynooth.

Pour poursuivre le voyage – Voir aussi la vallée de la Boyne, Kildare, Trim, monts Wicklow.

Comprendre

La colonisation viking – Dublin vient de *Dubh Linn*, « l'étang noir » au confluent de la Liffey et de la Poddle ; mais son nom irlandais *Baile Átha Cliath* signifie « ville près du gué ». Les Vikings installent un premier habitat permanent au 9e s., sur le site de l'actuel Wood Quay. Puis ils s'étendent au nord de la rivière, et appellent Oxmantown cette nouvelle implantation. En 1014, **Brian Ború** *(voir p. 62)* met un terme à leur domination à la bataille de Clontarf, sur le rivage nord de la baie de Dublin.

La forteresse anglo-normande – Après l'invasion anglo-normande à la fin du 12e s., le roi Henri II octroie Dublin au port de Bristol pour servir de plate-forme commerciale. L'influence des Anglo-Normands croît et décroît en fonction des assauts répétés des clans irlandais et de la tentative d'invasion (1315-1318) de l'Écossais Edward Bruce. Mais le contrôle de la ville ne leur échappe jamais. Ils en font progressivement le siège de leur Parlement et le centre de leur gouvernement. Les premiers lords-députés, seigneurs-vassaux représentant le pouvoir d'Angleterre, gouvernent à partir de leur fief du Pale (domaine irlandais occupé par les Anglo-Normands à partir du 12e s.) : Trim, Maynooth et Kilkenny. Mais au 16e s., Henry Sidney, quatre fois d'affilée lord-député, s'installe au château de Dublin et le rénove. Peu à peu, la forteresse médiévale devient un centre de gouvernement et la cour des vice-rois.

Rébellion géraldine – L'incident le plus marquant se déroule en 1534. **Thomas Fitzgerald**, surnommé Silken Thomas, Thomas le Soyeux, parce que ses hommes portaient une tenue brodée de soie, exerce la charge de lord-député en l'absence de son père, **Gerald, neuvième comte de Kildare**, parti à Londres répon-

Cours d'eau de Dublin

Les cinq cours d'eau qui traversent la ville ajoutent beaucoup à son charme : la **Liffey** (personnifiée sous le nom d'Anna Livia Pluribella) coule à travers le centre-ville avant de retrouver la mer dans la baie de Dublin ; elle reçoit deux affluents, la **Dodder** (rive sud) et la **Tolka** (rive nord) ; le **Grand Canal** (1757-1803) traverse les faubourgs sud pour rejoindre le Shannon à Shannon Harbour, au nord de Birr, et le **Royal Canal** (1790-1817) coule à travers le nord de la ville pour rejoindre aussi le Shannon à l'ouest de Longford.

dre d'accusations portées contre lui. Sur la foi d'un faux rapport annonçant que son père a été décapité, Thomas renonce à sa fonction. À l'abbaye St Mary *(voir « Se promener »)*, il se déclare délié de son serment d'allégeance envers Henri VIII et lance la rébellion appelée **révolte de Kildare**, ou rébellion géraldine. Il assiège le château, dans lequel le connétable et sa suite se sont barricadés. Mais les citoyens se retournent contre Thomas ; les assiégés annoncent la venue de l'armée royale et opèrent une sortie.

Pris de peur, les assiégeants se dispersent. Fitzgerald réussit à fuir, mais il est contraint de se rendre plusieurs mois plus tard. Il sera exécuté à Londres en compagnie de ses cinq oncles.

Le Dublin littéraire

Dans la longue liste des écrivains dublinois qui ont atteint une renommée internationale, Swift, Wilde, Shaw, Yeats, Synge, O'Casey, Joyce, James Clarence, Brendan, Behan, Beckett, figurent plusieurs prix Nobel de littérature. Des plaques signalent les endroits où ils ont vécu, parfois transformés en musées. Si les personnalités majeures sont rappelées au parc St-Patrick, la contribution irlandaise à la Littérature, passée et contemporaine, est illustrée au Writers' Museum.

Le Dublin georgien – Le calme relatif du 18e s. allège les restrictions et favorise le commerce. Des bâtiments publics sont construits ; des alignements de maisons élégantes, appelés *terraces*, s'élèvent, d'abord sur la rive nord de la Liffey, puis sur la rive sud. Attirés dans la capitale par les affaires ou leurs fonctions parlementaires, les riches propriétaires financent de belles résidences.

En 1758, le corps des Wide Street Commissioners est constitué pour superviser l'aménagement de la ville. Embrassée par les deux canaux – Royal Canal et Grand Canal –, coupée par la Liffey, Dublin est pourvue de quais et dotée de plusieurs ponts. Après l'Acte d'union (1800), les affaires publiques se déplacent à Londres. Malgré sa réputation de « deuxième ville de l'Empire britannique », Dublin connaît une période de stagnation. Elle perdra nombre de trésors, mais peut toujours se targuer aujourd'hui d'être la plus belle ville georgienne des îles Britanniques.

Capitale de la république d'Irlande – Les Pâques sanglantes et la guerre civile causent beaucoup de destructions. Mais de grands bâtiments comme les Four Courts, la poste (GPO) et la maison des Douanes *(Customs House)* retrouveront après restauration une partie de leur splendeur d'antan. La politique de rénovation menée par Dublin au cours des dernières décennies du 20e s. lui vaut en 1991 le titre de ville européenne de la culture. Autrefois à l'abandon, le quartier de Temple Bar est devenu une zone piétonnière animée où fleurissent pubs, restaurants, hôtels, boutiques et cafés. Le quartier de Smithfield, à l'ouest de O'Connell Street, a été rénové grâce au projet Harp.

Se promener

Plusieurs promenades permettent de découvrir le centre de Dublin ; elles peuvent être adaptées en fonction des attentes de chacun en supprimant les détours, ou en combinant les itinéraires.

RIVE SUD DE LA LIFFEY 1 PLAN II

C'est la partie du centre qui a été aménagée la dernière. En effet, pendant des années, elle est restée à la merci des raids de groupes irlandais qui fondaient des monts Wicklow sur la ville. Jusqu'à la construction en 1728 de l'ancien parlement, on a peu construit à l'est de la vieille ville, à l'exception de l'université Trinity College sur le site du monastère de Tous-les-Saints.

Un élégant faubourg se développe au milieu du 18e s. : le duc de Leinster fait bâtir le premier hôtel particulier de la rive sud et, ainsi qu'il l'a prévu, la bonne société suit son exemple. Certaines des plus belles *terraces* georgiennes se trouvent à l'est et au sud de la résidence de Leinster. Après son acquisition en 1815 par la Royal Society de Dublin, le Musée national, la Bibliothèque nationale et la Galerie nationale sont construits dans son parc. Après 1922, l'hôtel particulier est transformé pour accueillir le Parlement *(voir « Visiter »)* du nouvel État libre.

De O'Connell Bridge, marcher vers le sud le long de Westmoreland Street.

Bank of Ireland★★ E2

Foster Place. ♿ Tlj sf lun. et w.-end 10h-16h. Fermé j. fériés. ✆ 01 671 2261.

Depuis 1728, année de son achèvement, jusqu'à 1800, quand l'Acte d'Union a aboli la juridiction locale pour la transférer à Westminster, l'Irlande a été gouvernée à partir de cet élégant bâtiment. Plusieurs grands architectes ont contribué à sa réalisation, du concepteur d'origine, Edward Lovett Pearce, à James Gandon, l'architecte de Four Courts et de Custom House et Francis Johnston, qui l'a reconverti en 1803 pour la Banque d'Irlande.

L'ancienne chambre des Communes est devenue le hall d'accueil de la banque. La **chambre des Lords** est restée pour l'essentiel telle quelle, avec son magnifique plafond à caissons, un immense lustre de cristal irlandais, une cheminée en chêne dessinée par Inigo Jones et de splendides tapisseries flamandes du 17e s. décrivant la bataille de la Boyne et le siège de Londonderry. Le dernier président de séance avait emporté en souvenir la masse, symbole de sa charge, mais elle a été récupérée.

Poursuivre jusqu'au carrefour de Westmoreland Street, Dame Street et Grafton Street.

La circulation a tellement augmenté à cet endroit qu'il ne reste plus qu'un petit îlot de **College Green**, autrefois Hoggen Green, ancien cimetière *(haugen)* et lieu de réunion *(thengmote)* vikings. Au centre s'élève la statue (1849) de **Henry Grattan** par John Foley et une œuvre métallique moderne d'Edward Delaney commémorant **Thomas Davis** (1814-1845), poète, fondateur de *The Nation* et chef du mouvement de la Jeune Irlande.

Trinity College★★ EF2

Entrées sur Nassau Street et College Green.

Parfois désigné par le sigle TCD, le **collège de la Trinité** est fondé en 1592 par Elizabeth Ire à l'emplacement du monastère augustin de Tous-les-Saints, fermé depuis la Dissolution des couvents. Organisé sur le modèle des collèges d'Oxford et de Cambridge, c'est une université réservée aux anglicans jusqu'à récemment. Les

DUBLIN

plan I

0 — 1 km
0 — 1/2 mile

SE LOGER

Anglesea Town House .... ②
Oak Lodge .... ④

SE RESTAURER

Bistro One .... ①
Nancy Hands Pub & Restaurant .... ③
MacGowans .... ⑤

INDEX DES RUES

Denmark St 52
Mount St Upper 112
Thomas St West 174
Western Way 184

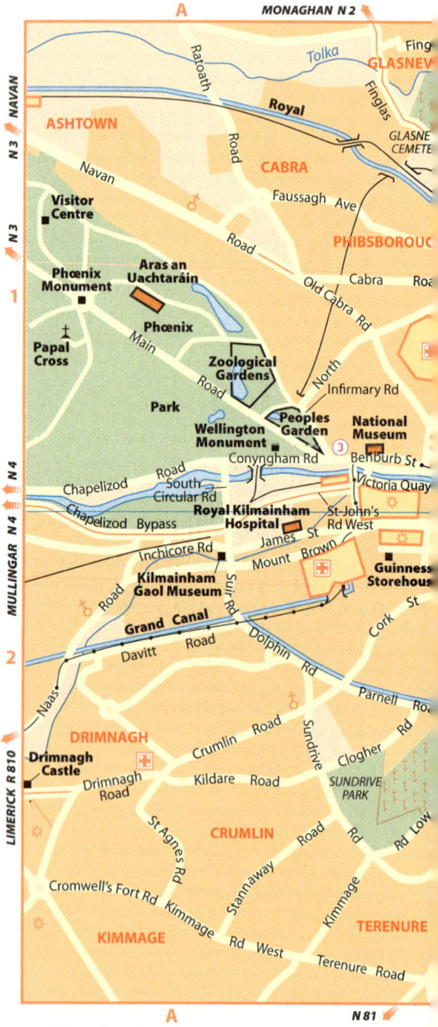

catholiques en sont exclus jusqu'en 1873, tandis que l'Église catholique, jusque dans les années 1960, réprouve fortement que ses fidèles y étudient. Quelle que soit leur obédience, les femmes n'y sont acceptées qu'en 1903. Le collège s'élève au milieu de son espace vert privé, **College Park**, zone de plein air dédiée au sport (cricket, rugby, course à pied et hurling). Une partie du terrain est affectée ensuite aux facultés de sciences et de médecine, construites à son extrémité est.

La cour de la bibliothèque, **Library Court**, est dominée par un **campanile** (1853) conçu par Charles Lanyon. Au centre, parmi les arbres, la sculpture de Henry Moore, *Reclining Connected Forms (Formes jointes inclinées)*, a été réalisée en 1969. Le secteur situé derrière les bâtiments nord a été surnommé **Botany Bay**, du nom du bagne australien, sans doute en raison du comportement indiscipliné des étudiants. Les bâtiments de brique rouge à l'est, appelés « Rubrics », sont les plus anciens du collège. Le côté sud est fermé par l'ancienne bibliothèque et le Trésor.

Old Library★★★

Entrées sur College Green et Nassau Street. ♿ 9h30-17h, dim. et j. fériés 12h (juin-sept. 9h30)-16h30. Fermé 22 déc.-2 janv. 7 €; billet combiné avec Dublin Experience 10 €. Visite de l'université (y compris Colonnades et Livre de Kells) : avr.-sept. 10h-16h (dernière visite), ttes les 30mn au dép. de Front Square 8 €; possibilité de billet combiné avec Dublin Experience. ✆ 01 896 1661/2320. www.tcd.ie/library

L'austère bibliothèque est l'œuvre (1712-1732) de Thomas Burgh, ingénieur en chef et contrôleur général des fortifications de Sa Majesté en Irlande. Elle se développe à l'origine par des achats et grâce à des dons, puis devient en 1801 le lieu de dépôt

obligé de tout ouvrage imprimé dans le Commonwealth. Le besoin d'espace entraîne la construction de nouveaux bâtiments : la salle de lecture est installée en 1937, la bibliothèque Berkeley en 1967 sur des plans de Paul Koralek. Jusqu'en 1892, le rez-de-chaussée était une colonnade ouverte pour protéger les livres de l'humidité. En 1992, on y a aménagé deux galeries : les Colonnades pour les expositions annuelles, et la seconde pour le trésor.

Trésor★★★ – C'est dans cette galerie que se trouvent les ouvrages les plus précieux de la bibliothèque. Le **Livre de Kells**, le plus célèbre de tous, est un manuscrit enluminé sur vélin réalisé vers 800, où sont transcrits les quatre Évangiles en latin ; bien qu'il ait été conservé à Kells jusqu'au 17e s., on ignore s'il a été ou non réalisé dans

DUBLIN

plan II

0 — 200 m
0 — 200 yards

SE LOGER

- Abbott Lodge ... 3
- Aston Hotel ... 5
- Brownes Townhouse ... 7
- Jury Inn Christchurch ... 9
- Kellys ... 11
- Lynam's ... 13
- Trinity Lodge ... 15

SE RESTAURER

- Balzac ... 2
- Bang Café ... 4
- Chapter One ... 8
- Dobbin's ... 10
- Jacobs Ladder ... 12
- L'Gueleton ... 14
- Mermaid Café ... 16
- Patrick Guilbaud ... 18
- The Bad Ass Café ... 20
- The Cellar Bar ... 22
- The Tea Room ... 24
- Siam Thai ... 26

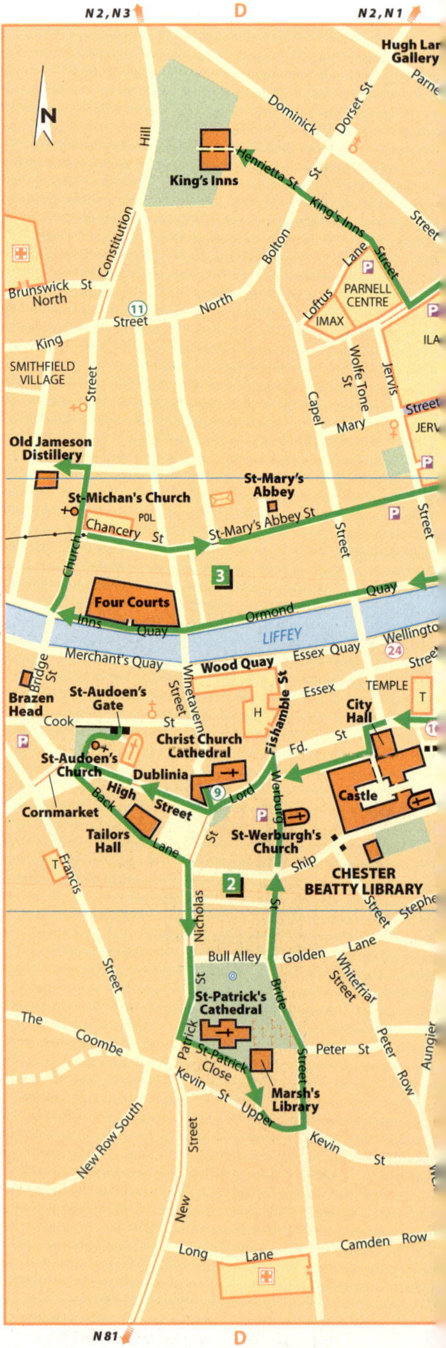

ce monastère. Le **Livre de Durrow**, des environs de l'an 700, est consacré aussi aux Évangiles, avec une iconographie moins riche. Le **Livre d'Armagh** (vers 807) reproduit en latin tout le Nouveau Testament, tel que l'utilisait l'Église celtique. Il contient le récit des vies de saint Martin et de saint Patrick, avec la Confession de ce dernier. Le **Livre de Dimma** renferme à la fois les Évangiles et des textes liturgiques ; sa châsse en argent date de 1150 environ.

Long room★★ – Vestiges du collège d'origine, les **armoiries d'Elizabeth Ire** figurent au-dessus de la porte d'entrée de la « salle longue » (64 sur 12 m). Une galerie domine les 20 travées de rayonnages. Au milieu du 19e s., le plafond plat a fait place à une voûte en berceau plus haute, permettant d'augmenter la hauteur

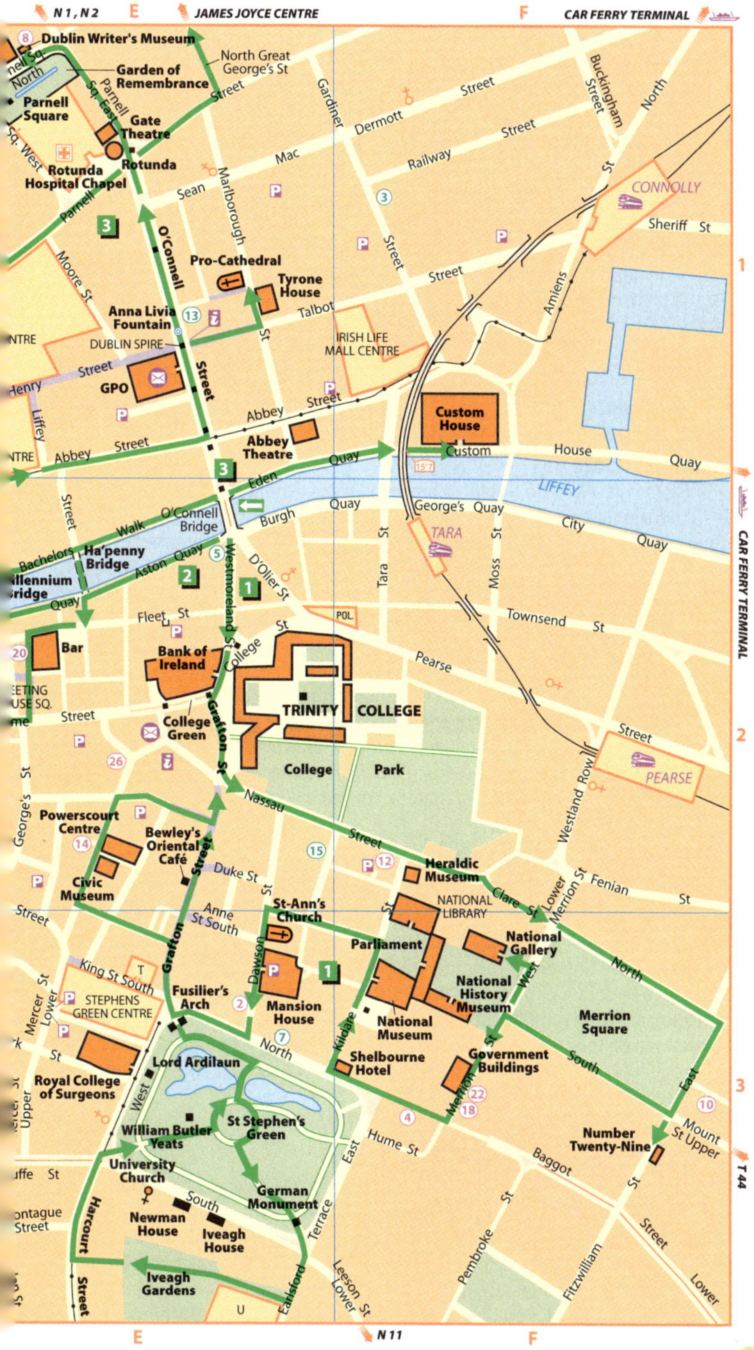

des rayonnages. On peut voir la plus vieille **harpe irlandaise** *(restaurée)*, au moins 500 ans d'âge, faite en saule, munie de 29 cordes. Elle a été retrouvée à Limerick au 18e s.

Au sud de la porte d'entrée, face à College Green, s'élève une élégante demeure construite pour le prévôt en 1758.

Des statues d'Oliver Goldsmith et d'Edmund Burke par Foley flanquent la porte principale. Les bâtiments de la première cour, **Front Court**, datent du milieu du 18e s. Les ailes s'achèvent par le **théâtre** *(au sud)* et la **chapelle** *(au nord)*, tous deux conçus par William Chambers et décorés de stucs de Michael Stapleton. Dans la chapelle éclairée par des baies semi-circulaires, le buffet d'orgue date du 18e s. Le théâtre (1777-1791) sert aux remises de diplômes, aux réunions du Sénat et à des représentations musicales ou théâtrales. Il est orné de portraits d'Elizabeth Ire, d'Edmund Burke, de George Berkeley et de Jonathan Swift.

Le **musée** (1850) *(côté sud de New Square)* a été bâti par Thomas Deane et Benjamin Woodward en 1850 dans le style vénitien remis à la mode par Ruskin. Le merveilleux décor de fleurs, de feuilles et d'animaux sculpté dans la pierre est dû aux frères O'Shea, de Cork.

Dublin Experience

Trinity College, Nassau Street. De fin mai à fin sept. : 10h-17h (dernier spectacle), ttes les heures. 4,20 € ; billet combiné avec Old Library 10 €. ✆ 01 608 1688. www.tcd.ie/visitors

À partir de photos, de musique et de commentaires enregistrés, **Connaître Dublin** *(40mn)* constitue une divertissante présentation des mille ans d'histoire de la ville, de l'époque viking à nos jours.

Poursuivre sur Nassau Street et Clare Street jusqu'à Merrion Square.

À l'angle de Kildare Street se dresse l'ancien local du **Kildare Street Club**, le plus ancien club de gentlemen de Dublin, et le plus résolument Unioniste. Le bâtiment aux curieuses sculptures de fleurs et d'animaux date de 1860.

Merrion Square★ F3

Illuminé la nuit. Joyau du Dublin georgien, la place a été dessinée en 1762 par John Ensor pour le sixième comte Fitzwilliam, sous le contrôle des commissaires de l'urbanisme. De délicates impostes surmontent les élégantes portes d'entrée. Les maisons en brique rouge sont parfaitement proportionnées. Des plaques signalent celles où ont vécu des personnages célèbres (William Butler Yeats au no 82). Les grands arbres des jardins offrent un agréable contraste avec l'animation de la ville. Le côté ouest est agrémenté par les pelouses de Leinster House et de la National Gallery. La perspective sud-est est fermée par **St-Stephen's Church**, église dédiée à saint Étienne et édifiée en 1821 par John Bowden. Elle est surmontée d'une tour coiffée d'un dôme, qu'on a surnommé « le Poivrier » *(Pepper Canister)*. Sa façade grecque s'inspire de trois monuments athéniens, l'Erechteion, la tour des Vents et le monument de Lysicrate. Son abside victorienne (1852) est éclairée par des vitraux représentant le martyre de saint Étienne. *Voir le panneau de l'église. ✆ 01 288 0663 (presbytère).*

Rejoindre Merrion Square East.

Number Twenty-Nine★ F3

Fitzwilliam Street. Visite guidée tlj sf lun. 10h-17h, dim. 12h-17h. Fermé Vend. saint, 2 sem. av. Noël. 6 €. ✆ 01 702 6165. www.esb.ie/education

Occupée entre 1794 et 1806 par une veuve et ses trois enfants, cette maison du 18e s. faisant partie d'une *terrace* offre un très vivant aperçu de l'existence quotidienne à Dublin à l'époque georgienne. Entièrement ornée de mobilier d'époque ou de reproductions que complètent des tapis, tableaux et objets du 18e s., elle est restée encombrée de tous les accessoires du quotidien. Parmi ces innombrables objets se distinguent une citerne à vin dessinée par Francis Johnston et une bouillotte pour le ventre de forme arrondie.

Revenir sur Merrion Street par Merrion Square South.

National Gallery★★ F3

Kildare Street, Merrion Street ou Clare Street. ♿ 9h30-17h30, jeu. 9h30-20h30, dim. 12h-17h30. Fermé Vend. saint, 24-26 déc. Visite guidée : sam. 15h, dim. 14h, 15h, 16h. Entrée libre. ✆ 01 661 5133. www.nationalgallery.ie

La galerie nationale de Dublin rassemble une des plus belles collections d'art d'Europe, dans un bâtiment agrandi sans cesse depuis son inauguration (1864) pour pouvoir y loger les œuvres de plus en plus nombreuses. Près de l'entrée sur Merrion Street, la statue de William Dargan (1799-1867) rend hommage au magnat du chemin de fer promoteur de l'Exposition industrielle irlandaise de 1853 ; l'exposition, qui comprenait un pavillon des Beaux-Arts, a entraîné la fondation du musée. Au nombre des autres donateurs figurent sir Hugh Lane, sir Henry Vaughan, et G.B. Shaw, qui a participé avec ses droits d'auteur de *My Fair Lady*. Des salles ont été construites spécialement pour accueillir la collection Milltown *(voir p. 206)*. Le dernier ajout est l'aile du Millénaire *(Millennium Wing)* assez controversée : ce saisissant édifice revêtu de pierre forme un nouveau hall d'entrée spacieux, avec des équipements d'accueil remarquables, et de nouvelles galeries, dont certaines accueillent les expositions temporaires de classe internationale. La collection d'art irlandais de la galerie nationale est, bien entendu, exceptionnelle. Elle couvre une période allant du 17e s. au 20e s., avec de superbes œuvres des plus grands peintres et sculpteurs d'Irlande, présentées parmi des pièces de mobilier choisies. On découvre de fascinantes illustrations topographiques, des portraits, et une salle entière consacrée à l'œuvre de Jack B. Yeats (1871-1957). Cet artiste a su rendre toute l'atmosphère de son époque dans sa peinture de paysages et de chevaux, ainsi que dans les portraits de ses amis et de sa famille, dont une célèbre effigie de son frère, W. B. Yeats.

La peinture britannique est représentée avec des toiles d'artistes du 18e s. comme Hogarth, Wilson, Gainsborough, Reynolds et Romney. Elle rassemble de charmantes aquarelles de Bonington et de Crome. La collection italienne, assez importante, comprend des retables primitifs, mais aussi des œuvres de Fra Angelico, Mantegna, Titien, et un superbe Caravage à l'atmosphère dramatique, *L'Arrestation du Christ*. La peinture française est représentée par des toiles du Lorrain et de Poussin, de plusieurs peintres baroques et d'un certain nombre d'impressionnistes. Dans la collection flamande se détache la paisible *Femme lisant une lettre* de Gabriel Metsu, avec d'autres œuvres de Vermeer, Ruisdael et Hobbema. La collection espagnole est aussi remarquable, avec des peintures du Greco, de Vélasquez, Murillo, Zurbaran et Goya.

Natural History Museum F3

Merrion Street Upper. ♿ Tlj sf lun. 10h-17h, dim. 14h-17h. ✆ 01 677 7444. www.museum.ie. Service de navettes « museumlink » ttes les 80mn (Natural History Museum Merrion Street - National Museum Collins Barracks - National Museum Kildare Street). Accès en bus : 7, 7A, 8 (Burgh Quay).

Exemple presque inchangé de musée victorien, les galeries d'histoire naturelle sont aussi fascinantes pour leur architecture, leur hall et leurs salles ponctués de piliers, que pour leurs présentations, qui comprennent trois squelettes du grand cerf d'Irlande aujourd'hui disparu. Toujours disposés dans les vitrines d'origine, les spécimens reflètent tout l'éventail des mammifères, oiseaux, poissons et insectes natifs d'Irlande.

Government Buildings F3

Merrion Street Upper. Visite guidée seulement le sam. à 10h30, 11h30, 12h30 et 13h30 (40mn ; bureau du Taoiseach, escalier d'apparat, salle du Conseil). Ticket (gratuit) pour le jour même à retirer à la National Gallery, côté ouest de Merrion Square. ✆ 01 619 4116. www.irlgov.ie/taoiseach

En 1911, George V inaugure cet imposant bâtiment baroque, dernière grande réalisation du règne britannique à Dublin. Jusqu'en 1989, il est pour partie affecté à l'université, Trinity College. Après un grand programme de restauration, l'installation d'un mobilier moderne soigneusement choisi et l'ajout d'un remarquable ensemble d'objets d'art contemporain, les locaux sont affectés au bureau du Premier ministre *(Taoiseach)* et à plusieurs départements ministériels, qui travaillent dans des salles de réunion et de conférences.

Parmi les nombreuses belles maisons georgiennes se trouve la maison de ville de la famille Wellesley (à laquelle appartenait le duc de Wellington, vainqueur de Napoléon) et l'hôtel de Merrion Street, dont l'intérieur restauré a retrouvé sa splendeur d'antan. Tourner à droite pour rejoindre le côté nord de St Stephen's Green.

L'**hôtel Shelbourne**, toujours un haut lieu de la vie dublinoise, a été bâti en 1824 par Martin Burke à l'emplacement de Kerry House, la résidence du comte de Shelburne. Reconstruit en 1867, il montre un porche élégant flanqué de figures exotiques.

Tourner à droite pour prendre Kildare Street.

National Museum★★ F3

Kildare Street. Les autres collections du Musée national sont exposées à la caserne Collins (voir p. 137). ♿ Tlj sf lun. 10h-17h, dim. 14h-17h. Fermé Vend. saint, 25 déc. Spectacle audiovisuel (18mn). Possibilité de visite guidée (30-45mn), dép. fréquents. ✆ 01 677 7444. www.

museums.ie. Service de navettes « museumlink » ttes les 80mn (National Museum Kildare Street - Natural History Museum Merrion Street - National Museum Collins Barracks). Accès par les bus 7, 7A, 8 (Burgh Quay) ; 10, 11, 13 (O'Connell Street).

Construit en 1890 avec un portique circulaire à colonnade, un hall surmonté d'un dôme et une décoration sophistiquée, le musée accueille les riches collections archéologiques nationales.

Une présentation audiovisuelle (15mn) remet dans leur contexte les chefs-d'œuvre de l'art irlandais, réunis dans le **trésor★★**. Ces précieux objets couvrent une période allant de l'âge du bronze au 15e s. : le bateau miniature en or du trésor de Broighter (1er s.), la trompette du Lough na Shade (1er s. av. J.-C.), le calice d'Ardagh (8e s.), la broche de Tara (8e s.), le reliquaire de la cloche de saint Patrick, en bronze, or et argent (vers 1100), le « Cathach », reliquaire du psautier de saint Columba (12e-15e s.), la corne en ivoire et cuivre de la charte de Kavanagh, seul objet associé à la royauté irlandaise (12e-15e s.) qui nous soit parvenu. La section consacrée à l'**Irlande préhistorique** présente la reconstitution d'une tombe à couloir, ainsi que l'impressionnante barque de Lurgan, taillée vers 2500 av. J.-C. dans un tronc d'arbre. Le département **Or d'Irlande** rassemble toutes sortes de trésors, dont certains retrouvés dans les tourbières après des millénaires. Dans la section **Le chemin vers l'indépendance** *(The Road to Independence)*, photos, manuscrits, uniformes et masques mortuaires rendent hommage aux participants des Pâques sanglantes de 1916.

Des objets artisanaux en fer, os et bois, des vêtements et des ornements découverts sur le site viking de Wood Quay composent la section **Irlande viking**. Un spectaculaire reliquaire, la châsse de saint Manchan, fait partie des trésors religieux présentés dans la section consacrée à l'**Église**.

L'**Égypte ancienne** est évoquée avec faste par des objets peu nombreux, mais d'une rare qualité.

La **cristallerie irlandaise** est représentée par de beaux spécimens de cet artisanat, dans lequel l'Irlande excelle depuis des siècles.

Parliament F3

Galerie du public : pendant les sessions parlementaires (mar.-jeu., parfois vend. sur demande). Fermé Pâques (2 sem.), de mi-juil. à déb. oct., Noël et janv. ✆ 01 618 3296 (capitaine de la garde). www.irlgov.ie/oireachtas

La Chambre des députés, **Dáil Éireann**, et le Sénat, **Seanad Éireann**, occupent **Leinster House**, bâtie en 1745 par Richard Castle pour le duc de Leinster, et réaménagée en 1922. Il est possible d'accéder à la galerie du public, qui domine la Chambre des députés *(Dáil)*.

Poursuivre sur Kildare Street.

Jonathan Swift (1667-1745)

Le célèbre doyen de Saint-Patrick naît à Dublin en 1667 ; il suit ses études à Kilkenny, puis au Trinity College de Dublin. En 1689, il devint le secrétaire de William Temple, propriétaire terrien en Angleterre. Sa carrière évolue peu, et il retourne en Irlande, où il est ordonné en 1694. Il devient chanoine de Kilroot, près de Carrickfergus, où il écrit son premier ouvrage *A Tale of a Tub (Conte d'une baignoire)*. Cette satire du monde ecclésiastique et enseignant ne sera publiée qu'en 1704, avec *The Battle of the Books (La Bataille des livres)*. Définitivement réinstallé en Irlande à la mort de Temple en 1699, il devient en 1701 vicaire de Laracor, au sud de Trim, puis chanoine de la cathédrale Saint-Patrick, dont il est nommé doyen en 1713.

S'il est surtout connu pour *Les Voyages de Gulliver*, Swift a aussi écrit de nombreux pamphlets contre l'église, la politique et même contre l'Irlande, dont le délicieux *A Modest Proposal (Une proposition modeste, 1729)*, qui traite du sujet des bébés non désirés. Son *Journal à Stella* est un recueil de lettres adressées à Esther Johnson, rencontrée en 1696 en Angleterre. Elle vient en Irlande en 1700 avec une compagne, Rebecca Dingley, et certains chercheurs disent qu'elle a épousé Swift dans le jardin du Doyenné. Ils n'ont cependant jamais vécu ensemble comme mari et femme. Swift a aussi eu une liaison avec Vanessa Van Homrigh, rencontrée à Londres en 1708, et qui serait morte d'un chagrin d'amour trois ans avant Stella, en 1723.

Swift a consacré un tiers de sa fortune à aider les pauvres, et un autre tiers à la fondation d'un hôpital psychiatrique. Lui-même souffrait à la fin de sa vie de la maladie de Ménière et avait perdu une grande partie de ses facultés.

Heraldic Museum F2

Kildare Street. ♿ Tlj sf dim. 10h-20h30, jeu.-vend. 10h-16h30, sam. 10h-12h30. Fermé j. fériés, Vend. saint, 22 déc.-2 janv. ✆ 01 603 0311. www.nli.ie

Le **musée d'Héraldique** présente les bannières des chefs de clans irlandais, les armoiries des provinces, comtés et villes, les couleurs des régiments qui ont servi en France aux 17ᵉ et 18ᵉ s. et de nombreux objets héraldiques.

Revenir sur vos pas sur Kildare Street pour prendre à droite Molesworth Street, puis à gauche Dawson Street.

St Ann's Church E3

Tlj sf w.-end 10h-16h. Concerts à l'heure du déjeuner, le soir et le w.-end.

Sainte-Anne est une des premières églises georgiennes de Dublin, lieu de culte élégant et à la mode conçu par Isaac Wills. L'ajout, à l'époque victorienne, d'une façade ouest néoromane et de vitraux ne l'a pas vraiment mise en valeur.

Mansion House E3

En 1715, pour loger le lord-maire, la ville achète cette maison bâtie dix ans plus tôt pour l'entrepreneur Joshua Dawson. C'est dans le vaste salon rond, ajouté en 1821 à l'occasion de la visite de George IV, que se réunit en 1919 le premier parlement irlandais, pour adopter la déclaration d'Indépendance.

En haut de Dawson Street, traverser la rue pour entrer dans les jardins de St Stephen's Green.

St Stephen's Green E3

Du lever au coucher du soleil.

Anciens terrains communaux enclos pour la première fois en 1663, ces **jardins** (9 ha), superbement aménagés et entretenus, sont le merveilleux attrait de cette partie très urbanisée de Dublin. C'est lord Ardilaun, un membre de la famille Guinness, qui les a dessinés en 1880. On voit sa statue sur le côté ouest. Un bronze de Henry Moore (1967) rend hommage à **William Butler Yeats**. L'**Arc des Fusiliers** *(entrée nord-ouest)* honore le souvenir des morts de la guerre des Boers et le **Monument allemand** *(entrée sud-est)* marque la gratitude du peuple allemand pour l'aide apportée par les Irlandais après la Seconde Guerre mondiale. Sur le côté ouest, la **faculté de chirurgie** *(Royal College of Surgeons)*, construite en 1806 par Edward Parke, a été prise par un groupe d'insurgés mené par Constance Markievicz lors des Pâques sanglantes de 1916.

Sur le côté sud du parc se dressent Newman House.

Newman House★★ E3

Sud de St Stephen's Green. Juil.-août : tlj sf lun. et dim. 14h-16h ou sur demande. 5 €. Possibilité de visite guidée (40mn). ✆ 01 716 7422, 01 475 7255.

Les deux maisons du 18ᵉ s. doivent leur nom au cardinal Newman, premier recteur de l'University College, institution fondée ici en 1854. Assez peu modifiées, elles offrent un aperçu de l'atmosphère de Dublin au 18ᵉ s. La plus petite, conçue par Richard Castle en 1738, montre parmi de nombreux éléments d'origine les fenêtres qu'il a dessinées. Le salon d'Apollon est orné de magnifiques représentations d'Apollon et des muses dues aux frères Lafranchini, qui ont aussi décoré le superbe salon de l'étage ; en 1883, la pièce est transformée en chapelle jésuite, et on recouvre discrètement la nudité de deux des personnages, jugée indécente.

La plus grande des maisons date de 1765 ; la salle de l'évêque *(Bishops' Room)* est ornée d'un portrait du cardinal Newman et de sa chaise de Recteur. L'escalier est décoré de ravissants stucs rococo de Richard West, figurant des oiseaux et des instruments de musique.

À l'angle sud-est de la place, tourner à gauche pour prendre Harcourt Street.

Harcourt Street est bordée d'élégants ensembles de maisons georgiennes en brique rouge, avec de superbes impostes et encadrements de portes.

Tourner à gauche pour prendre Clonmel Street.

Iveagh Gardens E3

Entrées sur Clonmel Street et Earlsfort Terrace. De 8h30 au coucher du soleil, dim. et j. fériés à partir de 10h. Fermé 25-26 déc.

Ce havre inattendu composé de pelouses et d'allées bordées d'arbres est embelli de fontaines ornementales, d'une roseraie et d'un labyrinthe. L'axe principal s'achève par une imposante cascade en rocaille à l'imitation des *Bains d'Apollon* à Versailles.

Retourner à St Stephen's Green ; marcher vers le nord jusqu'à Grafton Street.

Grafton Street★ E2-3

La rue commerçante la plus élégante de Dublin est devenue un espace piétonnier très animé, où les musiciens de rue se produisent volontiers. Au 19e s., elle était pavée de dalles en bois de pin pour assourdir le bruit des équipages. De chaque côté, arcades et allées sont bordées de toutes sortes de boutiques et de magasins. **Bewley's Oriental Café** *(voir « Dublin pratique »)* à la façade caractéristique en mosaïque, éclairée de vitraux par **Harry Clarke**, a été inauguré en 1927, mais il fonctionnait depuis les années 1840. À son emplacement s'élevait autrefois l'école Whytes, fréquentée par Robert Emmet, Thomas Moore, Richard Sheridan et le duc de Wellington.

Tourner à gauche pour prendre Johnson Court.

Powerscourt Centre★ E2

Un centre commercial sortant de l'ordinaire occupe aujourd'hui les écuries et l'intérieur de cette maison de ville aux beaux plafonds ornés de stucs, conçue en 1771 par Robert Mack pour le vicomte Powerscourt *(voir « Dublin pratique »)*.

Civic Museum E2

Au sud de William Street. Tlj sf lun. 10h-18h, dim. 11h-14h. Fermé j. fériés, Pâques, Noël. ✆ 01 679 4260.

Dans l'ancienne salle de réunion municipale, on peut suivre pas à pas l'histoire de Dublin. Le salon octogonal rassemble plans, gravures, cartes postales, photos, des objets provenant d'anciennes maisons et une série de vues (1792-1799) de la ville par Malton. Les premiers moyens de transport sont présentés à côté des pratiques commerciales d'autrefois.

Pour rejoindre le départ du second itinéraire, retourner à Grafton Street et poursuivre vers le nord jusqu'à College Green et O'Connell Bridge.

LE VIEUX DUBLIN 2 PLAN II

Le cœur du vieux Dublin occupe l'escarpement qui sépare la Liffey d'un affluent aujourd'hui recouvert, la Poddle. Des fouilles entreprises (1971-1981) sur **Wood Quay**, où se trouvent les services municipaux de Dublin, ont révélé sur 13 niveaux différents les traces de 150 édifices vikings, élevés entre 920 et 1100. La ville s'est développée vers l'est le long de Dame Street, pour rejoindre le quartier en construction autour de Leinster House ; et également vers l'ouest dans l'axe de **High Street** jusqu'à **Cornmarket**, marché au blé du Moyen Âge. Il reste peu de vestiges des anciens édifices de **Fishamble Street**, où est née la Molly Malone, marchande de coquillages, héroïne d'une célèbre chanson populaire, et où Haendel a dirigé la première représentation du *Messie*, pour recueillir les fonds destinés à la construction de l'hôpital de la Rotonde. Le quartier s'étendant au sud et à l'ouest, appelé **Liberties** parce qu'il échappait à la juridiction de la ville médiévale, est plus riche en maisons anciennes, demeures à hauts pignons édifiées au 17e s. par les réfugiés huguenots ou petites maisons individuelles du 19e s., voisinant avec des ensembles modernes.

Sur la rive sud du O'Connell Bridge, remonter la Liffey le long d'Aston Quay.

Passerelles sur la Liffey E2

La délicate passerelle de fer forgé unissant les deux rives de la Liffey s'appelle officiellement **Liffey Bridge**, mais les Dublinois l'ont vite surnommée **Ha'penny Bridge★**, « pont du demi-penny », à cause du péage qu'ils ont dû acquitter jusqu'en 1919. Ouvert en l'an 2000, le **Millennium Bridge** lui tient aujourd'hui compagnie. La rive nord de la rivière a été embellie par l'aménagement d'une promenade très fréquentée, avec ses bancs et ses buvettes.

Face au Ha'penny Bridge, tourner le dos à la rivière pour passer sous l'arche.

Merchants' Hall *(Wellington Quay)* a été conçu par Frederick Darley pour la guilde des marchands, appelée aussi Confrérie de la Sainte-Trinité, première des 25 corporations dublinoises ; un passage voûté sous l'immeuble mène à Temple Bar.

Temple Bar E2

Plan du quartier : à l'angle de Cope Street et Crown Alley.

Le quartier de 11 ha compris entre la rivière et Dame Street doit son nom à William Temple (1628-1699), recteur de Trinity College, qui a fait l'acquisition, sur la rive sud de la rivière, de terrains englobant une barre de sable. Une promenade dans le dédale de ruelles, d'allées et de cours révèle une grande diversité de vieux édifices – maisons georgiennes, entrepôts et chapelles – restaurés et convertis à d'autres usages, mêlés à des immeubles modernes.

Extraordinaire exemple de rénovation réussie, Temple Bar est devenu un **quartier culturel** avec toutes sortes de lieux de distractions et de spectacles, boutiques « alternatives », restaurants exotiques, hôtels et habitations privées. Des secteurs à l'abandon ont été reconvertis en places : Temple Bar Square, Meeting House Square, Central Bank Plaza dans le quartier des banques et des assurances de Dame Street. Eustace Street abrite deux institutions irlandaises, le Centre irlandais du cinéma et les Archives photographiques nationales, mais aussi l'office de tourisme du quartier, **Temple Bar Information Centre** *(voir « Dublin pratique »).*

Remonter Dame Street vers l'ouest. Tourner à gauche pour prendre Dame Lane.

City Hall★ D2

10h-17h15, dim. 14h-17h. Fermé Vend. saint, 25-26 déc. ☏ 01 672 2204. www.dublincity.ie/cityhall

Magnifique avec son dôme et son portique, c'est l'un des plus beaux bâtiments publics de Dublin (1769-1779). Conçu par Thomas Cooley pour abriter la Bourse royale, il marque l'avènement en Irlande du style néoclassique. Après l'Acte d'union de 1800, l'activité économique décline et le bâtiment n'a plus beaucoup de raison d'être. En 1852, la ville le rachète. En 1916, lors des **Pâques sanglantes**, c'est un des hauts lieux du soulèvement : les insurgés l'occupent et, du haut de son toit, contrôlent les accès et la porte principale du château de Dublin. Au bout de trois heures, les soldats de l'armée régulière reprendront le contrôle de la cour supérieure du château.

La splendide **rotonde** à coupole du hall d'entrée est décorée de **fresques** du début du 20e s. illustrant l'histoire de la ville. Les espaces voûtés du sous-sol présentent **The Story of the Capital**, vivante introduction à l'histoire de la capitale. Cette excellente présentation multimédia complète celle de Dublinia, notamment pour les épisodes historiques qui suivent le Moyen Âge. L'exposition variée, panneaux explicatifs, plans, photographies, films anciens et écrans vidéo, est illustrée aussi par de fascinantes œuvres d'art et objets précieux, comme l'épée offerte à la ville par Henry IV vers 1409 *(voir aussi « Dublinia »).*

Dublin Castle★★ D2

Rive sud. Entrées sur Dame Lane et Ship Street. ♿ Visite guidée 45mn ; comprenant appartements d'État et crypte (Undercroft), sauf réquisition officielle, 10h-17h (14h w.-end et j. fériés) ; dernière entrée 16h45. Fermé Vend. saint, 24-26 déc. 4,50 €. ☏ 01 645 8813. www.dublincastle.ie

Emblème de la loi britannique en Irlande pendant sept siècles, jusqu'en 1922, ce château a laissé de nombreux suspects croupir dans ses cachots, et a arboré de nombreuses têtes coupées à ses portes. Intégré au tissu urbain très dense de Dublin, il s'est transformé au fil des siècles de puissante forteresse en complexe administratif au caractère presque familier. Au 19e s. le lord-député, représentant du roi d'Angleterre en Irlande, transfère sa résidence au Pavillon du vice-roi dans Phoenix Park, et ne réside au château que quelques semaines en hiver. Cette période, occasion de fêtes étincelantes, de bals et de réceptions, était connue sous le nom de « saison du château ». Aujourd'hui, le château de Dublin est un des symboles de l'État irlandais. Ses somptueux appartements d'apparat servent pour la réception des personnalités étrangères et autres cérémonies officielles.

Sa fondation remonte à 1204, trente ans après l'invasion anglo-normande : le roi Jean ordonne la construction d'un château sur un terrain en hauteur, au sud-est de la ville déjà implantée, protégé sur deux côtés par la rivière **Poddle**. Le bâtiment d'origine s'agrandit pour devenir un quadrilatère irrégulier renforcé d'une tour ronde à chaque angle, à l'emplacement de l'actuelle cour supérieure *(Upper Yard)*. La majeure partie du château médiéval disparaît dans les flammes en 1684. Les nouveaux appartements, dessinés par William Robinson et achevés en 1688, sont en grande partie remplacés au milieu du 18e s. Les deux cours du château actuel sont pour l'essentiel de style georgien. La Tour poudrière reste le vestige essentiel de ses origines médiévales, même si elle aussi a été très remaniée au début du 19e s.

State Apartments – *Cour supérieure, entrée par la cour inférieure (Lower Yard) ; visite 1h.* L'aile sud de la cour supérieure a été construite entre 1750 et 1780, mais l'intérieur a été par la suite très remanié. L'escalier d'apparat **Grand Staircase** et le **Battleaxe Landing**, palier des haches d'armes, mènent à une suite d'appartements au décor et au mobilier somptueux dominant l'espace vert du château et le mur dit de la reine Victoria, élevé pour épargner au regard royal la vue des écuries. En 1916, une des pièces a servi de prison à James Connolly, un des dirigeants du soulèvement de Pâques. Le mobilier est de style Sheraton, Regency et Louis XIV. De beaux stucs et plafonds peints décorent les pièces, ainsi que des tapis modernes et colorés fabriqués à Killybegs *(voir p. 352)*. La **salle du trône** est ornée de médaillons ovales ou circulaires représentant dieux et déesses, attribués à Giambattista Bellucci, un peintre vénitien du début du 18e s. Les portraits des vice-rois de la **Picture Gallery** sont mis en valeur par de splendides lustres vénitiens. Des plaques de porcelaine noire décorent le **salon Wedgwood**, où sont exposés des tableaux attribués à Angelika Kauffmann (1741-1807).

Théâtre de nombreuses fêtes brillantes à l'époque de la domination britannique, St Patrick's Hall, construit au 18e s., doit son nom à l'Ordre des chevaliers de Saint-Patrick, institué en 1783 par George III. Cimiers, heaumes et bannières pendent au-dessus des stalles marquées aux noms des chevaliers. La peinture du plafond, qui célèbre les liens entre l'Irlande et la Grande-Bretagne, est l'œuvre de Vincenzo Valdré (1742-1814), peintre italien venu en Irlande en 1774 dans la suite du vice-roi, le marquis de Buckingham, pour lequel il avait travaillé à Stowe.

Castle Hall – *Cour supérieure (Upper Yard).* Ce noble bâtiment à deux étages *(fermé au public)* qui occupe le côté nord de la cour supérieure fut dessiné vers 1750 par Thomas Ivory pour le maître de cérémonies. Il incorpore la **tour Bedford**, ainsi nommée en l'honneur du lord-lieutenant John Russell, duc de Bedford, et construite sur les fondations de la tour ouest de la porte d'entrée d'origine. C'est dans cette tour qu'en 1907 étaient gardés les joyaux de la Couronne. Dérobés quatre jours avant la visite d'État d'Édouard VII et de la reine Alexandra, ils n'ont jamais été retrouvés.

Encadrant le bâtiment, deux portes sont surmontées de statues de Van Nost : le *Courage* à l'ouest, la *Justice* à l'est. Jusqu'à la construction en 1988 du pont qui a permis l'ouverture de la porte ouest, la porte est était l'unique accès à la cour supérieure, où une fontaine et un bassin rappellent les douves d'autrefois. Une statue de la Justice domine la tour. Les plaisantins dublinois aimaient à remarquer qu'elle tourne le dos à la ville ; et que les plateaux de sa balance se déséquilibraient par temps de pluie. On y a remédié en perçant des trous dans les plateaux pour évacuer l'eau.

Powder Tower Undercroft – *Cour inférieure (Lower Yard). La Crypte de la tour des Poudres* est l'endroit le plus évocateur des origines anciennes du château. Des fouilles effectuées sous la tour des Poudres ont révélé des parties des systèmes défensifs viking et normand : une arche du 13e s. et une voûte de décharge dans l'**enceinte fortifiée** de la ville, qui permettaient aux bateliers d'accéder aux douves pour livrer des vivres à la poterne.

Church of the Most Holy Trinity – *Cour inférieure (Lower Yard).* Ce bel exemple d'église de style gothique Regency, élevé par Francis Johnston sur le site d'une ancienne église plus petite, a été consacré en 1814 et a servi de chapelle royale avant de devenir en 1943 un sanctuaire catholique. Edward Smyth et son fils John ont sculpté dans la pierre de Tullamore la centaine de têtes qui ornent ses murs extérieurs. George Stapleton a réalisé les stucs de l'intérieur, et Richard Stewart les boiseries. Des vitraux anciens apportés du continent ont servi à composer les scènes de la Passion de la verrière du chevet. Sculptées dans le bois ou reprises sur les vitraux, les armoiries de tous les vice-rois, de 1172 à 1922, ornent les galeries et les murs du chœur.

Chester Beatty Library★★★ D2

Dublin Castle Precinct, Dubh Linn Garden ; entrée sur Dame Lane ou Ship Street. ♿ 10h-17h, sam. 11h-17h, dim. 13h-17h (oct.-avr. tlj sf lun.). Fermé lun. fériés, 1er janv., Vend. saint, 24-26 déc. Entrée libre. ✆ 01 407 0750. www.cbl.ie

Magnifiquement présenté, ce fabuleux ensemble de manuscrits et objets d'art islamique et d'Extrême-Orient est un don d'Alfred Chester Beatty (1875-1968), homme d'affaires américain qui a connu la distinction de premier citoyen d'honneur de l'Irlande. Nombreuses et réputées, les collections de **manuscrits arabes, persans et turcs** comprennent plus de 270 exemplaires du **Coran**, certaines enluminées par les plus grands maîtres calligraphes.

Les **œuvres bibliques** regroupent des textes syriaques, arméniens, éthiopiens et coptes, des exemplaires des premières bibles européennes, des livres d'heures, et d'inestimables papyrus datant des débuts du 2e s. au 4e s. Les **arts japonais et chinois** regroupent peintures et estampes de haute qualité, dont des gravures sur bois japonaises qui ont influencé l'art européen au 19e s. On découvre aussi un remarquable ensemble de flacons à priser, de *netsukés* (petits objets japonais en ivoire, bois, céramique), de livres de jade et de coupes en corne de rhinocéros.

La **collection d'Europe de l'Ouest** est composée d'importants ouvrages imprimés et de gravures de Dürer, Holbein, Piranèse, Bartolozzi et bien d'autres.

Poursuivre sur Castle Street jusque Christ Church Place.

Christ Church Cathedral★★ D2

♿ *9h45-17h, w.-end 10h-17h. Fermé 26 déc. 4 € ; visite du Trésor 3 €. Visite autoguidée. ✆ 01 677 8099. www.cccdub.ie*

Comme le château de Dublin, la cathédrale de l'Église du Christ est devenue un symbole de la présence anglaise. Combinaison des styles roman et gothique Early English, elle est le siège de l'évêché anglican de Dublin et Glendalough. Très remaniée au 19e s. par George Scott, elle reste un témoin de l'histoire ancienne de Dublin. En effet, elle a remplacé l'église en bois bâtie en 1038 par Dunan, premier évêque de Dublin, sur un terrain donné par Sitric, roi viking de la ville. Peu de temps après 1170, ce premier bâtiment était reconstruit en pierre par Strongbow, Richard de Clare, comte de Pembroke.

Certains éléments du Moyen Âge ont survécu à la reconstruction du 19e s., dont l'élégante **porte romane sud**, qui donne sur les ruines de la maison du chapitre ; le **lutrin à l'aigle de cuivre** ; et une partie des céramiques d'origine, dans la chapelle de St Laud. Sur le mur de droite, un coffret renferme le cœur de saint Laurence O'Toole, deuxième archevêque de Dublin. Dans le bas-côté sud, le **monument de « Strongbow »** commémore **Richard de Clare** ; la figure en cotte de mailles n'est certainement pas le grand chef de guerre anglo-normand, mais les vestiges du personnage à côté pourraient bien appartenir au tombeau d'origine. Ce « tombeau de Strongbow » apparaît dans les anciens contrats comme lieu où se déroulaient les transactions.

Sans doute l'endroit le plus évocateur de la cathédrale, la **crypte** normande du 12e s. *(accès par le bas-côté sud)* servait à l'origine pour les offices ; elle a ensuite été concédée à des boutiquiers, puis utilisée pour les enterrements jusqu'au milieu du 19e s. Elle abrite aujourd'hui l'exposition *Trésors de Christ Church*, reflétant mille ans d'histoire, d'architecture et de piété irlandaises.

La galerie couverte reliant la cathédrale au Synod Hall enjambe Wine Tavern Street.

Dublinia D2

High Street. ♿ Avr.-sept. : 10h-17h ; oct.-mars : 11h-16h30 (dim. et j. fériés 10h-16h30). 6,25 € (enf. 3,75 €, famille 2 + 3 17 €). ✆ 01 679 4611. www.dublinia.ie

Cette passionnante exposition interactive fait revivre tous les aspects de la ville médiévale grâce aux sens : vue, ouïe, odorat et toucher. Elle comprend des scènes reconstituées et des mannequins costumés ; une magnifique maquette de Dublin vers 1500 ; la reconstitution d'un important site de fouilles archéologiques sur la rive de la Liffey, avec certains des objets intéressants mis au jour ; et la reconstitution du visage d'une Dublinoise du Moyen Âge, dont le squelette a été découvert près d'ici. L'exposition occupe une partie de la salle du Synode de la cathédrale Christ Church, reliée à l'église par une arche.

On a une belle vue du haut de la tour St-Michael *(96 marches)*.

Marcher le long de High Street vers l'ouest.

St Audoen's Church D2

♿ *Juin-sept. : 9h30-17h30 (dernière entrée 16h45). 1,90 €. Possibilité de visite guidée. ✆ 01 667 677 0088.*

Aujourd'hui anglicane, la vieille église fondée par les Anglo-Normands a été consacrée à saint Ouen, le saint rouennais. Le portail ouest date du 12e s. La nef d'origine (13e s.) est éclairée par des baies du 15e s. **St Audoen's Gate** (1275), une des 32 portes qui perçaient les **remparts de la ville normande**, donne sur la rivière.

Prendre à gauche Back Lane.

Tailors' Hall★ D2

La **maison des Tailleurs**, construite entre 1703 et 1707, est la seule maison de corporation subsistant à Dublin. Sa porte d'entrée surmontée d'un fronton, date de 1706. La grande salle est pourvue d'une estrade, d'une belle cheminée de marbre et d'une toute petite galerie à balustrade en fer forgé, à laquelle on accède par un élégant escalier de pin. Le bâtiment sert aujourd'hui de siège à *An Taisce*, l'équivalent irlandais du National Trust, l'association anglaise de protection du patrimoine.

Retourner à Patrick Street et poursuivre jusqu'à son extrémité nord.

Une belle vue s'ouvre sur Christ Church Cathedral et le pont couvert qui la relie à l'ancienne salle du Synode.

Emprunter à droite Patrick Street.

St Patrick's Cathedral★★ D3

♿ *9h-18h (nov.-fév. : sam. 17h, dim. 15h). Fermé 24-26 déc., 1er janv. (sf offices). Dernière visite autoguidée 17h00. Offices : dim. 8h30 (communion), 11h15 (communion et matines chantées), 15h15 (vêpres chantées) ; tlj sf w.-end 17h35 (vêpres chantées) ; pas d'offices avec chants. Juil.-août : 5,50 € (famille 2 + 2 15 €). ✆ 01 453 9472 (bureau), 475 4817 (cathédrale). www.stpatrickscathedral.ie*

Nommé archevêque de Dublin en 1181, John Comyn n'appréciait ni l'administration ni la tutelle des prévôts de la ville. Aussi a-t-il déplacé le siège de son archevêché hors de leur juridiction, à proximité d'un puits sacré où **saint Patrick**, selon la tradition, avait baptisé les convertis. Élevée au rang de cathédrale, son église est rebâtie au milieu du 13e s. dans le style gothique Early English. Au 14e s., on lui adjoint une tour.

La cathédrale est associée à l'écrivain **Jonathan Swift**, qui a été son doyen de 1713 à 1745. Près de l'entrée principale, une plaque de bronze marque la tombe de l'auteur des *Voyages de Gulliver*, à côté de celle de son amie « Stella ». On voit aussi son masque mortuaire et une reproduction de son crâne (dans la bibliothèque). Swift a rédigé sa propre épitaphe, inscrite auprès de son buste au-dessus de la porte, dans le mur sud. Il a aussi composé celle pour le tombeau en marbre noir du **duc de Schomberg**, mort à la bataille de la Boyne *(bas-côté nord du chœur)*, et fait poser une plaque *(transept sud)* en souvenir de son fidèle serviteur Alexander McGee.

Dans l'angle sud-ouest de la nef, le **baptistère** voûté était probablement l'entrée de l'église d'origine. Les carreaux du dallage du 13e s. y ont été transférés du bras droit du transept au 19e s., lors de la restauration ; ils ont ensuite servi de modèle pour l'ensemble de l'édifice. L'immense et splendide **monument Boyle** (1632), élevé par le comte de Cork à la mémoire de sa deuxième épouse, Catherine, est orné de seize figures polychromes. Dans le bas-côté nord est placée une belle statue d'Edward Smyth, dédiée au marquis de Buckingham, vice-roi et premier grand maître de l'**ordre de Saint-Patrick**. Jusqu'en 1871, la cathédrale a servi de chapelle à l'ordre ; les bannières des chevaliers pendent au-dessus des stalles, marquées de leurs armes. Dans le transept nord, l'ancienne porte du chapitre a été percée en 1492 pour que le comte de Kildare puisse tenter un geste de conciliation auprès de James Butler « le Noir », comte d'Ormond, qui s'y était réfugié ; ils s'étaient pris de querelle après qu'Ormond eut été nommé lord-député d'Irlande à la place de Kildare.

Les arcades du côté est du **parc St-Patrick** forment une sorte de boulevard littéraire, mettant à l'honneur les œuvres majeures des écrivains natifs de Dublin.

Marsh's Library★★ D3

St Patrick's Close. Tlj sf mar. et dim. 10h-13h, 14-17h, sam. 10h30-13h. 2,50 €. ✆ 01 454 3511. www.marshlibrary.ie

La bibliothèque Marsh, la première d'Irlande ouverte au public, a été bâtie en 1701 sur des plans de William Robinson. Un portrait du fondateur, l'archevêque Narcissus Marsh, domine l'escalier. Les rayonnages de chêne sombre divisent la longue pièce en sept travées. Derrière le bureau, trois « cages » protégées par des grilles fermées à clé permettent la consultation des livres précieux. Quatre collections particulières sont à l'origine de cet ensemble de 25 000 volumes, dont de nombreux ouvrages rares et anciens.

Prendre à gauche dans Bridge Street.

St Werburgh's Church D2

Werburgh Street. Sur demande tlj sf w.-end 10h-16h. On peut se procurer la clé au 8 Castle Street. ✆ 01 478 3710.

Élevé en 1715 à l'emplacement d'une église du 12e s., le bâtiment actuel a été remanié en 1759 après un incendie. Il montre un des plus beaux intérieurs georgiens de Dublin. Rendues nerveuses par la rébellion de 1798, les autorités britanniques ont obtenu la destruction de sa flèche, parce qu'elle dominait la cour du château. L'un des rebelles les plus éminents, lord Edward Fitzgerald, a été secrètement inhumé dans le sous-sol de l'église ; le major qui l'a capturé, Henry Sirr, repose dans le cimetière.

Pour rejoindre la promenade suivante, redescendre vers les quais en passant devant Christ Church Cathedral.

RIVE NORD DE LA LIFFEY 3 PLAN II

Au Moyen Âge, Oxmantown, l'implantation viking sur la rive nord de la Liffey, est dominée par la masse de l'**abbaye Ste-Marie** *(voir St Mary's Abbey)*. Au 17e s., la construction s'organise suivant un plan en damier autour de la zone verte d'Oxmantown Green, l'actuel Smithfield. L'école gratuite de Charles II est fondée en 1670 pour l'éducation des jeunes garçons déshérités ; leur uniforme bleu de style militaire donne son nom à l'école **Bluecoat School**, transférée en 1773 à Blackhall Place, dans le bâtiment conçu par Thomas Ivory qui sert aujourd'hui de siège à l'Incorporated Law Society.

Au 18e s., la rive nord devient le quartier résidentiel le plus recherché, autour de la rue O'Connell, alors appelée Gardiner's Mall. Aujourd'hui, personne ne décrirait O'Connell Street comme une rue élégante, mais elle a conservé ses dimensions généreuses et demeure un centre vital de Dublin avec ses magasins, cinémas et stands de restauration rapide. Plus au nord, le site de Parnell Square a été développé par Bartholomew Mosse afin de réunir des fonds pour une maternité, qui en occupait le côté sud. Beaucoup des élégantes *terraces* georgiennes d'autrefois, notamment sur Mountjoy Square, sont passées par les stades de l'abandon et de la décrépitude, puis de la démolition ou de la restauration et de la reconversion. St George's Church a été conçue par Francis Johnston dans le style ionique grec (1802-1814) de l'église St Martin's-in-the-Fields de Londres. Deux grands théâtres dublinois sont situés sur la rive nord. Le **Gate Theatre** *(voir « Dublin pratique »)* a été fondé en 1928 par Hilton Edwards et Micheál MacLiammóir. Plus ancien, le célèbre **Abbey Theatre** *(voir « Dublin pratique »)* est devenu une institution irlandaise. Il a été fondé en 1904 par lady Gregory et W. B. Yeats dans le cadre du mouvement pour la Renaissance de la langue irlandaise. En 1924, il devient le premier théâtre subventionné du monde anglophone. Pendant un temps, sa programmation donnera lieu à des polémiques, voire à des émeutes (notamment avec les pièces de Sean O'Casey). Depuis qu'un incendie a détruit le premier théâtre en 1951, il occupe un bâtiment moderne assez quelconque.

Démarrer la balade depuis O'Connel Bridge, où vous prendrez à droite Eden Quay.

Custom House★★ F1

Custom House Quay ; entrée par la façade sud ; illuminé la nuit. De mi-mars à fin oct. 10h-12h30, w.-end et j. fériés 14h-17h ; de déb. nov. à mi-mars : merc.-vend. 10h-12h30, dim. 14h-17h. 1 €. ☎ 01 888 2538.

Construit par James Gandon et achevé en 1791, sa longue façade et son dôme font de l'ancienne **maison des Douanes** un des monuments marquants de Dublin. Incendiée par les opposants au traité d'Union au début de la guerre civile en 1921, elle a été restaurée depuis. Le **centre d'accueil** occupe le hall d'apparat derrière le portique sud, peu modifié depuis l'époque de Gandon. L'exposition rappelle la construction de l'édifice, son incendie, sa restauration, la carrière de Gandon et les travaux des services ministériels qui occupent le bâtiment (contributions indirectes, équipement). Sur le quai au bord de la Liffey se dresse le **Famine Memorial**, six statues de bronze de Rowan Gillespie évoquant toute la gamme de sentiments, désespoir, souffrance, espérance, vécus par les nombreuses victimes de la Grande Famine *(voir p. 65)*.

Longer les quais pour revenir vers O'Connel Bridge, puis poursuivre jusqu'à Inns Quay.

Four Courts D2

Construit en 1785 pour loger quatre grandes chambres – Chancellerie, Tribunal du Roi, Trésor, Tribunal commun –, le bâtiment commencé par Thomas Cooley a été achevé par James Gandon. Avec son portique à six colonnes et son dôme imposant, c'est un des chefs-d'œuvre de Gandon. En 1916, il a été occupé par les rebelles ; en 1921, par les opposants au traité anglo-irlandais. La première fois, il a échappé aux dégradations ; mais la seconde, bombardé par l'armée de l'État libre de l'autre côté de la rivière, et miné par les insurgés, il a pratiquement été détruit, avec les irremplaçables archives nationales remontant à 1174.

Longer Arran Quay et prendre à droite Church Street.

St Michan's Church D2

Mars-oct. : tlj sf dim. 10h-12h45, 14h-16h30, sam. 10h-12h45 ; nov.-fév. : tlj sf w.-end 12h30-15h30, sam. 10h-12h45. 3,50 €.

La première église a probablement été construite par les Danois, en raison de l'origine danoise de saint Michan. L'église actuelle date de 1095 mais a été beaucoup remaniée en 1686. L'**intérieur** renferme de nombreux éléments intéressants, dont l'orgue du début du 18e s. sur lequel a joué Haendel. Mais c'est la crypte qui attire la majorité des visiteurs : elle abrite des rangées de corps momifiés depuis plus de trois siècles, maintenus dans un exceptionnel état de conservation par l'air très sec et la température constante.

Continuer sur Church Street et tourner à gauche pour entrer dans Smithfield Village.

Old Jameson Distillery D2-3

Bow Street, Smithfield Village. ♿ Visite guidée (1h) 9h30-17h30 (dernier dép.). Fermé Vend. saint, 25 déc. 9 €. ☎ 01 807 2355. www.whiskeytours.ie

Une partie de l'ancienne distillerie Jameson, encore en service en 1971, a été réaménagée pour exposer les procédés d'élaboration du whisky, du plus ancien à celui d'aujourd'hui. Une vidéo *(8mn)* précède la visite *(20mn)*, qui traverse un four de séchage et la cour où les fermiers livraient l'orge au magasin à grains. Les mystères de la préparation et de la maturation du célèbre alcool sont expliqués, et on peut le déguster en fin de circuit.

Revenir à Church Street, puis prendre en face Chancery Street qui se prolonge jusque St Mary's Street.

St Mary's Abbey D2

Mary's Abbey. De mi-juin à mi-sept. : merc. et dim. 10h-17h (dernière entrée 16h15). Possibilité de visite guidée. ✆ 01 833 1618. www.heritageireland.ie

Fondée par les bénédictins mais reprise par les cisterciens, l'abbaye Sainte-Marie était le monastère le plus riche du Pale (région sous administration britannique), et le lieu de réunion du Conseil d'Irlande. C'est ici qu'en 1534 Thomas le Soyeux a refusé allégeance à Henry VIII, lançant la révolte de Kildare. Seuls subsistent de l'abbaye un **passage couvert** et la **salle capitulaire** à voûtes nervurées, où l'on a reconstitué le cloître du 15e s. avec des éléments originaux retrouvés en 1975 dans une maison de Cork Street. La fondation de l'abbaye, son architecture et son histoire y sont expliqués, ainsi que le mode de vie cistercien.

Poursuivre jusque O'Connell Street.

O'Connell Street★ E1

Aujourd'hui bordée de boutiques et de cinémas, l'ancienne promenade tracée par Luke Gardiner au 18e s. se transforme assez rapidement en une étroite place résidentielle. Renommée Sackville Street, elle devient, toujours au cours du 18e s., la rue la plus importante de Dublin avant d'être prolongée en 1794 au sud jusqu'au pont Carlisle, reconstruit en 1880 ; tous deux prennent le nom O'Connell en 1922. Les **monuments** s'alignent sur le terre-plein central dominé par **The Spire**, immense flèche de 120 m construite en 2002 pour remplacer la statue de l'amiral Nelson détruite par un attentat de l'IRA en 1966. Du sud au nord, les statues d'illustres personnages forment leur cortège : Daniel O'Connell par John Foley ; William Smith O'Brien (1803-1864), chef du mouvement Jeune Irlande, condamné à mort pour trahison en 1848 ; sir John Gray, auquel la ville doit son système d'approvisionnement en eau ; James Larkin (1876-1947), fondateur du Syndicat général des transports en 1909 ; père Theobald Mathew, animateur du mouvement antialcoolique au 19e s.

L'**immeuble de la poste, GPO★** avec son porche ionique, a été édifié en 1814 par Francis Johnston. Quartier général des insurgés lors du soulèvement de Pâques en 1916, il montre encore des impacts de balles.

La **fontaine Anna Livia**, représentation féminine de la Liffey, a été installée en 1988 pour célébrer le millénaire de la ville, à la place du pilier de Nelson (1808), endommagé par une bombe en 1966 et démoli. L'écrivain James Joyce avait créé le nom d'Anna Livia à partir du nom irlandais de la Liffey, *Abhainn na Life.* Mais les Dublinois lui ont rapidement attribué le sobriquet *The Floozy in the Jacuzzi*, « la poule dans le jacuzzi ».

Tourner à droite pour prendre Talbot Street.

Pro-Cathedral★ E1

7h30-18h45. Offices : dim. 10h, 11h (messe en latin chantée avec chœur Palestrina, sf juil.-août) 12h (messe italienne, St Kevin's Oratory) 12h30, 18h30. ✆ 01 874 5441. www.procathedral.ie

Le plus grand sanctuaire catholique de Dublin a été élevé en 1821 à l'imitation d'un temple grec, avec un portique dorique et un dôme. Sa monumentalité contraste fortement avec son environnement urbain resserré ; les intérêts protestants avaient fait en sorte que l'emplacement prévu à l'origine, sur O'Connell Street, ne soit jamais disponible.

La chorale Palestrina Choir, fondée en 1902 par Edward Martyn, a compté parmi ses membres John McCormack *(voir Athlone).*

En face de l'entrée se dresse Tyrone House. Cette élégante demeure édifiée par Richard Castle en 1741 est aujourd'hui occupée par le ministère de l'Éducation.

Retourner à O'Connell Street et poursuivre en direction du nord.

Parnell Square E1

L'ancienne place Rutland a été renommée en hommage à **Charles Stewart Parnell**, dont la statue se dresse au carrefour.

Le côté sud de la place est bordé par l'élégante maternité Rotunda Hospital, conçue en 1752 par Richard Castle pour le Dr Bartholomew Mosse (1712-1759). Exubérante création rococo, la **chapelle du Rotunda Hospital★** est décorée de superbes stucs

Tourism Ireland

Vue générale de Dublin.

P. Wysocki / hemis.fr

Le quartier de Temple Bar.

O. Forir / MICHELIN

Liffey Bridge, dit Ha'penny Bridge.

de Barthélemy Cramillion et de boiseries d'acajou dues à John Kelly *(merc. 10h-12h; ou par demande écrite à Director of Midwifery/Nursing)*. Une lanterne du 18e s. l'éclaire, ainsi qu'une baie vénitienne garnie de vitraux modernes et surmontée de l'Agneau de Dieu sur un livre portant sept sceaux et d'une allégorie de la Charité entourée de trois enfants. Les fonds nécessaires pour créer la maternité ont été réunis grâce aux spectacles qui se déroulaient dans la **rotonde**, élevée par John Ensor en 1764 et aujourd'hui transformée en salle de cinéma, et aux fêtes données dans les **Assembly Rooms**, salles d'apparat conçues en 1786 par Richard Johnston et maintenant occupées par le **Gate Theatre**. D'autres fonds ont été obtenus avec les attractions organisées dans les **jardins d'agrément** enclos de murs du centre de la place. Ils avaient été aménagés en « nature sauvage », avec des « temples de rafraîchissement » et une terrasse appelée l'Orchestre, où l'on jouait de la musique. Les maisons entourant la place, terminées vers 1770, logeaient la haute société dublinoise : pairs, évêques et parlementaires.

Le côté nord de la place a été converti en **jardin du Souvenir** par Daithí P. Hanly *(mai-sept. : 9h30-20h; avr. et oct. 11h-19h; janv.-fév. et nov.-mars : 11h-16h; 25 déc. 11h-13h)*. Des motifs celtiques décorent les portes. La sculpture centrale, par Oisín Kelly, fait référence à la fois au poème de Yeats *Easter 1916 (Pâques 1916)* et au mythe de la transformation en cygnes des enfants de Lir *(voir p. 197)*. Les lances brisées de la mosaïque évoquent la coutume celte qui consistait, après une bataille, à jeter les armes dans l'eau. Le choix du site n'est pas l'effet du hasard. C'est en effet dans une maison du côté nord de la place *(plaque)* qu'a été préparée l'insurrection de 1916, et sur la place que les rebelles sont restés prisonniers toute une nuit.

Sur le côté nord de la place sont installés le musée des Écrivains de Dublin et la galerie Hugh Lane.

Dublin Writers' Museum E1

Parnell Square North. Juin-août : tlj sf w.-end 10h-18h; le reste de l'année : 10h-17h, dim. et j. fériés 11h-17h. 7,25 €; possibilité de billet combiné : 3 sites du Dublin Tourism ou tous les 7. ✆ 01 872 2077. www.visitdublin.com

Le musée des Écrivains expose objets personnels, photos, portraits, manuscrits et exemplaires des œuvres des auteurs associés à la ville de Dublin : Flann O'Brien, Brendan Behan, Patrick Kavanagh… Il illustre aussi la tradition littéraire irlandaise, des manuscrits enluminés de l'église celtique chrétienne, comme le Livre de Kells *(voir Trinity College Old Library)*, jusqu'à l'époque actuelle. Jonathan Swift et ses contemporains sont représentés, mais aussi les auteurs qui, comme Oscar Wilde et George Bernard Shaw, ont forgé leur réputation en Angleterre; ceux qui se sont expatriés comme James Joyce et Samuel Beckett; et les grands noms qui ont ranimé au 19e s. l'intérêt pour la langue et les traditions irlandaises : Yeats, Synge et O'Casey. Les élégantes salles de réception accueillent des expositions temporaires; la section enfantine propose des séances de lecture et des ateliers. Le musée occupe deux maisons georgiennes en *terrace* ornées d'élégants **plafonds en stuc★**. Celui de la bibliothèque est l'œuvre de **Michael Stapleton**. En 1891-1895, Alfred Darbyshire réalise pour George Jameson des transformations, en ajoutant par exemple les fenêtres à vitraux arborant le monogramme de Jameson; quatre figures féminines représentant la Musique, la Littérature, l'Art et la Science; et, dans le salon de l'étage, une série de portes peintes par Gibson, une colonnade ornementale et une frise dorée.

Hugh Lane Gallery of Modern Art★ E1

Parnell Square North. ♿ Tlj sf lun. 10h-18h, vend. 10h-17h, dim. 11h-17h. Fermé Vend. saint, 25 déc. Entrée libre. Visite guidée (40mn, sur réserv.). ✆ 01 874 1903. www.hughlane.ie

La **galerie d'Art moderne** abrite une grande collection consacrée aux artistes d'Irlande et du Continent de la fin du 19e s. et du 20e s., dont les œuvres réunies par **sir Hugh Lane** (1875-1915), disparu dans le naufrage du *Lusitania*. En pierre de Portland et granit, flanqué de murs-écrans incurvés, le bâtiment à trois niveaux a été édifié en 1762 par William Chambers pour un autre amateur d'art, **James Caulfield**, premier comte de Charlemont, qui a aussi fait construire le Casino Marino.

La collection permanente comprend beaucoup de grandes œuvres britanniques et françaises, dont plusieurs impressionnistes et des toiles de Corot et de Courbet. L'art contemporain est représenté par un projet caractéristique de Christo, consistant à envelopper les allées de St Stephen's Green. Mais les salles les plus intéressantes sont celles consacrées aux artistes irlandais. *La Chaumière au bord du lac* (vers 1929) est un paysage typique de Paul Henry, tandis que la dramatique *Évasion du fourgon cellulaire à Manchester* par Maurice MacGonigal reconstitue un célèbre épisode de la lutte feniane. Une salle entière est consacrée à Roderick O'Connor (1860-1940), ami de Gauguin et trait d'union influent dans la vie artistique entre la France et les îles britanniques. Ses toiles reflètent l'influence de ses confrères français, de Seurat à Van Gogh.

Prendre Denmark Street et tourner à droite dans North Great George's Street.

James Joyce Centre E1

35 North Great George's Street. 10h-17h (dim. et j. fériés 12h30-17h). 5 €. ☏ 01 878 8547. www.jamesjoyce.ie

Destiné à faire connaître la vie et l'œuvre de James Joyce, qui a passé son enfance dans la Fitzgibbon Street voisine et fréquenté le Belvedere College, le centre propose des conférences, des visites guidées de la maison, et des promenades dans la partie nord du centre-ville. Il occupe l'une des maisons d'un ensemble construit en 1784 par Francis Ryan pour servir de pied-à-terre à Valentine Brown, comte de Kenmare. Les stucs raffinés sont pour la plupart de **Michael Stapleton**. Des portraits de membres de la famille Joyce garnissent la cage d'escalier, et des photos de famille la salle d'exposition.

Prendre à droite Parnell Street, puis à droite Kings Inns Street qui débouche sur Henrietta Street.

Henrietta Street est bordée de grandes maisons de ville du 18e s., en attente d'une restauration qui leur rendrait leur élégance passée.

King's Inns D1

Entrepris en 1795 et achevé en 1827, cet édifice était destiné à héberger les étudiants en droit. C'est la dernière grande réalisation publique de James Gandon. La salle à manger est la seule pièce conçue par ses soins qui demeure aujourd'hui. La façade ouest donne sur un vaste parc.

Retourner à Dorset Street ; tourner à gauche, puis à droite pour prendre Dominick Street Lower ; tourner à gauche pour prendre Parnell Street, puis à droite Moore Street.

Un **marché de rue** animé se tient au cœur de ce quartier commerçant très fréquenté.

VERS PHOENIX PARK Plan I A1

National Museum★★

Collins Barracks, Benburb Street. Les autres collections du Musée national sont exposées dans le bâtiment de Kildare Street (voir p. 126). Tlj sf lun. 10h-17h (dim. 14h-17h). Visite guidée (30mn-45mn, dép. fréquents). ☏ 01 677 7444. www.museum.ie. Service de navettes « Museumlink » ttes les 80mn (National Museum Collins Barracks - National Museum Kildare Street - Natural History Museum Merrion Street). Accès en bus : 90 (Aston Quay), 25, 25A, 66, 67 (Middle Abbey Street).

La caserne Collins pouvait loger 3 000 hommes et 1 000 chevaux. Elle a été construite en 1700 sur l'ordre de Guillaume III par Thomas Burgh comme un bâtiment « simple et fonctionnel, sans décoration superflue ». À son époque, c'était la plus grande caserne des îles Britanniques. Elle avait permis de résoudre les difficultés créées par le cantonnement des troupes chez l'habitant.

Après des travaux de réaménagement, elle accueille plusieurs sections du National Museum : arts décoratifs, traditions populaires, histoire et géologie.

Consacré aux expositions temporaires et aux réalisations du musée, le bâtiment ouest présente aussi un remarquable ensemble éclectique de 25 objets, le **Curators' Choice** (sélection des conservateurs) : en particulier, un rare astrolabe venu de Prague, une statue longiligne en bois (fin du 13e s.-début du 14e s.) représentant **saint Molaise** *(voir p. 391, 495)* et des figurines par Thomas Frye, dont certaines sont des portraits de ses compagnons irlandais à Londres.

Les trois étages de galeries du **bâtiment sud** ont l'Irlande pour fil conducteur. Le mobilier et l'ébénisterie traditionnels irlandais *(3e étage)* permettent de suivre l'évolution des styles, du baroque au contemporain, avec les étonnantes productions « néoceltiques » de la fin du 19e s., inspirées par la découverte d'objets comme la broche de Tara. Le 2e étage renferme des instruments scientifiques. Le premier étage abrite des présentations d'objets en argent créés en Irlande à partir du 17e s. avec notamment de remarquables créations contemporaines.

Phoenix Park★★

À l'ouest de Dublin sur la rive nord de la Liffey. Accès en voiture limité.

Avec 710 ha, c'est le plus grand parc enclos d'Europe. Son nom vient du gaélique *fionn uisce*, eau claire. Confisqué en 1543 par la Couronne au prieuré de Kilmainham *(voir « Visiter »)*, ce domaine a été clôturé en 1662 par le duc d'Ormond pour y introduire une harde de daims ; les animaux vagabondent toujours dans l'enclos Fifteen Acres (« six hectares », en fait 120).

Le portail sud-est est flanqué à gauche par le **monument Wellington**, conçu en 1817 par William Smirke, et **People's Garden**, un jardin fleuri qui descend vers un petit lac.

De là part Chesterfield Avenue, éclairée par des becs de gaz, jusqu'au **Phoenix Monument**, élevé en 1745 par lord Chesterfield. Au sud se trouvent la résidence de l'ambassadeur des États-Unis et la **Croix papale**, souvenir de la visite du pape Jean-Paul II en 1979.

En 1882, au plus fort de l'agitation soulevée par les Lois agraires, le nouveau Premier secrétaire, lord Frederick Cavendish, et le sous-secrétaire Thomas Burke, cible de l'attentat, ont été poignardés par les membres d'un groupe fenian extrémiste, les « Invincibles », alors qu'ils se promenaient dans le parc près du pavillon du vice-roi.

Phoenix Park Visitor Centre

Parc en accès libre. Visitor Centre. Tlj : 10h-17h. Château d'Ashtown : visite guidée gratuite (20mn) ttes les heures de 11h-16h. Spectacle audiovisuel (21mn). Sentiers de nature. ✆ 01 677 0095. www.heritageireland.ie

Le passé du parc est évoqué au centre d'accueil. Il occupe d'anciennes écuries, à côté d'une maison forte du 17e s. qui a servi de nombreuses années de résidence au gardien du parc avant d'être intégrée à une maison privée, aujourd'hui démolie.

Zoological Gardens★

Phoenix Park. 9h30 (dim. 10h30)-18h (plus tôt en hiver). 14,50 € (enf. 10 €, famille 2 + 2 42 €). ✆ 01 474 8900. www.dublinzoo.ie

Fondé en 1830, le zoo, qui occupe 12 ha et présente dans d'attrayants jardins de nombreuses espèces animales du monde entier, s'implique avec d'autres parcs zoologiques dans des études sur la reproduction. **World of Cats** présente des léopards des neiges, lions et autres félins ; **World of Primates** rencontre un succès constant avec ses singes hyperactifs et ses orangs-outans mélancoliques ; renards arctiques et harfangs des neiges peuplent **Fringes of the Arctic**, tandis que les plans d'eau et leurs rives fournissent leur refuge aux oiseaux aquatiques, flamants, pingouins et otaries. La ferme **City Farm** et le coin des animaux familiers **Pets Corner** ravissent les plus jeunes.

Aras an Uachtaráin

Visite guidée (1h) sam. 10h30-16h30 (hiver 15h). Fermé 24-26 déc. Billet pour la journée en vente au Phoenix Park Visitor Centre (✆ 01 677 0095). ✆ 01 670 9155.

Ancien pavillon du vice-roi, la résidence officielle du président de la République était à l'origine une demeure privée, bâtie entre 1751 et 1754 par Nathaniel Clements. En 1815, Francis Johnston lui ajouta un porche ionique.

Visiter

PARTIE NORD DE LA VILLE Plan I

Marino Casino★★ C1

En retrait de Malahide Road. Juin-sept. : visite guidée 10h-18h ; mai et oct. : 10h-17h ; nov.-avr. : w.-end 12h-16h (avr. 17h) (dernière entrée 45mn av. fermeture). Fermé 25-26 déc. 2,90 €. ✆ 01 833 1618. www.heritageireland.ie. Accès du centre par les bus 20A, 20B, 27, 27B, 42 ; bus 123 au dép. de O'Connell Street ; par le DART, station Clontarf Road.

En 1765, William Chambers construit une charmante villa palladienne dans le parc de Marino House, résidence campagnarde (détruite en 1921) de James Caulfield, premier comte de Charlemont *(voir p. 136, 489)*. Les deux personnages se sont rencontrés à l'occasion du Grand Tour, périple des jeunes Britanniques de bonne famille à travers l'Europe. Édifié en pierre de Portland, dans le style néoclassique français, sur un soubassement de pierre de taille, elle suit un plan en croix grecque. Douze colonnes doriques soutiennent une frise et une corniche surmontées de frontons, statues et cheminées en forme d'urnes. Les sculptures sont de Simon Vierpyl et Joseph Marino. L'intérieur abrite quatre pièces d'apparat aux plafonds ornés de stucs très ouvragés, au sol marqueté de huit variétés de bois, et quatre petites chambres à l'étage. Des plans sont exposés dans les pièces de service, au sous-sol.

National Botanic Gardens★★ B1

Botanic Road, Glasnevin. ♿ Jardins - avr.-sept. : 9h-18h, dim. 11h-18h ; oct.-mars : 10h-16h30, dim. 11h-16h30. Fermé 25 déc. Serres - avr.-sept. : 9h-17h15, jeu. 9h- 15h15, sam. 9h-17h45, dim. 14h-17h45 ; oct.-mars : 10h-16h15, jeu. 10h-15h15, dim. 14h-16h15. Flore montagnarde (Alpine houses) : tlj sf sam. 10h45-12h15, 14h15-15h15, dim. 14h-17h45, j. fériés 9h-12h45, 14h-17h45. Visite guidée (1h) sur demande. Parking 2 €. ✆ 01 804 0300.

Le jardin botanique a été aménagé en 1795 sur un agréable site de 19 ha au bord de la Tolka. Les magnifiques serres d'époque victorienne comprennent un bâtiment curviligne *(Curvilinear Range)*, édifié de 1843 à 1869 par Richard Turner, et la serre aux palmiers (*Great Palm House*; 1884). Une ravissante promenade longe la rivière, de la roseraie à l'arboretum par le jardin de tourbe et le jardin des marais, bordé par un étang. Le jardin de rocaille et les serres des cactées et des fougères abritent une partie des 20000 espèces végétales que compte le jardin.

Glasnevin Cemetery★ AB1

Finglas Road, Glasnevin. Visite guidée (1h30), dép. de la porte principale merc. et vend. à 14h30. ✆ 01 830 1133. www.glasnevin-cemetery.ie

Derrière les murs du plus grand cimetière d'Europe (49 ha) reposent plus d'un million de gens, presque tous d'obédience catholique. Pauvres anonymes et victimes du choléra, mais aussi presque tous les personnages qui ont joué un rôle dans l'histoire de l'Irlande; beaucoup sont enterrés dans des parcelles réservées à leur tendance politique. Certaines tombes, comme celle du président De Valera, sont d'une modeste simplicité. Par contraste, le tombeau de Daniel O'Connell est un monument national imposant. Le caveau au décor néoceltique est surmonté d'une tour ronde haute de 50 m. La visite guidée du cimetière revient à une promenade fascinante à travers l'histoire irlandaise.

GAA Museum B1

Clonliffe Road. Mai-sept. : 9h30-18h; oct.-avr. : tlj sf lun. 10h (dim. 12h-17h). Jours de match, personnes munies de billets pour les tribunes Cusack ou Canal. Musée et stade 10,50 €; musée seul 5,50 €. Possibilité de visite guidée. ✆ 01 819 2323. www.gaa.ie/museum

Croke Park est le cadre traditionnel des sports nationaux, le *hurling* et le football irlandais. Son musée rappelle la fondation et le développement de l'**Association athlétique gaélique** *(Gaelic Athletic Association – voir p. 105 et p. 217)*, ainsi que son influence sur le renouveau des traditions irlandaises. Grâce à des écrans tactiles, on pourra y voir les grands moments des événements sportifs passés et leurs vedettes en plein effort. Chacun peut aussi tester sa propre vitesse de réaction ou sa détente, ou tenter de frapper le *sliothar* avec le *camán* sur le terrain d'entraînement.

PARTIE SUD DE LA VILLE Plan I

Kilmainham Gaol Museum★★ A2

Inchicore Road, Kilmainham. ♿ Avr.-sept. : visite guidée (30mn) 9h30-18h; oct.- mars : 9h30-17h30, dim. 10h-16h45; dernière visite 1h av. fermeture. Fermé 24-26 déc. 5,30 €. ✆ 01 453 5984. www.heritageirland.ie

La lutte des Irlandais pour leur indépendance est remarquablement présentée dans la prison même où nombre des patriotes ont été incarcérés (et certains exécutés) pour offense à la Couronne : Irlandais Unis, membres du mouvement Jeune Irlande, Fenians, Invincibles, participants du soulèvement de Pâques. Souvenirs, photos, lettres et coupures de presse situent dans leur contexte social et politique les nombreux incidents et révoltes qui se sont déroulés entre 1796 et 1924.

La **visite** comprend le pavillon central, aux 100 cellules; la chapelle, où une présentation audiovisuelle retrace l'histoire de la prison; le couloir de 1798 avec ses cellules individuelles; et les cours, où les prisonniers prenaient un peu d'exercice et où avaient lieu les exécutions.

Longtemps appelée « Nouvelle prison », la **prison de Kilmainham** bâtie en 1792 comprenait une rangée de bâtiments, flanqués à l'est et à l'ouest de cours subdivisées en cours d'exercice. Dans l'une d'elles se trouve l'*Asgard (voir encadré p. 141)*, le bateau d'Erskine Childers. En 1862, on a reconstruit l'aile est et édifié un haut mur d'enceinte extérieure.

Irish Museum of Modern Art A2

Military Road, Kilmainham. ♿ De déb. sept. à fin mai : tlj sf lun. 10h-17h30, dim. et j. fériés 12h-17h30 (dernière entrée 17h15); de déb. juin à déb. sept. : visite guidée merc. et vend. 14h30, dim. 12h15. Nocturne les jeudis d'été 20h. Entrée libre. ✆ 01 612 9900. www.imma.ie

Inauguré en 1991, le musée a pour fonction de présenter les arts irlandais et internationaux du 20e s. et des spectacles associant théâtre et musique. Il a aussi pour mission de constituer, par le biais d'achats et de commandes, un fonds permanent d'art moderne. Son programme, très intéressant, comprend des expositions de certains des artistes les plus influents du 20e s., et des œuvres de jeunes artistes éminents, irlandais et étrangers.

Le bâtiment qui fait face au musée a été converti en ateliers d'artistes.

Le musée est installé dans l'ancien **hôpital royal de Kilmainham★★**, le plus ancien édifice de style classique d'Irlande. Sa construction entre 1680 et 1684 a été financée par James Butler, duc d'Ormond, vice-roi en 1669. Ayant vécu en exil en France, il s'est inspiré de l'hôtel des Invalides à Paris. L'architecte William Robinson, contrôleur général à partir de 1670, a conçu à l'intention de 300 vétérans quatre corps de bâtiments entourant une cour. Le dernier pensionnaire est décédé en 1929. ♿ *Juin-août : visite guidée du patrimoine tlj sf lun. 10h-17h30, dim. et j. fériés 12h-17h30. Spectacle audiovisuel.*

Dans le bâtiment nord, **Great Hall**, ancienne salle à manger et salle de jeux, offre un beau cadre pour des concerts et des réceptions du gouvernement. La **chapelle** montre une copie en papier mâché de son plafond baroque d'origine, dont les parties les plus ouvragées (motifs de fruits et de végétaux, jusqu'à 30 cm de long) avaient commencé à se détacher.

Rathfarnham Castle★ A2

5 km au sud de Dublin par la N 81 et la R 115. ♿ Mai-oct. : visite guidée 9h30- 17h30 (dernière entrée 1h av. fermeture). Travaux de restauration en cours. ☏ 01 493 9462. www.heritageireland.ie

L'extérieur du bâtiment, superbe mais lugubre, ne laisse rien présumer de l'élégance de l'intérieur, conçu au 18e s. par William Chambers et James Stuart « l'Athénien ». Le donjon central rectangulaire flanqué de quatre tours a été bâti vers 1593 par Adam Loftus. Originaire du Yorkshire, il est devenu archevêque de Dublin. Abandonné au début du 20e s., le château a ensuite servi de séminaire pour les jésuites. Son magnifique intérieur, remanié dans les années 1770 pour Henry Loftus, fait actuellement l'objet d'une restauration laborieuse.

Guinness Storehouse★ A2

Market Street, par Thomas Street. ♿ Visite guidée (1h) 9h30-17h. Juin-août 9h30-19h. Fermé 1er janv., Vend. saint, 24-26 déc. 14 €. ☏ 01 408 4800, 01 453 8364 (Infoline). www.guinnessstorehouse.com

Un verre de la célèbre bière brune et mousseuse est offert au bar après la fascinante exposition consacrée à l'élaboration de la Guinness. Un film *(20mn)*, des textes, des peintures, des machines déclassées illustrent les 140 années d'existence de la firme familiale.

Dans Thomas Street s'élève la maison édifiée au 18e s. par **Arthur Guinness** à proximité de la porte principale de la brasserie, sur laquelle on peint traditionnellement l'année en cours. La brasserie doit son nom à l'une des anciennes portes de la ville, la porte Saint-Jacques *(St James's Gate)*, qui se trouvait ici.

Drimnagh Castle A2

Long Mile Road. ♿ Avr.-sept. : visite guidée merc. et w.-end 12h-17h ; oct.-mars : dim. 14h-17h (dernière entrée 16h15) ; autres possibilités sur demande. 4,50 €. ☏ 01 450 2530.

Ce château du 13e s., entouré d'un fossé, est composé d'une grande salle au-dessus d'une crypte voûtée, flanquée d'une tour crénelée. Restauré, il a repris son aspect médiéval, et précède un jardin à la française du 17e s., avec haies de buis, buissons de lavande et plantes aromatiques.

Shaw Birthplace B2

33 Synge Street. Mai-sept. : 10h-13h, 14h-17h, sauf merc., dim. et j. fériés 14h-17h ; possibilité de billet combiné pour 3 sites du Dublin Tourism ou tous les 7. 7,25 €. ☏ 01 872 2077 et 01 4750 0854. www.visitdublin.com

La modeste maison où **George Bernard Shaw** (1854-1939) est né et a passé ses premières années est meublée dans le style du milieu du 19e s.

Waterways Visitor Centre B2

Grand Canal Quay. Juin-sept. : 9h30-17h30 ; oct.-mai : tlj sf lun. et mar. 12h30-17h (dernière entrée 45mn av. fermeture). Fermé 1er janv., 25-26 déc. 2,50 €. ☏ 01 677 7510. www.heritageireland.ie.

Au milieu du bassin du Grand Canal, un bâtiment moderne a pour mission d'expliquer la technique de construction des canaux et d'illustrer la construction du réseau navigable irlandais au 18e s. Du toit en terrasse, la vue plonge sur les entrepôts bordant le bassin.

Jewish Museum

Walworth Road. Mai-sept. : mar., jeu., dim. 11h-15h30 ; oct.-avr. : dim. 10h30-14h30 ou sur demande. ☏ 01 4901857. www.visit.dublin.com

Une ancienne synagogue édifiée à partir de 1917 accueille le **Musée juif**, inauguré en 1985 par Chaim Herzog, président d'Israël et fils du premier Grand rabbin d'Irlande. Les objets présentés dans les vitrines du rez-de-chaussée évoquent l'histoire des Juifs d'Irlande du 11e au 20e s. Dans la cuisine, la table est dressée pour le dîner du sabbat. La **synagogue** proprement dite, à l'étage, a conservé son aménagement rituel. La galerie des femmes a été convertie en galerie d'exposition d'objets religieux.

Aux alentours

BEN OF HOWTH★

Rive nord de la baie de Dublin par le DART (station Raheny pour l'île de North Bull) ou bien suivre la route côtière et la R 105.

Ben of Howth est un haut cap rocheux qui plonge dans la mer sur la rive nord de la baie de Dublin. Bien protégée sous le vent, l'île de North Bull n'était à l'origine qu'un banc de sable recouvert à marée haute par la mer. Depuis la construction, à la fin du 18e s., de la jetée Bull Wall qui protège le port de Dublin de l'envasement, elle a progressé jusqu'à sa longueur actuelle (4,5 km) et continue à croître en largeur côté mer.

North Bull Island Interpretive Centre

À l'extrémité de la chaussée centrale, au nord de Dublin par la route côtière vers Howth. Tlj 10h-16h30, vend. 13h30-16h30. ☏ 01 833 8341.

Le **Centre d'information** abrite une exposition sur la faune et les différents habitats de l'île, importante **réserve naturelle** où gibier d'eau et échassiers viennent hiverner. À marée haute, les 30 000 oiseaux qui vivent dans la baie de Dublin viennent s'y réfugier. Formée de dunes, de lagunes et de vasières, l'île possède aussi deux terrains de golf et attire en été de nombreux vacanciers sur ses plages de sable.

North Bull Island est longtemps restée reliée à la côte irlandaise par une simple passerelle de planches, aménagée à son extrémité sud.

Poursuivre par la route ou le train jusqu'à Howth.

Du point élevé sur le côté est du promontoire *(parking)* partent deux sentiers en sommet de falaise : l'un, vers le sud, passe devant le phare de Baily sur la pointe, puis longe les falaises en offrant une belle **vue★** sur la baie de Dublin ; l'autre, vers le nord, passe le Nez de Howth et la baie de Balscadden jusqu'au village pittoresque de **Howth**, accroché à la face nord très escarpée du promontoire. Au cœur du village se dressent les ruines de **St Mary's Abbey** ; le chœur de l'abbaye abrite le splendide tombeau d'un chevalier de la fin du 15e s. et son épouse. *Se procurer la clé auprès de Mrs O'Rourke, 13 Church Street, Howth.*

En contrebas, le port établi en 1807-1809 abrite aujourd'hui des voiliers et des bateaux de pêche ; pendant vingt ans à partir de 1813, il a servi de port d'attache aux paquebots, jusqu'à ce que Dún Laoghaire (appelé alors Kingstown) prenne le relais en 1833. Au large, l'île Ireland's Eye est une réserve ornithologique. Les premiers chrétiens y avaient bâti au 6e s. une église, aujourd'hui en ruine. *Embarquement sur East Pier, Howth Harbour (si le temps le permet). 11h-18h, à la demande. ☏ 01 831 4200.*

À l'ouest du village s'étend Howth Castle Demesne, le domaine du château. Sous un vaste hangar dans le parc, le **National Transport Museum** rassemble une collection très complète et bien documentée de véhicules commerciaux et militaires, à cheval ou à moteur. ♿ *Juin-sept. : 10h-17h30, sam. 14h-17h30 ; mai et oct. : w.-end et j. fériés 14h-17h30 ; 26 déc.-1er janv. : 14h-17h30. 3 €. Famille 8 €. ☏ 01 848 0831. www.national transportmuseum.org.* Le château *(fermé au public)*, alliance d'un donjon médiéval et

Des fusils pour l'indépendance

En juillet 1914, 900 fusils allemands et 25 000 cartouches sont débarqués à **Howth** à l'attention des Volontaires irlandais. Ils ont été amenés à bord du *Asgard*, yacht appartenant à Erskine Childers qui, en dépit de ses origines anglaises et de sa carrière de fonctionnaire, est devenu un fervent partisan de la cause républicaine. Sans doute avait-il été influencé par ses séjours au pays d'origine de sa mère, Glendalough, lieu qu'il aimait passionnément. Farouchement opposé au Traité anglo-irlandais, qui divise le pays en deux, il est arrêté en 1922 par le gouvernement de l'État libre pour port de revolver. Il est ensuite exécuté. Son roman *Le Mystère des sables* a été porté à l'écran.

d'une poterne du 15e s., est décoré par Morrison et Lutyens. On raconte que **Grace O'Malley** *(voir encadré p. 400)*, sur le chemin du retour après avoir rendu visite à la reine Elizabeth Ire à Londres, s'est vu refuser l'hospitalité au château. Irritée, elle fait kidnapper le fils du comte de Howth, et ne le rend que contre la promesse que la porte du comte lui serait toujours ouverte, à elle et sa famille, aux heures des repas.

DUN LAOGHAIRE

Rive sud de la baie de Dublin par le DART ou la N 31.

Principal port d'entrée en Irlande à partir de la Grande-Bretagne, la station balnéaire et de plaisance de Dun Laoghaire est une des banlieues résidentielles les plus attrayantes du Grand Dublin. L'ancien petit village de pêcheurs est devenu au 18e s. un port très actif avec l'essor du commerce avec la Grande-Bretagne. Il porte le nom de Laoghaire (prononcé Lihery), haut roi d'Irlande, qui y a bâti un fort au 5e s.

Le **port** (100 ha) a été aménagé à partir de 1817 suivant les plans de John Rennie. En 1842, le gros œuvre, en pierre de Dalkey, était terminé.

Pendant une centaine d'années, la ville s'est appelée **Kingstown** en l'honneur de **George IV**, qui a débarqué ici en septembre 1821. Un **obélisque** commémore cette visite sur le front de mer au sud du port.

National Maritime Museum of Ireland

Haigh Terrace. ✆ 01 280 0969. www.visitdublin.com

Le **musée national de la Marine** est installé dans l'église des Marins (1835-1860), à la limite sud du parc Moran. On y découvre entre autres un canon de l'Invincible Armada ; une chaloupe française capturée lors de la tentative de débarquement de Bantry Bay, en 1796 ; la lanterne en état de marche du phare de Baily ; la carte marine utilisée par le commandant du sous-marin allemand qui a déposé Roger Casement sur la plage de Banna *(voir p. 291)*. Il y a aussi de nombreuses maquettes : barge utilisée par la firme Guinness, bateaux irlandais typiques (*curraghs*, *cot* à fond plat de Rosslare, hourques du Galway et du Donegal), goélettes, ferries, cargos ; le *Sirius*, premier transatlantique à vapeur mis en service en 1838 ; la collection Halpin, qui comprend un modèle réduit du paquebot *Great Eastern* ; et la collection Cornelissen, qui montre l'évolution de la marine de guerre, de la trirème grecque aux navires de la Seconde Guerre mondiale.

James Joyce Museum

1 km à l'est de Dún Laoghaire par la route côtière de Sandycove. Avr.-oct. : 10h-13h, 14h-17h, dim. et j. fériés 14h-18h ; nov.-mars sur demande. 7,25 €. ✆ 01 280 9265. www.visitdublin.com

La tour Martello édifiée en 1804 à la pointe de Sandycove accueille aujourd'hui un **musée** consacré au célèbre écrivain. Y sont exposés des premières éditions de ses œuvres, des lettres, son masque mortuaire et certains de ses objets personnels. Joyce a séjourné ici six jours en 1904, invité par l'écrivain Oliver Gogarty, qui avait loué la tour au gouvernement. À l'étage, la pièce où Joyce situe la scène du petit-déjeuner de *Ulysse* est meublée comme dans le livre. Du sommet de la tour, la **vue** embrasse la baie au nord-ouest, la côte jusqu'à l'île de Dalkey au sud-est et les monts Wicklow au sud-ouest.

Dalkey Village

1,5 km au sud de Dún Laoghaire par la route côtière.

Désormais classé, Dalkey était autrefois un village fortifié, avec une enceinte et sept maisons fortes. **Bulloch Castle**, près du rivage, a été construit au 12e s. par les moines de l'abbaye Ste-Marie de Dublin pour défendre le port. Au cœur du village subsistent deux maisons fortes de la fin du Moyen Âge. Face à **Archbold's Castle** s'étend le cimetière de l'église en ruine **St Genet's Church**, qui pourrait dater du 8e s. À côté s'élève **Goat Castle**, occupé par le **Centre du patrimoine** *(Dalkey Heritage Centre)* qui présente de belles expositions sur l'histoire locale. On a une superbe vue d'ensemble depuis les remparts. ♿ *9h30-17h, w.-end et j. fériés 11h-17h. 6 € (famille 16 €). ✆ 01 285 8366 ; 01 284 3141. www.dalkeycastle.ie*

De nombreux écrivains sont associés à Dalkey, comme L.A.G. Strong, Lennox Robinson, James Joyce et Hugh Leonard. George Bernard Shaw (1856-1950) a passé son enfance, de 1866 à 1874, à Torca Cottage, sur la colline. Il se baignait à la plage de Killiney.

Au large s'étend l'**île de Dalkey**, aujourd'hui réserve ornithologique. Au sud de la pointe de Sorrento, la route côtière offre une **vue★★** magnifique sur la baie de Killiney jusqu'au cap de Bray.

Killiney Hill Park

Entrée et parking en bordure nord-ouest de Dalkey Hill. Le parc couvre l'extrémité sud de la colline de Dalkey. Il était jadis propriété du colonel John Mapas, qui habitait le château de Killiney *(aujourd'hui un hôtel).* Il a été ouvert au public en 1887 à l'occasion du jubilé de la reine Victoria. Un **sentier de nature** serpente parmi les arbres et la bruyère jusqu'à l'obélisque que Mapas a fait élever en 1742 par ses fermiers pour leur fournir du travail. Il offre un beau **panorama**.

MAYNOOTH

À 24 km à l'ouest de Dublin, par l'autoroute M 4.

Cette ville universitaire et résidentielle en pleine croissance est reliée à Dublin par le rail. Son nom évoque surtout son Grand Séminaire qui, pendant plus de deux siècles, a formé les prêtres de l'Église catholique. Mais Maynooth a été plus longtemps encore le fief du clan Fitzgerald, les descendants d'un aventurier d'origine galloise et normande ; arrivé en Irlande en 1169, il a fondé une des plus puissantes familles du pays.

Maynooth Castle

Les ruines du château du 12e s. des Fitzgerald, imposant donjon entouré de vestiges de tours, mur d'enceinte et porte, se dressent à l'extrémité ouest de la grande rue principale. Au sommet de la puissance des Fitzgerald, comtes de Kildare au 15e s. et au début du 16e s., c'était la capitale effective de l'Irlande. En 1535, un an après la révolte de Thomas le Soyeux, le château est assiégé victorieusement par les troupes royales ; Thomas est emmené à Londres pour y être exécuté. En 1656, le château a été abandonné au profit d'une nouvelle résidence, à l'extrémité est de la grand-rue, Carton House *(privé).* Cette demeure a été reconstruite par Richard Castle. La ville de Maynooth aussi a été très remaniée pour offrir un cadre digne du nouveau manoir, et pour loger l'armée d'ouvriers du domaine. Une belle avenue bordée de tilleuls relie la ville au domaine.

Maynooth College

L'ancien séminaire fait maintenant partie de l'université d'Irlande. Il s'organise autour de deux cours spacieuses. La première est du tout début du 19e s., la seconde, un des plus beaux projets néogothiques de **Pugin**, sera achevée au milieu du siècle, malgré les difficultés liées à la Grande Famine et à l'insuffisance de fonds. C'est l'élève de Pugin J. J. McCarthy qui a dessiné la chapelle, avec sa flèche élancée et les magnifiques stalles en chêne sculpté du chœur.

Le séminaire avait eu un précédent, le collège de la Vierge, instauré en 1518 par un membre du clan Fitzgerald. Mais il avait fermé au bout de 17 ans, quand les troupes royales s'étaient emparées de la ville et du château. Sous les Lois pénales, les prêtres catholiques doivent partir étudier à l'étranger. Mais quand la Révolution française éclate, la situation s'inverse. Les séminaires du Continent ferment. Dans le même temps, le gouvernement, soucieux de se rallier l'opinion des catholiques d'Irlande décide d'y rouvrir un séminaire. Le collège Saint-Patrick est fondé en 1795. Certains des professeurs sont des prêtres français réfugiés. Depuis, le séminaire a formé plus de 10 000 hommes d'église. Les prêtres de Maynooth ont servi les fidèles dans tout l'Empire britannique, où les catholiques étaient bien plus nombreux que les protestants. Le séminaire a acquis une réputation mondiale, largement due à son œuvre missionnaire en Inde, en Chine et en Afrique.

Le **centre d'accueil** *(Visitor Centre)* évoque l'histoire du séminaire, de la ville et du district, et organise des visites guidées de la chapelle, de Stoyte House, du bâtiment Pugin et des jardins. *Mai-sept. : visite guidée 11h-17h, w.-end 14h-18h. ✆ 01 708 3576.*

Castletown House★★

6,5 km au sud-est de Maynooth par une route secondaire. ♿ Visite guidée de Pâques à fin sept. tlj sf lun. 10h30-16h45. 4,50 €. ✆ 01 628 8252. www.castletown.ie

À sa construction en 1722, cette vaste demeure palladienne était la plus grande résidence privée d'Irlande. Elle a contribué à lancer une vague de construction de demeures aussi splendides à travers le pays. Castletown regarde les monts Wicklow au sud, au-delà de la vallée de la Liffey. Le corps central (13 baies), dessiné par le Florentin Alessandro Galilei (1691-1737), est relié par des colonnades courbes à deux pavillons, œuvre d'Edward Lovett Pearce, qui a supervisé la construction de l'ensemble. La demeure a été bâtie pour **William « Speaker » Conolly**, dont on disait qu'il était le roturier le plus riche du pays.

Manoir – Deux générations ont contribué à l'aménagement des intérieurs somptueux de Castletown. Le décor d'origine, qui prévoyait simplement l'emploi de bois et de pierre de la région, est conservé dans le **cabinet de travail brun** au plafond aux angles arrondis, avec ses portes de chêne hautes et étroites et ses lambris de pin imitant le chêne. En 1758, âgée de 15 ans, lady Louisa Lennox épouse l'héritier du domaine. Son influence est visible presque partout. Elle demande aux **frères Lafranchini** de métamorphoser la cage d'escalier grâce à leurs exubérantes créations en stuc. William Chambers est chargé de remanier les pièces du rez-de-chaussée dans le style néoclassique. Elle accroche dans le **salon des gravures** une collection d'œuvres de maîtres anciens qu'elle a rassemblée. La plus belle des pièces, la **grande galerie**, montre un décor pompéien avec des tons vifs de bleu, de rouge et de vert, ainsi que des lustres en cristal soufflés par les maîtres-verriers de Murano, près de Venise.

Castletown Follies

Fermant la perspective au nord de la maison se dresse l'extraordinaire **obélisque de Castletown**, la « folie de Conolly » *(visible des fenêtres de la Long Gallery et de la route entre Maynooth et Castletown)*. Posé sur deux étages d'arches, il a été érigé en mémoire de « Speaker » Conolly par sa femme sur des plans de Richard Castle, afin de donner du travail aux ouvriers pendant le terrible hiver de 1739.

La **Wonderful Barn**, « grange merveilleuse » édifiée en 1743, ferme la perspective du nord-est *(propriété privée ; 5 km à l'est de Castletown House par la R 403 et la R 404)*. De forme conique, entourée d'un escalier extérieur en spirale, elle contient quatre dômes en brique de taille décroissante, qui servaient à sécher et emmagasiner le grain.

Steam Museum

8 km au sud par la R 406. ♿ Juin-août : tlj sf lun. et j. fériés 14h-17h30 (dernière entrée) ; dim. de Pâques à fin mai et sept. : dim. et j. fériés 14h30-17h (dernière entrée). 7,50 € (enf. 5 €, famille 20 €). ✆ 01 627 3155. www.steam-museum.ie

L'église néogothique autrefois fréquentée par les mécaniciens du Great Southern & Western Railway a été transférée de son site d'origine (les ateliers d'Inchicore, près de Dublin) pour remplir ici sa nouvelle vocation de musée. Elle abrite entre autres une **salle des modèles réduits** *(Model Hall)*, qui rassemble une fascinante collection de plus de 20 belles locomotives, commençant à la fin du 18e s. La **salle des machines** *(Power Hall)* expose une collection de machines imposantes, qui autrefois faisaient fonctionner moulins, distilleries et brasseries, et la machine à triple détente du navire *SS Divis*, de Belfast.

COMTÉ DE FINGAL★

Au nord de la M 50.

La région située au nord de Dublin, une riche terre agricole bordée par un long littoral, a repris en 1994 son ancien nom de Fingal. La station balnéaire de **Skerries** dispose de plusieurs plages, et une colonie de phoques gris y a élu domicile ; mais c'est aussi le centre de pêche des fameuses langoustines de la baie de Dublin. Autre station réputée, **Portmarnock** est connu pour sa longue plage de sable, le Velvet Strand, et son terrain de golf de classe internationale. Au Moyen Âge, le Fingal faisait partie du Pale *(voir Trim)* ; on y trouve plusieurs sites historiques, des parcs élégants entourant de majestueux manoirs et la charmante station balnéaire résidentielle de Malahide.

Malahide Castle★★

13 km au nord de Dublin par la R 107 ou par la M 1 et la R 106. Avr.-oct. : 10h-17h, dim. et j. fériés 11h-18h ; nov.-mars : 10h-12h45, 14h-17h, dim. et j. fériés 11h-17h. 7,25 € (famille 21 €). Visite au Fry Model Railway Museum incluse. ✆ 01 846 2184, 846 2516. www.visitdublin.com

Le château a appartenu durant près de huit siècles à la famille Talbot. Son grand domaine avait été octroyé à Richard Talbot, venu en Irlande en 1177 avec Henry II Plantagenêt. Construit autour de sa tour ronde du 14e s., il a été agrandi de manière pittoresque au fil des siècles : grande salle (15e s.) et pièces de réception (18e s.), toujours ornées de certains meubles d'origine et de magnifiques **stucs rococo**. Aujourd'hui dans le domaine public, le château a conservé toute son atmosphère, renforcée par la présence de portraits appartenant aux collections de la National Portrait Collection. La **grande salle** est dominée par *La Bataille de la Boyne*, due à Jan Wyck. Quatorze membres de la famille Talbot, tous jacobites, y auraient péri. Ils avaient pris leur petit-déjeuner le matin même au château. Les **jardins botaniques Talbot** (7,5 ha dont 1,5 enclos de murs) sont en grande partie l'œuvre de Milo, le dernier lord Talbot, entre 1948 et 1973. Passionné par les plantes de l'hémisphère Sud, il a rassemblé une superbe collection d'arbres et d'arbustes. De part et d'autre de belles pelouses, l'ensemble forme un cadre superbe au château.

Castletown House.

La pointe de Howth.

Malahide Castle.

Fry Model Railway Museum – *Dans la cour du château de Malahide. Lun.-sam. 10h-13h, 14h-17 ; dim. et j. fériés 13h-17h. 01 846 3779. www.visitdublin.com.* Dans les communs du château, le musée Fry du Chemin de fer expose les modèles réduits fabriqués par Cyril Fry et un immense réseau de modèles réduits à l'échelle O, en état de marche, avec des reproductions de différentes gares.

Tara's Palace – *Horaires du Fry Model Railway Museum.* Cette splendide maison de poupée recrée en miniature le faste de trois beaux manoirs irlandais du 18e s.

Le président Conolly

William Conolly (1662-1729), juriste d'origine modeste né à Ballyshannon *(voir Donegal)*, fait fortune en négociant astucieusement la vente des domaines confisqués après la bataille de la Boyne. Élu représentant du Donegal au Parlement en 1692, il devient président *(Speaker)* de la Chambre irlandaise des communes en 1715, et l'un des hommes politiques les plus puissants du pays.

Swords (Sord)

13 km au nord de Dublin par la M 1. Lun. et merc.-jeu. 10h-12h, 13h-16h, vend. 10h-12h, 13h-15h. 01 890 5629. www.fingalcoco.ie

L'histoire de cette ville dynamique, chef-lieu du comté du Fingal, remonte au 6e s., quand saint Columba a fondé un monastère sur le sommet d'une petite colline, à l'ouest du centre moderne de la ville. Cet emplacement est marqué par l'église anglicane, un **clocher rond** du 9e s. et une **tour normande** du 12e s. À l'extrémité nord de la ville s'élève le **château de Swords**, résidence d'été des archevêques de Dublin ; ses importants vestiges comprennent l'impressionnante double tour du Gouverneur, entièrement restaurée.

Newbridge House★

16 km au nord de Dublin par la M 1 et une petite route vers l'est jusqu'à Donabate. Avr.- sept. : visite guidée (45mn) tlj sf lun. 10h-13h, 14h-17h, dim. et j. fériés 14h-18h ; oct.- mars : w.-end et j. fériés 14h-17h (dernière entrée 1h av. fermeture). Maison 7 € (famille 18 €) ; ferme 3,50 € (famille 10 €). 01 843 6534. www.fingal-dublin.com

Cette résidence campagnarde georgienne, dessinée par George Semple, s'élève à la lisière ouest du bourg de Donabate sur un vaste terrain, un des plus beaux exemples de parc à l'anglaise subsistant en Irlande. Elle a été bâtie vers 1740 pour Charles Cobbe, venu en Irlande en 1717 comme chapelain du lord-lieutenant, et devenu plus tard archevêque de Dublin *(portrait dans le vestibule)*.

La **visite guidée** du rez-de-chaussée et du sous-sol permet de découvrir un intérieur qui est resté inchangé pendant des décennies, voire des siècles. De nombreux meubles d'origine sont restés, pour la plupart œuvres d'artisans dublinois, ainsi que de magnifiques **stucs** et plâtres ouvragés du 18e et du début du 19e s. Vers 1760, le fils de l'archevêque et son épouse, souhaitant disposer d'une pièce de réception plus vaste, ajoutent le très beau **salon rouge** : il a conservé son papier peint, ses rideaux et son tapis disposé en 1820. Élément curieux et rare, le **musée de la Famille** a été commencé en 1790, et décoré dans le style chinois. Grands voyageurs, les Cobbes l'ont rempli de souvenirs, trophées et objets exotiques rapportés de leurs nombreux périples à l'étranger. La **buanderie** du sous-sol et la splendide **cuisine** du 18e s. sont encore équipées de leur matériel d'époque.

Ferme traditionnelle – Un musée de la vie rurale entoure la vaste **cour** pavée (1790) : laiterie (19e s.), maison d'ouvriers, atelier de menuiserie, forge, écuries et la remise à voitures, qui abrite une berline à 13 places et le carrosse (1790) du Grand Chancelier *(lord Chancellor)*. Des enclos abritent les animaux domestiques. Le grand jardin clos a été converti en verger pendant la Seconde Guerre mondiale.

Lusk Heritage Centre

21 km au nord de Dublin par la M 1 et la R 127 jusqu'à Lusk. De mi-juin à mi-sept. : vend. 10h-17h (dernière entrée 16h15). Visite guidée sur demande (30mn). 01 6472461.

Le centre est logé dans une tour de l'église anglicane de Lusk, qui a intégré dans sa construction un clocher rond plus ancien. Il retrace l'histoire du monastère fondé ici au 5e s. Mais son attrait majeur est le tombeau de Christopher Barnewall et de son épouse Marion Sharl. La décoration Renaissance de cette tombe est presque unique en Irlande à cette date précoce (1589).

Skerries Mills

32 km au nord de Dublin par la M 1 et la R 127. 10h30-17h30 (oct.-mars 16h30). Fermé Vend. saint, 20 déc.-1er janv. 6,50 €, famille 13 €. 01 849 5208. www.skerriesmills.org

À partir d'un premier moulin du 16e s. s'est développé tout un complexe entourant un moulin à eau, deux moulins à vent (à 4 et 5 ailes), des biefs, une retenue et des marais. Ce rare exemple survivant des techniques des 17e, 18e et 19e s. a été restauré et est en état de marche.

Ardgillan Castle

35 km au nord de Dublin par la M 1 et une petite route vers l'est jusqu'à Balbriggan. Parking gratuit à l'entrée du parc et près du château. Juil.-août : 11h-21h ; avr.-juin et sept. : tlj sf lun. 11h-18h ; oct.-mars : tlj sf lun. 11h-17h. Fermé 23 déc.-1er janv. Possibilité de visite guidée de la demeure 5 €, famille 13 €. Parc de jeux pour enfants. ☎ 01 849 2212.

Sur la côte nord de Skerries, cette demeure campagnarde georgienne a été achetée en 1737 par la famille Taylor, dont l'ancêtre, Thomas, était un géomètre venu en Irlande en 1650 pour participer à l'établissement du cadastre.

L'intérieur rassemble salle de billard, salon, salle à manger, petit salon et bibliothèque, abritant des souvenirs et du mobilier de la famille Taylor. Cuisines, cellier et arrière-cuisine occupent le vaste sous-sol. À l'étage, une très intéressante exposition est consacrée au **Down Survey** *(voir encadré ci-dessous).*

Au-delà des roseraies s'étendent les jardins clos, parterres géométriques de pelouse, de fleurs ou de légumes. Un rang de 21 ifs forme écran devant la façade ouest. La grande étendue de prés et de bois qui descend jusqu'au rivage est peuplée de quantité d'oiseaux et d'animaux.

Le cadastre – Down Survey

Au cours de la colonisation sous Cromwell, près de la moitié des terres irlandaises ont été confisquées et redistribuées. Cela a nécessité la réalisation de cartes précises. Ce travail a été réalisé par sir **William Petty** et son équipe d'arpenteurs hâtivement constituée, en l'espace de seulement 13 mois (1655-1656). L'opération a été baptisée *Down Survey*, non pas pour un quelconque lien avec le comté de Down, mais parce que ses conclusions ont été reportées *(set down)* sur des cartes, et non sur des tableaux comme c'était la coutume auparavant. Les cartes ont été dessinées et coloriées une à une, et plusieurs séries furent réalisées. En 1707, le jeu de cartes de Petty, expédié de Dublin à Londres, a été saisi par les Français. Ces cartes sont aujourd'hui conservées à la Bibliothèque nationale.

Dublin pratique

Adresses utiles

Dublin Tourism Centre – *Suffolk Street - ☎ 1850 230 330 - www.visitdublin.com - 2 janv.-31 déc. lun.-sam. 9h-17h30, dim. 10h30-15h ; juin. et sept. : lun.-sam. 9h-19h, dim. 10h30-15h ; juil.-août : lun.-sam. 9h-19h, dim. 10h30-17h ; j. fériés : 10h30-15h - fermé 25-26 déc. et 1er janv.*

O'Connell Street - Dublin 1 - tlj sf dim. 9h-17h, fermé j. fériés.

Temple Bar Information Centre – *12 East Essex Street - ☎ 01 677 2255 - www.temple-bar.ie - été : lun.-vend. 9h-17h30, sam. 10h-18h, dim. 12h-15h ; hiver : lun.-vend. 9h-17h30, sam. 10h-17h30, dim. 12h-15h - fermé j. fériés.* Le centre fournit une liste des activités proposées et sites à visiter.

Aéroport de Dublin – *Terminal des arrivées - tlj 8h-22h - fermé 1er janv.*

Dun Laoghaire – *Ferry Terminal - tlj sf dim. 10h-12h45, 14h-18h - fermé 1er janv.*

Transports

Aéroport international de Dublin – *☎ 01 814 1111 - www.dublinairport.com*
La ligne de bus **Aerdart** relie l'aéroport de Dublin aux trains DART.

Air Link, service de navettes géré par Dublin Bus *(voir ci-après)* entre l'aéroport et le centre, dessert les arrêts suivants : O'Connell Street, gare routière centrale *(Store Street)*, gare de Connolly, et Parnell Square West.

En train – Liaisons ferroviaires avec Dublin *(voir p. 29)*.

En DART – Le chemin de fer **Dublin Area Rapid Transport** suit la côte sur 40 km entre Howth (au nord) et Bray (au sud), en passant par trois gares au centre de Dublin, Connolly, Tara Street et Pearse. Le service est assuré tous les jours de 6h (9h le dim.) à 23h30. Les trains se succèdent toutes les 5 à 10mn aux heures de grande affluence et toutes les 15mn en heures creuses. Le **ticket à la journée** (nombre de voyages illimité) donnant accès à l'ensemble du réseau, soit pour les bus seuls (6 €), soit pour les bus et le train DART (9,30 €), est en vente dans toutes les stations. Pour le train seul, le prix est calculé en fonction de la distance.

En Bus – *Dublin Bus - 59 Upper O'Connell Street, Dublin 1 - ☎ 01 703 3028 -www.dublinbus.ie - lun. 8h30-17h30, mar.-vend. 9h-17h30, sam. 9h-14h - fermé dim.*
Le réseau couvre toute la ville au départ de **Central Bus Station** *(Busáras)*, qui se trouve dans Shore Street (derrière Custom House). Tous les bus arborant la mention *An Lár* se rendent au centre-ville.
Le prix d'un **ticket simple** varie suivant le nombre de stations, de 1 € à 1,90 €. Les pièces doivent être introduites dans une boîte, mais pensez à faire l'appoint car les chauffeurs ne rendent pas la monnaie. Les tickets en vente sont exclusivement réservés aux voyages en autobus ou aux voyages combinés (réseaux DART et Dublin Bus).

Les bus dublinois s'arrêtent de circuler à 23h30. Les bus **Nitelinks** assurent alors le service de nuit. *Jeu., vend. et sam., ttes les 20mn entre 0h30 et 4h30 au départ de Westmoreland Street, D'Olier Street et College Green (près de Trinity College). Pas de service de nuit le dim.*

En tramway – Le réseau Dublin LUAS System offre deux lignes au départ du centre : Abbey Street, vers le sud-ouest par Drimnagh jusqu'à Tallaght ; St Stephen's Green vers le sud par Ranelagh et Dundrum jusqu'à Sandyford. Des parkings sont prévus pour les automobilistes qui empruntent la ligne.

Ecocabs – *www.ecocabs.ie.* Ces **tricycles** conduits par de jeunes sportifs arpentent le centre-ville de 11h à 19h. Ils permettent de circuler gratuitement dans Dublin, et qui plus est sans polluer ! Vous les trouverez devant l'office de tourisme ou sur O'Connell Street.

En taxi – *City Cab - ☎ 01 872 72 72, National radio cab - ☎ 01 677 22 22.*
Les trois principales **stations** du centre-ville sont situées sur O'Connell Street, Dame Street et St Stephen's Green. Vous pouvez aussi téléphoner pour réserver un taxi. La course est facturée au compteur avec un supplément pour les bagages.

En voiture – Au centre de Dublin, vous trouvez des **parkings payants** et des zones où le stationnement se paie au moyen d'**horodateurs**.
Les places de stationnement sont très réglementées et la fourrière impitoyable. Les **doubles lignes jaunes** signalent une interdiction permanente de stationnement. Les lignes jaunes simples signalent une interdiction aux heures indiquées par un panneau. Sont aussi interdits aux heures indiquées par un panneau les couloirs de bus et les voies à grande circulation. Les places de parking attribuées aux **handicapés** sont strictement réservées aux véhicules arborant le macaron handicapé.
Le non-respect de la réglementation peut entraîner l'immobilisation du véhicule par un **sabot**, dont le retrait coûte environ 150 €. On peut payer l'amende soit par téléphone, en indiquant son numéro de carte de crédit, soit encore au Parking Shop *(16 Bachelor's Walk - ☎ 01 602 2500)* par carte de crédit, en espèces ou par chèque.

Bon à savoir – Le plus simple et le plus sûr (en raison des vols assez fréquents) est de choisir un parking gardé dont la liste est disponible à l'office de tourisme.
Les parkings couverts les plus grands sont Arnotts, Middle Abbey Street, situé dans le nord de la ville, et Brown Thomas, Clarendon Street 2, situé dans le sud.

Autour de la ville, un système de numérotation des parkings, correspondant aux numéros des embranchements routiers, facilite le repérage.

Les seules voies à **péage** sont la Dublin East-Link (1,45 €), qui traverse l'estuaire de la Liffey, et la Dublin West-Link (0,80 €), qui court du nord au sud à la limite ouest de la ville. *☎ 01 668 2888 (East-Link) - 01 820 2000 (West-Link).*

Visites

Dublin Pass – *31 € pour 1 j., 49 € pour 2 j., 59 € pour 3 j. et 89 € pour 6 j. En vente dans tous les offices de tourisme de Dublin ou sur www.dublinpass.com.* Cette carte vous permet d'accéder librement à une trentaine de sites.

DANS LE CENTRE

Plusieurs compagnies organisent des **visites guidées** en plusieurs langues du centre-ville en bus à impériale découvert. La visite complète (2h45) comprend les sites les plus célèbres et l'accompagnement par un guide confirmé.

Bon à savoir – Les excursions en bus avec arrêts permettent de faire du tourisme toute la journée. Vous pouvez ainsi quitter le bus à l'un de ses nombreux arrêts, visiter un site sans restriction de temps, puis reprendre un des bus suivants et poursuivre l'excursion touristique sans supplément de prix.

City Sightseeing – *Dublin Tourism Centre, Suffolk Street - ☎ 01 605 7705 ou 01 458 0054 - www.irishcitytours.com - été : 9h15-18h ; hiver : 9h30-17h - ttes les 10 à 20mn - durée 1h30 - 16 € (ticket valable pendant 24h, 25 arrêts).*

City Tour Hop On - Hop Off – *59 Upper O'Connell Street - ☎ 01 873 4222 - www.dublinsightseeing.ie - 9h30-18h30 - ttes les 10 à 30mn - durée 1h30 -15 € (ticket valable pendant 24h, 23 arrêts).*

Dublin's Rock 'N' Roll, Writers Bus Tour – *Cherry Orchard Business Centre - ☎ 01 620 3929 - www.dublinrocktour.ie - dép. de Westmoreland Street à 12h30, 14h30, 16h30 et 18h30 - durée 1h15 - 15 €.* Visite des lieux cultes de l'histoire littéraire et musicale de Dublin à bord d'un bus.

Liffey River Cruises – *The Boardwalk, Bachelors Walk - ☎ 01 473 4082 - www.liffeyrivercruises.com - dép. de Bachelors Walk - mars-nov. 11h, 12h, 13h45, 14h45, 16h (17h avr.-sept.) - durée 45mn - 13 €.* Mini-croisière sur la Liffey pour une visite historique de Dublin depuis l'invasion Viking jusqu'à nos jours.

Viking Splash Tours – *64-65 Patrick Street - ☎ 01 707 6000 - www.vikingsplash.ie - dép. de Stephens Green, au coin de Dawson Street 10h, 11h30, 14h et 15h30 ; dép. de Bull Alley, à côté de la cathédrale St-Patrick 10h30, 12h, 14h et 15h30 - durée 1h15 - 20 €.* Circuit découverte de Dublin à terre et sur l'eau à bord d'un véhicule amphibie de 1940 réhabilité.

The Victorian Carriage Company – *Dawson Street - ☎ 086 603 3221 - www.victoriancarriagecompany.com - dép. à 14h et 16h de St. Stephen's Green, en haut de Dawson Street - durée 1h - 20 €.* Visite historique de la ville en bus calèche.

À pied

Dublin Tourism Centre organise aussi trois promenades à **thème historique** suivant des itinéraires du patrimoine *(Heritage Trails)*, qui font découvrir les événements majeurs de l'histoire irlandaise. Un **circuit littéraire** est aussi proposé, ainsi que des tournées de **pubs** typiques ou de pubs à ambiance musicale irlandaise :

Dublin Historical Walking Tour – *☎ 01 878 0227 - www.historicalinsights.ie - dép. de Trinity College, portail principal - mai-sept. : tlj 11h, 15h ; oct.-avr. : tlj 11h ; nov.-mars : vend., sam. et dim. 11h - 12 €.*

1916 Rebellion Walking Tour – *☎ 0868 583 847 - www.1916rising.com - dép. de The International Bar, 23 Wicklow Street - mars-oct. lun.-sam. 11h30, dim. 13h - durée 2h environ - 12 €.*

Literary Tour, promenade littéraire – *☎ 01 670 5602 - www.dublinpubcrawl.com - dép. du pub The Duke, Duke Street - avr.-oct. : tlj 19h30, nov.-mars : jeu.-dim. 19h30 - 12 €.*

Traditional Irish Musical Pub Crawl – *20 Lower Stephens Street - ☎ 01 475 3313 - www.discoverdublin.ie - dép. d'Oliver Street John Gogarty's Pub à Temple Bar - mai-oct. : tlj 19h30, hiver : jeu., vend. et sam. 19h30 - 12 €.* Visite dirigée par deux musiciens professionnels qui jouent et chantent tout en racontant l'histoire de la musique irlandaise.

AUX ALENTOURS

Certaines compagnies de bus organisent également des **excursions** d'une demi-journée ou d'une journée dans la région de Dublin.

Dublin Bus – *59 Upper O'Connell Street, Dublin 1 - ☎ 01 703 3028 - www.dublinbus.ie - Excursions à la demi-journée - dép. 11h pour la côté sud jusqu'à Bray et Greystones, avec retour par l'intérieur via Enniskerry ; 10h et 14h pour la côte nord jusqu'à Howth et Malahide - 25 €.*

Gray Line Tours Ireland – *Dublin Tourism Centre - Suffolk Street - ☎ 01 605 7705 - www.irishcitytours.com - de 25 à 38 € selon la destination.* Excursions d'une demi-journée ou une journée au départ de Dublin pour Newgrange, Powerscourt, Glendalough et Kildare. Circuits de 2 et 3 jours vers d'autres régions d'Irlande.

Pour les adeptes du **vélo**, des excursions sont proposées pour arpenter la côte sud de Dublin, seul ou en compagnie d'un guide qui indique les principaux sites culturels et historiques et évite les routes les plus fréquentées.

Irish Cycling Safaris – *Belfield Bike Shop, University College - ☎ 01 260 0749 - www.cyclingsafaris.com - dép. tous les sam.*

10h30 - 25 € par pers. (le prix comprend la location de la bicyclette et une carte détaillée de l'itinéraire).

Se loger

Bon à savoir – Le parc hôtelier est très insuffisant, particulièrement le week-end et en été. Hôtels et bed & breakfast sont chers et souvent complets. Quel que soit le type d'hébergement, réservez plusieurs semaines à l'avance. En cas de difficulté, vous trouverez plus facilement à vous loger au nord de la Liffey ou en banlieue. Ne vous étonnez pas de trouver différents prix : les tarifs peuvent varier entre la semaine et le week-end. Le site internet de l'office de tourisme *(www.visitdublin.com)* propose régulièrement des offres spéciales « dernière minute » vous permettant de bénéficier de 20 à 80 % de réduction sur les tarifs d'hébergement.

Oak Lodge – **Plan I** - *4 Pembroke Park - 01 660 6096 - fax 01 668 1721 - www.oaklodge.ie - - 3 ch. 70/80 €* . Dans une rue paisible de maisons en brique rouge dotées de jolis jardins, ce petit B & B propose de grandes chambres meublées avec goût. Bon rapport qualité-prix pour le quartier.

Abbott Lodge – **Plan II** - *87/88 Gardener Street Lower - 01 836 5548 - www.abbottlodge.com - 30 ch. 70/90 €* . Chambres spacieuses et confortables offrant de quoi se préparer thé et café. Prix plus élevés le w.-end et en période de festivités.

Aston Hotel – **Plan II** - *7-9 Aston Quay - 01 677 9300 - fax 01 677 9007 - stay@aston-hotel.com - fermé 24-27 déc. - 27 ch. 60/150 €.* Nette, bien tenue et accueillante, cette maison du centre offre une salle de bains privative dans chaque chambre, la moitié d'entre elles avec vue sur la rivière. Le petit salon et le bar permettent de se détendre après une journée de visite.

Kellys – **Plan II** - *36-37 South Great George Street - 01 677 9277 - fax 01 671 3216 - 27 ch. 80/100 €* . Ancien et partiellement rénové, c'est l'un des rares hôtels du centre tenu par une famille. Il propose un niveau de confort simple en contrepartie d'une situation idéale et d'un accueil chaleureux.

Anglesea Town House – **Plan I** - *63 Anglesea Road - 01 668 3877 - fax 01 668 3461 - fermé 1er janv., Noël - 7 ch. 130 €/150 €* . Dans un faubourg résidentiel recherché, cette maison de brique rouge couverte de lierre propose des équipements modernes haut de gamme et des chambres au décor personnalisé. Propre, confortable. La véranda lumineuse sert de salle de petit-déjeuner.

Jury Inn Christchurch – **Plan II** - *Christchurch Place - 01 454 0000 - fax 01 454 0012 - jurysinnchristchurch@jurysdoyle.com - fermé 24-26 déc. - 182 ch. 99/215 € - 8,50 € - rest. 21,50 €.* À la limite ouest de Temple Bar, et à deux pas du centre-ville. Le style de cet hôtel manque peut-être d'originalité, mais il compense cela par sa situation idéale et un bon rapport qualité-prix. Chambres fonctionnelles mais très confortables.

Lynam's – **Plan II** - *63-64 O'Connell Street - 01 888 0856 - fax 01 888 0890 - www.lynams-hotel.com - lynamhtl@indigo.ie - fermé 22-26 déc. - 41 ch. 120/180 €* . Deux maisons georgiennes sur la grande artère commerçante : on ne peut guère être plus proche du centre. Plusieurs chambres sont un peu petites, mais toutes sont bien tenues et le propriétaire veille à la chaleur de l'accueil.

Trinity Lodge – **Plan II** - *12 South Frederick Street - 01 617 0900 - fax 01 617 0999 - trinitylodge@eircom.net - fermé Noël - 16 ch. 140/180 € - rest. 25/46 € (fermé dim.).* L'établissement bénéficie de sa situation, au centre-ville, mais aussi d'une des rues les plus calmes. Maison de ville georgienne modernisée proposant des chambres propres, confortables et bien meublées.

Brownes Townhouse – **Plan II** - *22 St Stephen's Green - 01 638 3939 - fax 01 638 3900 - www.brownesdublin.com - fermé 24 déc.-4 janv. - - 12 ch. 190/430 € - 12,50/20 € - rest. 35/50 €.* Difficile de faire mieux pour l'emplacement que cette maison georgienne, restaurée de façon accueillante, sur St Stephen's Green au cœur de Dublin. L'escalier d'origine et les lits à baldaquin contribuent à recréer une ambiance d'époque.

Se restaurer

Bon à savoir – Dublin regorge de restaurants, pubs ou *fish & chips*. Tous les musées possèdent une cafétéria, mais vous obtiendrez un meilleur rapport qualité-prix autour d'un *carvery lunch* ; servis dans les pubs ou au bar des hôtels, ces plats copieux comportent une viande accompagnée d'un assortiment de légumes. Pour dîner, le choix est plus limité : rares sont les pubs qui servent à manger le soir. Au restaurant, réservation conseillée.

The Bad Ass Café – **Plan II** - *Crown Alley - 01 671 2596 - -lun.-jeu. 12h-21h, vend.-sam. 9h-23h, dim. 10h-21h - 20/25 €.* Pour goûter l'ambiance et entrer de plein fouet dans l'animation de Temple Bar, une première étape s'impose ici. Criard, bruyant, le café offre une sélection sans prétention de grillades et de pizzas.

MacGowans – **Plan I** - *16 Phibsborough Road - 01 830 6606 - - 20 €.* Très animé, ce pub marie l'exubérance irlandaise et la cuisine américaine, peut-être à déconseiller à ceux qui comptent les calories. Le pub est connu pour son comptoir de bar d'une longueur exceptionnelle et son ouverture tardive.

Nancy Hands Pub & Restaurant – **Plan I** - *30-32 Parkgate Street - 01 677 0149 - - tlj 12h-15h, 18h-22h - 25 €.* Réputé pour son grand choix de whiskys irlandais et sa décoration déroutante, non dénuée de charme victorien, cet établissement sert une cuisine de pub assez typique, en portions généreuses.

Bistro One – **Plan I** - *3 Brighton Road, Foxrock (13 km au sud-est de Dublin par la N 11) - 01 289 7711 - réserv. indispensable - fermé 25 déc.-3 janv., dim., lun. - menu midi 20 €, carte 20/30 €.* Nappes à carreaux, plats du jour signalés sur une ardoise contribuent à l'ambiance détendue de ce bistrot caché dans un quartier résidentiel du sud de Dublin. Il prépare une cuisine moderne, avec parfois une note asiatique.

The Cellar Bar – **Plan II** - *Upper Merrion Street (à l'hôtel Merrion) - 01 603 0630 - fermé sam. midi - menu midi 25 € - carte dîner 31/58 €.* Il vaut mieux réserver pour le déjeuner, les tables sont très recherchées dans cette cave georgienne restaurée, avec voûte et murs de briques apparentes. La carte propose des plats irlandais traditionnels. Le soir, l'endroit devient un bar très fréquenté, avec orchestre le mar. soir.

Dobbin's – **Plan II** - *15 Stephen's Lane, off Lower Mount Street - 01 661 9536 - fermé 1 sem. entre Noël et Jour de l'an, Vend. saint, sam. midi, dim. soir, j. fériés - P - menu 21/35 €, carte 47/61 €. Réservation indispensable.* La présence de cette cabane provisoire en plein cœur du quartier financier semble surréaliste tant elle est incongrue, avec son sol saupoudré de sciure. L'ambiance animée et conviviale illustre bien sa réputation comme l'une des institutions dublinoises.

L'Gueleton – **Plan II** - *1 Fade Street (derrière le pub Hogans) - 01 675 3708 - fermé 25 déc.-1er janv., dim. et j. fériés - 27/42 €.* Un bistrot parigo-dublinois, où l'on aime s'attabler ensemble le temps d'un dîner entre amis. Plats étudiés et produits frais pour une cuisine très réussie, servie par une bonne carte des vins.

Bang Café – **Plan II** - *11 Merrion Row - 01 676 0898 - www.bangrestaurant.com - fermé 2 sem. fin déc.-déb. janv., dim. - menu 40/50 €, carte 31/48 € - réservation indispensable.* On goûte l'air du temps dans cet endroit franchement décontracté, assorti à l'animation des rues avoisinantes. Le personnel bavarde volontiers, et la cuisine ouverte sert un choix de plats traditionnels et d'autres plus créatifs.

Siam Thai – **Plan II** - *14-15 Andrew Street - 01 677 3363 - fermé 25-26 déc., sam. midi et dim. - menu 15/35 €, carte 29/44 €.* Adresse reconnue pour son excellente cuisine thaïlandaise. Vaste choix à la carte et plats originaux. Service charmant et chaleureux.

Chapter One – **Plan II** - *18-19 The Dublin Writers Museum, Parnell Square - 01 873 2266/2281 - fermé 24 déc.-9 janv., dim., lun., sam. midi, j. fériés - P - autour de 50 €.* Des tableaux contemporains ornent les épais murs de granit de cette immense salle au sous-sol du musée des Écrivains. La cuisine est créative et le personnel attentif. Une alcôve voûtée accueille les groupes.

Jacobs Ladder – **Plan II** - *4-5 Nassau Street - 01 670 3865 - www.jacobsladder.ie - réservation indispensable - fermé 17 mars, Vend. saint, 1 sem. août, 2 sem. Noël-1er janv., dim., lun. - menu 44 €, carte 47/61 €.* Ce restaurant au premier étage, qui donne sur le parc de Trinity College, propose un excellent rapport qualité-prix pour le déjeuner. Le chef propriétaire prépare une cuisine irlandaise contemporaine dans un décor moderne approprié. La carte des vins a été soigneusement choisie.

Balzac – **Plan II** - *35-36 Dawson Street (à l'hôtel La Stampa) - 01 677 4444 - fermé sam. et dim. midi - menu 22 €, carte 40/50 €.* N'allez pas plus loin si vous recherchez une authentique ambiance de restaurant dublinois. L'atmosphère est vibrante d'animation autour de cette salle de bal du 19e s. reconvertie, ornée de grands miroirs, d'objets d'art authentiques et d'un plafond sophistiqué en mosaïque. La cuisine est aussi moderne que l'ambiance.

Brownes brasserie – **Plan II** - *22 Street Stephen's Green (à Brownes Townhouse, voir « Se Loger ») - 01 638 3939 - réservation indispensable - fermé 24 déc.-4 janv., sam. midi - 35/50 €.* Il est nécessaire de réserver sa table dans cette brasserie toujours très fréquentée, à l'ambiance européenne dans le style Belle Époque. Le point fort de la carte, plutôt européenne aussi, ce sont les produits de la mer.

The Tea Room – **Plan II** - *6-8 Wellington Quay (à l'hôtel Clarence) - 01 407 0813 - fermé sam. midi, 24-25 déc. - menu 31 €, carte 49/81 € - réservation indispensable.* Des fenêtres hautes de deux étages apportent en journée des flots de lumière dans ce restaurant recherché. Ses fraîches couleurs pastel reflètent l'ambiance, tout en discrétion et légèreté. La carte propose une cuisine irlandaise actuelle à base d'ingrédients de toute première qualité.

Mermaid Café – **Plan II** - *69-70 Dame Street - 01 670 8236 - menu midi 27 €, carte 40/51 € - réservation indispensable.* L'ambiance effervescente et la carte à prix raisonnable attirent ici une clientèle jeune et branchée. La carte, éclectique, est influencée par les cuisines du monde. Les plats du jour figurent au tableau noir.

Patrick Guilbaud – **Plan II** - *21 Upper Merrion Street - 01 676 4192 - fermé Vend. saint, 25-26 déc., 17 mars, dim. et lun. - menu midi 47 €, carte 88/131 €.* Le restaurant le plus connu de la ville occupe une maison de ville georgienne attenante à l'hôtel Merrion. La cuisine exceptionnelle, le voisinage cosmopolite et le personnel stylé contribuent à en faire une expérience gastronomique mémorable.

Faire une pause

Bon à savoir – Les **pubs** sont au centre de la vie sociale pour toutes les classes et les catégories d'âges. Beaucoup d'entre eux furent des lieux d'inspiration littéraire et artistique, et chaque année le *James Joyce Pub Award* récompense les pubs les plus conformes à la tradition. Si Temple Bar demeure donc le quartier où la concentration de pubs est la plus importante dans la capitale, n'hésitez pas à vous aventurer en dehors de ses ruelles pour retrouver un peu de calme et d'authenticité.

Abbey Tavern – *Howth - 01 832 2006 - à partir de 10h30.* Ce pub au nord de Dublin existe depuis 1879. Il a du charme, une vraie authenticité et une atmosphère très conviviale. Il est connu pour ses concerts de musique traditionnelle irlandaise, tous les soirs à partir de 20h30, avec les « Abbey Singers et Musicians ».

Brazen Head – *20 Lower Bridge Street - 01 679 5186 - www.brazenhead.com - à partir de 10h30, dim. 12h-minuit.* Ce pub se targue d'être le plus ancien de la ville, car il est bâti sur le site d'une taverne du 12e s. L'affluence des touristes ne paraît nuire en rien à son atmosphère authentique. Il est bon de venir tôt prendre une place pour écouter la musique. La terrasse est bien agréable.

Butlers Chocolate Café – *24 Wicklow Street - 01 671 0599 - www.butlerschocolates.com - 8h-18h.* C'est le meilleur endroit pour acheter des chocolats. Petite saveur d'Irlande : mordez dans la truffe au Jameson, pleine de whisky irlandais. C'est aussi le lieu idéal où faire une pause dans la matinée ; à la place d'un café ou d'un thé, prenez la spécialité de la maison, un chocolat chaud.

Café Bewley – *Grafton Street - 635 5470 - 7h30-23h, dim. 8h-11h.* La vie de café par excellence. Café et gâteau ou repas complet, une petite halte s'impose, pour la salle Harry Clarke, mais aussi pour les tickets « Café Cabaret » le soir.

Café-en-Seine – *40 Dawson Street - 01 677 4369 -lun.-merc. 9h-12h30, mar.-sam. 9h-14h30.* Avec son décor parisien fin de siècle, ce café représente la nouvelle vague d'établissements associant café, bar et brasserie. Avec son très long bar à la mode, il attire une clientèle jeune et branchée.

La Cave – *28 South Anne Street - 01 679 4409.* À deux pas de Grafton Street, c'est le plus vieux bar à vins français de Dublin ; il sert aussi une cuisine française.

Cleary's – *36 Amiens Street - 01 855 2952 - à partir de 11h30.* Un vrai vieux pub à l'ancienne, patiné par des années de fumée de cigarette et de feu de bois, de déclarations véhémentes et de jurons ouvriers. C'est dans ce genre d'endroit que Michael Collins enflammait ses partisans. Peu de chose a changé depuis son époque.

Davy Byrne's – *21 Duke Street - 01 677 5217 - www.davybyrnes.com - 10h30-23h, dim. 11h-23h.* Ce pub pourrait être le plus célèbre de ceux qu'on associe à James Joyce. Il a été souvent remanié au fil des années, mais reste un bar agréable où subsistent quelques touches Arts déco.

Dohenny & Nesbitt – *5 Lower Baggot Street - 01 676 2945 - à partir de 11h30.* Un pub traditionnel apprécié des fonctionnaires du quartier, notamment ceux du ministère des Finances. Les Dublinois aiment à citer l'École d'économie Dohenny & Nesbitt.

Johnnie Fox Pub – *Glencullen - 01 295 5647 - 10h30-23h30, dim. 12h-23h30.* On dirait que le Fox a été mis en scène pour un tournage de cinéma, mais il fonctionne bel et bien depuis 1798. Tout y est irlandais, jusqu'au moindre clou. Rien n'est factice ici, et certainement pas la musique traditionnelle du soir.

Kish Fish – *40-42 Bow Street - 01 872 8211 - merc.-vend. 9h-16h30.* À 100 m à gauche à la sortie de la Old Jameson Distillery, cette jolie petite poissonnerie vend notamment beaucoup de saumon. L'essentiel de la marchandise vient du comté de Galway.

Knightsbridge Bar – *23-25 Bachelor Walk - O'Connell Bridge - 01 804 9100 - www.arlington.ie - à partir de 11h.* Le soir, ce grand bar du cœur de Dublin s'anime. Il y a des distractions tous les soirs, danse ou chant, c'est gratuit. On y voit beaucoup de touristes, mais c'est une expérience à ne pas manquer.

Magill's – *14 Clarendon Street - 01 671 3820 - tlj sf dim. 9h15-17h45.* Près du Powerscourt Shopping Centre, ce traiteur vend du saumon fumé à des prix raisonnables.

Messrs Maguire – *1-2 Burgh Quay - à partir de 11h30.* Ce bâtiment du 19e s. au bord de la Liffey est un bel exemple de mariage entre l'ancien et le moderne. Il offre des coins et recoins confortables, un bar-bibliothèque, un restaurant et une brasserie. Du merc. au dim., un DJ met l'ambiance à partir de 21h.

Mitchell & Son – *21 Kildare Street - ✆ 01 676 0766 - tlj sf dim. 9h-17h45, sam. 10h-17h.* Cette maison de vins a été fondée en 1805 et la 6e génération est aujourd'hui à la barre. Réputée pour son whisky « Green Spot » vieilli dans des fûts à sherry, elle propose aussi tout un choix de vins, whiskies de malt, spiritueux et cigares.

Mulligan's – *8 Poolbeg Street - ✆ 01 677 5582 -lun.-merc. 10h30-23h30, jeu. 10h30-0h30, dim. 13h-23h.* Ce vieux pub célèbre a la saveur de l'authentique. L'intérieur victorien, avec ses boiseries et ses acajous, est idéal pour ceux qui cherchent plus d'intimité. De nombreux journalistes le fréquentent, ainsi que les connaisseurs.

Norseman – *29 East Sussex Street.* Les habitants vous diront que c'est le meilleur pub de Temple Bar, avec son charme traditionnel très personnel. Venez vous y réfugier si les autres sont pleins. Musique traditionnelle et jazz tous les soirs.

Oliver St John Gogarthy – *58-59 Temple Bar - ✆ 01 671 1822 - à partir de 10h30.* Au cœur même de Temple Bar, il est toujours très apprécié des visiteurs de Dublin. Il y a un restaurant à l'étage, et un orchestre tous les soirs jusque tard dans la nuit. C'est le point de départ de la promenade-découverte des pubs musicaux Musical Pub Crawl.

O'Donoghue's – *14-15 Merrion Row - ✆ 01 660 7194/676 2807 - à partir de 10h30.* Il y a bien un peu de touristes, mais ce pub offre tous les soirs, et tout le dim., d'excellents concerts de musique irlandaise traditionnelle. Le groupe célèbre des Dubliners y a fait son apparition fracassante en 1962. Souvent bondé, surtout le week-end.

O'Hooley's – *Gardiner Row - 10h30-23h30, sam. 10h30-0h30, dim. 10h-23h.* En semaine, ce pub est plutôt banal ; mais le sam. soir, il prend vie quand les clients s'occupent de l'animation. Un orchestre dans le style country accompagne les talents locaux, pour partager une chanson ou une ballade traditionnelle. Le projet est de s'amuser, il ne s'agit pas du tout de repérer les talents. La foule n'est ni jeune ni branchée, mais on y trouve la vraie ambiance dublinoise.

Stag's Head – *1 Dame Court - ✆ 01 679 3701.* Encore un établissement en tête du concours du pub victorien le plus célèbre de Dublin. Confortable et plus intime que la plupart des autres, avec un bar en bois poli dominé par un trophée de cerf, il propose un bon choix de bières à la pression.

Temple Bar – *48 Temple Bar - ✆ 01 671 2324 - www.temple-bar.ie - à partir de 10h30.* Ce pub très plaisant est un bon choix pour une soirée. Le programme musical est varié et l'acoustique est bonne. En été, le spectacle se déplace dans le jardin. Il y a même une petite boutique de casquettes et de tee-shirts.

The Auld Dubliner – *Fleet Street - ✆ 01 677 0527 - à partir de 10h30.* Malgré son nom, cet établissement est relativement récent ; mais il s'est déjà forgé une belle réputation pour ses concerts de musique traditionnelle, du jeu. au dim.

The International Bar – *23 Wicklow Street - ✆ 01 697 9250 - à partir de 11h.* Petit bar confortable du centre-ville, il attire une clientèle plutôt jeune avec son théâtre à l'étage, où la comédie alterne avec des orchestres de blues. Les billets sont vendus au bar. Les musiciens y viennent le dim. participer à des « jam sessions » décontractées.

The Long Hall – *51 South Great George Street - ✆ 01 475 1590.* Ce bar victorien n'a guère changé depuis 1880 ; il est connu pour son comptoir interminable. C'est un lieu accueillant et convivial, fréquenté par une clientèle venue du monde entier.

The Madigan's – *25 North Earl Street - ✆ 01 874 5449 - tlj sf dim. à partir de 10h30.* Une authentique ambiance à l'ancienne règne dans ce pub au décor Art nouveau, orné de boiseries et de vitraux aux fenêtres. On y déguste à midi une cuisine traditionnelle. Le buste de James Joyce trône derrière le bar.

The Porter House – *16 Parliament Street - ✆ 01 679 8847 -lun. et merc. 12h-23h30, mar. 12h-0h30, vend.-sam. 13h-02h30, dim. 13h-23h.* La première mini-brasserie de Dublin est vite devenue un lieu branché. On y trouve un large éventail de bières récentes : c'est une halte idéale pour ceux qui souhaitent boire autre chose que la bière brune. Concerts de musique traditionnelle le week-end, moderne en semaine.

Zanzibar – *Lower Ormond Quay - ✆ 01 878 7212 - 16h-03h.* Un exemple type de pub à thème dublinois, avec un décor mauresque excentrique digne de Walt Disney, et une ambiance adaptée sans complexes aux groupes partis pour toute la nuit. Tard dans la soirée, les files d'attente se forment, quand il se transforme en night-club.

Sorties

Bon à savoir – L'office de tourisme propose un programme des événements *(Calendar of Events)* où sont répertoriées la plupart des activités culturelles, musicales, artistiques et sportives. Vous pouvez aussi vous procurer dans les kiosques à journaux le mensuel *In Dublin*, qui annonce les manifestations de tous ordres, en particulier les concerts et spectacles.

Abbey Theatre – *26 Lower Abbey Street - ✆ 01 878 7222 - billetterie 10h30-19h.* Le bâtiment n'est pas superbe, mais il demeure un fier symbole de la culture irlandaise. On y met régulièrement en scène des œuvres des dramaturges irlandais célèbres (Shaw, Synge, Yeats,

O'Casey), mais aussi celles d'auteurs moins connus. Dans le même bâtiment, le Peacock Theatre se consacre aux œuvres contemporaines et expérimentales.

Gaiety Theatre – ✆ *01 677 1717 - www.gaietytheatre.com.* Opéra et comédies musicales.

Gate Theatre – *1 Cavendish Row - ✆ 01 874 4045 - www.gate-theatre.ie - billetterie tlj sf dim. 10h30-19h.* Une autre institution dublinoise, fondée dans les années 1920. Il produit aussi des pièces d'auteurs non irlandais.

Irish Film Centre – *Eustace Street - Temple Bar - ✆ 01 639 3477 - www.irishfilm.ie.* Les cinéphiles trouvent leur bonheur ici toute l'année. Le programme comporte toujours des classiques connus, mais fait aussi une belle place aux réalisateurs irlandais.

Jurys Irish Cabaret – ✆ *01 660 5000 - mai-oct. : tlj sf dim. et lun. à partir de 11h.* Ce cabaret a ouvert en 1960 ; aujourd'hui, il présente 2 000 spectacles par an. Les shows époustouflants durent 2h30, avec musique, chant, danse, dans des styles contemporains et traditionnels. On peut aussi s'y restaurer ou prendre un verre.

National Concert Hall – *Earlsfort Terrace - ✆ 01 417 0077 - risita.wolfe@nch.ie - tlj sf dim. 10h-19h.* La grande salle de concerts de Dublin.

Olympia Theatre – *72 Dame Street - ✆ 01 677 7744.* Le seul théâtre victorien à avoir été épargné par les incendies propose un répertoire varié, des concerts, des comédies musicales et des opéras.

The Burlington Cabaret – *Upper Leeson Street - ✆ 01 660 5222 - mai-oct. : tlj sf mar. à partir de 18h45, dim. à partir de 20h.* Logé dans l'hôtel Burlington, ce cabaret s'annonce comme « une célébration de tout ce que l'Irlande a produit sous forme de comédie, musique, chant et danse ». Deux tarifs, avec ou sans dîner.

Taylor's Three Rock – *Grange Road - Rathfarnham - ✆ 01 494 2999 - tlj sf lun.* Dans ce vaste pub à toit de chaume, mieux vaut être préparé au spectacle dans la salle et au rythme de la musique et de la danse. On a le choix entre trois bars différents, mais ce qui attire la foule, c'est la Music Room où se produisent presque tous les soirs des orchestres et des troupes de danseurs.

Rí-Rá – *11 Dame Court - ✆ 01 670 1220 - www.rira.ie - 23h-02h.* Occupant deux étages, ce night-club bruyant et funky est le plus célèbre de la capitale. Peut-être à cause de cela, il est un peu plus cher que les autres. Pour ceux qui souhaitent prendre un verre plus au calme, il est juste à côté du Globe.

Achats

Bon à savoir – La principale **zone commerçante** de Dublin s'étend de Grafton Street *(rive sud de la Liffey)* à O'Connell Street *(rive nord de la Liffey)*. Dans Nassau Street (sur le côté sud de Trinity College), de nombreux magasins vendent des **produits irlandais**, créations de stylistes irlandais ou souvenirs plus modestes (vêtements, artisanat, poterie, musique et instruments irlandais, armoiries familiales). Les librairies se regroupent à l'extrémité nord de Dawson Street. **Cobblestones** *(Smithfield Village)* propose des articles d'artisanat et le quartier de **Temple Bar** un large éventail de petites boutiques et d'échoppes en plein air.

LES MARCHÉS

Les amateurs de **marchés** ne manqueront pas de visiter celui de **Moore Street** *(lun. et sam.)*, où des marchands ambulants proposent fruits et légumes frais ; le marché de primeurs de la Dublin Corporation, qui se tient sous une halle en ferronnerie *(Mary's Lane ; sam. matin)* ; ou encore le **Temple Bar Market** *(Meeting House Square ; sam. matin)* propose des produits locaux (fromages, sauces, pain, chocolats, boissons, légumes, pizzas, tourtes, saucisses).

George's Street Arcade *(Temple Bar)* – Un joli marché couvert pour chiner chez les fripiers.

LES ANTIQUITÉS

Francis Street est la principale rue des antiquaires et des brocanteurs.

TWEEDS ET TRICOTS

Blarney Woollen Mills – *21-23 Nassau Street - ✆ 01 671 00 68 - tlj sf dim. 9h-19h, sam. 9h-18h.* Très grand choix de lainages, tricots traditionnels en laine d'Aran, articles aux motifs créatifs. On y trouve aussi un vaste éventail d'objets en cristal de Waterford, Galway et Tipperary.

Dublin Woollen Mills – *41 Lower Ormond Quay - ✆ 01 677 5014 - www.woollenmills.com - 9h30-18h, dim. 13h-18h.* Cette maison de famille a autrefois employé James Joyce comme représentant, quand il vivait à Trieste. On y trouve un grand choix de tricots originaux et d'accessoires, écharpes, cravates et casquettes.

Kevin & Howlin – *31 Nassau Street - ✆ 01 677 0257 - 9h-18h, dim. 11h-18h.* Voici le temple du tweed du Donegal, sous toutes ses formes. Cette maison familiale propose vestes, costumes, gilets et cravates. On peut aussi y acheter le tissu au mètre pour faire réaliser un vêtement par son propre tailleur.

Brown Thomas – *Grafton Street.* Le grand magasin chic de Dublin.

ARTISANAT

House of Ireland – *Nassau Street - ✆ 01 671 1111 - 9h-18h, jeu. 9h-20h, sam. 9h-18h, dim. 11h-18h.* C'est fabriqué en Irlande ? Alors on le trouve certainement dans ce magasin très connu. Un peu cher peut-être, mais le choix est immense : lainages, cristal, porcelaine et bijoux.

Kilkenny Shop – *6 Nassau Street - 8h30- 18h, jeu. 8h30-20h, sam. 9h-18h, dim. 11h- 18h.* Articles en tweed, pull-overs en laine d'Aran, dentelles et bijoux celtiques ne sont qu'une partie des articles proposés dans ce « supermarché » de l'artisanat irlandais. Les acheteurs épuisés ou les accompagnateurs moins motivés peuvent reprendre des forces à la cafétéria.

Market Arcades – *South Great George Street.* Dans ce passage couvert s'abritent une vingtaine de magasins. Certains vendent des vêtements d'occasion. On y fait de véritables affaires, notamment pour les vestes en tweed.

Mother's Redcaps Market – *Back Lane - vend.-dim. 10h-17h30.* Ce vaste espace propose toutes sortes d'articles : disques anciens, vêtements d'occasion, tricots en laine d'Aran, porte-bonheur, babioles, encens et patchouli.

The Powerscourt Centre – *South William Street.* Une maison de ville du 18e s. a été convertie en un charmant centre commercial ; dans sa vaste gamme de boutiques figure, pour l'artisanat, la **Crafts Council Retail Gallery** – **National Museum Shop** – *Kildare Street et Benburb Street.* Les articles à la vente dépendent des expositions.

MUSIQUE

Celtic Note – *14 Nassau Street - www.celticnote.com - 9h-18h30, jeu. 9h-20h30, dim. 11h-18h.* Un voyage en Irlande n'est pas complet si l'on n'écoute pas un peu de musique celtique traditionnelle : voici la boutique la mieux placée pour qui souhaite acheter un souvenir musical. Vaste choix de CD et de cassettes, mais aussi d'instruments traditionnels.

Claddagh Records – *2 Cecilia Street - ☏ 01 677 0262.* Boutique spécialisée dans les musiques folk et traditionnelles et les musiques du monde.

Walton's Musical – *2 Frederick Street North (près de Parnell square) - ☏ 01 874 7805 -lun.-vend. 8h30-19h (jeu. 20h), sam. 9h-18h30, dim. 11h-18h.* Très bon choix de tricots, pulls en laine d'Aran classiques ou plus fantaisie, ainsi que toutes sortes de souvenirs.

ARTICLES DE PÊCHE

Rory's (Fishing Tackle) – *17A Temple Bar - Fleet Street - ☏ 01 677 2351.* Incontournable pour les amateurs de pêche, cette institution dublinoise vend tout le matériel nécessaire, avec un choix immense de mouches fabriquées sur place. Le personnel très serviable offre toutes sortes de conseils pour le choix du matériel et sur les lieux de pêche.

Loisirs

Hurling et football – **Croke Park** - *Drumcondra - de O'Connell Street, bus 3, 11, 11A, 16, 16A et 123.* C'est dans ce stade qu'ont lieu les finales nationales des jeux gaéliques, hurling et football en sept.

Courses de chevaux – **Leopardstown** (sud) et **Fairy House** (nord).

Courses de lévriers – **Shelbourne Park** - *☏ 01 668 3502 - merc., jeu. et sam. - 1re course à 20h - entrée 8 €* ; **Harold's Cross** - *☏ 01 497 1081 -lun., mar. et vend. - 1re course à 20h - entrée 10 €.*

Agenda

Bloomsday – 16 juin. Cette fête annuelle célèbre le grand roman *Ulysse* de James Joyce avec des lectures, des mises en scène, de la musique, du théâtre et du théâtre de rue.

Festival des cultures du monde – *Dun Laoghaire - ☏ 01 872 1122 - www.festivalofworldcultures.com.* Fin août. Ce festival met en avant l'art et la culture de tous les continents : concerts, pièces de théâtre, spectacles de danse, films, cirque...

International Tango Festival in Ireland – Fin août. L'espace de quatre jours, Dublin se transforme en capitale du tango. Cours de danse, démonstrations et concerts dans les pubs et dans la rue.

Dublin Fringe Festival – *www.fringefest.com.* En sept. : musique, danse, théâtre de rue, marionnettes, arts visuels... Les arts de la scène sont à l'honneur de ce festival.

Semaine du patrimoine irlandais – La dernière semaine d'août, à Dublin et dans toute la République, de nombreuses manifestations et conférences commémorent le patrimoine naturel et culturel du pays. Entrée gratuite dans de nombreux sites.

Dublin Theatre Festival – *☏ 01 677 8899 - www.dublintheatrefestival.com.* Fin sept.-début oct. Créé en 1957, ce festival célèbre le théâtre dans la langue de Shakespeare.

Temple Bar Trad Festival – *www.templebartrad.com.* Fin janv., festival de musique irlandaise au cœur de Temple Bar.

Dublin Film Festival – *www.dubliniff.com.* Pendant 10 jours en fév., les salles de la ville proposent une large variété de films internationaux.

Feis Ceoil – *www.feisceoil.ie.* Festival de musique classique, en mars.

Fête de la saint Patrick – 17 mars. Ici plus qu'ailleurs, ce jour de fête se célèbre en grande pompe : musique, théâtre de rue, défilés...

LA RÉGION DE DUBLIN

Paysages paisibles, sites historiques fascinants, la région de Dublin dispose de nombreux attraits. Au sud de la capitale se dévoilent les reliefs verdoyants des monts Wicklow, une région dont les vallons et cascades lui ont valu le surnom de « jardin de l'Irlande ». À l'ouest des monts Wicklow, Kildare, mondialement connu comme le comté du cheval, s'invite dans un écrin de tourbières et de forêts. Le haras national y attire autant les passionnés d'équidés que les amoureux de jardins japonais. En remontant jusqu'au cœur des « Midlands » irlandais, le comté d'Offaly propose quelques richesses patrimoniales à l'instar du site monastique de Clonmacnoise. Tout près de la frontière, le comté de Monaghan séduit avec ses collines parsemées de moutons et ses villages animés. C'est la région idéale pour s'adonner au plaisir des balades à pied ou à vélo et se plonger dans la littérature locale. De nombreuses possibilités de loisirs s'offrent aussi dans le comté voisin de Cavan, réputé pour ses randonnées équestres et pédestres. Parcouru d'innombrables lacs, rivières et canaux, ce paysage s'étend jusqu'au comté de Longford qui abrite des sites historiques, et celui de Westmeath situé au sud du Lough Ree. Ce cadre naturel très préservé ravit les amateurs de pêche et de sports nautiques. Pour les amoureux de vastes horizons, la côte qui s'étire à l'est dévoile de superbes panoramas depuis la péninsule de Cooley. Au pied de la montagne Slieve Foy, Carlingford, petit port de pêche aux allures médiévales, est idéal pour un séjour en famille. Séjour qui ne peut s'achever sans une halte dans la vallée de la Boyne qui, outre avoir donné son nom à la célèbre bataille de 1690, recèle des trésors archéologiques parmi lesquels l'incontournable site funéraire de Newgrange.

Se repérer – Au nord de Dublin, l'autoroute M 1 mène à Dundalk sur la côte est, en passant par Drogheda à l'embouchure de la Boyne. La vallée du même nom est longée par la N 51, qui croise à Slane la N 2 reliant Dublin à Monaghan, avant de se prolonger vers l'ouest jusque Navan d'où l'on peut prendre la N 3 qui file à partir de Dublin jusqu'à Cavan, en passant par Kells.
L'ouest de la capitale est desservi par la M 4 qui forme une fourche d'où partent la N 4 en direction de Mullingar et Longford, et la N 6 en direction d'Athlone. Clonmacnoise se situe à 20 km au sud d'Athlone par la N 6 et la N 62.
Au sud-ouest de Dublin la M 7 traverse le comté de Kildare. La sortie n° 11 conduit à Athy sur la N 78. S'étirant vers le sud à partir de Dublin jusque Arklow, les monts Wicklow sont bordés à l'intérieur des terres par la N 81 et côté mer par la N 11.

À ne pas manquer – Le manoir Emo Court à Abbeyleix, les sites funéraires de la vallée de la Boyne et notamment Newgrange ; le monastère de Clonmacnoise ; la vallée de Glendalough ; le haras national de Kildare ; le château de Trim ; les monts Wicklow.

Organiser son temps – Prévoyez une dizaine de jours si vous voulez découvrir l'ensemble de la région de Dublin ou choisissez quelques-unes de ces escapades en fonction de votre temps : comptez deux jours pour la vallée de la Boyne de Drogheda à Navan, une journée pour Dundalk et la péninsule de Cooley, deux jours pour sillonner les monts Wicklow, au moins trois pour apprécier la région des lacs dans les comtés de Cavan, Longford et Westmeath ou encore deux jours pour découvrir le sud-ouest en traversant les comtés de Kildare et Laois.

Avec les enfants – Les machines à vapeur du Stradbally Steam Museum à Abbeyleix ; le musée du Cheval irlandais dans l'Irish National Sud à Kildare ; les aquariums du National Sea Life Centre à Bray ; une croisière en drakkar sur le Lough Ree ; les activités de nature dans les monts Wicklow.

Pour poursuivre le voyage – Voir aussi Armagh, Athenry, Birr, Cashel, Dublin, Enniscorthy, Enniskillen, Fingal, Kilkenny, monts Mourne, Newry, Portumna, Roscrea, Strokestown.

Sur la route des monts Wicklow.

Abbeyleix

1 568 HABITANTS – COMTÉ DE LAOIS
CARTE MICHELIN N° 712 J9 – CARTE GÉNÉRALE RABAT II B3

À l'apogée de l'hégémonie anglo-irlandaise, au milieu du 18e s., le vicomte de Vesci suit la mode de son époque et fait démolir les cottages de ses métayers, pour les reloger dans un village soigneusement planifié aux portes de son domaine. À peine changé depuis ce temps, Abbeyleix est un bel exemple de projet urbain élaboré par les grands propriétaires terriens du 18e s. Aujourd'hui inscrit au patrimoine historique, le village a pourtant des origines plus anciennes. Il occupe en effet le site d'une abbaye cistercienne de la fin du 12e s., qui avait elle-même succédé à un monastère plus ancien.

- **Se repérer** – Pratiquement à mi-chemin entre Dublin et Cork, dans une région riche en tourbières, Abbeyleix *(Mainistir Laoise)* est traversée par la N 8, à 98 km au sud-ouest de Dublin. Le trafic routier est intense sur sa large rue principale.
- **À ne pas manquer** – La tour ronde de Timahoe ; la rotonde, les stucs et les jardins d'Emo Court ; les vues depuis Rock of Dunamase.
- **Organiser son temps** – 2h suffisent pour visiter Abbeyleix, le reste de la journée peut être consacré à la découverte des alentours.
- **Avec les enfants** – Les machines à vapeur du Stradbally Steam Museum.
- **Pour poursuivre le voyage** – Voir aussi Athy, Cashel, Kildare, Kilkenny, Roscrea et Tullamore.

Visiter

Abbeyleix Heritage House

Mai-août : 9h-17h, w.-end 13h-17h ; sept.-avr. : tlj sf w.-end 9h-17h. 3 €. ✆ 05787 31653.

Dans l'ancienne école, l'exposition retrace l'histoire d'Abbeyleix et son rôle dans le développement de la région, où la famille de Vesci a largement laissé son empreinte. Elle présente une belle maquette de la ville et de son environnement, et une autre du rocher de Dunamase.

Abbey Sense Garden

Lun.-jeu. 9h-17h ; sam. 9h-16h. Contribution souhaitée. ✆ 05787 31325.

Le vieux jardin enclos de murs d'un ancien couvent consacré à sainte Brigitte de Kildare a été réaménagé, avec des plantations sophistiquées et d'autres éléments cherchant à charmer le toucher, le goût, l'odorat et l'ouïe autant que la vue.

Aux alentours

Heywood Gardens

6 km au sud-est d'Abbeyleix par la R 432, près de Ballinakill. ♿ Oct.-mars 8h30-17h30, avr. et sept. 8h30-19h ; mai-août 8h30-21h. Fermé 25-26 déc. ✆ 05786 33563. www.heritageireland.ie

Le manoir qu'ils entouraient autrefois a depuis longtemps été remplacé par un bâtiment universitaire moderne, mais ces jardins (1906-1910) restent un bel exemple de la collaboration entre l'architecte **Edwin Lutyens** (1869-1944) et la paysagiste **Gertrude Jekyll** (1843-1932). L'influence architecturale domine : terrasses, épais murs de soutènement, portails, volées de marches, allée de tilleuls et haies d'ifs taillés. Le jardin italianisant, en contrebas, s'orne d'un bassin et d'un pavillon. Allées et pelouses présentent une perspective sur des tours d'église et des montagnes au loin. Une pergola se dresse au-dessus d'un étang et d'une gorge boisée.

Timahoe Round Tower★

15 km au nord-est d'Abbeyleix par la R 430 vers l'est et une route secondaire vers le nord.

Ce bel exemple de tour ronde (29 m), sans doute élevée au 12e s., penche légèrement (60 cm de la verticale). Sa jolie double porte romane s'ouvre à 5 m au-dessus du sol et invite à visiter l'intérieur.

À l'est, on a bâti au 17e s. un château sur les vestiges d'une église du 15e s. Les ancêtres de **Richard Nixon**, président des États-Unis de 1969 à 1974, étaient originaires de ce village ; il est venu visiter **Timahoe** en 1970.

Emo Court★★

24 km au nord-nord-est d'Abbeyleix par la N 8, la N 7 et la R 422.

Jardins : du lever au coucher du soleil. Maison : de Pâques au 31 oct. visite guidée seulement (40mn) 10h-18h ; dernière visite 17h. Fermé 25-26 déc. Maison : 2,90 €. ✆ 0502 26573. www.heritageireland.ie

Ce splendide manoir classique surmonté d'un dôme a été conçu en 1792 par **James Gandon** pour lord Portarlington, anciennement **John Dawson**, banquier et architecte. Il a ensuite abrité durant de nombreuses années un séminaire jésuite. L'intérieur a été restauré ; sa rotonde et ses stucs sont admirables ; il contient un riche mobilier et une collection variée de faïences de Wedgwood.

Une splendide allée de séquoias géants, la première d'Irlande, relie le manoir à la route de Dublin ; de vastes **jardins** mènent au lac. Le jardin Clucker est planté d'azalées, de rhododendrons et d'érables du Japon ; les statues des quatre saisons et un jardin circulaire agrémentent les pelouses ; la « Grapery », plantée d'arbres et de buissons, descend vers la promenade au bord du lac.

St John the Evangelist

Coolbanagher. Du portail d'Emo Court, prendre la route en face et traverser le village ; emprunter à gauche la R 419 (route de Portarlington-Portlaoise).

C'est la seule église conçue par James Gandon, en 1785, pour lord Carlow. L'intérieur est décoré de couronnes, de guirlandes et d'ornements en stuc.

Stradbally Steam Museum★

21 km au nord-est d'Abbeyleix par la R 245, la R 247 et la N 80. ♿ Musée : ✆ 05786 41878. 5 € ; Trains à vapeur : de mi-avr. à fin oct. : lun., dim. et j. fériés. ✆ 0502 25444 ou 0502 25513. www.irishsteam.ie

Le musée expose une collection de vieux rouleaux compresseurs et batteuses à vapeur. Un chemin de fer à voie étroite traverse les bois sur 1,6 km. Chaque année, le 1er week-end d'août, la petite localité est envahie par un rallye qui regroupe plusieurs centaines de ces machines fumantes et pétaradantes.

Sur la place du marché de Stradbally se dresse un curieux édifice en forme de pagode, avec un toit rouge, à la mémoire du Dr William Perceval, médecin décédé en 1899 après 54 ans de pratique locale.

Rock of Dunamase★

24 km au nord-est d'Abbeyleix par R 245, R 247 et N 80.

Le rocher qui se dresse sur la plaine est couronné par les ruines de l'impressionnante forteresse du clan O'More, détruite au milieu du 17e s. par l'armée de Cromwell. Le sommet (60 m) offre des **vues★** superbes.

Abbeyleix pratique

Se loger

Abbeyleix Manor – *Cork Road - 1,2 km au sud-ouest sur la N 8 - ✆ 05787 30111 - fax 15787 30 220 - info@abbeyleixmanorhotel.com - P - fermé 25 déc. - rest. fermé dim., mar. soir - 46 ch. 110/130 € - rest. 20/42 €.* Cette construction moderne se distingue par sa façade jaune. Les chambres sont simples et confortables. Bar, salle de jeux et restaurant.

Se restaurer

Morrissey's Bar – De nombreux voyageurs prévoient une étape au Morrissey's Bar, charmante combinaison de pub et d'épicerie qui, comme le reste du bourg, ne semble guère avoir changé depuis sa construction.

Sports et Loisirs

Grantstown Lake – *13 km à l'ouest par la R 433.* Promenades en terrain boisé au bord d'un lac (pêche).

Agenda

Chaque 1er week-end d'août, une centaine de machines à vapeur sont rassemblées dans le parc de **Stradbally Hall** pour un grand rallye.

Athlone

17 544 HABITANTS – COMTÉ DE WESTMEATH
CARTE MICHELIN N° 712 I 17 – CARTE GÉNÉRALE RABAT II B3

Le Shannon traverse ce chef-lieu du comté de Westmeath juste au sud du lac (« lough ») Ree. Athlone occupe une position stratégique en plein cœur de l'Irlande. Très tôt, un fort s'y élève pour contrôler l'accès au fleuve. Le premier château fut érigé par les rois de Connacht, mais la forteresse actuelle date de la période anglo-normande. C'est cette situation centrale qui fait qu'Athlone, ce petit bourg, a été envisagé comme capitale à la naissance du nouvel État libre d'Irlande. Il n'aura pas eu cet honneur, mais demeure un carrefour animé de voies ferroviaires et routières et un abord facile aux sites touristiques fréquentés de Clonmacnoise et Lough Ree.

- **Se repérer** – Première ville du comté du Westmeath (qui signifie « centre-ouest »), le « gué de Luan » *(Baile Átha Luain)* se trouve sur la N 6, que rejoignent la N 55 et la N 61, et sur la voie ferrée de Dublin à Galway. Athlone est également à 6,5 km au nord-est par la N 55 de la colline de Ballykeeran.
- **À ne pas manquer** – Le donjon et la vue depuis Athlone Castle. Du haut de la colline de **Ballykeeran**, la **vue**★ est belle sur la vaste étendue du **Lough Ree**.
- **Organiser son temps** – Compter 2h pour visiter le centre-ville et le château d'Athlone. Vous pouvez ensuite embarquer pour une croisière sur le Lough Ree ; si vous avez la journée devant vous, optez pour celle à destination de Clonmacnoise.
- **Avec les enfants** – Une promenade en Drakkar sur le Lough Ree *(voir « Athlone pratique »)*.
- **Pour poursuivre le voyage** – Voir aussi Athenry, Birr, Clonmacnoise, Longford, Mullingar, Strokestown, Tullamore.

Comprendre

Le siège d'Athlone – Sa situation stratégique a fait à plusieurs reprises d'Athlone l'enjeu de batailles, mais la ville a vécu ses moments les plus terribles au cours de la guerre entre les partisans de Guillaume d'Orange et ceux de Jacques II, durant laquelle elle a subi le bombardement le plus dévastateur de son histoire. Après la bataille de la Boyne *(voir encadré p. 166)*, les forces jacobites se retirent à Athlone. En juin 1691, l'armée orangiste, sous le commandement de Ginkel, lance un violent assaut sur le pont. Le nom du sergent Custume, qui trouve une mort héroïque en le défendant, sera donné à la caserne locale. Après dix jours de bombardements intensifs, la ville et le château tombent aux mains de Ginkel, qui reçoit le titre de comte d'Athlone. Les jacobites doivent se retirer à Aughrim *(voir encadré p. 317)*.

Se promener

Athlone Castle

Market Square. De déb. mai à mi-oct. : 10h-17h30. 6 €. Visite du musée incluse. Spectacle audiovisuel (40mn) : dernière représentation 16h30. ✆ 0906 492912.

Au début du 13e s., John de Grey, haut magistrat d'Irlande, construit un château sur la rive ouest du Shannon. La courtine et ses trois tours fortifiées datent de la fin du 13e s. La partie la plus ancienne est le **donjon** polygonal, au centre. Au début du 19e s., sa partie supérieure est profondément transformée pour recevoir de l'artillerie lourde, tandis que de nouvelles batteries sont installées à l'ouest de la ville. Depuis les parapets à créneaux, une belle **vue** s'étend sur le fleuve et la ville.

John McCormack

Le plus grand ténor de son époque, John McCormack (1884-1945) est né à Athlone. Il fait ses débuts dans la chorale Palestrina de la Pro-Cathedral de Dublin. À 23 ans, il commence à interpréter les grands rôles à Covent Garden. Après une carrière triomphale dans l'opéra, en Europe et aux États-Unis, il se consacre aux récitals. Sa voix et son charisme en font l'un des chanteurs les plus reconnus et les plus distingués du monde ; il est le seul ténor irlandais à avoir atteint une classe internationale. Son action caritative lui a valu d'être créé comte pontifical par le pape.

Le **centre d'exposition** *(Exhibition Centre)* propose une présentation audiovisuelle du siège dramatique d'Athlone. Il raconte aussi la vie du ténor John McCormack.

Le **musée**, aménagé dans le donjon, retrace le passé et les traditions de la région et expose des souvenirs (gramophone et coupes d'argent) du célèbre ténor.

Church of SS Peter and Paul

Market Square. Avec ses tours jumelles et ses proportions de cathédrale, l'église rivalise d'importance avec le château. Elle a été conçue par **Ralph Byrne** et consacrée en 1937. Elle abrite de remarquables vitraux modernes, pour la plupart dessinés par les ateliers **Harry Clarke** ; ceux de la sacristie sont dus à **Sarah Purser**, plus connue comme portraitiste.

Emprunter le pont pour rejoindre Church Street.

À partir du pont, la rue principale s'incurve à l'est en direction de la porte de Dublin *(Dublin Gate)*. Dans un virage, sur la gauche de la rue, se dressent les vestiges de Court Devenish *(privé)*, maison de style Jacques Ier (1620), dévastée en 1622. La **maison natale de John McCormack** se trouve dans une ruelle, The Bawn, à gauche. L'**église franciscaine** (1931), au sud de la rue principale, a été bâtie dans le style néoroman local, inspiré par des motifs irlandais anciens. Le **Strand**, qui longe la rivière jusqu'au Burgess Park, offre une belle vue sur le barrage, les pêcheries d'anguilles et le vieux port de la rive ouest.

Athlone pratique

Adresse utile

St Peter's Square - ✆ 090 649 4630 - www.athlone.ie - juin-sept. : tlj ; avr.-oct. : tlj sf dim.

Se loger

AUX ALENTOURS

Shelmalier House – *Retreat Road - Cartrontroy - 2,5 km à l'est d'Athlone par la route de Dublin (N 6) - ✆ 090 647 2245 - fax 090 647 3190 - P - fermé de déc. à mi-mars - 7 ch. 72 €.* Un bon rapport qualité-prix pour cet hôtel établi dans un quartier résidentiel et impeccablement tenu par des propriétaires accueillants et expérimentés. La décoration des chambres est haut de gamme.

Riverview House – *Summerhill - Galway Road - 4 km à l'ouest d'Athlone par la N 6 - ✆ 090 649 4532 - fax 090 649 4532 - riverviewhouse@hotmail.com - de déb. mars à mi-déc. - P - 4 ch. 70/75 €.* Près d'un petit affluent du Shannon, d'où son nom de « vue sur la rivière », la pension propose un jardin soigné, et des chambres avec salle de bains privée. Bon accueil.

Glasson Stone Lodge – *Glasson - 8 km au nord-est d'Athlone par la N 55 - ✆ 090 648 5004 - glassonstonelodge@eircom.net - mai-oct. - P - 5 ch. 70/80 €.* L'accueil chaleureux, avec thé et gâteaux, est une charmante entrée en matière dans cette pension, où le petit-déjeuner est aussi impressionnant. Les chambres de couleur vive sont toutes dotées d'une douche dernier cri.

Se restaurer

AUX ALENTOURS

Wineport Lodge – *Glassan - 8 km au nord-est d'Athlone sur la N 55, 1,5 km au sud-ouest de Glassan - ✆ 090 643 9010 - fax 090 648 54 71 - P - fermé 24-26 déc. - 55/70 €.* Les amateurs d'aventures peuvent venir en bateau à ce lodge en rondins : sur la rive du lac, il a son propre débarcadère. La cuisine actuelle et la carte des vins très fournie ajoutent au plaisir de la vue, magnifique, sur le Lough Ree. L'établissement propose aussi des chambres inspirées de la vigne et du vin.

Loisirs

Viking Tours : promenade en drakkar – *✆ 090 647 3383 ou 086 262 1136 (portable) - www.vikingtoursireland.com.* Départ de Strand Fishing Tackle Shop, en centre-ville. Croisière sur le Lough Ree : 90mn ; croisière à Clonmacnoise (4h30 dont une escale de 90mn sur le site).

Agenda

Le concours du **John McCormack Golden Voice of Athlone**, fin juin, permet à de jeunes chanteurs classiques de rendre hommage au ténor John McCormack, d'offrir à la ville des récitals de haute qualité et d'apporter leur expérience à des chanteurs débutants.

Athy

8 218 HABITANTS – COMTÉ DE KILDARE
CARTE MICHELIN N° 712 L 9 – CARTE GÉNÉRALE RABAT II C3

Dans un paisible paysage de terres agricoles et de tourbières du sud-est, sillonné de merveilleux cours d'eau, Athy (*Baile Àtha*, le gué) a longtemps été propriété des Fitzgerald. Aujourd'hui à peine plus grande qu'un gros village, la commune est pourtant très animée. Un bras du Grand Canal, la Barrow Line, rejoint ici la rivière Barrow : nombreux sont ceux qui viennent à Athy pour des vacances en bateau, autant que pour les agréables promenades le long des cours d'eau et les bonnes occasions de pêche.

- **Se repérer** – Athy se trouve sur la N 78, à la limite des comtés de Kildare et de Carlow.
- **À ne pas manquer** – L'église dominicaine d'Athy ; les croix de Moone et Castledermot.
- **Oganiser son temps** – Compter une demi-journée pour le circuit de découverte à l'est de la Barrow.
- **Pour poursuivre le voyage** – Voir aussi Abbeyleix, Kilkenny, Kildare, Tullamore.

Se promener

Centre-ville

Le pont actuel, appelé Crom-a-Boo Bridge d'après le cri de guerre de la famille Fitzgerald, date de 1796. À proximité se dresse White's Castle *(privé)*, construit au 16e s. La place principale près de la Barrow, est bordée par le **tribunal** *(Courthouse)*, ancienne Bourse aux grains de 1856. En face se trouve l'**hôtel de ville**, également construit au milieu du 18e s. pour abriter un marché, les tribunaux et les salles du conseil. Le rez-de-chaussée aux voûtes en brique abrite aujourd'hui le **Centre du patrimoine** *(Heritage Centre)*, qui présente l'histoire de la ville, des événements et personnalités qui y sont associés, comme l'explorateur de l'Antarctique Ernest Shackleton et la célèbre course automobile Gordon Bennett. *10h-18h, dim. et j. fériés 14h-18h. 3 €. ✆ 059 863 3075. www.athyheritagecentre-museum.ie*

Église dominicaine – Cette surprenante église moderne en forme d'éventail est ornée de vitraux et d'un chemin de croix de George Campbell (1917-1979), artiste originaire d'Irlande du Nord.

Circuit de découverte

À L'EST DE LA BARROW

Circuit de 32 km. Au départ d'Athy, emprunter la N 67 vers l'est et une petite route (à droite) qui traverse Burtown.

Ballitore

Construit par des quakers anglais venus s'installer dans la région au 18e s., le **temple quaker** du 18e s. a été transformé en une petite bibliothèque et un musée illustrant le style de vie sobre et industrieux de cette communauté. Un cimetière quaker aux tombes modestes est situé de l'autre côté du bourg. *Juin-sept. : tlj sf dim. et lun. 12h-17h, dim. 14h-18h ; oct.-mai : tlj sf dim. et lun. 12h-17h. ✆ 05986 23344.*

Prendre la N 9 vers le sud jusqu'à Timolin.

Irish Pewter Mill, Museum and Craft Centre

♿ *Horaires d'ouverture aléatoires, téléphoner avant. Fermé du Vend. saint au dim. de Pâques et Noël. ✆ 059 862 4164. www.kildare.ie/timolinpewter*

Des démonstrations permettent d'assister à la création par moulage d'objets en étain ; une vidéo illustre les opérations de tournage, de forgeage et de polissage. Le musée présente des moules, outils et matrices utilisés dans la fabrication des étains depuis le Moyen Âge. Le bâtiment, vieux d'environ 1 000 ans, était à l'origine un moulin ou une partie de couvent.

Poursuivre vers le sud par la N 9.

Croix de Moone★

Les maigres ruines d'un monastère du 6e s., fondé par saint Columba *(voir encadré p. 359)*, entourent une insolite **croix celtique** (5,30 m) du début du 9e s. La base oblique et la hampe effilée portent une abondance de panneaux grossièrement sculptés, mais très expressifs et tous dignes d'attention, figurant des scènes tirées de la Bible. L'un des plus touchants symbolise la multiplication des pains : Jésus nourrit une foule de 5 000 personnes au moyen de cinq pains, deux anguilles (très stylisées) et deux poissons souriants.

Poursuivre vers le sud par la N 9 jusqu'à Castledermot.

Croix de Castledermot★

Deux **croix celtiques** en granit, sculptées de scènes bibliques, et un **clocher rond** du 10e s., couronné de créneaux médiévaux, signalent l'emplacement d'un monastère fondé par saint Dermot. D'un monastère franciscain fondé en 1302 par lord Ossory ne subsistent que les murs du chœur de l'église.

Au départ de Castledermot, prendre la petite route vers l'est ; tourner à gauche dans Graney en direction de Baltinglass.

Baltinglass Abbey

Près de l'église anglicane du 19e s. se dressent les vestiges de l'abbaye de Baltinglass, fondée en 1148 par Dermot MacMurrough, roi de Leinster, et fermée en 1536. Six arcs gothiques flanquent la nef. La tour du 19e s. et certaines parties des cloîtres d'origine *(restaurés)* sont toujours debout. Les premiers moines de Baltinglass, venus de Mellifont *(voir p. 167)*, envoyèrent à leur tour plusieurs de leurs compagnons fonder l'abbaye de Jerpoint *(voir p. 259)*.

Le hameau de Baltinglass est blotti au pied d'une colline escarpée. Sur la place principale, un monument élevé en 1798 honore la mémoire de Michael Dwyer, parvenu, avec l'aide de son fidèle compagnon Sam MacAllister, à échapper aux balles des soldats anglais.

Revenir à Athy par la R 747.

Athy pratique

Adresse utile

Athy Heritage Centre – *Au centre du village (dans la mairie) - 059 863 3075 - www.athyheritagecentre-museum.ie - lun.-vend. 10h-13h, 14h-17h, w.-end 11h-15h, fermé le w.-end en hiver.*

Transport

En train – Depuis Dublin, 6 trains/j (4 le dim.) continuent de Kildare vers Ahty (20mn de trajet, 6,10 €). La gare se trouve à la sortie d'Athy en direction de Dublin.

Se loger

AUX ALENTOURS

Ballindrum Farm – *Ballindrum - en sortant d'Athy en direction de Dublin, faire environ 4,5 km, puis tourner à droite au fléchage et encore à droite sur 1 km - 059 862 6294 - www.ballindrumfarm.com - P - fermé oct.-mars - 6 ch. 70 €.* Maison de ferme récente en pleine campagne. Chambres impeccables. Possibilité de dîner sur réservation.

Clanard Court – *Dublin Road - 2 km au nord-est sur la N 78 - 059 864 0666 - fax 059la64 0888 - sales@clanardcourt.ie - P - fermé 25 déc. - 138/198 € - rest. 20/36 € (fermé dim.-merc. soir).* Hôtel moderne à la façade jaune vif. Salles de réunion bien équipées. Grand bar pour une collation et la détente. Petites chambres confortables.

Le restaurant propose une cuisine méditerranéenne et d'Afrique du Nord.

Vallée de la **Boyne★★**

Boyne Valley

COMTÉ DE MEATH
CARTE MICHELIN N° 712 M/L 6 – CARTE GÉNÉRALE RABAT I C2

En amont de Drogheda, la Boyne serpente sur une soixantaine de kilomètres dans un paysage fertile et boisé, marqué par une extraordinaire concentration de sites anciens et préhistoriques. D'immenses tumuli funéraires, laborieusement érigés, ornés de décors énigmatiques, témoignent du talent et du savoir-faire du peuple qui prospérait ici, il y a 5 000 ans. Bien plus tard, à l'époque préchrétienne, les hauts rois d'Irlande tenaient leur cour sur la colline de Tara. C'est saint Patrick en personne qui apportera le christianisme dans la région. Le très ancien site monastique de Monasterboice évoque l'Église d'Irlande d'avant la romanisation du 12e s. ; son style diffère beaucoup de celui de Mellifont, plus tardif et européen. En 1690, le fracas des armes sur les berges de la rivière est un événement aussi important sur le plan européen que sur le plan local. L'écho de la bataille de la Boyne résonne toujours dans la vie politique irlandaise d'aujourd'hui.

- **Se repérer** – Près de la côte est, à environ 30 km au nord de Dublin, la vallée de la Boyne s'étire à l'intérieur des terres en amont de Drogheda. Ses célèbres sites archéologiques et historiques se visitent à partir de la N 51, sur la rive nord de la rivière ; de l'autoroute M 1 qui contourne Drogheda par l'ouest ; ou de la N 2, qui traverse Slane.
- **À ne pas manquer** – Le tumulus de Newgrange ; la colline de Tara ; les croix celtiques de Monasterboice.
- **Organiser son temps** – Compter une journée en prévoyant de visiter Brú na Bóinne dès l'ouverture afin d'éviter la foule. Vous pouvez réserver votre billet la veille par téléphone.
- **Avec les enfants** – L'exposition et les démonstrations de canons de Battle of the Boyne Centre séduisent les plus grands.
- **Pour poursuivre le voyage** – Voir aussi Drogheda, Dublin, Kells, Trim.

Visiter

BRÚ NA BÓINNE

Ce sont les vestiges de communautés de cultivateurs et d'éleveurs du néolithique (3000-2000 av. J.-C.) installés sur les pentes orientées au sud et dominant la Boyne. Les sites funéraires de Knowth, Dowth et Vend. sont les plus anciens des îles Britanniques : on compte environ 40 tombes, dont trois grandes et de nombreux satellites.

Les archéologues estiment à ce jour que Dowth, orienté vers le soleil couchant, a été le premier site choisi pour les inhumations. À Vend., le second, le soleil levant pénètre dans les chambres intérieures au moment du solstice d'hiver. À Knowth enfin, la situation est-ouest entre en alignement avec le soleil levant en mars, et avec le soleil couchant en septembre.

Seules les tombes les plus importantes ont été entièrement mises au jour. Situées sur la rive nord de la Boyne, elles ont fait l'objet d'une attention considérable, qu'illustrent l'ouverture du centre d'accueil des visiteurs, sur la rive sud, et la désignation de la vallée comme Brú na Bóinne, « Palais de la Boyne ».

Brú na Bóinne Visitor Centre

Rive sud. Centre d'accueil : juin-sept. 9h-19h, mi sept.-fin sept. 9h-19h, oct. 9h30-17h30, nov.-fév. 9h30-17h, mars-avr. 9h30-17h30, mai 9h-18h30. Fermé 25-26 déc. Visite auto-guidée du centre, spectacle audiovisuel. ♿ (dernière entrée 45mn av. fermeture). Une passerelle mène du centre d'accueil au départ des navettes obligatoires qui desservent le site (dernier départ 1h45 av. fermeture du centre). En haute saison, il est recommandé d'arriver tôt : pour la visite guidée, les premiers arrivés sont les premiers servis. Centre d'accueil (1h) : 2,90 € ; centre et Newgrange (2h) : 5,80 € ; centre et Knowth (2h) : 4,50 € ; centre Newgrange et Knowth (3h) : 10,30 €. ☎ 041 988 0300. www.heritageireland.ie

Les présentations, bien conçues, font revivre le site près de la rivière en tant que lieu d'habitation. Elles décrivent l'habillement, l'alimentation et l'habitat des hommes du néolithique ; leur savoir-faire technologique ; la manière dont ils déplaçaient les lourdes pierres sur des rouleaux ; et les différentes phases de la construction et de la décoration.

Newgrange★★★

C'est un des plus beaux exemples de tombe à couloir d'Europe occidentale. Ses dimensions sont imposantes, la mystérieuse décoration de ses pierres reste un défi pour l'imagination.

Le **tumulus** (5 000 m^2 ; diamètre 80 à 85 m ; hauteur 11 m) est formé d'un cairn de pierres de taille moyennes encerclé par 97 pierres couchées et placées bout à bout, dont certaines sont décorées. Il est surmonté d'un revêtement de blocs de granit ronds. Des fouilles effectuées en 1963 ont permis de reconstituer le **parement** d'origine de la façade sud, fait de pierres de quartz blanc, sauf là où l'entrée a été élargie pour faciliter la visite.

Au-dessus de l'entrée, à l'origine fermée par une dalle verticale, une **ouverture** dans le plafond, ornée d'un linteau ouvragé, permet au soleil d'éclairer la chambre funéraire pendant 17 minutes le 21 décembre, jour du solstice d'hiver. Le couloir, bordé de grandes pierres levées, dont certaines sont sculptées, conduit à une **chambre** à voûte en encorbellement qui avance sous un tiers de la longueur du tumulus. Trois alcôves décorées renferment des **bassins** de pierre qui rassemblaient les ossements des morts et les offrandes funéraires : colliers et pendentifs de pierre et d'os, épingles en os, billes de pierre. Le plafond en encorbellement, maintenu par une clé de voûte de quatre tonnes, est parfaitement imperméable : la face extérieure des pierres a été rainurée pour faciliter l'écoulement de la pluie. À une quinzaine de mètres du tumulus, des menhirs, pour la plupart brisés sur le sol, forment un **cromlech**, un cercle de pierre. Quatre des plus grands font face à l'entrée. Au sud restent les vestiges d'un **fossé circulaire** de la fin du néolithique ou du début de l'âge du bronze, découvert en 1982.

Knowth★

Le tumulus (hauteur 12 m ; diamètre 67 m) date probablement de 2500 à 2000 av. J.-C. Deux tombes à couloir décorées y ont été découvertes en 1967 et 1968. Si l'une n'est qu'un simple élargissement du couloir, l'autre est ronde, à encorbellement, et pourvue de chambres latérales. Orientée est-ouest, elle est entourée de tombes plus petites, faisant face au grand tumulus central. Dans les premiers siècles de notre ère, le tumulus central était défendu par de profonds fossés circulaires. Vers le 8e s., le site a été agrandi ; on a creusé plusieurs souterrains et construit des habitations rectangulaires. Occupé par les Normands du 12e au 14e s., le tumulus a été couronné à cette époque d'une construction de pierre. Les fouilles menées depuis 1962 ont permis de reconstituer les tombeaux les plus petits, qui s'étaient effondrés avec le temps et dont les matériaux avaient été utilisés à d'autres fins.

Dowth

Le tumulus (hauteur 15 m ; diamètre 85 m) couvrant 400 m^2 recouvre deux tombes et un souterrain d'accès à la tombe nord. Il est entouré à sa base d'une centaine de pierres, décorées pour beaucoup, mais enfouies sous les éboulis.

AUTRES SITES PRÉHISTORIQUES

Tara★

8 km au sud de Navan par la N 3. Site : tte l'année ; mai-oct. : visite guidée 10h-18h (dernière entrée 17h15). 2,10 €. Spectacle audiovisuel en français. ✆ *04690 25903.*

Le nom de Tara évoque la grandeur de l'Irlande celtique. Cette colline, le « Tara des rois », joue un grand rôle dans les légendes irlandaises. Les origines religieuses du site se perdent dans la nuit des temps. Son âge d'or remonte aux hauts rois païens d'Irlande, et même après la christianisation elle conservera son prestige, puisqu'elle demeure le siège du haut roi jusqu'en 1022.

Durant la rébellion de 1798, une violente escarmouche ensanglante la colline. Au 19e s., O'Connell y tient devant 250 000 personnes un de ses grands meetings en faveur de l'émancipation des Irlandais catholiques. La colline nue, parsemée d'ouvrages en terre, évoque difficilement un palais royal. Il faut faire un effort d'imagination pour se représenter les nombreux petits bâtiments de bois ou de torchis qui constituaient la cour royale.

L'histoire de Tara est évoquée à travers une présentation audiovisuelle dans l'**église St-Patrick**, du début du 19e s. excepté sa fenêtre médiévale. La **croix de St-Adamnan**, colonne de grès rouge dressée dans le cimetière, porte une tête gravée qui pourrait être celle de l'ancien dieu celte **Cernunnos**. À l'ouest du cimetière, le **Rath of the Synods** est un fort circulaire à trois talus.

L'**enclos royal**, situé plus au sud, est une fortification de l'âge du fer, entourée d'un talus et d'un fossé. À l'intérieur se trouvent le **tumulus des Otages**, tombe à couloir d'environ 1800 av. J.-C., et deux forts circulaires : **Royal Seat** et **Cormac's House**. Au centre de ce dernier, une pierre levée, **Lia Fail**, « pierre de destin », se dresse à côté d'une statue de saint Patrick. Elle a été transportée de son lieu d'origine, proche du tumulus des Otages, pour devenir un mémorial à ceux qui sont tombés en 1798. Au sud de l'enclos royal s'élèvent les restes d'une ancienne construction de terre, dite **forteresse du roi Laoghaire**. Au nord du cimetière, un passage flanqué de deux longs talus parallèles servait sans doute d'entrée principale, mais on l'appelle salle des banquets. Un peu plus loin, vers l'ouest, s'élèvent trois constructions de terre circulaires : le fort de Grainne et deux autres surnommées « tranchées pentues » *(Sloping Trenches)*. Au sud de la colline *(à 800 m ; visible depuis la route)*, une partie d'un autre fort circulaire, **Rath Maeve**, s'entoure d'un talus et d'un fossé.

Fourknocks

18 km au sud de Drogheda par la R 108 ; au 16e kilomètre, tourner à droite. Se garer au bord de la route. Demander la clé à la dernière maison à droite précédant la clôture.

La sépulture à couloir, d'environ 1500 av. J.-C., est singulièrement vaste, comparée aux dimensions du tumulus. Elle abrite des pierres ornées de zigzags ou d'autres motifs préhistoriques, et aussi d'un visage. Elle renfermait une soixantaine de sépultures.

La bataille de la Boyne

Cet engagement décisif de la guerre des Deux-Rois *(Cogadh an Dá Rí)* oppose, le 12 juillet 1690, les forces du roi **Jacques II Stuart**, soutenu par Louis XIV, à celles de **Guillaume III d'Orange** et ses alliés, qui combattent la domination française en Europe. Les troupes engagées (36 000 hommes dans l'armée orangiste, 25 000 pour les jacobites) viennent de tous les horizons : Britanniques, Danois, Allemands, Hollandais, Finlandais, Français, Irlandais, Polonais, Prussiens, Suisses. Les troupes françaises ont pour mission de retarder Guillaume, alors que ce dernier souhaite une victoire rapide. Au matin de la bataille, au cours d'une tournée d'inspection, Guillaume III échappe par miracle à la mort : un boulet lui frôle l'épaule et arrache son armure. Il fait attaquer le flanc gauche de l'armée française. Pendant ce temps, le gros de ses troupes traverse la Boyne au gué d'Oldbridge, et affronte l'armée jacobite, campée sur la rive sud de la rivière. Le **duc de Schomberg**, maréchal de France parti en exil à la révocation de l'édit de Nantes, est tué dans les rangs de Guillaume, avec 500 soldats, contre 1 000 du côté jacobite.

Lorsqu'il apprend que son rival a franchi la rivière, Jacques II repart pour Dublin. Le lendemain, il se rend à Duncannon, prend un bateau pour Kinsale, et, de là, fait voile vers la France. Dans l'espoir de recouvrer leurs terres confisquées sous Cromwell, les Irlandais poursuivront la lutte pendant un an, jusqu'à leur défaite à Athlone, Aughrim et Limerick.

La victoire orangiste marque la fin des **Stuarts** et décide de l'équilibre des puissances en Europe.

LE SITE DE LA BATAILLE

Battle of the Boyne Centre

Mai-sept. : 10h-18h, oct.-fév. : 9h-17h, mars-avr. : 9h30-17h30 (dernière entrée 1h av. fermeture). 3,70 € (enf. 1,30 €). Vêtements imperméables et bonnes chaussures pour terrain accidenté recommandés. ✆ 041 980 9950.

La demeure du 18e s. implantée sur le champ de bataille abrite un musée et un centre d'information. Animations laser, vidéo et personnages de cire retracent le récit de la bataille tandis qu'à l'extérieur se tiennent des démonstrations de canons et fusils utilisés par les deux armées ennemies. Le domaine offre également de belles promenades, ainsi que les bords de la rivière à partir d'Obelisk Bridge.

LES SITES MONASTIQUES

Termonfeckin★

10 km au nord de Drogheda par la R 167 vers l'est, ou la R 166 et une route secondaire vers l'est. Pour la clé, s'adresser au cottage en face (caution demandée). Stationnement limité.

Dans le cimetière de l'église St-Fechin, une **croix** du 10e s. marque le site d'un monastère fondé par saint Fechin de Fore *(voir p. 197)*. Elle représente sur sa face est la Crucifixion, sur sa face ouest le Christ en majesté.

Près du rivage s'élève une maison forte à trois niveaux, du 15e ou 16e s. Du haut de son toit inhabituel, fait d'une voûte en encorbellement *(45 marches)*, la **vue** embrasse la côte de Drogheda, au sud, au cap Clogher, au nord.

Mellifont Old Abbey★

10 km à l'ouest de Drogheda par les N 51 et R 168, puis une route secondaire à l'ouest de Tullyallen. Mai-oct. : visite guidée (40mn) sur demande 10h-18h (dernière entrée 17h15). 2,10 €. ✆ 041 9826459. www.heritageiraland.ie

Mellifont, premier établissement cistercien d'Irlande, est fondé en 1142 sur les bords de la **Mattock** par saint Malachie, avec quatre moines irlandais et neuf moines français. L'abbaye doit assurément son nom latin de « fontaine de miel » à la beauté du site.

De l'abbaye primitive subsistent la **porterie** *(en ruine, à droite près de la route d'accès)*, la **salle capitulaire** voûtée (14e s.) et quatre pans du **lavabo octogonal** à deux niveaux (12e s.), où les moines se lavaient les mains avant de se rendre au réfectoire, en face. Des fouilles ont permis de retrouver le contour des bâtiments monastiques. L'église, consacrée en 1157, avait été conçue par l'un des moines français. Une crypte se trouvait à son extrémité ouest, et les bras du transept étaient pourvus d'une chapelle centrale rectangulaire, flanquée de deux chapelles absidiales. Le chœur et le transept avaient été agrandis en 1225. Convertie en résidence privée en 1556, l'abbaye a été laissée à l'abandon en 1727.

Monasterboice★★

13 km au nord de Drogheda par la N 1.

Dominées par un **clocher rond** à moitié en ruine, trois croix celtiques de toute beauté marquent l'emplacement du célèbre monastère du 6e s. fondé par saint Boëce (**Buithe** en gaélique). C'était un grand centre d'enseignement étroitement associé à Armagh (aujourd'hui en Irlande du Nord).

La **croix sud** a été érigée par Muiredach au 9e s. Elle représente sur sa face ouest la Crucifixion, le Christ avec Pierre et Paul et les soldats se moquant de Jésus ; sur l'autre, le Jugement dernier, l'Adoration des Mages, Moïse frappant le rocher, David et Goliath, la Chute de l'homme et Caïn tuant Abel. Les thèmes sculptés sur la **croix ouest** *(entre les deux églises en ruine)*, particulièrement haute (7 m), sont rares dans l'iconographie chrétienne. La face ouest représente la Crucifixion et, sur le fût, l'arrestation du Christ, le Christ entouré des apôtres, la Résurrection et les soldats au Tombeau. La face est montre le Christ combattant, marchant sur l'eau *(au-dessus)*, Simon le Zélote *(à droite)*, la Fournaise ardente *(au-dessous)*, et, sur le fût, Goliath, Samuel sacrant David, le Veau d'or, le Sacrifice d'Isaac, David tuant un lion.

La **croix nord** *(angle nord-est du cimetière)* représente aussi la Crucifixion sur sa face ouest. Le fût d'origine se trouve dans le même enclos qu'un cadran solaire indiquant les heures des offices.

Derrière l'église nord, une **pierre tombale** des premiers âges porte le nom de Ruarcan. La tour et ses trésors ont été incendiés en 1097.

Hill of Slane

À 14 km de Drogheda par la N 51. Sortir de Slane par la N 2.

Ce sommet de colline qui ouvre sur un vaste panorama est un des sites majeurs dans l'histoire du christianisme irlandais. En 433, **saint Patrick** arrive de Saul *(comté de Down)* pour s'établir à Slane. La veille de Pâques, pour défier les druides qui célèbrent une fête à Tara, il allume un feu au sommet de la colline. Quiconque allumait un feu visible de Tara encourait la peine de mort. Patrick comparaît donc devant le haut roi Laoghaire, auquel il prêche la bonne parole. Le roi restera un païen, mais tolérera la liberté de conscience chez ses sujets. Converti, l'un d'entre eux, Erc, fonde un monastère à Slane. Il serait enterré dans un caveau en ruine du cimetière. L'église, désaffectée en 1723, faisait partie du **prieuré de Slane**, un établissement franciscain fondé en 1512 par Christopher Flemyng (on voit encore les armes des Flemyng sur le mur ouest de la cour). Destiné à quatre prêtres et autant de frères convers et de chantres, il est fermé en 1540, repris par les capucins en 1631, puis abandonné sous Cromwell. La motte féodale, sur le côté ouest de la colline, a été érigée par Richard le Flemyng, un Flamand établi en Irlande en 1175.

Info pratique

Voir aussi Drogheda et Trim.

Loisirs

Chemin de halage de la Boyne – *Entrée par la petite passerelle sur Boyne Road à Navan.* Sur 8 km, de Navan à Slane, le chemin longe les berges de la rivière Boyne, en parallèle avec l'ancien canal. La balade présente de beaux paysages boisés.

SLANE

À la fin du 18e s., le vicomte Conyngham a fait édifier sur les côtés du « square », place centrale du bourg éclairée de lampes à huile, quatre maisons georgiennes presque identiques, flanquée chacune de deux maisons plus petites. Vers 1795, Francis Johnston a dessiné la porte gothique (*Gothic Gate*, au sud du carrefour) entrée du château. Du pont sur la Boyne, la **vue** englobe le château, le moulin (1766), le barrage et le canal, bordé par un chemin de halage rejoignant Navan en amont.

Slane Castle

500 m à l'ouest par la N 51. De mi-mai à mi-août : visite guidée tlj sf vend. et sam. 12h-17h. Fermé 16 juin. 7 €. ✆ 0419 824 163/207.

Sur un **site** majestueux dominant la Boyne, cet élégant pastiche aux tourelles carrées, créneaux et mâchicoulis a été édifié entre 1785 et 1821, à l'emplacement de la forteresse confisquée en 1641 aux Flemyng au profit des Conyngham. Les meilleurs architectes ont été sollicités, parmi lesquels James Gandon, James Wyatt, Francis Johnston et Thomas Hopper, tandis que Capability Brown en dessinait les écuries et le parc. Après un terrible incendie en 1991, beaucoup des pièces ont dû être restaurées.

Ledwidge Cottage Museum

800 m à l'est de Slane par la N 51. ♿ 10h-13h, 14h-17h30. 2,50 €. ✆ 041 982 4544. www.francisledwidge.com

Construit en 1886 après le vote de la loi sur les maisons d'ouvriers *(Labourers' Dwellings Act)*, restauré depuis dans son aspect d'origine, ce cottage jumelé de quatre pièces a vu grandir le poète Francis Ledwidge (1887-1917). Ses œuvres, publiées d'abord avec le soutien de lord Dunsany, reflètent son attachement au comté de Meath. Quelques-uns de ses manuscrits sont exposés.

Cavan

7 883 HABITANTS – COMTÉ DE CAVAN
CARTE MICHELIN N° 712 J5 – CARTE GÉNÉRALE RABAT I B2

Le petit chef-lieu du comté de Cavan s'étend au milieu d'un paysage typique de drumlins, petites collines d'argiles laissées par les glaciers : paisible et vallonné, boisé et émaillé de plus de 300 lacs peu profonds. Traversé par l'Erne, le Lough Oughter, le plus grand lac du comté, se trouve à proximité. Paradis des pêcheurs, il offre également d'excellentes possibilités de canotage et autres activités nautiques.

- **Se repérer** – Situé au centre-nord de la république d'Irlande, Cavan *(An Cabhán)* marque la jonction entre la N 3, la N 54 et la N 55.
- **À ne pas manquer** – Une promenade à Killykeen Forest Park ; l'animation nautique du Lough Oughter.
- **Organiser son temps** – Si Cavan et ses alentours se découvrent en une journée, l'environnement, avec ses lacs et forêts, invite à y séjourner plus longuement.
- **Avec les enfants** – Les activités nautiques du Lough Oughter.
- **Pour poursuivre le voyage** – Voir aussi Birr, Longford, Monaghan et Enniskillen (Irlande du Nord).

Se promener

À l'extrémité nord de la ville se dresse la cathédrale catholique (1942) conçue par **Ralph Byrne** dans un style qui a été qualifié de « faux Renaissance » ou « ultime élan d'historicisme flamboyant ». Elle montre des sculptures du réputé **Albert Power** (1883-1945). Au sud, l'**église anglicane**, dépourvue de bas-côtés mais dotée d'une galerie, de créneaux, d'une tour et d'une flèche, est l'œuvre de John Bowden, ainsi que le **palais de justice** de style classique situé en face.

Aux alentours

Kilmore Cathedral

3 km à l'ouest par la R 198. Visite sur demande, se procurer la clé au Deanery (doyenné), Danesfort. Possibilité de visite guidée. ☎ 049 433 1918.

Isolée dans un parc vallonné, la cathédrale anglicane néogothique est consacrée à **saint Felim** (Fethlimidh) qui a évangélisé la région au 6e s. Elle est aussi connue sous le nom de Bedell Memorial Church. Elle montre *(côté nord)* un splendide portail roman du 12e s. provenant soit d'une première église, soit de l'abbaye qui s'élevait sur l'île Trinity, au sud du Lough Oughter. Dans le chœur est exposé un exemplaire imprimé en 1635 de l'Ancien Testament, traduit en irlandais par l'évêque William Bedell (1571-1642, mémorial au-dessus de la porte principale). L'évêque repose dans le cimetière de la cathédrale.

Killykeen Forest Park★

8 km à l'ouest par la R 198.

En deux parties reliées par une passerelle, le parc forestier de 240 ha invite les promeneurs à découvrir le paysage caractéristique de l'Erne dans les comtés de Cavan et de Fermanagh : un patchwork d'eau et de terre émergée. Des panneaux le long de trois sentiers balisés *(max. 3 km)* signalent les arbres et les différents habitats de la faune. Le lac Sally constitue un site protégé pour les oiseaux.

Sur l'île Trinity, à l'extrémité sud du **Lough Oughter**, subsistent les ruines d'un prieuré de prémontrés construit en 1250 par des moines venant du lac Key *(voir p. 325)*. Sur une autre île dans le bras nord-est du lac, le château de Clogh Oughter est une maison forte du 13e ou 14e s.

Pour les activités au bord du lac, voir « Cavan pratique ».

Ballyjamesduff

16 km au sud par la N 3, la N 55 et une route secondaire passant par Cross Keys.

James Duff, qui commandait les troupes anglaises pendant la rébellion de 1798, a laissé son nom à la ville. Le bourg se groupe autour de son marché couvert (1813) au carrefour de cinq grandes routes. Au 18e s., bien placée sur la route des diligences entre Cavan et Kells, la ville était animée par un marché hebdomadaire et neuf foires annuelles, dont la plus fréquentée était la foire aux bestiaux.

La vannerie

Autrefois, chaque maison irlandaise avait son propre saule (il en existe 260 espèces différentes), surtout dans les comtés de Donegal, Mayo et Galway, servant à fournir le matériau nécessaire à la fabrication de paniers. On taillait les arbres pour produire de longs rameaux d'osier bien rectilignes : foncés avec l'écorce, blancs une fois écorcés, lorsqu'ils sont trempés dans l'eau bouillante et écorcés ils prennent une teinte rouge. Les différentes régions d'Irlande ont produit leurs formes et motifs particuliers.

Cavan County Museum – *Virginia Road. Tlj sf dim.-lun. 10h-17h (juin-oct. : dim. 14h-18h). Entrée libre. ✆ 049 854 4070. www.cavanmuseum.ie.* Le musée occupe un ancien monastère du 19e s., entouré d'un jardin de couvent typique. Il retrace l'histoire du comté de Cavan au moyen d'objets découverts dans les fouilles archéologiques, de l'âge de la pierre au Moyen Âge. Ils comprennent une tête à trois visages de la période romano-celtique, dite tête de Corleck, et une barque creusée dans un seul tronc il y a 1 000 ans. On découvre aussi les costumes des 18e, 19e et 20e s. de la **collection Pighouse**. Des galeries présentent les traditions populaires ; le rôle de la Gaelic Athletic Association *(voir p. 105 et p. 217)* ; et, sans doute la plus intéressante, celle où pendent les bannières et les écharpes de différents ordres irlandais, comme les Jeunes Apprentis de Derry ou le très ancien ordre des Hiberniens.

Carraig Craft Centre and Basketry Museum

24 km au sud par la N 3, la N 55 et la R 154. Mount Nugent. Avr.-oct. : 10h-18h, w.-end 10h-14h ; nov.-mars sur demande. 3 €. ✆ 049 854 0179. www.meathtourism.ie

Ce petit musée insolite expose toutes sortes de paniers : paniers de bât, paniers pour transporter les pigeons voyageurs, les poules et les canards, paniers et plateaux à œufs, paniers à tourbe, à pommes de terre, à poissons, nasses à anguilles et à saumons, ruches pour les abeilles, paniers à fleurs et à légumes, tamis à pommes de terre, plateaux à fromage, à tarte, corbeilles à pain et à fruits. Tous ne sont pas fabriqués en osier : certains sont tressés en paille et en roseau. Quelques pièces sont proposées à la vente.

Cavan pratique

Adresse utile

1 Farnham Street - ✆ 049 433 1942 - www.cavan.tourism.com - avr.-sept. : tlj sf dim.

Se loger

AUX ALENTOURS

Rockwood House – *Cloverhill - Belturbet - 10 km au nord par la N 3 - ✆ 047 55351 - fax 047 55373 - jbmac@eircom.net - P - fermé 10 déc.-1er fév. - 4 ch. 40/64 €.* Maison récente dans une clairière de la forêt. La véranda très lumineuse domine un beau jardin. Les chambres sont meublées simplement mais agréablement. Accueil aimable, bon rapport qualité-prix.

Lacken Millhouse – *Lacken Lower - Ballinagh - 8 km au sud-ouest sur la N 55, et 4 km ouest de Bellananagh par la N 55 ; donnant sur la route d'Arva - ✆ 049 433 7592 - info@lackenmillhouse.com - P - fermé 1er janv. et Noël - 5 ch. 56 € - repas 30 €.* Idéale pour ceux qui recherchent paix et tranquillité, cette maison en pierre du 19e s. se trouve sur la rive de l'Erne. Sur ses 1,60 ha se dressent les vestiges de deux moulins à grain. La maison est très joliment décorée. Un nouveau menu à quatre plats est proposé tous les soirs.

Se restaurer

Opus One – *Cavan Crystal Building (voir « Achats ») - 1,5 km est de Cavan sur la N 3 - ✆ 049 436 0600 - P - fermé 24-26 déc. - 30/42 €.* Poutres et piliers sont toujours apparents dans cette fabrique de cristal reconvertie en un spacieux restaurant contemporain. La carte allie modernité et respect de la tradition.

AUX ALENTOURS

The Olde Post Inn – *Coverhill - sur la N 54 à 12 km de Cavan par la N 3 - ✆ 047 55 555 - P - carte 38/49 € - fermé 24-28 déc. et lun. - menu 29/53 €.* Restaurant avec beaucoup de caractère aménagé dans l'ancien bureau de poste du village ; pierre et brique apparentes ; grand sens de l'hospitalité et gastronomie parfaite.

Achats

Cavan Crystal – *Rte de Dublin - ✆ 049 433 1800 - www.cavancrystaldesign.com - 9h30-18h, sam. 10h-17h, dim.12h-17h.* Cette vaste fabrique montre le savoir-faire des cristalliers de Cavan, enseigné de génération en génération, avec les motifs caractéristiques de la région. On peut y acheter des œuvres d'artistes de renom. Un graveur est à la disposition des visiteurs. L'expédition d'articles est organisée.

Sports et loisirs

Le **Lough Oughter** est formé d'une myriade de petits lacs reliés par de courtes rivières au cours paresseux : c'est un site idéal pour le **canotage** et le **canoë**.

Les **pêcheurs** à la ligne peuvent s'adonner à leur sport sur le Lough Oughter et sur toute la longueur de l'Annalee, affluent de l'Erne : gardon, brème, brochet, perche et autres. On pêch
Lough Annagh

Agenda

Belturbet Fe
fin juil. à déb
comprend c
au lancer ; concerts
aquatiques ; jeux pour tous les âges,
défilé traditionnel « Lady of The Erne ».

Clonmacnoise★★★

COMTÉ D'OFFALY
CARTE MICHELIN N° 712 I8 – CARTE GÉNÉRALE RABAT II B3

Fondé en 545 par saint Kieran (Ciarán), Clonmacnoise est l'un des tout premiers sites monastiques d'Irlande ; il vient en second après Armagh. Mais c'est aussi le lieu de sépulture des rois du Connaught et de Tara. Avec ses églises, sa cathédrale, ses croix celtiques, ses vieilles pierres tombales et ses clochers ronds, il attire toujours par milliers les visiteurs, plus touristes aujourd'hui que pèlerins. Toutefois, le 9 septembre, fête de saint Kieran, les fidèles s'y rendent en pèlerinage.

- **Se repérer** – Clonmacnoise *(Cluain Mhic Nóis)* se situe en plein cœur de l'Irlande, sur la rive est du Shannon, à 20 km au sud d'Athlone par la N 6 et la N 62.
- **À ne pas manquer** – Les pierres tombales et la croix des Écritures exposées dans le Visitor Centre.
- **Organiser son temps** – Compter 1h30 pour visiter le monastère. Le 9 septembre, fête de saint Kieran, le site est investi par les pèlerins.
- **Pour poursuivre le voyage –** Voir aussi Athenry, Athlone, Birr, Portumna, Tullamore.

Comprendre

Le monastère se développe au fur et à mesure que grandit sa renommée. Le simple oratoire en bois du début devient un petit groupe d'églises en pierre, de nombreux logements pour les moines, un clocher rond, le tout défendu par une ceinture en terre ou en pierre. Il ne reste rien des bâtiments antérieurs au 9e s. Pillé à diverses reprises par les Irlandais, les Vikings et les Anglo-Normands, le monastère est finalement réduit en ruine en 1552 par la garnison anglaise d'Athlone. Le château normand édifié vers 1212 au bord du fleuve sera démantelé sous Cromwell.

Découvrir

Visitor Centre

Juin-sept. : 9h-18h15 ; oct. à mai 10h-18h. Fermé 25 déc. 5,30 €. Spectacle audiovisuel (22mn). 09096 74195. www.heritageireland.ie

Le centre conserve les **croix** celtiques d'origine, remplacées sur le site par des reproductions, ainsi qu'une collection de **pierres tombales★**. Clonmacnoise aurait été un important centre de sculpture sur pierre du 8e au 12e s.

Croix sud

Une des faces de cette croix du 9e s., haute de 3,60 m, représente une crucifixion. Le motif décoratif de spirales entrelacées est identique à ceux que l'on peut voir à Kells *(voir p. 185)* ou en Écosse, sur l'île d'Iona et à Kidalton.

Temple Doolin

L'église doit son nom à Edward Dowling, qui l'a restaurée en 1689 pour en faire un mausolée. Les piliers carrés des angles et la baie est en plein cintre sont antérieurs au 12e s. L'église a été prolongée vers l'est au 17e s. par le **temple Hurpan**.

Temple Meaghlin, ou temple Rí

L'église a été édifiée vers 1200. Ses baies est ressemblent à celles de Clonfert *(voir Portumna)* et de l'église O'Heyne à Kilmacduagh *(voir Athenry)*. Une galerie de bois courait autrefois à l'extrémité ouest.

Kieran

de Roscommon, saint Kieran reçoit d'abord l'enseignement de saint Finnian Clonard, dans le comté de Meath, avant d'étudier avec saint Enda à Inishmore, une des îles d'Aran. Là, il a un jour la vision d'un grand arbre poussant au centre de l'Irlande. Saint Enda interprète sa vision : Kieran a pour mission de fonder une église sur les rives du Shannon. Après avoir séjourné sur l'île d'Hare, sur le lac Ree, saint Kieran s'établit avec sept compagnons à Clonmacnoise, où il meurt sept mois plus tard de la peste, à l'âge de 33 ans.

Temple Kieran

Certaines parties de cette minuscule église, où serait enterré saint Kieran, sont antérieures au 12e s.

Au sud, un sentier empierré aboutit à l'église des nonnes *(Nun's Church)*, hors de l'enceinte. Au nord apparaissent les fondations du **temple Kelly** (12e s.).

Croix nord

Sa **flèche**, des environs de l'an 800, est ornée de lions se mordant la queue et d'un personnage aux bras croisés, qui serait le dieu celte **Cernunnos**.

Cathédrale

Ce simple édifice rectangulaire a été remanié à plusieurs reprises. Les parties les plus anciennes datent probablement du 10e s., quand on a remplacé l'église en bois par une construction de pierre. Le portail principal, roman, est du 12e s. ; la sacristie à deux niveaux serait du 13e s. Au 15e s., le doyen Odo a fait réaliser le portail nord très travaillé, surmonté de trois bas-reliefs représentant saint Dominique, saint Patrick et saint François ; le chœur a été divisé en trois chapelles voûtées.

Cross of the Scriptures★

La **croix des Écritures**, en grès, s'apparente aux croix de Monasterboice *(voir p. 167)*. Elle a peut-être été dressée au 10e s. par le roi Flann, mort vers 916. Elle est inhabituelle, car ses bras s'élèvent vers le haut à partir du cercle. Sa face ouest représente

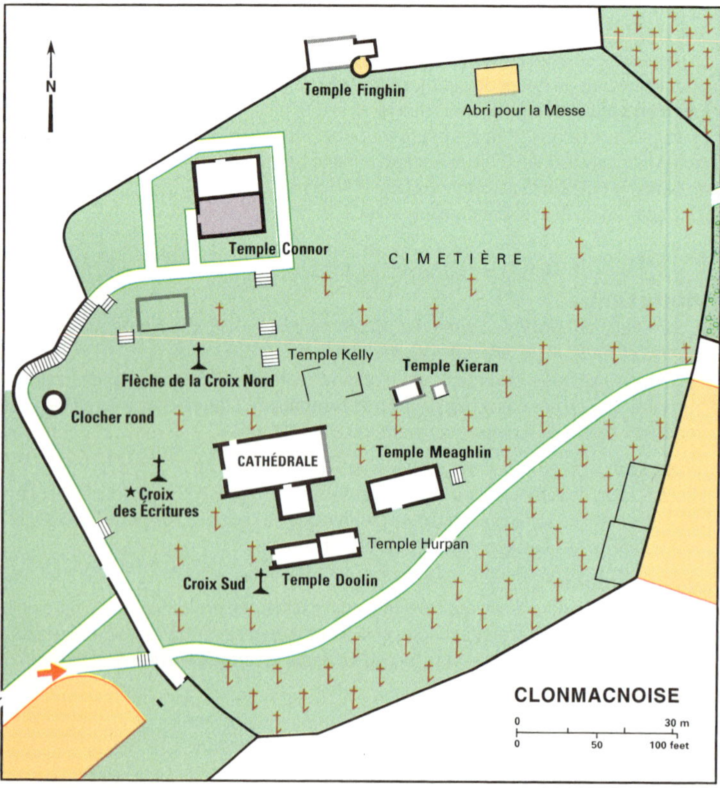

la Crucifixion, la face est le Jugement dernier. D'autres bas-reliefs montrent des scènes de la Passion (les soldats appuyés sur leurs lances) ; sur le panneau inférieur de la face est pourraient figurer l'abbé Colman et le roi Flann, fondant le monastère.

Info pratique

Voir aussi Athlone et Birr.

Adresse utile

Clonmacnoise - 090 967 4134 - mars-nov. tlj. 10h-17h45.

Clocher rond

Bien qu'il ait perdu son chapeau conique, c'est un bel exemple de tour-clocher. Il aurait été bâti au 10e s. par Fergal O'Rourke et remis en état en 1120 par l'abbé O'Malone. L'arc de la porte est vraisemblablement du 12e s.

Temple Connor

Une donation en 1010 de Cathal O'Connor, roi du Connaught, aurait servi à la construction de l'église dont il ne subsiste qu'une petite fenêtre dans le mur sud. L'édifice, reconstruit en 1911, est utilisé par l'Église anglicane d'Irlande.

Temple Finghin

Cette église du 12e s. comprend une nef et un chœur dont l'arc roman a été remanié et renforcé au 17e s. Elle possède une porte au sud et un petit clocher rond intégré au chœur, ce qui est peu courant.

Nuns' Church

10mn AR. Depuis le centre de l'enclos, suivre le sentier ancien vers l'est en traversant le grand cimetière, puis la route. L'**église des Nonnes**, en ruine, ne comprend qu'une nef et un chœur. Selon les *Annales des Quatre Maîtres (voir encadré p. 348)*, elle aurait été achevée en 1167 par Dervorgilla. La porte principale et le chœur sont admirablement décorés dans le style roman irlandais.

Aux alentours

Clonfinlough Stone

Prendre une première route secondaire vers l'est sur 3 km, puis une autre vers le sud sur 800 m. Stationner près de l'église. Monter par le sentier et franchir la clôture (10mn AR). À la lisière du champ se dresse une grande **pierre** portant des symboles, semblables à ceux qui ont été sculptés à l'âge du bronze sur des rochers de Galice, en Espagne. Les formes naturelles ont été adaptées pour suggérer des formes humaines.

Vers le sud s'ouvre une **vue** sur les tourbières des vallées de la Brosna et du Shannon, exploitées à l'échelle industrielle.

Drogheda★

35 090 HABITANTS – COMTÉ DE LOUTH
CARTE MICHELIN N° 712 M6 – CARTE GÉNÉRALE RABAT I C2

De part et d'autre de la Boyne, tout près de son embouchure, le petit port d'estuaire Drogheda, une des grandes villes de l'Irlande médiévale, conserve quelques témoignages de son passé viking et normand. Bien située sur l'axe Dublin-Belfast, la cité conserve une relative importance avec ses industries et son activité portuaire. Cette ville d'étape constitue une bonne base pour partir vers le nord, à la découverte d'un littoral attrayant ou à l'intérieur des terres où s'étire la vallée de la Boyne, avec ses remarquables tombes mégalithiques et l'écho de sa célèbre Bataille.

- **Se repérer** – Au milieu de la côte est du pays, Drogheda *(Droichead Átha)* se trouve sur la route principale N 1 entre Dublin et le nord, doublée par l'autoroute M 1 qui contourne la ville.
- **À ne pas manquer** – La pierre tombale de St Peter's Church ; St Laurence Gate ; la vue sur la ville depuis Millmount ; la collection de bannières de Milmount Museum.
- **Organiser son temps** – Compter 2h pour visiter la ville.
- **Avec les enfants** – Bettystown au sud et Clogherhead au nord offrent de belles plages aménagées.
- **Pour poursuivre le voyage** – Voir aussi la vallée de la Boyne, Dublin, Dundalk, Fingal, Kells, Trim.

Comprendre

Drogheda est fondée en 911 par le Danois Thorgestr. À la fin du 12e s., Hugh de Lacy, seigneur de Meath, en fait une importante forteresse normande, gouvernant deux paroisses, l'une dans le diocèse d'Armagh, l'autre dans celui de Meath. Il ne subsiste que peu de vestiges des nombreux monastères que la ville comptait au Moyen Âge. Des **murs** de la ville, édifiés à partir de 1234, ne restent que deux portes : **Butter Gate**, sur Millmount, et St Laurence Gate.

Le Parlement irlandais a souvent siégé à Drogheda. Au cours d'une de ces sessions, en 1494, est adoptée la loi Poynings *(voir p. 63)*. Au cours de la rébellion des Confédérés, la ville est assiégée deux fois. En 1641, sir Henry Tichborne et lord Moore résistent aux assauts de sir Phelim O'Neill, jusqu'à l'arrivée des secours du comte d'Ormond. En 1649, les 3 000 hommes de sir Arthur Aston défendent la ville contre Oliver Cromwell. Le siège est jalonné d'épisodes sanglants, comme l'incendie du clocher de l'église St-Pierre, qui s'effondre sur la foule qui s'y était réfugiée. Les assaillants ouvrent une brèche dans l'enceinte sud-est, près de l'église Ste-Marie, s'emparent de la ville, et, d'après Cromwell lui-même, passent 2 000 personnes au fil de l'épée. La plupart des survivants sont déportés à la Barbade.

Se promener

Le **centre-ville** occupe la rive nord escarpée de la rivière. Des ruelles étroites et des volées de marches relient les différents niveaux.

St Peter's Church (église catholique)

West Street. ♿ 8h30-19h30 (juin-août : tlj sf sam. 21h ; nov.-fév. : tlj sf sam. 18h). ✆ 041 983 8537. www.saintpetersdrogheda.ie

Cet édifice néogothique (1881) renferme les reliques – tête momifiée, lettres écrites dans sa prison de Newgate et porte de sa cellule – d'**Oliver Plunkett** *(voir encadré p. 176)*, archevêque catholique d'Armagh impliqué dans la conjuration Oates, exécuté pour haute trahison à Londres et canonisé en 1975.

En sortant de l'église, suivre West Street vers la droite, et tourner à gauche dans Old Abbey Lane.

St Mary's Abbey

Dépourvues de toit, la nef et la tour du transept du plus ancien site monastique de Drogheda restent encore debout. C'est ici que, selon la tradition, un monastère aurait été fondé après une visite de saint Patrick en 452. En 1206, un nouvel arrivant normand, Ursus de Swemele, fonde avec son épouse un hôpital, qui sera ensuite administré par les frères augustins jusqu'à la dissolution des monastères en 1543.

Sur West Street, prendre à droite pour monter Fair Street.

O. Forir / MICHELIN

Emo Court, aux alentours d'Abbeyleix.

Tourism Ireland

Newgrange dans la vallée de la Boyne.

Tourism Ireland

Lough Oughter, le plus grand lac du comté de Cavan.

Oliver Plunkett (1629-1681)

Issu d'une éminente famille anglo-irlandaise de Loughcrew *(voir p. 186)*, dans le comté de Meath, Oliver Plunkett est éduqué à Rome et formé par un parent, Patrick, qui devient évêque de Meath. En 1670, il est nommé archevêque d'Armagh et primat d'Irlande. Se servant des liens de sa famille avec le pouvoir établi, notamment le vice-roi Berkeley, il commence à imposer son autorité et cherche à contrer les mesures anticatholiques héritées de l'époque de Cromwell et des Lois pénales. Il parcourt tout le nord de l'Irlande, administrant le sacrement de la confirmation, fondant une école pour élèves de tous âges, ordonnant des prêtres, nommant des évêques. À la suite de la nouvelle vague anticatholique qui suit le mariage du frère de Charles II, Jacques, avec la catholique Marie de Modène, Plunkett doit se cacher. Les antimonarchistes de Londres l'accusent d'avoir participé au « complot papiste » inventé de toutes pièces par Titus Oates. Ils prétendent qu'il a comploté pour faire débarquer 40 000 hommes à Carlingford. Arrêté en 1679, Plunkett passe en jugement à Dundalk, mais personne ne veut témoigner contre lui. Il est alors jugé à Londres pour trahison, et condamné à être pendu, éviscéré et écartelé à Tyburn. Ses amis interviennent pour que sa dépouille soit conservée ; plusieurs de ses reliques seront rapportées en Irlande. Il est canonisé en 1975.

Courthouse

À l'angle de Fair Street et Bolton Street. Le palais de justice, avec sa girouette caractéristique, a été conçu par Francis Johnston et achevé en 1790.

Suivre Fair Street vers l'est et tourner à gauche dans Magdalene Street.

St Peter's Church (église anglicane)

Sur demande. www.drogheda.armagh.anglican.org

Cette église georgienne de 1753 succède à un édifice médiéval incendié par les partisans de Cromwell pendant le siège de 1649. Le porche et la flèche ont été ajoutés en 1793 par l'architecte à la mode Francis Johnston. Dans le cimetière, près de la porte est, se trouve un bel exemple de pierre tombale à motif macabre. Au-delà s'alignent trois rangs de maisons georgiennes construites vers 1730 pour les veuves du clergé.

Remonter Magdalene Street et prendre à droite Upper Magdalene Street.

Magdalene Tower

La tour (14e s.) marque l'emplacement d'un monastère dominicain fondé en 1224 par Lucas de Netterville, archevêque d'Armagh. Cette tour crénelée à deux étages en fut le beffroi.

Poursuivre le long d'Upper Magdalene Street et prendre à droite King Street ; continuer jusque dans Palace Street et tourner à gauche.

St Laurence Gate★

Unique en Irlande, voici une barbacane à trois niveaux bien conservée, qui faisait autrefois partie de la porte du 13e s. Pour la construire, les Normands ont utilisé des pierres récupérées sur les murs édifiés auparavant par les Vikings. Au sud subsistent quelques vestiges de l'enceinte.

Suivre Laurence Street vers l'ouest jusqu'à Shop Street.

Tholsel

Au carrefour du centre-ville, cet édifice en pierre calcaire (1770), ancien octroi surmonté d'une tour-horloge et d'une lanterne, a servi aux réunions des corporations et comme tribunal jusqu'en 1889.

Emprunter St Mary's Bridge pour rejoindre la rive sud.

Millmount

Des générations de souverains ont laissé leur marque sur la butte qui domine la rive sud de la Boyne. Probablement le site d'une tombe à couloir, elle a été couronnée d'une motte par les Anglo-Normands, puis fortifiée au 18e s. De la tour Martello, on bénéficie d'une belle **vue** d'ensemble sur le centre-ville, la rive nord de la Boyne, et la plus imposante construction de Drogheda, le **viaduc ferroviaire** jeté sur l'estuaire en 1855. Avant le viaduc, les voyageurs se rendant de Dublin à Belfast étaient transférés par diligence de la gare sud à la gare nord. Dans le cimetière *(au sud-est)* de l'église Ste-Marie, qui s'élève à l'emplacement d'un couvent de carmélites, on voit la brèche ouverte dans l'enceinte par les troupes de Cromwell.

Millmount Museum★ – ♿ *9h30-17h30, dim. 14h-17h (dernière entrée 1h av. fermeture). Visite guidée sur demande (1h environ). 3,50 €. ✆ 041 983 3097. www.millmount.net.*
Le musée occupe l'ancien quartier des officiers construit en 1820. Les remarquables présentations illustrent le passé de Drogheda et ses activités maritimes. Y sont notamment exposées plusieurs **bannières de corporations** riches en couleurs ; des souvenirs d'associations locales ; des ustensiles domestiques ; du matériel industriel désaffecté ; une collection de minéraux. Une salle retrace la bataille de la Boyne *(voir encadré p. 166).*
À côté, la **tour Martello** *(voir p. 75)*, très endommagée par des bombardements au cours de la guerre civile en 1922, est aujourd'hui restaurée. Des ateliers d'artisans et de créateurs occupent désormais une partie du site *(voir « Drogheda pratique »).*

Aux alentours

White River Mills

Dunleer, 14,5 km au nord de Drogheda par la N 1 et la R 132. Avr.-sept. : lun.-vend. 10h-17h. 3 €. ✆ 041 685 1141.
À la lisière sud de Dunleer s'élève sur trois niveaux un grand moulin du 18e s., très soigneusement restauré et remis en activité ; vous pouvez y suivre une excellente démonstration des procédés mis en œuvre pour produire la farine.

Drogheda pratique

Adresse utile

ℹ *Mayoralty Street - ✆ 041 983 70 70 - www.drogheda.ie - tlj sf dim. 9h30-17h30.*

Transport

En train – Au départ de Connolly Station à **Dublin**, 6 trains express (5 le dim.) pour Belfast via Drogheda (30mn de trajet, 11,50 €). Le train régional au départ de Pearse Station met deux fois plus de temps. En sens inverse, 7 départs/j (5 le dim.) par l'express et 3 par le train régional.

En bus – *Bus éirann - ✆ 041 983 5023.*

Se loger

⊖⊖⊖ **The Westcourt Hotel** – *West Street - ✆ 041 983 0965 - fax 041 983 0970 - reservations@westcourt.ie - www.westcourt.ie - 27 ch. 130 €* ☕. La pensionnaire la plus célèbre de cet hôtel du centre-ville a été Mary Robinson, l'ancienne présidente de la république d'Irlande. Une référence que l'on tient à honorer par un confort et un service exemplaires.

AUX ALENTOURS

⊖ **Tullyesker Country House** – *Dundalk Road - 5,5 km au nord par la N 1 - ✆ 041 983 0430 - fax 041 983 2624 - mcdonnellfamily@ireland.com - 🚭 🅿 - fermé déc.-janv. - 5 ch. 70 €* ☕. Cette pension bénéficie d'une situation en hauteur sur un flanc de colline au nord de Drogheda, avec des vues sur la vallée de la Boyne. Les chambres sont toutes spacieuses. Le petit-déjeuner très copieux servi « en famille » permet de faire la connaissance des autres hôtes.

Se restaurer

⊖ **Black Bull Inn** – *Dublin Road - à 1,5 km du centre en direction de Dublin - ✆ 041 983 7139 - autour de 25 € - midi et soir jusqu'à 22h.* Vaste auberge et pub de style country où l'on sert d'énormes burgers et autres *fish & chips*. Copieux et pas cher du tout.

Achats

Millmount Craft Centre – *✆ 341 984 1960 - mar.-sam. 10h-13h30, 14h30-17h30.* Sous le même toit se sont regroupés des créateurs et artisans pour mettre en valeur leur tradition. On découvre dans les ateliers individuels bijoux créatifs, soieries peintes à la main, céramiques et lainages. Le centre est facile à trouver sous la tour Martello du 19e s.

Sports et Loisirs

Plages – Grandes plages à Bettystown (sud) et Clogherhead (nord).

Découverte à pied de Drogheda *(Drogheda Town Walks) – Dép. lun.-sam. 14h sur Mayoralty Street (devant l'office de tourisme) - 5 € - ✆ 041 983 7070.*

Dundalk

35 085 HABITANTS – COMTÉ DE LOUTH
CARTE MICHELIN N° 712 M5-6 – CARTE GÉNÉRALE RABAT I C2

Au fond de la baie de Dundalk, à mi-chemin entre Dublin et Belfast, le vieux chef-lieu du comté de Louth est, avec son port et ses implantations industrielles, une des grandes villes irlandaises. À l'époque médiévale, Dundalk, fortifiée par les Anglo-Normands, leur servait de base pour leurs incursions dans les fiefs gaéliques d'Ulster. Les multiples assauts et sièges subis par la ville n'ont pas laissé grand-chose de son patrimoine ancien. Mais elle reste une bonne base pour découvrir les nombreux attraits de la campagne environnante; sur la péninsule de Cooley, notamment, de nombreux sentiers de randonnées sillonnent les hautes collines et, à la belle saison, les eaux du Carlingford Lough sont une invitation à la baignade.

- **Se repérer** – Sur la côte est, Dundalk *(Dún Dealgan)* est traversé par la N 1, la route principale qui suit la côte jusqu'à la frontière avec l'Irlande du Nord. L'autoroute M 1 permet de contourner la ville.
- **À ne pas manquer** – Proleek Dolmen sur la péninsule de Cooley; une dégustation d'huîtres de Carlingford; une promenade à Dún A' Rí Forest Park.
- **Organiser son temps** – Compter 1h pour la visite de Dundalk; prévoir une demi-journée, si vous êtes en voiture, à deux jours, si vous choisissez de marcher, pour apprécier la péninsule de Cooley.
- **Avec les enfants** – Activités nautiques à Carlingford *(voir « Dundalk pratique »)*.
- **Pour poursuivre le voyage** – Voir aussi la vallée de la Boyne, Drogheda, Kells, monts Mourne et Newry (Irlande du Nord).

Se promener

Le plan de Dundalk a été entièrement redessiné à l'époque georgienne par son propriétaire d'alors, James, premier comte de Clanbrassil. Au sud du pont qui enjambe la Castletown *(Church Street)* se dresse un des rares vestiges de l'époque médiévale, la tour du 14e s. de l'église anglicane **St-Nicolas**. Le corps principal de l'église a été reconstruit en 1707; par la suite, **Francis Johnston** lui a ajouté une flèche.

Au sud, le **palais de justice** *(Courthouse)* conçu en 1813 par Park et Bowden présente une impressionnante façade néoclassique d'une grande austérité, précédée par un portique dorique. Sur Roden Place, à l'est, les grilles ouvragées d'un porche ouvrent sur la **cathédrale St-Patrick** catholique, bâtie à l'imitation de la chapelle du King's College de Cambridge; de riches mosaïques ornent le sanctuaire et les chapelles latérales. Dans Jocelyn Street, un entrepôt restauré du 18e s. abrite le musée du comté, **Louth County Museum**. Il offre un aperçu clair et complet de l'histoire locale au moyen de présentations audiovisuelles, écrans interactifs, films et graphiques : découvertes archéologiques, agriculture et industrie, port et chemin de fer. *Mai-sept. : 10h30- 17h30, dim. et j. fériés 14h-18h; oct.-avr. : mar.-sam. 10h30-17h30, dim. et j. fériés 14h-18h. 3,80 €. ✆ 042 932 7056.*

Circuits de découverte

PÉNINSULE DE COOLEY★

Le promontoire granitique de la péninsule de Cooley offre de splendides paysages terrestres et marins. Il domine au sud la baie de Dundalk, au nord l'anse maritime profonde du Carlingford Lough, au-delà de laquelle se dressent les magnifiques monts Mourne, en Irlande du Nord.

C'est une région idéale pour le randonneur *(voir « Dundalk pratique »)*. Elle apparaît dans de nombreuses légendes, notamment celles qui évoquent le personnage de Cuchulain, héros de l'épopée *The Cattle Raid of Cooley, La Razzia du bétail de Cooley (Táin bo Cúailgne)*. Le rivage du Carlingford Lough est ponctué de belles plages de sable.

À Dundalk, prendre vers le nord la N 1, puis la R 173 vers l'est.

Proleek Dolmen★

Se garer dans le domaine de l'hôtel Ballymascanlon et emprunter l'allée bitumée (20mn AR) à travers champs. L'énorme table de pierre (40 t) et ses deux supports datent de 3000 av. J.-C. La légende prétend que tout vœu se verra exaucé si l'on parvient à placer trois cailloux dessus. À proximité se trouve une tombe à couloir en forme de trapèze.

Poursuivre vers l'est, puis emprunter à gauche la route de montagne vers Omeath au nord.

Windy Gap★

La route monte en direction des monts Carlingford (587 m). Après le site de Long Woman's Grave (plaque), elle pénètre dans le bien nommé **Windy Gap** (trouée venteuse), étroit défilé entre deux parois escarpées. Au sud s'ouvre une large vue sur la baie de Dundalk. Plus loin vers le nord, un **point de vue** *(parking)* embrasse l'estuaire de la rivière de Newry et les monts Mourne, qui s'élèvent sur le rivage est.

Omeath

Jadis village de pêcheurs où l'on parlait le gaélique, Omeath est aujourd'hui une petite station balnéaire sur la côte rocheuse, où l'on peut déguster les produits de la mer fraîchement pêchés. En été, des carrioles transportent les visiteurs jusqu'au chemin de croix en plein air du monastère des pères rosminiens, ordre fondé par le prêtre et philosophe italien Rosmini-Serbati (1797-1855). Un bac, le Carlingford Lough Ferry, traverse l'estuaire vers Warrenpoint.

D'Omeath, suivre la route côtière R 173 en direction du sud sur 2 km puis prendre à gauche la route qui s'enfonce dans la forêt.

Slieve Foye Woods

Cette belle forêt de conifères serpentée de ruisseaux s'étend au pied du mont Carlingford (ou Slieve Foy), la plus haute montagne de la péninsule qui culmine à 587 m. Une table d'orientation informe sur le splendide panorama qui s'ouvre sur le Carlingford Lough. Les aires aménagées en font une halte idéale pour un pique-nique ou une promenade en forêt.

Poursuivre sur la R 173.

Carlingford★

Les monuments laissés par les Vikings et les Normands ajoutent au charme de cette attrayante station au pied des monts Cooley, avec en face les monts Mourne, de l'autre côté du lough de Carlingford (marina et croisières sur le lough). La réputation des **huîtres** de Carlingford dépasse largement la région.

Logé dans l'église anglicane désaffectée, le **Centre du patrimoine** *(Heritage Centre)* est le point de départ pour la visite guidée du centre-ville. Ses grands triptyques illustrent l'histoire locale, des Vikings jusqu'à nos jours. *Mars-oct. : 9h30-16h30h. 3 €. Appeler pour connaître le programme. ✆ 042 937 3888.*

Enjambant la grand-rue, l'ancien octroi, jadis haut de 3 étages, appelé **Tholsel**, aurait servi de siège au parlement qui légiférait pour le Pale *(voir Trim)*. Sur le côté sud de la place du village s'élève une maison forte du 15e s., à la porte et aux moulures de fenêtres décorées de motifs celtes. Elle est appelée Mint (Monnaie), mais rien ne prouve que l'hôtel régional de la Monnaie, fondé en 1467, l'ait jamais occupé.

Face au port se dresse le **château des Taaffe**, une tour carrée de la fin du 15e s. pourvue de mâchicoulis, créneaux, archières et meurtrières. La mer vient lécher ses murs, où une cave voûtée aurait servi d'abri à bateaux. Le clan Taaffe, qui a bâti cette tour, a reçu en 1661 le titre de comtes de Carlingford.

Les ruines du château du roi Jean s'élèvent sur un à-pic dominant l'entrée de l'anse. La cour ouest est sans doute l'œuvre de Hugh de Lacy, avant une visite du roi en 1210. Les appartements côté est ont été ajoutés en 1261.

Revenir à Dundalk par la R 173.

ENTRE LA FANE ET LA DEE

À l'intérieur des terres, la campagne aux ondulations douces est arrosée par deux petites rivières coulant vers l'est et la mer.

Au départ de Dundalk, emprunter la R 171 vers le sud-ouest en direction de Louth.

St Mochta's House★

Il est difficile d'imaginer que la petite ville de Louth, qui donne son nom au comté, était autrefois une capitale, centre du royaume d'Oriel aux 11e-12e s. Dans un champ derrière les ruines d'un prieuré franciscain (14e-15e s.) s'élève un oratoire en pierre, voûté en **encorbellement**. Entre le toit pentu et la voûte est aménagée une minuscule chambre, à laquelle on accède par un escalier raide. Très restauré, l'oratoire date probablement de la seconde moitié du 12e s. On raconte que saint Mochta, mort en 534, l'a construit en une seule nuit pour en faire sa retraite.

De Louth, emprunter la route secondaire qui mène vers le nord via Chanonrock jusqu'à Inniskeen.

Inniskeen

Ce village a vu naître Patrick Kavanagh (1904-1967), poète, auteur et journaliste, qui repose aujourd'hui dans le vieux cimetière. Un hommage lui est rendu tous les ans *(voir « Dundalk pratique »)*. L'agréable **centre Patrick-Kavanagh** retrace sa vie et son œuvre, ainsi que l'histoire locale. Les restes d'un clocher rond marquent le site d'un monastère fondé au 6e s. par saint Daig au bord de la rivière Fane. *Tlj sf lun. 11h-16h30, w.-end 15h-17h30 (oct.-mai : tlj sf lun. et dim.). Fermé 25 déc.-1er janv. 5 €. ✆/fax 042 937 8560. www.patrickkavanaghcountry. com*

D'Inniskeen, prendre vers l'ouest la route de Carrickmacross.

Carrickmacross

Ce bourg, réputé pour la pêche à la ligne, s'est développé autour d'un château construit par le comte d'Essex après qu'Elizabeth Ire lui eut octroyé un domaine. Pendant près de 200 ans, il a été justement renommé pour sa dentelle faite à la main. La **galerie de la Dentelle** (Lace Gallery, *Market Square, à l'extrémité nord de la rue principale*) présente des travaux typiques de dentelle « mixte » : de fins morceaux de batiste sont rapportés sur une trame réalisée à la machine, et ensuite ornés à l'aiguille de motifs traditionnels ou contemporains. *De mi-avr. à fin oct. : tlj sf merc. et w.-end 9h30-12h30, 13h30-17h. ✆ 042 966 2088.*

L'église catholique, construite en 1866 par J. J. McCarthy, présente un ensemble de vitraux (1925) de Harry Clarke.

De Carrickmacross, suivre la R 179 vers le sud-ouest jusqu'à Kingscourt.

Dún A' Rí Forest Park★

Intégré au domaine de Cabra jusqu'en 1959, le parc forestier occupe une vallée proche de la rivière Cabra. Un **sentier de nature** et quatre **promenades** balisées permettent de découvrir ses nombreux attraits : un enclos à cerfs ; la cascade près du pont Cromwell ; un puits où l'on fait des vœux ; Cabra Cottage, la résidence de la famille Pratt jusqu'à la construction en 1814 de son château à l'est ; les ruines d'un moulin à lin ; une glacière ; les vestiges de Flemyng Castle (1607), ancien fief d'une famille anglo-normande dépossédée du domaine pour avoir soutenu Jacques II *(voir vallée de la Boyne).*

De Kingscourt, prendre vers le sud-est la R 165 par Drumcondra ; au carrefour, prendre à gauche la N 52.

Ardee (Baile Átha Fhirdhia)

Le nom irlandais du bourg signifie le gué de Ferdia, un des combattants de l'épopée *La Razzia du bétail de Cooley.* Sur le côté est de la rue principale s'élèvent deux bâtiments fortifiés : **Hatch's Castle**, de la fin du Moyen Âge, et **Ardee Castle**, élevé en 1207 par Roger de Peppard mais en grande partie reconstruit au 15e s., et octroyé au 17e s. à Theobald Taaffe, comte de Carlingford.

Revenir à Dundalk par la N 52.

Dundalk pratique

Adresses utiles

Jocelyn Street - ✆ 042 933 5484 - www - dundalktown.com - juin-sept. : tlj sf dim. ; oct.-mai : tlj sf w.-end.

À CARLINGFORD

Teach Eolais Information Office – *Old Quays Lane - ✆ 042 937 3033 - www. carlingford.ie -lun.-vend. 10h-17h, w.-end 11h-17h.*

Se loger

Rosemount – *Dunblin Road - 2,5 km de Dundalk sur la R 132 - ✆ 042 933 5878 - fax 042 933 58 75 - maisieb7@eircom.net - 9 ch. 70 €.* Maison moderne bien située avec accès facile à la M 1. Salon commun agréable et salle du petit-déjeuner séduisante. Chambres confortablement meublées.

AUX ALENTOURS

Gleneven Guest House – *Inniskeen - 11 km à l'ouest de Dundalk par la R 171 en direction de Carrickmacross, puis à droite au niveau du pub Conlon's - P - fermé à Noël - ✆ 042 937 8294 - 5 ch. 60 €.* Un couple germano-irlandais s'occupe de cette jolie maison traditionnelle en bordure de la Fane, une rivière à truites appréciée des pêcheurs. Toutes les chambres, vastes et claires, ont vue sur la campagne.

Beaufort House – *Carlingford - 11 km à l'est par la R 173 - ✆ 042 937 3879 - fax 042 937 3878 - michaelcaine@ beauforthouse.net - P - 5 ch. 100 €.* Maison moderne agréablement située sur les rives du Carlingford lough. Chambres très confortables et spacieuses avec vues sur la mer ou les montagnes. Petit-déjeuner copieux servi dans une salle avec vue sur le lac.

Se restaurer

Rosso – *5 Roden Place - ✆ 042 935 6502 - fax 042 935 6503 - fermé Noël, sam. soir et dim. - 36/45 €.* Traditionnel à l'extérieur, contemporain à l'intérieur, le restaurant abrite un mobilier de style et de confortables banquettes. Les fenêtres donnent sur la cathédrale. Cuisine classique avec une touche moderne.

AUX ALENTOURS

The Oystercatcher – *Market Square - Carlingford - 042 937 3922 - lun.-vend. 19h-21h30, sam. 18h-21h30, dim. 17h30-21h30 - autour de 40 €.* Joli petit restaurant au décor nautique qui propose de bons produits de la mer cuisinés de manière classique ou un peu plus aventureuse, comme les huîtres au fromage bleu. Dispose aussi de chambres confortables mais très chères.

Sports et loisirs

Táin Way – Ce sentier de 40 km fait une boucle autour de la péninsule de Cooley au départ de Omeath.

Plages – À **Blackrock** au sud, **Clogerhead** (Long Strand) au nord, sur la péninsule de Cooley au nord-est (**Giles Quay** face au sud) et à **Omeath** sur la rive du lac Carlingford. Les lagunes et vasières à l'est forment une vaste **réserve ornithologique**.

Adventure Centre – *Carlingford - 042 937 3100.* Le centre propose toutes sortes d'activités nautiques : windsurf, voile, rafting, cours d'escalade, etc.

Promenade à thème historique – *042 932 7056.* Le Louth County Museum organise des promenades sur demande.

Croisières sur le Carlingford Lough – *042 937 3239 (Peadar/Peter Elmore).* Pêche en mer et croisières sur le Carlingford Lough à bord du MV Slieve Foy (offshore de 10 m ultrarapide avec équipement électronique haut de gamme).

Agenda

Annual Patrick Kavanagh Weekend – Un hommage est rendu tous les ans au poète Patrick Kavanagh par le Patrick Kavanagh Centre à Inniskeen à la fin nov.

Glendalough★★★

COMTÉ DE WICKLOW
CARTE MICHELIN N° 712 M8 – CARTE GÉNÉRALE RABAT II C3

Cette vallée longtemps isolée au cœur des monts Wicklow a vu saint Kevin rechercher la solitude, puis fonder un grand monastère. Restée longtemps un site de pèlerinage, elle continue aujourd'hui d'attirer une foule de visiteurs. La « Vallée des deux lacs » est incontestablement l'un des sites monastiques les plus évocateurs d'Irlande, à la fois pour la beauté de son cadre et pour le nombre des bâtiments, intacts ou en ruine, qui témoignent des débuts du christianisme en Irlande.

- **Se repérer** – Glendalough (*Gleann Dá Locha*, la Vallée des deux lacs) se trouve au sud de Dublin dans les monts Wicklow. Vous pouvez vous y rendre par la côte (M 11, puis N 11 vers le sud jusqu'à Ashford et la R 763 jusqu'à Annamoe, la R 755 vers le sud jusqu'à Laragh et la R 756 vers l'ouest), ou par l'intérieur des terres (N 7, N 81 et R 756) ; des itinéraires moins rapides mais plus touristiques suivent la route qui traverse le Sally Gap (R 115) ou Enniskerry, Roundwood et Annamore (R 117, R 760, R 755 et R 756).
- **Organiser son temps** – Compter une demi-journée.
- **Pour poursuivre le voyage** – Voir aussi Athy, Kildare, monts Wicklow.

Comprendre

Après la mort de saint Kevin vers 617, le monastère attire un nombre croissant de pèlerins ; il était dit que sept pèlerinages à Glendalough valaient un voyage à Rome, bien plus périlleux à l'époque. En dépit des attaques et des pillages dont il est victime, autant de la part des Irlandais que des Vikings, le monastère atteint son apogée aux 10e et 11e s. avec le renouveau de l'influence celtique. Il connaît son plus grand rayonnement sous saint Laurence O'Toole (1128-1180), devenu son abbé en 1153 à l'âge de 25 ans, avant de se voir confier en 1163 l'archevêché de Dublin. Le déclin du monastère s'amorce au 13e s. Une attaque anglaise cause de grandes destructions en 1398. La Dissolution décrétée par Henri VIII marquera sa fin. Les pèlerinages perdurent pourtant jusqu'à leur interdiction, vers 1860, en raison de l'attitude contestataire des pèlerins.

Autrefois, les deux lacs de Glendalough n'en formaient qu'un seul, serti au fond d'une vallée aux spectaculaires contours modelés par les glaciers des monts Wicklow. Abondamment boisée et largement associée à la légende de saint Kevin, la rive sud du lac supérieur est la plus spectaculaire, avec ses falaises plongeant directement dans les eaux sombres. Des activités minières s'y sont maintenues longtemps, la forêt fournissant le bois pour les fonderies de plomb, de zinc, de cuivre et d'argent. La route des mineurs *(Miners' Road)*, qui court sur la rive nord du lac jusqu'à un village de mineurs abandonné, offre la meilleure vue sur le « lit de saint Kevin » et les ruines de Temple-na-Skellig.

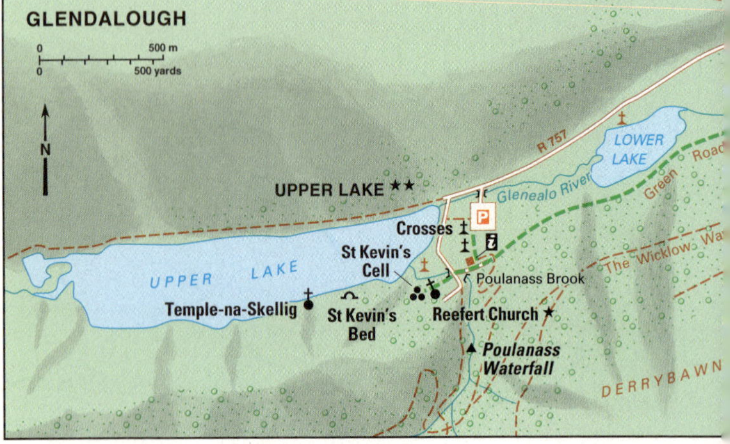

Découvrir

Visitor Centre

Centre d'accueil : 9h30-18h ; de mi-oct. à mi-mars : 9h30-17h (dernière entrée 45mn av. fermeture). Fermé 24-27 déc. 2,90 €. Spectacle audiovisuel. Visite guidée sur demande. ✆ *0404 45325/45352.*

Le spacieux bâtiment moderne abrite de nombreux documents, ainsi qu'une jolie maquette, établie sur le plan de Glendalough, d'un ensemble monastique médiéval typique. Des photographies anciennes montrent le site avant la restauration et les reconstructions de la fin du 19e s. Une présentation audiovisuelle évoque l'histoire monastique de l'Irlande.

Saint Kevin

Né vers le milieu du 6e s., Kevin attire tôt l'attention sur lui par ses pouvoirs miraculeux. Confié pour son éducation à trois clercs, il échappe à leur tutelle pour s'isoler dans la vallée de Glendalough. On le persuade de reprendre ses études, mais, resté sous le charme de la vallée, il y revient en compagnie de quelques moines pour fonder un monastère. L'établissement prend de l'importance, mais, lassé par sa notoriété, Kevin se retire pour vivre en ermite, « dans un lieu serré entre lac et montagne », sans doute l'endroit appelé Temple-na-Skellig, au-dessus du lac supérieur.

L'ensemble monastique★★★

Situées à l'est du lac inférieur, les ruines du second monastère constituent la partie la plus importante du complexe. Le **pavillon d'entrée** *(Gateway)* est le seul bâtiment de ce type encore debout en Irlande. Fixée dans le mur juste au-delà de la première arche, une grande stèle de schiste micacé présente une croix gravée qui, croit-on, servait à marquer l'endroit où les demandeurs d'asile se trouvaient sous protection.

Clocher rond★★ – Ce bel exemple de clocher rond haut de 30 m est l'élément le plus frappant du site. Probablement élevé au début du 10e s., il devait servir à la fois de clocher, de point de repère, de magasin, de tour de guet et de refuge. La porte d'entrée se situe à 4 m au-dessus du sol. Les murs, épais de 1 m à la base, s'amincissent progressivement. On passait de l'un à l'autre des six étages au moyen d'échelles.

Cathédrale★★ – Jadis cœur de la vie communautaire, l'édifice aujourd'hui sans toit domine toujours le site de sa présence. Sa nef était l'une des plus grandes des premières églises irlandaises. Construite par étapes sans doute à partir de la fin du 10e s., elle se compose d'une nef et d'un chœur avec, sur son côté sud, une petite sacristie. Sont surtout remarquables ses pilastres d'angle, son porche principal et ses baies sud. Contre le mur nord du chœur, une pierre tombale gravée de croix et d'inscriptions irlandaises voisine avec une stèle où ressortent des motifs en volutes.

St Kevin's Cross – Haute de plus de 3,50 m, cette croix celtique sans motif décoratif est la mieux conservée de toutes celles du site.

St Kevin's Church★★ – Cet oratoire primitif en pierre, avec son toit en pente raide fait de pierres se recouvrant les unes les autres, date pour partie du 11e s. Son autre nom familier de « cuisine de saint Kevin » a deux origines possibles. En effet, l'inhabituel petit clocher rond attenant ressemble à une cheminée, et il est prolongé à l'est par

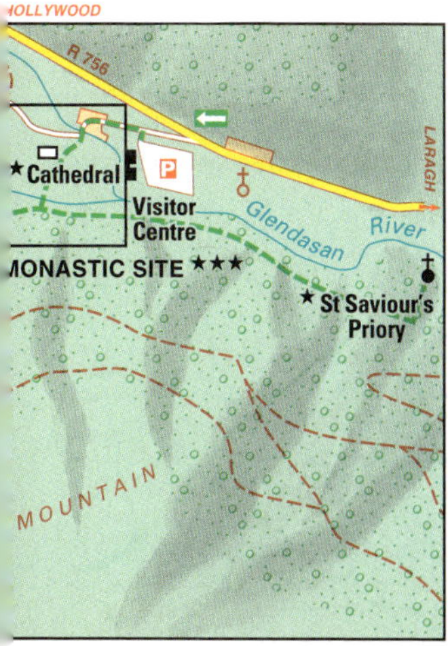

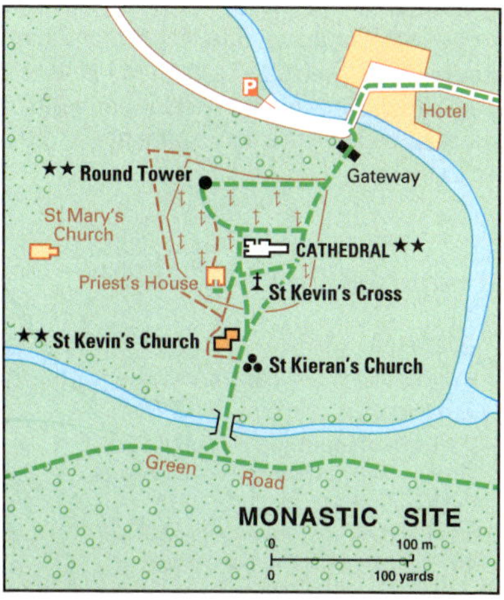

une sacristie à peine plus grande qu'une arrière-cuisine. La sacristie était autrefois précédée d'un chœur aujourd'hui disparu, dont on devine le contour grâce aux traces de fondations et à la ligne de jonction avec le mur de la nef. À l'intérieur, le plafond est constitué par une robuste voûte en berceau. Une petite pièce était logée entre la voûte et le toit.

St Kieran's Church – Les vestiges de cette minuscule église juste à côté de l'église St-Kevin mais hors de l'enceinte monastique ont été découverts en 1875.

St Saviour's Priory★

À l'est du lac Inférieur par le sentier dit « Green Road ».

Peut-être fondé en 1162 par saint Laurence O'Toole, le prieuré est sans doute encore plus ancien. Relevés en 1875, les édifices maintenant entourés de forêt comprennent une église avec nef et chœur et un petit groupe de bâtiments domestiques au nord. Avec beaucoup de belles sculptures, l'arc du chœur et la fenêtre est de l'église sont très représentatifs du style roman irlandais.

Upper Lake★★

Accès à pied à l'ouest du centre d'accueil (2,5 km par Green Road), ou depuis le parking du Upper Lake (800 m). L'accès de la Cellule de saint Kevin se fait par un sentier en pente raide souvent glissant par endroits. Il n'existe pas d'accès au « lit » de saint Kevin ni au Temple-na-Skellig : c'est de l'autre côté du lac qu'on les aperçoit le mieux.

Croix – À l'est du lac supérieur *(Upper Lake)* s'élèvent des croix qui bornaient à l'origine le domaine du monastère. Elles ont servi ensuite de stations de chemin de croix quand l'abbaye est devenue un grand centre de pèlerinage.

Reefert Church★ – L'église qui n'a plus de toit serait, d'après la tradition, la sépulture des rois, peut-être même de saint Kevin. Elle dresse ses murs parmi les chênes et les noisetiers qui peuplent les premières pentes du lac. Élevée à la fin du 10e ou au 11e s., l'église comprend une nef et un chœur réunis par une arche d'une belle simplicité. On remarquera les deux petites fenêtres en plein cintre du mur sud de la nef et l'imposant portail de granit à jambage ébrasé. Le cimetière contient des stèles et deux croix, dont l'une ornée de beaux entrelacs.

St Kevin's Cell – De la cellule de saint Kevin ne subsistent que les pierres des fondations, colonisées par trois chênes. Sans doute édifiée sur le modèle des cabanes en forme de ruche que l'on peut voir sur Skellig Michael *(voir p. 268)*, la porte d'entrée devait faire face à la vallée tandis qu'une fenêtre devait ouvrir sur le lac.

St Kevin's Bed – Cette minuscule grotte creusée dans la falaise à 9 m au-dessus du niveau du lac était probablement une sépulture de l'âge du bronze. Supposée être l'endroit où saint Kevin venait prier et jeûner, c'était le but ultime du pèlerinage à Glendalough. Arrivés à Temple-na-Skellig par barque, les pèlerins cheminaient le long du lac, gravissaient les marches taillées dans la falaise et étaient hissés, un par un, dans le « lit d'os et de pierres de l'ascète » (Richard Hills).

Temple-na-Skellig – Sur la berge sud du lac supérieur, à 6 m au-dessus du niveau du lac, se trouve le premier oratoire mentionné dans la vie de saint Kevin. Le sanctuaire, dont le nom signifie « l'église du rocher », a probablement été reconstruit au 12e s. sur les fondations d'origine. Restauré vers 1870, il est aujourd'hui en ruine. La fenêtre du chevet comprend deux étroites (15 cm) baies en plein cintre. Un énorme linteau de granit surmonte la porte principale, inachevée. C'est probablement à l'ouest que se trouvaient les cabanes du premier monastère.

Poulanass Waterfall – De la maisonnette qui abrite le **centre d'information** du parc national des monts Wicklow, un sentier suit un petit ravin où bouillonne un ruisseau, et parvient à une charmante cascade cachée dans la forêt parmi les chênes et les houx.

Glendalough pratique

Adresses utiles

Glendalough - ✆ 0404 45600 - www.glendalough.ie - juin-sept. : 9h30-17h.

Wicklow Mountains National Park – *À 100 m du grand parking central et du lac supérieur - ✆ 040 445 425 ou 5338 (en hiver) - www.wicklownationalpark.ie - mai-fin sept. : 10h-17h30 ; oct. et fév.-fin avr. w.-end 10h-17h30 ; nov.- fin janv. w.-end 10h-16h.*

Transport

St Kevin's Bus – *✆ 01 281 8119 - www.glendaloughbus.com - 11h30 et 18h dép. de Dublin (côté ouest de St Stephen's Green, devant le Royal College of Surgeons) via Bray et Roundwood - aller 13 € ; AR 20 €.* Cette compagnie assure le transport de Dublin à Glendalough.

Kells★

5 248 HABITANTS – COMTÉ DE MEATH
CARTE MICHELIN N° 712 L6 – CARTE GÉNÉRALE RABAT I C2

Située dans la vallée de la Blackwater, cette petite ville commerçante, animée les jours de marché, doit son renom à un merveilleux manuscrit enluminé, aujourd'hui conservé à la bibliothèque de Trinity College (Dublin). Quelques vestiges fascinants du monastère d'où provient ce célèbre Livre de Kells nous sont parvenus. Le bourg lui-même est fier de son palais de justice et de son église réalisés par l'architecte georgien Francis Johnston.

- **Se repérer** – Kells *(Ceanannas Mór)* se trouve sur la N 3 à environ 45 km au nord-ouest de Dublin, dans les « Midlands » irlandais.
- **À ne pas manquer** – Les croix celtiques de Kells ; les tombes à couloir de Loughcrew.
- **Organiser son temps** – Compter une demi-journée pour visiter Kells et ses alentours.
- **Avec les enfants** – Les sculptures fantastiques et l'aire de jeux aménagée de Loughcrew Historic Gardens.
- **Pour poursuivre le voyage** – Voir aussi la vallée de la Boyne, Cavan, Drogheda, Dundalk, Mullingar et Trim.

Comprendre

Le Livre de Kells – Le monastère de Kells est fondé au 6e s. par **saint Columba** *(voir encadré p. 359)*. Au 9e s., ses reliques y sont rapportées par des moines fuyant les raids vikings sur leur monastère de l'île d'Iona. Ils n'y trouvent pas vraiment refuge, car les Vikings les attaqueront même en ce lieu à plusieurs reprises. Le monastère est aussi pillé par les Irlandais de la région au 12e s., et par l'Écossais Edward Bruce au 14e s. Le grand manuscrit enluminé peut avoir été rédigé sur place ou apporté par les moines d'Iona. En 1007, il est volé dans la sacristie. Il est retrouvé deux mois plus tard, dépouillé de ses ornements en or. Au cours de la campagne de Cromwell, il sera emporté à Dublin pour être mis en sécurité, puis offert en 1661 à Trinity College.

Se promener

Partir de Headfort Place où se dresse l'ancien palais de justice qui abrite désormais le Kells Heritage Centre.

Kells Heritage Centre

Mai-sept. : 10h-17h30, dim. 14h-18h ; oct.-avr. : tlj sf lun. 10h-17h, fermé dim. et j. fériés. 4 €. ✆ 04692 47840. www.meathtourism.ie

Des objets prêtés par le Musée national, des écrans interactifs, des maquettes et des présentations audiovisuelles fournissent toutes sortes d'informations sur le Livre de Kells, les croix celtiques, la vie du monastère et l'histoire locale.

Remonter Headfort Place pour rejoindre Market Street.

Clocher rond et croix★★

Market Street. Juil.-août : 10h-13h, 14h-17h. Participation.

Des vestiges du monastère subsistent dans le cimetière de l'**église anglicane St-Columba**.

Le **clocher rond**, bâti avant 1076, a perdu son toit en forme de cône, mais s'élève toujours à la hauteur impressionnante de 30 m. Plusieurs têtes sculptées endommagées par le temps en décorent l'entrée.

À proximité du clocher se dresse la **croix sud**, probablement érigée au 9e s. Les scènes bibliques très vivantes qui la décorent n'en ornent pas seulement la base, mais recouvrent aussi le fût et les bras, reliées par des entrelacs et des sculptures de feuillages, oiseaux et animaux. On y reconnaît Daniel dans la fosse aux lions, les trois jeunes gens dans la fournaise, Caïn et Abel, Adam et Ève *(face sud)*, le sacrifice d'Abraham *(bras gauche)*, saint Paul, saint Antoine dans le désert *(bras droit)*, David et sa harpe, la multiplication des pains et des poissons *(sommet)*, la Crucifixion, le Jugement du Christ *(côté ouest)*. Sur la base d'une autre croix toute proche figurent des scènes de la Bible et un décor géométrique. Au sud de l'église, une croix inachevée présente ses panneaux nus prêts à être sculptés avec, sur une face, la Crucifixion. Au nord de l'église, des pierres tombales sont intégrées à la base d'une tour d'église médiévale. Des explications à propos du monastère, des croix, de la crosse de Kells *(au British Museum à Londres)* et le Livre de Kells sont présentées dans la galerie de l'église.

Poursuivre sur Church Lane.

St Colum Cille's House★

Clés disponibles dans la maison marron à porte cochère dans Church Lane, la ruelle qui monte à droite de l'église. Un peu plus haut dans la ruelle s'élève un ancien oratoire en pierre, voûté en encorbellement. Il date probablement du 11e ou du 12e s. L'entrée d'origine est encore visible sur le mur ouest ; le plancher intermédiaire a disparu. Entre la voûte du plafond et le toit fortement incliné se trouve une chambre minuscule *(accès par une échelle).*

Aux alentours

Ballinlough Castle Gardens

5 km à l'ouest de Kells par la R 163 jusqu'à Ballinlough. Se renseigner pour les visites. ✆ 04694 33244 ou Alex 086 833 5295.

Entouré d'un vaste domaine, le château (fermé au public) se reflète dans l'eau d'un de ses lacs. Il a été occupé en permanence depuis le Moyen Âge par la famille O'Reilly/ Nugent, mais son allure romantique illustre mieux la conception que l'on avait d'un château au 18e s. On peut l'admirer à partir du domaine boisé et des promenades en bord de lac, mais l'attrait principal de Ballinlough réside dans un complexe de jardins entourés de murs, sauvés de l'abandon et replantés avec un remarquable savoir-faire. Ils présentent une suite d'enclos qui contrastent les uns avec les autres.

St Kilian's Heritage Centre

13 km au nord de Kells par la R 164 et la R 194 jusqu'à Mullagh. ♿ De mi-avr. à fin oct. : tlj sf lun. 10h-18h, w.-end 14h-18h. 3,50 €. Vidéo (15mn). ✆ 04692 42433.

Le Centre du patrimoine est consacré à la vie de saint Kilian (640-689), « apôtre des Francs », devenu le saint patron de Würzburg et de la Franconie. Au nord de Mullagh, une église en ruine appelée église de Kilian *(Teampall Ceallaigh)* avoisine une fontaine sacrée où l'on vient encore prier, bien que toute cérémonie officielle en l'honneur du saint ait pris fin au 19e s.

> **Saint Kilian**
>
> Né à Mullagh, Kilian reçoit l'enseignement des moines de Rosscarbery, dans le comté de Cork *(voir Kinsale)*. Pèlerin du Christ, il part évangéliser la Franconie et s'installe à Würzburg. La tradition veut qu'il ait désapprouvé le mariage du chef local, Gozbert – qu'il avait converti –, avec la veuve de son frère, et que celle-ci l'ait fait décapiter. En 782, ses reliques ont été transférées dans une église ronde située sur le Marienberg.

Loughcrew Historic Gardens

24 km de Kells par la R 163 et la R 154, et une route secondaire vers l'ouest jusqu'à Millbrook. Jardins : de mi-mars à fin oct. tlj 12h-17h. 8 €. Opéra : fin juil. vend.-sam. (2 représentations). ✆ 049 854 1922, 049 854 1356. www.loughcrew.com

Ces jardins forment un extraordinaire palimpseste de ruines, de constructions en terre et d'allées anciennes, mises en valeur par des additions récentes créatives. Le domaine a appartenu à la famille Plunkett, dont le membre le plus éminent, saint Oliver Plunkett, peut-être né ici, aurait fait ses dévotions dans l'église de la famille, aujourd'hui dépourvue de toit. Autour de ce sanctuaire s'étendent les vestiges d'un jardin à la française du début du 17e s. Son élément dominant reste une allée d'ifs très anciens, qui mène à une motte médiévale. À proximité se trouvent les fondations de la première Loughcrew House, résidence remplacée au début du 19e s. par un imposant manoir conçu par le grand architecte néoclassique Charles Cockerell. Le manoir aussi a disparu, mais son portique a été reconstruit dans la campagne au-delà des jardins, formant un parfait point de mire. Pour les enfants, des sculptures inspirées d'Alice aux pays des merveilles peuplent le jardin et côtoient fées et araignées géantes.

Tombes à couloir de Loughcrew★

24 km à l'ouest de Kells par la R 163. Après Ballinlough, prendre à droite la R 154. Après 4,5 km, prendre à gauche ; 800 m plus loin reprendre sur la gauche la route étroite mal carrossée. Parking (Dúchas). On peut se procurer la clé contre une caution aux jardins de Loughcrew (mêmes jours d'ouverture, 12h-16h). On doit gravir une pente raide pour rejoindre chacun des deux sites ; s'équiper de bonnes chaussures. ✆ 049 854 1356 (Loughcrew House).

Bien moins connues que les tombes néolithiques de la vallée de la Boyne, les tombes à couloir *(passage graves)* sont pourtant presque aussi impressionnantes, en évidence sur leur site au sommet des monts Loughcrew. Le cimetière occupe deux cimes voisines du Slieve na Calliagh (277 m), les Cairnbane East et West, séparés par la route. Il comprend au moins 30 tombes, dont certaines ont été fouillées. Elles datent pour la plupart de 2500 à 2000 av. J.-C., bien que les fouilles effectuées en 1943 sur Cairnbane West aient mis au jour des objets aux motifs rappelant ceux de la Tène (âge du fer, 450 av. J.-C.). Le **cairn T**, la plus grande tombe (37 m de diamètre) sur le Cairnbane East, est décoré de cercles concentriques, lignes en zigzag et motifs floraux.

Kells pratique

Voir aussi Trim et Drogheda.

Adresse utile

Kells Heritage Centre – *Navan Road - ☎ 04692 47840 - www.meathtourism.ie - mai-sept. : 10h-13h, 14h-18h, dim. 13h30-18h ; oct.-avr. : tlj sf lun. 10h-17h, dim. et j. fériés 13h30-18h.*

Agenda

Opéra dans les jardins de Loughcrew – Deux représentations sous tente fin juil.

Festival de Harpe O'Carolan – *☎ 046 52115 ou 52272 - www. carolanfestival.com.* Ce festival de musique traditionnelle se déroule tous les ans à Nobber *(15 km au nord-est par la N 52 et la R 162)* début octobre.

Kildare★

7 538 HABITANTS – COMTÉ DE KILDARE
CARTE MICHELIN N° 712 L8 – CARTE GÉNÉRALE RABAT II C3

Chef-lieu du comté, doté d'une cathédrale, le bourg pimpant de Kildare est classé ville du patrimoine. Son origine remonte au 5e s., date de la fondation d'une des rares communautés de religieuses de l'époque celtique, fondée par sainte Brigitte et saint Conleth. Le nom de Kildare est étroitement associé à la plaine voisine du Curragh, grande étendue au sol spongieux recouverte d'herbe rase et parsemée de touffes jaunes d'ajoncs, patrie de l'élevage et des courses de chevaux irlandais. Le « comté du Pur-Sang » possède de nombreux attraits : villages pittoresques, fermes et élevages à visiter, pierres levées préhistoriques et activités d'extérieur, pêche, golf et promenade.

- **Se repérer** – Kildare (*Cill Dara*, l'église du chêne) se trouve à une trentaine de kilomètres au sud-ouest de la capitale, sur la route principale (N 7) qui relie Dublin à Limerick.
- **À ne pas manquer** – La haras national et les jardins japonais.
- **Organiser son temps** – Compter une demi-journée pour visiter Kildare et ses environs. Le printemps, période de naissance des poulains, est la saison la plus propice pour visiter le haras de Kildare.
- **Avec les enfants** – Le musée du Cheval irlandais.
- **Pour poursuivre le voyage** – Voir aussi Abbeyleix, Athy, Dublin, Mullingar, Roscrea, Tullamore, les monts Wicklow.

Visiter

Cathédrale★

Lun.-sam. 10h-13h, 14h-17h, dim. 14h-17h. Contribution. Rens. auprès de Kenneth Dunne ☎ 045 521 229.

L'édifice actuel, de la fin du 19e s., englobe une partie d'un bâtiment du 13e s. L'intérieur sobre en pierre nue est embelli par des fonts baptismaux médiévaux en pierre, des vitraux, et des tombeaux anciens portant des effigies, dont la belle figure de l'archevêque Wellesly, des environs de 1539.

Isolé dans le cimetière, le **clocher rond** (32 m) a été fortement restauré ces dernières années. De son sommet s'ouvre un vaste **panorama** sur le Curragh et les comtés alentour.

En face de la cathédrale, une petite route conduit au **tombeau** et au **puits de sainte Brigitte (Brigid)**.

Kildare Heritage Centre

Market Square. Mai-oct. : tlj sf sam. 9h30-17h, dim. 14h-18h ; oct.-avr. sur demande. 3 €. ✆ 045 530 672. www.kildare.ie/kildareheritage

Dans le bâtiment du marché du 18e s., au-dessus de l'office de tourisme, l'histoire et le patrimoine de Kildare sont bien illustrés au moyen d'un film de 12mn et de 18 présentations.

Le curragh

Le nom dérive de l'ancien irlandais *cuirrech*, qui signifie champ de courses. La plaine est associée aux courses de chevaux depuis l'époque préchrétienne. Le premier trophée a été offert en 1640 par les représentants du duc de Leinster. Au milieu du 19e s., 25 courses y étaient organisées, de l'épreuve courte (402 m) réservée aux yearlings au parcours « Over the Course » de 6 km. Pendant des années, le Curragh a été occupé par une grande base de l'armée britannique. Elle s'est illustrée en mars 1914 par la mutinerie du Curragh : les officiers avaient annoncé qu'ils désobéiraient s'ils recevaient l'ordre de réprimer la rébellion contre le Home Rule.

Aux alentours

Irish National Stud★★

1,5 km au sud-est de Kildare (panneau) à Tully. ♿ 9h30-18h. Fermé Noël. 10,50 €. ✆ 045 521 617/522 963. www.irish-national-stud.ie

Lord Wavertree, un riche brasseur écossais, a entrepris l'élevage des chevaux à Tully en 1900. En 1915, il fait don du haras à la Couronne. Ce **haras national** britannique revient au gouvernement irlandais en 1943. Les écuries pour les étalons, avec leurs toits à lanternes, ont été construites dans les années 1960. Achevée en 1975, la cour du char du Soleil *(Sun Chariot yard)* regroupe les stalles où logent les juments à la saison des saillies et, de juillet à octobre, les yearlings. Poulinières et poulains évoluent dans les enclos le long de l'allée de Tully (*Tully Walk*, 3 km).

Le haras abrite le **musée du Cheval irlandais** *(Irish Horse Museum)*, dont la pièce la plus curieuse est le squelette d'Arkle, un pur-sang qui a remporté un nombre extraordinaire de victoires. Sa carrière s'est achevée le 27 décembre 1966 par une chute à Kempton Park (Angleterre). Les objets exposés, parmi lesquels figurent un crâne de cheval du 13e s. trouvé à Christchurch Place à Dublin, et un harnais fabriqué vers le 13e-15e s. dans cette même ville illustrent l'histoire du cheval, des courses et du steeple-chase *(voir encadré p. 236)*.

Le domaine comprend également un grand plan d'eau conçu par le Japonais Eida et les ruines de **Black Abbey**, ancienne commanderie de templiers fondée en 1169 ; on raconte qu'un souterrain la relie à la cathédrale de Kildare. Quand l'abbaye a été fermée au milieu du 16e s. elle est passée aux mains de la famille Sarsfield. C'est ici qu'est né vers 1650 Patrick Sarsfield *(voir p. 374)*, chef des Irlandais pendant le siège de Limerick.

Japanese Gardens★★ – *Dans le domaine du haras. ♿ Mêmes horaires que pour le haras.* Un des jardins japonais les plus ambitieux en dehors du Japon a été aménagé entre 1906 et 1910 pour lord Wavertree par Eida et son fils Minoru. Le jardin principal retrace les péripéties de la vie humaine : **porte de l'Oubli** *(Gate of Oblivion)*, **grotte de la Naissance** *(Cave of Birth)*, **colline de l'Ambition** *(Hill of Ambition)* et **fontaine de la Sagesse** *(Well of Wisdom)*, en passant par les ponts des fiançailles et du mariage *(Bridges of Engagement et Marriage)*. Le dernier élément, le **porche vers l'Éternité** *(Gateway to Eternity)*, ouvre depuis 1974 sur le **jardin de l'Éternité**. Le **jardin de méditation zen** (1976) n'est pas conçu pour suggérer une réflexion précise, mais incite le visiteur à suivre sa propre inspiration.

Hill of Allen

10 km au nord par la R 415.

Le sommet d'une tour du 19e s. (206 m) élevée sur la colline offre un large **panorama** sur la plus grande tourbière d'Irlande, le Bog of Allen qui s'étire vers l'ouest jusqu'au Shannon.

Robertstown (Inis Robertaig)

16 km au nord par la R 415.

Le village se trouve au point stratégique où le Grand Canal se divise en deux bras, l'un se dirigeant vers Waterford, l'autre rejoignant le Shannon. Les rues en bord de canal, intéressantes à découvrir, sont dominées par le majestueux **Grand Canal Hotel** en brique rouge, construit en 1803 pour les passagers des flyboats, « bateaux volants » tirés par des chevaux au galop. Il abrite aujourd'hui une exposition.

Peatland World

19 km vers le nord par la R 401 et la R 414, à Lullymore. ♿ *Avr.-oct. : 9h30-18h, dim. 14h-18h, sam. sur demande ; nov.-mars : tlj sf w.-end 9h30-18h. 5 €.* ✆ *045 860 133.*

Le rôle joué par la tourbe en Irlande (sa place dans le paysage, son emploi comme combustible et dans l'industrie, l'arôme qu'elle donne au whisky) est illustré de manière particulièrement vivante dans ce centre, installé dans les écuries d'un ancien domaine. Il présente l'extraction à la bêche par les particuliers pour chauffer les maisons et la récolte mécanique pour alimenter les centrales thermiques. Parmi les objets exposés, on découvre le bois et le beurre de tourbière ; une barque en chêne de tourbière de l'époque préchrétienne ; des bêches à tourbe ; des textiles tissés à partir de fibres de tourbe ; des produits dérivés : huile, cire, articles de toilette – shampooing, dentifrice et savon provenant d'Allemagne. L'exposition à l'étage présente la faune et la flore des tourbières, ainsi que leur protection.

Punchestown Standing Stone

24 km à l'est par la N 7 jusqu'à Naas, puis la R 411.

À la limite nord du célèbre champ de courses *(Woolpack Road)* s'élève un grand dolmen (6 m de haut) qui remonterait au début de l'âge du bronze.

Kildare pratique

Adresse utile

ℹ *Market House -* ✆ *045 521 240 - www.visitkildare.ie - mai-sept. : tlj sf dim. 9h-13h, 14h-17h ; oct.-avr. : tlj sf w.-end 10h-13h, 14h-17h.*

Transports

En train – La gare se trouve au nord du village par Milltown Road. 26 trains/j (17 le dim.) entre Kildare et Heuston. Station à **Dublin** (35mn de trajet, 12,80 €).

En bus – Liaisons quotidiennes toutes les heures entre **Dublin** et Kildare par la ligne de Limerick. Départ toutes les heures de 7h30 à 20h (1h de trajet, 8,80 €). Les bus s'arrêtent à l'irish National Stud et dans le centre du village.

Se loger

Castelview B1B – *À 4 km à l'ouest de Kildare par la N 7 (faites 2 km sur la route principale, puis suivez le fléchage à droite et roulez encore 2 km) -* ✆ *042 521 816 - 3 ch. 70 €* . Maison de ferme moderne en pleine campagne, face à une vieille église et aux ruines d'un château. Très bien tenue mais confort d'ensemble assez simple. Les propriétaires, éleveurs de vaches, sont très accueillants et donnent toutes sortes d'informations sur la région.

Se restaurer

The Silken Thomas – *The square -* ✆ *045 522 232 - Bar food 12h30-15h - autour de 15 €.* Vaste pub au décor victorien classique qui sert un grand choix de plats roboratifs et de steaks. Dîner un peu plus élaboré mais plus cher, dans la confortable salle de restaurant. Musique live.

Loisirs

Chemin de halage – Le comté de Kildare compte près de 70 km de chemins de halage divisés en 3 grandes sections : le Canal Royal, le Grand Canal et Barrow Line. Les promenades sont balisées et ne présentent pas de grande difficulté mais les distances pouvant varier de 8 à 22,5 km, il est préférable de se renseigner au préalable sur les itinéraires auprès de l'office du tourisme de Kildare.

Agenda

Le **champ de courses** de Curragh accueille les cinq grandes courses irlandaises, dont le Budweiser Irish Derby, et 14 autres événements de mars à sept. *Enclos réservé pour le Derby 50 €. Grandes courses 16 €. Rencontres régulières, w.-end et lun. férié de mai 15 €.* ✆ *045 441 205 (Direction). www.curragh.ie*

Longford

8 836 HABITANTS – COMTÉ DE LONGFORD
CARTE MICHELIN N° 712 I6 – CARTE GÉNÉRALE RABAT I B2

Ville de marché pour toute la campagne alentour, Longford s'étend au bord de la Camlin dans un cadre plaisant, mais sans élément marquant, à quelques kilomètres en amont de l'endroit où le Shannon s'élargit et devient le Lough Ree. Le comté s'enorgueillit de ses tourbières, dont certaines sont protégées, et de ses nombreux sites historiques. Avec une forte tradition de pêche et de sports nautiques, Longford séduit par la quiétude de son environnement. L'endroit est idéal pour se plonger dans la littérature du cru avec notamment le dramaturge Oliver Goldsmith (autour du Lough Ree) ou encore Maria Edgeworth (à Mostrim).

- **Se repérer** – En plein cœur de l'Irlande, le chef-lieu du comté de Longford (*An Longfort*, la forteresse) se trouve sur la route principale (N 4) qui relie Dublin à Sligo.
- **À ne pas manquer** – La crosse de saint Mel au musée du Diocèse ; Corlea Trackway.
- **Organiser son temps** – Compter une demi-journée pour visiter St Mel's Cathedral et les environs de Longford.
- **Pour poursuivre le voyage** – Voir aussi Athlone, Mullingar, Strokestown.

Visiter

St Mel's Cathedral

Dublin Street. ♿ 8h00-22h. ✆ 043 46465.

La silhouette urbaine par ailleurs modeste de Longford est rehaussée par sa monumentale cathédrale catholique de style néoclassique. Conçue en 1840 par John Keane, elle montre un vaste porche ionique au fronton richement sculpté. Un haut clocher octogonal coiffé d'un dôme la surmonte. À l'intérieur, une double rangée de colonnes ioniques supporte l'édifice. La construction a été interrompue par la Grande Famine, et ne s'est achevée qu'à la fin du 19e s.

Le joyau du **musée du Diocèse** (*Diocesan Museum*, transept droit) est la **crosse de saint Mel** (10e s.), découverte en 1860 dans l'ancienne église St-Mel à Ardagh *(au sud-est)*, un bâton en bois d'if recouvert de bronze et orné de clous, motifs animaliers, feuillages et entrelacs. *Juin-sept. Contacter Jerry : ✆ 0868 067384.*

Maria Edgeworth (1767-1849)

Surtout connue pour ses romans sur la vie irlandaise, *Le Loyer exorbitant du château* (1800), *L'Absent* (1812) et *Ormond* (1817), Maria Edgeworth a développé le genre du roman historique et régional, tout en écrivant aussi romans anglais et contes pour enfants. Elle fut reconnue de son vivant par de nombreux écrivains – Jane Austen, Macaulay, Ruskin, Thackeray, Tourgueniev ou Walter Scott, qui la surnommait « la grande Maria » et lui rendit visite en 1825. Sauf pour ses études en Angleterre, elle ne quitta jamais sa résidence familiale de Mostrim, bourgade appelée aussi Edgeworthstown *(14 km à l'est de Longford)*. Elle avait pour amis les Pakenham de Tullynally et la famille Lefroy de Carrigglas.

Son père, Richard Lovell Edgeworth, riche propriétaire terrien, eut 4 femmes et 22 enfants, dont Maria était l'aînée. Personnalité excentrique, il s'intéressait à la science ; il fit installer un chauffage central au château de Tullynally. Il était le cousin germain de l'abbé Henri Edgeworth de Firmont, qui a accompagné Louis XVI à l'échafaud.

Aux alentours

Ardagh

11 km au sud-est de Longford par la N 4 et la R 393.

Ce charmant petit village a été largement reconstruit et rénové vers 1860 par une propriétaire d'Ardagh House, lady Fetherstone.

Les ruines d'une simple église en pierre, appelée cathédrale Saint-Mel, se dressent, dit-on, à l'endroit où le saint, un neveu de saint Patrick, serait enterré.

Le **Centre du patrimoine d'Ardagh** *(Heritage Centre)* occupe une ancienne école. Il retrace l'histoire d'Ardagh : ère préchrétienne des légendes populaires, avènement du christianisme, rivalités internes du clan des O'Farrell, colonisation (Plantation) de l'Ulster en 1619, jusqu'à nos jours. *Mar.-sam. : 12h30-18h. 3 €. Vidéo (15mn). ✆ 043 75277.*

Le pays de Goldsmith

La région autour du lac Ree est celle où Oliver **Goldsmith** (vers 1731-1774), poète, dramaturge, historien et naturaliste, a passé les vingt premières années de sa vie, fréquentant les écoles locales. La route d'Ardagh à Athlone (N 55) traverse quelques sites importants dans son œuvre et sa vie. À **Ardagh**, il prend par erreur le manoir pour l'auberge du village, une méprise qu'il traduit dans l'intrigue de sa pièce *Elle s'abaisse pour vaincre*.

Une statue par Foley marque l'emplacement de sa première maison, à Pallas. Jusqu'en 1731, le père de Goldsmith a été recteur de l'église de **Forgney**, dont un vitrail décrit la « douce Auburn », le village de Lissoy évoqué avec nostalgie par Goldsmith, notamment dans son poème *Le Village abandonné*. La famille Goldsmith a vécu ensuite au presbytère de Lissoy, aujourd'hui en ruine.

À la mort de son mari en 1747, la mère du poète s'installe à **Ballymahon** sur l'Inny. Goldsmith fréquente sa première école à **Tang**, près du moulin. Le pub The Three Jolly Pigeons a conservé le nom de l'auberge de la pièce de Goldsmith.

Corlea Trackway

16 km au sud de Longford par la N 63 et la R 397 : à Keen, tourner à droite au panneau. ♿ Avr.-sept. : visite guidée 10h-18h (dernière entrée 17h15). Entrée libre. Spectacle audio-visuel (20mn). ✆ 043 22386.

L'ancienne chaussée *(togher)* découverte dans les années 1980 remonte à 147-148 av. J.-C. En planches de chêne retenues par des piquets, elle était assez large pour permettre le passage de véhicules à roues transportant animaux et marchandises de l'autre côté du marais. Elle n'a sans doute servi qu'une dizaine d'années, son poids l'ayant fait s'enfoncer peu à peu dans la vase. Un tronçon a pu être conservé et réinstallé sous protection sur le site d'origine. Sa découverte par une équipe internationale d'archéologues et la sauvegarde du site font l'objet d'un documentaire. L'exposition replace la chaussée dans le contexte de l'âge du fer.

Longford pratique

Adresse utile

ℹ *Market Square - ✆ 043 42577 - fax 043 48764 - mai : tlj sf w.-end ; juin-sept. : tlj sf dim.*

Se Loger

Viewmount House – *Dublin Road - 1,5 km au sud-est par la R 393 - ✆ 043 41919 - fax 043 42906 - info@viewmounthouse.com - 13 ch. 110/160 €* ☕. Impressionnante maison georgienne au cœur de quatre hectares, salle du petit-déjeuner avec plafond voûté. Chambres avec lits et meubles d'époque.

Monaghan

6 710 HABITANTS – COMTÉ DE MONAGHAN
CARTE MICHELIN N° 712 L5 – CARTE GÉNÉRALE RABAT I C2

Monaghan est le grand bourg commerçant et le chef-lieu de l'un des six comtés qui, au moment de la Partition de l'Irlande, ont été séparés de l'Ulster et rattachés à la république d'Irlande. Ancien fief du clan McMahon, la région est colonisée par les Britanniques au début du 17e s. ; Monaghan reçoit sa charte en 1613. Ses citoyens, pour la majorité des presbytériens écossais, établissent au 18e s. une florissante industrie du lin. Au 19e s., la construction du canal et du chemin de fer de l'Ulster crée d'autres richesses. La ville conserve la marque de cette époque prospère, avec ses majestueux immeubles en calcaire gris bordant ses rues étroites. Situé au cœur d'une pointe qui s'avance dans l'Irlande du Nord jusqu'à la Blackwater, le site est aujourd'hui apprécié des pêcheurs. Caractérisé par la présence de « drumlins », petites collines laissées par les glaciers en se retirant, le paysage offre un cadre des plus paisibles.

- **Se repérer** – Monaghan *(Muineachán)* se trouve sur la N 2, une des grandes routes qui relient le nord à Dublin ; elle court le long de la frontière avant de devenir la A 5 vers Omagh, en Irlande du Nord.
- **À ne pas manquer** – La croix de Clogher du County Museum ; les tapisseries de St Macartan's Cathedral ; les dentelles de Clones ; une balade autour du Lough Muckno.
- **Organiser son temps** – Pour visiter Monaghan et ses environs, prévoir une demi-journée que vous pouvez prolonger à loisir sur les rives du Lough Muckno.
- **Pour poursuivre le voyage** – Voir aussi Dundalk et, en Irlande du Nord, Armagh, Cavan, Enniskillen, Newry.

Charles Gavan Duffy (1816-1903)

Né à Monaghan *(10 Dublin Street)*, le journaliste Charles Gavan Duffy est cofondateur du quotidien *The Nation*. Au sein du mouvement Jeune Irlande, il lutte pour l'abrogation de l'Acte d'union. Il forme la Ligue des Droits des fermiers et est élu député du district de New Ross. Déçu par le peu d'intérêt de Westminster pour ses causes, Duffy émigre en Australie où il devient en 1871 Premier ministre de l'État de Victoria. Son nouveau combat sera d'amener ce pays à une fédération d'États.

Se promener

Débuter la balade à Market House.

Conçue par Samuel Hayes, un architecte amateur, l'ancienne **Market House** (1792) est une élégante halle de marché en calcaire gris embellie par des arches en plein cintre et des panneaux finement sculptés.

Depuis Market House, entrer dans High Street.

Dans deux majestueuses maisons du début du 19e s. en *terrace*, le **County Museum** abrite de remarquables présentations sur la région et son histoire. Il expose du linge de maison et des dentelles, mais son joyau est la **croix de Clogher** du 14e s. *High Street. ♿ Tlj sf dim. 11h-17h, sam. 12-17h. ✆ 047 82928.*

Prendre à droite Mill Street pour rejoindre Church Square.

Deux bâtiments attirent l'attention sur Church Square, place de l'église *(à l'est)* : le **tribunal**, construit en 1830, belle construction classique portant encore les marques de la guerre civile, et **l'église anglicane St-Patrick**, charmant exemple du style gothique Regency (1831).

À l'est de Church Square, le **Diamond**, ancienne place du marché, longe le mur nord du château du 17e s. *(démoli)*. Le **Rossmore Memorial**, une fontaine néogothique très ouvragée, a été édifiée en 1875 en l'honneur du quatrième baron de Rossmore *(voir « Aux alentours »)*.

Prendre à droite sur Dublin street.

À l'extrémité sud de Dublin Street se dresse la **croix de marché** du 17e s. en forme de cadran solaire. Le sommet est inversé et les styles du cadran solaire ont disparu.

Tourism Ireland

Le château des Taaffe à Carlingford.

B. Merz / Look/Photononstop

La vallée de Glendalough.

J.E. Sceau / MICHELIN

Le site de Clonmacnoise.

En position dominante au sud-est de la ville, la splendide cathédrale néogothique **St Macartan's Cathedral** a été achevée en 1892. Construite en pierre calcaire locale, avec une flèche vertigineuse (76 m), c'est une des plus belles réalisations de J. J. McCarthy, prolifique élève de Ruskin. L'extérieur est orné avec exubérance de statues de saints et d'évêques en marbre de Carrare. Protégé par une magnifique **charpente à blochets saillants**, l'intérieur spacieux montre des **tapisseries** modernes illustrant la vie du Christ et de saint Macartan, un des premiers saints irlandais. *Dublin Street.* ♿ *9h-18h.*

Monaghan pratique

Adresse utile

Clones Road - ✆ 047 81122 - www.monaghantourism.com - avr.-oct. : tlj sf dim.

Se loger

Westenra Arms – *The Diamond - ✆ 047 74400 - fax 047 74440 - info@westenrahotel.com - fermé 25 déc. - 22 ch. 130/195 € - rest. carte 26/50 €.* Cet hôtel en brique rouge situé en centre-ville offre des chambres confortables et chaleureuses. Le grand bar au décor gothique sert un menu snack et le restaurant propose sa carte à l'heure du déjeuner.

Aux alentours

Rossmore Forest Park

3,5 km au sud de Monaghan par la N 54 et la R 189. Entrée par le portail. Parking 5 €/j ✆ 049 433 1046.

Il ne reste que les fondations de la résidence des comtes de Rossmore, mais leur mausolée se dresse toujours dans le parc du domaine. Aujourd'hui parc forestier, ce dernier offre de charmants paysages mêlant harmonieusement l'eau et la forêt dans le pays des *drumlins* du comté de Monaghan.

Clones

19 km au sud-ouest de Monaghan par la N 54.

Sur la pente d'une colline, juste à la frontière avec l'Irlande du Nord, Clones (prononcer les 2 syllabes) est un petit bourg de marché et un centre de pêche réputé. Village typique de l'Ulster à l'époque de la Plantation (colonisation), il avait déjà une longue histoire. Elle débute avec la fondation d'un monastère au 6e s. par saint Tighernach. Les ruines du complexe englobent un **clocher rond**, un **tombeau monolithique** et une **église** du 12e s.

Sur la place principale ou Diamond, en contrebas de l'église anglicane construite en 1822, se dresse une **croix** (du 10e s. environ) qui provient sans doute du monastère. Sur sa face ouest, on découvre Daniel dans la fosse aux lions, ainsi que Caïn, Abel, Adam et Ève. De l'autre côté sont sculptées la Crucifixion, la Cène et l'Adoration des Mages.

Les **entrepôts du canal d'Ulster** *(Ulster Canal Stores)* ont été réaménagés pour accueillir une exposition de **dentelle de Clones** faite au crochet. Les motifs sont reliés entre eux par des espaces en nœud de Clones. *Juin-sept. : 9h30-17h, dim. 14h-18h ; oct.-mai : tlj sf w.-end 9h30-17h30. ✆ 047 52125. www.clones.ie*

Lough Muckno Leisure Park

24 km au sud-est par la N 2 jusqu'à Castleblaney.

Le plus grand et le plus beau des lacs du comté de Monaghan, le Lough Muckno, avec sa multitude d'îles et ses rivages contrastés, est entouré d'un parc de loisirs boisé (37 ha) aménagé avec des **sentiers de nature**. Ce parc appartenait autrefois à Edward Blaney, gouverneur du Monaghan pour Jacques Ier, dont le nom survit dans Castleblaney, le petit bourg sur la pente ouest du lac ; un autre Blaney en a construit plus tard le **Palais de justice** de style georgien et, en 1808, l'église anglicane. Au 19e s., le banquier londonien Thomas Hope renomme le château Hope Castle. Son nom aussi survit dans la légende d'un diamant bleu maudit, aujourd'hui propriété de la Smithsonian Institution aux États-Unis.

Mullingar

18 416 HABITANTS – COMTÉ DE WESTMEATH
CARTE MICHELIN N° 712 J/K 7 – CARTE GÉNÉRALE RABAT I B2

Situé dans une boucle du Canal Royal, sur la rive ouest de la Brosna, entre les lacs Ennel et Owel, le chef-lieu du comté de Westmeath est un important marché agricole au cœur d'une région où l'on pratique un élevage de qualité. Sans véritable caractère en soi, Mullingar reste un excellent centre pour les pêcheurs à la ligne, offrant un accès facile aux lacs poissonneux du Westmeath.

- **Se repérer** – Au cœur de l'Irlande, Mullingar *(An Muileann Gcearr)* se trouve sur la N 4, la route principale qui relie Dublin à Sligo et au nord-ouest.
- **À ne pas manquer** – Les « folies » romantiques des jardins de Belvedere House le château de Tullynally ; le site monastique de Fore Abbey.
- **Organiser son temps** – Prévoir une journée pour visiter Mullingar et ses environs.
- **Pour poursuivre le voyage** – Voir aussi Athlone, Birr, Kells, Kildare, Longford, Trim, Tullamore.

Comprendre

Au 2e s., une résidence royale occupait déjà la **colline de Uisneach** *(9,6 km à l'ouest par la R 390)*, un ancien sanctuaire druidique où les Celtes tenaient des assemblées rituelles, notamment la fête de mai. Le point de jonction des cinq provinces de l'ancienne Irlande y est signalé par une pierre appelée **Catstone**.

À leur arrivée au 12e s., les Normands édifient dans la région plusieurs mottes féodales enceintes de palissades et de fossés et quelques châteaux en pierre. Mullingar possède bientôt sa municipalité ; on a retrouvé son sceau en 1880. Sous Henri VIII, le comté de Meath est divisé en deux, et Mullingar devient le chef-lieu du nouveau comté de Westmeath.

Ses bonnes communications avec Dublin assurent à la ville sa prospérité. Le Canal Royal arrive dans les années 1790, la ligne de chemin de fer Midland & Great Western en 1848, et la grande route de Dublin à Sligo traverse Mullingar, jusqu'à ce que la quatre-voies de contournement actuelle détourne la circulation du centre-ville. En 1825, on bâtit une prison et un élégant tribunal dans Mount Street, en laissant entre eux l'espace pour dresser la potence des pendaisons publiques.

Alors qu'il était étudiant, **James Joyce** a vécu un temps à Mullingar, où son père était chargé de réorganiser les listes électorales. Il songeait déjà à la littérature, et la ville lui fournit le décor de quelques scènes de *Ulysse* et de *Stephen, le Héros*.

Visiter

Cathedral of Christ the King

Mary Street. Au bout de la rue, sur un domaine descendant jusqu'au canal, la cathédrale catholique dresse deux tours (43 m) surmontées de croix. C'est de loin le monument le plus marquant de la ville. Conçue par Ralph Byrne « dans une dernière envolée de… classicisme » (J. Sheeny), elle a été consacrée en 1939. Au-dessus de la porte principale, le portique montre un tympan avec une **sculpture** d'Albert Power, un **élève de Rodin, en pierre de Portland. Les immenses mosaïques** des chapelles Ste-Anne et St-Patrick sont de l'artiste russe Boris Anrep.

Le « comte sans cœur »

Robert Rochfort (1708-1774) acquiert une certaine influence auprès de George II, séduit par sa prestance, qui le fera en 1757 comte de Belvedere. Ayant perdu sa première femme, il se remarie en 1736 avec une jeune fille de 16 ans, Mary Molesworth. Celle-ci éprouve quelque réticence, mais cède aux injonctions de son père, sans fortune et ébloui par la situation du futur gendre. Délaissée lors des fréquents séjours de son époux à la Cour, elle trouve compagnie auprès de son beau-frère Arthur et sa femme. Des rumeurs parviennent au mari, qui demande réparation à Arthur, à hauteur de 20 000 livres. Dans l'impossibilité de payer, Arthur fuit à l'étranger. Mais dès son retour en Irlande, Robert le fait mettre en prison. Arthur y finira ses jours. Mary restera cloîtrée à Gaulstown, la sinistre résidence de Robert, avec les domestiques pour seule compagnie. Les rares visites de Robert à Gaulstown cessent après la construction de Belvedere House. Un jour, Mary s'enfuit à Dublin, mais ses parents la renvoient à Gaulstown. Elle devra attendre la mort de son mari, en 1774, pour être enfin libérée par son fils.

En haut des marches, le **musée de la cathédrale** *(s'adresser au bedeau pour la visite)* expose une lettre et les chasubles d'Oliver Plunkett *(voir p. 176)*, des catéchismes en irlandais, une maquette de la première cathédrale (1834-1936), des croix de pénitents, des calices et des ostensoirs. *Mai-sept. : jeu. et w.-end 15h-16h. ✆ 04493 48338. www.mullingarparish.org*

Aux alentours

Belvedere House et ses jardins★

5,5 km au sud de Mullingar par la N 52. Prévoir une demi-journée. Avr.-août : 9h30-18h, w.-end 9h30-19h ; sept. : 10h30-18h ; nov.-mars : 10h30-16h30 (dernière entrée 1h av. fermeture). 6 €. ✆ 044 49060. www.belvedere-house.ie

Sur la rive orientale du lac Ennel, un beau parc paysager sert d'écrin à une élégante villa (1740) attribuée à Richard Castle. Robert Rochfort, célébrité locale surnommée « the Wicked Earl », le comte sans cœur, l'a fait bâtir pour ses parties de pêche. De 1912 à 1960, elle a appartenu au colonel **Charles Howard-Bury**. Ce dernier est notamment connu pour son incroyable expédition sur l'Everest en 1921, lorsque son équipe, seulement vêtue de tweed du Donegal, parvient à 600 m du sommet. Ils rapportent alors les premières photographies du massif et les récits des porteurs népalais sur l'« abominable homme des neiges », vêtu de sa seule toison.

Dans les anciennes écuries, le **centre d'accueil** *(Visitor Centre)* retrace en détail l'histoire du domaine, de son peu sympathique créateur et de sa malheureuse épouse. La **demeure** a été restaurée pour retrouver sa décoration d'origine et un mobilier d'époque. L'**intérieur** élégant doit son charme à ses boiseries sculptées et ses plafonds ornés de stucs rococo.

Dans les jardins, trois terrasses orientées vers le lac ont été ajoutées par Charles Brinley Marly, un descendant du « comte sans cœur », qui a aussi entrepris l'aménagement du jardin clos, achevé par le colonel Bury. L'**allée forestière** *(3 km)*, au nord de la maison, permet de découvrir un bel éventail de « folies » romantiques : **pavillon octogonal**, **arche néogothique** et **glacière**, ainsi que deux **ponts de pierre** jetés sur la rivière. Les hêtres du 18e s. ont été remplacés par des conifères exotiques et des espèces ornementales rares.

Soit pour cacher les écuries, soit pour ne pas apercevoir Tudenham House, où vivait son frère George avec lequel il était brouillé, Robert Rochfort a fait fermer la perspective par une fausse ruine gothique haute de près de 45 m, surnommée le « **mur jaloux** ».

Église de Taghmon

11,5 km au nord par la N 4 et la R 394 ; tourner à droite à Crookedwood.

À l'emplacement d'un ancien monastère fondé par saint Fintan Munna, entre fleuve et collines, se dresse une église fortifiée qui daterait du 15e s. La tour, à quatre niveaux, est habitable. Deux têtes sculptées sont intégrées à ses murs nord et ouest.

Multyfarnham Franciscan Friary★

13 km au nord par la N 4 ; tourner à droite à Ballynafid.

À l'extérieur du monastère franciscain, le chemin de Croix est formé de statues grandeur nature entourées de bosquets de conifères, au bord d'un torrent impétueux.

Tullynally★

24 km au nord par la R 394 jusqu'à Castlepollard puis la R 395 à l'ouest ; allée (1,2 km) en pente du portail à la maison. Jardins - mai-juin : w.-ends : 14h-18h ; juil.-17 août tlj 14h-18h. Château - visite guidée pour groupes seulement. Jardin seul 6 €. ✆ 0449 61159/62934.

Tullynally, « la colline des cygnes », est le fief de la famille Pakenham depuis 1655. Cette construction exubérante de tourelles et créneaux gris s'élève au-dessus des chênes et des autres arbres de son vaste parc. La forteresse d'origine, aux murs épais de 3 m, a été transformée dès le début du 18e s. en maison de campagne, remaniée dans le style gothique par Francis Johnston, et enfin agrandie par Richard Morrison. L'intérieur reflète le goût du 19e s. pour le Moyen Âge : la **grande salle** s'élève sur deux niveaux, la **salle à manger octogonale** est ornée de papier peint dessiné par Pugin pour la Chambre des Lords. Les ailes de service, de style victorien, sont plus étonnantes encore. Elles renferment tous les équipements nécessaires à la vie d'un grand manoir de campagne : l'office, la **cuisine**, magnifiquement équipée avec ses fours, ses casseroles en cuivre, sa glacière et un grand pilon avec son mortier ; la **buanderie**, comportant des bassins revêtus de plomb, des planches de blanchisseuse, une énorme calandre pour lisser les étoffes ; la **salle de repassage**, le **séchoir** avec ses étendoirs verticaux ; et enfin la **chaufferie**. Le carrosse de la famille, restauré, est exposé dans la cour. Vers 1760, on remplace les jardins à la française du début du 18e s., leurs canaux et leurs cascades, par un paysage d'inspiration plus libre. À l'époque victorienne, on aménage en terrasses des courts de tennis et terrains de croquet. Le **jardin** accueille un hêtre portant à la fois des feuilles découpées et des feuilles ordinaires. Le **jardin floral** est aménagé en 1740 ; la fontaine « colonne pleureuse » *(weeping pillar)* vient agrémenter le bassin aux nénuphars. Deux sphinx (1780) en pierre de Coad flanquent la porte d'entrée du grand **potager** entouré de murs ; il s'orne de belles serres Regency et d'une allée d'ifs irlandais reliés entre eux par une haie de buis, d'ifs et de houx si dense que la mousse se développe en surface. À partir du plan d'eau ornemental, une **promenade forestière** passe près d'une chute d'eau et mène jusqu'au Lough Darravaragh peuplé de hérons, cygnes et canards sauvages. La légende raconte que les enfants de Lir ont passé 300 ans sur ce lac après avoir été métamorphosés en cygnes par leur belle-mère jalouse. Ses rives offrent une **vue** superbe sur le château.

Fore Abbey★

24 km au nord par la R 394 jusqu'à Castlepollard, puis la R 195 à l'est ; prendre à droite à Fore.

Au creux de sa vallée, ce site monastique ancien est l'un des plus beaux d'Irlande. Les vestiges étendus, église, cloître, chapitre, réfectoire, cuisine et pigeonnier, sont pour l'essentiel ceux de l'abbaye bénédictine fondée en 1200. Mais au sud se dresse l'**église Saint-Fechin**, édifice du 11e ou 12e s. consacrée au fondateur du premier monastère, mort en 665. Le monastère, situé aux confins ouest du Pale, est fortifié en 1436 ; on l'entoure d'un mur pour le protéger des attaques des Irlandais de la région. Une belle vue s'ouvre du sommet de la tour ouest *(75 marches)*. Certains éléments concernant l'abbaye ont été repris par la tradition populaire comme les « **sept miracles de Fore** ».

Le premier miracle est celui du « monastère dans les marais » : l'**abbaye** s'élève en effet sur un îlot de terre ferme au milieu de marécages.

« L'eau qui ne bouillira point » fait allusion au **puits de saint Fechin**, situé à l'ombre d'un « arbre qui ne brûlera point », dont les trois branches figurent la sainte Trinité. Saint Fechin, en frappant le sol de sa crosse, a fait jaillir le « ruisseau qui remonte son cours », afin de fournir l'énergie au « moulin sans bief » qu'il avait fait construire en terrain sec. (En réalité, le ruisseau est alimenté par une source souterraine.) Le rôle de « l'ermite dans la pierre » a été joué par Patrick Beglen, le dernier anachorète d'Irlande, qui a vécu au 17e s. dans une tour de guet médiévale. En 1680, la tour a été incorporée à la **chapelle-mausolée** de la famille Nugent.

La « pierre soulevée par les prières de saint Fechin » est l'énorme linteau gravé d'une croix grecque qui surmonte le portail ouest de son église. La pierre s'avérait trop lourde pour les constructeurs ; seule l'intercession du saint a permis de la mettre miraculeusement en place.

Mullingar pratique

Adresse utile

Market House - ✆ 0449 348650 - www.ecoastmidlands.ie - juin-août : tlj ; sept.-mai : tlj sf dim.

Se loger

Marlinstown Court – *Dublin Road - à 2,5 km sur la N 4 - ✆ 044 934 0053 - fax 044 934 0057 - marlinstownct@eircom.net - fermé Noël - 5 ch. 75/80 €.* Guesthouse propre et soignée à proximité de la N 4. Extension moderne sur l'arrière, salon lumineux et vue sur jardin dans la salle du petit-déjeuner. Chambres joliment meublées.

Achats

Mullingar Bronze and Pewter – *8 km à l'est par la N 4 (au bout de 6 km, prendre à gauche vers Killucan et The Downs) - ✆ 044 934 8791 - www.mullingarpewter.com - P - 9h30-18h, sam. 10h-17h30 (dernière visite vend. 12h30).* Dans les ateliers, vous pouvez observer les artisans au travail, en train de modeler, souder, tourner, polir et noircir leurs créations en étain et en bronze ; les articles créés peuvent ensuite être admirés et achetés dans la boutique.

Trim★

6 870 HABITANTS – COMTÉ DE MEATH
CARTE MICHELIN N° 712 L7 – CARTE GÉNÉRALE RABAT I C2

Près d'un ancien gué sur la Boyne, dans une région exceptionnellement riche en monuments historiques et préhistoriques, le petit bourg classé de Trim est dominé par les ruines de son château, le plus grand d'Irlande et le meilleur exemple de son époque en Europe. Cet édifice médiéval a pour contrepoint les extraordinaires monuments préhistoriques de la vallée, plus en aval. D'autres vestiges imposants rappellent le grand rôle joué par Trim en tant que forteresse et grand centre religieux des confins du Pale, la région colonisée par les Anglo-Normands. En outre, la quantité impressionnante de pubs pour une si petite localité en fait un village particulièrement animé.

- **Se repérer** – Au centre-est du pays, au cœur d'un triangle Dublin-Drogheda-Mullingar, Trim *(Baile Átha Troim)* se trouve sur un embranchement secondaire (R 154) de la N 3, qui relie Dublin à Navan.
- **À ne pas manquer** – Trim Castle et son impressionnant donjon ; un coucher de soleil sur Yellow Steeple ; une soirée à l'Emmet Tavern.
- **Organiser son temps** – Compter 3h pour faire le tour des vestiges de Trim.
- **Pour poursuivre le voyage** – Voir aussi la vallée de la Boyne, Dublin, Fingal, Kells, Mullingar.

Le « Pale »

Au Moyen Âge, on disait des Irlandais qui n'habitaient pas les terres sous juridiction anglo-normande qu'ils étaient « au-delà du Pale ». Ce terme, dérivé du latin palus qui signifie poteau, a servi depuis 1446 à nommer la partie de l'Irlande sous domination anglaise. L'implantation réalisée sous Henri II (1154-1189) comprenait les comtés de Louth, Meath, Trim, Dublin, Kilkenny, Tipperary, Waterford et Wexford. Mais à la fin du 15e s., avec l'affaiblissement du contrôle anglais, le Pale s'était réduit à quatre comtés : Louth, Meath, Dublin et Kildare.

Se Promener

RIVE SUD

Trim Castle★★

Château et donjon - Pâques-21 oct. : 10h-18h (dernière entrée 17h15), sam. et dim. 10h-16h30. Donjon : visite guidée (45mn, réserv. de mi-sept. à mi-juin). Château 3,70 €. Beaucoup de visiteurs ; l'accès n'est pas garanti en été. ✆ 04694 38619. www. heritage ireland.ie

Les ruines magnifiques de ce château médiéval dominent les prairies des berges de la Boyne ; la rivière alimente aujourd'hui ses douves. La courtine extérieure dotée de poternes et de plusieurs tours entoure un vaste espace herbeux dominé par l'impressionnant **donjon** (1225), qui renferme deux grandes salles et, au-dessus de celles-ci, des chambres. La première forteresse est élevée en 1172, au tout début de la conquête anglo-normande par Hugh de Lacy. Elle est bientôt assaillie et détruite par les Irlandais. Reconstruite, elle sert de quartier général à Jean sans Terre durant son séjour en Irlande ; on l'appelle souvent château du roi Jean. Protégée par deux ponts-levis et une barbacane, la porte de Dublin Gate sert de prison. C'est là que le jeune prince qui allait devenir Henry IV a été emprisonné par Richard II. Le château est attaqué par les troupes de Cromwell, qui laissent une brèche dans le mur donnant sur la rivière. Un pan de mur voisin s'effondre en 1839, au cours d'une violente tempête restée dans les mémoires sous le nom de Grand Vent.

Sur l'autre rive se dresse un arc de pierre, la **porte aux Moutons**, tronçon de l'enceinte de la cité médiévale. C'est là qu'on acquittait les taxes prélevées sur les troupeaux achetés ou vendus à la grande foire aux moutons.

Crutched Friary

Les ruines d'un hôpital fondé au 13e s. par un ordre mendiant, les **Crutched Friars** ou frères de la Sainte-Croix (une croix était tissée sur leur robe), s'élèvent sur la rive sud de la Boyne. Les bâtiments se répartissent entre un donjon doté de plusieurs cheminées, une chapelle en ruine qu'éclairait autrefois un triplet et, près de la rivière, l'hôpital et ses magasins.

RIVE NORD

Yellow Steeple (le « clocher jaune »)

La tour en ruine de la fin du 14e s., qui brille au soleil, marque l'emplacement d'une communauté d'augustins, l'**abbaye Ste-Marie**, fondée par saint Malachie d'Armagh au 12e s. Elle a été construite non loin de l'endroit où saint Patrick a débarqué au 5e s. et où il a converti Foitchern, fils d'un chef de clan local qui deviendra le premier évêque de Trim. De nombreux pèlerins se rendent à l'**abbaye** pour honorer Notre-Dame-de-Trim, une statue en bois à laquelle ils attribuent des pouvoirs miraculeux ; elle disparaît à l'époque de Cromwell.

En 1425, les bâtiments conventuels situés à l'ouest du monastère sont transformés par le lord-lieutenant Talbot en une résidence fortifiée, le **château des Talbot** ; le mur nord porte leurs armoiries. Après la Réforme, la résidence devient un collège classique, fréquenté par le jeune duc de Wellington, dont la famille habitait Dangan (au sud-est), et qui va devenir un temps député de Trim à Westminster. Contrairement à beaucoup de membres des familles remontant à l'époque anglo-normande, le « duc de Fer » n'est pas spécialement fier de ses origines. Il dénigre sa part irlandaise dans une phrase célèbre : « Ce n'est pas parce qu'un homme naît dans une écurie que cela fait de lui un cheval. »

Cathédrale

Parmi les sépultures du cimetière de Newtown se trouve une **tombe** ornée de gisants : dans son armure Renaissance, Luke Dillon et son épouse lady Jane Bathe, en robe élizabéthaine. Séparés par une épée, on les appelle « la femme et l'homme jaloux » ; lady Jane aurait trompé son époux avec son frère. Les gens déposent des épingles sur la tombe dans l'espoir de voir disparaître leurs verrues…

Plus à l'ouest s'élèvent les charmantes ruines d'une **cathédrale** bâtie au début du 13e s. pour remplacer l'église de Clonard *(au sud-ouest)*, brûlée par les Irlandais à la fin du 12e s. Au sud-ouest, on aperçoit les vestiges d'un prieuré ; deux murs du réfectoire jouxtent encore ses cuisines du 14e s.

Aux alentours

Bective Abbey

8 km au nord-est par la R 161 puis prendre à droite. À 6,4 km, tourner à droite.

Les ruines impressionnantes de l'abbaye occupent un champ sur la rive ouest de la Knightsbrook. Une des premières institutions cisterciennes d'Irlande, elle a été édifiée en 1150 par le roi de Meath, Murchad O'Maolsheachlainn, et consacrée à la Vierge. Son abbé était membre du parlement du Pale, et Hugh de Lacy a été inhumé ici en 1195. Il ne reste presque rien des bâtiments du 12e s. Le cloître, la tour et la grande salle de l'aile sud datent des travaux de transformations et de fortifications du 15e s. Le film *Braveheart* (1996) a été tourné dans ces ruines et au château voisin de Dunsoghly.

Trim pratique

Adresse utile

Castle Street - 046 943 7227 - mai-sept. : lun.-sam. 9h30-17h30, dim. 12h-17h30. L'office de tourisme propose un plan du circuit pédestre historique de la ville. Dans la salle attenante se tient une exposition-spectacle multimédia sur l'histoire de Trim *(3,50 €)*.

Se loger

Highfield House – *Maudlins Road - 046 943 6386 - fax 046 943 8182 - 8 ch. 80/84 €* . Ancienne maternité du 19e s. entourée de jardins avec vue sur Trim Castle et la rivière Boyne. Chambres vastes, aux couleurs gaies.

Se restaurer

Emmet Tavern – *Emmet Street - 046 943 1378 - autour de 15 €.* Le pub le plus animé de la ville sert de bons sandwichs au saumon fumé ou au jambon rôti le midi. Musique live traditionnelle, rock ou pop certains soirs.

Tullamore

12 927 HABITANTS – COMTÉ D'OFFALY
CARTE MICHELIN N° 712 J8 – CARTE GÉNÉRALE RABAT II B3

Au milieu des « Midlands » irlandais, le comté d'Offaly, réputé pour ses marais peuplés d'oiseaux, forme le cœur même de la république d'Irlande, avec à l'ouest le Shannon, à l'est la grande tourbière d'Allen, et au sud les monts Slieve Bloom. La ville très animée de Tullamore, autrefois appelée « comté du Roi », en hommage à l'époux espagnol de Marie Tudor, en est le chef-lieu depuis 1833. Sans caractère marquant, elle conserve pourtant un peu de son allure fin 18e-début 19e s., une époque où l'on a beaucoup reconstruit et où l'ouverture du Grand Canal a apporté une certaine prospérité.

Se repérer – Tullamore *(Tulach Mhór)* est au bord du Grand Canal, à mi-chemin entre Dublin, à l'est, et le Shannon, à l'ouest. Il se trouve juste au sud de la route Dublin-Athlone (N 6).

À ne pas manquer – L'immense tourbière Clara Bog ; la tonnellerie de Locke's Distillery.

Organiser son temps – Prévoir 1h pour la visite de l'une des distilleries.

Pour poursuivre le voyage – Voir aussi Abbeyleix, Athlone, Athy, Birr, Kildare, Trim.

Info pratique

Voir aussi Athlone et Birr.

Adresse utile

Tullamore Dew Heritage Centre – *Bury Quay - 057 935 2617 - mai-sept. : 9h-17h, dim. 12h-17h ; oct.-avr. 10h-17h, dim. 12h-17h.*

Visiter

Tullamore Distillery Heritage Centre

Mai-sept. : 9h-17h, dim. 12h-17h ; oct.-avr. 10h-17h, dim. 12h-17h. Visites guidées. Fermé 25 déc. 6 €. 05793 25015. www.tullamore-dew.org

Une goutte ambrée de « rosée de Tullamore » ou de « brume irlandaise » vous attend au bar, mais il est intéressant de découvrir tout d'abord l'histoire de Tullamore et de sa distillerie, fondée par Michael Molloy en 1829. Entré dans la maison à l'âge de quinze ans, Daniel E. Williams devient directeur général en 1887 et gagne progressivement le contrôle de toute l'entreprise. Ses initiales (DEW) donnent son nom de marque *(Tullamore Dew)* au whisky de la distillerie ; d'où le slogan « *Give every man his Dew* – Donne à chaque homme son *Dew* » (*dew*, rosée, se prononce comme *due*, dû). Vers 1950, les ventes sont en baisse ; la distillerie commence à produire l'*Irish Mist*, liqueur dérivée de la recette traditionnelle locale du vin de bruyère, à base de whisky, d'herbes et de miel de bruyère.

Un regrettable accident

C'est ainsi que l'on décrit à l'époque l'une des premières catastrophes aériennes dans le monde. En 1785, deux ans seulement après le lancement par les frères Montgolfier de leur ballon gonflé à l'air chaud dans le ciel de Paris, un gentilhomme de Tullamore fait admirer son ballon à ses concitoyens. Malheureusement, le ballon s'écrase et explose, endommageant une bonne centaine de maisons. Le **Grand Incendie du Ballon** aura une heureuse contrepartie ; sous la direction de la famille Moore-Bury, la ville est en grande partie reconstruite dans le style auguste de la fin de l'époque georgienne.

Aux alentours

Clara Bog

10 km au nord-ouest de Tullamore par la N 80 ; à Clara, prendre une route secondaire en direction du sud. Parc de stationnement à l'extrémité d'une courte chaussée. Il est déconseillé de quitter cette chaussée sans être accompagné par un guide bien informé.

Cette tourbière topographique d'intérêt mondial (660 ha, 7 m de profondeur maximum) est l'une des plus belles et plus grandes de ce genre subsistant en Irlande. Elle est classée **réserve naturelle** nationale depuis 1987. Elle abrite une flore variée,

Grande croix de Durrow

Le *Livre de Durrow*, manuscrit enluminé exposé à la bibliothèque du Trinity College à Dublin, est le vestige le plus célèbre de l'abbaye fondée en 556 par saint Columba à Durrow *(7 km au nord de Tullamore par la N 52)*. En 1186, l'église abbatiale est détruite par l'Anglo-Normand Hugh de Lacy ; ce sacrilège rend furieux un habitant du lieu, qui coupe la tête du profanateur. Le Livre survit. Pourtant, il est utilisé par un fermier pour soigner son bétail malade. Il touche ses vaches avec le manuscrit, après l'avoir trempé dans l'eau. Le site de l'abbaye *(privé)* est un lieu à la fois romantique et lugubre : une église du 18e s. en ruine, un puits sacré, un cimetière avec des pierres tombales du 9e au 11e s., dominés par une belle **croix du 10e s.** Sa face est montre le sacrifice d'Abraham, ainsi qu'un Christ en majesté entouré de David jouant de la harpe *(à gauche)*, et de David tuant le lion *(à droite)* ; la face ouest, la Crucifixion et d'autres scènes de la Passion.

comprenant au moins dix différentes sortes de mousses des marais. Dans les zones humides, des plantes carnivores, comme le drosera et l'utriculaire, prennent au piège les insectes imprudents.

Locke's Distillery

Kilbeggan ; 12 km au nord de Tullamore par la N 52. ♿ Avr.-oct. : 9h-18h ; nov.-mars : 10h-16h. Fermé 23-30 déc. 6,50 €. Visite guidée comprenant une dégustation gratuite de whisky (en été). ✆/fax 05793 32134. www.lockesdistillerymuseum.com

La rive ouest de la Brosna accueille les vastes bâtiments de la plus ancienne distillerie officielle (1757-1953), établie par John Locke. Dans la **tonnellerie**, les artisans fabriquent les fûts en chêne où vieillit le whisky élaboré à Cooley. Le procédé de distillation est expliqué ; l'essentiel du matériel d'origine est toujours en place : trois meules pour moudre l'orge, les malaxeurs à moût, les immenses cuves en bois pour la fermentation, les tonneaux pour le vieillissement du whisky, des outils de tonnelier, la roue à aubes et la machine à vapeur qui la remplaçait lorsque le niveau d'eau était trop haut ou trop bas.

Monts Wicklow★★

Wicklow Mountains

COMTÉ DE WICKLOW
CARTE MICHELIN N° 712 M/N 8-9 – CARTE GÉNÉRALE RABAT II C3

Superbe atout pour la capitale et ses habitants, les monts Wicklow, au sud de Dublin, offrent aux amoureux de la nature hautes cimes et vues spectaculaires, lacs et cascades, landes à perte de vue et vallées verdoyantes, parfois aménagées en parcs soignés. Sur ces hauteurs onduleuses couvertes de tourbières, les rivières tracent de grands couloirs peu profonds, dépourvus d'arbres. Dans le schiste plus dur, elles ont creusé des gorges étroites et boisées, comme les Dargle Glen, Devil's Glen et Glen of the Downs. Les monts étaient bien plus sauvages et bien moins accessibles autrefois qu'aujourd'hui. Ils servaient de refuge aux hors-la-loi et aux rebelles. Certains des insurgés de 1798 y ont trouvé asile plusieurs années, ce qui a amené les Britanniques à construire la route militaire. À l'est, les monts s'abaissent vers le littoral, barrière de schiste ponctuée de dunes, avec son chapelet de stations balnéaires : Bray, Greystones, Wicklow et Arklow.

- **Se repérer** – Les monts Wicklow s'étirent vers le sud à partir de Dublin sur environ 50 km jusqu'à Arklow. Entre la route côtière (N 11) et celle de l'intérieur (N 81), un maillage d'étroites routes de campagne en forte pente offre de magnifiques paysages de lacs et de landes.
- **À ne pas manquer** – Les jardins de Powerscourt et ceux de Killruddery ; la vue depuis Sally Gap ; les toiles de maîtres de Russborough ; la vallée de Glendalough.
- **Organiser son temps** – Compter deux jours pour sillonner les monts Wicklow ; aux beaux jours, évitez les week-ends envahis de Dublinois.
- **Avec les enfants** – Les aquariums du National Sea Life Centre à Bray ; les sports nautiques proposés par le centre sportif de Blessington Lakes Land ; les parcours aventures de Clara Lara Fun Park ; les activités de plein air de Tiglin Adventure Centre.
- **Pour poursuivre le voyage** – Voir aussi Athy, Dublin, Enniscorthy, Kildare.

La route militaire

À la suite de la rébellion de 1798, le gouvernement britannique entreprend la construction d'une route militaire qui, du sud de Dublin, traverse certaines des parties les plus accidentées et les plus isolées des monts Wicklow. La caserne de **Glencree** abrite désormais St Kevin's, un organisme qui cherche à promouvoir la réconciliation entre les personnes de différentes confessions religieuses, de part et d'autre de la frontière.

Découvrir

INTÉRIEUR DES TERRES

Du nord au sud.

Powerscourt★★

9h30-17h30/coucher du soleil. Fermé 25-26 déc. Jardins et exposition dans la maison 8 € ; exposition dans la maison 2,50 €. 01 204 6000. www.powerscourt.ie

Partiellement restaurée après un terrible incendie en 1974, la demeure palladienne conçue en 1730 par Richard Castle ouvre sur une magnifique perspective, qui intègre harmonieusement tous les éléments de l'architecture paysagère : terrasses herbeuses et escaliers de pierre descendant en pente raide jusqu'à un lac ; statuaire à l'antique ; jardins à la française ou informels ; fontaines, bosquets et arbres rares ; tout cela avec un paysage « emprunté » aux montagnes en arrière-plan, couronné par le cône presque parfait du Great Sugar Loaf, « grand pain de sucre » (503 m). Aucun autre parc en Irlande n'égale cette synthèse magistrale entre artifice et nature. Le domaine doit son nom au chevalier normand Eustace le Poer. En 1609, ces terres sont octroyées par Jacques Ier à Richard Wingfield, qui est fait vicomte de Powerscourt. En 1961, le domaine est vendu aux époux Slazenger.

O. Forir / MICHELIN

Le château de Trim.

O. Forir / MICHELIN

Les jardins japonais dans l'Irish National Stud (Kildare).

O. Forir / MICHELIN

Les jardins du château de Powerscourt.

Les **jardins** ont peut-être été aménagés à l'origine par Richard Castle. Les vicomtes successifs leur ont ensuite apporté leur contribution, essentiellement au cours du 19e s. En 1843, le sixième vicomte commande à Daniel Robertson une série de terrasses ; cet excentrique atteint de la goutte dirige les travaux installé dans une brouette, en général une bouteille de sherry à portée de main. Le septième vicomte ajoute les magnifiques grilles en ferronnerie et une bonne partie des statues, dont certaines sont importées d'Europe, parfois sur commande, comme le Triton du lac, qui crache un jet d'eau de 30 m de haut. Beaucoup des arbres ornementaux sont plantés à cette époque, dont de nombreux splendides conifères. Au début du 20e s., on continue d'ajouter de nouveaux éléments, dont la Pepper Pot Tower (« tour poivrière ») et le luxuriant jardin japonais, créé en 1908 sur un marais asséché.

L'incendie qui a dévasté la maison en 1974 s'est déclaré au cours d'une fête célébrant l'achèvement d'un long programme de restauration. La reconstruction a intégré des boutiques d'artisanat et un café en terrasse, transformant les lieux en une vaste galerie marchande de luxe. Une seule salle est consacrée à l'histoire du domaine et de ses propriétaires, présentée à travers d'un film vidéo.

Prendre la R 760 vers le sud ; au bout de 3 km, tourner à droite au panneau. Au carrefour, prendre tout droit la direction de Valclusa, à 3 km.

Powerscourt Waterfall★

5mn de marche du parc de stationnement au pied des chutes. Il est dangereux de grimper sur les rochers. ♿ 9h30-19h/coucher du soleil. Fermé 2 sem. av. Noël. 5 €. ✆ 01 204 6000. www.powerscourt.ie

Dans un cadre de collines en fer à cheval, la **rivière Dargle** forme les plus hautes **chutes** d'Irlande, cascadant de 120 m sur des rochers gris déchiquetés dans un épais nuage de brume. Les berges de la rivière offrent d'agréables promenades et sentiers. Une aire de jeux avec filets et passerelles en bois attend les enfants au centre d'accueil.

Kilmanacogue

La boutique et l'atelier des tisserands **Avoca Weavers** occupent l'emplacement de **Glencormac House**, construite en 1864 par James Jameson, de la famille des célèbres distillateurs de whisky. Le domaine est planté de nombreuses espèces rares : un cyprès pleureur, des cèdres bleus de l'Atlas, treize ifs, qui seraient vieux de 700 à 800 ans, et qui ornaient autrefois l'allée menant à Holybrook Abbey, plusieurs séquoias et diverses espèces d'eucalyptus et de pins.

Sally Gap★★

Le carrefour sur la **route militaire** offre de splendides vues sur le paysage de tourbière des monts Wicklow.

DUBLIN
DUBLIN
DUBLIN, Dún Laoghaire
Killiney Bay
BRAY
Bray Head
Glencree
Wicklow Way
R 117
M11
Enniskerry
752
KIPPURE
Glencree
Powerscourt Gardens
Dargle Glen
Killruddery
342
Little Sugar Loaf
Kilmacanoge
Liffey
Dargle
503
Great Sugar Loaf
Greystones
Sally Gap
Djouce Mountain 725
Powerscout Waterfall
MOUNTAINS
Wicklow Way
Road
Lough Tay
Military
R 755
N11
Cloghgoge
Lough Dan
Vartry Reservoir
Glenmacnass Waterfall
Roundwood
R 764
Vartry
Annamoe
R 763
Glenmacnass
Devil's Glen
Waterfall
Mount Usher Gardens
Tiglin Adventure Centre
The Murrough
Laragh
GLENDALOUGH
Broad Lough
Avonmore
Wicklow
Road
Clara
Military
Vale of Clara
Clara Lara
Glenealy
R 755
N11
Avonbeg
Rathdrum
R 752
Avondale
R 750
Meeting of the Waters
R 752
Avoca
Brittas Bay
Aughrim
Avoca
Vale of
Mizen Head
N
Avoca
R 747
roghan Mountain
606
Arklow
WICKLOW MOUNTAINS
N11
0
5 km
0
3 miles
WEXFORD
Enniscorthy

Russborough★★★

Du 1er avr.-31 oct. : visite guidée (avec film de 5mn) 10h-17h. Nov.-mars, sur rendez-vous. 10 €. ✆ 045 865 239.

Voici l'un des plus beaux manoirs de campagne irlandais : un palais palladien en granit de Wicklow, sur un lac où se reflètent les montagnes qui s'élèvent à l'est. Commandé en 1742 par l'héritier d'un brasseur fortuné, Joseph Leeson, c'est le chef-d'œuvre de Richard Castle. Le bâtiment central s'étire dans le paysage par le truchement de colonnades courbes, pavillons latéraux, murs, arcades et dépendances.

Leeson, devenu **comte de Milltown**, a son portrait en stuc au-dessus de la porte qui sépare l'entrée et le hall où se trouve l'escalier. C'était un grand voyageur et collectionneur. Quand sa lignée s'est éteinte à la fin du 19e s., sa collection de tableaux a été confiée à la National Gallery de Dublin.

Aujourd'hui, Russborough abrite une autre belle collection, rassemblée par Alfred Beit (1853-1906), cofondateur avec Cecil Rhodes de la compagnie des mines de diamants De Beers. En 1952 son héritier, un autre Alfred Beit, achète le manoir pour y loger la **collection de maîtres anciens★★** de son oncle, où figurent Goya, Murillo, Vélasquez, Gainsborough, Rubens, Vermeer et Frans Hals.

Le décor qui entoure les tableaux est magnifique : manteaux de cheminée ouvragés, abondance d'acajou sculpté et de marqueterie en bois de citronnier, meubles raffinés, porcelaine et argenterie. Mais on remarque surtout les **plafonds en stuc** d'une richesse inouïe, œuvre des **frères Lafranchini** et de leurs élèves. Une main inconnue et moins expérimentée a réalisé les stucs ouvragés plus épais de l'escalier. De superbes panneaux stuqués encadrent de merveilleuses marines d'Horace Vernet, qui ont regagné leur place d'origine, après avoir été vendues en 1926.

Les trésors dérobés de Russborough

Par deux fois, la magnifique collection de peintures de Russborough a attiré les convoitises. En 1974, un gang dont faisait partie l'héritière britannique Rose Dugdale pénètre dans la maison et emporte 19 tableaux d'une valeur de 8 millions de livres. Ils tentent en vain de s'en servir comme monnaie d'échange pour obtenir le transfert à Belfast de prisonniers de l'IRA détenus à Londres. Tous les tableaux seront rapidement découverts par la police. En 1986, un autre cambriolage, dirigé cette fois par des professionnels, emporte pour 30 millions de livres de tableaux. La notoriété des peintures fait qu'elles sont quasiment impossibles à vendre. La plupart, mais pas toutes, seront retrouvées par la suite.

Loughs Tay et Dan★

Des pentes couvertes d'éboulis plongent directement dans les eaux sombres du Lough Tay, relié au Lough Dan par la rivière Cloghgoge.

Roundwood

Le village le plus en altitude d'Irlande (238 m au-dessus du niveau de la mer) se réduit à une rue unique bordée de plusieurs pubs et de boutiques d'artisanat. Un pub et un café rivalisent pour le titre du « plus haut d'Irlande ».

Annamoe

La rivière Annamoe se prête à la promenade. C'est ici qu'à 7 ans **Laurence Sterne** *(voir p. 220)* est tombé dans le bief d'un moulin et en est ressorti sans dommage.

Glenmacnass Waterfall★

Parc de stationnement. Le torrent cascade de manière spectaculaire sur une paroi rocheuse inclinée.

Glendalough★★★ *(voir ce nom)*

Wicklow Gap★★

La route qui quitte Glendalough vers l'ouest pour Hollywood (24 km) correspond à la **route de Saint-Kevin**, sentier médiéval emprunté par les pèlerins à travers la vallée de Glendasan. Tandis que les voitures effectuent une boucle au nord-est, les randonneurs peuvent suivre le vieux chemin qui est direct (3 km) et plus proche du lac Nahanagan. La route carrossable rejoint l'ancien chemin pour passer la brèche de Wicklow entre le mont Tonelagee (816 m, *au nord*) et le mont Table (700 m, *à l'ouest*).

Devil's Glen (Val du Diable)

La rivière Vartry se jette en une **chute** spectaculaire (30 m) dans un profond bassin creusé dans le roc, Devil's Punchbowl (« coupe à punch du diable »).

On peut faire des **promenades** dans les alentours immédiats ; de belles vues embrassent le littoral.

Mount Usher Gardens★

De mi-mars à fin oct. : 10h30-18h. 5 €. Visite guidée (1h) sur demande. 0404 40205. www.mount-usher-gardens.com

À la limite du village d'Ashford, les **jardins** (8 ha) rassemblent plus de 5 000 espèces, dont de nombreuses plantes subtropicales. Ils sont renommés pour leurs collections d'eucryphias et d'eucalyptus. Edward Walpole, membre d'une famille de Dublin ayant fait fortune dans l'industrie du lin, les a conçus en 1868. Ils ont été entièrement restaurés après les sérieux dommages causés en 1986 par une inondation. Deux ponts suspendus conduisent aux promenades dans les bois sur la rive est de la Vartry, au cours plaisamment élargi par la pose de barrages.

Vale of Clara

Suivant le cours boisé et luxuriant de l'Avonmore, une rivière à truites, la route relie Laragh, point de rencontre de nombreux vallons et de leurs routes, au charmant village de Rathdrum.

Avondale★★

Parc - tlj ; maison - de mi-mars à fin oct. : 11h-17h. Fermé Vend. saint. Domaine 5 € par voiture ; maison (supplément) 6 € (famille 17,50 €). Spectacle audiovisuel (25mn). Possibilité de visite guidée. 0404 46111. www.coillte.ie

Le domaine d'Avondale était celui des Parnell, famille prospère de propriétaires terriens protestants. C'est ici qu'est né et a vécu **Charles Stewart Parnell**. Sa famille avait hérité du domaine de Samuel Hayes, un arboriculteur, dont le bureau Chippendale est toujours exposé dans la maison. En 1788, Hayes proposait une loi au Parlement pour « encourager la culture des arbres » ; en 1904, Avondale devint le centre de formation du département national des Forêts.

Dessinée en 1759 par Samuel Hayes, la maison à deux niveaux de style néoclassique a retrouvé l'aspect qu'elle avait au temps de Parnell, qui l'a beaucoup utilisée pour des réceptions. La salle à manger présente une ornementation en pierre de Coade réalisée par les **frères Lafranchini**. Une présentation vidéo relate la vie de Charles Parnell, l'histoire de sa famille en Irlande, son rôle dans la politique irlandaise au 19e s. Les chambres à l'étage sont meublées dans le style victorien. Parmi les meubles et les souvenirs, remarquez la canne et le fauteuil de Parnell (il mesurait 1,90 m) ; des photographies de Parnell et de son épouse Kitty O'Shea ; l'alliance de Kitty, fabriquée avec de l'or découvert sur place par Parnell ; un ensemble d'escabeaux en chêne fossile de tourbière, dans la bibliothèque.

Charles Stewart Parnell (1846-1891)

Bien que descendant d'une famille de grands propriétaires terriens protestants d'origine anglaise, Parnell a été l'un des plus remarquables défenseurs de la cause irlandaise. Député aux Communes en 1875, il devient vice-président du parti autonomiste qu'il organise, le Home Rule. Il se fait remarquer en pratiquant la stratégie de l'obstruction et en jouant le rôle d'arbitre entre conservateurs et libéraux. La crise de 1878 l'amène à la tête de la Ligue agraire. La campagne qu'il entreprend pour la défense des fermiers le conduit aux États-Unis et au Canada. Il reçoit un accueil délirant, à tel point qu'on le surnomme « le roi non couronné d'Irlande ». Il poursuit sa lutte contre les lois répressives, par son action (il incite notamment les paysans à pratiquer le **boycott** des propriétaires, c'est-à-dire à cesser toute relation avec eux, comme cela s'est fait une première fois envers le capitaine **Boycott**, *voir encadré p. 344*) mais aussi par les articles qu'il publie dans son journal *United Ireland*. En 1882, il fonde la Ligue nationale pour défendre l'autonomie. Il parvient à se rallier Gladstone. Il pouvait espérer faire triompher ses vues quand sa carrière politique est brutalement interrompue en 1889 par le procès en divorce de Kitty O'Shea, l'épouse de l'un de ses collaborateurs, avec laquelle il a une liaison. L'Église d'Irlande et la majorité de son parti se détournent alors de lui. Sa carrière détruite, il meurt en octobre 1891, quatre mois après avoir épousé Kitty.

Le **parc forestier** (207 ha) couvre une pente escarpée, orientée à l'est, de l'autre côté de la rivière Avonmore. Les arbres vénérables, deux gigantesques pins argentés, des chênes, des hêtres et des mélèzes, ont été plantés par Samuel Hayes au 18e s. Sur la souche d'un hêtre, vieux de 250 ans, les anneaux ont été associés aux événements historiques de chaque époque. Plusieurs itinéraires et promenades sont proposés en forêt, depuis le **sentier de la Pinède** (*Pine Trail*, 800 m), praticable par les handicapés, jusqu'à la **promenade de la Rivière** (*River Walk*, 4 km), qui traverse la masse des conifères peuplant les berges de l'Avonmore et longe la grande allée cavalière.

« Meeting of the Waters »

La Rencontre des eaux est un poème de 1807 dans lequel Thomas Moore (1779-1852) honore « la vallée si douce » où se rejoignent les rivières Avonbeg et Avonmore, au cœur des forêts du sud du comté de Wicklow. Non loin de là se dresse l'arbre sous lequel il aurait écrit son poème. Le dimanche après-midi en été, le pub-restaurant en bordure de rivière se transforme en une guinguette particulièrement prisée des gens de la région.

Vale of Avoca

La vallée d'Avoca est sillonnée de nombreux sentiers forestiers. À **Avoca Weavers Mill**, plus ancienne **manufacture** d'Irlande, établie en 1723, le visiteur peut assister à la confection de tissus suivant les méthodes artisanales. *Été : tlj 9h-18h, hiver : tlj 9h30-17h30. Gratuit. 040 235 105. www.avoca.ie*

Le village attire de nombreux curieux depuis qu'il a servi de cadre à une série télévisée très populaire, *Ballykissangel.*

LA FRANGE CÔTIÈRE

Du nord au sud.

Bray

À l'extrémité sud de la baie de Killiney, Bray est une vieille station balnéaire avec une plage de sable et de galets. C'est aussi le terminus sud de la ligne de trains de banlieue DART ; ces dernières années, elle est devenue une cité-dortoir de Dublin. Le parc sur la pointe de Bray offre une belle **vue** sur le littoral.

Le **Centre du patrimoine** (*Heritage Centre, dans l'hôtel de ville*) retrace l'histoire locale au moyen de photographies, de cartes et d'objets artisanaux. *Juin-août : tlj sf w.-end 9h-17h, sam. 10h-15h ; sept.-mai : tlj sf w.-end 9h30-16h30, sam. 10h-15h. 3 €. 01 286 7128*

Sur le front de mer, le **National Sea Life Centre** abrite une trentaine d'aquariums où évoluent poissons de mer et d'eau douce. *Tlj sauf Noël, 10h-17h. 10,50 €. 01 286 6939.*

Killruddery★

Jardins - mai-sept. : tlj 13h-15h ; avr. : w.-ends 13h-17h. Maison - mai-juin et sept. : 13h-17h. Jardins 6 € ; maison et jardins 10 €. 01 286 3405. www.killruddery.com

Les **jardins** de Killruddery ont été dessinés par un Français en 1682 pour le comte de Meath, dont les descendants habitent toujours la maison. Son parc fascinant est une rareté, un exemple particulièrement complet de jardin à la française. Au siècle suivant, c'était complètement passé de mode, et la plupart des domaines ont été aménagés ou remaniés dans un style informel proche de la nature.

Ses éléments majeurs sont deux canaux parallèles de 168 m, les **Long Ponds**, prolongés par une **avenue de tilleuls** *(Lime Avenue)* qui monte jusqu'au parc du 18e s. Les **Angles** forment un ensemble géométrique d'allées entrecroisées bordées de grandes haies. Les massifs d'arbres touffus sont entrecoupés de larges promenades. Une haie de lauriers entoure le **théâtre de verdure**, tandis qu'une double haie de hêtres encercle un **bassin** (18 m de diamètre) et une fontaine.

Le premier **manoir** des années 1650 a été très fortement remanié dans les années 1820 dans le style néo-Tudor par Richard et William Morrison. La façade ouest est embellie d'une charmante véranda surmontée d'un dôme, et d'une laiterie ornementale en forme d'octogone. Au-dessus de l'entrée des écuries, l'horloge et son mécanisme de sonnerie, tous deux fonctionnant grâce à une machinerie hydraulique, ont été installés en 1906-1909 par des membres de la famille.

Greystones

La station balnéaire s'est développée à partir d'un village de pêcheurs, dont le port est bordé de plages de galets.

The Murrough

800 m au nord de Wicklow, sur la rive est de l'estuaire.

Une longue plage de galets (5 km), bordée par une large bande engazonnée s'étend vers le nord, entre la mer et le **Broad Lough**, lagune naturelle connue pour ses nombreux oiseaux, dont les pluviers dorés.

Wicklow

Au pied des monts, côté est, le port de Wicklow est le principal centre commerçant de la région, le chef-lieu du comté et une ville classée du Patrimoine irlandais. Son nom irlandais *(Cill Mhantáin)* rappelle saint Mantan, un missionnaire qui a fondé une église ici au 5e s. Son nom anglais vient du danois *Wyking-alo*, « prairie viking ». Les Vikings sont arrivés ici au 9e s. et ont établi un port qui s'est développé en grand centre de commerce.

Sur Market Square, la statue d'un piquier symbolise tous ceux qui ont combattu lors des soulèvements nationalistes. Le Halpin Memorial, obélisque de granit poli, a été érigé à la mémoire du capitaine Robert C. Halpin (1836-1894), natif de Wicklow, qui a commandé le *Great Eastern*. Ce navire à coque métallique, construit par Brunel, a posé le premier câble télégraphique transatlantique. Des souvenirs du capitaine sont exposés dans sa résidence, Tinakilly House, aujourd'hui un hôtel *(3 km au nord-ouest par la N 11)*.

Sur un promontoire rocheux immédiatement au sud du port, **Black Castle** a été construit en 1176 par Maurice Fitzgerald, à qui la région avait été octroyée après l'invasion anglo-normande du 12e s. Jusqu'au 16e s., il a subi de fréquentes attaques des clans locaux, les O'Byrne et les O'Toole. Les ruines dévoilent un **belvédère** sur Wicklow et la côte nord de son comté.

L'**église anglicane** du 18e s. a été coiffée en 1777 d'un dôme de cuivre. Le portail du 12e s., de style roman irlandais, ouvre sur un intérieur avec une belle charpente à ferme simple. On remarque les fonts baptismaux du 12e s., l'orgue transféré à la fin du 18e s. de la cathédrale anglicane de Cashel, et une plaque à la mémoire du capitaine Halpin. La dédicace « l'église de la vigne » *(the Church of the Vineyard)* rappelle le vignoble planté par les Normands sur les rives qui descendent vers la Vartry.

Dans le parc du presbytère s'étendent les vastes ruines du **monastère franciscain** fondé par la famille Fitzgerald au 13e s.

Wicklow's Historic Gaol – Bâtie sous les Lois pénales en 1702, la formidable prison de pierre a servi jusqu'en 1924. Une exposition sophistiquée présente certains des épisodes les plus dramatiques de l'histoire irlandaise. Un gardien donne aux visiteurs un aperçu des conditions terribles endurées par les prisonniers au 18e s. ; des soldats anglais réfléchissent aux moyens d'écraser la rébellion de 1798 (de nombreux insurgés ont été jugés ici) ; un noble rebelle local, Billy Byrne, attend son exécution ; on évoque la vie des forçats, en Irlande comme en Australie ; le sinistre capitaine Betts montre comment mater les prisonniers récalcitrants à bord du vaisseau *Hercules*. ♿ *De mi-mars à fin oct. : 10h-18h (mars et oct. 17h) (dernière entrée 1h av. fermeture). 7,30 €. ✆ 0404 61599. www.wicklowshistoricgaol.com*

Brittas Bay

La longue plage de sable *(5 km)*, bordée de dunes, est l'une des plus populaires stations balnéaires de la côte est.

Arklow (An tinbhear Mór)

Fondé par les Vikings sur la rive méridionale de l'estuaire de l'Avoca, c'est un important port de pêche de la côte est, une base pour la plus grande flotte de commerce côtier d'Irlande et une station balnéaire.

Le navire le plus célèbre sorti de ses chantiers navals est le **Gypsy Moth III**, voilier avec lequel sir Francis Chichester a fait le tour du monde en 1967.

D'agréables promenades attendent le visiteur près du port et le long de la rive sud de la rivière. Depuis le **rocher d'Arklow** *(3,2 km au sud)*, on a une belle vue sur la côte.

Monts Wicklow pratique

Adresses utiles

À WICKLOW

i *Rialto House - Fitzwilliam Square - ✆ 040 469 117 - www.visitwicklow.ie - juin-sept. : tlj sf dim. 9h30-13h, 14h-18h ; nov.-mai : tlj sf w.-end 9h30-13h, 14h-17h15.*

À ARKLOW

i Arklow Tourist Office – *Parade Ground - Main Street - ✆ 040 232 484 - été : tlj sf dim. 9h30-18h ; hiver : tlj sf w.-end 9h30-13h, 14h-17h.*

À AVOCA

i Avoca Tourist Information Point – *The Courthouse - ✆ 040 435 022 - tlj sf dim. 9h30-17h.*

À BRAY

i Bray Tourism – *Heritage Centre, Main Street - ✆ 012 867 128 -lun.-vend. 9h30-17h, sam. 9h-13h.*

À RATHDRUM

i Rathdrum Tourist Office – *Market Square - Main Street - ✆ 040 446 262 -lun.-vend. 9h30-17h.*

Voir aussi « Glendalough pratique ».

Transports

En DART – Départs très fréquents de Connolly Station à Dublin pour Bray (45mn de trajet).

En train – Au départ de Connolly Station à Dublin, la ligne de Rosslare Harbour dessert successivement Bray (45mn de trajet), Greystones, Wicklow Town, Rathdrum et Arklow. Train ttes les 20mn aux heures creuses.

En bus – De Dublin, le 45 (Hawkins Street), le 84 (Burgh Quay) ou le 145 (Parnell Square) vous emmènent à Bray pour environ 3 €.

La compagnie **St Kevin's Bus** assure le transport de Dublin à Glendalough *(voir p. 184).*

Se loger

À L'INTÉRIEUR DES TERRES

⊖ **Glendalough River House** – *Rathdrum - 800 m au sud de Laragh par la R 755 - ✆ 040 445 577 - glendaloughriverhouse@hotmail.com - P - fermé 15 nov.-3 janv. - 4 ch. 70/90 €* ☕. Ce bâtiment de ferme de la fin du 17e s. au bord d'une rivière sinueuse offre un hébergement calme et confortable. Entouré de 4 ha de bois, il offre tout un choix de randonnées. Les chambres sont simples mais impeccables.

⊖ **Beechwood House** – *Manor Kilbride - 9 km nord-est de Blessington par la N 81, donnant sur la R 579, à gauche après Mooney's pub - ✆ 0145 8202 - ⊘ P - fermé 23 déc.-2 janv. - 6 ch. 70/90 €* ☕. Manoir de campagne imposant sur 8 000 m² de jardins bien entretenus. Jeux de société dans les salons, pain et gâteaux maison (la spécialité du propriétaire), tout cela invite à la détente. Les chambres à l'avant ont les plus belles vues sur les monts Wicklow.

⊖ **Keppel's Farmhouse** – *Ballanagh - 3 km sud d'Avoca par une route non signalisée - ✆ 040 235 168 - fax 040 230 950 - keppelsfarmhouse@eircom.net - P - fermé mi-oct. à mi-mai - 5 ch. 75/90 €* ☕. La ferme d'élevage laitier et son domaine datent de 1880 et bénéficient d'une vue étendue sur la campagne alentour. Il y règne une ambiance paisible et détendue. Le petit-déjeuner, comme on peut s'y attendre, est particulièrement roboratif.

⊖⊖ **Woodenbridge Lodge** – *Vale of Avoca - Woodenbridge - ✆ 040 235 146 - fax 040 235 573 - P - 40 ch. 100/110 €* ☕ *- rest. (vend. et sam. soir) 22/42 €.* La bâtisse de cet hôtel se fond parfaitement dans les collines qui l'environnent. Les chambres, de couleur jaune ou rose, bénéficient pour certaines d'une vue sur la rivière Avoca et la salle à manger, avec ses grandes fenêtres et ses hauts plafonds, est particulièrement lumineuse.

⊖⊖ **Ballyknocken House** – *Glenealy - 5 km au sud d'Ashford par la N 11 - ✆ 040 444 627 - fax 040 444 696 - cfulvio@ballyknocken.com - P - fermé Noël, janv. dim. et lun. - 7 ch. 119/134 €* ☕ *- rest. sur demande 45 €.* Refuge idéal pour les habitants surmenés des villes, cette ferme victorienne a été restaurée de manière plaisante. Son confort de qualité ne l'empêche pas de conserver charme et simplicité ; mobilier victorien. La carte rend hommage aux produits de la ferme.

SUR LA CÔTE

⊖⊖⊖ **Hunter's** – *Newrath Bridge - sur la R 761 à 1,2 km au nord de Wicklow par la N 11 - ✆ 040 440 106 - fax 040 440 338 - reception@hunters.ie - fermé 24-26 déc. - 16 ch. 190/210 €* ☕ *- rest. 27/45 €.* Cette auberge du 18e s., entourée de beaux jardins, est pleine de caractère. Meubles d'époque et salle à manger accueillante de style campagnard.

Se restaurer

À L'INTÉRIEUR DES TERRES

⊖ **The Roundwood Inn** – *Roundwood - ✆ 012 818 107 - 12h-21h30 - autour de 15 € le midi, 20 € le soir.* Auberge de village qui propose une bonne cuisine de pub à midi et des plats plus élaborés le soir.

⊖ **Avoca Handweavers** – *Avoca - ✆ 040 235 105 - info@avoca.ie - 15 €.* Apprenez l'art du tissage à la plus ancienne filature d'Irlande. Admirez l'article fini dans la boutique, et faites une petite pause pour déjeuner, avec une formule simple en self-service : salades, quiches, et même saumon pêché localement.

Ballymore Inn – *Ballymore Eustace - 045 864 585 - P - fermé dim., j. fériés - carte 25/40 €.* Pub plein de caractère du centre-ville. Sur un côté, c'est un café décontracté proposant tout un choix : café, salades, saucisses, desserts ; sur l'autre, un restaurant plus classique, avec pour spécialité l'agneau des Wicklow.

SUR LA CÔTE

Cape Greko – *5 Main Street - Bray - 01 286 0006 - fermé 25-26 déc., Vend. saint et lun.-merc. midi - menu 20 €, carte 27/37 €.* Spacieux restaurant familial meublé avec de simples tables de bois. Cuisine grecque fraîche et appétissante. Service efficace.

The Old Forge – *Abbey Hill - Wicklow - 040 467 032 - autour de 15 €.* Bonne cuisine de pub, *Irish stew, carvery lunch* à petits prix. Terrasse en été.

Ashford House – *Ashford - à l'entrée du village en venant de Dublin - 040 440 481 - 12h-15h30, 17h30-21h30 - autour de 25 €.* Cette vieille maison restaurée concilie tradition et modernité. On y vient de loin pour goûter à la cuisine imaginative du chef Conor Spacey qui n'emploie que des poissons frais, des viandes et des légumes bio de la région. Très abordable à midi, plus cher le soir. Musique traditionnelle certains soirs.

Hungry Monk – *Church Road - Greystones - 01 287 5759 - fax 01 287 7183 -dim. midi et ts les soirs sf lun. - fermé 24-25 déc. - carte 40/57 €.* La salle de restaurant de cette adresse très fréquentée se trouve au-dessus d'un bar à vin. Cuisine copieuse, y compris pour le plateau de fruits de mer proposé à la carte.

Boire un verre

À L'INTÉRIEUR DES TERRES

The Parnell – *Rathdrum - 040 446 654.* Bonnes soirées musicales dans ce pub victorien où l'on célèbre le culte de l'ancien leader nationaliste Charles Stewart Parnell.

Phelan's – *Ballynaclash - à 5,5 km au sud de Rathdrum - 040 446 368.* Lieu un peu insolite qui fait épicerie et débit de boissons. Musique traditionnelle le week-end et en semaine l'été.

SUR LA CÔTE

Clancy's – *Quinsborough Road - Bray.* Musique traditionnelle les mar., jeu. et dim. soir.

Achats

Avoca Handweavers – *Kilmacanogue. 012 867 466, 012 867 482 - fax 012 862 367, 012 760 458 - ♿ - 9h30-18h (17h30 en hiver).*

Avoca Mill *(filature) - 040 235 105 - www.avoca.ie - ♿ - été : tlj 9h-18h ; hiver : tlj 9h30-17h30.* Vente de lainages de style, en boutique à Kilmacanogue ou à la fabrique à Avoca.

Sports et loisirs

EN FAMILLE

Blessington Lakes Land et Watersports Centre – *Poulaphouca Reservoir - Blessington - 045 865 092 - www.blessingtonsports.com - ♿ - 10h-18h. 6-20 € selon l'activité.* Promenades en bateau et sports nautiques sont proposés au centre de loisirs des lacs.

Clara Lara Fun Park – *Vallée de Clara - 040 446 161 - www.claralara.com - ♿ - 10 € (prévoir suppléments) - mai : w.-end 10h30-18h ; juin-août : tlj 10h30-18h.* Le parc de jeux offre aux enfants parcours d'obstacles, parcours d'aventure et de jeux, bateaux téléguidés, barques, baignade et équipements de pêche, aires de pique-nique.

Tiglin Adventure Centre – *Devil's Glen (voir p. 207).* Le parc aventures, dans le Val du Diable, propose toutes sortes d'activités de plein air.

RANDONNÉE

Wicklow Mountains National Park - *À 100 m du grand parking central et du lac supérieur - 040 445 425 ou 5338 (en hiver) - www.wicklownationalpark.ie - mai-fin sept. tlj 10h-17h30, oct. et fév.- fin avr. w.-end 10h-17h30, nov.-fin janv. w.-end 10h-16h.* Vente de cartes et brochures très utiles sur les sentiers de randonnée de la région.

Wicklow Way – Sentier de grande **randonnée** (132 km), commence à Marlay Park à Rathfarnham, dans les faubourgs sud de Dublin, passe près de Powerscourt, Lough Tay et Lough Dan, Glenmacnass, Glendalough, Glenmalur et Aghavannagh et s'achève à Clonegal, dans le comté de Carlow (accès à Moyne, Bridgeland et Kilquiggin). Composé d'allées forestières, de pistes de tourbière et de sentiers de montagne, il traverse les monts Wicklow et serpente à travers les vallées en offrant des vues magnifiques.

AUTRES ACTIVITÉS

Mountaineering Council of Ireland – *01 450 7376 - fax 01 450 2805 - www.mountaineering.ie ou www.climbing.ie.* Au cœur des monts Wicklow, ce centre offre de nombreuses possibilités de stages d'alpinisme, randonnées, courses d'orientation, sports en eau vive, etc.

Pêche en rivière – *Viking Tackle Bray - Unit 5 Everest Centre - Castle street - Bray - 012 869 215 - 30 € environ pour un permis valable toute la saison.* La Dargle River, qui coule en amont de Bray, est particulièrement réputée pour ses truites d'avr. à sept. et ses saumons en avr.-mai.

LE SUD DE LA RÉPUBLIQUE D'IRLANDE

La mer a façonné les terres et dicté la vie des hommes du Sud irlandais. Le littoral tourmenté des péninsules spectaculaires de l'ouest, telles Dingle, Iveragh, Beara ou la pointe de Mizen, alterne avec de profondes et larges baies abritées, à l'image du paisible pays de Bantry. Très tôt, la vie monastique s'est accrochée aux rochers escarpés de quelques-unes de ces nombreuses îles, situées aux confins de l'Europe. À Skellig, minuscule îlot battu par les tempêtes de l'Atlantique, les premiers chrétiens ont creusé des centaines de marches dans la pierre pour bâtir, là-haut, des édifices qui résistent au temps, à 13 km du littoral. La côte sud-est connaît le privilège d'un ensoleillement généreux et recèle d'innombrables et longues plages de sable. Les petits ports de pêche de Wexford ou Waterford témoignent d'une activité séculaire florissante. Au fond de sa vaste rade, la ville de Cork donne accès à un arrière-pays de douces montagnes, creusées de rivières qui sont un paradis pour les pêcheurs. À l'intérieur des terres, les sites de Cashel Mallow, Lismore sont autant de rendez-vous avec l'Histoire, tandis que Killarney ouvre la porte de son Parc national, aux paysages saisissants.

Se repérer – D'ouest en est, cette partie sud de l'Irlande s'étend sur les comtés de Kerry et Cork, frôle le Limerick, franchit Tipperary et Waterford, tous partie de l'ancienne province du Munster, puis couvre Kilkenny et Wexford, qui appartiennent eux à l'ancien Leinster. De Cork, plein sud, rayonnent les N 71 vers la pointe sud-ouest, la N 22 vers Killarney, la N 20 au nord vers Limerick, la N 8, vers le nord-est, qui rejoint Dublin.

À ne pas manquer – Les rendez-vous avec l'Histoire au Rock of Cashel, au château de Blarney ou à Bantry House ; les extraordinaires jardins élaborés au fil des âges par des passionnés grâce à un climat très clément comme l'arboretum de Fota House ou le Kennedy Arboretum, comme au château de Lismore, à Kilmokea ou encore à Glebe, près de Baltimore ; les routes touristiques : celle qui fait le tour de la péninsule de Dingle avec ses joyaux Slea Head, Dunquin, les îles Blasket, le Connor Pass, celle aussi qui encercle la péninsule de Iveragh, l'incomparable Ring of Kerry ; moins connue, la péninsule de Beara avec ses cols Healy Pass et Caha Pass, et la pointe jusqu'à Dursey Headn ; le Gap of Dunloe, un des bijoux de la région de Killarney ; les vallées des rivières Nier ou Lee, appréciées des pêcheurs ; le port de Kinsale, avec sa rade et la route des estuaires ; la péninsule de Mizen, les belles plages intactes du comté ensoleillé de Wexford ; Listowel la littéraire ; au nord du Kerry, la fabrique de cristal de Waterford.

Organiser son temps – Une semaine entière serait à consacrer à la découverte des péninsules Dingle, Iveragh, Beara et la pointe de Mizen. Et pour prendre le temps de marcher dans le Killarney National Park, profiter du bord de mer aux alentours de Waterford, apprécier Cork, puis visiter les vallées et montagnes de l'intérieur, compter une autre semaine.

Avec les enfants – Lar na Pairce aux alentours de Cashel ; à Cork, le Lifetime Lab et Blackrock Castle Observatory, pour s'amuser en apprenant et pour sauver la planète ; Great Blasket Centre pour découvrir des rudiments de gaélique ; Dunmore Cave près de Kilkenny ; Muckross Farms dans le Killarney National Park ; la visite guidée sur les traces des fantômes de Kinsale ; le fameux trois-mâts *Dunbrody*, dans le port de New Ross ; le pilotage d'une opération de sauvetage en mer à Mizen Head.

Pour poursuivre le voyage – Voir aussi Limerick, Roscrea, Glendalough, les monts Wicklow et Dublin.

La péninsule de Mizen Head.

Cashel★★★

2 936 HABITANTS – COMTÉ DE TIPPERARY
CARTE MICHELIN N° 712 I10 – CARTE GÉNÉRALE RABAT II B3

Surgissant comme un mirage sur la vaste étendue de la plaine de Tipperary, le rocher de Cashel est l'acropole irlandaise. Cette butte calcaire de 60 m est couronnée d'un groupe de bâtiments en ruine, qui évoque merveilleusement la chrétienté celtique et les hauts rois d'Irlande : château et forteresse, chapelle, cathédrale, clocher rond. Visible de très loin, c'est le site historique le plus spectaculaire du pays. Vu de près, le rocher révèle toutes ses ressources architecturales : les grandes lignes géométriques des pignons triangulaires, pentes des toits, cubes, cônes, haut fût cylindrique de la tour, sont enrichies de créneaux, d'arcades aveugles, de meurtrières et de sculptures ornementales.

- **Se repérer** – Cashel *(Caiseal)*, site naturel et historique classé, se trouve au carrefour de la N 74 et de la N 8, route principale entre Cork et Portlaoise, dans le centre-sud du pays.
- **À ne pas manquer** – Le Rock of Cashel, les jardins du Cashel Palace Hotel, Holy Cross Abbey, Caher Castle, Swiss Cottage pour sa fantaisie.
- **Organiser son temps** – Une demi-journée à une journée avec pique-nique.
- **Avec les enfants** – Lár na Páirce pour tout comprendre sur les règles du hurling et des autres sports gaéliques pratiqués par tous les petits garçons irlandais ; Caher Castle pour courir les passages secrets sur les traces de Braveheart.
- **Pour poursuivre le voyage** – Voir aussi Clonmel, Limerick, Mallow, Cork, Kilkenny.

Comprendre

Siège royal – Des environs de 370 à 1101, les rois de Munster établissent leur résidence sur le rocher et font de Cashel leur capitale, comparable en importance à **Tara** *(voir p. 166)*, celle des hauts rois d'Irlande. En 450, saint Patrick vient à Cashel baptiser le roi Aengus. On raconte qu'au cours de la cérémonie le saint planta par mégarde sa crosse dans le pied du roi, qui ne broncha pas pensant que cela faisait partie du rituel. Cashel connaît un grand rayonnement au 10e s., quand il est le siège de saint Cormac MacCullinan, évêque et roi de Munster.

Siège épiscopal – En 1101, le site est octroyé aux autorités ecclésiastiques. Leur première construction, la chapelle de Cormac, est consacrée en 1134. La première cathédrale est fondée en 1169. Trois ans plus tard, c'est à Cashel que le clergé du pays se rassemble pour prêter allégeance à Henry II, qui projette de régner sur l'Irlande. En 1494, Gerald Mor, **grand comte de Kildare**, incendie la cathédrale.

Mais une profanation plus terrible a lieu en 1647 sous l'occupation de Cromwell. Visant la présidence du Munster, lord Inchiquin attaque Cashel. Des centaines d'habitants se réfugient sur le rocher. Les soldats d'Inchiquin empilent des mottes de tourbe autour de la cathédrale et y mettent le feu, brûlant vifs un grand nombre d'entre eux. À la fin de cette terrible journée, Cashel a perdu la majeure partie de ses 3 000 habitants.

En 1749, l'archevêque anglican, fatigué d'avoir à gravir la côte entre son palais et la cathédrale, décide de déplacer celle-ci en ville. La grande tempête de 1847 endommage gravement l'édifice abandonné. Il sera restauré après le classement du site, en 1874.

Se promener

ROCK OF CASHEL★★★

Accès au rocher par le Hall of the Vicars Choral. 9h-19h (de mi-mars à mi-juin : 17h30 ; de mi-sept. à mi-mars : 16h30 ; 13h le 15 mars) (dernière entrée 45mn av. fermeture). Fermé 24-25-26 déc. 5,30 €. Spectacle audiovisuel. ✆ 062 61437. www.heritageireland.ie

Cormac's Chapel★★

Le joyau de Cashel est cette chapelle, commencée en 1127 par Cormac MacCarthy et consacrée en 1134. De style roman très ouvragé, elle est flanquée de deux tours. L'intérieur présente quelques-unes des plus anciennes fresques d'Irlande ; chacune des pierres y est ornée de sculptures, les plus sophistiquées pour l'époque en Irlande : visages humains, représentations d'animaux dans le plus pur style celtique ; sur un sarcophage, les entrelacs sculptés sont d'inspiration viking. Un centaure menaçant un lion de son arc orne le tympan de la porte nord.

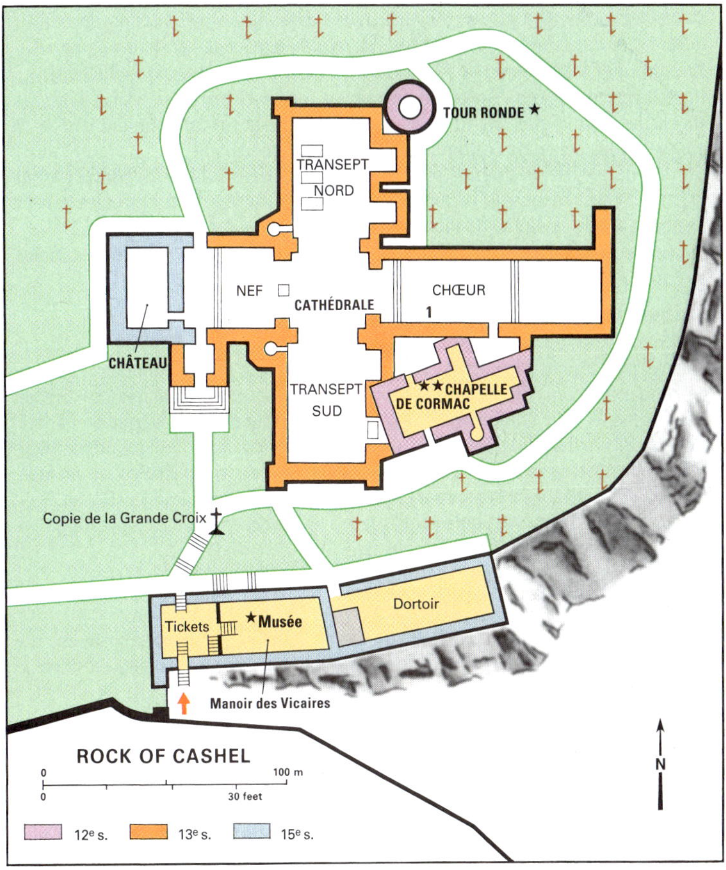

Tour ronde★

En blocs de grès irrégulièrement taillés, haute de 28 m et parfaitement conservée, elle est percée à 3,50 m au-dessus du sol d'une porte en plein cintre avec une architrave et, au dernier étage, de quatre fenêtres en arc brisé.

Cathédrale

La plus grande partie des ruines, dont les fenêtres à lancettes haut placées, date du 13e s. L'édifice suit un plan cruciforme, sans bas-côtés. Chaque bras du transept possède deux chapelles sur son côté est. La tour centrale a sans doute été élevée au 14e s. Dans le mur sud du chœur repose l'archevêque Miler MacGrath **(1)**, mort centenaire en 1621, après avoir plusieurs fois changé d'obédience religieuse. La tour ouest (28 m) est appelée le **château** car c'était à l'origine (1450) la maison forte de l'archevêque O'Hedigan. Ses trois premiers étages sont couverts d'une voûte en berceau brisé soutenant la pièce supérieure.

Musée★

Installé dans la crypte de la résidence des choristes *(Hall of the Vicars Choral)* du 15e s., il présente des objets se rapportant au rocher : la croix de saint Patrick (12e s.), en pierre, qui a perdu l'un de ses bras ; une pierre de mauvais œil ; les répliques de la cloche et de la broche de Cashel (les originaux du 9e s. sont au musée Hunt de Limerick), celles d'une coupe à vin du 17e s. et d'une cruche (originaux à la bibliothèque Bolton).

Hall of the Vicars Choral (résidence des choristes)

Très restauré dans les années 1970, ce bâtiment était la résidence du clergé. La salle principale *(à l'étage)* groupe autour de sa vaste cheminée de pierre du 17e s. un mobilier de style médiéval. La cuisine, restaurée dans son état d'origine, est équipée de barattes à beurre et de trépieds. Dans le dortoir, une présentation audiovisuelle situe Cashel dans le contexte historique irlandais.

Brú Ború

Au pied du rocher. ♿ Mai-sept. : 9h-17h ; 23h30 les jours de représentation. Spectacles folkloriques (musique, chants, danses) : de mi-juin à mi-sept. : tlj sf dim. et lun. 21h. Spectacle 20 € ; dîner-spectacle 50 € ; expo 5 €. ✆ 062 61122. www.comhaltas.com

Un bel espace vert offre un site idéal pour ce **centre culturel**, spécialisé dans les spectacles de musique, chants, danses, lectures et théâtre traditionnels irlandais. Il abrite un centre d'études celtiques et un centre de généalogie. Bien adaptées aussi à leur fonction, des chambres souterraines aménagées sous le rocher de Cashel présentent avec l'exposition « Sounds of History » les événements clés et les grands personnages de l'histoire irlandaise.

Descendre du rocher par Bishop's Wal (fermé de nov. au Vend. saint) ; traverser les jardins du Cashel Palace Hotel pour rejoindre Main Street, la rue principale.

Cashel Palace Hotel Gardens★

✆ 062 61437. www.cashel-palace.ie

Dans ces jardins poussent un mûrier de 1702, mais aussi des pieds de houblon, lointains descendants de ceux utilisés en 1759 pour produire la première Guinness. La célèbre bière brune a été inventée par Richard Guinis, régisseur de l'archevêque de Cashel. C'est son fils Arthur qui a fondé, à Dublin, la brasserie aujourd'hui mondialement célèbre. Un hôtel de luxe occupe le palais archiépiscopal de style palladien, commandé en 1730 à Edward Lovett Pearce par l'archevêque Theophilus Bolton. Les boiseries et les stucs originaux du vestibule constituent avec l'escalier en bois de pin rouge un aussi bel ensemble qu'à Damer House.

Cashel Heritage Centre

Mars-oct. : 9h-17h30 ; nov.-fév. : tlj sf w.-end 9h30-17h30. ✆ 062 61333. www.cashel.ie

Les présentations retracent l'histoire de Cashel au moyen d'une maquette et d'un commentaire enregistré. Trésors et chartes de rois, objets provenant de la résidence de McCarthy Mor.

De Main Street, monter dans John Street.

GPA Bolton Library★

En fonction des événements, mars-août : tlj sf lun. 9h30-17h30 ; sept.-fév. : tlj sf w.-end 9h30-17h30. Possibilité de visite guidée (30mn). 3 €. ✆ 062 61944 (Library).

La **bibliothèque Bolton** occupe un petit bâtiment de 1836 sur les pelouses qui entourent la cathédrale. Le plus ancien de ses 12 000 volumes est une encyclopédie monastique de 1168. Elle possède aussi deux feuillets de *The Book of Fame (Le Livre de la renommée)*, de Chaucer, imprimé à Londres en 1483 ; une note autographe de Jonathan Swift ; et une collection de vases liturgiques en argent.

Cathedral

9h30-17h30 ; en cas de fermeture, se procurer la clé à la Bolton Library toute proche. Parking. ✆ 062 61232 (Doyen).

Cet austère édifice anglican, construit entre 1749 et 1784, présente un beau plafond à caissons, ainsi que des stalles réservées au doyen et au chapitre. Il s'élève à l'emplacement de l'ancienne église paroissiale St-Jean-Baptiste, à qui il est dédié conjointement à saint Patrick du Rocher. Dans le cimetière, plusieurs couvercles de sarcophages du 13e s. sculptés ont été disposés contre les murs, qui faisaient partie des défenses de la ville au 14e s. Les cinq portes et les deux tours ont été démolies au 18e s.

Traverser jusqu'à Friar Street.

Église paroissiale

Cachée par une rangée de cottages, cette église dédiée à saint Jean-Baptiste a été inaugurée en 1795. C'est la plus ancienne des églises catholiques d'Irlande encore affectée au culte. Les mosaïques de la façade ont été ajoutées en souvenir du Congrès eucharistique de 1932, qui a eu lieu en Irlande. Une mosaïque du Christ-Roi décore le baptistère. L'intérieur présente un aspect inhabituel, grâce à deux galeries qui courent sur toute sa longueur et à un plafond en carène de navire inversée.

Descendre jusqu'au bout Friar Street ; tourner à gauche dans Main Street, puis à droite dans Dominic Street.

Folk Village

♿ 10h-19h30 (fermé plus tôt de mi-oct. à mi-mars). Visite guidée (1h) sur demande. 3,50 €. ✆ 062 62525.

Cette reconstitution d'un petit village offre un aperçu de la vie paysanne en Irlande au 18e s.

Dominican Friary

Fondé en 1243 par l'archevêque David MacKelly *(Dáibhi MacCeallaigh)*, un dominicain originaire de Cork, le monastère a été fermé en 1540. Reconstruite après un incendie en 1480, son église présente une nef longue et étroite, comme le chœur. Le clocher et les murs du chœur sont bien conservés.

Aux alentours

Holy Cross Abbey★★

16 km au nord de Cashel par la R 660. Juin-sept. : visite guidée 10h-18h. ✆ 0504 43241/43124.

Holy Cross, la Sainte-Croix, est restée longtemps en ruine et sans toiture. Aujourd'hui, c'est une église paroissiale fréquentée et l'un des fleurons de l'architecture religieuse irlandaise du 15e s. L'abbaye est fondée en 1168 par le roi du Munster, Donal O'Brien, pour les **Bénédictins**. Transmise aux **Cisterciens** quatorze ans plus tard, les pèlerins y viennent en foule vénérer un morceau de la Vraie Croix. Après la dissolution des monastères, elle passe sous le contrôle des comtes d'Ormond ; leur bienveillance permet aux moines de continuer à y résider jusqu'au 17e s.

La grande popularité de l'abbaye en tant que centre de pèlerinage lui apporte la richesse. Les travaux de reconstruction du 15e s. sont donc d'une qualité exceptionnelle : fenêtres ornées de vitraux, remarquables sculptures sur pierre et, élément assez rare, une **peinture murale** montrant des chasseurs sur le point de tuer un cerf sous un chêne. L'aile ouest du cloître restauré accueille l'office de tourisme, une exposition et une présentation audiovisuelle. Un bâtiment voisin abrite une roue de moulin. Dans le **parc**, on a reconstitué les jardins du Vatican, avec leur chemin de croix et l'autel commémorant padre Pio, un saint porteur de stigmates dont la vénération est immense en Italie. Le **pont** à huit arches qui enjambe la Suir est une copie de celui bâti en 1626 par James Butler, baron de Dunboyne, et son épouse, Margaret O'Brien. Leurs armes y voisinent avec la prière : « *May the two who built it escape the pit of hell* » (Puissent les deux qui l'ont construit échapper au gouffre de l'enfer).

Lár na Páirce

23 km au nord de Cashel par la R 660 jusqu'à Thurles ; Slievenamon Road. Tlj sf dim. 10h-17h30. 4 €. ✆ 0504 22702. www.tipperary.gaa.ie/larnapairce/

Dans un élégant bâtiment (19e s.), Lár na Páirce est consacré à l'histoire des **Jeux gaéliques**. La Gaelic Athletic Association (GAA) est née à Cashel le 1er novembre 1884 au cours d'une réunion au Commercial Hotel, tenu par Miss Hayes sur Liberty Square. Son but était de rétablir les Jeux gaéliques, mais aussi de promouvoir la langue irlandaise et les danses, musiques et chants traditionnels. Chacun pourra ici faire la différence entre le hurling *(voir « Comprendre : loisirs »)* et sa version féminine le *camogie* ; se pencher sur les règles du football et du handball gaéliques ; regarder les souvenirs laissés par d'anciens champions ; trouver à l'aide d'un terminal informatique tous les renseignements sur les équipes et les joueurs d'aujourd'hui.

Hore Abbey

Environ 800 m à l'ouest de Cashel par la N 74.

Ce sont des moines de Mellifont *(voir p. 167)* qui en 1272 fondent l'abbaye de Hore, le dernier établissement cistercien établi en Irlande. Les ruines datent pour l'essentiel du 13e s. L'église, de plan cruciforme, comportait un chœur, une nef avec des bas-côtés et deux chapelles à l'est de chaque bras du transept.

Athassel Priory★

8 km à l'ouest de Cashel par la N 74 et une petite route qui part sur la gauche dans Golden ; deux champs à traverser.

Ici se tenait un des plus vastes et plus prospères prieurés d'Irlande, entouré à son époque d'une ville dont toute trace a disparu. Le prieuré a été détruit en 1447, mais la tour centrale de l'église principale, la nef et les murs du chœur sont bien conservés. La tombe que l'on voit dans l'église serait celle de son fondateur, le Normand William de Burgh.

Tipperary

16 km à l'ouest de Cashel par la N 74.

Agréable petit chef-lieu de comté, Tipperary présente suffisamment de maisons anciennes et de devantures de magasins du 19e s. pour mériter son classement de ville du patrimoine. Mais elle doit une bonne partie de sa célébrité à une chanson nostalgique des soldats de la Première Guerre mondiale, sans doute la plus populaire de toutes : « *It's a long way to Tipperary, it's a long way to go…* »

À la fin du 19e s., la ville est un foyer d'agitation de la Land League pour la réforme des lois sur le fermage. Plus tard, elle devient le quartier général de la 3e brigade de l'IRA, qui participera à de nombreux combats de la guerre d'Indépendance. Le **Old IRA Exhibition** rappelle cette époque. *10h-21h45 (hiver 19h). ✆ 062 51806.*

Le **Tipperary Excel Heritage Centre** retrace d'autres aspects de l'histoire locale au moyen d'un spectacle multimédia interactif. *10h-22h lun. au sam., 14h-22h dim. Fermé Vend. saint, 25 déc. ✆ 062 80520. www.tipperary-excel.com*

Glen of Aherlow★

3,2 km au sud de Tipperary par la R 664.

Cette belle vallée s'étire sur 26 km entre les forêts de conifères de la crête de Slievenamuc, au nord, et les monts Galty, la plus haute chaîne de l'intérieur, au sud. Autrefois, la grande forêt d'Aherlow recouvrait la vallée, mais elle a depuis longtemps été reconvertie en riche terre agricole. Un **point de vue★★** au-dessus de Newpoint en révèle toute la splendeur. D'un blanc éclatant, la statue du Christ-Roi domine le maillage serré du bocage, qui court vers le sud jusqu'aux Galty, dont la belle ligne de crête atteint son point culminant au sommet de Galtymore (919 m). Les monts Galty permettent aux hardis randonneurs de magnifiques balades, le long de torrents bondissants, à travers des pentes désolées et des cuvettes emplies de lacs.

À Newtown, longer le Glen par la splendide R 663 jusqu'à Bansha, puis prendre la N 24 vers le sud.

Caher★

Caher *(An Cathair)*, ou Cahir (prononcé « quaih »), est une petite ville animée, dans un site attrayant sur la Suir, qui coule au pied des monts Galty. La masse imposante de son château, construit sur un îlot rocheux au milieu de la Suir, domine le bourg, classé patrimoine historique.

Emprunter Castle Street jusqu'à la place (the Square).

Devenu résidence des Butler quand le château est tombé à l'abandon, le **Cahir House Hotel** fait partie, avec la **Market House** (aujourd'hui la bibliothèque), du projet de rénovation urbaine du centre-ville mené à bien au 18e s. par les Butler. La minoterie date aussi de cette époque.

Suivre Old Church Street (N 24, direction Clonmel).

Dans l'**église en ruine**, désaffectée vers 1820, un mur de séparation permettait aux catholiques et aux protestants de pratiquer leur culte en même temps. Caher était une importante garnison au 19e s., et une partie du cimetière était consacrée aux tombes de militaires.

De nombreux hommes de Caher sont morts pendant la Première Guerre mondiale. Le **Great War Memorial** qui honore leur mémoire est un des rares monuments aux morts d'Irlande.

Retourner au Square et prendre Church Street à droite (N 8 vers le nord, direction Cashel).

L'église anglicane Saint-Paul est l'œuvre de John Nash, le célèbre architecte de la période Regency.

Caher Castle★★ – ♿ *De mi-juin à mi-sept. : 9h30-19h30 ; le reste de l'année : 9h30-17h30 (de mi-oct. à mi-mars 16h30) (dernière entrée 45mn av. fermeture). Fermé 24-30 déc. 2,90 € (famille 7,40 €). Possibilité de visite guidée. Spectacle audiovisuel. ✆ 052 41011.*

Aux 10e-11e s., c'était la résidence de **Brian Ború**, haut roi d'Irlande. La forteresse actuelle, commencée au 13e s., a été très remaniée et agrandie par une des plus grandes dynasties anglo-normandes d'Irlande, la famille Butler, qui l'a conservée jusqu'en 1961, année où elle en a confié la gestion à l'État.

Très restauré, le château n'en reste pas moins un des plus grands et plus beaux exemples de forteresse de la fin du Moyen Âge. Ses hauts murs d'enceinte entourent des cours extérieure, médiane et intérieure, une barbacane, de solides tours et un magnifique donjon. Tout l'ensemble exprime la puissance et la gloire de la famille anglo-normande Butler, comtes d'Ormond, qui contrôlaient la majeure partie du sud-est de l'Irlande. Mais ses défenses n'ont pas empêché le fort de tomber en 1599 sous l'assaut des troupes d'Elizabeth Ire, menées par son favori, le comte d'Essex. Plus récemment, le château a offert son cadre superbe à des tournages de films, comme *Barry Lyndon* de Stanley Kubrick ou *Excalibur* de John Boorman, qui filma longuement dans le Glen of Aherlow. On y a aussi vu évoluer Mel Gibson dans *Braveheart*. Fort intéressante, la visite guidée fait découvrir ses passages, ses escaliers en colimaçon, ses chemins de ronde et sa grande salle d'apparat. La présentation audiovisuelle est consacrée aux sites historiques de la campagne environnante. Une superbe maquette illuminée montre les étapes du siège de 1599.

Swiss Cottage★

2 km au sud de Caher par la R 670, où à pied en suivant la rivière. De mi-avr. à mi-oct. : visite guidée (40mn) 10h-18h ; le reste de l'année : tlj sf lun. et j. fériés 10h-13h, 14h-16h30 (dernière entrée 45mn av. fermeture). 2,50 €. Photos interdites. ✆ 052 41144.

Pendant son séjour à Caher, John Nash prend goût à créer ce modèle, assez imposant mais admirablement fantaisiste, de *cottage orné*. Il bâtit cette chaumière à étage merveilleusement ouvragée, qui n'a rien de suisse, entre 1812 et 1814 comme pavillon de chasse et de pêche pour lord Caher. Le cottage a été restauré avec un soin infini du détail. Dans une des deux pièces du rez-de-chaussée, le papier des murs, peint à la main en France, montre des vues du Bosphore. À proximité, un élégant pont en fonte enjambe la Suir, ajoutant au pittoresque de l'ensemble.

Revenir à Cahir et prendre la N 8 vers l'ouest pendant 14 km, puis tourner à gauche dans Boolakennedy.

Mitchelstown Cave

Visite guidée (35mn) juin-sept. : 10h-18h. Horaires variables en hiver. 7 €. ✆ 052 67246.

Une volée de 88 marches donne accès à trois immenses grottes (2 km), qui abritent toutes sortes de concrétions rocheuses : stalactites, stalagmites, draperies et tuyaux d'orgues. La plus impressionnante est « la tour de Babel », une énorme colonne de calcite formée dans la galerie Kingston, couloir rectiligne de 76 m de long. Les Old Caves toutes proches ne sont accessibles qu'aux spéléologues avertis.

Cashel pratique

Adresses utiles

City Hall - Main Street - ✆ 062 61333 - juil.-août : tlj ; avr.-juin et sept. : tlj sf dim.

À CAHER

Castle Street - ✆ 052 41453 - juil.-août : tlj ; mai-juin et sept. : tlj sf dim.

Transports

CIRCULER

Parking public sur le côté du rocher. Un sentier piétonnier monte au rocher au départ des jardins du Cashel Palace Hotel.

Bus Cashel-Caher – Arrêt dans Main Street. Prendre la ligne N° 8.

Se loger

Aulber House – *Deer park - Golden Road. - 750 m à l'ouest par la N 74 - ✆ 062 63713 - info@aulberhouse.com - fermé tt déc.-4 janv. - 12 ch. 80/110 €.* À cinq minutes de Cashel, une maison moderne de style georgien très confortable, dont les chambres sont décorées avec classe.

Hill House – *Palmershill - ✆ 062 61277 - avr.-oct. - 5 ch. 120 €.* Dans cette demeure historique du 18e s., les chambres 3, 4 et 5 ont vue sur le rocher de Cashel, et les 4 et 5 jouissent même d'un lit à baldaquin.

AUX ALENTOURS

The Castle – *Thurles - Two Mile Borris - 7 km à l'est par la N 75 - 4 ch. 90/110 € - rest. sur commande 55 €.* Voici une charmante maison du 17e s. qui donne sur un château en ruine et recèle de jolis meubles et antiquités.

Inch House – *Thurles - 6,5 km au nord-ouest par la R 498 - ✆ 050 451348 - mairin@inchhouse.ie - fermé Jour de l'an et Noël - rest. dîner seulement, sf dim. et lun. - 5 ch. 140 €.* Sur son domaine agricole, cette maison de 1720, restaurée avec goût et dotée d'une vue merveilleuse, accueille les visiteurs dans des chambres tout aussi raffinées que la salle à manger.

Se restaurer

Cafe Hans – *Rock Side - Moor Lane Street - ✆ 062 63660 - fermé dim. et lun., deux semaines en janv. une semaine en sept. - Déjeuner seulement, réservation impossible. 20 €.* Contigu au restaurant du même nom installé dans une salle synodale avec vitraux, un lieu décontracté pour très bien déjeuner sous une verrière.

En soirée

Brú Ború Theatre – *✆ 353 62 61122 - www.comhaltas.com.* Pour une soirée traditionnelle irlandaise, suivie d'un banquet.

Achats

À HOLYCROSS

Farney Castle Visitor Centre – *✆ 0504 43281 ou 0504 43357 - www.historic.irishcastles.com/farney.htm - ♿ - tlj sf dim. 9h30-18h.* Vente de tricots et de porcelaines dans ce château construit en 1495 et agrandi en 1800 ; le seul clocher rond d'Irlande servant de résidence à une famille (celle du designer irlandais mondialement connu Cyril Cullen et du non moins renommé groupe de musiciens traditionnels Cullen Harpers).

Clonmel★

17 008 HABITANTS – COMTÉ DE TIPPERARY
CARTE MICHELIN N° 712 I10 – CARTE GÉNÉRALE RABAT II B3

Attrayant chef-lieu du comté de Tipperary, Clonmel occupe une position centrale dans la belle et fertile vallée de la Suir. Juste au sud, dans le comté de Waterford, les monts Comeragh composent une spectaculaire toile de fond pour ses nombreux édifices anciens, rappel de son époque prospère aux 18e et 19e s.

- **Se repérer** – Dans le sud du pays, Clonmel *(Cluain Meala)* se trouve sur la N 24 entre Waterford et Limerick, à la limite des comtés de Tipperary et de Waterford, que marque sa rivière, la Suir.
- **À ne pas manquer** – La route touristique de la vallée de la Nier, Ormond Castle.
- **Organiser son temps** – Une demi-journée et plus en flânant aux alentours.
- **Pour poursuivre le voyage** – Cashel, Kilkenny, Waterford, Cork.

Comprendre

La fondation de Clonmel précède sans doute les invasions vikings. Son nom vient de l'irlandais « prairie de miel », référence à la fertilité de la vallée de la Suir. Au début du 10e s., les drakkars vikings remontent la Suir depuis Waterford ; en 916 ou 917, une bataille aurait opposé à Clonmel le clan O'Neill aux envahisseurs. Édouard Ier octroie une charte à la ville, et des murailles sont élevées au début du 14e s. Clonmel devient ensuite un important fief des Butler, comtes d'Ormond *(voir Kilkenny)*. Au milieu du 17e s., sa garnison opposera à Cromwell une résistance des plus farouches.

Quatre grandes personnalités de la littérature anglaise sont rattachées à Clonmel. **Anthony Trollope** y a écrit ses deux premiers romans entre 1844 et 1848. **George Borrow**, qui y fut écolier, le mentionne dans deux chapitres de *Lavengro*. **Marguerite Power**, comtesse de Blessington, l'une des figures du monde littéraire du début du 19e s., est née ici (à Suir Island plus précisément) en 1789. **Laurence Sterne** (1713-1768), auteur de *La Vie et les opinions de Tristram Shandy*, naît aussi à Clonmel, dans Mary Street ; sa famille a vécu à Suir Island.

Découvrir

St Mary's Church★

9h-17h. ✆ 052 26643 (vicaire), 087 284 2350 (portable).

L'actuelle église anglicane et son insolite tour octogonale ont été élevées au 19e s. sur les vestiges d'une église du 14e s. Des documents mentionnent l'existence d'un bâtiment dès le 13e s. Sur les pelouses environnantes subsistent d'importantes sections de l'enceinte de la ville.

West Gate

En 1831, la gloire et la prospérité de Clonmel sont immortalisées par la construction de cette porte dans le style Tudor, à l'emplacement de la porte médiévale qui marquait la séparation entre le quartier anglo-normand et le faubourg d'Irishtown.

CLONMEL

SE LOGER
- An-Teach 1
- Fennessy's Hotel 3
- Hearn's Hotel 5
- Mobarnane House 7

SE RESTAURER
- Mr Bumbles 3
- Sean Tierney 7

INDEX DES RUES
- Anglesea St 2
- College St 7
- Cross St 8
- Emmet St 9
- Gallows Hill 10
- Mitchell St 16
- Old Bridge 18
- Starsfield St 20
- The Mall 14

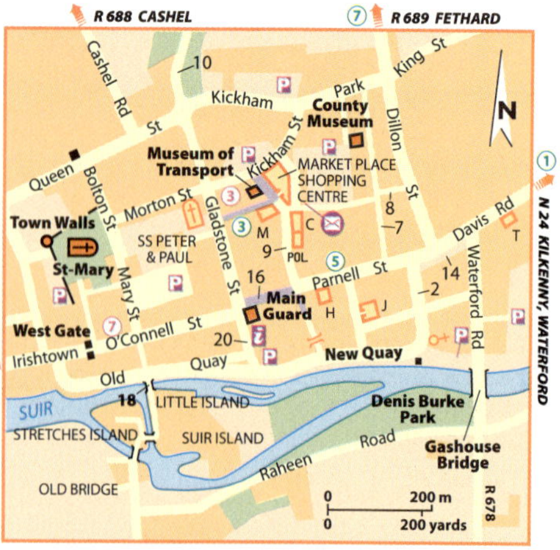

Berges de la rivière

Clonmel entretient un lien intime et intéressant avec sa rivière, la Suir. Le vieux pont *(Old Bridge)* du 17e s. l'enjambe trois fois, rejoignant Little Island et Suir Island (en aval), puis Stretches Island (en amont), dont le nom vient d'immigrés italiens du 16e s., les Stroccio.

La berge nord entre le vieux pont et **Gashouse Bridge**, pont du 18e s. qui doit son nom à l'usine à gaz voisine, forme le **quai** où les bateaux déchargeaient leur cargaison. Un mémorial aux Martyrs de Manchester de 1867 *(voir p. 65)* y côtoie des **maisons georgiennes** et de grands entrepôts.

Main Guard

Se renseigner sur les horaires. Possibilité de visite. ✆ 052 7484.

Les troupes de Cromwell ont détruit le premier palais de Justice de Clonmel au cours du siège de 1650. En 1674, il a été remplacé par ce bel édifice à trois étages portant les **armes de la ville**, couronné par un dôme.

Visiter

Museum of Transport

Visites possibles. Téléphoner pour prendre RV. Offrande. ✆ 052 29727.

Une trentaine de voitures d'époque (*veteran cars*, construites avant 1919 ; *vintage cars*, construites entre 1919 et 1930) et de voitures classiques, ainsi que de nombreux souvenirs liés à l'automobile sont présentés sur deux des six niveaux d'une majestueuse fabrique.

Les voitures Bianconi

En 1815, Charles Bianconi (1786-1875), fils d'un immigré lombard et deux fois maire de Clonmel, profite de la vente massive de chevaux après la bataille de Waterloo pour s'en procurer à bas prix et créer un service de diligence vers Limerick et Thurles. Vers 1844, il a plus de cent chevaux dans ses écuries. En 1851, ses grandes voitures ouvertes, pourpre et jaune, les « *Bians* », circulent dans 22 comtés, avec Clonmel, Galway et Sligo comme dépôts centraux. À son apogée, la société aura jusqu'à 1 400 chevaux et 100 voitures. La révolution apportée par Bianconi dans le transport du courrier, des marchandises et des voyageurs ne sera dépassée que par le chemin de fer, progressivement mis en place à la fin du 19e s.

Bianconi se retire en 1865, mais l'une de ses malles-poste était encore en service entre Clonmel et Dungarvan dans les années 1920. Un cor de postillon et une horloge, aujourd'hui sans aiguilles, qui servait à régler les départs, ornent le hall de l'**hôtel Hearnu**, d'où l'entrepreneur dirigeait sa florissante société.

County Museum★

Tlj sf dim. et lun. 10h-17h. Fermé j. fériés. ✆ 052 34550.

Le musée du comté est consacré à l'histoire de la région, de l'âge de la pierre à nos jours. Des pièces de monnaie découvertes sur place évoquent les liens avec l'Empire romain. Un ensemble fascinant d'objets relate un célèbre procès de rebelles en 1848, ainsi que la vie du régiment royal d'Irlande *(Royal Irish Regiment)*, en garnison à Clonmel jusqu'à sa dissolution, après la signature du Traité anglo-irlandais de 1922. On verra aussi une belle collection de tableaux peints par des artistes irlandais.

Aux alentours

Route touristique de la vallée de la Nier★★

Circuit de 64 km. Quitter Clonmel par la R 678 au sud. Au 8e kilomètre, tourner à droite vers Ballymacarbry, parcourir 6 km et faire un détour à gauche pour profiter du point de vue. À Ballymacarbry, emprunter à droite la R 671 pour revenir à Clonmel.

Le circuit offre un remarquable aperçu des forêts vert sombre, des landes et des escarpements impressionnants des **monts Comeragh**, qui culminent à 753 m à Knockanaffrin.

Carrick-on-Suir

21 km à l'est par la N 24.

Situé entre Slievenamon (au nord-ouest) et les contreforts des Comeragh (au sud), ce bourg dynamique jouit d'une situation très agréable sur la Suir, soumise ici aux marées. Son vieux pont du 15e s. montre l'importance que donnait autrefois à Carrick ce point de traversée, le plus en aval de la rivière. Le **Centre du patrimoine** *(Heritage Centre)* retrace l'histoire locale. ♿ *Lun.-jeu. : 10h-16h sf heure du lunch ; vend. : 10h-14h. 3 €. ✆ 051 640 200. www.carrickonsuir.ie*

Ormond Castle★★ – *De mi-juin à déb. sept. : 10h-18h (dernière entrée à 17h45). 2,50 €. ✆ 051 640 787. www.heritageirland.ie.* Le joyau de Carrick est un château du 15e s., partiellement en ruine, et son beau manoir élizabéthain, entourés d'un parc boisé. Le manoir *(restauré)* a été édifié vers 1568 par Thomas Butler, dixième **comte d'Ormond**, surnommé Tom le Noir, pour recevoir sa cousine, la reine Elizabeth. Mais elle n'est jamais venue en Irlande. L'extérieur présente de belles fenêtres à meneaux et des toits à pignons ; l'intérieur est connu pour ses **stucs ouvragés** et sa grande galerie. Au rez-de-chaussée, une remarquable collection de chartes par lesquelles la cour de Londres lui transférait privilèges et titres retrace la montée en puissance de la famille Ormond.

Croix de Kilkeeran

27 km à l'est par les N 24 et R 697.

Trois croix, probablement du 9e s., marquent l'emplacement d'un très ancien monastère. La **croix ouest** est décorée d'entrelacs et de médaillons ; sur sa base figurent huit cavaliers. La partie haute est peu commune, comme celle de la croix est, sans ornementation, qui est probablement inachevée.

Croix d'Ahenny★

31 km à l'est par les N 24 et R 697.

Les entrelacs et les spirales de pierre qui décorent ces deux croix aux sommets peu courants sont si semblables aux motifs peints dans le *Livre de Kells* qu'on peut imaginer qu'ils sont de la même époque, le 8e s. Sur la base, un porte-croix ouvre la marche à sept ecclésiastiques portant des crosses d'évêques.

Fethard★

13 km au nord par la R 689.

Le hameau de Fethard semble assoupi, rêvant à son statut, depuis longtemps perdu, de gros bourg anglo-normand. Il a gardé la majeure partie de ses **remparts** de la fin du 14e s. En son centre, le **château** est un des trois donjons, édifiés probablement au 15e s. L'**église**, avec sa tour crénelée de la fin du 15e s., comporte des parties plus anciennes, très remaniées entre 1400 et 1600. L'immense travée du toit à double pente de la nef est un chef-d'œuvre d'architecture. La fenêtre est s'inspire de l'abbaye de Kilcooley. Les ruines d'un prieuré augustin du 12e s. sont parsemées de tombes des 16e et 17e s.

Le bourg a perdu depuis longtemps sa ligne de chemin de fer, mais la vieille gare a été transformée en un **musée**, riche d'objets de la vie quotidienne des siècles passés. ♿ *Visite guidée (30mn) dim. et lun. fériés 11h30-17h, ou sur demande. ✆ 052 31516.*

Clonmel pratique

Adresses utiles

Community Office – *✆ 052 22960.*

À CARRICK-ON-SUIR

Heritage Centre – *voir « Aux alentours ».*

À FETHARD

Tierry Centre – *✆ 052 31000.*

Transports

En train – *Prior Park Road (à 1,5 km au nord de la ville).*

En bus – *Au même endroit que la gare ferroviaire - ✆ 052 21982.*

Se loger

⊖⊖ **Fennessy's Hotel** – *Gladstone Street - ✆ 052 23680 - www.fennessyshotel.com - 14 ch. 120/140 €.* Ce vieil hôtel plein de charme et bien restauré propose des chambres calmes, décorées chacune différemment.

⊖⊖ **Hearn's Hotel** – *Parnell Street - ✆ 052 21611 - 26 ch. 150/180 €.* On trouve quelques reliques de l'époque où Charles Bianconi dirigeait ici son service de diligences *(voir encadré p. 221)*. Le relais est aujourd'hui un fort charmant hôtel.

AUX ALENTOURS

⊜ **An-Teach** – *Fethard-Killusty - 8 km au sud-est par la R 706, sur Kilsheelan Road - ✆ 052 32088 - 10 ch. 100 € - rest. sur demande 35 €.* Adossée aux monts Sliabh na Mban, cette pension propose ses agréables chambres en pin et des repas très sains.

⊜⊜ **Mobarnane House** – *Fethard - 8 km au nord par la route de Cashel, sur la route de Ballinure - ✆ 052 32088 - info@mobarnanehouse.com - mars-oct. - 4 ch. 150/190 € - rest. sur demande 45 €.* On peut même dîner dans la superbe salle à manger de cette pension de goût, tenue avec classe par la propriétaire de cette maison georgienne à l'élégant jardin.

Se restaurer

⊜ **Sean Tierney** – *13 O'Connell Street - ✆ 052 24467 - env. 15 €.* C'est l'un des pubs les plus populaires de la cité ; il sert de bons snacks au bar et des plats robustes et copieux le soir à l'étage.

⊜ **Mr Bumbles** – *Kickham Street - ✆ 052 29188 - 25 €.* Un agréable bistrot qui sert des grillades délicieuses le midi et une cuisine un peu plus élaborée le soir.

Sports et loisirs

Randonnées pédestres – Très bonne brochure avec des itinéraires en vente à l'office de tourisme.

Le village de **Ballymacarby**, niché dans son vallon sur les rives de la Nier, constitue un point de départ idéal.

Pêche – La boutique *Kavanagh Sports*, dans O'Connell Street Upper (*✆ 052 21279*), regorge d'astuces et de bons plans pour tous les types de pêches pratiqués aux alentours.

Achats

À BALLYNORAN

Tipperary Crystal – *16 km à l'est par la N 24 - ✆ 051 640 543 - tlj sf dim. 9h-18h.* Tous les objets en cristal sont réalisés sur place, selon les mêmes méthodes qu'il y a deux siècles. Après la démonstration de fabrication, les visiteurs découvrent la gamme immense des articles, depuis l'objet de table jusqu'au trophée.

Agenda

Courses de lévriers – Lun. et jeu., en soirée. Grande fête annuelle des **courses de lévriers** en fév.

Week-end des écrivains – En sept., une bonne place est faite aux nouvellistes et poètes.

Cobh★

11 303 HABITANTS – COMTÉ DE CORK
CARTE MICHELIN N° 712 H12 – CARTE GÉNÉRALE RABAT II B4

Dans la grande rade protégée de Cork, Cobh (prononcé Cove) était destinée à être une des grandes portes de l'Irlande sur l'océan. La ville commence son expansion à la fin du 18e s., quand les navires de la marine britannique s'y rassemblent avant leurs interventions dans la guerre d'Indépendance américaine puis, plus tard, contre la France. Au 19e s., quand la ville devient une station climatique réputée, belles villas néogothiques et constructions italianisantes se multiplient, lui valant aujourd'hui son statut de ville du patrimoine. Mais Cobh est surtout connue comme port des émigrants en partance vers des terres lointaines, et comme escale des paquebots transatlantiques, dont le « Titanic » au destin tragique.

Se repérer – Sur la côte sud de l'Irlande, Cobh *(An Cóbh)* se trouve sur la rive sud d'une île *(Great Island)*, au milieu de la rade de Cork, à une dizaine de kilomètres de Cork, la troisième ville d'Irlande.
Cobh est reliée par la route et le rail à **Fota Island** et au reste de l'Irlande par la R 624, qui rejoint la N 25, la route de Waterford à Cork.

À ne pas manquer – Fota House et son arboretum.

Organiser son temps – Prévoir une journée pour la découverte de Cobh et de ses environs.

Avec les enfants – Le Wildlife Park et ses espèces menacées.

Pour poursuivre le voyage – Voir aussi Cork, Kinsale, Mallow, Waterford.

Comprendre

En 1849, la **reine Victoria** effectue sa première visite en Irlande en débarquant à Cobh : en son honneur, la ville est rebaptisée **Queenstown**. La marine britannique continue d'utiliser les équipements du port même après l'Indépendance de l'Irlande (1922) ; Cobh ne sera restitué à l'État libre qu'en 1938, avec les autres « ports du Traité ».

Jusqu'aux années 1960, Cobh est un port d'escale du *Queen Mary*, du *Queen Elizabeth* et d'autres paquebots des lignes Hamburg Atlantic et North German Lloyd. Photographies et tableaux de cette époque ornent le bar du Commodore Hotel. Mais les passagers qui transitent par le port ne sont pas tous des touristes ; c'est ici aussi qu'embarquent, à la fin du 19e s. et au début du 20e s., des centaines de milliers d'émigrants irlandais que la famine pousse vers l'Amérique. Nombre de ceux qui rejoignent l'Australie transitent par Cobh. Le souvenir de leur passage est rappelé par la statue d'**Annie Moore**, la première émigrante à être passée par le centre d'accueil d'Ellis Island, à New York.

Le saviez-vous ?

Le **Water Club**, premier club de voile du monde, est fondé à Cobh dès 1720. Son successeur, le Royal Cork Yacht Club, est aujourd'hui basé à Crosshaven *(voir Cork)*, mais le bâtiment d'origine demeure, un élégant pavillon en front de mer dessiné en 1854 par Anthony Salvin.

Se promener

St Colman's Cathedral★

Les rues en pente forte de Cobh s'élèvent du front de mer jusqu'à la cathédrale catholique, qui domine les hauteurs de la ville. Elle a été édifiée entre 1868 et 1915 dans le style néogothique de Pugin et d'Ashlin. Sa **flèche**, qui abrite un carillon de 47 cloches, est visible à des kilomètres à la ronde. Le sanctuaire est orné de colonnes de marbre poli, d'un dallage de mosaïque et d'un retable de marbre très fouillé.

Lusitania Memorial★

Casement Square. Un monument minutieusement travaillé, exécuté par Jerome Connor (1876-1943), sculpteur de Cork, et composé d'un ange et de deux marins, commémore les 1 500 victimes du *Lusitania*, torpillé en 1915 *(voir Kinsale)*. À la mort de Connor, l'œuvre est achevée par Seamus Murphy.

À proximité, sur Pierce Square, un monument plus modeste évoque les victimes du naufrage du **Titanic** ; parti la veille de Southampton en Angleterre, le paquebot prétendument insubmersible a effectué à Cobh, le 11 avril 1912, l'unique escale de sa première et fatale traversée.

Cobh Heritage Centre : The Queenstown Story

♿ Mai-oct. : 9h30-18h ; reste de l'année : 9h30-17h ; dernière entrée 1h av. fermeture. Fermé du 23 déc. au 2 janv. 7,10 €. ☎ 021 481 3591. www.cobhheritage.com

Datant de la grande époque des transatlantiques, aujourd'hui simple gare de banlieue de Cork, la gare de Cobh a été construite dans un style grandiose. Une partie accueille une exposition évoquant l'époque où Cobh était un grand port. Les présentations très intéressantes expliquent son évolution ; son rôle militaire stratégique ; la vie des émigrants et des bagnards à bord des bateaux ; le naufrage du *Titanic* et du *Lusitania* ; et l'apogée des grands paquebots entre les deux guerres.

Cobh Museum

Mars-oct. : lun.-sam. 11h-13h, 14h-17h30, dim. 14h30-17h. ☎ 021 481 4240. www.cobhmuseum.com

Une ancienne église presbytérienne abrite une collection d'objets se rapportant pour l'essentiel à la mer.

Aux alentours

Fota Island★

6 km au nord par la R 624.

Jusqu'en 1975 cette île de 316 ha dans la rade de Cork est restée la possession des descendants de son seigneur anglo-normand du 12e s., Philip de Barri. Au début du 19e s., le pavillon de chasse de la famille est converti pour John Smith Barry en une belle gentilhommière néoclassique par les architectes réputés Richard et William Vitruvius Morrison. Tout le domaine est remanié, dans un souci d'harmonie : défenses maritimes, murs, pavillons, cottages ouvriers, dépendances, parc paysager et un célèbre arboretum. La majeure partie de l'île a été cédée pour devenir un des plus beaux parcs animaliers d'Irlande. Après avoir été menacée de décrépitude, la résidence a été restaurée avec magnificence.

Fota House★★ – *Avr.-sept. : lun.-sam. 10h-17h, dim. 11h-17h ; oct.-mars : 11h-16h. 5,50 € (famille 12,50 €). ☎ 021 481 5543. www.fotahouse. com.* Donnant sur le paysage de savane où paissent les animaux du parc animalier, Fota House présente une façade symétrique à l'élégance retenue, presque sévère. Elle cache de beaux volumes décorés avec une élégance et un savoir-faire remarquables, dont le charme est souligné par quelques pièces de mobilier choisies avec soin. La maîtrise de l'espace par les Morrison est particulièrement frappante dans le grand hall d'entrée, avec ses colonnes en faux marbre de couleur ocre et ses perspectives, achevées par des vases géants. Une même attention est apportée aux activités domestiques, qui permettaient aux Smith Barry de mener leur existence raffinée ; l'office, la cuisine et l'arrière-cuisine sont des modèles du genre, ainsi que l'intéressant garde-manger où une représentation de gibier pendu à un étal décore le centre d'un espace digne de la salle capitulaire d'une grande abbaye. Les baies arrondies de la façade côté jardin donnent sur une vaste pelouse qui s'élève en douceur vers une ravissante **orangerie victorienne** qui abrite une collection rare de plantes d'aujourd'hui ; à gauche, des jardins à la française clos de murs sont en cours de restauration. L'ancien potager clos a été, lui, reconverti en une merveilleuse roseraie. Sur la droite, des allées mènent vers les joyaux de l'**arboretum★**. John Smith Barry était un grand collectionneur de plantes, et ses successeurs ont poursuivi jusqu'au 20e s. les acquisitions de spécimens. Avec sa collection d'arbres et de buissons, et ses espaces où chaque plante peut se développer pleinement, c'est un modèle d'arboretum de l'époque victorienne. Son sol de terre brune et le climat doux favorisent la croissance d'espèces d'Amérique du Nord-Ouest, du Chili, d'Australasie, du Japon et de Chine.

Wildlife Park★ – *♿ 10h-16h (dim. 11h-16h). 13 € (-2 ans 8,50 €, famille jusqu'à 6 pers. 54 €. Petit train : circuit aller 1 €, AR 2 €. Parking 3 €. ☎ 021 481 2678, 481 2736. www.fotawildlife.ie.* Le parc (28 ha) a été aménagé en 1983 par la Zoological Society of Ireland dans le but premier de protéger des espèces menacées, comme le guépard, une de ses grandes attractions. Fota est un des parcs zoologiques les plus appréciés d'Irlande avec sa gamme étendue de pensionnaires, dont beaucoup se promènent librement dans le parc. Le plateau herbeux du centre de l'île offre un habitat d'aspect très naturel aux girafes, zèbres et antilopes. Plusieurs espèces de singes s'ébattent dans la série d'îles qui occupe la partie basse du site. Flamants roses, pélicans, manchots et autres oiseaux aquatiques fréquentent les bassins et leurs rives alentour. Un petit train permet aux visiteurs fatigués de découvrir toute l'étendue du domaine ; une aire de jeux accueille les enfants.

Old Midleton Distillery

Au nord-est de Cobh, 7 km sur la N 25, puis vers le nord très vite sur la R 627. ♿ 9h-18h (dernière entrée à 17h50). 12,50 €. ✆ 0214 613 594. www.jamesonwhiskey.com

Le whisky Jameson est produit dans une distillerie moderne, construite en 1975 à côté de l'ancienne distillerie de 1825, qui avait servi auparavant de filature et de caserne. Instructive et amusante, la visite commence par une présentation audiovisuelle de l'usine et s'achève par une dégustation. Entre-temps, on découvre le séchoir de l'orge maltée, l'entrepôt à quatre étages où était emmagasiné le grain, la roue à eau (1852) qui actionnait les cinq doubles meules, le **plus grand alambic** (1825) du monde (150 000 l) et les tonneaux de chêne où le tanin et l'adjonction de vanilline donnaient à l'alcool couleur et goût.

Cathédrale de Cloyne★

19 km au sud-est par la N 25 puis la R 630. ♿ Mai-sept. : 10h-18h ; ou bien se procurer la clé au cottage. Offrande. Visite guidée sur demande. Office : dim. 12h.

Trois grands noms sont associés au village de Cloyne, blotti autour de sa cathédrale du 14e s. **Christy Ring**, le meilleur joueur de hurling de tous les temps, est honoré par une statue en bronze plus grande que nature. **George Berkeley** (1684-1753) a été évêque du diocèse, autrefois très vaste. Et **saint Colman** (522-604) y a fondé un monastère. Il reste peu de chose de ce prieuré, excepté un minuscule édifice près le la cathédrale du 14e s. très restaurée, qui pourrait être une reconstitution de son oratoire, ainsi qu'un **clocher rond** du 10e s. (30 m). Ceux qui en font l'ascension découvrent une vue superbe. Philosophe original et hautement considéré, l'évêque Berkeley s'est consacré aussi à des œuvres pratiques, comme l'étude des méthodes d'agriculture et des propriétés bénéfiques de l'eau bitumineuse. Il tentera sans succès de fonder une université en Amérique, mais sa citation : « C'est vers l'Ouest que l'Empire poursuit sa course » a valu son nom à Berkeley, ville de Californie. Un monument lui rend hommage dans la cathédrale, très restaurée.

Barryscourt Castle

6,5 km à l'ouest par la N 25 et la R 624. 10h-18h (oct.-mai 17h) (dernière entrée 45mn av. fermeture). Fermé 25-26 déc. ✆ 021 488 2218, 021 488 3864 (oct.-mai et restaurant).

Entouré d'un fossé, le château médiéval en ruine occupe une position stratégique sur la grand-route de Cork à Waterford. Il doit son nom à Philip de Barri, de Manorbier au pays de Galles, qui s'est installé ici vers 1180, au tout début de l'Irlande anglo-normande. Un membre plus célèbre de la famille, **Gerald Barry** (vers 1146-1233), appelé parfois Gerald de Galles mais plus connu sous le nom de **Giraldus Cambrensis**, a voyagé en Irlande avec le prince Jean et publié une description du pays et un rapport sur sa conquête par Henri II Plantagenêt.

Cobh pratique

Voir aussi Cork.

Adresses utiles

Old Royal Yacht Club - ✆ 021 813 301 - www.cobhharbourchamber.ie

À MIDLETON

Jameson Heritage Centre – *✆ 021 461 3702 - mars-oct.*

Visite

Bon à savoir – Tous les jours à 11h, une balade guidée sur les traces du **Titanic** part de l'Hôtel Commodore.

Transports

Cork Harbour Car Ferry – *7h-12h15 (traversée 5mn ; capacité 28 voitures) - ✆ 021 481 1223.* Le ferry traverse la rivière Lee entre Carrigaloe (rive est) et Glenbrook (rive ouest).

Cork Harbour Cruises – *Juin-sept.- Parking (5-10mn marche) - ✆ 021 481 1485 (Marine Transport Services Ltd) - mtsirl1@eircom.net.* Croisières au départ de Kennedy Pier (1h), comprenant les forts de la rade, l'île de Spike, la base navale et les grandes industries.

En train – *✆ 021 506 766 - www.irishrail.ie.* Entre Cobh et Cork via Fota Island.

Se loger

Water Edge Hotel – *À côté du Cobh Heritage Centre - ✆ 021 481 5566 - fermé 24-26 déc. - 18 ch. 120/180 € - rest. à midi - 28/37 €.* Les chambres spacieuses, de couleurs pastel, donnent sur l'eau, dans cet ancien atelier de réparation maritime reconverti. Et le restaurant, avec vue aussi, sert une cuisine stylée.

AUX ALENTOURS

Knockeven House – *Rushbrooke - 2 km vers l'ouest, en retrait de la R 624 - ✆ 021 4811178 - info@knockevenhouse.com - fermé 16-27 déc. - 4 ch. 120/130 €.* Dans cette maison de caractère, où le thé et les scones vous accueillent à l'arrivée au salon avec sa cheminée, on trouve de très beaux vieux meubles ; les plus vastes chambres sont celles qui donnent sur le jardin devant.

Se restaurer

⊖⊖ **Jacob's Ladder** – *✆ 021 481 5566 - fermé 24-26 déc. - 40 €.* C'est le restaurant du Water Edge Hotel *(voir « Se loger »)*. La cuisine stylée, à base de poissons et fruits de mer, ne néglige ni l'agneau ni le canard.

AUX ALENTOURS

⊖⊖ **Robin Hill House** – *Rushbrooke - 1,5 km vers le nord-est par la R 624 - ✆ 021 481 1395 - fermé 25-27 déc., 7 janv.-7 fév. et j. fériés - 40 €.* Derrière la façade de cet ancien presbytère du 19e s. se cache un intérieur contemporain inattendu. La salle de restaurant couleur pêche, décorée de toiles d'artistes locaux, offre une carte de saison. Dégustations régulières dans la cave.

Achats

À MIDLETON

Dans les célèbres ateliers **Stephen Pearce Pottery** *(14,5 km au sud-est de Cobh par la R 630 et la R 629)* on assiste à la production de céramiques ; on peut en acheter sur place.

Sports et Loisirs

Baignade – De Roche's Point à Knockadoon Head, à l'est, alternent plages et criques.

À Roche's Point, le complexe de *Trabolgan* regroupe piscine couverte, bassin de plongeon, sauna, solarium, centre de remise en forme, tennis, bowling et gymnase.

Voile – Les amateurs trouveront de quoi pratiquer leur sport favori dans la baie de Ballycotton, à Roche' s Point et dans la rade de Cork.

Pêche à la ligne – Vous aurez le choix entre le rivage de l'Atlantique et le bord des lacs.

Randonnée – Ceux qui préfèrent la terre apprécieront les promenades en forêt dans le **bois de Rostellan**, en bordure de la rade de Cork, dans l'ancien domaine de Rostellan House (aujourd'hui démolie ; *9,7 km au sud-est de Cobh par la R 630)* ; ou bien les superbes promenades en **sommet de falaise** entre Roche's Point et Ballycotton, la baie et le phare sur l'île de Ballycotton *(18 km au sud-est par la R 630 et la R 629).*

Cork★★

119 418 HABITANTS – COMTÉ DE CORK
CARTE MICHELIN N° 712 G12 – CARTE GÉNÉRALE RABAT II B4

Deuxième ville de la république d'Irlande, port actif et grand centre commerçant, Cork possède sa propre université, une forte identité culturelle et historique, une ambiance chaleureuse et vivante. Le centre-ville a été construit sur des terrains récupérés, autrefois des marais entre les deux bras de la rivière Lee. Dans les années 2000-2007, il a pris un aspect radicalement nouveau avec la construction de très nombreux édifices, publics comme privés, ainsi que l'aménagement des rues centrales qui bannit les voitures au profit du piéton. L'estuaire de la Lee, Cork Harbour, forme la plus vaste rade naturelle d'Europe. Jusqu'au 19e s., beaucoup de rues étaient en fait des canaux, où venaient s'amarrer les navires. D'ailleurs, en 1780, Arthur Young compare Cork aux villes des Pays-Bas.

- **Se repérer** – Tout au sud du pays, Cork *(Corcaigh)* est la porte des merveilleux paysages de l'ouest. En partent plusieurs grandes routes du réseau national : à l'est, la N 25 vers Waterford, au nord-est la N 8 vers Cashel, au nord-ouest la N 20 vers Limerick et à l'ouest, la N 22 vers Killarney. Cork est aussi reliée à l'Europe, avec ses lignes de car-ferries vers la France et l'Angleterre et son aéroport international.
- **À ne pas manquer** – St Fin Barre Cathedral, St Ann's Church and Shandon Bells, Cork Butter Museum, Blarney Castle, la Cork City Gaol, les ponts de Kanturk. Pour un superbe panorama sur la ville, se rendre à **Church of Christ the King★** *(1,5 km au sud du centre-ville, à Turner's Cross)*, saisissante église moderne (1937) dont la façade est ornée d'un Christ de facture cubiste.
- **Organiser son temps** – Compter au moins deux journées complètes. Et plus, pour savourer les nombreux trésors des alentours de Cork.
- **Avec les enfants** – Lifetime Lab pour s'initier au développement durable et à la production d'énergie, Blackrock Castle Observatory pour tout connaître de l'Univers, et pour finir les animaux au Doneraile Wild Life Park.
- **Pour poursuivre le voyage** – Voir aussi Kinsale, Cobh, Youghal, Skibbereen.

Comprendre

« Un marécage » – Le nom de Cork vient d'un mot irlandais signifiant « lieu marécageux ». Lancé avec la fondation en 650 par saint Finbar d'une église au bord de la Lee, son développement est interrompu en 860 par les raids vikings, puis en 1172 par l'invasion anglo-normande, qui met fin à l'occupation danoise.

« Cork la rebelle » – À cause de sa puissance commerciale, Cork fait preuve très tôt d'un esprit d'indépendance, qu'elle manifeste encore. En 1492, **Perkin Warbeck**, prétendant au trône d'Angleterre, y trouve le soutien du maire et de quelques notables. Ils le suivent en Angleterre, où il se proclame roi sous le nom de Richard IV, avant d'être pendu avec ses partisans au gibet de Tyburn, à Londres. Vers 1640, la ville prend le parti du roi contre Cromwell, qui entre en 1649 dans Cork et y cause de nombreux dommages. L'humiliation est totale en 1690 quand les remparts et les fortifications de Cork sont démantelés par l'armée de Guillaume III, après cinq jours de siège.

Au début du 18e s., Cork accueille de nombreux huguenots français fuyant les persécutions ; leur présence est rappelée dans le nom French Church Street (rue de l'Église-Française). Au 19e s., Cork renoue avec sa réputation d'insubordination et devient un foyer d'agitation feniane. L'année 1841 voit la fondation du quotidien local, le *Cork Examiner*.

La guerre d'Indépendance, et la guerre civile qui suit, font rage dans Cork et dans ses environs. En 1920, les *Black and Tans* britanniques incendient une bonne partie du centre, qui sera reconstruit dans un style moderne assez quelconque. Le malaise politique est attisé par la mort de deux lords-maires : Terence McSwiney, décédé au terme d'une grève de la faim dans la prison de Brixton, et Tomás McCurtain, assassiné dans son lit par les forces britanniques en présence de sa femme et de ses enfants.

Centre de commerce et d'industrie – Le commerce prend son essor au 12e s. avec l'exportation des cuirs et de la laine, et l'importation du vin de Bordeaux. Au 18e s., Cork étend son activité, notamment en exportant du beurre, en Angleterre, en Europe et en Amérique ; c'est le premier centre de production de beurre au monde. Aujourd'hui encore, le beurre qui emplit les rayons des supermarchés britanniques est produit ici, avec le lait des comtés Kerry et Cork. En 1852, s'inspirant de l'exposition de Londres de l'année précédente, Cork organise la première exposition industrielle en Irlande.

O. Forir / MICHELIN

Rock of Cashel.

P. Thebault / MICHELIN

Le port et la cathédrale de Cobh.

The Irish Image Collectin/ Corbis

Balise dite « La femme de Lot », cap de Baltimore.

La première usine d'automobiles implantée par Ford ailleurs qu'en Amérique est installée en 1917 à la Marina de Cork; le fondateur de la firme **Henry Ford** est né à Ballinascarty, au nord de Clonakilty. L'usine fermera ses portes en 1980, en même temps que la manufacture de pneumatiques Dunlop, établie vers 1930. Les chantiers navals cessent leurs activités à peu près à la même époque. Aujourd'hui, Cork se spécialise dans l'informatique ou l'activité pharmaceutique et sait attirer les multinationales du secteur. Les années 1995-2007 ont apporté ici une prospérité qui se traduit par des constructions, dans tous les quartiers, d'immeubles de bureaux, de logements de prestige et de vastes centres commerciaux en périphérie.

Quelques artistes et autres célébrités de Cork

Parmi les artistes originaires de Cork qui ont connu la gloire : le sculpteur **John Hogan** (1800-1858) a laissé ses œuvres dans toute l'Irlande, tout comme le peintre néoclassique **James Barry** (1741-1806) ou **Seamus Murphy** (1907-1975), autre sculpteur dont l'importante donation enrichit la Crawford Gallery. L'auteur **Frank O'Connor,** disparu en 1966, est connu pour ses nouvelles; et le père jésuite **Frank Browne** a immortalisé par la photographie la vie en Irlande au début du 20e s., laissant en particulier des clichés évoquant les premiers moments du voyage inaugural du *Titanic.* **Rory Gallagher** (1948-1995), guitariste et chanteur, a marqué l'histoire du blues-rock; aujourd'hui, la nouvelle bibliothèque municipale porte son nom. Les comédiens **Fiona Shaw**, familière des grandes scènes mais plus connue depuis son rôle de Petunia dans le film Harry Potter, **Gillian Murphy**, qui s'est illustré dans *Le vent se lève*, de Ken Loach; le romancier à succès **Joseph O'Neil** qui vit aux Pays-Bas, sont tous des enfants chéris de leur ville natale. Qui n'oublie pas de célébrer ses sportifs comme le joueur de hurling **Christy Ring** (1920-1979), dont un pont à son nom enjambe la rivière Lee. Aucun, cependant, n'atteint le renom de **Michael Collins** (1890-1922), héros du Sinn Fein et de l'Indépendance *(voir p. 67)*, né près de Cork, qui y mourut et y eut droit à des funérailles grandioses, avant d'être enterré à Dublin.

Se promener

ENTRE LES BRAS DE LA LEE (CENTRE-VILLE)

Cork Vision Centre B1

North Main Street. Tlj sf dim. et lun. 10h-17h. Contribution. ✆ 021 427 9925. www.corkvisioncentre.com

Dans l'ancienne église St-Pierre (18e s.), ce centre urbain d'information présente des expositions sur le passé, le présent et l'avenir de Cork, disposées autour d'une grande maquette (1/500) de la ville.

Grand Parade★ B2

Le quartier des affaires et de la bibliothèque municipale conserve quelques élégants édifices de la fin du 18e s., aux façades convexes recouvertes d'ardoise. Jusqu'en 1800, l'avenue était un canal ouvert bordé de maisons de marchands. On voit encore les escaliers qui descendaient jusqu'aux bateaux. Cette avenue centrale a été joliment aménagée et rendue aux piétons avec des bancs; c'est un des centres de rassemblement de la ville. Où l'on se retrouve avant d'aller flâner dans les galeries d'art ou les petits bars des minuscules rues qui bordent St Patrick's Street.

De Grand Parade, prendre à droite St Patrick's Street.

St Patrick's Street★ BC2

La grande rue commerçante de la ville offre tout un choix de grands magasins et de boutiques spécialisées, auxquels s'ajoute un vaste centre commercial récent sur Merchants' Quay.

English Market B2

Donnant à la fois sur St Patrick's Street et sur Grand Parade, ce marché couvert très animé a été fondé en 1610. Jusqu'au début du 19e s., son allée principale était un canal, et la marchandise y était apportée par bateau. On trouve ici les spécialités locales, comme le boudin *(drisheen)* et les pieds de porc (*crúibíní* – *crubeens* en anglais). C'est un bon endroit pour se familiariser avec l'accent de Cork, en écoutant les marchands faire l'article et échanger des plaisanteries.

Bon à savoir – Déjeuner au *Farm Gate Café* qui surplombe la place centrale du marché *(voir « Se restaurer » dans Cork pratique)* est un plaisir dont raffolent les habitants et les salariés des bureaux du quartier.

Cork Opera House BC1

Emmet Place, au coin du Coal Quay. Lun.-sam. 9h-17h30.

Récemment construit, l'opéra de Cork est le seul édifice d'Irlande conçu spécialement pour l'opéra. Ce cube de verre et de béton occupe une nouvelle position centrale, en face du pont Christy Ring, qui dessert la rive nord escarpée de Cork, et au cœur d'un quartier rénové et vivant. Avec le bon vieux Everyman's Palace Theatre *(sur MacCurtain Street)* et le tout nouveau Cork Arts Theatre de Knapps Quay, à la programmation audacieuse, l'opéra, avec ses deux salles, complète l'offre culturelle infiniment dynamique de Cork. La cafétéria est agréable, avec sa vue sur la Lee.

Crawford Art Gallery★ BC1

Sur Emmet Place, à côté du nouvel Opéra. Tlj sf dim. 10h-16h45. Visite guidée sur demande. 021 490 7855. www.crawfordgallery.com

Portant le nom de son bienfaiteur et fondateur W. H. Crawford, la galerie occupe l'ancienne **maison des douanes** de 1724, agrandie depuis. Elle rassemble une collection représentative d'œuvres d'artistes irlandais des 19e et 20e s. comme William Connor, John Keating, sir William Orpen et Seán O'Sullivan, et d'artistes de Cork renommés au 19e s., comme John Hogan et Daniel Maclise. On découvre aussi une armure de

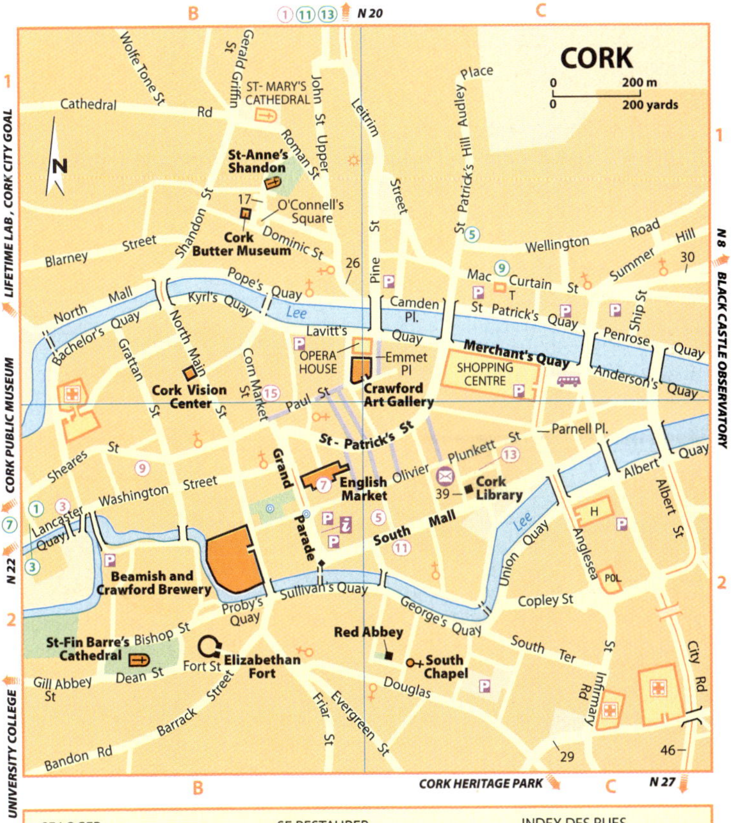

SE LOGER		SE RESTAURER		INDEX DES RUES	
Aaran Isle Inn	1	Blair's Inn	1	Eason Hill	17
Achill House	3	Cafe Paradiso	3	John Redmond St	26
Acorn House	5	Clancy's	5	Langford Row	29
Garnish House	7	Farm Gate Café	7	Lower Glanmire Rd	30
Hotel Isaacs	9	Fenn's Quay	9	North Mall	35
Killarney House	11	Jacobs on the Mall	11	Pembroke St	39
Maranatha Country House	13	Jacques	13	South Link	46
		The Cornstore	15		

samouraï japonais de la fin du 19e s. et une collection de sculptures classiques en plâtre provenant du Vatican. Des expositions itinérantes d'**art contemporain irlandais** et européen s'y déroulent fréquemment.

Dans cette galerie magnifique, libre d'accès, vous trouverez aussi un café restaurant très agréable, ouvert sur le jardin. Ce lieu accueillant constitue un point de rendez-vous populaire. À deux pas de la gare routière et des centres commerciaux, c'est une halte culturelle très fréquentée.

Beamish and Crawford Brewery B2

South Main Street.

Cette brasserie, une des deux de la ville, présente une attrayante façade à colombages de style gothique tardif.

South Mall★ C2

Intégrée aujourd'hui à l'hôtel Imperial, à l'est de la rue, la chambre de commerce avait été édifiée en 1813 pour les négociants qui dirigeaient la Bourse du beurre. Juste en face, à l'angle de Pembroke Street, une entrée porte l'inscription *Cork Library*. C'est ici que se trouvait la première bibliothèque municipale fondée sur souscription privée.

À l'extrémité est de South Mall, suivre à droite le quai Morrison, traverser le pont Trinity Bridge, prendre à droite le quai George et tourner à gauche dans Dunbar Street.

AU SUD DE LA LEE

South Chapel C2

Au-dessous du maître-autel de la chapelle (1766) le *Christ défunt* est une sculpture de John Hogan (1800-1858), qui a passé son enfance à proximité, dans Cove Street.

Tourner à droite, puis encore à droite dans Mary Street.

Red Abbey C2

Le plus ancien édifice de Cork, une tour carrée, est le dernier vestige d'un monastère de l'ordre St-Augustin, fondé en 1300 en dehors des murs. Au cours du siège de 1690, un canon avait été installé à son sommet pour abattre la muraille est de la ville.

À l'extrémité sud de la rue, prendre à droite Douglas Street ; à l'embranchement en T, emprunter à gauche Barrack Street, puis à droite Fort Street.

Elizabethan Fort★ B2

Bâti vers 1590 pour « intimider les citoyens de Cork », le fort élizabéthain a été reconstruit en 1624, converti en prison en 1835. Il a été incendié en 1922 par les opposants au traité de partition de 1921, avant qu'ils ne quittent la ville. Ses vastes chemins de ronde en font un des meilleurs points de vue sur la ville.

Poursuivre vers l'ouest le long de Fort Street.

St Fin Barre's Cathedral★★ B2

♿ *Lun.-sam. Été : 9h30-17h30 ; dim. 12h30-17h ; hiver : 10h-12h45 ; dim. 14-17h. 3 €. Possibilité de visite guidée. ✆ 021 496 3387. www.cathedral.cork.anglican.org*

Les plans de la cathédrale anglicane ont été dessinés par **William Burges**. En 1865, il élève sur le site d'une église médiévale, remplacée une première fois en 1765, un exubérant édifice de pierre calcaire dans le style gothique français, avec trois flèches. Celle du milieu s'élève à 73 m. L'abside est éclairée par 18 baies ornées de vitraux. Dans le dallage, une plaque de cuivre marque la sépulture d'Elizabeth Aldworth. Après avoir assisté, cachée dans une caisse d'horloge, à une réunion maçonnique, cette femme aurait été faite membre de la loge pour s'assurer de son silence. Au sud de l'autel est pendu un **boulet de canon** qui aurait été tiré pendant le siège de 1690 sur la tour de l'ancienne église (1735).

LA COLLINE AU NORD DE LA LEE

Shandon Bells★★ (Carillon de Shandon) B1

Église anglicane Ste Anne. Été : tlj sf dim. 9h30-17h30 ; hiver : 10h-15h. Fermé j. fériés. 5 €. ✆ 021 450 5906. www.shandonbells.org

L'église se dresse sur la pente au nord de la Lee. Son clocher renferme la plus célèbre attraction de Cork, un carillon de huit cloches installé en 1752. Le visiteur peut jouer, en actionnant des leviers, « l'hymne » local *On the Banks of My Own Lovely Lee* (Sur les rives de ma bien-aimée Lee).

Avec deux faces en pierre calcaire, et deux autres en grès, la tour est formée de quatre blocs superposés, qui diminuent en taille en s'élevant. Elle porte les plus grands cadrans d'horloge de Cork.

L'église de 1722, à plafond en bois, a remplacé un édifice plus ancien détruit lors du siège de 1690. La vue est superbe du haut de la tour (133 marches).

Cork Butter Museum B1

Juil.-août : 10h-18h (mars-oct. 17h). 3,50 €. ☏ 021 430 0600.

Du 18e s. au début du 20e s., Cork prospère grâce à l'exportation du beurre. La ville possède le plus grand **marché au beurre** du monde et un système unique de contrôle de la qualité. Ce petit musée replace clairement ce commerce dans le contexte de l'élevage irlandais, des habitudes alimentaires et des communications. Les présentations montrent le « beurre de tourbière » traditionnel et du matériel, ancien et moderne, utilisé dans la fabrication du beurre.

Cork City Gaol

Convent Avenue. ♿ Mars-oct. : 10h-17h ; nov.-fév. : 10h-16h (dernière entrée 1h av. fermeture). 7,50 € (famille 20 €). ☏ 021 4305 022. www.corkcitygaol.com

La prison de Cork à l'allure de forteresse, bâtie en 1825 suivant les plans de Thomas Deane, est désaffectée depuis 1923. À partir de 1878, sauf pendant la guerre civile, elle n'a accueilli que des femmes. Aujourd'hui, le musée rappelle le quotidien des prisonnières : porridge à chaque repas, corvées, fabrication de l'étoupe, isolement ; les crimes pour lesquels elles avaient été condamnées ; le rôle de l'école, qui a fonctionné entre 1856 et 1879 ; celui de l'hôpital. Des graffitis laissés au 20e s. sont rassemblés. Une présentation audiovisuelle dépeint de façon saisissante la vie à Cork au 19e s.

Le **Radio Museum** projette un film sur Marconi, qui a effectué en Irlande certaines de ses premières transmissions radio. On voit des morceaux de câble transatlantique et des souvenirs des débuts de la radio de Cork, qui a émis pour la première fois en 1927, à partir de la prison.

LE QUARTIER OUEST

Cork Public Museum★

Tlj sf w.-end 11h-13h, 14h15-18h (oct.-mai 17h), dim. 15h-17h. Fermé j. fériés. entrée libre. ☏ 021 427 0679.

Agréablement présentées dans une maison de Fitzgerald Park, les expositions évoquent la vie dans la région depuis l'époque préhistorique. Le hall d'entrée est orné des armes de la ville, sauvées de l'incendie de l'ancien hôtel de ville en 1920. Dans la collection de masses d'armes et d'emblèmes des corporations figure la **flèche d'argent** (1500). Par tradition, les maires de Cork la lançaient dans la mer pour marquer les limites de leur juridiction. Une maquette de la ville fortifiée, telle qu'elle était en 1185, donne une idée de son étendue. L'artisanat est représenté, avec la dentelle à l'aiguille de Youghal et l'argenterie de Cork (18e s.). Le rôle joué par Cork dans la lutte pour l'Indépendance est bien illustré. On voit notamment des objets rares d'**argenterie républicaine**, créés au début de 1922, quand, à cause des combats qui se déroulaient à Cork, il était impossible d'envoyer le métal à Dublin pour en contrôler la pureté.

Bon à savoir – Le parc voisin met en valeur les œuvres de cinq sculpteurs irlandais contemporains.

University College

Lun.-vend. 9h-20h ; sam. et dim. 10h-17h. Visite guidée en été, dép. du portail principal, Western Road. ☏ 021 490 1876. www.ucc.ie

Fondé par une charte en 1845 avec ceux de Galway et Belfast, le collège universitaire de Cork (UCC) fait aujourd'hui partie de l'université d'Irlande. Les bâtiments d'origine sont dus à Benjamin Woodward (1816-1861). La visite à pied au départ des portes principales permet d'admirer le bâtiment de la cour centrale *(Main Quadrangle)* et son remarquable corridor de pierre, la bibliothèque Boole, la chapelle Honan, connue pour ses **vitraux★** dus à Harry Clarke, l'observatoire Crawford, ainsi que la prison et le cimetière des Républicains. Le campus occupe un vaste site boisé superbe, propice aux longues promenades.

Lifetime Lab★

♿ Lee Road. À 700 m du centre. Avr.-sept. : lun.-vend. : 9h30-17h, sam. et dim. : 10h-16h ; oct.-mars : tlj sf w.-end : 9h30-17h. 3 € (enf. 2 €, famille 7 €). ☏ 021 494 1500. www.lifetimelab.ie

Sur la berge de la rivière Lee, au niveau d'une échelle à saumon qui marque aussi la limite entre l'eau douce et l'eau de mer remontée avec les marées, un nouveau musée est consacré à la **production d'énergie** et au **développement durable**. Ce « Laboratoire pour toute la vie » occupe les bâtiments restaurés d'un des sites les plus connus de Cork, la station de pompage victorienne, qui a fourni l'eau potable à la ville pendant cent ans. On découvre l'histoire technique et sociale de cette centrale, bâtie en 1850, déjà trop petite en 1863. Agrandie jusqu'en 1904, elle a fonctionné jusqu'en 1938. Les trois immenses turbines à vapeur de 1888, reconditionnées pour la production d'électricité et équipées de moteurs à triple expansion, ont été utilisées jusqu'en 1992. La nouvelle station se trouve à deux pas.

La deuxième partie du musée, exemplaire, est centrée sur les **différentes énergies** et la **sauvegarde de l'environnement**. Interactive, ludique, astucieuse, très pédagogique, elle est conçue à différents niveaux, pour toutes les générations. Elle souligne les énergies alternatives, et fait très bien passer les gestes simples qui comptent pour l'avenir de la planète. Invités à de multiples jeux et manipulations sur les économies d'énergie ou le recyclage des déchets, les enfants, même tout petits, sont ravis.

Ce formidable laboratoire pour la vie met en action ce qu'il prêche et le fait savoir, signalant ses panneaux solaires et son éolienne. Autosuffisant, il revend même des kWh à la ville ; et les nombreuses classes qui viennent ici utilisent, par exemple, des toilettes sèches.

Aux alentours

Blackrock Castle Observatory★

À 6 km à l'est, par la N 8. Castle Road. Blackrock. ♿ Lun.-vend. : 10h-17h ; sam. et dim. : 11h-17h. 6 € (famille 2 + 2 16 €).

À l'embouchure de la Lee, érigé sur un site stratégique pour la protection de la ville, le château fortifié du 16e s. et reconstruit en 1827, fut un temps la résidence du Lord Mayor de Cork. Racheté par la ville en 2002, il servit de salle des fêtes où nombre d'habitants se sont mariés.

Grâce à un partenariat scientifique avec le Cork Institute of Technology, qui y a installé son observatoire, Blackrock abrite désormais un musée interactif consacré à l'**Univers** au sens large et pour tous les âges. Tout savoir sur le big bang ou sur la théorie de l'évolution, réfléchir à la dérive des continents, découvrir ce qu'est un microbe ou envoyer, vraiment, un message vers une station orbitale : ce centre a conçu des moyens sophistiqués pour passionner néophytes et spécialistes. Un film-jeu interactif invite même à participer à une mission destinée à détourner le cours d'une comète.

Blarney Castle★★

8 km au nord-ouest par la N 20 et vers l'ouest par une petite route. ♿ 9h-18h30 (juil.-août 19h ; oct.-avr. 18h ou coucher du soleil), dim. 9h30-17h30 ou coucher du soleil. Fermé 24-25 déc. 10 € (famille 23,50 €). ☎ 021 438 5252. www.blarneycastle.ie

L'élément central du **château** est son énorme donjon, un bel exemple de maison forte. Il y a aussi des salles et des cachots, mais la seule raison pour laquelle tant de visiteurs se rendent au château est la **pierre de Blarney**. On prétend que l'éloquence est accordée à ceux qui l'embrassent. Mais c'est plus difficile à réaliser qu'il n'y paraît : on ne peut atteindre la célèbre pierre, scellée sous le parapet au sommet du château, qu'en se suspendant la tête en bas, les jambes maintenues par un guide… La pierre aurait été rapportée en Irlande à l'époque des croisades.

Au 16e s., la reine Elizabeth Ire ordonne au comte de Leicester de prendre le château au chef du clan McCarthy. Le comte échoue dans sa mission ; mais il a fait parvenir à la reine tant de rapports optimistes que celle-ci, très irritée, qualifiera désormais de *« all Blarney »* tout récit qui lui paraît douteux : *blarney* est devenu synonyme de boniment en anglais.

Blarney Castle House★ – Le château moderne *(privé)*, avec ses échauguettes à toit conique, a été construit vers 1870 dans le style médiéval écossais. Le jardin à la française et les allées entourant le château offrent de belles perspectives sur le lac de Blarney. Le long de la rivière Blarney se trouve un vallon aménagé de manière romantique appelé **Rock Close**, l'enceinte du Rocher.

Dans ces jardins du 19e s. figure un escalier sur lequel on peut faire un vœu, à condition de monter et descendre les marches les yeux fermés. Deux dolmens ont survécu sur le site, avec, dans la clairière des Fées *(Fairy Glade)*, une pierre de sacrifice, sans doute d'origine druidique.

Blarney Woollen Mills, filature de laine du 19e s. restaurée, succède aux treize ateliers qui formaient une entreprise industrielle autour du château au 18e s. Les visiteurs peuvent acheter des lainages dans l'immense magasin du rez-de-chaussée, aussi apprécié que la pierre de Blarney. *♿ 9h30-18h. Fermé 1er janv. 25-26 déc. ☎ 021 438 5280. www.blarney.com*

Dunkathel House★

5 km à l'est par la N 8. Après le rond-point Dunkettle/Glanmire, prendre une route à gauche (panneau). De déb. mai à mi-oct. : tlj sf lun. et mar. 14h-18h. ✆ 021 482 1014.

Toujours habitée, cette résidence georgienne édifiée vers 1790 se dresse sur une hauteur offrant une superbe vue sur l'estuaire de la rivière Lee. L'intérieur est particulièrement séduisant ; il rassemble des meubles remarquables, dont un rare orgue de Barbarie de 1880, que le visiteur peut faire jouer. Après le hall d'entrée aux murs et plafond décorés à la main s'ouvre un escalier à deux volées de marches ; les *Trois Grâces* ornent le palier. À l'étage, les murs d'une des pièces sont couverts de belles aquarelles peintes par Beatrice Gubbins (1878-1944) ; certaines sont d'inspiration locale, d'autres, puisées dans les souvenirs de ses voyages dans le bassin méditerranéen et aux Antilles.

Riverstown House

8 km à l'est par la N 8. Au rond-point de Dunkettle, tourner à gauche pour prendre la R 639 en direction de Glanmire ; continuer sur 4 km ; à l'intersection à Riverstown, tourner à droite (panneau). Mai-sept. : merc.-sam. 14h-18h ou sur demande. 4 €. Possibilité de visite guidée. ✆ 021 482 1205.

En 1745, l'évêque de Cork, le Dr Jemmett Browne, dépense sans compter pour reconstruire cette demeure de 1602. Il emploie les **frères Lafranchini** pour la décorer de beaux exemples de **stucs** somptueux.

Crosshaven

24 km au sud-est par les N 28, R 611 et R 612.

Là où l'estuaire de la rivière Owenabue s'ouvre sur la rade de Cork, cette petite station populaire, paradis des plaisanciers, accueille depuis 1969 le yacht-club de Cork. Les constructeurs de bateaux prospèrent ; le *Brendan* *(voir p. 364)* et le *Gypsy Moth V*, sur lequel sir Francis Chichester a fait le tour du monde en 1971, ont été construits ici. Bel exemple de batterie côtière, **Fort Meagher** garde l'arrivée par la mer. **Crosshaven House** (milieu du 18e s.) domine le front de mer.

Mallow

34 km au nord, par la N 20.

Agréablement située sur la Blackwater, parfois appelée le « Rhin irlandais », Mallow est une ville animée qui conserve les vestiges ténus de sa gloire passée, lorsqu'elle était, jusqu'au début du 19e s. la première ville d'eaux d'Irlande, fréquentée par les « libertins de Mallow ». La ville connut aussi une forte activité politique nationaliste. **Thomas Davis**, chef incontesté du mouvement Jeune Irlande, patriote protestant y est né et y a passé toute son enfance *(73 Main Street)*. Tout comme un autre nationaliste connu, le député **William O'Brien** (1852-1928).

D'autres noms plus littéraires sont associés à Mallow : **Anthony Trollope** y a vécu quelques années *(Davis Street)*. Le **chanoine Patrick Sheehan**, un des auteurs irlandais les plus prolifiques de son temps y est né en 1852 *(29 O'Brien Street)*. **Elizabeth Bowen** *(voir encadré)* a souvent séjourné à Mallow. On découvrira La **Clock House**, maison à l'horloge, à l'aspect suisse incongru, élevée vers 1855 par un architecte amateur enthousiasmé par un séjour dans les Alpes. L'**établissement thermal**, comprend une salle de pompage, des bains et un salon de lecture et fut construit en 1828 par Charles Jephson dans le style Tudor. *(tlj sf w.-end 9h-13h, 14h-16h30. ✆ 022 43610)*.
St James's Church★, l'église anglicane, est un bel exemple d'architecture néogothique.

Elizabeth Bowen (1899-1973)

Durant les sept premières années de sa vie, l'écrivain Elizabeth Bowen a passé l'hiver à Dublin, sa ville natale, et l'été à Bowen's Court, la résidence familiale (aujourd'hui démolie) près de Kildorrery. Elle vécut ensuite en Angleterre mais, jusqu'en 1959, elle a reçu de nombreux invités à Bowen's Court. Le coût d'entretien de cette grande demeure construite vers 1775 l'a obligée à la vendre. Elle repose à côté de son époux dans le cimetière de l'église de Farahy, à l'entrée de Bowen's Court, à la limite ouest de **Kildorrery** *(19 km au nord-est de Mallow)*. Elle raconte ses premières années d'enfance dans *Sept Hivers* (1942) et l'histoire de sa famille dans *Bowen's Court* (1942). Dans *Le Dernier Septembre* (1929), elle décrit son expérience de la vie dans une maison de campagne en Irlande. *La Mort du cœur* (1947) et *La Chaleur du jour* (1949) sont ses œuvres les plus connues.

Elle a été construite en 1824 par les frères Pain, d'origine anglaise, installés à Cork *(sur demande au recteur : ✆ 022 21473)*. Le très grand parc du domaine du **château de Mallow** *(fermé au public)*, avec son enclos de daims, s'étend jusqu'à la Blackwater, coupée par un barrage impressionnant.

L'**église de la Résurrection** (1966-1969) a été dessinée par J. R. Boyd Barratt, en forme d'éventail convergeant vers le maître-autel. Les Stations de la Croix sculptées en chêne du Tyrol et les vitraux de couleurs vives sont l'œuvre des ateliers Murphy Davitt de Dublin.

Le steeple-chase

Le premier steeple-chase a lieu en Irlande en 1752. Au pied du clocher *(steeple)* de l'église anglicane de Buttevant, des cavaliers se lancent le défi : lequel d'entre eux atteindra le premier l'église St-Léger près de Doneraile, à 7 km ?

Buttevant Friary★

45 km au nord par la N 20.

Les ruines d'un monastère franciscain fondé en 1251 se reflètent dans les eaux de l'Awbeg à proximité de l'église catholique Ste-Marie. Il a servi jusqu'à une époque récente de lieu de sépulture ; il comprend deux cryptes situées l'une au-dessus de l'autre. Les murs du chœur sont en grande partie intacts.

Doneraile Wildlife Park★

44 km au nord-est par la N 20 et la R 581. ♿ De mi-avr. à fin oct. : 8h-20h, sam. dim. et j. fériés 9h-20h ; de déb. nov. à mi-avr. : 8h-16h30, w.-end et j. fériés 9h-17h. ✆ 08725 15965. www.heritageirland.ie

Le parc animalier s'étend sur 160 ha, entourés de murs pour protéger les magnifiques troupeaux de cervidés – cerfs tachetés, daims et sikas du Japon – qui font sa réputation. Des lacs ornementaux miroitent au milieu des massifs d'arbres du domaine vallonné. Bâti vers 1700, le manoir de Doneraile Court a été remanié au début du 19e s. Les pelouses sont ombragées de vieux mélèzes magnifiques. Une arche voûtée en pierre et des escaliers en spirale sont les derniers vestiges du château de **Kilcolman**, jadis résidence du poète anglais Edmund Spenser *(voir encadré ci-dessous)*.

Annes Grove Gardens★

52 km au nord-est par la N 20, puis la N 72 vers l'est à Mallow ; à Castletownroche, prendre à gauche une route secondaire. De mi-mars à fin sept. : visite guidée 10h-17h, dim. 13h-18h ou sur demande. 6 €. ✆ 022 26145. www.annesgrovegardens.com

De superbes massifs de rhododendrons, magnolias, arbres et arbustes rares ornent le parc boisé qui entoure la maison du 18e s. Les pelouses donnent directement sur le bord de la rivière Awbeg. Des allées sinueuses mènent à un jardin en sommet de falaise, dominant un étang de nénuphars et le grand parc en bord de rivière. Le jardin clos, compartimenté de haies du 19e s., contient des bordures fleuries et un jardin aquatique.

Longueville House

39 km au nord par la N 20, puis la N 72 à Mallow vers l'ouest et la R 576. Tourner à droite au panneau indicateur.

Edmund Spenser

En 1586, dans le cadre de la redistribution des biens confisqués aux Desmond après leur rébellion, les terres (1 200 ha) et le **château de Kilcolman** sont octroyés par bail perpétuel à **Edmund Spenser**. Spenser occupait une fonction à la chancellerie de Dublin ; il en démissionne en 1588. C'est sans doute à cette époque qu'il s'établit dans cette maison forte à trois étages près de Doneraile. Il y vivra jusqu'en 1598, excepté pour ses séjours en Angleterre. **Walter Raleigh** lui rend visite l'été 1589. C'est pendant les années à Kilcolman que Spenser poursuit son œuvre poétique – les derniers livres de *La Reine des fées*, les *Amoretti* (sonnets en hommage à sa seconde épouse Elizabeth Boyle) et *l'Épithalame*, souvenir de leur mariage en 1594 – et rédige son *Opinion sur l'état de l'Irlande* (1596). Son œuvre reflète autant son peu de sympathie pour les Irlandais que sa sensibilité à la beauté du paysage. Durant le soulèvement de 1598, le château est assailli et incendié par les insurgés ; certains des manuscrits de Spenser, parmi lesquels un septième livre de *La Reine des fées*, dont on ne connaît que quelques passages, ont sans doute disparu dans l'incendie. Le poète et sa famille s'enfuient en Angleterre.

Cette magnifique demeure construite en 1720 est aujourd'hui un hôtel ouvert à la visite, même pour les non-résidents : on y admire un imposant double escalier, qui relie les différents étages du bâtiment. L'intérieur est orné par une galerie de portraits d'hommes politiques, avec tous les grands hommes qui ont influencé le cours de l'histoire irlandaise du 18e au 20e s.
Un **labyrinthe végétal** vieux de 150 ans permet de se perdre dans la grande cour. Le domaine de 200 ha possède le seul **vignoble** d'Irlande (1,2 ha), dont le raisin produit, les bonnes années, un vin de type riesling.

Kanturk (Ceann Toirc)★

55 km au nord par la N 20, puis à l'ouest par la N 72 à Mallow et la R 576.
Cette petite bourgade possède trois **ponts** intéressants : celui en dos d'âne, à six arches (1760), qui enjambe la Dalua ; celui, tout proche, à six arches également, qui franchit la rivière Allua (1745) ; enfin, à l'extrémité ouest de la ville, le pont métallique à quatre arches jeté sur la Dalua par Edward Tierney en 1848, tout près de l'église de style gothique français de l'Immaculée-Conception. Les ruines du **château**★ *(au sud par la R 579)* sont encore imposantes. La légende veut que, vers 1609, un chef local, Macdonagh MacCarthy, désireux de construire la plus grande demeure ayant jamais appartenu à un chef irlandais, se voit interdire la poursuite des travaux par le Conseil privé anglais sous prétexte que « l'édifice est bien trop important pour un sujet de Sa Majesté ». Apprenant la nouvelle, MacCarthy, pris d'un accès de fureur, aurait fracassé les tuiles vernissées bleues destinées au toit.

Circuit de découverte

LEE VALLEY

Itinéraire de 40 km. Prendre la N 22 vers l'ouest au départ de Cork.

Ballincollig Gunpowder Mills

À 5 km vers l'ouest par la N 22, puis une petite route vers la droite.
Sur la rive sud de la Lee, ce vaste complexe est, en Europe, le plus grand exemple restant d'une manufacture de poudre. On peut se promener dans la forêt et les abords mais le site est désormais fermé au public. Beaucoup d'habitants de Cork aiment dire en plaisantant de cette décision récente que les autorités se méfiaient sans doute encore trop d'eux.
Poursuivre vers l'ouest par la N 22 jusqu'à Farran puis tourner vers la droite.

Farran Forest Park

En amont de Cork, la vallée de la Lee a été noyée en partie pour fournir de l'énergie hydroélectrique, mais le paysage du parc forestier environnant reste attrayant.
Continuer vers l'ouest par la N 22 ; 1,5 km avant Macroom, prendre la R 584 à gauche en direction de Bantry ; après 3 km, se garer sur le bas-côté (gauche). Il est dangereux de s'écarter de la piste qui part de la route sans s'être renseigné auprès des autorités locales ; le niveau de l'eau monte rapidement et de nombreux endroits sont très marécageux.

The Gearagh

D'une grande rareté, la forêt alluviale postglaciaire de chênes appelée Gearagh a aussi été inondée, mais elle est désormais asséchée et classée en **réserve naturelle nationale**. Autrefois, les nombreux bras de la rivière, les roselières pleines de pièges, les bancs de vase et la multitude d'îles offraient ici un refuge aux hors-la-loi, notamment les distillateurs de *potheen*, l'eau-de-vie d'orge fabriquée en fraude. Aujourd'hui, en dépit de son apparence désolée, avec ses souches noires émergeant de l'eau, elle abrite une extraordinaire variété de flore et de faune.
Bon à savoir – La meilleure période pour observer les oiseaux est octobre, quand arrive la foule des migrateurs : cygnes sauvages et oies cendrées, nombreuses espèces de canards, courlis, vanneaux et pluviers dorés.

Cork pratique

Adresses utiles

Grand Parade - ✆ 021 425 5100 - www.corkkerry.ie - www.corktourist.com - juil.-août : tlj ; sept.-juin : tlj sf dim.

Aéroport de Cork – *Hall des arrivées - Blarney - ✆ 021 438 1624.*

Transports

Cork International Airport – *8 km au sud de la ville, sur la route de Kinsale - ✆ 021 431 3131 - www.corkairport.com.* Desservi par un service de navette *(Air Coach - 30mn de trajet, -3,80 €).*

En train – *Larnród Éireann - Travel Centre - 65 Patrick Street - ✆ 021 504 888 - www.club.ie/RailNet/*

Parnell Central Bus Station – *Éireann Travel Centre - Parnell Place - ✆ 021 450 8188 - www.infopoint.ie/buse/*

Car Ferry – Liaison Cork-Cobh *(voir « Cobh pratique »).*

Taxis – Station centrale sur Main Street.

Stationnement – Parkings à étage et emplacement avec disque en ville ; on peut se procurer les disques à l'office de tourisme et dans d'autres points de vente.

Visites

Visite de Cork en bus – *✆ 01 676 5377 - www.guidefriday.com - mai-sept. : 10h20- 16h57 - 11 €.* Tickets en vente dans le bus ou à l'office de tourisme.

Excursions à la journée – *Easy Tours Cork - ✆ 021 436 2484 - www.easytourscork.com - dép. de votre adresse à Cork - 25 € (6h), 30 € (8h).*

Promenades littéraires – *✆ 021 488 5405 ou 429 1649.* Sur les traces de O'Connor, Joyce, O'Faoláin, Lynch et Bowen.

Cork Lough – Ce grand lac entouré de hautes herbes offre un refuge à une foule d'oiseaux : canards mandarins, colverts, poules d'eau, nombreux cygnes. Dans le hall de la gare, les amoureux du rail seront heureux de voir un magnifique modèle de **locomotive à vapeur** des débuts du chemin de fer irlandais, une 2-2-2 construite en 1848, et retirée en 1874 après 30 ans de service.

Se loger

⊖ **Aaran Isle Inn** – *14 Dyke Parade - ✆ 021 278 158 - 16 ch. 80/150 €* ☕. Bien situé à la limite ouest du centre-ville, ce grand bâtiment peint en jaune a été rénové avec goût.

⊖ **Acorn House** – *14 St Patrick's Hill - ✆ 021 450 2474 - fax 021 450 2474 - info@acornhouse-cork.com - fermé 22 déc.-16 janv. - 9 ch. 55/100 €* ☕. Au cœur de Cork, maison georgienne au charme ancien très accueillant. Les hauts plafonds apportent aux chambres une impression d'aisance supplémentaire ; touches modernes et équipements récents augmentent leur confort.

⊖⊖ **Achill House** – *Western Road - ✆ 021 427 9447 - fax 021 427 9447 - www.achillhouse.com - 6 ch. 95/140 €* ☕. Dans une rue envahie par les pensions de famille, celle-ci, à l'ambiance contemporaine, est bien nette, avec des sols en beau plancher et des tons pastel. Une sobriété rafraîchissante et un bon niveau d'équipement.

⊖⊖ **Garnish House** – *Western Road - ✆ 021 427 5111 - www.garnish.ie - 14 ch. 180 €.* Face au parc de l'université, cette pension réserve un accueil exceptionnel, et un petit-déjeuner royal. Les chambres avec jacuzzi et le porridge au Bailey's sont inoubliables.

⊖⊖ **Hotel Isaacs** – *48 MacCurtain Street - ✆ 021 500 011 - cork@isaacs.ie - 50 ch. 110/130 €* ☕. À côté de l'auberge de jeunesse Isaacs, au fond d'un passage couvert orné d'une fontaine, tout près du centre, de la gare et de la gare routière, voici un lieu de séjour agréable mais un peu cher. L'hôtel possède son propre petit restaurant, **Greenes**, à la cuisine moderne, il est tout à fait distinct du Isaacs.

À BLARNEY

⊖ **Killarney House** – *Station Road - 1,5 km au nord-est - ✆ 021 438 1841 - info@killarneyhouseblarney.com - 6 ch. 66/77 €.* Au-dessus d'un village très plaisant, cette maison moderne et spacieuse offre des chambres impeccables et vastes.

⊖⊖ **Maranatha Country House** – *700 m à l'est, par la R 617 - 19 fév.-31 oct. - ✆ 021 438 2978 - info@maranathacountryhouse.com - 6 ch. 70/120 €.* Au milieu d'hectares de terrain tranquille, cette maison victorienne charmante réserve des surprises agréables : beaux meubles anciens, une chambre tapissée de livres ou même une autre avec sa baignoire circulaire.

Se restaurer

⊖ **Farm Gate Café** – *English Market - ✆ 021 427 8134 - tlj sf dim. 8h30-17h - env. 15 €.* Adresse favorite des populations des bureaux du centre-ville à l'heure du déjeuner, ce petit restaurant niché dans le vieux marché et qui le surplombe sert de délicieux repas légers.

⊖ **Clancy's** – *À cheval entre Princes Street et Marlborough Street - ✆ 021 427 6097 - env. 15 €.* Très fréquenté et plein d'ambiance, ce pub typique sert de bons plats traditionnels et de bons en-cas.

⊖⊖ **The Cornstore** – *40 Cornmarket Street - ✆ 0214 274 777 - 25/45 €.* Ce bâtiment historique, qui fut longtemps grenier à blé, a été aménagé au goût du jour en préservant les murs de pierre apparente. Sous la belle hauteur de plafond, on sert une cuisine colorée, inventive, à base de produits frais, souvent de la mer.

⊖⊖ Isaacs, the restaurant – *48A MacCurtain Street - ✆ 021 450 3805 - isaacs@iol.ie - fermé dim. midi et 1 sem. à Noël - réserv. nécessaire - 25/45 €.* Beaucoup d'animation dans cet ancien entrepôt reconverti, aux murs bruts en brique, décoré d'œuvres d'art contemporain, où l'on propose une cuisine très inventive, aux saveurs métissées. Il est prudent de réserver car Isaacs est très couru.

⊖⊖ Cafe Paradiso – *16 Lancaster Quay - Western Road - ✆ 021 427 7939 - info@cafeparadiso.ie - fermé dim. et lun., 4 j. à Pâques, 2 sem. fin août, 1 sem. à Noël - réserv. nécessaire - 30/50 €.* Tables en pin naturel, couleurs vives et angelots pendus aux murs ajoutent leur note à l'ambiance très animée, aidée par un service efficace et agréable. La cuisine végétarienne de bon rapport qualité-prix a du succès.

⊖⊖ Jacques – *Phoenix Street - ✆ 021 427 7387 - fermé dim., sam. midi, lun. soir, j. fériés, 23 déc.-2 janv. - 36/47 €.* Dans une petite rue haute en couleur du centre, c'est l'un des plus anciens restaurants de la ville. Très fréquenté par les habitants, il conserve pourtant une ambiance intime. La cuisine contemporaine met à l'honneur les petits producteurs de la région.

⊖⊖ Jacobs on the Mall – *30A South Mall - ✆ 021 425 1530 - info@jacobsonthemall.com - fermé dim. et midi, j. fériés, 1er janv., Noël - réserv. nécessaire - 30/45 €.* Ces anciens bains turcs du 19e s. ont été reconvertis en l'un des restaurants les plus raffinés de Cork. Il est orné d'une grande collection d'art irlandais contemporain. Un service attentif, une cuisine actuelle à base des meilleurs produits régionaux, aux associations originales.

⊖⊖ Fenn's Quay – *Sheares Street - ✆ 021 427 9527 - fermé dim. - 20/41 €.* Dans une ancienne écurie reconvertie, cette salle lumineuse et décontractée sert des en-cas toute la journée, des repas légers pour le déjeuner et, le soir, des plats plus copieux, tous préparés à la commande, et à prix corrects.

À BLARNEY

⊖ Blair's Inn – *Cloghoe - 5,5 km de Blarney par la R 617 en direction de Tower, puis la R 579 - ✆ 0214 381 470 - 15 €.* Ce pub accueillant a pour grand atout le charme de son site tranquille au milieu des arbres, au bord de la rivière Owennageara. Dans la journée, il sert des plats de pub traditionnels, le soir une cuisine plus sophistiquée. Orchestre lun. soir.

En soirée

Culturlann na hEireann – *Belgrave Square - Monkstown - ✆ 01 280 0295 - 9h30-17h30. Concerts à 21h du lun. au jeu. ; danse les vend. et sam. Participation aux frais.* Ne manquez pas ce **centre culturel** doublé d'un pub et d'un dancing, particulièrement animé le vend. soir. Après une brève démonstration avec des partenaires pris dans le public, le maître de danse invite tout le monde à s'essayer aux pas traditionnels, au rythme de l'orchestre irlandais. Le troisième âge est bien représenté, mais ne vous y trompez pas, ils ont la jambe alerte !

Everyman's Palace Theatre – *MacCurtain Street - ✆ 021 501 673.*

Kino Cinema – *Washington Street - ✆ 021 271 571 - 13h-22h.* Grand choix de films récents et anciens. Un petit air d'art et essai.

Opera House – *Emmet Place - ✆ 021 270 022.* Accueil de productions européennes et créations locales de renommée.

The Half Moon Club – *Emmet Place - ✆ 021 427 4308 - www.halfmoontheatre.ie - 8h30-23h30.* Différents concerts et spectacles de jazz, blues et rock.

UCC Granary Theatre – *✆ 021 904 275.* Programme varié de troupes amateurs et professionnelles dans un théâtre splendidement rénové.

Achats

👁 Bon à savoir – La plupart des grandes enseignes sont représentées dans **Patrick Street**, l'artère commerciale principale qui traverse le centre-ville. **North Main Street** est l'une des rues commerçantes les plus anciennes de Cork. Le **Marché anglais** *(English Market, voir « Se promener »)* propose aux amateurs de marchés un grand choix de produits frais. Pour voir quelque chose d'un peu différent, visiter le **Huguenot Quarter**, secteur non conformiste regroupant de nombreux cafés et boutiques, avec plusieurs magasins d'antiquités ; ou le **Shandon Crafts Centre**, qui occupe l'ancienne halle au beurre **Butter Exchange** (1750), où les artisans fabriquent sous vos yeux cristal, bijoux et tissus. Pour les lainages, visiter la filature **Blarney Woollen Mills** *(voir p. 154)*.

Merchant's Quay Shopping Centre – *Patrick Street.*

Beamish Brewery Tours – *South Main Street - ✆ 021 491 1100 - visite guidée à 10h30 et à 12h, mar. et jeu. de mai à fin sept.* Dégustation et découverte de la production de la bière locale au siège de la brasserie.

Agenda

Cork International Choral Festival – En avr.-mai, les meilleurs chœurs se retrouvent pour des récitals et des concours très recherchés.

Cork Midsummer Festival of the Senses – En juin-juillet, trois semaines de théâtre, musique, danse, cinéma, théâtre de rue, qui accueillent des productions du monde entier, et même gastronomie.

Cork Week – Tous les deux ans en juil., depuis 1976, les régates organisées par le Royal Yacht-Club de Cork attirent la fine fleur mondiale de la voile.

Cork Jazz Festival – ✆ *021 427 8979 - fax 021 427 0463.* Ce festival, qui se déroule en oct., attire chaque année plus de 35 000 visiteurs.

Cork Film Festival – ✆ *021 427 1711.* Festival international reprenant les meilleurs films, en oct.

Courses de lévriers – *Au Curraheen Park Greyhound Stadium - ✆ 021 443 095 - www.igb.ie.* Toute l'année, merc., jeu. et sam. Dix courses chaque soir. Musique, restaurants, etc.

Péninsule de Dingle★★

Dingle Penisula

COMTÉ DE KERRY
CARTE MICHELIN N° 712 A/B 11 – CARTE GÉNÉRALE RABAT II A3

La péninsule de Dingle, c'est l'extrême Ouest irlandais, avec ce qu'il a de plus évocateur et de plus spectaculaire. Une région où le gaélique est toujours en vigueur. Une région de falaises vertigineuses et de montagnes désolées, avec un réseau complexe de champs minuscules enclos de murets de pierre, et une remarquable concentration de monuments très anciens : forts circulaires, cabanes en forme de ruche, pierres gravées. Sur sa côte nord, le mont Brandon, deuxième sommet d'Irlande, culmine à 951 m. Tapissé de tourbières d'altitude, il doit son nom à saint Brendan de Clonfert, un moine du 6e s. dont le haut fait serait d'avoir entrepris la traversée de l'Atlantique depuis Brandon Creek, un étroit bras de mer au pied du mont, à l'ouest.

- **Se repérer** – Au sud-ouest de l'Irlande, la plus au nord des péninsules du Kerry est aussi celle qui s'avance le plus dans l'Atlantique. On accède à son chef-lieu, Dingle *(An Daingean)*, par Tralee *(voir ce nom)* et la N 86, soit en passant par Anascaul, soit en faisant un détour spectaculaire par le col de Connor.
- **À ne pas manquer** – Slea Head, Dunquin et le Great Blasket Centre, le Connor Pass.
- **Organiser son temps** – Une grande demi-journée.
- **Avec les enfants** – Celtic and Prehistoric Museum pour découvrir mammouth et autres bêtes de la préhistoire, l'observation de la vie marine à l'aquarium Oceanworld.
- **Pour poursuivre le voyage** – Voir aussi Tralee, Killarney, Ring of Kerry *(voir Killarney).*

Comprendre

Le potentiel de la grande rade naturelle de Dingle est très tôt perçu par les Anglo-Normands. Dès 1257, Henri III d'Angleterre prélève des droits de douane sur les marchandises qui y transitent. Le commerce connaît son âge d'or au 16e s. quand Dingle entretient d'étroites relations avec l'Espagne. En 1583, la ville reçoit l'autorisation d'élever une enceinte. La même année prend fin, avec l'exécution de Gerald Fitzgerald, le comte rebelle, la domination locale des comtes de Desmond. Trois années auparavant, 600 hommes de troupe espagnols et italiens venus appuyer la rébellion des Desmond avaient été massacrés par les forces gouvernementales à Dún an Óir, sur la rive ouest de la rade de Smerwick. Après la révolte de 1641 et les guerres de Cromwell, Dingle connaît près d'un siècle de déclin. À la fin du 18e s., l'industrie du lin y est cependant très active. C'est aujourd'hui une petite ville au port animé, où les activités touristiques priment, sans qu'elle ait pour autant perdu son âme. La culture gaélique y fleurit.

Circuit de découverte

65 km au départ de Dingle. Quitter la ville à l'ouest par la R 559.

Dingle (An Daingean)★

Chef-lieu de la péninsule, cet important port de pêche abrite une des plus importantes flottilles d'Irlande. L'animation est intense au retour des bateaux. En dehors de ces moments, il est possible de flâner tranquillement sur la jetée.

Dingle est aussi une station touristique appréciée, avec ses maisons peintes de couleurs vives et nombre de pubs, restaurants et lieux d'hébergement.

Bon à savoir – Une des curiosités de la ville s'appelle Fungie, c'est un **dauphin** très amical qui a élu domicile à quelques encablures du port en 1983 et qui n'est jamais reparti. Il joue volontiers avec les nombreux curieux qui lui rendent visite en bateau. Fungie a même sa statue sur la jetée.

Oceanworld – *10h-17h. 7 €. 066 915 2111. www.dingle-oceanworld.ie.* Cet aquarium propose de nombreuses présentations de vie marine à hauteur des yeux, mais aussi un tunnel transparent qui permet de traverser un des grands bassins.

Sur un site élevé dans la partie haute de la ville, **Diseart**, une institution dédiée à l'étude de la culture celtique, occupe l'ancien couvent des sœurs de la présentation, bâti par l'architecte J. J. McCarthy; la **chapelle★** présente de magnifiques vitraux, signés par **Harry Clarke**. *Juin-août : tlj sf w.-end 10h-12h, 14h-16h. 06691 52479. wwwdiseart.ie*

J. J. McCarthy, successeur de Pugin, a aussi conçu l'église voisine, **St Mary's Church★** (1862). Le toit et les colonnes d'origine ont été remplacés par une combinaison audacieuse de poutrelles d'acier et de feuilles de cuivre.

Près de St Mary's Church, la **Library** (bibliothèque) présente des ouvrages consacrés à l'histoire locale et une exposition sur **Thomas Ashe** (1885-1917). Né à Lispole, un village voisin, il a joué un rôle de premier plan en 1916 lors des Pâques sanglantes. *Lun.-sam. 10h-17h, sf jeu. 10h-20h. 066 915 1499. www.kellylibrary.ie*

Holy Stone – Au carrefour de Upper Main Street et de Chapel Lane, près du trottoir, la pierre sacrée longue de 3 m montre de profondes entailles en forme de coupelle, peut-être faites à l'époque préhistorique.

Poursuivre sur la R 559 (signalé Ceann Sléibhe). Dépasser Ventry de 4 km (CeannTra). S'arrêter sur la gauche.

The Celtic and Prehistoric Museum

Kilvicadownig. 9h-18h. 4 € (famille 14 €). 087 770 3280.

Ouvert par un archéologue américain, également musicien, ce musée rassemble les pièces de la préhistoire qu'il a glanées au fil des ans. Il présente aussi un squelette d'ours des cavernes vieux de 40 000 ans et un crâne de mammouth sorti de la mer du Nord. Dans un décor fantaisiste, le propriétaire entend proposer une approche sans complexe de l'histoire. L'humour est là, les enfants adorent.

Slea Head★★

À l'est et à l'ouest du gué de Glenfahan *(parking sur les côtés)*, les pentes abruptes du mont Eagle (516 m), face au sud, présentent le paysage rural d'une époque préchrétienne, voire préhistorique. Il est en grande partie conservé, dans toute la complexité des différentes couches, même si certaines ont été déblayées sans soin. Les murs de pierres sèches dessinent en filigrane une mosaïque de tout petits champs, qu'émaillent plus de 400 **clocháin** ou **huttes en forme de ruche★**. Certaines se trouvent à l'intérieur de forts circulaires. Dans celui de **Cathair nag Conchúireach** *(propriété privée; une contribution peut être demandée)*, on peut voir de près la technique astucieuse de leur construction, mais aussi un souterrain et une croix gravée.

Après avoir fait le tour de la pointe sud-ouest de Slea Head, prendre à gauche la petite route qui mène à un parking.

De **Dunmore Head**, par beau temps, la **vue★★** est sensationnelle sur les spectaculaires falaises déchiquetées, la passe des Blasket et ses îles.

Blasket Islands★

Accessible en bateau au dép. de Dunquin (voir « Péninsule de Dingle pratique »).

Inhabitée depuis 1953, année où les derniers îliens ont fui leur vie trop difficile et rude, l'archipel est constitué de quatre grandes îles et trois plus petites, ainsi que d'une multitude de rochers et de récifs. La plus grande île est la montagneuse **Great Blasket** (6 par 1,2 km), aujourd'hui domaine historique classé; certains de ses bâtiments en ruine sont en cours de restauration. Inishvickillane présente des vestiges de monastère, une

Auteurs des Blasket

Les habitants des Blasket du début du 20e s. savaient écrire en irlandais autant qu'en anglais. Leurs visiteurs les ont encouragés à développer leurs talents littéraires et à évoquer leur mode de vie fruste avant qu'il ne disparaisse.

Parmi les œuvres les plus connues, **trois romans** ont été traduits de l'irlandais : *Twenty Years A-Growing*, de Maurice O'Sullivan, *Peig*, de Peig Sayers, et *The Islandman*, de Tomás O'Criomhthain, qu'E. M. Forster résume en « récit de la vie au néolithique, vue de l'intérieur ».

Écrit du point de vue d'un étranger, *Western Island*, de l'Anglais Robin Flower, est aussi un beau récit.

maison, un petit cottage et une piste d'atterrissage pour hélicoptère ; en effet, la majeure partie de l'année, elle n'est accessible que par les airs. Entre 1974 et 1997, elle a appartenu à l'ancien Premier ministre (ou *Taoiseach*) Charles Haughey.

Bon à savoir – Les amateurs observeront les nombreux **phoques gris** qui viennent ici mettre leurs petits au monde, entre août et décembre.

Dunquin

En 1969, la solitude paisible de Dunquin a été troublée par la présence de l'équipe du tournage de *La Fille de Ryan*. Au nord, dans les montagnes au-dessus de Carhoo, David Lean a fait construire le village imaginaire de Kirrary ; il n'en reste aujourd'hui que l'école.

Great Blasket Centre★★ – ♿ *De fin mars à fin oct. : 10h-18h (juil.-août : 19h) (dernière entrée 45mn av. fermeture). 3,70 €. Spectacle audiovisuel (22mn). Visite guidée (45mn) sur demande. ✆ 066 915 6444, 6371. www.heritageireland.ie.* Dans ce bâtiment résolument moderne, dont l'architecture intérieure remarquable ménage de multiples perspectives sur la mer, la riche **tradition littéraire gaélique** des îles Blasket est mise à l'honneur. Fondée sur la transmission orale de contes populaires locaux, elle a fasciné intellectuels et érudits irlandais et étrangers.

Le centre illustre également les **activités traditionnelles** de l'archipel : la pêche à bord de barques en peau tendue sur une ossature ; le travail des champs effectué à la bêche ; le transport à dos d'âne. Grâce aux technologies les plus pointues, on se glisse aussi à la place d'un habitant des Blasket, ou bien l'on survole les îles comme un oiseau. Enfants et adultes peuvent acquérir des rudiments de langue gaélique, avec un astucieux jeu sensoriel qui mobilise tout le corps.

Prendre la R 550 vers le nord jusqu'à Ballyferriter.

Corca Dhuibhne Regional Museum★

Ballyferriter. Mai-sept. : 10h-16h ; oct.- avr. : sur demande. ✆ 066 915 6333. www.corca-dhuibhne.com

Le musée, dans l'ancienne école, illustre différents aspects de la vie et de l'histoire de la péninsule : monuments, littérature des îles Blasket, 190 scènes populaires.

Poursuivre vers le nord sur la R 550.

Gallarus Oratory★★

L'Irlande conserve plusieurs exemples d'oratoires du début du christianisme en forme de ruche, avec des murs de pierres sèches construits en encorbellement vers l'intérieur. Aucun n'est aussi bien conservé que ce merveilleux exemple. Réalisé avec un soin remarquable, il date sans doute du 9e s. Isolé au milieu des champs, il est en forme de carène de bateau renversée. À l'opposé des cabanes en forme de ruche, il suit un plan rectangulaire plutôt que circulaire, conception qui a conduit tous ses semblables à s'effondrer, du fait de l'instabilité inhérente des murs.

L'oratoire ouvre à l'est par une fenêtre et à l'ouest par une porte surmontée d'un double linteau. Au-dessus, deux pierres percées font saillie, donnant à penser que l'entrée pouvait être fermée par une porte en bois.

Kilmalkedar★

Vestige d'un ensemble religieux médiéval, une église romane en ruine, sans doute édifiée au 12e s., rappelle par son style la chapelle de Cormac à Cashel. On admirera le tympan du portail est et les arcatures aveugles de la nef, dont les murs sont restés entièrement debout, ainsi que la pierre dite de l'alphabet (caractères latins gravés) et une **pierre oghamique**, première forme d'écriture irlandaise.

À proximité *(370 m au sud)*, Chancellor's House était le logement du chancelier du diocèse d'Ardfert. St Brendan's House, une ruine qui comportait un étage, pourrait avoir servi de résidence aux prêtres au Moyen Âge. De là, une ancienne piste, la **route du Saint**, qui aurait été tracée par saint Brendan lui-même, gravit sur 12 km le versant sud-ouest du mont Brandon jusqu'à son sommet, couronné d'un oratoire et d'un sanctuaire dédiés au saint *(voir p. 364)*.

Retourner à Dingle et emprunter la petite route vers le nord-est (panneau) jusqu'au col de Connor.

Connor Pass★★

La route épouse le flanc de la montagne pour passer le plus haut col d'Irlande accessible aux automobiles (456 m – *parking*).

De splendides vues s'ouvrent sur la rade de Dingle au sud et, au nord, sur le mont Brandon et les baies de Brandon et de Tralee, que sépare la péninsule de Castlegregory.

O. Forir / MICHELIN

Le château de Blarney aux alentours de Cork.

Tourism Ireland

Façades colorées d'Allihies (comté de Kerry).

Tourism Ireland

Dingle, une station touristique.

Brandon Bay

La magnifique baie en fer à cheval, dominée à l'ouest par le mont Brandon, est soulignée au sud et à l'est par la **plage de Stradbally★★**, la plus longue d'Irlande (19 km). Plusieurs pistes relient la route à la plage.

Dans la mer, à l'extrémité nord de la plage, se trouvent les **îles Magharee** appelées aussi The Seven Hogs (les Sept Porcs). À marée basse, on peut passer à pied de l'île la plus grande, Illauntannig, où s'élève un monastère du début du christianisme, à l'île de Reennafardarrig.

Poursuivre vers l'est jusqu'à Camp, puis emprunter à droite la N 86 pour revenir à Dingle.

Péninsule de Dingle pratique

Voir aussi Tralee.

Adresse utile

Strand Street - ✆ 066 915 1188 - www.dingle-peninsula.ie - mai-sept. : 10h-13h, 14h15-18h, avr.-oct. : tlj sf dim.

Transport

Blasket Islands Ferry – *✆ 066 915 6422 6188 - dép. de Dunquin Pier (si le temps le permet) 10h-18h, ttes les 30mn - AR 2 €.*

Se loger

Devane's – *Goat Street (au-dessus de Main Street) - ✆ 066 915 1193 - - 6 ch. 80/140 €* . Grande maison rose confortable dans la partie haute de la ville.

The Lighthouse – *High Road - ✆ 066 915 1829 - 6 ch. 80/140 €* . Main Street conduit, après l'hôpital, à cette maison moderne dominant la baie. Intérieur de couleurs gaies, jolis meubles en bois. Demandez une chambre avec vue. Accueil parfait.

Captains House – *The Mall - ✆ 066 915 1531 - fax 066 915 1079 - captigh@eircom.net - de mi-mars à fin nov. - 9 ch. 50/110 €.* On entre dans le jardin de la maison familiale en traversant un petit pont. Accueil chaleureux. Petit-déjeuner servi dans la véranda.

Pax House – *Upper John Street - 1,2 km au nord-est sur John Street - ✆ 066 915 1518 - fax 066 915 2461 - paxhouse@iol.ie - fermé déc.-janv. - P - 12 ch. 100/160 €* . Profitez du panorama sensationnel sur la baie de Dingle du balcon de cette maison individuelle, située en hauteur, à une courte marche du centre-ville. Les chambres, spacieuses, sont impeccables.

Greenmount House – *Gortonora (près de John Street) - ✆ 066 915 1414 - fax 066 915 1974 - mary@greenmounthouse.com - fermé 12-27 déc. - 14 ch. 100/180 €* . Demandez une des chambres au dernier étage, sur les hauteurs dominant la ville. Un de ses atouts est le superbe petit-déjeuner, servi dans la véranda.

Heatons – *The Wood - 800 m à l'ouest sur la R 559 - ✆ 066 915 2288 - fax 066 915 2324 - heatons@iol.ie - fermé déc. - 16 ch. 95/156 €* . Dominant la baie, Heatons propose des chambres contemporaines, décorées avec exigence. Les plus récentes sont spacieuses. L'une d'entre elles possède un balcon.

Se restaurer

Lord Baker's – *Main Street - ✆ 066 915 1277 - fermé jeu. - 20/40 €.* À midi, toujours à base de fruits de mer, bons plats simples, soupes et en-cas. Le soir, carte un peu plus chère.

Doyle's Seafood Bar – *4 John Street - ✆ 066 915 1174 - de mi-fév. à mi-déc. - 30/50 €.* Choisissez votre homard, spécialité de la maison, dans le vivier du bar, avant de vous asseoir à une table. Sol en pierre et vieille cuisinière ajoutent au charme rustique de ce bar. La maison attenante propose des chambres.

AUX ALENTOURS

Tig Aine *(Chez Aine) – Ballyferriter - 20 km à l'ouest par la R 559- ✆ 066 915 6214 - www.tigaine.com - mai-sept. - 30/50 €.* Facile à repérer sur la route côtière avec ses huisseries bleues. Dans cette maison qui abritait déjà un café et une galerie s'est ouvert un restaurant. Très belle cuisine contemporaine à base de fruits de mer, avec un jardin sur la mer et une vue sublime sur les îles Blasket.

Achats

John Weldon – *Green Street - ✆ 066 915 522 - www.kerryweb.ie/celticjewellery -lun.-merc. 9h-18h, jeu. 9h-19h, vend.-sam. 9h-18h.* John Weldon, créateur de bijoux, s'inspire de la tradition, de la mythologie et de l'héritage celtiques. Visite idéale pour ceux qui recherchent un cadeau ou un souvenir. Les curieux sont bienvenus dans l'atelier.

Craft Centre *(Ceardlann na Coille) – Ventry Road - ✆ 066 915 2039 - 10h-17h (plus tôt en hiver).* Ce centre rassemble différents ateliers : bijouterie, fabrication de cornemuses *Uillean Pipes* et de violons, tricots, travail du feutre et du cuir, tissage, tournage du bois, ébénisterie…

Dingle Crystal – *Green Street - ✆ 066 915 1550.* Sean Daly, maître verrier formé aux méthodes du cristal de Waterford, excelle dans les motifs celtes qui ornent verres et vases.

Sports et Loisirs

Plages – Ventry Harbour, Smerwick Harbour, Stradbally Strand, plage de Inch.

Randonnée – Sur la route du Saint, **Saint's Road** *(12 km)*, au départ de Kilmalkedar sur le versant sud-ouest du mont Brandon, jusqu'à l'oratoire et au sanctuaire dédiés au saint au sommet. Au bout de la péninsule, les marches et randonnées sont les plus belles, et des sentiers sont bien indiqués. Brochure et plans à l'office de tourisme. The **Dingle Way** est un parcours très apprécié de 178 km qui va de Tralee au bout de la péninsule. Carte en vente également.

Sortie en mer – Dans les eaux de Dingle pour aller jouer avec Fungie le dauphin *(sur le port Brosnans - ✆ 066 915 2626 - gratuit si Fungie ne se montre pas)*. Pour nager ou plonger *(✆ 066 915 1967)*. Pêche et plongée, balades aux Blasket *(Dingle Bay Charters - ✆ 066 915 1344-087 672 6100)*.

Enniscorthy

9 538 HABITANTS – COMTÉ DE WEXFORD
CARTE MICHELIN N° 712 M10 – CARTE GÉNÉRALE RABAT II C3

Les rives escarpées de la Slaney, influencée jusqu'ici par la marée, constituent un site attrayant. Cette ville de marché occupe une place particulière dans l'histoire irlandaise pour son rôle dans la rébellion de 1798. Deux édifices intéressants, le château et la cathédrale, dominent un paysage urbain qui n'a guère changé depuis le 19e s. Les événements qui ont marqué la ville sont rappelés par le mémorial de 1798 (Market Square), qui montre le père Murphy, l'un des chefs de la rébellion, en compagnie d'un piquier ; et aussi le mémorial du soulèvement de Pâques de 1916 (Abbey Square), avec Seamus Rafter, un des chefs locaux de l'insurrection. La campagne alentour se prête bien à la culture des fruits rouges. Début juillet, la Foire aux fraises attire les foules des kilomètres à la ronde.

- **Se repérer** – Dans le riant paysage en patchwork du sud-est irlandais, Enniscorthy *(Inis Córthaidh)* se trouve à l'embranchement de la N 11, la grande route qui relie Dublin et Wexford, et de la N 30 vers New Ross. Proche de la Grande-Bretagne, toute la région est riche de souvenirs laissés par les Celtes, les Vikings, les Normands et les Anglais.
- **À ne pas manquer** – Enniscorthy Castle, le mont Leinster, Altamont Gardens.
- **Organiser son temps** – Une demi-journée.
- **Pour poursuivre le voyage** – Voir aussi Wexford, Waterford, Kilkenny, monts Wicklow.

Comprendre

Les origines d'Enniscorthy remontent au 6e s., quand saint Senan arrive de Scattery Island *(voir p. 366)* pour fonder un monastère à Templeshannon, la partie d'Enniscorthy sur la berge est de la Slaney. À partir du 12e s., le monastère passe sous le contrôle des Normands, qui administrent la région depuis le château d'Enniscorthy. Au cours du 15e s., le clan local des MacMurrough Kavanagh prend le pouvoir, jusqu'à la fin du 16e s., quand la reine Elizabeth Ire le confie à Henry Wallop et Philip Stamp pour mettre fin au gouvernement local. Henry Wallop entreprend d'exploiter la richesse de la forêt ; il exporte le bois vers la France et l'Espagne à partir de Wexford. Philip Stamp implante des forges, qui fonctionneront jusque dans les années 1940. Il fait appel à de nombreuses familles anglaises : leur venue entraîne l'urbanisation de l'autre rive de la Slaney. Vers la fin du 18e s., on implante des distilleries et des brasseries : en 1796, la ville compte 23 malteries. Aujourd'hui, salaisons de bacon, cultures de fruits, coutellerie et poterie font sa réputation.

Visiter

National 1798 Visitor Centre

Parnell Road, au sud du centre. ♿ 9h30-17h, dim. 13h-17h. 6 €. Spectacle audiovisuel (15mn). ✆ 05392 37596. www.1798centre.com

Le centre a été ouvert en 1998 pour marquer le bicentenaire de la rébellion et pour étudier la naissance de la démocratie populaire en Irlande. La révolte, notamment les trois semaines de troubles dans le Wexford, fait l'objet d'une présentation détaillée et d'un réalisme saisissant, avec écrans interactifs et tactiles, films et panneaux explicatifs. Ses origines et son impact sont étudiés en relation avec les événements qui se déroulent parallèlement en France et en Amérique, et avec le développement des partis politiques irlandais. La présentation atteint son apogée avec une impressionnante reconstitution virtuelle de la bataille de Vinegar Hill.

Vinegar Hill

Le 21 juin 1798 est la date clé de l'histoire locale. Cette année voit gronder la révolte dite des **piquiers** dans les comtés de Wexford et Wicklow. Sommairement armés, accompagnés de femmes et d'enfants, 20 000 insurgés finissent par prendre position sur Vinegar Hill. De là, ils résistent près d'un mois aux forces gouvernementales du général Lake, égales en nombre. La bataille finale fait beaucoup moins de victimes parmi les hommes en armes que dans les rangs des insurgés sans défense. La défaite de Vinegar Hill met fin à la rébellion.

Enniscorthy Castle★

Avec quatre tours d'angle, le château doit son aspect de forteresse redoutable à une reconstruction de 1586 ; le fort d'origine a sans doute été érigé par Raymond le Gros, qui est entré dans la ville avec ses soldats anglo-normands en 1169. Aux mains du clan MacMurrough pendant de nombreuses années, le château devient ensuite propriété de la Couronne britannique : Elizabeth Ire l'octroie à son poète favori, Edmund Spenser, qui y passe trois petits jours avant de fuir cette demeure glaciale.
Il accueille aujourd'hui le **musée du Comté de Wexford★** *(✆ 05392 35926)*, qui illustre la rébellion de 1798 et les **Pâques sanglantes de 1916**, ainsi que d'autres aspects plus paisibles de l'histoire locale, au moyen d'un intéressant choix d'objets.

St Aidan's Cathedral

Cette belle cathédrale néogothique est une des nombreuses églises catholiques construites en Irlande par **Pugin**. La majeure partie des pierres employées à sa construction proviennent des ruines d'un couvent franciscain dissous en 1544, qui s'élevait sur Abbey Square.

Aux alentours

Carley's Bridge Potteries

1,5 km à l'ouest après le cynodrome. 8h30-17h45, sam. 11h-17h, dim. 14h30-17h. Visite guidée (1h) : tlj sf w.-end. Fermé j. fériés. ✆ 05392 33512. www.cbp.ie

Depuis des siècles, la céramique est une activité florissante de la région d'Enniscorthy. Cette fabrique, la plus ancienne d'Irlande, a été fondée en 1659 par deux frères venus de Cornouailles. Trois mois sont nécessaires à la fabrication, à partir de l'argile locale, de la série de pots que peut contenir le four ; cuisson et refroidissement demandent quatre jours.

Ferns★

13 km au nord-est par la N 11.

La taille modeste de ce petit village démentirait son statut ancien de capitale de la province de Leinster, et de fief royal des MacMurrough. Mais les vestiges qu'il conserve en sont une preuve suffisante. Dermot MacMurrough Kavanagh, roi du Leinster, y fonde au 12e s. une abbaye, dont il subsiste une tour et une partie du mur nord. Le roi serait enterré dans le cimetière de la cathédrale, dont il ne reste presque plus rien aujourd'hui. Le **château** du 13e s., un modèle du genre en Irlande, possède un donjon rectangulaire et des tours rondes. La **chapelle** du premier étage présente un beau plafond voûté. *♿ Juin-sept. : 10h-18h. Sur demande le reste de l'année. Possibilité de visite guidée. ✆ 05393 66411 ou 05677 24623. www.heritageirland.ie*

Bunclody

19 km au nord d'Enniscorthy par la N 11 et la N 80.

La ville est joliment située sur la Clody, un affluent de la Slaney, à l'extrémité nord des monts Blackstairs. Sa vaste promenade centrale est coupée par un torrent qui cascade en escalier. L'église de la Très-Sainte-Trinité, consacrée en 1970, est une intéressante réalisation moderne de E. N. Smith. À la fin du 19e s., Bunclody était un bastion de la langue irlandaise dans le Wexford ; aujourd'hui encore le **gaélique** y est largement employé dans les boutiques et sur les panneaux.

Mount Leinster★

28 km au nord d'Enniscorthy par la N 11 et la N 80. Prendre dans Bunclody une route secondaire vers l'ouest, parcourir environ 6,5 km et emprunter à gauche la route de montagne qui s'achève à 400 m du sommet.

Du sommet (793 m), on peut avoir par temps clair les plus belles **vues** du sud-est irlandais : on domine une bonne partie des comtés de Wexford et Wicklow, mais parfois, par temps exceptionnel, on aperçoit même les montagnes du pays de Galles au-delà de la mer d'Irlande.

Altamont Gardens

40 km au nord par la N 11 ; prendre une petite route à droite, avant Ballon, juste avant le départ de la N 81. ♿ 9h-19h30. 2,50 €. ✆ 05991 59444. www.heritageirland.ie

L'aménagement d'Altamont associe jardin à la française et jardin anglais. Les nombreux spécimens d'arbres de l'arboretum voisinent avec un petit jardin réservé aux fleurs de tourbière. Le lac a été creusé à la force des bras pendant la Grande Famine, pour fournir des emplois à la population. À l'horizon se profilent au sud le mont Leinster, dans les monts Blackstairs, et au nord-est, de l'autre côté de la Slaney, les monts Wicklow.

Enniscorthy pratique

Adresses utiles

The Castle - Enniscorthy - ℘ 05392 34699 - avr.-sept.

À GOREY

Main Street - ℘ 055392 21248.

Transports

En train – *Sur la rive gauche de la Slaney, à gauche après le pont - ℘ 053 923 3488.*

Bus – *Départ de Templeshannon Quay (rive gauche Slaney).*

Visite

Visite guidée – *℘ 05392 36800 - 1h pour la ville, 2h avec Vinegar Hill (5 pers. mini) - juin-oct - 4 € - dép. de la boutique Castle Hill Craft, en face du château.*

Se loger

AUX ALENTOURS

Clone House – *Ferns - 3 km au sud par la N 11, puis une petite route secondaire sur la gauche - ℘ 05393 66113 - 5 ch. 90/180 €.* Le séjour est enchanteur dans cette très jolie ferme meublée avec un goût exquis. Le petit-déjeuner est composé de produits maison.

Salville House – *Sur la route de Wexford (panneau) - ℘ 05992 35252 - 5 ch. 110/220 € - rest. 30 €.* Si le lieu est connu pour sa cuisine, la belle demeure campagnarde du 19e s. propose aussi des chambres claires et vastes.

Se restaurer

The Antique Tavern – *Sur les quais, près du pont de pierre - ℘ 05392 33428 - 15 €.* Cette vieille taverne, qui a reçu le prix du meilleur pub d'Irlande, concocte une cuisine excellente à déguster en terrasse aux belles heures.

Achats

Arts and Crafts Gallery – *Tinnock - Gorey - ℘ 0402 37474 - 14h-18h.* Artisanat : bois tourné, art du vitrail, céramique, etc.

Carley's Bridge – *À 2 km à l'ouest par la N 30.* C'est le plus ancien atelier d'Irlande toujours en activité. Juste à proximité : **Hillview Pottery**.

Kiltrea Pottery – *Donnant sur la R 890, direction Kiltealy - ℘ 05392 35107 - tlj sf dim. 9h30-17h30 ; certains dim. d'été et la plupart des j. fériés.* Céramiques et terres cuites façonnées à la main.

Sports et Loisirs

Pêche au saumon – Toutes infos pour pêcher dans la Slaney, au *Myles Keogh'sBar (Castle Hill - ℘ 05392 33588).*

Agenda

County Wexford Strawberry Fair – En juil., dégustation de fraises à la crème, exposition artisanale et artistique, danse et mime irlandais, courses de chevaux et de lévriers, récitals d'orchestres.

Courses de lévriers – *℘ 05392 34941 - lun. et jeu. 20h.*

Kenmar

1 701 HABITANTS – COMT
CARTE MICHELIN N° 712 D 12 – CARTE

Classée ville du patrimoine, cette petite ville
charmant entouré sur trois côtés de montagn
devenir la profonde anse maritime appelée ri
risme très animé, elle offre à ses visiteurs de t
de restaurants et boutiques élégantes (joailler
journaux étrangers). Beaucoup prennent Ken
verte des péninsules de Beara et d'Iveragh (Ring of Kerry).

- **Se repérer** – Kenmare *(Neidín)* est située sur la N 71, une route touristique du sud-ouest irlandais entre Killarney et Glengarriff. C'est un bon centre pour explorer le comté du Kerry, aux paysages réputés pour leur beauté exceptionnelle. La splendide péninsule de Beara présente l'avantage d'être moins surpeuplée en été que celle du Kerry.
- **À ne pas manquer** – Glen Inchaquin Park, Bantry House, ilnacullin, la péninsule de Beara avec les cols Healy Pas et Caha Pass, enfin la pointe jusqu'à Dursey Head.
- **Organiser son temps** – Prévoir une journée.
- **Avec les enfants** – L'agréable parcours du Bonane Heritage Park.
- **Pour poursuivre le voyage** – Killarney et le Ring of Kerry, Skibbereen.

Se promener

Kenmare est une ville planifiée du 18e s. voulue par le premier marquis de Lansdowne. Bordées de maisons coquettes en pierre, ses deux rues en forme de croix se rejoignent sur un espace triangulaire prévu pour servir de place de marché, aujourd'hui aménagé en parc. Les débuts plus anciens de la ville remontent à l'énergique ancêtre du marquis, **sir William Petty** (1623-1687), organisateur du relevé du cadastre *(voir p. 147)*. Il a encouragé l'immigration en provenance d'Angleterre et du pays de Galles, a implanté des fonderies et, grâce à des achats de terres avisés, s'est rendu propriétaire d'un quart du Kerry.

Kenmare Heritage Centre

Main Street. ♿ De mi-avr. à fin sept. : 9h15-18h. ☎ 064 41233.

Le centre du patrimoine rappelle l'histoire de la ville, appelée à l'origine Nedeen *(Neidin)*, et de ses monuments ; les souffrances endurées lors de la Grande Famine ; et celle de la nonne de Kenmare, membre de la communauté qui a lancé ici au 19e s. l'activité de la dentelle.

De merveilleux et délicats exemples de dentelle ancienne de Kenmare sont exposés ; au **Centre de la dentelle et du motif** *(Lace and Design Centre)*, on voit fabriquer la dentelle, et on peut acheter les modèles réalisés par une coopérative locale suivant les dessins créés par des religieuses. *Mai-sept. : tlj sf dim. 10h-17h30. Démonstrations de dentellières : du Vend. saint à mi-juin et sept. : 10h15-17h30 ; en hiver : sur demande. ☎ 064 42978. www.kenmarelace*

> **La dentelle de Kenmare**
>
> Elle est exécutée à l'aiguille, une technique importée d'Italie au 17e s. C'est la plus difficile à réaliser, car elle n'utilise aucun support préalablement tissé. Le motif est dessiné sur du parchemin ou du calicot, et souligné de fils ; le parchemin ou calicot et les fils seront éliminés ensemble plus tard. Cette dentelle se caractérise par ses bords passementés et sa fabrication en fil de lin plutôt que de coton. Les points en relief sont réalisés en cousant au point de boutonnière des cordons ou du crin de cheval.

Stone Circle

À l'ouest par Market Street. En périphérie de la ville, on peut voir un cromlech, cercle de pierres préhistorique formé de 15 menhirs entourant un dolmen.

Aux alentours

Glen Inchaquin Park★★

14 km au sud-ouest par la R 571 ; prendre à gauche le chemin à voie unique (8 km). ♿ À la cascade. 9h (plus tard en hiver) à 20h (plus tôt en hiver). 4 €. ☎ 064 84235. www.glenichaquin.com

Le chemin mène au cœur isolé des montagnes, ornées de lacs, de torrents bondissants, de superbes bois de chênes rouvres et d'une riche parure de fleurs sauvages. Au bout de la vallée ou *glen*, une ferme offre un parking, un salon de thé et une aire

d de chutes torsadées spectaculaires, cascadant le long d'une e. La vue est splendide vers le début de la vallée jusqu'à la rivière es McGillycuddy Reeks ; elle l'est plus encore à partir du sentier qui cle au sommet des chutes (🥾 *1h30).*

★

au sud de Kenmare par le N 71.

e de marché et de pêcheurs, Bantry se situe presque au fond de la vaste baie échancrée qui porte son nom. Longtemps reconnue des marins comme un havre sûr, cette baie a connu en 1796 une tentative d'invasion par les Français, finalement déjouée par le mauvais temps.

Bantry House★ – ♿ *Mars-oct. : 10h-18h. Maison et jardins : 10 €. Entrée à l'expo. incluse. ✆ 027 50047. www.bantryhouse.com.* Ce magnifique manoir georgien de 1740 aux lignes symétriques et ses **jardins italiens en terrasses** forment un contraste superbe avec le cadre grandiose et la nature sauvage de la baie de Bantry. La maison abrite une foule de trésors choisis avec goût. Elle est associée aux événements de 1796 car son propriétaire d'alors, Richard White (1767-1851), a accédé à la pairie pour avoir pris le commandement de la milice locale.

Le fils de Richard White, le vicomte Berehaven (1800-1868) a beaucoup voyagé en Europe, rapportant une extraordinaire collection d'objets, dont des mosaïques de Pompéi, des tapis de la Savonnerie, des tapisseries d'Aubusson ayant appartenu à la reine Marie-Antoinette, un autel de voyage russe orné d'icônes des 15e et 16e s., et du cuir espagnol pour habiller la cage d'escalier. Les portraits de famille ornent toute la maison. La spectaculaire **salle à manger** aux murs bleu roi est dominée par les portraits de George III et de la reine Charlotte, offerts par le roi à l'époque de l'anoblissement de White. L'exposition **1796 Bantry French Armada** décrit le contexte historique de l'expédition dite de l'Armada française, la composition de la flotte et le déroulement de l'opération au moyen d'une maquette en coupe de *La Surveillante*, d'objets repris à la mer et d'extraits du journal de Wolfe Tone, représenté dans sa cabine à bord de l'une des frégates.

Whiddy Island

Juste en face de Bantry.

Cette île a vécu une histoire mouvementée, comme en témoignent ses nombreuses ruines, ainsi l'église Kilmore et son cimetière, le château de Reenavanig, première résidence de la famille White, et ses fortifications, construites en 1801 pour la défense navale britannique, avec trois batteries de canons. Elle a même été une base américaine d'hydravions pendant quelques mois à la fin de la Première Guerre mondiale. Son terminal pétrolier, construit en 1968, a fermé en 1979 à la suite de la tragique explosion du pétrolier *Bételgeuse*, qui a tué 51 personnes.

Gougane Barra Forest Park★

À 70 km au sud-est par la N 71, dépasser Glengarriff puis à Ballylickey, suivre la R 584 vers l'intérieur des terres.

La route d'accès s'enfonce vers l'intérieur entre les parois verticales du **col de Keimaneigh** (3,2 km). À l'ouest du lac où la **Lee** prend sa source, une **route forestière** (5 km) forme une boucle dans le parc. Riche en promenades et en sentiers de nature, ce vaste parc forestier couvre des pentes escarpées bordant un torrent tumultueux.

1796 French Armada

Au cours de l'hiver 1796, un corps expéditionnaire de 15 000 soldats français, sous les ordres du **général Hoche** et accompagnés du rebelle irlandais **Wolfe Tone**, fait voile au départ de Brest. Leur projet est d'envahir l'Irlande et d'en expulser les Britanniques. Mais la flotte est dispersée par le brouillard, et le vent contraire ne permet qu'à quelques navires de pénétrer dans la baie de Bantry. Enfin, une tempête se soulève, empêche les troupes de débarquer et contraint finalement les navires à se retirer. Si les soldats avaient pu débarquer, le cours de l'histoire en aurait sans doute été bouleversé : contre eux, il n'y avait qu'une poignée de miliciens conduits par Richard White, le propriétaire de Bantry House. Dix navires de guerre français sont détruits, dont la frégate *La Surveillante*, sabordée le 2 janvier 1797 par son équipage. Une ancre française de 860 kg, remontée par un chalutier de la baie en 1964, a été placée à côté de la route N 17 au sud de Bantry, et une chaloupe française capturée est exposée au musée maritime national de Dún Laoghaire.

Saint Finbar, fondateur de Cork au 6e s., avait établi un ermitage sur l'île du lac. Une petite digue accède à la chapelle moderne, populaire pèlerinage édifié dans le style roman irlandais.

Kilnaruane Inscribed Stone

50 km au sud par la N 71. Après Bantry, prendre à gauche à l'hôtel Westlodge et se garer 400 m plus loin près du panneau signalant la pierre ; poursuivre à droite à travers champs.

Au sommet de la colline se trouve une pierre gravée du 9e s. qui aurait peut-être servi de socle à une grande croix. Sur ses faces, des gravures entrelacées représentent notamment *(côté nord-est)* un bateau (peut-être un *curragh*) naviguant sur un océan de croix et, face sud-est, une croix, un personnage en prière et les saints Paul et Antoine dans le désert.

Circuit de découverte

RING OF BEARA★★

Boucle de 137 km – une journée.

La péninsule de Beara, éperon rocheux qui s'avance de près de 50 km dans l'Atlantique, offre parmi les paysages les plus sauvages et les plus beaux du sud-ouest irlandais : montagnes, landes et littoral.

Au départ de Kenmare, suivre la N 71 vers le sud ; tourner à gauche après la rivière de Kenmare.

Sheen Falls

La Sheen tourbillonne et cascade sur les rochers avant de rejoindre la rivière de Kenmare.

Bonane Heritage Park

9 km au nord de Kenmare. 4 €. ✆ 085 7677869. www.bonaneheritagepark.com

Ce parc offre la possibilité, sur son domaine boisé à flanc de coteau, d'une marche de moins de 2 km au cours de laquelle on traverse les âges. En effet, des monuments archéologiques datant des âges de pierre, de bronze ou du fer sont rassemblés sur une superficie restreinte. On admire menhirs, fort circulaire ou ruines de chaumières de l'époque de la Grande Famine dans un bien bel environnement.

Caha Pass

Les travaux de la route de Kenmare à Glengarriff ont débuté vers 1839. Des tunnels ont dû être percés à la dynamite pour faire traverser à cette route le domaine rocailleux des monts Caha. Au sud du col de Cara s'ouvre une belle vue sur Glengarriff et la baie de Bantry.

The Ewe Gallery

À 3 km au nord de Glengarriff, sur la N 71. 5 € (famille 14 €). ✆ 027 63840. www.theewe.com

Sheena et Kurt, un couple d'artistes écologistes, sculptent des formes animales, végétales, mythologiques ou oniriques, à base de matériaux recyclés. Avec une fantaisie débridée, ils ont animé, de leurs œuvres, un charmant domaine sur le pan de la montagne où cascades et sous-bois jouent avec notre imaginaire. On prend le thé pour clore la balade.

Glengarriff (An Gleann Garbh)★

La ville n'est pratiquement constituée que de sa rue principale, avec ses magasins, ses pubs, ses hôtels et ses pensions. Mais elle est depuis le milieu du 19e s. un centre touristique de renommée internationale. Dès 1830, les visiteurs de la région publient leurs impressions sur la flore exotique qui prospère sous le climat exceptionnellement doux et humide du sud-ouest du comté de Cork. La reine Victoria séjourne à l'**hôtel Eccles**, établi dans un relais de poste construit en 1833, dont la façade d'origine et quelques aménagements intérieurs ont été préservés. **George Bernard Shaw** a écrit une partie de sa pièce *Sainte Jeanne (St Joan)* dans la salle à manger.

Dans l'angle nord-ouest de l'anse de Glengarriff, d'agréables promenades longent la rive boisée du Blue Pool (*poll gorm*, étang bleu). C'est du sommet de **Shrone Hill** (280 m ; *au sud-ouest*) que l'on a les meilleures vues sur la ville.

Ilnacullin★★ (Garinish Island)

Bac de Garinish Island (voir « Kenmare pratique »). ♿ Juil.-août : 9h30-18h30, dim. 11h-18h30 ; avr.-juin et sept. : 10h-18h30, dim. 11h-18h30 ; mars et oct. : 10h-16h30, dim. 13h-17h (dernier débarquement 1h av. fermeture). Fermé 25-26 déc. 4 € (famille 8,70 €) ; bac à payer séparément. Sentiers autoguidés. ✆ 027 63040. www.heritageirland.ie

Appelée aussi Garinish Island, cette île de 15 ha de l'anse de Glengarriff a été soigneusement aménagée en jardin au début du 20e s. par le paysagiste anglais Harold Peto pour le député Annan Bryce, né à Belfast. Jardins à l'italienne et pavillons classiques contrastent merveilleusement à la fois avec l'austère arrière-plan des montagnes et les luxuriantes espèces végétales exotiques, qui fleurissent toute l'année en raison de la douceur du climat et de la protection naturelle dont bénéficie l'île. Un sentier mène au point culminant (41 m), occupé par une **tour Martello** *(voir p. 75)*.

Bamboo Garden

Glengarriff. ♿ 9h-19h. 5 €. ✆ 027 63570 ou 027 63975. www.bamboo-park.com

Dans ce climat qui convient parfaitement aux plantes orientales, une forêt exotique est en création, avec 30 essences de bambous et 12 sortes de palmiers. Les feuilles effilées vert tendre des bambous tranchent sur les teintes plus sombres des myrtes et des hortensias. On peut se promener dans le jardin ancien, admirer la flore exotique des nouveaux aménagements ou encore se baigner à South Beach. De la tour et du front de mer dessiné par 13 piliers de pierre, on a de belles vues sur l'anse de Glengarriff.

De Glengarriff, emprunter la R 572 vers l'ouest puis, à Adrigole, prendre à droite vers le col Healy.

Healy Pass★★

La route est en forte pente près du lac Glanmore.

Ouverte en 1931, la route monte en lacet sur 11 km jusqu'au col, dévoilant par temps clair des **vues★★** impressionnantes des deux rives de la péninsule.

Le **col Healy** doit son nom à **Tim Healy**, né à Bantry en 1855. Député nationaliste au Parlement britannique de 1880 à 1916, il a été en 1922 le premier gouverneur général de l'État libre irlandais. Fêtant son départ en retraite comme premier magistrat d'Irlande à l'Anchor Bar de Bantry et invité à choisir un cadeau, il a souhaité qu'on améliore ce qui, jusqu'alors, n'était qu'un simple sentier muletier de montagne entre Adrigole et Lauragh.

Au carrefour, tourner à gauche vers les jardins de Derreen (panneau).

Derreen Gardens★

Tlj 10h-18h. 6 €. ✆ 064 83588.

Il y a un siècle, le cinquième lord Lansdowne a fait aménager d'exubérants jardins sur les bords de l'anse de Kilmakilloge, sur la rive sud de la rivière de Kenmare. Le domaine boisé abrite de nombreuses plantations d'azalées et de rhododendrons, et un impressionnant bosquet de fougères arborescentes de Nouvelle-Zélande.

Emprunter la R 571 vers l'ouest sur 13 km, jusqu'au carrefour de Ballycrovane.

Ballycrovane Ogham Pillar Stone

Contribution pour visiter. Dans un champ s'élève la plus grande pierre oghamique d'Irlande (5 m de hauteur). L'inscription oghamique « MAQI-DECCEDDAS AVI TURANIAS » (du fils de Deich descendant de Torainn) a sans doute été gravée plus tardivement.

Poursuivre vers l'ouest jusqu'à Eyeries.

Eyeries

Avec quatre pubs, deux ou trois boutiques et ses cottages de couleurs vives, ce bourg typique de montagne est la patrie du *milleens*, célèbre fromage à pâte molle et au goût relevé, fait au lait de vache. On trouve une plage à 1,5 km à l'ouest.

Suivre la R 575 à l'ouest le long de la côte jusqu'à Allihies.

Allihies

La péninsule était autrefois connue pour sa richesse en minerai de cuivre, extrait par des mineurs en provenance pour l'essentiel de Cornouailles. Au 19e s. Allihies, au-dessus du village dispersé *(panneau)* et des importants vestiges des mines de **cuivre★**, était une communauté prospère. Chevalements et tas de déblais sont la partie visible des puits de mines désaffectés, cachés et dangereux.

À 1,5 km au sud, **Ballydonegan Strand** est une magnifique plage formée de pierres concassées en provenance de la mine.

Continuer sur la R 575 sur 4 km, puis prendre à droite la R 52.

Garnish Bay

À marée basse, il est possible de rejoindre à pied le hameau (six maisons et un bureau de poste) établis sur **Garnish Island**, belvédère offrant des **vues★** sur la péninsule d'Iveragh au nord et les îles Skellig au nord-ouest.

Poursuivre vers l'ouest jusqu'à l'île Dursey.

Duclerc / Colorise

La ville de Kenmare (comté de Kerry).

O. Forir / MICHELIN

Bantry House aux alentours de Kenmare.

Tourism Ireland

Paysage de la péninsule de Beara.

Dursey Island★

Accès par téléphérique (voir « Kenmare pratique »). Équipement touristique limité. L'isolement de l'île a pris fin en 1970, quand l'unique téléphérique d'Irlande a été installé au-dessus du détroit. Le transport est prévu pour 6 passagers ou bien une vache et un paysan. L'île de Dursey, ceinte de falaises (6 km de long), a un seul village, Kilmichael, et une seule route. Ses attraits principaux sont sa riche population d'oiseaux et les vues grandioses qu'elle offre sur la côte d'Irlande.

Revenir vers l'est et, 2,5 km après, tourner à droite vers Crow Head.

Crow Head

De cette pointe exposée aux vents, on a une belle vue, de la pointe Mizen au sud aux îles Skellig au nord. Le 23 juillet 1943, un bombardier allemand s'y est écrasé dans le brouillard, avec ses quatre occupants *(plaque).*

Poursuivre sur 9,5 km à l'est sur la R 572 et tourner à gauche.

Slieve Miskish Mountains

Au bout de 3 km, la route se transforme en sentier réservé aux grimpeurs : 45 m de montée. L'ascension est récompensée par les vues magnifiques, depuis le sommet, sur la totalité de la baie de Bantry.

Revenir sur la R 572 et continuer à l'est ; au bout de 1,5 km, un panneau signale à droite le château de Dunboy.

Dunboy Castle

Dans les bois de Dunboy *(promenades et aires de pique-nique)* se trouvent les ruines d'un château en forme d'étoile, la dernière forteresse des O'Sullivan qui a résisté aux Anglais en 1602. À côté se dresse la vaste silhouette vide du château des Puxley, mi-château français, mi-villa italienne, incendié en 1921 par l'IRA. Il avait été construit au 19e s. avec le produit des mines de cuivre de Beara par les Puxley, propriétaires locaux dont l'histoire a inspiré à Daphné Du Maurier le roman *Hungry Hill (La Colline de la faim). Poursuivre vers Castletownbere à l'est sur la R 572.*

Castletownbere

La localité s'est développée au 19e s. avec la découverte des riches gisements de cuivre d'Allihies. Particulièrement touchée par la Grande Famine de 1845-1849, elle est devenue par la suite un important port de pêche. Le traitement du poisson est encore son activité principale. Le port est souvent plein de chalutiers et de navires-usines battant différents pavillons.

Bere Island

Accès par bac, pas d'équipement touristique. Habitée par une douzaine de familles, l'île était auparavant une base de la marine royale britannique, un des trois « ports du Traité » qui n'ont été rendus à l'État libre qu'en 1938. On y trouve une école de voile.

Revenir à Glengarriff par la R 572 vers l'est, ou à Kenmare par la N 71 vers le nord.

Kenmare pratique

Adresses utiles

Heritage Centre – *064 41233 et 31633 - en saison.*

À GLENGARRIFF

027 63084 - juil.-août, tlj sf dim.

Transports

Bac de l'île de Garinish (Ilnacullin) – *Dép. de Glengarriff : juil.-août 9h30-18h30 dim. 11h-18h30 ; avr.-juin et sept. 10h-18h30, dim. 12h-18h30 ; mars et oct. 10h-18h30, dim. 13h-17h ; dernier débarquement 1h av. fermeture. 10mn, comprenant souvent Seal Island - 027 63333, 63555 (Blue Pool Ferry). Dép. de Glengarriff : mars-oct. : ttes les 20mn. 12 € pour la traversée AR et 3,70 € pour l'entrée aux jardins - 027 63116 (Harbour Queen Ferry), 087 234 5861 (portable) - www.garnishislandferry.com*

Téléphérique (Cable Car) de l'île de Dursey – *9h-10h30, 14h30-16h30, dim. 9h-10h15, 12h-13h ; trajet retour à 19h. Parking (terminal de Glengarriff).*

Ferry de l'île de Bere – *- 10mn (si le temps le permet) l'été : 7 traversées ; l'hiver : 5 (6 le vend.) ; service limité le dim. AR 20 € (voiture + 2 passagers), 5 € (piéton). Possibilités de sorties de pêche et de plongée. 027 75009 (Bere Island Ferry), 086 242 3140 (portable).*

Se loger

Arthur's Lodge Wood – *Killowen Road - 400 m vers l'est sur la R 569, rte de Cork - 064 41753 - de déb. mars à mi-nov. - 4 ch. 120 €.* Pension propre et bon marché juste en dehors de la ville. Le thé est offert à l'arrivée. Le confort des chambres est assez simple, mais toutes ont une salle d'eau avec douche.

⊖ **The Rosegarden** – *1,2 km à l'ouest par la N 71 sur la N 70 (route de Sneem) - ✆ 064 42288 - fax 064 42305 - rosegard@iol.ie - de mi-mars à fin oct. - 8 ch. 70/80 € ☕ - repas 25/40 €.* Difficile de dénicher un établissement mieux tenu. Les propriétaires néerlandais offrent une hospitalité « vieille école ». Les chambres lumineuses aux couleurs vives sont pimpantes. Le repas du soir est proposé, avec un menu assez simple.

⊖⊖ **The Coachman's** – *Henry Street - ✆ 064 41311 - www.thecoachmans.com - 13 ch. 80/160 € - rest. 25/50 €.* Surprise en centre-ville : dans la rue principale, ce pub tenu par la même famille depuis 4 générations a converti les étages en très lumineuses et confortables chambres équipées dernier cri. Calme garanti malgré l'animation de la ville et bonne musique le soir au pub. Bonne table aussi.

⊖⊖ **Sea Shore Farm** – *Tubrid - 1,5 km à l'ouest par la N 71 sur la N 70 (route de Sneem) - ✆ 064 41270 - fax 064 41270 - seashore@eircom.net - mars-oct. - P ♿ - 6 ch. 100/130 € ☕.* Avec ses 13 ha et ses vues sur la rivière et les monts Caha, il serait difficile de découvrir un meilleur site que ce B & B occupant un corps de ferme. Les chambres confortables sont décorées dans des tons différents. Les salles de bains sont équipées de douches à hydro-jets.

⊖⊖ **Sallyport House** – *400 m vers le sud par la N 71 - ✆ 064 42066 - fax 064 42067 - port@iol.ie - de mi-avr. à fin oct. - 5 ch. 140/170 € ☕.* Une des pensions les plus chères, mais on y est assuré d'un accueil chaleureux, d'un petit déjeuner gargantuesque et d'une chambre particulièrement confortable. L'ensemble est agréablement meublé d'antiquités. L'offre d'information touristique locale est particulièrement abondante.

À BANTRY

⊖⊖ **The Mill** – *Newton - sortie de Bantry direction Glengarriff - ✆ 027 50278 - avr.-30 nov. - 6 ch. 70/150 €.* Accueil garanti par la propriétaire hollandaise qui soigne bien sa maison. Et petits-déjeuners dans la véranda fleurie.

Se restaurer

⊖⊖ **Leath Phingin Eile** – *35 Main Street - ✆ 064 41559 - fermé de mi-nov. à mi-déc., merc. - 30/52 €.* Difficile de résister à la combinaison gagnante de ce restaurant de la rue principale : authentique cuisine familiale italienne, personnel attentionné, cadre rustique rehaussé d'art contemporain. Bien entendu, toujours très fréquenté.

⊖⊖ **Packies** – *Henry Street - ✆ 064 41508 - de mi-mars à mi-nov., dim., lun. - 28/45 €.* Le dallage du sol ajoute au caractère de cette institution de Kenmare. La carte éprouvée propose des plats rustiques traditionnels irlandais. Accueil chaleureux et détendu.

⊖⊖ **Mulcahys** – *36 Henry Street - ✆ 064 42383 - fermé de mi-janv. à fin janv., de mi-nov. à fin nov., 24-26 déc., mar. - 25/50 €.* Ce restaurant moderne, stylé, détient une belle carte des vins. Et la cuisine contemporaine est belle au palais et à l'œil.

⊖⊖**The Lime Tree** – *Shelburne Street - ✆ 064 41225 - avr.-oct. - P -30/45 €.* Dans cette ancienne école, pas de risque d'école buissonnière, tant l'ambiance est sympathique et la cuisine (contemporaine) maîtrisée. La galerie propose à la vente des œuvres d'artistes locaux.

Sports et Loisirs

RANDONNÉES

The Beara Way est un sentier de randonnée assez facile (196 km), ne montant guère au-dessus de 340 m. Il suit de vieilles routes et pistes formant une boucle autour de la péninsule de Beara.

Marches et randonnées faciles autour de Glengarriff.

ACTIVITÉS NAUTIQUES

À Bantry, la rade est propice à la voile, au canoë ou à la baignade. Centre aquatique pour se replier en cas de mauvais temps.

Agenda

À CASTLETOWNBERE.

Queen of the Sea Festival – Fête de la Reine de la mer, début août.

À BANTRY

Foire aux moules – En mai.

Semaine internationale de musique de chambre – De fin juin à début juil., cette manifestation est très courue.

Kilkenny★★

22 179 HABITANTS – COMTÉ DE KILKENNY
CARTE MICHELIN N° 712 K10 – CARTE GÉNÉRALE RABAT II B3

Établie sur les berges de la Nore, Kilkenny, remarquable et attachante cité médiévale, est dominée par son château et sa cathédrale, qui se font face de part et d'autre du centre. Ses venelles étroites rappellent le tracé médiéval de la ville. Magnifiquement mis en valeur par ses édifices anciens bien restaurés, son héritage historique se marie à une forte tradition artistique et culturelle.

- **Se repérer** – Bien desservi par de bonnes routes, Kilkenny (*Cill Chainnigh*, l'église de saint Canice) est une excellente base pour la découverte du sud-est irlandais. Capitale des arts et de la culture, c'est aussi le chef-lieu d'un comté de campagnes, vallées et collines paisibles, ponctué de villes de marché pittoresques et réputé pour la qualité de son accueil.
- **À ne pas manquer** – Château et parc de Kilkenny, St Canice's Cathedral, et aux alentours Jerpoint Abbey, Kilfane Glen and Waterfall.
- **Organiser son temps** – Compter une journée au moins.
- **Avec les enfants** – Dunmore Cave et ses fascinantes concrétions.
- **Pour poursuivre le voyage** – Voir aussi Clonmel, Waterford, New Ross.

Comprendre

Capitale du royaume d'Ossory – La ville doit son nom à saint Canice, qui y fonde au 6e s. une église. Mais dès le 2e s. elle était la capitale du royaume gaélique d'Ossory ; elle l'est restée jusqu'au 12e s. sous le gouvernement du clan MacGiolla Phadruig, en lutte perpétuelle pour conquérir le royaume du Leinster.

Les statuts de Kilkenny – Après la conquête anglo-normande au 12e s., Kilkenny devient rapidement une importante place stratégique et politique, où siègent à de nombreuses occasions les parlements anglo-irlandais. Malgré les fréquents motifs de querelle entre envahisseurs et clans locaux, la cohabitation évolue, en particulier sous l'influence de la famille anglo-normande dominante des Butler, vers la « gaélisation des envahisseurs », qui adoptent les vêtements et la langue des locaux, et se marient avec eux. Cela déplaît aux autorités de Dublin et d'Angleterre, dont l'intérêt est que gouvernants et gouvernés gardent leurs distances Ainsi, un parlement réuni en 1366 à Kilkenny adopte les statuts qui interdisent toute assimilation entre Anglo-Normands et Irlandais. Mais le processus est déjà si avancé que les nouvelles lois demeurent pratiquement sans effet.

La confédération de Kilkenny – La ville connaît sa période la plus brillante entre 1642 et 1648, quand les chefs irlandais et les Anglo-Irlandais catholiques expulsés du parlement de Dublin s'y réunissent au sein du Conseil suprême d'une confédération, qui fonctionnera à la manière d'un parlement irlandais indépendant. Mais ses membres se divisent : les Anglo-Irlandais se rallient au vice-roi anglais ; les « Vieux Irlandais » font appel au soutien militaire du pape Innocent X. Conduits par Owen Roe O'Neill, ils ne peuvent éviter la défaite. Assiégée dans Kilkenny en 1650 par Cromwell, leur armée est autorisée à quitter la ville.

Une tradition nationaliste – La cité va par la suite jouer un rôle prépondérant au sein du mouvement indépendantiste, rôle plus marqué au début du 20e s. quand un membre du Sinn Féin, **William T. Cosgrave**, premier président du Conseil exécutif de l'État libre irlandais, la représente à Westminster, puis au parlement irlandais.

Visiter

Château et parc de Kilkenny★★ B2

Château - visite guidée juin-août : 9h30-19h ; sept. : 10h-18h30 ; avr.-mai : 10h30-17h ; oct.-mars : 10h30-12h45, 14h-17h (dernière entrée 45mn av. fermeture). Visite du parc - juil.-août : dim. à 15h. Fermé Vend. saint et Noël ; parfois en hiver pour la maintenance ; téléphoner pour plus de précisions. 5,30 €. ✆ 05677 21450.

William de Clare, le comte maréchal, entre 1192 et 1207 construit le château sur un site impressionnant dominant les courbes de la Nore. Il est ensuite acquis par les **Butler**, comtes puis ducs d'Ormond, qui dominent le sud-est irlandais pendant de nombreuses années. Il en reste beaucoup d'éléments médiévaux, dont trois des quatre tours d'angle. Très modernisé au 19e s., il tombe à l'abandon, jusqu'à ce que

l'État en fasse l'acquisition en 1967. Depuis, d'importants travaux de restauration et d'aménagement ont eu lieu. La grande forteresse semble combler l'attente de ses nombreux visiteurs désireux de goûter un aperçu du mode de vie de la noblesse anglo-irlandaise.
Du hall d'entrée, dallé en marbre de Kilkenny et décoré de tableaux, on monte par l'escalier d'acajou installé en 1838 à la bibliothèque et au salon, restaurés dans leur aspect victorien avec une partie du mobilier d'origine. La salle à manger est meublée dans le style du 18e s.
La pièce la plus imposante est la grande galerie, ornée de portraits de famille (prêtés) et de tapisseries des Gobelins. Son plafond à ossature de bois est décoré dans le style préraphaélite de motifs néoceltiques. On remarque dans les chambres les murs tendus de soie chinoise peinte à la main et un lit d'acajou au matelas en crin de cheval.
Au 19e s., les 93 serviteurs circulaient entre le château et les communs par un souterrain percé sous la route.
La **galerie Butler** *(au sous-sol)* abrite une collection d'art irlandais des 19e et 20e s. et des expositions itinérantes d'art contemporain. Le vaste parc (20 ha) boisé aménagé de jardins à la française suggère de nombreuses belles promenades.

Se promener

Shee Alms House B2

Juil.-août : 9h-19h, dim. 11h-17h ; mai-juin : 9h-18h, w.-end 11h-13h, 14h-17h ; avr. et sept. : tlj sf dim. 9h-18h ; janv.-mars et oct.-nov. : tlj sf dim. 9h-13h, 14h-17h. ✆ 05677 51500. www.kilkennytourism.ie
Cet ancien hospice du 16e s. abrite l'office de tourisme.
Remonter Rose Inn Street et emprunter à droite High Street.

Tholsel AB2

Tlj sf w.-end 9h-13h, 14h-17h. ✆ 05677 21076.
Un premier **octroi**, qui avait été construit vers 1400 en même temps que les murs de la ville, a été remplacé en 1761 par l'édifice actuel, bien restauré, où sont présentés des insignes de maire vieux de deux siècles.

Courthouse A1

Le **palais de justice** a été élevé au-dessus du château de Grace (*Grace's Castle*, 1210), qui avait été transformé en prison en 1568.

Rothe House★ A1

Mars-nov. : 10h30-17h, dim. 15h-17h ; déc.-fév. : lun.-sam. 13h-17h, dim. 15h-17h. Fermé Vend. saint. 4 €. Possibilité de visite guidée (45mn). ✆ 05677 22893. www.kilkenny archaeologicalsociety.ie
Avec sa magnifique façade dans le style Tudor, c'est l'unique maison de ville qui subsiste en Irlande de la période Renaissance. Construite en 1594 pour le marchand John Rothe, elle a servi au 17e s. de lieu de réunion aux chefs politiques et religieux de la confédération de Kilkenny, puis au 19e s. à la Ligue gaélique nationaliste. Elle abrite aujourd'hui le musée local qui présente, entre autres curiosités, des lettres écrites par Daniel O'Connell en 1836-1837, quand il représentait la ville au Parlement ; une croix pénale du 18e s. ; et une hélice, souvenir de la première invention aéronautique irlandaise, mise au point et brevetée en 1856 par un propriétaire terrien local, le vicomte Carlingford. Une petite collection de costumes est exposée à l'étage.
Continuer en direction du nord sur Parliament Street et traverser le pont ; couper Dean Street et gravir les marches de la cathédrale.

St Canice's Cathedral★★ A1

♿ *Juin-août : lun.-sam. 9h-18h., dim. 14h-16h ; avr. mai et sept. : lun.-sam. 10h-13h et 14h-17h, dim. 14h-17h ; oct.-mars. : lun.-sam. 10h-13h, 14h-16h, dim. 14h-16h. 4 €. Clocher rond : de mi-avr. à mi-sept. 3 €. Visite guidée (30mn). ✆ 05677 64971.*
La cathédrale s'élève sur une petite colline, qui pourrait avoir été le site de l'église fondée au 6e s. par saint Canice ; la meilleure approche s'effectue par l'escalier de St-Canice *(St Canice's Steps)*, aménagé au sud-est au début du 17e s. Édifiée au 13e s. dans un harmonieux style gothique primitif, elle a été restaurée à diverses reprises : après avoir été endommagée en 1650 par les troupes de Cromwell, qui en détruisent le toit et utilisent la nef comme écurie ; puis au milieu du 18e s. et au 19e s. ; et enfin entre 1959 et 1961, quand on a rénové l'orgue et la toiture.

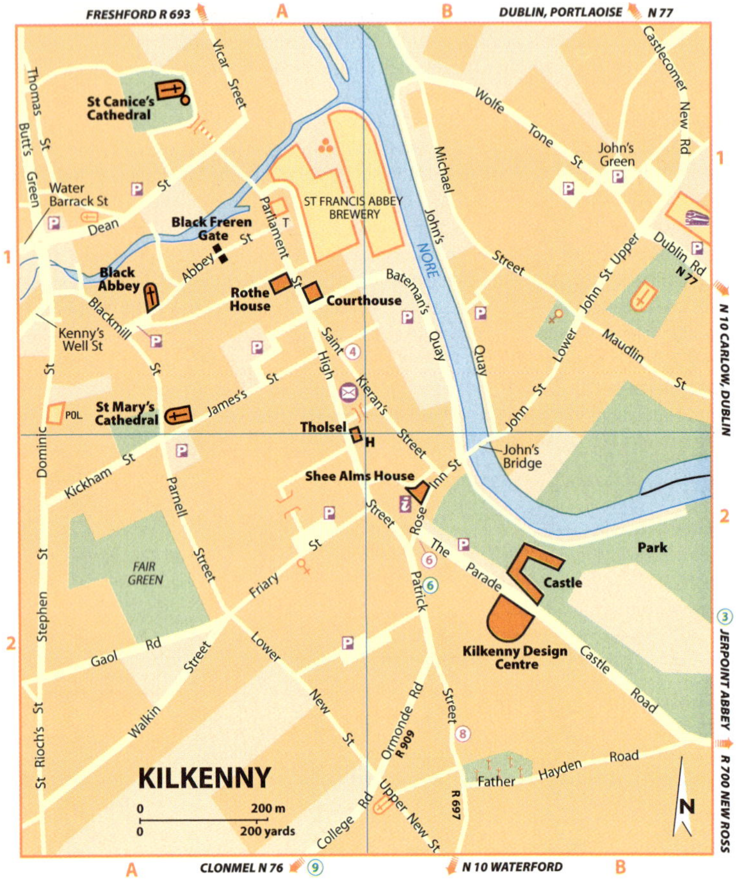

SE LOGER		SE RESTAURER	
Abbey House	3	Kyteler's Inn	4
Berkeley House	6	Ristorante Rinuccini	6
Shilloger House	9	Zuni	8

C'est de l'extrémité ouest de la nef que l'on apprécie le mieux l'intérêt architectural de l'intérieur de la cathédrale, deuxième d'Irlande par sa longueur. Elle possède plusieurs beaux tombeaux, dont le plus connu, en marbre noir de Kilkenny *(bras droit du transept)*, est celui de Piers Butler, comte d'Ormond et d'Ossory, mort en 1539, et de son épouse Margaret Fitzgerald, dont le gisant est paré d'une ceinture finement brodée ornée de bijoux. Le tombeau le plus ancien *(bras gauche du transept)* date du 13e s. et présente encore une partie de sa décoration en dents de scie. Découverte en 1894 sous High Street, la plaque la plus ancienne *(bas-côté gauche)* honore en ancien normand **Jose Kyteler**, père supposé de dame Alice Kyteler, condamnée pour sorcellerie en 1323. Dans le cimetière se dresse un **clocher rond** de 30 m, élevé entre l'an 700 et l'an 1000. Du sommet, le panorama embrasse la ville et la campagne alentour.

Reprendre Parliament Street, et emprunter à droite Abbey Street.

La rue passe par la porte médiévale **de Black Freren Gate**.

Black Abbey★ A1

♿ *8h30-19h. Visite interdite pendant les offices. Contribution.*

Une des rares **églises médiévales** d'Irlande où l'on célèbre encore le culte a été fondée peu après 1226 pour les dominicains. Le bras droit du transept est percé de belles baies à remplage du début du 14e s., dont la plus remarquable est le vitrail du Rosaire, à cinq travées. La charmante sculpture en albâtre de la Très-Sainte-Trinité, à côté de l'autel, porte l'inscription 1264, mais a été plus probablement sculptée vers 1400.

Dans le cimetière, on peut voir dix sarcophages de pierre des 13e et 14e s.
Prendre à gauche Blackmill Street.

St Mary's Cathedral A1

La cathédrale catholique et sa haute tour (61 m) ont été construites en pierre calcaire au 19e s.

Aux alentours

Thomastown

18 km au sud de Kilkenny par la R 700.

Des ruelles sinueuses convergent vers la rue principale aux allures de marché, près du vieux pont sur la Nore, à demi caché par son double moderne en béton. Il subsiste quelques vestiges de l'enceinte médiévale de la ville et du château.

Le **jardin d'eau du puits Notre-Dame** *(Ladywell Water Garden)* mélange intimement arbres, buissons et plantes aquatiques. *Avr.-oct. : 10h-17h ; nov.-mars : tlj sf w.-end. 1,30 €. ✆ 056 24690. www.camphill.ie*

Jerpoint Abbey★★

19 km au sud de Kilkenny par la R 700 et la N 9 vers le sud à partir de Thomastown. ♿ De déb. juin à mi-sept. : 9h30-18h30 ; de mi-sept. à fin oct. et mars : 10h-17h ; nov. : 10h-16h. Fermé 25-26 déc. 2,90 €. Visite guidée (45mn) sur demande. ✆ 05677 24623.

La solide tour couronnée de créneaux irlandais qui s'élève au-dessus de la rivière Little Arrigle marque l'emplacement d'un des plus grands monastères cisterciens d'Irlande. Même en ruine, Jerpoint reste un lieu très évocateur. L'ancienne abbaye renferme de fascinantes sculptures médiévales, et les vestiges sont suffisamment complets pour faire revivre l'atmosphère de la vie monastique. Des moines cisterciens de Baltinglass, dans le comté de Wicklow *(voir Athy)* arrivent dans la région en 1180, et fondent leur monastère sur le site d'un couvent bénédictin plus ancien. Au milieu du 13e s., la communauté compte 36 moines et 50 frères lais. Après la dissolution des monastères en 1540, le complexe, avec ses bâtiments de ferme, ses pêcheries et ses vastes domaines, passe aux mains du comte d'Ormond.

L'abbaye de Jerpoint possède son propre **office de tourisme**. On peut y visiter une petite exposition consacrée à la sculpture sur pierre au Moyen Âge dans la région.

L'**église abbatiale** suit le plan cruciforme typique des cisterciens. La nef et les bas-côtés sont soutenus par de solides piliers romans. Les bras du transept, vestiges de l'édifice d'origine (fin du 12e s.), possèdent chacun deux chapelles. Le **chœur** contient les superbes gisants de deux évêques, dont l'un serait Felix O'Dulany, premier abbé de Jerpoint et évêque d'Ossory de 1178 à 1202. Le mur nord incorpore des parties d'un mur peint au 15e ou 16e s. représentant les armes des principaux bienfaiteurs de l'abbaye. Un nouvel escalier en bois suit le tracé de l'escalier de nuit qu'empruntaient autrefois les moines pour descendre assister à l'office de nuit. Ceux qui le gravissent sont récompensés par la vue sur le complexe abbatial.

Observation

Les colonnes restaurées du **cloître** des 14e ou 15e s. portent de remarquables sculptures d'animaux, de chevaliers et de dames montrant les costumes et armures portés dans l'Irlande médiévale.

Kilfane Glen and Waterfall★

23 km au sud de Kilkenny par la R 700 puis prendre la N 9 vers le nord à partir de Thomastown en suivant le fléchage. Juil.-août : 11h-18h ; avr.-juin et sept. : dim. 14h-18h. 7 €. ✆ 05677 24558. www.nicholasmosse.com

Voici un jardin fascinant, tout à fait original, création romantique de la fin du 18e s. perdue dans un ravin boisé. Restauré, il a été associé, dans un contrepoint poétique, à des jardins contemporains plus structurés et à des sculptures modernes placées parmi les arbres. Entre autres créations contemporaines, celle de l'artiste américain **James Turrell** *(voir p. 284)* propose un regard différent sur le ciel. En revanche, la sensibilité moderne se perd parmi les rochers, l'ombre épaisse et le torrent bondissant du ravin. Parcours vertigineux, marches et ponts en hauteur, un escalier sinueux, une **cascade** et, surtout, une adorable chaumière blottie dans un vallon herbeux, témoignent du goût de la famille Power, qui, dans cet endroit en apparence isolé, a su suivre la mode des jardins paysagers des années 1790.

Dans le village, l'église en ruine recèle la célèbre effigie dressée du **chevalier de Cantwell★**, belle œuvre sculptée d'un aristocrate normand placée dans la nef, présence impressionnante dans ce lieu solitaire.

Kells Priory★

13 km au sud de Kilkenny par la R 697.

Dans un cadre paisible en bordure de la Kings, les vestiges de ce **prieuré** sont parmi les plus impressionnantes ruines d'Irlande. Fondé en 1193 par Geoffrey de Marisco et quatre chanoines augustins venus de Bodmin, en Cornouailles, il a subi des assauts répétés. Cela explique sans doute ses considérables fortifications : son vaste domaine (2 ha) est enclos d'un mur d'enceinte doté de tours et percé d'une porte.

Edmund Rice Centre

16 km au sud-ouest de Kilkenny par la N 76 jusqu'à Callan. ♿ Mai-sept. : 10h-13h ; avr.-oct. : 14h-18h. Fermé Vend. saint, 25 déc. Possibilité de visite guidée (env. 1h). ✆ 05677 25141.

Dirigé par les Frères chrétiens, le complexe comprenant un centre d'accueil des visiteurs et une chapelle a été bâti autour du **cottage natal** d'Edmund **Ignatius Rice** (1762-1844), fondateur de cet ordre enseignant, qui a joué un grand rôle dans le domaine éducatif en Irlande. La cuisine avec son dallage de pierre, son foyer ouvert et son rouet n'a pas changé depuis Rice. Les autres pièces aussi ont été préservées, avec leur mobilier d'époque.

Dans la ville de Callan s'étendent les importantes ruines d'un prieuré augustin du 15e s.

Bród Tullaroan

16 km à l'ouest. Quitter Kilkenny par la R 693 puis très vite prendre la route secondaire vers la gauche en direction de Tullaroan. Juin-août : tlj sf sam. 10h-17h, dim. 14h-18h ; de Pâques à mai et sept.-nov. : dim. 14h-17h. 3 €. Sur rendez-vous au ✆ 087 668881. ✆ 05677 691077. www.brodtullaroan.com

Aménagé dans la campagne profonde, le centre du patrimoine « fierté de Tullaroan » est dédié à la mémoire de **Lory Meagher**, le « prince du *hurling* » du comté dans les années 1920-1930. La chaumière où le champion est né et a vécu a été restaurée et meublée pour recréer l'atmosphère de l'époque, quand son père a fondé avec d'autres l'Association athlétique gaélique (GAA, 1884). Le **musée du Hurling** attenant présente l'histoire sportive de la région en rassemblant d'intéressants accessoires.

Kilcooly Abbey

32 km au nord-ouest de Kilkenny par la R 693 ; à Urlingford, tourner dans la R 689 vers le sud sur 5,5 km ; le site est à 500 m du parking de l'église.

Les importantes ruines de cette abbaye cistercienne, fondée vers 1200, comprennent l'imposante tour du transept et un cloître. On peut y admirer, entre autres beaux monuments, l'effigie sculptée d'un chevalier. L'abbaye très fortifiée est protégée par un saut-de-loup. Dans le pré se dresse un grand colombier.

Dunmore Cave★

11 km au nord de Kilkenny par la N 77 et la N 78. Visite guidée de la grotte (40mn) de mi-juin à mi-sept. : 9h30-18h30, w.-end 9h30-16h30, de mi-sept. à fin oct. et de mi-mars à mi-juin : 10h-17h, w.-end 10h-16h30 ; de déb. nov. à mi-mars : w.-end 10h-16h30, j. fériés 10h-16h30 (dernière entrée 45mn av. fermeture). Fermé 25-26 déc. et certaines pauses-déjeuner. 2,90 €. ✆ 056 67726.

Sous la surface de l'affleurement calcaire isolé de Castlecomer, la **grotte** de Dunmore, une des plus vastes d'Irlande, est riche en fascinantes concrétions. Le centre d'accueil *(Visitor Centre)* a été reconstruit de manière saisissante au-dessus de l'entrée de la grotte. Il présente une exposition sur la géologie et l'histoire du site. Le récit rapportant un terrible massacre perpétré ici au 10e s. par les Vikings semble avoir été confirmé par la découverte en 1973 de pièces de monnaie et de squelettes humains. En 1999, on a trouvé par hasard d'autres objets vikings, d'autres pièces, des boucles ornementales très ouvragées, ainsi que de délicats objets travaillés en argent d'origine nord-africaine.

Castlecomer

19 km au nord de Kilkenny par la N 77 et la N 78.

En 1635, le village a été aménagé dans le style d'un village italien par sir Christopher Wandesforde, dont la famille exploitait les mines de charbon locales depuis trois siècles. Dans Reddy's Coalmine Lounge, le bar principal rappelle le cadre de la mine ; y sont exposés des morceaux de charbon de Castlecomer et des lampes, pics et pelles de mineurs.

Kilkenny pratique

Adresse utile

Shee Alms House - Rose Inn Street - ✆ 05677 51500 - mai-sept. ; oct.-mars. : tlj sf dim.

Transports

En train – *Dublin Road (au nord-est de la ville) - ✆ 056 772 2107, 056 772 2024.*

En bus – *Au même endroit que la gare ferroviaire.*

Visite

Visite guidée de la ville médiévale – *Dép. de l'office du tourisme de Kilkenny - avr.-oct. : 6 fois, dim. 4 fois ; nov.-mars : mar.-sam. 3/j - ✆ 05677 65929, 087 265 1745 (Tynan Tours) ; 087 265 1745 (portable).*

Se loger

Shilloger House – *Callan Road - 1 km du centre par la N 76 - ✆ 056 63249 - fax 056 64865 - 8 ch. 80/150 €.* Les Hennessy ont rendu leur maison la plus attrayante possible pour les voyageurs. Les chambres impeccablement tenues sont dignes d'un hôtel de toute première classe.

Berkeley House – *5 Patrick Street - ✆ 056 64848 - fax 056 64829 - berkeleyhouse@eircom.net - fermé 23-27 déc. - P - 9 ch. 90/170 €.* En plein cœur du centre, cette maison georgienne a aussi l'avantage d'offrir un parking spacieux, excellent point pour ceux qui auront déjà essayé de se garer à Kilkenny. Les chambres sont spacieuses ; les plus calmes sont à l'arrière.

AUX ALENTOURS

Abbey House – *19 km au sud par la R 700 jusqu'à Thomastown, face à l'entrée de l'abbaye de Jerpoint - ✆ 05677 24166 - 7 ch. 80/150 €.* Rideaux fleuris et meubles victoriens ornent un charmant bâtiment ancien entouré d'un jardin. Le petit-déjeuner à la carte est remarquable, avec jus de fruits frais et scones maison.

Se restaurer

Kyteler's Inn – *St Kieran's Street - ✆ 05677 721064 - 15/20 €.* De bons plats copieux le soir, et une cuisine de brasserie à midi, vous attendent dans ce pub installé dans sa maison médiévale.

Zuni – *26 Patrick Street - ✆ 05677 23999 - fermé 23-28 déc. - 33/45 €.* Sa façade trahit les débuts du Zuni, la première salle de cinéma de Kilkenny, contrastant avec l'intérieur contemporain du restaurant aménagé en l'an 2000, le plus recherché de la ville. Les plats créés dans la cuisine ouverte sont aussi à la mode.

Ristorante Rinuccini – *1 The Parade - ✆ 05677 61575 - info@rinuccini.com - fermé 25 et 26 déc.* Ce restaurant italien raffiné porte le nom d'un nonce apostolique du 17e s. basé en Irlande, et bon vivant.

Achats

Kilkenny Design Centre – *9h-18h, dim. 10h-18h - rest. : avr.-déc. : 9h-17h, dim. 10h-17h ; janv.-mars : tlj sf dim. 9h-17h - ✆ 05677 22118 - www.kilkennydesign.com.* Aménagé dans les écuries monumentales du château (*Castle Stables*, 18e s.), ce grand centre de souvenirs de qualité abrite les échoppes de plusieurs artisans. Il a été créé dans les années 1960 pour mettre en avant la création en céramique, textiles, mobilier et bijoux.

Plusieurs ateliers d'artisans sont regroupés à **Bennetsbridge** *(11 km au sud)*, dans des anciens moulins. On peut voir souffler le verre et acheter les objets produits au **Jerpoint Glass Studio** *(au sud de Stoneyford, sur la route de Thomastown).*

À la **brasserie Smithwick's**, on peut faire le plein de la bonne bière Kilkenny, puisque c'est ainsi qu'elle est appelée hors d'Irlande *(visite guidée à 15h tous les jours - prendre les billets à la Security Gate le matin - entrée gratuite).*

Sports et Loisirs

Sur le **Mount Juliet**, un splendide domaine de 570 ha offre de nombreux équipements sportifs, y compris un parcours de **golf** conçu par Jack Nicklaus. Le manoir (vers 1780), aujourd'hui un hôtel de luxe, est réservé aux résidents. *Réservation nécessaire pour les activités sportives - ✆ 05677 73000 - www.mountjuliet.ie*

Agenda

Le **Kilkenny Arts Festival**, à la mi-août, est une des grandes manifestations artistiques d'Irlande. Il associe concerts de musique classique, arts visuels, théâtre, littérature, art pour et par les enfants, avec des manifestations de plein air.

Killarney★★

14 603 HABITANTS – COMTÉ DE KERRY
CARTE MICHELIN N° 712 D11 – CARTE GÉNÉRALE RABAT II A3

Depuis plus de deux siècles, les visiteurs se pressent dans cette ville-phare du tourisme irlandais, séduits par son magnifique environnement de lacs, végétation exubérante, ruines romantiques et domaines impeccablement entretenus. Tout autour se dressent des montagnes sauvages comme les Macgillycuddy's Reeks, qui culminent au Carrantuohill (1 041 m), le plus haut sommet d'Irlande. La visite de la région serait incomplète sans, d'une part, la traditionnelle excursion au Gap of Dunloe, impressionnante brèche taillée au cœur des montagnes par un glacier ; et, d'autre part, la découverte du Ring of Kerry, ce tour spectaculaire de la péninsule de Iveragh.

Se repérer – Étape incontournable pour qui veut découvrir les exceptionnelles merveilles du sud-ouest irlandais, Killarney *(Cill Airne)* se trouve sur la N 22 entre Cork et Tralee, à faible distance de l'aéroport de Farranfore. Avec ses nombreux hôtels et restaurants, c'est un centre de tourisme idéal. Sur la rive est du Lough Leane, appelé aussi Lower Lake (lac inférieur), le plus vaste des trois lacs de la magnifique vallée glaciaire, Killarney est aussi la porte du parc national auquel il a donné son nom.

À ne pas manquer – Killarney National Park, Muckross, Gap of Dunloe, le RIng of Kerry et ses multiples beautés sans fin.

Organiser son temps – On peut sans doute passer une vie entière dans la péninsule de Iveragh sans se lasser. Prévoir malgré tout un minimum de deux ou trois jours.

Avec les enfants – Muckross House et Muckross Farms, Skellig Experience sur l'île de Valencia qui permet de découvrir le caractère particulier des îles Skellig.

Pour poursuivre le voyage – Voir aussi Kenmare, la péninsule de Dingle, Tralee.

Comprendre

Le monastère fondé au 7e s. sur la petite île d'Innisfallen devient par la suite un grand centre d'enseignement. C'est là que seront rédigées les *Annales d'Innisfallen*, une des premières chroniques irlandaises connues. Plus tard, les clans des O'Donoghue, McCarthy et O'Sullivan dominent la région, supplantés ensuite par des colons élizabéthains comme les familles Browne et Herbert. Un Browne du 18e s., Thomas, quatrième vicomte de Kenmare (1726-1795), trace le plan actuel de Killarney, et fonde un bourg coquet de maisons et magasins aux toits en ardoise. Il implante aussi des filatures de lin et de laine, et embellit l'environnement en plantant des arbres et en installant bancs et belvédères. Les habitants profitent avec bonheur de ces aménagements, bientôt suivis par un flot sans cesse croissant de visiteurs, au nombre desquels de nombreux poètes, peintres et écrivains. Le poète Shelley est plus impressionné par Killarney que par la Suisse ; Macaulay pense qu'Innisfallen n'est pas « un reflet du paradis, mais le paradis même ». Mais Charlotte Brontë se fait jeter à terre par son cheval en visitant la brèche de Dunloe, et Thackeray est horrifié par la multitude des guides et des rabatteurs. La vocation touristique de Killarney s'officialise avec la visite, en 1861, de la reine Victoria. En 1932, les propriétaires américains du domaine de Muckross en font don à l'État, sous le nom de Bourn Vincent Memorial Park. Il devient le noyau du premier parc national instauré en Irlande.

Souvenirs de cinéma

The Dawn (« L'Aube »), un film irlandais dont l'action se déroule pendant la guerre d'Indépendance, est tourné à Killarney entre 1933 et 1934, avec 250 acteurs amateurs recrutés sur place. Le film est produit par Tom Cooper, propriétaire du cinéma local. Les prises de vues ont le plus souvent lieu le jeudi pour profiter de la fermeture des magasins l'après-midi. Le bar du Three Lakes Hotel expose des photos du tournage, et d'autres de *L'Homme tranquille* (filmé en 1952, à Cong) et de *La Fille de Ryan* (1968, plage de Banna ; *voir Tralee*).

Se promener

Étant un peu éloignée des lacs, et sans grand cachet au plan architectural, la ville de Killarney dépend surtout pour son ambiance de la foule des touristes qui se pressent dans ses rues et les nombreux bars, hôtels et magasins qui répondent à leurs besoins. Les grands points de ralliement sont Market Cross, à l'intersection de Main Street, High Street et New Street, et Kenmare Place, où les carrioles à cheval attendent leurs passagers.

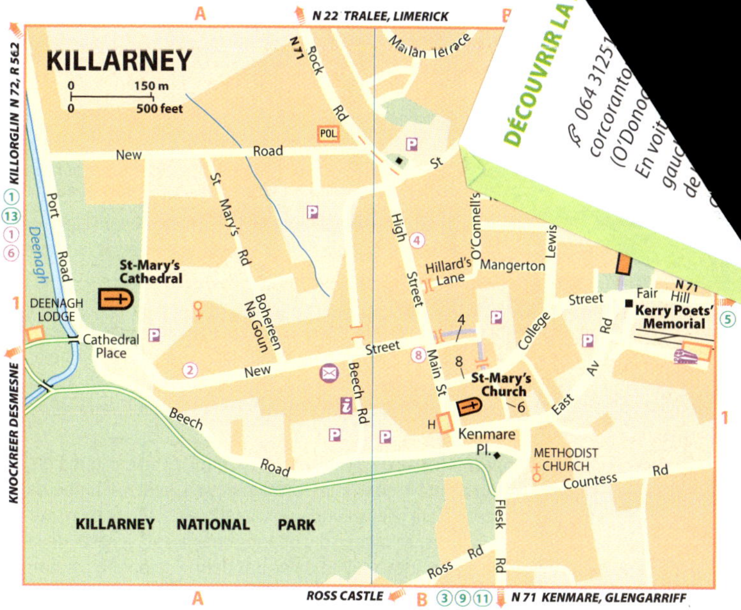

SE LOGER
Ard na Sidhe Hotel 1
Fuchsia House 3
Kathleen's Country House Hotel 5
Kingfisher Lodge 7
Muckross Park 9
Old Weir Lodge 11
Pot of Gold 13

SE RESTAURER
Beaufort 1
Chapter Fourty 2
Gaby's 4
Skellig Mist 6
The Laurels 8

INDEX DES RUES
Bohereencael 4
Brewery Lane 6
Plunkett St 8

St Mary's Cathedral★ A1

La cathédrale catholique à la flèche élancée (87 m) a été conçue par **Augustus Pugin**. Elle surprend par l'austérité de son intérieur, où l'absence de revêtement révèle les nuances de la pierre calcaire. La première pierre a été posée en 1842, mais les travaux se sont interrompus entre 1848 et 1853, quand le bâtiment a servi d'asile pour les victimes de la famine. Consacré en 1855, il a été adapté à la nouvelle liturgie en 1972-1973.

St Mary's Church B1

L'église anglicane, édifiée en 1870 dans le style gothique primitif anglais sur le site d'une première église du 17e s., est ornée d'un vitrail qui reproduit *Light of the World (La Lumière du monde)*, une œuvre de Holman Hunt. On y découvre de nombreux monuments funéraires, dont celui *(côté nord de la nef)* du révérend Arthur Hyde, arrière-grand-père du premier président d'Irlande, Douglas Hyde.

Kerry Poets'Memorial B1

Le monument a été conçu en 1940 par Seamus Murphy pour commémorer les quatre plus célèbres poètes gaéliques du comté.

Franciscan Friary B1

Le hall d'entrée du monastère, construit en 1860 dans le style de celui de Muckross, renferme un vitrail de **Harry Clarke**.

Aux alentours

GAP OF DUNLOE★★ 1

Plusieurs modes de transport sont proposés pour arpenter la brèche de Dunloe.
En circuit organisé AR au départ de l'office du tourisme de Killarney : bus jusqu'au cottage de Kate Kearney, cheval ou carriole à cheval jusqu'au cottage de lord Brandon, bateau pour traverser les trois lacs, et retour en bus à Killarney (si le temps le permet). Avr.-oct. : 10h30-17h circuit AR (6-7h). Bus et bateau 30 € ; cheval 45,50 € ; carriole 45 €. Bus et bateau 25 € ; bateau seul 12 € (Gap of Dunloe Tours). ✆ 064 31633 (office de tourisme) ; ✆ 064 30200 - www.gapofdunloetours.com (Gap of Dunloe Tours) ; ✆ 064 30200 ou 064 31052 - oconnorautotour@eircom.net (O'Connor Tours) ;

, 31567 - www.derostours.com (Deros Tours) ; ✆ 064 36666 - www. urs.com (Corcoran's Tours) ; ✆ 064 31068 - www.killarneydaytour.com ghue Brothers).

ure : au départ de Killarney prendre la N 72 vers l'ouest ; après 6 km tourner à he et poursuivre jusqu'au parking à l'extrémité nord de la brèche, près du cottage Kate Kearney ; louer un cheval ou une carriole ou poursuivre à pied avant de retourner u parking. La route qui suit la gorge n'est pas adaptée aux voitures ; les conducteurs qui l'empruntent sont gênés par les chevaux et gênent marcheurs et cyclistes.

En louant une bicyclette : on peut suivre une boucle, soit en passant par les lacs (un bateau spécial transporte les vélos), soit par la Kerry Way (il faut par moments descendre et pousser son vélo), soit via Moll's Gap.

Les cochers proposant leurs carrioles à cheval encombrent les bords de route et l'avant-cour du **Kate Kearney's Cottage**, un ancien relais de poste où la belle Kate servait le *poteen* (whisky de contrebande) aux voyageurs du 19e s. *9h-23h30 (déc.-avr. : 23h). Spectacles, avec danses irlandaises : mois d'été, merc., vend.-dim. ✆ 064 44146.*

Le parcours dans l'étroite gorge jonchée de pierres est sans conteste l'un des sommets d'une visite de l'Irlande. Le flot animé des carrioles, cavaliers, cyclistes et randonneurs s'effiloche rapidement ; on conseillera néanmoins aux amateurs de solitude de visiter la brèche en fin de journée, ou, encore mieux, d'y pénétrer par le sud, à partir de la Black Valley. La brèche glaciaire en auge (457 m de profondeur) est longée par une étroite piste non goudronnée qui gravit une série de virages en lacet, court le long de plusieurs petits lacs de montagne, traverse un torrent bondissant et passe devant les vestiges d'un ancien poste de la police royale irlandaise. La plupart des visiteurs font demi-tour une fois arrivés au point haut de la brèche (*Head of the Gap*, 242 m). La piste redescend ensuite dans la vallée de Gearhameen, dans laquelle paissent des cerfs. Le regard embrasse le lac supérieur *(Upper Lake)*, bordé de forêts de chênes, avec en toile de fond le mont Mangerton (838 m).

KILLARNEY NATIONAL PARK★★★ 2

Circuit de 48 km, au sud de Killarney par la N 71.

♿ Centre d'accueil - de mi-mars à fin oct. : 9h-18h (juil.-août 19h) ; de déb. nov. à mi-mars sur demande (dernière entrée 1h av. fermeture). Spectacle audiovisuel (20mn). ✆ 064 31440.

Le parc national couvre 10 000 ha, englobant les trois lacs, Lough Leane, Muckross Lake et Upper Lake, reliés par la rivière Long Range, avec leurs berges et les versants des montagnes qui les encadrent à l'ouest et au sud. Le noyau d'origine du parc, le domaine de Muckross, est complété aujourd'hui par Knockreer, Ross Island et Innisfallen, qui appartenaient autrefois au domaine de Kenmare. Les tourbières sur les terres hautes contrastent avec les plus grands bois de chêne anciens d'Irlande. Le parc montre aussi des bosquets d'ifs, des zones marécageuses peuplées d'aulnes et, particulièrement renommés, de nombreux arbousiers, qui prospèrent sous le climat exceptionnellement doux. Le caractère unique de ces paysages a été internationalement reconnu en 1981, quand le parc a été classé réserve de la Biosphère par l'Unesco.

Knockreer Demesne

Sentier piétonnier jusqu'au château de Ross.

Le domaine s'étend à l'ouest depuis Killarney jusqu'au bord du lac Leane ; l'entrée est marquée par un cottage à toit de chaume, **Deenagh Lodge** *(salon de thé).*

Ross Castle★

1,5 km au sud par la N 71 et une petite route vers l'ouest (panneau). Sentier piétonnier jusqu'à Knockreer Demesne.

Croisières en bateau jusqu'à l'île d'Innisfallen (voir « Killarney pratique »). Juin-août : visite guidée (40mn) 9h-18h30 ; avr.-sept. : 10h-18h (avr. 17h) ; oct. : tlj sf lun. 10h-17h (dernière entrée 45mn av. fermeture). Fermé 24-26 déc. 3,50 €. ✆ 064 35851.

Bien restauré, le dernier des châteaux du Munster tombé aux mains de Cromwell (ses troupes n'ont pu s'en emparer qu'en 1652, à l'aide de bateaux) a été bâti au 15e s. au bord du lac inférieur, le Lough Leane, par un chef du clan O'Donoghue. Un enclos fortifié renforcé de tours circulaires entourait le donjon rectangulaire. Les quatre niveaux, où se distribuent petite salle, chambre et grande salle, ont été restaurés avec les techniques en usage au Moyen Âge et meublés dans des styles allant du début du 15e s. à la fin du 16e s.

Le promontoire qui s'avance dans le Lough Leane, appelé **Ross Island**, abritait au début du 19e s. des mines de cuivre en exploitation. Il montre aujourd'hui une profusion d'arbres et d'allées bordées de fleurs. Le poète Shelley, en 1813, y est tombé sous le charme des arbousiers. De belles vues s'ouvrent sur le lac, ses îles et son écrin de montagnes.

Sur l'île d'**Innisfallen** ne subsiste aucune trace du monastère du 7e s., qui était devenu un grand centre d'enseignement. Mais on peut voir les ruines évocatrices d'une abbaye plus récente, au beau portail roman.

Muckross Friary★

5mn à pied du parking ; sentier jusqu'à Muckross House. ♿ De mi-juin à déb. sept. : 10h-17h (dernière entrée 16h15). Visite guidée sur demande. ✆ 064 31440.

Appelé aussi abbaye de Muckross, le prieuré a été fondé en 1448 pour les franciscains ; sa construction s'est étalée sur 59 ans. L'église est remarquable pour sa nef et son chœur (15e s.) éclairé par une fenêtre très ébrasée à quatre jours couronnée par un remplage, sa tour centrale massive et le bras droit du transept, élevé vers 1500. Le cloître aux 22 arches et les communs ont été construits à quatre périodes différentes. Au nord du chœur, un édifice à trois niveaux abritait certainement la sacristie et le logement du sacristain.

Muckross House et Muckross Farms★

Parking ; sentier piétonnier jusqu'au prieuré de Muckross. ♿ Manoir : 9h-18h (juil.-août : 19h ; de nov. à mi-mars : 17h30). Jardins : juin-sept. 10h-19h ; mai 13h-18h ; de mi-mars à fin avr. et oct. w.-end et j. fériés 13h-18h (dernière entrée 1h av. fermeture). Fermé 1re sem. de Noël. Manoir et ferme 10 € ; manoir ou ferme 6,50 €. Spectacle audiovisuel. ✆ 064 31440.

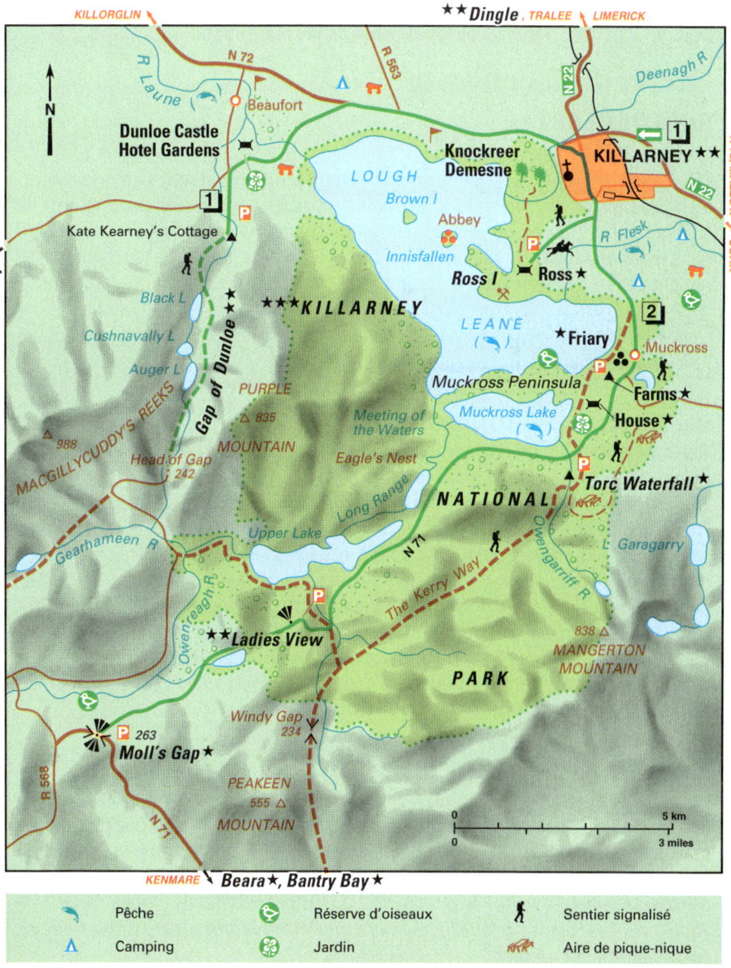

Le manoir de style élizabéthain en pierre de Portland a été construit en 1843 pour la famille Herbert. Beaucoup des pièces sont meublées dans le style du début du 20e s. : **salon**, **bibliothèque** et **salle à manger** somptueusement décorés ; chambre d'enfants exposant des poupées fabriquées vers 1870 : salle de bains d'époque ; chambre avec un lit à colonnes. Le sous-sol est consacré à l'artisanat régional. Les très beaux **jardins** aux magnifiques rhododendrons descendent jusqu'au bord du lac. La **presqu'île de Muckross**, qui sépare le Lough Leane du lac de Muckross ou Middle Lake porte l'un des plus beaux **bois d'ifs** d'Europe *(sentiers de nature)*.
La **ferme traditionnelle** *(1h à pied)* donne un aperçu de la vie rurale au début du 20e s. en Irlande. Des animaux circulent dans les cours et les champs. Les bâtiments, du grand corps de ferme aux cottages des ouvriers, sont aménagés à l'ancienne : buffets, armoires, banquettes-lits. La tourbe brûle dans les foyers, tandis que des figurantes en costume procèdent aux tâches paysannes d'autrefois, avant que l'électricité et les équipements modernes n'arrivent dans les campagnes.

Torc Waterfall★

Parking. Dans un charmant cadre forestier, la cascade est avec ses 18 m l'une des plus hautes d'Irlande. À côté, le **belvédère** *(173 marches)* dévoile une vision superbe sur les lacs.

Ladies View★★

Parking. Gravissant les montagnes jusqu'à Kenmare, la route (N 17) offre aux voyageurs certains des plus beaux panoramas sur les paysages de la région, sans avoir à faire de l'escalade. La reine Victoria, lors de sa venue en 1861, a été émerveillée par la perspective des Macgillycuddy's Reeks et du Upper Lake émaillé d'îles.

Moll's Gap★

Parking. Ce col à 263 m d'altitude permet d'avoir une vue saisissante de la brèche de Dunloe au nord et d'apercevoir la « rivière » de Kenmare au sud.

Circuit de découverte

RING OF KERRY★★

Circuit de 203 km – une journée.

Mondialement réputée, la péninsule d'Iveragh réunit montagnes altières, baies rocheuses, plages de sable et paysages marins superbes. Appelée **Anneau du Kerry**, la N 70 qui en fait le tour en longeant la côte entre Killorglin au nord, et Kenmare au sud, est une des routes touristiques les plus connues du monde. On peut la parcourir entièrement en une seule journée. Mais seul un rythme plus mesuré, sur plusieurs jours, peut rendre justice à l'extraordinaire beauté de ces paysages variant à l'infini.

Quitter Killarney par la N 72 vers l'ouest ; en raison de l'étroitesse de la route, le croisement y est difficile. Il faut savoir que la plupart des autocars de tourisme l'empruntent du nord vers le sud. Il est possible d'organiser ce circuit en sens inverse.

Dunloe Castle Hotel Gardens

Après 6 km sur la N 72, tourner à gauche. Mai-sept. ✆ 064 44111. www.discoverireland.ie

En partie enclos de murs de pierres grises, ces jardins exubérants s'étendent entre l'hôtel (moderne) et une maison forte du 13e s. qui domine la **Laune** et la Loe, dans un décor de montagnes où se détache la brèche de Dunloe. Les collections botaniques se composent d'espèces exotiques en provenance du monde entier : arbousier de Killarney, lys d'Afrique du sud, gommiers d'Australie, palmistes et merisiers de Nouvelle-Zélande, érables du Japon, cornouillers d'Amérique du Nord, araucarias du Chili, fuschias d'Amérique du Sud, espèces parfois très rares comme le cyprès chauve de Chine et « l'arbre qui donne la migraine » *(« Headache » tree)*, ainsi nommé en raison du parfum exhalé par ses feuilles.

Revenir sur la N 72 et poursuivre vers le nord-ouest vers Killorglin.

Killorglin (Cill Orglan)

La petite ville est surtout connue pour la foire qui s'y déroule en août, la **Puck Fair** (foire du lutin). Pendant trois jours et trois nuits de festivités, un bouc de grande taille trône sur la place. Le sous-sol d'une maison particulière abrite la **Puck Fair Exhibition**, avec des documents relatifs à la foire *(tourner à droite après le pont au pied de la colline). 12h-21h. 2 €. ✆ 066 976 1353 (Patrick Houlihan).*

Poursuivre vers l'ouest par la N 70 ; tourner à gauche vers Caragh Lake, puis à droite et enfin à gauche vers Lickeen.

Lough Caragh★★

La route qui longe la rive ouest du lac offre de jolies vues sur ce plan d'eau riche en saumons et en truites. Au sud-est s'élèvent les Macgillycuddy's Reeks (1 040 m).

Revenir sur la N 70 et poursuivre vers l'ouest ; au pont du Caragh, prendre à droite.

Plage de Cromane

Cette longue langue de sable abrite la vaste étendue d'eau profonde appelée rade de Castlemaine.

Poursuivre vers l'ouest sur la N 70. À l'ouest de Glenbeigh, prendre la route secondaire vers l'ouest en traversant le pont, jusqu'à la grève de Rossbeigh.

Rossbeigh Strand

En arrière de la longue grève de 5 km se blottit un hameau avec un pub et une boutique. On peut faire de longues marches dans les bois de Rossbeigh.

Reprendre la N 70 vers l'ouest et, à Kells, prendre à droite la petite route vers la baie de Kells (1,5 km).

Kells Bay

La petite plage isolée protégée par les arbres est appréciée des baigneurs.

Reprendre la N 70 vers l'ouest.

On passe devant les ruines austères de **Carhan House** *(à droite)*, la maison natale de Daniel O'Connell.

Cahersiveen (Cathair Saidhbhín)

Près du rivage sud du bras de mer appelé rivière de Valentia, la ville natale de Daniel O'Connell est une implantation relativement récente, du début du 19e s.

L'**église-mémorial O'Connell**, dont le plan a d'abord été rejeté par les autorités religieuses pour sa complexité, puis approuvé par le pape Léon XIII, a été construite en 1888. En granit de Newry, elle est ornée de parements de marbre noir local. La tour prévue n'a jamais été achevée. Près du pont, l'ancien quartier général de la police, incendié en 1922, a été restauré pour recevoir le **Barracks Heritage Centre** et ses présentations d'histoire locale. *Old RIC Barracks, Cahersiveen. Juin-sept. : tlj sf dim. ☏ 066 947 2589.*

Prendre la route secondaire vers la rade de Cooncrome, au nord. Après avoir traversé la rivière, tourner à gauche (3,2 km).

Cahergall Fort

Comme à Staigue, des marches taillées à l'intérieur des murs de ce fort de pierre massif permettent d'y monter. Les murs entourent deux édifices de pierres sèches : une hutte en forme de ruche et une maison rectangulaire.

Poursuivre à pied vers l'ouest et prendre à droite un chemin privé.

Leacanabuaile Fort

Ce fort préhistorique en pierres sèches, en partie reconstitué, a été occupé au cours des âges du bronze et du fer. Du haut des remparts très belles **vues★★** sur la côte.

Revenir à Cahersiveen et poursuivre le circuit vers l'ouest sur la N 70.

Pour visiter l'île de Valencia, on peut soit prendre à droite la route de Renard Point et prendre le ferry pour Knight's Town (voir « Killarney pratique »), soit poursuivre sur la N 70, prendre la R 657 à droite et traverser le pont qui enjambe le chenal de Portmagee.

Valencia Island

Bien que petite (11 km sur 3), l'île est bien connue des auditeurs de la BBC qui écoutent les prévisions de la météo marine. En 1858, Valencia est devenue le terminal est du premier câble du télégraphe transatlantique, à 3 200 km du terminal de Terre-Neuve. L'île n'a été reliée à la terre qu'en 1970 avec la construction du pont qui enjambe le chenal de Portmagee. **Knight's Town**, le petit port tranquille qui est aussi le village principal de l'île, est formé d'une unique rue qui s'achève au clocher à bardeaux, près du port. Au nord de l'église, au bout de 4 km par une route raide et étroite, on parvient à une grotte artificielle créée dans une carrière d'ardoise désaffectée. Du promontoire s'offre une vue sur l'île Beginish et le cap Doulus.

L'extrémité ouest de l'île Valencia, la pointe de Bray, est marquée par la tour de Bray *(30mn à pied en gravissant un sentier qui part de l'extrémité de la route)*, une tour de guet en pierre du 16e s. depuis laquelle se déroule un panorama, au sud vers les îles Skellig, au nord vers la péninsule de Dingle.

Skellig Experience – *Île de Valencia. ♿ Mars-nov. : 10h-19h (sept.-nov. 18h) (dernière entrée 45mn av. fermeture). Exposition 5 €. Possibilité de croisière aux îles Skellig 27 €, expo comprise. ☏ 066 947 6306. www.skelligexperience.com.* Près du pont qui

Haute protection

Seuls quinze marins détiennent le droit d'emmener des visiteurs sur **Skellig Michael**, la plus grande et la plus extraordinaire des îles Skellig, classée au patrimoine mondial de l'Unesco. À condition encore qu'ils n'y débarquent pas plus de douze personnes par jour, de mai à septembre seulement. Cette licence, renouvelable chaque année, fait l'objet d'une polémique avec l'Unesco depuis 1994. Les marins demandent à pouvoir transmettre ce permis à leurs descendants ou bien à le vendre car c'est un gagne-pain dans lequel ils ont souvent investi toute leur vie. Les négociations sont menées par l'OPW (Office of Public Works), qui gère le patrimoine national irlandais.

relie Valencia au reste de l'Irlande, cet astucieux bâtiment est invisible dans le paysage. Revêtu de pierre et couvert d'un toit en herbe, ce centre abrite des présentations créatives, qui donnent un bon aperçu du caractère vraiment exceptionnel des îles Skellig et de la vie qui s'y est accrochée : monastère, phares, faune et vie sous-marine locale *(vidéo)*. De très bonnes animations interactives et pleines d'humour captivent les enfants. Un passage par ici ne remplacera pas un tour aux îles Skellig mais représente un bon ersatz si le mauvais temps en a empêché la découverte.

Skellig Islands★★★

Accès par bac (voir « Killarney pratique »). Vision impressionnante, ces rochers presque nus surgissent de l'écume de l'Atlantique à 16 km des côtes, comme des sommets de montagnes englouties. La plus petite, Little Skellig, est une réserve de nature : il est interdit d'y débarquer, pour laisser en paix les colonies de mouettes tridactyles, petits pingouins, guillemots, puffins et fous de Bassan. Il est possible de visiter la plus grande, Skellig Michael, inscrite sur la liste du Patrimoine mondial, quand le temps le permet. Au 6e s., sa situation au bout du monde connu lui a valu d'être choisie par saint Fenian pour y fonder un monastère ; cette institution a fonctionné cinq à six siècles, jusqu'à ce que les moines abandonnent leur environnement désolé pour une résidence plus accueillante à Ballinskelligs, sur la grande terre. En bon état de conservation, les vestiges, une église, deux oratoires et six huttes en forme de ruche, demeurent périlleusement accrochés au-dessus des vagues sur une étroite plate-forme, à laquelle on accède par plusieurs centaines de marches.

Depuis l'île de Valentia, emprunter le pont (1,6 km de long) qui la relie à Portmagee (An Caladh).

Portmagee (An Caladh)

Le tout petit village de Portmagee est un port bien actif qui exporte loin saumons, colins et crustacés. Il lui a fallu attendre 1970 pour obtenir la construction du pont qui le relie à Valentia, et de nombreuses photos et affiches proclament encore l'importance de l'événement. L'église catholique a pu être achevée en 1990 grâce au don consenti par un riche protestant, de 30 000 £.

Prendre la route côtière vers le sud. Elle grimpe les flancs du Glaneavagh (318 m), qu'elle contourne, puis plonge en d'étroits zigzags très abrupts vers la baie de Saint-Finan, d'où l'on aperçoit par beau temps les îles Skellig. Cet itinéraire permet d'apprécier la beauté sauvage et désolée de l'extrémité de la péninsule. Poursuivre vers le sud sur la R 567.

Ballinskelligs (Baile an Sceilg)

Ce tout petit village de langue irlandaise est connu pour son port minuscule et sa plage de sable doré, longue de 6 km.

Poursuivre vers l'est par la R 567 ; à l'embranchement, reprendre à droite la N 70.

Waterville (An Coireán)

La petite station balnéaire édifiée sur l'isthme séparant le **Loughac Currane** de la mer s'enorgueillit de sa longue promenade (800 m). Charlie Chaplin y a effectué de fréquents séjours, évoqués par des photographies exposées dans le foyer de l'hôtel Butler Arms, dont le décor rappelle les années 1950.

Coomakesta Pass

La route sinueuse du **col** (213 m) procure des vues étonnantes sur la côte.

Derrynane National Historic Park★★

♿ *Mai-sept. : 9h-18h, dim. 11h-19h ; avr. et oct. : tlj sf lun. 13h-17h ; nov.-mars : w.-end 13h-17h (dernière entrée 45mn av. fermeture). 2,90 €. Visite guidée (30mn) sur demande. ✆ 066 947 5113. www.heritageirland.ie*

Le domaine appartenait autrefois à Daniel O'Connell (1775-1847), champion des droits des catholiques, surnommé le Libérateur.

O. Forir / Tourism Ireland

Le château de Kilkenny.

O. Forir / MICHELIN

L'abbaye de Jerpoint aux alentours de Kilkenny.

Tourism Ireland

Paysage du Ring of Kerry.

Le **parc** (120 ha) borde la baie de Derrynane. Il comprend une plage, une réserve ornithologique et une île accessible à marée basse, Abbey Island. Près du manoir, des allées parcourent les jardins de fleurs et les bois. Les ailes sud et est de la **demeure** à façade d'ardoise n'ont pas changé depuis leur construction en 1825 par O'Connell ; elles sont ornées de portraits de famille, de mobilier d'origine et de souvenirs.

La pièce maîtresse du salon *(étage)* est une **table** très ouvragée, offerte à O'Connell lorsqu'il était membre du conseil municipal de Dublin. Le plateau est en noyer ; le piétement en chêne, représentant des chiens-loups et une harpe, a demandé quatre années de travail. O'Connell a fait édifier en 1844 la chapelle accolée à la maison en action de grâces pour sa libération de prison. Une soigneuse rénovation a rendu son lustre passé à l'énorme char sur lequel il a défilé à travers Dublin.

Au départ de Derrynane, poursuivre vers l'est par la N 70 ; à Castlecove, tourner à gauche à l'hôtel Staigue Fort House.

Staigue Fort★

Route d'accès étroite. Contribution de 20 pence pour entrer. Ce fort restauré en pierres sèches vieux de 2 000 ans est l'un des plus beaux d'Irlande. Totalement entouré d'un talus et d'un fossé, il a probablement été construit avant le 5e s. pour servir de refuge à la communauté. On accède au parapet par des marches situées sur la face intérieure des murs hauts de 5 m et épais de 4 m.

Revenir sur la N 70 et poursuivre vers l'est.

Sneem (An Snaidhm)★

Dans ce ravissant village établi au fond d'un estuaire vécut Cearbhall O'Dálaigh (1899-1976), ancien président de la République. Des monuments ont été élevés à sa mémoire sur les deux vastes places herbeuses que relie un pont étroit.

L'**église anglicane** est un charmant petit édifice datant de 1810, doté d'une tour et d'une petite flèche sur laquelle un saumon fait office de girouette. L'intérieur, peint en blanc, renferme quelques ornements, dont plusieurs plaques de bancs en cuivre, portant les noms d'anciens paroissiens. *En hiver : demander la clé au café en face.*

Poursuivre vers l'est sur la N 70 jusqu'à Kenmare (voir ce nom), puis vers le nord sur la N 71 pour retourner à Killarney.

Killarney pratique

Adresses utiles

ℹ *Beech Road - ✆ 064 31633 - www.corkkerry.ie - juil.-août : tlj ; sept.-juin : tlj sf dim.* Une mine d'informations, cartes de randonnées, détails sur les sites et les moyens de les explorer. La plupart des visites organisées partent d'ici.

ℹ **Aéroport du comté de Kerry** – *Farranfore - 15 km au nord par la N 22 - ✆ 066 976 46 44 - www.kerryairport.ie*

ℹ En été, **offices de tourisme** à Muckross House et Torc Waterfall.

Transports

Car Ferry de l'île de Valentia à Renard Point – *12h-21h - ✆ 0697 61353 (Patrick Houlihan).*

Bac des îles Skellig – *Sur demande (si le temps le permet) - ✆ 06694 73355 (bureau de la région Kerry Skellig) - www.skellig.com.* Sur l'île Great Skellig, seuls les randonneurs expérimentés poursuivront après les ruines du monastère jusqu'à la croix gravée près du sommet.

Aéroport du comté de Kerry – *✆ 066 976 46 44.* Navette entre l'aéroport et le centre-ville.

Visites

Le **parc national** s'explore sur la terre ferme, mais aussi en bateau. Ross Castle, Muckross House et le Gap of Dunloe proposent **promenades** et randonnées, pour tous les goûts. On peut faire une **croisière en bateau** sur le Lough Leane, de Ross Castle jusqu'à l'île d'Innisfallen, ou la combiner avec la visite du Gap of Dunloe. *Dép. de Ross Castle (1h ; si le temps le permet) à bord du « Pride of the Lakes » - ✆ 064 32638 - 16 € (destination Killarney) ; à bord du « Lily of Killarney » - ✆ 064 31068 - 16 € ; également navette de bus entre Scott's Gardens et Ross Castle, (Killarney Watercoach Cruises Ltd).* Possibilité de visites guidées **à pied** de 2h ou plus sur demande *(✆ 064 33471 - www.killarneyguidewalks.com).*

On peut enfin, muni d'une carte, louer un **vélo**. *O'Sullivan Cycles - ✆ 064 22389 ; An Sugar Hostel - ✆ 064 33104.*

À Killarney, ou à Muckross House, on peut emprunter une **carriole à cheval** pour faire une promenade. *Dép. de Killarney (extrémité sud de Main Street), Muckross Abbey et Muckross House. Voir les contacts des principaux opérateurs ci-dessus à Gap of Dunloe. Ce sont les mêmes.*

Se loger

Kingfisher Lodge – *Lewis Road - ✆ 064 37131 - fax 064 39871 - kingfisherguesthouse@eircom.net - mars-oct. - 10 ch. 70/120 €.* Accueil chaleureux dans cette pension confortable à 3mn à pied du centre. Chambres propres et nettes aux tons pastel avec une grande salle de douche. Les plus tranquilles sont à l'arrière.

Old Weir Lodge – *Muckross Road - ✆ 064 35593 - fax 064 35583 - oldweirlodge@eircom.net - fermé 23-28 déc. - 30 ch. 100/140 €.* L'accent est mis sur le confort et l'espace dans cet hôtel du centre. Il possède deux salons accueillants et une vaste salle de petit-déjeuner prolongée d'une véranda. Chambres impeccables.

Fuchsia House – *Muckross Road - ✆ 064 33743 - fax 064 36588 - fuchsiahouse@eircom.net - de mi-mars à déb. nov. - 10 ch. 95/140 €.* Petit hôtel à l'atmosphère de maison de campagne. Chambres, originales et ornées de meubles anciens, salon confortable, jardin à l'arrière et petit-déjeuner maison.

AUX ALENTOURS

Pot of Gold – *Beaufort Village - 10 km au nord-ouest par la N 72 ou R 562, et en face du terrain de sport - ✆ 064 44194 - de Pâques à sept. 6 ch. 60/120 €.* À deux pas du Gap of Dunloe, le visiteur prend son copieux petit-déjeuner dans deux grandes pièces lumineuses. Chambres confortables et impeccables, à l'ancienne. Excellent dîner servi à deux pas au Beaufort Pub *(voir « Se restaurer »).*

Kathleen's Country House Hotel – *Tralee Road - 3 km au nord par la N 22 - ✆ 064 32810 - fax 064 32340 - info@kathleens.net - de Pâques à fin oct. -17 ch. 120/140 €* ☕. Soigné, bien tenu et confortable, avec de jolies chambres donnant sur le jardin. L'hospitalité chaleureuse de Kathleen est une des raisons pour lesquelles ses clients reviennent chaque année.

Muckross Park – *5,5 km au sud par la N 71 - ✆ 064 23400 - info@muckrosspark.com - fermé 3 semaines en janv. - 62 ch. 280 € - rest. 45/60 €.* Bel hôtel du 18e s., au confort exceptionnel. Outre ses grandes chambres, il bénéficie d'un spa avec Jacuzzi extérieur et d'une terrasse pour le yoga. Son restaurant *GB Shaw* sert des produits de la mer.

Ard na Sidhe Hotel – *Caragh Lake Killorghin - par la N 72- ✆ 06697 69105 - www.killarneyhotels.ie - 19 ch. 150/300 €.* Ce grand manoir victorien, aux splendides jardins en bord de lac, est décoré de façon exquise. Luxe et tranquillité garantis. Barques à disposition.

Se restaurer

Gaby's – *27 High Street- ✆ 064 32519 - sf dim. - dîner seul. - 35/55 €.* Réputée pour ses fruits de mer, on sert aussi de la viande là où l'on pense aux végétariens.

The Laurels – *Main Sreet - ✆ 064 31149 - 25/40 €.* L'un des meilleurs des innombrables pubs de la ville : musiciens, ambiance animée et sens vivant de la tradition. La carte propose tout un choix de spécialités, du ragoût irlandais *(Irish Stew)* au hamburger maison.

Chapter Fourty – *40 New Street - ✆ 064 71833 - sf dim. - dîner seul. - 45/50 €.* Salle au décor contemporain avec cuisine ouverte et bar accueillant. Cuisine bonne et diversifiée.

AUX ALENTOURS

Skellig Mist – *Portmagee - ✆ 06694 77250 - fermé 1er janv.-16 mars - 15/25 €.* Dans ce petit port du bout du monde, face à Valentia Island, Eileen Whelan réserve des surprises. Première femme du pays diplômée maître pâtissier, elle sert, du petit-déjeuner au dîner, des plats inventifs et délicieux, tous biologiques, sans aucun colorant ni additif et faits maison. Un havre de charme, de gentillesse et de gourmandise.

Beaufort – *Beaufort - 8 km à l'ouest par la N 72 - ✆ 064 44032 - 15/50 €.* Ce beau pub de village, stylé, à trois pas du Gap of Dunloe, sert une bonne bière et des déjeuners légers au bar. Le soir, à l'étage, son excellent restaurant attire la région. Ambiance véritable.

Une petite pause

O'Connor's – *7 High Street - ✆ 064 31115 - www.gapofdunloetours.com - à partir de 8h.* « Le » pub traditionnel, visitez dans le centre cet établissement récemment restauré. Accueil chaleureux et musique traditionnelle deux fois par semaine. Le pub organise aussi des excursions, qui partent d'ici dans un autobus de 1926.

Achats

High Street – La principale artère commerçante de la ville qui regroupe aussi la majorité des pubs et restaurants.

Quills Woollen Market – *High Street - Market Cross - ✆ 064 32 277 - 9h-18h, dim. 11h-17h.* Entreprise familiale fondée en 1939 qui propose un vaste assortiment d'articles irlandais : tweeds du Donegal, pull en laine d'Aran, linge de maison…

Kerry Woollen Mills – *Beaufort - 8 km à l'ouest par la N 72, au bout de 6 km prendre à droite au panneau ; après 1,5 km prendre à gauche, puis à droite - ✆ 064 44122 - avr.-oct. : tlj sf dim. 9h-17h ; nov.-mars : tlj sf w.-end 9h-17h.* Ici, on tisse la laine depuis plus de deux siècles ; exposition-vente de couvertures, tapis de selle, tweeds d'habillement et de décoration, lainages et laine à tricoter.

Kinsale★★

4 099 HABITANTS – COMTÉ DE CORK
CARTE MICHELIN N° 712 G12 – CARTE GÉNÉRALE RABAT II B4

Jolie petite ville du Patrimoine irlandais sur le large estuaire de la Bandon, Kinsale a une longue histoire, d'abord comme port, puis comme villégiature recherchée, avec ses ruelles charmantes et ses élégantes rangées de maisons georgiennes accrochées à la colline dominant l'estuaire. Kinsale connaît ces dernières années un succès croissant grâce à sa réputation de ville gastronomique, célébrée tous les ans au cours d'un festival des gourmets.

- **Se repérer** – Sur la côte sud, à une vingtaine de kilomètres de Cork et du terminal des car-ferries en provenance d'Angleterre et de France, Kinsale *(Cionn Tsáile)* se trouve aussi à proximité de l'aéroport de Cork par la N 27 et la R 600.
- **À ne pas manquer** – La rade de Kinsale, la route des estuaires.
- **Organiser son temps** – Une belle longue journée pour Kinsale et les alentours.
- **Avec les enfants** – Une balade à Kinsale sur les traces des fantômes *(voir « Kinsale pratique »)*; le village ferroviaire miniature à Clonakilty.
- **Pour poursuivre le voyage** – Voir aussi Cork, Skibbereen, Cobh.

Comprendre

Kinsale est fondée à la fin du 12e s. par les Anglo-Normands, mais elle entre vraiment dans l'histoire en 1601. Cette année-là des troupes espagnoles occupent la ville, à grande distance de leur allié **Hugh O'Neill**, qui combat les Anglais au loin en Ulster. Kinsale est assiégé par les Anglais, assiégés à leur tour par O'Neill, descendu du nord après une marche épuisante. Ensemble, les forces espagnoles et irlandaises auraient pu aisément vaincre l'ennemi, mais les Espagnols se sont contentés d'assister du haut des murs à la déroute de O'Neill *(des panneaux en bord de route expliquent la disposition des troupes)*. Cette défaite met fin au vieil ordre gaélique et au système des clans qui dominaient jusqu'alors. Jusqu'à la fin du 18e s : aucun Irlandais de naissance ne sera autorisé à s'installer à l'intérieur des murs du 13e s. En 1641, Kinsale prend le parti de Cromwell et s'évite ainsi bien des malheurs.

La défaite attend aussi **Jacques II** lorsqu'il débarque en mars 1689 à Kinsale pour reconquérir son royaume. Après la **bataille de la Boyne** *(voir encadré p. 166)* en 1690, le prince catholique reprend le chemin de l'exil et embarque pour la France à Duncannon, en rade de Waterford.

Au 17e s., Kinsale devient un port florissant spécialisé dans la construction navale pour la Marine royale. C'est ici qu'est construit le *HMS Kinsale* en 1700. Mais la construction de navires de plus en plus gros au 18e s. condamne le port, trop petit pour s'adapter.

Visiter

Kinsale Regional Museum★

Été : visite guidée (20mn) tlj sf dim. 11h-13h ; hiver : 14h-17h30, dim. et j. fériés 15h-17h30. Fermé 25 déc. 2,50 €. ✆ 021 477 7930 ou 021 477 2044 (Eugene).

Le Musée régional occupe l'ancien hôtel de ville, édifié à la fin du 17e s. et surmonté de pignons hollandais caractéristiques. Il abrite de nombreux vestiges du passé de la ville, dont plusieurs chartes royales. Dans la loggia, on peut voir le registre *(toll board)* des taxes prélevées sur les marchandises destinées au marché, ainsi qu'un canon du *HMS St Albans* qui a sombré dans le port de Kinsale le 8 décembre 1693.

La grande salle se consacre à l'enquête sur les victimes du *Lusitania*, coulé par les Allemands pendant la Première Guerre mondiale.

La salle d'exposition présente une collection très éclectique : dentelle locale et manteaux de Kinsale, très prisés autrefois, mais aussi l'argenterie et les chaussures ayant appartenu au géant de Kinsale, **Patrick Cotter O'Brien** (1706-1806), qui fit une brillante carrière sur la scène anglaise. Des expositions complémentaires sont présentées à Desmond Castle et au fort Charles.

Église St-Multose★ (anglicane)

De Pâques à fin sept. (sf cérémonies) : tlj sf dim. 10h-12h, 14h-16h. Offrande. ✆ 021 477 2220.

L'église d'origine, construite vers 1190, était dédiée au saint patron de Kinsale, saint Multose (appelé aussi Eltin), qui a vécu au 6e s. Sous le porche de la tour massive, un portail de style roman du 12e s. montre un décor en zigzag. La statue de saint Multose dans une niche domine le portail ouest. L'intérieur de l'église contient d'intéressants monuments funéraires du 16e s.

Desmond Castle

De mi-avr. à fin oct. 10h-18h (dernière entrée à 17h15). Possibilité de visite guidée. ✆ 021 477 4855.

Cette maison forte de trois étages a été construite entre la fin du 15e s. et le début du 16e s. pour servir de centre de douane aux comtes de Desmond, sur un site à l'époque à proximité du port. Durant le **siège de Kinsale**, elle a servi de magasin d'armes et de vivres, avant de redevenir la douane jusqu'en 1641. Par la suite, le bâtiment a servi de prison pour les détenus étrangers, notamment les Français, d'où son surnom de « prison française ». Il accueille désormais le **musée du Vin**, qui évoque l'époque où Kinsale était un port très actif dans le commerce du vin, et explique la raison du grand nombre de familles irlandaises dans l'industrie vinicole en France, Espagne, Australie et aux États-Unis.

Aux alentours

Kinsale Harbour★ (la rade)

La promenade *(2,5 km)* le long de la rive est de l'estuaire de la Bandon jusqu'à **Summercove** est très agréable ; l'unique rue du village plonge vers un port minuscule, où les vaisseaux anglais débarquaient canons et vivres pour leur armée lors du siège de Kinsale (1601-1602). Depuis le cimetière de l'église anglicane Ste-Catherine, une **perspective** se dégage sur la **rade**. Le **fort Charles★** *(en haut de la colline, parking)*, dont la construction a commencé en 1670, a servi jusqu'en 1922. Exemple type d'architecture fortifiée baroque, cette grande forteresse en forme d'étoile est la plus grande de son époque en Irlande. La plupart des bâtiments entourant le quadrilatère planté de gazon sont aujourd'hui laissés à l'abandon, sauf l'ancien magasin militaire qui abrite une intéressante exposition. Au sommet du fort, on bénéficie d'une **vue** très étendue sur la rade. ♿ *De mi-mars à fin oct. : 10h- 18h ; de déb. nov. à mi-mars : 10h-17h (dernière entrée 45mn av. fermeture). Fermé 25-26 déc. 3,70 €. Possibilité de visite guidée (45mn). Chaussures solides recommandées. ✆ 021 772 263. www.heritageirland.ie*

La rade est défendue sur le côté ouest par le **fort James** *(traverser le pont qui enjambe la Bandon et tourner à gauche : après 800 m, stationner et poursuivre à pied sur 800 m)* construit en 1604, mais moins bien conservé que le fort Charles. Seuls la tour centrale, une casemate et des pans de murs défensifs sont restés en partie intacts.

L'entrée de la rade est protégée par la **vieille pointe de Kinsale** *(à partir du pont, prendre la R 600 vers l'ouest et la R 604 vers le sud)*. À l'extrémité du promontoire se dressent les ruines du fort du 15e s. ayant appartenu à la famille de Courcy. La route s'arrête juste à proximité du nouveau phare, qui remplace celui bâti en 1683.

Le Lusitania

Au fond de la mer Celtique *(à 19 km au sud de Kinsale)* gît l'épave du grand transatlantique *Lusitania*, torpillé le 7 mai 1915 par un sous-marin allemand sur son trajet entre New York et Liverpool. Cette attaque entraîna un changement d'opinion aux États-Unis et ouvrit la voie à la déclaration de guerre des USA à l'Allemagne, deux ans plus tard. **Hugh Lane**, le riche collectionneur qui a fondé la galerie Hugh Lane d'Art moderne à Dublin, faisait partie des 1 500 victimes du naufrage.

Circuit de découverte

CARBERY COAST★ (ou la côte des estuaires)

61 km à l'ouest par la R 600.

De nombreuses criques, parfois boisées, découpent la côte sud du comté de Cork, et offrent de belles vues sur l'intérieur des terres ainsi que sur la mer.

Timoleague★

Sur l'estuaire de l'Argideen, le village est dominé par les vestiges d'un **monastère franciscain** fondé en 1320 et mis à sac par Cromwell en 1642. Les vastes ruines comprennent le cloître, la cour extérieure et, à 800 m au sud, les vestiges d'une léproserie du 12e s.

Bon à savoir – Entre Timoleague et Courtmacsherry, la route longe l'estuaire au ras de l'eau. La **piste pour piétons** qui a été aménagée dévoile une splendide et tranquille balade à faire en famille pour profiter des reflets de l'eau selon des éclairages différents. Une halte idéale également pour la pêche.
En quittant Timoleague, prendre la R 600 vers l'ouest. Avant la jonction avec la route principale (N 71), tourner à gauche (panneau indicateur).

Courtmacsherry★

Ce charmant village, **station familiale** sur l'estuaire, est une base idéale pour la promenade et la pêche en mer. Des sentiers à travers bois mènent à Wood Point ou à la plage de galets de Broadstrand Bay.
Quitter Courtmacsherry par la toute petite route qui rejoint Buttlerstown, puis Ardgehane, pour profiter, entre plages et falaises à-pic, d'une belle arrivée sur Clonakilty.

Clonakilty (Cloich na Coillte)

Ce gros bourg créé en 1598 est renommé pour ses traditions gaéliques, mais aussi pour son **boudin noir** *(black pudding)*, produit pour la première fois vers 1880 par Philip Harrington au n° 16, Sovereign Street (aujourd'hui Pearse Street). Une célèbre pompe à eau, appelée aussi **roue de la Fortune** *(au croisement de Connolly Street et de Lamb Street Lower)*, a été mise en place en 1890 grâce à la générosité du comte de Shannon. Le centre-ville est embelli par **Emmet Square**, avec un jardin central et de hautes maisons georgiennes aux charmantes impostes. Beaucoup de devantures de magasins rénovées présentent de pittoresques caractères gaéliques.

Le **Musée régional★** *(West Cork Regional Museum)* aménagé dans l'ancienne école retrace l'histoire locale, en mettant l'accent sur la guerre d'Indépendance et sur Michael Collins, né à Sam's Cross *(à 5 km à l'ouest). Mai-oct. : 10h30-17h, dim. 14h30- 17h30. 2,50 €. Visite guidée sur demande. ✆ 023 33115.*

Le **village ferroviaire miniature** *(West Cork Model Railway Village)*, installé dans les années 1940, fait le bonheur des jeunes. Ils pourront suivre le trajet effectué par le train et lire les informations sur l'histoire et l'environnement de chaque arrêt et de chaque gare. *Fév.-oct. : 10h-17h (été 18h). 7 € (enf. 4,25 €, famille 13 €). ✆ 023 33224. www.modelvillage.ie*

Les **Lissean Gardens** proposent, sur 12 ha de bois et jardins, de belles promenades. On peut aussi y jouer au golf ou taquiner la truite et le saumon dans la rivière Argideen. *4 km à l'est de Clonakilty sur la N 71. De 8h au coucher du soleil. 6 €, tarif famille 16 €. ✆ 023 33249. www.lisselan.com*

La péninsule, **Inchydoney Island** *(à 5 km au sud par Causeway Road)*, est réputée pour ses plages de sable fin. Cette grande bande de terre couverte d'herbe qui avance au sud dans la mer est plus connue sous le nom de Virgin's Bank, « banc de la Vierge ».
À partir de Clonakilty, prendre la route N 71 vers l'ouest.

Rosscarbery

Au fond d'une étroite échancrure maritime, ce petit village possède une immense place rectangulaire et une église romane très restaurée, la **cathédrale** anglicane **St-Fachtna**, au portail principal finement ciselé. Avant de partir à Würzburg comme missionnaire, **St Kilian** *(voir p. 186)*, le fameux évangélisateur des Allemands, a été formé ici à l'école monastique fondée en 590 par saint Fachtna. Deux siècles plus tard, la ville allemande enverra à son tour un de ses moines, saint Jacques, fonder une communauté bénédictine à Rosscarbery.
À partir de Rosscarbery, prendre la route R 597 vers l'ouest, en direction de Glandore ; après 6,4 km, tourner à gauche vers le cromlech de Drombeg (panneau indicateur).

Drombeg Stone Circle★

Drombeg est sans doute le plus impressionnant des 60 cromlechs dressés aux temps préhistoriques dans l'ouest du comté de Cork : 14 monolithes, espacés régulièrement, forment un cercle fermé de 9 m de diamètre. Les cromlechs présentent habituellement un nombre impair de pierres. À proximité se trouve une fosse à cuisson aussi ancienne.
Continuer vers l'ouest sur la R 597 jusqu'à Glandore.

Glandore★

Le nom irlandais de ce ravissant petit village, Cuan Dor, « port des chênes », rappelle l'époque vieille de trois siècles où de vastes forêts couvraient la plus grande partie de l'ouest du comté.

Deux minuscules îles situées dans l'estuaire, Adam et Ève, font face au port, aménagé en demi-cercle ; les anciennes instructions de navigation conseillaient aux marins « d'éviter Adam et d'étreindre Ève ». Une promenade pittoresque gravit la colline

Somerville et Ross

Le village de **Castletownshend** était jadis un bastion des propriétaires anglo-irlandais. Leur mode de vie dans l'ouest du Cork a été caricaturé par **Edith Somerville** et **Violet Martin**, cousines qui écrivaient à quatre mains sous le pseudonyme de Somerville et Ross. Elles sont enterrées dans le cimetière de St-Barrahane. La plus connue de leurs œuvres, *Les Expériences d'un résident magistrat irlandais* (1899), a été suivie de *Autres expériences d'un résident magistrat irlandais* (1908) et *Au pays de M. Knox* (1915). Leur roman *La Véritable Charlotte* (1894) adopte un ton nettement plus grave. La *Grande Maison à Inver* (1925) est le meilleur des romans écrits par Edith Somerville après la mort de Violet Martin.

(275 m) et conduit au point le plus élevé de **Glandore.** Au soleil couchant, c'est un promontoire très agréable pour jouir du panorama ou boire un verre.
Traversant la rivière, vous rejoindrez **Union Hall**, joli petit port qui doit son nom à l'Union Act de 1800 qui rattacha l'Irlande à l'Angleterre.
Prendre la route de Castletownshend via Rineen.

Castletownshend★

La grand-rue escarpée de ce minuscule village descend vers la rivière, où une petite jetée présente un beau point de vue sur l'autre rive de la rade de Castle Haven.
L'**église St-Barrahane** (anglicane) s'élève gracieusement en haut de quatre volées de marches *(50)* au départ de la rue principale ; le vitrail aux riches couleurs de la Nativité est l'œuvre de **Harry Clarke**.

Kinsale pratique

Adresses utiles

Pier Road - ✆ 02147 72234 - www.kinsale.ie - avr.-sept.

À CLONAKILTY

Ashe Street - ✆ 023 33226 - avr.-sept. : tlj sf dim.

Visites

Bon à savoir – Demandez à l'office de tourisme le plan des sentiers qui partent du centre de Kinsale. Le très joli *Scilly Walk* permet de rejoindre le fort Charles par le bord de l'eau et de découvrir le minuscule port de Scilly, idéal pour une pause au pub *The Spaniard (voir « Se restaurer »).*

Promenades historiques dans Kinsale – *Dép. devant l'office de tourisme (env. 1h) - ✆ 021 77 2873 (Don Herlihy) - mai-sept. : 9h45 ; mars-nov. : 11h15.*

Pour les enfants et leurs parents, des **promenades guidées sur les traces des fantômes.** Histoire, rigueur des faits et humour font bon ménage. Après un dîner en forme du traditionnel mais épatant *fish and ships* de chez Dino, sur le quai, voilà une soirée de rêve pour tous. *Dép. à la Tap Taverne, à côté de la station de police (Garda) - ✆ 087 948 0910 et 087 855 5043 (portables) - juin-sept. : dim.-vend. 21h.*

Croisières dans la rade – *✆ 021 477 8946 - www.kinsaleharbour.com.* Descente : Summer Cove, fort Charles, Middle Cove, pointe de Money ; remontée de l'estuaire pour voir le fort James, passer sous le pont et revenir à quai par le méandre de la Bandon.

Balades en mer – *Union Hall - ✆ 028 33357 ou 086 120 0027 - www.whalewatchwestcork.com.* Observation des **baleines et dauphins** en compagnie de Nic Slocum, zoologiste de renom.

Se loger

Chart House – *6 Denis Quay - ✆ 021 477 4568 - fax 021 477 7907 - charthouse@eircom.net - fermé Noël - 4 ch. 110/140 €* . Élégant petit B & B à l'ancienne, dans une maison georgienne. Demander la chambre bleue ou verte *(Blue or Green Room),* équipée de lits anciens et d'un jacuzzi. Le thé très complet offert à l'arrivée séduira le voyageur le plus blasé.

Rivermount House – *Barrells Cross - ✆ 021 477 8033 - fax 021 477 8225 - fév.-nov. - P - 6 ch. 90 €* . Sur un site paisible à flanc de colline, cette pension de plain-pied offre de larges vues sur son jardin et la Bandon. La propriétaire prépare volontiers des paniers-repas pour ceux qui veulent passer la journée à la plage, à une courte distance en voiture.

Old Bank House – *11 Pearse Street - ✆ 02147 74075 - fermé 22-29 déc.- 17 ch. 120/230 €.* Cette belle maison de ville est tenue de main de maître et ses espaces de vie sont spacieux. Les chambres au-dessus de la Poste sont les plus grandes.

Desmond House – *42 Cork Street - ✆ 021 77 3575 - fax 021 477 3575 - desmondhouse@compuserve.com - mars-nov. - 4 ch. 130/200 €* .
Les propriétaires de cette maison georgienne luxueuse du centre-ville sont

à juste titre fiers du petit-déjeuner très complet qu'ils proposent à leurs clients. Les chambres spacieuses arborent chacune une couleur différente.

AUX ALENTOURS

Glebe Country House – *Ballinadee - 20 km à l'ouest par la R 606 - ☎ 021 477 8294 - fax 021 477 8456 - glebehse@indigo.ie - fermé 21-28 déc. - 4 ch. 90/110 € - repas 35 €.* Les grands jardins de cet ancien presbytère du 17e s. couvert de lierre fournissent une bonne part des ingrédients pour la cuisine. La pointe du clocher domine les arbres dans ce cadre paisible. Les chambres au décor original disposent de meubles anciens à profusion.

An Garran Coir – *Castlefrek - Rathbarry, à 6,5 km à l'ouest de Clonakilty - ☎ 023 48236- angarrancoir@eircom.net - 5 ch. 80/100 € - rest. sur demande 28€.* Cette ferme sur un territoire idéal comme départ de balades produit tous les ingrédients, biologiques, de la table. Les chambres sont gaies et impeccables.

Nordav – *Clonakilty - en retrait de Western Road, sur Fernhill Road - ☎ 02333 655 - 5 ch. 70/150 €.* La famille McMahon offre un formidable exemple d'hospitalité irlandaise dans cette jolie maison, à 300 m du centre.

Kilcaw Guesthouse – *1,5 km à l'est de Kinsale par la R 600 - ☎ 021 477 4155 - 7 ch. 70/150 €.* Sur 3 ha de terrain, cette pension récente retrouve des allures de ferme dans la salle du petit-déjeuner; le salon équipé d'une vraie cheminée offre un havre paisible. Les chambres, toutes de la même taille, sont meublées en pin.

Se restaurer

Raftery's – *☎ 091 846 004 - 20 €.* Ce pub de la rue principale, très bien tenu par une famille, propose salades de produits de la mer et sélection de sandwiches. Par temps frais, on apprécie le bar douillet et son feu de cheminée.

Max's – *Main Street - ☎ 021 477 2443 - fermé nov.-mars, mar. - 32/62 €.* Charmant et intime avec poutres apparentes, plancher et petite véranda. La carte a sans conteste des accents français et propose des produits locaux choisis, avec juste ce qu'il faut d'herbes.

Dalton's – *3 Market Street - ☎ 021 477 7597 - fermé Vend. saint, 25 déc., w.-end - 20/40 €.* La façade violette indique d'entrée de jeu qu'il ne s'agit pas d'un pub ordinaire. L'accent est délibérément mis sur la gastronomie : la carte marie les influences internationales rapportées de ses voyages par le propriétaire.

Fishy Fishy Cafe (The Gourmet Store) – *Guardwell - ☎ 021 477 4453 - fermé dim., oct.-mars - pas de réservations - 36/50 €.* Son nom dit tout : poisson fraîchement pêché, ambiance joyeuse et décontractée. Mieux vaut arriver tôt pour éviter la file d'attente, car il rencontre un franc succès mérité et on ne réserve pas. On sélectionne son poisson sur un étal impressionnant, derrière le comptoir, ou sur la carte, puis on s'empare d'une chaise, à l'intérieur ou en terrasse.

Crackpots – *3 Cork Street - ☎ 021 772 847 - fermé nov., w.-end en hiver - 35/50 €.* Ce « restaurant de céramiques » au style original accueille des ateliers-expositions-ventes de poterie. On peut même acheter la vaisselle après le repas. La carte est éclectique pour un repas aux bougies.

Toddies – *Kinsale Brew Co. - The Glen - ☎ 02147 77769 - toddies@eircom.net -fermé dim., Noël et du 8 janv. au 13 fév. - 36/56 €. Réserv. indispensable.* Le service charmant, la terrasse merveilleuse et les plats de poissons réussis expliquent la popularité de ce restaurant sympathique, plein d'œuvres d'art sur deux étages.

The Vintage – *Main Street - ☎ 021 477 2502 - fermé 1er janv.-13 fév., dim. et lun. en hiver - 42/58 €.* Les poutres en chêne soulignent l'ancienneté du lieu, le bar douillet et la lumière des bougies ajoutent à l'intimité du cadre. La carte traditionnelle est à base de produits locaux. Les huîtres sont une des spécialités de la maison.

AUX ALENTOURS

The Spaniard – *Scilly - ☎ 02147 72436 - 10/24 €.* De l'autre côté du port, ce pub de 1650 plein de souvenirs, débordant de charme, propose de délicieux plats pas chers et la musique y est excellente.

Casino House – *Kilbrittain-Coolmain Bay - à 3 km au sud-est de Kilbrittain par la R 600, puis petite route - ☎ 02349 944 - soir seulement et dim. midi - 32/52 €.* Dans une ancienne ferme aux murs blanchis à la chaux décorés sur le thème culinaire, un couple propose sa cuisine équilibrée et savoureuse.

Sports et Loisirs

Bon à savoir – Le port est bien équipé pour le nautisme et la pêche en mer.

Oysterhaven Boardsailing Centre – *Kinsale - ☎ 0214 770 738 - www.oysterhaven.com.* Propose des activités nautiques.

Agenda

Festival des gourmets – Tous les ans en oct. En quatre jours, un maximum de 300 amateurs dégustent les créations délicieuses inventées par les chefs internationalement reconnus du Cercle des gourmets de Kinsale, ou bien achètent un billet à la journée pour profiter des nombreux autres pubs et restaurants du lieu. Les places sont rares.

Kinsale Arts Week – La première quinzaine de juil., festival pluridisciplinaire des arts vivants qui attire de plus en plus d'amateurs.

Lismore★

1 240 HABITANTS – COMTÉ DE WATERFORD
CARTE MICHELIN N° 712 I11 – CARTE GÉNÉRALE RABAT II B4

Pas plus grande qu'un village, mais néanmoins classée ville du Patrimoine irlandais, cette petite bourgade idyllique sur les rives de la Blackwater, une rivière peuplée de saumons, était au Moyen Âge un très important centre d'enseignement. Elle a conservé sa cathédrale, mais son grand monument est le château qui, reconstruit dans une veine romantique, domine sa jolie vallée boisée.

- **Se repérer** – Dans le riant comté du sud-est irlandais, Lismore *(Lios Mór)* se trouve sur la rive sud de la Blackwater, sur la N 72 entre Dungarvan et Fermoy. On y pratique la pêche, mais son environnement bucolique est aussi propice aux promenades à pied ou à cheval.
- **À ne pas manquer** – Lismore Castle, The Gap.
- **Organiser son temps** – Compter une demi-journée.
- **Pour poursuivre le voyage** – Voir aussi Youghal, Clonmel, Cahir, Cork.

Comprendre

Fondé par **saint Carthach** au 7e s., le monastère de Lismore a été jusque vers l'an 1000 une des universités les plus réputées d'Europe. À son apogée, le bourg ne comptait pas moins de vingt lieux de culte et de savoir. Mais en 978, les Vikings venus du Danemark pillent la bourgade et incendient les monastères. Lismore conserve suffisamment de prestige pour que Henri II y organise le serment d'allégeance des chefs irlandais peu après son débarquement en Irlande, en 1171.

Une ville prospère se développe autour du château construit par Jean sans Terre en 1185. En 1589, la forteresse passe aux mains de Walter Raleigh, qui la vend à Richard Boyle, le « grand » comte de Cork. Comme la plus grande partie de la ville, elle sera détruite par les troupes de Cromwell.

Le château est reconstruit au milieu du 19e s. dans un style assez spectaculaire par Joseph Paxton, concepteur du Crystal Palace à Londres et du jardin du duc de Devonshire, son nouveau propriétaire. Superbe fantaisie néo-Tudor, il domine avec majesté la vallée de la Blackwater, qui prend des allures de parc, ainsi que l'élégant pont conçu par l'architecte dublinois Thomas Ivory. Au milieu du 20e s., ce cadre charmant séduira Adèle Astaire, la sœur du talentueux danseur vedette de cinéma, qui épousera le propriétaire du château de l'époque, lord Charles Cavendish.

Visiter

Lismore Castle Gardens★

Jardins du château. 17 mars-30 sept. : 11h-16h45. 7 €. ☏ 058 54424. www.lismorecastle.com

On prétend que **Spenser** (vers 1552-1599) aurait rédigé ici une partie de son épopée allégorique, *The Faerie Queene (La Reine des fées)*. Les jardins se situent de part et d'autre de la porte d'entrée du château, dite des Cavaliers *(Riding Gate), (château fermé au public)*. Le jardin bas, ou parc d'agrément, date du milieu du 19e s. ; son allée d'ifs est plus ancienne. Il atteint en été un sommet de perfection esthétique, quand fleurissent en rondes odorantes et multicolores camélias, rhododendrons et magnolias. Le jardin haut, disposé en terrasses, a été dessiné au 17e s. La flèche de la cathédrale se dresse dans l'axe de l'allée centrale. Fleurs et légumes poussent à l'abri des ifs, des hêtres et des haies de buis. Les serres conçues par Paxton (1858) s'appuient contre le mur nord. Du haut de la tour de Broghill *(angle sud-ouest)*, on dispose d'une jolie vue.

St Carthage's Cathedral★ (anglicane)

L'édifice actuel, église paroissiale de Lismore, succède à trois églises plus anciennes. Il date pour l'essentiel d'une reconstruction ordonnée par Richard Boyle en 1633, mais ses **plafonds à nervures** ont été réalisés par Richard Morrison vers 1820 ; la belle **tour** et sa **flèche nervurée** ont été ajoutées en 1826 par les frères Payne, de Cork.

Entourée d'un joli cimetière ombragé d'ifs et de tilleuls, cette charmante église rappelle à sa manière la longue histoire de Lismore. Elle abrite à son extrémité ouest des fragments de pierres tombales du 9e s. Elle renferme aussi un très grand **tombeau** ouvragé en forme de table, qui date de 1548. L'artiste préraphaélite Edward

Burne-Jones a contribué aux beaux vitraux du transept sud. Des galets de l'île d'Iona, en Écosse, sont incrustés dans le sol de la chapelle St-Columba.

St Carthach's Church (catholique)

Conçu par W. G. Doolin en 1881, ce bâtiment de grès rouge ouvragé paré de calcaire blanc est une des plus remarquables églises d'Irlande dans le style roman lombard, avec un clocher séparé, à l'imitation des campaniles italiens.

Une jolie rangée de petites maisons d'artisans fait face à l'entrée ouest de l'église.

Info pratique

Voir aussi Youghal

Se restaurer

The Madden's – *En haut de Main Street (face à la poste) - 058 54148 - 15/20 € - fermé lun. midi.* On dit que Fred Astaire a souvent fréquenté ce pub qui sert de fameux repas légers et des pâtisseries maison. Certains soirs, on se régale même en musique.

Lismore Heritage Centre

Mars-oct. : 9h30-17h30 ; nov.-fév. : tlj sf w.-end, mêmes horaires. 4 €. Spectacle audiovisuel (30mn). 058 54975. www.lismore-ireland.com

Au moyen de maquettes et d'une présentation audiovisuelle, l'ancien palais de justice permet de découvrir l'histoire de la ville et l'œuvre de Robert Boyle, père de la chimie moderne, né au château de Lismore.

Aux alentours

The Gap★

16 km au nord par la R 688.

Formant une magnifique toile de fond sur la vallée de la Blackwater, les vieilles montagnes de grès rouge des monts Knockmealdown s'élèvent jusqu'à un sommet (795 m) recouvert de tourbière. La route Lismore-Caher traverse le riche paysage verdoyant de la vallée avant de gravir ses pentes dégagées jusqu'à la spectaculaire brèche *(gap)* en forme de V, qui dévoile un superbe **panorama★**. Sur le versant nord de Sugar Loaf Mountain (653 m) se dresse un cairn funéraire, la **tombe de Grubb** *(Grubb's Grave)*. Samuel Grubb, un quaker de la région mort vers 1920, a choisi de se faire enterrer debout dans cette construction en pain de sucre *(sugarloaf)* pour avoir vue sur ses domaines.

Mount Melleray Abbey

13 km au nord-est par la N 72, la R 669, puis une route secondaire à droite. 7h15-20h. 058 54404.

Ce monastère cistercien occupe un site dégagé sur les pentes basses des Knockmealdown, découvrant un beau spectacle vers le sud sur la vallée de la Blackwater. Il a été fondé en 1832 pour des moines irlandais de la communauté de Melleray, en Loire-Atlantique. Les moines se consacrent à la prière et réalisent de nombreux travaux d'artisanat. L'église, bâtie au début du 20e s. dans un style néogothique un peu étriqué, n'est ouverte qu'en partie au public.

New Ross

7 709 HABITANTS – COMTÉ DE WEXFORD
CARTE MICHELIN N° 712 L10 – CARTE GÉNÉRALE RABAT II C3

Loin à l'intérieur des terres sur la ria de la Barrow, ce port actif était autrefois le plus important d'Irlande. Les navires de l'Atlantique viennent toujours s'amarrer à son vaste quai, sur la rive est. Les grands entrepôts et les maisons hautes sur les quais lui donnent une allure 19e s.; mais son histoire, bien plus ancienne, remonte au 6e s. De la rivière partent des rues étroites, souvent reliées entre elles par des passages et des escaliers. Elles gravissent la pente escarpée jusqu'à Irishtown, ancienne fondation monastique dominant la ville. New Ross est surtout centrée sur ses activités économiques, mais reste une bonne base pour explorer, en amont, les jolies vallées de la Barrow et de la Nore; et en aval la péninsule de Hook Head.

- **Se repérer** – Dans l'angle sud-est du pays, New Ross *(Ros Mhic Treoin)* se trouve sur la route entre Wexford et Waterford (N 25), au carrefour avec celle d'Enniscorthy (N 30), de la R 705 vers Graiguenamanagh sur la Barrow, de la R 700 vers Thomastown et Kilkenny sur la Nore; et de la R 733 et la R 734, qui desservent la péninsule de Hook Head.
- **À ne pas manquer** – Le Dunbrody, Graiguenamanag, le Kennedy Arboretum, Tintern Abbey.
- **Organiser son temps** – Une demi-journée ou davantage avec le circuit de découverte.
- **Avec les enfants** – La visite d'un trois-mâts, le *Dunbrody*.
- **Pour poursuivre le voyage** – Enniscorthy, Wexford, Waterford, Kilkenny.

Comprendre

À la fin du 6e ou au début du 7e s., **saint Abban** fonde un monastère sur les hauteurs de la ville, à proximité d'Irishtown. Mais il faudra attendre le tout début du 13e s. pour que New Ross soit fondée par **Guillaume le Maréchal** et son épouse Isabelle de Clare, fille de Richard Strongbow. Le premier pont enjambant la Barrow a été construit en 1211, les murs de la cité achevés en 1265. New Ross devient un port prospère, mais il est supplanté par Waterford, premier port d'Irlande à la fin du 17e s. En 1649, à la vue du massacre subi par la ville voisine de Wexford, la garnison catholique ouvre prudemment la ville à Cromwell. Durant la révolte de 1798, New Ross combat avec succès les insurgés, qui comptent des milliers de victimes. Une tragédie pire encore se déroule en 1832, quand une épidémie de choléra emporte trois mille habitants. Au milieu du 19e s., le commerce maritime constitue un pôle d'activité considérable à New Ross. Ses navires partent jusqu'en mer Baltique et traversent l'Atlantique, certains emportant des émigrants qui fuient la Grande Famine.

Se promener

Le Dunbrody★

Avr.-sept. : 9h-18h; oct.-mars : 10h-17h. 7,50 € (famille : 20 €). ✆ 051 425 239. www.dunbrody.com

Amarré au quai, le *Dunbrody*, remarquable réalisation, est la reproduction grandeur nature d'un trois-mâts barque de 458 tonneaux et 54 m de long. Le véritable *Dunbrody* a été construit en 1845 au Québec par un architecte naval immigrant irlandais, pour des marchands de New Ross; conçu pour transporter des marchandises, il a servi entre 1845 et 1851 à transporter les émigrants de la Grande Famine. Le visiteur est accueilli à bord par des « émigrants », qui donnent un aperçu des dures conditions du passage vers New York en 1849. Une très intéressante exposition rappelle les succès de nombreux membres de la diaspora irlandaise; elle culmine avec le récit de la vie de John Fitzgerald Kennedy. Une base de données informatique conserve la trace de plus de deux millions de passages d'émigrants.

À partir du pont, remonter Mary Street.

Tholsel

Au croisement à l'angle de South Street et Quay Street (à droite). Sur demande tlj sf w.-end 9h-17h. ✆ 051 421 284 (New Ross Town Council).

Ce plaisant édifice néoclassique surmonté d'une tour et d'une girouette a été édifié en 1749, puis reconstruit en 1806 après un affaissement de terrain. La façade avant a été conçue par William Kent, un élève de Christopher Wren. Autrefois, avant la fermeture des arcades, un marché hebdomadaire se tenait au rez-de-chaussée. Aujourd'hui siège du conseil municipal, il renferme les registres de délibérations tenues depuis le 17e s., ainsi que la masse d'armes de Charles II et la charte octroyée par Jacques II en 1688.

En face, rappel de la rébellion de 1798 et des combats qui ont suivi, se dresse la statue du **croppy boy** (garçon à tignasse courte), le terme local donné aux insurgés qui portaient les cheveux très courts.

Poursuivre en remontant Mary Street.

St Mary's Abbey★

L'**église anglicane** a été élevée à l'emplacement de la nef et de la croisée d'un sanctuaire qui était sans doute au Moyen Âge la plus grande église paroissiale d'Irlande. Elle faisait partie d'une abbaye fondée par Guillaume le Maréchal et son épouse entre 1207 et 1220. Un grand cimetière mal entretenu entoure les importants vestiges de l'abbaye. Le chœur en ruine contient encore quelques statues remarquables (fin du 13e-début du 14e s.).

Redescendre Mary Street sur quelques mètres ; prendre à gauche Bewley Street, puis à droite Michael Street.

Église paroissiale catholique

Devant l'église s'ouvre une agréable vue sur la ville et la rivière. La conception du bâtiment, avec son haut plafond et ses colonnes corinthiennes, s'inspire du modèle de l'église voisine Ste-Marie. La construction a débuté en 1832, avant d'être interrompue la même année par l'épidémie de choléra.

Sortir à l'arrière du bâtiment. Remonter Cross Lane, et prendre Neville Street à droite.

Murs et portes de la ville

Au carrefour, sur la gauche, se dresse la porte des Trois Balles, *Three Bullet Gate*, par où Cromwell est entré dans la ville en 1649, et la tour des Murs *(Mural Tower)* ; toutes deux sont du 14e s. Les importants vestiges de la porte de la Vierge *(Maiden Gate)* sont du 15e s.

Descendre William Street. Prendre à droite Priory Street, puis à gauche Marsh Lane pour retourner sur le quai.

Aux alentours

Graiguenamanagh★

18 km au nord par la N 30, la R 700 et la R 705.

Une intense activité régnait autrefois sur les quais de Graiguenamanagh (« grenier des moines »). Le bourg borde un tronçon particulièrement attrayant de la Barrow. Il est dominé par le sommet recouvert de bruyère de la colline de Brandon (516 m), et par les ruines restaurées de l'abbaye de Duiske (prononcer *douichke*). Le monastère avait été fondé au début du 13e s. par Guillaume le Maréchal pour les cisterciens, qui choisissaient systématiquement pour leurs communautés des sites harmonieux comme celui-ci.

Duiske Abbey★★ – L'abbaye a été dissoute en 1536, mais les moines ont continué à l'occuper pendant des années. La tour s'est effondrée en 1774 et une bonne partie des bâtiments de l'abbaye a été recouverte par de nouvelles constructions. En chêne et en orme encore verts ajustés par des chevilles en bois, la **charpente** du toit à fortes pentes constitue certainement l'élément le plus remarquable de la restauration de l'abbaye. L'effigie du **chevalier de Duiske**, les jambes croisées et l'épée à la main, date d'environ 1300. C'est une des plus impressionnantes statues irlandaises, mais l'identité du chevalier demeure un mystère.

Un musée occupe l'Abbey Centre, avec des présentations de vaisselle et d'autres objets relatifs à l'abbaye, ainsi qu'une galerie d'artistes contemporains mettant en avant des thèmes chrétiens au moyen de différents média. *9h-18h ; nov.-mars : 9h-17h. Abbey Centre : tlj sf w.-end 10h-17h ; w.-end en juin-août 14h- 17h. ☏ 05997 24238.*

Inistioge★

16 km au nord de New Ross par la N 30 et la R 700.

Village pittoresque renommé, Inistioge *(prononcer Inistiig)* est situé sur la rive ouest de la Nore, qu'enjambe un magnifique pont du 18e s. à dix arches. Inistioge offre de très charmantes promenades en bord de rivière, et de nombreux sites merveilleux pour les pique-niques ; mais il garde aussi de fascinants souvenirs de sa longue histoire, qui remonte à la fondation d'un prieuré et à la construction d'un premier château, au début du 13e s. Les ruines du **château**, qui a servi un temps de tribunal communal, séparent la rivière de la **place** bordée d'arbres, où subsistent des vestiges d'une croix de 1621, endommagée en 1798. À proximité des ruines de l'octroi *(Tholsel)* se trouve une curiosité : la **sphère armillaire**. L'astronome grec Ératosthène aurait inventé cet instrument en 250 av. J.-C. pour démontrer les mouvements de la Terre et de la Lune. L'hospice du 19e s. a été édifié par un membre de la famille Tighe, propriétaire de Woodstock.

Les sculptures en pierre à l'entrée de l'église catholique illustrent la légende d'une sirène, que des villageois auraient pêchée dans la Nore en 1118. En haut du chemin, on découvre la **fontaine St-Columba**.

Près de l'église anglicane restent la tour, la nef et la chapelle du **monastère augustin** fondé en 1210, dédié à sainte Marie et saint Columba *(Colmcille)*. Le cimetière renferme le tombeau ouvragé de Mary Tighe, célèbre poétesse locale morte en 1810.

Le **parc forestier de Woodstock** *(à 1,5 km au sud-ouest d'Inistioge)*, ancien domaine de la famille Tighe, offre de nombreuses promenades. On y voit un vieux jardin japonais au sol couvert de céramique et un pigeonnier conique. La résidence qui, dit-on, était au 18e s. le plus beau manoir du comté de Kilkenny, a été incendiée pendant la guerre civile et ne montre plus que des ruines.

Circuit de découverte

DE NEW ROSS À HOOK HEAD

Circuit de 30 km. Compter 2h. Suivre la R 733.

Kennedy Arboretum★

12 km au sud par la R 733 et la R 734 ; tourner à droite au panneau indicateur. ♿ Mai-août. : 10h-20h ; sept. : 10h-18h30 (dernière entrée 45mn av. fermeture). Fermé Vend. saint, 25 déc. 2,90 €. Spectacle audiovisuel (15mn). Visite guidée (1h15) sur demande. Sentiers autoguidés. ✆ 051 388 171. www.heritageireland.ie

L'arboretum de 250 ha, qui rassemble 6 000 espèces de végétaux, a été inauguré en 1968 à la mémoire du président des États-Unis (1961-1963) **John Fitzgerald Kennedy**. Il se divise en trois sections : collection de plantes, essences forestières et variétés de bruyère. Les nombreuses espèces d'arbres et d'arbustes sont pour l'essentiel présentées sur deux circuits : le premier relie en majorité des conifères, l'autre des feuillus. L'arboretum est sillonné de promenades. Une route panoramique serpente jusqu'au sommet de Slieve Coillte Hill. De là se déploie un splendide panorama sur le vaste damier des champs clôturés, sur la péninsule de Hook et les chaînes de montagnes. De nombreux sentiers rayonnent du parc de stationnement ; l'un d'entre eux conduit au **point de vue** Mountain Viewpoint, avec son monument à la mémoire des rebelles de 1798, qui avaient établi ici leur camp.

Reprendre la R 733 vers New Ross sur 3 km puis suivre le fléchage sur la gauche.

Kennedy Homestead

Dunganstown. Mai et sept. : 11h30-16h30 ; juil. et août : 10h-17h ; oct.-avr. sur demande. 4 €. ✆ 051 388 264. www.kennedyhomestead.com

C'est là qu'est né en 1820 l'arrière-grand-père de John Fitzgerald Kennedy. Une pièce rassemble des photographies et des souvenirs de la visite du président en 1963, dont la couronne qu'il a déposée sur la tombe des chefs du soulèvement de Pâques (1916), à Arbour Hill à Dublin. Un arbre généalogique suit la famille Kennedy en Irlande et en Amérique.

Reprendre la R 733 au niveau de l'arboretum ; suivre la direction de Ballyhack sur 1,5 km et les panneaux indiquant Great Island et Kilmokea Gardens ; parcourir encore 2 km.

Kilmokea Gardens★

Accès par une route secondaire vers l'ouest. ♿ Mars-nov. : tlj sf lun. 10h-17h (jardins 18h). 5 €. Visite guidée (1h30) sur demande. ✆ 051 388 109. www.kilmokea.com.

À l'intérieur des murs en terre de ce qui, probablement, était un monastère paléochrétien, s'élève une élégante maison georgienne. Les jardins, parmi les plus beaux d'Irlande, ont été aménagés tout au long d'un demi-siècle. Ils montrent un agréable contraste, entre les parterres réguliers proches de la résidence et la jungle luxuriante, aménagée et entretenue avec soin, qui envahit l'étroit vallon où coule un ruisseau.

Dunbrody Abbey★

Demander les clés au cottage de Furlong, près de la route d'accès principale. Juin-sept. : 10h-18h (juil.-août 19h). Abbaye 1,90 € ; labyrinthe 3 €. ✆ 051 388 603 ou 051 389 104 (en dehors des heures de bureau).

Près du village de **Clonmines**, un bourg médiéval abandonné avec des ruines de maisons fortes, d'église fortifiée et de monastère augustin, se dressent les superbes vestiges de l'abbaye élevée en 1182 par les moines cisterciens de Sainte-Marie de Dublin. L'église abbatiale cruciforme, dépourvue de toit mais bien conservée, borde une anse de la Barrow. Elle est dotée d'une tour basse crénelée, et de six chapelles dans le transept, éclairées par de petites fenêtres simples. Il reste très peu de traces des bâtiments annexes. Après la Dissolution des monastères, l'abbaye est passée aux mains de la famille Etchingham ; il reste d'importants vestiges des demeures fortifiées qu'ils ont érigées autour du donjon normand qui défendait l'abbaye. Le domaine abrite un labyrinthe d'ifs.

Ballyhack Castle

Juin-sept. : 9h30-18h30 (dernière entrée 17h45). Entrée libre. Visite guidée sur demande. ✆ 05138 9468.

Surveillant le trafic dans la baie de Waterford entre Ballyhack et Passage East, c'est une maison forte imposante (15e ou 16e s.) ; un escalier raide, établi dans l'épaisseur du mur, relie les cinq niveaux ; les deux premiers ont gardé leurs plafonds voûtés, les trois autres sont aujourd'hui à ciel ouvert. À l'origine propriété des **templiers**, le fort est passé ensuite aux mains des **hospitaliers de Saint-Jean** avant d'appartenir aux comtes de Donegal.

Duncannon Fort★

♿ De déb. juin à mi-sept. : 10h-17h30. 5 €. Possibilité de visite guidée. ✆ 05138 9454. www.duncannonfort.com

Établi au 12e s. par les Anglo-Normands dans un but défensif, le **fort** (1,2 ha) a été renforcé en 1588 pour résister à l'Invincible Armada. C'est à cette époque qu'on lui a donné sa forme d'étoile, entourée d'un large fossé. En 1690, c'est à Duncannon que **Jacques II** et Guillaume III ont embarqué après la bataille de la Boyne.

Tintern Abbey★

8 km à l'est de Duncannon par la R 737, la R 733 et la R 374 vers Saltmills. ♿ De mi-juin à fin sept. : 10h-18h (dernière entrée 17h45) ; de fin sept. à mi-juin : téléphoner pour horaires. 1,90 €. Visite guidée sur demande. ✆ 056 772 4623 (hiver).

Autrefois affiliée à l'abbaye de même nom, dans le comté gallois de Monmouth, l'abbaye cistercienne (aujourd'hui en ruine) a été fondée en 1200 par **Guillaume le Maréchal**, en action de grâces pour avoir échappé à une violente tempête à son retour d'Angleterre. À l'époque de la dissolution des monastères, au 16e s., l'abbaye a été octroyée à la famille Colclough qui a aménagé une résidence dans la nef et la tour.

Hook Head Peninsula

Avec ses plages tranquilles et ses paysages typiques, la péninsule de Hook, qui sépare la rade de Waterford à l'ouest de la baie de Bannow à l'est, attire depuis longtemps les vacanciers.

L'agréable petite station de **Fethard**, la localité la plus importante de la pointe, a été fondée par les Anglo-Normands, qui ont débarqué pour la première fois en Irlande en 1169 sur l'île de Bannow.

Slade, minuscule village de pêcheurs aux petits ports jumeaux, est un centre réputé de plongée sous-marine à cause de ses eaux claires et de son intéressant relief marin. Sur le quai se trouvent les vestiges des salines du 18e s., où on faisait évaporer l'eau de mer. À proximité se dressent les ruines du **château** : une maison forte (15e-16e s.) et un manoir (16e-17e s.) construits par la famille Laffan.

Hook Head Lighthouse – *À l'extrémité de l'étroit promontoire calcaire. Juin-août. : 9h30-18h ; mai et sept. : 9h30-17h. 6 €. ✆ 051 397 055.* Le phare est l'un des plus vieux d'Europe : pendant 1 500 ans, il a brillé presque sans interruption. Ce donjon circulaire haut de 25 m, aux pièces voûtées, a été érigé au début du 13e s. par les Normands pour guider les bateaux remontant la rade de Waterford vers New Ross. Une construction plus classique couronne son sommet depuis le début du 19e s.

New Ross pratique

Adresses utiles

The Quay - ✆ 051 421 857 - juin-août : tlj sf dim.

Hook Head Community Office – *✆ 051 397 502 - avr.-sept.*

Transport

Ferry de la rade de Waterford – *✆ 051 382 480/382 488 - www.passageferry.com - tlj 7h (9h30 dim. et j. fériés) à 22h (oct.-mars : 20h) - fermé 25-26 déc. - capacité 30 voitures.* Il relie Passage East à Ballyhack.

Se Loger

Riversdale House – *Lower William Street - ✆ 051 422 515 - mars à nov. - 4 ch. 75 €.* Il fait bon dans cette maison qui possède une jolie véranda et fait son pain maison.

AUX ALENTOURS

Grove Framhouse – *Inistioge - à 4 km au nord par la R 700 direction Thomastown, puis à gauche juste après le pont - ✆ 056 775 8467 - fermé nov. à mars - 4 ch. 60/120 €.* Une jolie vue sur le bocage, dans cette ferme du 19e s. aux petits-déjeuners copieux.

Kilmokea Country Manor – *Dans Kilmokea Gardens (voir « Circuit de découverte ») - ✆ 051 388 109 - www.kilmokea.com - 4 ch. 150/250 € - rest. sur demande.* Les chambres sont à baldaquin et de grand confort, dans un presbytère de 1794 amoureusement aménagé et entouré de jardins inouïs.

Se restaurer

AUX ALENTOURS

Bassets at Woodstock – *Inistioge-Woodstock Gardens - 3 km au nord-ouest - ✆05677 58820 - fermé 15 janv.-7 fév., lun., mar., dim. soir et j. fériés - 36/54 €.* À l'entrée de très beaux jardins, on se régale de légumes bio de saison et de la viande des porcs élevés sur place. La terrasse est ravissante.

Aldridge Lodge – *Duncannon - à 1 km au sud par la Hook Head Road - ✆ 05138 9116 - info@aldridgelodge.com - Fermé 5 janv.-8 fév., mar. de fév. à juin et le lun. - dîner et déjeuner du dim. 38 € sur réserv. - 3 ch. 100 €.* Juste à côté de la plage, une bonne adresse pour déguster les homards pêchés par le père du maître des lieux.

Faire une pause

Galley Cruising Restaurants – *✆ 051 421 723 - www.rivercruises.ie - à partir de New Ross et Waterford : avr.-oct. 11h-19h ; vérifier horaires et tarif à la réserv. : croisière seule 25 €, avec déjeuner 30 €, croisière d'après-midi avec collation 12 €, dîner-croisière 45 €.* Croisières gastronomiques et écologiques sur les rivières de la région.

Sports et Loisirs

Bon à savoir – On trouve des **plages** à Duncannon ; on pratique la **plongée** à Slade.

Promenades en bord de rivière à Inistioge ; au printemps et en automne, l'observation des oiseaux sur la péninsule de Hook Head, où on a répertorié plus de 200 espèces.

Skibbereen

2 338 HABITANTS – COMTÉ DE CORK
CARTE MICHELIN N° 712 E13 – CARTE GÉNÉRALE RABAT II A4

Cette petite ville de marché animée doit son existence aux pirates barbaresques. En 1631, ils font un raid sur le village voisin de Baltimore. Certains des colons anglais sont capturés, mais d'autres s'enfuient à l'intérieur des terres. Ils vont implanter deux communautés, dont l'une deviendra Skibbereen. La ville a gravement souffert de la famine du 19e s., mais elle a regagné une belle vitalité au cours des vingt dernières années. Cette bourgade provinciale et vivante, encore épargnée par les apprêts à l'intention des touristes, est une bonne base pour explorer les magnifiques paysages de la côte.

- **Se repérer** – À l'extrémité sud-ouest du pays, Skibbereen *(Sciobairín)* se trouve sur la route côtière du comté de Cork (N 71), à quelques kilomètres à l'intérieur des terres, à l'endroit où elle traverse la rivière Ilen. Le comté est réputé pour la splendeur de sa côte déchiquetée.
- **À ne pas manquer** – Baltimore, la péninsule de Mizen Head.
- **Organiser son temps** – Une journée ou plus pour aller vers les îles Cape Clear et Sherkin.
- **Avec les enfants** – Mizen Head et son Visitor Centre ; le planétarium de Skull.
- **Pour poursuivre le voyage** – Voir aussi Kinsale, Kenmare.

Visiter

Skibbereen Heritage Centre

Upper Bridge Street, en bord de rivière. ✆ 028 40900. www.skibbheritage.com

L'exposition du patrimoine local occupe le bâtiment de l'ancienne **usine à gaz**, bien transformée. La présentations sur la **Grande Famine** est une des plus réussies du pays. Avec des bornes interactives, des informations claires et adaptées à tous les âges, sur le contexte politique et social, et des collections de photos très parlantes. Elle élargit le sujet à la faim dans le monde d'aujourd'hui. Une autre partie du centre est consacrée au Lough Hyne, sa formation, sa biologie marine, son réservoir à poissons.

Aux alentours

The Liss Ard Foundation

3 km au sud de Skibbereen par la R 596. ♿ Mai-oct. : 10h-18h, w.-end 12h-18h ; nov.-mars sur demande. ✆ 028 40186. www.lissard.com

Le domaine de la fondation est aménagé pour mettre en valeur la faune et la flore sauvages. Chaque élément est isolé du reste pour créer une série de « pièces » à ciel ouvert, où les visiteurs peuvent goûter les couleurs, les formes et les sons : tons subtils de la prairie parsemée de fleurs sauvages, froissement des feuilles sous les pieds dans les bois, ondulations à la surface du lac, chuintement des cascades ou silence de la prairie, et ovale du ciel au-dessus du cratère créé par **James Turrell** *(voir p. 259)*.

Lough Hyne Nature Reserve

10 km au sud-ouest de Skibbereen par la R 595 et une route secondaire vers le sud. Vastes équipements d'observation. Il est dangereux de se promener pieds nus dans l'eau à cause des oursins.

Bordée de collines douces, cette lagune libre de toute pollution est une réserve marine avec un écosystème unique. Plus de 60 espèces animales y ont été recensées, notamment le gobie à bouche rouge que l'on ne trouve ailleurs qu'au Portugal.

Sur la rive nord, un sentier conduit à un belvédère dans la forêt, d'où l'on bénéficie de panoramas étendus sur la région. C'est un lieu idéal pour les piques-niques.

Glebe Gardens

Sur la R 595, juste avant d'entrer dans Baltimore.

En 1989, Peter et Jean Perry et leurs quatre filles venus en vacances sont charmés par l'endroit. Ils ne sont jamais repartis, ont acheté une maison et 6 acres d'un terrain qui descend doucement vers la mer, et l'ont transformé en un jardin enchanteur.

Potager, verger, jardin des simples et d'agrément sont ouverts à la promenade et fournissent 100 % des légumes et fruits qui composent la base de la belle cuisine inventive servie au café-restaurant du domaine *(voir « Skibbereen pratique »)*.

Baltimore★

13 km au sud-ouest de Skibbereen par la R 595.

Cet attrayant village de pêcheurs et de navigateurs se trouve au bout de la route, qui dévoile une belle perspective sur la multitude d'îles émaillant la baie de Roaringwater. Baltimore est l'ancrage le plus sûr de la côte sud-ouest; c'est un rendez-vous des fans de voile et le point d'embarquement des bacs qui desservent plusieurs des îles. Dans ce village eut lieu, **le 20 juin 1631**, le raid le plus dévastateur jamais effectué sur les îles Britanniques par des pirates barbaresques venus d'Afrique du Nord, alliés à une bande armée de l'Empire ottoman. Hommes, femmes et enfants, 107 villageois en tout, presque exclusivement des colons anglais, furent enlevés puis réduits en esclavage. Seuls deux revirent les terres irlandaises. On trouve plusieurs traces de cet épisode, dont le nom du pub « the Algiers Inn », nommé à tort d'après Alger alors que les attaquants venaient de Salé.

Dominant les embarcadères, la **maison forte Dun na Sead**, construite en 1215, et qui fut la résidence du clan de pirates et seigneurs O'Driscoll pendant plus de trois cents ans, était en ruine depuis le 17e s. (elle déclina après avoir servi de garnison aux troupes de Cromwell). Rachetée en 1997, elle a été reconstruite à l'identique d'après les documents historiques. Un travail remarquable de respect des matériaux locaux et des techniques d'antan allié à des audaces architecturales ont redonné sa splendeur à Dun na Sead Castle, désormais ouvert à la visite. *Juin-sept. : 11h-18h. 3 €. ✆ 028 20735.*

Sur le cap venté *(1,6 km au sud)* se dresse **« la femme de Lot »**, une balise (on dit ici tout simplement *The beacon*, la balise), datant du Moyen Âge, peinte en blanc et en forme de fusée. Les environs immédiats offrent de beaux **panoramas**.

Sherkin Island★

Accès par bac (voir « Skibbereen pratique »). Une journée est nécessaire pour visiter l'île. Si le temps tourne à la tempête, les visiteurs peuvent être bloqués.

La petite île de Sherkin possède les vestiges d'une forteresse des O'Driscoll et d'un monastère, mais aussi de très jolies plages. Une **station de recherches marines** contrôle l'environnement marin et organise des formations sur la pollution.

Cape Clear Island

Accès par bac (voir « Skibbereen pratique »). Prévoir au moins deux jours pour visiter l'île, et davantage en cas de mauvais temps. Un logement simple pour les visiteurs est fourni par l'observatoire ornithologique.

Les grandes colonies d'oiseaux de mer attirent de nombreux ornithologues sur l'île rocheuse éloignée de Cape Clear, la plus au sud des îles habitées. D'innombrables guillemots, cormorans, puffins, pétrels et craves à bec rouge la peuplent. Dans les eaux qui l'entourent, on peut apercevoir baleines, tortues marines, requins, phoques et dauphins. Les ports nord et sud de l'île sont séparés par un isthme. L'unique et minuscule village est appelé **Cummer**. Cette île est l'un des derniers bastions de la langue irlandaise dans l'ouest du comté. Certains viennent ici l'été pour l'étudier. Beaucoup des habitants de l'île s'appellent O'Driscoll ou Cadogan, ce qui pose parfois des problèmes au facteur!

Circuit de découverte

MIZEN PENINSULA★★

Circuit de 56 km départ de Skibbereen. Compter une journée.

Le paysage déjà spectaculaire de la péninsule devient impressionnant à la pointe de Mizen, aux falaises martelées par l'océan.

Emprunter vers l'ouest la N 71. Après 16 km, prendre à gauche.

Ballydehob

Bordée de maisons peintes de couleurs vives, la grand-rue descend en pente abrupte vers la baie parsemée d'îles de Roaringwater (« eau rugissante »). À mi-pente, une statue surprenante et musclée (de James McCarthy, 2000) rend honneur au héros local, **Danno O'Maghony** (1912-1950), boxeur poids lourd qui défendit 133 fois avec succès son titre de champion du monde en 1935-1936, avant de trouver la mort dans un accident de voiture.

Le pont de chemin de fer à 12 arches faisait partie de la ligne qui reliait Skull à Skibbereen, fermée en 1947. Il a été transformé en **passerelle** pour piétons.

Prendre la route secondaire qui monte vers le nord, tourner vers l'ouest puis le sud jusqu'au mont Gabriel et à Skull.

Mount Gabriel

L'ascension à pied du mont (408 m) exige beaucoup d'efforts, mais offre en récompense un beau panorama sur la baie. On a exploité ici le cuivre dès l'âge du bronze. Au 19e s., les mines rivalisaient avec celles de Cornouailles. Les équipements désaffectés des mines contrastent avec l'aspect high tech des deux sphères de station radar situées près du sommet.

Prendre la route vers le sud jusqu'à Skull.

Après le col, une belle **vue★★** se déploie sur Skull et la baie de Roaringwater.

Skull (Schull)★

Bacs pour Baltimore et Cape Clear Island.

Cette jolie petite ville de marché et centre de pêche a séduit les plaisanciers. Skull signifie école : ce nom dérive d'un monastère, haut lieu d'enseignement implanté ici au 10e s. On trouve encore deux librairies dans le bourg.

Le **planétarium** (60 places) organise régulièrement des spectacles sur l'astronomie et, la nuit, des observations par télescope. *Mai et sept. : dim. 15h-17h (« Spectacle des étoiles » à 16h) ; juin : mar. et sam. 15h-17h (spectacle 16h), jeu. 19h30-21h (spectacle 20h) ; juil.-août : mar.-sam. 14h-17h (spectacle 16h), lun. et jeu. 19h-21h (spectacle 20h) ; spectacles suppl. de mi-juil. à mi-août : merc.-vend. « Spectacle des étoiles » : 45mn. À partir de 7 ans. 5 €. 028 28315, 28552.*

Reprendre la R 592 vers l'ouest. À Toormore, tourner à gauche sur la R 591 vers Goleen et Crookhavend. Tourner à droite (panneau) à l'entrée du village de Goleen.

Crookhaven

La petite station de Crookhaven avait autrefois une certaine importance. C'était un port de pêche animé, où faisaient escale les bateaux chargés du courrier en route pour l'Amérique et les Caraïbes. Les mines de cuivre étaient actives à la pointe de Brow voisine. C'est là que Marconi a installé en 1902 sa station de télégraphe transatlantique.

Prendre la route secondaire longeant l'anse de Barley sur la rive est.

Barley Cove

Appréciée des surfeurs, la profonde crique dont la plage de sable est entourée de falaises est un superbe lieu de villégiature. Les nombreux petits chalets n'altèrent en rien la vue d'ensemble.

Après avoir traversé la chaussée au fond de l'anse de Barley, tourner à gauche en direction du cap Mizen.

Mizen Head and Visitor Centre★★

Parc de stationnement. Juin-sept. : 10h-18h ; de mi-mars à fin mai et oct. : 10h30-18h ; de déb. nov. à mi-mars : w.-end 11h-16h. 6 €. 028 35115 (l'été seulement), 028 35591/35225. www.mizenhead.net

Les falaises battues par les tempêtes du cap Mizen marquent l'extrême pointe sud-ouest de l'Irlande. En 1910, on a installé sur l'île de Cloghnane la station de signalisation antibrouillard Irish Lights. Après une descente de 99 marches, une passerelle en béton armé, construite avec peine à cause de la violence des éléments, permet d'y accéder. Passer le gouffre de 46 m, avec sous les pieds la houle de l'Atlantique, peut être une expérience intéressante par mauvais temps.

Le **Centre d'accueil,** avant la traversée, fournit des explications sur le rôle de la station. Il abrite une présentation sur le travail des gardiens de phares et sur la faune locale : dauphins, phoques, requins pèlerins, baleines et oiseaux de mer. Grâce à des animations technologiques pointues, on peut se mettre aux commandes d'un navire patrouilleur, ou piloter une opération de sauvetage en mer par hélicoptère. Tout comprendre de la géologie marine devient un jeu d'enfants passionnant, comme de maîtriser les radio-transmissions. Le centre relate quelques naufrages, ainsi que des épisodes de la course de voiliers du Fastne. Mais surtout, il fait le récit héroïque, à l'aide de photos de 1900 et 1901, de la construction, pendant huit ans, du phare de **Fastnet Rock** *(14 km au sud-est)*, haut de 54 m sur son minuscule rocher, appelé la larme de l'Irlande par les émigrants qui quittaient le pays. Le Fastnet est considéré comme un des plus beaux phares du monde. Et le plus solide. Aujourd'hui encore, sa conception en puzzle emboîté, d'énormes blocs de granit transportés depuis le pays de Galles, suscite l'admiration des bâtisseurs.

Entre la balade sur la pointe dans les éléments souvent déchaînés et les expositions bien à l'abri, une après-midi entière sera vite passée dans ce centre de découverte admirablement conçu. On peut s'y restaurer avec des plats copieux et pas chers.

R. Cummins / Corbis

Les menhirs en cercle de Drombeg (comté de Cork).

Tourism Ireland

Le manoir et les jardins de Kilmokea (comté de Wexford).

Tourism Ireland

Johnstown Castle aux alentours de Wexford.

Skibbereen pratique

Adresse utile

North Street - ✆ 028 21766 - www.corkkerry.ie - juil.-août : tlj ; sept. et juin : tlj sf dim. ; oct.-mai : tlj sf w.-end.

Visites

Bac de Baltimore à l'île de Sherkin – *✆ 028 20218 ou 087 2447828 - www.sherkinisland.ie - (15mn) dép. de Baltimore Pier - juin-sept. : 8/j, 9h-20h30 (7 fois le dim.) ; oct.-mai : 3/j, 10h30-17h30 ; traversées suppl. aux périodes de pointe - 100 passagers en été, 50 en hiver.*

Bac de Baltimore à l'île de Cape Clear – *si le temps le permet, horaires par tél. : ✆ 028 39135 (capitaine O'Driscoll), 08626 62197 (portable), 028 39119 (bureau). Cailin oir Ferries ✆ 028 39159 et 086 346 5110.*

Bac Baltimore-Skull – *✆ 028 39153, 087 268 0760 (portable) - www.westcorkcruises.com - juin-août : dép. de Baltimore pour Hare Island (15mn) et Skull (35mn) 10h, 13h45 et 16h40 ; dép. de Skull pour Hare Island (35mn) et Baltimore (15mn) 11h30, 15h et 17h30.*

Bac de Skull – *✆ 028 28278 ou 086 2379302 (Kieran Molloy) - pour Cape Clear Island : juil.-août : 3/j, dép. de Skull 10h30, 14h30, 16h30, dép. de Cape Clear 11h30, 15h30, 17h30 ; mai-juin et sept. : dép. de Skull 14h30, dép. de Cape Clear 17h30, 14 €, tarif famille 35 €. Pour Sherkin Island et Baltimore : juil.-août : dép. de Skull 10h, 13h45, 16h30, dép. de Sherkin Island/ Baltimore 11h, 15h, 17h30 ; juin et sept. : dép. de Skull 13h45, dép. de Sherkin Island/ Baltimore 17h30 (gratuit pour vélos). Excursion au phare du Fastnet 2 fois par sem. à 19h15 €.*

Se loger

AUX ALENTOURS

⊖ **Corthna Lodge-Skull** – *À 1,3 km à l'ouest de Skibbereen, par la R 592- du 27 avr. au 30 sept. - ✆ 028 28517 - info@corthna-lodge.net - 6 ch. 85/95 €.* Dans un grand jardin, la maison centenaire couverte de lierre propose des chambres élégantes au mobilier moderne.

⊖ **The Slipway** – *The Cove - à 750 m à l'est de Baltimore - ✆ 028 20134 - Avril-oct. - 4 ch. 72/80 €.* Cette maison simple, toute jaune, a une jolie vue sur le port.

⊖ **Fortview House** – *Toormoe - à l'est de Skibbereen par la R 592 - ✆ 028 35324 - fortviewhousegoleen@eircom.net - 5 ch. 100 €.* On sert du jus de fruits, du muesli et des galettes de pommes de terre maison, dans ce corps de ferme en pierre aux chambres douillettes.

⊖⊖ **Baltimore Townhouse** – *Baltimore - ✆ 028 20197 - info@baltimoretownhouse.com - 100/150 €.* Six mini-appartements, avec chambre, séjour et coin cuisine. Le pain est déposé le matin.

⊖⊖ **Waterfront Guest House** – *The Square - Baltimore - ✆ 028 20600 - 13 ch. 70/120 €.* Idéalement placée sur le port, cette pension récemment rénovée, aux vastes chambres lumineuses et confortables, dotées de salles de bains et écrans plats, a même installé un ascenseur. Petit-déjeuner face à la mer.

Se restaurer

⊖ **The Bunratty** – *Skull Main Street - ✆ 028 28341 - 20 €.* Très bons plats régionaux dans ce pub plein d'ambiance.

⊖⊖ **Waterside Inn** – *Skull Main Street - ✆ 0828 28203 - Sf dim. - 40/50 €.* On vient de loin pour les *chowders* (soupe de poisson) et les poissons frais de cette auberge au bord de l'eau.

AUX ALENTOURS

⊖⊖ **Glebe Gardens Café** – *Baltimore (voir p. 285) - ✆ 028 20232 - glebegardens.com - de Pâques à fin oct. du petit déjeuner au dîner sur réserv. - 20/40 €.* Ici, les fleurs de souci ou de capucines colorent les salades ou les scones, et l'amphithéâtre creusé dans l'herbe, face à la mer, accueille des musiciens plusieurs soirs par semaine. Un lieu vraiment bel et bon.

⊖⊖ **Customs House** – *Baltimore - Main Street - ✆ 028 20200 - avr. à sept. : w.-end seulement - 38/48 €.* Bon rapport qualité-prix à cette adresse composée de plusieurs petites salles à manger décorée d'art moderne. Cuisine préparée avec soin.

⊖⊖ **Chez Youen** – *Baltimore - Sur le port - ✆ 028 20136.* Une institution locale, ouverte en 1979 par la figure locale, Youen, un Breton tombé en amour pour Baltimore. La table est raffinée et les poissons parfaits. Homard et autres délices sortent de l'eau à la demande.

Sports et Loisirs

Voile – À Baltimore (marina temporaire en été) et Skull.

Agenda

West Cork Arts Centre – *North Street - ✆ 028 22090 - tlj sf dim. 10h-18h.* Il accueille régulièrement des événements artistiques.

Festival Baltimore Fiddle Fair – Chaque année en mai, il attire les meilleurs musiciens folk internationaux pendant 4 jours pour concerts et master-classes.

Tralee★

22 744 HABITANTS – COMTÉ DE KERRY
CARTE MICHELIN N° 712 C11 – CARTE GÉNÉRALE RABAT II A3

Au fond de sa baie, le chef-lieu du comté de Kerry, ville travailleuse et prospère, possède un éventail d'industries traditionnelles et récentes. Quoique Tralee ne soit pas particulièrement orientée vers le tourisme, c'est une grande porte d'accès vers la péninsule de Dingle. Avec son pavillon « Kerry, le Royaume », elle offre aux visiteurs un aperçu ambitieux et évocateur de la région. Tralee est aussi le siège du Théâtre national populaire d'Irlande. Tous les ans, d'innombrables membres de la diaspora irlandaise viennent du monde entier évoquer leurs origines et partager leurs valeurs communes au festival de la « Rose de Tralee ».

- **Se repérer** – Dans le sud-ouest irlandais, célèbre pour la splendeur et la diversité de ses paysages, au nord de la péninsule de Dingle dont elle commande l'accès, Tralee *(Trá Lí)* se trouve sur les routes principales (N 21 et N 69) entre Dingle et Limerick. La ville est à seulement 32 km au nord de l'aéroport de Farranfore, qui dessert aussi Killarney.
- **À ne pas manquer** – Listowel.
- **Organiser son temps** – Une demi-journée à une journée.
- **Avec les enfants** – Les vagues du Fenit Sea World, le moulin à vent de Blenerville, la découverte des tourbières avec A day in the Bog.
- **Pour poursuivre le voyage** – Voir aussi Killarney, Limerick.

Comprendre

Forteresse des Desmond et fief des Denny – Le château autour duquel Tralee s'est développée est édifié en 1243 par l'Anglo-Normand **John Fitzgerald.** Ses descendants, comtes de Desmond, deviennent un des plus puissants vieux clans anglais, « plus irlandais que les Irlandais », en rivalité farouche avec les Ormond. La lignée géraldine (c'est-à-dire des Fitzgerald) s'éteint en 1583 : le quinzième comte se rebelle, avec l'appui du pape et des Espagnols ; il est trahi et exécuté, sa tête exposée sur une pique à la Tour de Londres. Tralee et les terres des Desmond sont octroyées à Hugh Denny, qui a contribué à la défaite des Espagnols. La famille Denny tiendra les rênes de la région pendant trois siècles. Tralee a beaucoup souffert au cours des guerres du 17e s. Elle conserve aujourd'hui surtout un aspect 18e s. et 19e s. Son bâtiment le plus remarquable est le palais de justice de style néo-grec conçu par Richard Morrison au milieu du 19e s. D'esprit farouchement nationaliste, Tralee devient à la fin du 19e s. et au début du 20e un bastion important de l'opposition au pouvoir britannique.

Visiter

Kerry – The Kingdom★

Ashe Memorial Hall. ♿ De mi-mars à fin oct. : 9h30-17h30 ; nov.-déc. : 11h-16h30. Fermé 24-27 déc. 8 € (famille 22 €). Possibilité de visite guidée. ✆ 066 712 7777.

Ce pavillon touristique très visité se divise en trois sections. L'exposition **Geraldine Experience** (l'époque des Fitzgerald) restitue le décor, les sons et même les odeurs de la ville médiévale. Des cabriolets promènent les visiteurs à travers une reconstitution partielle de Tralee, accompagnés d'un commentaire en plusieurs langues. **Kerry en Couleur** est une passionnante présentation multimédia de l'histoire régionale à partir

La rose de Tralee

Chaque année au mois d'**août**, la ville organise la fête internationale de la Rose de Tralee *(Rose of Tralee Festival)*, attirant des visiteurs, notamment des Irlandais émigrés aux quatre coins du monde ; toutes les jeunes filles d'origine irlandaise sont éligibles pour le titre. Dans le parc de la ville se dresse la statue de William Mulchinock (1820-1864), auteur de la célèbre chanson *The Rose of Tralee*, dont voici le refrain :

> *« She was lovely and fair as the rose of the summer*
> *Yet 'twas not her beauty alone that won me*
> *Oh no 'twas the truth in her eye ever dawning*
> *That made me love Mary, the Rose of Tralee. »*
> « Elle était adorable, gracieuse comme rose d'été
> mais ce qui me conquit n'est pas sa seule beauté
> car dans ses yeux toujours vibrait la vérité
> qui m'a fait aimer Mary, la rose de Tralee. »

de l'époque mésolithique, que vient compléter le musée du comté, **Kerry County Museum**, avec toutes sortes d'objets, de maquettes et de présentations intéressantes. Le **parc municipal** conserve les vestiges du **château des Fitzgerald**.

Tralee – Blennerville Light Railway

♿ *Juin-sept. : 11h-17h30, dép. ttes les heures de Ballyard. Station à Tralee, retour ttes les 30mn de Blennerville. 4 €. Train et moulin (ci-après) 7 €. ✆ 066 712 1064.*

Le chemin de fer à voie étroite Tralee & Dingle Light Railway, qui serpentait sur les collines de la péninsule de Dingle, était le plus occidental d'Europe. La ligne a fermé en 1953, mais on a marqué en 1991 le centenaire de sa construction par la réouverture au trafic passagers du premier tronçon *(2,4 km)* entre Tralee et Blennerville. Le convoi comprend trois voitures d'époque tirées par la N 5, la dernière des locomotives à vapeur d'origine.

Aux alentours

Blennerville Windmill★

3,2 km au sud par la R 559. ♿ Avr.-oct. : 10h-18h. 4 €. Spectacle audiovisuel (8mn). Possibilité de visite guidée (30mn). ✆ 066 712 1064.

Particulièrement haut (18 m), le moulin à vent à cinq niveaux, tout blanc, a été construit vers 1800 par le propriétaire terrien du lieu, Rowland Blennerhassett. Abandonné vers 1880, il est de nouveau en état de marche. Un moteur électrique prend le relais quand le vent est trop faible. Dans le bâtiment annexe, l'**exposition sur l'émigration** illustre l'expérience vécue par les dizaines de milliers d'Irlandais qui ont quitté leur pays pour l'Amérique au 19e s. : embarquement, traversée, manque de nourriture, problèmes de santé, quarantaine à l'arrivée. En 1998 a débuté la construction d'une réplique de la *Jeannie Johnston,* navire de 540 tonneaux qui transportait les émigrants. En 2002, il a été baptisé officiellement dans le port voisin de Fenit.

Les **ateliers d'artisans** permettent aux visiteurs de voir les créateurs à l'œuvre et d'acheter leur production : poteries, émaux, etc.

Crag Cave★

18 km à l'est de Tralee par la N 21 jusqu'à Castleisland (Oileán Ciarraí), puis 1,5 km sur une route secondaire vers le nord (panneau). Juil. et août : 10h-18h (dernière entrée 30mn avant fermeture). 12 € (famille 2+2 30 €). ✆ 066 67131244. www.cragcave.com.

Ce réseau de **grottes** calcaires *(4 km)*, découvert en 1983, aurait plus d'un million d'années. Une courte descente (62 marches) conduit aux galeries et aux chambres de la partie visitable de la grotte *(350 m)*. L'éclairage souligne la beauté naturelle des nombreuses formations calcaires : stalactites, stalagmites, drapés, cascades et rivières de pierre. La magie est totale dans la **galerie de cristal**, où luisent une multitude de stalactites blanches, fines comme des fétus de paille.

Circuit de découverte

NORD DU KERRY

Circuit de 140 km. Au départ de Tralee, prendre à l'ouest la R 551 et la R 558.

Fenit Sea World

♿ *Mars-mai : 11h-17h30 ; juin-août : 10h-18h. 5,50 €. ✆/fax 066 713 6544.*

À intervalles réguliers, les vagues roulent dans l'aquarium, où l'on découvre une myriade de poissons. Un bassin invite à toucher coques, moules, patelles et étoiles de mer, et à observer de près crabes et oursins.

Emprunter une route secondaire vers le nord jusqu'à Ardfert.

Ardfert★

♿ *De déb. mai à fin sept. : 10h-18h (dernière entrée 17h15). 2,10 €. Visite guidée (45mn) sur demande. Accès en fauteuil roulant à l'exposition et au point de vue. ✆ 066 713 4711. www.heritageirland.ie*

Ardfert a été fondé dès le 5e s. comme base de mission. L'église en pierre dont saint **Brendan** le Navigateur *(voir p. 364)* a doté le monastère au 6e s. a été détruite par le feu en 1089. À l'époque des Normands, le bourg d'Ardfert a dépassé Tralee en importance ; mais l'absence de port a fini par entraîner son déclin. Restent les ruines imposantes de sa cathédrale et du monastère.

La **cathédrale** érigée vers 1150 a été incendiée au 17e s., mais ses murs s'élèvent toujours jusqu'aux avant-toits et son extrémité est montre encore trois élégantes fenêtres en ogive. Le transept sud (15e s.) présente une exposition retraçant l'histoire de la cathédrale et des deux petites églises voisines, ornées d'intéressantes sculptures. Dans les champs se dresse le **monastère franciscain d'Ardfert**, fondé en 1253 et presque entièrement rebâti en 1453. De grandes parties de la tour et du chœur, y compris neuf fenêtres en ogive dans le mur sud et une fenêtre à cinq baies dans le mur est, sont restées intactes.

Poursuivre vers le nord sur la R 551.

Banna Strand★

C'est la grande **plage** de sable (8 km) qui a servi au tournage de *La Fille de Ryan* en 1968. À l'entrée, un monument célèbre la mémoire de Roger Casement (1864-1916), qui a débarqué à cet endroit d'un sous-marin allemand, le 21 avril 1916, avec une cargaison d'armes destinées aux insurgés du soulèvement de Pâques. Reconnu, il a été arrêté presque sur-le-champ et exécuté.

Poursuivre vers le nord sur la R 551.

Rattoo Round Tower★

Le clocher rond, exceptionnellement bien conservé, et l'église du 15e s. en ruine marquent l'emplacement d'un ancien site monastique fondé en 1200 pour les **hospitaliers de St-Jean**. En 1202, il devient un monastère augustin ; il est détruit dans un incendie en 1600.

Poursuivre vers le nord sur la R 551 ; faire un détour sur la route côtière par Kilcoly, Beal et Astee.

Ballybunnion

Un peu vieillotte, cette petite station balnéaire possède de nombreuses salles de jeux et plusieurs plages. Elle est aussi réputée comme station de thalassothérapie, où les algues sont utilisées à des fins thérapeutiques.

Continuer vers le nord et l'est sur la R 551 ; juste avant Ballylongford, prendre à gauche une route secondaire.

Carrigafoyle Castle★

Principale résidence du clan O'Connor, qui contrôlait la plus grande partie du nord du Kerry, le château, autrefois sur une île, a été détruit par les forces de Cromwell en 1649. Une des tours de défense est aménagée en pigeonnier. Un escalier en spirale monte jusqu'au sommet de la tour (24 m), avec une vue sur tout l'estuaire du Shannon.

Retourner sur la R 551 et poursuivre vers l'est ; à Ballylongford, tourner à gauche vers Saleen.

Lislaughtin Abbey

Cette abbaye franciscaine en ruine remonte au 15e s. L'église présente une belle fenêtre, au chevet, et trois bancs de pierre *(sedilia)* en parfait état. Des vestiges du réfectoire et du dortoir subsistent dans la partie est des bâtiments conventuels. Les latrines étaient installées dans la tour située à l'extrémité nord.

Continuer vers l'est sur une route secondaire jusqu'à Tarbert.

Tarbert

Tarbert Bridewell, l'ancienne maison d'arrêt construite de 1828 à 1831, a été convertie en musée. Celui-ci évoque le système légal et pénal en vigueur en Irlande au 19e s. au moyen de personnages de cire installés dans la salle du tribunal et les cellules. *Avr.-oct. : 10h-18h ; nov.-mars sur demande. 6 €. ✆ 068 36500.*

Un **sentier de randonnée** *(à partir du parc de stationnement)* traverse les bois du domaine de **Tarbert House** (17e s.), qui a reçu d'illustres invités, Benjamin Franklin, Charlotte Brontë, Daniel O'Connell. Il se poursuit le long du littoral boisé, jusqu'à l'ancien embarcadère de Tarbert. *Prendre la N 69 vers le sud.*

Listowel (Lios Tuathail)★

Dotée d'une immense place centrale avec de belles lignées de maisons georgiennes, dont un remarquable hôtel, autour de sa minuscule église anglicane qui abrite le Centre d'art et du patrimoine, Listowel s'enorgueillit d'un ravissant cœur de ville. Mais c'est, plus encore, sa **gloire littéraire** qui fait sa réputation. Dans un pays où l'on vénère écrivains et poètes, Listowel compte parmi ses natifs nombre de très grandes plumes nationales, parmi lesquelles John B. Keane (1909-1998), dont le fils tient le pub principal, Bryan McMahon ; le poète Brendan Kennelly ou Maurice Walsh, auteur de la nouvelle *The Quiet Man (L'Homme tranquille)* que John Ford immortalisa en la filmant. Tous les ans depuis 1971, la première semaine de juin a lieu la très populaire **Semaine des écrivains** *(Writers'Week)*, qui attire des auteurs du monde entier.

Un nouveau musée littéraire, **Seanchai** (« le raconteur d'histoires »), met en scène l'art de la parole, ces gloires locales et les auteurs irlandais avec des montages audiovisuels intelligents, une scénographie dynamique et surtout des pièces en étages où des artistes ont illustré l'univers de ces auteurs avec humour. *24 The Square. Tlj sf dim. 10h-17h. ✆ 068 22212. www.kerrywritersmuseum.com*

À côté se trouve le **Listowel Castle**, forteresse du 13e s., dont il reste une imposante façade composée de deux hautes tours, qui a été restaurée. Elle est désormais ouverte au public qui peut accéder aux étages supérieurs *(9h30-17h30)*.

On visitera aussi le **monorail Lartigue**. Sur un court trajet, locomotive et wagons de ce train à sens unique qui reliait Listowel à Ballybunion au 19e s. ont été recréés. *John B. Kean Road. Dép. à chaque heure juste. ✆ 068 24393.*

À la sortie de Listowel sur la N 69, les enfants et leurs parents apprécieront le centre **A day in the Bog** (« Une journée dans la tourbière »). Cette chaumière, tenue par d'anciens ouvriers des tourbières possède une mini ferme et ses animaux, mais surtout elle recèle une exposition/démonstration vieillotte et touchante du travail de la **tourbe**. Insistez pour voir le film, c'est un joyau pédagogique à l'ancienne à ne pas manquer. Par temps frais, restauration réconfortante. *Leam, Kilflynn. ✆ 066 713 2555.*

Reprendre la N 69 vers le sud pour rejoindre Tralee.

Tralee pratique

Adresse utile

Ashe Memorial Hall - ✆ 066 712 1288 - www.shannonregiontourism.ie

Transport

Car-ferry du Shannon – *✆ 065 905 3124 (Shannon Ferry Ltd) - www.shannonferries.com - centre d'accueil de Killimer : 9h-21h (19h oct.-mars) - traversée env. 20mn tlj sf 25 déc. - au dép. de Killimer (rive nord) ttes les heures à l'heure, avr.-sept. : 7h-21h, dim. 9h-21h ; oct.-mars : 7h-19h, dim. 10h-19h ; dép. de Tarbert (rive sud) ttes les heures à la demie : avr.-sept. : 7h30-21h30, dim. 9h30-21h30 ; oct.-mars : 7h30-19h30, dim. 10h30-19h30. Capacité 52 + 60 véhicules.* Tarbert Pier est le point d'embarquement du car-ferry qui transporte sur la rive nord.

Se loger

Tralee Townhouse – *High Street - ✆ 066 718 1111 - www.traleetownhouse.com - 20 ch. 70/150 €.* La sympathique propriétaire de ce petit hôtel bien situé fournit toutes les informations possibles.

The Grand Hotel – *Denny Street - ✆ 066 712 1499 - info@grandhoteltralee.com - fermé à Noël - 44 ch. 120/150 €.* Institution de 1928, récemment rénovée. Chambres en acajou ; le bar, dans l'ancienne poste, est chargé d'histoire.

AUX ALENTOURS

Brook Manor Lodge – *Fenit Road-Spa - 3,5 km au nord sur la R 558 par la R 551- ✆ 066 7120406 - brookmanor@eircom.net - 8 ch. 100/140 €.* Au cœur du bocage, cette adresse offre des chambres impeccables dans un manoir construit sur mesure.

Se restaurer

The Greyhound Bar – *Pembroke Street - ✆ 066 712 3313 - 15/20 €.* Pour un bon Irish Stew ou même une pinte ou deux, ce pub traditionnel est tout indiqué.

Allo's Bar – *41 Church Street - ✆ 068 22800 - allos@eircom.net - 18/70 € - réservation indispensable.* Ce bar de couleur vive accueille les visiteurs sur sa terrasse couverte et douillette pour une cuisine classique aux saveurs internationales.

AUX ALENTOURS

The Oyster Tavern – *The Spa - 7 km sur la route de Fenit - ✆ 066 713 6102 - 30/40 €.* Les gens de la région fréquente sans modération ce lieu connu pour ses produits de la mer. C'est tout dire.

Faire une pause

National Folk Theatre of Ireland (Siamsa Tíre) – *✆ 066 712 3055 - www.siamsatire.com - visite gratuite de la galerie.* Les spectacles du Théâtre national populaire irlandais s'inspirent de la riche tradition celtique pour évoquer les fêtes et le mode de vie rural d'autrefois. C'est encore le passé irlandais qui a inspiré la conception du théâtre en forme de fort circulaire, avec un « clocher rond » qui permet d'accéder aux places de balcon.

Sports et Loisirs

Plages – À l'ouest et au nord dans la baie de Tralee.

Aqua Dome – *✆ 066 712 9150 (info 24h/24) - www.discoverkerry.com/aquadome - juin-août : 10h-22h ; sept.-mai : tél. pour horaires - 8 € (avr.-août) ; 7 € (sept.-mars).* Piscines couvertes.

Waterford★

49 213 HABITANTS – COMTÉ DE WATERFORD
CARTE MICHELIN N° 712 K11 – CARTE GÉNÉRALE RABAT II B3

La ville et le port de Waterford bénéficient d'un site splendide sur la rivière Suir, en amont du confluent avec la Barrow et de la vaste étendue protégée de la rade de Waterford. La prospérité de la ville vient notamment de sa cristallerie, de renommée mondiale. Elle plonge ses racines dans une tradition manufacturière et commerçante qui remonte à sa fondation, au 9e s., par les Vikings, mais elle a aussi su attirer, dans les années 2000, de nombreuses entreprises étrangères. Les souvenirs de sa longue histoire sont préservés dans son kilomètre et demi de quai, le maillage dense de ses rues et les restes des anciennes fortifications, qui autrefois l'encerclaient entièrement. La tour de guet (10 m) garde des murs bien conservés côté sud, près de la rivière John. On retrouve des vestiges des remparts danois des 9e et 10e s., notamment les portes de la barre Reginald, près de la tour Reginald, et des extensions normandes réalisées surtout au 13e s.

- **Se repérer** – Waterford *(Port Láirge)* se trouve à la limite entre son propre comté et celui de Wexford, sur la grande route côtière qui relie Wexford à Cork (N 25) et à l'embranchement des N 9 vers Carlow et N 24 vers Limerick. Facile à explorer, le petit comté est réputé pour la douceur de son climat et ses plages vierges.
- **À ne pas manquer** – Waterford Crystal.
- **Organiser son temps** – Prévoir une journée.
- **Avec les enfants** – Splashworld *(voir « Waterford pratique »)*, le plus grand centre aquatique d'Irlande ou, pour les plus grands, la découverte de l'art de la verrerie à la cristallerie de Waterford.
- **Pour poursuivre le voyage** – Voir aussi New Ross, Clonmel, kilkenny.

Comprendre

En 853, les drakkars vikings remontent la Suir et établissent un village qu'ils nomment *Vadrefjord* (« le port du temps »). Malgré d'incessants combats avec les Irlandais de la région, les Danois conservent le contrôle de Vadrefjord jusqu'en 1169, année où le comte anglo-normand de Pembroke **(Strongbow)** s'empare de la ville ; son mariage avec la fille du roi du Leinster aura lieu dans la tour Reginald.
Sous le règne anglo-normand, Waterford devient la seconde ville d'Irlande après Dublin, avec une réputation d'ardente loyauté envers le roi anglais. En 1649, Cromwell en fait le siège sans succès. Mais elle capitule l'année suivante devant son général, Ireton.

Se promener

Reginald's Tower Museum B2

Custom House Parade. ♿ Juin-sept. : 10h-18h ; avr.-mai et oct. : 10h-17h. Fermé 25-26 déc. 2,10 € (famille 5,80 €). Visite guidée (45mn) sur demande. ✆ 051 304 220.

Sur un site panoramique dominant la Suir, cette forteresse de pierre a été érigée par les Vikings en 1013 pour la défense de la ville, puis renforcée par les Anglo-Normands. Ses trois niveaux, reliés par un escalier installé dans l'épaisseur des murs, abritent une exposition sur les tours et les fortifications et sur la frappe de la monnaie.

French Church B2

Accès par le musée de la tour Reginald.

Beaucoup des grandes familles de Waterford ont leurs sépultures dans l'enceinte de l'église, aujourd'hui en ruine. À l'origine établissement franciscain, fondé en 1240,

Fils célèbres de Waterford

Thomas Francis Meagher (1822-1867), juriste fortuné, participe à l'insurrection de la Jeune Irlande. Il est condamné à mort pour avoir pris part au soulèvement de Ballingarry, dans le comté de Tipperary, mais sa peine est commuée en déportation en Tasmanie. Il s'en échappe pour les États-Unis, où il fonde la Brigade irlandaise et combat durant la guerre de Sécession.
William Hobson (1783-1842), né dans Lombard Street, près du Mall, fut le premier gouverneur de la Nouvelle-Zélande.

puis hôpital, il devient le lieu de culte des Huguenots de Wexford entre 1693 et 1815, d'où son nom « d'église française ».

City Hall et Theatre Royal B2

En dehors des cérémonies. Visite guidée tlj sf w.-end 9h-17h ; tél. pour les précisions ✆ 051 860 856.

L'hôtel de ville occupe le majestueux bâtiment de l'ancienne Bourse, conçu en 1788 par John Roberts, architecte réputé de Waterford (1714-1796). Dans la salle du conseil, au premier étage, sont exposés un service de table complet, du 18e s., en cristal de Waterford, un lustre de cristal taillé de la même époque et une peinture de Waterford en 1736 par l'artiste flamand William Van der Hagen.

Le bâtiment comprend le **Theatre Royal** (1876) dont le décor d'époque victorienne est rare en Irlande. Ses trois balcons en fer à cheval (650 places) sont couronnés d'une impressionnante coupole. Le lustre en cristal de Waterford a été créé sur mesure en 1958. *Ouvert toute l'année pour les représentations théâtrales. ✆ 051 874 402 (billetterie), 051 853 626 (direction). www.theatreroyalwaterford.com*

Christ Church Cathedral B2

Lun.-vend. 10h-13h, 14h-17h, sam. 10h-16h, dim. 12h-13h, 14h-16h. Offrande. ✆ 051 858 958. www.christchurchwaterford.com

La cathédrale conçue par John Roberts dans le style classique anglais du 18e s. a été achevée en 1779. À l'intérieur se trouvent une maquette de l'église viking qui a occupé le site de 1050 à 1773, ainsi que plusieurs éléments provenant de l'église médiévale :

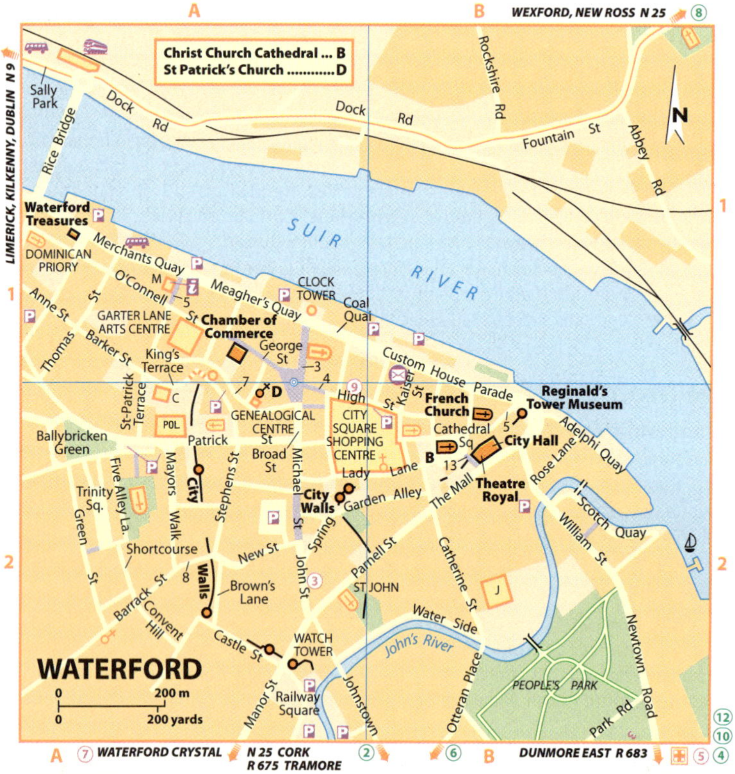

SE LOGER		SE RESTAURER		INDEX DES RUES	
Arlington Lodge	2	Bodega	3	Bailey's New St	2
Blenheim House	4	McAlpin's Suir Inn	5	Barronstrand St	3
Brown's Townhouse	6	The Ship	7	Blackfriars St	4
Diamond Hill	8	Wine Vault	9	Hanover St	5
Foxmount Farm	10			Jenkin's Lane	7
Three Rivers	12			Newgate St	8
				Palace Lane	13

la tombe de James Rice, qui représente son corps un an après sa mort avec des signes de décomposition, et deux monuments funéraires exécutés par John Van Nost pour les Fitzgerald et pour Susanna Mason.

Medieval Waterford A2

Niveau inférieur du centre commercial de City Square.

Les mille ans d'histoire de Waterford ont été mis au jour avec éclat à l'occasion de la construction du centre commercial : on a découvert 12 strates d'habitations reposant sur les fondations vikings. Des pierres marquent l'emplacement de l'église St-Pierre (12e s.), la première d'Irlande avec une abside. Les murs portent une description du site vers 1100.

St Patrick's Church A2

L'église date de la période des Lois pénales. Elle a été délibérément construite pour ressembler de l'extérieur à une maison.

Chamber of Commerce A1

Tlj sf w.-end 9h-17h. ✆ 051 872 639. www.waterfordchamber.ie

Ce bel édifice georgien (1795) est l'œuvre de John Roberts. Remarquer à l'intérieur la coupole, l'escalier et les sculptures bien conservés.

Visiter

Waterford Treasures★ A1

The Granary. ♿ Juin-août : 9h30-20h ; avr.-mai et sept. : 9h30-18h ; oct.-mars : 10h-17h. 7 €. ✆ 051 304 500. www.waterfordtreasures.com

Ce bâtiment abrite une très intéressante exposition d'objets vikings et médiévaux découverts au cours de fouilles archéologiques dans la région – pièces de monnaie, bijoux, objets en cuir, vêtements tissés, poterie, aiguilles en os, bols et cuillers en bois – ainsi que le plan d'une maison viking. On peut y voir également les chartes de la ville et des insignes royaux.

Waterford Crystal★

2,5 km au sud du centre-ville par la N 25. ♿ Centre d'accueil : 9h-16h10. Cristallerie : visite guidée toutes les 20mn (1h). 10 €. Spectacle audiovisuel. ✆ 051 332 500. www.waterfordvisitorcentre.com

La célèbre cristallerie de Waterford a vu le jour en 1783. Cette usine est aujourd'hui la plus grande verrerie du monde et connaît un renouveau grâce à l'arrivée de maîtres verriers tchèques et à un dynamisme commercial efficace.

La visite commence par un film sur l'histoire du verre en Irlande. Puis, grâce aux artisans souffleurs et artistes sculpteurs et graveurs, on découvre tous les stades de la fabrication, de la fusion du verre au délicat polissage. Une collection d'objets en cristal est exposée. Au show room, on peut acheter ou faire expédier de belles pièces uniques *made in Waterford*.

Circuit de découverte

CÔTE DU COMTÉ DE WATERFORD

Circuit de 31 km. Au départ de Waterford, emprunter la R 683.

Passage East

Car-ferry traversant la rade de Waterford jusqu'à Ballyhack (voir « Waterford pratique »).

Cet ancien port est construit sous un escarpement élevé. Ses petites places et rues bordées de maisons peintes de couleurs vives conduisent vers trois quais : Boathouse Quay, Hackett's Quay et Middle Quay.

Poursuivre vers le sud sur la R 685.

Geneva Barracks

Sur la rive ouest de la rade de Waterford se dresse l'imposante ruine d'un projet extraordinaire entrepris en 1793 par le gouvernement. Les quatre murs (chacun de 400 m de long) enfermaient une ville nouvelle, où auraient dû s'installer des immigrants suisses. Le gouvernement comptait sur le bon exemple donné par ces habiles ouvriers sur métaux, avec leur éthique de travailleurs protestants. Le projet a échoué, et les bâtiments sont devenus une caserne, qui s'est forgé une sinistre réputation en 1798 à cause des atrocités commises à l'encontre des rebelles prisonniers.

Poursuivre vers le sud sur la R 685 ; tourner à gauche pour prendre une route secondaire.

Dunmore East★

Ce village de pêcheurs à l'allure bretonne possède plusieurs chaumières. Il offre bon nombre de jolies criques, dont Badger's Cove et Ladies'Cove. Des promenades en forêt sont aménagées près de la route de Ballymacaw *(400 m à l'ouest).*

Suivre la R 684 et la R 685 vers l'ouest en passant par Clohernagh.

Tramore (Trá Mhór)

Sur une pente descendant vers la mer, Tramore est une des grandes stations balnéaires d'Irlande. À ses pieds s'étendent un vaste parc de loisirs (20 ha) et une longue plage de sable (5 km) qui borde la baie portant son nom. Le long des falaises de Doneraile *(au sud)*, de belles promenades permettent de découvrir de vastes paysages marins. La pointe de Great Newtown *(à l'ouest)*, sur la rive opposée, est surmontée de trois sémaphores du début du 19e s., dont l'un sert de socle à l'**Homme de métal de Tramore**, extraordinaire statue de fonte (4 m de haut) portant veste bleue et pantalon blanc, érigée en 1823 pour servir d'amer aux navires.

Reprendre la R 675 vers le nord pour rejoindre Waterford.

Waterford pratique

Adresses utiles

The Granary - Merchants'Quay - 051 875 823 - www.southeastireland.com - sept.-mai : tlj sf dim. ; aussi le dim. en juil.-août.

Waterford Crystal Visitor Centre – *051 358 397 - fév.-déc. : tlj ; janv. : tlj sf w.-end.*

À TRAMORE

051 381 572 - juin-août : tlj sf dim.

Transports

Aéroport international de Waterford – *À 9 km au sud de la ville - 051 846 600 - www.waterfordairport.ie*

En train – *Au nord de la Suir - 051 873 401.*

Bus Eirann – *Plunkett Station - 051 879 000.*

Ferry – *051 382 480/382 488 - www.passageferry.com - entre Passage East et Ballyhack de 7h-22h, dim. et j. fériés 9h30-22h (oct.-mars 20h) - fermé 25-26 déc. - capacité 30 voitures.* Un ferry pour voitures et passagers traverse la rade de Waterford au départ de Passage East *(au sud-est par la R 683)* jusqu'à Ballyhack.

Visite

Visite à pied de la ville – *051 873 711 - fax 051 850 645 (Jack Burtchaell) - mars-oct. : 11h45, 13h15, dép. de Waterford Treasures (The Granary) ; 12h et 14h, dép. du Granville Hotel (sur le quai).* Organisée par l'office de tourisme.

Se loger

Brown's Townhouse – *29 South Parade - 051 870 594 - fax 051 871 923 - 6 ch. 100/200 €.* Dans une rue résidentielle du centre, cette maison victorienne qui ne paye pas de mine propose tout le confort d'un bon hôtel.

AUX ALENTOURS

Blenheim House – *Blenheim Heights - 5,5 km à l'est de la ville sur la route de Passage East - 051 874 115 - 6 ch. 70/120 €.* Le parc qui entoure cette très jolie maison georgienne est peuplé de daims qui n'hésitent pas à accueillir les hôtes. Les chambres sont petites, mais confortables et meublées avec goût.

Foxmount Farm – *Passage East Road - 7 km au sud-est par la R 683, en retrait de Checkpoint Road - 051 874 30810 - mars-30 oct. - 4 ch. 130 €.* Dans une ravissante maison du 17e s. à l'abri dans ses terres et recouverte de lierre, de jolies chambres de style cottage.

Three Rivers – *Cheekpoint - 11 km à l'est de Waterford par la R 683 - 051 382 520 - fax 051 382 542 - mail@threerivers.ie - fermé 20 déc.-7 janv. - P - 14 ch. 60/140 €.* Ceux qui dînent à McAlpin's Suir Inn *(voir « Se restaurer »)* trouveront commode de loger dans cet établissement local de qualité au cadre paisible. Le jardin domine l'estuaire. Les chambres au décor uniforme ont toutes des salles de bains.

Diamond Hill – *Slieveroe - 5 km au nord par la N 25 - 051 832 855 - fax 051 832 254 - diamondhill29@hotmail.com - fermé Noël - P - 18 ch. 60/150 €.* Éloigné du centre, Diamond Hill est fier de ses merveilleux jardins, pour lesquels ses propriétaires ont été primés. L'hôtel récent propose des chambres claires et modernes. Le lieu est idéal pour ceux qui préfèrent une ambiance de village.

Arlington Lodge – *John Hill - 2 km au sud par la N 25, John Street, puis Johnstown Road - 051 878 584 - info@arlingtonlodge.com - fermé 24-31 déc. 20 ch. 230/250 € - rest. 35/51 €.* Cet ancien évêché de style georgien est meublé avec un respect pointilleux de la période. Beaux meubles également dans les confortables et spacieuses chambres. Dîner de qualité.

Se restaurer

Wine Vault – *High Street - 051 853 444 - fermé 25 déc., dim. - 10/30 €.* Voici le rêve des œnologues amateurs. Le thème du vin règne dans cet entrepôt des douanes du 15e s. reconverti, qui propose chaque semaine des spécialités de vins, avec un choix impressionnant de vins au verre. La carte marie cuisine traditionnelle et plats plus contemporains.

Bodega – *54 John Street - 051 844177 - fermé à Noël et lundi de Pâques - 29/45€.* Au cœur de la ville, avec ses murs orange et violet, et ses mosaïques, on repère ce restaurant français classique aux plats chaleureux.

AUX ALENTOURS

McAlpin's Suir Inn – *Cheekpoint -11 km à l'est de Waterford par la R 683 - 051 382 220 - - 20/25 €.* Cette charmante auberge de la rade, impeccablement tenue, sert les pêcheurs du port depuis près de trois siècles. Sur la carte du jour écrite à la main peuvent figurer la salade de maquereaux ou le généreux plateau de fruits de mer.

The Ship – *Dock Road - Dunmore East - 20 km au sud de Waterford par la R 684 - 051 383 141 - 25/35 €.* Fauteuils faits avec des tonneaux, filets de pêche pendus au plafond et produits de la mer à la carte : il n'est pas surprenant que ce pub recouvert de lierre du pittoresque village de pêcheurs soit la première étape des loups de mer affamés.

Distractions

Waterford Show – *City Hall - de déb. mai à fin sept. : mar., jeu., sam. 21h - 8 € avec boisson av. le spectacle à 20h45 et verre de vin pendant le spectacle - réserv. à l'office de tourisme de Waterford ou au Waterford Crystal Visitor Centre (voir « Adresses utiles »).* Musique, contes, danses et chants irlandais dans un cadre à l'ancienne.

Garter Lane Arts Centre – *051 855 038 - www.garterlane.ie - tlj sf dim. 10h-18h - gratuit pour la galerie et certains événements.* Tout au long de l'année, le centre accueille des expositions d'art, des récitals et des productions théâtrales.

Achats

Bon à savoir – Les principales rues commerçantes sont Barronstrand Street, qui s'enfonce à partir de la tour-horloge sur le quai, et les rues avoisinantes.

Sports et Loisirs

Plages et baignade à Tramore et Woodstown, au sud de Passage East et au sud de Duncannon Fort, sur la rive est de la rade de Waterford.

Splashworld – *051 390 176.* Le plus grand centre d'attractions aquatiques d'Irlande.

Agenda

Waterford Light Opera Festival – *www.waterfordfestival.com.* Ce festival se déroule annuellement en sept., au Theatre Royal.

Wexford★

18 163 HABITANTS – COMTÉ DE WEXFORD
CARTE MICHELIN N° 712 M10 – CARTE GÉNÉRALE RABAT II C3

Chef-lieu du comté et pôle commerçant du sud-est, Wexford, aujourd'hui classée ville du Patrimoine irlandais, est une ville très ancienne : elle a obtenu sa première charte en 1317. Ses rues et venelles bordent la berge sud de la Slaney, à l'endroit où la rivière se jette dans la rade de Wexford. Avec une forte tradition culturelle, Wexford est mondialement connue pour son festival d'opéra. C'est aussi une station de vacances familiales recherchée.

- **Se repérer** – À l'angle sud-est du pays, Wexford *(Loch Garman)* est reliée à Dublin par la N 11 et à Waterford par la N 25. Le terminal des ferries de Rosslare (8 km au sud-est) (véhicules et passagers) dessert le sud du pays de Galles et le nord-ouest de la France. Riche en demeures historiques et vieilles abbayes, le comté offre aussi toutes sortes d'activités de plein air, dont beaucoup liées à la mer, en particulier la plongée sous-marine.
- **À ne pas manquer** – Les églises jumelles, l'Irish Agricultural Museum et Johnstown Castle, l'Irish National Heritage Park.
- **Organiser son temps** – Compter une journée.
- **Avec les enfants** – L'Irish Agricultural Museum au château de Johnstown pour un pique-nique dans son parc ou pour découvrir les étonnantes machines agricoles et la vie dans les campagnes au 19e s.
- **Pour poursuivre le voyage** – Voir aussi Enniscorthy, New Ross, Waterford.

Comprendre

Le site de Wexford figure déjà sur la carte de Ptolémée du 2e s., mais l'histoire de la ville ne commence vraiment qu'en 950, avec l'arrivée des Vikings, qui nomment leur village *Waesfjord* (fjord des vasières). Lors de l'invasion anglo-normande, en 1169, Wexford est prise, et le premier traité anglo-irlandais signé à l'abbaye de Selskar. Au 13e s., les remparts de terre de la ville scandinave sont remplacés par un mur de pierre. En 1649, Cromwell entre dans Wexford. L'abbaye de Selskar est détruite et des centaines, peut-être des milliers, d'habitants sont massacrés sur la place du marché. Au cours de la rébellion des Irlandais unis en 1798, Wexford est tenue un mois par les insurgés. Certains traitent leurs opposants avec férocité. La reprise de la ville par les forces de la Couronne donne lieu à des représailles encore plus sanglantes. Au 19e s., les compagnies locales de fret maritime font de Wexford un centre de commerce florissant. L'envasement du port et la concurrence de Waterford entraînent son déclin au début du 20e s., mais la proximité du port de Rosslare, et la vie culturelle très animée de Wexford ont plus que compensé cette tendance.

Se promener

Crescent Quay

Face au large estuaire maritime de la Slaney, le très long quai-promenade de Wexford est adouci par la courbe de Crescent Quay (« le quai en croissant »), sur lequel est érigée la statue de John Barry, né dans le comté, et devenu en 1794 commandant en chef de la marine des États-Unis.

De Crescent Quay, suivre vers l'intérieur Henrietta Street et tourner à droite dans Main Street.

Main Street★

L'artère commerçante de Wexford est une longue rue sinueuse en grande partie piétonnière, si étroite que les magasins et les maisons de chaque côté, avec leurs façades d'ardoise grise caractéristiques de la région, semblent se toucher. Beaucoup de petites boutiques ont conservé leur aspect traditionnel provincial du 19e s. La vénérable devise de la boulangerie O'Connor, « Le pain est toujours le soutien de la vie », apparaît au-dessus de sa boutique ; la boulangerie Kelly agrémente ses vitrines de pains en forme de gerbes de blé et de canards, dans la tradition irlandaise.

St Iberius'Church★

Tlj sf dim. : 10h-17h. Offrande. Si l'église est fermée, demander la clé au presbytère (Rectory). ✆ 053 43013.

L'église anglicane s'élève sur un site autrefois au bord de l'eau, consacré au culte chrétien depuis environ 1 500 ans. Dans l'église actuelle, construite en 1760 dans le style georgien, un retable ionique et deux colonnes corinthiennes séparent la nef et le sanctuaire. La façade de style vénitien a été ajoutée au milieu du 19e s.

Bull Ring

Théâtre du massacre pour l'exemple perpétré en 1649 par les troupes de Cromwell, l'**arène de taureaux** était utilisée à l'origine pour faire combattre des taureaux contre des chiens, parfois des hommes, sport très apprécié des nobles normands de Wexford aux 12e et 13e s. Le **mémorial** de bronze aux insurgés de 1798 représente un piquier. Cette œuvre saisissante est due à Olivier Sheppard (1864-1941), créateur de nombreux monuments patriotiques.

Poursuivre vers le nord le long de Main Street.

Selskar Abbey

Il ne reste que les murs extérieurs et la tour carrée de l'abbaye, fondée vers 1190 par le noble anglo-normand Alexandre de La Roche à son retour de croisade. En 1170-1171, Henri II, roi d'Angleterre a séjourné en Irlande, en partie pour affermir son autorité sur l'ambitieux **Strongbow**, en partie peut-être pour échapper au scandale suscité par le meurtre de Thomas Becket. C'est à Selskar qu'il a passé tout le Carême de 1171, faisant pénitence pour le meurtre de l'archevêque.

West Gate Heritage Centre

♿ *Juil.-août : 9h30-13h, 14h-17h, dim. 14h-18h ; mai-juin et sept.-déc. : tlj sf dim. 9h30- 13h, 14h-17h ; janv.-avr. : tél. pour les horaires. 1,90 €. ✆ 053 46506.*

Des cinq portes fortifiées d'origine, seule demeure la porte ouest, construite par Stephen Devereux vers 1200 et condamnée à la fin du 16e s. Les salles normandes de la tour donnent accès à une promenade sur les remparts, jusqu'à l'abbaye de Selskar. Une présentation audiovisuelle retrace l'histoire cosmopolite de Wexford.

Marcher vers le sud le long d'Abbey Street et High Street ; tourner à droite dans Rowe Street Upper.

Les églises jumelles★

Les églises gothiques de l'**Immaculée-Conception** *(Rowe Street)* et de l'**Assomption** *(Bride Street, plus au sud)* ont toutes deux été conçues par **Augustus Welby Pugin**, dans un style gothique pratiquement identique. Leurs tours sont d'égale hauteur (70 m), et leur première pierre a été posée le même jour, en 1851.

De Rowe Street Upper, prendre à gauche School Street.

Franciscan Friary★

♿ *Tlj sf dim. : 9h30-13h30, 14h30-18h. Fermé j. fériés. ✆ 053 22758.*

L'église, fondée par les franciscains en 1230, a été réquisitionnée en 1540 lors de la Dissolution des monastères, puis rendue à l'ordre en 1622. Le sanctuaire actuel *(restauré)* montre un beau plafond à stucs et des œuvres d'artistes irlandais contemporains, dont une étonnante sculpture moderne : le *Tabernacle du buisson ardent*, œuvre de frère Benedict Tutty, de l'abbaye de Glenstal *(voir Limerick)*.

Poursuivre vers le sud par School Street et Roches Road ; tourner à gauche dans Bride Street. Dans Bride Street, prendre à gauche Main Street South.

Aux alentours

Rosslare (Ros Láir)

16 km au sud par la N 25 et la R 740.

L'agréable et populaire station balnéaire de Rosslare est fière de sa longue plage séduisante (9,5 km) et de ses nombreux équipements sportifs.

Lady's Island

18 km au sud par la N 25 et une route secondaire vers la droite à partir de Killinick.

Lieu de pèlerinage, l'**île** sur le lac du même nom conserve les vestiges d'un monastère augustin et d'un château normand. La tour du château penche plus que celle de Pise.

Tacumshane Windmill

18 km au sud par la N 25 et une route secondaire à partir de Killinick. Se procurer les clés au pub Meyler juste à côté. ✆ 05391 31700.

Le **moulin à vent**, bâti en 1846, a été complètement restauré dans les années 1950 et a retrouvé ses ailes.

Kilmore Quay★

24 km au sud-ouest par la N 25 et la R 739.

Avec sa quinzaine de maisons à toit de chaume, le hameau de pêcheurs a conservé son atmosphère du 19e s. Le pub The Wooden House possède une importante collection de photographies anciennes.

Saltee Islands★

Accès par bateau à partir de Kilmore Quay (voir « Wexford pratique »); 5 km de la côte.

La Grande et la Petite Saltee (chacune environ 800 m de long), généralement inhabitées, forment la plus vaste réserve ornithologique d'Irlande. Des milliers de fous de Bassan, guillemots et macareux (200 000 oiseaux) y voisinent avec les phoques et les dauphins.

Irish Agricultural Museum, Johnstown Castle★★

8 km au sud-ouest par la N 25; tourner à droite (indication) après 6,5 km. Juin-août: 9h-17h, w.-end et j. fériés 11h-17h; avr.-mai et de déb. sept. à déb. nov.: 9h-12h30, 13h30-17h, w.-end et j. fériés 14h-17h; de déb. nov. à fin mars: tlj sf w.-end 9h-12h30, 13h30-17h. 5 €. ✆ 053 42888 (en semaine).

Le domaine de Johnstown a été donné à l'État irlandais en 1945. Le **château de Johnstown** *(fermé au public)* conçu par Daniel Robertson est aujourd'hui un centre de recherches agronomiques.

Le **parc d'agrément** de 20 ha entoure plus de 200 espèces d'arbres et d'arbustes, trois lacs d'ornement, des jardins clos, des serres et une aire de pique-nique. Les bâtiments anciens de la cour de ferme abritent un musée bien présenté qui expose de vieilles machines agricoles, dont des tarares (servant à cribler le grain) et de vieux tracteurs annonçant la mécanisation. La section transport présente des charrettes anglaises à baquet, largement utilisées en Irlande avant l'arrivée de l'automobile dans les années 1920; une carriole irlandaise faite vers 1880 à Gorey, dans le comté de Wexford; des charrettes, des cabriolets et des harnais. D'autres sections sont consacrées à la laiterie, à la fenaison et à l'élevage de volailles. Une tonnellerie, l'échoppe d'un bourrelier, une forge de maréchal-ferrant et l'atelier d'un charpentier ont été reconstruits. Une reconstitution de la vie dans les campagnes au 19e s. et une exposition de beaux meubles d'époque complètent ce rappel du passé.

Dans le cadre d'une exposition consacrée à la **Grande Famine** (1845-1849), à côté d'explications rigoureuses sur les causes et les conséquences de cette catastrophe humanitaire, on a reconstitué un habitat rural et le mode de culture de la pomme de terre. On comprend comment l'alimentation uniquement fondée sur la pomme de terre et les produits laitiers suffisait à la population, et comment la « famine de la Pomme de terre » a frappé différents comtés. La reconstitution d'une soupe populaire évoque les secours apportés à la population; celle d'un champ expérimental, les remèdes apportés à la maladie de la pomme de terre.

Irish National Heritage Park★

4 km au nord-ouest par la N 11 vers le nord, gagner Ferrycarrig après avoir traversé la rivière Slaney. ♿ Visite guidée et spectacle audiovisuel 9h30-18h30 (variations saisonnières). 7,50 €. ✆ 053 20733. www.inhp.com

Dans ce parc du Patrimoine irlandais, 16 sites différents, la plupart reconstitués, sont reliés entre eux par un itinéraire de visite et un sentier de nature. Ils font revivre 9 000 ans d'histoire irlandaise.

L'**âge de la pierre**, de 7000 à 2000 av. J.-C., est illustré de manière fascinante par un site de campement mésolithique, une ancienne ferme irlandaise et un dolmen à portique; l'**âge du bronze**, par une chambre funéraire et un cromlech. Les périodes celtiques et paléochrétiennes, les plus largement reconstituées, sont évoquées par un monastère du début de l'ère chrétienne, une **pierre oghamique** *(voir « Comprendre : la langue irlandaise »)* qui porte la première forme d'écriture irlandaise, et un *crannóg*, île artificielle protégée par une palissade. Le moulin à eau horizontal est la reproduction d'un moulin de 833, dans le comté de Cork. Le clocher rond est une réplique des modèles anciens, érigée en 1857 à la mémoire des combattants de Wexford tués lors de la guerre de Crimée (1854-1856). Les seuls vestiges historiques authentiques sont les constructions de terre et les fortifications normandes érigées par Robert FitzStephen en 1169.

D'autres présentations concernent la Grande Famine (1845-1847) et Harry Ferguson, le constructeur des célèbres tracteurs.

Wexford Wildfowl Reserve

5 km au nord par la R 741; tourner à droite et longer la côte. 9h-17h. Fermé 25 déc. Visite guidée sur demande. ✆ 053 23129.

Pendant huit mois de l'année, la **réserve ornithologique** voit hiverner sur la rive nord de la rade de Wexford la plus grande partie de la population mondiale d'oies rieuses du Groenland.

Curracloe★

9 km au nord par la R 741 et la R 742.

Chaumières, magnifiques dunes et plages de sable à perte de vue (12 km) dominent la rade de Wexford.

Wexford pratique

Adresses utiles

Crescent Quay - 05391 23111 - www.southeastireland.com - juil.-août : tlj ; avr.-juin et sept.-oct. : tlj sf dim. ; nov.-mars : tlj sf w.-end.

À ROSSLARE

Kilran - 05391 33622 - avr.-sept.

Transports

En train – *Redmond Square (près du centre-ville).*

En bus – *Près de la gare ferroviaire.*

Croisières aux îles Saltee – *05391 29704 - fax 053 29975 - portable 087 254 9111 (Dick Hayes) - avr.-oct. (12 pers. max).* Au départ de Kilmore Quay, croisières découverte et protection de la nature autour des îles Saltee. Pêche sur les récifs et les épaves.

Visite

Visites guidées – L'office de tourisme organise des promenades en ville.

Se loger

The Blue Door – *18 Lower George Street - 05391 21047 - - 4 ch. 80/150 €* . Un bon choix en centre-ville, avec ses jardinières aux fenêtres et ses paniers suspendus débordant de fleurs. Chambres bien tenues et joliment décorées. La propriétaire fournit toutes sortes de renseignements utiles sur la région.

McMenamin's Townhouse – *3 Auburn Terr - Redmond Road - 05391 46442 - fax 053 46442 - mcmem@indigo.ie - fermé 20-29 déc. - 6 ch. 80/150 €* . Décor accueillant, meubles anciens et cheminées d'origine ajoutent au charme et à l'ambiance à l'ancienne de cette maison de ville, fin victorienne. Les chambres ont des lavabos anciens, et des lits en ferronnerie ou à demi-baldaquin.

AUX ALENTOURS

Rathaspeck Manor – *Rathaspeck - 6,5 km au sud-ouest par la Rosslare Road et en retrait de Bridgetown Road - 05391 41672 - de mai à oct. - 140 €.* Résidence campagnarde georgienne dotée d'un golf 18 trous, à deux pas de Johnstown Castle. Chambres spacieuses avec beaux vieux meubles dans la maison.

Whitford House – *New Line Road - 3,5 km à l'ouest sur la R 733 - 053 43444 - fax 053 46399 - whitford@indigo.ie - fermé 23 déc.-7 janv. - P - 36 ch. 120/220 € - rest. 27/50 €.* Les chambres de cet hôtel tenu par une famille sont particulièrement confortables. Beaucoup avec un balcon ou un patio privé. La vaste salle à manger accueille souvent un orchestre ; à la carte, des produits de la mer toute proche.

Se restaurer

Silver Fox – *Kilmore Quay - près du port - 05391 29888 - 30/40 €.* Vous viendrez pour la variété de poissons frais bien cuisinés, la carte des vins, et les prix raisonnables.

The Lobster Pot – *Carne - 053 913 1110 - 25/50 €.* Un impressionnant bric-à-brac d'objets et d'instruments de musique décore ce pub sympathique où l'on se bouscule pour se régaler de produits de la mer sur fond de bonne musique.

Distractions

Wexford Arts Centre – *053 23764 - www.wexfordartscentre.ie - tlj sf dim. : 10h-18h - fermé dim. et j. fériés. Expositions gratuites. Possibilité de visite guidée (15mn). Restaurant.* Ce centre des arts accueille toute l'année concerts, pièces et expositions d'art.

Sports et Loisirs

Plages – À Rosslare (au sud) et Curracloe (au nord).

Achats

Bon à savoir – La plus grande rue commerçante est Main Street – nord et sud.

Agenda

Festival d'Opéra de Wexford – *High Street - 053 22400 - www.wexfordopera.com - billetterie : mi-oct. à déb. nov. : tlj sf w.-end 9h-17h ; spectacles : aussi le w.-end.* Ce festival découle du goût affirmé des Irlandais pour cet art. Il offre leur chance de débuter une carrière à de nombreux jeunes chanteurs. Il dure dix-huit jours fin oct., avec trois créations et une cinquantaine de spectacles et manifestations. La qualité des spectacles, et la politique de recréation d'œuvres rarement montées ont fait sa réputation. Artistes et spectateurs venus du monde entier participent ou assistent aux spectacles présentés au **Théâtre Royal**.

Youghal★

6 785 HABITANTS – COMTÉ DE CORK
CARTE MICHELIN N° 712 I12 – CARTE GÉNÉRALE RABAT II B4

Aujourd'hui séduisante station de bord de mer, avec des kilomètres de belles plages le long du charmant estuaire de la Blackwater, ce très vieux port est riche d'une histoire haute en couleur, dont attestent nombre de beaux bâtiments anciens, et le plus grand ensemble de remparts d'Irlande. Voilà ce qui vaut à Youghal d'être classée ville du Patrimoine.

- **Se repérer** – Youghal (*Eochaill*, prononcer yôle) se trouve sur la route de la côte (N 25) entre Cork et Waterford, un peu plus près de Waterford. Le sud du comté de Cork est réputé pour ses paysages côtiers spectaculaires et son atmosphère détendue. La Blackwater est une des meilleures rivières d'Irlande pour la pêche.
- **À ne pas manquer** – La côte jusqu'à Dungarvan.
- **Organiser son temps** – Prévoir une demi-journée.
- **Pour poursuivre le voyage** – Voir aussi Cork, Cobh, Lismore, Waterford.

Comprendre

Le nom de Youghal, qui signifie « if » en irlandais, rappelle que l'arrière-pays était autrefois très boisé. Au 9e s., les Vikings du Danemark occupent le site et s'en servent comme base pour piller les riches terres de la vallée de la Blackwater et lancer des raids sur les autres villages de la côte sud. Les Anglo-Normands arrivent à la fin du 12e s. Situé à un emplacement stratégique pour le débarquement des troupes en provenance d'Angleterre, en permanence vulnérable face à la menace d'invasion de la part de la France et de l'Espagne, Youghal devient l'un des ports de mer les plus fortifiés d'Irlande, entouré de murs impressionnants.

À la fin du 16e s., devenu maire de Youghal, **Walter Raleigh** introduit le tabac et la pomme de terre en Irlande. Il vend par la suite ses vastes domaines à un autre Anglais, Richard Boyle (1566-1643), qui spécule sans scrupule sur les terres confisquées et devient le propriétaire le plus riche du pays. Il est anobli et fait premier « grand » comte de Cork. En 1649, la garnison de Youghal se rallie prudemment à Cromwell, qui y passe l'hiver avec son armée. Très prospère en tant que l'un des premiers ports irlandais, la ville est pourtant déchirée pendant la majeure partie du 18e s. par les conflits opposant la minorité protestante dominante et la majorité catholique défavorisée.

Dans la dernière partie du 19e s., quelque 150 goélettes commercent à partir du port. Dans tous les ports du monde, les marins de Youghal se reconnaissent les uns les autres, grâce à leur sifflement bien particulier. La puissance maritime de Youghal commence à décliner au début du 20e s. avec l'envasement de l'estuaire et la construction des cargos à vapeur.

Se promener

Youghal Heritage Centre

9h-17h30 (été 18h30), w.-end 9h30-17h (été 18h30). ✆ 024 20170.

L'ancienne halle de marché abrite l'office de tourisme et le Centre du patrimoine, où une exposition retrace l'histoire du port fortifié. Non loin, sur Market Square, se dresse un mémorial au *Nellie Fleming*, le dernier des grands voiliers de Youghal.

Le pub **Moby Dick's** expose de nombreuses photographies prises lors du tournage du film de John Houston à Youghal durant l'été 1954. Gregory Peck y incarnait, d'après la nouvelle de Herman Melville, le fameux capitaine Achab à la poursuite d'une allégorique baleine blanche.

Suivre une des rues latérales vers l'intérieur des terres ; prendre South Main Street à droite.

Clock Gate★

La porte de l'Horloge, étonnant bâtiment à quatre niveaux qui enjambe Main Street, a été construite en 1777 par le conseil municipal pour remplacer la porte de Fer, une partie de l'enceinte appelée aussi Trinity Castle. La nouvelle tour a servi de prison municipale jusqu'en 1837.

À la fin du 18e s., les troubles dans la ville étaient tels que la prison s'est vite trouvée surpeuplée. À titre d'exemple pour le reste de la population, on pendait les rebelles aux fenêtres.

Traverser le Clock Gate et poursuivre vers le nord le long de South Main Street.

Benedictine Abbey

Côté gauche de la rue. Tout ce qui reste de l'abbaye est un mur à pignon *(à l'est)*, percé d'une porte gothique à écoinçons ouvragés. Elle s'ouvre sur un passage très étroit, qui contient une piscine, petite cuve bénitier surmontée d'une arche et l'armarium, niche où l'on rangeait les objets du culte de l'église d'origine. Fondée en 1350, l'abbaye a servi de quartier général à Cromwell pendant l'hiver 1649-1650.

The Red House

Côté gauche de la rue. Bel exemple d'architecture hollandaise, la « maison rouge » contraste beaucoup avec ses voisines. Elle a été conçue en 1710 pour la famille Uniacke par un bâtisseur des Pays-Bas, Claud Leuvethen. La façade de brique rouge, avec ses chaînages de pierre, est surmontée d'un grand pignon triangulaire et d'un toit mansardé en forte pente.

Tynte's Castle

Côté droit de la rue. Ce grand bâtiment à créneaux du 15e s. conserve au-dessus de la porte d'entrée l'ouverture qui servait à verser de l'huile bouillante sur les rebelles et autres visiteurs indésirables. Autrefois au bord de l'eau, le château se trouve aujourd'hui à 182 m du fleuve.

Almshouses

Côté gauche de la rue. Les hospices élizabéthains qui servent toujours de logement ont été construits en 1610 par le comte de Cork, qui octroyait aussi cinq livres à chacun des six vétérans invalides qui y trouvaient asile pour le restant de leurs jours.

Prendre Church Street à gauche.

Utilisé comme logement, tout comme son voisin, l'ancien **asile** protestant, daté de 1838 porte le nom de Shalom House.

St Mary's Collegiate Church★★

De mi-mai à mi-sept. : 9h-13h, 14h-17h. ✆ 024 91014.

La première église sur ce site, une construction de bois, a sans doute été fondée vers 400 par les disciples de saint Declan d'Ardmore. Les Danois en élèvent une autre au 11e s., mais elle est détruite par une grande tempête peu après sa construction. L'édifice actuel, du début du 13e s., était selon Claud Cockburn, un écrivain qui a vécu longtemps à Youghal, « une des églises les plus impressionnantes d'Irlande ». Pendant les guerres de la fin du 16e s., les forces du comte de Desmond occupent le bâtiment et détruisent la toiture du chœur. De grands travaux de restauration, comprenant le réaménagement du chœur, se déroulent entre 1851 et 1858.

L'église renferme un grand nombre de **plaques funéraires** et de **gisants**. Certains, du 13e et du 14e s., portent des inscriptions en français-normand. Le plus remarquable est de loin le monument érigé à sa propre gloire par le premier comte de Cork dans le transept sud : de la taille d'une maison, le tombeau, quelque peu ostentatoire, le montre nonchalamment étendu sous son arbre généalogique, entouré de ses épouses, de ses enfants et de sa belle-mère.

Town Walls★

Remparts en partie accessibles à partir du cimetière. Youghal possède les remparts les mieux conservés d'Irlande, plus étendus même que ceux de Londonderry. Élevés au 13e s., ils ont été agrandis au 17e s. Des sections importantes sont toujours en excellent état, même s'il ne reste que trois des treize tours du Moyen Âge. La partie restaurée au 19e s., avec une tourelle et un canon, est accessible depuis le cimetière de l'église. Du chemin de ronde apparaît une **vue** superbe sur la ville et le port. C'est de l'extérieur *(Raheen Road)* que l'on aperçoit le mieux la longueur des murs.

Circuit de découverte

DE YOUGHAL À DUNGARVAN

Itinéraire de 48 km. Prendre la N 25 vers l'est ; après Kinsalebeg, prendre à droite la route secondaire vers Ardmore en passant par Moord.

Whiting Bay★

Délimitée par la pointe Cabin et le cap Ardoginna, cette baie très isolée embrasse un beau **panorama** *(vers le sud-ouest)* au-delà de la baie de Youghal sur le cap de Knockadoon.

Ardmore

Parmi les nombreux attraits de cette agréable petite station figurent une très jolie plage de sable, de merveilleuses promenades sur les falaises et un patrimoine architectural fascinant rappelant l'époque de **saint Declan**, prédécesseur de saint Patrick.

Saint Declan, décédé au début du 5e s., aurait étudié au pays de Galles. Il aurait ensuite embarqué pour Ardmore, avec dans ses bagages une énorme pierre servant de reposoir à sa cloche. La pierre (en réalité un rocher glaciaire) se dresse sur la plage. Elle soignerait les rhumatismes de toute personne assez souple pour ramper au-dessous. Il y a aussi un puits sacré associé au saint. Le site de sa première fondation monastique, dominant la mer, est marqué par un magnifique **clocher rond** (29 m), un des mieux conservés du pays. Probablement du 12e s., il est coiffé d'un toit conique, avec des assises en rehaut soulignant chacun de ses quatre niveaux et des corbeaux sculptés de figures humaines et d'autres ornementations.

L'élément le plus remarquable de la **cathédrale★** en ruine (10e-14e s.) est, à l'extérieur du pignon ouest, la série d'**arcatures aveugles★** entre lesquelles se situent des sculptures aux reliefs vigoureux, malheureusement endommagées par le temps, semblables à celles qui ornent les croix celtiques du 10e s. La plus connue est celle qui décrit la Pesée des Âmes. À proximité, un petit bâtiment, qui remonte sans doute à l'implantation d'Ardmore au 5e s., porte le nom d'**Oratoire de saint Declan**.

D'ici part le sentier de grande randonnée St Declan's Way, qui rejoint Cashel, à 100 km. Un chemin local plus court part du Cliff House Hotel et relie **Ram Head**, la « pointe du Bélier », offrant des vues superbes sur la mer.

Suivre la route côtière vers l'est jusqu'à Mine Head.

Mine Head

La pointe Mine offre des vues spectaculaires des falaises.

Suivre la route côtière jusqu'à Helvick Head.

Ringville (An Rinn)

Ce petit village est au cœur d'une région où l'on parle irlandais, le **West Waterford Gaeltacht**. De magnifiques **vues★** s'ouvrent au-delà de la baie de Dungarvan.

Helvick Head★

1,5 km à l'est de Ringville. Petit mais très animé, le port de Helvick Harbour aligne ses maisons de pêcheurs sous son promontoire qui, en dépit d'une hauteur modeste (82 m), embrasse un panorama exceptionnel de la côte.

Cunnigar Peninsula

1,5 km à l'ouest de Ringville. On peut entièrement parcourir à pied cette langue de sable, peuplée d'innombrables oiseaux, qui s'étire sur 2 500 m dans la baie.

Rejoindre Dungarvan au nord par la R 674 puis la N 25.

Dungarvan★

Cette ville prospère occupe un **site** charmant sur l'estuaire de la Colligan face à la vaste baie de Dungarvan Harbour, flanquée par les Drum Hills au sud, les Monavullagh et les monts Comeragh au nord.

Construit par Jean sans Terre en 1185 peu après l'invasion normande, le **château du roi Jean** *(King John's Castle)* comprend un grand **donjon** circulaire, entouré de murs fortifiés, et remanié au cours des siècles.

La bibliothèque municipale héberge le **musée de Dungarvan**, consacré à la navigation. La documentation sur les naufrages qui ont eu lieu à proximité est particulièrement riche, notamment en ce qui concerne le *Moresby*, qui a sombré dans la baie le 24 décembre 1895, faisant 20 victimes. *Tlj sf dim. : 9h30-13h, 14h-17h. ✆ 058 45960. www.dungarvanmuseum.org*

Sur la rive est de la rivière se dressent les ruines du **prieuré augustin** du 13e s. fondé par les McGrath, qui ont aussi fait bâtir le château au 12e ou au 13e s. Seul le mur ouest subsiste encore. La promenade entre le cimetière et le bord de mer découvre de remarquables **vues★** sur la baie et le cap Helvick.

Master McGrath Monument

L'unique monument *(3,2 km au nord-ouest par la R 672)* d'Irlande érigé en l'honneur d'un chien concerne un lévrier élevé dans la région, qui, entre 1868 et 1871, a remporté trois fois la « **Waterloo Cup** » en Angleterre. Sur 37 courses disputées, il n'a été battu qu'une seule fois.

Youghal pratique

Adresses utiles

Heritage Centre - *Market Square - 024 92447 - mai-sept.*

À ARDMORE

Parking du front de mer- 024 94444 - mai-sept.

À DUNGARVAN

058 41741 - tte l'année.

Visite

Visite guidée à pied de Youghal – *Juin-août : tlj sf w.-end 10h30 (1h30 ; 2 langues) - 024 20170 ou 92447.*

Se loger

À DUNGARVAN

An Bohreen – *Killineen West - 8 km à l'est par la N 25 - 05129 1010 - mulligans@anbohreen.com - avr.-fin oct. - 4 ch. 90/100 € - rest. sur commande.* La maison de plain-pied jouit d'une très jolie vue sur la campagne et la baie. Dans un espace ouvert et lumineux, les chambres sont meublées avec goût. Bonne cuisine à base de produits locaux.

Gortnadiha Lodge – *6 km au nord par la N 25 et en retrait de la R 674 - 058 46142 - gortnadihalodge@eircom.net - Fév.-nov. - 3 ch. 80/90 €.* Cette petite pension est nichée dans sa propre vallée et de sa terrasse où prendre le thé la vue est belle sur la baie. Les pains et confitures sont faits maison et on trouve de beaux vieux meubles dans les chambres.

Powersfield House – *Ballynamuck West - 2,5 km au nord-ouest par la R 672 - 058 45594 - eunice@powersfield.com - 5 ch. 100/120 € - rest. sur commande 30 €.* Juste à l'entrée de la ville, cette belle maison georgienne réserve un accueil chaleureux.

Se restaurer

Aherne's Seafood Restaurant and Bar (Aherne's Hotel) – *163 North Main Street - 024 92424 - fermé à Noël - P - 35/62 €.* Depuis son ouverture dans les années 1960, les amateurs de produits de la mer ont fait de cet établissement tenu par une famille une véritable institution. On peut acheter les œuvres d'art exposées dans la salle à manger. Les chambres sont décorées avec un soin particulier.

À DUNGARVAN

The Tannery – *10 Quay Street - 058 45420 - 30/40 €.* Le patron Paul Flynn est connu pour son art à réussir une cuisine du monde inventive, dans son décor moderne.

L'OUEST DE LA RÉPUBLIQUE D'IRLANDE

À l'extrémité ouest de l'Europe, tout au nord, le comté du Donegal s'adosse à l'Irlande du Nord tandis que les falaises de Slieve League tombent à pic dans la mer. Le littoral présente ici un aspect parmi les plus sauvages du pays, entre côtes déchiquetées et immenses étendues de sable blond léchées par les tourbières. Les montagneux comtés de Sligo et Mayo s'avancent dans l'Atlantique avec leurs trésors, l'île d'Achill et Croagh Patrick, la montagne sacrée de l'Irlande. Bordée par les grands lacs Corrib et Mask, la région du Connemara impose ses douze pics, ses cols aux vastes panoramas, ses vallées où vit le seul poney indigène et ses centaines de lacs où le poisson pullule. Le plateau calcaire du Burren et les falaises de Moher regardent au large les légendaires îles d'Aran. À l'intérieur des terres, la rivière Shannon a façonné une vaste région pittoresque. Ici, à l'ouest, la culture gaélique, est plus vivace que dans le reste du pays. L'irlandais se parle au quotidien, et la musique, la danse, l'art de raconter des histoires au pub ou à la télévision y prennent du souffle.

Se repérer – Le comté du Donegal est relié aux autres comtés de la république d'Irlande par une minuscule partie de son extrême sud et il jouxte l'Irlande du Nord. Avec Sligo, Leitrim, Mayo, Limerick, Roscommon, Galway et Clare, ce sont les comtés qui composent cet Ouest irlandais. Depuis Dublin, la N 4 parcourt tout le pays vers le nord-ouest pour atteindre Sligo. La N 6, traverse toute la République d'est en ouest et relie Dubin à Galway, porte du Connemara. La N 18 descend vers Limerick, c'est un axe très fréquenté à partir d'Ennis, avec l'aéroport de Shannon et les routes vers la région du même nom.

À ne pas manquer – Les îles d'Aran avec leurs sites préhistoriques ; l'austère et fascinant plateau du Burren ; le petit port de Cleggan épargné par les foules, avec son embarcadère pour Inishbofin ; les rivages de l'immense Lough Corrib ou les mille petits lacs du Connemara ; Kylemore Abbey et ses jardins victoriens ; Roundstone pour son joli port ; Murrisk Peninsula et Clare Island pour se croire seul au monde ; la route panoramique d'Inishowen qui suit la côte jusqu'au cap Malin, pointe la plus au nord de l'Irlande ; la vallée glaciaire perdue de Glengess Pass et les tourbières à perte de vue ; la route de Horn Head ; Doe Castle pour son site inouï ; Glenveagh National Park pour ses paysages contrastés ; les rues animées de Galway ; le très riche et très accueillant Hunt Museum à Limerick ; à Carrowmore, la nécropole ; des balades autour du Lough Gill ; la vie de château au parc d'Ashford, à Westport House ou à Clonalis House.

Organiser son temps – Consacrez une vraie semaine au comté du Donegal, qui vaut largement la découverte. Prévoyez une autre semaine pour les sortilèges du Connemara, de la péninsule de Murrisk et du Lough Coribb. Planifiez quelques jours tranquilles autour du Shannon. Passez un week-end animé à Galway et trois jours sportifs entre Sligo et Bundoran, avec l'ascension de Benbulben.

Avec les enfants – Le Grand télescope du château de Birr ; dans le Burren : l'immense stalactite de Doolin Cave ; l'exposition-animation *Atlantic Edge* aux falaises de Moher ; la découverte de la rude vie des habitants du Connemara au Dan O'Hara Heritage and History Centre ; la visite du Glencolmcille Folk Village pour comprendre la Grande Famine ; monter à bord du petit train du Lake Finn ; Craggaunowen Centre qui explique la préhistoire ; les aquariums de Galway-Salthill ou de Dingle, si vous n'avez pas la chance de voir les dauphins à Kilrush ; une déambulation dans un village du passé au Bunratty Folk Park.

Pour poursuivre le voyage – Voir aussi Cavan, Cashel, Tralee et, en Irlande du Nord, Londonderry, Enniskillen.

Cliffs of Moher (le Burren).

Tourism Ireland

Adare

982 HABITANTS – COMTÉ DE LIMERICK
CARTE MICHELIN N° 712 F10 – CARTE GÉNÉRALE RABAT II B3

Les courants de marée remontent la Maigue jusqu'à ce petit bourg, entouré de campagne fertile et boisée et riche de souvenirs du Moyen Âge. Les cars de touristes s'y arrêtent en masse pour son allure de carte postale. Mais les rangées de cottages aux murs colorés et toits de chaume, désormais convertis en boutiques, n'ont rien d'irlandais. Ils ont été construits au 19e s. par le propriétaire terrien local, le comte de Dunraven, qui a donné à ce petit bourg un cachet pseudo anglais.

- **Se repérer** – Ancien site stratégique sur la Maigue, *Átha Dara* (« le gué du chêne ») se trouve à 17 km de Limerick sur la route de Tralee (N 21). Site touristique surchargé du comté de Limerick, c'est aussi une porte vers le sud-ouest irlandais.
- **À ne pas manquer** – Le long du majestueux estuaire du Shannon, ne pas se priver du plaisir éprouvé à parcourir la route splendide au ras de l'eau, qui relie le petit port de Foynes et son musée de l'Hydravion, au château de Glin. C'est encore plus beau au coucher du soleil.
- **Pour poursuivre le voyage** – Voir aussi Limerick.

Se promener

Adare Heritage Centre

Voir « Adresse utile » dans « Adare pratique ».

Une exposition historique renseigne sur les invasions normandes et les abbayes médiévales, ainsi que sur l'influente famille Dunraven. Son joyau est une maquette qui fait revivre le bourg en l'an 1500. Une présentation audiovisuelle (15mn) complète la visite.

Adare Castle

Dans Main Street, entrée de la visite en passant par le Heritage Centre. Juin-sept. 5 €. Visites guidées seulement. ✆ 061 396 666.

Après de longues années consacrées à des travaux de restauration, le château a été rouvert à la visite. C'est un bel exemple d'édifice médiéval fortifié. Érigé stratégiquement sur la rive nord de la Maigue, il permettait aux comtes de Desmond de surveiller le trafic fluvial. On y visite le hall, la cuisine et la boulangerie.

Church of the Most Holy Trinity (catholique)

Dans Main Street, en face du parc municipal.

La tour carrée et le mur sud de l'église actuelle faisaient autrefois partie de l'unique monastère des Trinitaires en Irlande, construit vers 1230 par Maurice Fitzgerald, deuxième baron d'Offaly. En 1539, lors de la dissolution des monastères, les 50 moines ont été exécutés. Le bâtiment en ruine, relevé par le premier comte de Dunraven, a été agrandi en 1852. À l'arrière, le colombier du 14e s. a été totalement restauré.

Église paroissiale★ (anglicane)

Elle est constituée de la nef et d'une partie du chœur du prieuré des augustins, fondé en 1315. Le cloître (sur le côté nord) a été converti en mausolée pour la famille des Quin, comtes de Dunraven.

Adare Manor

Transformée en hôtel, cette gentilhommière néogothique exubérante a été construite à partir de 1832 pour le comte de Dunraven par, entre autres architectes, James Pain et Augustus Welby Pugin. À l'intérieur, on remarque les boiseries de l'escalier et la longue galerie (40 m). Un labyrinthe et un lac agrémentent le parc en bord de Maigue.

Adare Friary★ (monastère)

Accès par le terrain de golf ; s'adresser au club-house.

Sur les bords de la Maigue s'élèvent les ruines évocatrices du monastère des franciscains, fondé par le comte de Kildare en 1464 et agrandi aux 15e et 16e s. La nef, le chœur, le bras sud du transept et le **cloître** sont assez bien conservés. La **porte de Kilmallock** *(Kilmallock Gate)* servait autrefois d'entrée principale.

Desmond Castle

Accès par le terrain de golf; s'adresser au club-house.

Ce château du début du 14e s., entouré de douves, avait déjà perdu de son importance stratégique quand il a été en grande partie détruit par les troupes de Cromwell. Une grande tour carrée se dresse dans la cour intérieure. La **grande salle** occupait l'étage supérieur du bâtiment, situé à l'angle sud-ouest des murs extérieurs. À proximité subsistent les vestiges de l'**église Saint-Nicolas** (11e s.) et de la **chapelle des Desmond** (14e s.).

Aux alentours

Irish Palatine Heritage Centre★

13 km à l'ouest d'Adare par N 21, à Rathkeale. ♿ Mai-sept. : tlj sf lun. et sam. 14h-17h. 5 €. ✆ 069 63511/64397. www.irishpalatine.org

La tour normande a été construite en 1440 par le septième comte de Desmond, qui, avec son père, fut l'un des premiers poètes de langue irlandaise. La grande salle abrite une **bibliothèque** raffinée et des objets d'art. Le château accueille aussi un **centre artistique international** et la **Société héraldique d'Irlande**. C'est ici qu'en 1580 le poète Edmund Spenser *(voir encadré p. 236)* et Walter Raleigh, alors capitaine, se rencontrent pour la première fois et nouent une amitié qui durera toute leur vie.

On trouve également dans ce bâtiment le **Centre du patrimoine des Palatins irlandais** qui expose photos, documents, armes, ustensiles et objets plus importants. Tous évoquent l'installation dans la région de **Rathkeale**, au début du 18e s., de protestants venus du Palatinat. Ils permettent de découvrir leurs méthodes agricoles novatrices, leur contribution au méthodisme et leur dispersion dans le monde anglophone.

Les Palatins irlandais

En 1709, après deux invasions françaises, un hiver extrêmement rigoureux, et l'oppression apportée par la restauration de leur souverain catholique, de nombreux protestants allemands quittent le Palatinat et vont en Angleterre, espérant des subventions du gouvernement anglais pour leur permettre d'émigrer en Amérique. Leurs fonds épuisés, beaucoup restent bloqués à Londres jusqu'à ce que le gouvernement de Dublin propose d'accueillir 500 familles ; 821 familles s'installeront finalement en Irlande. Les propriétaires terriens reçoivent des subsides pour accueillir ces immigrants : certains s'installent dans les comtés de Kerry, de Tipperary et de Wexford, mais la plupart se fixent sur les terres de lord Southwell à Rathkeale, où leurs noms – Bovenizer, Corneille, Delmege, Miller, Rynard, Piper, Sparling, Stark, Switzer ou Teskey – dénotent leur origine étrangère.

Très travailleurs, ils introduisent de nouvelles techniques agricoles. Pour la plupart luthériens et calvinistes convaincus, ils répondent avec enthousiasme aux prêches de John Wesley, qui, après une première visite en 1756, revient les voir à plusieurs reprises.

L'un des prédicateurs de Wesley, Philip Embury, émigre en Amérique en 1760, en compagnie de sa cousine Barbara Heck. Un sermon qu'il prononce dans sa maison de New York en 1766 sera à l'origine de la création de l'Église Méthodiste Unie en Amérique.

Newcastle West★

26 km à l'ouest par la N 21.

Ce charmant bourg est renommé pour l'eau de ses sources. Il doit son nom à un château du 12e s., qui s'élève sur sa place. À l'origine, le château appartenait aux chevaliers du Temple, mais il est revenu par la suite aux comtes de Desmond. La salle des banquets, **Desmond Hall**, avec sa tribune des musiciens en chêne *(restaurée)* et sa cheminée de pierre *(reconstitution)*, s'élève au-dessus d'une pièce aux voûtes de pierre, éclairée de fenêtres à lancettes. À côté, parmi les vestiges du château, figure la grande salle *(Halla Mór)*. *♿ De mi-juin à mi-sept. : visite guidée (50mn) 10h-18h (dernière entrée 17h40). ✆ 069 77408.*

Askeaton

20 km au nord-ouest, par les N 21 et R 518.

Sur une petite île de la Deel se dressent les ruines du **château d'Askeaton**, probablement fondé par William de Burgo, vers 1199. Sa tour et ses murailles (15e s.) sont restées en grande partie intactes. La salle des banquets, érigée entre 1440 et 1459 par le septième comte de Desmond, était l'une des plus grandes d'Irlande ; elle présente des arcatures aveugles sur son mur sud et des fenêtres finement sculptées. Au nord du centre-ville, sur la rive est de la rivière, s'élèvent les ruines du **monastère franciscain** *(Askeaton Franciscan Friary)*, fondé au 15e s. Une représentation de saint François est visible à l'angle nord-est du cloître.

Flying Boat Museum (à Foynes)

34 km à l'ouest d'Adare, par les N 21, R 518 et N 69. ♿ Mars-oct. : 10h-18h (dernière entrée 17h) ; nov.-avr. : 10h-16h. 8 €. ✆/fax 069 65416.

Avant et pendant la Seconde Guerre mondiale, le petit port de **Foynes**, dans l'estuaire du Shannon, était la base des hydravions pionniers de la traversée de l'Atlantique par les airs. Le vieux bâtiment abrite désormais un **musée aéronaval** avec de nombreux modèles, photographies, carnets de vol et matériel, qui évoquent la courte vie de l'ancêtre de l'actuel aéroport de Shannon. On projette le film *Atlantic Conquest (La Conquête de l'Atlantique)*, avec un commentaire récent sur des documents d'époque. C'est ici qu'aurait été inventé le plus fameux cocktail local, l'Irish coffee.

Glin Castle★

47 km à l'ouest d'Adare par N 21, R 518 et N 69. ♿ Visite sur demande entre 11h et 14h. 7 €. ✆ 068 34173/34112. www.glincastle.com

Une branche de la famille Fitzgerald, les chevaliers de Glin, a vécu pendant 700 ans aux abords du village de **Glin**. Sa forteresse a été détruite en 1600 par l'armée d'Elizabeth Ire, mais les ruines du donjon ont survécu. Le château actuel, bâti autour de 1780-1785, a été « gothicisé » vers 1820. L'**intérieur** est remarquable : très beaux stucs néoclassiques, superbes meubles georgiens en acajou, portraits de famille et autres peintures, ainsi qu'un très inhabituel **escalier** suspendu doté d'une baie vénitienne ouvrant sur les jardins à la française.

Glin Heritage Centre – *Mai-sept. : tlj sf lun. 10h-18h. ✆ 068 34001.* L'église néogothique aux portes du château de Glin abrite une exposition sur l'histoire de Glin et de la famille Fitzgerald.

Adare pratique

Adresse utile

Adare Heritage Centre – *Voir « Se promener » - ✆ 061 396 255 - fax 061 396 610 - fév.-déc.*

Se loger

⊖ **Berkeley Lodge** – *Station Road - ✆ 061 396 857 - fax 061 396 857 - berlodge@iol.ie - 6 ch. 80 € ☕.* Chambres simples et nettes à prix intéressants près du centre. Les propriétaires donnent à leurs hôtes la sensation d'être chez eux. Les chambres situées à l'arrière sont plus calmes.

⊖ **Carrabawn Guesthouse** – *Killarney Road - 800 m au sud-ouest sur N 21 - ✆ 061 396 067 - fax 061 396 925 - bridget@carrabawnhouseadare.com - 8 ch. 90 € ☕.* Accueillante et impeccablement tenue, cette pension n'est qu'à 10mn à pied de la gare. La salle du petit-déjeuner donne sur un très joli jardin aménagé avec soin.

⊖⊖⊖ **Adare Manor** – *✆ 061 396 566 - fax 061 396 124 - reservations@adaremanor.com - 65 ch. 270/695 € ☕ 25 € - rest. 52/80 €.* L'imposant manoir gothique, agréablement agrandi, propose golf, pêche et détente sur ses 320 ha. La grandiose salle à manger lambrissée présente une carte traditionnelle. Les chambres du manoir principal ont beaucoup de caractère.

Faire une pause

Bia Café – *Main street - ✆ 061 395 796 - 9h-18h (20h30 du jeu. au dim.) - 10/40 €.* En haut du village, une adresse idéale. Tartes salées et gâteaux maison, salades composées inventives, accueil agréable à toute heure pour un thé ou un plat.

Achats

Irish Dresden – *32 km au sud-ouest d'Adare par la R 515, via Ballingarry et Kilmeedy - exposition : tlj sf w.-end 9h-13h, 14h-17h. Fabrique : visite guidée (20mn) sur demande (Irish Dresden Ltd, Dromcolliher, Co. Limerick).* Les délicates figurines de porcelaine réalisées dans cette fabrique représentent musiciens, danseurs, anges animaux, etc. Les moules d'origine, importés de Volkestedt, en Allemagne, servent toujours, à côté de nouveaux modèles d'inspiration irlandaise.

Îles d'Aran★★

Aran Islands

1 280 HABITANTS – COMTÉ DE GALWAY
CARTE MICHELIN N° 712 C/D 8 – CARTE GÉNÉRALE RABAT II A3

Gardiennes de l'entrée de la baie de Galway, les îles d'Aran – Inishmore, Inishmaan et Inisheer – sont de grandes dalles de calcaire géologiquement reliées à celle de Burren. Isolées, elles sont pourtant habitées depuis la nuit des temps. Les hommes ont utilisé ce calcaire pour bâtir de grands forts préhistoriques comme Dún Aonghasa et Dún Conor, ainsi qu'un maillage serré de murets de pierres sèches clôturant de minuscules champs envahis par les fleurs. Illustrée de manière évocatrice par les récits de J. M. Synge et un classique du documentaire tourné en 1933 par Robert Flaherty, *L'Homme d'Aran*, le rude mode de vie traditionnel des habitants s'est poursuivi jusqu'à récemment. Les îles demeurent un bastion de la langue irlandaise.

- **Se repérer** – Les visiteurs, mais aussi les Irlandais, disent « qu'il est plus difficile de quitter les îles d'Aran que d'y venir ». Symboles d'une Irlande authentique et vierge, ces trois îles barrent en oblique l'entrée de la baie de Galway. La plus petite, Inisheer, n'est pas loin des côtes (8 km) ; celle du milieu, Inishmaan, est un peu plus vaste ; la plus grande, Inishmore, est à 11,5 km de la côte du Connemara.
- **À ne pas manquer** – Dùn Aonghasa, site préhistorique majeur d'Europe ; le « Fort noir » de Dùn Dùchatair ; Inishmaan pour sa beauté austère et désolée.
- **Organiser son temps** – Compter plusieurs jours pour s'imprégner de l'atmosphère de ces trois îles.
- **Pour poursuivre le voyage** – Voir aussi Galway, le Connemara, le Burren.

Comprendre

Les îles d'Aran s'élèvent en terrasses naturelles depuis les rivages de sable qui font face à la baie de Galway jusqu'aux hautes falaises où se brisent les lames de l'Atlantique. L'érosion marine permanente forme des corniches dont se servent les pêcheurs. En dépit de cette structure géologique particulière, plus de 400 différentes espèces de fleurs sauvages poussent ici, dont le fuchsia ; mais très peu d'arbres. De même, la terre arable étant rare, les cultures traditionnelles, seigle et pomme de terre, se faisaient sur un sol artificiel, laborieusement créé au fil des ans en déposant sur la roche nue des couches de sable et d'algues. Les précipitations sont moins abondantes sur les îles que sur le reste de l'Irlande ; le gel y est inconnu.

Sur cette terre rude, les principales activités étaient la pêche et l'agriculture ; aujourd'hui, le tourisme devance l'agriculture. Le bétail passait l'été dans les pâturages du Connemara, puis hivernait au sec sur les îles d'Aran. Les poneys, au contraire, passaient l'hiver dans le Connemara et travaillaient sur les îles pendant l'été. En échange de pommes de terre et de pierre calcaire, la tourbe et le whisky de contrebande étaient importés par bateau depuis le Connemara. L'artisanat traditionnel y est toujours vivace : on continue de réaliser à la main les **tricots d'Aran** typiques, de couleur écrue ; les points de tricot symbolisent les éléments naturels et le mode

Des images et des mots

Ceux qui parlent encore le gaélique sur les îles d'Aran sont de grands conteurs doublés d'excellents musiciens. La vie austère des habitants est évoquée en détail par l'un d'entre eux, Liam O'Flaherty (1896-1984), dans son roman de 1924 *Thy Neighbour's Wife (La Femme de ton voisin)*. Les histoires locales ont inspiré à **J. M. Synge** sa pièce *Riders to the Sea (À cheval vers la mer)*, dont l'action se déroule sur Inishmaan, et *The Playboy of the Western World (Le Baladin du monde occidental)*. Synge avait été encouragé par W. B. Yeats à étudier les îles et à « exprimer une vie qui n'avait jamais trouvé son expression », description qui convient bien à la fois à son livre, *The Aran Islands* (*Les Îles d'Aran*, 1907) et, malgré une approche excessivement romantique, au film de l'Américain Robert Flaherty *Man of Aran (L'Homme d'Aran*, 1934). L'Anglais Tim Robinson (né en 1935) propose un récit émouvant et plus objectif dans *Stones of Aran : Pilgrimage*. La première partie du *Journal d'Aran et d'autres lieux* (1990) de l'écrivain suisse Nicolas Bouvier, invoque avec talent le génie du lieu.

de vie sur les îles. Autrefois, les femmes filaient la laine et c'était les hommes qui la tricotaient, avec, en guise d'aiguilles, des pennes d'oie.

En dépit ou à cause de leur situation isolée, les îles d'Aran sont habitées depuis des siècles. Les plus anciennes ruines sont les grands forts de pierre datant de l'ère préhistorique. Les vestiges plus nombreux du début de l'ère chrétienne et du Moyen Âge (5e-16e s.) remontent aux temps où les monastères d'Aran étaient de grands foyers culturels.

Visiter

INISHMORE★ (ARAINN)

La plus grande des trois îles, Inishmore (14,5 km par 4 km), où vivent près de 800 personnes, est desservie par une unique route, qui court de la piste d'atterrissage vers le nord, le long de la baie de Killeany *(Cuan cuill Éinne)*, jusqu'à **Kilronan** *(Cill Rónáin)* ; puis, vers l'ouest, jusqu'au lointain hameau de Bun Gabhla, tourné vers l'**île de Brannock** *(Oilean Dá Bhranóg)* et le phare. Les anciennes pistes et les murets vont du nord-est au sud-ouest, en suivant les failles naturelles et les sentiers tracés par les charrettes de varech, qu'on transportait de la côte pour fertiliser les champs. Au bord de la route, des piliers carrés surmontés de croix ont été érigés en mémoire des insulaires morts en mer ou loin des îles. Les vagues de l'Atlantique assaillent en permanence les falaises menaçantes de la côte sud-ouest, et soufflent de spectaculaires geysers d'écume au travers des *puffing-holes*, les cavités de l'extrémité est de l'île. Près du littoral nord plus paisible, qui fait face à la baie de Galway, une colonie de phoques a élu domicile à Port Chorrúch.

Bon à savoir – Ici, la culture gaélique se pratique au quotidien. On vient de partout pour apprendre la langue et déclamer ensemble les œuvres des poètes, ou danser.

Aran Heritage Centre (Ionad Arann)

Kilronan. ♿ Juin-août : 10h-19h ; avr.-mai et sept.-oct. : 11h-17h. 3,50 €. ☎ 099 61355, 091 537 700 (Ireland West Tourism). www.irelandsislands.com ou www.visitarandislands.com

Ionad Arann, pour lui donner son nom irlandais, représente une excellente introduction au paysage, aux traditions et à la culture des îles d'Aran. Parmi les nombreuses présentations, figure un *curragh*, la barque traditionnelle en peau ou toile étirée sur un cadre de lattes de bois, que les hommes manœuvrent avec des rames sans pales. Projeté à intervalles réguliers, le documentaire *L'Homme d'Aran (75mn)* montre des images inoubliables du *curragh* luttant contre les vagues et la houle, et la vie, en apparence hors du temps, des pêcheurs des îles.

St Kieran's Church (Teampall Chiaráin)

1,7 km au nord-ouest de Kilronan ; prendre sur la droite à Mainistir.

À mi-pente du rivage, une petite église en ruine est vouée à **saint Kieran de Clonmacnoise** *(voir Clonmacnoise)*. Quatre pierres gravées de croix et le puits de Saint-Kieran (St Kieran's Well) l'entourent.

Dún Aonghasa★★★

7 km à l'ouest de Kilronan. 20mn à pied AR depuis le Visitor Centre de Kilmurvy (Cill Mhuirbhigh). Visitor Centre - 10h-18h (nov.-mars 16h). 2,10 €. Prévoir des vêtements appropriés. ☎ 099 61008. www.heritageirland.ie

Un sentier caillouteux gravit la colline jusqu'au site spectaculaire de ce grand fort de pierres, à l'extrême bord de **falaise** plongeant de 60 m dans l'océan. C'est l'un des plus beaux monuments préhistoriques d'Europe. Il est constitué de trois lignes de défense. Entre le mur extérieur et le mur médian sont plantés des pieux en pierre, inclinés pour empêcher les attaques, spectacle étonnant qui a été décrit comme « une infinie rangée de pierres tombales ». Dans l'épaisseur de la muraille, une galerie à section carrée conduit au cercle intérieur. Le mur interne, sur lequel on peut monter par un escalier, décrit un demi-cercle d'un bord de la falaise à l'autre. On ignore si le fort avait cette forme à l'origine ou si une partie s'est effondrée dans la mer. La vue sur Galway est saisissante.

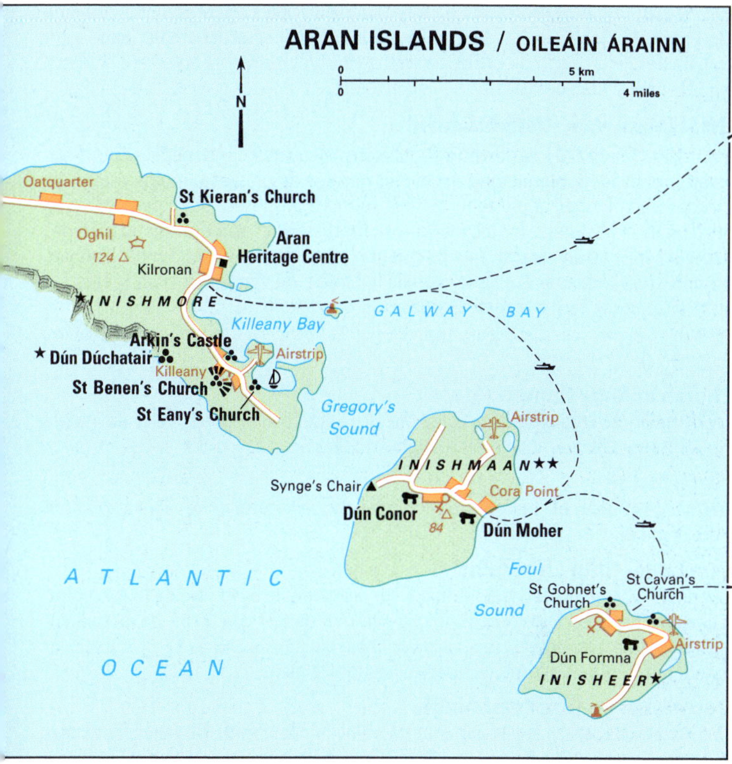

St Brecan's Church (Teampall Bhreacáin)

9 km au nord-ouest de Kilronan.

Blotti dans une cuvette face à une petite baie de la côte nord se trouve un ancien monastère, appelé aussi *Na Seacht d'Teampall*, « les sept églises », alors que seuls deux des bâtiments en ruine ont été en fait des sanctuaires. Le plus grand, avec sa lourde maçonnerie calcaire, était l'église primitive, très endommagée à la fin du Moyen Âge. Elle est consacrée à saint Brecan, enterré en face du portail ouest. Les autres édifices servaient sans doute à la communauté des moines ou à accueillir les pèlerins. Dans l'angle sud-est du cimetière, une pierre est dédiée à « sept Romains », probablement de pieux pèlerins.

Dún Dúchatair★

3 km au sud-ouest de Kilronan.

Le « Fort noir » est un magnifique exemple d'un fort de promontoire : sa massive muraille courbe, haute de 6 m et presque aussi épaisse, englobe la pointe rocheuse très érodée.

Arkin's Castle (Caisleán Aircín)

1,5 km au sud de Kilronan, à Killeany.

Sur la rive méridionale de la baie de Killeany se dressent les ruines d'une **maison forte** probablement construite par John Rawson, à qui Elizabeth Ire concède les îles en 1588. Elle est fortifiée par lord Clanrickard contre les partisans de Cromwell, qui s'en emparent en 1652, la perdent, la reprennent en 1653 ; ils récupèrent des pierres de l'église St Enda et du prieuré voisin pour consolider ses défenses.

St Benen's Church (Teampall Bheanáin)

1,5 km au sud de Kilronan ; prendre à droite à Killeany ; 10mn à pied AR.

Après l'oratoire Saint-Eany (6e ou 7e s.), percé d'une fenêtre et d'une porte étroites, un chemin monte au sommet de la colline. Belle vue sur la baie de Killeany et sur le paysage environnant.

St Eany's Church (Teaghlach Éinne)

2,5 km au sud de Kilronan.

Sur la côte, au sud de la piste d'atterrissage, les ruines d'une église primitive, dotée de piliers d'angles et d'une fenêtre romane, sont presque cachées par les tombes qui l'entourent. Saint Enda serait enterré sur le site du monastère qu'il a fondé vers

490. Sa réputation de professeur a attiré tant de disciples célèbres, saint Kieran de Clonmacnoise, saint Finnian de Moville *(sur Inishowen)*, saint Jarlath de Tuam, saint Colman de Kilmacduagh, au sud de Galway, qu'Inishmore, où sont enterrés 227 saints, a pris le nom d'Aran des Saints.

INISHMAAN★★ (INIS MEÁIN)

Inishmaan (5 km par 2 km) descend depuis son plateau rocheux dénudé, au nord-est, jusqu'à un rivage sablonneux ; c'est la plus désolée des îles, et la moins visitée. On y pratique la plongée et plusieurs centres culturels proposent des cours de langue et civilisation gaéliques. Ici, les maisons se blottissent à l'abri du vent au pied des hauteurs. Inishmaan exerçait une fascination particulière sur J. M. Synge. Il aimait, dit-on se retirer dans le site abrité appelé la **Chaise de Synge** *(Cathaoir Synge)*, sur les falaises ouest, face à la passe Gregory *(Gregory Sound)*.

Bon à savoir – Les marcheurs apprécieront le sentier de randonnée balisé *(8 km. Compter 2h)*.

Church of Mary Immaculate

Les magnifiques vitraux de cette église ont été réalisés par les studios du grand maître verrier **Harry Clarke** (1889-1931) d'origine dublinoise.

Teach Synge

Le cottage où John Millington Synge aimait venir se reposer et trouver l'inspiration a été restauré.

Dún Conor (Dún Chonchúir)

L'immense fort préhistorique se dresse sur les hauteurs du centre de l'île, au bord d'une étroite vallée. Il se compose d'un épais mur de pierre (5,60 m), en gradins sur sa face interne, entourant un enclos ovale (69 m par 35 m) flanqué, à l'est, d'une cour extérieure. L'entrée est protégée par un bastion de pierre.

Dún Moher ou Dún Fearbhaigh

Ce fort de pierre, plus petit (31 m par 27 m), s'élève sur le rebord de la falaise dominant le débarcadère de Cora Point.

INISHEER★ (INIS OÍRR)

Inisheer (3 km par 2 km) est la plus petite des îles, on l'arpente facilement à pied en une journée, en ayant l'impression d'avoir le monde entier pour soi tout seul. Les maisons se regroupent le long de sa côte nord. Au printemps, les paysages paisibles de l'intérieur sont métamorphosés par l'éclosion d'une multitude de jonquilles. L'île regorge de rivières souterraines et de sources ; la plus célèbre se nomme Tobar Eanna (« le puits de St Edna »), elle ne tarit jamais et on lui prête des pouvoirs de guérison.

À côté de la piste d'atterrissage, les ruines de l'**église St-Cavan** *(Teampall Chaomháin)* sont menacées par le sable. Le chœur, avec sa fenêtre en plein cintre, date du début du 10e s. L'arche du chœur et la porte sud sont médiévales, probablement du 14e s. La tombe de **saint Cavan**, frère de saint Kevin de Glendalough, se trouve à côté *(nord-est)*.

Au centre de la zone habitée, le fort de **Dún Formna** (52 m par 37 m) renferme les ruines d'une maison forte *(voir p. 74)*, probablement construite par les O'Brien au 14e s. et détruite en 1652 par les partisans de Cromwell.

Les ruines de l'**église St Gobnet** *(Kilgobnet)* se trouvent au nord-ouest. Cet oratoire médiéval présente un autel, une fenêtre en plein cintre et une porte à linteau horizontal qui se rétrécit vers le haut.

Îles d'Aran pratique

Adresses utiles

Ireland West Tourism – *091 537 700 - www.irelandwest.ie - tlj sf dim.*

Le centre d'information touristique près du port à Kilronan, mais aussi le Aran Heritage Centre et le Visitor Centre au pied de Dún Aonghasa vous renseigneront.

Transports

Des vols réguliers desservent les trois îles au départ de l'**aéroport** régional du Connemara à Inveran *(env. 30 km à l'ouest de Galway par la R 336, il existe un bus depuis le centre de Galway)* ; on peut aussi prendre le **ferry** au départ de Galway, de Rossaveel *(37 km à l'ouest de Galway)* et de Doolin dans les Burren (uniquement pour Inisheer).

Aran Islands Air Service (8mn) – *Mai-août : 8 vols par jour ; sept.-avr. : 3 vols par jour - 091 593034 (Aer Arann) - www.aerarannislands.ie*

Ferry Galway - Aran Islands (2h) – *Juin-sept. : mar. et jeu.-sam. 10h30 (dép. des docks de Galway), 17h (dép. d'Aran). 091 568903.*

Ferry Rossaveal (Ros an Mhil) - Aran Islands (35mn) – *Au dép. de Rossaveal, avr.-oct. : 3/j pour Inishmore (retour 3/j pour Inishmaan) ; pour Inishmore/Inisheer 2/j (retour 2/j des 2 îles), juin-août traversées sup. ; nov.-mars 2/j vers les 3 îles (2 retours/j des 3 îles). Service de réservations pour minibus, location de vélos, randonnées à pied, hébergement, déjeuner et dîner. Service de cars au dép. de Galway centre. Parking gardé à Rossaveal. 091 568 903 et 091 506 786 - www.aranislandferries.com*

Ferry Doolin (comté de Clare) - Aran Islands – *Juin-août : si le temps le permet, pour Inishmore (2h) 2/j ; pour Inishmaan (45mn) 2/j ; pour Inisheer (30mn) 6/j (traversée sup. vend. 18h30) ; retour d'Inishmore 2/j ; d'Inishmaan 2/j ; d'Inisheer 5/j ; de mi-avr. à fin mai et sept. appeler pour les détails : 065 707 7555 - www.doolinferry.com et 065 707 4455 - www.doolinferries.com*

COMMENT CIRCULER À INISHMORE ?

La meilleure façon d'explorer l'île est à pied ou en louant une bicyclette.

Un service de bus réguliers, mais peu fréquents, dessert la route principale de l'île.

Des agences de minibus proposent leurs services à l'arrivée des avions et des ferries pour le circuit des sites principaux.

Se Loger

À INISHMORE

Kilmurvey House – *Kilmurvey - 099 61218 - www.kilmurveyhouse@eircom.net - 12 ch. 90/120 € - rest. 30 €.* Accueil très chaleureux dans ce vieux manoir très bien tenu par la mère et la fille. Cuisine variée utilisant à merveille les produits frais locaux.

Ard Einne Guesthouse – *Killeany- 099 61126 - 14 ch. 80/120 € - rest. 25 €.* Maison tranquille dotée d'une superbe vue sur la baie. Chambres impeccables. Dîner sur demande, servi dans la grande salle à manger.

Pier House – *Kilronan - 099 61122 - pierh@iol.ie - 10 ch. 90/120 € - rest. 30 €.* Au bout de la jetée, une grande maison avec vue sur l'eau, très confortable. Chambres modernes très bien tenues.

Se restaurer

À INISHMORE

The Restaurant – *Kilronan - 099 61417 - pierh@iol.ie - 16 mars à fin oct. 30 €.* C'est le restaurant de Pier House *(voir « Se loger »)*. Déjeuners légers et dîners copieux à base de poissons locaux dans une ambiance de cottage rustique et douillet.

Achats

À INISHMORE

Aran Sweater Market - Museum – *Kilronan - 099 61140 - www.aransweatermarket.com - de fin avr. à fin oct. : 11h-20h ; de mi-mars à fin avr. : 11h-17h ; de nov. à mi-mars : tlj (2h).* Large éventail des fameux pull-overs en laine d'Aran, aux motifs et points de tricot particuliers à chaque famille.

Athenry

3 205 HABITANTS – COMTÉ DE GALWAY
CARTE MICHELIN N° 712 F8 – CARTE GÉNÉRALE RABAT II B3

Aujourd'hui petite ville de marché paisible, classée au Patrimoine historique, Athenry a été en 1316 le théâtre d'une des plus féroces batailles de l'époque médiévale. Les troupes anglo-normandes y ont anéanti une immense armée d'Irlandais. Le sceau du 14e s. de la ville rappelle cet épisode sanglant : les têtes coupées des chefs irlandais y figurent, plantées sur des piques, au-dessus d'une porte. Il pourrait s'agir de la porte nord, élément essentiel des murailles élevées au début du 13e s. par son fondateur, le noble anglo-normand Meiler de Bermingham, pour protéger Athenry.

- **Se repérer** – Sur la rivière Clarenbridge, Athenry *(Baile Átha an Rí)*, la « ville du gué », se trouve dans le sud du comté de Galway, à un carrefour de routes secondaires, juste au nord de la route principale (N 6) entre Galway et Loughrea.
- **Se garer** – À proximité du château.
- **À ne pas manquer** – Turoe Stone, pierre rituelle celtique ; le riche intérieur de la cathédrale St Brendan.
- **Organiser son temps** – Compter une demi-journée.
- **Pour poursuivre le voyage** – Voir aussi Galway, le Burren.

Se promener

Athenry Heritage Centre

Avr.-sept. : 11h-17h. 5 €. 091 844 661. www.athenryheritagetown.com

Le Centre du patrimoine, dans l'ancienne église anglicane, retrace l'histoire de la ville et en présente les monuments médiévaux (spectacle audiovisuel, 45mn de petits enregistrements).

Athenry Castle

De déb. juin à mi-sept. : 10h-18h ; avr.-oct. : tlj sf lun. 10h-17h (dernière entrée 45mn av. fermeture). 2,90 € (famille 7,40 €). Spectacle audiovisuel (20mn). Visite guidée sur demande. 091 844 797.

Construit par Meiler de Bermingham vers 1239, en ruine depuis 1597, le château se compose d'un donjon central élevé au-dessus d'une crypte voûtée soutenue par des piliers, avec l'entrée principale au niveau supérieur. Il est solidement enclos d'un mur renforcé de deux tours.

Dominican Friary

Demander la clé à Mrs Sheehan, Church Street (caution).

En bord de rivière s'élèvent les ruines d'un monastère dominicain, fondé en 1241 par le même Meiler de Bermingham. Le transept nord a sans doute été ajouté après un incendie en 1423. En 1574, le monastère est confisqué et brûlé par le clan Burke. En 1627, il est rendu aux dominicains, qui restaurent les bâtiments. En 1644, il devient une université, mais les partisans de Cromwell expulsent les moines huit ans plus tard.

Aux alentours

Turoe Stone★, au nord de Bullaun

16 km au sud-est d'Athenry par la R 348 et une route secondaire vers le sud à partir de Kitullagh, direction Bullaun. Parc de stationnement à l'entrée.

Au milieu d'un champ *(sur la droite)*, un gros bloc de granit serait une pierre rituelle celtique. Son sommet arrondi est gravé en relief du plus beau motif de l'époque de la Tène (450-50 av. J.-C.) que l'on trouve en Irlande, des volutes expressives « cherchant à s'évader, tels les petits courants giratoires d'un fleuve à son embouchure » (P. Harbison).

Loughrea

18 km au sud-est par la R 348 et la R 349.

Sur la rive nord du lac Rea, la petite ville fait face aux monts Slieve Aughty. Elle est née d'une forteresse normande et d'un **prieuré de carmélites**. Le général Saint-Ruth, mort à la bataille d'Aughrim, serait enterré sous la tour. Un vestige de **porte de ville**, d'époque médiévale, subsiste.

St Brendan's Cathedral★ – La cathédrale du diocèse catholique de Clonfert *(voir Portumna)* a été conçue en 1897 dans le style néogothique par l'architecte William Byrne. Bien plus intéressant que l'extérieur de l'église, l'intérieur richement orné représente un des meilleurs témoignages en Irlande du renouveau celtique dans les arts décoratifs : vitraux, textiles, sculpture, mobilier, travail du métal et du bois.

Le **Musée diocésain de Clonfert** possède une grande collection de chasubles (15e-20e s.), calices (16e-19e s.), statues, croix de pénitents, rosaires, crucifix et missels. ♿ *Juin-août : en cas de fermeture se procurer la clé au presbytère de la cathédrale. Visite guidée sur demande préalable. ✆ 091 841 212.*

Kilconnell Franciscan Friary

24 km à l'est d'Athenry par la R 348. Plan du site dans la nef.

Ces ruines étendues sont les vestiges d'un monastère fondé en 1353 sur le site d'un couvent plus ancien, commencé au 6e s. par saint Conall. On peut admirer deux enfeus (niches funéraires) délicatement ouvragés.

Battle of Aughrim Centre

Aughrim. 8 km au sud de Kilconnell par une route secondaire. Juin-août : tlj sf lun. 10h-18h (14h dim.) (dernier spectacle audiovisuel 17h15) ; téléphoner pour confirmation. 5 €. ✆ 0905 73939.

Le centre reconstitue la sanglante bataille d'Aughrim au moyen de présentations audiovisuelles en trois dimensions convaincantes.

La bataille d'Aughrim

Aughrim est la dernière grande bataille de la « guerre des Deux-Rois » *(Codagh an Dá Rí)* que se sont livré Jacques II d'Angleterre en exil, soutenu par Louis XIV, et son successeur Guillaume III d'Orange. Se retirant vers l'ouest après la bataille d'Athlone, les forces jacobites, sous les ordres du général français Saint-Ruth, adoptent une position défensive à Aughrim contre l'armée de Guillaume, menée par le général hollandais Ginkel. Le 12 juillet 1691, 20000 jacobites (Irlandais, Français, Allemands et Wallons) et 25 000 partisans de Guillaume (Irlandais, Anglais, Hollandais, Allemands et Danois) s'affrontent : 9000 d'entre eux mourront. Semant le désarroi au sein des jacobites, la mort de Saint-Ruth, au plus fort des combats, assure la victoire des partisans de Guillaume. La légende dit que les morts du camp victorieux ont été inhumés au prieuré de Clontuskert, tandis qu'on a laissé pourrir sur place les jacobites, avant de briser leurs ossements contre les murs du monastère de Kilconnell.

Prieuré augustin de Clontuskert

16 km au sud-est d'Aughrim par la N 6 jusqu'à Garbally, et au sud par la R 355. 5mn à pied depuis le parking (sur la gauche).

Le premier monastère sur ce site est fondé par **saint Baedán**, mort vers 809. Installés au 12e s., les **augustins** mettent à peine un siècle pour faire du domaine l'un des monastères les plus florissants du diocèse. La majeure partie des vestiges date du 15e s. : baie du chevet, jubé et porte principale décorée de sculptures.

LE PAYS DE KILTARTAN

Thoor Ballylee★

37 km au sud d'Athenry par la R 348, la R 349, la N 6 et la N 66 (signalisation). ♿ *Juin-sept. : visite guidée (30mn) 10h-18h. 6 €, famille 12 €. Spectacle audiovisuel (17mn). ✆ 091 631 436 (juin-sept.), 091 537 700 (oct.-mai).*

Cette **maison forte** du 16e s., qui a servi onze ans de résidence d'été à **William Butler Yeats**, est un symbole très présent dans son œuvre poétique, comme en témoigne l'inscription sur le mur qui fait face à la route. En 1917, l'année de son mariage avec Georgie Hyde-Lees, il acquiert cette propriété proche de Coole Park, maison de son amie écrivain lady Gregory. Il passe le plus clair de l'été à réaménager les quatre étages de la tour. La Kiltartan Society a restauré le bâtiment, ainsi que le cottage du meunier attenant et la roue du moulin. La tour renferme aujourd'hui des éditions rares des œuvres de Yeats. Une visite audiovisuelle est proposée.

Kiltartan Gregory Museum

5 km à l'ouest de Thoor Ballylee par une route secondaire puis au sud par la N 18. Juin-août : 10h-18h ; mai-oct. : dim. 13h-17h. 3 €. ✆ 091 632 346 ou Sister Lourdres ✆ 091 631 069.

L'ancienne école bâtie par la famille Gregory abrite des souvenirs d'Augusta, lady Gregory (1852-1932), cofondatrice, avec W. B. Yeats, du Théâtre de l'Abbaye à Dublin. À l'extérieur, des stèles honorent les écrivains de la renaissance littéraire irlandaise.

Coole Park

3 km au sud de Kiltartan par la N 18. ♿ Visitor Centre - juin-sept. : 10h-18h (sept. : 17h) ; mars-mai : tlj sf lun. 10h-17h (dernière entrée 1h av. fermeture). Visite guidée de l'exposition ttes les 30mn. Accès libres. ☏ 091 631 804, 563 016. www.coolepark.ie

Dans le jardin clos de Coole, l'ancien domaine familial d'Augusta, lady Gregory, se dresse un grand hêtre pourpre, **l'arbre aux autographes★**. Des figures éminentes de la renaissance littéraire irlandaise, invitées ici par lady Gregory, William Butler Yeats, George Bernard Shaw, George Russell, John Millington Synge et Sean O'Casey, ont gravé leurs initiales sur son tronc. La maison a été démolie. Dans les anciennes écuries, le **centre d'information** renseigne sur le parc national : enclos aux daims, sentier de nature ; une promenade en forêt mène en 800 m à un lac d'où émergent des troncs pétrifiés.

Églises et clocher rond de Kilmacduagh★

5 km au sud-ouest de Gort par la R 460.

Avec en toile de fond l'étrange paysage rocailleux des Burren, les ruines étendues de ce monastère bordent les deux côtés de la route. Visible de loin, l'élément le plus remarquable est son **clocher rond**, légèrement penché, qui a conservé son toit conique caractéristique. Fondé au 7e s. par **saint Colman**, fils de Duagh, le monastère a souffert de nombreux raids vikings aux 9e et 10e s. Après la Réforme, il est devenu propriété du deuxième comte de Clanrickard.

Glebe House, édifice du 13e s. à deux niveaux, servait certainement de logis à l'abbé. Au sud, la petite **église St-Jean-Baptiste** du 12e s. montre des fenêtres en plein cintre et à arc brisé, et un chœur ajouté plus tard.

À proximité du clocher rond se dresse la **cathédrale**, qui frappe par sa disparité architecturale. La façade principale date du 11e ou 12e s., la nef est de 1200. Portail sud (surmonté d'une tête d'évêque), transept, fenêtre ouest et chœur ont sans doute été conçus au 15e s. Les crucifixions, réalisées par des artistes locaux, ont été déplacées après 1765 du bras droit au bras gauche du transept. De l'autre côté de la route, l'**église Ste-Marie** a été bâtie aux environs de 1200.

L'arc du chœur et les fenêtres est de l'**église O'Heyne** (au nord-ouest) présentent des sculptures du début du 13e s.

Kinvarra

32 km au nord-ouest de Kilmacduagh par une route secondaire via Tirneevin et Killinny jusqu'à Kinvarra.

Ce charmant petit port, au fond de la baie de Galway, attire les connaisseurs de musique traditionnelle avec ses ateliers de restauration, quelques luthiers, et un festival, le *Cuckoo FLeadh*, lors du premier week-end de mai. Début août, c'est sur le plan d'eau abrité que se retrouvent les fans de vieux gréements, notamment les Galway Hookers, lourdes barques noires et ventrues, aux voiles brunes.

Dunguaire Castle ★

À Kinvarra. De déb. mai à mi-oct. : 9h30-17h30 (dernière entrée 16h30) ; les horaires peuvent changer, vérifier par téléphone. Banquets médiévaux : 17h30, 20h45 (en fonction de la demande). Château 5,75 € ; banquet 53,50 €. ☏ 091 637 108 (château), 061 360 788 (service de réservation central du Shannon Heritage). www.shannonheritage.com

En face du charmant petit port de Kinvarra, dans la baie du même nom, une maison forte de quatre étages et une cour ont été bâties en 1520 par les descendants de Gaire, roi du Connaught au 7e s. La famille Martyn, originaire de Galway, en a été propriétaire du 7e s. au 20e s. avant qu'elle ne soit restaurée tout d'abord par Olivier St John Gogarty en 1924, puis par lady Ampthill en 1954. Sous la voûte du rez-de-chaussée, on voit encore les traces du maillage en vannerie utilisé pour la construction. Les visiteurs peuvent gravir 76 marches jusqu'au dernier étage pour admirer le panorama ou s'attarder pour profiter d'un somptueux « banquet médiéval » en écoutant des chansons, des poèmes et des lectures d'extraits d'œuvres de Synge, Yeats et Gogarty.

Athenry pratique

Adresses utiles

À BALLINASLOE

Keller Travel - ✆ 0905 42131 - juil.-août : tlj sf dim.

À ORANMORE

✆ 091 790 811- mai-sept. : tlj sf dim.

Se restaurer

Raftery's – *Craughwell - ✆ 091 846 004 - 25 €.* Ce pub de la rue principale, bien tenu par une seule famille, propose salades aux produits de la mer et assortiments de sandwiches. Le confort du bar doté d'une cheminée est bienvenu par temps froid.

Agenda

Athenry Annual Medieval Festival – Le week-end le plus proche du 15 août. Théâtre et concert en plein air, démonstrations de tir à l'arc, joutes, foire d'artisanat médiéval, feux d'artifice.

Birr★

5 081 HABITANTS – COMTÉ D'OFFALY
CARTE MICHELIN N° 712 I8 – CARTE GÉNÉRALE RABAT II B3

Avec ses élégantes maisons du 18e s. bordant ses rues ombragées, le petit bourg de Birr, aujourd'hui classé, est un bel exemple de planification urbaine georgienne aux portes d'un grand domaine. Le bon goût en matière d'urbanisme n'était pas le seul talent des propriétaires du lieu, la famille Parsons, anoblie plus tard sous le titre de comtes de Rosse. Leur vaste fief rassemble une des plus riches collections d'arbres et de buissons exotiques du monde. Il abrite aussi de nombreux souvenirs illustrant la propension de la famille à engendrer des inventeurs. On leur doit, par exemple, un grand télescope, longtemps resté le plus puissant du monde.

- **Se repérer** – Birr *(Biorra)* se trouve sur la N 52 entre Tullamore et Nenagh, sur la limite du comté au sud-ouest de Tullamore. Dans le sud des comtés centraux, il est au confluent de la Little Brosna et de la Camcor. En plus des tourbières, les richesses de la région sont les monts Slieve Bloom, au sud-est, et le Shannon à l'ouest.
- **À ne pas manquer** – Le domaine de Birr Castle Demesne.
- **Organiser son temps** – Les amoureux des plantes passeront une belle journée à Birr. Si en plus vous voulez découvrir la vallée du Shannon, prévoir plusieurs jours surtout si vous faites étape à Athlone ou Longford.
- **Avec les enfants** – Le grand télescope à Birr Castle Demesne ; une visite guidée de la tourbière de Blackwater avec le train du West Offaly Railway.
- **Pour poursuivre le voyage** – Voir aussi Athlone, Longford, Limerick, Galway.

Comprendre

Birr figure dans les annales anciennes comme le site d'un monastère influent. C'est là que les Évangiles de Macregol ont été transcrits ; à l'occasion du synode de Birr, en 697, les abbés et les chefs locaux ont ratifié les Lois d'Adamnan. En raison de sa situation centrale, Birr apparaît sous le nom *Umbilicus Hiberniae* (nombril de l'Hibernia, nom donné par les Romains à l'Irlande) sur le plan cadastral de 1658. Jusqu'à l'instauration de l'État libre, Birr porte le nom de Parsonstown in King's County (le comté du roi, ancien nom du comté d'Offaly). En 1620, le petit village est octroyé à **sir Lawrence Parsons**, qui y instaure un marché hebdomadaire, une manufacture de verre, et bâtit la majeure partie du château. En 1642, au cours d'une guerre entre clans locaux, le feu détruit presque entièrement Birr ; en 1690, les orangistes y tiennent garnison et le duc de Berwick l'assiège. Au cours des 18e et 19e s., la paix permet l'extension de la ville, du château et de son domaine. Les **Parsons** aménagent constamment leur propriété. Ils se montrent actifs dans les arts et en politique : **sir William Parsons**, protecteur de Haendel, encourage le musicien à donner la première représentation du *Messie* à Dublin en 1742. À la fin du 18e s., son petit-fils William se dévoue longtemps à la cause des Volontaires. Le cinquième baronet, **sir Lawrence**, encore plus engagé dans la cause nationaliste et ami de **Wolfe Tone**, se retire de la scène politique après l'Acte d'union de 1800. Au 19e s., le « génie familial » accède à plusieurs découvertes scientifiques. Au 20e s., la famille s'emploie à la collection et la propagation d'**espèces botaniques rares**, qui peuplent aujourd'hui les jardins.

Se promener

La ville★

Axe principal de ce bijou d'urbanisation georgienne, **Oxmanton Mall** relie les portes du château à l'**église** anglicane St-Brendan (19e s.), entre deux rangées de maisons élégantes précédées d'arbres vigoureux. Au centre de Birr s'étend **Emmet Square,** avec l'hôtel Dooley (1740), la plus remarquable de ses maisons georgiennes. **John's Mall** est orné d'une statue du troisième comte de Rosse, l'astronome. Le délicieux petit temple grec (1833) est flanqué de la pierre de Birr, un gros rocher calcaire provenant peut-être d'un site de réunion des mythiques guerriers du Fianna, près de Seffin. Transportée dans un manoir du comté de Clare en 1828 pour servir à des messes célébrées en secret, elle a été apportée à Birr en 1974.

Birr Castle Demesne★★

♿ *De mi-mars à fin oct. : visite (2-3h) 9h-18h ; de déb. nov. à mi-mars : 10h-16h. 9 €. Démonstrations du télescope quand le temps le permet. Concerts : mi-juin. ☎ 05791 20336. www.birrcastle.com*

Jardins – C'est un plaisir merveilleux de suivre une des nombreuses promenades qui sillonnent les 40 hectares de ce parc d'agrément, avec ses rivières, son lac et plus de 1 000 espèces d'arbres et d'arbustes. La flore de la Chine et de l'Himalaya est particulièrement bien représentée ; certaines plantes sont si rares qu'elles ont fourni des semences aux Jardins botaniques royaux de Kew, à Londres. La grande diversité des plantes offre un spectacle toute l'année, souligné par les plantations à la française, qui comptent les haies de buis les plus hautes du monde.

D'immenses massifs d'herbacées se déploient au pied du château crénelé *(privé)* du 17e s. Les connaisseurs viennent ici de la planète entière.

Grand télescope★★ – Dans les années 1840, le troisième comte de Rosse fait installer le **Léviathan de Parsonstown**, le télescope le plus puissant de l'époque. Son miroir (183 cm) a été coulé dans un four installé au fond des douves, alimenté avec la tourbe des marais voisins. Des astronomes viennent d'Australie, de Russie et des États-Unis admirer l'instrument, qui servira 60 ans, jusqu'en 1908. Entièrement restauré, il fonctionne à nouveau depuis 1997.

Galleries of Discovery – Dans la cour des écuries, l'exposition honore les brillantes réalisations de la famille Parsons : la construction par le deuxième comte du premier pont suspendu métallique d'Irlande ; celle du grand télescope ; l'invention vers 1890 de la première turbine à vapeur fonctionnant à réaction par Charles Parsons ; les travaux vers le milieu du 19e s. de la comtesse Mary dans le domaine de la photographie ; le lancement, par les cinquième et sixième comtes, d'expéditions visant à collecter des plantes du monde entier.

Aux alentours

Slieve Bloom Mountains★

Boucle de 73 km – une demi-journée à une journée. Prendre à Birr la R 440 vers l'est.

Contraste plaisant avec la monotonie relative des paysages du centre, ces monts au sol tourbeux, généreusement plantés d'épicéas et de pins, s'élèvent jusqu'au sommet d'Arderin (527 m). La meilleure façon de les découvrir, avec leurs vues superbes, est de se promener à pied à partir du **Slieve Bloom Way** (70 km) ; mais les automobilistes apprécieront la route qui court vers l'est du village de Kinnitty à Drimmo, en passant par Forelacka Glen, puis vers le nord jusqu'à Clonaslee, en traversant The Cut.

Le **Slieve Bloom Display Centre**, à Kinnitty, donne toutes les informations pour explorer les monts. *Avr.-sept. ☎ 05791 37299.*

Le village de Kinnitty a beaucoup de charme. Dans le cimetière, juste au sud du bourg sur la route de Roscrea, se dresse un extraordinaire mausolée : la **pyramide** de Kinnitty, inspirée de celle de Khéops en Égypte.

Roscrea★

19 km au sud de Birr par la N 62.

Sur la rive escarpée de la Bunnow, ce bourg agricole prospère s'étend dans une cuvette entre les monts Slieve Bloom, au nord, et le mont Devils Bit au sud. C'est un carrefour de routes très anciennes. Au 7e s., saint Cronan y fonde un monastère. Au début du 13e s., les Anglo-Irlandais y élevent un château fort.

Roscrea Castle – ♿ *Avr.-oct. : 10h-18h (dernière entrée 17h15). 3,70 €. Visite guidée sur demande (45mn). ☎ 0505 21850 ou 21689. www.heritageirland.ie.* Édifié au 13e s., le château domine le centre-ville. Embellie au 17e s. de pignons et cheminées, la tour de garde médiévale abrite le **Roscrea Heritage Centre** (Centre du patrimoine), où une exposition retrace l'histoire des châteaux normands en Irlande.

À l'intérieur des remparts, **Damer House★**, une élégante maison du 18e s., se dresse sur trois niveaux. Remarquable notamment pour son très bel **escalier en pin**, elle a été édifiée en 1715 par Joseph Damer, l'homme le plus riche d'Irlande à sa mort en 1720. La maison, achevée vers 1720, présente actuellement des expositions consacrées à l'histoire locale.

Clocher rond et église St-Cronan – *Church Street.* Pillé quatre fois au cours du 12e s., le monastère fondé par saint Cronan a servi de carrière de pierres de construction ces derniers siècles. Il a été à nouveau maltraité quand la grande route de Dublin à Limerick l'a coupé en deux (Roscrea bénéficie aujourd'hui d'un contournement). Parmi les vestiges assez éparpillés subsistent la façade ouest de l'église du 12e s., une grande croix du 12e s. et un clocher rond du 8e s. (18 m de haut).

Franciscan Friary – On accède à l'église catholique de la paroisse, bâtie sur une pente douce, par le clocher de l'ancien monastère franciscain, datant du 15e s. Les murs nord et est de l'ancien chœur, ainsi qu'une partie des arcades de la nef ont été intégrés à l'église moderne.

Monaincha Abbey – *1,5 km à l'ouest par la N 7 puis par une route secondaire à partir du rond-point.* Entourée par les arbres, cette très belle ruine du 12e s. se dresse sur une éminence qui autrefois était une île, avant que l'on n'assèche le marais environnant à la fin du 18e s. Aux premiers temps du christianisme, c'était un lieu de retraite renommé, associé à différents saints dont saint Cronan. Au Moyen Âge, il s'est développé en grand centre de pèlerinage.

La voie navigable Shannon-Erne

Entre 1847 et 1858, l'ingénieur John McMahon réalise le canal de Ballinamore à Ballyconnel, unissant le Shannon au Lough Erne et dernier maillon du réseau navigable reliant Dublin, Belfast, Limerick et Waterford. Mais l'arrivée du chemin de fer et le manque d'industries contrecarrent le développement du canal : abandonné dès 1869, il n'est plus entretenu à partir de 1880 jusqu'à sa rénovation en 1994. Sur ses 65 km, que l'on parcourt en 13h, on franchit 16 écluses, on passe sous 34 ponts de pierre et on traverse une série de lacs – Lough Scur, St John's Lough, Garadice Lough – avant de longer la Woodford et d'atteindre le lac Erne. Son extrémité ouest rejoint le Shannon à **Leitrim** *(6,5 km au nord de Carrick par la R 280).*

Circuit de découverte

VALLÉE DU SHANNON

Circuit de 80 km. Prendre la R 439 vers le nord au départ de Birr.

Banagher (Beannchar)

Sur la rive sud du **Shannon**, Banagher est un important carrefour, défendu sur la berge nord par le château de Cromwell, une maison forte avec des bastions ajoutés vers 1650. **Charlotte Brontë** et son époux, le révérend Arthur Nicholls, qui est revenu vivre à Banagher après son veuvage, ont passé leur lune de miel non loin de là. Une autre célébrité littéraire, **Anthony Trollope**, y a aussi vécu.

De Banagher, prendre la R 356 vers l'est; tourner à gauche en direction de Shannon Harbour.

Shannon Harbour

À la jonction du **Grand Canal** et du Shannon, ce populaire port de plaisance fluviale disposait, aux beaux jours de son rôle commercial, d'une cale sèche, d'un entrepôt, d'un poste de douane et d'un hôtel *(maintenant en ruine)*, non loin de l'écluse et du bassin du canal. La population locale s'élevait à 1 000 habitants. Jusqu'à 300 000 tonnes de marchandises étaient transportées tous les ans et plus de 250 000 personnes, pour la plupart des émigrants en route, via Limerick et Cobh (près de Cork), vers l'Australie, le Canada et les États-Unis, y commençaient leur voyage en embarquant sur des barges. Aujourd'hui, les conditions pour la pêche à la ligne y sont excellentes. C'est un paradis pour les amateurs d'oiseaux, qui pourront voir des espèces rares, dont le râle des genêts, hôtes des prairies verdoyantes, appelées Shannon Callows.

Après Shannon Harbour, prendre à gauche, dans Clonony, la R 357 pour Shannonbridge.

Clonmacnoise et le West Offaly Railway

Avr.-sept. : visite guidée en train (50mn) 10h-17h. 5,25 €. 09096 74114, 74121. www.bnm.ie

Le chemin de fer à voie étroite entraîne ses passagers dans une visite guidée (9 km, 45mn) de la **tourbière de Blackwater**, qui fait partie du marais d'Allen (8 000 ha), l'une des plus grandes étendues de tourbières hautes d'un seul tenant. La visite permet de voir les différentes étapes d'extraction de la tourbe, utilisée pour alimenter la centrale de Shannonbridge, et, au cours d'une halte à mi-parcours, de se promener dans la tourbière pour en étudier les plantes, pour manipuler un morceau de bois pétrifié vieux de 4 000 à 7 000 ans ou encore s'essayer à la coupe de la tourbe avec pour outil la bêche traditionnelle. Le train traverse deux plantations expérimentales de conifères, établies sur une tourbière épuisée et un îlot de cultures environné de tourbières. Des sentiers de nature et un abri pour observer les oiseaux ont été aménagés.

Clonmacnoise★★★ *(voir ce nom)*

Quitter le site direction Ballynatown, puis la N 62 vers le nord et Athlone.

Athlone *(voir ce nom)*

Poursuivre au nord sur la N 55 puis la N 4 vers l'ouest.

Longford *(voir ce nom)*

Prendre la N 5 à l'ouest jusqu'à Cloondara.

À la jonction du canal royal, de la rivière Camlin et du Shannon, **Cloondara** se résume à deux écluses, un groupe de maisons pittoresques près du bassin du canal, un pont en dos d'âne, un vieux moulin à eau et une église en ruine.

Rejoindre la N 5 à l'ouest du village, puis continuer jusqu'à Termonbarry.

Le **pont de Termonbarry**, qui se lève en partie pour livrer passage aux bateaux, permet de profiter d'un beau décor sur l'écluse et sur le barrage du Shannon.

Poursuivre la N 5 jusqu'à Scramoge, puis à droite sur la R 371 vers Roosky.

Dromod et **Roosky** sont deux attrayants villages sur le Shannon, où les plaisanciers peuvent faire étape et se ravitailler.

Poursuivre au nord par la N 4.

Drumsna

Les ruines de la résidence familiale des Jones et l'histoire de leur chute inspirèrent à **Anthony Trollope** (1815-1882) son premier roman.

Toujours par la N 4 au nord.

Jamestown

Site fortifié établi en 1622 pour surveiller le passage du fleuve en aval de Carrick, la ville a été baptisée en hommage à Jacques Ier. L'arche de pierre que l'on franchit en venant du nord est tout ce qui reste de ses **murailles**.

Terminer par la N 4 au nord.

Carrick-on-Shannon

Traversé par la route principale et la voie ferrée entre Dublin and Sligo, le chef-lieu du comté de Leitrim se situe aussi à une jonction importante sur le Shannon. C'est un centre très animé de navigation et de croisière, encore plus depuis la restauration et la réouverture, en 1994, du canal de Ballinamore à Ballyconnell, parachevant la voie navigable Shannon-Erne. À proximité s'étendent le Lough Allen et le Lough Key. Toute la région est un paradis pour les pêcheurs.

Costello Chapel – *Bridge Street. Mars-oct. 078 20251.* Le plus étonnant, c'est la taille minuscule de cette chapelle mortuaire, bâtie par Edward Costello en mémoire de sa femme, morte jeune en 1877. Elle ne fait que 5 m par 4 m. Mrs Costello y repose sous une lourde dalle de verre *(à gauche)* ; Edward y a été enterré en 1891.

St George's Terrace – À l'extrémité est de la rue se dresse l'**horloge de la ville (1905)**. Le propriétaire terrien local, C. M. St George, a fait édifier vers 1830 l'élégante demeure **Hatley Manor** *(côté nord)*, puis, en 1839, le **marché couvert** *(côté sud)*. À proximité se dresse le palais de justice de 1821. Il était autrefois relié par un souterrain à la prison du comté voisine, dont le site est maintenant occupé par une marina moderne.

B. Rieger / hemis.fr

Les îles d'Aran et leurs murets en pierres sèches.

O. Forir / MICHELIN

Le château Demesne à Birr.

Tourism Ireland

Shannon Harbour : une halte sur la voie navigable.

Birr pratique

Adresse utile

Unit 6 Brendan Street - 05791 20110 - www.shannonregiontourism.ie - de mi-mai à fin sept.

Se loger

The Maltings – *Castle Street - 05791 21345 - fax 0509 22073 - themaltingsbirr@eircom.net - fermé 24-26 déc. - 13 ch. 80 € - rest. 30 €.* Les amoureux de la Guinness apprécieront les origines de la maison, construite en 1810 pour stocker le malt servant à fabriquer la célèbre bière. Aujourd'hui, elle propose des chambres spacieuses à bon prix et un restaurant sans prétention, qui donne sur la rivière.

Spinners Town House – *Castle Street - 05791 21673 - fax 0509 21672 - spinners@indigo.ie - 13 ch. 45/90 € - rest. 18/31 €.* À l'ombre du château de Birr, la façade de cette maison de ville georgienne est fidèle à ses origines de magasin et moulin. Mais l'intérieur franchement design opte pour l'art contemporain, les sols polis, des tons doux et un bistrot branché.

Emmet Guest House – *Emmet Square - 05791 20395 - fax 0509 21436 - mars-oct. - 7 ch. 45/70 €.* Si l'on cherche un accueil chaleureux et une chambre simple et bon marché au centre-ville, cette maison georgienne remplit le cahier des charges. La salle du petit-déjeuner donne sur la place centrale. Les chambres (trois sous les toits) sont impeccables.

À CARRICK-ON-SHANNON

Hollywell – *Liberty hill, en retrait de la N 4, prendre la première à gauche après le pont - 071 9621124 - hollywell@esatbiz.com - 4 ch. 140 €.* Au calme au bord de la rivière, un lieu charmant, aux chambres impeccables et à l'accueil chaleureux dans une maison en partie du 18e s.

Se restaurer

The Thatch – *Crinkill - 2,5 km au sud à partir de la N 52 - 05791 20682 - thethatchcrinkill@eircom.net - fermé dim. soir d'oct. à avr. - 16/40 €.* Le propriétaire actuel appartient à la cinquième génération de la famille qui gère ce pub plein de charme et de caractère, de coins et de recoins sous son toit de chaume. Il est particulièrement animé pour le déjeuner; le dîner, servi dans le restaurant rustique attenant, est un peu moins décontracté.

À CARRICK-ON-SHANNON

The Oarsman – *Bridge Street - 071 9621733 - fermé Noël et Vend. saint - 25/45 €.* À la façon, malgré la modernisation, d'un pub plein de personnalité et de charme : sols en dalles de pierre, poutres, bric-à-brac en décoration. Menus d'aujourd'hui.

Sports et loisirs

CROISIÈRES

Descente du Shannon en bateau – *À Banagher (au nord de Birr) - 05791 51112 - fax 0509 51632 - www.silverlinecruisers.com - juin-sept. : dim. 15h30; jeu. 15h30 (sur demande); dép. à la marina de Banagher - 8 €.* Descente jusqu'à l'écluse Victoria (à Meelick) et retour (1h30).

Slieabh an Iarann Riverbus – *À Ballinamore (à l'est de Carrick-on-Shannon) - 078 44079 - fax 078 45135.* Croisières sur la voie navigable Shannon-Erne.

AUTRES ACTIVITÉS

Cavan and Leitrim Railway – *À Dromod (au sud de Carrick-on-Shannon) - 078 38599 - www.cavanandleitrimrailway.com - 10h (dim. 13h)-17h30. Fermé de Noël au 1er janv. 5 €.* Chemin de fer à voie étroite, avec locomotive à vapeur : promenade en train (20mn); visite des ateliers. Salon de thé.

Promenades – Dans le domaine du château, sur la rive sud de la Camcor, dans les monts Slieve Bloom et le long du Grand Canal.

Canotage – Sur le Shannon et le Grand Canal.

Pêche – Dans le Shannon et la Brosna : saumon, truite, brochet et la plupart des poissons d'eau douce. Dans la Suck et le Grand Canal : brochet, brème et perche.

Agenda

Bon à savoir – On donne des concerts au **château de Birr** et dans le parc. La galerie du château présente des expositions.

Birr Vintage Week – Deuxième quinzaine d'août. Pour cette fête annuelle, les hommes jouent un match de cricket en costume d'époque georgienne, en observant des règles édictées en 1744.

Un championnat d'attelage *(Irish Independant Carriage Championships)* se déroule dans le domaine du château.

Un week-end sur le thème de l'astronomie est organisé en septembre.

Boyle

2 522 HABITANTS – COMTÉ DE ROSCOMMON
CARTE MICHELIN N° 712 H6 – CARTE GÉNÉRALE RABAT I B2

Sur la Boyle, qui coule au pied des monts Curlew (264 m), cette plaisante bourgade conserve un des plus beaux sites d'abbaye en ruine d'Irlande, et des souvenirs passionnants de la dynastie des King, une famille de propriétaires terriens anglo-normands rudes et ambitieux. La Boyle et les lacs alentour offrent d'excellentes conditions de pêche.

- **Se repérer** – Ville principale de la moitié nord du comté de Roscommon, à la limite avec celui de Sligo, dans la région que l'on appelait autrefois le Moylurg, Boyle *(Mainistir Na Búille)* se situe à mi-chemin entre les lacs de Lough Key et Lough Gara, sur la route de Dublin à Sligo (N 4).
- **À ne pas manquer** – Les beaux chapiteaux sculptés de personnages et d'animaux de la Boyle Abbey.
- **Organiser son temps** – Prévoir une demi-journée.
- **Avec les enfants** – Lough Key Forest Park et ses activités.
- **Pour poursuivre le voyage** – Voir aussi Sligo, Donegal.

Visiter

King House★

Avr.-sept. : 10h-18h. 7 €. ✆ 07196 63242.

Le manoir palladien de la famille King se dresse à l'extrémité est de la rue principale. Il a été construit vers 1730, sans doute par un assistant du célèbre architecte Edward Lovett Pearce, pour un descendant de sir John King. Ce gentleman anglais du Staffordshire avait été envoyé ici un siècle auparavant, avec pour mission de soumettre les Irlandais du lieu. Récompensée pour sa mission par l'octroi des terres qui appartenaient avant aux chefs locaux, les MacDermot, la famille King devient de plus en plus influente, jusqu'à obtenir le titre de comtes de Kingston. Elle s'installe alors dans une résidence encore plus magnifique, au cœur du vaste domaine de Rockingham.

Restauré avec soin (une intéressante animation retrace les travaux), le manoir abrite aujourd'hui une exposition bien conçue sur les anciens souverains de la région – les O'Connor, rois du Connaught et les MacDermot de Moylurg – ainsi que sur les prouesses de la famille King qui les a détrônés. Pendant de longues années, le manoir a été aménagé en caserne pour les Connaught Rangers. Ce corps a d'abord servi la couronne britannique, puis s'est mutiné en 1920, pour protester contre la répression de la lutte pour l'indépendance par le gouvernement. Le visiteur peut aussi s'essayer à écrire avec une plume d'oie et écouter des enregistrements (poème d'amour en gaélique, paroles et voix authentiques de membres de la famille King).

Aux alentours

Boyle Abbey★

3 km à l'est par la N 4. ♿ Avr.-oct. : visite guidée (40mn) 10h-18h (dernière entrée 15h15). ✆ 07196 62604. www.heritageireland.ie

Les ruines sont celles d'une abbaye cistercienne fondée en 1161 par des moines venus de Mellifont *(voir p. 167)*. L'église, bâtie sur plusieurs décennies, est un remarquable exemple d'architecture cistercienne. Elle montre la transition entre le style roman et le gothique. D'habitude très réticents vis-à-vis de la moindre exubérance, les austères cisterciens ont ici laissé s'exprimer pleinement leurs tailleurs de pierre, qui ont sculpté les chapiteaux de charmants motifs figurant des hommes, des animaux, des feuillages. Les bâtiments conventuels ont été occupés par les troupes de Cromwell, qui les ont traités avec leur brutalité habituelle. Ils ont servi de caserne jusqu'au 18e s. Dans la porterie bien conservée, une présentation renseigne sur la vie monastique et montre une maquette de l'abbaye à son origine.

Lough Key Forest Park★

3 km à l'est de Boyle par la N 4. Tour de Moylurgh : de mi-avr. à fin sept. : 8h-16h, w.-end 11h-18h. Parking 4 € donne accès au Visitor Centre. Activités pour familles et enfants jeux de piste 16 €, enf. 12 €, parcours sur la canopée 7,50 €. Pass réduction. ✆ 07196 73122 (Irish Forestry Board, Coillte Teoranta). www.coillte.ie

Avec ses terres boisées, son **jardin de tourbière**, ses arbres ornementaux et ses bâtiments majestueux, le grand parc forestier (350 ha) ouvre sur la superbe étendue parsemée d'îles du Lough Key. Jusqu'en 1959, il faisait partie du fief de Rockingham des comtes de Kingston. Cette famille a fait bâtir ici une grande résidence, sur le site d'un château des MacDermot. Au début du 19e s., la maison est remaniée par l'architecte John Nash, et le domaine aménagé par le paysagiste **Humphry Repton**. En 1959, un incendie détruit le manoir ; certaines dépendances ont survécu. Un édifice récent, la **tour de Moylurg** (132 marches) offre une vue panoramique sur les bois, les lacs et les collines qui constituent le cadre d'un des plus grandioses domaines campagnards d'Irlande. Des sentiers de nature serpentent à travers le parc. Sur le lac, des promenades en bateau permettent de voir les îles, où demeurent les vestiges romantiques d'un château des MacDermot et d'un monastère médiéval.

Circuit de découverte

MONTS ET LACS DU MOYLURG★

Boucle de 80 km. Prendre la N 4 vers le nord au départ de Boyle.

En gravissant les **monts Curlew** (264 m), la route offre des **vues★** splendides sur les lacs à l'est.

À Ballinafad, tourner à gauche.

Château de Ballinafad

Aujourd'hui en ruine, il a été édifié en 1590 sur le modèle d'un château du 13e s., avec tours d'angle rondes, mais carrées à l'intérieur. On l'appelait château des Curlew, car il protégeait le col qui franchit ces montagnes.

Poursuivre vers le nord et rejoindre la N 4. À Castlebaldwin, tourner à gauche vers le cimetière de Carrowkeel (signalé) ; à la première fourche, s'engager à gauche. Se garer au portail s'il est fermé ; rejoindre le cimetière à pied (1h AR).

Cimetière mégalithique de Carrowkeel

Le sommet désolé des **monts Bricklieve** (321 m) découvre un splendide **panorama★★** sur la campagne environnante. Là, des tumulus de pierre, ronds pour la plupart, abritent des tombes à couloir de la fin de l'âge de la pierre (2500-2000 av. J.-C.). En contrebas vers l'est restent 50 cabanes rondes, où vivaient sans doute les bâtisseurs du cimetière.

Revenir à Castlebaldwin et emprunter vers l'est, puis le sud-est via Derry, la route qui longe le Lough Arrow. Au bout du lac, tourner à gauche. Dans Ballyfarnan, prendre à gauche la petite route en pente raide (accès étroit entre deux maisons) jusqu'à Altgowlan.

Route panoramique★ d'Arigna (Slí)

La route révèle un **point de vue** superbe *(à droite)* sur les lacs Skean et Meelagh. Plus loin, sur la ligne de partage des eaux, une autre jolie vue s'ouvre sur l'étroite vallée d'Arigna et l'extrémité sud du **Lough Allen**. L'exploitation des mines de fer, autrefois florissante, a laissé des terrils. Elle a aussi entraîné le déboisement des forêts de chênes locales pour la production de charbon de bois utilisé pour la fonte du minerai.

Au carrefour en T, prendre à droite, après 4 km tourner à gauche vers Arigna.

Arigna se blottit au fond d'une vallée encaissée entre des versants escarpés, qui cachent quelques-uns des rares filons de houille d'Irlande. D'abord organisée pour les besoins des fonderies, puis pour les centrales thermiques, l'extraction est abandonnée depuis 1990.

Après avoir traversé la rivière, monter par la route à gauche et rouler 2,5 km avant de tourner à droite (route très étroite en pente), puis à nouveau à droite au carrefour suivant.

En descendant des hauteurs désolées et déchiquetées, la **vue★** s'étend sur le lac Allen, le plus au nord des grands lacs du Shannon, qui prend sa source dans une tourbière à 15 km au nord. Sur sa rive est se dresse le Slieve Anierin (586 m), point culminant des Iron Mountains (monts du Fer).

Au bas de la descente, prendre à droite la R 280 vers Drumshanbo.

Drumshanbo (Droim Seanbho)

À l'extrémité sud du Lough Allen, la petite ville est un grand pôle d'attraction pour les pêcheurs à la ligne, attirés par les eaux du fleuve et du chapelet de lacs qui parsème la région des **drumlins** *(voir p. 57)* jusqu'à Ballinamore, reliés par le canal de Ballinamore à Ballyconnell.

Au **Sliabh an Iarainn Visitor Centre**, une exposition et une présentation audiovisuelle évoquent l'histoire du pays à travers celle des mines de fer et de charbon, de la ligne à voie étroite Cavan-Leitrim *(voir « Birr pratique, sports et loisirs »)*, et des *sweathouses*, une forme ancienne de sauna. *Avr.-oct. : 10h-18h (dim. 14h- 18h). Spectacle audiovisuel (30mn). ✆ 07196 40678.*

Turlough O'Carolan (1670-1738)

Ce harpiste aveugle, compositeur de poèmes et de mélodies (dont celle de la *Bannière étoilée*, l'hymne américain), est né à **Nobber** dans le comté de Meath. En 1684, sa famille déménage à Carrick-on-Shannon, où Mme MacDermot Roe devient son mécène, finançant son éducation et ses études musicales. Elle lui offre un cheval pour qu'il puisse aller donner des récitals de ses compositions dans les manoirs de campagne. Après son mariage, en 1720, il vit plusieurs années à Mohill, où une statue a été érigée en son honneur au centre-ville. Il meurt en 1738 à **Keadew** (Keadue) ; ses funérailles durent quatre jours. Tous les ans, deux festivals de harpe lui rendent hommage *(voir p. 48 et 50)* à Keadew (août) et Nobber (octobre).

De Drumshanbo, reprendre vers le nord la R 280 ; tourner à gauche pour emprunter la R 285 et traverser Keadew (Keadue).

Sur la rive du lac, un puits porte le nom de **sainte Lasair**, fille de saint Ronan, fondateur de l'abbaye de Kilronan.

La tombe de O'Carolan

Des pierres tombales *(à droite)* marquent l'emplacement de l'**abbaye de Kilronan**, fondée au 6e s. entre le Lough Meelagh et les monts d'Arigna. L'entrée de l'église en ruine est du 12-13e s. La tombe de **Turlough O'Carolan** se trouve dans le transept.

Retourner au dernier croisement et prendre à droite. Dans Knockvicar, tourner encore à droite vers Corrigeenroe ; dans Corrigeenroe, prendre à gauche pour rentrer à Boyle.

Courant parallèlement à la Boyle, la route contourne les rives nord et ouest du **Lough Key**, découvrant des perspectives sur le lac et les montagnes.

Boyle pratique

Adresse utile

King House - 07196 62145 - mai-sept.

Se loger

Rosdarrig Hous – *Dublin Road - 071 9662040 - rosdarrig@yahoo.co.uk - 5 ch. 70/75 €* . Les chambres donnent sur un agréable jardin. On prend le petit-déjeuner dans une belle pièce avec parquet.

Se restaurer

An Craoibhin – *Elphin Street - 071 9662704 - 12h30-15h.* On déguste dans ce pub une excellente cuisine traditionnelle.

Sports et loisirs

Des **promenades en bateau** permettent de découvrir le Lough Key et ses nombreuses îles.

Agenda

Bon à savoir – **King House** accueille des concerts de musique de chambre et de piano, ainsi que des expositions d'art et du patrimoine.

O'Carolan Harp Festival – *Rens. 078 47204 - www.keadue.harp.net.* De fin juil. à début août, hommage est rendu au célèbre compositeur et harpiste Turlough O'Carolan : concerts, musique, chant et danses accompagnés de nombreuses manifestations de plein air.

Buncrana

5 911 HABITANTS – COMTÉ DE DONEGAL
CARTE MICHELIN N° 712 J2 – CARTE GÉNÉRALE RABAT I C1

Avec sa longue plage de sable tournée vers l'ouest et les monts du Donegal, au fond de l'anse maritime profonde du Lough Swilly, Buncrana est une station balnéaire très animée. En été, la plus grande cité de la péninsule d'Inishowen fourmille de vacanciers venus de Londonderry, à une petite vingtaine de kilomètres, de l'autre côté de la frontière avec l'Irlande du Nord. Son vieux donjon, O'Docherty's Keep, est accessible par un pont à six arches jeté sur la Crana. C'est tout ce qui reste du château bâti par les Anglo-Normands, investi plus tard par les seigneurs du lieu, les « grands O'Docherty du sombre Donegal » (Benedict Kiely).

- **Se repérer** – Buncrana *(Bun Cranncha)* s'étend à l'embouchure de la Crana sur la rive est du Lough Swilly, au nord-ouest de Londonderry. On y accède par la R 238, au départ de la N 13 ou de l'A 2. C'est une excellente base de départ pour visiter la magnifique **péninsule d'Inishowen**, paradis des amateurs de nature sauvage et des amoureux des oiseaux.
- **À ne pas manquer** – Malin Head, le fort circulaire de Grianan of Aileach.
- **Organiser son temps** – Une bonne journée pour le tour de la péninsule.
- **Pour poursuivre le voyage** – Voir aussi côtes du Donegal et, en Irlande du Nord, Londonderry.

Circuit de découverte

ROUTE PANORAMIQUE D'INISHOWEN (INIS EOGHAIN)★★

160 km – une journée.

La route suit la côte de la péninsule d'Inishowen (*Inis Eoghain* en irlandais) qui s'achève au cap Malin, la pointe la plus au nord de l'Irlande. C'est un paysage de rudes montagnes couvertes de tourbières, frangées de falaises abruptes ou de vastes étendues de sable. Des troupeaux de moutons broutent sur le sol rocailleux. Dans les petits ports, les cabanes de pêcheurs sont couvertes de chaume, fixé par des cordages pour résister au vent.

La péninsule doit son nom à Eoghain, un souverain du 5e s. contemporain de saint Patrick. À partir du 15e s., le clan puissant des O'Docherty y règne en maître. En 1608, quand son chef est tué, la totalité de la péninsule passe aux mains de l'aventurier élizabéthain Arthur Chichester. Ses descendants deviendront les plus grands propriétaires terriens d'Irlande.

Emprunter la route côtière vers le nord jusqu'à la pointe de Dunree (Dunree Head).

Fort Dunree Military Museum★

Parking dans le complexe militaire. Juin-sept. : visite guidée (30mn) 10h30-18h (dim. 12h30-18h). 6 €. ✆ 07493 61817. www.dunree.pro.ie

Enjambé par un pont-levis, un étroit défilé sépare ce fort de la fin du 18e s. du promontoire désolé de Dunree Head. Le fort, avec ses canons d'origine, a été converti en **musée militaire**. Des présentations interactives et un film expliquent le rôle joué par ces batteries dans la défense côtière ; 180 ans d'archives retracent l'évolution du fort. Simple talus de terre fortifié élevé en 1798 par crainte d'une invasion française, il devient un élément clé du chapelet de forts construits sur le rivage du Lough Swilly pour protéger la base navale de Buncrana. En 1914, l'ensemble de la flotte britannique pouvait s'abriter dans l'estuaire, défendu par un barrage. Sur la rive opposée de l'étroit chenal s'élève le fort de Knockalla.

Retourner à l'embranchement et prendre à gauche ; tourner à gauche au croisement.

Gap of Mamore★

La route monte entre les affleurements rocheux et les troupeaux de moutons jusqu'au **belvédère** *(parking sur la droite)* : panorama vers le nord sur la pointe de Dunaff.

Prendre à gauche, après la grève Lenan Strand, en direction de Lenan Head.

Lenan Head

Une batterie a été installée en 1895 sur ce cap pour contrôler l'entrée du Lough Swilly. Le paysage est défiguré par les vestiges du camp militaire.

Prendre la route qui traverse Dunaff en direction de Clonmany et poursuivre vers le nord sur la R 238.

Ballyliffin (Baile Lifin)

Cette agréable villégiature se situe légèrement en retrait de la baie de Pollan et de sa longue plage de sable, adossée au golf de Doagh Isle, une péninsule basse et sablonneuse.

Poursuivre vers l'est sur la R 238.

Croix de Carndonagh★

Au sommet d'une colline, près de l'église anglicane, une **croix celtique** du 8e s., sculptée d'un entrelacs en forme de croix, représente la crucifixion. Sur l'un des piliers qui l'encadrent, David joue de la harpe. Dans le cimetière, la colonne appelée « pierre au souci » *(Marigold Stone)* montre sur une face une étoile à sept branches ressemblant à la fleur du souci, sur l'autre une crucifixion.

Continuer vers le nord sur la R 238 et la R 242.

Malin

Ce village de l'époque de la Plantation (peuplement du nord de l'Irlande par des protestants écossais au 17e s.) a conservé son plan d'origine, avec son élément central, son terrain communal triangulaire ou *green*.

Lag Sand Dunes★

D'imposantes dunes s'élèvent sur la rive nord de la baie de Trawbreaga, estuaire de la Donagh.

Malin Head★★

Derrière l'immense promontoire, un minuscule village de pêcheurs s'abrite des vents dominants. Sur les falaises du point le plus au nord de l'Irlande se dresse une tour : construite en 1805 par l'Amirauté britannique pour contrôler la navigation, elle a servi par la suite de balise pour la Lloyds. Ici, la pointe est appelée familièrement *Banba's Crown* (Couronne de Banba), du nom d'une présumée reine celtique qui représenterait l'Irlande.

À 2,5 km au large, l'île d'Inishtrahull était jadis le site d'un ermitage. La route qui fait le tour du cap déroule des **panoramas**★★ spectaculaires *(sud-ouest)* sur la plage de Pollan et le cap de Dunaff.

Suivre la route côtière vers le sud par Portaleen jusqu'à Culdaff. Prendre la R 238 vers le sud ; tourner à gauche sur une petite route.

Cromlech de Bocan

Dans un champ, à gauche, s'élèvent les vestiges d'un cercle de menhirs, qui devait à l'origine en compter trente.

Retourner au dernier croisement ; prendre à droite la R 238 ; rouler vers Culdaff ; tourner à gauche sur une petite route.

Église et croix de Clonca

Sentier à travers champ. Le monastère de Clonca a été fondé au 6e s. par saint Buodán. L'église, en ruine, date du 17e ou 18e s. mais le linteau sculpté est plus ancien. L'intérieur renferme la pierre tombale de l'Écossais Magnus MacOrristin (16e s.) gravée d'une épée, d'une crosse de hurley et, fait rarissime, d'une inscription en irlandais. Dans le champ en face, la **croix de Saint-Buodán** représente le miracle de la multiplication des pains.

Poursuivre jusqu'à l'embranchement suivant, prendre à gauche, puis à droite.

Croix de Carrowmore

Deux croix celtiques, une stèle décorée et une croix gravée sur un rocher marquent l'emplacement d'un monastère fondé par Chionais, beau-frère de saint Patrick.

Retourner au dernier embranchement ; prendre à droite ; à Gleneely, prendre la R 238 vers le sud ; après 5 km, tourner à gauche vers Leckemy et emprunter la petite route en direction du nord-est jusqu'à Kinnagoe Bay.

Baie de Kinnagoe

Des promontoires escarpés encadrent une jolie plage. La baie a vu sombrer des vaisseaux de l'Invincible Armada, notamment *La Duquesa Santa Anna* et *La Trinidad Valencia*. Leurs épaves ont fourni de passionnants vestiges militaires.

Un sentier en sommet de falaise rejoint la pointe d'Inishowen. Prendre la route secondaire vers le sud qui mène à Greencastle.

Du belvédère *(parking)*, le regard embrasse un vaste paysage de landes, où l'on exploite la tourbe et où paissent les moutons, qui s'étire à l'est jusqu'au lac Foyle.

Aux abords de Greencastle, prendre à gauche vers la pointe d'Inishowen.

Inishowen Head★

Le promontoire domine de 90 m le minuscule port à côté du phare de la pointe de Dunagree. De là, une belle vue s'étend sur la côte de l'Antrim jusqu'à la Chaussée des Géants. Un sentier sur la falaise mène jusqu'à la baie de Kinnagoe.

Suivre vers le sud la route côtière en longeant le terrain de golf.

Greencastle

Sa belle plage a fait de ce village une agréable station balnéaire très fréquentée. Au nord, sur les falaises qui gardent, avec la pointe de Magilligan, l'étroite entrée du Lough Foyle, se dressent les ruines d'un château, envahies par la végétation. Il a été construit en 1305 par Richard de Burgo, surnommé le « comte rouge » pour sa mine rubiconde. Édouard Bruce s'en empare en 1316 ; il passe quelque temps après aux mains des O'Donnell ; enfin, il est octroyé en 1608 à Arthur Chichester. Le fort attenant, édifié en 1812, a servi jusqu'à la fin du 19e s. pour la défense de l'estuaire.

De Greencastle, prendre la R 241 vers le sud.

Moville/Bun an Phobail

Jadis un port animé d'où les émigrants faisaient voile vers les États-Unis, Moville est aujourd'hui une station balnéaire sur le Lough Foyle. L'**église catholique St-Pie** (*St Pius'Church*, 1953), impressionnant édifice de granit, montre un bel intérieur en acajou. Moville Green, aire aménagée en bord de mer avec pelouses, plantations et équipements sportifs, longe les plages et les falaises.

De Moville, emprunter la R 241 vers le sud ; après 3 km, prendre à droite.

À l'entrée du cimetière de **Cooley** *(3 km au sud-ouest)* s'élève une grande **croix** (3 m). Autrefois, quand les habitants souhaitaient sceller un engagement, ils se serraient la main à travers le trou percé à son sommet. Dans le cimetière, un charmant **édifice funéraire** en pierres sèches, Skull House (« maison du crâne »), serait associé à saint Finian, abbé d'un monastère fondé par saint Patrick et qui a duré jusqu'au 12e s.

Poursuivre vers le sud sur la R 241. À Muff, prendre à droite en direction de Burnfoot. Prendre la route secondaire qui mène à Speenoge.

Grianán of Aileach★★

Parc de stationnement. Le fort circulaire qui couronne le sommet exposé de la colline date de l'époque préchrétienne. C'est un des plus impressionnants bâtiments de ce genre en Irlande, même si sa forme actuelle ne respecte peut-être pas celle d'origine après sa reconstruction, à la fin du 19e s. Il a servi de siège au clan O'Neill, rois de l'Ulster, entre le 5e s. et le 11e s. Mais auparavant, déjà, sa réputation était suffisamment établie pour qu'il figure en tant que « résidence royale » sur la carte de Ptolémée. En 1101, le roi du Munster Murtogh O'Brien le démantèle, en représailles de la destruction de son propre fief royal de Kincora. Un tunnel traverse le mur d'enceinte, épais de 4 m, qui contient des chambres de petite taille. Des marches montent jusqu'aux remparts. L'enceinte circulaire fait 23 m de diamètre. Des remparts, le **panorama**★★ s'étend à l'est jusqu'à Londonderry et aux monts Sperrin, au nord-est au Lough Foyle, au nord à la péninsule d'Inishowen, à l'ouest à l'île d'Inch, au Lough Swilly et au mont Knockalla.

Au pied de la colline, l'**église St-Aengus** fait écho au fort, en reprenant la même forme circulaire. Conçue par Liam McCormick, c'est une des plus belles églises contemporaines d'Irlande.

Redescendre vers la N 13, que l'on prend à gauche en direction de Letterkenny.

Grianàn Ailigh Centre

Le long de la N 13, à Burt. ♿ *10h-18h (hiver 12h-18h).*

À l'étage d'une église anglicane désaffectée et convertie en restaurant, des panneaux explicatifs et des maquettes relatent les légendes associées au fort d'Aileach. D'autres expositions montrent des forts de pierre irlandais similaires et la restauration de l'église.

Reprendre la N 13 vers le nord et suivre une route secondaire vers Burnfoot. Emprunter la R 238 vers le nord en direction de Fahan.

Stèle de Fahan

À la limite sud du village, dans le vieux cimetière voisin de l'église anglicane, une **stèle** du 7e s. marque le site d'un monastère fondé par saint Mura et qui a duré au moins jusqu'en 1098. Ses faces sont sculptées d'une croix faite de bandes entrelacées. Deux personnages encadrent une de ces croix.

Reprendre la R 238 vers le nord jusqu'à Buncrana.

Buncrana pratique

Adresse utile

🅸 ✆ 07493 62600 - juin-août : tlj sf dim.

Se loger

À BALLYLIFFIN

Rossaor House – *✆ 07493 76498 - fax 077 76498 - rossaor@gofree.indigo.ie - fermé 23 déc.-2 janv. - 4 ch. 95 €* ☕. Agréablement meublée, cette maison entourée de jardins luxuriants est accueillante et il y règne une ambiance détendue. Le petit-déjeuner est servi dans la véranda, d'où l'on admire la baie de Pollan.

À MALIN H

Drui
entre M
7028
Un
est t
pleines d

Se restaurer

À INISHOWEN

Jack Yeat's Restaurant – *M*
Hotel-Malin Town - ✆ 07493 70606 -
malinhotel.ie -lun.-sam. 18h-21h30, et déj.
sam. - 19/28 €. La table de l'hôtel Malin, bien connue dans les environs, sert une cuisine inventive à base de poissons et produits locaux, biologiques.

Le Burren★★★

COMTÉ DE CLARE
CARTE MICHELIN N° 712 E8 – CARTE GÉNÉRALE RABAT II A3

Couvrant une bonne partie du comté de Clare, l'austère plateau calcaire du Burren (« lieu des rochers ») forme un des paysages les plus étranges, mais aussi les plus fascinants, d'Irlande. La porosité de la roche et les rivières souterraines y ont formé de vastes réseaux de cavernes. Le sol est pour l'essentiel recouvert de dalles de calcaire striées de crevasses. Six mille ans d'occupation par les hommes ont pratiquement dénudé le Burren de ses arbres, mais au printemps et au début de l'été, la nature désolée est embellie par une explosion de fleurs, d'une extraordinaire diversité, espèces méditerranéennes et alpines fleurissant côte à côte.

- **Se repérer** – Bordés par l'Atlantique, entre Galway (au nord) et Ennis (au sud) le Burren *(Boireann)* forme la partie nord du comté de Clare. Ce désert minéral s'étire vers le sud à partir de Ballyvaughan jusqu'à Ennistimon et Corofin.
- **À ne pas manquer** – Cliffs of Moher, la route côtière.
- **Organiser son temps** – Une journée au moins est nécessaire pour avoir un aperçu des beautés du Burren. Amateur de loisirs de plein air, c'est un territoire idéal pour des randonnées à pied ou à vélo, qui offre également des plages.
- **Avec les enfants** – La stalactite de Doolin cave, le dynamique Cliffs of Moher Visitor Experience, les oiseaux de proie et les ossements d'ours à Ailwee Cave.
- **Pour poursuivre le voyage** – Voir aussi Galway, Connemara, Limerick, la vallée du Shannon *(voir Birr)*, le pays de Kiltartan *(voir Athenry)*.

Comprendre

Le Burren descend en pente douce du nord vers le sud, de l'océan vers le milieu des terres. Leur bordure forme, le plus souvent, une falaise vertigineuse. Leur nature karstique a créé un paysage caractéristique de dalles calcaires et un réseau de rivières souterraines, mais aussi des gouffres d'effondrement. Si une rivière s'y forme ou si la nappe phréatique s'élève, ils deviennent alors des lacs éphémères ou *turlach*. Les fissures *(grykes)* entre les dalles *(clints)* du revêtement calcaire retiennent assez de terre pour nourrir une flore d'une exceptionnelle richesse, qui exerce un contraste fabuleux avec le chaos rocailleux qui l'entoure.

La vieille tradition celte de la transhumance ou *booleying*, est pratiquée à l'inverse de ce qu'on voit habituellement. En hiver, les troupeaux sont emmenés sur les hauteurs, qui ne subissent pas l'humidité et le froid de la plaine. Ce n'est pas seulement l'influence du Gulf

Présence humaine

L'impact de l'homme sur ce paysage vide en apparence est considérable. Des murets en pierres sèches définissent un maillage de champs et d'enclos d'une extrême diversité. Certains remontent au néolithique. Il subsiste de nombreux vestiges de tombes, de forts et d'anciennes implantations.

…ssif calcaire agit comme une …erve de chaleur et laisse lente-…apper les calories emmagasinées …ns la saison. L'été, quand les hauteurs …t souffrir de sécheresse, les troupeaux …amenés près des fermes, où l'on peut les …her et les abreuver.

…ircuit de découverte

Boucle de 175 km.

Ennistimon (Inis Díomáin)

Les **cascades** de la Cullenagh sont visibles du pont à sept arches qui l'enjambe, des bords de la rivière *(depuis l'arche d'entrée de Main Street)* et des pelouses du Falls Hotel (« hôtel des chutes »). Ennistimon est connu pour les façades de ses boutiques et leurs nombreuses inscriptions en irlandais.

Prendre la N 67 et la R 481 vers le nord.

Croix de Kilfenora★

Très modeste aujourd'hui, le site de Kilfenora était jadis le siège d'un grand évêché. Sa cathédrale, partiellement en ruine, conserve quelques éléments fascinants : de splendides chapiteaux sculptés, plusieurs figures assez grossières, une très belle fenêtre est. À l'extérieur se dressent trois **croix celtiques** du 12e s. Une en particulier, la célèbre croix de Doorty, mérite d'être vue de près, malgré son état très érodé : elle présente le Christ, un évêque et des motifs ornementaux celtiques. Sur une quatrième croix *(dans un champ à 90 m)* figure une crucifixion.

The Burren Centre★

♿ *Juin-sept. : visite guidée (30mn) 9h30-18h ; mars-mai et oct. : 10h-17h. 6 €.* ☎ *065 708 8030.*

Au cœur de Kilfenora, les excellentes présentations et le spectacle audiovisuel de ce centre fournissent une introduction idéale à l'histoire naturelle et humaine de cette région unique. Les dioramas fascinants montrent, entre autres, des chasseurs d'ours préhistoriques attaquant leur proie à la lance. Au nombre des maquettes explicatives, celle de Cahercommaun présente le seul fort circulaire du Burren entièrement mis au jour, travail mené à bien par une équipe d'archéologues de Harvard en 1934.

Emprunter la R 476 vers le nord-ouest.

Lisdoonvarna (Lios Dúin Bhearna)

L'unique **station thermale** d'Irlande s'est développée au 19e s. autour de trois sources. Aux Spa Wells, on sert l'eau de la source sulfureuse au verre ou à la bouteille. Le centre de cure propose bains et autres soins. Un crucifix du 17e s. est l'ornement le plus précieux de l'église catholique (1878) dédiée à Notre-Dame-de-Lourdes. Une foire aux célibataires attire les foules en fin d'été *(voir encadré ci-contre).*

Emprunter la N 67 vers le nord.

Des fiancées pour les célibataires

Tout le mois de sept., **Lisdoonvarna** est le théâtre du fameux Matchmaking Festival. Cette foire aux célibataires avait autrefois pour but de proposer des partenaires aux jeunes gens solitaires, exilés dans des fermes isolées au fin fond des campagnes. Pendant plusieurs semaines, la petite ville thermale s'emplit de hordes de joyeux lurons, plus attirés aujourd'hui par l'idée de boire des bons coups et de faire la fête que de trouver une épouse.

Corkscrew Hill

Depuis la colline du « tire-bouchon », entre Lisdoonvarna et Ballyvaughan, la N 67 divulgue un beau paysage sur les terrasses calcaires.

Newtown Castle

De mi-avr. à fin sept. : tlj sf w.-end. 10h-17h. Entrée libre au château. ✆ 065 707 7200. www.burrencollege.ie

L'escalier de pierre de cette très belle tour défensive du 16e s. monte en colimaçon vers une série d'expositions. Elles illustrent les récents travaux de restauration et montrent l'importance de la région au Moyen Âge dans le domaine des études juridiques. Sous le nouveau toit en forme de dôme, la galerie de la grande salle mène à un balcon, avec un panorama sur le Burren. Derrière la tour, une piste sur la colline conduit à différentes reconstitutions de sites naturels ou de bâtiments, par exemple un ancien four à chaux *(limekiln)* et une gloriette d'époque victorienne.

Emprunter la R 480 vers le sud-est.

Aillwee Cave★

Se garer sur le parking supérieur. ♿ Visite guidée (35mn) 10h-17h30 ; nov.-déc. sur RV. 12 €. ✆ 065 707 7036, 707 7067. www.aillweecave.ie

Le sous-sol du Burren est dangereux : le niveau imprévisible et fluctuant des eaux souterraines peut causer des effondrements, et de nombreux endroits sont interdits au public. Cette caverne, comme celle de Doolin, fait exception. Creusée d'une galerie unique d'un kilomètre sous le Burren, elle est formée de stalactites et de stalagmites, où coule une **cascade★** judicieusement éclairée. Au fond de la grande salle, baptisée « The Highway », un puits permet d'écouter, même en période de sécheresse, le murmure d'une rivière souterraine.

Tout proche de la caverne, le **centre pour les oiseaux de proie** du Burren a ouvert en 2008. On y admire et on s'approche des nombreux aigles, faucons ou chouettes provenant du monde entier. Les enfants apprécieront les informations et les jeux interactifs. Démonstration de vols et randonnées guidées sur rendez-vous avec un expert en fauconnerie.
Le **centre d'accueil**, bâti à l'imitation d'un fort en pierre pour s'intégrer à l'environnement, explique la formation de la grotte et sa découverte en 1940 par un bouvier des Burren.

Poulnabrone Portal Tomb★

Dans un site superbe de rochers, sur la route entre Aillwee et le château de Leamaneh *(R 480)* se dresse un dolmen. C'est la plus célèbre des nombreuses tombes mégalithiques des Burren.

Leamaneh Castle

Pour entrer, demander l'autorisation à la maison moderne, sur le côté gauche. Il ne reste que la carcasse de cette maison forte de style élizabéthain, avec ses fenêtres à meneaux. Conor O'Brien l'a bâtie avant de trouver la mort en 1651 dans la lutte contre Cromwell. Du haut de la **maison forte** voisine (15e s.), la **vue** est belle *(88 marches).*
Retourner vers le nord et reprendre la R 480 vers le sud-est ; emprunter à droite une route secondaire vers Carran.

Burren Perfumery

Juin-août : 9h-19h ; sept.-mai : 9h30-17h ; nov.-fév. sur demande. ✆ 065 708 9102.
Une extraordinaire variété de fleurs alpines et méditerranéennes s'épanouissent côte à côte dans ce paysage calcaire, à première vue inhospitalier. Elles inspirent la création de toute une gamme de parfums et savons, fabriqués suivant des méthodes traditionnelles de distillation et d'assemblage. Les plantes du jardin de simples servent à préparer des tisanes. Une présentation audiovisuelle (9mn) et des photographies permettent de se familiariser avec un grand nombre des espèces florales du Burren.
Prendre la N 67 à droite.

Corcomroe Abbey★

Les ruines de cette abbaye cistercienne fondée vers 1180 s'intègrent harmonieusement au paysage calcaire du Burren. Sans doute inspirés par la richesse de la flore environnante, les moines ont dédié leur abbaye à Sainte-Marie-de-la-Roche-Fertile. Le chœur et les chapelles du transept présentent des chapiteaux sculptés et de belles voûtes. C'est ici que **Yeats** situe sa pièce *The Dreaming of the Bones (Le Songe des os).* Sur le versant nord de la colline de Turlough (280 m) on trouve les ruines de trois églises du 12e s.
Vous pourrez pousser la balade par la N 67 vers l'est jusqu'au joli port de **Kinvarra** *(voir « Aux alentours d'Athenry »),* puis revenir vers l'ouest à Ballyvaughan.

Burren Centre

9h30-17h30. 5 €. ✆ 065 707 7277. www.burrenexposure.com
Ce centre de culture régionale occupe un emplacement superbe au-dessus du port de **Ballyvaughan.** Des présentations audiovisuelles y décrivent la géologie, la flore et l'histoire humaine qui ont composé ce paysage lunaire si exceptionnel du Burren.
Dans Ballyvaughan, prendre la R 477 vers l'ouest.

Route côtière★★

La route au sud de la pointe Noire *(Black Head)* découvre un étonnant point de vue sur d'énormes blocs de pierre, laissés à la fin de l'ère glaciaire sur le plateau calcaire dénudé. Par beau temps, on aperçoit au large les îles d'Aran, qui font partie de la même formation géologique.

Les plantes du Burren

Mai ou juin sont les mois les meilleurs pour admirer les quelque mille sortes de plantes à fleurs et fougères qui sont le trésor du Burren, mais toutes les saisons ont quelque chose à offrir. Plus on s'éloigne de la route, plus la récompense est belle. Les plantes les plus rares aiment les habitats extrêmes : les plus ensoleillés ou les plus ombragés, les plus secs ou les plus humides. Recherchez les fissures *(grikes)* ; peu profondes, elles laissent entrer la lumière ; mais elles le sont suffisamment pour que les plantes y trouvent un abri. Restez sur la roche nue ou les pentes herbeuses, évitez les champs cultivés.

À l'ouest de Lisdoonvarna, prendre la N 67, puis la R 478 vers le sud, puis la petite R 479 vers le sud-ouest pour rejoindre Doolin et longer la mer au plus près. Parcours spectaculaire entre la minéralité du Burren et les à-pics sur l'eau, où nombre de pêcheurs s'agrippent au rocher, tels des alpinistes.

Doolin

Ce village sans charme particulier, étiré en trois parties le long de la route, est un haut lieu de la bonne musique irlandaise. Une lignée de *fiddlers* (« violonistes ») au style particulier du comté de Clare, des pubs hospitaliers pour les rencontres entre artistes, un magasin fameux d'instruments et de disques finement sélectionnés *(Magnetic Music)* font de ce village du bout du monde un lieu très fréquenté. Quelle que soit la saison, on est sûr de bénéficier de belles joutes musicales chez *O'Connor's* ou chez *McDermott's*.

Doolin Cave

Sur une toute petite route secondaire, bien signalée, qui démarre vers l'est au milieu du village. Juin-sept. 10h-17h. Visites guidées seulement, limitées à 20 pers., réserv. utile. 15 € (enf. 8 €). ✆ 065 707 5761. www.doolincave.ie

Dans cette caverne, découverte en 1952 et ouverte au public en 2008, une stalactite s'est formée, goutte après goutte, pendant des centaines de milliers d'années ; elle mesure plus de 7 m. Visite spectaculaire à 30 m sous terre, avec l'omniprésence de l'eau qui s'écoule partout dans le calcaire.

Cliffs of Moher★★★

Le bord des falaises étant extrêmement dangereux et fragile, des plates-formes d'observation et des sentiers depuis le Visitor Centre jusqu'à leur sommet sont aménagés en toute sécurité et avec un respect admirable de l'environnement. Le site attire un grand nombre de cars de touristes. Accès libre au site. Parking en face : voiture 8 €, moto 2 €.

Hautes et sombres, les falaises de grès qui plongent à pic dans l'Atlantique forment un des sites naturels les plus spectaculaires d'Irlande (180 m ; près de 8 km de long). Une multitude d'oiseaux de mer s'y ébattent, se pressant sur les saillies ou tournoyant et plongeant au-dessus des vagues avec des cris assourdissants. On trouve ici la plus grande colonie de macareux du pays. Des télescopes permettent d'observer la nidification et le ballet incessant de ces oiseaux de mer. Construite en 1853 par Cornelius O'Brien, la **tour O'Brien** offre la meilleure vue. Le coucher du soleil, qui éclaire le moindre recoin des falaises et enflamme l'océan peut constituer, ici, un moment inoubliable.

Cliffs of Moher Visitor Experience★★ – *À l'entrée du site. ♿ 9h-20h30. Expo et animations « Atlantic Edge » (compter 45mn) : 4 € (enf. 2,50 €). ✆ 065 708 6141, rens. sur répondeur 087 656 6133. www.cliffsofmoher.* Ce centre d'information et de découverte est remarquable à tous égards. L'architecture, tout d'abord, qui réduit au minimum son impact visuel et ne dénature pas le site exceptionnel des falaises de Moher. À peine une fenêtre émerge-t-elle de l'herbe, la baie vitrée du restaurant, d'où la vue est époustouflante. Conçu aussi dans un esprit écologique, le centre recycle toutes ses eaux usées et fonctionne aux énergies solaire et géothermique. L'exposition et l'animation « Atlantic Edge » (« Aux confins de l'Atlantique ») guide le spectateur dans un parcours pédagogique et interactif d'informations sur les changements climatiques, les richesses menacées des océans, la chaîne alimentaire des créatures marines avec leurs prédateurs, l'histoire de l'homme et de son habitat.

Pédagogie, interactivité, jeux pour tous les âges. Clou du parcours, une reconstitution virtuelle des falaises de Moher qui fait voyager le spectateur, d'abord dans l'air, comme un goéland, puis sous la mer. Moments splendides pour toute la famille, et, en cas de mauvais temps ersatz à la hauteur.

Birchfield House

Les ruines de la vaste demeure édifiée par Cornelius O'Brien, député au Parlement pendant plus de vingt ans, sont dominées par une colonne dressée en son honneur en 1853.

De retour à Ennistimon repasser par Kilfernora pour descendre en beauté en direction de **Ennis** *(voir ce nom)* par la R 476. Vous pourrez effectuer un détour par le Burren National Park pour une balade à pied (il est signalé sur la gauche à Killinaboy ou à Corrofin). Terminez la découverte à Corrofin, par les visites des centre archéologique de Dysert O'dea et du Clare Heritage Centre *(voir « Aux alentours d'Ennis »)*.

Quiet Man Heritage Centre

De mi-mars à fin oct. : 10h-17h. Visite guidée. 5 €. ✆ 09495 46089.

L'intérieur est aménagé comme le cottage de *L'Homme tranquille*, le film qui a apporté un certain renom au village car il y fut tourné, bien que l'histoire originelle ne se déroule pas ici. Chaque année parmi d'autres réjouissances se tient un concours de sosies de John Wayne.

Ashford Castle

Entrée pour les piétons au sud de l'abbaye ; pour les véhicules, sur la R 346 à l'est de Cong. Parc et jardins 9h-18h. 5 €. ✆ 092 46003. www.ashford.ie. Promenade en bateau sur le Lough Corrib si le temps le permet à 11h, 14h45 (90mn). 20 € par pers. ✆ 09495 46003.

Au milieu du 19e s., la famille Guinness transforme le vieux château du 13e s., bâti par la famille Burgo *(voir Portumna)* dans un merveilleux site en bord de lac, en une vaste et somptueuse résidence de style féodal. Renommé Ashford Castle, c'est aujourd'hui un hôtel de luxe avec un parc ouvert au public, relié au bâtiment par un pont de pierre. Une terrasse domine les jardins à la française au nord, la tour Joyce se dresse parmi les arbres à l'est et la rivière, au nord-est, disparaît dans des grottes appelées Pigeon Hole.

Aux alentours

Ross Errilly Abbey★

16 km au sud-est de Cong par la R 346 et la R 344.

Sur la rive méridionale de la rivière Black, ce **monastère franciscain**, certes en ruine, reste quand même un des mieux préservés d'Irlande ; il offre un aperçu remarquablement complet du mode de vie monastique. Probablement fondée en 1351, l'abbaye a été considérablement agrandie en 1496 : à cette époque, les franciscains se sont donné pour mission de reprendre en charge une bonne part des activités de l'église officielle, oisive et corrompue. Après la Réforme, les moines continuent d'y résider jusqu'en 1753, avec quelques interruptions : en 1596, les Anglais utilisent le complexe comme caserne ; en 1656, le monastère est pillé par les troupes de Cromwell. Parmi ses bâtiments intéressants figurent ceux qui entourent le **cloître** *(entrée au pied de la tour)*, préservés en partie jusqu'au premier étage ; une seconde cour, dotée d'une poterne servant d'accès après la tombée de la nuit ; et les cuisines, avec leur grand **vivier** rond pour les poissons et un âtre gigantesque, adossé au grand four circulaire de la **boulangerie** attenante. On a une très belle **vue★** du sommet de la **tour centrale** (21,50 m), probablement ajoutée en 1498 *(escalier de bois en colimaçon, 76 marches étroites).*

Cong pratique

Voir aussi Galway.

Adresse utile

Abbey Street - ✆ 09495 46542 - mars-oct. : tlj sf dim.

Se loger

Michaeleen's Manor – *Quay Road - Southeast - à 1,5 km par la R 346 - ✆ 09495 46089 - 11 ch. 100 €.* Accueil agréable dans une maison sympathique aux chambres colorées, nommée d'après le héros du film *L'Homme tranquille.*

Se restaurer

John J Burkes – *✆ 09495 46175 - fermé 1re sem. de Noël - 25/35 €.* Au cœur du village, la jolie façade de ce pub cache bien les immenses volumes de l'intérieur. Le bar sert des plats simples au déjeuner ; la salle à manger propose une carte plus complète le soir. Concerts de musique traditionnelle le week-end.

Loisirs

Lough Corrib Cruises – *✆ 087 283 0799 - www.corribcruises.com - 11h, 14h45 (30mn pour l'île d'Inchagoil + 30mn sur l'île + 30mn pour rejoindre Cong ou Oughterard) et 18h (1h avec balades irlandaises).*

Tourism Ireland

Boyle Abbey (comté de Roscommon).

H. Krinitz / hemis.fr

Malin Head sur la route panoramique d'Inishowen.

O. Forir / MICHELIN

Corcomroe Abbey (le Burren).

Connemara★★★

COMTÉ DE GALWAY
CARTE MICHELIN N° 712 C7 – CARTE GÉNÉRALE RABAT I A2

Le plus grand « Gaeltacht » (zone où la langue irlandaise est encore parlée) d'Irlande est une belle région sauvage de montagnes, lacs, torrents tumultueux, tourbières vallonnées, promontoires cernés par l'océan, plages vierges et vastes perspectives. Beaucoup de panneaux routiers sont inscrits seulement en gaélique. La beauté et l'éloignement du Connemara, ainsi que la survivance du mode de vie traditionnel, y ont attiré de nombreux artisans, que l'on peut voir au travail dans leurs ateliers de tissage, tricot, impression sur toile, poterie, joaillerie et marqueterie de marbre vert de la région.

Se repérer – Perdu au cœur d'une avancée de la côte ouest au littoral déchiqueté, le Connemara est une région à l'habitat clairsemé. Ses étendues sauvages sont parcourues par la route de Galway à Clifden (N 59) et quelques voies secondaires au revêtement moins lisse, qu'on ne peut emprunter qu'à vitesse modérée.

À ne pas manquer – Sky Road, le petit port de Cleggan encore un peu épargné par les touristes et son embarcadère pour Inishbofin, Lough Corrib et ses rivages, Kylemore Abbey et ses jardins victoriens, Roundstone pour son port et son charme balnéaire, la descente vers le Joyce Country depuis Leenane.

Organiser son temps – Deux jours au minimum mais le Connemara mérite qu'on y reste une vraie semaine ou encore plus.

Avec les enfants – La découverte de l'histoire et de la nature au Dan O'Hara Heritage and History Centre; des balades dans le Connemara National Park, les jardins de Kylemore.

Pour poursuivre le voyage – Westport et la péninsule de Murrisk, Galway.

Comprendre

Le centre du Connemara est formé des **Twelve Bens**, aussi abusivement appelés **Twelve « Pins »** (« douze aiguilles »), à cause de l'homophonie. Ces douze monts, qui n'ont rien d'aiguilles, culminent au Benbaun (728 m). Ces sommets de quartzite gris résistants à l'érosion sont trop escarpés pour être couverts de tourbières. Drainés par des torrents, ils sont ceinturés par un chapelet de lacs où abonde la truite. Entre les monts et la côte sud s'étend une plaine criblée de lacs, la **tourbière du Connemara**. Par beau temps, chaque plan d'eau miroite au soleil; sous la pluie, le paysage tout entier devient aquatique.

L'éloignement, le sol ingrat et le climat rude expliquent que les habitants du Connemara ont choisi d'implanter leurs villages sur le littoral très découpé. Dans les années précédant la Grande Famine, ils étaient bien plus nombreux qu'aujourd'hui. Plus que toute autre région d'Irlande, le Connemara a résisté aux envahisseurs et à la colonisation. Pendant des siècles, le féroce clan O'Flaherty l'a dominé, jusqu'à ce que les partisans de Cromwell les supplantent et règnent avec brutalité à partir de leur fief d'Inishbofin. Pendant la Grande Famine, le Connemara souffre beaucoup et perd une majeure partie de ses 200 000 habitants. Mais une culture paysanne de langue irlandaise y survit, et exercera une grande fascination sur les promoteurs du renouveau gaélique et des nationalistes comme Patrick Pearse.

Par périodes, la région bénéficie de l'action d'individus entreprenants, déterminés à vaincre son sous-développement et son isolement, avec différents projets de développement. L'un d'entre eux est **John d'Arcy**, fils d'une vieille famille de Galway, installée en Irlande depuis le règne d'Elizabeth Ire. En 1815, il hérite des terres familiales dans

Un homme de poigne

Cette terre sauvage a vu naître un autre grand réformateur, **Richard Martin**, surnommé « Humanity Dick ». En effet, outre le fait qu'il était vénéré par ses fermiers pour ses combats en faveur de leurs droits et en dépit de son style de vie quasi féodal, Richard Martin fut aussi l'inventeur de la notion de protection des animaux et fondateur de la Royal Society for the Protection of Cruelty to Animals (RSPCA, ancêtre de toutes les sociétés SPA). Le château de **Ballynahinch**, sa résidence familiale avant qu'il ne connaisse la ruine, est aujourd'hui un hôtel, sur la rive nord du lac du même nom.

le Connemara. Il s'y installe et consacre le reste de sa vie au développement de la nouvelle ville portuaire de Clifden, quémandant sans cesse auprès de l'administration des subventions pour construire des routes reliant sa nouvelle ville à Galway et Westport. La route de Galway sera ouverte dans les années 1820. Son parcours rectiligne passe à travers une campagne inhabitée, entre les Twelve Bens et la grande tourbière : il faut loger les ouvriers sous tente et leur fournir le matériel de cuisine. La route aura plus de succès que le chemin de fer, achevé en 1895 mais fermé en 1935, seulement quarante ans plus tard.

Circuits de découverte

Bon à savoir – Les deux circuits décrits ci-dessous partent de Clifden, mais on peut aussi les suivre au départ de Cong ou de Galway *(voir ces noms)*, en reprenant les descriptions dans l'ordre inverse.

LE NORD DU CONNEMARA 1

Boucle de 96 km – une journée.

Clifden

Bien protégé au fond d'une anse marine très profonde, le petit port de Clifden conserve presque intact le triangle de vastes rues voulu à l'origine par John d'Arcy. Capitale non officielle du Connemara, il est bondé de touristes en saison, et particulièrement animé en août pendant le célèbre **Connemara Pony Show**. Seule race native d'Irlande, le poney du Connemara est moins haut qu'un cheval d'à peine cinq centimètres ; son caractère fidèle et gai en fait une monture très recherchée qui peut atteindre des prix très élevés. Le poney du Connemara est mis à l'honneur au **Station House Museum** par une foule d'objets qui s'y rapportent. Dans le hangar, des locomotives de cette ancienne gare très bien transformée, d'autres présentations expliquent l'histoire locale, avec notamment deux événements du début du 20e s. qui ont propulsé le Connemara à l'avant-garde des communications. Le premier est, en 1905, l'ouverture de la station de radio Marconi à Derryginlagh, juste à côté. Plus de 200 personnes travaillaient dans ce qui fut la toute première station commerciale de télécommunications ; des bâtiments aujourd'hui démolis. Le second est, en 1919, le premier vol transatlantique (le vol de Lindberg en 1921 fut le premier vol en solo), qui s'est achevé, triomphalement si ce n'est dignement, par un atterrissage raté d'Alcock et Brown dans la tourbière de Derryginlagh. ♿ *Mai-oct. : 10h-17h, dim. 12h-18h. 2 €.* ✆ *095 21494.*

À Clifden, prendre la route sur la falaise vers l'ouest.

Sky Road★★

Après le château de Clifden, ancienne résidence de John D'Arcy, une route étroite en forte pente gravit les falaises de la rive nord de la baie. L'autre rive est dominée par la masse arrondie de l'Errisbeg (alt. 300 m).

La route s'infléchit vers le nord-ouest et passe sur l'escarpement, découvrant une **vue**★★ magnifique sur la côte déchiquetée et les îles au large *(parking)*. Elle descend au fond de la baie de Kingstown, puis poursuit à l'intérieur des terres, longeant le rivage sud de la baie de Streamstown.

Au carrefour en T, prendre à gauche la N 59. Pour visiter l'île d'Inishbofin, faire un détour (6,5 km) à l'ouest par Cleggan.

Inishbofin

Bac au départ de Cleggan (voir « Connemara pratique »).

Des fermiers et des pêcheurs habitent actuellement cette « île de la vache blanche », où saint Colman de Lindisfarne a fondé au 7e s. un monastère. Le fort a été défendu par Grace O'Malley *(voir encadré p. 400)*, dont les ancêtres avaient pris l'île aux O'Flaherty au 14e s. Puis Cromwell s'en est emparé et a converti le fort en centre d'internement pour les prêtres catholiques. C'est une escale encore très tranquille.

Connemara National Park★ (Páirc Náisiúnta Chonamara)

2,5 km jusqu'au parking. ♿ *Visitor Centre - juil.-août : 9h30-18h30 ; de déb. mars à mi-oct. : 10h-17h30 (dernière entrée 45mn av. fermeture). Spectacle audiovisuel (15mn). Sentiers autoguidés. Visite guidée de sentiers de nature (juil.-août : 2-3h ; bottes et vêtements de pluie nécessaires). Activités pour jeunes visiteurs (juil.-août).* ✆ *095 41054/41006.*

Conçu pour protéger les plus beaux paysages de la chaîne des Twelve Bens, le parc (2 000 ha) comprend des landes de bruyère, des tourbières et des prairies avec quelques bosquets de chênes et de bouleaux. Les plantes alpines y côtoient des espèces méditerranéennes, mais aussi des plantes arctiques, sur les hauteurs. Dans le parc vivent le **cerf d'Europe**, originaire d'Irlande, et le connemara, seul poney natif du pays. Dans les bâtiments d'une ancienne ferme, le **centre d'accueil** fournit des informations sur les promenades guidées et les sentiers. Il présente un film et une excellente exposition sur les paysages du Connemara. Derrière s'élève Diamond Hill (« colline du Diamant »), point culminant avec une belle vue.

Continuer sur la N 59 vers le nord. À Letterfrack, tourner à gauche en direction de Rinvyle (ou Renwyle).

Péninsule de Rinvyle

À l'extrémité de la péninsule, dominée par Tully Mountain, s'élèvent les ruines du **château de Rinvyle (Currath)**, ancienne maison forte du clan O'Flaherty. Une belle **perspective** s'ouvre sur les Mweelrea (Muilrea) Mountains et, au large, sur les îles : Inishbofin *(à l'ouest)*, Inishturk et Clare *(au nord)*. Un hôtel occupe Renvyle House, jadis la demeure d'Oliver St John Gogarty, un chirurgien dublinois mondain et plein d'esprit devenu écrivain, qui adorait sa longue demeure du pays, ultime de l'ouest inexploré.

Revenir vers la N 59 et poursuivre vers l'est.

Kylemore Abbey★★

Visitor Centre et abbaye - 9h-18h. Fermé Vend. saint, Noël. Jardin clos - de mi-avr. à fin oct. : 10h-17h15. Fermé Vend. saint. Dernière navette au départ de l'accueil, pour le jardin victorien à 16h45. Abbaye et jardin 12 €. Promenade sur le lac. Spectacle audiovisuel en français. 095 41146. www.kylemoreabbey.com

L'irlandais *Coill Mhór*, « grand bois », renvoie à la forêt luxuriante qui peuple la rive nord du lac Pollacappul, au pied du mont Doughrough. Le château néogothique avec tours et créneaux, construit en 1860-1867 en granit de Dalkey, abrite aujourd'hui une communauté de religieuses bénédictines. Le **centre d'artisanat** propose tout un choix de **poteries de Kylemore** façonnées et décorées à la main.

La somptueuse résidence a été commandée pour Mitchell Henry (1826-1901) financier de Manchester et parlementaire qui y a donné de fastueuses réceptions jusqu'à la mort de son épouse Margaret Vaughan, en 1874. L'histoire du château et du couvent est évoquée avec film et photos dans trois pièces splendides. Une promenade *(10mn AR)* le long de la rive boisée passe plusieurs torrents impétueux et mène à l'**église néogothique** (1878) qui accueille offices œcuméniques et nombreux concerts.

Victorian Walled Garden★ – Enclos par de hauts murs de brique, ce magnifique jardin (2,5 ha) a été sauvé de l'abandon, et aura bientôt retrouvé son aspect d'origine grâce à la patience, au travail acharné des sœurs bénédictines et à de nombreux jardiniers passionnés, souvent bénévoles. Au 19e s., c'était l'un des plus admirés d'Irlande. Une rivière et une ceinture de beaux arbres le coupent en deux sections : jardin de fleurs, aux parterres géométriques méticuleusement recréés ; et potager, donnant une récolte généreuse sur des *lazy beds* modèles, mode de culture spécifique à l'Irlande *(voir p. 59)*. Ils sont aussi séparés par le *mixed border* le plus long d'Irlande. Décoratif, bien entendu, ce massif devait aussi protéger du regard les plantes potagères ou médicinales qu'il n'était pas de bon ton d'apercevoir pendant la promenade, à l'époque victorienne. La maison du chef jardinier mérite largement la visite. On y découvre à travers le raffinement de la demeure l'importance que revêtait cette fonction et combien elle était rétribuée. Des travaux sont en cours pour relever les serres spectaculaires. Les amateurs de plantes viennent ici de très loin et ne manqueront pas de garder le plan méticuleux offert, qui donne le nom de toutes les fleurs cultivées ici et leur emplacement. L'amour de la belle ouvrage à son sommet.

Poursuivre vers l'est sur la N 59.

À 6 km à l'est, vous pourrez prendre la R 344 vers la **Inagh Valley★**, pour admirer à l'aller, les Maumturks à l'est et, au retour, les Twelve Bens, puis le Lough Derryclare vers l'ouest. Un détour de moins de 30 km que vous ne regretterez pas sur une des plus belles routes du Connemara.

Killary Harbour★

Parking. Du parking en bord de mer un très beau panorama rayonne sur le fjord profond formé par la vallée noyée de l'Erriff *(voir p. 402)*.

Leenane Cultural Centre

Avr.-oct. : 9h-18h. 4 €. Spectacle audiovisuel (13mn). ✆ 095 42323, 42231. www.sheepandwoolcentre.com

Le **centre culturel de Leenane** présente le travail de la laine : cardage, filature, teinture au moyen de pigments naturels, tissage. La boutique vend des articles fabriqués à la main. À l'extérieur paissent des moutons de différentes races : certaines sont très anciennes.

Prendre la R 336 vers le sud. Au 8e kilomètre, emprunter à gauche une route de montagne étroite et raide.

Joyce Country★

Après l'invasion anglo-normande au 12e s., une famille galloise s'installe sur les terres situées entre les lacs Mask et Corrib, puis lègue son nom à la région. De belles perspectives s'étendent sur les lacs et la montagne.

Lough Nafooey★

À l'est de la ligne de partage des eaux, une superbe vue embrasse le lac, au pied du Maumtrasna (671 m). De la rive nord, on aperçoit la chute à l'extrémité ouest du lac.

Le capitaine Boycott

De sa maison sur le **Lough Mask** (sur la rive est du lac), le capitaine Charles Boycott administrait les terres de lord Erne avec une dureté qui le rendait fort impopulaire auprès de ses fermiers. En 1880, après qu'il a expulsé un certain nombre d'entre eux pour loyers impayés, la Ligue agraire *(Land League)* de Parnell fait de lui la première victime du procédé auquel il va laisser son nom : tout le monde s'emploie à éviter le capitaine maudit et sa famille ; personne ne leur adresse la parole ; les commerçants refusent de les servir. Boycott doit faire travailler la terre par un groupe d'hommes de l'Ulster, protégés par la troupe. Cette situation insupportable le contraint finalement à fuir en Angleterre. C'est ainsi que Boycott a gagné l'immortalité dans le dictionnaire.

Lough Mask

Du pont de Ferry se révèle toute l'étendue du lac, qui s'étire du pied des Partry Mountains à l'ouest jusqu'aux plaines de Mayo.

Au carrefour en T, prendre à gauche jusqu'à Cloburn, où l'on tourne à droite dans la R 345.

Lough Corrib★★★

De la rive boisée, la **vue** embrasse le lac et sa multitude d'îles. Avec 48 km de long, c'est le second d'Irlande. Dans le bras nord-ouest de ce beau plan d'eau, une île porte les ruines du **château de Hen**, forteresse des O'Flaherty. **Grace O'Malley** *(voir Westport)* l'a défendue en 1570, quand les Joyce, après avoir assassiné son mari Donal O'Flaherty, ont tenté de s'en emparer. Elle devra aussi lutter contre les troupes anglaises venues de Galway. Elle les repousse en les arrosant de plomb récupéré sur les toitures et fondu et, pour prévenir les secours, envoie par le souterrain qui relie le château à la rive nord un homme allumer un feu sur la colline Doon Hill.

Au carrefour en T, prendre à gauche la R 336 et rouler jusqu'à Maam Cross, où l'on prend à droite la N 59.

Galway – Clifden Road

Maam Cross *(An Teach Dóite)* et **Recess** *(Sraith Salach)* sont deux villages très fréquentés par les pêcheurs. Au-delà de Recess, on découvre les nombreuses îles du Derryclare Lough. Plus au nord, le **Lough Inagh** *(aires de pique-nique)* occupe une vallée glaciaire entre les Maumturk Mountains, à l'est, et deux des Twelve Bens, Bencorr et Derryclare, à l'ouest. La tourbière est parsemée de piles de tourbe et de moutons.

Dan O'Hara Heritage and History Centre

5 km à l'est de Clifden sur la N 59, à Lettershea. Avr.-oct. : 10h-18h ou sur RV. Spectacle audiovisuel. 7,50 €. ✆ 095 21246 ou 21808. www.connemaraheritage.com

Étendu sur plusieurs hectares à flanc de colline, ce centre et son domaine présentent l'histoire et les paysages du Connemara avec une petite exposition, un film, des reconstitutions d'un *crannog* sur son lac, d'un fort circulaire et d'un oratoire, ainsi que des démonstrations de découpage de tourbe. Là-haut dans la colline, un authentique complexe d'habitation reconstruit pourrait avoir été la résidence de Dan O'Hara, un émigrant de l'époque de la Grande Famine devenu depuis un personnage de légende et de chansons.

Les enfants adorent la grimpette dans la colline à bord d'un petit train tiré par un tracteur.

LE SUD DU CONNEMARA 2

Circuit de 121 km – une journée.

Clifden *(voir plus haut)*

Quitter Clifden par la R 341 au sud.

Owenglin Cascade

À la limite sud de la ville, la rivière Owenglin tombe en cascade dans la baie d'Ardbear.

Rouler environ 3 km sur la R 341 en direction du sud.

Sur une colline au nord-ouest, **Alcock and Brown Monument** commémore le premier vol transatlantique sans escale réalisé par Alcock et Brown le 15 juin 1919. Les deux aviateurs ont atterri sur la tourbière de Derryginlagh en fracassant leur appareil.

Poursuivre vers le sud sur R 341.

Errisbeg

Cet affleurement de roche volcanique culmine à 300 m entre deux superbes plages de sable blanc.

Roundstone★ (Cloch na Rón)

Aujourd'hui une petite station pleine de charme, le port de Roundstone a été créé en suivant les plans d'**Alexander Nimmo** *(voir encadré)*. L'ingénieur a incité ses compatriotes, des pêcheurs d'Écosse, à s'y établir. À la périphérie sud est installé l'un des **villages d'artisans** conçu par le ministère du Développement industriel. L'atelier de Malachy Kearns notamment est réputé pour ses *bodhrán*, tambours en peau de chèvre qui accompagnent la musique traditionnelle.

À Toombeola, prendre à droite la R 342.

Cashel★

Cet agréable petit bourg, qui attire pêcheurs et chasseurs, est blotti au pied d'une colline dominant la baie de Bertraghboy.

Prendre à droite la R 340.

Péninsule de Carna

Un chapelet de villages ponctue le rivage, face auquel s'étend l'**île St-MacDara**, où le saint du 6e s. a fondé un monastère. Quand ils passaient devant l'île, les bateaux des pêcheurs montraient leur vénération à **saint MacDara** en abaissant les voiles. On rejoint l'île par bateau à partir de **Carna**, village de la pêche au homard. Le jour de la fête du saint (16 juillet) se déroule un *pattern* ou pardon : habitants et visiteurs embarquent à Carna pour l'île St-MacDara, où une messe est célébrée. Ensuite ont lieu des courses de bateaux et des festivités.

Sur la côte est, **Kilkieran** *(Cill Chiaráin)* offre une belle vue d'ensemble sur les îles et les péninsules qui émaillent la baie.

À 11 km au nord de Kilkieran, tourner à droite (panneau) en direction du cottage de Patrick Pearse.

Alexander Nimmo (1783-1832)

L'Écossais Alexander Nimmo vient en 1809 en Irlande pour aider à prospecter le potentiel économique des tourbières. Heureusement pour la beauté naturelle de la région, son projet sophistiqué de transformer les tourbières en terres agricoles fertiles, au moyen d'un réseau complexe de canaux, n'est jamais réalisé. En 1822, il est nommé ingénieur du district ouest. La région lui doit surtout son réseau routier, et plusieurs ports et appontements. Pendant la construction de la route de Galway à Clifden, Nimmo séjournait à Corrib Lodge, à Maam Cross. Une plaque à la mémoire de ce grand bâtisseur se remarque en haut du port de Roundstone.

Patrick Pearse's Cottage

Parking. ♿ De juin à mi-sept. : 9h30-18h30 ; w.-end de Pâques : 10h-17h ; de mi-sept. à fin sept. : w.-end 10h-18h (dernière entrée 45mn av. fermeture). 1,60 €. ✆ 091 574 292.

Grand acteur de l'Indépendance, **Patrick Pearse** avait fait construire cette chaumière sur le lac Aroolagh, à l'abri d'un affleurement rocheux. Il y passait ses vacances tout en étudiant la langue irlandaise.

Revenir à la R 340 et la reprendre vers l'est. À la jonction en T, prendre à gauche la R 386, puis encore à gauche la N 59 à Maam Cross pour revenir à Clifden. Ou bien prendre à droite la R 386, pour suivre la route côtière vers Galway (voir ce nom).

Connemara pratique

Adresse utile

À CLIFDEN

Route de Galway - ✆ 095 21163 - www.irelandwest.ie - mars-sept. : tlj sf dim.

Voir aussi Galway et Cong.

Transports

BUS

Entre Galway et Clifden – La compagnie privée **Michael Nee** *(✆ 095 34682 - www.michaelneecoaches.com)* et la compagnie national **Bus Eireann** *(✆ 091 562 000 - www.buseireann.ie)* assurent des liaisons quotidiennes.

BACS

Entre Cleggan et l'île d'Inishbofin – *✆ 095 44642/21520 - si le temps le permet, avr.-oct. : dép. Cleggan 11h30, 18h45 (et juil.-août : 10h, 14h, 17h45), dép. Inishbofin 9h, 17h (et juil.-août : 10h45, 13h, 18h15) ; hiver : mar., vend.-dim., horaires par téléphone.*

Pour l'île St MacDara – *✆ 095 32758 (Matt Corbett).* Pas de traversées régulières, transport par les pêcheurs (si le temps le permet) pour la fête du 16 juillet et autres jours.

Se loger

À CLIFDEN

Ben View House – *Bridge Street - ✆ 095 21256 - benviewhouse@ireland.com - 10 ch. 80/100 €* . Au cœur de Clifden, la maison pleine de charme et de ravissante argenterie en décoration, est tenue par la famille Morris depuis cinq générations. L'accueil est à la hauteur du décor raffiné, et les chambres modernes. On prend le petit-déjeuner sur une table nappée de blanc, dressée à l'ancienne.

Dan O'Hara – *Lettershea - ✆ 095 21246 - 10 ch. 60/90 €* . Nora et Martin Walsh proposent leurs chambres très confortables et accessibles aux handicapés, même à l'étage. Internet est disponible dans le salon de détente. Une adresse précieuse pour des séjours en famille, car le cadre champêtre s'y prête.

The Quay House – *Beach Road - ✆ 095 21369 - fax 095 21608 - thequay@iol.ie - de mi-mars à fin oct. - 14 ch. 140/180 € - déj. 28 €.* L'ancienne maison du capitaine du port, bâtie en 1820, a servi de monastère et de couvent. Remarquablement restaurée, cette maison de ville arbore un style personnel et original dans une ambiance détendue.

Dolphin Beach Country House – *Lower Sky Road - 5,5 km à l'ouest par Sky Road - ✆ 095 21204 - fax 095 22935 - dolphinbeach@iolfree.ie - de mi-mars à mi-nov. - 8 ch. 140/180 € - repas possibles sur demande 40 €.* Le cachet de cette ferme modernisée vient de sa situation très isolée, dans un site dominant la baie. Il suffit de traverser le jardin pour regagner une plage de sable. Le sol des chambres raffinées est en parquet. À table, produits de la région.

À CURRAGH

Olde Castle House – *Se repérer grâce au château, à 4 km de Renvyle, le long de la baie - ✆ 095 4360 - 5 ch. 50/100 € - dîner possible 10 €.* Tout seul face à la mer, à l'ombre d'un château en ruine, ce lieu aux jolies chambres cosy, semble conçu pour les véritables amoureux de la nature.

À BALLYNAHINCH

Ballynahinch Castle – *✆ 095 31006 - fax 095 31085 - bhinch@iol.ie - fermé fév., 1 sem. à Noël - 37 ch. et 3 suites 210/410 € - rest. 55 €.* Le vaste domaine de 140 ha qui entoure le château offre de nombreuses promenades, avec des vues superbes. Les amateurs de pêche apprécieront l'abondance des truites et des saumons. Feux de bois, salons de lecture paisibles, repas plantureux et lits confortables attendent les visiteurs.

Se restaurer

À ROUNDSTONE

O'Dowds – *Sur le port - ✆ 095 35923 - 20 €.* Optez pour le bar rustique et l'occasion de bavarder avec les gens du cru, ou le restaurant attenant, qui est connu pour ses produits de la mer. Fréquenté en week-end pour les déjeuners familiaux.

À LETTERFRACK

Pangur Ban – *✆ 095 41243.* On trouve dans cette jolie chaumière au cœur du village, des repas simples et délicieux.

À CLIFDEN

Mitchell's – *Market Street - ✆ 095 21867 - 25 €.* Les plats traditionnels sont bien préparés et le cadre chaleureux.

The central – *Main Street - ✆ 095 21430 - 25 €.* Ce pub au cœur de bourg propose des plats locaux généreux et préparés avec soin. Encore ignoré des touristes, il rassemble les habitués qui poussent la chansonnette à la moindre occasion.

Achats

Roundstone – Village d'artisans IDA et boutique Roundstone Music pour son maître fabricant de *bodhrans*.

Kylemore Abbey – Boutique d'artisanat.

Leenane Cultural Centre – Pour les lainages *(voir p. 342)*.

Sports et loisirs

Croisières – Au départ de Letterfrack, croisières de découverte de la faune marine et pêche à la ligne.

Plages – À l'ouest du port, sur le rivage nord de la baie de Clifden, s'étire une longue plage de sable. Et les côtes découpées offrent, selon la marée, mille petites grèves où profiter de la mer.

Plongée sous-marine – *Scubadive West - Renvyle - ✆ 095 43922 - 10h et 14h.*

Randonnée – Les randonneurs qui partent à l'assaut des collines doivent bien s'équiper (carte et boussole, chaussures imperméables et solides, vêtements chauds, provisions) et informer de préférence le **National Park Visitor Centre** de leur itinéraire et de l'heure de leur retour. Ne jamais partir seul.

Au départ de Recess, une randonnée guidée *(1er dim. août)* monte vers le nord-est dans la vallée de l'Owentooe, au sud-est de Maumeen Peak, traverse le **Pass of the Birds** (« col des Oiseaux »), passe devant St Patrick's Bed et Holy Well, redescend dans les vallées de Fallmore et de la Joyce.

La remarquable brochure, *Sli Chonamara,* très bien conçue, propose 9 randonnées de 2 heures à 4 jours avec tous les détails nécessaires. Demandez-la à l'office de tourisme.

PÊCHE

Pêche en mer – *Blue Water Fishing - Clifden - ✆ 095 21073.* Pêche au thon, au requin au départ de Clifden ou Cleggan.

Également à Letterfrack et au Roundstone Sea Angling Centre.

Pêche en eau douce – Dans les lacs Lough Corrib, Lough Mask, Lough Nafooey, la rivière Joyce, à Maam Cross et à Recess.

Agenda

Connemara Pony Show – Tous les ans en août à Clifden, il met à l'honneur les célèbres poneys dans une formidable ambiance.

Donegal

147 264 HABITANTS – COMTÉ DE DONEGAL
CARTE MICHELIN N° 712 H4 – CARTE GÉNÉRALE RABAT I B2

Autour du Diamond (« le Diamant »), sa jolie place du marché, Donegal déploie son bourg attrayant et animé, sur l'embouchure de l'Eske. C'est une bonne base pour partir à la découverte des vallons et des montagnes au nord, pour se rendre sur le littoral spectaculaire de l'ouest ou gagner les stations balnéaires de la baie au sud. Contrairement aux apparences, Donegal n'est pas le chef-lieu de ce comté superbe qui demeure authentique en raison de sa situation bien particulière : à la fois loin de Dublin, capitale de la République, et niché derrière l'Irlande du Nord.

- **Se repérer** – Ville du comté le plus au nord-ouest de l'Irlande, sur le versant sud des Blue Stack Mountains, Donegal se blottit au fond de sa baie. Il se trouve sur la N 15, entre Sligo et Strabane, à la frontière avec l'Irlande du Nord.
- **À ne pas manquer** – Donegal Castle, une flânerie autour du Diamond.
- **Organiser son temps** – Compter une demi-journée pour la visite.
- **Avec les enfants** – Une belle balade sur l'immense plage de Rossnowlagh ou des jeux d'eau au Centre Waterworld *(voir « Donegal pratique »)* ; le petit train de Donegal Railway Heritage Centre.
- **Pour poursuivre le voyage –** Voir aussi côte du Donegal, Donegal Glens, Sligo, et, en Irlande du Nord, Enniskilen et le Lower Lough Erne.

Comprendre

Fondé par les Vikings, Donegal (*Dún na nGall*, « le fort des étrangers ») sert pendant quatre siècles de forteresse au clan O'Donnell. Après la fuite du comte de Tyrconnell (1607), la couronne d'Angleterre octroie la ville en 1610 à sir Basil Brooke. Il reconstruit le château O'Donnell à son idée, et aménage une ville nouvelle de la Plantation (colonisation anglo-normande) autour d'une place triangulaire, **The Diamond**. Au cours de la rébellion de 1641, les Irlandais l'assaillent en vain.

Pendant la guerre des Deux-Rois *(voir encadré p. 166)*, Donegal est incendiée par les jacobites du duc de Berwick ; mais le château est épargné. En 1798, deux vaisseaux français viennent en renfort au général Humbert *(voir p. 406)* et mouillent dans la baie. Apprenant la défaite du général, ils coupent précipitamment les câbles des ancres. L'ancre abandonnée par *La Romaine* trône aujourd'hui sur le quai de Donegal.

Les Quatre Maîtres

Les Quatre Maîtres étaient Michael O'Cleary, un moine franciscain de l'abbaye, et trois érudits laïques. Au 17e s., réfugiés dans un monastère au sud de Bundoran, ils rédigent la compilation historique les *Annales du royaume d'Irlande*, connues sous le nom d'Annales des Quatre Maîtres. L'obélisque érigé en 1967 sur le **Diamond** honore leur mémoire, comme le nom de l'église catholique de 1935 en granit rouge, de style roman irlandais.

Visiter

Donegal Castle★

The Diamond. ♿ De mi-mars à fin oct. : 10h-18h, dim. 14h-18h (dernière entrée 17h15) ; 1er nov. à mi-mars : tlj sf mar. et merc. 9h30-16h30. Fermé 25-26 déc. 3,70 €. Visite guidée (30mn) ttes les heures. ☎ 07497 22405.

Le château domine la ville d'une butte sur la rive sud de l'Eske. Il a été en grande partie détruit en 1604 par Hugh Roe O'Donnell, pour éviter qu'il ne tombe entre les mains des Anglais. Mais ses vestiges ont été incorporés à la splendide demeure à cinq pignons, de style Jacques Ier, édifiée dans la cour par sir Basil Brooke, qui a aussi fait bâtir le corps de garde. Au-dessus de l'entrée de la tour d'origine, une grande fenêtre à meneaux a été percée pour éclairer la vaste salle de l'étage, où le blason sculpté de la famille Brooke orne la cheminée de pierre.

Les pièces, meublées dans le style des années 1650, illustrent l'histoire des familles O'Donnell et Brooke.

O. Forir / MICHELIN

Sky Road dans le Connemara.

H. Stadler / Corbis

Les rives de Lough Corrib.

Photobank / Sunset

La baie de Roundstone (Connemara).

Donegal Railway Heritage Centre

Juin-sept. : 10h-17h, sam. 12h-17h, dim. 14h- 17h30 ; oct.-mai : 10h-17h, w.-end sur demande. 3,50 € (enf. 2 €, famille 10 €). ✆ 07497 22655. www.cdrrl.com

Dans l'ancienne gare, une exposition retrace l'histoire du chemin de fer à voie étroite du comté de Donegal. Il faisait autrefois partie du paysage, et les habitants y étaient très attachés. Depuis 1900, jusqu'à sa fermeture en 1959, ses trains à vapeur, puis plus tard diesel, transportaient fermiers, pêcheurs, chalands et écoliers, avec les produits du marché, de Derry et Strabane jusqu'à la côte Atlantique. Photographies, films récents, panneaux d'horaires, maquette (1940) d'un tronçon de voie retracent son histoire. Les wagons restaurés complètent l'exposition. Un minitrain occupe les tout-petits.

Donegal Friary

Sur la rive sud de l'estuaire qui domine la baie se dressent les ruines d'un **prieuré franciscain**. Fondé en 1474 par Hugh O'Donnell « le Rouge » et son épouse Nuala, il devient un centre d'enseignement réputé. En 1601, les bâtiments sont très endommagés par une explosion, lorsque les Anglais, qui occupent l'abbaye, ont la témérité d'en faire une poudrière. Le sanctuaire servira toujours pour les offices anglicans jusqu'à la construction, en 1828, de l'église actuelle, à côté du château.

Circuit de découverte

SUD DU DONEGAL

Circuit de 36 km – une demi-journée. À partir de Donegal, prendre la N 15 vers le sud. À 6,5 km, tourner à droite dans Ballintra pour prendre la R 231 jusqu'à Rossnowlagh.

Rossnowlagh Strand★★

Un petit village et un grand hôtel donnent sur un immense croissant de sable (4 km), plage idéale pour la baignade, le surf et galoper à cheval. Au nord-ouest, le Slieve League s'élève de l'autre côté de la baie.

Poursuivre vers le sud par la R 231.

Abbaye d'Assaroe

À la fin du 12e s., des **moines cisterciens** de l'abbaye de Boyle viennent s'établir à proximité de Ballyshannon. À **Water Wheels**, l'histoire du monastère fait l'objet d'une présentation audiovisuelle dans l'ancien moulin à eau restauré.

Ballyshannon

Sur un terrain en forte pente, la ville contrôle un important passage sur l'**Erne**, près de son estuaire. En 1597, Hugh O'Donnell y inflige une défaite aux Anglais de Conyers Clifford. Ballyshannon est élevée en 1613 au rang de commune par charte royale. Elle est aujourd'hui plus connue pour son festival de danse et de musique traditionnelle très apprécié *(voir « Donegal pratique »)*.

C'est la ville natale du poète William Allingham (1824-1889), né sur le Mall et enterré au sommet de la colline dans le cimetière de l'église Ste-Anne, et du président Conolly *(voir encadré p. 146)*, fils d'un cafetier local.

Poursuivre vers le sud-est par la N 15.

Bundoran (Bun Dobhráin)

Attirant des foules de vacanciers d'Irlande du Nord, c'est une des stations balnéaires les plus populaires du pays. Elle offre une jolie vue sur le Slieve League, au nord de l'autre côté de la baie. Au sud s'élève la masse du Benbulben, au nord de Sligo. À l'extrémité nord de la station, la mer a façonné les rochers en formes étranges. Sur les falaises qui dominent la ville s'étend un terrain de golf.

Donegal pratique

Adresses utiles

Quay Street - ✆ 07497 21148 - www. irelandnorthwest.ie - juil.-août : tlj ; juin et sept. : tlj sf dim.

À BUNDORAN

Main Street - ✆ 07198 41350 - www. discoverbundoran.com - juil.-août : tlj ; juin et sept. : tlj sf dim.

Transport

Aéroport de Donegal – *À Carrickfinn - Kincasslagh - au nord-ouest du comté (à 15mn de Dungloe et Gweedore, et 45mn de Letterkenny) - ✆ 07495 48284 - www. donegalairport.ie.* Service de taxi ou de bus pour rejoindre la ville.

Visite

Le **Waterbus** propose de découvrir une vingtaine de sites dans la baie de Donegal. *Dép. de Donegal Harbour (70mn) - ✆/fax 07497 23666.*

Se loger

À BALLYSHANNON

Cavangarden House – *Route de Donegal - à 4 km en direction de Donegal - ✆ 07198 51365 - www.cavangardenhouse. com - 6 ch. 65 €.* On trouve le calme absolu dans cette belle ferme ancienne à l'écart de la route. On peut dîner si on le demande à l'avance.

Island View House – *Ballyshannon Road - 1,2 km au sud-ouest sur la N 15 - ✆ 07497 22411 - fermé 25-26 déc. - 4 ch. 70 €.* Dans cette pension moderne mais de style traditionnel, avec vue sur la campagne et le lac, l'accent est mis sur la simplicité pour offrir un bon rapport qualité-prix. Les propriétaires pratiquent l'authentique hospitalité irlandaise.

À LOUGH ESKE

Ardeevin – *Barnesmore - 9 km au nord-est par la N 15 en suivant les panneaux de Lough Eske Drive - ✆ 07497 21790 - seanmcginty@eircom.net - de mi-mars à fin nov. - 5 ch. 65/70 €.* Ici, la tranquillité est assurée ainsi que la vue splendide sur le Lough Eske. La maison est agréablement meublée d'objets anciens. Et le petit-déjeuner irlandais est idéal pour le randonneur.

À BUNDORAN

Fitzgerald's – *Sur le front de mer - ✆ 07198 41336 - info@fitzgeraldshotel. com - 16 ch. 105/145 € - rest. 27/38 €.* Ce petit hôtel familial donne sur la baie. Les profonds canapés et le feu dans la cheminée à l'entrée accueillent le visiteur.

Se restaurer

The Olde Castle Bar – *À coté du château - ✆ 07497 21062 - 25 €.*Dans ce pub ancien, très chaleureux, on déjeune et dîne bien.

À LOUGH ESKE

The Restaurant at Harvey's Point – *7,5 km vers le nord-est par la T 27 - ✆ 07497 22208 - 30/55 €.* Ce restaurant immense bénéficie d'une vue merveilleuse au bord du lac et sert des plats soignés à base de produits locaux, autant qu'une belle cuisine internationale.

Achats

Tweed du Donegal – On fabrique encore sur métiers à tisser manuels et on vend sur place ce célèbre tweed chez *Magee of Donegal (The Diamond - tlj sf dim. 9h45-18h (juil.-août 21h). Démonstrations sur demande : ✆ 07497 22660.* Une bonne adresse pour le tailleur impeccablement coupé qui durera toute la vie.

Village d'artisans – À la limite sud de la ville de Donegal.

Donegal Parian China – *À Ballyshannon - juin-sept. : tlj sf dim. 9h-17h - ✆ 07497 51826 - www.donegalchina.ie.* Pour les amateurs de céramique.

Sports et loisirs

Marche – Drumcliffe Walk suggère une agréable promenade en sous-bois à partir du pont de Donegal qui longe vers l'aval la rive nord de l'Eske dominant l'estuaire.

Plages – Rossnowlagh Strand est idéale pour la baignade, le surf et galoper à cheval. Bundoran a aussi une plage, qui peut être dangereuse, mais en remontant ou en descendant la côte, on trouve des plages de sable pour la baignade.

Centre Waterworld – *À Bundoran - juin-août et sem. de Pâques : 10h-19h ; avr.-mai et sept. : w.-end. 7 € (hammam et sauna compris). ✆ 07198 41172. www.waterworldbundoran.com.* Ce centre propose des activités nautiques d'intérieur : vagues artificielles, volcan aquatique, toboggans géants, rapides, mais aussi des soins de thalassothérapie.

Golf – Les apprentis golfeurs sont les bienvenus sur les terrains de Killybegs, Ballyshannon, Donegal et Bundoran.

Agenda

Ballyshannon Folk and Traditional Music Festival – *www. ballyshannonfolkfestival.com.* Début août : concerts de musique irlandaise sous des auvents et en plein air ; concours de musiciens de rue ; ateliers.

Pan Celtic International Festival – À Donegal, en août, jeux interceltiques mettant l'accent sur la voile, l'aviron, le kayak et le surf.

Côte du Donegal★★

Donegal Coast

COMTÉ DU DONEGAL
CARTE MICHELIN N° 712 F/H 1-3 – CARTE GÉNÉRALE RABAT I B1-2

Prenant de plein fouet les tempêtes hivernales de l'Atlantique, ce littoral isolé et rude, suite d'anses profondes, de falaises déchiquetées et de plages de sable, a pour toile de fond de spectaculaires montagnes couvertes de tourbières. Ses paysages vierges ont été peu touchés par le développement moderne. Sur la côte nord, le sol est divisé en champs par des murs de grosses pierres rondes et émaillé de minuscules maisons blanches, chacune avec sa pile de tourbe. Leurs toits de chaume sont évidemment solidement arrimés pour résister aux furieuses bourrasques.

- **Se repérer** – Les routes qui suivent la côte du Donegal sont étroites et sinueuses. La progression est lente, mais les panoramas valent mille fois la patience.
- **À ne pas manquer** – Les falaises de Bunglass, la vallée glaciaire perdue de Glengess Pass, la route de Horn Head, Doe Castle pour son emplacement inouï. Et le tweed d'Ardara qui a du caractère.
- **Organiser son temps** – Au moins deux ou trois jours pour apprécier les beautés de cette côte époustouflante, sauvage et encore préservée.
- **Avec les enfants** – Glencolmcille Folk Village et ses activités.
- **Pour poursuivre le voyage** – Voir aussi Donegal, Donegal Glens.

Circuits de découverte

Bon à savoir – Cet itinéraire au départ de Donegal *(voir ce nom)* permet de rejoindre Letterkenny *(voir Donegal Glens)*, nous vous proposons trois étapes pour profiter pleinement de la région.

DE DONEGAL À NARAN

Circuit de 113 km – une journée. Quitter Donegal par la N 56 vers l'ouest. À Dunkineely et la bifurcation vers St John's Point, tourner à gauche et se garer au-delà de l'ancienne voie ferrée.

Killaghtee Cross

Dans le cimetière de l'église de Killaghtee (12e s.), aux ruines couvertes de lierre, se dresse une **stèle en forme de croix**, du 7e s.

Revenir à la N 56, poursuivre vers l'ouest. À 5 km, prendre à gauche.

Killybegs

Sur une butte escarpée, là où la Strager débouche dans une anse profonde, ce petit port de mer est l'un des tout premiers d'Irlande pour la pêche. Il s'anime surtout en fin de journée, quand les bateaux de différentes nationalités débarquent leurs prises. Killybegs doit aussi sa renommée aux épais tapis fabriqués ici à la main depuis le milieu du 19e s. Dans l'église Ste-Catherine *(à droite en haut de la butte ; parking)*, bâtie vers 1840 par J. B. Papworth, se trouve la **pierre tombale** *(à gauche)* de Niall Mor MacSweeney. Alliés des O'Neill, les MacSweeney sont venus à l'origine en Irlande comme mercenaires *(gallowglasses)*. On reconnaît sur la pierre, la silhouette de plusieurs de ces hardis Écossais.

Continuer vers l'ouest par la R 263. À 5 km, tourner à gauche et suivre la route côtière.

Kilcar (Cill Cárthaigh)

Ce gros bourg, fondé dans un étroit goulet à l'embouchure de deux rivières et environné de nombreuses plages de sable, est un centre de production du tweed du Donegal. On peut assister au tissage des lainages avant de les acheter.

Continuer vers l'ouest. À Carrick, tourner à gauche vers Teelin (Teileann) et emprunter la deuxième route à droite, en pente et étroite (aires de croisement).

Cliffs of Bunglass★★★

La route mène à l'un des paysages les plus spectaculaires d'Irlande, une perspective impressionnante d'océan, de montagne et de **falaises** parmi les plus hautes d'Europe. Les falaises de Bunglass s'élèvent à 300 m au-dessus des vagues. Elles font face au versant sud du **Slieve League** (600 m) qui plonge directement dans l'eau. Si en hiver les falaises apparaissent sombres et menaçantes, par beau temps toutes les nuances contrastées de la roche apparaissent sous les rayons du soleil.

Revenir à Carrick et tourner à gauche dans la R 263. Après environ 3 km, prendre à gauche vers Malin Beg (Málainn Bhig).

Glenmalin Court Cairn

Se garer sur la route. Franchir la clôture au passage prévu et suivre le sentier goudronné (5mn AR). Dans une prairie marécageuse près d'un petit ruisseau se trouvent les importants vestiges d'une tombe à cour *(voir p. 72)*, qu'on a appelée Cloghanmore (« la grosse pierre »).

Poursuivre jusqu'au carrefour et tourner à gauche pour longer la côte.

Plage de Trabane★

Escalier abrupt. La baie de sable et bien abritée fait face, au sud, au mont Benbulben, de l'autre côté de la baie de Donegal *(voir Sligo).*

Revenir au carrefour et continuer tout droit vers Glencolumbkille.

Glencolmcille Folk Village★★

♿ *Avr.-sept. : visite guidée (20mn) 10h (dim. 12h)-18h, ttes les 30mn. 3,50 €. ✆ 07497 30017. www.glenfolkvillage.com*

Le village traditionnel est une des nombreuses initiatives entreprises par le très respecté père James McDyer, décédé en 1987. Très concerné par les difficultés de ses paroissiens dans cette région éloignée et pauvre, ce prêtre réussit à faire installer l'électricité, à améliorer les routes, et à lancer de nombreux projets coopératifs. Les trois chaumières du village traditionnel ont été aménagées pour illustrer les modes de vie des années 1720, 1820 et 1920 avec toutes sortes d'objets : ustensiles ménagers, métiers à filer et à tisser, matériel de laiterie, bêches à tourbe, attirail de pêche. L'histoire locale est évoquée dans l'école. On peut goûter et acheter les produits locaux au **Shebeen**, reconstitution d'un pub clandestin.

Assez banal, le village de **Glencolumbkille** *(Gleann Cholm Cille)* est en retrait des plages de sable, gardées sur Glen Head (227 m) par une tour Martello. Dans cette vallée retirée et rude, saint Columba (*Colmcille* en irlandais, *voir encadré p. 359*) s'est construit un ermitage pour se consacrer à la prière. Le 9 juin, jour de sa fête, les pèlerins effectuent une marche de pénitence de 5 km entre minuit et trois heures du matin, s'arrêtant aux stations du chemin de croix marquées de cairns, de menhirs, de pierres levées païennes et de stèles gravées du début de la christianisation. C'est une belle promenade en toutes saisons.

À la limite du village, l'Institut culturel de l'Ulster, **Ulster Cultural Institute** *(Foras Cultúir Uladh),* consacré aux études et aux activités de l'Irlande gaélique, propose une exposition sur l'archéologie locale, des archives sur la musique traditionnelle et des livres et cassettes en gaélique. ♿ *9h30-17h ; fermé w.-end en hiver. ✆ 07497 30248. www.oideas-gael.com*

Prendre la direction d'Ardara. À 16 km, il y a un point de vue (sur la gauche).

Glengesh Pass★★

Parking au point de vue. Au sommet du col, on découvre une splendide perspective sur la verdoyante vallée glaciaire, aux versants escarpés et rudes. Les lacets de la route descendent vers la rivière.

Ardara (Ard an Rátha)

Au fond d'une anse profonde sur la rivière Owentocker, l'attrayant bourg est aussi un centre de production et de vente de tweed du Donegal. Le **Centre du patrimoine** *(Ardara Heritage Centre)* retrace l'histoire locale, et, en particulier, celle de l'industrie du **tweed** : son déclin brutal en 1699, à cause des restrictions sur les exportations ; son renouveau au 19e s., dû en grande partie à l'action des philanthropes Ernest et Alice Hart. Les visiteurs peuvent assister à des démonstrations de tissage ; les produits (couvertures, pulls, etc.) sont vendus sur place. *De mi-avr. à fin sept. : 10h-18h (dim. 14h). Spectacle audiovisuel (15mn). ✆ 07497 41704.*

Prendre la N 56 vers l'est.

Glenties (na Gleannta)

C'est la ville natale de Patrick MacGill (1896-1937), surnommé le « poète terrassier » à cause de ses descriptions sans concessions de la rude vie des journaliers. Un festival en août honore le poète. Le **musée-centre du patrimoine St-Conall** *(St Conall's Museum et Heritage Centre)* est curieusement aménagé pour partie dans le palais de justice attenant (1843), dont il occupe la salle d'audience (toujours utilisée une fois par mois) et dans trois cellules en sous-sol. Il donne un aperçu très complet de l'histoire locale au moyen de toutes sortes d'objets de différentes périodes. *Avr.-oct. : tlj sf dim. 10h-13h, 14h-17h. 2,50 €. ✆ 07495 51114.*

Face au musée, l'église catholique **St Conall's Church** est un des chefs-d'œuvre d'architecture moderne de Liam McCormick. Sous un toit à forte pente, les fenêtres descendent jusqu'au niveau du sol, révélant le jardin d'eau qui l'entoure. Isolé de l'église, le clocher triangulaire revêtu de bardeaux fait écho aux sapins qui la protègent.

Reprendre la N 56 vers l'ouest, puis dans Maas la R 261 vers l'ouest ; après 5 km, tourner à droite.

Face à l'île d'Inishkeel, dans la baie de Gweebarra, les petites stations balnéaires jumelles de **Naran** et **Portnoo** proposent plages de sable, promenades sur les falaises, surf, voile, pêche et golf.

DE NARAN À DUNFANAGHY

113 km – une journée. À l'est de Nara, prendre la R 261 vers l'est. À Maas, prendre vers le nord la N 56.

Un long pont enjambe le bel **estuaire de Gweebarra★**

Continuer vers le nord sur la N 56.

The Rosses★

L'agréable bourgade de **Dunglow** *(An Clochán Liath)* sert de « capitale » à la région des Rosses (260 km^2) plate et rocailleuse, battue par les vents et où l'on parle encore le gaélique de manière courante. Elle est constellée de plus de 100 petits lacs.

Prendre la R 259 vers le nord-ouest.

Burtonport (Ailt an Chorráin)

Un bac assure depuis ce petit port isolé un service permanent vers l'île d'**Arranmore** *(voir « Côte du Donegal pratique »)* à 3 km au large.

Arranmore Island (Árain Mhór)

Cette petite île authentique (5 km par 2 km), à découvrir à pied, offre de splendides et longues plages de sable, des panoramas spectaculaires depuis ses falaises déchiquetées sur les côtes nord et ouest mais aussi des lacs. Et surtout l'accueil de ses 500 habitants bien soudés. Chaque année en août, le **festival Feile Arainn Mhor** rassemble les amateurs dans un bain culturel gaélique très actif autour d'une excellente programmation de concerts et de danses. Mais à travers ses six pubs, la musique est omniprésente sur l'île toute l'année.

À côté du phare, une petite crique porte le nom de Wayne Dickinson, le navigateur qui, en 1982-1983, traversa l'Atlantique en 142 jours, à bord du *God's Tear* (« la larme de Dieu »), le plus minuscule esquif à avoir réussi l'exploit. On peut faire le tour de l'île en une journée en suivant le sentier balisé Arranmore Way.

Poursuivre vers le nord par la R 259 ; à Crolly, emprunter à gauche la N 56. À environ 1,5 km, tourner à gauche dans la R 258, puis de nouveau à gauche vers Bunbeg.

Bunbeg (An Bun Beag)

Au-delà du sémaphore sur l'étroit estuaire sinueux de la Clady, ce joli petit port est bien abrité des tempêtes de l'Atlantique. D'anciens entrepôts bordent le quai. De là, des bateaux partent pour l'île de Tory.

Prendre la R 257 vers le nord.

Bloody Foreland Head

Le promontoire doit son nom de « cap sanglant » à la couleur rouge des rochers, accentuée au soleil couchant. Cette zone sauvage et solitaire est parsemée de maisons abandonnées. Au large, Inishbofin et d'autres îles indiquent la direction de celle de **Tory**.

Tory Island (Toraigh)

Accessible par bateau depuis Meenlaragh (Magheroarty), et Gortahork (voir « Côte du Donegal pratique ») ; à Gortahork suivre les panneaux (Bloody Foreshore), prendre à droite pour descendre la colline escarpée en direction du port.

Souvent privée de liaison avec la grande terre *(distante de 7 km)*, l'île désolée et battue par les vents de Tory est toujours habitée par des pêcheurs parlant le gaélique. Depuis la nuit des temps, ils sont gouvernés par un « roi ». Quelques vestiges du monastère fondé par **saint Columba** au 6e s. subsistent : un clocher rond, une croix en tau et deux églises en ruine.

Parmi les activités pratiquées sur l'île, à l'école d'art primitif de Tory, les insulaires réalisent d'étonnants tableaux de style populaire, représentant des bateaux en mer, aux formes naïves et aux couleurs éclatantes. La galerie de Glebe House, à Church Hill *(voir Donegal Glens)*, en expose des exemples. Un festival du film marin a lieu à la fin juin.

Enfin, Tory Island est également un paradis pour les amoureux de la nature comme des sports et loisirs : marche, plongée sous-marine et observation des oiseaux marins qui pullulent ici (ou parfois des dauphins et baleines) sont possibles.
Prendre à gauche la N 56.

Ballyness Bay

Sur les bords de cette anse découpée se trouvent deux villages où l'usage de la langue irlandaise n'a rien de folklorique, **Gortahork** *(Gort an Choirce)* et **Falcarragh** *(An Fál Carrach).*

Dunfanaghy

Sur un isthme plat protégé par le promontoire Horn Head, cette petite ville proprette était un port de pêche très actif avant qu'il ne s'envase. Ses longues plages de sable en ont fait une station balnéaire, où l'on pratique toutes les activités nautiques. L'**asile des pauvres** en style faux Tudor, un des nombreux ateliers de travail *(workhouse)* installés en Irlande dans les années 1840, présente une exposition sur la Grande Famine. Ses terribles effets sur la petite ville sont illustrés de manière réaliste au travers du regard de Hannah Harraty, une survivante qui a résisté à la faim, à une marâtre impitoyable, à une vie de mendicité pour vivre jusqu'à 90 ans. *De mi-mars à mi-oct. : 10h (dim. 12h)-17h. 4 €. ✆ 07491 36540. www.workhousedunfanaghy.ie*

Route touristique de Horn Head★★

30mn. Point de vue. Le promontoire de Horn, où viennent nicher des colonies d'oiseaux de mer de nombreuses espèces, dresse de hautes falaises (180 m) sur sa côte nord. On voit au sud-ouest un gouffre, nommé McSwyne's Gun, où l'océan se jette avec des fracas d'embruns.
De la route étroite qui en fait le tour, on admire de magnifiques **panoramas** : à l'ouest, les trois îles d'Inishbofin, Inishdooey et Inishbeg qui se détachent sur le promontoire de Bloody Foreland ; plus au large, celle de Tory (nord-ouest) ; la baie de Sheep Haven (à l'est), avec en toile de fond la péninsule de Rosguill ; les caps de Melmore et Malin Head *(au nord-est)* ; par temps clair, l'Écosse ; et, vers l'intérieur des terres, les monts Muckish et Errigal.

DE DUNFANAGHY À LETTERKENNY

130 km – une journée. Quitter Dunfanaghy par la N 56 vers l'est.

Portnablagh

Hameau de pêcheurs à l'origine, cette station balnéaire a connu un grand essor avec l'ouverture en 1923 du Portnablagh Hotel. Le terrain de golf a été tracé en 1905 par Harry Vardon.

Ards Forest Park

Le parc forestier (480 ha) couvre un vaste et beau domaine qui appartenait autrefois à la grande famille Stewart, d'origine écossaise. Il s'étend sur le versant nord de la péninsule d'Ards, entre le sommet du Binnagorm et la baie de Sheep Haven qui offre plusieurs plages.
Les beautés variées de ce parc sont toutes accessibles par des sentiers balisés : la rivière Derryart, des marais, des dunes et des lagunes, un enclos de cerfs, un dolmen, plusieurs forts circulaires, des points de vue, et Lough Lilly, où les nénuphars blancs et jaunes fleurissent en août. Des plans de randonnées, vendus à l'entrée, permettent de bien profiter de ce domaine.
Poursuivre vers le sud par la N 56.

Creeslough

Le village s'est établi à l'ombre du **mont Muckish** (670 m), dont la forme a inspiré Liam McCormick, l'ingénieux concepteur de **St Michael's Church** (1971), une de ses remarquables églises modernes. Au début du 20e s., artistes et écrivains, comme William Butler Yeats, George Russell, Percy French et Gilbert Chesterton, ont fréquemment séjourné à Creeslough.
Dans Creeslough, prendre une route secondaire vers l'est.

Doe Castle★

✆ 07491 38445.

Ce **château** en ruine occupe un superbe site stratégique sur un promontoire surplombant la baie de Sheep Haven. Protégé par la mer, il est séparé de la terre par un fossé taillé dans le rocher, que franchit un pont-levis. Un enclos fortifié défend le donjon à quatre niveaux, auquel on a adjoint plus tard un bâtiment en forme de L, deux tours rondes et une grande salle. Il est difficile de dater leur construction, car le château a été souvent attaqué, endommagé et remis en état, avant que la bataille de la Boyne en 1690 ne mette un terme à son intérêt stratégique. Vers la fin du 18e s., il est rendu habitable par le général George Vaughan Harte, qui s'est illustré en Inde. Il fait installer sur les tours et le front de mer des canons utilisés au siège de Serringapatam.

Contre la tour proche de la porte d'entrée se trouve une **pierre tombale** gravée d'une croix très ouvragée. Elle pourrait appartenir à un McSweeney, d'une famille de mercenaires écossais, seigneurs pendant un temps du château. Jusqu'en 1968, elle gisait dans le cimetière du monastère franciscain voisin.

En quittant le château, prendre à gauche un pont en dos d'âne et tourner ensuite à gauche dans la R 245.

Carrigart (Carraig Airt)

Cette station balnéaire fréquentée occupe le fond d'une anse.

Prendre la R 248 vers le nord-ouest.

Rosguill Peninsula Atlantic Drive★

14,5 km. La **route de l'Atlantique** a été construite récemment pour faire découvrir les paysages magnifiques de la péninsule de Rosguill. Après la grande courbe de dunes qui borde le golf de Rosapenna, la route monte vers **Downies** *(Na Dúnaibh)*, station balnéaire et centre de production du tweed du Donegal ; puis elle contourne les hautes prairies dominant à l'ouest la baie de Sheep Haven, avec pour toile de fond le promontoire de Horn Head ; au nord-ouest, la plage abritée de la baie de Tranarossan ; au nord, le promontoire qui se termine par le cap Melmore ; à l'est, les anses bordées de sable et les îles de la baie de Mulroy.

De retour à Carrigart, prendre la R 245 vers l'est.

La route court le long du rivage ouest boisé de la baie de Mulroy pour atteindre **Millford**, séjour idéal pour les amateurs de pêche dans le Lough Fern et la Leannan.

À Millford, prendre à gauche la R 246 ; à 3 km au nord de Carrowkeel, bifurquer à gauche pour prendre la route côtière.

Péninsule de Fanad

Un ruban de hameaux borde la rive est de la baie de Mulroy et de l'anse Broad Water. Au nord de Kindrum, où l'on extrayait l'iode des algues au 19e s., des dunes couvertes d'herbe et parsemées de chaumières blanches et d'étangs s'étendent jusqu'au sable de la côte. Le phare *(fermé au public)* du cap Fanad balise l'entrée du Lough Swilly. Sur la rive opposée, on aperçoit le cap Dunaff, derrière lequel se profilent les collines d'Urris, qui se terminent par le cap Dunree. On atteint la petite station de **Portsalon**, au sud de laquelle s'ouvre la plage de Warden.

Poursuivre par la R 246 ; à 1,5 km de Portsalon, prendre à gauche la route côtière.

Knockalla Viewpoint★

Parking. On a une vue superbe à l'extrémité nord du Knockalla (364 m).

À l'embranchement, prendre à gauche la R 247.

Rathmullan (Ráth Maoláin)

Cette jolie bourgade sur le Lough Swilly a vécu un nombre impressionnant d'événements clés de l'histoire irlandaise. En 1587, lorsque l'ancien ordre gaélique régissait encore le nord, Hugh O'Donnell « le Rouge », futur seigneur de Tyrconnell, y est emmené par traîtrise à bord d'un vaisseau anglais pour être promptement mis en prison à Dublin. Puis, en 1607, c'est de Rathmullan qu'embarquent pour l'exil les comtes Hugh O'Neill et Rory O'Donnell, dans l'épisode appelé *Flight of the Earls*. Le départ définitif pour le Continent, avec leurs familles, de ces grands représentants de l'aristocratie irlandaise marque la fin d'une époque. Il ouvre la voie à la « Plantation » de l'Ulster par les colons d'Angleterre et d'Écosse. En 1798, la tentative de Wolfe Tone de renverser l'autorité britannique s'achève quand il est capturé à bord d'un navire de guerre français et débarqué à proximité de Rathmullan.

Rathmelton★ (Ráth Mealtain)

Avec son allure anglaise typique des bourgs de la Plantation, Rathmelton a été fondé au début du 17e s. au bord d'une rivière à saumons par un membre de la famille Stewart. Le Mall, belle avenue bordée d'arbres le long de la berge sud de la rivière, débouche sur la grand-place *(The Square)*.

Parmi les entrepôts du 18e s. qui s'alignent sur le quai, le vieux magasin du bateau à vapeur organise l'exposition **Rathmelton Story** et le centre de généalogie **Donegal Ancestry**. *Juil.-août : 9h30 (dim. 14h)-18h ; sept.-juin : tlj sf w.-end 9h-16h30 (vend. 15h30) ; dernière entrée 1h av. fermeture. ☏ 07491 51266.*

Au sommet de la colline, l'église du 17e s. en ruine présente côté est une baie de style gothique « perpendiculaire » et des sculptures romanes venues de l'île d'Aughnish. Le **Mackemie Hall** *(Back Lane)*, ancienne maison de réunion locale qui abrite désormais la bibliothèque, rappelle le révérend Francis Mackemie. Recteur de Rathmelton, il a émigré en 1683 en Virginie, où il a fondé la première église presbytérienne.
Prendre la R 245 au sud en direction de Letterkenny.

Côte du Donegal pratique

Voir aussi Donegal.

Adresse utile

À DUNGLOW

The Quay - *095 21297.*

Transports

Ferry pour Arranmore – *128 passagers - 4 à 8 traversées (20mn) par j. - 15 € AR - 074 9520532.* Départ de Ait an Chorrain.

Ferry pour Tory Island – *Turasmara - 72 places - tte l'année - 07495 31320 - et Toraigh na d'Tonn - 28 places - avr.-oct. - 07491 35920.* Départ depuis Bunbeg *(An Bun Beag)* et Magheroarty *(Machaire Ui Rabhartaigh).*

Se loger

À RATHMELTON

Ardeen – *Au coin de la rue à côté du Town Hall - 07491 5143 - de Pâques à oct. - 5 ch. 80 €.* L'accueil est charmant et les chambres impeccablement tenues.

À ARDVALLY

An Gata Glas *(The Green Gate) – Sur la route d'Ardara vers Donegal, première route à droite et 1,5 km de lacets en grimpée - 07495 41546 - 4 ch. 90 €.* Petit-déjeuner irlandais copieux servi à toute heure du jour par un Français amoureux du pays. Vue à couper le souffle.

À DUNFANAGHY

Arnold's – *Juste à l'entrée du village - 07491 36208 - www.arnoldshotel.com - avr.-30 oct. - 120/170 €.* Vue sur Horn Head et la baie de Shiphaven. Hôtel tenu par la famille Arnold depuis 1922, qui organise pour vous sorties à cheval, randonnées, cours de peinture et sorties de pêche, golf à côté.

À BUNBEG

Ostan Gweedore – *07497 31177 - fax 075 31726 - www.ostangweedore.com - ouverture limitée en hiver - 36 ch., 3 suites 169/185 € - rest. 21/48 €.* De cet hôtel, on bénéficie de vues sensationnelles sur la baie de Gweedore. Équipements de loisirs, chambres confortables et modernes. On sert des plats traditionnels dans la salle à manger classique et des tapas dans la véranda orientée au soleil couchant.

À RATHMULLAN

Fort Royal – *Vers le nord à 1,5 km par la R 247 - 07491 58100 - fortroyal@eircom.net - de déb. avr. au 10 oct. 15 ch. 170/190 € - rest. sf dim. 49 €.* Beau jardin autour de cette maison du début 19e s. descendant vers la plage. Deux salons confortables et chambres avec caractère. Repas léger à midi et dîner servi dans le restaurant à l'ambiance douillette.

Se restaurer

À KILLIBEGS

Kitty Kelly's – *2 km vers l'ouest en direction de Largy sur la R 263 - 07497 31925 - 20 €.* Sur la route vers Slieve League, cette ancienne ferme bien restaurée propose des plats traditionnels soignés, dans une enfilade pittoresque de plusieurs petites salles à manger.

À BURTONPORT

The Lobster Pot – *07495 42012 - 40 €.* Dégustez huîtres, salade de homard et moules dans cette belle maison en pierre. Menus moins chers à midi.

Achats

On trouve le très réputé **tweed du Donegal** dans les centres artisanaux de Donegal, Kilcar, Ardara et Downies ; on fait des tapis à Killybegs.

Sports et Loisirs

Bon à savoir – L'amateur d'activités aquatiques trouvera des **plages** à Naran et Portnoo.

Pêche – Le pêcheur à la ligne sera comblé à Glenties, au confluent de l'Owenea et de la Stracashel.

Plongée – Autour de la péninsule de Rossguil avec Mevagh Dive Centre *(07491 54708).*

Équitation – Balades à **cheval** avec les Dunfanaghty Stables, qui dépendent d'Arnold's Hotel *(voir « Se loger » - 07491 00980)*, dont une de 2h sur les chemins de pierre construits pendant la Grande Famine.

Agenda

International Mary from Dungloe Festival – À Dungloe, pendant une semaine de fin juil. à début août : musique, danse, animations, ambiance irlandaise (le *craic*).

Donegal Glens

COMTÉ DU DONEGAL
CARTE MICHELIN N° 712 F/H 1-3 – CARTE GÉNÉRALE RABAT I B1

Le centre du comté de Donegal est une région montagneuse traversée de longues vallées étroites, parfois sinueuses, les glens : celle de Barnesmore, qui court au sud des Blue Stack Mountains (672 m), relie Letterkenny à Donegal ; la trouée de Barnes, au nord de Kilmacrenan et à l'est du mont Muckish (670 m) ; ou celle de Muckish, au pied du versant sud du même mont. Le plus spectaculaire des sommets est le mont Errigal (752 m), cône de quartzite blanc qui domine Dunlewy. Le chef-lieu du comté est Lifford, mais la ville la plus importante est Letterkenny, bon point de départ de circuits avec sa situation plus centrale.

- **Se repérer** – Tout à fait au nord-ouest de l'Irlande, la région des chaînes de Derryveagh et Glendowan est une vaste zone très peu habitée, striée de vallées suivant une direction générale sud-ouest/nord-est. La plupart des routes suivent le tracé des rivières dans ces vallées. On peut rejoindre, à l'est, l'Irlande du Nord et Londonderry par la N 13.
- **À ne pas manquer** – Glenveagh National Park pour la beauté des paysages, et l'extravagance de ses contrastes, l'ascension du mont Errigal, un détour à la Glebe Gallery.
- **Organiser son temps** – D'une demi-journée à une bonne journée pour les découvertes sportives.
- **Avec les enfants** – Dunlewy Centre dédié aux activités en famille et le petit train du Lake Finn.
- **Pour poursuivre le voyage** – Voir aussi Donegal, la côte du Donegal, Buncrana.

Découvrir

À partir de Letterkenny, en suivant à peu près le sens des aiguilles d'une montre.

Letterkenny

Importante pour la région, équipée d'un vaste éventail de services, Letterkenny, sur la rivière Swilly, serait par ailleurs une ville assez banale si elle n'avait la plus longue rue principale d'Irlande. Siège du diocèse catholique de Raphoe, sa grande **cathédrale** néogothique présente un mélange assez curieux de sculptures d'inspiration celtique et de décoration italianisante.

Dans une manufacture du 19e s., le **County Museum** *(High Road)* se consacre aux traditions du comté de Donegal, à son histoire, son archéologie et sa géologie. ♿ *Tlj sf dim. 10h-12h30, 13h-16h30, sam. 13h-16h30.* ✆ *074 91 24613.*

Newmills

Juin-sept. : 10h-18h (dernière entrée 17h45). ✆ *07491 25115.*

Les eaux de la Swilly fournissaient l'énergie nécessaire au fonctionnement des **moulins à blé et à lin** *(corn et flax mills)*. La visite explique le séchage et le broyage du grain, ainsi que le traitement appliqué au lin pour obtenir la fibre.

Lake Finn

31 km à l'ouest jusqu'à Fintown par la R 250.

Depuis **Fintown**, village en bordure de route, face aux jolies montagnes d'Aghla de l'autre côté du lac, un sentier descend vers la jetée, où il est possible de louer des pédalos. Une autre façon amusante de découvrir le paysage autour du lac est d'emprunter un petit train à voie étroite bien restauré, **Fintown Railway** *(30mn AR)*. Bruyant, cahotant, le wagon ancien au « nez » retroussé (qui lui a valu le surnom de **Black Pig**, cochon noir ou *An Mhuc Dhubh)*, contraste quelque peu avec la sérénité du paysage environnant. ♿ *Mai-sept. : 11h-17h.*

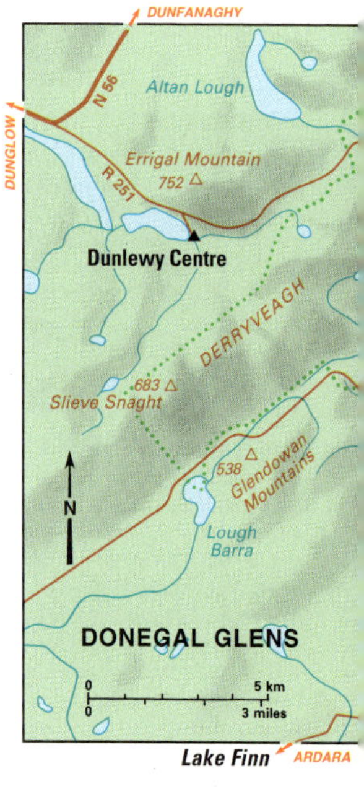

Colmcille Heritage Centre

Church Hill. ♿ Pâques et de déb. mai à déb. oct. : 10h30-18h30, dim. 13h-18h30 ou sur demande. 3 €. Possibilité de visite guidée (15mn). Spectacle audiovisuel. ☏ 07491 37306.

Saint Columba (**Colmcille** en irlandais) est né près du Gartan Lough. Ce bâtiment moderne retrace en détail sa vie et l'évolution de l'église à l'époque celtique. Il expose de beaux exemples de vitraux modernes figurant des scènes bibliques. Une présentation fouillée évoque la foi et le savoir-faire qui ont permis la réalisation des célèbres manuscrits enluminés.

Saint Columba

Columba (521-597), dont le nom irlandais est Colmcille, naît à Gartan dans la famille noble des O'Neill, et, conformément aux mœurs de l'époque, est confié à une famille de Kilmacrenan qui l'élève. Plusieurs sites du Donegal sont associés à son nom : en quinze ans, il a multiplié les fondations de monastères : Tory, Drumcliffe, Kilmore, Swords, Moone et Durrow (553). Vers 560, il embrasse le « martyre blanc », et, renonçant à tout ce qu'il aime, embarque pour l'île d'Iona en Écosse, où il établit une célèbre communauté. Il meurt en 597, l'année où saint Augustin de Canterbury arrive dans le Kent.

Glebe House et Gallery★

Church Hill. ♿ (rez-de-chaussée et galerie). Juil.-août. 2,90 €. Possibilité de visite guidée (40mn). ☏ 07491 37071.

La galerie se trouve sur l'agréable domaine en bord de lac d'un ancien presbytère (1828), acheté en 1953 par le peintre et collectionneur **Derek Hill**. Né en 1916 à Southampton, il a travaillé un temps comme décorateur de théâtre à Munich. En 1982, la **galerie** est construite pour loger sa collection de tableaux contemporains, d'œuvres d'artistes irlandais de renom et de tableaux naïfs des habitants de l'île de Tory, qui peignent dans un style primitif de saisissants tableaux « traditionnels ». Au nombre des artistes représentés y figurent Braque, Corot, Degas, Picasso, Renoir, Graham Sutherland et J. B. Yeats.

La **maison** elle-même est richement décorée d'estampes japonaises et chinoises, de tissus de William Morris, de carreaux de William de Morgan, d'une lampe Tiffany, de poteries de Wemyss. On trouve aussi un buste en bronze de Derek Hill par John Sherlock et des œuvres de Hill lui-même, Victor Pasmore, Basil Blackshaw, Augustus John, Evie et Nathaniel Hone, sir William Orpen, Oskar Kokoschka, Cecil Beaton et John Bratby.

St Colmcille's Oratory

Au sommet d'une colline subsistent les maigres vestiges d'un monastère associé à saint Columba : une fontaine sacrée, deux croix et une église en ruine dans un cimetière.

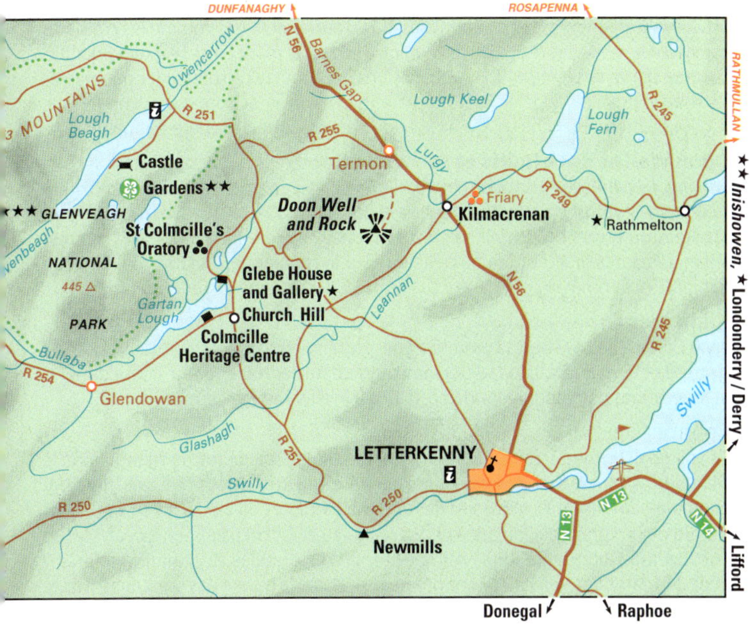

Glenveagh National Park★★★

Parc et centre d'accueil : de mi-mars à déb. nov. 10h-18h30 (dernière entrée 17h). Château : visite guidée (45mn) mêmes horaires. Parc. Spectacle audiovisuel (25mn). Photographie interdite dans le château. Minibus entre le centre d'accueil et le château. Randonnées avec guide. 07491 37090. www.heritageireland.ie

Les 9 667 ha du parc national de Glenveagh englobent le lac Beagh et le paysage sauvage qui l'entoure : tourbières, landes, montagnes rudes couvertes de forêts naturelles de chênes et de bouleaux. Formant un vif contraste, de luxuriants jardins autour d'un romantique château crénelé, bâti dans le granit taillé dans la colline, occupent un promontoire proche du lac. Le domaine a été créé en 1861 par John George Adair, qui a réuni des petites propriétés, dont il expulsait les locataires. En 1937, le domaine est acheté par un millionnaire irlando-américain, Henry McIlhenney. En 1975, il vend le terrain au Service des parcs nationaux irlandais ; en 1983, il fait don du château et des jardins.

Cachés dans une dépression, un groupe de pavillons recouverts de gazon abritent le **centre d'accueil** *(Visitor Centre)*. Une courte présentation audiovisuelle y évoque le passé du domaine et les moyens mis en œuvre pour préserver la flore et la faune, qui compte notamment la plus grande harde de cerfs d'Irlande, protégée par 45 km de barrières.

Commencé autrefois par Mrs Adair, l'aménagement des superbes jardins a été conçu pour offrir un spectacle coloré en toute saison. Statues de pierre et ornements apportent une touche classique à la **terrasse** (1966) et au **jardin italien** (1958). De la grande pelouse au **parc d'agrément**, des allées conduisent à la **promenade belge** *(Belgian Walk)*, tracée durant la Grande Guerre par des soldats belges qui passaient leur convalescence au château. Dans le **jardin clos** se trouve une orangerie, édifiée en 1958 par Philippe Jullian. À l'extrémité sud, une **perspective** s'ouvre sur le lac, la vallée et le Slieve Snaght (683 m).

La façade crénelée du **château** cache un vaste intérieur victorien conçu en 1870 par un cousin de John Adair, John Townsend Trench. Jusqu'en 1957, il était encore éclairé par des lampes à huile et chauffé à la tourbe par une chaudière alimentée tous les trois jours. Dans le somptueux mobilier laissé par Henry McIlhenny, dernier des trois propriétaires américains, figure un tapis tissé à Killybegs *(voir côte du Donegal)* assorti aux meubles du **salon**. Quelques tableaux de George Russell (mieux connu comme le poète, AE) ornent la bibliothèque.

Dunlewy Centre (Ionad Cois Locha)

De mi-avr. à déb. nov. : 10h30-18h, dim. 11h-19h. Visite guidée du cottage 5,95 €. Promenade commentée en bateau 5,95 €. Deux activités : 10 €. Musique traditionnelle : juil.-août mar. et jeu. soirs. 07495 31699.

Au bord du lac, une ancienne propriété de tisserands est devenue un centre pour les familles. Il propose des expositions sur le tissage, une visite guidée du cottage d'origine, des randonnées à poney, ainsi que d'autres activités comme les croisières commentées avec des récits. Du restaurant la vue sur le mont Errigal est remarquable. La route qui va de Dunlewy à Letterkenny *(R 251)* découvre de splendides panoramas sur le lac et sa vallée, appelée **Poisoned Glenn** (« vallon empoisonné ») ; sur un versant, l'église de pierre blanche laissée à l'abandon est un point de repère frappant.

Doon Well et Rock (puits et rocher de Doon)

Parking. Les chiffons accrochés aux buissons prouvent que les habitants croient toujours aux vertus curatives attribuées au puits. Jusqu'au 16e s., le **rocher de Doon** est l'endroit où les O'Donnell, chefs de Tirconaill, étaient intronisés. Son sommet aplani *(5mn à pied AR)* offre une belle **vue** sur la campagne. C'est à proximité que Cahir O'Docherty *(voir p. 500)* a été tué en 1608 par un coup de feu.

Kilmacrenan

Saint Columba a construit sa première église à Kilmacrenan, entre l'actuelle route de Millford et la Leannan, là où se trouvent aujourd'hui les ruines d'une église du 17e s. et les vestiges d'un prieuré fondé en 1537 par le chef local, Manus O'Donnell.

Raphoe

Le village est groupé autour de son agréable esplanade de forme triangulaire, le Diamond. À l'angle sud se dresse la **cathédrale**, un édifice gothique avec une tour et un transept du 18e s., montrant des éléments sculptés du 10e au 17e s.

Au sud de la cathédrale, on aperçoit les ruines austères du palais épiscopal, bâti en 1636 par le Dr John Leslie. Il était flanqué de tours sur le modèle de Kanturk *(voir p. 237)* et de Rathfarnham *(voir p. 140)*. Endommagé pendant la guerre des Deux-Rois, il a été remis en état, mais finalement détruit par un incendie en 1839.

Beltany Stone Circle

Au sud de Raphoe, à l'ouest ; par une piste empierrée signalée Stone Circle ; se garer à l'entrée du Potato Centre ; 10mn à pied AR. Offrant un beau panorama sur la campagne, le **cercle de pierres** ou cromlech de Beltany, d'environ 1,20 m de haut, remonte à l'âge du bronze. Il est formé de 64 pierres (137 m de circonférence). À l'origine, elles étaient bien plus nombreuses.

Lifford

Sur Main Square, l'ancien **palais de justice** du chef-lieu, construit en 1746, a été converti en centre touristique **(Seat of Power Visitor Centre)**. Ce « siège du pouvoir » comprend, avec un centre de généalogie, une exposition sur l'histoire locale et l'évolution du système judiciaire, depuis l'époque où le clan O'Donnell faisait la loi jusqu'à nos jours, au moyen de maquettes, bornes parlantes, objets divers, reconstitutions audiovisuelles de procès célèbres et visite de cellules. ♿ *9h-16h30, dim. 12h30-16h. 5 €. ✆ 07495 41733.*

Cavanacor House

À Ballindrait, 3 km au nord-ouest de Lifford par la N 14 et une route signalisée à gauche. ♿ *Maison - juil.-août et sem. de Pâques : tlj sf lun. 12h-18h, dim. 14h-18h. 4 €. Galerie : tlj sf dim. et lun. 12h-18h. ✆/fax 07491 41143. www.cavanacorgallery.ie*

Cette maison sans prétention de l'époque de la Plantation (colonisation anglo-normande) est la plus ancienne résidence du Donegal. Elle a été construite vers 1611 par Roger Tasker, ancêtre par sa fille cadette, Magdalen, du 11e président des États-Unis, James Polk. En 1689, en route pour assiéger Derry, **Jacques II** dîne sous l'un des sycomores du jardin ; pour cette raison, il épargne Cavanacor House quand il bat en retraite. Dans les dépendances, un musée évoque le passé de la demeure et présente des poteries faites à la main.

Donegal Glens pratique

Adresse utile

À LETTERKENNY

ℹ *Derry Road - ✆ 07491 21160 - juil.-août : tlj ; juin et sept. : tlj sf dim. ; oct.-mai : tlj sf w.-end.*

Se loger

À LETTERKENNY

⊖ **Ballyraine Guesthouse** – *Ramelton Road - 3 km à l'est par la N 14, sur la R 245 - ✆ 07491 24460 - fax 07491 20857 - 8 ch. 70/85 €* ☕. Dans les faubourgs de la petite ville de marché animée, cette pension récente est bien tenue et sa salle de petit-déjeuner accueillante. Chambres aux dimensions généreuses et bien aménagées.

À BALLYBOFEY

⊖ **Villa Rose** – *Main Street - fermé 25-26 déc. ✆ 07491 32266 - fax 07491 30666 - 16 ch. 60/98 €* ☕ *- rest. 17,20/24,70 €.* En plein milieu de la rue principale, cet hôtel familial propose des chambres impeccables. L'ambiance y est sympathique. Un repas traditionnel est préparé le soir.

Sports et Loisirs

Promenades – Dans les collines du Donegal, des itinéraires et plans sont disponibles dans les centres d'information et à l'accueil du Glenveagh National Park.

Randonnée – Le **mont Errigal** le plus haut du Donegal culmine à 752 m ; son sommet très étroit dévoile un panorama sur presque tout le Donegal et une bonne part des comtés voisins.

Comptez environ 4h30 AR. La voie « touristique » vers le sommet commence sur le côté de la R 251, sur le dégagement juste avant le panneau Altan Farm. Il n'y a pas de sentier balisé sur les pentes basses ; les randonneurs doivent faire l'ascension de la partie basse de la crête sud-est et prendre vers la gauche. Tout en bas des éboulis, suivre le sentier en lacets, à peine visible, qui monte en pente forte.

Pêche – Lieu jaune et cabillaud dans le Lough Swilly ; saumon, truite de mer et truite commune dans la rivière Crana.

Ennis★

24 253 HABITANTS – COMTÉ DE CLARE
CARTE MICHELIN N° 712 F9 – CARTE GÉNÉRALE RABAT II AB3

Surnommé « comté de la Bannière », le comté de Clare a une longue histoire de nationalisme farouche. C'est aussi le berceau de la musique irlandaise traditionnelle. Son petit chef-lieu bruissant de vie, aux ruelles sinueuses, aux devantures colorées, illustre fidèlement ces deux coutumes locales. Ennis incarne la petite ville irlandaise authentique, de plain-pied dans l'économie d'aujourd'hui et fidèle à sa culture bien vivante.

- **Se repérer** – Cœur du comté de Clare, l'un des plus touristiques d'Irlande, Ennis *(Inis)* se trouve à la jonction des routes N 8, N 85 et N 68, à mi-chemin entre Limerick et les Burren.
- **À ne pas manquer** – Knappogue Castle, Kilrush, Dysert O'Dea.
- **Organiser son temps** – Une journée ou plus car la région est riche en sites historiques, beaux paysages et activités de plein air.
- **Avec les enfants** – Craggaunowen Centre ; les dauphins à Kilrush.
- **Pour poursuivre le voyage** – Voir aussi Birr et la vallée du Shannon, Limerick, le Burren.

Comprendre

Des origines royales – Ennis est fier de ses nobles origines. Elles remontent au 13e s., époque où les O'Brien, rois de Thomond et descendants du grand Brian Ború, ont établi leur résidence royale à proximité. L'un d'eux a fondé le monastère franciscain d'Ennis Friary. Lorsque Elizabeth Ire a fait diviser l'Irlande en comtés, la situation centrale d'Ennis lui a assuré le rôle de chef-lieu du comté de Clare. En 1610, foires et marchés y sont autorisés. Ennis reçoit deux ans plus tard de Jacques Ier sa charte de ville.

De célèbres hommes d'État – Ennis honore la mémoire de deux figures essentielles de la politique irlandaise. En 1828, **Daniel O'Connell** est élu à une majorité écrasante député du comté, ce qui entraîne directement, l'année d'après, l'émancipation des catholiques. Une haute colonne dorique élevée sur la place qui porte son nom honore le grand homme. Près d'un siècle plus tard, son successeur **Eamon De Valera**, élu pour la première fois au Parlement en 1917, restera député du comté jusqu'en 1959. On lui a érigé une statue moderne devant l'ancien palais de justice (1850), un bâtiment néoclassique précédé d'un portique et d'un fronton ioniques *(au n° 18, Galway Road).*

Visiter

Ennis Friary★

Juin-oct. : 9h30-18h30 (dernière entrée 17h45). Fermé 25-26 déc. 1,90 €. Visite guidée sur demande. 065 682 9100. www.heritageireland.ie

Fondé au 13e s. par un membre du clan O'Brien, le **prieuré** franciscain était devenu au 14e s. une des plus grandes institutions éducatives d'Irlande, avec des centaines de moines et plus de 600 élèves. Aujourd'hui, charmant ensemble de bâtiments en ruine, il conserve, au chevet, une très belle baie est, mais est surtout renommé pour ses sculptures : un *Ecce Homo* présente le Christ avec les instruments de la Passion ; saint François est sculpté avec une crosse dans la main gauche et les stigmates sur la main droite, les pieds et le côté ; dans le chœur, le tombeau Creagh (1843) est constitué de cinq panneaux sculptés représentant la Passion, provenant du tombeau MacMahon (1475), et de figures du Christ et des Apôtres, prélevées également sur un autre tombeau.

Clare County Museum

Juin-sept. : 9h30-17h30 ; oct.-mars : tlj sf dim. 9h30-17h30 (janv.-fév. : tlj sf sam.) (dernière entrée 1h av. fermeture). 065 682 3382. www.clarelibrary.ie

Dans une ancienne école conventuelle, reconvertie de manière inventive, la *Riches of Clare Exhibition* illustre les richesses du Clare. Elle retrace l'histoire de ce comté remarquable à travers différents thèmes : la Terre, le Pouvoir, la Foi et l'Eau, expliquant à l'aide de technologies d'avant-garde un éventail soigneusement choisi d'objets : une *Sheela-na-gig (voir p. 87)* ; un magnifique panneau sculpté provenant d'un galion de l'Invincible Armada ; et une remarquable bannière de 1917, célébrant la victoire électorale qui a fait du Sinn Fein une force politique reconnue et d'Eamon De Valera un acteur majeur de l'histoire irlandaise.

Cathédrale

La cathédrale catholique, dédiée aux saints Pierre et Paul, a été élevée entre 1831 et 1843 sur un plan de croix en Tau. La tour et sa flèche ont été ajoutées entre 1871 et 1874. Des rangées d'arcs brisés séparent la nef et les bas-côtés, soutenant un plafond lambrissé. À l'extérieur, sur le parvis, un monument de Shane Gilmore représentant deux mains ouvertes a été érigé en juin 2008. Intitulé *The Hands* (« les mains »), il célèbre la paix retrouvée en Irlande du Nord et les valeurs chères au comté de Clare. Ainsi, la plaque explicative cite à la fois les mains de l'accueil fait aux immigrants, aux demandeurs d'asile, les mains qui transmettent la foi aux jeunes générations, mais aussi, non sans humour, les mains de la coopération qui ont permis à Ennis de décrocher le titre de la ville la plus propre d'Irlande en 2006 !

Aux alentours

AU NORD

Dromore Wood National Nature Reserve

13 km au nord par la N 18 (panneaux indicateurs) jusqu'à Barefield. ♿ Centre d'accueil - mi-juin à mi-sept. : 5 j/sem. (appeler pour précisions) 10h-18h (dernière entrée 17h15). ☏ 065 683 7166.

La **réserve naturelle du bois de Dromore** (400 ha) présente une variété exceptionnelle de biotopes – lacs, rivière, marécage, dalles naturelles calcaires des *turlough* (lacs asséchés), forêt semi-naturelle – mais aussi plusieurs types d'habitation, dont les ruines du château des O'Brien (17ᵉ s.).

Dysert O'Dea★

10 km au nord par la N 85 et la R 476 ; après 6,5 km, prendre à gauche (panneau indicateur) ; après 1,5 km, tourner à droite. Mai-sept. : 10h-18h. 4 €. Spectacle audiovisuel. ☏ 065 683 7401.

Ce monastère a été fondé au 8ᵉ s. par saint Tola, et le site conserve un certain nombre de vestiges évocateurs, quoique plus récents. En 1318, il a été le théâtre d'une grande bataille, quand un O'Brien a mis en déroute l'Anglo-Normand Richard de Clare, retardant de deux siècles la mainmise britannique sur le comté de Clare. Le **Centre d'archéologie** et un petit **musée** consacré à la préhistoire et à la culture locales sont aménagés dans une maison forte du 15ᵉ s., défendue par une meurtrière au-dessus de l'entrée. Du sommet, un beau **panorama** s'étend sur les ruines proches et toute la campagne. Dans une prairie voisine *(accès à pied ou en voiture)* s'élève la **croix blanche de Tola** (*White Cross* ; fin du 12ᵉ s.). À cette époque, les exubérants panneaux décoratifs des croix primitives avaient laissé place à de grandes figures sculptées en haut relief ; cet exemple montre sur sa face est une Crucifixion et un évêque. Le site conserve aussi la base d'un **clocher rond** et une grande partie du chœur et des murs extérieurs d'une **église** élevée au 11ᵉ s. Le portail roman de l'église est une reconstitution.

Clare Heritage Centre★

14 km vers le nord par la N 85 et la R 476, à Corrofin (voir schéma du Burren p. 332). ♿ 9h30-17h30. ☏ 065 683 7955. www.clareroots.com

Dans l'ancienne église anglicane, le centre du Patrimoine illustre la vie quotidienne et le travail au 19ᵉ s. dans le comté de Clare. Il met en avant la misère qui a conduit environ 100 000 habitants du comté à émigrer à la suite de la Grande Famine. Curiosité : sur une coupe effectuée dans un tronc de chêne, on a indiqué les événements historiques survenus pendant la croissance de l'arbre. Le centre conserve également de nombreux documents généalogiques.

AU SUD

Clare Abbey

À 1,5 km au sud-est par la R 469. Avant la gare d'Ennis, tourner à droite puis à gauche et se garer. Parcourir 800 m à pied en traversant la voie ferrée et tourner à droite.

Sur la rive ouest de la Fergus s'élèvent les importants vestiges d'un monastère augustin fondé en 1189 par Dónall Mór O'Brien, le dernier roi du Munster. De l'église subsistent la tour de croisée et une grande partie de la nef ; un haut corps de cheminée fortement incliné faisait partie des bâtiments de service.

Quin Franciscan Friary★

10,5 km au sud-est par la R 469 vers l'est jusqu'à Quin, où l'on tourne à gauche. De fin mai à déb. sept. : 10h30-18h, w.-end 11h30-18h. ☏ 065 682 8366.

Le **cloître**, la tour et le bras gauche du transept sont les principaux vestiges d'un monastère construit vers 1430 par Sioda McNamara sur le site d'un château normand. Doté de trois tours rondes, le château avait lui-même été construit en 1280-1286 à l'emplacement d'un monastère antérieur.

Knappogue Castle★

13 km au sud-est par la R 469. Avr.-oct. : 9h30-17h (dernière entrée 16h15) ; sujet à modifications, se renseigner par tél. Banquets médiévaux : avr.- oct. 17h30, 20h45. Château 5 € ; banquet 55 €. ✆ 061 360 788. www.shannonheritage.com

Fief du clan McNamara de 1467 à 1815, cette imposante maison forte, superbement restaurée et meublée, organise aujourd'hui des banquets médiévaux. Les très beaux jardins victoriens et les vergers, replantés récemment, se parcourent agréablement.

Craggaunowen Centre★★

18 km au sud-est par la R 469 (panneau). ♿ De mi-mars à mi-oct. : 9h30-18h (dernière entrée 17h) ; sujet à modifications, se renseigner par tél. 8,95 €. Visite guidée pour groupes. ✆ 061 367 178 (site), 061 360 788. www.shannonheritage.com

Pour faire comprendre et ressentir l'ambiance de l'Irlande d'antan, le médiéviste John Hunt a construit plusieurs édifices préhistoriques dans son vaste domaine forestier en bord de lac, en employant avec inventivité les matériaux archéologiques. On y voit un fort circulaire, mais aussi un *togher* (chemin de planches dans un marais) et un site de cuisson, ainsi que l'île artificielle d'un *crannóg*. John Hunt a aussi fait bâtir un écrin pour le *Brendan*, réplique du *curragh*, embarcation de bois et de peau à bord de laquelle saint Brendan aurait peut-être effectué sa traversée de l'Atlantique au 6e s. Mais le rudimentaire *Brendan* ici présenté a réellement effectué le voyage et traversé l'océan en 1976, barré par Tim Severin ; on voit encore sur la coque la réparation à l'endroit où elle a été heurtée par des glaces flottantes. Hunt a restauré la **maison forte** voisine, qui expose des éléments de sa vaste collection d'objets anciens, dont la majeure partie est présentée au musée Hunt de Limerick *(voir p. 378)*. Dans les bois, un enclos renferme une harde de sangliers ; près de l'entrée de l'exposition *Craggaunowen-the Living Past*, on peut apercevoir, broutant dans les champs, d'autres espèces primitives comme le mouton de Soay, qui a l'allure d'une chèvre.

Brendan le navigateur

Saint Brendan de Clonfert, dit Brendan le Navigateur, était un moine marin. Au 6e s., il s'est embarqué à Brandon Creek, étroit bras de mer au pied du mont Brandon, sur la péninsule de Dingle. Son récit de voyage en latin médiéval, *Navigatio*, a longtemps été considéré comme fantaisiste. Mais, en 1976, Tim Severin construit le *Brendan* et s'embarque avec un petit équipage, dans le but de prouver que ces premiers navigateurs ont pu atteindre l'Amérique, plusieurs siècles avant Christophe Colomb… Inspiré par l'aventure de Tim Severin, le musicien Shaun Davey a composé en 1980, *The Brendan Voyage*, magnifique première œuvre pour cornemuse irlandaise *(uillean pipes)* et orchestre symphonique. Elle a été jouée à Dublin et au festival interceltique de Lorient, rendez-vous planétaire des musiciens celtiques.

À L'OUEST

Kilrush★

Dominant les eaux abritées de l'estuaire du Shannon, Kilrush est la seconde ville du comté de Clare. Elle conserve une part du caractère que la famille Vandeleur lui a donné en l'aménageant au 18e s. Au 19e s., c'était un port prospère ; il est devenu la villégiature d'été favorite des habitants aisés de Limerick. Désormais ville du Patrimoine irlandais, Kilrush est la porte vers les plages et les falaises de la péninsule du cap Loop. Elle possède une marina moderne. Des foires aux chevaux animent souvent la grand-place.

En été, on peut voir des familles de grands dauphins dans l'estuaire.

Vandeleur Walled Garden – *Ferry Road. 10h-18h (nov.-mars 16h). 2,90 €. ✆ 065 905 1760.* Le magnifique domaine boisé (168 ha), l'ancien jardin enclos de murs, qui bénéficie actuellement d'une restauration imaginative, et les écuries, aujourd'hui centre d'accueil, sont tout ce qui reste du fief des Vandeleur. Le manoir

Tourism Ireland

Cliffs of Bunglass (côte du Donegal).

R. Cummins / Corbis

La ville de Kilrush.

Geray Sweeney / Corbis

Le parc national de Lough Glenveagh (Donegal Glens).

(1803) a été détruit par le feu en 1897. Famille d'origine hollandaise, les Vandeleur se sont implantés à Kilrush en 1688 et ont supervisé l'aménagement de la ville au 18e s. Mais au 19e s., ils se sont forgé une réputation de propriétaires terriens impitoyables.

Scattery Island Visitor Centre – *Ouest de Merchant's Quay. ♿ De mi-juin à mi-sept. : 10h30-13h, 14h-18h30 (dernière entrée 17h45). ✆ 065 905 2139. www.heritageireland.ie.* Le centre fournit des informations sur l'histoire et la faune de l'île de Scattery, à 3 km de distance dans l'estuaire.

Scattery Island★

Accessible en bateau au départ de Kilrush (voir « Ennis pratique »). Au 6e s., **saint Senan** a choisi cette île pour y fonder un monastère. La légende dit que le saint a d'abord dû la débarrasser d'un horrible monstre. De source plus sûre, on connaît le sort subi par le monastère aux mains des Vikings, qui l'ont pillé à plus d'une occasion. Restent les ruines évocatrices de cinq églises médiévales, mais le bâtiment le plus fascinant est le **clocher rond** (33 m) qui, fait inhabituel, dispose d'une entrée au niveau du sol.

West Clare Railway

6,5 km au nord-ouest de Kilrush par la N 67, en face du Clancy's pub à Moyasta. Visite guidée (30mn) 10h30-17h. 7 € (enf. 3,50 €). ✆ 065 9051 284.

Une **locomotive à vapeur** des chemins de fer de l'ouest du Clare, immortalisée par la chanson de l'artiste de variété Percy French, *Are You Right There, Michael, Are You Right ?* est conservée ici après avoir longtemps séjourné dans la gare d'Ennis. Les visiteurs sont invités à faire une petite promenade sur un tronçon rénové du chemin de fer de l'ouest du Clare, qui a sillonné le comté jusqu'en 1961 entre Ennis et Kilkee.

Kilkee (Cill Chaoi)

13,5 km au nord-ouest de Kilrushpar la N 67.

Cette station balnéaire se blottit au fond de la baie de Moore. On peut faire une longue promenade sur sa vaste plage en fer à cheval où, le dernier week-end d'août, se déroulent à marée basse des courses de chevaux. Les rochers de Duggerna, à l'entrée de la baie, sont accessibles quand la mer se retire.

Loop Head Peninsula

À l'ouest de Kilrush et de Kilkee, la côte forme une péninsule se terminant au cap Loop. Le paysage est dénué d'arbres ; les champs sont divisés par des talus en terre, au lieu des haies et des pierres plates de l'intérieur. Cette vision monotone renforce le contraste avec les falaises et les rochers romantiques de la côte.

Sur la côte sud de l'estuaire, près de la jetée, se dresse la **maison forte de Carrigaholt** construite au 16e s. par la **famille McMahon**, autrefois propriétaire de la péninsule. Elle a été assiégée pour la dernière fois en 1649. De la tour, un magnifique panorama s'ouvre jusqu'au nord du Kerry (5 km).

La côte nord est bien plus sauvage, avec des falaises et pitons rocheux spectaculaires, et des gouffres où soufflent les embruns. Près de Moneen, le **pont de Ross★**, gigantesque arche naturelle formée par l'érosion marine, est visible du bord de la falaise.

Un phare de 84 m élevé en 1854 surmonte le cap **Loop**. C'est le troisième sur ce site : le premier, installé en 1670, n'était qu'un feu de charbon entretenu sur le toit de pierre d'une petite maison ; il en existait quatre de ce genre.

Ennis pratique

Voir aussi Limerick.

Adresses utiles

À SHANNON

Shannon Region Tourism – *Town Hall - 061 362 319 - www.shannonregiontourism.ie*

À KILRUSH

Moore Street - 065 905 1577 - www.kilrush.ie - juin-sept.

À KILKEE

O'Connell Square - 065 905 6112 - juin-sept.

Transports

Aéroport international de Shannon – *À 22 km d'Ennis - 061 712 000 - www.shannonairport.com*

Car Ferry sur le Shannon – *Centre d'accueil à Killimer - 9h-21h (19h oct.-mars) - 065 905 3124 (Shannon Ferry Ltd) - www.shannonferries.com - traversée env. 20mn (sf 25 déc.) dép. de Killimer (rive nord), ttes les heures, avr.-sept. : 7h-21h, dim. 9h-21h oct.-mars : 7h-19h, dim. 10h-19h ; dép. de Tarbert (rive sud) ttes les heures à la demie, avr.-sept. : 7h30-21h30, dim. 9h30-21h30 ; oct.-mars : 7h30-19h30, dim. 10h30-19h30. Capacité 52 + 60 véhicules. Voiture et ses passagers 28 € AR ; piéton ou vélo 7 € AR.* Transfert de véhicules et de passagers sur la rive sud de l'estuaire, à Tarbert.

Bac de l'île Scattery – *Avr.-oct., en fonction des marées, de la météo et de la demande) - dép. de la marina de Kilrush Creek - 32 places ; tél. pour les horaires (compter 1-2h sur l'île) - 065 9051327 (Griffins) et Shannon Region Tourism 061 362 319.*

Se loger

À KILKEE

Kilkee Thalassotherapy Centre and Guesthouse – *Grattan Street - 065 9056742 - www.kilkeethalasso.com - 5 ch. 80/110 €.* Les clients de cette confortable pension moderne et bien équipée, bénéficient d'un accès préférentiel au centre voisin de thalassothérapie.

Stella Maris – *065 9056455 - info@stellamarishotel.com - 20 ch. 90/155 € - rest. 25/40 €.* Au cœur de la vibrante petite station balnéaire, des chambres spacieuses et une belle vue sur la baie font de cet hôtel familial un endroit fort apprécié. Repas traditionnels sous la véranda.

Distractions

Château de Knappogue – Pour retrouver l'Irlande du Moyen Âge et assister à un banquet médiéval *(voir « Aux alentours »).*

Cois na h'Abhna – Des démonstrations de danse et musique populaires traditionnelles se déroulent dans ce bâtiment circulaire moderne sur la route de Galway *(N 18).*

Custy's Traditional Music Shop – *St Francis Street - 065 6821727.* Les musiciens ne manqueront pas de passer là. Typique de la qualité musicale du comté, Custy propose des instruments superbes et des disques qu'on ne trouve pas ailleurs.

Sports et Loisirs

À la rencontre des dauphins – *Dép. de la marina de Kilrush Creek (env. 2h30 ; en fonction de la demande et de la météo) mai-sept - 14 € - /fax 065 9051327 (Griffins) ; www.shannondolphins.ie - Dép de Carrigaholt - avr.-oct - 065 905 8156 ; www.dolphinwatch.ie*

Plages – À Cappa et Brew's Bridge.

Pêche – Dans l'estuaire du Shannon et au large de la côte atlantique.

Marina – *Merchant's Quay - Kilrush.* 120 anneaux, chantier nautique et location de voiliers.

Agenda

Fleadh Nua – *www.fleadhnua.com.* En mai, festival folklorique de musiciens, chanteurs, danseurs, « wrenboys », « biddyboys » et « strawboys » unis par leur riche culture.

Galway★★

72 414 HABITANTS – COMTÉ DE GALWAY
CARTE MICHELIN N° 712 E8 – CARTE GÉNÉRALE RABAT II B3

De taille humaine et pourtant plus grande ville de l'Ouest irlandais, Galway est située de part et d'autre de la rivière Corrib, à l'endroit où elle se jette dans la baie de Galway. Le petit noyau primitif des rues médiévales s'est agrandi pour devenir une ville très active autour de sa cathédrale et de sa florissante université. Voici une base idéale pour les excursions vers l'ouest, notamment dans les paysages montagneux du Connemara, ou le sud, en direction des îles Aran. Cette situation, combinée avec le dynamisme commercial et culturel propre à Galway, attire une foule de travailleurs du monde entier et de très nombreux visiteurs cosmopolites qui trouvent un agréable air du Sud à ses rues animées. Au bout de la balade, branchés et moins jeunes respectent tous la tradition du *kick the wall* (donner un coup de pied au mur) avant de repartir en sens inverse, geste censé assurer longue vie. Tous les charmes de la ville ont été vantés par le crooner Bing Crosby dans sa chanson *Galway Bay*.

- **Se repérer** – Dans une échancrure au milieu de la côte ouest, Galway *(Gaillimh)* s'étend sur la rive nord de la baie de Galway, au niveau du débouché sur la mer du grand lac Corrib. S'y rejoignent les routes N 17 venant du nord, N 6 de l'est, N 18 du sud. C'est une bonne base pour l'exploration du Connemara (R 336 le long du rivage nord de la baie, N 59 et N 84 en suivant la rive du Lough Corrib) et pour visiter les îles d'Aran *(voir « Galway pratique »)*.
- **À ne pas manquer** – Galway City Museum, les rues animées du centre-ville, une balade à pied le long de la baie, Lough Corrib.
- **Organiser son temps** – Une demi-journée pour la visite à une journée pour le plaisir.
- **Pour poursuivre le voyage** – Voir aussi le Burren, Connemara, Athenry.

Comprendre

La cité des Tribus – Les Anglo-Normands sont séduits par ce havre abrité, situé stratégiquement à mi-chemin sur la côte ouest de l'Irlande : au 12e s, le clan Burgo (plus tard Burke ; *voir p. 384*) fonde la ville sur la rive est de la rivière Corrib. Il encourage l'immigration en provenance d'Angleterre et du pays de Galles. Des murailles sont élevées. Sous le contrôle de 14 familles dominantes, appelées les « tribus », Galway prospère grâce au commerce, avec la France et l'Espagne, mais aussi les Caraïbes. Enclave anglaise dans une région souvent hostile, Galway exclut les habitants d'origine irlandaise, qui implantent leur propre bourg en dehors des murs. La prospérité ne résistera pas aux luttes religieuses de la Réforme et à leurs conséquences politiques. Après deux sièges, par les troupes de Cromwell en 1652 et celles de Guillaume d'Orange en 1691, Galway entre dans une période de déclin.

Le Claddagh – Bien avant l'arrivée des Normands existait sur la rive ouest de la Corrib un village de pêcheurs, communauté de langue irlandaise qui maintenait ses traditions et élisait son propre chef ou roi. Son nom vient du gaélique *cladach*, rivage rocheux ou de galets. Les pittoresques chaumières blanchies du village ont hélas toutes été rasées « pour raisons d'hygiène » dans les années 1930 et remplacées par un ensemble urbain banal et uniforme. Aujourd'hui, milieux culturels et populaires regrettent tous ce patrimoine disparu. Lointain souvenir de ce monde-là, la bague de Claddagh fut inventée par un artisan galwégian, enlevé par les Barbaresques. Vendu à un joaillier arabe qui lui apprit le métier, il conçut, une fois libéré et revenu au pays, ce bijou populaire en forme de deux mains jointes dans un cœur.

Le Galway gaélique – Galway est aux portes de la plus grande zone irlandaise de langue gaélique, formée par les îles d'Aran, le Connemara et le pays des Joyce *(Joyce Country)*. Au 19e s., le regain d'intérêt pour cette langue y attire de nombreux visiteurs. Deux des plus anciennes universités d'été de gaélique sont fondées au tournant du 20e s., l'une à Spiddal, l'autre à Tormakeady, sur la rive ouest du Lough Mask. Depuis l'instauration de la république, le caractère gaélique de la région s'est renforcé : l'université, fondée en 1849 sous le nom de Queen's College, devient en 1929 une institution bilingue et un important centre d'étude de la langue et de la littérature gaéliques ; Micheál Mac Lihmóir et son partenaire Hilton Edwards lancent un théâtre gaélique subventionné par l'État, le Taibhdhearc na Gaillimhe. En 1969, les bureaux de l'Agence du développement du gaélique *(Gaelic Development Authority)* sont transférés à Furbogh *(Na Forbacha, à 8 km à l'ouest de Galway par la R 336)* ; en 1972, la radio gaélique commence à émettre à partir de Costelloe.

Le Galway artistique – Plusieurs personnalités littéraires sont associées à Galway et ses alentours. Y sont nés Patrick O'Connor (1882-1928), auteur de nouvelles en gaélique ; Nora Barnacle (1884-1951), épouse de James Joyce ; et Frank Harris (1856-1931). Violet Martin (1862-1915), auteur sous le pseudonyme de Martin Ross en collaboration avec sa cousine Edith Somerville, a habité Ross House au bord du lac Corrib. En 1896, Edward Martyn a présenté W. B. Yeats à lady Gregory, qui vivait au château de Tullira : ils ont fondé ensemble à Dublin l'Irish Literary Theatre, devenu le célèbre Abbey Theatre. Chaque année, le Galway Arts Festival de renommée mondiale programme des créations aussi bien au théâtre qu'en musique. Et le plus récent Galway Film Festival révèle les jeunes talents irlandais du 7e art.

Se promener

Eyre Square B1

Le cœur de la ville moderne, entre la vieille ville et le port, entoure le petit parc John Kennedy, baptisé ainsi à la suite de la visite triomphale du président des États-Unis en 1963 *(plaque commémorative)*. Une statue contemporaine en acier rouillé, érigée en 2007 lors de la rénovation de la place, évoque un *Galway Hooker*, le voilier traditionnel de transport de marchandises. On trouve aussi bien d'autres monuments : **porche Browne** *(Browne Doorway)*, déplacé de la maison Browne en 1906 ; des canons de la guerre de Crimée offerts aux Connaught Rangers ; une statue de Liam Mellows, un des dirigeants du soulèvement de Pâques, exécuté par l'armée de l'État libre durant la guerre civile. L'épée et la masse du conseil communal, institué en 1484 par Richard III et aboli en 1841, sont exposées à la Banque d'Irlande toute proche. Réalisée en 1610, l'épée porte les poinçons de deux orfèvres de Galway ; la masse, lourde pièce richement décorée fabriquée à Dublin, a été offerte en 1712 par Edward Eyre.

Prendre William Street à gauche, puis Eglinton Street sur la droite.

Salmon Weir Bridge A1

Le pont a été construit en 1818 pour relier l'ancienne prison, qui a occupé de 1808 à 1939 le site de la cathédrale, au **palais de justice** du comté *(County Courthouse)*, bâti entre 1812 et 1815 à l'emplacement d'une ancienne abbaye de franciscains. En amont se trouve le barrage avec l'**échelle à saumons**, en aval les piles du viaduc (1890-1935) de l'ancienne ligne ferroviaire de Galway-Clifden.

Traverser le pont.

Roman Catholic Cathedral★ A1

Dédiée à la Vierge de l'Assomption et à saint Nicolas, l'immense cathédrale catholique néogothique a été édifiée en 1957 par John J. Robinson en défiant tous les préceptes du modernisme en architecture. Elle est en « marbre » noir de Galway, pierre locale avec laquelle on obtient un beau poli. Dans le bras droit du transept, l'autel de la chapelle Saint-Nicolas est dominé par des reliefs de pierre du début du 17e s. représentant la Trinité entourant la Vierge, sauvés de l'église Saint-Nicolas à l'époque cromwellienne.

Retraverser le pont pour prendre à droite Newton Smith et tourner à droite dans Market Street.

Le **monument Lynch** rappelle, sans qu'il y ait de lien entre le lieu et l'histoire, le geste du juge James Lynch qui au 15e s. après avoir condamné à mort son propre fils pour meurtre, dut exécuter lui-même la sentence.

Nora Barnacle's House B1

De mi-mai à mi-sept. : 9h-17h45. 2,90 €. ✆ 091 564 743.

Nora Barnacle, la femme de James Joyce, a vécu dans ce cottage avant de partir travailler à Dublin, où elle rencontra l'écrivain. Souvenirs, photos et lettres sont ici exposés.

St Nicholas' Church★ B1

L'église médiévale où Christophe Colomb serait venu se recueillir est dédiée à saint Nicolas de Myra, patron des marins. L'**extérieur** est orné de gargouilles et moulures sculptées. On remarquera à l'**intérieur** un bénitier du Moyen Âge, les fonts baptismaux et les nombreuses pierres tombales. Le bras droit du transept a été agrandi pour disposer le tombeau Lynch, qui porte les armes de la famille.

Continuer vers le sud le long de Mary Street ; poursuivre dans Cross Street ; prendre à droite Quay Street, puis à gauche au bout de la rue.

Spanish Arch B2

Souvenir de la tradition commerciale avec l'Espagne, l'**arche espagnole** faisait sans doute partie d'un bastion comprenant quatre arcatures aveugles, dont l'une a été ouverte au 18e s. pour permettre le passage vers un nouveau quai établi près de Eyre's Long Walk. Une petite partie de l'**enceinte** médiévale (18 m de long) est visible au sud de l'arche, ainsi que les quais du port de 1270.

Galway City Museum★ B2

10h-17h. Entrée libre. ✆ 091 567 641.

Inauguré en 2007 à deux pas de son ancien emplacement, le Galway City Museum, à l'architecture ouverte et lumineuse, domine l'embouchure de la Corrib où vivent de nombreux cygnes. Le bâtiment, voisin de l'arche espagnole, met en scène des collections illustrant la vie quotidienne dans la région aux siècles passés. Interactif, ludique, accueillant, le musée déborde de vie. Une exposition remarquable sur le

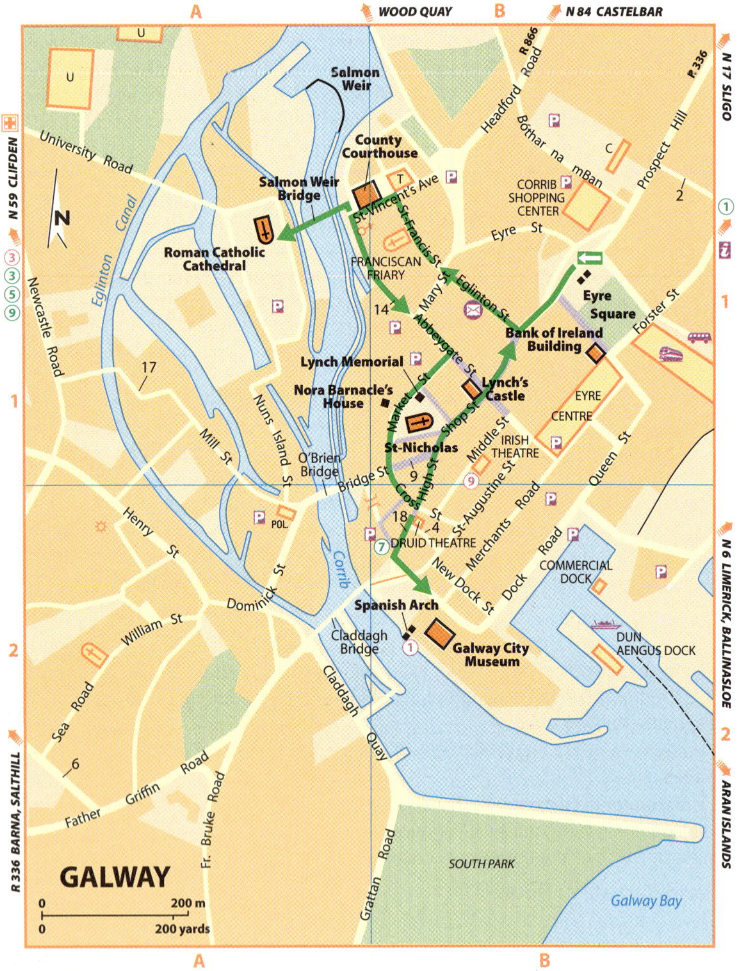

SE LOGER		SE RESTAURER		INDEX DES RUES	
Ardawn House	1	Ard Bia & Nimmo's	1	Bothar Ui Eithir	2
Killeen House	3	Breathnach's	3	Courthouse St	4
Railway Lodge	5	Vina Mara	9	Father Griffin Ave	6
Spanish Arch Hotel	7			Main Guard St	9
Waterfall Lodge	9			Newton Smith	14
				Presentation St	17
				Quay St	18
				William St	25

quartier du Claddagh et ses traditions, une autre sur les vacances « au pays » des Irlandais partis travailler en Angleterre passionnent le visiteur. Qui retrouvera ici la statue de **Patrick O'Connor** (1882-1928) par Albert Power qui trônait sur Eyre Square avant sa restructuration. Un *Galway Hooker* (voilier traditionnel) de 9 m, construit pour le musée, anime l'atrium. Il a été baptisé Martin Oliver, du nom du dernier roi du Claddagh à avoir transporté ses marchandises sur un tel bateau.
Revenir sur Quay Street et continuer sur Hight Street.

Lynch's Castle B1

Ce superbe manoir du 16e s. a appartenu à la plus puissante des 14 tribus. La façade de pierre grise présente de belles sculptures : gargouilles, larmiers moulurés au-dessus des fenêtres, médaillons à l'effigie d'un lynx, le blason de la famille, et les armes de Henri VII.
Poursuivre sur William Street pour revenir à Eyre Square.

Aux alentours

Église et monastère d'Annaghdown

20 km au nord de Galway par la N 84 ; à Cloonboo, prendre à gauche la direction d'Annaghdown.
Saint Brendan de Clonfert *(voir p. 364 et p. 386)* a fondé un couvent pour sa sœur à Annaghdown. À l'extrémité sud du cimetière, la cathédrale du 15e s. présente des éléments de maçonnerie et ornements plus anciens (vers 1200) : très beau portail ouvragé, fenêtres finement décorées. L'église au milieu est la plus ancienne ; elle date du 11e ou 12e s. Le prieuré en ruine *(prendre le chemin à l'ouest du cimetière)*, bel exemple de monastère fortifié, date d'environ 1195. On trouve dans l'église quelques belles sculptures romanes.

Tuam

32 km au nord-est de Galway par la N 17.
Avec ses deux cathédrales, le tout petit bourg de Tuam est la capitale religieuse du Connaught, et la ville de marché de tout le nord du comté. Au 12e s. quand les rois O'Connor du Connaught étaient hauts rois d'Irlande, il est devenu de fait la capitale de tout le pays. Le plan du bourg actuel, avec toutes ses rues convergeant vers le *Diamond*, la place centrale, remonte à 1613.
St Mary's Cathedral★ – *À l'ouest du centre-ville.* La cathédrale anglicane se tient sur le site d'un monastère fondé à la fin du 5e s. par saint Jarlath. La cathédrale d'origine a été construite en 1130, mais la majeure partie de l'édifice actuel, y compris la flèche hexagonale de 61 m, fait partie d'une reconstruction néogothique pas très heureuse, de 1860. Tout ce qui reste de l'église médiévale est le **chœur** en grès rouge. Les deux fenêtres et l'arc triomphal orné de cinq rangées de moulures sont de beaux exemples de l'architecture romane irlandaise du 12e s. Dans le bas-côté nord, le fût d'une croix celtique est gravé de prières à l'intention d'un roi O'Connor. À l'est de la cathédrale se dresse un bâtiment du 14e s. gravement endommagé par les troupes de Cromwell, et restauré dans son style médiéval d'origine pour servir de salle de synode.
St Jarlath's Churchyard – *À l'ouest du centre-ville.* Des ifs d'Irlande poussent parmi les tombes du cimetière, autour des ruines de l'église paroissiale du 13e s. consacrée au saint patron de Tuam. La tour ouest abritait le presbytère. Après la Réforme, on a inhumé les membres du clergé catholique dans une chapelle latérale. Certaines pierres tombales portent des descriptions symboliques des activités des défunts.
Mill Museum – *À l'ouest de North Bridge - juil.-août : tlj sf dim. ☏ 093 52486/24463.* Sur un affluent de la Clare, le moulin à blé a été transformé en **musée de la Meunerie**. Ses trois meules sont actionnées par une roue à aubes.
Cathedral of the Assumption – *À l'est du centre-ville.* Une des premières grandes églises catholiques élevées au 19e s., cet édifice néogothique cruciforme a vu poser sa première pierre en 1827, soit un an avant la vague de construction d'églises entraînée par l'Acte d'émancipation. Les fonds provenaient des habitants de la région, sans considération d'obédience. Sa profusion de flèches et de pointes a fait dire à un touriste du 19e s. (C. Otway) que la cathédrale évoquait « un mille-pattes ou un scorpion renversé sur le dos, s'agrippant au ciel de toutes ses pattes crochues ». L'intérieur renferme un Chemin de Croix du 17e s. Les vitraux du 19e s. ont été complétés plus tard par les ateliers de Harry Clarke.

Knockmoy Abbey★

32 km au nord-est de Galway par la N 17 et la N 63. Dans le village de Knockmoy, tourner à gauche. Franchir la rivière, tourner à droite et se garer près du cimetière. 15mn de marche AR par un chemin et en franchissant quatre barrières.

Dans les champs qui bordent *(au nord)* la rivière Abbert se trouvent les importantes ruines d'une abbaye dédiée à la Vierge, fondée en 1189 par Cathal O'Connor, roi du Connaught, pour les cisterciens de Boyle. L'église comprend une nef, un transept avec deux chapelles, et un **chœur** orné de quelques belles sculptures de pierre et d'un enfeu du 13e s. Protégée par une grille, une remarquable **fresque** (1400) illustre la légende médiévale des trois rois vivants, habillés pour la chasse au faucon, et des trois rois morts. Elle porte l'inscription : « Nous fûmes ce que vous êtes, vous serez ce que nous sommes. »

Circuit de découverte

LOUGH CORRIB★★★

27,5 km au nord-ouest de Galway par la N 59.

Deuxième lac d'Irlande par la longueur (58 km), le **Lough Corrib** est parsemé de nombreuses îles. Ce sont des *drumlins (voir p. 57)* en partie immergés, dont la taille va de la simple motte de terre couverte d'herbe à **l'île d'Inchagoill.** Site d'un monastère du 5e s et d'une église au magnifique portail roman, cette île mérite la traversée.

Quitter Galway par la N 59. Parcourir 26 km et prendre la route à droite au panneau.

Aughnanure Castle★

5mn AR à pied du parking. Mars-31 oct. : 9h-18h ; nov. : w.-end 9h30-18h (dernière entrée 17h15). 2,90 €, famille 7,40 €. Visite guidée. ✆ 091 552 214.

Les impressionnantes ruines d'une forteresse, probablement édifiée par Walter de Burgo, se dressent sur un affleurement rocheux défendu, mais aussi érodé par la rivière Drimneen. La **tour de guet** circulaire est tout ce qui reste de l'enceinte. Une grande partie de la **salle des festins** s'est écroulée dans la rivière, laissant le mur est, avec ses fenêtres décorées. Les six étages du **donjon** sont couronnés de mâchicoulis et de créneaux dans le style irlandais. Au sommet une belle vue sur le lac Corrib.

Poursuivre vers le nord-ouest sur la N 59.

Oughterard★ (Uachtar Ard)

Cette jolie petite ville au bord du lac est un centre touristique populaire qui attire les amateurs de pêche à la ligne. *Prendre la route qui longe le lac vers le nord.*

Cette route, qui s'achève près de la pointe du lac à Curraun, dévoile des **panoramas★★** spectaculaires sur le lac et ses îles, avec en toile de fond les monts du Joyce Country.

Poursuivre vers l'ouest sur la N 59.

Glengowla Mines

Mars-nov. : visite guidée ttes les 20mn 9h30-18h30 ; déc.-fév. : la plupart des w.-ends. 9 €. ✆ 091 552 360, 552 021, 087 252 9850 (portable). www.glengowlamines.com

Le public peut descendre avec un guide à 20 m sous terre dans cette ancienne mine d'argent et de plomb. Abandonnée en 1865, elle a conservé son boisage d'origine.

Galway pratique

Adresses utiles

ℹ *Fairgreen Lane - ✆ 091 537 700 - www.irelandwest.ie - tlj sf dim.* Une antenne se trouve sur Eyre Square.

À OUGHTERARD

ℹ **Community Office** – *✆ 091 552 808 - tlj sf dim.* Dispose de cartes des randonnées.

À TUAM

ℹ **Mill Museum** – *Voir « Aux alentours ».*

Transports

Aéroport de Galway – *Carnmore - à 12 km à l'est de Galway - ✆ 091 755569. Navette avec la gare (3,50 €) ou taxi (env. 20 €).*

Ceannt Station – *Près d'Eyre Square - ✆ 091 561 444.*

Central Bus Station – *À côté de la gare ferroviaire - ✆ 091 562 000.*

Liaisons vers les îles d'Aran – *Voir p. 315.*

Bon à savoir – Le centre de Galway, en partie piétonnier, est très encombré. Il est possible de circuler en bus *(dép. Eyre Square, ttes les 20mn en été)*, taxi *(sur Eyre Square)* ou vélo *(West Ireland Cycling, 1 Dominick Street Upper, ✆ 091 588 830, www.westirelandcycling.com).*

Visite

Promenade en bateau vers le Lough Corrib – *Dép. de Wood Quay - durée : 1h30 - Corrib Tours - ✆ 091 592 447- corribtours@eircom.net - de fin avr. à fin oct. ; dép. de Oughterard - rens. à l'office de tourisme.*

Se loger

⊖⊖ **Ardawn House** – *College Road - ✆ 091 568333 - ardawn@iol.ie - 8 ch. 100/170 €* ☕. On goûte à la véritable hospitalité irlandaise, dans des chambres joliment décorées.

⊜⊜⊜ **Spanish Arch Hotel** – *Quay Street - ✆ 091 569 600 - fermé 24-25 déc. - 20 ch. 170 € - pas de petit-déj. - rest. 25 €.* Le mur du 16e s. d'un ancien couvent de carmélites sert de toile de fond au restaurant de l'hôtel. Le bar à boiseries victoriennes rencontre un franc succès auprès des habitants. Chambres avec lits à l'ancienne.

AUX ALENTOURS

⊜⊜ **Killeen House** – *Killeen Bushypark - 6,5 km au nord-ouest par la N 59 - ✆ 091 524 179 - killeenhouse@ireland.com - 14 fév.-14 nov. - 6 ch. 140/190 €* ☕. Maison des années 1840 au charme campagnard, avec son joli jardin. Chambres high tech et lits à l'ancienne décorées dans un style différent : victorien, Regency…

⊜ **Railway Lodge** – *Oughterard - 700 m à l'ouest, direction Costello puis première à droite - 4 ch. 100/110 €* ☕. Pas de télévision mais des livres, des magazines et une cheminée dans cette belle maison rurale. Très jolies chambres.

⊜ **Waterfall Lodge** – *À la sortie de Oughterard, en direction de Clifden - ✆ 091 552168 - www.waterfalllodge.net - 6 ch. 90 €* ☕. La rivière traverse le charmant jardin de cette maison d'allure victorienne. Chambres spacieuses et pêche à la truite à vos pieds.

Se restaurer

⊜⊜ **Ard Bia & Nimmo's** – *Spanish Arch - ✆ 091 539897, 091 561114 - www.ardbia.com - fermé Noël et 1er janv. - 10/45 € - réserv. obligatoire.* Formidable adresse sous la Spanish Arch. Atmosphère bohème (livres d'art et magazines à feuilleter), pour une cuisine inspirée, aux accents italo-irlandais. Le soir, on dîne rustique-chic à l'étage.

⊜⊜ **Vina Mara** – *19 Middle Street - ✆ 091 561 610 - fermé sam. midi, dim. et Noël - 30/55 €.* Ambiance chaleureuse dans ce restaurant spacieux qui affiche une cuisine d'inspiration méditerranéenne. Bonne carte des vins.

À OUGHTERARD

⊜⊜ **Breathnach's** – *The Square - ✆ 091 552 818 - 20 €.* Un restaurant-pub populaire qui propose un menu simple et une addition raisonnable.

En soirée

Druid Theatre – *Courthouse Lane - ✆ 091 568 617 (billetterie) - www.druidtheatre.com.* Salle réputée spécialisée dans les œuvres d'avant-garde.

Irish Theatre *(An Taibhdhearc na Gaillimhe) – Middle Street - ✆ 091 563 600 (billetterie) - www.taibh.ie.* Ce théâtre crée des productions irlandaises : musique, chant, danse et théâtre.

Musique garantie, tous les jours dans les pubs : *King' Head (High Street), Tis Coili (Main Guad Street)* et *Taaffe's (Shop Street).*

Sports et loisirs

Galway Sailing Club – *✆ 091 94527.* Motonautisme, promenades en dinghy, planche à voile et cours de voile.

Pêche à la ligne – À Oughterard, sur le Lough Corrib.

Agenda

Galway Pœtry & Literature Festival – En mars, lectures publiques de poèmes, débats autour de la littérature et pièce de théâtre.

Festival des Arts de Galway – 10 jours en juil. Il rassemble chaque année amateurs des arts de la scène tandis que le **Galway Film Fleadh** révèle les talents du cinéma.

Galway Race Week – La dernière quinzaine de juil., cette course attire des centaines de milliers d'amateurs hippiques. Événement immense et folle ambiance en ville.

Gathering of the Boats *(Crinniú na mBád)* – En août, rassemblement de bateaux dans la baie de Kinvarra réunissant des hourques, barques traditionnelles de pêche amoureusement restaurées.

Foire aux Huîtres *(Oyster Festival)* – Le clou de cette foire traditionnelle, qui se déroule le dernier week-end de sept., est le championnat des ouvreurs d'huîtres. On élit la « Perle de l'huître », dont la mission est de faire gober une huître au maire de Galway et de chanter *The Fields of Athenry.*

Limerick★★

90 757 HABITANTS – COMTÉ DE LIMERICK
CARTE MICHELIN N° 712 G9-10 – CARTE GÉNÉRALE RABAT II B3

Implanté au dernier endroit où l'on pouvait traverser le Shannon à gué avant son estuaire, Limerick est le cœur administratif et commerçant du centre-ouest, et la quatrième ville d'Irlande. Ses trois quartiers historiques sont encore distincts aujourd'hui : défendue par une des plus impressionnantes forteresses d'Irlande, la ville anglaise médiévale (English town) occupe King's Island (l'île du Roi) ; la ville irlandaise (Irishtown) est aujourd'hui le centre moderne ; et le quartier georgien de Newtown Pery a été aménagé au 18e s. sur un plan en damier. Son passé particulièrement tumultueux, alternant périodes de folle abondance et de grande pauvreté, a profondément marqué Limerick. Mais aujourd'hui, avec son université récente (1972), les multinationales d'informatique qu'elle a su attirer et la proximité de l'aéroport de Shannon, c'est une ville extrêmement accueillante, en plein renouveau économique où des bâtiments neufs poussent chaque jour et où d'anciens quartiers délabrés jouissent désormais d'un aspect piétonnier et pimpant. Culturelle, elle a inspiré l'écrivain Franck McCourt ou des groupes comme les Cranberries ; passionnément sportive, elle se dote d'un nouveau stade, Thomond Park, qui accueillera bientôt 25 000 spectateurs et abritera un grand musée du rugby.

- **Se repérer** – Riche d'un passé fascinant, Limerick *(Luimneach)* est la première ville de l'ouest irlandais, dans un comté aux paysages légèrement vallonnés, à la beauté tranquille et au charme rural. C'est le point de jonction de la route N 7 venant de Dublin et de la N 24 de Waterford avec la N 18 de Galway, la N 20 de Cork, la N 21 de Tralee et la N 69, qui suit la rive sud de l'estuaire du Shannon.
- **À ne pas manquer** – The Hunt Museum, St Mary's Cathedral, la forteresse de King John's Castle, Killaloe.
- **Organiser son temps** – Prévoir une journée.
- **Avec les enfants** – Folk Park au Bunratty Castle.
- **Pour poursuivre le voyage** – Voir aussi Portumna, Birr et la vallée du Shannon, Ennis, Tralee.

Comprendre

La ville assiégée – En 922, les Vikings venus du Danemark remontent le Shannon et établissent une colonie sur King's Island. De là, ils partent piller les riches régions agricoles à l'intérieur des terres. Pendant plus d'un siècle, la ville est attaquée sans succès par les forces irlandaises, avant que le roi d'Irlande **Brian Ború** ne parvienne enfin à la mettre à sac et à en chasser les occupants.

Les Normands capturent la ville en 1194 et s'implantent fermement dans la cité et la région ; ils bâtissent la grande forteresse appelée le château du roi Jean, ainsi que des murs d'enceinte ; mais ils parsèment aussi la campagne alentour de centaines d'autres forts.

En 1642, Limerick est assiégé six mois par les partisans de Cromwell. Un autre siège plus terrible encore a lieu en 1690-1691. Après la bataille de la Boyne en juillet 1690, et malgré la fuite de Jacques II en France, l'armée jacobite vaincue se replie à Limerick. Là,

La chevauchée Sarsfield

Gentilhomme de vieille ascendance catholique anglaise, **Patrick Sarsfield** fait preuve d'audace et d'efficacité à la tête de ses troupes au cours des combats de 1690-1691. Début août 1690, informé par un déserteur, il parvient à quitter la ville assiégée avec 600 cavaliers. Il fait route vers le nord, puis vers l'est, passant à gué le Shannon en amont du pont de Killaloe, tenu par les orangistes. Après la traversée des monts Silvermine vers le sud, il intercepte et détruit à Ballyneety *(30 km au sud de Limerick)* un convoi destiné aux assiégeants. On entend le bruit des explosions jusque dans Limerick assiégée. Par ce coup d'éclat, Sarsfield gagne du temps mais ne remporte pas la victoire. Après avoir négocié le Traité de Limerick, il part pour la France avec 10 000 soldats irlandais, les célèbres « oies sauvages ». Beaucoup se distinguent dans l'armée française. Sarsfield mourra à la guerre au service de Louis XIV en 1693.

sous le commandement hardi de Patrick Sarsfield, elle est assiégée par Guillaume d'Orange. Guillaume abandonne le siège à la fin août. Mais l'année suivante, une autre armée orangiste conduite par le général Ginkel revient à l'attaque, pendant qu'une flotte anglaise forme un blocus sur le Shannon. Sarsfield négocie la paix, qui lui est accordée dans les termes étonnamment généreux du **Traité de Limerick**. Les troupes irlandaises bénéficient d'un sauf-conduit pour rejoindre la France et, de manière générale, on accorde aux catholiques de nombreux droits et privilèges, dont la liberté de culte. Mais le traité ne sera ratifié que partiellement par le Parlement irlandais, et les lois pénales promulguées à partir de 1695 seront considérées comme une trahison par les catholiques.

La dentelle de Limerick

Cet artisanat est introduit à Limerick vers 1820 par des dentelliers anglais. À son apogée, au 19e s., la fabrique locale emploie environ 900 jeunes filles. Sur une trame de coton réalisée à la machine, un fil fin ou épais selon les cas dessine des motifs celtiques, que viennent remplir des points de couture décoratifs.

Du 18e au 20e s. – En dépit d'une grande révolte paysanne qui a eu lieu dans la région au 18e s., le conseil municipal prend la décision de faire démolir la quasi-totalité des murs d'enceinte de la ville en 1760. Le 18e s. est aussi marqué par le dernier sursaut de la culture irlandaise traditionnelle. Au 19e s., après l'émigration entraînée par la Grande Famine des années 1840, le gaélique cesse d'être en usage à Limerick. Au début du 20e s., Limerick et son comté sont des bastions du nationalisme et de la révolution populaire. Trois des chefs du soulèvement de Pâques de 1916 viennent de cette région : le plus célèbre, **Eamon De Valera** (1882-1975), deviendra par la suite Premier ministre *(Taoiseach)* et président de la république d'Irlande. En 1919, au début de la guerre d'Indépendance qui durera trois ans, la grève générale est déclarée à Limerick pour protester contre l'occupation militaire anglaise, et un soviet est instauré dans la ville.

Se promener

King's Island, comme son nom d'« île » l'indique, est pratiquement encerclée par le Shannon et son affluent l'Abbey. Facile à défendre, c'était donc un site idéal pour les implantations vikings et normandes. Le plan des rues et certains des bâtiments rappellent encore les origines médiévales de Limerick.

Jetez un coup d'œil, sur le quai, aux vestiges du **Potato Market** (« marché aux pommes de terre »), au pied de la cathédrale.

St Mary's Cathedral★★ B1

Mai-nov. : tlj sf dim. 9h30-16h30 ; le reste de l'année : 9h30-13h. Offrande. ✆ 061 310 293. www.limerick.anglican.org

Plus ancien bâtiment de Limerick, la cathédrale anglicane a été construite en 1168 par le roi de Munster Dónall Mòr O'Brien. Certaines parties du palais du roi ont été intégrées à l'église d'origine (autrefois cruciforme) construite dans un style roman de transition. Il est possible que le portail ouest ait été autrefois l'entrée du palais. Dans la chapelle Jebb, les stalles du chœur en chêne noir et leurs miséricordes remarquablement sculptées, réalisées au 15e s., sont les dernières de ce type existant en Irlande. Le retable du maître-autel a été sculpté par le père (anglais) de Patrick Pearse. Dans le bras gauche du transept, sous la fenêtre, on pourra admirer les belles sculptures du **mémorial d'Arthur** (Geoffrey Arthur, trésorier de la cathédrale, mort en 1519), et du petit guichet des lépreux *(à droite)*. Dans le bras droit se trouve le tombeau Galway-Bultingfort, également du 15e s.

Poursuivre sur Nicholas Street.

De l'**ancienne Bourse** *(Old Exchange)*, construite en 1673, ne subsistent que sept colonnes toscanes reliées entre elles par des briques pour former un mur.

Prendre à gauche une rue latérale.

Les **hospices des Corporations** *(Almshouses)*, dits aussi Hospices à 40 shillings ou Hospices des veuves, ont été construits en 1691 par le conseil municipal de Limerick pour loger vingt veuves.

Limerick City Museum★ A1

♿ *Tlj sf lun. 10h-13h, 14h15-17h. Fermé j. fériés. ✆ 061 417 826. www.limerickcity.ie*

Rebaptisé Jim Kemmy Municipal Museum, du nom du député Jim Kemmy, le musée donne un aperçu très complet de la ville et de son histoire. Il s'intéresse tout particulièrement à la fin du 19e et au début du 20e s. Une vaste collection d'objets en argent du 18e s. évoque un des métiers traditionnels de Limerick, autrefois florissant. La **dentelle de Limerick** était réputée pour sa grande finesse ; on admire des spécimens de dentelle au tambour, à l'aiguille et en ruban. En pierre calcaire recouverte de cuivre, l'**Ongle** *(Nail)* de l'ancienne Bourse servait de support pour régler les transactions commerciales. « Payer rubis sur l'ongle » *(paying on the Nail)* était une pratique commune dans les centres de commerce anglais. Dans les étages sont exposés les objets découverts au cours des fouilles dans la rivière Abbey.

King John's Castle★ A1

Juil.-août : 9h-18h ; avr.-juin et sept.-oct. : 9h30-17h30 ; nov.-mars : 10h30-16h30 ; dernière entrée 1h av. fermeture ; sujet à modification : confirmer par tél. 9 €. Spectacle audiovisuel (20mn). 061 411 201 (château), 061 360 788 (réservations du Shannon Heritage). www.shannonheritage.com

Gardant le pont de Thomond sur la rive est du Shannon, le château du roi Jean sans Terre, qui n'y est jamais venu, est un bel exemple d'architecture normande fortifiée, et la plus importante forteresse normande à l'ouest du pays. Au **centre d'accueil** *(Visitor Centre)* moderne, des présentations audiovisuelle et multimédia retracent

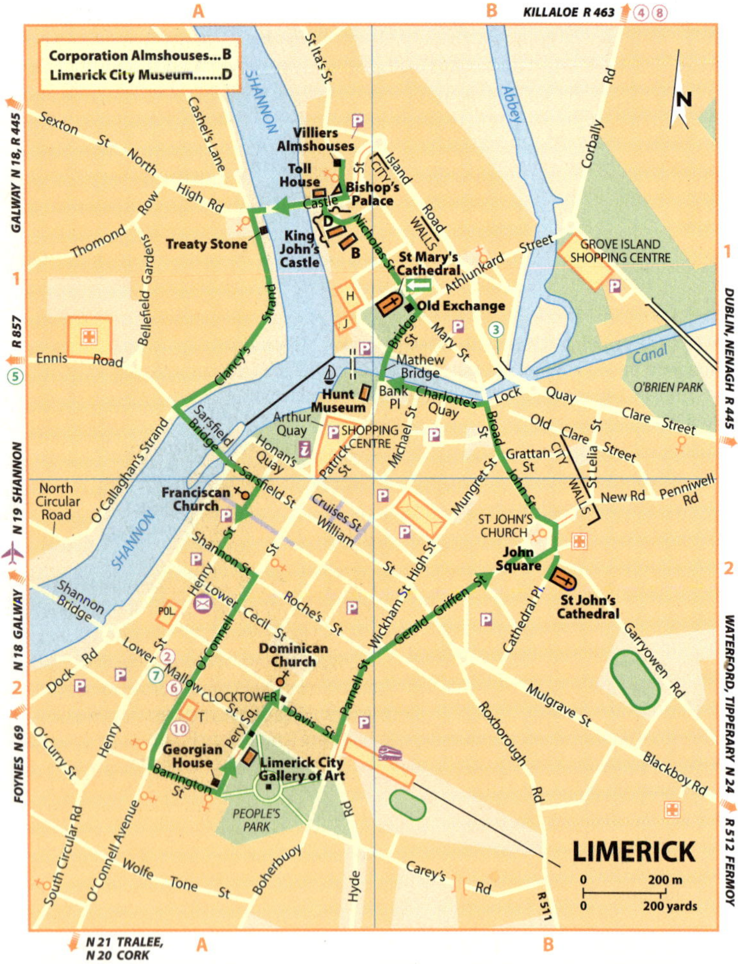

SE LOGER		SE RESTAURER	
Absolute Hotel	3	Brûlées	2
Clifton House	5	Cherry Tree	4
Jurys Inn	7	Chimes	6
		Crotty's Pub	8
		Market Square Brasserie	10

l'histoire du château et de la ville. Il est construit sur des piliers pour laisser voir au-dessous le chantier des fouilles archéologiques, qui ont mis au jour des fortifications antérieures aux Normands et trois maisons.

Le château a été construit entre 1200 et 1216 ; il est dépourvu de donjon ; de massives tours rondes renforcent la porte et les courtines, autrefois plus hautes qu'aujourd'hui pour mettre en échec les machines de siège.

Au 17e s., un bastion à canons en forme de losange a été ajouté (1611) à l'angle sud-est. Les autres tours et les chemins de ronde ont été abaissés pour accueillir des canons. Les réparations effectuées après le bombardement du général Ginkel en 1691 sont encore visibles depuis le pont de Thomond. Au milieu du 18e s., une caserne, aujourd'hui démolie, a été construite dans l'enceinte du château et, vers 1793, la partie est des fortifications a été détruite pour agrandir la place d'armes. Dans la cour, on peut admirer des reproductions d'engins de guerre : mangonneaux (lanceurs de pierres), trébuchets et béliers. Sur les remparts, entre la tour du pont et la tour nord-ouest, le chemin de ronde offre un très beau panorama sur le Shannon, la ville et ses environs.

Traverser Castle Street.

Le **Bishop's Palace**, plus vieille maison d'habitation de Limerick, a été conçu dans le style palladien par un enfant du pays, Francis Bindon (env. 1690-1765). Elle abrite aujourd'hui le Limerick Civic Trust. *Tlj sf w.-end 10h-16h. ✆ 061 313 399 (Limerick Civic Trust).*

Poursuivre sur Castle Street.

Les **hospices Villiers** *(Villiers Alnshouses)* ont été créés en 1826 pour douze veuves protestantes pauvres. À chacune était versée une allocation de 24£ par an. Conçus par James Pain, ils bordent sur trois côtés une cour intérieure dans le jardin de l'évêché.

Redescendre Castle Street jusqu'au pont de Thomond.

Près du pilier est du pont, la **Toll House**, octroi aux remparts crénelés de style gothique, a été bâtie en 1839, l'année où le pont de Thomond a été reconstruit.

Traverser le pont de Thomond.

La **pierre du Traité** *(Treaty Stone)*, bloc calcaire sur lequel le Traité de Limerick aurait été signé, a été installée sur un piédestal et déplacée ici en 1865. Autrefois, elle se trouvait de l'autre côté de la rue, devant le pub du Black Bull, mais elle servait de marchepied pour monter à cheval et les chasseurs de souvenirs la détérioraient.

Poursuivre vers le sud le long de Clancy's Street et traverser le pont de Sarsfield. Prendre Henry Street à droite.

Franciscan Church A2

À cause de l'étroitesse de la rue, il est difficile d'avoir une vue d'ensemble de l'impressionnant portique corinthien de l'église franciscaine. À l'intérieur, l'abside est ornée de marbre multicolore et de mosaïques. Tout autour, les niches abritent des représentations de nombreux saints de l'ordre. Le reliquaire de saint Antoine est une reproduction en miniature du chœur.

Au prochain croisement, prendre à gauche, puis emprunter à droite O'Connell Street et marcher vers le sud jusqu'au Crescent.

La vieille ville irlandaise, qui s'est développée sur la rive sud de la rivière Abbey, à l'extérieur des murs de la ville anglaise, forme aujourd'hui le cœur de la cité moderne. Son extension vers le sud constitue un bel exemple d'aménagement urbain : des **rangs de maisons en brique rouge** se succèdent pour former de larges rues parallèles. Cette partie de Limerick a été appelée **Newtown Pery**, en hommage à Edmond Sexton Pery (1719-1806), président de la Chambre des communes irlandaise de 1771 à 1785.

Sur le Crescent, prendre à gauche Barrington Street et déboucher à gauche sur Pery Square.

Maison georgienne★ A2

2 Pery Square. Lun.-vend. 9h-16h (dernière entrée). Maison et jardin 6 € (famille 2+2 16 €). ✆ 061 314 130.

Face à People's Park, une *terrace* de six maisons georgiennes représente la quintessence du quartier Newtown Pery, œuvre en 1838 de la Pery Tontine Company. Une des maisons, savamment restaurée, a retrouvé la splendeur de l'architecture et de la décoration georgiennes. Le sous-sol en mezzanine est un élément original. Le jardin aussi a été fidèlement réaménagé. Dans la remise à voitures à l'arrière, **Ashes**

Exhibition raconte le tournage du film tiré du célèbre roman *Les Cendres d'Angela*, de l'écrivain du pays Franck McCourt, qui narre avec verve et humour, l'échec d'une émigration vers les États-Unis et la vie misérable des pauvres gens de Limerick pendant son enfance.

Limerick City Gallery of Art A2

Pery Square. ♿ 10h-18h, jeu. 10h-19h, sam. 10h-13h. Fermé Noël, 1er janv. ✆ 061 310 633. www.limerickcorp.ie

Autrefois bibliothèque Carnegie, cette galerie d'art qui s'élève sur deux étages présente une collection permanente d'œuvres de peintres irlandais reconnus, comme Sean Keating, Jack B. Yeats ou Evie Hone, souvent enrichie par des expositions temporaires.

Poursuivre jusqu'à l'extrémité de Pery Square.

St Saviour's Dominican Church A2

Apportée des Flandres en 1640, la statue de Notre Dame de Limerick a été offerte aux dominicains en signe d'expiation par un marchand de Limerick. Son oncle avait condamné à mort John Burke, pour avoir autorisé un prêtre catholique à dire la messe chez lui, à une époque dure des persécutions religieuses. Le calice de Kilmallock date de 1649. Les Stations de la Croix et la fresque qui orne l'arc de la nef sont dues au frère Aengus Buckley, un prêtre dominicain de la ville.

Sur Pery Square, prendre à droite Davis Street, puis emprunter à gauche Parnell Street et prendre à droite Gerald Griffin Street.

Le Limerick

Au 18e s., une école de poésie gaélique rustique fleurit sur les rives de la Maigue et de son affluent, la Loobagh. Un de ses membres, Aindrias Mac Craith, est un maître d'école clandestin. Habile versificateur, en anglais comme en gaélique, Mac Craith est mort en 1795 dans la maison du 15e s. qui se trouve à côté du pont de Kilmallock. Il repose au cimetière de la collégiale. Peut-être est-il le co-inventeur de la forme poétique typiquement irlandaise appelée limerick, un épigramme burlesque en cinq vers. Un jour, dans une compétition poétique avec un confrère tenancier de pub appelé Seán Ó Tuama, il écrit :

« O'Toomey ! You boast yourself handy
At selling good ale et brandy,
But the fact is your liquor
Makes everyone sicker
I tell you that, I, your friend Andy. »

« O'Toomey ! Tu te vantes d'être utile
À vendre bonne bière et brandy
Mais la vérité, c'est que ta boisson
Rend les gens plus malades
Moi, ton ami Andy, je te le dis. »

John Square★ B2

Cette place dessinée en 1751, est uniformément bordée sur trois côtés de maisons à trois niveaux, simples façades en pierre calcaire soulignées par des architraves épaulées au-dessus des portes principales, et des architraves simples au-dessus des niches en brique rouge.

À l'origine, ces demeures étaient celles de riches citoyens de Limerick. Aujourd'hui restaurées, elles abritent principalement des cabinets d'avocats ou de médecins. Le dernier côté de la place est occupé par un beau monument de pierre calcaire, l'ancienne église désaffectée de **St John's Church**, construite en 1843.

St John's Cathedral★ B2

Cathedral Place, par le côté sud de John Square. Possibilité de visite guidée. ✆ 061 414 624.

Construite en 1861 dans le style néogothique, la cathédrale catholique se dresse à l'extrémité sud de la vieille ville irlandaise. Achevée en 1883, sa flèche est la plus haute d'Irlande avec ses 85 m.

Prendre John's Street, puis Broad Street et touner à gauche sur Charlotte Quay. En face du pont c'est l'esplanade du musée Hunt.

Hunt Museum★★★ A1

♿ Visite guidée (1h) 10h-17h, dim. 14h-17h. 7,50 €. ✆ 061 312 833. www.huntmuseum.com

Cette ancienne maison des douanes du 18e s., dessinée par l'architecte italien David Duchart, offre un cadre à la hauteur pour la remarquable collection d'art et d'antiquités, accumulée et léguée au peuple irlandais par John (1900-1976) et Gertrude Hunt (1903-1995), mécènes et experts reconnus en arts religieux et médiéval. Très bien pensée, la présentation permet de découvrir la collection tout en donnant un aperçu de la vie quotidienne et familiale de ce couple remarquable *(voir aussi Craggaunowen, p. 364)*, qui disparut sans voir leur don généreux installé dans son écrin. La collection Hunt embrasse toutes les époques, avec des œuvres de tous les formats. Parmi les pièces maîtresses, on peut admirer la sculpture en bois *Apollon, génie des arts*; un petit cheval de bronze attribué à Léonard de Vinci; des dessins de Giacometti ou Picasso, et un saisissant autoportrait par Robert Fagan (env. 1745-1816), peintre de l'école anglaise et marchand d'antiquités à Rome. La section consacrée à l'archéologie concerne les anciennes civilisations d'Égypte, de Grèce et de Rome, mais aussi des trésors irlandais, comme la **cloche de Cashel** *(voir p. 215)* et la croix d'Antrim, ainsi qu'une galerie de bijoux où est exposée la croix de Marie Stuart. L'art religieux est présenté de manière spectaculaire dans le Trésor. Là, parmi les mille reflets de l'argent et des pierres précieuses, brille une pièce de monnaie grecque, qui, selon la tradition, serait l'un des trente deniers d'argent versés pour la trahison de Judas.

Revenir à la cathédrale par Mathew Bridge, puis Bridge Street.

Aux alentours

Cratloe Woods House

8 km à l'ouest par la N 18. ♿ De déb. juin à mi-sept. : visite guidée tlj sf dim. 14h-18h ou sur demande. ✆ 061 327 028.

Un pavillon rouge marque l'entrée du domaine qui a fourni le bois de chêne pour le plafond de Westminster Hall, à Londres.

Construite en 1600, la demeure constitue, en dépit des modifications apportées par la suite, un des rares exemples de « grande maison » *(long house)* irlandaise. À l'intérieur, on peut découvrir le mobilier et les intéressants souvenirs des propriétaires, descendants directs de Brian Ború et des O'Brien, la famille la plus puissante du comté. Sur le côté nord de la route, couvrant les pentes basses de Woodcock Hill, le **bois de Cratloe** entoure un lac et incite à des randonnées forestières. De là se dégage une belle **vue★** sur l'estuaire du Shannon à partir du parking *(à 1,2 km de la route).*

Bunratty Castle★★

11 km à l'ouest par la N 18. ♿ Juin-août : 9h-18h30 ; sept.-mai : 9h30-17h30 (dernière entrée 1h av. fermeture) ; horaires sujets à modifications, vérifier par tél. Fermé Vend. saint, 24-26 déc. Château et Folk Park 14 € (après 16h). Possibilité de visite guidée du château. Plan de visite. Banquet médiéval avec contes, musique et chants irlandais : avr.-oct. 19h (suivant demande) ; 50 € (famille 145 €). ✆ 061 360 788 (réservations du Shannon Heritage). www.shannonheritage.com

Redoutable gardienne dressée sur la grand-route entre Limerick et Ennis, voici sans doute la plus belle des **maisons fortes** irlandaises. Bâtie en 1460 par le puissant clan O'Brien, elle s'élève à l'emplacement de fortifications plus anciennes, à l'embouchure de la Bunratty sur l'estuaire du Shannon.

Le château a été restauré dans les années 1950 pour retrouver son aspect du 16e s. Il abrite la collection Gort de mobilier et tapisseries du 14e au 17e s. En soirée, des banquets pseudo-médiévaux pour vastes groupes de touristes sont organisés dans la grande salle au beau **plafond de chêne**.

Le **Folk Park** fait revivre de manière remarquable et convaincante les activités paysannes en Irlande au tournant du 20e s., au moment de la révolution agricole, dans des bâtiments transférés de leurs sites d'origine ou reconstitués : une forge, avec son soufflet et la panoplie d'outils du maréchal-ferrant ; un moulin et sa roue ; des maisons typiques de plusieurs régions ; une ferme des montagnes avec son lit à dossier et son dallage de pierre ; une ferme du Val d'Or *(Golden Vale)* au toit de chaume plus travaillé.

Le **village** regroupe des échoppes typiques de l'époque : la boutique du prêteur sur gages, un pub, un bureau de poste, une quincaillerie, une épicerie, une boutique de drapier, une imprimerie avec son matériel de typographie et sa presse manuelle.

Construite en 1804, **Bunratty House** est une adaptation locale de la maison georgienne à deux étages, très répandue en Irlande. Dans la cour de la ferme, vous trouverez la **collection Talbot de machines agricoles**.

Circuits de découverte

MAIGUE VALLEY

Au départ de Limerick, prendre vers le sud la R 512 ; après 13,5 km prendre à gauche.

Lough Gur Interpretive Centre★

♿ *Mai-sept. : 10h-18h ; horaires sujets à changements, vérifier par tél. 5,25 € (famille 13,50 €). ✆ 061 385 186 (site), 061 360 788 (réservations du Shannon Heritage). www.shannonheritage.com*

Entouré de petites collines, le Lough Gur, en forme de fer à cheval, est le plus grand plan d'eau du comté de Limerick. La région qui l'entoure est un des lieux habités les plus anciens d'Irlande, avec une exceptionnelle richesse de cromlechs, pierres levées, chambres funéraires et cairns. Les fouilles y ont fourni de très intéressantes informations concernant la vie à l'âge de la pierre. De nombreux vestiges des âges de la pierre et du bronze, ainsi que des maquettes de cromlechs et chambres funéraires sont présentés dans la cabane à toit de chaume du centre d'accueil. Un film retrace la vie des hommes du néolithique dans la région.

Retourner à l'embranchement en T et prendre la R 512 à gauche ; poursuivre vers le sud par Holycross et Bruff.

Kilmallock★

Le bourg s'est développé autour d'une abbaye, fondée au 7e s. par saint Mocheallog. Kilmallock était le fief du clan Fitzgerald (famille géraldine) et une des plus grandes villes de la province du Munster, avec un mur d'enceinte, un château et quatre portes. En 1568, elle est incendiée pour ne pas tomber aux mains des Anglais. Un siècle plus tard, après le départ de Cromwell, ses fortifications et nombre de ses bâtiments ne sont plus que ruines. La ville souffre encore pendant les guerres orangistes. Elle ne retrouvera jamais sa gloire passée.

Au bord de la petite rivière Loobagh se dressent les ruines de **l'abbaye de Kilmallock★**, vestiges d'une fondation au 13e s. par les dominicains. On peut encore admirer une belle fenêtre du transept et la tour de 27 m, élégamment supportée par d'étroites arcades, mais dont l'un des angles s'est effondré. À l'entrée de l'abbaye se trouve un petit **musée** de la ville. *Tlj sf dim. 14h-17h. Contribution. ✆ 063 98259.*

Dans la **collégiale★** catholique du 13e s., dédiée aux saints Pierre et Paul, les murs et les arcades de la nef et du bras droit du transept sont restés presque intacts. La tour est un tronçon d'un ancien clocher rond.

Une partie importante des **murs de la ville** est encore debout, des abords de la collégiale jusqu'à Blossom's Gate.

Blossom's Gate, la « porte des fleurs », qui garde l'entrée de Kilmallock par l'ouest, est la seule subsistante des portes qui défendaient la ville médiévale.

Le **château du Roi** *(King's Castle)*, maison forte du 15e s., occupe l'emplacement d'une forteresse plus ancienne bâtie pour défendre la vallée de la Loobagh. Pendant les guerres de 1645-1651, les Irlandais en font un arsenal et, plus tard, les troupes de Cromwell s'en serviront comme hôpital.

Au départ de Kilmallock, prendre vers l'ouest la R 518 jusqu'à Bruree.

De Valera Museum

Bruree. ♿ 10h-17h, w.-end 14h-17h. 4 €. Spectacle audiovisuel (20mn). ✆ 063 90 900.

Le musée-centre du patrimoine consacré à l'ancien président de la République a été aménagé dans la vieille école nationale de **Bruree**, entre un très ancien pont à six arches qui enjambe la Maigue

Eamon De Valera

Eamon De Valera (1882-1975) est né à New York d'un père espagnol et d'une mère irlandaise, mais il a été en grande partie élevé par son oncle, près de **Kilmallock**. Il a été emprisonné à plusieurs reprises : d'abord par les Britanniques, qui ne l'ont pas exécuté après le soulèvement de Pâques de 1916, uniquement parce qu'il était américain de naissance ; puis par les autorités de l'État libre, quand il a pris le parti des Républicains pendant la guerre civile. En 1926, il fonde le parti du Fianna Fáil. En 1932, il devient Premier ministre *(Taoiseach)*. Il maintient la neutralité de l'Irlande pendant la Seconde Guerre mondiale. Entre 1959 et 1973, il est président de la république d'Irlande. Farouchement nationaliste au plan politique, il était très conservateur dans sa vision personnelle de l'évolution de la société irlandaise. Il a notamment déclaré : « Chaque fois que j'ai souhaité connaître la volonté du peuple irlandais, je n'ai eu qu'à sonder mon propre cœur. »

et le vieux moulin, dont la roue est remarquablement bien conservée. On a disposé sur le pupitre de De Valera, gravé à ses initiales, les cahiers scolaires dont il s'est servi. De Valera se rendait à pied à l'école du **cottage** où il vivait avec son oncle *(2,5 km au nord sur la route d'Athlacca).*

De Bruree, emprunter la petite route vers le nord ; à Athlacca, tourner à gauche vers Croom.

Croom Mills

9h-18h (plus tard en été). ✆ 061 397 130 (Mary Hayes). www.croommills.com

Le moulin établi par Denis Lyons en 1788 sur la Maigue organise des présentations interactives, qui expliquent aux visiteurs son fonctionnement, avec une exposition et un spectacle audiovisuel. Les restaurants ont une jolie vue sur le bief qui alimente la roue toute proche.

Prendre à partir de Croom la route secondaire qui mène à Monaster.

Monasteranenagh Abbey★

D'impressionnantes ruines, dont de hauts pans de murs, se dressent sur la rive de la Camoge. Ce monastère cistercien, repris par des moines de Mellifont *(voir p. 167)*, a été fondé au 12e s. par Turlough O'Brien, roi de Thomond, en action de grâces pour sa victoire sur les Danois en 1148 à la bataille de Rathmore.

LOUGH DERG

Au départ de Killaloe, à 15 km au nord-est de Limerick par la R 463.

Killaloe★

La petite ville de Killaloe occupe un site charmant sur la rive ouest du Shannon, à l'endroit où le fleuve, à sa sortie du lac Derg, passe dans un étroit goulet entre les monts Arra, à l'est, et le Slieve Bernagh, à l'ouest. Avec sa cathédrale et son pont de pierre, ce village aux rues étroites et pentues est classé ville du Patrimoine irlandais.

St Flannan's Cathedral★ – *Fermeture à la tombée de la nuit - visite guidée de la tour : en principe de Pâques à fin sept. 11h-16h30, quand la boutique est ouverte. Contribution pour la cathédrale ; clocher. ✆/fax 061 376 687.* Austère, dépourvue de bas-côtés, la **cathédrale** s'élève sur le site d'un monastère fondé au 6e s. par saint Molua. Elle a été consacrée à son successeur saint Flannan. La construction est entreprise en 1185 par Dónall Mór O'Brien. Mais, dès 1225, l'église est remaniée, mariant ainsi les styles roman et gothique visibles aujourd'hui. Ses éléments les plus remarquables sont un **portail roman** du 12e s. superbement ouvragé ; une croix, du 12e s. également, provenant de Kilfenora, dans le Burren *(voir p. 332)* ; et un fût de croix sculpté vers l'an 1000, portant une inscription double unique en son genre, gravée à la fois en **caractères oghamiques et runiques**.

St Flannan's Oratory – À côté de la cathédrale se dresse la nef voûtée d'un oratoire roman du 12e s. ; une soupente a été aménagée sous son toit de pierre en pente raide.

St Molua's Oratory – L'oratoire a été édifié vers l'an 1000 sur une île baignée par le Shannon. Dans les années 1920, quand on a construit le barrage hydroélectrique qui a noyé l'île, on l'a transféré pierre par pierre au sommet d'une colline derrière l'église catholique.

Kilaloe Heritage Centre – *Mai-sept. : 10h-18h. 3,20 € (famille 2+4 9 €) ; horaires variables, vérifier par tél. ✆ 061 361 511 (réservations du Shannon Heritage). www.shannonheritage.com.* Le **Centre du patrimoine** évoque à travers peintures et textes le passé du village et ses activités de navigation et de pêche, de la naissance de BrianBorú, haut roi d'Irlande (1002-1014), à la construction du barrage d'Ardnacrusha, en passant par la guerre civile.

Prendre la R 463 vers le nord ; 1,5 km plus loin, tourner à droite (panneau) pour emprunter la piste (800 m) ; passer à travers champs.

Béal Ború Earthwork

Entouré d'un profond fossé et d'un bosquet de hêtres et de pins, ce vaste fort circulaire en terre domine les berges du Lough Derg. Son nom, qui signifie « passe des hommages », est à l'origine du surnom de Brian Ború.

Poursuivre vers le nord sur la R 463.

Tuamgraney

Le village est connu pour être le lieu de naissance de la romancière populaire Edna O'Brien *(voir p. 94)*. À son extrémité sud se dresse une maison forte du 15e s. À côté s'élève l'église anglicane St-Cronan qui serait la plus ancienne d'Irlande ou de

Grande-Bretagne où le culte a été pratiqué sans interruption. Sa façade, avec son portail à linteau, date de 969, son chevet du 12e s. Remarquez les fenêtres romanes. Aujourd'hui, le **East Clare Heritage Centre**, centre du patrimoine de l'est du comté de Clare, qui présente l'histoire locale, avec la vie et l'époque de Brian Ború, y est aménagé. *Juin-oct. : spectacle audiovisuel (10mn). 5 €. Visite guidée sur demande.* *✆ 061 921 351. www.eastclareheritage.com*

Le parc commémoratif **Memorial Park** *(300 m à l'ouest du village)*, planté d'arbres et arbustes originaires du comté, honore les victimes de la Grande Famine de 1845-1852.

Poursuivre vers le nord sur la R 463 jusqu'à Mountshannon.

Holy Island★

Abritant les vestiges étendus et évocateurs d'un monastère du 7e s., l'île est une destination romantique pour une petite croisière sur le Lough Derg. On y trouve les ruines d'au moins six églises et un **clocher rond** de 24 m, ainsi qu'une étrange **pierre des négociations** *(bargaining stone)* : elle permettait, paraît-il, aux hommes de sceller leurs accords par une poignée de main au travers de l'étroite cavité qui la transperce.

MOUNTAIN DRIVE

Route de la montagne : à partir de Killaloe, prendre la R 463 vers le sud ; à O'Briensbridge, traverser le Shannon ; à Montpelier, tourner à droite vers Castleconnell.

Castleconnell★

Ce petit village coquet sur la rive du Shannon est idéal pour la pêche au saumon et les promenades sous les arbres.

À partir de Castleconnell, rouler vers l'est sur une petite route (qui coupe la N 7) ; emprunter à gauche la R 503 ; à l'est de Newport, tourner à droite (panneau) ; parkings des deux côtés de la rivière.

Clare Glens★

La rivière Clare coule en effectuant une série de jolies **chutes** qui cascadent le long de vallons boisés.

Poursuivre vers le sud sur la route secondaire qui mène à Murroe ; entrer par les grilles du domaine de l'abbaye.

Glenstal Abbey

Le domaine et des lacs majestueux entourent le château, aujourd'hui monastère et collège bénédictin *(fermé au public)*. L'église contemporaine est connue pour sa décoration surréaliste et pour sa chapelle aux Icônes, dans la crypte. *6h30-21h30.* *✆ 061 386 103. www.glenstal.org*

Revenir sur la R 503 et poursuivre vers l'est. Au carrefour près de Inch, prendre à gauche la R 497. Rouler vers le nord via Dolla jusqu'à Nenagh.

Nenagh Castle★

Nenagh, importante ville de garnison au 19e s., est aujourd'hui chef-lieu du comté et centre commerçant du district nord de Tipperary.

L'énorme donjon circulaire haut de 30 m est le plus beau d'Irlande. Avec sa grande salle du 13e s. (restaurée), il évoque le château construit ici vers 1200 par les Anglo-Normands.

Le monastère franciscain du 13e s., autrefois l'un des plus renommés d'Irlande, a été dissous sous le règne d'Elizabeth Ire, et a fini par tomber en ruine. Seuls subsistent les murs de l'église.

Au départ de Nenagh, prendre la R 494 vers l'ouest. Après Portroe, emprunter au panneau la petite route à gauche.

Graves of the Leinstermen

Sur la face ouest du Toutinna (461 m), cet ensemble de pierres préhistoriques, surnommées « Tombes des hommes du Leinster », marque sans doute une des premières implantations humaines en Irlande. De là, on a des **vues★** étendues sur une bonne partie du Lough Derg jusqu'à Slieve Bernagh.

Poursuivre le long d'une route secondaire. Prendre à gauche la R 494. À Ballina, prendre à droite la direction de Killaloe.

Limerick pratique

Adresses utiles

Arthur's Quay - ✆ 061 317 522 - www.shannonregiontourism.ie. Accueil précis et personnalisé dans cette ville pas encore bondée de touristes. Nombreux plans de randonnées.

À KILLALOE

The Bridge - ✆ 061 376 866 - mai-sept.

À NENAGH

Connolly Street - ✆ 067 31610 - de mi-mai à mi-sept.

Transports

Aéroport international de Shannon – *À 24 km de Limerick, par la N 18 - ✆ 061 712 000 - www.shannonairport.com*

À KILLALOE

Bac de Holy Island (l'île sainte) – *✆ 061 921 615 - si le temps le permet, dép. de Mountshannon - mai-oct. : 9h30-18h30.*

Visites

Visites guidées à pied – *✆ 061 327 108 ou 087 635 3648 - dép. Arthur's Quay lun.-vend. 11h (circuit historique) et 14h30 (Angela's Ashes Tour) ; w.-end : se rens.* Circuits historiques et circuit *Les Cendres d'Angela* (d'après le célèbre roman de Frank McCourt, *voir p. 94*).

Découverte de l'estuaire du Shannon – *Avec Shannon Estuary RIB Tours - ✆* 087 264 9345 *(Louis) ou 086 814 0833 (Clark) - www.ribtours.ie - dép. de Limerick, Foynes ou Tarbert.* Grand canot de type Zodiac.

Se loger

⊖⊖ **Absolute Hotel** – *Sir Harry's Mall - ✆ 061 463 601 - 99 ch. 75/160 € - rest. 33/49 €.* Hôtel de 2007, au chic contemporain. Idéalement situé au cœur de King's Island, près du quartier historique. Belles chambres abordables avec vue sur l'eau, espace et lumière ; spa à domicile et restaurant agréable.

⊖⊖ **Jurys Inn** – *Lower Mallow Street - ✆ 061 207 000 - fax 061 400 966 - jurysinnlimerick@jurysdoyle.com - fermé 24-26 déc. - 151 ch. 100 €.* C'est un hôtel de chaîne, mais très bien situé. Chambres à prix compétitifs et toutes de grande taille. Certaines donnent même sur le Shannon.

AUX ALENTOURS

⊖ **Clifton House** – *Ennis Road - à 2 km au nord-ouest par la R 587 - ✆ 061 451 166 - fax 061 451 224 - cliftonhouse@eircom.net - fermé 21 déc.-2 janv. - 16 ch. 90 €* ☕. Perché sur un site en hauteur en dehors de la ville, c'est un établissement simple, mais d'un bon rapport qualité-prix.

Se restaurer

⊖ **Chimes** – *The Belltable Art Centre - 69 O'Connell Street - ✆ 087 266 5946 - 15 €.* En sous-sol, petits plats réussis dans un décor original.

⊖⊖ **Brûlées** – *Corner Mallow/Henry Street - ✆ 061 319 931 - fermé dim., lun. - 30/47 €.* Dans une maison georgienne, le propriétaire s'occupe avec soin du service, et son épouse de la cuisine à base de produits locaux. Grand choix de spécialités et poissons de la région.

⊖⊖ **Market Square Brasserie** – *74 O'Connell Street - ✆ 061 316 311 - fermé dim. et lun., 24 déc.-3 janv. - 35/46 €.* Restaurant plein d'ambiance, aux tables décorées de bougies et de fleurs. Les plats de bœuf et les desserts sont fameux.

À KILLALOE

⊖ **Crotty's Pub** – *Ruelle en face du pont - ✆ 061 36 965 - 15 €.* Bonne cuisine copieuse servie dans ce pub typiqe.

⊖⊖ **Cherry Tree** – *Lakeside-Balina, suivre panneau Lakeside - ✆ 061 375 688 - Fermé dim. et lun., Noël et Vend. saint - 29/60 €.* Dans un décor contemporain, cuisine irlandaise moderne avec des produits de saison.

Faire une petite pause

Dolans – *Dock Road - ✆ 061 314 483 - www.dolanpub.com - à partir de 8h.* Sans doute le pub le plus connu de la région. Propose une sélection assez complète de produits de la mer, mais c'est l'orchestre qui attire les foules ; il joue en fin de semaine musique traditionnelle et folk.

Schooners – *Steamboat Quay, Dock Road - ✆ 061 318 147 - à partir de 8h.* Site remarquable en bord de Shannon et terrasse idéale pour regarder passer les bateaux. Très fréquenté, des concerts ont lieu en fin de semaine.

Belltable Arts Centre – *✆ 061 319 866 - 9h-18h.* Cette salle de spectacle accueille un programme varié de pièces de théâtre.

Royal Theatre – *Upper Cecil Street - ✆ 061 414 224.* Centre culturel apprécié pour ses concerts et ses créations.

Achats

Arthur's Quay Shopping Centre – *Arthur's Quay - ✆ 061 419 888 - 8h30-20h, jeu.-vend. 8h30-22h, dim. 12h-18h.* Le centre commercial sur Arthur's Quay regroupe plus de 30 magasins, dont plusieurs boutiques où l'on trouve des pulls tricotés à la main ou à la machine, vêtements en lin, tweed et coton conçus par des stylistes irlandais.

La dentelle de Limerick – Aujourd'hui très rares, mais quelques dentellières pratiquent encore cet art traditionnel. *(Eileen Brown - ✆ 061 303 871).*

Agenda

Course de lévriers – *Au Market's field Stadium -lun., jeu. et sam. 19h30.*

Portumna★

1 377 HABITANTS – COMTÉ DE GALWAY
CARTE MICHELIN N° 712 H8 – CARTE GÉNÉRALE RABAT II B3

Le petit bourg de Portumna, le « port du chêne », est un carrefour important à l'endroit où le Shannon pénètre dans le Lough Derg, le dernier et le plus beau des lacs du Shannon. Occupant une partie du rivage, le parc forestier de Portumna entoure des sentiers de nature, une marina et une tour d'observation ornithologique : les oiseaux, migrateurs et résidents, sont très nombreux dans le parc. Il héberge aussi une harde de daims.

- **Se repérer** – Au centre-ouest de l'Irlande, Portumna *(Port Omna)* se trouve à l'extrémité nord du Lough Derg, à la jonction de la N 65 entre Borrisokane et Loughrea et de la R 489 et la R 353 entre Birr et Gort.
  Le pont routier sur le Shannon se lève à intervalles réguliers pour permettre le passage des bateaux sur le fleuve.
- **À ne pas manquer** – Portmna Castle et Clonfert Cathedral.
- **Organiser son temps** – D'une demi-journée à une journée pour un circuit monastique entre Clonfert et Clonmacnoise.
- **Pour poursuivre le voyage** – Voir aussi Clonmacnoise, Limerick, Birr et la vallée du Shannon, le Burren.

Visiter

Portumna Castle★

Avr.-oct. : visite guidée 10h-18h (dernière entrée 17h15). 2,10 €. Visite guidée sur demande ☏ 09097 41658. www.heritageireland.ie

Le château du début du 17e s., qui se dresse à l'angle nord-est de son parc, a été pendant des siècles le domaine de la **famille Burke**.

Le rez-de-chaussée est ouvert à la visite. C'est un bel exemple de résidence semi-fortifiée, du type de celles que l'on construisait pour remplacer les maisons fortes et châteaux du Moyen Âge. Détruite en 1826 par un incendie accidentel, la demeure a été abandonnée. Une autre l'a remplacée, dessinée par Thomas Deane, mais elle a été brûlée pendant la guerre civile.

Pour atteindre le château, il faut traverser une suite de jardins, ponctués par une porte de style Adam *(en partie détruite)*, une porte gothique et un portail toscan *(le plus proche de la résidence)*.

La porte gothique présente une exposition sur l'histoire du château et de ses occupants.

Ayant repris son état glorieux d'origine, le potager du 17e s., enclos de murs, cultive arbres fruitiers, fleurs, plantes aromatiques et légumes.

La dynastie De Burgo – De Burgh – Burke

Le célèbre nom Burke vient du nom normand de Burgo (du Bourg). En 1193, Guillaume de Burgo, arrivé en Irlande en 1185 avec le prince Jean, épouse la fille du roi de Thomond, Donald Mor O'Brien ; son fils est fait seigneur du Connaught, et, en 1265, son petit-fils Walter de Burgo devient comte d'Ulster.

Au 14e s., un des descendants de Richard, seigneur du Connaught, hérite du domaine et décide de prendre, avec l'accord du roi, le nom de De Burgh. En 1543, le seigneur de Burgo est fait comte de Clanrickard. Au 17e s., John, le neuvième comte, contrairement à la tradition familiale de soutien inconditionnel à la Couronne, se bat aux côtés des Jacobites ; il est fait prisonnier à Aughrim en 1691 ; ses terres sont confisquées. Douze ans plus tard, la famille les rachète pour 25 000 £. À la mort d'Hubert de Burgh Canning (1832-1916), qui a vécu toute sa vie en célibataire à l'écart du monde, le titre est transmis au marquis de Sligo. La terre revient au sixième lord Harewood, Henry Lascelles, qui épouse la fille de George V et de la reine Mary.

Portumna Priory

Au sud du château se dressent les ruines du prieuré, ancienne chapelle cistercienne concédée aux dominicains par le chef du clan local, O'Madden. Les fenêtres nord et sud (13e s.) de l'abside faisaient probablement partie du bâtiment cistercien. Le reste du prieuré, qui remonte au 15e s., présente d'autres très belles fenêtres.

Les ruines du château de Limerick.

Les boutiques colorées de Galway.

La cathédrale de Clonfert aux alentours de Portumna.

Aux alentours

Clonfert Cathedral★

27 km au nord-est par la N 65, la R 355, la R 356 par Eyrecourt et une route secondaire à l'est. Mai-sept. : de 9h au coucher du soleil. Offrande. Si la cathédrale est fermée, demander la clé à la loge, à droite de la cathédrale.

La cathédrale de Clonfert a été bâtie au 12e s. sur le site d'un ancien monastère fondé en 563 par **saint Brendan** le Navigateur *(voir p. 364)*. Elle est à juste titre célèbre pour son **portail principal★★** en grès rouge, chef-d'œuvre du roman irlandais, décrit par P. Harbison dans son livre *Art médiéval en Irlande* (1988, Zodiac) comme « l'exemple suprême du goût pour l'ornementation des constructeurs de la période romane irlandaise ». Le gable triangulaire qui le surmonte alterne têtes humaines et triangles au-dessus d'arcatures ; il est encadré de six registres en retrait, ornés d'une grande variété de motifs fantastiques et de têtes d'animaux. Le sixième registre a été ajouté au 15e s., en même temps que la tour, le bras droit du transept et la sacristie. Des anges, une rosace et une sirène ont été sculptés sur la voûte du chœur, qui date aussi de cette période. Les remarquables fenêtres du chevet sont de style roman. Le bras droit roman du transept est en ruine, et le bras gauche, gothique, a été démoli.

Le domaine *(accès par la porte située à l'arrière du cimetière ; tourner à gauche)* comporte deux anciennes **allées d'ifs** en forme de croix, endommagées par les orages et les intempéries. Elles ont probablement été plantées par des moines au 16e s. Le palais de l'évêché (en ruine) appartenait à Oswald Mosley depuis 1951 quand il a été détruit par un incendie en 1954. Le charmant oratoire circulaire sert aujourd'hui à la maison de retraite voisine.

Info pratique

Voir aussi Birr.

Circuler

Pont levant de Portumna – *Fermé à la circulation pendant 10-15mn de mi-mars à déb. nov. : lun.-vend. 6/j, 4/j le dim. ; de déb. nov. à mi-mars : lun.-vend. 3/j, dim. 2/j.*

Sports et loisirs

Bon à savoir – Plaisance, pêche à la ligne et au lancer dans le Lough Derg.

Meelick Franciscan Friary

11 km au nord-est par la N 65, la R 355 et une route secondaire à l'est.

Le monastère franciscain de Meelick a été construit au 15e s. sur une légère éminence en bord de Shannon. En 1986, les ruines ont été restaurées, un nouveau toit construit et l'édifice réaménagé pour le culte. La majorité des murs, l'entrée principale et deux arcs dans le mur sud sont d'origine. Entre les arcs, une petite représentation de saint François a été ajoutée tardivement. Au cours de la restauration, quatre plumes de copiste ont été retrouvées dans une cheminée du corps de logis de 1732.

Une courte promenade *(1 km vers l'est)* mène au barrage de Meelick et à Victoria Lock, la plus grande écluse du Shannon.

Lorrha

10 km à l'est sur la R 489 par le pont levant de Portumna et une route secondaire au sud.

Ce minuscule village possède à lui seul trois églises, partiellement en ruine. Une partie de l'une d'entre elles, située à l'est, sert toujours au culte anglican. Elle s'élève sur le site d'un ancien monastère fondé par un disciple de saint Finian de Clonard, **saint Ruadhán** (mort en 845). La façade principale est soulignée par deux antes. Un grand portail du 13e s. en encadre un second, plus récent (15e s.), orné d'un superbe pélican sculpté. L'**église St-Ruadhán** est un bâtiment du 15e s., remarquable par la richesse de l'ornementation de son portail principal, la qualité de ses vitraux est et ouest, et sa sacristie voûtée. Au sud du village, à proximité de l'église catholique, se dressent les vestiges d'un autre édifice, qui appartenait à un monastère dominicain fondé par Walter de Burgo vers 1269.

Sligo★★

19 402 HABITANTS – COMTÉ DE SLIGO
CARTE MICHELIN N° 712 G5 – CARTE GÉNÉRALE RABAT I B2

Ville de marché animée, Sligo est le grand centre commerçant et le pôle culturel d'une bonne partie du nord-ouest. La ville borde la Garavogue, courte rivière reliant le Lough Gill à la mer. Ses grands attraits sont la beauté et la diversité des paysages qui l'entourent : vallées vertes et boisées, monts majestueux, plages de sable, mais aussi un patrimoine préhistorique d'une richesse exceptionnelle. Sligo et sa région sont étroitement associées à la famille du grand poète William Butler Yeats (1865-1939), qui obtint le prix Nobel de littérature en 1923. La famille comptait aussi son frère, le peintre Jack B. Yeats, mais également le portraitiste John B. Yeats.

- **Se repérer** – Au fond de la baie qui porte son nom, donnant elle-même sur la baie du Donegal, vaste échancrure sur la côte nord-ouest du pays, Sligo *(Sligeach)* est un grand nœud routier : la N 4 la relie à l'est et à Dublin ; le N 59 à l'ouest et au comté de Mayo ; la N 15 au nord et au Donegal ; et la N 16 traverse la frontière de l'Irlande du Nord pour rejoindre Enniskillen.
- **À ne pas manquer** – Sligo Abbey, la nécropole de Carrowmore, le Lough Gill, le circuit de Banbulben.
- **Organiser son temps** – Une pleine journée au moins ou deux jours pour profiter des superbes environs.
- **Pour poursuivre le voyage** – Voir aussi Donegal, Enniskillen, Westport.

Comprendre

Une histoire mouvementée – En 807, Sligo est pillé par les Vikings. Au 13e s., à la suite de l'invasion normande, Maurice Fitzgerald se voit octroyer la ville. Il y fait construire un château et une abbaye. Pendant deux siècles, Sligo, aux mains des O'Connor, est convoitée par les O'Donnell. Un fort est érigé par l'armée de Cromwell ; Patrick Sarsfield renforce les défenses de Sligo : elle sera une des dernières villes à capituler après la bataille de la Boyne (1690). La bataille de Carrignagat (1798) se déroule juste au sud de la ville.

Un port prospère – Aux 18e et 19e s., Sligo devient un port de commerce dynamique. De là, beaucoup d'émigrants s'embarquent pour le Nouveau Monde. Plusieurs édifices subsistent de cette époque : les entrepôts près des docks, le palais de justice *(Courthouse)* de 1878 et l'hôtel de ville *(City Hall)*, construit en 1865 dans le style Renaissance italienne. Le bâtiment de pierre qui porte une tourelle de guet au faîte du toit est la **tour de guet Yeats** *(Yeats Watch Tower ; privé)*, ancien entrepôt de la famille de la mère du poète, la dynastie Pollexfen, marchands et armateurs de Sligo.

Le pays de Yeats

Dans leur jeunesse, les frères Yeats passaient souvent leurs vacances d'été avec leurs cousins Pollexfen à Elsinore Lodge sur la pointe de Rosses. Ils observaient les bateaux de leur grand-père dans la baie, du haut de son entrepôt, appelé depuis la tour de guet Yeats. Jack Yeats a déclaré ne jamais peindre une toile sans y mettre au moins un élément inspiré par Sligo. La ville et sa région, et leur riche patrimoine de mythes et de légendes, ont inspiré William toute sa vie. il a immortalisé en vers ses séjours à **Lissadell House** sur la baie de Drumcliff, et repose aujourd'hui à **Drumcliff**.

Sligo aujourd'hui – Sligo connaît une vie culturelle animée : pièces de théâtre, concerts et expositions d'art haut de gamme sont programmés au Model Arts Centre, agrandi et réaménagé. Le calendrier des manifestations est bien rempli et, au Yeats Memorial Building, des séminaires d'été très prisés sont consacrés aux travaux de W. B. Yeats et de ses frères. Les nombreux visiteurs de la ville semblent savourer le contraste existant entre son ambiance presque cosmopolite et la campagne sauvage qui l'entoure. Touristes et habitants profitent tous de la proximité des belles plages de sable de Strandhill et de la pointe de Rosses, qui dispose aussi d'un terrain de golf de compétition.

Visiter

Sligo Abbey★

Rive sud ; Abbey Street. De mi-mars à fin oct. : 9h30-18h30 (dernière entrée 17h15) ; nov.-déc. : vend., sam. et dim. 9h30-16h30. 2,10 €. Visite guidée (45mn) sur demande. ✆ 07191 46406.

Sur la rive sud de la Garavogue, les ruines marquent le site d'un ancien monastère dominicain, fondé par Maurice Fitzgerald vers 1252 et accidentellement détruit par le feu en 1414. Une fois restaurés, les bâtiments de 1416 sont épargnés par la reine Elizabeth à la condition que les moines deviennent membres du clergé séculier. Le monastère est incendié, délibérément cette fois, en 1641, par le chef des troupes parlementaires Frederick Hamilton. La nef contient un autel sarcophage finement travaillé *(mur nord)*, appartenant aux O'Crean (1506). Elle est séparée du chœur (13e s.) par un jubé du 15e s. partiellement restauré. On y voit aussi le monument O'Connor, du 17e s. Au côté nord de l'église s'ouvrent la sacristie et la salle capitulaire du 13e s., ainsi qu'une partie du cloître du 15e s. orné de belles sculptures.

Model Arts et Niland Gallery★

The Mall. Avr.-oct. : tlj sf lun. 10h-17h30, dim. 12h-17h30 ; nov.-mars : tlj sf dim. et lun. 10h-17h30. ✆ 07191 41405. www.modelart.ie

L'ancienne Model School à l'aspect rébarbatif a été agrandie et transformée pour doter Sligo d'un centre des arts d'envergure nationale, et pour loger dignement la **collection Niland d'art moderne irlandais**. Présentée par rotation, la collection rassemblée par Norah Niland, ancienne bibliothécaire du comté, comprend environ 200 peintures de Jack Yeats, dont des œuvres clés comme *Enterrement sur l'île*. On voit aussi des tableaux de George Russell, Maurice McGonigal, Norah McGuinness, Estella Solomons, Paul Henry, Augustus John et Seán Keating.

County Museum

Stephen Street. Juin-sept. : tlj sf dim. et lun. 10h-12h, 14h-16h50 ; oct.-mai : tlj sf dim. et lun. 14h-16h50. Entrée libre. ✆ 07191 42212.

L'ancien presbytère (1851) abrite le **mémorial Yeats**, collection de manuscrits, photographies et lettres relatifs à William Butler Yeats. On y trouve aussi une collection plaisamment « rétro » d'antiquités locales et le grand tableau *1916*, qui représente la reddition de la comtesse Markievicz et de ses compagnons insurgés devant le Royal College of Surgeons de Dublin.

St John's Cathedral

Rive sud ; John Street. Juin-août : tlj sf dim. 10h-16h. ✆ 07191 62263 (The Dean, The Rectory, Strandhill Road, Sligo).

Richard Castle a conçu en 1730 l'architecture insolite de la cathédrale. L'abside et les fenêtres ont été remplacées en 1812, à l'occasion d'un remaniement néogothique assez discutable. Une plaque commémorative en bronze *(dans le bras gauche du transept)* honore la mère de W. B. Yeats, Susan, qui s'est mariée dans cette église. La tombe du père de Susan, William Pollexfen, se trouve près des portes principales.

Cathedral of the Immaculate Conception

Rive sud, John Street ou Temple Street.

L'élément le plus intéressant de ce bâtiment néoroman sans grand caractère (1874) sont ses 69 vitraux créés par Loblin de Tours, en France. La lumière du soir ou du petit matin les mettent particulièrement en valeur.

Aux alentours

PÉNINSULE DE SLIGO

La péninsule s'achève à Strandhill, où les rouleaux de l'Atlantique sont parfaits pour le surf, mais rendent la baignade dangereuse. On y trouve aussi le petit aéroport de Sligo. La notoriété de la région vient surtout de ses monuments préhistoriques.

Carrowmore Megalithic Cemetery★

5 km au sud-ouest de Sligo par une route secondaire. ♿ De mi-mars à fin oct. : 10h-18h. 2,50 €. Se munir de bonnes chaussures. ✆ 07191 61534.

Le site de Carrowmore est l'une des plus importantes nécropoles mégalithiques d'Europe. Il comprend plus de 60 tombes à couloir, dolmens et cromlechs, et un cairn qui recouvre la plus grande tombe. La sépulture la plus ancienne date de 3200 av. J.-C., 700 ans avant celle de Newgrange *(voir p. 165)*. Le centre d'accueil des visiteurs propose une exposition sur l'homme de l'âge de la pierre et sur les fouilles.

Knocknarea★

11 km à l'ouest de Sligo par la R 292. À 10 km, bifurquer à gauche ; 1,5 km plus loin, se garer au bord de la route.

1h30 AR à pied jusqu'au sommet. Le chemin d'accès gravit « The Glen », une faille naturelle dans la roche calcaire qui constitue un biotope où se plaisent des plantes rares. Au sommet du **Knocknarea** (328 m), un imposant **amoncellement de pierres** ou cairn (180 m de circonférence), visible à des kilomètres à la ronde, renferme probablement une tombe à couloir. La tradition veut qu'il s'agisse du tombeau de Maeve, reine du Connaught au 1er s., comme le rappelle W. B. Yeats :

... cairn-heaped grassy hill (... colline herbeuse surmontée d'un cairn) Where passionate Maeve (où gît Maeve la passionnée) is stony-still (inerte comme pierre).

La reine Maeve est plus vraisemblablement enterrée à **Rathcroghan**, près de Tulsk. Par beau temps, le sommet du cairn présente une **vue**★★ panoramique.

Circuits de découverte

LOUGH GILL★★

Boucle de 48 km à l'est de Sligo – une demi-journée

Ce lac est l'un des plus charmants d'Irlande, avec ses îles, son beau rivage boisé et la présence altière des montagnes au nord-ouest.

Sortir de Sligo par la N 4 au sud. Parcourir 400 m et bifurquer à gauche vers le lac.

Tobernalt

Parc de stationnement (à droite) au croisement. À l'ombre des arbres, le puits sacré marque le site d'une ancienne assemblée celtique ; une fête (Lughnasa) s'y déroulait chaque année au mois d'août.

Longer le lac ; au croisement en T, tourner à gauche sur la R 287.

Dooney Rock Forest

Parc de stationnement. Le sommet du rocher de Dooney offre une des meilleures vues du lac, de ses îles et de Benbulben.

Tourner à gauche au carrefour ; au bout de 3 km, tourner encore à gauche et faire 3 km jusqu'au parc de stationnement.

Innisfree

W. B. Yeats était particulièrement charmé par cette toute petite île. Il l'a immortalisée dans son poème *Lake Isle of Innisfree.* À quelques mètres de la jetée au bord du lac, on profite d'un beau point de vue sur le château de Parke.

Revenir sur la R 287 et continuer vers l'est.

Dromahair

Ce charmant village s'élève en bord de rivière entre les ruines du château de Villiers (17e s.) et celles de l'abbaye.

Creevelea Abbey

Stationner derrière Abbey Hotel, à gauche ; 6mn à pied AR en traversant le pont.

Une avenue d'arbres toujours verts, près de la rivière Bonet, conduit aux ruines du couvent franciscain fondé par Owen O'Rourke en 1508. Les fenêtres est et ouest et le portail occidental de l'église sont bien préservés. Dans le cloître *(côté nord)*, des piliers sculptés représentent saint François avec les stigmates et des oiseaux perchés sur un arbre. Au 17e s., la tour a été transformée en logements.

Poursuivre sur la R 287 (parc de stationnement et point de vue).

Parke's Castle★

Mars-oct. : 10h-18h (dernière entrée 17h15). 2,90 € (famille 7,40 €). Visite guidée (40mn) sur demande. Expositions. Spectacle audiovisuel (20mn). ✆ 071 64149. www.heritageireland.ie

Le château dont les murs se mirent dans l'eau du lac a été amplement restauré. C'est un bel exemple de manoir fortifié de l'époque de la Plantation. Il a été élevé en 1609 par le capitaine anglais Robert Parke à l'emplacement de la maison forte où vivait Brian O'Rourke, exécuté pour trahison à Londres en 1591. Les dépendances couvertes de chaume s'appuyaient sur l'enceinte fortifiée de la cour. Il y avait une poterne et une porte d'eau, avec accès direct au lac dont le niveau au 17e s. était plus haut de 3 m. Une **sweathouse**, forme ancienne de sauna, a été creusée dans le mur à proximité du rivage. Une présentation audiovisuelle donne un aperçu de l'histoire de la région.

Continuer à l'ouest sur la R 286 (parking point de vue) ; tourner à gauche après 11,5 km.

Hazelwood

Un sentier de nature explore les bois de la péninsule, offrant de belles échappées sur le lac. La maison palladienne *(privée)* a été dessinée par **Richard Castle** en 1731.

Revenir sur la R 286 et poursuivre vers l'ouest pour retourner à Sligo.

BENBULBEN★

Boucle de 71 km au nord de Sligo – une journée.

La silhouette menaçante du mont Benbulben (526 m), une impressionnante table calcaire dont l'escarpement ouest ressemble à la proue d'un cuirassé, domine le paysage à des kilomètres à la ronde.

Quitter Sligo par la N 15 en direction du nord.

Drumcliff★

Parc de stationnement. Les nombreux admirateurs de **William Butler Yeats** font le pèlerinage à sa **tombe** *(à gauche)* dans le cimetière de Drumcliff, où son arrière-grand-père avait été pasteur. Yeats est mort à Roquebrune, dans les Alpes-Maritimes, en 1939, mais il a été inhumé ici, comme il l'avait souhaité. Yeats a lui-même composé l'épitaphe énigmatique inscrite sur sa pierre tombale.

« Cast a cold eye	« Jette un regard froid
On life, on death	Sur la vie, sur la mort
Horseman, pass by! »	Cavalier, passe ton chemin ! »

Vers 575, saint Columba avait lui aussi choisi ce site au pied du Benbulben (526 m), près de la rivière Drumcliff, pour y fonder un monastère. Le **clocher rond** a été endommagé par la foudre en 1396. La face est de la **croix**, des environs de l'an mille, porte de remarquables sculptures : Adam et Ève, le meurtre d'Abel par Caïn, Daniel dans la fosse aux lions, le Christ en majesté ; la face ouest illustre la Présentation au Temple et la Crucifixion.

Prendre à gauche une route secondaire passant par Carney.

Lissadell House

De déb. juin à déb. sept. : visite guidée (40mn) tlj sf dim. 10h30-13h, 14h-17h (dernières entrées 12h15 et 16h15). Demeure 6 €. Demeure, jardins et expo 12 €. ☏ 07191 63150. www.lissadellhouse.com.

Sur la rive nord de la baie de Sligo, entourée de bois, l'austère demeure néoclassique est toujours la résidence de la famille **Gore-Booth**, descendants du capitaine anglais Gore, venu s'installer dans la région sous le règne d'Elizabeth Ire. Robert Gore-Booth, pour lequel la maison a été construite en 1830, s'est par la suite complètement ruiné, à l'époque de la Grande Famine, en tentant de sauver ses fermiers de la misère. Charmé par l'ambiance de la demeure et plus ou moins amoureux des jeunes filles de la famille, Eva et Constance, W. B. Yeats était un hôte régulier de cette maison. L'intérieur exhale un charme particulier, une note de grandeur un peu passée. La galerie ovale, ornée de tableaux glanés à l'occasion d'un Grand Tour d'Europe, est conçue pour la musique. Le visiteur peut être invité à essayer l'excellente acoustique de la pièce grâce au grand piano. D'autres toiles peintes par des membres de la famille, ou les représentant, sont accrochées dans les pièces donnant sur le jardin.

La comtesse Markievicz

Le membre le plus remarquable de la famille Gore-Booth a été **Constance, comtesse Markievicz** (1868-1927). Après avoir épousé le Polonais Casimir Markievicz, artiste, impresario et auteur de pièces du Boulevard, elle a vécu avec lui à Dublin et Paris. Les époux se sont peu à peu éloignés, notamment parce que Constance a défendu avec ardeur la cause nationaliste. Alors que Casimir combattait du côté des Alliés pendant la Première Guerre mondiale, Constance prenait part au **soulèvement de Pâques**. Condamnée à mort, elle a été réhabilitée deux ans plus tard. Elle devint la première femme élue à la Chambre des Communes à Londres, mais n'occupa jamais sa fonction.

Quitter le domaine par le portail nord ; tourner à gauche ; à 1,5 km, tourner à gauche vers Raghly (signalisation – 5 km).

Ardtermon Castle

À l'intérieur de son enceinte se dresse la demeure fortifiée élevée au début du 17e s. *(restauré)* par un membre de la famille Gore. L'entrée est flanquée de deux tours rondes. L'escalier est situé dans une avancée en demi-cercle, à l'arrière du bâtiment, face à la route.

Reprendre la N 15 et continuer vers le nord.

La route dépasse **Streedagh Point**, langue de sable (5 km) parallèle au rivage, où ont fait naufrage trois bateaux de l'**Invincible Armada**, la *Juliana*, la *Levia* et la *Santa Maria de Vision*. Plus de 1 300 hommes auraient péri. Ceux qui ne sont pas morts noyés ont été exécutés par les soldats anglais.

À Cliffony, tourner à gauche vers Mullaghmore.

Mullaghmore

Dans la baie de Donegal, les rives du promontoire rocheux qui pointe vers le nord sont rendues hospitalières par les plages de sable. Les maisons du village sont regroupées à l'abri, à l'est du cap et autour du port, lui-même entouré d'un mur de pierre construit en 1842 par lord Palmerston. Il a aussi fait bâtir dans le style néogothique le très décoratif **château de Classiebawn** (1856) sur la rive ouest, exposée au vent. Ce château est devenu par la suite propriété de lord Mountbatten, qui a été tué par une bombe de l'IRA en 1979 à bord de son yacht avec plusieurs membres de sa famille.

Inishmurray

18 km en mer; accès par bateau à partir de la jetée de Mullaghmore ou de Rosses Point, près de Sligo (voir « Sligo pratique »).

Au 6e s., **saint Molaise** fonde un établissement sur cette petite île. Le périmètre réduit de l'île rassemble un nombre étonnant de bâtiments anciens. Les vestiges du monastère de saint Molaise comprennent l'église des Femmes *(Teampall na mBan)*, des habitations rectangulaires ou en forme de ruche, l'église principale (ou église des Hommes), des souterrains et des autels en pierre. Partout se dressent piliers de pierre (probablement préchrétiens), stèles gravées et stations de chemin de croix. L'île a été peuplée très tôt (on y a retrouvé un vase de 2000 av. J.-C.) ; mais ses derniers habitants l'ont quittée en 1948, quand la navette de ravitaillement en provenance de Killybegs s'est arrêtée à cause du rationnement de carburant de l'après-guerre.

De Mullaghmore, revenir à l'intérieur des terres en prenant à gauche à la première bifurcation, et à droite à la seconde. Au carrefour, tourner à gauche sur la N 15. Parc de stationnement en face.

Creevykeel Court Cairn★

Parc de stationnement. Le cairn, en fait une tombe à cour bien conservée, date de la fin de l'âge de la pierre (vers 2500 av. J.-C.). Il se compose d'une cour ouverte, qui mène à une chambre funéraire double, cernée par un tumulus de pierres en forme de trapèze. Deux autres chambres, auxquelles on accède par les côtés, ont été ajoutées plus tard.

Revenir au carrefour, tourner à gauche vers l'intérieur des terres.

Gleniff Horseshoe Scenic Drive

La petite route panoramique en fer à cheval *(boucle de 10 km)* permet une incursion fascinante dans les hauteurs des monts Dartry, entre le flanc ouest de leur plus haut sommet, le **Truskmore** (644 m), et le **Benbulben.**

Après avoir effectué la boucle, tourner à gauche sur une route secondaire. À 9,5 km, on retrouve la N 15 que l'on prend à gauche. Avant d'atteindre Drumcliff, tourner à gauche sur une route secondaire.

Glencar Waterfall★

Parc de stationnement à gauche; sentier d'accès sur la droite; 5mn à pied AR.

La chute cascade sur des couches rocheuses jusqu'à un à-pic de 15 m, et plonge dans un bassin circulaire. Le vent violent de l'Atlantique repousse parfois ses eaux vers l'amont, un effet remarqué par W. B. Yeats :

... the cataract smokes upon the mountain side... that cold and vapour-turbaned steep. (la cataracte fume sur le flanc de la montagne... ce froid à-pic enturbanné d'embruns.)

Poursuivre vers l'est jusqu'à la N 16, que l'on prend à droite pour rentrer à Sligo.

Sligo pratique

Adresse utile

Temple Street - ✆ 071 916 1201 - juin-août : tlj ; mai et sept. : tlj sf dim. ; oct.-avr. : tlj sf w.-end.

Transports

Aéroport de Sligo – *Strandhill - ✆ 071 916 8280 - www.sligoairport.com.* 2 vols/j pour Dublin.

Train Station – *Lord Edward Street - ✆ 071 916 9888.*

Bus Station – *Même endroit dans Lord Edwart Street - ✆ 071 916 0066.*

Visites

Circuit à pied – *✆ 071 916 1201 - juin-sept.* Visite de Sligo et des lieux associés aux frères Yeats.

Promenades en bus fluvial – *Wild Rose Water Bus - rens. et horaires : ✆ 071 916 4266/087 259 8869 (portable) - de mi-juin à sept.* Au départ du parc de Doorly (boucle de 3h autour du Lough Gill avec arrêt au château de Parke) ou du château de Parke. Certaines promenades bénéficient de musiciens à bord.

Excursions en bateau et pêche en mer – *✆ 071 916 6124 (Rodney Lomax) - croisière d'une journée (15 passagers mini) vers inishmurray : 35 €. - journée de pêche avec matériel fourni : 60 €.*

Se loger

Tree Tops – *Cleveragh Road - 400 m au sud par la route de Dublin - ✆ 071 916 0160 - fax 071 916 2301 - treetops@iol.ie - fermé 15 déc.-15 janv. - P - 5 ch. 72/76 €.* Cette maison sans prétention dans un quartier résidentiel se distingue pourtant, grâce à la chaleureuse hospitalité de la propriétaire. Elle a rassemblé une collection de peinture irlandaise, qui orne de nombreux murs. Les chambres sont douillettes et confortables.

AUX ALENTOURS

Pier Head – *Mullaghmore - ✆ 07191 66171 - www.pierheadhotel.ie - fermé semaine de Noël - 40 ch. 115/161 € - rest. 25/37 €.* Cet hôtel familial niché dans un joli port propose des chambres simples qui donnent sur la baie. Magnifique vue du restaurant.

Stanford's Inn – *Dromahair - ✆ 071 916 4140 - 10 ch. 120 € - rest. 15/25 €.* L'environnement est rêvé : au bout du Lough Gill, au bord de la rivière, au cœur d'un joli village ; les chambres sont très confortables et le pub en dessous sert de bons repas.

Se restaurer

Montmartre – *Market Yard - ✆ 071 69901 - fermé 23-27 déc., 5-21 janv., lun. - 28/45 €.* La carte propose toutes sortes de plats, mais l'ambiance et la salle ont une tonalité bien française, avec sur les murs des reproductions de monuments français et le service attentif de jeunes demoiselles prévenantes.

Achats

Sligo Crystal – *Grange - à 16 km au nord par la N 15 - juin-sept. : tlj sf w.-end 9h-18h. ✆ 07191 43440.* Un guide accompagne la visite des salles d'exposition et de la fabrique, où les artisans produisent le cristal selon les méthodes ancestrales avant de le tailler à la main.

Sports et loisirs

Strandhill – Lieu idéal pour la planche à voile, mais peut être dangereux pour la baignade.

Rosses Point (*An Ros*) – Péninsule sablonneuse qui s'avance dans la baie de Drumcliff possède un terrain de golf de compétition et deux belles plages de sable pour la baignade et la planche à voile.

Mont Benbulben – Son ascension constitue une intéressante randonnée de 3h environ, sur un sentier balisé, à trouver au pied des falaises, à gauche du B & B Glenvale Farmhouse.

Agenda

Yeats Annual Winter School – Week-end de conférences sur Yeats, organisé en fév., avec un circuit dans le pays de Yeats.

Strokestown★

773 HABITANTS – COMTÉ DE ROSCOMMON
CARTE MICHELIN N° 712 H6 – CARTE GÉNÉRALE RABAT I B2

Exemple particulièrement harmonieux de village édifié sur leur domaine par les grands propriétaires terriens, Strokestown est aujourd'hui classée ville du Patrimoine. Sa large rue principale monte jusqu'aux arcs néogothiques fantaisistes à l'entrée du parc de son grand manoir. La demeure, habitée jusqu'en 1979 par la famille qui l'a édifiée, donne un étonnant aperçu de la vie d'une grande famille anglo-irlandaise. Les environs regorgent de vestiges plus anciens.

- **Se repérer** – Dans le nord du comté de Roscommon (« le bois de saint Comán »), riche en tourbières et plans d'eau, Strokestown *(Béal Na Mbuillí)* se trouve sur la N 5, la route principale vers le nord-ouest à partir de Longford.
- **À ne pas manquer** – Famine Museum, Strokestown Park House, Clonalis House.
- **Organiser son temps** – Une journée, pour apprécier le circuit de découverte.
- **Pour poursuivre le voyage** – Voir aussi Clonmacnoise, Cavan, Boyle, Sligo, Westport, Galway.

Comprendre

Confisqué à son premier propriétaire, O'Connor Roe (une partie de son enceinte fortifiée subsiste dans le bâtiment occupé par le restaurant), le domaine de Strokestown a été octroyé au capitaine **Nicholas Mahon** (mort en 1680), officier de Cromwell. Par la suite, il sera étendu par Charles II, désireux de s'assurer son soutien. Les membres successifs de la famille Mahon prospèrent, et ils reconstruisent et agrandissent la demeure fondée par Nicholas Mahon. En 1800, Maurice Mahon accepte une pairie en dépit de la farouche opposition de son père à l'Acte d'union. En 1845, alors que la Grande Famine sévit, la propriété passe aux mains du major Denis Mahon, qui acquiert une réputation peu glorieuse en expulsant sans pitié ses fermiers appauvris. Il en pousse plus de 3000 à émigrer ; beaucoup mourront à bord des sinistres « navires-cercueils ». Le 2 novembre 1847, alors qu'il circule en plein jour dans sa voiture à cheval, il est abattu par deux individus ; le soir même, des feux de joie sont allumés sur les collines environnantes.

Visiter

Famine Museum★

De mi-mars à fin oct. : 10h-17h30. Musée 9 € ; musée, manoir et jardin 13,50 € (famille 29 €). 07196 33013. www.strokestownpark.ie

Le musée, aménagé dans des écuries, présente une exposition intéressante, détaillée et impartiale de la **Grande Famine**, réalisée à partir des archives nationales et de documents d'époque conservés au domaine, qui avaient déjà servi à Cecil Woodham-Smith pour son livre *La Grande Famine*. L'exposition évoque l'histoire de la famille et du domaine, et met en parallèle le contexte politique, économique et environnemental du milieu du 19e s., qui a engendré la Grande Famine et la vague d'émigration. Elle effectue des comparaisons édifiantes entre les conditions de vie en Irlande au 19e s. et celles que connaissent aujourd'hui les pays en voie de développement. Elle élargit intelligemment le sujet à la faim dans le monde contemporain.

Strokestown Park House★

Avr.- oct. : visite guidée (40mn) 10h-17h30. 07196 33013. www.strokestownpark.ie

La résidence palladienne dessinée par Richard Castle vers 1730 se compose d'un corps central à trois niveaux précédé d'un portique à colonnes, que des corridors courbes relient aux ailes de service.

L'intérieur bien conservé donne plutôt une impression de confort et de lien social que de luxe tapageur. On trouve de nombreux éléments intéressants : le bow-window de la salle de bal, où se plaçaient les musiciens ; les pièces réservées aux enfants : une salle de classe, une chambre, une exposition de jouets. En plus de broches et de trois fours (pour cuire, rôtir et fumer), la grande cuisine est équipée d'un vaisselier garni de céramique de Belleek *(voir p. 496)* ; elle est dominée par une galerie, d'où la gouvernante pouvait surveiller les domestiques. Les deux **jardins clos** de murs ont retrouvé leur splendeur d'origine. Le plus vaste, le jardin d'agrément (1,6 ha), est orné d'une magnifique pergola édouardienne et d'une très longue bordure de plantes herbacées. Plus petit, le verger-potager d'époque georgienne entoure les serres d'origine, pour la culture du raisin, des pêches et des figues, ainsi qu'une élégante gloriette, dont les baies géminées découvrent de belles perspectives sur les jardins et le domaine.

County Roscommon Heritage Centre

♿ *Tlj sf w.-end 14h30-16h30. Fermé j. fériés. ✆ 078196 33380. www.roscommonroots.com*

À l'extrémité nord de Strokestown se dresse l'ancienne St John's Church (anglicane, 1820) de forme octogonale, à l'imitation d'une salle capitulaire médiévale. L'intérieur livre une présentation historique de Strokestown.

Circuit de découverte

CRUACHAN DISTRICT

Circuit de 76 km - compter 11 km de Strokestown ; prendre au nord la R 368 jusqu'à Elphin ; suivre les panneaux.

Elphin Windmill

♿ *Visite guidée 10h-18h. ✆ 07196 35181.*

Le moulin à vent du début du 18e s. est le seul de ce modèle dans l'Ouest irlandais. Ce bâtiment imposant et inhabituel, restauré, est en état de marche. Son toit de chaume conique et les pales sont orientés face au vent au moyen de roues qui tournent sur un parcours circulaire.

Prendre la R 369 vers l'ouest au départ d'Elphin ; emprunter la N 61 à gauche ; à Tulsk, prendre à droite la N 5 jusqu'à Rathcroghan.

Cruachan Aí Visitor Centre

♿ *10h-18h (oct.-mars 17h). Visite guidée sur demande. Visitor Centre (env. 1h) 5 € ; visite du site libre. ✆ 07196 39268. www.cruachanai.com*

Sur la rive de la rivière Ogulla, cet édifice créatif et ses présentations passionnantes permettent de comprendre le remarquable complexe de monuments de cette région, qui depuis longtemps fascine archéologues et amateurs d'histoire ancienne, mais dont la fonction et la signification précises sont encore en cours d'élucidation.

Le centre est adossé à un fort circulaire et à la motte féodale d'un château de style anglo-normand, mais la majorité des monuments – tumulus de l'âge du bronze, certains en forme d'anneau (dont un de plus de 60 m de diamètre), souterrains, tracé de champs et voies cérémonielles – sont éparpillés sur une vaste superficie. Ce paysage fertile, où les animaux paissent depuis le néolithique, figure dans quelques-uns des mythes et légendes les plus fascinants de l'Irlande, autant que dans son histoire contemporaine. Dans la saga de *Táin Bó Cúailgne*, c'est d'ici que la reine Maeve *(Medbh)* s'est lancée dans la razzia du bétail de Cooley *(voir « Comprendre : mythes et légendes »)* ; c'est ici que l'on a enterré les rois d'Irlande avant que Tara ne devienne au 1er s. la sépulture royale. Les rois du Connaught étaient intronisés au sommet de la colline de Carnfree : un dernier sacre y a encore eu lieu en 1641. La pierre d'intronisation est exposée au domaine de Clonalis.

Poursuivre sur la N 5 vers le nord-ouest sur 14 km.

Douglas Hyde Centre

♿ *Mai-sept. : tlj sf lun. 14h-17h, w.-end 14h-18h ; autres périodes : tél. pour les horaires. Contribution. ✆ 09498 70016.*

L'église anglicane de **Tibohine**, où son père était recteur, abrite le centre consacré à **Douglas Hyde** (1860-1949), premier président de la république d'Irlande de 1938 à 1945. Ses origines anglo-irlandaises ne l'ont pas empêché de faire ses études en Irlande et de rassembler avec passion poésies et contes populaires de ce pays. En tant que président de la Ligue gaélique, il s'est efforcé de conserver le gaélique comme langue nationale et de promouvoir la littérature irlandaise.

Emprunter vers le sud la route secondaire qui passe par Cloonfad et Fairymount, puis la R 361 jusqu'à Castlerea. Prendre à droite la N 60, puis à nouveau à droite.

Clonalis House★

De déb. juin à mi-sept. : visite guidée (45mn) tlj sf dim. 11h-17h. 7 €. Il est possible de loger au domaine. ✆ 09496 20014. www.clonalis.com

Clonalis est le fief du *don* (roi ou chef) des **O'Connor**, une des plus anciennes dynasties irlandaises ; elle remonte à Federach le Juste, en l'an 75. Sur une hauteur dominant la Suck, la demeure est bien plus récente. Cette construction italianisante a été conçue en 1878 par l'architecte anglais Pepys Cockerell. Près de la porte d'entrée *(à gauche)* se trouve la pierre d'investiture du clan O'Connor; elle se trouvait autrefois à Rathcroghan. La maison très bien meublée est emplie d'objets ayant appartenu aux O'Connor, qui ont joué un grand rôle dans la vie irlandaise, mais aussi à l'étranger : l'un d'entre eux a fondé Tucson, en Arizona. On voit des portraits, des costumes, des uniformes, ainsi que l'étendard du couronnement de George V (1911). C'est Denis O'Connor, premier membre d'une famille de langue irlandaise à être ainsi honoré, qui le portait. Au fil des siècles, les O'Connor ont rassemblé un très grand nombre d'archives d'une grande valeur, une bibliothèque de plus de 5 000 livres et plus de 100 000 documents et lettres. Quelques-uns sont présentés dans la salle de billard; parmi les signatures figurent celles de Louis XIV, Samuel Johnson, Daniel O'Connell, Gladstone et Douglas Hyde. On y voit aussi une harpe qui a appartenu au barde aveugle Turlough O'Carolan, qui jouait souvent pour les O'Connor.

Deux vestiges de l'époque des Lois pénales sont exposés dans la **chapelle** : un autel qui provient d'une chapelle clandestine; et un calice qui se dévisse.

Prendre la N 60 vers le sud-est; après 4 km prendre à gauche vers Ballintober.

Ballintober Castle

Le château en ruine a été habité jusqu'au 19e s. Autrefois entourée de douves, la haute muraille, renforcée à chaque angle par une tour polygonale, enclot une grande cour rectangulaire. Deux échauguettes gardent les portes de chaque côté. En 1652, le château est tombé aux mains des partisans de Cromwell, mais il est revenu en 1677 au *don* des O'Connor; ses ancêtres l'avaient construit vers 1300.

Poursuivre vers le sud sur la R 362; prendre à droite la N 60; à Ballymoe, tourner à gauche, puis encore à gauche sur une route secondaire vers Glinsk.

Glinsk Castle

Dépourvu de toiture, le château à quatre niveaux est bien délabré, mais ses fenêtres, ses cheminées et ses tours altières évoquent la belle maison forte édifiée par la famille Burke vers 1618-1630.

Poursuivre vers le sud-est en traversant Creggs et par la R 362. Avant de rejoindre la N 63, tourner à gauche, puis encore à gauche sur un chemin privé.

Castlestrange Stone★

Dans un champ *(à droite)* se trouve un gros bloc de granit rond, gravé de motifs curvilignes dans le style celtique de La Tène, qui date d'environ 250 av. J.-C.

Prendre à gauche la N 63 vers Roscommon.

Roscommon Dominican Friary

Ce couvent dominicain en ruine fondé en 1253 conserve le gisant de son fondateur, Felim O'Connor; ses pieds reposent sur un chien. Au-dessous, un panneau sculpté avec vigueur montre des mercenaires en cotte de mailles armés jusqu'aux dents, les *gallowglasses*, farouches guerriers venus de l'ouest de l'Écosse au 14e s.

Poursuivre sur la N 63 jusqu'à Roscommon.

Roscommon

Chef-lieu du comté du même nom, Roscommon est aussi l'important marché d'une région prospère en élevage de bovins et d'ovins. Son nom, « le bois de Comán » en gaélique, fait référence à **saint Comán**, abbé de Clonmacnoise puis premier évêque de Roscommon, où il a fondé un monastère de chanoines augustins. L'église anglicane de Roscommon enfermerait des vestiges de ce premier édifice. L'histoire du monastère, de la ville et de la région est retracée au **Roscommon County Museum**, un charmant musée à l'ancienne logé dans une ancienne chapelle presbytérienne. ♿ *Tlj sf w.-end 10h-15h. ✆ 09066 25613.*

Se rendre au nord de la ville par la N 61. Depuis le parc de stationnement, marcher 2mn, puis franchir une barrière et traverser un champ.

Roscommon Castle★

Sur une hauteur se dressent les ruines impressionnantes de l'énorme château normand édifié en 1269 par Robert de Ufford. Autrefois, il était entouré d'un lac ou d'un marais. Sa muraille massive, défendue aux angles par quatre bastions circulaires, entoure un vaste rectangle. L'entrée principale a été ouverte dans le mur ouest. Les fenêtres à meneaux ont été ajoutées au 16e s. par **Nicolas Malby**, gouverneur du Connaught, qui a probablement occupé les lieux en 1578. Prise en 1645 par les Confédérés menés par Preston, la forteresse s'est rendue sept ans plus tard aux troupes de Cromwell, qui en a ordonné la destruction.

Strokestown pratique

Adresse utile

À ROSCOMMON

Harrison Hall - ✆ 09066 26342 - juin-août : tlj sf dim. 10h-17h30.

Se loger

À ROSCOMMON

Westway – *Galway Road, au sud-ouest - 1,25 km par la N 63 - ✆ 09066 26927 - westwayguests@eircom.net - mars-oct. - 5 ch. 65 €.* Cette pension moderne et confortable accueille le visiteur à deux encablures du centre-ville.

Gleeson's Townhouse – *Market Square - ✆ 09066 26954 - Fermé 25 et 26 déc. - 21 ch. 110/120 € - rest. 17/28 €.* Ancienne résidence d'un ministre, cette belle maison bourgeoise en pierre propose des chambres confortables, très bien équipées.

Westport★★

5 475 HABITANTS – COMTÉ DE MAYO
CARTE MICHELIN N° 712 D6 – CARTE GÉNÉRALE RABAT I A2

Tout en élégance et en charme georgiens, Westport a été planifié et bâti autour de 1780 pour le propriétaire terrien de la région, John Denis Browne, maître de Westport House, un des grands manoirs de campagne irlandais. Jusqu'à l'arrivée du chemin de fer au 19e s., Westport Quay était un port actif sur l'estuaire, bordé d'imposants entrepôts du 18e s. Cette cité balnéaire très vivante et plutôt chic, classée au Patrimoine irlandais, a su garder toute son âme.

- **Se repérer** – Westport *(Cathair Na Mart)* occupe un site charmant sur le cours sinueux de la Carrowbeg, au fond de la baie de Clew, au milieu de la côte nord-ouest de l'Irlande. C'est une excellente base de départ pour l'exploration de la côte ouest du comté de Mayo. Elle se trouve à l'extrémité de la nationale N 5 et à 50 kilomètres de l'aéroport international de Knock.
- **À ne pas manquer** – Westport House, la Murrisk Peninsula, Clare Island, le National Museum : Country Life, les tourbières de Ceide Fields, Knock et Croagh Patrick pour la ferveur religieuse irlandaise.
- **Organiser son temps** – Une demi-journée en ville, de un à deux jours pour les circuits de découverte.
- **Avec les enfants** – Le National Museum : Country Life et randonnées autour de Westport.
- **Pour poursuivre le voyage** – Voir aussi Sligo, Connemara, Strokestown.

Se promener

Centre-ville★

Pivot de la ville georgienne soigneusement planifiée, l'Octagon accueille un marché hebdomadaire autour de sa colonne dorique, autrefois surmontée d'une statue de George Glendinning, banquier et philanthrope local. De là, James Street descend vers la rivière en passant devant le **centre du Patrimoine** *(Heritage Centre)*, qui rassemble

Les Browne de Westport

Douze générations de Browne ont vécu à Westport. Leurs activités sont consignées dans leurs archives vieilles de quatre siècles. La famille descend de sir Anthony Browne, de Cowdray Castle dans le Sussex, dont le fils cadet, John, arrive dans le comté sous le règne d'Elizabeth Ire. La première résidence est bâtie par son arrière-petit-fils, le colonel John Browne (1638-1711), un jacobite que la victoire des orangistes accule à la ruine. Sa femme était l'arrière arrière-petite-fille de **Grace O'Malley** *(voir p. 400)*. Son petit-fils, John Browne (1709-1776), élevé dans le rite protestant pour échapper aux Lois pénales, reçoit le titre de comte d'Altamont. Deux générations plus tard, John Denis (1756-1809) est fait marquis de Sligo en 1800, à l'époque de l'Acte d'union. Le second marquis, Howe Peter (1788-1845), ami de lord Byron, rapporte d'un voyage en Grèce effectué en 1812 les deux colonnes de l'entrée du trésor d'Atrée à Mycènes. Découvertes dans le sous-sol et identifiées en 1906, elles ont été offertes au British Museum.

H. Krinitz / hemis.fr

La montagne Benbulben (comté de Sligo).

H. Rooney / Eye Ubiquitous/Corbis

Westport House.

Y. Travert / Photononstop

La baie de Killala (comté de Mayo).

Connaught airport

L'aéroport (14,5 km au nord de Knock par la route N 17) s'appelle aussi **Horan International**, en hommage à l'homme dont la clairvoyance et la ténacité ont permis sa réalisation. Un premier projet, dans les années 1950, prévoyait une piste d'atterrissage en herbe pour les vols intérieurs. Convaincu que la venue du pape à Knock en 1979 attirerait un très grand nombre de pèlerins, le prêtre de la paroisse, Mgr James Horan, lance un projet plus audacieux, malgré la réticence du public et sans le soutien financier de l'État. L'aéroport est inauguré en 1985, avec une piste suffisamment longue (2,5 km) pour accueillir les gros porteurs. Il sert aussi à l'entraînement des pilotes. Depuis, il accueille en permanence les pèlerins, mais aussi les touristes attirés par l'ouest irlandais.

d'intéressantes présentations et de superbes maquettes de la ville, ainsi qu'une reproduction de la montagne sacrée voisine, Croagh Patrick. Ce centre est l'un des plus réussis d'Irlande. ♿ *9h-18h (hiver 16h). 3 €. ✆ 098 25711. www.visitmayo.com*
Bordée par deux avenues ombragées, North Mall et South Mall, la Carrowbeg apaisée, qui coule entre des digues en pierre, est enjambée par trois ponts.
Le bâtiment le plus remarquable sur South Mall est la vaste **église St-Mary**, reconstruite au 20e s. en forme de basilique, et ornée de vitraux par Harry Clarke et Patrick Pye. Elle présente un contraste avec **Holy Trinity Church**, église néogothique à la flèche effilée, dont l'intérieur est rehaussé de riches mosaïques figurant des scènes tirées des Évangiles. *Juil.-août. En cas de fermeture, demander la clé au presbytère (rectory).*

Visiter

Westport House★★

Manoir et jardins ; mars-oct. : 11h30-17h30. Manoir, jardins et attractions : juin-août 11h30-17h30 ; mai : dim., 11h30-17h30. Manoir et jardins 11,50 € ; avec attractions : 21 € (famille 2+2 75 €). Durée 1-2h. ✆ 098 25430. www.westporthouse.ie
La demeure est l'œuvre de plusieurs architectes : Richard Castle pour la façade est (1730), Thomas Ivory pour la partie sud (1778) et James Wyatt pour la façade ouest (vers 1780). Les copies de colonnes grecques sur la façade sud ont été ajoutées en 1943. Une demeure plus ancienne s'élevait à cet endroit, construite en 1650 sur le site d'un château des O'Malley ; la mer arrivait jusqu'à la maison. Le lac a été créé au 18e s. grâce à un barrage sur la Carrowbeg. Les terrasses du jardin ont été aménagées au début des années 1900.
La **visite** des pièces principales et des chambres révèle un décor élégant, avec de nombreux éléments remarquables : la frise pompéienne et le plafond du salon décoré de nuages *(restaurant)*, commandés par le second marquis vers 1825 ; dans la grande galerie, une collection de **portraits de famille** ; les portes en acajou de la salle à manger, provenant du domaine que la famille possédait à la Jamaïque ; les buffets et les rafraîchissoirs à vin réalisés pour le second marquis ; des rince-doigts en cristal de Waterford ; des dessous-de-plat en argent et un rare **milieu de table** en bois de chêne fossilisé dans la tourbe et argent repoussé ; le **drapeau de la légion de Mayo**, apporté en 1798 par le général Humbert *(voir Killala)* ; l'**escalier en chêne**, œuvre de James Wyatt ; l'**escalier de marbre**, réalisé pour le troisième marquis par des artisans italiens ; sur le palier, la *Sainte Famille* de Rubens et des pastels de F. Wilkin, portraits des enfants du deuxième marquis ; le papier peint du **salon chinois**, vieux de deux siècles. Le **sous-sol** renferme les cachots du premier château des O'Malley ; il est équipé de jeux pour les enfants.
L'ancien jardin clos entoure un mûrier planté en 1690, toujours vivace, et abrite aujourd'hui un petit **zoo**. Une **boutique d'artisanat** est logée dans les dépendances de la ferme, convertie en centre de vacances ; on peut pêcher et canoter sur le lac et un train diesel circule dans le parc.

Clew Bay Heritage Centre

Westport Quay. juil.-août : tlj sf sam. 10h-17h, dim. 15h-17h ; avr.-juin et sept.-oct. : tlj sf w.-end 10h-17h. 3 €.
Le petit centre du Patrimoine est un charmant méli-mélo d'objets donnant un aperçu de l'histoire de la région et faisant connaître quelques célébrités locales, comme Grace O'Malley et John MacBride (1868-1916), exécuté à la prison de Kilmainham pour sa participation au soulèvement de Pâques.

Aux alentours

Ballintubber Abbey★★

20 km au sud-est de Westport par la R 330 ; après 18 km, prendre à gauche vers l'abbaye. Mai-sept. : 10h-17h. Offrande. Possibilité de visite guidée (1h). ✆ 098 25711 (office de tourisme de Westport).

L'abbaye est une des rares églises médiévales où la messe est célébrée sans interruption depuis plus de 750 ans. C'est un bel exemple de l'école romane de l'ouest irlandais. Fondée en 1216 par le roi de Connaught, Cathal O'Conor, pour une communauté de chanoines augustins, elle a perdu la plupart de ses bâtiments conventuels en 1653, quand elle a été mise à sac par les partisans de Cromwell, qui ont aussi incendié son toit en bois.

Les travaux de restauration réalisés au milieu du 20e s. mettent en valeur de nombreux éléments sculptés et décoratifs, dont le portail et la fenêtre ouest du 13e s. La chapelle de la Vierge présente un bénitier du 13e s. orné d'une tête sculptée. La chapelle de Burgo (aujourd'hui la sacristie) contient la stèle funéraire du vicomte de Mayo, **Theobald Burke**, fils de Grace O'Malley, assassiné à Ballintubber en 1629. Le **cloître** est en ruine, mais des éléments du 13e s. demeurent : le trésor et la salle capitulaire ; et la chaufferie, équipée de conduits sous le plancher et d'une cheminée extérieure. L'abbaye est le point de départ du pèlerinage du Croagh Patrick *(32 km)*, qui connaît un grand renouveau.

L'apparition de Knock

Un soir pluvieux d'août 1879, deux femmes du village voient Marie, Joseph et saint Jean apparaître, auréolés de lumière, sur le pignon sud de l'église. Elles appellent les villageois pour leur faire partager cette vision. Une commission ecclésiastique valide leur témoignage. Les pèlerinages commencent l'année suivante, avec un grand nombre de guérisons miraculeuses. En 1936, une seconde commission confirme les conclusions de la première. En 1957, l'église est affiliée à la basilique Sainte-Marie-Majeure de Rome. Des indulgences particulières sont accordées aux pèlerins. Pour le centenaire de l'apparition, en 1979, le pape Jean-Paul II est venu à Knock. C'était la première visite d'un pape en Irlande.

Knock

Jusqu'à la fin du 19e s., Knock était une tranquille petite bourgade, sur une crête battue par les vents au cœur d'une vaste tourbière inhospitalière. Elle est devenue depuis l'apparition de la Vierge à deux femmes du village, un des hauts lieux mondiaux du culte marial. Plus d'un million de pèlerins s'y rendent chaque année ; beaucoup viennent pour la semaine de la Neuvaine en août, lorsque l'on promène en procession la statue de la Vierge pour célébrer l'anniversaire de son apparition.

Apparition Church – Le pignon sud de l'église où aurait eu lieu l'apparition a été recouvert de vitres pour le protéger des intempéries. Les premiers pèlerins emportaient parfois des morceaux de plâtre du mur, lui prêtant des pouvoirs miraculeux.

Basilica of Our Lady, Queen of Ireland★ – Cette immense église hexagonale (4 524 m^2) peut accueillir jusqu'à 12 000 pèlerins. Elle a été conçue par Dáithí P. Hanly et consacrée en 1976. La tour qui abrite la chapelle du Saint-Sacrement est surmontée par une flèche effilée. Le déambulatoire extérieur couvert s'appuie sur 12 colonnes de granit rouge de Mayo et 32 piliers de pierre provenant des 32 comtés d'Irlande. Au-dessus de l'entrée de la chapelle, une tapisserie conçue par Ray Carrol dans le style des tapis du Donegal représente l'apparition ; le centre de l'église est occupé par le maître-autel. Le reste de l'édifice est divisé en cinq chapelles dédiées au Sacré-Cœur, à saint Jean l'Évangéliste, à Notre-Dame de Knock, à saint Joseph et à saint Columba, chacun étant représenté par une statue. Chaque mur de séparation entre les chapelles est percé d'une réplique de fenêtre d'église d'une des quatre provinces d'Irlande.

Folk Museum – ♿ *Mai-oct. : 10h-18h (juil.-août 19h). 4 €. Visite guidée (30mn) sur demande. ✆ 09493 88100. www.knock-shrine.ie.* Un bâtiment moderne arborant les armes des quatre provinces d'Irlande – Ulster, Connaught, Leinster, Munster – propose des présentations très bien faites sur : la vie dans l'ouest irlandais au 19e s. ; le développement du lieu saint ; les 15 témoins, qui reposent au cimetière de Knock ; la visite du pape en 1979 ; la vie de Mgr James Horan, prêtre de la paroisse de 1963 à 1987.

Circuits de découverte

MURRISK PENINSULA★★

Péninsule de Murrisk : circuit de 82 km au sud de Westport – compter une journée. Quitter Westport par la R 335 en direction de l'ouest.

En quittant Westport Quay, la route contourne le rivage boisé. Elle franchit la rivière Owenee à Belclare, où siégeaient les chefs du clan O'Malley.

À 9 km, tourner à droite.

Murrisk Abbey

Sur le rivage se dressent les ruines d'un couvent d'augustins fondé en 1457 par les O'Malley et dissous en 1574. Bravant les interdits, Theobald, le fils de Grace O'Malley, fit exécuter en 1635 un calice pour le monastère.

Rejoindre la R 335.

Croagh Patrick★

Parc de stationnement. Le sommet est à 2h de marche. La masse conique distinctive de la montagne sacrée d'Irlande (763 m) domine la baie de Clew parsemée d'îles. La légende veut que saint Patrick ait fait tinter sa cloche au-dessus du précipice au sud de la montagne, et que tous les serpents d'Irlande aient plongé dans la mer pour s'y noyer. En l'honneur du saint, jusqu'à 100 000 pèlerins, certains pieds nus, font l'ascension de ses pentes rocailleuses jusqu'au sommet le dernier dimanche de juillet. L'ascension se faisait autrefois aux flambeaux, peut-être une réminiscence des vieilles fêtes celtes de Lughnasa.

Des fouilles récentes ont montré que l'étroit plateau du sommet de la montagne a été occupé autrefois par un fort préchrétien, puis par un oratoire paléochrétien. L'oratoire actuel date de 1905. Au sommet, l'extraordinaire panorama sur la mer et les montagnes récompense amplement les hardis grimpeurs. Il vaut mieux entreprendre l'ascension à partir du **Croagh Patrick Information Centre**, l'attrayant centre d'accueil qui fournit tous les renseignements nécessaires sur le site, et des conseils utiles pour la montée. ♿ *10h-17h.* ✆ *098 64114. www.croagh-patrick.com*

En face du centre, de l'autre côté de la route, l'étonnante sculpture moderne de John Behan représentant un « navire-cercueil » est le **Monument national de la Famine**, inauguré en 1997 par Mary Robinson, alors présidente de la république d'Irlande.

Continuer sur la R 335 vers l'ouest.

Granuaile

Granuaile est le nom irlandais de **Grace O'Malley** (1530-1603). Il signifie Grace la Chauve. La jeune Grace hérite très tôt de ce surnom quand, pour prouver qu'elle sait naviguer aussi bien que ses frères, elle se coupe les cheveux afin de se glisser incognito à bord du bateau paternel. Au 16e s., tandis que le système gaélique des clans s'effondre devant la conquête anglaise, Grace O'Malley résiste de nombreuses années. Depuis ses forteresses de la baie de Clew, dont les nombreuses îles constituent des retraites sûres, elle commande une flotte de corsaires qui pille les navires marchands dans la baie de Galway ou prélève des droits de passage. Les Anglais l'emprisonnent en 1577-1578. Elle a deux fils et une fille d'un premier mariage (vers 1546) avec Donal O'Flaherty, qui possédait des châteaux à Ballynahinch et Bunoven, dans le Connemara. Veuve en 1564, elle épouse en 1566 Richard Burke *(voir Portumna)* et, malgré leur divorce l'année suivante, reste en possession du château de Carrigahowley, où elle vit longtemps, élevant son plus jeune fils, Theobald Burke. En 1574, elle repousse une expédition anglaise qui menace son château. En 1593, elle se rend en Angleterre et obtient de la reine Elizabeth Ire la libération de son frère et de son fils Theobald, qui sera fait vicomte de Mayo *(voir p. 399)* en 1627 par Charles Ier.

Louisburgh

L'octogone central de ce charmant village du 18e s., situé sur la rivière Bunowen, a été dessiné par le premier marquis de Sligo, dont l'oncle, Henry, avait combattu les Français à la bataille de Louisburgh, au Canada.

Tourner à droite au carrefour central.

The Granuaile Interpretative Centre – *Juin-sept. : 11h-17h ; oct.-mai : sur demande. ✆ 098 66341, 086 398 5163 (portable).*

Le centre du Patrimoine dresse l'arbre généalogique des O'Malley. Il retrace l'histoire du clan, de son territoire et la vie de Granuaile, c'est-à-dire Grace O'Malley (1530-1603), membre le plus célèbre de la famille.

Prendre vers le sud la route vers Killadoon. Faire un détour à l'ouest jusqu'à Roonagh Quay pour le bac de l'île de Clare.

Clare Island★

Bac de Clare Island (voir « Westport pratique »). Location de vélos au port de l'île ; possibilité de circuit en bus et d'hébergement.

Entourée de falaises de 90 m et s'élevant à 461 m au sommet du mont Knockmore, la haute masse de l'île commande l'entrée de la baie de Clew. Grace O'Malley a passé son enfance dans le château situé près du quai. Elle reposerait dans l'abbaye cistercienne, fondée en 1224 sur l'île par les O'Malley. Quelques traces colorées de fresques peintes, très rares en Irlande, y subsistent. La plage de sable près du port est sans danger pour la baignade, la pratique de la voile et de la plongée. On joue de la musique irlandaise traditionnelle dans tous les pubs de cette île aux 120 habitants.

Rejoindre la route de Killadoon et continuer vers le sud.

Killeen

Une pierre gravée d'une croix se dresse dans l'angle nord-ouest du cimetière.

Tourner à droite au croisement. 800 m plus loin, tourner à droite et se garer.

Bunlahinch Clapper Bridge★

À côté d'un gué, on découvre un ancien pont en pierre pour piétons : les 37 travées sont faites de dalles posées sur des piliers de pierre.

Retourner au carrefour. Le traverser pour continuer tout droit ou prendre à droite pour faire un détour (16 km AR) à Silver Strand.

À gauche de la route se dresse une **pierre gravée d'une croix**.

Silver Strand

La vaste plage de sable (3,2 km) est abritée par des dunes.

Revenir au croisement et tourner à droite.

Altore Megalithic Tomb

En bordure de route *(sur la gauche)*, les vestiges d'une sépulture à chambre en forme de trapèze dominent le lac Nahaltora.

À l'embranchement en T, prendre à droite la R 335.

Doo Lough Pass★★

La route, construite en 1896 par le Congested Districts Board pour la promotion des régions déshéritées *(voir p. 66)*, descend du **col** jusqu'au **Doo Lough** *(3 km de long)*, encadré à l'ouest par les **monts Mweelrea (Muilrea)** (817 m) et à l'est par les **collines de Sheeffry** (761 m). À l'extrémité sud du lac s'élève le Ben Gorm (700 m). Ce parcours quasi inhabité, d'une beauté austère et sauvage, est l'un des plus saisissants qui soit.

Delphi

Au retour d'un voyage à Delphes, en Grèce, le deuxième marquis de Sligo a baptisé ainsi ses pêcheries, sur la rivière Bundorragha près du lac Fin.

Aasleagh Falls★

Parc de stationnement à gauche et à droite des chutes.

Au fond du havre de Killary, un fjord étroit, la rivière Erriff cascade sur un large seuil rocheux.

Tourner à droite sur la N 59.

Killary Harbour★

Cette ria magnifique, étroit bras de mer profond de 25 m, s'enfonce à l'intérieur des terres sur 13 km entre de hautes parois rocheuses. Elle s'élargit en face de Leenane sur la côte sud.

Poursuivre sur la N 59 qui ramène à Westport.

BAIE DE CLEW

Circuit de 40 km – compter une demi-journée. Quitter Westport par la N 59 au nord.

Newport

Cette charmante petite ville, connue des amateurs de pêche, est dominée par le **viaduc** désaffecté du chemin de fer (1892), transformé en promenade insolite au-dessus de la rivière Newport.

La large rue principale gravit la berge nord de la rivière jusqu'à l'église St-Patrick, construite en granit rose dans le style néoroman irlandais (1914) et présentant un beau **vitrail**, exemple particulièrement remarquable du travail de **Harry Clarke**.

Poursuivre par la N 59; au bout de 1,6 km, tourner à gauche.

Burrishoole Abbey★

Près d'un étroit bras de l'Atlantique, là où les eaux du Lough Furnace se déversent dans la mer, veillent les ruines d'un monastère dominicain fondé en 1486. Une tour massive domine l'église, constituée d'une nef, d'un chœur et du bras sud du transept. De l'ancien cloître ne subsiste que le mur est. En 1580, les Anglais ont fortifié l'abbaye pour y installer une garnison.

Burrishoole était un port important avant l'arrivée des Normands, mais il a été abandonné au profit de Westport.

Poursuivre vers le nord sur la N 59; après 4 km, tourner à gauche.

Carrigahowley (Rockfleet) Castle

Parcourir 4 km sur la N 59.

Cette maison forte à quatre étages, du 15e ou 16e s., occupe un beau site sur des rochers plats dans une crique de la baie de Clew. La grande salle se trouvait au dernier étage, séparé des niveaux inférieurs par une voûte en pierre. En 1566, son propriétaire, Richard Burke, est devenu le second époux de Grace O'Malley *(voir p. 400)*.

Prendre la N 59 à l'est; au bout de 1,5 km, tourner à gauche.

Furnace Lough★

Une étroite route en lacet effectue une boucle au nord entre le lac *(lough)* Furnace et le lac Feeagh. Depuis la fine langue de terre qui sépare les deux lacs, on jouit d'une vue splendide au nord sur le Nephin Beg (628 m). Près de l'échelle à saumons, là où les eaux du lac Feeagh forment une cascade dorée pleine d'écume au-dessus des roches pour se déverser dans le lac Furnace, l'Institut irlandais de recherche sur le saumon procède au recensement des poissons qui descendent et remontent le courant.

Poursuivre vers l'ouest sur la N 59 et la R 319.

Achill Island★

Reliée à la péninsule de Corraun par un pont à bascule qui permet le passage de grands navires, la plus vaste île irlandaise (14 660 ha) offre un merveilleux mélange de baies sablonneuses et de falaises spectaculaires, dominées par deux pics, le Slievemore (671 m) et le Croaghaun (667 m). Autrefois pauvre et isolée, elle dépendait pour son économie des fonds envoyés par les émigrants. Elle a attiré des peintres et des écrivains, comme l'artiste peintre Paul Henry et le lauréat du prix Nobel de littérature Heinrich Böll. Aujourd'hui, elle vit largement du tourisme ; la pratique du surf, du bateau et de la pêche à la ligne en mer attire de nombreux estivants. Achill Island est, en grande partie, un territoire Gaeltacht (où l'on parle gaélique).

Sur le rivage de la passe d'Achill, au sud du pont, se dressent les ruines *(restaurées)* de l'**église de Kildavnet** (ou Kildownet, vers 1700), qui possède un chemin de croix aux inscriptions en gaélique. Le nom de l'église vient de **Dympna**, une sainte irlandaise qui s'est réfugiée sur l'île au 7e s.

Le **château de Kildavnet** (ou Kildownet), **maison forte** carrée à quatre étages du 15e s. commandant l'entrée sud du détroit, était l'un des fiefs de la redoutable **Grace O'Malley** *(voir p. 400)*. On voit encore les vestiges d'une rampe à bateaux, ainsi que les fortifications d'origine.

Trawmore Strand possède une magnifique **plage** de sable au pied de falaises. **Keel** est la plus grande station ; à l'extrémité sud-est de sa longue plage, les falaises ont été sculptées en formes étranges. **Keem Strand** possède aussi une très belle **plage** de sable, abritée par la masse énorme du Croaghaun, dont la face nord-ouest spectaculaire plonge dans la mer, créant un des paysages de falaise les plus impressionnants d'Europe, particulièrement quand on le voit de la mer à partir d'un bateau.

Entre Keel et **Doogort**, petite station balnéaire de la côte nord, on remarque des vestiges de villages abandonnés. L'un était une mission anglicane, fondée au 19e s. dans l'espoir de détourner les habitants de l'île du catholicisme. L'autre montre les ruines d'habitations d'été appelées *booleyhouses*. Ce serait ici le tout dernier endroit d'Irlande et de Grande-Bretagne où l'on ait pratiqué la transhumance, tradition qui a cessé dans les années 1930.

INTÉRIEUR DU COMTÉ DE MAYO

Circuit de 135 km. Au départ de Westport. Quitter Westport vers l'est par la N 5.

Castlebar

Le chef-lieu du comté de Mayo est une ville agréable, traversée par la rivière de même nom. C'est ici qu'en 1798 le général français Humbert et sa troupe de paysans irlandais ont contraint une armée britannique bien supérieure en nombre à une déroute honteuse. Cet épisode est rappelé depuis avec allégresse et ironie comme les **« courses de Castlebar »** *(voir encadré p. 406)*. **John Moore**, qui a dirigé la « république du Connaught » le temps de sa courte existence avant de mourir en prison, repose à côté du mémorial de 1798 élevé sur **The Mall**, espace aménagé en pelouse au centre-ville.

De Castlebar, prendre la L 134 vers le nord ; à la limite de la ville, prendre à gauche la petite route qui mène vers Burren et Windy Gap.

Windy Gap

La route escarpée qui traverse le défilé découvre de superbes points de vue sur le Lough (lac) Conn et Castlebar.

Poursuivre vers le nord et prendre à gauche la R 315 ; 5 km après Lahardaun, tourner à droite.

Errew Abbey★

20mn à pied AR à travers champs. Les ruines de l'abbaye occupent un site pittoresque et isolé, à l'extrémité d'une presqu'île du Lough Conn. Il reste peu de chose de cet édifice construit en 1413 à l'intention des chanoines augustins. L'église du 13e s., avec sa piscine et ses fenêtres trilobées, est plus ancienne que les bâtiments du cloître.

Revenir sur la R 315 et poursuivre vers le nord. À Crossmolina prendre vers l'est la N 59 jusqu'à Ballina (voir l'estuaire de la Moy), puis suivre la R 310 vers le sud.

Vue depuis le pont de Pontoon★

Du pont, la **vue★** sur le **Lough Cullin** *(au sud)* et le **Lough Conn** *(au nord)* vaut le détour. Si les deux lacs sont réputés pour la pêche à la ligne (truite brune et truite argentée), les plages du lac Cullin, sableuses, sont plus sûres pour la baignade.

Reprendre vers l'est et prendre à droite la R 318.

Foxford Woollen Mills

Visite guidée (1h) 10h-18h, dim. 12h-18h. Dép. ttes les 20mn. 3 €. ☎ 092 56104.

Les filatures de laine *(Woollen Mills)* ont été mises en place par mère Arsenius, religieuse de l'ordre des sœurs irlandaises de la Charité. En 1880, elle s'installe avec un groupe de sœurs à Foxford. Elle y développe une industrie florissante. Depuis 1987, la production est indépendante des religieuses. Une présentation audiovisuelle de l'histoire des filatures est suivie d'une visite des machines des années 1930, aujourd'hui déclassées. On découvre les différents procédés de fabrication des célèbres couvertures, tapis et tweeds de Foxford : cardage, filage, tissage, raccommodage, lavage, séchage. Les articles sont en vente à la boutique.

Emprunter vers le sud la N 58.

Strade

Annexe de l'église moderne, un **musée** (Michael Davitt Memorial Museum) dédié au fondateur de la Ligue agraire, **Michael Davitt** *(voir encadré)*, originaire de Strade et enterré dans le cimetière de l'église, a réuni des lettres, des photographies, une écharpe de la Ligue, des écrits personnels et des biographies. ♿ *10h-18h. 3,20 €. ✆ 09490 31022. www.museumsofmayo.com/davitt*

Michael Davitt (1846-1906)

Davitt naît au moment de la Grande Famine. Quand il a quatre ans, sa famille est expulsée parce qu'elle ne peut plus payer le loyer, et émigre au Lancashire, en Angleterre. À neuf ans, il travaille dans une filature de laine. Trois ans plus tard, il perd son bras droit dans un accident du travail. C'est pour lui l'opportunité de suivre la classe dans une école méthodiste. À seize ans, il trouve du travail dans une imprimerie. Il suit les cours du soir à l'Institut de mécanique et étudie l'histoire irlandaise. Il rejoint alors le mouvement Fenian, et devient secrétaire responsable du nord de l'Angleterre et de l'Écosse. Mais il est arrêté, et emprisonné sept ans pour contrebande d'armes. Libéré en 1878, il retourne dans le **comté de Mayo**. Il coordonne l'action des fermiers pour obtenir de meilleures conditions de la part des propriétaires terriens. Il convainc Parnell de rejoindre le mouvement. Le 16 août 1879, la Ligue agraire du Mayo est constituée au Daly's Hotel de Castlebar. La Ligue agraire nationale est formée en octobre. Au cours des luttes pour les terres qui s'engagent alors, Davitt et d'autres sont arrêtés dans le cadre de lois d'exception (1881). À la fin des luttes, en 1882, Davitt se retire de la vie publique, mais poursuit une œuvre de réformateur, enseignant, écrivain et penseur social. Il conserve son intérêt particulier pour le sort des travailleurs de la terre et le syndicalisme. Il contribue aussi à la fondation de la Gaelic Athletic Association *(voir p. 105 et p. 217)*. Il voyage beaucoup, et publie plusieurs ouvrages – *Leaves from a Prison Diary* (*Feuillets d'un journal de prison* ; 1885), *The Fall of Feudalism in Ireland* (*La Chute du féodalisme en Irlande* ; 1904), ainsi que des essais sur les conditions de travail en Australie et en Afrique du Sud. Il sera élu au Parlement quatre fois et y défendra des projets pour la réforme des prisons.

Le **monastère**, en ruine, a été fondé au 13e s. par un membre de la famille MacJordan à l'intention des franciscains. Ils l'occupent jusqu'en 1252, date de sa transmission aux dominicains par Jordan d'Exeter, seigneur d'Athlethan. La plus grande partie du bâtiment serait du 15e s., mais le chœur a été édifié au 13e s. De nombreuses stèles sont disposées contre le mur sud. Dans le mur nord est ménagé un enfeu magnifiquement sculpté.

Continuer vers le sud jusqu'à la N 5 et suivre la direction de Westport.

National Museum : Country Life★★

Turlough. Tlj sf lun. 10h-17h, dim. 14h-17h. Entrée libre. Visite guidée (40mn) à intervalles fréquents. 2 €. ✆ 09490 31755. www.museum.ie

Offrant un cadre idéal aux 50 000 pièces des collections nationales consacrées à la vie rurale qui végétaient depuis des années dans des réserves, ce nouveau musée constitue une des quatre sections du Musée national d'Irlande. Les trois autres, consacrées à l'histoire, à l'archéologie et aux Arts décoratifs, se trouvent à Dublin. Le musée est implanté dans le domaine restauré de Turlough Park. Il occupe le manoir, de style gothique victorien, mais aussi un remarquable bâtiment contemporain conçu sur mesure et astucieusement intégré au complexe aménagé en terrasses.

Sur quatre niveaux, bénéficiant de toutes les techniques de la muséographie moderne, les collections d'une grande diversité rejettent toute sentimentalité pour présenter le mode de vie traditionnel des campagnes irlandaises jusqu'au milieu du 20e s. Les objets présentés, tous fascinants, fournissent un éventail très complet. Ils illustrent les contraintes physiques de la vie à la campagne, ainsi que les ressources de la terre, le cycle perpétuel des travaux, le foyer, le rôle des femmes, la communauté villageoise, les traditions populaires et le folklore local. Dès le début de l'exposition, le visiteur est incité à remettre en question sa vision, souvent trop romantique, de la vie d'autrefois dans les campagnes. La section qui conclut la visite insiste sur les facteurs de changement qui ont transformé la campagne au cours des dernières décennies. Les ruines imposantes d'une forteresse médiévale des Fitzgerald dominent l'accès au parc. Couronnant un sommet de colline de l'autre côté de la rivière Castlebar, un bel exemple de clocher rond se dresse à côté d'une église dépourvue de toit, sur le site d'un ancien monastère qui aurait été fondé par saint Patrick.

Poursuivre sur la N 58, prendre la N 5 à gauche ; dans Bohola, emprunter à droite la 321 ; dans Kiltimagh, prendre la R 323 pour retourner à Knock.

ESTUAIRE DE LA MOY

Au départ de Ballina. Circuit de 32 km.

La route côtière qui fait le tour de l'estuaire de la Moy, une rivière riche en saumons, passe tout près des ruines pittoresques de deux établissements franciscains du 15e s. Elle poursuit jusqu'à Ballina, la première ville du comté de Mayo, puis continue jusqu'à la petite station très fréquentée d'Inishcrone.

Pour rejoindre Ballina depuis Westport, quitter la ville vers l'est par la N 5. Traverser Castlebar, poursuivre la N 5 pendant 12 km puis à Bellavary, prendre la N 58 vers le nord, puis à Forford, la N 26 (ou rejoindre le circuit intérieur du comté de Mayo).

Ballina

Cette ville très animée, la plus importante du nord du comté de Mayo, est aussi le siège du diocèse catholique de Killala. Sans cachet particulier, elle reste une bonne base pour les visiteurs, notamment les pêcheurs venus taquiner le saumon dans la Moy. Entre les ponts, sur la rive est de la Moy qui traverse Ballina, la **cathédrale St-Muiredach** a été élevée au 19e s. près des ruines d'un **monastère** augustin de la fin du 14e s., fondé par la famille O'Dowd ; le portail principal de l'église abbatiale et la verrière qui le surmonte datent du 15e s.

Au départ de Ballina, rouler 14 km sur la côte est de l'estuaire en passant par Castleconor.

Inishcrone (Enniscrone)

De mi-juin à fin août : 10h-22h, w.-end 10h-20h ; de déb. sept. à mi-juin : 16h-22h, sam. 13h-20h, dim. 11h-20h. ✆ 093 36999. www.discoverenniscrone.com

Cette station de bord de mer, sur la côte est de la baie de Killala, est appréciée des familles, et organise à Waterpoint des attractions aquatiques couvertes. La station a aussi pour spécialité le **bain d'algues** traditionnel irlandais, proposé dans une élégante maison de bains édouardienne. Délicieusement chaude et soyeuse, l'eau de mer permet la détente et aurait aussi un effet bénéfique sur l'arthrite et les rhumatismes. *Juil.-août : 10h-22h ; avr.-oct. : 10h-21h ; nov.-mars : w.-end et j. fériés 10h-20h. ✆ 096 36238. www.enniscrone.ie/seaweedbaths.com.*

On peut prolonger le détour en poussant encore au nord vers Rathlee pour la beauté de cette route côtière, longeant les falaises de Lenadoon Point (AR 22 km). Revenir à Ballina et prendre vers le nord la R 314.

Rosserk Abbey★

Au bord de la Rosserk, un des affluents de la Moy, l'abbaye de Rosserk est la première implantation des franciscains en Irlande. Elle fait partie des ruines les mieux conservées du pays. L'église présente un beau décor : portail principal finement ciselé, à l'intérieur, baie du chevet, fenêtre du bras droit du transept et, dans le chœur, piscine (bassin destiné aux rites purificatoires) sculptée de petits anges et d'instruments de la Passion. Depuis le cloître, des escaliers montent aux dortoirs et au réfectoire situés au-dessus des salles voûtées du rez-de-chaussée. Rosserk a aussi beaucoup souffert aux mains de l'impitoyable Richard Bingham.

Continuer sur la R 314.

Moyne Abbey★

10mn de marche AR à travers champs. Les importants vestiges du monastère franciscain de Moy comprennent un cloître, une sacristie, une maison du chapitre, des cuisines et un réfectoire ainsi qu'une église, dominés par une magnifique tour-clocher de six étages. Comme à d'autres endroits, Richard Bingham, gouverneur anglais du Connaught, fit de son mieux pour rendre le lieu inhabitable. En dépit de ses efforts, plusieurs moines parvinrent à rester : le dernier est décédé vers 1800.

Killala★

La paisible station balnéaire domine la baie de Killala sur l'embouchure de la Moy, en partie fermée par l'étroit banc de sable de l'île de Bartragh. Elle offre sa plage de sable et toutes sortes d'activités sportives, nautiques et terrestres. Les entrepôts de ses quais témoignent de son passé de port actif. Le petit bourg isolé occupe une place disproportionnée dans l'histoire irlandaise : c'est le premier bivouac des Français lors de l'expédition de 1798. À l'ouest de Killala s'étend le nord du comté de Mayo, une des régions les plus isolées et les moins peuplées d'Irlande. Par beau temps, le soleil inonde la tourbière de beaux reflets dorés, mais lorsque le ciel se couvre, le paysage devient lugubre, évoquant la porte du monde souterrain. Cette région à l'aspect hostile constituait pourtant une importante zone de peuplement à l'époque néolithique ; des vestiges fascinants de cette occupation nous sont parvenus.

St Patrick's Cathedral – La cathédrale anglicane actuelle (illuminée la nuit) a été érigée en 1670 par Thomas Ottway, évêque de Killala : le portail sud et la fenêtre gothique à l'est ont été réalisés avec les pierres de l'ancienne église médiévale en ruine. Dans le cimetière s'élève un superbe exemple de **clocher rond** (25 m de haut) du 12e s., construit en pierre calcaire ; le toit est une reconstitution du 19e s. Le clocher est tout ce qui reste du monastère fondé par Muiredach, premier évêque de Killala, nommé par saint Patrick au 5e s. Sous le cimetière, un **souterrain** du 9e s. contient de nombreuses chambres funéraires.

L'année des Français

En août 1798, une troupe de 1 067 révolutionnaires français aux ordres du **général Humbert** débarque à Kilcummin, hameau du rivage ouest de la baie de Killala. À Killala, le général nomme John Moore président du gouvernement provisoire du Connaught. Au fur et à mesure que la troupe s'avance à l'intérieur des terres, un nombre croissant de paysans irlandais les rejoint, pleins d'enthousiasme mais mal équipés. La première ville d'importance dont les révolutionnaires s'emparent est Ballina, le monument Humbert commémore la prise de la ville. Le premier affrontement avec le général Lake, qui dirige une force plus importante faite de miliciens et de volontaires pour la cavalerie, tourne pourtant à l'avantage du général Humbert et de ses troupes. Par dérision, on nommera la retraite de la cavalerie de Lake les « courses de Castlebar ».

Un autre monument, à Carrignagat *(au sud de Sligo sur la N 4, juste avant de rejoindre Collooney par l'est)*, indique le site de la troisième victoire sur les Anglais. Humbert se dirige ensuite vers le sud-est, dans l'espoir d'éviter l'armée anglaise et de rejoindre les Irlandais unis, mais ces derniers sont déjà battus ; lui-même est vaincu à **Ballinamuck**, près de Longford. Les Français sont faits prisonniers, les Irlandais sont pendus pour trahison. La rébellion de 1798 a fait l'objet d'un film tourné en 1981 à Killala d'après le roman de Thomas Flanagan, *The Year of the French (L'Année des Français)*.

CÔTE NORD DU COMTÉ DE MAYO

Ce circuit de 40 km au départ de Killala prolonge agréablement le circuit estuaire de la Moy.

La côte nord du comté de Mayo est une des régions les plus isolées et les moins peuplées d'Irlande. Elle dresse devant l'Atlantique une ligne de falaises spectaculaires, interrompues seulement par **Broad Haven**, large baie formée d'anses sablonneuses et d'étroits bras de mer et bordée de petites maisons, entre les caps **Benwee** à l'est (253 m) et **Erris** (87 m) à l'ouest, sur la péninsule de Bellmullet. À l'intérieur des terres, le comté forme une immense tourbière de 1 000 km^2, exploitée de manière extensive pour la production d'électricité. La tourbe est récoltée mécaniquement pour alimenter la centrale de Bellacorick, dotée aussi d'éoliennes.

Au départ de Killala, prendre la R 314 vers le nord ; après avoir traversé la rivière, tourner à droite ; prendre le passage par-dessus la barrière pour entrer dans le champ (à gauche).

Breastagh Ogham Stone

Sans doute un menhir datant de l'âge du bronze, la pierre (2,5 m de haut) porte une inscription en caractères oghamiques, en partie illisible.

Poursuivre jusqu'au carrefour et prendre à droite.

Rathfran Abbey

À proximité du rivage, ce prieuré dominicain du 13e s. a été incendié en 1590 par Richard Bingham, gouverneur anglais du Connaught, au cours d'un de ses raids destructeurs. Il reste peu de chose du cloître et des bâtiments conventuels, mais la longue église au plan rectangulaire est demeurée pratiquement intacte avec, au-dessus de la porte ouest, un panneau représentant la Crucifixion.

Retourner au carrefour et prendre à droite ; poursuivre vers le nord en traversant Carrowmore, Killogeary et Rathlackan.

Au nord de Killogeary, la route suit la côte, offrant une superbe vue sur les étendues sablonneuses de la baie de Lackan, puis sur le cap de Downpatrick, qui avance dans la mer sa rude silhouette au sommet plat, avec en arrière-plan la pointe de Benwee.

Downpatrick Head★

Tourner à droite en direction de Downpatrick Head.

20mn à pied AR du parking à la falaise. Le cap est rongé par les flots, qu'on voit écumer au fond d'un **gouffre** *(clôturé)* où tourbillonne le vent. Juste en face, le haut rocher de **Dunbriste**, surmonté d'un ouvrage préhistorique en terre, se serait détaché de la côte en 1393. La vue splendide embrasse à l'est le Benbulben et les monts Dartry au nord de Sligo, au sud-est les Ox Mountains (Slieve Gamph), au sud-ouest les Nephin Beg Mountains, à l'ouest les falaises jusqu'au cap Benwee et, au large, les îlots dits Stags de Broad Haven.

Poursuivre jusqu'à Ballycastle ; prendre la R 314 vers le nord-ouest.

Céide Fields★

Juin-sept. : 10h-18h ; de mi-mars à fin nov. : 10h-17h ; de déb. déc. à mi-mars : téléphoner pour plus de précisions (dernière entrée 1h av. fermeture). Fermé 25-26 déc. 3,70 € (famille 8,70 €). Spectacle audiovisuel (20mn). Visite guidée (45mn) sur demande. Vêtements chauds et chaussures de marche recommandés. ✆ 096 43325.

La majeure partie du nord du comté est recouverte d'une épaisse couche de tourbe. Ce paysage désolé et d'apparence hostile recèle pourtant les preuves fascinantes d'une occupation préhistorique permanente et productive. À l'aide de sondes en acier et de balises en bambou, les archéologues ont retracé à l'identique sur plusieurs kilomètres carrés les champs cultivés par les hommes du néolithique, qui vivaient à proximité des falaises de Céide il y a plus de 5 000 ans. Ils étaient contemporains des constructeurs des tombes de la vallée de la Boyne *(voir p. 164)*.

Le **centre d'accueil** *(Visitor Centre)* fournit des explications sur la nature géologique et le développement de la tourbière qui recouvre la zone sur une hauteur de 4 m, ainsi que sur l'interprétation archéologique à donner au site. À partir des indices découverts au cours des fouilles (charrue primitive, trous de pieux), on a pu déduire des indications sur le mode de vie des agriculteurs à l'âge de la pierre. Ils avaient défriché la forêt primitive et empilé des pierres pour enclore leurs champs et leurs maisons. Une fois intégrées ces connaissances, on contemple avec un autre regard, du haut de la galerie du toit, le paysage sombre qui s'étend alentour.

Poursuivre vers l'ouest sur la R 314 via Belderrig (panneau).

Belderrig Prehistoric Farm

Juin-sept. : 9h30-18h30 ; de mi-mars à fin mai et oct.-nov. : 10h-17h (nov. 16h30). Spectacle audiovisuel (20mn). ✆ 096 43987.

Le tronc tourmenté d'un grand pin sylvestre vieux de 4 400 ans, découvert dans les environs, constitue la pièce maîtresse du **centre d'accueil et de recherches**. À l'époque préhistorique, ce site était une ferme ; il est désormais réduit à un cercle de terre marqué par des pierres d'angle de maisons et des pierres de foyer.

Westport pratique

Adresses utiles

James Street - 098 25711 - tlj sf w.-end.

À NEWPORT

098 41895 - juin-août : tlj sf dim.

À ACHILL ISLAND

098 45384 - juil.-août : tlj sf dim.

À CASTLEBAR

Knock Linenhall Street - 094 21207 - avr.-sept. : tlj sf w.-end.

À KILLALA

Ballina - 096 70848 - avr.-sept. : tlj sf dim.

Transports

Aéroport international de Knock – *Situé sur la N 17 qui va de Galway à Sligo - 094 67222 - www.irelandwestairport.com*

En train – *Altamount Street (centre-ville) - 098 5253.*

En Bus – *Dép. et arrivés à l'Octagon.*

Bacs de l'île de Clare – *Dép. de Roonagh Quay (20mn), Luisburgh. Clare Island Ferry Co. tte l'année - 96 passagers en été, 51 en hiver : 098 25212, 086 851 5003 - www.clareislandferry.com*

O'Malley Ferries, tte l'année, 2 bateaux 92 ou 12 places - 098 25045, 086 8777390-www.omalleyferries.com - AR 15 €.

Se loger

Augusta Lodge – *Golf Links Road - 800 m au nord par la N 59 - 098 28900 - fax 098 28995 - info@augustalodge.ie - fermé 1 sem. à Noël - P - 10 ch. 90/100 €.* La pension est voisine du terrain local de golf, dont le club porte le même nom. Le propriétaire a orné le salon de ses trophées et souvenirs de golf ; au mur, une carte répertorie tous les terrains de golf d'Irlande. Il propose aussi son propre putting green à côté.

Ashville House – *Castlebar Road - 3,2 km à l'est de Westport sur la N 5 - 098 27060 - fax 098 27060 - ashvilleguesthouse@eircom.net - mars-oct. - P - 9 ch. 100 €.* Cette pension est à quelques kilomètres du centre-ville, mais vaut le détour pour son court de tennis, son vaste jardin et sa terrasse ensoleillée. Tous les sols sont en plancher ; deux de ses chambres sont au rez-de-chaussée. L'accueil est toujours chaleureux.

The Wyatt Hotel – *The Octagon - 098 25027 - fax 098 26316 - wyatthotel@anu.ie - Fermé 23-27 déc. - - 52 ch. 150/240 € - rest. 32 €.* Confort moderne au centre-ville, avec un bar animé très fréquenté par les habitants. La carte du restaurant est influencée par les cuisines du monde.

Atlantic Coast – *The Quay - 1,5 km à l'ouest de Westport par la R 335 - 098 29000 - fax 098 29111 - reservations@atlanticcoasthotel.com - fermé 24 déc. - P - 84 ch., 1 suite 120/270 € - rest. 35/38 €.* Un ancien moulin du 18e s. reconverti en hôtel moderne et bien équipé domine la baie de Clew et Croagh Patrick. Chambres spacieuses et élégantes. Le restaurant au dernier étage propose une cuisine contemporaine. Club de loisirs branché.

AUX ALENTOURS

Downhill Inn – *Ballina - Sligo Road - 1,5 km à l'est par la N 59 - 096 73444 - fax 096 73411 - thedownhillinn@eircom.net - fermé 21-30 déc. - P - 45 ch. 65/110 € - rest. 17,50/30 €.* À la limite de la ville, cet hôtel tenu par une famille propose des chambres propres et confortables, toutes de la même taille, avec un décor chaleureux.

Delphi Lodge – *Leenane - 13 km au nord-ouest par la N 59, sur la route de Louisburgh - 095 42222 - fax 095 42296 - delfish@iol.ie - fermé 20 déc.-6 janv. - P - 12 ch. 150/240 € - rest. 45 €.* Dominé par les montagnes et blotti près d'un lac, ce manoir georgien offre un cadre unique. Très apprécié des amateurs de pêche. Pris en commun, le dîner donne l'occasion de décrire la taille du saumon qui a réussi à s'échapper et le meilleur pêcheur du jour prend, par tradition, la tête de la table.

Stella Maris – *Ballicastle - 3 km au nord par la R 314 - 096 43322 - info@stellamarisireland.com - avr.-sept. - 11 ch. 250 € - rest. dîner seulement 37/47 €.* Cette pension à la vue divine sur la baie était autrefois la maison du garde-côte. Les chambres et l'immense véranda recèlent de belles antiquités. La cuisine contemporaine se déguste dans une salle à manger grand genre.

Se restaurer

Matt Molloy's – *Bridge Street - 098 26655 - - 15 €.* Matt Molloy en personne est le flûtiste des Chieftains, le groupe folk irlandais le plus célèbre du monde. Les musiciens jouent un grand rôle dans ce pub du centre-ville animé et bruyant : un concentré d'authenticité.

Linen Mill – *The Demesne - Donnant sur Newport Road - 098 50546 - www.linenmill.ie - fermé dim. soir, lun., mar., Vend. saint, 25-26 déc. - P - 15/25 €.* Dans un quartier récent à l'ouest de la ville, près du nouveau musée de l'Industrie textile, on a associé une boutique de tissus et de décoration d'intérieur et une grande salle de restaurant. Cuisine contemporaine remarquable. Spécialités de la mer, qui changent chaque jour, recommandées.

AUX ALENTOURS

Sheebeen – *Rosbeg - 3 km à l'ouest de Westport par la R 335 - 098 26528 - 17 mars-mi oct. - 25/40 €.* Charmant cottage au toit de chaume à la sortie ouest de la ville. On peut dîner au bar mais le restaurant à l'étage sert de bons produits de la mer.

Crockets on the Quay – *Ballina - The Quay Village - au nord-est, à 2,5 km par la N 59 - 096 75930 - fermé Noël et Vend. saint- 28/47 € - également 8 ch. 90 €.* Pub plein de charme et d'ambiance en bord de rivière où l'on se restaure dans l'ancien et pittoresque hangar à bateaux.

Lemon Peel – *The Octagon, Leenane - 098 26929 - robbie@lemonpeel.ie - fermé lun., 24-26 et 31 déc. - réserv. nécessaire - 25/40 €.* Reproductions d'œuvres de Klimt et murs jaune citron, comme il se doit, ornent cette petite salle du centre-ville. Le chef-propriétaire sort souvent de sa cuisine pour accueillir les habitués. Ambiance vivante et informelle, avec un choix éclectique de plats.

Sports et loisirs

Bon à savoir – Les amateurs de plongée, de voile et de randonnée à pied ou à cheval trouveront leur bonheur sur les plages de sable au sud-ouest (Silver Strand) et sur Clare Island.

AUTOUR DE WESTPORT

Randonnées – Sept randonnées faciles en famille, de 1h à 4h, avec des circuits dans les tourbières, en bord de mer ou en forêt. Dépliant Westport Walks bien détaillé à l'office de tourisme.

À KILLALA ET ALENTOURS

Surf, planche à voile, ski nautique et plongée sous-marine – Dans la baie de Killala et alentour : pêche au saumon dans la Moy et la Deel à Crossmolina. Canoë sur la Moy à Foxford ; canotage sur les lacs et les rivières ; bains chauds aux algues à Inishcrone.

À CASTLEBAR

Randonnées internationales – */fax 094 24102 - www.castlebar4dayswalks.com.* Cette manifestation sportive de 4 jours a lieu début juil.

Agenda

À Westport, le dernier dim. de juil., se déroule le pèlerinage de Croagh Patrick.

La Chaussée des Géants.

P. Frilet / hemis.fr

L'IRLANDE DU NORD

Belfast★

276 459 HABITANTS – COMTÉ D'ANTRIM
CARTE MICHELIN N° 712 O4 – CARTE GÉNÉRALE RABAT I C2

Vaste métropole industrielle et commerçante, la capitale de l'Irlande du Nord sort de trente années de « Troubles », soubresauts de la guerre civile, pour s'épanouir à nouveau. La vague de restauration des principaux édifices de la cité victorienne, la profusion de constructions nouvelles et la vie culturelle tourbillonnante dessinent le visage contemporain de Belfast. À la fois mystérieuse et attachante, la ville bénéficie en outre d'un superbe cadre naturel : située à l'embouchure de la Lagan, à l'endroit où la rivière se perd dans la baie profonde du Belfast Lough, la capitale est protégée de part et d'autre par des collines, tandis qu'à l'ouest s'élève le spectaculaire escarpement de basalte de Cave Hill et de Black Mountain.

Se repérer – Belfast *(Béal Feirste)* s'étend sur les rives du Belfast Lough, qui débouche sur le canal du Nord, qui sépare l'Irlande de l'Écosse. Deux autoroutes desservent la ville : la M 1, qui rejoint Enniskillen à l'ouest via Craigavon et Dungannon ; et la M 2, qui relie Belfast à Londonderry, au nord-ouest, en passant par Antrim et Dungiven.

Se garer – Belfast se visite à pied ou en bus. Les distances ne sont jamais très longues et vous vous y repérez facilement. Les places de stationnement, toujours payantes, sont rares. Si vous êtes en voiture, laissez-la dans l'un des parcs de stationnement du centre-ville.

À ne pas manquer – Donegall Square ; Crown Liquor Saloon ; St Anne's Cathedral ; Ulster Museum ; Belfast Zoological Gardens ; Ulster Folk and Transport Museum.

Organiser son temps – Compter une journée pour découvrir la ville. Éviter Belfast et sa région au moment des marches orangistes, autour du 12 juillet : la plupart des musées et sites touristiques, bon nombre d'hôtels et de restaurants sont fermés.

Avec les enfants – Belfast Zoological Gardens ; Ulster Folk and Transport Museum ; W5 Discovery Centre (*voir « Belfast pratique »*).

Pour poursuivre le voyage – Voir aussi Antrim, Bangor, Carrickfergus, Lisburn.

Comprendre

Du château normand à la ville industrielle – Belfast doit son nom à un gué proche d'un banc de sable (*bealfeirste* en irlandais) où en 1177, quand il envahit l'Ulster, l'Anglo-Normand Jean de Courcy bâtit un château fort. Mais la ville ne se développe vraiment qu'au début du 17e s., quand on aménage un quai et qu'on détourne le commerce de Carrickfergus, plus en aval sur le Lough. Les presbytériens écossais viennent s'y implanter. Leur approche méthodique du travail trouve un soutien, plus tard dans le siècle, avec l'arrivée de réfugiés huguenots, qui apportent de nouvelles techniques à l'industrie naissante du lin. La filature du coton est introduite en 1777, la construction navale en 1791.

Ces activités créent les conditions propices au grand essor industriel du début du 19e s. En cent ans, la population est multipliée par 15, passant de moins de 25 000 à 350 000 habitants. Les industries mécaniques prospèrent, comme la distillerie, la corderie et les manufactures de tabac. Mais ce sont les grands chantiers navals qui donnent à la ville son caractère industriel spécifique, avec les ateliers Harland et Wolff, d'où sortit le *Titanic*, qui deviennent le plus grand chantier de construction et de réparation navale du Royaume-Uni. Au 20e s., les frères Short construisent l'hydravion Sunderland, ainsi que le premier avion à décollage vertical. Leur terrain d'essai, dans les docks, sert aussi d'aéroport à la ville (Belfast City Airport).

Dissidence et divisions – L'emprise de l'Église presbytérienne, ses liens culturels avec l'Écosse, et sa prospérité commerciale transforment rapidement Belfast en un foyer d'intense activité intellectuelle, parfois de dissidence. C'est là qu'est installée vers 1690 la première presse d'imprimerie d'Irlande. La ville publie en 1737 le premier journal irlandais, le *Belfast News Letter*. C'est le plus vieux quotidien du matin des îles Britanniques. En 1791, **Wolfe Tone** contribue à la fondation, à Belfast, de l'Association des Irlandais unis. L'année suivante, ils éditent le *Northern Star*, journal de tendance radicale qui formule pour la première fois l'idée de « nation irlandaise ». Selon Wolfe Tone, « les appellations de protestant, catholique ou *dissenter* seront remplacées par celle, commune à tous, d'Irlandais ». Au désespoir des Irlandais unis, leur idéal ne survivra pas à l'échec de la Révolte de 1798, qui ne fait qu'attiser les divisions existantes. Jusqu'à la fin du 18e s., Belfast reste une ville à grande majorité presbytérienne. Au 19e s., son essor industriel spectaculaire y attire une nouvelle population catholique venue de toute l'Irlande. Les nouveaux arrivants s'installent plutôt dans le secteur de Falls Road, entre les quartiers ouvriers à dominante protestante de Sandy Row et Shankill Road. On retrouve cette partition de la population aujourd'hui.

La période des troubles – Pendant la révolution industrielle, l'émergence d'un prolétariat catholique privé de droits civiques contribue à l'accumulation des haines et rancœurs qui furent accentuées par la partition de l'Irlande en 1921. Devenue capitale de l'Irlande du Nord, Belfast connaît malgré tout un déclin industriel progressif, surtout après la Seconde Guerre mondiale. Sous-représentés au Parlement d'Irlande du Nord, les catholiques, qui représentent alors 30 % de la population, se révoltent à plusieurs reprises contre les discriminations subies. Belfast se retrouve au cœur des affrontements communautaires meurtriers qui secouèrent l'Irlande du Nord jusqu'au cessez-le-feu de 1994. Les accords de paix du 10 avril 1998 ont considérablement détendu l'atmosphère. Durant l'été 1999, les fourgons blindés des Royal Ulster Constabulary, la police locale, sont remplacés par des véhicules ordinaires et, hormis la présence d'hélicoptères qui sillonnent en permanence le ciel de la ville, aucune tension n'est réellement perceptible. Pourtant, il faudra attendre encore quelques années pour que les ennemis d'hier puissent cohabiter sans heurts ni arrière-pensées dans une prospérité partagée par tous *(voir la partie Comprendre p. 68)*.

Se promener

LE CENTRE-VILLE

Donegall Square★ B2

La place Donegall, vaste rectangle de pelouses et de parterres de fleurs disposés à la française autour de l'hôtel de ville, constitue le cœur de Belfast. Tous les bus convergent ici, à la limite de la zone piétonnière commerçante. Au centre de la place, les jardins sont émaillés de plusieurs statues : la reine Victoria est entourée d'allégories en bronze de la construction navale et de la filature ; un groupe commémore le *Titanic*, construit à Belfast par le chantier Harland et Wolff, qui a sombré en 1912 lors de son voyage inaugural après avoir heurté un iceberg. En face se trouve la statue d'Edward Harland.

D'intéressants bâtiments s'élèvent de part et d'autre de la place ; sur le côté sud, **Yorkshire House**, décorée de médaillons avec, en bas relief, des têtes d'hommes célèbres, de dieux et de déesses ; côté ouest, un immeuble de bureaux (1899-1902), dessiné par les architectes de Belfast Young et Mackenzie pour la **Scottish Provident** ; côté nord : **Linen Warehouse**, un ancien entrepôt de lin (1869), construit en pierre rose dans le style gothique vénitien.

Également côté nord, la **Linen Hall Library**, fondée en 1788 pour loger la bibliothèque de Belfast et l'Association pour le progrès de la connaissance, a conservé son intérieur au charme désuet. Elle possède une belle collection de documents relatifs aux « Troubles ». *Tlj sf dim. 9h30-17h30, sam. 9h30-16h. Fermé j. fériés. Visite guidée (20mn) sur demande. ✆ 028 9032 1707. www.linenhall.com*

City Hall★ B2

Travaux de rénovation (fermé aux visiteurs pour environ deux ans). ♿ Juin-sept. : visite guidée (1h) tlj sf dim. 11h, 14h et 15h, sam. 14h30 ; oct.-mai : tlj sf dim. 14h. Fermé 1er et 3 janv., 17 mars, lun. et mar. de Pâques, 1er Mai et j. fériés fin printemps, 12-13 juil., j. fériés fin d'été, 25-26 déc. ✆ 028 9027 0456, 028 9032 0202 (poste 2346). www.belfastcity.gov.uk

Coiffé d'un dôme recouvert de cuivre et doté de tours d'angle, l'hôtel de ville, immense édifice néoRenaissance en pierre de Portland, domine Donegall Square. Dessiné par Brumwell Thomas et achevé en 1906, c'est le symbole triomphant de l'âge d'or industriel et commerçant de Belfast, ainsi qu'un hommage au statut octroyé à la Cité en 1888 par la reine Victoria.

La visite guidée de l'**intérieur** comprend le grand escalier ; une peinture murale de l'artiste local John Luke (en 1951), évoquant la fondation de Belfast et ses principales industries ; la statue du marquis de Donegall (1827-1853), qui fit don aux œuvres des sommes que lui rapportaient sa musique et sa poésie (par Patrick MacDowell, né à Belfast ; 1790-1870) ; la salle du Conseil, lambrissée de chêne autrichien sculpté à la

SE LOGER

Ash Rowan Town House	1
Pearl Court	3
Ravenhill Guest House	5
Roseleigh House	7
The Crescent Townhouse	9
The Old Rectory	11

SE RESTAURER

Benedicts	2
Cayenne	4
Ginger	6
Nick's Warehouse	8
Restaurant Michael Deane	10
The Wok	12

main ; la salle d'apparat, où est exposée la charte originale de Belfast, accordée par Jacques Ier le 27 avril 1613 ; la salle des banquets ; dans la grande salle, les portraits des souverains qui ont visité Belfast et les armes des provinces d'Irlande sur les vitraux.
À l'angle nord-ouest, emprunter vers l'ouest Wellington Place.

Royal Belfast Academical Institute A2

College Square. L'école de garçons interconfessionnelle, surnommée familièrement l'« Inst », se trouve en retrait de la rue, derrière d'agréables jardins.
L'édifice principal, longue façade de brique à trois étages, ponctuée de quatre paires de pilastres simples et d'un porche dorique, serait dû à John Soane (1814).
Emprunter à gauche Fisherwick Place.

Church House A2

Le quartier général de l'Église presbytérienne d'Irlande a été conçu en 1905 dans le style gothique du 15e s. par Young et Mackenzie, architectes de Belfast. Dans la massive tour d'angle, inspirée de la cathédrale St Giles d'Édimbourg, est installé un carillon. L'hémicycle de l'assemblée et ses deux galeries, rénovés en 1991, offrent quelque 1 500 places.
Le **Presbyterian Historical Society Museum** expose des objets liés au culte : patène ancienne, diapasons à bouche, marques donnant droit à la communion, autrefois des jetons en plomb, aujourd'hui sous forme de cartes. L'association conserve aussi les registres et les archives de l'Église presbytérienne d'Irlande du Nord, mais possède peu de renseignements sur les 17e et 18e s. ♿ *Tlj sf w.-end 10h-16h. Fermé j. fériés. ☏ 028 9032 2284.*

Grand Opera House A2

Conçu par l'architecte de théâtre **Frank Matcham**, inauguré en 1894, ce bâtiment est tendu à l'intérieur de velours rouge et or, en tous points digne de sa façade exubérante. Comme son célèbre voisin l'hôtel Europa, il a été très endommagé au cours des *Troubles*, mais a été luxueusement restauré. Il accueille un programme régulier de concerts et les saisons de printemps et d'automne de l'Opéra d'Irlande du Nord.

Crown Liquor Saloon★ A2

♿ *Lun.-sam. 11h30-0h ; dim. 12h30-22h. ☏ 028 9024 3187. www.nationaltrust. org.uk*
L'intérieur victorien du bar est richement décoré de verre teinté et de céramiques moulées et vernissées de couleurs vives, qui se reflètent dans les miroirs en arcade, derrière le long bar courbe en marbre. Des animaux sculptés surmontent les montants des box lambrissés. Le plafond ornemental est soutenu par des colonnes de bois hexagonales au décor de plumes. En 1885, inspiré par ses voyages en Espagne et en Italie, Patrick Flanagan a fondé l'établissement comme hôtel de chemin de fer. Le Crown Liquor Saloon appartient désormais au National Trust.
Emprunter à gauche Amelia Street et marcher vers l'est le long de Franklin Street. Prendre à droite Alfred Street.

St Malachy's Church★ B2

En cours de restauration, l'église reste néanmoins ouverte. ☏ 028 9032 1713.
L'extérieur fortifié austère de cette église catholique en brique rouge, ornée de créneaux (1844), contraste avec la décoration de l'intérieur, abrité sous une gracieuse voûte en éventail de stuc blanc, à l'imitation de la chapelle de Henry VII dans l'abbaye de Westminster.
Retourner au carrefour ; prendre à droite Sussex Place ; marcher le long de Hamilton Street et tourner dans East Bridge Street ; tourner à gauche et marcher vers le nord le long d'Oxford Street en passant devant George's Market (voir « Belfast pratique »).
L'imposant palais de justice en pierre de Portland, **Royal Courts of Justice** (1929-1933), a été dessiné par J. G. West.
Poursuivre vers le nord le long de la rivière.
Les berges de la Lagan font l'objet d'un spectaculaire projet d'aménagement urbain. Le pivot de ce développement est le complexe étincelant du **Waterfront Hall**, grand édifice circulaire de style postmoderne, qui regroupe toutes sortes de salles de spectacle ainsi qu'un centre de conférences prestigieux.
Longer les quais, puis au niveau de Lagan Lookout, prendre à gauche Custom House Square.

Custom House B1

La **maison des Douanes**, conçue par Charles Lanyon, a été bâtie en 1857 sur la rive ouest de la Lagan, près des docks. Les deux ailes et le porche central forment un E face à la ville.
Poursuivre sur Donegall Quay.

Sinclair Seamen's Church★ B1

Mars-oct. : merc. 14h-16h (nov.-fév. : dim.). ✆ 028 9071 5997.

Cette église est réservée à la communauté des gens de mer de Belfast, comme le soulignent son emplacement près des docks et sa décoration intérieure originale. La cloche du *HMS Hood* sonne le début de l'office du soir. La quête s'effectue dans des troncs en forme de canots de sauvetage, remplaçant les *pole-boxes* traditionnels aujourd'hui accrochés aux murs. Une roue de gouvernail et un cabestan font face aux bancs des fidèles. Un habitacle de compas servait autrefois de fonts baptismaux. Le pupitre est en forme de proue. La chaire et l'orgue montrent des feux de bâbord et tribord, une lampe de tête de mât, une horloge marine et un baromètre.

Revenir à Custom House. Au sud de la maison des Douanes, tourner le dos à la rivière et pénétrer dans Queen's Square.

Albert Memorial Clock B1

Depuis sa construction en 1865 par W. J. Barre, la tour-horloge s'est légèrement inclinée à cause d'un affaissement de terrain. Une statue du prince Albert se dresse dans une niche face à High Street.

Poursuivre sur High Street.

À l'angle se dresse **St George's Church**, église dessinée par John Bowden en 1816. Le portique classique vient du palais que le comte-évêque de Derry *(voir encadré p. 470)* avait commencé à bâtir à Ballyscullion après 1787.

Emprunter à droite Skipper Street puis à gauche Waring Street.

Royal Ulster Rifles Museum B1

5 Waring Street. Visite guidée (30mn) tlj sf w.-end 10h-12h30, 14h-16h (vend. 15h) ou sur demande. Fermé j. fériés. 1 £. ✆ 028 9023 2086. www.rurmuseum.tripod.com

Le petit **musée des Fusiliers irlandais** célèbre les exploits du régiment au moyen d'une exposition d'armes, de trophées de tir et de sport, de médailles, d'uniformes du 19e s. et d'une collection de tambours, notamment des tambours de Lambeg *(voir p. 451).*

Poursuivre jusqu'à Rosemary Street.

Oval Church B1

♿ *Merc. et dim. 10h30-12h30 ou sur demande. Récital de musique : juil.-août, merc. 13h15. ✆ 028 9084 3592 (prêtre). www.firstchurchbelfast.co.uk*

Plus ancien édifice religieux de Belfast encore debout, la première église presbytérienne de Belfast a ouvert en 1783. Son plan en ellipse est dû à Roger Mulholland. La ligne des bancs rappelle la courbe des galeries, soutenues par des colonnes à chapiteaux corinthiens. L'orgue Lewis (1907) a conservé sa commande pneumatique, d'un intérêt tout particulier pour les musiciens en visite.

Emprunter à droite Royal Avenue, puis encore à droite Donegall Street.

St Anne's Cathedral★ B1

♿ *Lun.-sam. 9h-16h, dim. 10h-16h30. ✆ 028 9032 8332. www.belfastcathedral.com*

En 1899, Thomas Drew entame la construction de la cathédrale anglicane de la ville, dans le style néoroman irlandais. L'édifice de pierre blanche souffre de nombreux retards dans sa réalisation, dus pour beaucoup au fait que, comme une grande partie de la ville, elle s'élève sur un terrain gorgé d'eau, instable. Aussi, elle ne sera achevée qu'en 1981.

Sans grand caractère à l'extérieur, elle dévoile à l'intérieur une très belle chapelle du Saint-Esprit *(Chapel of the Holy Spirit)*, consacrée en 1932 pour le millénaire de l'arrivée de saint Patrick en Irlande. Des mosaïques de couleurs vives et un autel de style paléochrétien rappellent l'événement. Dans la nef et le transept sud, les chapiteaux montrent une extraordinaire série de scènes illustrant la vie de Belfast ; les thèmes vont de l'exaltation de la sobriété à la description des chantiers navals. Une chapelle est consacrée aux régiments irlandais. Une autre, à vocation œcuménique, accueille régulièrement des rassemblements de fidèles d'autres confessions.

LE QUARTIER DE L'UNIVERSITÉ

Au sud du centre s'étend le quartier qui entoure l'université Queen's. Son axe principal (Queen Victoria Street/Dublin Road, Bradbury Place et University Road) est très animé le soir. Ses nombreux pubs, bars et restaurants l'ont fait surnommer **Golden Mile**. Autour de l'université se pressent d'agréables rues dans les styles georgien et victorien, avec les Jardins botaniques et le plus grand musée de la province.

Ulster Museum★★ A3

♿ *10h-17h, sam. 13h-17h, dim. 14h-17h. Fermé 1er janv. et Noël. ✆ 028 9038 3000. www.ulstermuseum.org.uk*

Dans les Jardins botaniques, un bâtiment moderne (1972) ajouté aux bâtiments de 1929 abrite le Musée national et la galerie d'art d'Irlande du Nord. Ses collections, très diversifiées, donnent un remarquable aperçu de la province, de sa capitale, et de la place qu'elles tiennent en Irlande.

La galerie d'art – La petite collection de peinture britannique et européenne avant 1900 comprend des œuvres de Turner (1775-1851), Thomas Gainsborough (1727-1788) et des portraits de la noblesse locale par Joshua Reynolds (1723-1792), George Stubbs (1724-1806) et Pompeo Batoni (1708-1787). Les deux charmantes vues de la **Chaussée des Géants** *(voir p. 447)* par Susanna Drury (vers 1740) ont beaucoup contribué à faire connaître ce site extraordinaire au public.

Des œuvres de peintres irlandais (portraits, paysages et aquarelles), datant de la fin du 17e s. jusqu'à nos jours, sont également exposées. Vous pouvez admirer les tableaux de Hugh Douglas Hamilton (1740-1808), Joseph Peacock (vers 1783-1837), John Lavery (1856-1941), Roderic O'Conor (1860-1940), William Orpen (1878-1931), Walter Osborne (1859-1903), également d'illustres peintres de l'Ulster parmi lesquels Sir John Lavery (1856-1941) et William Conor (1881-1968).

Le musée possède aussi une importante collection du 20e s. qui s'illustre notamment avec Karel Appel (1921-2006), Jean Dubuffet (1901-1985), Francis Bacon (1909-1992) ou encore le sculpteur Henry Moore (1898-1986).

Arts décoratifs – Les collections englobent la **verrerie** (pièces évoquant des personnalités et des événements de l'histoire irlandaise), la **céramique**, des pièces d'**argenterie** du 17e au 19e s., des **bijoux** du 16e au 20e s. et une présentation de costumes et de **textiles** (18e au 20e s.) comprenant dentelle, broderie et linge de maison. La transformation du lin, industrie traditionnelle la plus emblématique de l'Ulster, est expliquée à l'aide de textes, de diagrammes et de onze machines d'origine.

Géologie – Un squelette du **mégacéros**, un cerf géant aujourd'hui disparu, domine cette intéressante galerie, dont les sections « Flore et faune d'Irlande » et « La vie de la mer » fournissent un panorama complet du paysage irlandais.

Archéologie et antiquités – Une collection d'objets découverts au cours de fouilles archéologiques témoignent de l'activité humaine, de la préhistoire au Moyen Âge : un chaudron de l'âge du bronze et deux cors faits dans des cornes, qui donnent encore un son musical ; des fourreaux d'épée du début de l'âge du fer, ornés de motifs « celtiques » ; une broche des premiers temps de l'ère chrétienne ; la **châsse de la main de saint Patrick★**, une main plaquée d'argent du 14e ou du 15e s., incrustée de verre et de cristal de roche, et estampée de figures animales. Le joyau de la galerie est le **trésor de l'Invincible Armada★★**, repêché dans les épaves de la côte irlandaise : canon et boulet, salamandre en or sertie de rubis, chaînes, anneaux, croix et pièces de monnaie en or. Le musée dispose d'une importante collection relative aux **cultures du monde**. Ustensiles, textiles, armes ou encore objets de rituels évoquent ainsi le quotidien des peuples des Amériques, depuis les Inuits de l'Arctique jusqu'aux Indiens de Patagonie, d'Océanie avec les Maoris de Nouvelle-Zélande, d'Asie ou encore du continent africain, représenté au travers d'une collection de pius de 400 pièces.

Histoire locale (16e s.-20e s.) – La galerie « Made in Belfast » est consacrée à l'histoire de l'industrie locale et du Nord-Est irlandais. Deux autres sections présentent respectivement des monnaies frappées en Irlande jusqu'en 1690, et une exposition sur la poste ; on y voit le bureau portatif qu'utilisait **Anthony Trollope** pour écrire ses romans.

Botanic Gardens B3

De 7h30 au coucher du soleil. Serre des palmiers et ravin tropical : 10h-12h, 13h-16h (avr.-sept. : 17h). Visite guidée (payante) sur demande. ✆ 028 9031 4762. www.belfastcity.gov.uk/parks

Une statue de **lord Kelvin** (1824-1907) marque l'entrée du Jardin botanique. Né à Belfast, il a défini les températures absolues dont l'échelle porte son nom (degrés Kelvin). Un jeu de boules, de vastes pelouses, des bouquets d'arbustes, des parterres de fleurs et une roseraie avec une pergola descendent en pente douce vers la Lagan. Aménagés à l'origine par la Société d'horticulture et de botanique, fondée en 1827, et destinés à l'étude des plantes, les jardins (11 ha) accueillent des activités parallèles pour pallier un besoin constant de fonds. Ils sont devenus parc public en 1895.

Palm House★ – Abritant une serre de palmiers, cette belle structure de fonte et de verre curviligne est l'une des plus anciennes de ce type. Dessinée par Charles Lanyon, elle a été achevée en 1840 par Richard Turner qui, plus tard, a contribué avec Decimus Burton à la construction de la grande serre de palmiers à Kew *(voir le Guide Vert Londres)*. Le dôme a été ajouté en 1852.

Serre du « ravin tropical » – La construction actuelle est une extension de l'ancienne serre aux fougères, édifiée en 1887 par le conservateur Charles McKimm. En 1900, on ajoute une serre chauffée. Deux ans plus tard, on aménage le bassin aux nénuphars au-dessus de la chaufferie. Une galerie intérieure permet d'admirer les plantes vues d'en haut.

Queen's University AB3

Constitué en 1845, le Collège de la Reine devient université en 1908. L'immeuble en brique rouge de style Tudor, conçu par Charles Lanyon, rappelle le Magdalen College d'Oxford.

Face à l'université, la salle d'examens **Elmwood Hall**, à façade italianisante à arcades en pierre de taille polychrome, est une ancienne église presbytérienne due en 1862 à John Corry.

La faculté des lettres occupe une belle rangée de maisons du milieu de l'époque victorienne, **University Square**. Les portes des façades sont percées d'impostes en éventail ; des magnolias ornent les jardins.

Aux alentours

Belfast Castle

6,5 km au nord de Belfast par la A 6. Tourner à gauche dans Innisfayle Park, jusqu'au château. ♿ (suivant l'occupation du château) 9h-22h, dim. 9h-18h. Fermé 25 déc. ☎ 028 9077 6925. www.belfastcastle.co.uk

Dans un site magnifique sur les pentes basses de Cave Hill, cette grande demeure de style féodal écossais a été bâtie par Lynn pour la famille Donegall en 1867-1870. L'escalier extérieur baroque, sur la façade est, est un ajout de 1894.

L'intérieur dévoile un restaurant et des salles de réception, ainsi que, à l'étage supérieur, le **Centre du patrimoine** *(Heritage Centre)* qui présente l'histoire du château et ses environs. On voit toute la ville de Belfast, et on peut en observer les détails à l'aide de mini-télescopes.

Le château est entouré par des jardins à la française, point de départ de plusieurs sentiers balisés à travers le parc rural **Cave Hill Country Park**.

Cave Hill

6,5 km au nord par la A 6. Accessible à pied depuis plusieurs parkings, dont ceux du château et du jardin zoologique. Plusieurs sentiers balisés mènent au sommet.

Au nord de Belfast s'élève une falaise de basalte noir de 360 m, Cave Hill, qui marque l'extrémité est du plateau d'Antrim. On dit que sa forme rappelle le bicorne de Napoléon. Séparé du reste de Cave Hill par un profond fossé, le promontoire porte un ouvrage en terre, **fort McArts**, du nom d'un chef local du 16ᵉ ou 17ᵉ s., probablement tué par les troupes élizabéthaines. Les Irlandais de la région l'utilisaient autrefois comme refuge et tour de guet contre les Vikings et les Anglo-Normands. C'est là qu'en 1795 **Wolfe Tone** et ses compagnons *(voir p. 65)* ont passé deux jours et deux nuits à préparer l'indépendance de l'Irlande.

Le fort offre une belle vue sur la ville de Belfast et le Belfast Lough qui, par beau temps, s'étend sur le comté de Down et le Strangford Lough *(au sud-est)*, le lac Neagh et les monts Sperrin *(à l'ouest)* et l'Écosse *(au nord-est)*.

Stormont

6,5 km à l'est par la route A 20. Domaine : ouvert aux heures du jour.

Doté d'un portique central, le Parlement d'Irlande du Nord est un bâtiment blanc néoclassique, sobre et imposant. Dessiné par A. Thornley, il se dresse au sommet d'une colline reliée par une vaste avenue (1,5 km de long) qui traverse un parc vallonné. Une statue de sir Edward Carson (1854-1935) se dresse au milieu du rond-point.

Le Parlement s'est réuni à Stormont depuis l'inauguration du bâtiment, en 1932, jusqu'en 1972, date à laquelle l'administration directe de Westminster a été imposée. Il est devenu en 1999 le lieu de réunion de la nouvelle Assemblée d'Irlande du Nord. Stormont Castle, de style féodal écossais *(à droite)*, héberge d'autres bureaux du gouvernement.

Fernhill House People's Museum

6,5 km à l'ouest du centre-ville par Shankhill Road, Woodvale Road, Ballygomartin Road, Forthriver Road et Glencairn Road jusqu'à Glencairn Park. ♿ 10h-16h, dim. 13h-16h. 2 £. ☎ 028 9071 5599.

Le musée du Peuple est installé dans l'ancienne résidence victorienne d'un marchand de beurre, ménageant un beau point de vue sur le centre-ville de l'autre côté de Glencairn Park. Il présente une exposition sur l'histoire sociale de la région de Shankhill, avec d'intéressantes photographies des habitants et de leurs maisons, ainsi qu'une histoire de l'unionisme *(à l'étage).*

Belfast Zoological Gardens★★

8 km au nord de Belfast par la A 6. Parking ; sentier jusqu'au fort McArts. ♿ Avr.-sept. : 10h-17h ; oct.-mars : 10h-14h30. Fermé 25 déc. 8,10 £ (enf. 4,30 £). ✆ 028 9077 6277. www.belfastzoo.co.uk

Ouvert en 1934, le zoo est fidèle à sa réputation depuis que les premiers enclos animaliers ont été installés dans les anciens jardins Hazlewood, entourés, là où cela était possible, de grands fossés remplis ou non d'eau. Les fauves, les différentes espèces de cerfs et les kangourous occupent de vastes terrains verdoyants. Le complexe aquatique se divise en plusieurs parties pour héberger manchots, otaries et ours polaires. Oiseaux aquatiques et flamants roses se rassemblent autour du grand lac. On traverse une volière où les oiseaux en liberté frôlent les visiteurs. En évolution permanente, le zoo vient d'ouvrir le parc des loutres et des bâtiments pour les chimpanzés et les gorilles.

Ulster Folk and Transport Museum★★

13 km à l'est de Belfast par la A 2. ♿ Mars-juin : 10h-17h, sam. 10h-18h, dim. 11h- 17h ; oct.-fév. : 10h-16h, w.-end 10h-17h. Fermé Noël. Billet combiné 5,50 £. ✆ 028 9042 8428. www.nmni.com

Aménagé dans le domaine du manoir de Cultra, voici l'un des plus grands et des plus intéressants musées de toute l'Irlande. Le domaine est coupé en deux par la route côtière très fréquentée *(A 2)* : la partie Traditions populaires en occupe la section sud, tandis que la partie consacrée aux Transports s'étend au nord jusqu'à la mer.

Musée villageois – C'est un remarquable musée de plein air comprenant tout un ensemble de bâtiments rapportés ici de la campagne irlandaise et recréés pour donner un aperçu de la vie villageoise. Des figurants en costume très convaincants expliquent les fonctions de chaque bâtiment, ou pratiquent d'intéressantes démonstrations des activités quotidiennes qui s'y tenaient, à l'intérieur ou à l'extérieur : filature, tissage, travaux agricoles, cuisine.

Meublées comme celles de la fin du 19e s., les habitations vont de la ferme à pièce unique, que la famille paysanne partageait avec ses vaches, à l'imposante ferme du 17e s., aux murs lambrissés. Les lieux de travail rassemblent un atelier où l'on teille le lin, une fabrique de bêches, une maison de tisserands et la cabane du gardien chargé de surveiller les toiles de lin étendues sur le pré pour y blanchir, et d'éviter les vols et les dommages causés par les animaux.

Un village a été reconstitué autour de son école, de sa halle de marché qui servait aussi de tribunal, de l'église et son presbytère : deux rangées de maisons de ville, parmi lesquelles une échoppe de cordonnier et celle d'un réparateur de bicyclettes.

Sur trois niveaux, la **galerie** présente des ustensiles domestiques, du matériel industriel et des outils agricoles illustrant le mode de vie traditionnel de l'Ulster.

Musée du Transport – Le musée possède pratiquement un exemplaire de chaque véhicule à roues utilisé en Irlande depuis 200 ans. Il s'est appliqué à les présenter dans leur contexte. Loin d'être une collection aride de machines n'intéressant que les passionnés, c'est un musée amusant à découvrir. La **Irish Railway collection** retrace au moyen de panneaux muraux l'histoire des chemins de fer irlandais, avec ses particularismes. Mais ici, ce sont plutôt les engins remarquablement restaurés qui retiendront l'attention. La vedette incontestée est la locomotive qui porte le nom de la déesse celtique *Maeve (Maebh)*, une 4-6-0 800 construite en 1939, et l'une des plus puissantes à avoir parcouru la campagne irlandaise. Les riches galeries du **musée du Transport routier** *(Road Transport Galleries)* permettent d'admirer tous les types de véhicules à deux roues, de la draisienne et du vélocipède des premiers temps au scooter des années 1960 et aux grosses cylindrées pour motards tatoués. Parmi les bus, le Daimler Fleetline de 1973, qui avait brûlé, a été reconstruit avec un grand souci du détail ; le plus remarquable est sans doute le modèle n° 2 de la compagnie de tramway de Bressbrook et de Newry, construit en 1885, qui transportait encore des passagers dans les années 1940. La dernière galerie est consacrée au rôle de la voiture dans la société, de la Benz Velo Comfortable de 1898, le plus ancien véhicule à essence d'Irlande, à l'un des plus luxueux, sorti en 1981 des ateliers De Lorean, dont l'existence a été brève. L'accent est mis autant sur les véhicules présentés que sur la civilisation de la voiture. On cherche à cerner les raisons pour lesquelles cet objet a priori fonctionnel joue un si grand rôle dans la société.

Les **Dalchoolin Transport Galleries** présentent de multiples variétés : grandes hottes de pêcheurs, traîneaux de bois, charrettes et carrioles irlandaises ; véhicules hippomobiles, de la charrette anglaise aux voitures couvertes ; bateaux. **Flight Experience** est une exposition interactive sur les transports aériens et l'industrie aérospatiale. Elle fournit une foule d'informations au moyen de films, CD-Roms, maquettes d'avions et présentations interactives. On voit aussi un Short SC-1, un des premiers modèles d'avion à décollage vertical.

La **salle Titanic** décrit comment le fameux paquebot, sorti du célèbre chantier naval Harland et Wolff à Belfast, a sombré lors de son voyage inaugural. Elle expose des photographies de l'épave prises en 1985.

Belfast pratique

Adresses utiles

Centre-ville – *47 Donegall Place - ✆ 028 9024 6609 - belfastwelcomecentre@nitic.net - www.gotobelfast.com - juin-sept. lun.-sam. 9h-19h, dim. 11h-16h ; oct.-mai : sam. 9h-17h30, dim. 11h-16h.*

Bord Fáilte – *53 Castle Street (près de Donegall Place) - ✆ 028 092 65500 - www.discoverireland.ie.* Office du tourisme de la république d'Irlande.

Transports

À L'INTÉRIEUR DE LA VILLE

En train – **Belfast Central Station** *(Eastbridge Street)* et **Great Victoria Street Station** - *✆ 028 908 994 11 (rens. pour les deux gares).*

Citybus – *Kiosque à l'ouest de Donegall Square - ✆ 028 9066 6630 - www.translink.co.uk - tlj sf dim. 8h-18h.*

Europa Bus Centre – *Great Victoria Street.* Pour les comtés d'Armagh, Tyrone, Derry, Fermanagh, West Down et de la république d'Irlande.

Laganside Bus Centre – *Oxford Street (près d'Albert Clock Tower).* Pour le comté d'Antrim, East Down et la région de Cookstown.

À L'EXTÉRIEUR DE BELFAST

Ulsterbus – *Europa Bus Centre, Glengall Street - ✆ 028 9066 6630 (rens.), ✆ 028 9033 7003 (gare routière), 028 9033 7004 - www.translink.co.uk.* Un service de bus relie l'aéroport international et le Europa Bus Centre.

Belfast City Airport TIC – *Sydenham Bypass (5 km à l'est du centre-ville) - ✆ 028 9093 5372 - www.belfastairport.com -lun.-sam. 8h-7h, dim. 10h-17h.*

Belfast International Airport TIC – *31 km à l'ouest de la ville - ✆ 028 9448 4677 - www.belfastairport.com -lun. sam. 7h30-17h, dim. 8h-17h.*

Visites

VISITE DE BELFAST

Deux compagnies de bus proposent une visite commentée de la ville et de ses principaux sites parmi lesquels St Anne's Cathedral, Titanic Quarter, Shankill and Falls Road, City Hall, Queens University...

Belfast City Sightseeing – *Dép. de Castle Place - ✆ 028 9045 9035 - www.belfastcitysightseeing.com - mai-sept. : 10h-17h, dép. ttes les 30mn ; oct.-avr. : 10h-16h, dép. ttes les 45mn - durée 1h30 - 12 £.*

Allens Tours Bus – *Dép. de Chichester Street, à proximité de Victoria Centre - ✆ 028 9091 5613 - www.allenstours.co.uk - 10h-16h, dép. ttes les heures - 12 £.*

Black Taxi Service – *✆ 028 9064 2264 - appel gratuit 0800 052 3914 - portable 07860 127 207 - www.belfasttours.com - 25 £/h ou 8 £ par pers. (mini. 3).* Les taxis noirs organisent des visites guidées commentées. Centre de Belfast, comprenant les Murals de Shankhill Road et Falls Road ; Chaussée des Géants ; Londonderry ; Irlande du Nord.

PROMENADES THÉMATIQUES

Belfast – The Old Town of 1660-1685 – (Belfast, la vieille ville de 1660 à 1685) - *dép. de l'office de tourisme, 47 Donegall Place - ✆ 028 9024 6609 - vend.-dim. 14h - durée 1h30 - 6 £.*

Bailey's Historical Pub Tour of Belfast – (tournée des pubs historiques de Belfast) *dép. de Flannigan's (étage du Crown Bar), Great Victoria Street - ✆ 028 9268 3665 (Judy Crawford) - www.belfastpubtours.com - mai-oct. : sam. 16h et jeu. 19h - 6 £.*

The Lagan Boat Company – *Dép. devant le Lagan Lookout - ✆ 028 903 30844 - 07718 910 42 - www.laganboatcompany.com - mars-oct. : lun.-jeu. dép. 12h30, 14h, 15h30 - durée 1h15 - 10 £.* Cette promenade sur la Lagan offre une autre perspective sur la ville, sa zone portuaire et son chantier naval où fut construit le célèbre *Titanic*.

Se loger

Bon à savoir – Le quartier de l'Université est idéal pour séjourner à Belfast. À quelques pas du centre historique et du Golden Mile, il dispose de quelques *Bed & Breakfast* et *Guest House*. Au centre-ville, vous trouverez principalement des hôtels, souvent plus onéreux.

Roseleigh House – *19 Rosetta Park - 2,5 km au sud de Belfast par la A 24 Ormeau Road - 028 9064 4414 - fax 028 9064 2983 -roseleighhouse@ukonline.co.uk - fermé 25 déc. - P - 9 ch. 62 £*. Une pension très bien située, dans un quartier résidentiel assez calme près de Belvoir Park, permettant un accès facile à la ville ; parking en retrait de la rue. Les chambres sont bien équipées, l'accueil toujours chaleureux.

Ravenhill guest house – *690 Ravenhill Road - 028 9020 7444 - www.ravenhillhouse.com - fermé sem. de Noël, 1er-4 janv. - P - 5 ch. 70 £*. Au calme dans le sud de la ville. On accède à cette jolie maison victorienne par les bus 83, 84, 85 ou 86. Les chambres sont agréables, et l'on peut dîner sur demande.

The Old Rectory – *148 Malone Road - 028 9066 7882 - fax 028 9068 3759 - info@anoldrectory.co.uk - fermé 24 déc.-1er janv. - P - 5 ch. 74 £*. Un bel endroit au milieu de nulle part, doté d'un charmant jardin.

Pearl Court – *11 Malone Road - 028 9066 6145 - 11 ch. - 60/80 £*. À quelques pas de Botanic Gardens, maison 1900 sur 4 niveaux. Les six chambres possèdent une salle d'eau.

Ash Rowan Town House – *12 Windsor Avenue - 028 9066 1758 - fax 028 9066 3227 - ashrowan@ hotmail.com -fermé 22 déc.-7 janv. - P - 5 ch. 96 £*. Ce B & B met bien l'accent sur le breakfast, avec un choix immense, allant de la friture à l'option bio. La maison victorienne allie charme à l'ancienne et goût des traditions. Ici a habité autrefois Thomas Andrew, concepteur du *Titanic* !

The Crescent Townhouse – *13 Lower Cres - 028 9032 3349 - fax 028 9032 0646 - info@crescenttownhouse.com - fermé 1er janv., 11-13 juil., 25-26 déc. - 11 ch. 110/150 £ - rest. 19 £*. Dans un quartier très animé, cette maison de style Regency a été transformée en hôtel élégant et confortable. Le bar a une allure plutôt gothique avec ses panneaux de chêne sombre ; la brasserie sert des spécialités créatives, dans une atmosphère très vivante.

Se restaurer

Bon à savoir – Si la City se vide à la nuit tombée, c'est que la vie s'est déplacée non loin de là, sur le **Golden Mile**, quartier situé entre l'hôtel de ville et l'université, où les pubs, restaurants et night-clubs ne désemplissent pas.

Benedicts – *7/21 Bradbury Place - 028 9059 1999 - fermé 24-25 déc., 11-12 juil. - 20 £*. Au cœur du Golden Mile, cet immense restaurant au décor baroque-gothique digne du Magicien d'Oz propose une cuisine tout aussi hétéroclite avec confit d'oie au gingembre, poulet à l'ananas et aux mangues et rougets à la crème de chorizo.

The Wok – *126 Great Victoria Street - 028 9023 3828 - fermé 25-26 déc., sam.-dim. midi - 19/23 £*. À l'avant-garde du restaurant chinois, The Wok offre un service diligent dans un élégant cadre contemporain. La carte marie les grands classiques à des plats plus originaux, représentatifs de nombreuses régions de la Chine.

Ginger – *271 Ormeau Road - 028 9049 3143 - fermé 2 sem. janv., 2 sem. en juil., dim., lun. - réserv. indispensable - 21/32 £*. Sans prétention, cette petite salle cachée dans une enfilade de boutiques est toujours très fréquentée. Le choix est grand sur l'ardoise du jour, influencée par les cuisines du monde. Pas de vente d'alcool, mais vous pouvez apporter votre bouteille.

Nick's Warehouse – *35-39 Hill Street - 028 9043 9690 - fermé 1er janv., 2 j. à Pâques, 1er mai, 12 juil., 25-26 déc., lun. soir, sam. midi, dim. - 17 £/37 £*. Dans une rue pavée, cet ancien entrepôt de la firme Bushmills abrite un des restaurants les plus connus de Belfast. L'ambiance au rez-de-chaussée est très vivante ; la salle à l'étage reste plus conventionnelle. Le fameux Nick règne sur une cuisine très animée où l'on prépare des plats contemporains soignés.

Cayenne – *7 Lesley House - Shaftesbury Square - 028 9033 1532 - reservations@cayenne-restaurant.com - fermé 1er janv., 12-13 juil., 25-26 déc., sam. midi, dim. - réserv. indispensable - 29/38 £*. Résolument design, cet endroit où l'on va pour voir et être vu s'orne d'impressionnantes œuvres d'art contemporain. Dans une ambiance animée, il propose une carte à bons prix où la cuisine contemporaine montre une tonalité asiatique.

Restaurant Michael Deane – *36-40 Howard Street - 028 9033 1134 - michaeldeane@deanesbelfast.com - fermé 24-25 déc., 12-13 juil., dim. - 21 £ (midi), 28/43 £ (soir)*. L'un des meilleurs restaurants de la ville qui sert une cuisine raffinée et moderne. Le service est discret et professionnel. Riches tons bordeaux, fauteuils en cuir, miroirs et chandelles contribuent à créer une ambiance de quiétude raffinée.

Boire un verre

Bittle's Bar – *103 Victoria Street - 028 9031 1088 - à partir de 11h30*. Cela vaut la peine de venir boire un verre ici, pour la bizarrerie de l'architecture du pub : il occupe un étrange bâtiment de forme triangulaire, qui date de 1861, et s'appelait autrefois The Shakespeare. La décoration rend hommage au grand dramaturge.

Kelly's Cellar – *30 Bank Street - 028 9032 4835 - à partir de 11h*. Antidote à la monotonie du développement urbain moderne qui l'entoure, ce pub du quartier des finances maintient bien vivante la tradition. Il a ouvert ses portes en 1720 et son décor disparate conserve une authentique atmosphère à l'ancienne.

Kitchen Bar – *16-18 Victoria Street - ✆ 028 9032 4901 - tlj sf dim. à partir de 11h30.* Le bar aurait ouvert en 1859. Il est réputé pour sa musique traditionnelle irlandaise ; pendant des années, il a fonctionné en association avec l'Empire, le music-hall voisin. Très grand choix de bières.

La Bodega – *4 Calender Street - ✆ 028 9024 3177 - tlj sf dim. 11h30-21h.* Un autre monde s'ouvre à ceux qui poussent la porte de ce pub très connu. Le thème hispanique date des années 1960, mais cela fait plus d'un siècle que le pub fonctionne. C'est un lieu sympathique pour boire une bière quand on visite le centre.

Madden's – *Berry Street - ✆ 028 9024 4114 - tlj sf dim. 11h-01h.* Exactement ce qu'il faut pour ceux qui cherchent une ambiance authentique de pub : soirée blues ou soirée folk, la spontanéité est reine. La vocation musicale du pub est soulignée par la collection d'instruments qui orne les murs.

Pats Bar – *19-22 Princes Dock Street - ✆ 028 9074 4524 - tlj sf dim. à partir de 11h.* Voisin de cafés contemporains, reflets de l'aménagement récent du quartier des docks, ce pub vieux d'un siècle, à l'intérieur chaleureux et plein de caractère, propose le merc. une soirée de musique traditionnelle.

Robinson's – *38-40 Great Victoria Street - ✆ 028 9024 7447 - à partir de 11h30, sam. 11h30-2h.* Cela vaut la peine de chercher ce pub victorien, reconstruit dans les années 1990. Chacune de ses salles évoque un thème différent : le salon à l'étage imite un navire du 18e s., une bibliothèque agrémente le rez-de-chaussée ; le bar, à l'arrière, ressemble à une épicerie de campagne.

Rotterdam Bar – *54 Pilot Street - ✆ 028 9074 6021 - à partir de 11h30.* Dans la journée, ce lieu est une oasis de calme, éclairée par le rougeoiement du foyer. En soirée, le rythme s'accélère nettement grâce aux orchestres, qui alternent blues et salsa, folk et jazz. Le vaste choix d'alcools derrière le bar a fait la réputation de l'établissement.

The Crown Liquor Saloon – *46 Great Victoria Street - ✆ 028 9024 9476 - 11h30-1h, dim. 12h30-22h.* Figurant dans le film *Huit Heures de sursis*, avec James Mason, ce lieu est réputé, à juste titre, pour son style victorien sophistiqué mêlé d'influences italiennes. Un tel patrimoine lui a valu de devenir propriété du National Trust. Prenez vite une place douillette dans un des box.

The Empire – *40-42 Botanic Avenue - ✆ 028 9024 9276 - tlj sf sam. 11h30-1h.* L'Empire est la destination idéale pour ceux qui cherchent un public jeune et une musique contemporaine. Il occupe une ancienne église presbytérienne abandonnée, ce qui pourrait expliquer la présence d'un fantôme parmi les habitués. Un club de comédiens populaires s'y produit aussi.

The Garrick – *29 Chichester Street - ✆ 028 9033 3875 - à partir de 11h30.* Dirigé avec soin par une famille, ce pub s'est attribué le nom du célèbre acteur shakespearien, même si sa visite reste contestée. Les murs sont ornés de portraits de golfeurs célèbres.

The John Hewitt – *51 Donegall Street - ✆ 028 9023 3768 - à partir de 11h30.* Dans le district de la cathédrale, ce pub offre une vraie ambiance de quartier. Il propose des expositions des artistes du cru et, souvent, les musiciens du voisinage. Son feu de bois et son comptoir interminable poussent allégrement à la conversation.

Whites Tavern – *2-4 Winecellar Entry - ✆ 028 9024 3080 - à partir de 11h30.* Voici une taverne qui serait la plus ancienne de Belfast. On trinquerait ici depuis 400 ans… Une peinture murale rappelle que l'ambiance était bien animée au 17e s. Des musiciens traditionnels s'y produisent, et on y sert une honnête cuisine de pub.

Benedicts de Belfast – *7-21 Bradbury Place - Shaftsbury Square - ✆ 028 9059 1999 - à partir de 11h30.* L'intérieur faussement gothique de ce bar très animé a été reconstitué en rassemblant des éléments récupérés dans les églises, de l'arcade au vitrail. Cette ambiance de monastère contraste fortement avec la foule des joyeux noctambules qui vibre au rythme de l'orchestre.

Sorties

Belfast Civic Arts Theatre – *Botanic Avenue - ✆ 028 9031 6900.* Le théâtre programme comédies musicales, pièces contemporaines et concerts.

Grand Opera House – *Great Victoria Street - ✆ 028 9027 7705 (rens. 24h/24), 028 9024 1919.*

Ulster Hall – *Bedford Street - ✆ 028 9032 3900.* Dans cette salle ont lieu concerts de musique pop et événements sportifs. L'Ulster Orchestra y donne régulièrement des concerts.

Belfast Waterfront Hall – *2 Lanyon Place - ✆ 028 9033 4400 - www.waterfront.co.uk.* Ouverte à la fin des années 1990, la salle en bord de rivière (2 500 places) accueille toute l'année manifestations culturelles et artistiques. Avec ses bars et restaurants, c'est une destination courante pour les sorties en soirée.

The Odyssey – *2 Queen's Quay - ✆ 028 9045 0055 - www.theodyssey.co.uk.* Sous un même toit se rassemblent toutes les distractions que l'on peut souhaiter. Réalisé pour le millénaire, le stade de

10 000 places est le foyer de l'équipe de hockey sur glace des « Belfast Giants ». On trouve aussi un multiplexe de 12 salles, un centre multimédia et une multitude de bars et restaurants.

Cultúrlann Macadam Ó Fiaich – *Falls Road - ✆ 028 9023 9303.* Ce centre des arts de langue irlandaise organise concerts et expositions.

The Crescent Arts Centre – *University Road - ✆ 028 9024 2338.* Différents ateliers d'art fonctionnent dans une ancienne école victorienne.

W5 Discovery Centre – *2 Queen's Quay - ✆ 028 9046 7700 - www.w5online.co.uk - juil.-août : lun.-sam. : 10h-18h, dim. 12h-18h ; sept.-juin : lun.-jeu. 10h-17h, vend.-sam. : 10h-18h, dim. : 12h-18h - dernière entrée 1h avant la fermeture - 7 £ enfant 5 £.* Le centre propose près de 160 pièces interactives qui invitent à la découverte. Les enfants peuvent ainsi faire de la musique avec la harpe laser, tester le détecteur de mensonge, rester perplexes devant des illusions d'optique et même animer des robots ou encore pratiquer des sports virtuels.

Achats

Bon à savoir – Belfast n'est pas vraiment la ville idéale pour faire du shopping. Les prix sont généralement élevés, et les magasins de vêtements proposent les mêmes marques que partout ailleurs. Les adresses où trouver des objets artisanaux restent rares et le saumon ou le whisky que l'on trouve dans les supermarchés sont plus chers qu'en Europe continentale.

National Trust Gift Shop – *57 Fountain Street - ✆ 028 9032 0645 – tlj sf dim. 9h- 17h30 (jeu. 19h).* Ceux qui souhaitent rapporter un objet d'artisanat irlandais de grande qualité trouvent ici tout un choix de cadeaux et de souvenirs : broderies, cristal, céramiques, objets originaux ornés de motifs celtiques. Et quel souvenir plus approprié que la marmelade au whisky ?

St George's Market – *12-20 East Bridge Street - vend.-sam. 8h-14h.* Vieux de plus d'un siècle, ce marché couvert a été récemment rénové. Le vend., jour de marché, l'ambiance y est haute en couleur et la foule innombrable. Le sam. matin, la halle accueille un petit marché fermier.

Agenda

Belfast Festival at Queen's – *Programme complet et billets disponibles à partir de mi-sept. auprès du Belfast Festival à Queen's - Festival House, 25 College Gardens, Belfast - ✆ 028 9066 7687 - www.belfastfestival.com.*

Tous les ans, pendant 3 semaines en oct.-novembre se déroule le festival de Belfast, l'une des plus importantes manifestations internationales couvrant tous les arts. Il est basé sur le campus de l'université Queen's, mais les manifestations se déroulent aussi dans toutes les grandes salles de la ville : le Waterfront Hall, la magnifique Grand Opera House et plusieurs autres bâtiments anciens sont convertis à cette occasion en lieux d'exposition et de spectacle. Le festival rassemble ce que le monde a de meilleur à offrir en matière de musique classique, variétés, jazz et folk, théâtre et danse, comédie, littérature, cinéma et arts visuels : œuvres de commande, premières mondiales. De nombreuses vedettes internationales y font leurs débuts au Royaume-Uni. C'est aussi une vitrine pour les artistes irlandais.

Belfast Literary Festival – En mars, ce festival littéraire met à l'honneur les meilleurs auteurs régionaux, irlandais et du monde entier.

The Ninth Cathdral Quater Arts Festival – *www.cqaf.com.* Au programme : musique, théâtre, littérature, comédie, cirque et arts visuels.

Maritime Festival – *www.belfastcity.gov.uk/events.* Début juin : grands voiliers, musique, activités pour enfants, expositions, excursions en bateau et sports nautiques.

Feile an Phobail ou West Balfast festival – *✆ 028 9031 3440 - www.feilebelfast.com.* Début août. Ce festival est né en 1988 sous l'impulsion de la communauté catholique réagissant aux *Troubles* en Irlande du Nord. Aujourd'hui, il est devenu une grande fête familiale avec concerts, films, expositions, pièces de théâtre, défilés… Et aussi débats.

L'EST DE L'IRLANDE DU NORD

Au nord de l'Irlande, le littoral se dessine tout en contraste : entre longues étendues de sable et rivages tourmentés, à l'image des célèbres orgues basaltiques de la Chaussée des Géants, le charme des villages pittoresques rivalise avec l'animation des cités balnéaires, destinations idéales pour un voyage en famille. Sur cette côte peuplée de moutons et de vaches, les curiosités se déclinent en sites naturels et châteaux ou demeures élégantes, tandis qu'à l'intérieur des terres rivières et forêts invitent à la découverte d'une nature luxuriante. Deux vastes étendues d'eau ponctuent ce paysage : le Lough Neagh et ses rives sauvages ; ce plus grand plan d'eau douce des îles Britanniques est bien connu des pêcheurs, notamment pour la pêche aux anguilles, ou encore, à l'est, le Strangford Lough et sa réserve naturelle qui abrite de nombreux phoques, ainsi que des oiseaux migrateurs qui viennent nicher sur ses rives paisibles. Occupant la grande avancée de la côte nord-est, le comté de Down est réputé pour ses côtes magnifiques et la chaleur de son accueil. Cette région, dont le passé remonte à 7 000 ans, se caractérise par une abondance de sites historiques parmi lesquels le célèbre Downpatrick où reposerait le saint patron de l'Irlande. Là aussi, les contrastes subliment le paysage offrant de nombreuses possibilités de randonnées entre les contours déchiquetés des montagnes de Mourne, où culmine à 848 m Slieve Donnard, et le moutonnement des douces collines qui composent la majeure partie du relief.

- **Se repérer** – La A 2 suit toute la côte nord-est de l'Irlande, de Londonderry à Newry. Elle longe le bas des neuf vallons ou glens de l'Antrim, qui relient le plateau du comté à la mer et dessert notamment la Chaussée des Géants, Carrickfergus, Bangor ou encore les monts Mourne. À environ 25 km à l'ouest de Belfast s'étend le Lough Neagh accessible par la M 1 qui passe par Lisburn et la M 22 qui traverse Antrim. Le Strangford Lough est, quant à lui, desservi par les routes A 20, A 21, A 22 et A 25. À l'ouest du Strangford Lough, la A 7 relie Belfast à Downpatrick. Newry se trouve sur la A 1 entre Belfast et Dundalk, juste au nord de la frontière entre les comtés de Down et d'Armagh.
- **À ne pas manquer** – La côte de l'Antrim et surtout la baie de Murlough ; la Chaussée des Géants ; la route du littoral de la péninsule d'Ards ; le château de Carrickfergus ; les jardins et la résidence de Mount Stewart ; une randonnée dans les monts Mourne ; les rivages du Strangford Lough.
- **Organiser son temps** – Comptez cinq jours pour découvrir les principaux sites de la côte et faire halte dans quelques-unes de ses cités balnéaires. Pour les lacs, si une journée suffit pour vous donner un aperçu du Lough Neagh, vous pouvez être tenté de séjourner plus longtemps sur les rivages du Strangford Lough afin, notamment, de visiter Mount Stewart et Downpatrick. Pour les amateurs de randonnées, prévoir deux jours dans les monts Mourne.
- **Avec les enfants** – Le labyrinthe végétal de Carnfunnock Country Park près de Larne (Antrim Glens) ; Crawfordsburn Country Park près de Bangor ; le château de Carrickfergus ; la serre des papillons tropicaux de Seaford Garden aux alentours de Downpatrick ; le petit train de Peatlands Park (Lough Neagh) ; les parcs d'attractions de Newcastle ; Countryside Centre, la ferme ouverte Leslie Hill, Dunluce Centre et les nombreuses attractions foraines de Portrush ; l'aquarium Exploris et le parc de Delamont Country autour du Strangford Lough.
- **Pour poursuivre le voyage** – Voir aussi Armagh, Belfast, Dungannon, Londonderry, monts Sperrin, et, en république d'Irlande, Dundalk et Monaghan.

Ambiance de Noël à Belfast.

Tourism Ireland

Merry
From
Christmas

Antrim

20 001 HABITANTS – COMTÉ D'ANTRIM
CARTE MICHELIN N° 712 N 3 – CARTE GÉNÉRALE RABAT I C2

Autrefois centre de filature du lin, l'ancien chef-lieu du comté d'Antrim, relié par le rail et l'autoroute à Belfast, a connu une expansion rapide à la fin du 20e s. Situé sur la Six Mile Water, une excellente rivière à truites, il a pour premier atout sa proximité du vaste Lough Neagh. Des croisières sur le lac partent de sa marina ; un terrain de golf de compétition s'étend sur ses berges. Pendant la révolte de 1798, une troupe de 3 500 Irlandais unis a attaqué Antrim, menée par Henry Joy McCracken, manufacturier de coton à Belfast, qui a été pendu après leur défaite.

- **Se repérer** – Antrim *(Aontroim)* se trouve dans le comté le plus au nord-est du pays, sur la rive du Lough Neagh, plus vaste lac intérieur d'Irlande, à 32 km au nord-ouest de Belfast par la M 2.
- **À ne pas manquer** – Une promenade dans les jardins d'Antrim Castle ; Round Tower.
- **Organiser son temps** – Compter 3h pour faire le tour de la ville et visiter les jardins d'Antrim Castle.
- **Pour poursuivre le voyage** – Voir aussi Antrim Glens, Belfast, Carrickfergus, Lough Neagh.

Se promener

Antrim Castle Gardens

Depuis Market Place, rejoindre l'entrée située sur Dublin Road.

Derrière la place du marché et le palais de justice (1726), une magnifique porte de style Tudor donne accès à l'ancien domaine de la famille Clotworthy, anoblie au 17e s. avec le titre de lord Massarene.

Leur château a brûlé accidentellement en 1922, mais les jardins ont survécu, exemple remarquable, et unique en Ulster, de paysages de style hollandais : canaux ornementaux reliés par une cascade, flanqués de parterres géométriques et protégés de hautes haies taillées de charmes et de tilleuls. Belle vue d'ensemble depuis le sommet de l'ancienne motte féodale normande ; pour y accéder adressez-vous au **Clotworthy Arts Centre** installé dans les jardins *(voir « Antrim pratique »)*.

Pogue's Entry

À l'extrémité est de Church Street. ♿ Mai-sept. : visite guidée (15mn). jeu.-vend. 14h-17h, sam. 10h-13h, 14h-17h. ☎ 028 9448 1338.

Dans une ruelle pittoresque s'élève la modeste cabane où **Alexander Irvine** (1863-1941), fils d'un cordonnier, a passé son enfance. Irvine est devenu ensuite missionnaire dans le quartier Bowery, à New York. Il raconte dans un livre, *My Lady of the Chimney Corner*, la lutte de sa mère contre la pauvreté. Le céramiste, aujourd'hui installé dans les lieux, œuvre sous vos yeux et propose ses pièces à la vente.

Round Tower★

15mn à pied depuis Church Street en suivant vers le nord Railway Street et Station Road. Prendre à droite Steeple Road et entrer à gauche après l'école dans Steeple Park.

Au milieu des arbres se dresse un bel exemple de clocher rond (27 m), un des mieux conservés d'Irlande ; son sommet conique a été restauré. Il date probablement des environs de l'an 900 et constitue l'unique vestige d'un important monastère du 6e s., abandonné en 1147.

Aux alentours

Randalstown Presbyterian Church

8 km à l'ouest par la A 6.

Cette très jolie église presbytérienne en pierre noire, de plan ovale, avec des fenêtres en arc brisé, a été construite en 1790. Dans le porche ajouté en 1829, des escaliers courbes mènent à la galerie intérieure. La rangée d'œils-de-bœuf ovales a été intégrée en 1929 quand on a surélevé les murs.

Templetown Mausoleum

Templepatrick ; 8 km à l'est d'Antrim par la A 6. Parking à l'extrémité de l'allée. 11h-18h. ☎ 028 9751 0721 (Regional Office).

Un **cimetière** enclos de murs entoure le mausolée élevé par Sarah Upton à la mémoire de son époux Arthur. Robert Adam a conçu cet arc de triomphe palladien vers 1770. Il abrite des plaques rendant hommage à la descendance des Upton, qui ont été faits vicomtes de Templetown.

Le nom de Templepatrick vient d'une ancienne église consacrée à saint Patrick. Vers 450, le patron de l'Irlande aurait baptisé des convertis à une fontaine sacrée toute proche.

Patterson's Spade Mill

8 km au sud-est par la A 6 via Templepatrick. ♿ Fauteuils roulants disponibles ; rampes d'accès. Juin-août sauf lun. : visite guidée 14h-18h ; avr.-mai et sept. : w.-end et lun. fériés ; mars : certains jours. ☎/fax 028 9443 3619.

Cette unique survivante des fabriques de bêches actionnées par des moulins à eau date de 1919. Cinq générations de Patterson s'y sont succédé jusqu'en 1990. La visite permet d'assister aux diverses étapes de la fabrication traditionnelle des bêches, entièrement réalisées par deux artisans : chauffage de l'acier dans la forge ; façonnage de la lame par un énorme marteau basculant, avant qu'elle ne soit aiguisée et trempée ; rivetage de la lame au manche ; enfin, application de la peinture. À côté se dressent les vestiges des bâtiments annexes.

Ballance House

17 km au sud par la A 26 et la A 30 via Glenavy. ♿ Avr.-sept. : w.-end 14h-17h. ☎ 028 9264 8492.

C'est là qu'est né John Ballance (1839-1893), qui a émigré ensuite à Birmingham, puis gagné la Nouvelle-Zélande, où il est devenu journaliste. Il s'est ensuite lancé dans la politique, et est devenu le premier Premier ministre libéral de ce pays. En partie meublée dans le style du milieu du 19e s., la maison est aussi un intéressant musée consacré aux liens entre l'Ulster et la Nouvelle-Zélande.

Slemish

26 km au nord-est en empruntant la A 26 jusqu'à Ballymena, puis la A 42 et la B 94 vers l'est ; à 1,5 km, tourner à gauche ; au bout de 5 km, tourner à droite (Carnstroan Road), puis de nouveau à droite 400 m plus loin.

À partir du parking, 1h de marche AR. La silhouette dénudée de ce volcan éteint (438 m) se détache sur le paysage lisse de la plaine de Ballymena. Un pèlerinage s'y déroule à la Saint-Patrick (le 17 mars), car, selon la légende, le saint y aurait passé six ans en captivité à garder les porcs du chef de clan local, Miluic. Du sommet, un beau panorama embrasse, au nord-ouest, les ruines de l'église de Skerry, lieu de sépulture des O'Neill, qui aurait été fondée par saint Patrick.

Arthur Cottage

27 km au nord-ouest en empruntant la A 26 jusqu'à Ballymena, puis la B 62 jusqu'à Cullybackey. Franchir la rivière et prendre le chemin étroit qui bifurque brusquement à droite. ♿ Jeu.-vend. et sam. 10h30 -16h. 3 £. Démonstrations d'artisanat : ☎ 028 2563 5900. www.ballymena.gov.uk

À l'extrémité du chemin se dresse un petit cottage isolé avec la porte à deux battants, le sol en terre battue et le toit en chaume de lin traditionnels. C'est d'ici qu'est parti en 1816 pour le Vermont, où il est devenu prêtre baptiste, le père de Chester Alan Arthur, futur 21e président des États-Unis. Plus de douze présidents américains sont issus de l'Ulster. Le mobilier est d'époque. En été, des démonstrations d'artisanat domestique animent le cottage. Les vastes dépendances présentent des collections d'instruments agricoles et d'ustensiles domestiques anciens de la région, ainsi qu'une exposition consacrée au départ d'Irlande de la famille de Chester Alan Arthur et à l'émigration irlandaise au 19e s.

Antrim pratique

Adresse utile

16 High Street - ✆ 028 9442 8331 - www.antrim.gov.uk - juil.-août. : lun.-vend. 9h-17h30, sam. 10h-15h ; mai-juin et sept. : lun.-merc. 9h-17h, jeu.-vend. 9h-17h30, sam. 10h-13h ; oct.-avr. : tlj sf w.-end. 9h-17h.

Distractions

Clotworthy Arts Centre – *Antrim Castle – ✆ 028 9442 8000 - tlj sf dim. 9h30-21h30, sam. 10h-17h ; dim. 14h-17h (juil.-août).* Pièces de théâtre, concerts, expositions de peinture, photographie et sculpture, conférences, stages et ateliers sont organisés au domaine du château.

Sports et loisirs

Antrim Forum Leisure Centre – *Lough Road - ✆ 028 9446 4131 -lun.-vend. 9h-22h, sam. 9h30-17h30, dim. 14h-17h30.* Complexe sportif avec piscine et espace bowling.

Antrim Glens★★★

COMTÉ D'ANTRIM
CARTE MICHELIN N° 712 N/O 2-3 – CARTE GÉNÉRALE RABAT I C1

La route qui longe la côte de l'Antrim traverse des paysages si variés que l'on attend avec impatience de découvrir ce que cache chaque promontoire. Côté mer, on découvre des villages charmants, de vastes grèves, de hautes falaises de basalte ou de calcaire, et l'on aperçoit au loin le cap écossais du Mull of Kintyre. À l'intérieur, les glens, étroits vallons creusés par les torrents descendant des hauteurs de lande et de tourbière, sont aujourd'hui ponctués de plantations forestières. Dans ces vallons, là où les couches sédimentaires affleurent, les fermes sont disposées comme autant d'échelles montant le long des versants. Chacune dispose ainsi de bonnes terres en bord de rivière et de pâturages moins fertiles en hauteur.

- **Se repérer** – La A 2 suit la côte de l'extrême nord-est entre Larne et Ballycastle, longeant le bas des neuf vallons ou glens de l'Antrim, qui relient le plateau du comté à la mer.
- **À ne pas manquer** – Le décor d'Éden de Murlough Bay National Nature Reserve ; les sensations fortes à Carrick-a-rede Rope Bridge ; l'ambiance chaleureuse des pubs de Cushendall.
- **Organiser son temps** – Prévoir deux jours pour découvrir les principaux sites de la côte. N'hésitez pas à faire Carrick-a-rede Rope Bridge dès l'ouverture afin d'éviter la foule.
- **Avec les enfants** – Le labyrinthe végétal de Carnfunnock Country Park.
- **Pour poursuivre le voyage –** Voir aussi Carrickfergus, Chaussée des Géants, Portrush**.**

Comprendre

Pendant des siècles, le relief a isolé cette région, qui est restée la moins anglicisée. Il y avait bien un chemin le long de la côte, qui permet aujourd'hui encore de belles promenades. Mais la première voie praticable en toute saison par les diligences ne date que de 1832, quand l'ingénieur écossais **William Bald** supervise la construction de la grande **route militaire** reliant Carrickfergus à Portrush. Elle est aménagée en corniche le long d'une ancienne plage située aujourd'hui en hauteur ; il a fallu dynamiter de grandes quantités de basalte et de craie et aménager des soutènements contre les glissements de terrain.

Au 19e s., deux lignes de chemin de fer à voie étroite ont été ouvertes pour transporter la production croissante des mines de Glenariff, exploitées à partir de la fin des années 1860. Celle de la Glenariff Iron Ore & Holding Company descendait d'Inverglen par Glenariff jusqu'à l'extrémité sud-est de Red Bay, où son tracé est encore visible. Elle a fermé avec le déclin de l'exploitation minière. L'autre, construite en 1876, remontait la vallée de Clogh de Ballymena à Retreat, mais elle n'a jamais été prolongée jusqu'à la côte, en raison de la forte dénivellation de la rivière Glenballyemon. Affectée ensuite au transport des voyageurs, elle a ouvert les glens au tourisme avant de cesser toute activité en 1930.

Circuit de découverte

DE LARNE À CARRICK-A-REDE ROPE BRIDGE

113 km – 1 ou 2 jours

Larne

Porte méridionale des vallées de l'Antrim, Larne est un port actif d'où partent des services réguliers de ferries vers Cairnryan, en Écosse, et un bac pour l'île de Magee *(voir « Antrim Glens pratique »)*. Larne a longtemps été un point d'entrée de l'Irlande du Nord. Les **Vikings** y débarquent au 9e et au 10e s. En 1315, Edward Bruce arrive d'Écosse en bateau, dans la vaine tentative de s'arroger la couronne d'Irlande. En avril 1914, défiant les autorités britanniques, les Volontaires de l'Ulster font débarquer et se distribuent 25 000 fusils allemands et 3 millions de cartouches, preuve de leur détermination à résister au Home Rule par tous les moyens.

Au sud du port, sur la bande de terre de Curran Point, se dressent les ruines d'une des trois forteresses qui défendaient l'entrée du fjord au début du 17e s., **Olderfleet Castle**, une maison forte carrée à quatre niveaux.

La **Chaine Memorial Tower**, réplique moderne du traditionnel clocher rond irlandais, a été élevée sur le rivage, à l'entrée nord du port, en hommage à James Chaine, député et bienfaiteur de la région.

Quitter Larne en empruntant la A 2 vers le nord.

Carnfunnock Country Park

Juil.-août : 10h-20h ; avr.-juin et sept. : 10h-18h ; oct.-mars : 9h-16h30. Labyrinthe (avr.-sept.). Chemin de fer miniature. Crazy ball, putting green et parcours de golf 9-trous : prix par tél. ✆ 028 2827 0541, 2826 0088 (Larne information). www-larne.gov.uk

Dans un environnement charmant de collines vertes plongeant vers la mer, au nord du village de Drains Bay, ce parc de 190 ha était autrefois un domaine privé. Dans le jardin clos, 12 cadrans solaires disséminés parmi les fleurs et les arbustes indiquent l'heure du méridien de Greenwich, l'heure d'été et l'heure locale. Une terrasse domine le **labyrinthe**, qui reproduit les contours de l'Irlande du Nord.

Limekiln walk - 1h. La **promenade** dite **du four à chaux** comprend la visite de l'ancienne fabrique de glace et du poste de guet.

Un chemin de randonnée traverse la forêt. Face à l'entrée du parc se trouve une darse pour les bateaux ; de là part une promenade qui longe la côte.

Continuer sur la A 2 en direction du nord.

Ballygalley Castle, aujourd'hui un hôtel, a été construit en 1625 par James Shaw. Les deux échauguettes du château sont d'origine, mais ses fenêtres à guillotine sont plus récentes. Vers l'intérieur des terres s'ouvre un amphithéâtre naturel, Sallagh Braes, dominé par une pittoresque promenade qui longe les bords du plateau *(accès par Carncastle et la route de Ballycoose)* ; c'est un tronçon du sentier de randonnée Ulster Way.

Glenarm

Saupoudré d'une fine couche de poussière blanche provenant des carrières de calcaire, ce joli petit port est le plus ancien village de la région des glens. La rue principale s'enfonce vers l'intérieur des terres en passant devant la barbacane (19ᵉ s.) du **château de Glenarm** *(ne se visite pas)*. Résidence du comte d'Antrim, il a été construit en 1606 et remodelé dans le style élizabéthain au début du 19ᵉ s. par **William Vitruvius Morrison**.

En haut de la rue principale *(parking)*, le **parc forestier** domine le château et offre d'agréables promenades en bord de rivière, dans le massif boisé qui s'étend au-dessus de la zone de conifères.

Rejoindre la A 2 ; prendre à gauche la B 97.

La route remonte le vallon de **Glenarm**, le plus au sud des glens de l'Antrim. Elle traverse des terres agricoles et offre des vues sur la forêt de Glenarm, de l'autre côté de la vallée. Au point culminant de la vallée, la silhouette unique du **Slemish** *(voir p. 427)* se profile vers le sud.

À l'embranchement en T, prendre la A 42 à droite.

À **Glencloy**, la route descend parmi des prairies en pente douce jusqu'à la côte.

Tourner à gauche sur la A 2.

Carnlough

Sa vaste baie sablonneuse fait de Carnlough un agréable lieu de villégiature. Jusque dans les années 1960, le calcaire extrait des carrières au-dessus de la ville était transporté par voie ferrée jusqu'au petit port, aujourd'hui voué à la plaisance. La voie enjambait la route principale par un pont peu élevé, qui, comme la tour de l'Horloge et l'ancien tribunal, a été construit en 1854 par le marquis de Londonderry *(voir p. 500)*.

Derrière le cap Garron apparaît la belle étendue de **Red Bay**, la « baie rouge », avec en toile de fond la silhouette caractéristique du Lurigethan (352 m), aux flancs abrupts et au sommet aplati. La baie doit son nom à la couleur que lui donne le grès déposé par les torrents qui s'y déversent.

Glenariff (ou Waterfoot)

Ce village s'étend à l'embouchure de la rivière Glenariff. Sur le promontoire, au-dessus du tunnel routier, s'élèvent les ruines du château de Red Bay, bâti par la famille normande des Bisset.

Quitter Glenariff par la A 43 en direction de l'intérieur.

Glenariff porte à juste titre le surnom de « Reine des glens » : ses vastes pâturages verdoyants sont enserrés entre des parois vertigineuses en surplomb.

Glenariff Forest Park★

De 10h au coucher du soleil. Voiture 4£ ; caravane 11£ ; piéton 1,50 £. ✆ 028 2955 6000. www.forestserviceni.gov.uk - aires de pique-nique.

Le parc (930 ha) se compose de bois, de tourbières, d'affleurements rocheux et de plusieurs petits lacs et rivières. Installé près du jardin et de la volière, le centre d'information touristique est sans doute le meilleur endroit où trouver des renseignements sur les glens de l'Antrim. Il a notamment organisé une intéressante exposition consacrée à la sylviculture et à la faune de la région.

1h de marche AR à partir du côté nord du parking. La **cascade★★** appelée *Ess na Larach* dévale une gorge boisée creusée par la rivière Glenariff. Le sentier aménagé offre une agréable balade en surplomb de la rivière.

Continuer en direction du sud-ouest sur la A 43 ; à l'intersection, prendre à droite la B 14.

À **Glenballyemon**, après avoir parcouru une forêt de conifères, la route débouche sur la lande. Puis elle traverse Retreat, sur le versant nord du Lurigethan.

Cushendall

Le petit bourg de Cushendall se trouve au confluent de trois vallées, ce qui en fait un bon point de départ pour explorer la région proche. Son monument principal est une tour de grès rouge, appelée localement tour du couvre-feu *(Curfew Tower)*. Elle a été édifiée en 1809 par Francis Tumly, de la Compagnie des Indes orientales, pour servir de tour de guet.

Prendre Layd Road, une route côtière escarpée en direction de Cushendun, au nord.

Ancienne église de Layd

Les ruines de l'église s'élèvent dans un cimetière, sur un site romantique au bord d'un torrent tumultueux qui plonge dans la mer. L'édifice, qui aurait été fondé par les franciscains, a servi d'église paroissiale de 1306 à 1790. Le cimetière abrite les monuments funéraires des MacDonnell.

Au sommet de la colline, un beau panorama s'étend jusqu'à l'Écosse.

À l'embranchement en T dans Knocknacarry, prendre à gauche la B 92, puis, toujours à gauche, la A 2.

Le nom de **Glencorp** signifie « vallon du massacre ».

Après 2,5 km, prendre à droite la route du Glenaan, puis à gauche un chemin fléché « Ossian's Grave ». Parking derrière la ferme.

Ossian's Grave

20mn de marche AR. Le personnage d'**Ossian** apparaît sous plusieurs facettes. L'une d'entre elles montre Ossian, fils de **Finn McCool**, en barde guerrier des débuts du christianisme ; ses exploits légendaires sont rapportés dans le cycle ossianique. Remis au goût du jour par l'œuvre du poète du 18e s. James McPherson, Ossian rencontre beaucoup de succès auprès des auteurs romantiques de la fin du 18e et du début du 19e s., notamment sur le Continent européen. Quel qu'il soit, ce n'est pas ici qu'il repose.

La « tombe d'Ossian » est une sépulture néolithique à cour, composée d'une avant-cour semi-circulaire ouvrant sur une galerie funéraire à deux chambres, au sein d'un cairn ovale. Ce n'en est pas moins un lieu évocateur, entouré de très beaux paysages.

Poursuivre la montée du glen vers l'ouest.

Dans **Glenaan**, la rivière Glenaan descend les pentes du Tievebulliagh *(au sud)*, où les hommes du néolithique fabriquaient des têtes de hache à partir d'une roche dure, la porcelanite.

À la croisée des routes, prendre à droite Glendun Road jusqu'à Cushendun.

Glendun, le glen brun, est la plus sauvage des neuf vallées. Sa rivière, réputée pour ses saumons et ses truites de mer, passe sous un viaduc construit par **Charles Lanyon** en 1839 pour la route côtière principale.

Cushendun

Les maisons de ce village pittoresque, aujourd'hui protégé par le National Trust, sont groupées au sud d'une plage de sable bordée de hautes falaises. Il doit son aspect original, un peu fantasque, à **Clough Williams-Ellis**, l'architecte fantaisiste de Portmeirion, au nord du pays de Galles, que Ronald McNeill, premier (et dernier) lord Cushendun, a fait venir ici. De petites maisons blanches en *terrace* entourent une place. On voit plusieurs cottages recouverts d'ardoise. Un manoir néogeorgien, Glenmona Lodge, se dresse au milieu d'une pinède face à la mer.

Quitter Cushendun par la route côtière sinueuse, étroite et escarpée qui se dirige vers le nord. Après 8 km, prendre à droite Torr Road.

Torr Head *(parc de stationnement)* est un promontoire peu élevé, surmonté d'un poste de guet. C'est le point le plus proche de la côte écossaise, distante de 19 km.

Poursuivre la route côtière en direction du nord-ouest. Après 4 km, tourner à droite.

Murlough Bay National Nature Reserve★★★

1,5 km jusqu'au parking supérieur (il y en a un plus petit en contrebas, face à la falaise). Abritée du vent par son cap, **Fair Head** (Benmore), au pied de falaises escarpées et vertigineuses, la baie de Murlough est la plus belle de la côte de l'Antrim. Depuis le rivage grimpent des sentes raides et herbeuses, parsemées de bouleaux et de sorbiers. La croix de pierre a été élevée à la mémoire de **Roger Casement** *(voir p. 291)*.

Du parking inférieur partent deux belles promenades *(balisées)* : un sentier conduit vers le nord, jusqu'à des mines de charbon depuis longtemps abandonnées, avant de revenir le long de la côte en passant devant des vestiges de maisons de mineurs et les ruines de l'église de Drumnakill ; l'autre, vers le sud, passe devant un ancien four à chaux, se poursuit à travers bois, évite Murlough Cottage *(résidence privée)* et s'achève à la ferme de Benvan.

Du parking supérieur part un autre sentier balisé, qui suit le sommet de la falaise jusqu'au cap **Fair**, battu par les vents, d'où l'on bénéficie de **vues★★** magnifiques sur l'île de Rathlin *(au nord)* et le Mull de Kintyre, cap écossais *(au nord-est)*. Le chemin qui retourne au parking serpente sur le plateau, un terrain accidenté souvent détrempé passe devant un *crannóg* dans le Lough na Cranagh *(à droite)*, devant des bâtiments de ferme *(parking)* à Coolanlough et laisse sur la gauche le Lough Fadden.

Rejoindre la route côtière. Prendre à gauche la B 15 ; à 400 m, monter à droite en empruntant Dunamallaght Road.

Glenshesk

La route domine la rivière Glenshesk et contourne la lisière sud de la forêt de Ballycastle. À partir du pont de Breen, au pied du versant sud du mont Knocklayd, le sentier balisé **Moyle Way** *(6,5 km)*, tronçon du circuit de randonnée Ulster Way, mène vers le nord jusqu'à Ballycastle en passant par le sommet du Knocklayd (514 m).

Depuis le pont de Breen poursuivre la B 15 sur 3 km vers l'ouest.

Clocher rond d'Armoy

Dans le cimetière de l'église St-Patrick subsiste la base d'un clocher rond (9 m) de l'an 460, qui faisait partie d'un monastère fondé par Olcan, un disciple de saint Patrick.

À la croisée des chemins, prendre la route en direction du nord vers Ballycastle.

Glentaisie

Ce glen contourne le versant ouest du Knocklayd.

Prendre à droite la A 44 en direction de Ballycastle.

Ballycastle

Situé au pied du mont Knocklayd, cette agréable petite villégiature et ville de marché bénéficie d'une vue superbe sur la baie qui porte son nom et l'île de Rathlin. Parmi de nombreux autres atouts, sa grande plage de sable, des possibilités de pêche en eau douce et en mer, un parcours de golf et d'autres installations sportives ajoutent à l'agrément du site. En juin se déroule un festival très apprécié de musique et de danse irlandaises. En août, la foire Ould Lammas Fair comporte à la fois un marché aux bestiaux et la vente en plein air de deux spécialités traditionnelles : le **Yellowman**, sorte de caramel au beurre, et la **dulse**, une algue séchée comestible.

Une stèle commémorative symbolisant les antennes et les ondes radio s'élève à l'ouest du port : en 1898, Marconi *(voir p. 233)* et son assistant, George Kemp, ont établi une liaison radio sans fil entre Ballycastle et l'île de Rathlin. Le centre-ville est embelli par

Bonamargy Friary

Les vestiges d'un couvent franciscain construit vers 1500 près d'une rivière se trouvent désormais au milieu du parcours de **golf de Ballycastle**. Dans la crypte de l'église en ruine reposent plusieurs membres du clan MacDonnell. Ces descendants des MacDonald d'Écosse se sont trouvés en rivalité féroce contre le clan McQuillan pour la possession de cette partie de l'Irlande. Ils étaient connus pour leur traîtrise et leur manque de scrupule, combattant parfois du côté des Anglais, parfois contre eux. À l'inverse, le clan McQuillan a donné naissance à une religieuse renommée pour sa piété, Julia. La croix à tête ronde dans la nef indiquerait l'emplacement de sa tombe ; elle aurait été disposée ainsi pour que la nonne poursuive dans la mort son vœu d'humilité, foulée au pied par les fidèles.

l'**église de la Ste-Trinité** (Holy Trinity Church), élégante construction du 18e s., avec un clocher orné d'une balustrade et d'une flèche. *9h-17h. ✆ 028 2076 2461 (recteur). www.ramoan.connor.anglican.org*

Perché sur les falaises à l'est de la ville, le **centre de Corrymeela** œuvre pour la réconciliation entre les deux traditions culturelles d'Irlande du Nord ; il renferme un oratoire semi-enterré en forme de cœur.

De Ballycastle, emprunter la B 15 vers l'ouest ; à 3 km tourner à droite jusqu'au parking.

Kinbane Castle

Un chemin descend jusqu'à une avancée rocheuse sur laquelle se dressent les ruines du château construit au 16e s. par Colla Dubh MacDonnell. Admirez la vue qui s'étend sur Rathlin Island jusqu'au promontoire de Fair Head, à l'est. Attention néanmoins aux éboulis !

Revenir sur la B 15 et poursuivre sur 5 km avant de tourner à droite vers Larry Bane Bay et Carrick-a-rede Rope Bridge.

Carrick-a-rede Rope Bridge★★

À une demi-heure de marche AR du parking. Les visiteurs franchissent le pont de corde à leurs risques et périls ; s'abstenir par grand vent ; penser au trajet de retour. De mi-mars à fin sept. : suivant la météo 10h-18h (juil.- août : 20h). Visite guidée sur demande. 3,70 £ pour passer le pont à pied. Parking gratuit. ✆ 028 2073 1159 ou 1582.

Le pont de corde est suspendu chaque année au printemps pour ceux qui pratiquent la pêche au saumon à partir de l'île. Lorsque les saumons migrent vers l'ouest le long de la côte, à la recherche de leur frayère dans la rivière Bush ou la rivière Bann, l'obstacle de l'île dévie leur route vers le nord (Carrick-a-rede signifie « rocher sur la route »), directement vers les filets tendus chaque année au même endroit. Le pont de corde (20 m de long) oscille et rebondit tandis que l'on s'aventure avec précaution sur les planches, à 25 m au-dessus de la mer. Il n'y avait autrefois qu'un seul garde-fou, mais les accidents semblent avoir été rares durant les deux siècles de vie du pont. La vue sur la côte est superbe.

Reprendre la B 15 jusque Ballintoy, puis la A 2 en direction de Portbradden. À 3 km prendre à droite la petite route qui mène au parking de White Park Bay.

White Park Bay★

La plage de sable blanc s'étend sur 3 km au pied d'un effondrement calcaire. Somptueux décor offert par ce cordon littoral qui ourle la lande verte, tandis qu'à l'extrémité ouest les maisons blanches de **Portbradden** trouvent refuge au pied des falaises. L'endroit, qui abonde en fossiles et autres richesses archéologiques, permet une agréable promenade le long de la côte. En raison des courants forts, la baignade est déconseillée.

Le saviez-vous ?

À l'ouest de White Park Bay, le petit port de Portbradden abrite la plus petite église d'Irlande. Comble de l'ironie, le minuscule édifice qui mesure 3 m de long sur 1,80 m de large, est consacré à saint Gobhnan, le saint patron des maçons !

Rathlin Island★

Accès par bateau à partir de Ballycastle (voir « Antrim Glens pratique »).

L'île de Rathlin se trouve au nord de Ballycastle au-delà du goulet de Rathlin *(8 km)*, un passage souvent difficile et dangereux. Aucun arbre ne pousse sur cette terre en forme de L, piquetée de lacs peu profonds et presque entièrement entourée de hautes falaises blanches, où les oiseaux de mer se rassemblent par milliers au début de l'été. Des murets de pierres sèches délimitent les champs. Du port bien abrité, où parfois les phoques se chauffent au soleil sur les rochers, trois routes rayonnent vers les phares et les fermes isolées. Les activités traditionnelles, pêche et agriculture, étaient complétées autrefois par la contrebande ; elles le sont aujourd'hui par le tourisme.

Au 6e s., le tourbillon sous le cap Rue, pointe sud de l'île, a failli coûter la vie à saint Columba (Colmcille, *voir encadré p. 359*). La légende raconte qu'en 1306 le roi d'Écosse Robert Bruce, réfugié dans une des grottes de l'île *(accessibles uniquement par bateau)*, a pris une leçon de patience en observant le travail d'une araignée.

Antrim Glens pratique

Adresses utiles

Causeway Coast & Glens Tourism – *11 Lodge Road - Coleraine - 028 7032 7720 - www.causewaycoastandglens.com*

À LARNE

Narrow Gauge Road - /fax 028 2826 0088 - avr.-sept. : tlj sf dim. ; oct.-mars : tlj sf w.-end.

À BALLYCASTLE

7 Mary Street - 028 2076 2225 - juil.-août : lun.-vend. 9h30-19h, sam. 10h-18h, dim. 14h-18h ; sept.-juin : tlj sf w.-end 9h30-17h.

Transports

Bac de l'île de Rathlin – *028 2076 9299 - AR 8,60 £ - si le temps le permet, juin-sept. : dép. de Ballycastle (45mn) à 10h45, 12h45, 17h15, 19h15 (sf vend.) ; dép. de Rathlin à 8h30, 11h, 15h30, 17h30 ; oct.-mai : tél. pour détails. En cas de mauvais temps, possibilité d'hébergement sur l'île : Rathlin Guesthouse (028 2076 3917), The Manor House (028 2076 3964).*

Bac du Larne Lough – *Pour l'île Magee (voir p. 440) - 028 2827 4085 - si le temps le permet, ttes les heures 7h30-17h30.*

Se loger

À CUSHENDUN

The Villa Farmhouse – *185 Torr Road (à la sortie de Cushendun par la route côtière, fléché sur la gauche) - 028 2176 1252 - fax 028 2176 1252 - maggie.scally@hotmail.co.uk - 4 ch. 45 £.* Jolie villa blanche des années 1900, admirablement située à flanc de colline, avec une vue superbe sur la baie. Vastes chambres confortables meublées à l'ancienne.

À BALLYCASTLE

Colliers Hall – *50 Cushendall Road - à environ 1,5 km du village de Ballycastle - 028 2076 2531 - www.colliershall.com - fermé nov.-mars - 9 ch. 50 £.* La propriétaire, très prévenante, vous accueille dans sa vieille maison pleine de souvenirs. Vastes chambres au mobilier rustique donnant sur la campagne. Très bon petit-déjeuner avec crêpes. Les chambres de la nouvelle annexe coûtent moins de 40£.

À WATERFOOT

Sanda B & B – *29 Kilmore Road - sur la route du Glenariff Forest Park (fléché sur la gauche) - 028 2177 1785 - stay@sandabnb.com - www.sandabnb.com - fermé nov.-fév. - 2 ch. 50 £.* Maison de bon confort. Chambres au décor traditionnel dans une maison récente avec une très belle vue sur le *glen*. Nombreuses informations sur la région.

À LARNE

Manor House – *23 Olderfleet Road - Harbour Highway - 028 2827 3305 - fax 028 2826 0505 - welcome@themanorguesthouse.com - fermé 25-26 déc. - P - 8 ch. 50/55 £.* Spacieuse maison victorienne avec de superbes planchers dans le salon. Petite salle pour le petit-déjeuner. Chambres confortables et accueillantes.

À GLENARNE

Riverside House – *13 Toberwine Street - 028 2884 1474 - faith.pa@btopenworld.com - fermé oct.-fév. - 2 ch. 55 £.* Petites chambres correctes et très bien tenues dans une ambiance familiale.

ENVIRONS DE WHITE PARK

White Park House – *Près de la plage de White Park - 028 2073 1482 - www.whiteparkhouse.com - 3 ch. 90 £.* Cette maison cossue aux allures de petit castel possède un extraordinaire mobilier ancien et une décoration très asiatique. Très bon confort et excellent petit-déjeuner.

Se restaurer

À LARNE

Chekkers Wine Ber – *31 Cross Street Lower - 028 2827 5305 - Restaurant 9h-23h ; bar jusqu'à 1h le w.-end. - autour de 10£.* Cuisine de brasserie servie au rez-de-chaussée ou le soir à l'étage dans une atmosphère très animée.

À WATERFOOT

The Manor Lodge – *230 Glen Road - sur la route du Glenariff Forest Park (fléché sur la gauche) - 028 2175 8221 - 11h-23h - autour de 10£.* On vient de loin pour profiter du cadre un peu kitsch, mais charmant, de cette auberge forestière en bordure du Glenariff Forest Park. Cuisine de brasserie dans la journée et, le soir, copieuses grillades un peu plus chères.

À CUSHENDALL

Harry's – *10 Mill Street - 028 2177 2022 - autour de 15£.* Cette gentille auberge de village fait vraiment un effort pour servir une cuisine fraîche et inventive. La mousse de maquereau fumé et le gigot d'agneau valent le détour. Cuisine de brasserie très abordable à midi.

Agenda

Oul' Lammas Fair – La plus ancienne foire traditionnelle d'Irlande se déroule à Ballycastle en août : vente de chevaux, animations de rue, concours, étals de marché.

Bangor

58 388 HABITANTS – COMTÉ DE DOWN
CARTE MICHELIN N° 712 O/P. 4 – CARTE GÉNÉRALE RABAT I C2

Le comté de Down est réputé pour sa côte spectaculaire, sa riche tradition historique et culturelle et l'accueil chaleureux de ses habitants. Bangor, qui domine le Belfast Lough à l'extrémité nord de la péninsule d'Ards, a connu une longue histoire, tout d'abord comme l'un des plus grands sites monastiques irlandais, puis, au 17e s., comme ville de la Plantation. Devenue station balnéaire, elle sert également de cité-dortoir aux banlieusards de Belfast.

- **Se repérer** – Bangor *(Beannchar)* se trouve à 24 km à l'est de Belfast par la A 2 *(schéma : voir p. 475)*.
- **À ne pas manquer** – L'animation nocturne de Bangor ; une croisière vers les îles de Copeland ; la route du littoral de la péninsule d'Ards.
- **Organiser son temps** – Si 2h suffisent pour faire le tour de Bangor, prévoir néanmoins d'y passer la soirée pour profiter de l'animation de la cité balnéaire.
- **Avec les enfants** – Le documentaire en trois dimensions sur les abeilles, les guêpes et les fourmis au Crawfordsburn Country Park.
- **Pour poursuivre le voyage** – Voir aussi Belfast, Mount Stewart, Strangford Lough.

Comprendre

Fondée en 558 par **saint Comgall**, l'abbaye de Bangor est devenue l'une des plus célèbres de l'Occident chrétien ; elle a envoyé ses moines missionnaires fonder d'autres monastères, en Irlande et à l'étranger. Le tombeau de saint Comgall a été profané au 9e s. par les Vikings. Nommé abbé en 1124, Malachie a fait bâtir une église en pierre et a introduit la règle des augustins. Le monastère a été dissous en 1542. À l'accession au trône de Jacques Ier en 1603, une charte octroie Bangor à James Hamilton, fait par la suite vicomte Clandeboye. Ce dernier crée une ville avec des colons originaires de son Ayrshire natal. En 1620, il reçoit la charte lui permettant d'établir un port de mer englobant les criques voisines.

En 1689, le **duc de Schomberg** débarque à Groomsport. Son armée de 10 000 hommes met pied à terre soit à Ballyholme, soit à Bangor. Le duc passe la nuit comme invité des Hamilton, avant de poursuivre vers le sud et se livrer à la bataille de la Boyne, où il sera tué. En 1710, les domaines des Hamilton sont transmis par mariage à la famille Ward, qui possède déjà un château sur la rive sud du Strangford Lough. Deux générations plus tard, le colonel Robert Ward améliore le port, développe l'industrie textile et ouvre une école de garçons. Bangor ne devient une véritable station balnéaire, avec une jetée aménagée pour les loisirs, qu'avec l'arrivée du chemin de fer en 1865. La jetée est démolie en 1981, mais le train amène toujours des touristes venus passer la journée, et emporte des milliers de banlieusards vers leurs bureaux de Belfast.

Se promener

Old Custom House and Tower

L'office de tourisme occupe aujourd'hui sur le front de mer l'ancienne maison des douanes, Custom House. James Hamilton l'a fait bâtir en 1637 avec le soutien de la Couronne, dans le style féodal écossais : deux tours de guet de part et d'autre, un pignon à redents et une échauguette en moulure arrondie.

Remonter Main Street à pied.

Bangor Abbey Church

Abbey Street. Lun., merc., vend. 10h-12h ; s'adresser au bureau de la paroisse, à côté de l'église ; autres horaires sur demande. ✆ 028 9145 1087.

La tour du 14e s. est le seul élément qui ait survécu à la dissolution de l'abbaye de Bangor en 1542.

North Down Heritage Centre★

Castle Park. ♿ Tlj sf lun. 10h-16h30, dim. 14h-16h30 (sept.-juin : 10h30-16h30). Visite guidée (45mn) sur demande. ✆ 028 9127 1200. www.northdown.gov.uk/heritage

Le centre du Patrimoine du nord du comté occupe l'arrière du château de Bangor, construction fantaisiste du milieu du 19e s., mariant les styles élizabéthain et de Jacques Ier, aujourd'hui siège de l'hôtel de ville. Le centre retrace de manière vivante l'histoire de la localité, étonnamment ancienne et riche en événements : la période préhistorique, avec quelques pièces issues des fouilles ; le patrimoine paléochrétien, illustré par une maquette de l'abbaye de Bangor et une cloche datant du 9e s. ; les raids vikings avec la reconstitution d'un habitat évoquant leurs us et coutumes ; la Plantation avec la grande famille de propriétaires terriens de la région, les Ward. Remontant ainsi les siècles, une autre salle rappelle les attraits de la villégiature à Bangor, au travers de photos et objets illustrant l'âge d'or des vacances à la mer. La visite s'achève sur une belle exposition d'objets d'Extrême-Orient, issue d'une collection privée.

Aux alentours

Voir schéma p. 475.

Groomsport

2,5 km à l'est par une route côtière.

Petite et agréable station de bord de mer, Groomsport est flanquée de plages de sable, de bungalows modernes et de terrains pour les caravanes. Yachts et bateaux de pêche se côtoient dans le port. La pêche reste une activité importante, mais seuls deux cottages de pêcheurs, dont un couvert de chaume, subsistent encore près du port. Ils abritent maintenant une **galerie d'art**.

Somme Heritage Centre

5 km au sud de Bangor par la A 21. Juil.-août lun.-vend. 10h-17h, sam. 12h-17h. Reste de l'année : lun.-jeu. et premier sam. du mois : 12h-16h. 4,25 £. ✆ 028 9182 3202. www. irishsoldier.org

Quand la Première Guerre mondiale éclate en 1914, de nombreux Irlandais mettent de côté les divergences qui semblent inévitablement les conduire à une guerre civile, et s'engagent dans l'armée britannique. Les bataillons irlandais souffrent terriblement lors de l'offensive de la Somme en 1916. La Division de l'Ulster perd 5 000 hommes dans les deux premiers jours. Ce centre rappelle leur sacrifice au moyen d'un « tunnel chronologique » et de reconstitutions extraordinairement réalistes des tranchées, avec leurs visions et leurs bruits d'enfer.

Donaghadee

11 km au sud-est par la B 21.

Les pittoresques rues sinueuses conduisent à l'**église paroissiale**, bâtie en 1641. Le très grand port, aujourd'hui rempli de bateaux de plaisance, a été aménagé en 1820 pour accueillir les bateaux courriers, transférés à Larne en 1849. Entre le 16e et le 19e s., la route maritime Donaghadee-Portpatrick, chemin le plus court entre l'Irlande et l'Écosse *(34 km)*, était aussi la plus fréquentée. Près du rivage, la **motte** normande a probablement été élevée par William Copeland, un serviteur de Jean de Courcy. Elle est surmontée d'un bâtiment de pierre (1818) qui offre au sommet une belle **vue** sur les îles de Copeland et la côte de Galloway au-delà du canal du Nord.

Copeland Islands

Accessibles par bateau à partir de Groomsport ou de Donaghadee (voir « Bangor pratique »).

La plus proche et la plus grande des îles a été habitée jusque dans les années 1940, quand les derniers îliens l'ont abandonnée pour la grande terre. L'île a été laissée aux moutons et aux maisons de week-end. Un phare moderne a été érigé sur Mew Island en 1884. Lighthouse Island est aujourd'hui une réserve de faune, protégée par le National Trust : buses, aigles royaux, phoques résidents, dauphins, marsouins, requins pèlerins, petits rorquals et orques.

Crawfordsburn Country Park

11 km à l'ouest de Bangor par la B 20. ♿ Été : 8h45-20h30 ; hiver : 8h45-17h. Fermé 1 sem. à Noël. ✆ 028 9185 3621.

Ce parc campagnard et côtier et son pittoresque village doivent leur nom à la famille écossaise des Crawford. En 1674, elle achète ce domaine, puis l'aménage et y plante des espèces rares.

L'histoire du domaine, de sa flore et de sa faune, est abondamment illustrée au **Park Centre**. Il présente aussi un documentaire en trois dimensions sur les abeilles et les guêpes et sur une colonie de fourmis découpeuses de feuilles. Il organise toutes sortes d'expositions interactives et très colorées.

Glen walk, 30mn de marche AR. Le **sentier du vallon** passe devant l'ancien bassin à saumons, puis sous un beau viaduc ferroviaire de cinq arches construit en 1865.

En amont, une chute d'eau, particulièrement fournie après les fortes pluies, faisait autrefois tourner les moulins à blé, les filatures de lin et les scieries. À partir de 1850, elle a fourni l'électricité pour l'éclairage.

1h de marche AR - accessible par un sentier, à l'intérieur du parc ou à partir de routes résidentielles, Coastguard Avenue. Le **fort de Grey Point** garde la passe de Belfast. Il a été occupé par le régiment royal d'artillerie durant les deux guerres mondiales. Des panneaux en résument l'histoire (1907-1963). Un canon solitaire, cadeau du gouvernement de la république d'Irlande, monte la garde sur un bastion en béton armé.

Ballycopeland Windmill

16 km au sud-est de Bangor par les B 21 et A 2 ; à Millisle, tourner à droite. Parking. Le moulin à vent n'est pas ouvert au public quand la machinerie fonctionne à cause des risques d'accidents. Avr.-sept. : tlj sf lun. 10h-18h, dim. 14h-18h. 1 £. ✆ 028 9186 1413 (moulin). www.ehsni.gov.uk

À la fin du 18e s., on pratiquait la culture intensive des céréales sur la péninsule d'Ards, et le pays était parsemé de **moulins à vent**. Celui de Ballycopeland, un des rares survivants, a probablement été construit en 1780 ou 1790 et a fonctionné jusqu'en 1915. Le grain était séché dans un four avant d'être moulu, et la farine entreposée dans une petite maison près du moulin. Il est toujours en état de marche ; dans la maison du meunier voisine, une exposition fournit toutes les explications.

Ards Peninsula

La péninsule d'Ards est une longue et étroite bande de terre (37 km de long sur 5 à 8 km de large) qui enserre le vaste plan d'eau du Strangford Lough *(voir p. 472)* et s'étire au sud de Bangor jusqu'à la pointe de Ballyquintin. Les sols favorables et un climat relativement sec et chaud font de ces terres basses une des grandes régions céréalières d'Irlande.

La côte est est balayée par des brises marines vivifiantes. La **route du littoral**, qui longe le plus souvent des plages de sable, mais aussi des promontoires rocheux, offre presque partout la vue et le bruit des flots. **Portavogie** est le port d'attache d'une des trois flottes de pêche d'Irlande du Nord. Le poisson est vendu à même le quai au retour des bateaux. La pointe sud montre un paysage désolé de landes et de marais.

Bangor pratique

Adresse utile

34 Quay Street - ✆ 028 9127 0069 - www.bangor-local.com - tlj (sf dim. oct.-mai).

Visites

Des **promenades en bateau** sont organisées dans la baie de Bangor, ainsi que, l'après-midi, des **croisières** vers les îles Copeland et, le matin ou le soir, des expéditions de **pêche** en haute mer au départ de Donaghadee.

Croisières dans la baie de Bangor – *Dép. du front de mer à Bangor (20-30mn) juil.-août 14h ; mai-juin et sept.-oct. : w.-end 14h. Observation des oiseaux, pêche, croisières de plaisance plus longues : 2,50 £. ✆ 028 9145 5321 (Bangor Harbour Boats)*

Croisières sur le Belfast Lough – *Dép. de Donaghadee (2-3h ; si le temps le permet) juin-sept. : tlj ; mai et sept. : w.-end. Matériel de pêche fourni. ✆ 028 9188 3403 (Nelson's Boats) 07811 230 215 (bateau) - www.nelsonsboats.co.uk*

Bac des îles Copeland – *Juil.-août : tlj ; mai-juin et sept.-oct. : sur demande. Dép. de Groomsport ou Donaghadee. ✆ 028 9188 3403 (Nelson's Boats) ; 07811 230 215 (bateau) - www.nelsonsboats.co.uk*

Se loger

Bon à savoir – Première villégiature balnéaire de l'Irlande du Nord, Bangor propose les équipements classiques de la station de bord de mer, ainsi que tout un éventail de pensions et d'hôtels victoriens. Pensez néanmoins à réserver vos nuitées à l'avance notamment les week-ends d'été.

Shelleven House – *59-61 Princetown Road - ✆ 028 9127 1777 - fax 028 9127 1777 - shellevenhouse@aol.com - P - 11 ch. 33/54 £ - rest. 25 £.* Au dernier étage de cette grande maison, le long d'une terrasse victorienne, les chambres propres, soignées et décorées dans le goût traditionnel offrent une belle vue sur la ville. Des repas maison peuvent être préparés sur demande.

Cairn Bay Lodge – *278 Seacliffe Road - 2 km à l'est par Quay Street - ✆ 028 9146 7636 - fax 028 9145 7728 - info@cairnbaylodge.com - fermé dim. soir - P - 5 ch. 35/60 £ - rest. 18 £.* Maison individuelle édouardienne au chaleureux décor riche en boiseries, avec un salon particulièrement charmant et une salle à manger donnant sur le jardin. Les clients en quête de détente peuvent profiter des soins de beauté proposés par la maison.

⊖⊖ **Hebron House** – *68 Princetown Road - ✆ 028 9146 3126 - fax 028 9146 3126 - reception@hebron-house.com - fermé 23 déc.-2 janv. - 3 ch. 70/75 £* ☕. Maison de brique rouge du 19e s. sur deux étages ayant conservé le charme de l'ancien. Chambres très élégantes tout confort.

Se restaurer

⊖ **Imperial** – *4 Central Avenue - ✆ 028 9146 3046 - 12h-17h - fermé le dim. autour de 10 £.* Une bonne adresse pour une cuisine de brasserie roborative et goûteuse dans une ambiance populaire et animée.

⊖ **Coyles's** – *44 Hight Street - ✆ 028 9127 0362 - fax 028 9127 0362 - fermé 25 déc. - carte 14/25 £.* Sur la façade noire sont annoncés vraie musique et bons alcools ! À l'étage, de bons plats sont aussi servis dans un décor Arts déco : des steaks à la hauteur de l'ambition et d'autres surprises brillamment exécutées.

AUX ALENTOURS

⊖⊖ **Shanks** – *150 The Blackwood, Crawfordsburn Road - Clandeboye - 5,2 km au sud-ouest par la A 2 et Dundonald Road, en suivant les panneaux du Blackwood Golf Centre - ✆ 028 9185 3313 - www.shanks restaurant.com - fermé 2 sem. juil., 25-26 déc., 1er janv., sam. midi, dim., lun. et mar. de Pâques - P - 21/57 £.* Faisant partie d'un complexe de golf récent, ce restaurant stylé attire des clients de toute la région. Son cadre élégant occupe deux niveaux. La carte, contemporaine, varie avec les saisons. Le déjeuner présente un excellent rapport qualité-prix.

Sports et loisirs

Bon à savoir – Plages de sable sûres, piscine d'eau de mer, port de plaisance, parc de jeux en front de mer et terrain de golf ajoutent au charme de Bangor.

Carrickfergus

27 201 HABITANTS – COMTÉ D'ANTRIM
CARTE MICHELIN N° 712 O3 – CARTE GÉNÉRALE RABAT I C2

Sur la rive nord du Belfast Lough, cette agréable ville de bord de mer est dominée par un impressionnant château normand, le plus grand et le mieux préservé d'Irlande. Se dressant sur un éperon balsatique dominant les flots, il surplombe le port, empli de bateaux de pêche et de plaisance, et une vaste promenade court le long du rivage, entre la plage, aménagée pour la baignade, et les jardins de la Marine.

- **Se repérer** – Carrickfergus *(Carraig Fhearghais)* se trouve sur la rive nord du Belfast Lough, à 15 km de Belfast par la A 2.
- **À ne pas manquer** – Le château de Carrickfergus ; St Nicholas' Church ; le dolmen de Ballylumford à Island Magee.
- **Organiser son temps** – Prévoir 1h pour la visite du château.
- **Avec les enfants** – La salle de jeux aménagée au sommet de la tour du château de Carrickfergus.
- **Pour poursuivre le voyage** – Voir aussi Antrim, Antrim Glens, Belfast.

Comprendre

Le nom de Carrickfergus, qui signifie « rocher de Fergus », honore Fergus Mór, chef de l'ancien royaume de Dalriada, qui s'est noyé vers 531 lorsque son bateau a fait naufrage près de la côte.

La ville se développe à l'ombre de son château, construit à la fin du 12e s. par **Jean de Courcy**, le conquérant anglo-normand, et achevé par **Hugh de Lacy** vers 1240. Sa puissance et son site stratégique le font apparaître comme la clé de l'Ulster, et de l'Irlande tout entière. Il est pris en 1315 après une année de siège par Édouard Bruce d'Écosse. Les Anglais s'en emparent à nouveau et l'occupent pendant trois siècles, résistant aux nombreuses attaques des Irlandais de la région et des envahisseurs écossais. En 1688, lord Iveagh défend le château et la ville pour Jacques II, mais le duc de Schomberg s'en empare en 1689. Le 14 juin de l'année suivante, Guillaume d'Orange débarque dans le port de Carrickfergus (plaque commémorative) en route pour la bataille de la Boyne *(voir p. 166)*. En février 1760, la ville est brièvement occupée par un détachement naval français. En 1798, le *Ranger* du corsaire américain John Paul Jones attaque le *HMS Drake* britannique au large de Carrickfergus. Les habitants de Belfast, dont beaucoup sympathisent avec la Révolution américaine, se pressent sur des bateaux pour assister au spectacle.

Terres de littérature

La région a compté parmi ses habitants trois figures littéraires : Jonathan Swift a écrit son premier livre près d'ici, à Kilroot ; William Congreve et Louis MacNeice ont vécu leur enfance à Carrickfergus.

Visiter

Castle★★

Avr.-sept. : 10h-17h30, dim. 13h-17h50 (juin-août : 12h-18h) ; oct.-mars : 10h-16h, dim. 14h-16h. Fermé 25-26 déc. 3 £. 028 9335 1273. www.ehsni.gov.uk

S'élevant au-dessus du Lough et du port de plaisance, protégeant l'accès de Belfast par la mer, la grande forteresse offre un spectacle empreint de majesté. À l'origine, elle n'occupait que l'extrême pointe du promontoire basaltique, mais au fil des ans, elle s'est étendue et a recouvert tout le cap, qui autrefois le protégeait de toutes parts côté mer.

Les **tours du corps de garde**, rondes au moment de leur construction qui eut lieu en même temps que celle de la cour extérieure, ont été diminuées à l'arrière peu après la période élizabéthaine. La pièce au-dessus du passage d'entrée renferme le système de levage de la herse et une meurtrière. La « chapelle » au premier étage de la tour est doit son surnom à une fenêtre très ouvragée.

La **cour extérieure** a sans doute été construite par Hugh de Lacy entre 1228 et 1242, pour entourer tout le promontoire et rendre le château moins vulnérable aux attaques venues de la terre. Elle renfermait vraisemblablement des quartiers d'habitation, mais ils ont été remplacés au 19e s. par des magasins d'artillerie, surmontés de plates-formes destinées aux canons.

Le mur entourant la **cour du milieu**, en partie réduit à ses fondations, a été élevé pour améliorer les défenses du château peu après le siège victorieux du roi Jean, en 1210. Avec son impressionnante série de meurtrières, la tour d'angle nord-est est un bel exemple d'architecture défensive du 13e s.

Le cœur du château est sa **cour intérieure**, ceinte d'une haute courtine, construite par de Courcy entre 1180 et 1200. Le **donjon** abritait les appartements du seigneur. Une grande maquette du château à l'époque du siège de Schomberg en 1689 évoque la vie des habitants de la forteresse ; un spectacle audiovisuel fait revivre les fêtes qui se déroulaient dans la salle des banquets.

Au sommet de la tour où flotte une bannière, costumes d'époque et jeu d'échecs géant sont à la disposition des enfants.

St Nicholas' Church★

028 9336 3244 (presbytère the Vicarage).

Jean de Courcy a doté Carrickfergus d'un château, mais aussi d'une église. Des siècles de désordres avaient laissé ce bâtiment en piteux état. En 1614, on l'a amplement restauré, et seules les colonnes de la fin du 12e s. de la nef donnent une idée de l'édifice d'origine. Commencée en 1778, la tour ouest a été achevée en 1962 en commémoration des deux guerres mondiales. Le transept nord abrite un beau monument en albâtre et pierre, hommage à Arthur Chichester (1563-1625), Anglais énergique qui, comme gouverneur de Carrickfergus, a joué un rôle majeur en réprimant impitoyablement les rebelles de l'Ulster. Il a fondé la dynastie des Donegal, grande famille de propriétaires terriens.

North Gate et Town Walls (porte nord et murailles)

Entre 1607 et 1610, Arthur Chichester, élevé au rang de lord-député d'Irlande, entoure Carrickfergus de remparts et de fossés. La grande arche de la porte nord date surtout du 17e s., mais elle a été remaniée et réparée à de nombreuses reprises. L'arche pour les piétons et les créneaux sont des ajouts du 19e s. Une grande partie des murs subsiste à l'est, dans Shaftesbury Park.

Aux alentours

Andrew Jackson Centre

3,2 km au nord de Carrickfergus par la A 2 ; tourner à droite dans Donaldsons Avenue. Avr.-mai et oct. : 10h-13h, 14h-16h, w.-end 14h-16h ; juin-sept. : 10h-13h, 14h-18h, w.-end 14h-18h. Et sur demande. 028 9335 0350/8049. www.carrickfergus.org

La famille Jackson a émigré de Carrickfergus en 1765 ; né deux ans plus tard, le fils, Andrew, va devenir le 7e président des États-Unis. Beaucoup de présidents américains viennent de familles originaires de l'Ulster. La ferme des Jackson a disparu depuis longtemps, mais près de l'endroit où elle se tenait, entre la route et la mer, ce cottage de plain-pied restauré, au sol de terre battue, conserve la mémoire de la famille et retrace le lien entre l'Ulster et l'Amérique.

Le **US Rangers Centre** voisin présente l'histoire des Rangers américains entraînés en Irlande du Nord en juin 1942 pour constituer le fer de lance du Débarquement.

Dalway's Bawn

10 km au nord de Carrickfergus par la A 2, la B 149 et la B 90.

Au sud du village de Ballycarry, près de la route *(à gauche)*, s'élèvent les vestiges d'un enclos fortifié, ponctué de trois tours élevées vers 1609 par John Dalway, et qui font aujourd'hui partie d'une ferme.

Whitehead

9 km au nord-est par la route A 2.

Cette petite station de bord de mer est protégée entre les falaises de White Head (« le cap blanc ») et de Black Head (« le cap noir »). Une plage de galets borde la promenade et deux parcours de golf. Whitehead est aussi une des bases de l'**Association pour la sauvegarde des chemins de fer d'Irlande**, avec une collection unique de locomotives à vapeur et de wagons *(Railway Preservation Collection)*. Pendant la saison estivale, l'association organise des circuits en train à vapeur dans toute l'Irlande.

Island Magee

10 km au nord de Carrickfergus par la A 2.

Sans pour autant être une île, la péninsule *(11 km de long)*, qui sépare le Larne Lough du canal du nord, semble détachée de la grande terre. La route *(B 90)* qui longe sa côte est offre de belles vues sur l'autre rive du Larne Lough. À l'extrémité nord, on est surpris de trouver dans le jardin d'une maison particulière *(à droite)* le **dolmen**

IIC/Axiom/Gettyimages

Paysage d'Antrim Glens.

O. Forir / MICHELIN

Le château de Carrickfergus.

D. Mckinlay / Gettyimages

Pêche sur le Lough Neagh.

de Ballylumford★, monument funéraire du néolithique formé de quatre pierres dressées soutenant une pierre horizontale. À **Brown's Bay**, plage de sable de la côte nord abritée entre des promontoires peu élevés, on voit les navires entrer et sortir du port de Larne. Par temps clair, on aperçoit au nord le littoral écossais. **Portmuck** est un petit port, blotti dans sa baie. Plus loin au sud, les **Gobbins** déploient sur plus de 3 km un rideau de falaises, du haut desquelles, en 1641, les soldats écossais de la garnison de Carrickfergus ont précipité dans la mer les habitants de la région.

Glenoe Waterfall

20 km au nord de Carrickfergus par la B 58 et la B 99 ; parking (à droite) sur Waterfall Road, à mi-chemin en descendant la colline.

On entend la célèbre **cascade** avant de l'apercevoir, tant la gorge est profonde et dissimulée par les arbres. Après une double chute, la rivière se jette dans un bassin profond. Puis elle poursuit son cours en passant sous un vieux pont de pierre à travers le charmant village de Glenoe, aujourd'hui protégé par le National Trust.

Carrickfergus pratique

Voir aussi Belfast.

Adresse utile

Heritage Plaza - Antrim Street - 028 9336 6455 - www.carrickfergus.org - avr.-sept. : lun.-sam. 10h-18h, dim. 13h-18h ; oct.-mars : lun.-sam. 10h-17h, dim. 13h-17h.

Transport

Bac du Larne Lough pour l'île Magee – *(voir p. 434).*

Bon à savoir – On peut louer des barques à rames au port.

Se loger

Clarion – *75 Belfast Road - sur l'A 2 - 028 7346 9777 - fax 028 9335 1620 - reservations1@clarioncarrick.com - fermé 24 et 25 déc. - P 68 ch. 79 £ - rest. carte 25/30 £.* Grand hôtel avec chambres soignées ; quelques suites disposent de jacuzzis qui donnent sur Belfast Lough, voire même sur la côte écossaise par temps clair. Restaurant (dîner uniquement) avec menus à la carte.

Sports et loisirs

Carrickfergus Golf Club – *35 North Road - 028 9336 3713 - Green fees : 19 £ en semaine, 24 £ le w.-end.* Beau parcours de 18 trous dominant le Belfast Lough, réservé aux membres les jeu., sam. et dim.

Agenda

Au château ont lieu des banquets médiévaux et, en août, la fête annuelle de **Lughnasa**.

Downpatrick

10 316 HABITANTS – COMTÉ DE DOWN
CARTE MICHELIN N° 712 O4-5 – CARTE GÉNÉRALE RABAT I C2

La ville ancienne de Downpatrick doit la première partie de son nom à un fort de l'époque préchrétienne (*dún* en irlandais), qui occupait le site élevé où se dresse aujourd'hui la cathédrale. Mais c'est surtout son association avec saint Patrick, le patron de l'Irlande, qui a fait connaître la ville. La tradition veut que le saint y ait sa sépulture. Downpatrick s'est développée en centre ecclésiastique, avec de nombreux établissements religieux. Situé au cœur d'une région vallonnée où abondent les vestiges historiques, ce haut lieu de l'histoire chrétienne irlandaise attire depuis des siècles les pèlerins irlandais, qu'ils soient catholiques ou protestants.

- **Se repérer** – Downpatrick *(Dún Pádraig)* se trouve entre les monts Mourne et le Strangford Lough, à 37 km au sud de Belfast par la A 7.
- **À ne pas manquer** – Custom House et les façades des maisons sur English Street ; Down Cathedral ; le Centre du patrimoine St-Patrick au Down County Museum.
- **Organiser son temps** – Faites le tour de Downpatrick en une demi-journée avant de partir vers la côte.
- **Avec les enfants** – La serre des papillons tropicaux de Seaford Garden.
- **Pour poursuivre le voyage** – Voir aussi Belfast, Lisburn, monts Mountains, Newry, Strangford Lough.

Comprendre

En plus de la colline que domine la cathédrale, un autre grand fort de terre de l'âge du fer, le **Mound of Down**, s'élève au-dessus des terres marécageuses au nord de Downpatrick.

La butte couverte d'arbres protégeait un site de peuplement, que le chevalier normand Jean de Courcy s'est empressé de détruire en 1177, première étape dans sa conquête de l'est de l'Ulster. Au 18e s., quand tout le pays était administré à partir de Downpatrick, la famille Southwell a apporté de grandes améliorations au paysage urbain. Elle avait hérité du domaine de Down par mariage avec la dernière héritière de la lignée, Betty Cromwell, qui elle-même avait reçu ces terres de Jacques Ier, en 1617. Jusqu'à récemment, Downpatrick était presque entièrement cernée d'eau et de marais ; ses ruelles médiévales étroites, English Street, Irish Street et Scotch Street, convergent vers son centre, où se dressait autrefois la halle de marché.

Se promener

Commencer au carrefour d'Irish Street, Scotch Street et English Street ; emprunter Market Street.

Saint Patrick Centre

Juin-août : 9h30-18h, dim. 10h-18h ; avr.-mai et sept. : 9h30-17h30, dim. 13h-17h30 ; oct.-mars : tlj sf sam. dim. 10h-17h (dernière entrée 90mn av. fermeture). 4,95 £. ✆ 028 4461 9000. www.saintpatrickcentre.com

La passionnante histoire du saint patron de l'Irlande est racontée au moyen de schémas, de statues, d'une vidéo et des paroles du saint lui-même, mise en valeur par les reproductions de belles œuvres d'art d'époque paléochrétienne ; l'œuvre des missionnaires irlandais en Europe est aussi illustrée. *Retourner au carrefour et remonter English Street.*

English Street★

Le bas de la rue aboutit à une salle de réunions construite en 1882 dans le style gothique vénitien par William Batt, de Belfast. Le **bureau des Douanes** *(Custom House, n° 26)* a été édifié en 1745 par Edward Southwell. Les maisons des veuves du clergé *(nos 34 à 40)* datent de 1730 et 1750, mais leur aspect a été modifié au début du 19e s.

À droite se trouve un bâtiment bas à deux niveaux, où des cellules voûtées, au rez-de-chaussée, devaient à l'origine recevoir des prisonniers. Il a été converti en 1798 pour loger les registres des **Chasses du Down** *(Downe Hunt Rooms)*, tenus sans interruption depuis 1757. Le tribunal (*Courthouse*, 1834) est tout ce qui reste d'une nouvelle prison construite à l'arrière en 1835. Il a été remarquablement restauré après un attentat à la bombe en 1971.

Down County Museum★

The Mall. ♿ 10h-17h, w.-end 13h-17h. Visite guidée (1h30) sur demande. ✆ 028 4461 5218.

Le musée est installé dans l'ancienne prison du comté, construite entre 1789 et 1796. C'est à sa porte que Thomas Russell, chef des Irlandais Unis, a été pendu en 1803. Lorsque la nouvelle prison a été édifiée vers 1830, les anciens bâtiments ont été occupés par la milice du sud du comté, puis par l'armée, jusqu'au milieu du 20e s. La visite du musée permet de voir entre autres les cellules qui ont été conservées.

Le **corps de garde** loge le **Centre du patrimoine St-Patrick**, qui raconte en texte et en images l'histoire du saint. Un montage vidéo montre les nombreux lieux associés à saint Patrick. Au centre de la cour, l'ancienne **maison du gouverneur** propose une exposition dédiée à la faune locale et à l'histoire du comté depuis 7000 av. J.-C.

The Mall

Pour compenser l'important écart de niveau entre la cathédrale et English Street, cette avenue a été surélevée de 5 m en 1790.

Très en contrebas de la route, la **Southwell Charity**, qui comprend une école et un hospice, a été fondée en 1733 par Edward Southwell, secrétaire d'État chargé de l'Irlande, qui avait acquis par mariage en 1703 le titre de seigneur du manoir de Down. En avant du corps principal, les deux résidences des professeurs lui sont reliées par des murets en quart de cercle.

En face, dans deux maisons de style Regency des environs de 1835 étaient aménagés les **logis des juges** *(nos 25 et 27)*.

Down Cathedral★

♿ 9h15-17h, dim. 14h-17h. Fermé Vend. saint, 25-26 déc. Offrande. Possibilité de visite guidée. ✆ 028 4461 4922. www.cathedral.down.anglican.org

La cathédrale actuelle est pour l'essentiel une reconstruction du 19e s., mais elle a intégré le chœur de l'église abbatiale d'origine. Pendant de nombreuses années, le site de la colline a attiré les attaquants autant que les pèlerins. Vikings, Écossais et Anglais l'ont tour à tour prise d'assaut. Elle a également été endommagée par un tremblement de terre. On ne sera pas étonné qu'il ne subsiste aucune trace du monastère qui s'y était développé au cours des siècles depuis l'époque de saint Patrick, bien qu'un clocher rond ait survécu jusqu'en 1780.

L'assaillant qui a eu l'influence la plus grande a sans doute été l'aventurier anglo-normand Jean de Courcy, qui s'est servi de la colline comme base pour son expédition non officielle en Ulster de 1177. Cherchant à consolider sa position, il a remplacé la communauté d'augustins par des moines bénédictins venus de Chester. Il a reconstruit l'église et l'a dédiée à saint Patrick, pour amadouer les Irlandais. Et il a rebaptisé la ville Downpatrick. Il a aussi revendiqué la découverte des corps de Patrick, Columba et Brigid, les saints patrons irlandais, qu'il a fait enterrer dans sa nouvelle église.

L'intérieur de la cathédrale montre un certain nombre d'éléments étonnants, voire uniques : des fonts baptismaux en granit qui servaient auparavant d'abreuvoir à bestiaux (narthex) ; deux figures très inhabituelles en habit ecclésiastique (salle du chapitre) ; l'unique jubé de ce type qui subsiste en Irlande ; et un magnifique orgue néogothique offert par George III.

Mais les visiteurs viennent d'abord à Downpatrick pour voir le site supposé de la tombe de saint Patrick, dans le cimetière de la cathédrale. Autrefois, une pierre levée portait les noms de Brigid et Columba (Columcille) avec celui de Patrick. La coutume séculaire qui veut que les pèlerins emportent avec eux des poignées de terre a fini par creuser un trou béant. Au 20e s., on a recouvert le trou avec l'imposante dalle en granit que l'on voit aujourd'hui ; seul le nom de Patrick y figure.

Aux alentours

Voir schéma p. 475.

Struell Wells★

3 km au sud-est.

Dans une dépression rocailleuse et isolée, près d'un ruisseau, se regroupent cinq édifices : une église inachevée du 18e s. ; un puits rond avec un toit en dôme construit sur un maillage d'osier ; un autre, rectangulaire, au toit pyramidal en encorbellement ; deux établissements de bains : celui des hommes, dont le toit de pierre abrite un vestiaire et des sièges près du bain ; et celui des femmes, sans toiture et dont le vestiaire se trouve dans l'établissement des hommes. Le plus ancien édifice date d'environ 1600, mais une chapelle apparaît dans les registres dès 1306. Une tradition persistante attribue

Saint Patrick

Lorsque saint Patrick revient en Irlande en 432 pour convertir la population au christianisme, son bateau est porté par les vents et les marées vers le Strangford Lough ; il arrive près de Saul après avoir remonté la **Slaney**, aujourd'hui un mince cours d'eau. Il convertit le chef local Dichu, qui lui donne une grange (*sabhal* en irlandais, prononcer Saul) qui servira d'église. Très attaché à Saul, saint Patrick y revient en 461 pour mourir. D'après certains témoignages, c'est là qu'il serait enterré, et non à Downpatrick.

l'endroit à saint Patrick. L'importance des cours d'eau et des sources dans la religion païenne celtique a sans doute contribué à attirer des pèlerins à Struell depuis l'ère préchrétienne. L'endroit a été très fréquenté du 16e au 19e s.

Inch Abbey★

3 km au nord-ouest de Downpatrick par la A 7 ; après 1,5 km, tourner à gauche ; parking. ✆ 028 9054 3037. www.ehsni.gov.uk

L'abbaye en ruine occupe un site charmant, autrefois une île au milieu des marais de la rive nord de la Quoile. On y accédait par une chaussée, fondation de la route actuelle. L'établissement, dépendant de l'abbaye cistercienne de Furness dans le Lancashire, a été fondé vers 1180 par **Jean de Courcy**. Les vestiges de l'église du 13e s. montrent entre autres une fenêtre en ogive triple caractéristique. Les bâtiments isolés près de la rivière devaient être une infirmerie *(au sud-est)*, un four à pain et un puits *(au sud-ouest)*, et une maison d'hôtes.

St Patrick's Memorial Church

De Downpatrick, emprunter une route secondaire vers l'est pendant 3,2 km jusqu'à Saul. De 8h au coucher du soleil. ✆ 028 4461 3101.

Le sommet de colline où saint Patrick aurait converti le premier Irlandais au christianisme est aujourd'hui dominé par une église en granit des Mourne, bâtie en 1932 pour célébrer le 1 500e anniversaire du débarquement de Patrick près de **Saul**, en 432. Elle a été dessinée dans le style « néoceltique » par Henry Seaver, de Belfast. Le clocher rond irlandais attaché au bâtiment sert de sacristie. Il reste peu de traces de l'abbaye médiévale d'origine, mais les cimetières montrent deux croix sculptées et deux petits **édifices funéraires**.

Slieve Patrick

5 km à l'est. Parc de stationnement. 15mn à pied AR jusqu'au sommet de la colline.

La statue de saint Patrick a été érigée pour l'anniversaire de 1932. Le parcours du pèlerinage, délimité par les stations du chemin de croix, monte vers un autel en plein air. On a une belle vue du sommet sur la campagne environnante et sur les drumlins, petites collines laissées par les glaciers, qui émergent sous forme d'îles au milieu du **Strangford Lough**.

Ballynoe Stone Circle (cromlech)★

5 km au sud. Parking en face de l'ancienne gare de chemin de fer (à l'est) ; 6mn à pied AR par le sentier (à l'ouest) entre les champs.

Le cromlech, composé de pierres assez basses et proches les unes des autres, entoure un tumulus ovale contenant, à chacune de ses extrémités, un sarcophage en pierre. Des fouilles en 1937-1938 ont mis au jour des os calcinés. Ce cromlech aurait été élevé à la fin du néolithique (vers 2000 av. J.-C.), à l'époque de la civilisation Beaker (« des gobelets »), mais rien n'est certain.

St Tassach's (Raholp) Church

6,5 km à l'est de Downpatrick.

Les ruines du 10e ou 11e s. de cette église marquent l'endroit où l'**évêque Tassach** aurait administré les derniers sacrements à **saint Patrick**.

Églises de Loughinisland

8 km à l'ouest de Downpatrick par la A 2 et une route secondaire vers le nord.

Trois églises en ruine se dressent sur ce qui, autrefois, était une île. Celle du milieu est la plus ancienne (13e s.) ; la plus grande (15e s.), au nord, a servi jusqu'en 1720 ; la plus petite porte la date de 1636 gravée au-dessus de la porte, mais pourrait être plus ancienne. Les initiales P M C sont celles de Phelim MacCartan, dont la famille possédait des terres dans la région et enterrait probablement ses défunts dans le cimetière.

SUR LA CÔTE

Clough

10 km au sud de Downpatrick par la A 5.

Au nord du croisement, une tour de pierre du 13e s., avec des ajouts de la fin du Moyen Âge, domine une motte anglo-normande qui, à la fin du 12e s. ou au début du 13e s., était entourée d'une palissade en bois.

Ardglass★

11 km au sud par la B 1. Le petit bourg d'Ardglass bénéficie d'un cadre séduisant sur la rive sud d'un port naturel, excellent abri pour l'une des flottilles de pêche de la province. C'était au 15e s. une enclave anglo-normande, le port le plus actif de l'Ulster, protégé des Irlandais de la région par de nombreux bâtiments fortifiés, dont plusieurs sont encore debout. Le plus beau est **Jordan's Castle**, maison forte du début du 15e s., située au cœur de la ville et donnant sur le port. À l'époque élizabéthaine, son propriétaire, Simon Jordan, a résisté ici à trois années de siège, avant d'être délivré en juin 1601 par lord Mountjoy *(voir p. 64).*

Deux autres châteaux, King's Castle et Isabella's Tower, datent en grande partie du 19e s. Une rangée d'entrepôts fortifiés, sur le côté sud du port, sert aujourd'hui de club-house pour le terrain de golf local.

Killough

11 km au sud-est par la B 176.

Une large avenue traverse ce village paisible et agréable, sur la rive sud d'une ria. Au 17e s. il était appelé Port-Sainte-Anne, en l'honneur d'Anne Hamilton, épouse de Michael Ward *(voir p. 474).* C'est Ward qui a aménagé le port pour faciliter l'exportation du plomb et des produits agricoles de ses terres.

Seaforde Garden

14,5 km à l'ouest de Downpatrick par la A 25 et la A 2 vers le nord. 10h-17h, dim. 13h-18h. Serre aux papillons : de Pâques à fin sept. 6 £ ; jardin seul ou serre aux papillons seule 3,50 £. ✆ 028 4481 1225. www.seafordegardens.com

Un vieux jardin clos a retrouvé de l'animation grâce à un grand labyrinthe planté de charmes. Au fond, un profond vallon envahi d'imposants rhododendrons et d'arbres exotiques. Dans la **serre des papillons tropicaux**, plus exotique encore, des spécimens aux couleurs éclatantes volettent entre les buissons luxuriants.

St John's Point

16 km au sud par la B 176, la A 2 et une route secondaire.

Les ruines d'une église du 10e ou 11e s. subsistent près de la pointe, sur le site d'un ancien monastère. Une des plus intéressantes constructions préromanes d'Irlande du Nord, elle montre sur son petit portail ouest des jambages obliques caractéristiques. Le haut pignon portait un toit soutenu par des antes.

Un phare se dresse sur le point le plus au sud de la péninsule de Lecale. Une belle vue s'ouvre sur la baie de Dundrum.

Downpatrick pratique

Adresse utile

74 Market Street - ✆ 028 4461 2233 - juil.-août : 9h-18h, sam. 9h30-18h, dim. 14h-16h ; sept.-juin : lun.-vend. 9h-17h, sam. 9h30-17h.

Se loger

Pheasants' Hill Farm – *37 Killyleagh Road - 5 km au nord sur la A 22 - ✆ 028 4461 7246 - fax 028 4461 7246 - info@pheasantshill.com - fermé 20 déc.-4 janv. - P - 4 ch. 9/58 £.* Quatre chambres aux décors différents avec tout l'équipement moderne. Le salon sans prétention est accueillant. Autour de la maison une petite exploitation d'agriculture biologique.

The Mill at Ballydugan – *Drumcullen Road - ✆ 028 4461 3654 - fax 028 4483 9754 - nkillen@btconnect.com - 4 km au sud-ouest par la A 25 - P - 10 ch. 50/65 £ - rest. 17,50/30 £.* Dans un petit village, à 4 km de Downpatrick, on a reconverti un ancien moulin à farine de 1792. Deux restaurants au choix.

Se restaurer

Denvir's – *English Street - ✆ 028 4461 2012 - lun.-jeu. et dim. 12h-14h30, 18h-20h, vend.-sam. 17h30-21h - autour de 10£.* Bonne cuisine de pub dans un cadre historique. Cette ancienne auberge a jadis accueilli Jonathan Swift et servait au 18e s. de lieu de réunion aux patriotes des United Irishmen. La famille Denvir a émigré aux États-Unis et a donné son nom à la ville de Denver.

Chaussée des Géants★★★

Giant's Causeway

COMTÉ D'ANTRIM
CARTE MICHELIN N° 712 M² – CARTE GÉNÉRALE RABAT I C1

Sans doute le plus extraordinaire des grands sites naturels d'Irlande, les 40 000 colonnes de basalte de la Chaussée des Géants ont inspiré la légende, d'ardents débats scientifiques, un émerveillement et une curiosité sans faille. Aujourd'hui sur la liste du Patrimoine mondial, elle attire tous les ans des centaines de milliers de visiteurs. C'est le point focal, mais pas la seule attraction de la « Causeway Coast » qui s'étire vers l'est à partir de la station de bord de mer de Portrush.

- **Se repérer** – La Chaussée des Géants se situe tout au nord de l'Irlande, sur la côte de l'Antrim. Depuis l'A 2 entre Portrush et Ballycastle, suivre la route côtière B 146 qui y conduit.
- **À ne pas manquer** – Les colonnes hautes de l'Orgue ; Giant's Gate ; la Harpe de Port Reostan ; la vue depuis la pointe de Benbane.
- **Organiser son temps** – Prévoir 3h pour explorer, au-delà de la Chaussée des Géants, les criques, grottes et points de vue qui jalonnent Causeway Coast Way.
- **Avec les enfants** – Au bord des falaises, le chemin peut être glissant par endroits : ne laissez jamais les enfants sans surveillance.
- **Pour poursuivre le voyage** – Voir aussi Antrim, Antrim Glens, Lough Neagh, Portrush.

Tourisme d'antan

Les premiers visiteurs se rendent à la Chaussée en bateau ou à cheval. Leur nombre augmente énormément après l'inauguration de la ligne de chemin de fer Belfast-Portrush. Tout le monde n'est pas impressionné : en 1814 Walter Scott peste contre les marchands qui le harcèlent avec leurs « souvenirs » ; en 1842 Thackeray n'a qu'une hâte : fuir et rejoindre Londres ! En 1883, un tramway à voie étroite, alimenté par l'électricité fournie par la rivière Bushmills, est construit entre Portrush et Bushmills puis prolongé jusqu'à la Chaussée en 1887. Ne pouvant rivaliser avec le transport routier, il cesse son activité en 1949. Les gens venaient en excursion d'une journée depuis Belfast ou séjournaient dans les deux hôtels ou dans les pensions voisines. La Chaussée grouillait de guides improvisés qui racontaient des légendes fantastiques sur sa genèse et inventaient des noms fantaisistes pour les différentes formations.

Comprendre

La Chaussée des Géants est la plus spectaculaire d'une série de formations géologiques similaires, situées tout le long de la côte nord de l'Antrim. Elles sont nées lors d'une gigantesque éruption volcanique, qui s'est produite il y a 60 millions d'années et a affecté le nord-est de l'Irlande, mais aussi l'ouest de l'Écosse : on retrouve des formations de ce type aux grottes de Fingal, sur l'île de Staffa, les îles Féroé, l'Islande et le Groenland. Des fissures dans le manteau de craie qui couvrait la région ont laissé échapper des coulées de lave, qui ont durci sous forme de couches de basalte. En se refroidissant, la lave s'est contractée et craquelée, formant des masses de colonnes jointives. La plupart sont de forme hexagonale, mais certaines ont quatre, cinq, sept, huit et parfois neuf côtés.
Beaucoup des légendes associées à la Chaussée en font l'œuvre de géants, en particulier du guerrier de l'Ulster Finn McCool. Dans une version, passionnément épris d'une géante écossaise, il construit une chaussée pour traverser la mer et la demander en mariage. Une autre raconte qu'il l'a construite pour permettre au féroce Benandonner, un géant écossais, de venir en Irlande le défier à la lutte. Il ne fait qu'une bouchée de son rival, qui s'enfuit dans son pays par la chaussée, celle-ci s'enfonçant dans la mer sous ses pas.

La Chaussée est portée à l'attention du monde par la publication en 1693 d'un descriptif par la Royal Society. Au milieu du 18e s., elle fait l'objet de deux charmantes toiles (aujourd'hui à l'Ulster Museum) de l'artiste dublinoise Susanna Drury. Reproduites en gravures, ces peintures circulent à l'étranger et suscitent toutes sortes de conjectures, chez les géologues britanniques et français, sur l'origine de cet extraordinaire phénomène naturel.

Se promener

La Chaussée des Géants★★★ 1

Bon à savoir – Le **centre d'accueil** des visiteurs moderne *(Visitor Center)* propose une excellente présentation vidéo et une intéressante exposition sur la Chaussée et la côte en général.

♿ *Chaussée : tlj. Chaussures de marche recommandées. Navette facultative pour la Chaussée (15mn) : ♿ En saison, ttes les 15mn ; 1,20 £ ; possibilité de minibus avec élévateur. Parking voiture 5£ Centre d'accueil : 10h-17h. Spectacle audiovisuel en français (12mn ; 1 £). Visite guidée de la Chaussée dans la navette : mai-août ; autrement, sur demande. ✆ 028 2073 1855 (Visitor Centre), 028 2073 1582 (bureau du National Trust). www.giantscausewaycentre.com*

Au pied des falaises, la Chaussée s'étend sous la mer comme un trottoir en pente. La masse des colonnes hexagonales a été divisée en trois sections par l'érosion marine : la Petite Chaussée *(Little Causeway)*, la Chaussée du Milieu *(Middle Causeway)* et la Grande Chaussée *(Grand Causeway)*. Les colonnes elles-mêmes sont clivées horizontalement en surfaces concaves et convexes. Celles qui sortent de l'ordinaire ont été baptisées par les gens de la région de noms fantaisistes : sur la Petite Chaussée, le **Puits du vœu** *(Wishing Well)* possède une source naturelle d'eau douce ; la **Chaise du vœu** *(Wishing Chair)*, sur la Chaussée du Milieu, est formée d'une colonne seule, le siège, adossée à un demi-cercle de colonnes plus grandes ; la **Porte du géant** *(Giant's Gate)* est une trouée naturelle qu'emprunte le sentier côtier à travers les **Colonnes inclinées** *(Tilted Columns)*.

À l'est, de l'autre côté de Port Noffer, les colonnes hautes de 12 m de l'**Orgue** (*Organ*) sont visibles sur la face de la falaise ; les **Chapeaux de cheminées** *(Chimney Tops)* se détachent sur la ligne d'horizon.

Causeway Coast Way 2

Du promontoire Weir's Snout, le panorama se déploie à l'est au-delà de Port Ganny jusqu'à la Chaussée, et à l'ouest vers Portnaboe. Un *dyke*, cheminée volcanique mise à nu par l'érosion, appelé le Dos du chameau *(Camel's Back)*, est visible en mer, derrière la rampe par laquelle débarquaient les premiers visiteurs de la Chaussée. Du

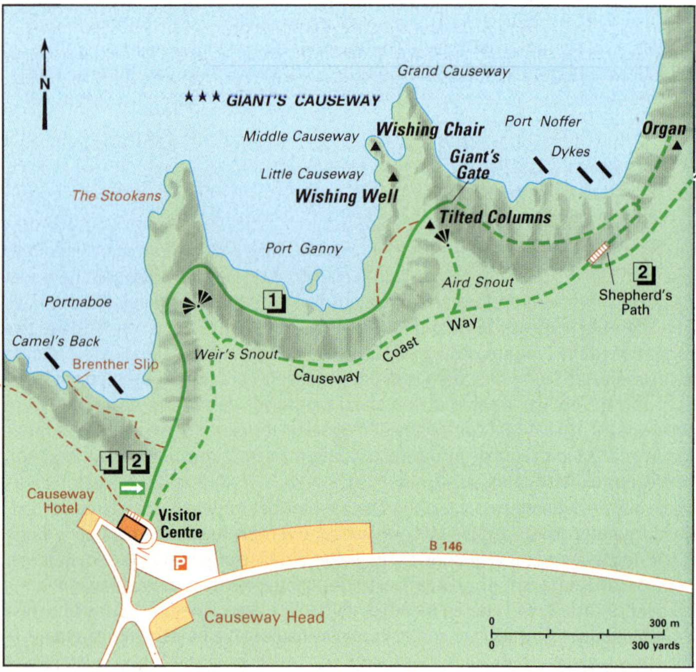

promontoire Aird Snout, on jouit d'une vue plongeante sur la Chaussée. Après Port Noffer, on rejoint Port Reostan, où les colonnes courbées de la **Harpe** *(Harp)*, produites par la première coulée de lave, sont disposées dans un **amphithéâtre** naturel. Le cap suivant se distingue par ses **Chapeaux de cheminées** *(Chimney Tops)*, trois piles de roche formées par le deuxième flux de lave. Un passage dans les rochers donne accès au Port na Spaniagh où le *Gerona*, un galion de l'**Invincible Armada**, a sombré en 1588 sans laisser de survivants; les trésors découverts à l'intérieur de l'épave en 1968 sont aujourd'hui au musée de l'Ulster, à Belfast. Après un autre cap, le Dos de Cheval *(Horse Back)*, s'ouvre Port na Callian. Le promontoire suivant aligne une file de silhouettes ressemblant à des cavaliers venus de la mer : le **Roi et ses nobles** *(King and his Nobles)*. Au-dessus du **Fer à cheval** (*Horseshoe, à gauche*) se trouve le **Siège d'Hamilton** *(Hamilton's Seat)*, sur la pointe de Benbane. Son nom vient du Dr William Hamilton, qui a publié des *Lettres sur la côte nord de l'Antrim* en 1786. C'est un endroit idéal pour voir l'ensemble des formations géologiques et admirer la **vue**★★ qui, par temps clair, s'étend à l'ouest jusqu'aux montagnes du Donegal, et, à l'est, jusqu'à l'île de Rathlin et au Mull of Kintyre en Écosse.

Info pratique

Voir Portrush et Antrim Glens.

Adresse utile

À BUSHMILLS

44 Causeway Road - 028 2073 1855 - www.giantscausewaycentre.com - 10h-19h.

Le sentier au sommet de la falaise poursuit vers l'est jusqu'à **Dunseverick Castle** *(accessible aussi par la route B 146 partant de Bushmills)*. Sur leur promontoire rocheux, séparé de la terre ferme par deux défilés, les ruines éparses du château de Dunseverick ne donnent pas l'idée de son importance passée. Le royaume ancien de Dalriada, qui comprenait l'Antrim, mais aussi l'Argyll, en Écosse, était gouverné à partir d'ici. Et c'est ici encore qu'une des grandes routes qui rayonnait à partir de la colline de Tara rejoignait la mer.

Lisburn

71 465 HABITANTS – COMTÉ D'ANTRIM
CARTE MICHELIN N° 712 O/N 4 – CARTE GÉNÉRALE RABAT I C2

Située au bord de la Lagan, Lisburn tient sa renommée à son ancien statut de capitale du lin, autrefois cultivé dans les campagnes environnantes. Un huguenot français, Louis Crommelin, nommé surintendant du lin d'Irlande par Guillaume III, fonde les filatures en 1698. L'activité en déclin aujourd'hui permit à la région d'empêcher les grandes famines du 19e s. Ville industrielle et commerçante de dimension non négligeable, Lisburn fait à présent partie de l'agglomération de Belfast.

- **Se repérer** – Lisburn *(Lios Na Gcearrbhach)* se trouve sur la route de Belfast à Armagh (A 3). L'autoroute M 1 la contourne par le sud.
- **À ne pas manquer** – L'exposition sur l'industrie linière du Irish Linen Centre à Lisburn ; Hillsborough pour son centre-bourg et son fort ; Rowallane Gardens.
- **Organiser son temps** – Compter 2h pour découvrir Lisburn et le Irish Linen Centre, et autant à Hillsborough, pour visiter le fort et flâner dans les boutiques de la rue principale.
- **Avec les enfants** – Le Irish Linen Centre met à la disposition des enfants de petits métiers à tisser.
- **Pour poursuivre le voyage** – Voir aussi Belfast, Downpatrick, Lough Neagh, Newry, Strangford Lough.

Visiter

Irish Linen Centre – Lisburn Museum★★

Tlj sf dim. 9h30-17h. 028 9266 3377. www.lisburncity.gov.uk

La salle des fêtes aménagée et agrandie abrite le Musée municipal, ainsi qu'une intéressante exposition sur l'histoire de l'industrie linière de la région, de son introduction au 17e s. à nos jours. Elle ne met pas seulement l'accent sur la technique, mais montre aussi la beauté et l'adaptabilité de la fibre, et la vie des gens qui la travaillent. Du tissu provenant du tombeau de Toutankhamon rappelle que le lin jouait déjà un grand rôle dans l'Antiquité. Au Moyen Âge, le fil de lin irlandais était

Sir Richard Wallace

Entre 1873 et 1885, le député de Lisburn était Richard Wallace, propriétaire de la Wallace Collection à Londres. Sa résidence, conçue à l'imitation de Hertford House, à Londres, se trouve en face de l'entrée du parc du château. Son nom reste aussi attaché aux 50 petites fontaines d'eau potable, dont il a fait don à la ville de Paris.

exporté vers l'Angleterre pour être tissé. Les tisserands anglais et écossais ont entrepris de le travailler sur place, plus tard au 17e s., sous la direction de Crommelin, dont le portrait trône dans la salle principale. L'exposition présente des démonstrations de filage et de tissage, une reconstitution avec des personnages de cire d'un atelier familial à la fin de la fin du 18e s., et celle, assez saisissante, d'une filature du 19e s. Métiers à tisser et jeux de tampons sont également à la disposition des enfants.

Christchurch Cathedral

Se procurer la clé chez le bedeau (Sexton's House) à côté de la cathédrale. ✆ 028 9260 2400 (bureau), 028 9266 2865 (presbytère). www. lisburncathedral.org.uk

La ville est dominée par la cathédrale (1623, reconstruite en 1708), bel exemple du style gothique adopté par les colons de la Plantation. Dans le cimetière, du côté sud, on peut voir la tombe de Crommelin.

Lisburn Castle Park

Le site du **château** au nord de la cathédrale est aujourd'hui un petit parc public, entouré des vestiges des murailles. Du parapet on a une jolie vue sur les méandres de la Lagan.

Aux alentours

Hillsborough★

4 km au sud de Lisburn par des routes secondaires.

Cette charmante bourgade a acquis son visage georgien grâce à Wills Hill (1718-1792), fait marquis du Downshire en 1789. Les visiteurs montent et descendent sa rue principale, en flânant entre cafés, boutiques d'artisanat et magasins.

Au sommet de la butte, du côté ouest de la place, se dresse le **château de Hillsborough** commencé en 1760 par Wills Hill. L'élément le plus remarquable de l'édifice néoclassique en brique rouge est sa magnifique grille en fer forgé du 18e s., dont les portes proviennent du château de Richill, dans le comté d'Armagh. Mais ce château est moins connu pour son architecture que pour le rôle qu'il a joué dans la vie de la province. Ancienne résidence du gouverneur de l'Irlande du Nord, il est utilisé par les services de l'État. Son nom est associé en particulier à la signature du traité anglo-irlandais de 1985.

Court House – *Juil.-août : 9h-17h30, dim. 14h-18h ; le reste de l'année : tlj sf dim. 9h-17h30. ✆ 028 9268 3285. www.ehsni.gov.uk.* Le palais de justice du 18e s., qui servait aussi de halle de marché, héberge l'office de tourisme et une très intéressante exposition sur la justice et le droit, qui établit des comparaisons judicieuses entre l'ancienne loi Brehon et la politique pénale actuelle.

Hillsborough Fort★ – *Avr.-sept. : tlj sf lun. 10h-19h, dim. 14h-19h ; oct.-mars : tlj sf lun. 10h-16h, dim. 14h-16h. ✆ 028 9268 3285. www.ehsni.gov.uk.* Les portes du côté est de la place ouvrent sur une allée conduisant au fort. Hillsborough Fort a été construit vers 1630 pour contrôler les principales routes du comté. Son bâtisseur et premier commandant était le colonel Arthur Hill, qui a laissé son nom à la ville. Le fort constitue un carré de 82 m de côté avec aux quatre coins un bastion en saillie pour les tirs de flanquement. Le descendant du colonel, Wills Hill, a fait bâtir la merveilleuse gloriette qui domine l'entrée nord-est, ainsi qu'un fort gothique miniature dans le rempart nord-ouest.

Les fouilles ont révélé que le fossé central fait partie d'une tranchée circulaire qui pourrait avoir été creusée entre les 5e et 10e s.

St Malachy's Church – L'église anglicane St-Malachie, construite en 1662 sur le site d'une église plus ancienne (1636-1641), a été agrandie (1760-1773) par Wills Hill. Il a ajouté la tour principale et la flèche, ainsi que les deux tours annexes. Il a orné l'intérieur de boiseries gothiques en chêne et disposé des bancs d'église, toujours visibles dans le transept.

Rowallane Gardens★

16 km à l'est de Hillsborough par la B 178 vers Carryduff puis la B 6 jusqu'à Saintfield et la A 7 vers le sud. ♿ Mai-sept. : 10h-20h ; oct.-avr. : 10h-16h. Fermé Noël et 1er janv. 4,80 £. ✆ 028 9751 0131.

Célèbre pour le splendide déploiement de couleurs de ses grands massifs d'azalées et de rhododendrons au printemps, le parc de 21 ha est l'œuvre d'un maître-horticulteur, Hugh Armitage Moore, qui a hérité du domaine en 1903. Il a consacré un demi-siècle à transformer en parc paysager le paysage de *drumlins*, petites collines laissées par les glaciers, dont le sol est légèrement acide : jardin de rocailles sur un affleurement rocheux naturel ; tapis de fleurs sauvages pour attirer les papillons ; jardins d'eaux avec des sources et un ruisseau ; jardin clos de murs, où poussent fuchsias et rosiers en buisson. On voit toujours dans le bois les murets de pierre qui séparaient autrefois les champs. Le jardin d'agrément qui s'étend derrière la maison (siège du National Trust) se prolonge par une grande pelouse jusqu'à une petite mare.

Circuit de découverte

VALLÉE DE LA LAGAN

14,5 km – une demi-journée

La **Lagan** serpente entre Lisburn et Belfast avant de se jeter dans le Belfast Lough. Sa vallée est l'une des plus fertiles régions d'Irlande du Nord. Les rives, avec leurs bois et la succession des domaines paysagers forment aujourd'hui un beau parc régional, dont bénéficient les habitants des zones urbaines alentour. Le **canal de la Lagan** court parallèlement à la rivière. Creusé pour acheminer le charbon de Coalisland via le lac Neagh jusqu'à Belfast, il a surtout été utilisé, ironie de l'histoire, pour transporter dans l'autre sens la houille importée par Belfast. Géré par la Compagnie de navigation de la Lagan, fondée en 1843, il était devenu la voie d'eau la plus prospère de l'Ulster. Mais le trafic a décliné vers 1930 ; il a été fermé en 1958 et transformé en autoroute entre l'ouest de Lisburn et Moira.

Quitter Lisburn par la route A 1 en se dirigeant vers le nord ; à Hilden tourner à droite (panneau).

Hilden Brewery Visitor Centre

10h-17h. Visite guidée de la brasserie (40mn) à 11h30 (mai-sept. : 14h30 et 18h30). 4,50 £, dégustation comprise. Spectacle audiovisuel. ☎ 028 9266 3863.

La brasserie, une des dernières qui produisent de la **bière traditionnelle** en Irlande, occupe une demeure georgienne qui a reçu autrefois la visite de William Wordsworth. Dans le restaurant, une exposition couvre l'histoire de la bière et de sa fabrication, du village d'Hilden, et de la brasserie, dont les visites ont lieu avant et après le déjeuner.

Continuer vers le nord sur la A 1 et tourner à droite sous le pont de chemin de fer pour prendre la B 103 en direction de Lambeg.

Lambeg

Ce joli village avec son merveilleux pont suspendu sur la rivière a donné son nom aux énormes tambours *(14 kg)* dont on joue pendant les défilés de l'Orange Day. Importés des Pays-Bas en Irlande par l'armée de Guillaume III, ils sont peints de couleurs vives, presque aussi grands que ceux qui les portent, et rendent un son assez impressionnant.

Continuer sur la B 103 vers Drumbeg. Parc de stationnement (à gauche) en face de l'église.

Drumbeg Church

Domaine : 9h-17h. Église sur demande.

Autre village pittoresque, Drumbeg possède une **église** perchée sur un tertre, à laquelle on accède par un magnifique porche suivi d'une voûte d'ifs. L'église au plan en croix (1870) montre une abside peu profonde et une remarquable charpente. Une pierre du porche d'entrée porte une inscription en vieil anglais « A Free Howse 1675 » (une maison libre) rattachée à une émouvante histoire d'amour.

Continuer au nord sur la B 103.

Dixon Park

Parking. Avec des bois, des prés et un paisible jardin japonais, le parc est surtout réputé pour ses cultures expérimentales de roses, 30 000 rosiers disséminés sur 4 ha. Le test final pour les roses a lieu pendant la **Semaine de la rose de Belfast** qui, chaque année à la mi-juillet, attire les rosiéristes des quatre points du globe.

Continuer vers le nord par la B 103. Au rond-point, tourner à droite sur la route à quatre voies puis encore à droite.

Malone House

♿ *9h-17h, dim, 11h-17h. Fermé 25 déc. ☎ 028 9068 1246. www.malonehouse.co.uk*

En 1603, Jacques Ier octroie le domaine Barnett à Arthur Chichester, dont les descendants seront faits comtes du Donegal. Cette grande famille de propriétaires terriens du pays possédera, entre autres richesses, la ville de Belfast. Depuis l'époque d'Arthur

Chichester, trois maisons se sont succédé au sommet de la colline qui domine le passage sur la Lagan. La propriété actuelle, restaurée après un attentat à la bombe en 1976, date de la fin des années 1820. Elle est sans doute l'œuvre de William Wallace Legge, qui a ensuite acquis l'ensemble du domaine. Aujourd'hui, elle appartient à la ville de Belfast, et sert pour des séminaires et des conférences. L'extérieur, simple et sans prétention, contraste avec l'intérieur élégant et spacieux. Du premier étage, une vue magnifique s'étend au-delà du jardin sur le domaine boisé en pente.

Dans la vallée, à côté du pont moderne, les cinq arches de pierre du **Shaw's Bridge** (1711) qui enjambe la Lagan remplacent un pont en chêne installé en 1655 par le capitaine Shaw pour faire passer les canons de Cromwell.

En quittant le parc, tourner à droite ; après avoir passé le pont, tourner encore à droite, puis prendre la route le long de la rive sud vers Edenderry (panneau indicateur).

Edenderry

La route se termine près de la rivière, au milieu de cinq rangées de cottages en brique rouge, accompagnées d'une chapelle. Cet intéressant exemple de village industriel du 19e s. a été construit pour les ouvriers de la filature, aujourd'hui délabrée.

Retourner au dernier carrefour en T ; tourner à droite sur la route de Ballynahatty ; à 1,5 km, tourner à droite (indication « Giant's Ring »).

Giant's Ring

Parking. Oct.-mars : 10h-16h, avr.-sept. : 10h-21h.

Le « Ring », sans doute un lieu d'assemblée ou de culte, est un vaste remblai de gravier et de rochers, entourant un cercle de 180 m de diamètre recouvert d'une verte prairie, au centre de laquelle se trouve une tombe à chambre mégalithique. Au 18e s., on lui a trouvé une nouvelle vocation en le transformant en champ de courses.

Lisburn pratique

Voir aussi Belfast.

Adresse utile

The Courthouse – *The Square - Hillsborough - 028 9268 9717 - 9h-17h30, dim. 14h-18h.*

Visite

Irish Linen Tour – *028 4062 3322 - www.banbridge.com - visite guidée de plusieurs filatures et du Centre du lin (groupes uniquement) tte l'année, limitée en juil. - tarif sur demande - réserv.obligatoire.*

Irish Linen Centre – *028 9266 0038 - tlj sf dim. 9h-17h15.*

Se loger

Fortwilliam – *210 Ballynahinch Road - Hillsborough (sur la B 177) - 028 9268 2255 - fax 028 9268 9608 - info@fortwilliamcountryhouse.com - P - 4 ch. 65 £.* Vaste maison au cœur d'une ferme en activité avec un séduisant jardin et quelques chambres pleines de caractère. Dans cet environnement rural, l'hospitalité est une tradition !

Se restaurer

The Plough Inn – *3 The Square - Hillsborough - 028 9268 2985 - fax 028 9268 2472 - fermé 25 déc. - 15/25 £ le midi, 20/30 £ le soir.* Bonne cuisine inventive et raffinée dans un cadre rustique de pub traditionnel.

Loisirs

Promenades – Le chemin de halage du canal de la Lagan *(14,5 km)* relie Lisburn à Belfast.

Agenda

Semaine de la rose de Belfast à Dixon Parc, chaque année à la mi-juillet.

Hilden Beer Festival – Fin août, c'est dans la cour d'une brasserie du 19e s., Hilden House, que se déroulent deux jours de fête : musique live et plus de 30 bières internationales proposées à la dégustation.

Lough Neagh★

COMTÉS D'ANTRIM, ARMAGH, TYRONE ET LONDONDERRY
CARTE MICHELIN N° 712 M/N 3-4 – CARTE GÉNÉRALE RABAT I C2

Dix rivières alimentent ce vaste lac paisible, plus grand plan d'eau douce des îles Britanniques avec 396 km^2. Son immensité est à l'inverse de sa profondeur, jamais plus de 12 m ; en dépit de sa taille, il a peu d'impact sur le paysage plat qui l'entoure. Ce n'est que dans la baie d'Antrim que sa rive est boisée, le reste des berges, le plus souvent inaccessibles, est plat et marécageux, parfois envahi de moucherons inoffensifs. Avec son petit voisin Lough Beg au nord, Lough Neagh est un site important au plan mondial pour l'hivernage des oiseaux qui, de septembre à janvier, profitent de ses eaux très poissonneuses où brochets, carpes, brèmes, et surtout anguilles se pêchent en abondance. Nombre de ses îles ont été classées réserves naturelles.

- **Se repérer** – Le Lough Neagh s'étend à environ 25 km à l'ouest de Belfast, entre la M 1 et la M 22. Aucune route ne suit en continu son rivage. Dans quelques endroits, des routes secondaires rejoignent le bord du lac.
- **À ne pas manquer** – Les démonstrations de ramassage de la tourbe à Peatlands Park ; la croix d'Ardboe ; la rive sauvage de Churchtown Point.
- **Organiser son temps** – Compter une journée pour découvrir la rive ouest.
- **Avec les enfants** – Le petit train de Peatlands Park.
- **Pour poursuivre le voyage** – Voir aussi Antrim, Armagh, Belfast, Dungannon, Lisburn, monts Sperrin.

Circuit de découverte

70 km environ dans le sens des aiguilles d'une montre à partir du sud-est du lac. Au départ de Belfast prendre la M 1, puis la sortie n° 10 sur l'autoroute. Suivre le fléchage.

Oxford Island

Oxford Island, où l'on rencontre la seule forêt bordant le lac, est à peu près le seul endroit en dehors des marinas aménagées, permettant d'accéder aux rives du Lough Neagh. Au bout de la presqu'île, le **Lough Neagh Discovery Centre** est l'un des meilleurs sites pour découvrir le lac ; au point d'accueil, vous pouvez trouver des informations sur sa faune et sa flore. Cinq gabions permettent également d'admirer les oiseaux. *Juil.-août : 9h-18h et w.-end 10h-18h ; reste de l'année : 10h-17h. Gabions d'observation des oiseaux. 028 3832 2205. www.oxfordisland.com.*

Des sentiers *(7 km)* longent la côte parmi les roselières, les prairies jonchées de fleurs sauvages, les étendues boisées, ainsi que le port de plaisance de la baie de Kinnego.

Revenir sur la M 1 en direction de Dungannon, puis sortie 13. Suivre le fléchage.

Peatlands Park★

Rive sud : signalisation depuis l'échangeur 13 sur l'autoroute M 1. Parc - 9h-21h ou coucher du soleil. Fermé 25 déc. Centre d'accueil et chemin de fer à voie étroite - juin-août : 12h-17h ; de Pâques à fin mai et sept. : w.-end et j. fériés 12h-17h. Visite guidée sur demande. 028 3885 1102.

Cet ancien domaine de chasse est le meilleur endroit en Irlande du Nord pour avoir un aperçu du rôle joué par la tourbe *(peat)*, une des rares ressources naturelles du pays. La tourbière est épuisée depuis longtemps, mais le **chemin de fer à voie étroite**

Le royaume des anguilles

Les eaux du lac Neagh et celles de ses affluents sont peuplées de toutes sortes de poissons d'eau douce : gardons, rotengles, brochets, ainsi que le pollan (hareng d'eau douce) et le rare dollaghan (sorte de truite saumonée). Les brochets géants hantent le lac Beg, les brèmes la Blackwater ; truites et saumons abondent dans la Bann et les autres rivières. Le lac est surtout connu pour ses anguilles. Éclos dans la lointaine mer des Sargasses, des millions d'alevins traversent l'Atlantique et remontent la Bann jusqu'au lac. Les anguilles y vivent 12 à 14 ans, puis repartent vers leur lieu de naissance pour y mourir. Beaucoup échouent dans cette tentative. Elles sont pêchées, pas pour la consommation locale, mais pour être exportées, fumées ou nature, de la pêcherie coopérative de Toome vers les amateurs à l'étranger.

Seamus Heaney

Le poète et prix Nobel de littérature Seamus Heaney est né en 1939 dans la ferme familiale près de Bellaghy. L'essentiel de son œuvre, en particulier son cycle du lac Neagh, s'inspire des paysages et des gens qui ont marqué sa jeunesse. Il a transposé dans son travail, son activité physique d'écriture, son sentiment envers la terre d'Irlande et son respect pour ceux qui, comme son père, y étaient liés par un dur labeur.

« Between my finger and my thumb	« Entre mon index et mon pouce
The squat pen rests.	Repose le petit stylo.
I'll dig with it. »	Je vais creuser avec. »
Digging (1966)	Creuser (1966)

installé par la Irish Peat Development Company fonctionne toujours et vous pouvez faire un circuit touristique sur le site à bord d'un train tracté par les locomotives diesel d'origine. Des démonstrations de **ramassage de la tourbe** à la main et à la machine ont lieu à la station d'extraction en plein air. Découvrez aussi le **jardin de tourbière**, deux petits lacs, le verger et la zone boisée. Presque la moitié de ce parc de 250 ha a été classé réserve naturelle nationale pour protéger la flore et la faune particulières de ce secteur.

La **maison du parc** présente une exposition ludique pour initier les plus jeunes aux secrets de ce singulier écosystème.

Prendre à gauche en sortant du parc, puis encore à gauche pour emprunter la B 196 en direction de Maghery.

Maghery

Rive sud. À l'endroit où la Blackwater rejoint le Lough, ce village possède un parc rural en bord de lac, duquel vous pouvez prendre un bateau pour l'île très boisée de Coney (*voir Lough Neagh pratique).*

Rejoindre l'autoroute M 1 et sortir à l'échangeur 14. Suivre la A 45 jusque Coalisland, puis la B 161 en direction de Ballyronan. Arrivé à Brockagh, prendre la 4e à gauche, le château de Mountjoy est au bout de l'impasse.

Château de Mountjoy

Sur la rive ouest s'élèvent les ruines d'un château du début du 17e s. en pierres et briques patinées par le temps, percé de meurtrières.

Poursuivre sur la B 161 jusque Ardboe et prendre à droite Killmascaly Road jusqu'au cimetière.

Croix d'Ardboe★

Rive ouest. La plus belle croix de ce type en Ulster, voire une des plus belles d'Irlande, se dresse dans un cadre évocateur, à l'entrée d'un cimetière qui entoure les vestiges d'une église du 17e s. Elle est entièrement sculptée de scènes tirées de la Bible : Ancien Testament sur le côté est, et Nouveau Testament sur le côté ouest. Elle date vraisemblablement du 10e s. et marquait l'emplacement de l'abbaye d'Ardboe, construction du 6e s. que l'on associe à saint Colman.

Depuis la pointe d'Ardboe, une large **vue★** s'ouvre sur le lac, entouré de montagnes au loin : Slieve Gallion et monts Sperrin au nord-ouest, Slemish au nord-est, mont Divis à l'est et monts Mourne au sud-est.

Revenir sur la B 161 pour la poursuivre toujours en direction de Ballyronan. Au carrefour, prendre à droite la B 73 en direction de Mortown, puis à gauche Ammaghmore Road sur laquelle se trouve Kinturk Cultural Centre.

Kinturk Cultural Centre

Rive ouest. Juin-sept. : 10h-16h30, w.-end 10h-20h ; oct.-mai : tlj sf sam. 11h-16h30, dim. 10h-18h. 1,90 £. Spectacle audiovisuel. Exposition sur le Lough Neagh. Promenades accompagnées, à pied et en bateau. /fax 028 8673 6512.

Ce centre de loisirs propose une intéressante exposition, particulièrement détaillée, sur la pêche à l'anguille, tradition de longue date dans le lac Neagh.

Revenir sur vos pas pour prendre à droite la B 73, puis encore à droite la B 160 en direction de Ballyronan.

Ballyronan

Rive ouest. Avec son petit port de plaisance et sa plage bordée de promenades agréables, voici l'un des rares endroits où la rive du lac est facile d'accès.

Emprunter la B 160 jusqu'à Magherafelt, puis la A 54 en direction de Castledawson et Bellaghy.

Bellaghy Bawn (enclos fortifié)

Rive nord. De Pâques à fin août : 10h-18h ; de déb. sept. à Pâques : tlj sf lun. et dim. 9h-17h. Fermé 25 déc.-1er janv. 2 £. ✆ 028 7938 6812/6186. www.ehsni.gov.uk

Dans le village de Bellaghy, cet enclos fortifié du 17e s. *(restauré)* a été construit en 1619 par la Compagnie des négociants en vin. Une exposition rend hommage à **Seamus Heaney** et à son œuvre littéraire. Outre des ouvrages et des manuscrits, il est possible aussi de visionner un film où intervient Heaney, et d'écouter les enregistrements de ses émissions.

En sortant de l'enclos, prendre à droite la B 182, puis la A 6 jusqu'à l'entrée de Toome, puis prendre à droite la route en direction de Staffordstown. Sur votre droite, Cranfield Road conduit jusque Churchtown Point.

Churchtown Point

Rive nord. Ce promontoire peu élevé conserve une fontaine sacrée et les ruines de l'église de Cranfield, probablement du 13e s., qui attirait autrefois de nombreux pèlerins.

Lough Neagh pratique

Adresse utile

Lough Neagh Discovery Centre – *Oxford Island - Craivagon - ✆ 028 3832 2205 - www.discoverloughneagh.com - juil.-août : lun.-vend. 9h-18h, w.-end 10h-18h ; reste de l'année : tlj 10h-17h.*

Croisières

Bon à savoir – Des croisières sont organisées à partir du port de plaisance de **Sixmilewater**, à Antrim.
Une croisière sur la **Bann** entre Antrim et Castlerock est également organisée de temps à autre *(53 km ; 6/7h).*

Croisière sur le lac – *Dép. du port de plaisance de Kinnego, sur la rive sud - ✆ 028 383 27573 - si le temps le permet, w.-end ttes les 30mn - 4 £.*

Coney Island – *Dép. de Maghery - ✆ 028 3832 7573 (Kinnego Marina Office) - mai -août : chaque dim., ttes les 20mn à partir de 13h30.*

Se loger

Caldhame Lodge – *102 Moira Road, Nutts Corner - Crumlin - ✆ 028 9442 3099 - fax 028 9442 3313 - info@caldhamelodge.co.uk - P -8 ch. 58/75 £* . Dans le hall d'entrée, les meubles lustrés côtoient l'horloge de grand-père. Chambres propres et minutieusement décorées ; suite réservée aux jeunes mariés.

Sports et Loisirs

PROMENADES

La **Loughshore Trail** *(www.loughshoretrail.com)* est une voie relativement plane, idéale pour la promenade à pied ou à vélo ; elle se compose de 206 km de chemins paisibles, qui suivent le rivage ou s'en rapprochent, dont la Route 94 du réseau national de voies cyclables et un tronçon de la 96, près du Lough Beg.

SPORTS NAUTIQUES

Vous pourrez pratiquer aux ports de plaisance d'Antrim, Ballyronan et Kinnego, ainsi qu'au Watersports Centre de Craigavon.

RÉSERVES NATURELLES

Il y a une **réserve ornithologique** à Portmore Lough et d'autres à Reas Wood, dans le comté d'Antrim, à Oxford Island, Peatlands Park, Washingbay Wetlands près de Dungannon et à Randalstown Forest.

PÊCHE

Vous pourrez vous procurer des **permis de pêche** dans les boutiques spécialisées et au Fishery Conservancy *(Board, 1 Mahon Road - Portadown - ✆ 028 3833 4666 - www.fcbni.com - tlj sf w.-end 9h-13h, 14h-17h - permis de pêche au lancer et pêche à la ligne 4,50 £ pour 3 j., 9 £ pour 14/j, 23 £ par an).*

Pour le cours inférieur de la Bann, permis de pêche et **services d'accompagnateurs** sont disponibles auprès de Bann Systems *(54 Castleroe Road - Coleraine - ✆ 028 7034 4796 - www.bannsystem.com - à partir de 15 £/j, jusqu'à 350 £/an).*

Mount Stewart★★★

COMTÉ DE DOWN
CARTE MICHELIN N° 712 P4 – CARTE GÉNÉRALE RABAT I C2

Mount Stewart, sur la rive est du Strangford Lough, est l'un des sites d'Irlande les plus visités. Au cœur de magnifiques jardins, la résidence aux allures de palais est l'ancienne demeure des Stewart, éminente famille originaire d'Écosse, qui s'implanta en Ulster au 17e s. et joua un rôle important dans la politique du pays.

- **Se repérer** – Sur l'immense baie intérieure du Strangford Lough, dans le comté de Down au nord-est du pays, Mount Stewart se trouve à 24 km à l'est de Belfast et 8 km au sud-est de Newtownards, par la A 20.
- **À ne pas manquer** – Le jardin à l'italienne et celui à l'espagnole ; les animaux en pierre de la terrasse du Dodo ; *Hambletonian*, le tableau de George Stubbs qui orne le hall d'entrée de la résidence ; Temple of the Winds.
- **Organiser son temps** – La visite de la résidence dure 45mn ; prévoir deux heures supplémentaires pour découvrir les somptueux jardins et admirer le paysage sur Strangford Lough.
- **Pour poursuivre le voyage** – Voir aussi Bangor, Belfast, Downpatrick, Strangford Lough.

Découvrir

Voir schéma p. 475.

♿ Résidence - visite guidée (45mn) juin-août : 12h-18h ; mai et sept. : tlj sf mar. ; avr. et oct. : w.-end et lun. fériés ; mars : certains w.-ends. Jardins à la française - mars : comme la résidence ; avr.-sept. : 11h-18h ; oct.-déc. : w.-end 11h-17h. Jardin en bord de lac et promenades - mai-sept. : 10h-20h ; oct.-avr. : 14h-17h. Résidence et jardins 7,50 £ ; jardins seuls 7 £. ☎ 028 4278 8387/8487. www.nationaltrust.org.uk

Jardins

Dès l'acquisition de l'ancien domaine, les Stewart font planter de beaux arbres ornementaux, créant un espace abrité qui favorisera, au 20e s., la croissance des arbres et arbustes exotiques appréciés de lady Edith Londonderry. En reliant la maison à son environnement par une suite de jardins structurés originaux, elle suit les conseils du célèbre architecte Edwin Lutyens et de sa spécialiste en aménagement de parcs Gertrude Jekyll. Mais, férue d'horticulture elle-même, lady Edith montre un vrai talent d'architecte paysager. Les travaux débutent en 1921, avec la motivation supplémentaire de donner du travail aux chômeurs au lendemain de la Première Guerre mondiale.

> **Info pratique**
>
> *Voir Strangford Lough.*
>
> **Adresse utile**
>
> **À NEWTOWNARDS**
>
> *31 Regent Street - ☎ 028 9182 6846 - www.kingdomsofdown.com -lun.-vend. 9h15-17h, sam. 9h30-17h.*

Près de la maison, d'énormes ifs irlandais dominent le **jardin à l'italienne**. Son aménagement délibérément géométrique met superbement en valeur une magnifique composition d'herbacées ; il est fermé à l'est par la **terrasse du Dodo**, ornée d'amusants animaux en pierre rappelant les surnoms, pas toujours flatteurs, donnés par lady Londonderry à certains de ses amis londoniens. Vers le sud s'étend le **jardin à l'espagnole**, reprenant les motifs du plafond de la tour des Vents. Le **jardin en contrebas** *(Sunk Garden)* rend hommage à Gertrude Jekyll avec son mariage subtil de plantes à fleurs orange, bleu et jaune. Le **jardin en forme de trèfle** *(Shamrock Garden)* a pour thème l'Irlande : on y voit un buisson ingénieusement taillé en forme de harpe et un parterre qui reprend la forme et les couleurs de la Main rouge de l'Ulster.

Après les jardins structurés, des sentiers parcourent le parc, que lady Londonderry a embelli d'arbres et buissons du monde entier, en particulier d'Australasie. Sa collection d'eucalyptus est l'une des plus belles du monde. La colline dominant le **lac**, créé en 1846-1848, offre une vue superbe sur le Strangford Lough. Une authentique pagode japonaise miniature borde la **promenade des Dames**, ancien chemin conduisant à la laiterie et au potager.

Résidence

La somptueuse résidence des Londonderry a été bâtie en deux étapes. George Dance est l'auteur de l'aile ouest achevée en 1805, tandis que le corps principal de la maison, construit entre 1825 et 1835, est l'œuvre de **William Vitruvius Morrison**, qui opte

L'influence politique des Stewart

Mount Stewart doit son nom à une famille écossaise qui, à l'époque de la Plantation de l'Ulster, a reçu des terres dans la péninsule d'Inishowen, beaucoup plus au nord. Elle est venue s'implanter sur les rives du Strangford Lough en 1774. Les Stewart amassent une fortune grâce à leurs terres, mais aussi en exploitant des mines de charbon très rentables au nord de l'Angleterre. Robert Stewart est fait marquis de Londonderry en 1816, mais le membre le plus connu de la famille est son fils aîné, **lord Castlereagh** (1769-1822), devenu président de la Chambre des Communes, puis ministre des Affaires étrangères : c'est lui qui représente le Royaume-Uni au Congrès de Vienne en 1815 et, la même année, au traité de Paris. La famille reçoit *l'establishment* britannique dans son hôtel particulier de Park Lane, à Londres, et dans ses nombreux manoirs de campagne en Angleterre, ainsi qu'à Mount Stewart. Son influence politique est grande tout au long du 19e s. et jusqu'au 20e s., où ils défendent avec conviction la cause unioniste. La septième marquise, Edith, elle-même organisatrice de dîners politiques dans l'entre-deux-guerres, crée les remarquables jardins de la résidence.

pour un plan symétrique et emploie la même pierre sombre, avec des saillies plus claires. Il ajoute une balustrade à hauteur de toit pour donner une impression d'unité. Un très grand portique ionique précède l'entrée, suffisamment large pour permettre le passage d'un attelage.

De nombreux portraits des membres de la famille décorent l'intérieur, à côté du mobilier anglais et irlandais, des collections de porcelaines et de sculptures classiques. Mount Stewart possède un des plus beaux tableaux d'Irlande, *Hambletonian* par George Stubbs : il représente le cheval de course pansé par ses lads après un triomphe à Newmarket. Il trône dans le hall d'entrée en galerie conçu par Morrison, une des pièces les plus grandioses de la maison avec sa coupole en vitrail. Mais il y en a d'autres, comme le magnifique escalier dû à Dance, également recouvert d'une coupole, et le salon de musique, avec son parquet en marqueterie de chêne, acajou et bois de sapin. La salle à manger expose des portraits de Guillaume d'Orange et de son général, Schomberg. Les 22 chaises Empire alignées le long des murs sont celles utilisées par les délégués du Congrès de Vienne de 1815 ; elles ont été offertes ensuite à lord Castlereagh. Une autre pièce rassemble toutes sortes de souvenirs du grand homme. La septième marquise a refait la décoration du vaste salon de réception ; il est resté quasiment tel qu'elle l'a voulu, avec un riche assemblage de meubles de périodes différentes.

Temple of the Winds

30mn AR à pied de la maison, ou bien 180 m au sud-est par la route qui mène au parking, et 4mn AR à pied. Ce pavillon d'agrément inspiré de la tour des Vents à Athènes couronne un tertre offrant une belle perspective sur le **Strangford Lough**. Le regard survole l'étendue d'eau jusqu'à Scrabo Hill, colline surmontée par une tour érigée à la mémoire de la troisième marquise de Londonderry. Le « temple » a été dessiné en 1783 par James Stuart « l'Athénien ». Sa salle de banquets montre un splendide parquet en marqueterie, qui fait écho aux caissons, coquilles et volutes du plafond. L'office sinistre où les domestiques préparaient les repas est soigneusement caché aux regards, au sous-sol.

Monts Mourne★★

Mourne Mountains

COMTÉ DE DOWN
CARTE MICHELIN N° 712 N/O 5 – CARTE GÉNÉRALE RABAT I C2

Bordée par la mer d'Irlande et la plaine du comté de Down, s'élève, spectaculaire, la plus haute chaîne montagneuse d'Ulster. Le massif de granit, dominé par le Slieve Donard (852 m), s'étend d'est en ouest entre la station balnéaire de Newcastle et le Carlingford Lough, à la frontière de la république d'Irlande. Baptisée royaume de Mourne, la bande de terre coincée entre mer et montagne recèle une région quadrillée de champs enclos de murs de pierres sèches et bordée de sombres forêts de conifères, tandis qu'au fond de la vallée l'eau des rivières à truites s'accumule dans de vastes lacs de barrage. Aujourd'hui, les montagnes et leur littoral sont devenus une des destinations de vacances favorites de l'Irlande du Nord, avec de belles plages et toutes sortes de possibilités pour les amateurs de randonnées.

- **Se repérer** – Sur la côte nord-est, à une cinquantaine de kilomètres au sud de Belfast et 25 km environ de Dundalk (en république d'Irlande), les monts Mourne sont cernés par la route de Newry à Downpatrick, A 25, et la route côtière A 2.
- **À ne pas manquer** – Les ruines du château de Dundrum ; les folies de Tollymore Forest Park ; les jardins de Castlewellan Forest Park ; Silent Valley Reservoir et les vues qu'offre la promenade jusqu'au barrage.
- **Organiser son temps** – Prévoir au moins deux jours dans la région si vous souhaitez faire quelques balades à pied.
- **Avec les enfants** – Le Castle and Islands Park, le centre Tropicana et Coco's Indoor Adventure Playground à Newcastle *(voir « Monts Mourne pratique »).*
- **Pour poursuivre le voyage** – Voir aussi Downpatrick, Newry et, en république d'Irlande, Dundalk.

Découvrir l'intérieur des terres

Murlough National Nature Reserve

3 km à l'est de Newcastle par la A 2. Parc de stationnement. Du lever au coucher du soleil. Centre d'information (si le temps le permet) - mai-sept. : 10h-18h. Parking payant. ☏ 028 4375 1467. www.ntni.org.uk

Site important pour les oiseaux migrateurs, riche d'une flore étonnamment variée, cette réserve de nature protège les magnifiques dunes formées entre la rivière Carrigs et la baie de Dundrum, qui par endroits s'élèvent à 30 m. Des vestiges d'habitation humaine ont été retrouvés, ainsi qu'un **dolmen** à trois pieds de 2,50 m de haut, vieux d'environ 4 000 ans.

Dundrum Castle★

6,5 km à l'est de Newcastle par la A 2 ; à Dundrum, monter à gauche la colline jusqu'au parking. Avr.-sept. : visite guidée (30mn) tlj sf lun. 10h-19h, dim. 14h-19h ; oct.-mars : sam. 10h-16h, dim. 14h-16h. ☏ 028 9181 1491. www.ehsni.gov.uk

Les ruines du château de Dundrum occupent un site agréable de bois et de verdure au sommet d'une colline au nord du bourg. Les défenses naturelles du site ont été renforcées par un fossé impressionnant creusé dans le rocher. La construction du château a été entreprise autour de 1177, sans doute par Jean de Courcy, pour défendre la péninsule de Lecale et le Strangford Lough. Du parapet du donjon circulaire peu courant de superbes vues s'étendent sur la mer et la campagne alentour. La cour inférieure *(Lower Ward)*, ajoutée entre le 13e et le 15e s., entoure les ruines d'une résidence autrefois majestueuse, bâtie par la famille Blundell au 17e s. Au lieu du puits habituel, une citerne taillée dans le rocher, alimentée par suintement naturel, fournissait en eau le château.

Tollymore Forest Park★

♿ 10h-17h, w.-end 10h-16h. 2 £, voiture 4 £. Visite guidée sur demande. ☏ 028 4372 2428.

Le manoir qui formait le cœur de ce vaste domaine paysager, de part et d'autre de la Shimna, bonne rivière à saumons, a disparu depuis longtemps ; mais beaucoup de ses folies, ponts et autres éléments d'architecture, subsistent. Pour les protéger, le domaine a été classé en 1955. C'est le premier parc forestier de la province. On y

IIC/Axiom/Gettyimages

Les jardins de Mount Stewart.

P. Frilet / hemis.fr

Monts Mourne.

The Irish Image Collectin / Corbis

Slieve Gullion Mountain (comté d'Armagh).

découvre l'Ermitage, la Porte Gothique et la Barbacane, fastueusement ornementées, et la Grange de Clanbrassil, bâtie à l'imitation d'une église, dans laquelle a été installé le centre d'information. Il y a aussi de splendides spécimens rares d'arbres, une allée de cèdres de l'Himalaya, une promenade d'azalées. Des plantations de conifères offrent un refuge aux renards, loutres, blaireaux, écureuils roux, martres, à toutes sortes de papillons et à de nombreuses espèces d'oiseaux, dont la bécasse.

Castlewellan

6,5 km au nord-ouest de Newcastle par la A 50.

Aérée et élégante, cette petite ville de marché a été conçue en 1750 autour de ses deux places par le comte d'Annesley. Les Annesley, descendants d'un capitaine élizabéthain, ont été les successeurs dans cette partie de l'Ulster du clan des Magennis, dépossédé de ses terres après le soulèvement de 1641. Une des places de Castlewellan est bordée d'arbres, l'autre conserve en son centre la halle de marché de 1764.

Castlewellan Forest Park★★

6,5 km au nord de Newcastle par la A 50. ♿ De 10h au coucher du soleil. 4 £ par voiture. Visite guidée sur demande. ✆ 028 4377 8664.

Le parc forestier recouvre le domaine aménagé à partir du milieu du 18e s. par la famille Annesley. Sa magnifique collection d'arbres constitue la base de l'**arboretum** national. Le pivot du domaine n'est pas tant le château, édifice en granit de style féodal écossais, désormais centre de séminaires, que les superbes **jardins d'Annesley**, enclos de murs et embellis par deux fontaines. Le lac long d'un kilomètre et demi est très poissonneux. Le long des rives, l'intéressant **sentier des sculptures** (5 km) est orné d'œuvres créées depuis 1992 à partir de matériaux naturels trouvés pour l'essentiel dans le parc. Sur la berge sud, on peut voir une glacière, et sur la rive nord une pierre levée des temps païens, aujourd'hui gravée de symboles chrétiens. En 2001 a été ouvert un labyrinthe, The Peace Maze, qui serait le plus grand du monde. Le point culminant du parc est le Slievenaslat (273 m), qui offre des vues magnifiques vers le sud sur les monts Mourne.

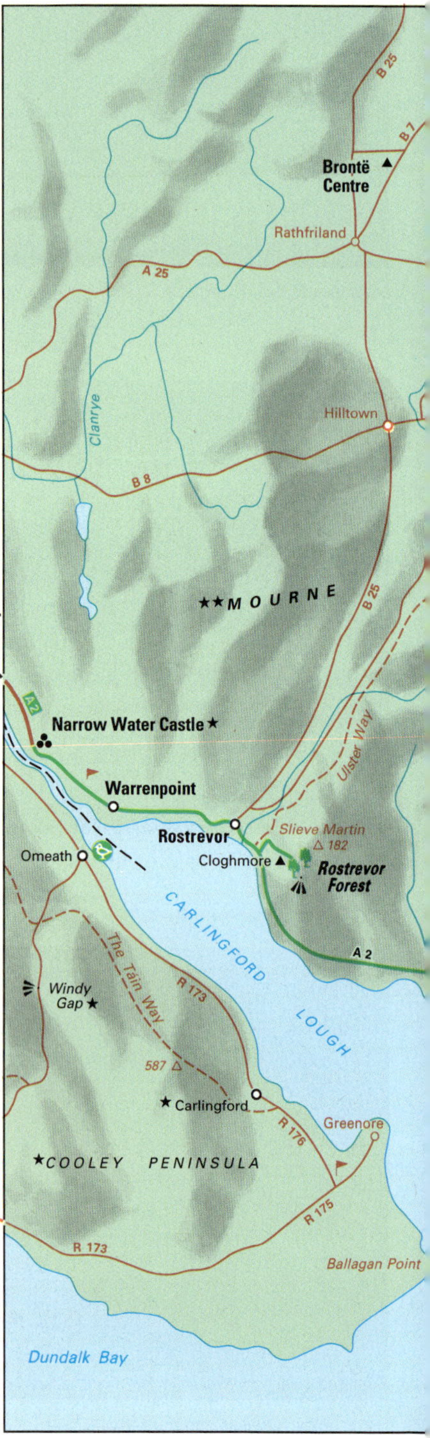

Legananny Dolmen

18 km au nord de Newcastle par la A 50, puis, après Castlewellan, des routes secondaires au nord (fléchées).

Un des monuments funéraires préhistoriques les plus photographiés du pays, ce dolmen est formé d'une énorme dalle inclinée, maintenue en équilibre précaire sur trois pierres levées curieusement basses. Il se dresse dans un cadre spectaculaire, sur

le versant sud du Slieve Croob (532 m), qui ouvre une **vue** magnifique sur les monts Mourne.

Brontë Centre

2,5 km au nord de Rathfriland, près de la B 25 à Drumballyroney (panneau indicateur). ♿ Mars-sept. : tlj sf lun. 11h-17h, w.-end 14h-18h ; et sur demande. 3 £. ☎ 028 4063 1152.

La petite école blanche et l'église du hameau ont été transformées en un centre qui illustre les liens entre la famille Brontë et la région. Le premier sermon de Patrick Brontë, père des célèbres sœurs écrivains, est remis en scène dans l'ancienne église désaffectée. Un **circuit** balisé *(16 km)* mène à d'autres sites associés à la famille.

Le pays des Brontë

Sur le piémont vallonné des monts Mourne se trouve le cottage en ruine (plaque) où Patrick Brontë, le père des célèbres sœurs **Charlotte, Emily et Anne**, est né en 1777. En 1802, il part étudier la théologie au St John's College, à Cambridge. Ordonné prêtre en 1811, il s'installe à Haworth dans le Yorkshire en 1820. Il aurait modifié son nom d'origine, Brunty (O'Pronitaigh), un nom de la région de Mourne, en Brontë, avant de quitter l'Irlande. Trois ans auparavant, en 1799, lord Nelson avait été fait duc de Brontë, localité sicilienne, par Ferdinand, le roi de Naples, en remerciement de l'avoir aidé à reprendre sa ville aux Français.

Drumena Cashel and Souterrain★

Bon nombre de *cashels*, enclos fermiers des premiers chrétiens, ont survécu dans les monts Mourne. Cet exemple bien conservé consiste en un mur de pierres sèches, entourant un espace ovale, sous lequel se cachent les fondations d'une maison et d'un souterrain, dans lequel on peut entrer.

Silent Valley Reservoir★

Parking à l'extrémité de l'allée. ♿ 10h-18h30 (oct.-avr. 16h). 4,50 £ par voiture. Centre d'information (voir « monts Mourne pratique »). Navette entre parking et réservoir de Ben Crom : juil.-août tlj ; mai-juin et sept. w.-end. ☎ 08457 440088. www.waterni.gov.uk

Les monts Mourne possèdent peu de lacs naturels. Aussi la plupart des gens s'accordent à dire que le paysage a été embelli par les grands réservoirs qui alimentent en eau douce Belfast et le comté de Down. Lancé en 1933, le projet de la Silent Valley, sur la rivière Kilkeel, a nécessité 10 années de travaux et employé jusqu'à 2 000 personnes. Le réservoir retient 136 millions de mètres cubes d'eau. La zone de captage est protégée par le **mur des Mourne**, réalisé en pierres brutes. Serpentant le long des pentes, cette extraordinaire construction, longue de 35 km, a été effectuée entre 1910 et 1922.

2h AR à pied. Une agréable promenade vers le barrage découvre une superbe **vue★** sur les eaux calmes du réservoir, au pied du versant ouest du Slieve Binnian (744 m). À l'extrémité est du barrage, le chemin se poursuit au nord vers le **Ben Crom Reservoir** (5 km) ; du côté ouest, il redescend dans la vallée en passant devant le **Lough Sally**, un beau lac naturel, traverse une pinède et revient par une passerelle de bois qui enjambe la Kilkeel.

Spelga Pass and Dam★

Depuis le **barrage** *(dam)*, un **panorama** splendide s'étend au nord, par-delà les contreforts des monts Mourne, jusqu'aux collines ondoyantes du comté de Down. On peut pêcher la truite dans les eaux calmes du réservoir qui recouvrent le pré aux Cerfs, ancien pâturage d'été inondé en 1959.

Crocknafeola Forest

Aires de pique-nique. La petite forêt de conifères avoisine la route qui traverse les monts Mourne du nord au sud, en longeant le versant ouest du Slieve Muck (670 m).

Circuit de découverte

LE LONG DE LA CÔTE

Newcastle

La ville « où les monts Mourne viennent plonger dans la mer » (P. French) a entamé son essor au début du 19e s., quand les vacances à la mer sont devenues à la mode. Une longue promenade bordée d'hôtels, boutiques et jeux d'arcade s'étire à partir du port vers le nord-est, le long de l'interminable plage de sable jusqu'à la baie de Dundrum. Après l'hôtel en brique rouge Slieve Donard, édifié en 1898 par la compagnie du chemin de fer, s'étend le vaste terrain du Royal County Down Golf Club.

L'église catholique de Newcastle, **Our Lady of the Assumption**, est une construction moderne circulaire (1967). Ses éléments les plus remarquables sont ses étonnants vitraux de couleurs vives.

Sur les rives de la Glen, le **Donard Park** est le point de départ du sentier qui gravit la montée raide du **Slieve Donard** jusqu'à son sommet, à 852 m. Le mont porte le nom de Donard, un chef local que saint Patrick aurait converti au christianisme.

Au départ de Newcastle, emprunter la A 2 vers le sud.

Bloody Bridge

Au moment du soulèvement de 1641, un groupe de prisonniers était conduit de Newry à Downpatrick pour y être échangés contre des rebelles. Mais, craignant d'être débordé par eux, le chef de l'expédition, un certain Russell, les a tous massacrés à l'endroit appelé depuis « pont sanglant ».

Depuis la A 2, tourner vers le sud près du poste de police, en direction du rivage.

Annalong Marine Park and Cornmill★

♿ *fév.-nov. : tlj sf lun. et mar. 11h-17h. 1,30 £. ☏ 028 4376 8736.*

Un parc marin a été aménagé près du port de cette petite ville de bord de mer. Sur les rives d'un cours d'eau, une roue à eau actionne un **moulin à grain** *(cornmill)* restauré du début du 19e s. C'est le dernier de la vingtaine qui fonctionnait dans le royaume de Mourne à la fin du 17e s. et au 18e s., pour moudre le blé et l'avoine, ou bien teiller le lin. La salle d'exposition retrace l'histoire de la meunerie. La visite du moulin et de son mécanisme en état de marche est une expérience intéressante.

Kilkeel

Joliment située à l'embouchure de la rivière Kilkeel, ce port abrite la plus grande flotte de pêche d'Irlande du Nord. Il s'anime surtout au retour des bateaux, quand la prise est vendue directement sur le quai. Le paysage urbain est intéressant en lui-même, montrant des trottoirs à degrés et de nombreux décalages de niveaux.

Greencastle

Avr.-sept. : tlj sf lun. 10h-18h, dim. 14h-18h. 75p. ☏ 028 9181 1491. www.ehsni. gov.uk

Les ruines d'une forteresse anglo-normande, probablement construite au milieu du 13e s., se dressent sur un promontoire rocheux peu élevé qui s'étend vers le Carlingford Lough. Autrefois entouré de douves taillées dans la roche, le **château** est dominé par un grand donjon rectangulaire, au centre d'une enceinte à quatre côtés ponctuée de tours d'angle semi-circulaires. Une belle vue s'ouvre au sommet du donjon. Dans la baie de Cranfield *(au sud-est)* se niche une plage de sable idéale pour la baignade.

Rostrevor Forest Park

Suivre la route Forest Drive jusqu'au parking.

La forêt de pins du parc forestier borde la Kilbroney au sud et couvre les pentes escarpées du Slieve Martin (182 m) de part et d'autre d'un torrent. Elle permet de nombreuses promenades, soit vers le **Cloghmore**, grand rocher de l'ère glaciaire, soit vers le **point de vue★** qui domine la baie de Rostrevor. Sur la rive opposée du Carlingford Lough s'élèvent les monts de la péninsule de Cooley, en république d'Irlande.

Rostrevor

Cette jolie petite ville s'étend de sa place centrale au front de mer sur le Carlingford Lough. Bien abrités par le Slieve Martin, palmiers et mimosas y prospèrent.

Warrenpoint

Ferry pour Omeath (république d'Irlande). Warrenpoint est à la fois un port, équipé pour le transport des conteneurs, et une agréable station balnéaire, disposant d'une vaste place centrale où se tiennent marchés et fêtes. La promenade part au sud sur le Carlingford Lough, continue entre les monts Mourne jusqu'à la péninsule de Cooley.

Narrow Water Castle★

3 km au nord de Warrenpoint par la A 2. Avr.-sept. : tlj sf lun. 10h-18h, dim. 14h-18h. 75p. ☏ 028 9181 1491. www.ehsni.gov.uk

Le « château des eaux étroites » occupe un attrayant promontoire dominant le goulet qui relie la rivière de Newry au Carlingford Lough. Il a été bâti vers 1650 pour servir de garnison aux Anglais, et a coûté 361 livres, 4 shillings et 2 pence. Il a été restauré, mais demeure un bel exemple de **maison forte**, au complet avec son **enceinte**. En 1979, la garnison britannique y a subi les pertes les plus lourdes de la période des *Troubles* quand une bombe a tué 18 soldats.

Monts Mourne pratique

Voir aussi Downpatrick.

Adresses utiles

À NEWCASTLE

10-14 The Promenade - 028 4372 2222 - www.newcastle.org - juil.-août : lun.-sam. 9h30-19h, dim. 13h-17h ; sept.-juin : lun.-sam. 10h-17h, dim. 14h-18h ; oct.-mars : dim. 14h-17h ; avr.-juin : dim. 14h-18h.

Mourne Countryside Centre – *91 Central Promenade - 028 4372 4059 - Tlj sf w.-end 9h-17h - passer par les bureaux voisins du Mourne Heritage Trust.* Dispense des informations et organise des randonnées les mois d'été, avec participation au Mourne International Walking Festival *(voir « Agenda »).*

Transports

En train – *Gare de Newry - Carnlough Road (à 2 km de la ville).*

En bus – Gare routière de Newry *(The Mall - 028 302 63531)* et gare routière de Newcastle *(à l'est de la ville, début de la rue principale - 028 437 22296).*

Se loger

À DOWNPATRICK

Drumgooland House – *29 Dunnanew Road, Seaforde - 3,2 km vers le nord par la A 24 - 028 4481 1956 - fax 028 4481 1265 - frank.mc_leigh@virgin.net - P - 3 ch. 33,50/57 £.* Cette belle maison campagnarde est entourée d'un domaine arboré, dans un quartier tranquille. Les grandes chambres, meublées traditionnellement, offrent des vues agréables. Beaucoup d'hôtes profitent du centre équestre, juste à côté.

À CASTLEWELLAN

Slieve Croob Inn – *119 Clanvaraghan Road - 8,5 km au nord par la A 25, en retrait de la B 175 - 028 4377 1412 - fax 028 4377 1162 - info@slievecroobinn.com - fermé 25 déc. - P - 7 ch. 35/60 £ - rest. 11,40/24,95 £.* Empruntez la route, qui serpente en montant, et vous serez récompensé par la beauté de la vue dominant la mer. Le bar est la pièce maîtresse de l'auberge rustique, aux poutres apparentes. Les chambres sont simples, mais agréablement décorées.

À DUNDRUM

The Carriage House – *71 Main Street - 028 4375 1635 - inbox@carriagehousedundrum.com - P -3 ch. 60/70 £.* Les charmants propriétaires dirigent superbement leur pension : magnifique lilas sur les murs extérieurs, petit-déjeuner avec produits du terroir, chambres chaleureuses avec chacune sa touche personnelle.

Se restaurer

À DUNDRUM

Mourne Seafood Bar – *10 Main Street - 028 4375 1377 - hiver : tlj sf lun. et mar. ; fermé 25 déc. - 16/28 £.* Simple et décontracté, ce pub-restaurant propose la pêche du jour. Menus de poissons sortant de l'ordinaire basés uniquement sur des espèces non menacées. Prix raisonnables. Réservation conseillée l'été.

Buck's Head Inn – *77-79 Main Street - 028 4375 1868 - oct.-avr. tlj sf lun. ; fermé 25 déc. - menu 27 £.* Bar traditionnel dans la rue principale. Plats bien cuisinés à base des produits de la mer essentiellement. En début de soirée, ambiance populaire parmi les marcheurs.

Sports et Loisirs

Bon à savoir – Les plages de Newcastle et Cranfield attirent les baigneurs.

À NEWCASTLE

Le **Castle and Islands Park** propose ses balançoires et toboggans, son attraction Slippery Dip, un « crazy golf », un golf miniature, un parcours de golf neuf trous, des courts de tennis et un lac pour le canotage.

Le centre **Tropicana** propose, en plus de ses bassins d'eau de mer chauffés en plein air, toboggans aquatiques géants, château trampoline, terrain d'aventures, crèche surveillée et club pour enfants.

Coco's Indoor Adventure Playground est aussi équipé de toboggans, d'un parcours du jeune combattant et d'une aire de jeux pour activités moins énergiques.

Tollymore Mountain Centre – *Bryansford - Newcastle - 028 4372 2158 - fax 028 4372 6155 - www.tollymoremc.com.* Propose des activités de montagne (escalade et alpinisme).

Agenda

Blues on the Bay – *www.bluesonthebay.com.* En mai à Warrenpoint, festival International de Blues patronné par Guinness.

Mourne International Walking Festival – *www.mournewalking.co.uk.* Le dernier week-end de juin *(vend.-dim. - 10 £/j)*, ce festival comprend une randonnée pédestre qui débute à Newcastle ou à Warrenpoint.

Boley Fair – La traditionnelle Foire aux moutons de Hilltown a lieu le mar. suivant le 12 juillet.

Maiden of Mourne Festival – Sur plusieurs jours au début du mois d'août à Warrenpoint, avec feux d'artifice en soirée.

Newry

21 633 HABITANTS – COMTÉ D'ARMAGH
CARTE MICHELIN N° 712 M/N 5 – CARTE GÉNÉRALE RABAT I C2

Newry occupe une position stratégique dans la « trouée du Nord » ou Moyry Gap, qui coupe les collines séparant l'Ulster des plaines du comté de Meath. Avec le flux et le reflux des armées en marche vers le nord ou vers le sud, cette situation lui a apporté alternativement une certaine prospérité et la destruction. Au 18e s., Newry est reliée par des canaux au Lough Neagh et à la mer par le Carlingford Lough, et devient pour un temps le port le plus actif du Nord. Cette époque est révolue, mais de par sa position entre Belfast et Dublin sur la route principale et la voie ferrée, la ville prospère comme centre commerçant moderne, desservant les acheteurs des deux côtés de la frontière.

- **Se repérer** – Newry *(An Tiúr)* se trouve sur la grand-route (A 1/N 1) entre Belfast et Dundalk, juste au nord de la frontière entre les comtés de Down et d'Armagh, marquée par la rivière Clanrye.
- **À ne pas manquer** – La route panoramique du Slieve Gullion Forest Park ; le point de vue de Bernish Rock.
- **Organiser son temps** – Newry est un bon point de départ pour partir passer une journée à la découverte de Slieve Gullion.
- **Pour poursuivre le voyage** – Voir aussi Armagh, monts Mourne, et, en république d'Irlande, Dundalk, Monaghan.

Comprendre

Voies d'eau – En 1731 commencent les travaux de creusement du premier **canal** à l'intérieur des terres des îles Britanniques, qui relie Newry grâce à 14 écluses au Lough Neagh. Trente années plus tard, un canal maritime est creusé pour que les bateaux puissent avoir un débouché, par le Carlingford Lough, sur la mer d'Irlande. La ville prospère grâce au commerce du lin, du charbon, de la pierre de construction, mais aussi à l'émigration. Un certain nombre de maisons georgiennes et de moulins à étages en bordure de quai témoignent de la vigueur économique de cette période. Le canal intérieur sera fermé en 1956. Le canal maritime devient obsolète quand Warrenpoint, en aval, aménage ses installations portuaires, mais il est rouvert en 1987 pour la navigation de plaisance.

Table rase

L'histoire de Newry commence par la fondation, en 1157, d'une abbaye cistercienne. Mais son passé tumultueux n'en a laissé aucune trace. Il ne reste rien non plus du château élevé ici par l'Anglo-Normand Jean de Courcy, ni des forteresses qui lui ont succédé. L'abbaye était encore debout au 16e s., quand elle a servi de résidence à Nicholas Bagenal, maréchal d'Irlande. En 1578, Bagenal fait construire l'église St Patrick sur une colline à l'est du centre. C'est la première église anglicane d'Irlande. On voit les armes de son fondateur sous le porche.

Visiter

Newry Cathedral

Centre-ville. 8h-18h. www.newrycathedral.org

Newry est le siège de l'archevêché catholique de Dromore depuis environ 1750. Conçue en 1825 par Thomas Duff, la cathédrale consacrée à saint Patrick et saint Colman est la première cathédrale catholique bâtie en Irlande après le Traité d'émancipation. Elle a moins d'attrait à l'extérieur mariant les styles gothique et Tudor qu'à l'intérieur pour sa décoration du 20e s., tout en vitraux éclatants et mosaïques colorées.

Newry and Mourne Museum

Tlj sf w.-end 10h30-13h, 14h-17h. 028 3026 6232.

Le musée est aménagé dans le Centre des arts, édifice moderne voisin de l'hôtel de ville, un bâtiment qui enjambe la rivière, et par conséquent a un pied dans le comté d'Armagh et un dans celui de Down. Il retrace avec compétence l'archéologie et l'histoire régionales. Son joyau est une merveilleuse pièce lambrissée du début du 18e s., qui illustre la période la plus prospère de Newry. Une de ses curiosités est la table sur laquelle travaillait l'amiral Nelson à bord du vaisseau *HMS Victory*.

Aux alentours

Cardinal O'Fiaich Centre

Cullyhanna. 24 km à l'ouest de Newry par la B 30 et au nord par la A 29 et une route secondaire (à gauche). 10h-17h, j. fériés 10h-18h, sam. sur demande, dim. 14h-18h. ✆ 028 3086 8757. www.ofiaichcentre-cullyhanna.com

Le centre est consacré à la vie de **Tomás O'Fiaich** (mort en 1990), originaire de la région, devenu cardinal et primat d'Irlande. Son parcours universitaire et sa carrière de prêtre, de professeur, d'érudit sont évoqués par le biais d'une présentation audiovisuelle associant interviews et conversations, souvenirs personnels, panneaux illustratifs, maquettes d'archéologie et objets divers.

Circuit de découverte

SLIEVE GULLION★

Boucle de 43,5 km – une journée.

La « montagne enchantée » (B. Kiely) et son cercle de monts moins élevés appelé *Ring of Gullion*, Anneau du Gullion, dominent la campagne à l'ouest de Newry. L'endroit est étroitement associé à la légende de Cuchulain, héros de l'épopée *Le Raid sur le bétail de Cooley (Táin bo Cúainlge)*. Il est riche en vestiges préhistoriques. Les montagnes offrent des vues grandioses et ont été inscrites sur la liste des splendeurs naturelles du Royaume-Uni en 1991.

Quitter Newry par la A 25 vers l'ouest ; après 2,5 km, prendre à droite la B 133.

Bessbrook

C'est un très intéressant et ancien exemple de village industriel planifié. Ses cottages en granit aux toits d'ardoise s'alignent sagement sur trois côtés de deux places en herbe. Il a été aménagé en 1845 par un industriel linier, le quaker John Grubb Richardson, pour les ouvriers de ses filatures de lin. Il a aussi fait construire églises, écoles, magasins et une salle commune, mais pas de pub. Plus tard, ce village servira de modèle à la famille Cadbury, qui en aménagera une version bien plus importante à Bournville, près de Birmingham.

Quitter Bessbrook par la B 112 ; prendre à droite la A 25. À l'ouest du village de Camlough, prendre à gauche la B 30.

Cam Lough

De la route, on a une belle vue sur ce lac étroit dans sa profonde vallée en auge, qui s'étend entre le mont Camlough (432 m) et le Slieve Gullion.

Au croisement, prendre à gauche la route étroite longeant la rive ouest du lac Cam.

Églises de Killevy

Un ancien cimetière ombragé de hêtres entoure les ruines de deux églises construites bout à bout. L'église est date du Moyen Âge et sa verrière du 15e s. Celle à l'ouest est plus ancienne (12e s.) ; sa façade à l'entrée surmontée d'un linteau massif pourrait même être du 10e ou du 11e s. Dans la moitié nord du cimetière, une dalle de granit est supposée recouvrir le tombeau de **sainte Monenna** (appelée aussi Darerca et Bline). La sainte a fondé un important couvent de nonnes à Killevy au 5e s., devenu plus tard une communauté d'augustines avant d'être dissous en 1542. Au nord du cimetière, un sentier conduit à un puits sacré.

Continuer vers le sud sur 2,5 km ; prendre à droite la B 113.

Slieve Gullion Forest Park★

Parking et aire de pique-nique. Route panoramique de 13 km : fortes pentes et virages difficiles. Du lever au coucher du soleil. ✆ 028 3755 1277.

Les pins, mélèzes et épicéas du parc forestier recouvrent les pentes basses de la face sud-ouest du Slieve Gullion. Avant de s'engager sur la route panoramique qui en fait l'ascension, une étape s'impose au centre d'accueil, qui occupe un ancien bâtiment de ferme, pour en savoir plus sur le parc et admirer l'exposition d'outils anciens.

Après avoir monté à travers la forêt, la route ressort sur la pente dégagée du Slieve Gullion et se poursuit vers le nord-ouest en contournant les arbres. À gauche, la vue domine la cime des arbres. À droite, le sentier balisé de repères blancs mène au sommet du pic sud (577 m) couronné d'un cairn. Un autre cairn marque le pic nord, moins élevé. La route descend sur la gauche, en serpentant dans les collines, et revient sur le versant sud-ouest, au milieu des arbres et des rochers, jusqu'au **point de vue★** *(parking)* qui domine une partie du **Ring of Gullion**, cercle de petites collines d'origine volcanique entourant le Slieve Gullion.

Au bout de la route panoramique, prendre à droite la B 113, puis tourner immédiatement à gauche. Rouler 2,5 km et tourner à droite ; 1,5 km plus loin, se garer à l'embranchement en T.

Kilnasaggart Stone

6mn de marche AR en franchissant deux champs et des passages de barrière.

C'est dans l'ouest de l'Irlande que l'on trouve la plupart de ces piliers de pierre sculptés de motifs en forme de croix. Mais ce modèle en granit haut de 2,15 m, entouré d'un enclos de haies, est le plus ancien que l'on ait pu dater. Les croix auraient été gravées vers l'an 700. Le pilier lui-même marque le site d'un cimetière de premiers chrétiens. Mais il pourrait être bien plus ancien : peut-être une pierre levée préhistorique, convertie à un nouvel usage. Il porte aussi une inscription en irlandais témoignant que l'endroit a été placé sous la protection de l'apôtre Pierre par le fils de Ceran Bic, Ternohc, mort vers 715.

Reprendre la B 113 ; tourner à droite en direction de Newry ; 8 km plus loin, tourner à gauche en direction du cairn de Ballymacdermot (signalé).

Ballymacdermot Cairn

En bordure de route *(sur la droite)*, le versant sud du mont Ballymacdermot conserve les vestiges d'un enclos funéraire néolithique. Les deux chambres funéraires sont précédées d'une antichambre et d'une avant-cour circulaire, comprise dans un cairn en forme de trapèze. Le site offre une belle vue, au sud-ouest, sur la plaine de Meigh jusqu'au Slieve Gullion et le Ring of Gullion.

Continuer sur 1,5 km.

Point de vue de Bernish Rock★★

Parking. Un des plus beaux panoramas d'Irlande se déploie depuis Newry, dans la vallée en contrebas, jusqu'à la magnifique silhouette des monts Mourne, à l'est.

Redescendre jusqu'à Newry.

Newry pratique

Voir aussi monts Mourne.

Adresses utiles

Town Hall - Bank Parade - ✆ 028 3026 8877 - www.armaghanddowntourism.com - de mi-juin à déb. sept. : lun. 9h-17h, mar.-vend. 9h-18h, sam. 10h-16h ; de déb. avr. à mi-juin : lun. 9h-13h, 14h-17h, mar.-vend. 9h-17h, sam. 10h-16h ; oct.-mars : lun. 9h-13h, 14h-17h, mar.-vend. 9h-17h.

À BANBRIDGE

200 Newry Road - ✆ 028 4062 3322 - avr.-mi-juin et oct.-mars : lun. 9h-13h, 14h-17h, mar.-vend. 9h-17h, sam. 10h-16h ; mi-juin-sept. lun. 9h-17h, mar.-vend. 9h-18h, sam. 10h-16h.

Se restaurer

À WARRENPOINT

Copper – *4 Duke Street - ✆ 028 4175 3047 - fermé sam. midi, lun. et 24-25 déc. - menu 16 £.* Restaurant tendance avec un intérieur rouge sang quelque peu tape-à-l'œil. Service attentif et menus équilibrés entre répertoire classique et touches plus ambitieuses.

Rest. 23 – *23 Church Street, - ✆ 028 4175 3222 - fermé lun.-mar., 24-25 déc et 3e sem. de janv. - 25/30 £.* Intérieur très stylisé avec de nombreux espaces intimes. Bonne cuisine de brasserie à midi et des plats plus élaborés le soir.

Portrush★

6 372 HABITANTS – COMTÉ D'ANTRIM
CARTE MICHELIN N° 712 M2 – CARTE GÉNÉRALE RABAT I C1

Facilement accessible de Belfast par le rail et la route, Portrush est une des stations de bord de mer les plus prisées depuis l'époque victorienne. L'attrait naturel de ses plages de sable et de la côte est complété par toutes sortes d'attractions créées par l'homme. La bourgade est implantée sur une petite péninsule qui s'achève par la pointe de Ramore, fief des amoureux des oiseaux.

- **Se repérer** – Sur la côte nord de l'Irlande, à une courte distance de la Chaussée des Géants, Portrush se trouve au nord de Coleraine, entre Portstewart et Ballycastle, sur la route côtière A 2.
- **À ne pas manquer** – Dunluce Castle ; la visite de la distillerie Bushmills ; le Temple Mussenden de Downhill ; le point de vue de Gortmore sur la plage de Magilligan.
- **Organiser son temps** – Séjourner à Portrush pour profiter de l'animation de la cité balnéaire ; prévoir une journée pour sillonner les alentours et visiter la distillerie Bushmills.
- **Avec les enfants** – Le centre de découverte de Countryside ; la ferme ouverte Leslie Hill ; Dunluce Centre et les nombreuses attractions foraines de Portrush.
- **Pour poursuivre le voyage** – Voir aussi Antrim Glens, Chaussée des Géants, Londonderry, Lough Neagh, monts Sperrin.

Découvrir

Countryside Centre

8 Bath Road, Portrush. Avr.-sept. : 10h-18h. ✆ 020 7082 3600. www.nics.gov.uk/ehs

Aménagé dans une ancienne maison de bains victorienne, ce centre de découverte aborde, au travers de présentations interactives, la géologie et la vie marine locales ou encore le rôle de l'Homme et de ses activités côtières. Un bassin de contact permet de toucher la faune aquatique et une épave factice du *Nautilus* d'observer les habitants des fonds marins.

Circuits de découverte

À L'EST DE PORTRUSH

12 km. Emprunter la A 2 vers l'est au départ de Portrush.

Dunluce Castle★★

Parking. Avr.-sept. : 10h-18h, dim. 14h-18h (juin-août 12h-18h) ; oct.-mars : tlj sf lun. 10h-16h, dim. 14h-16h. 2 £. ✆ 028 2073 1938. www.ehsni.gov.uk

Il existe peu de vues aussi romantiques que celle des ruines déchiquetées du château de Dunluce, sur son piton rocheux isolé à 30 m au-dessus des flots, séparé du continent par un défilé vertigineux. Pendant des années, il a été le bastion de la branche irlandaise du clan écossais des MacDonnell, « Seigneurs des îles ». Au 16e s., leur chef le plus célèbre a été Sorley Boy MacDonnell, dard perpétuellement enfoncé dans la chair des Irlandais de souche aussi bien que dans celle des Anglais. Malgré l'emploi de l'artillerie, les Anglais n'arrivent pas à le déloger définitivement de Dunluce. Ses descendants seront finalement faits comtes d'Antrim. Au 17e s., ils modernisent le château pour s'y loger plus confortablement. Mais, sans doute découragés par l'effondrement catastrophique de tout le quartier des cuisines dans la mer, ils abandonnent bientôt les lieux, les laissant se dégrader jusqu'à leur état actuel.

Après le pont-levis qui enjambe le défilé et le corps de garde de la fin du 16e s. aux tourelles et pignons à redents de style féodal écossais, la plus ancienne partie (14e s.) de la forteresse se compose des deux tours est et du mur sud. La cour supérieure est dominée par la **grande salle** du 17e s., au style imposant, avec des baies sur la façade ouest. La **cour inférieure**, pavée, est entourée de bâtiments de service, dont la boulangerie. De là, une superbe vue s'étend sur la Chaussée des Géants.

Poursuivre vers l'est sur la A 2.

Bushmills Distillery★

Parking. ♿ Tlj sf w.-end : visites guidées à 10h, 11h, 12h, 13h30, 14h30 et 15h30. 5 £. ✆ 028 2073 1521. www.whiskeytours.ie

La notoriété du village de Bushmills tient à sa **distillerie**, reconnaissable à ses *kilns*, cheminées en forme de pagode servant au séchage de l'orge germée. Elle serait l'une des plus anciennes distilleries du monde, puisque ses alambics fonctionnent, paraît-il, depuis le 13e s. Plus certainement, le premier droit de distiller le whisky est octroyé aux propriétaires de l'époque dès 1608 par le roi Jacques Ier d'Écosse. La visite vous invite à découvrir les principales phases de la production : brassage, fermentation, distillation, vieillissement en fûts de chêne, mélange et mise en bouteilles. La distillerie produit deux whiskys *blended* et un *pure malt* que vous pouvez déguster au Potstill Bar, avant de vous rendre à la boutique. Notez toutefois que les produits sont aussi chers, voire plus coûteux, qu'en France notamment à cause des taxes.

VERS L'INTÉRIEUR DES TERRES

Coleraine

24 km. Au départ de Portrush, emprunter la A 29 en direction de Coleraine.

Au fond de l'estuaire de la Bann, Coleraine est la deuxième ville du comté de Londonderry. Sa fonction essentielle est de servir de grand centre commerçant à la région, mais son caractère a été ranimé par l'implantation, en 1968, de la seconde université de la province, plutôt qu'à Londonderry. Son grand atout reste la rivière et son estuaire, avec un quai intéressant, des régates de temps à autre, une vaste marina et un refuge ornithologique.

Quitter Coleraine vers l'est par la B 67 ; rouler 9 km en passant par Ballybogy.

Benvarden★

Juin-août : tlj sf lun. 13h30-17h. 3,50 £. ✆ 028 2074 1331.

Résidence de la famille Montgomery depuis 1798, Benvarden House ouvre tous les étés son parc et ses jardins au public. Un des plus beaux jardins clos d'Irlande (0,8 ha), dont une partie des murs proviendrait de l'enceinte fortifiée d'origine, il se pare d'une roseraie, d'un jardin à la française, d'une treille et d'une promenade aménagée sous une pergola. Derrière se trouvent les jardins potagers disposés avec soin, avec des serres victoriennes et l'ancienne cabane du jardinier. Un jardin sauvage et un sentier fleuri d'azalées descendent jusqu'à la Bush, qu'enjambe un pont victorien en pierre et fer forgé, construction rare en Irlande.

Revenir à Ballybogy et prendre à gauche la B 62 en direction de Ballymoney. Au rond-point, un panneau indique la direction.

Leslie Hill Farm

♿ *Juil.-août : tlj sf vend. 11h-18h, dim. 14h-18h ; juin : w.-end 14h-18h ; de Pâques à fin mai : dim. et j. fériés 14h-18h. 4 £. ✆ 028 2766 6803.*

Cette ferme de polyculture est la propriété de la même famille depuis le 18e s. Bâtiments et machines de différentes époques donnent une image vivante de l'évolution de la ferme. Grande comme une cathédrale, la grange Bell Barn contraste avec le modeste logement de deux pièces où vivaient le cocher et sa famille. Un petit musée rassemble une collection d'objets de la ferme et des souvenirs. Dissimulé à la vue de l'imposante maison georgienne, un petit chemin conduit à un jardin clos, où subsistent les vestiges de la chaufferie qui servait à faire pousser les pêchers.

À L'OUEST DE PORTRUSH

32 km. Emprunter la A 2 vers l'ouest au départ de Portrush.

Portstewart

Plus calme que sa grande voisine, cette station balnéaire, à la mode au 19e s., conserve un peu de son atmosphère victorienne. Elle possède un port pittoresque dominé par le château néogothique des O'Hara (1834), aujourd'hui collège dominicain. De la promenade, des sentiers partent vers l'ouest en longeant les falaises jusqu'à la plage *(3 km)*. Des expositions sont régulièrement organisées au Centre des arts floraux.

Paysage et géologie

À l'ouest de Portrush, la côte est interrompue par l'estuaire de la Bann, puis s'achève par une longue dune s'étirant sur le Lough Foyle. Il y a d'autres dunes à l'est de la ville ; elles laissent la place à des falaises calcaires, étrangement érodées et creusées de cavernes, puis aux extraordinaires formations volcaniques de la Chaussée des Géants. Sa richesse géologique a valu à la côte nord de l'Antrim d'être classée réserve naturelle nationale. Les études géologiques menées à Portrush ont permis de clore la controverse sur l'origine de nombreuses roches de la planète, y compris des formations comme la Chaussée des Géants.

Le comte-évêque

On appelait ainsi l'évêque de Derry, Frederick Hervey, (1730-1803), qui, à la mort de son frère aîné, est devenu quatrième comte de Bristol. Personnage excentrique fabuleusement riche, constructeur, voyageur et collectionneur passionné d'objets d'art et d'antiquités, c'était aussi un prélat éclairé. Des soucis de santé l'ont amené à effectuer de fréquents séjours sur le continent d'où le nom de Bristol donné à de nombreux hôtels. À une occasion, la police de Napoléon l'a arrêté comme espion. Amateur de belles dames, il a vécu une liaison à scandale avec la maîtresse du roi de Prusse. Un de ses ennemis le décrit comme « mauvais père, pire mari, au discours blasphématoire, féru d'intrigues et de galanterie ».

Entre autres projets de construction, le comte-évêque fait bâtir une résidence excentrique sur son domaine anglais, Ickworth House, dans le Suffolk, et, àBallyscullion sur la rive du lac Beg, une autre résidence digne d'un palais qui ne sera jamais terminée ; son portique orne aujourd'hui l'église Saint-George à Belfast. En 1772, il commande le **manoir de Downhill** à son architecte favori, Michael Shanahan, pour abriter sa vaste collection de sculptures et de peintures. La collection sera malheureusement en grande partie détruite par le feu en 1851.

Poursuivre vers l'ouest sur la A 2 par Coleraine ; environ 1,5 km après Articlave, au carrefour de Liffock, tourner à gauche dans le parc de stationnement.

Hezlett House

Castlerock, à l'angle nord-ouest du carrefour. ♿ (rez-de-chaussée) Juin-août : visite guidée (40mn ; max. 15 personnes) tlj sf mar. ; de mi-mars à fin mai et sept. : w.-end et j. fériés 12h-17h. 4 £. ☏/fax 028 7084 8567.

Hezlett House, construite en 1691 probablement pour servir de résidence à un pasteur, est une longue maison basse au toit de chaume et aux murs rustiques crépis, avec un grenier couvert d'une charpente en carène de bateau renversée. Reprise par la famille Hezlett en 1761, elle a été acquise par le National Trust en 1976.

Les visiteurs traversent la minuscule cuisine, le cellier, la salle à manger, les chambres et le petit salon, jusqu'au grenier où dormaient les domestiques. On remarque parmi le mobilier du 19e s. les chaises conçues pour que les dames puissent s'asseoir sans être gênées par leurs tournures, et les prie-dieu, qui leur permettaient de s'agenouiller avec leurs cerceaux tout en gardant leur dignité. Un petit musée logé dans les dépendances abrite des instruments aratoires de l'époque victorienne.

Poursuivre sur la A 2 en direction de l'ouest.

Downhill★

Domaine : du lever au coucher du soleil. Temple Mussenden : juin-août : 11h-18h ; de mi-mars à fin mai et sept. : w.-end et j. fériés. Parking. ☏ 02870 848 728.

L'œuvre de bâtisseur de l'évêque ponctue toujours cette partie de la côte du Londonderry, mais son manoir, reconstruit après l'incendie de 1851, n'est plus maintenant qu'une coque vide sans toit. De l'imposante **porte de l'Évêque** *(Bishop's Gate)*, un charmant vallon, planté de fleurs et d'arbustes offerts pour la plupart par des visiteurs, conduit jusqu'à la crête de la falaise. Le manoir n'est plus que l'ombre de ce qu'il fut, mais le **Temple Mussenden★** donne une belle idée des projets grandioses de l'évêque. Cette élégante adaptation du temple de Vesta à Tivoli, en basalte local parementé de grès de Ballycastle, est dangereusement perchée à l'extrême pointe de la falaise. L'évêque a fait édifier cette rotonde classique en 1785 à la mémoire de sa cousine, Mrs Mussenden. Il l'a utilisée comme bibliothèque, et a laissé le prêtre catholique du village dire la messe dans le sous-sol.

De cet endroit, une **vue** superbe se déroule sur la côte et sur le chemin de fer qui disparaît dans un tunnel.

Continuer vers l'ouest sur la A 2.

Après la porte du Lion *(Lion Gate)*, belle vue sur la mer et la plage, où l'évêque organisait des courses de chevaux. Les générations actuelles préfèrent le surf.

S'engager à gauche dans Bishop's Road.

La « route de l'évêque » a été taillée dans le mont Binevenagh pour raccourcir le trajet du grand homme entre sa résidence et Limavady.

Point de vue de Gortmore★★

Parking. La route escarpée monte le long du versant nord-est du mont Binevenagh. Une superbe vue embrasse la plage de Magilligan, qui s'étend vers la péninsule d'Inishowen. Au 19e s., cette plage a été choisie comme point zéro par le service topographique irlandais.

Redescendre la colline ; tourner à gauche sur la A 2 puis emprunter à droite la B 102.

Magilligan Strand

La longue bande de sable s'étend sur 10 km entre Magilligan Point et Downhill. Une grande partie du terrain est occupée par un champ de manœuvres mais la pointe de Magilligan est aujourd'hui une réserve naturelle. Une tour Martello (1812) y a été édifiée durant les guerres napoléoniennes pour garder la passe étroite du Lough Foyle. Le site de Benone, en bordure de plage, est un complexe touristique fréquenté.

Portrush pratique

Adresses utiles

Dunluce Centre – *Sandhill Drive - ☎ 028 7082 3333 - www.colerainetic.gov.uk - de déb. avr à mi-juin et sept. : lun. 9h-17h ; mars-oct. : sam.-dim. 12h-17h ; de mi-juin à fin août : 9h-17h.*

À COLERAINE

Railway Road - ☎ 028 7034 4723 - tlj sf dim 9h-17h.

Visites

Excursions en bus – Le long de la côte de la Chaussée des Géants *(Causeway Coast)* entre la Chaussée et Portstewart *(si le temps le permet). ☎ 028 9033 7004 - juil.-août : tlj. (voir en gare routière pour les 12-13 juil.) ; dép. de Coleraine : 9h30, 12h, 14h30, 17h ; de la Chaussée des Géants (Giant's Causeway) : 10h40, 13h10, 15h40, 18h10. Étapes possibles à Portstewart, Portrush, Dunluce Castle, Portballintrae, Bushmills. Horaires des Ulster Bus (Service 177) dans les gares routières et offices de tourisme - aller 2,50 £, AR 4 £.*

Promenades en bateau – Pour la visite des grottes dans les falaises calcaires à **White Rock**, à l'est, et des **Skerries**, chapelet d'îles peuplées de très nombreux oiseaux de mer.

Se loger

⊖ **Glenkeen Guest House** – *59 Coleraine Road - ☎ 028 7082 2279 - fax 028 7082 2279 -glenkeen@btinternet.com - fermé 17-31 déc. - P - 10 ch. 30/50 £* ☕. Pension au bon rapport qualité/prix sur la route principale menant en ville. Bien tenue par une propriétaire à l'accueil chaleureux, chambres de bonne taille, toutes équipées d'une salle de douche.

⊖⊖ **Beulah** – *16 Causeway Street - ☎ 028 7082 2413 - stay@beulahguesthouse.com - fermé Noël - P - 9 ch. 60/66 £* ☕. Pension de famille dans une maison victorienne située en plein centre. Chambres modernes et propres. Petit-déjeuner irlandais proposé.

AUX ALENTOURS

⊖⊖⊖ **Brown Trout Golf and Country Inn** – *209 Agivey Road - Aghadowey, sur l'A 54 à 14,5 km de Coleraine - ☎ 028 7086 8209 - fax 028 7086 8878 - bill@browntroutinn.com - P - 15 ch. 80/110 £ ☕ - rest. 16/20 £ à la carte.* Au 17e s., l'endroit était occupé par une ferme et un forgeron ; l'établissement actuel séduit par des activités telles que la pêche, le golf ou le tir. Chambres simples dans l'annexe. Le restaurant propose des plats traditionnels cuisinés maison.

⊖⊖⊖⊖ **Bushmills Inn** – *9 Dunlunce Road - Bushmills - ☎ 028 2073 3000 - fax 028 2073 2048 - mail@bushmillsinn.com - fermé 24-25 déc. - P - 32 ch. 138/168 £ ☕ - rest. 24/34 £ à la carte.* Auberge du 18e s. à deux pas de la distillerie de whisky. Chambres réparties dans la maison et le moulin. Tentez l'Irish coffee signé Bushmills au restaurant sur la cour.

Se restaurer

⊖⊖ **The Harbour Bar** – *The Harbour - ☎ 028 7082 2430 - fermé lun., 25 déc. - ⊭ P - 18 £.* Pub rustique en bord de quai aux nombreux amateurs pour le déjeuner. Il faut passer commande au bar, mais les plats sont apportés à votre table.

⊖⊖ **Ramore Wine Bar** – *The Harbour - ☎ 028 7082 4313 - fermé 25 déc.- 20 £.* Sur une hauteur dominant le port et la baie, le bar à vins affiche un décor contemporain et une ambiance décontractée.

AUX ALENTOURS

⊖⊖ **The Distillers Arms** – *140 Main street - Bushmills - ☎ 028 2073 1044 - fax 028 2073 2843 - simon@distillersarms.com - fermé lun.-vend. midi et lun. soir l'hiver - P - 17/25 £.* Maison à la fois rustique et moderne au centre du village. Prenez place dans de confortables sofas pour déguster des plats irlandais. Les menus varient selon les saisons.

Loisirs

👁 **Bon à savoir** – Il y a des **plages de sable** à Portballintrae, Portrush, Portstewart, Castlerock et Magilligan Strand (Benone).

Dunluce Centre – *10 Sandhill Drive - ☎ 028 7082 4444 - www.touristnetuk.com/ni/dunluce - ♿ juil.-août : 10h-20h ; juin : 10h- 17h, w.-end 12h-19h ; sept.-mai : w.-end 12h-17h (avr.-mai 19h). 7 £.* Il regroupe de nombreuses attractions : écran 4D géant avec simulateur de mouvements.

Strangford Lough★★

COMTÉ DE DOWN
CARTE MICHELIN N° 712 O/P4 – CARTE GÉNÉRALE RABAT I C2

Cette mer intérieure de 29 km de long, aux 142 km de rivages, possède une tranquillité et une beauté paisible, que trouble seulement la marée, quand elle s'engouffre à travers l'étroit chenal qui la sépare de la mer d'Irlande. Le Strangford Lough s'est formé à la fin de l'ère glaciaire : la montée des océans a noyé les drumlins, petites collines d'origine glaciaire qui ponctuent ici le paysage, ou les a transformées en une multitude d'îles en dos de baleine. Le plan d'eau se prête bien à la voile et au canotage et abrite une abondante population d'oiseaux. Ses rives et ses îles conservent un grand nombre de vestiges anciens.

- **Se repérer** – Profondément enserré entre la péninsule d'Ards et celle de Lecale, au sud-est de Belfast, le Strangford Lough est relié à la mer d'Irlande par un étroit goulet. Le lough est desservi par les routes A 20, A 21, A 22 et A 25.
- **À ne pas manquer** – Les ruines de l'abbaye cistercienne de Grey Abbey ; l'aquarium Exploris ; Castle Ward ; en hiver, le centre de protection des marais et oiseaux Castle Epie ; le panorama depuis la tour de Scrabo.
- **Organiser son temps** – Prévoir au moins deux jours pour faire le tour du lac et visiter les principaux sites.
- **Avec les enfants** – L'aquarium Exploris ; Delamont Country Park.
- **Pour poursuivre le voyage** – Voir aussi Bangor, Downpatrick, Lisburn, Mount Stewart.

Comprendre

Le premier nom irlandais du lough est *Lough Cuan*, mais celui qui lui est resté est celui de « fjord violent » donné par les Vikings, qui fait référence au spectacle, renouvelé à chaque changement de marée, 350 millions de m^3 d'eau de mer s'engouffrant dans la passe entre Portaferry et le village de Strangford. Dans le fjord même, les conditions naturelles varient entre la rive est, sur la péninsule d'Ards *(voir Bangor)* et la rive ouest. Le littoral est est plus exposé : les *drumlins* y ont été érodés par les vagues et les vents d'ouest dominants, alors que, sur le côté ouest, un archipel de *drumlins* suit toute la longueur du lough.

L'ensemble du lough a été classé **réserve naturelle marine**, la première créée en Irlande du Nord. Certaines îles, certaines parties du rivage ou certaines zones limitrophes sont protégées en réserves naturelles nationales ou zones d'intérêt scientifique. La plus grande partie du rivage est gérée par des organismes publics : National Trust ou Société royale de protection des oiseaux.

Itinéraire en bord de lac

Dans le sens des aiguilles d'une montre au départ de Newtownards.

Cet itinéraire explore les rives du lough, offrant de nombreuses occasions d'apprécier la richesse de sa faune sauvage, ses charmants villages, son patrimoine qui remonte aux premiers chrétiens, ainsi qu'une résidence de campagne sortant de l'ordinaire.

Newtownards

À l'intérieur des terres au fond du fjord, Newtownards est riche d'une longue histoire qui remonte à la fondation d'un prieuré au 13e s. Mais, comme le suggère son nom de « nouvelle ville », elle a été réaménagée à l'époque de la Plantation. Aujourd'hui, elle se présente surtout comme centre commerçant moderne et cité-dortoir de Belfast. Mais elle a conservé sa vaste place de marché, avec un bel hôtel de ville georgien en pierre de Scrabo et, à l'extrémité est de la rue principale *(High Street)*, une remarquable croix de marché érigée en 1635, gravement endommagée quelques années plus tard. Les ruines du prieuré n'ont pas grand caractère, excepté pour le caveau de la famille Londonderry *(voir p. 500)*. Une belle collection de **stèles★** du 13e s., rehaussées de croix foliées, est conservée à l'**abbaye de Morvilla**, jadis une des plus importantes d'Ulster *(3 km au nord-est par la A 48, la B 172 et la Old Morvilla Road à droite ; entrée par le cimetière)*.

Au départ de Newtownards prendre la A 20 le long de la rive est du lac.

Grey Abbey★

Parking. Avr.-sept. : visite guidée (30mn) tlj sf lun. 9h-18h, dim. 13h-18h ; oct.-mars : sam. 10h-16h, dim. 14h-16h. ☎ 028 4278 8585 (gardien). www.ehsni.gov.uk

Les ruines de l'abbaye de Grey sont ce qui reste d'un établissement cistercien, fondé en 1193 par Affreca, épouse de Jean de Courcy, qui a fait venir des moines de l'abbaye de Holm Cultram, en Cumbria (Angleterre). Comme beaucoup de monastères cisterciens, il bénéficie d'un cadre particulièrement harmonieux, dans un site qui était à l'origine très isolé. Son église, une des premières d'Irlande à présenter des éléments du style gothique primitif, montre un magnifique portail ouest (1220-1230) orné de moulures ouvragées et de frises en denticules. Endommagée au cours des guerres élizabéthaines, l'abbatiale a été restaurée et a servi de nombreuses années comme église paroissiale. Un petit centre d'accueil présente une exposition sur la vie monastique et la construction de l'abbaye. Un jardin de simples reconstitué fait revivre une bonne cinquantaine de plantes médicinales, semblables certainement à celles que cultivaient les cisterciens pour soigner les maladies.

Poursuivre vers le sud sur la A 20.

Portaferry

Par le ferry de Strangford. Ville côtière animée jusqu'au milieu du 19e s., Portaferry est aujourd'hui un centre de pêche et de navigation de plaisance. Le long du séduisant front de mer, qui fait face à Strangford de l'autre côté du détroit, apparaissent deux belles maisons georgiennes, qui sont désormais reconverties en un centre de biologie marine *(Queen's University, Belfast)*. **Portaferry Castle**, maison forte dont l'entrée est gardée sur un seul côté par une avancée, a sans doute été bâtie au 16e s. par la famille Savage.

Exploris★ – *Avr.-août : 10h-18h, sam. 11h-18h, dim. 13h-18h ; sept.-mars : 10h-17h, sam. 11h-17h, dim. 13h-17h. 7 £ (enf. 4 £, famille 2+4 22 £). 028 4272 8062. www.exploris.org.uk.* Bien plus qu'un simple aquarium, Exploris présente, grâce à d'intéressantes reconstitutions, de nombreux habitats sous-marins et de rivage. La vie marine du Strangford Lough et de la mer d'Irlande y dévoile toute sa richesse et sa complexité. On y trouve des bassins où on peut caresser les animaux, un laboratoire de découverte marine, et un des plus grands aquariums marins du Royaume-Uni, que les visiteurs peuvent observer du dessus ou du dessous à partir d'une grotte sous-marine.

Prendre le car-ferry qui traverse le détroit pour rejoindre Strangford.

Strangford Tower House

Se procurer la clé à la maison en face. 028 9054 3037. www.ehsni.gov.uk

Au milieu du charmant petit port, qui date du Moyen Âge, se dresse une **maison forte** commencée au 15e s., mais dont le style est plus proche du 16e s. À l'intérieur, un escalier de bois gravit les trois étages et conduit à une étroite galerie sur le toit. On y jouit d'une belle vue sur le ferry traçant sa route à travers les Narrows vers Portaferry, sur la rive opposée.

Faire un détour de 4 km au sud par la route côtière (A 2).

Kilclief Castle

Avr.-sept. : tlj sf lun. 10h-18h, dim. 14h-18h. 1 £. 028 9181 1491. www.ehsni.gov.uk

La **maison forte**, conçue comme un corps de garde de château, avec ses deux avancées protégeant l'entrée, a probablement été construite par l'évêque de Down, entre 1413 et 1441, pour garder l'accès du goulet de Strangford.

De retour à Strangford, suivre l'A 25 vers l'ouest.

Castle Ward★★

Parc et domaine - 10h-20h (oct.-avr. 16h). Résidence - juin-août : 12h-18h ; sept.- oct. : w.-end ; 16-18, 23-24, 29-31 mars ; avr. 1re sem. et w.-end ; mai tlj sf mar. Domaine, résidence et parc animalier 4,80 £ (enf. 2,70 £, famille 7,20 £). 028 4488 1204. www.nationaltrust.org.uk

Dans le superbe cadre d'un parc dominant le Strangford Lough, cette grande demeure bâtie entre 1760 et 1775 est un compromis architectural unique, curieux mais attrayant, entre les goûts opposés de Bernard Ward, fait plus tard lord Bangor, et de son épouse Anne. Le maître de maison penchait pour la rigueur du style classique, sa femme était sensible aux premiers frémissements du mouvement romantique. Le résultat ? Une façade principale palladienne, complétée côté jardin par une deuxième dans le style néogothique inventé par Horace Walpole à Strawberry Hill. L'intérieur présente une semblable dualité.

Le parking à proximité de la résidence est relié par une voie à un autre parking près de la rive du lac et du vieux château (Old Castle Ward).

Résidence – L'entrée d'origine, sur la façade sud-ouest de style classique, ouvre sur un hall richement orné de stucs, pour partie œuvre de plâtriers de Dublin et pour partie œuvre plus fruste, due à des artisans locaux. La palette de couleurs serait aujourd'hui fidèle à l'originale.

La famille Ward

À la fin du 16e s., Bernard Ward, originaire de Capesthorne dans le Cheshire, achète le domaine aux comtes de Kildare. En 1610, Nicholas Ward bâtit une maison forte, Old Castle Ward, sur les bords du Strangford Lough. Au 18e s., les terres de la sixième génération des Ward s'étendent du château jusqu'à la côte de la baie de Dundrum. Il ne reste pourtant aucune trace de la maison construite par Michael Ward, qui a encouragé le commerce de la toile de lin, développé les mines de plomb sur son domaine, aménagé la ville et le port nouveaux de Killough avant de devenir magistrat de la Couronne en Irlande. La propriété échoit en 1812 à Robert Ward, qui délaisse Castle Ward au profit de sa résidence de Bangor. Le titre de Bangor sera accordé à la famille en 1781, et le domaine restauré par le troisième vicomte. À la mort du sixième vicomte de Bangor, en 1950, la demeure est cédée à l'État pour régler les droits de succession, puis offerte au National Trust.

Les pièces de l'aile nord-est sont décorées dans le style gothique cher à lady Bangor : la **voûte en éventail** du boudoir, inspirée de la chapelle Henri VII à l'abbaye de Westminster ; les panneaux vitrés du **salon**, attribués à l'école flamande du 17e s. ; le **petit salon** montrant une vue du château peinte en 1785 par William Ashford.

Par contraste, la **salle à manger** se trouve dans la partie classique de la maison. En 1827, les lambris du 18e s. ont été peints, veinés et ornés de dorures ; les sièges sont de style Chippendale (environ 1760).

Une galerie souterraine conduit du sous-sol à la **cour des écuries**, dont le niveau a été abaissé pour que les dépendances ne soient pas visibles de la résidence. La **buanderie** est un bâtiment du 18e s., dotée d'un équipement du siècle suivant : lavoir, chaudière en cuivre, essoreuse à rouleaux de pierre.

Parc – Quand, dans les années 1760, on construit la nouvelle résidence, un parc paysager formé de vastes pelouses et de bouquets d'arbres, avec un enclos de daims, remplace l'ancien jardin structuré. Mais on conserve son principal élément, **Temple Water**, canal de 550 m créé en 1724 dans l'axe de la tour du château d'Audley. Sur la rive est, une **glacière** subsiste près de l'ancienne résidence du début du 18e s., depuis longtemps démolie. En face, sur une colline, se dresse le **Temple**, pavillon d'été de style classique, avec un portique dorique (1750). À proximité, le jardin clos, où l'on cultivait les fleurs, les fruits et les légumes pour la maison, renferme des enclos où s'ébattent les oiseaux de la Wildfowl Collection, qui reflète la diversité des oiseaux de la région du Strangford Lough.

Près du rivage est édifiée la maison forte du 17e s., Old Castle Ward, première construction d'un membre de la famille Ward sur le domaine. Elle est aujourd'hui entourée de bâtiments de ferme, la plupart construits au milieu du 19e s. dans un style médiéval à créneaux pour s'harmoniser avec elle. Le moulin du 18e s., actionné à l'origine par la marée, a été par la suite alimenté par le canal Temple Water. Un autre bâtiment accueille le **Centre de la faune du Strangford Lough** *(Strangford Lough Wildlife Centre).*

Accès à pied de l'entrée nord de Castle Ward ou par une route secondaire à l'ouest du domaine de Castle Ward. Franchir le portail en voiture jusqu'au parc de stationnement.

Audley's Castle★

Les ruines de cette **maison forte** du 15e s., conçue aussi comme un corps de garde, se dressent sur un promontoire au-dessus du fjord. Elle a été édifiée par la famille Audley, qui possédait des terres dans cette région au 13e s., et vendue en 1646 aux Ward, de Castle Ward. La vue sur les rives boisées du fjord est belle. Le hameau d'Audleystown, dont on pense que les habitants ont émigré aux États-Unis, a été démoli vers 1850.

Audleystown Cairn

Passer à travers champs. Revêtu de pierres sèches, le cairn est une double tombe à cour, dont chaque extrémité est précédée d'une avant-cour ouvrant sur des galeries. En 1952, des fouilles ont mis au jour 34 squelettes en partie brûlés, des poteries du néolithique et des outils en silex.

Poursuivre vers l'ouest sur la A 25.

Quoile Countryside Centre★

♿ *Avr.-août : 11h-17h ; oct.-mars : w.-end 14h-17h. Fermé 1er janv., 25-26 déc.* ✆ *028 4461 5520. www.ehsni.gov.uk*

Grey Point
Belfast Lough
Groomsport
Copeland Islands
BELFAST
Crawfordsburn Country Park
BANGOR
A 2
NORTH
Donaghadee
A 48
Somme Heritage Centre
A 21
BELFAST
Ballycopeland
Millisle
Newtownards
CHANNEL
A 20
Movilla Abbey
A 2
Scrabo Country Park
Ballyferis Point
A 22
ARDS
Comber
A 21
MOUNT STEWART ★★★
Hillsborough ★
Temple of the Winds
Ballywalter
Wildfowl and Wetlands Trust ★
B 5
A 21
Grey Abbey ★
★ STRANGFORD
A 22
Mahee Castle
Mahee Island
PENINSULA
Nendrum Monastery ★
Burr Point
★ Rowallane Gardens
Sketrick Castle
Kircubbin
A 2
LOUGH
Portavogie
A 20
BELFAST
Killyleagh
★ Rowallane Gardens
Delamont Country Park
A 22
★ Audley's Castle
A 7
Audleystown Cairn
Portaferry
★ Quoile Countryside Centre
★★ Castle Ward
Strangford
B 2
A 25
Raholp
★ Inch Abbey
St Tassach's Church
Saul
Quoile
Slieve Patrick
Kilclief Castle
Downpatrick
Struell Wells ★
Ballyquintin Point
IRISH
A 25
LECALE PENINSULA
NEWCASTLE
Killard Point
★ Stone Circle
B 1
A 2
Ballynoe
SEA
N
Ardtole
A 2
Ardglass ★
Killough
Dundrum Bay
STRANGFORD LOUGH
Church
0 5 km
0 3 miles
St John's Point

Un barrage, construit en 1957 sur l'île de Hare, a isolé de la mer l'estuaire de la Quoile, autrefois soumis à l'influence des marées. Le parcours final de la rivière a été transformé en un lac d'eau douce, doté de vannes pour contrôler les inondations. Cette zone (200 ha) est désormais une réserve naturelle de bois, de prairies parsemées de joncs et de roselières, peuplée de nombreuses espèces d'oiseaux des bois et des marais, ainsi que de loutres.

Au départ de **Quoile Quay**, quai installé en 1717 par Edward Southwell et qui a servi de port à Downpatrick jusqu'en 1940, la route rejoint **Quoile Castle**, maison forte de la fin du 16e s., habitée par la famille West jusqu'au milieu du 18e s. L'angle sud s'est effondré en 1977, mettant au jour deux pièces voûtées, avec des meurtrières au rez-de-chaussée. Le **centre d'accueil** *(Visitor Centre)* renseigne sur l'histoire de la région et sur la nature environnante. La route débouche sur le quai des bateaux à vapeur *(Steamboat Quay)*, aménagé en 1837 par David Ker, qui a tenté sans succès d'établir une ligne de bateaux à aubes desservant Liverpool.

Depuis Downpatrick prendre la A 22 vers le nord.

Delamont Country Park

De 8h30 au coucher du soleil. ✆/fax 028 4482 8333. www.delamontcountrypark.com

Le parc rural de Delamont, dont le jardin clos s'organise en plates-bandes ordonnées et en buissons ornementaux, s'étire jusqu'à la berge du Strangford Lough. Au printemps, les bois sont parsemés de fleurs sauvages et des agneaux gambadent dans les prairies. On peut apercevoir des renards, des hermines, des blaireaux et, près de l'eau, des loutres et des phoques. La population d'oiseaux est riche et variée : hérons, qu'on voit nidifier et élever leurs oisillons entre février et le milieu de l'été, grimpereaux, roitelets, pinsons, hiboux, oiseaux des marais, guillemots, courlis, huîtriers et diverses espèces de sternes. Outre le spectacle des oiseaux, à partir d'un vaste observatoire, le parc propose, entre autres activités, le plus long chemin de fer miniature d'Irlande, des promenades en bateau, un terrain d'aventures et des randonnées d'orientation.

Poursuivre vers le nord sur la A 22.

Killyleagh

Sur la rive ouest du Strangford Lough, le séduisant centre de voile est dominé par son **château** romantique à tourelles. L'édifice a été remanié en 1850 par Charles Lanyon, qui a intégré deux tours rondes des 13e et 17e s. Le château d'origine, édifié par Jean de Courcy, est passé aux mains des O'Neill ; il a été détruit en 1648 par le général Monk, puis reconstruit par les Hamilton, comtes de Clanbrassil et vicomtes Clandeboye.

Poursuivre vers le nord sur la A 22 ; emprunter à droite la route secondaire qui suit le rivage.

Sketrick Castle

Parking. L'accès à l'île de Sketrick est gardé par les ruines d'une maison forte massive à quatre niveaux, qui s'est écroulée lors d'une tempête en 1896. Le rez-de-chaussée était divisé en quatre salles ; la plus vaste, voûtée, était sans doute la cuisine ; celle du milieu pourrait avoir servi de remise à bateaux. À l'arrière, un tunnel conduit à une source protégée par une voûte en encorbellement.

Poursuivre vers le nord sur la route secondaire le long du rivage.

Nendrum Monastery★

À la pointe nord de l'île de Mahee. Avr.-sept. : tlj sf lun. 10h-19h, dim. 14h-19h ; oct.-mars : sam. 10h-16h, dim. 14h-16h. Entrée libre. ✆ 028 9181 1491. www.ehsni.gov.uk

Sur une des îles du lough s'étendent les ruines évocatrices d'un site préchrétien. L'accès se faisait autrefois par bateau ou à gué. Aujourd'hui, on y parvient par une route étroite et sinueuse et par des chaussées qui relient un chapelet d'îles. L'accès à la dernière chaussée est dominé par les ruines *(dangereuses)* du **château de Mahee**, construit en 1570 par un soldat anglais, le capitaine Browne.

Nendrum a été fouillé et partiellement restauré dans les années 1920. Un centre d'accueil évoque l'histoire du site, composé de trois enclos concentriques *(cashels)* limités par des murs de pierres sèches. Le monastère aurait été fondé au 5e s. dans ce site bien protégé par saint Mochaoi (Mahee) ; il a été pillé par les Vikings, puis rétabli au 12e s. par l'Anglo-Normand Jean de Courcy, qui a fait venir des moines bénédictins de Cumbria (Angleterre). Mais au 14e s. déjà, les moines ne l'occupaient plus.

Les vestiges de l'église conventuelle se trouvent dans l'enclos intérieur. Sa partie est est l'œuvre des bénédictins au 12e s., mais l'extrémité ouest est sans doute plus ancienne, peut-être du 10e s. Un cimetière entoure l'église ; à proximité se dresse la base d'un

O. Forir / MICHELIN

Dunluce Castle (comté d'Antrim).

IIC/Axiom/Gettyimages

Les îles de Strangford Lough.

English School/Gettyimages

Castle Ward (comté de Down).

clocher rond. Le deuxième enclos regroupait l'école et les ateliers des moines. La vaste enceinte extérieure réunissait maison d'hôtes, logements, jardins, vergers, prés et champs cultivés. Au bord du lough, un moulin était actionné par la marée.
Poursuivre vers le nord sur la route secondaire qui suit le rivage.

Wildfowl and Wetlands Trust (Castle Espie Centre)★

♿ *Mars-oct. : 10h30-17h, dim. 11h-17h30 ; nov.-fév. : 11h-16h, sam et dim. 11h30-16h30. Fermé 23-25 déc. 5,95 £. ☎ 028 9187 4146. www.wwt.org.uk*
Le centre de protection des marais et oiseaux aquatiques occupe un site charmant sur la rive ouest du Strangford Lough. Ses lacs d'eau douce, formés dans les anciennes carrières d'argile et de calcaire exploitées par une usine produisant briques, tuiles et poteries, en font un site de reproduction et d'hivernage idéal, tant pour les oiseaux sauvages que pour les espèces menacées nées en captivité. C'est en hiver qu'il est le plus intéressant, lorsque des milliers d'oiseaux migrateurs arrivent de l'Arctique.
Poursuivre vers le nord sur la A 22 ; dans Comber, prendre la A 21 ; tourner à gauche pour gravir une route secondaire en forte pente.

Scrabo Country Park

Parking au sommet de la colline ; 5mn à pied jusqu'à la tour. Second parking dans les bois de Killynether. ♿ Parc rural - tlj tour de Scrabo - de Pâques à fin sept. : tlj sf vend. 10h30-18h. ☎ 028 9181 1491 (gardien).
Au sommet de la colline de Scrabo, la **tour de Scrabo** domine l'extrémité nord du Strangford Lough. C'est la pièce maîtresse d'un parc rural très fréquenté, qui offre des promenades vivifiantes dans ses bois de hêtres et de noisetiers, avec de belles vues. Le sommet de la colline est en dolérite, roche volcanique expulsée ici sous forme de lave à l'époque même où se formait la Chaussée des Géants. La lave a protégé la couche de grès sous-jacente de l'érosion qui l'a éliminée ailleurs du paysage. Dans le passé, les deux roches ont été exploitées en carrière, la sombre dolérite pour bâtir Mount Stewart, le grès clair pour de nombreux bâtiments de Belfast. Les deux ont servi pour la tour de 41 m, érigée en 1857 à la mémoire du troisième marquis de Londonderry (1778-1854) *(voir p. 500)* en reconnaissance de l'aide apportée à ses fermiers pendant la Grande Famine. La tour propose une petite exposition sur le parc rural et une présentation audiovisuelle sur l'histoire du Strangford Lough.
De son sommet *(122 marches, cartes panoramiques)*, le **panorama**★★ s'étend au nord jusqu'à la côte écossaise et au sud-est jusqu'à l'île de Man, par-delà le *lough* et ses myriades d'îles formées par les *drumlins*.

Strangford Lough pratique

Adresses utiles

À NEWTOWNARDS

🅸 *31 Regent Street - ☎ 028 9182 6846 - www.kingdomsofdown.com - été : 9h-17h15, vend.-sam. 9h-17h30 ; hiver : lun.-vend. 9h15-17h, sam. 9h30-17h.*

À PORTAFERRY

🅸 *The Stables - Castle Street - ☎ 028 4272 9882 - www.kingdomsofdown.com - juil.-août : lun.-sam. 10h-17h30, dim. 13h-18h ; avr., juin et sept. : lun.-sam. 10h-17h.* À l'office du tourisme de Portaferry, une exposition présente les centres d'intérêt autour du Strangford Lough, la faune et la flore, ainsi que l'histoire locale ; un film inventorie les maisons fortes. L'office renseigne aussi sur les activités locales et les spectaclesdans la région.

Visite

Ferry des Strangford Narrows – Entre Strangford et Portaferry, à l'endroit où le lough se resserre, un ferry assure la traversée des véhicules. *☎ 028 4488 1637 - dép. de Strangford (à l'heure et à la demie) 7h30-22h30, sam. 8h-23h, dim. 9h30-22h30 ; dép. de Portaferry (au quart et à moins le quart) 7h45-22h45, sam. 8h15-23h15, dim. 9h45-22h45 - fermé 25 déc. - voiture 5,30 £ ; passager 1,10 £ ; moto 3,10 £.*

Se loger

À NEWTOWNARDS

⊖⊖ **Evendale House** – *130 Portaferry Road - 4,5 km au sud-est sur la A 20 - ☎ 028 9181 4881 - evendalehouse@hotmail.com - fermé 20 déc.-7 janv. - 🅿 - 3 ch. 80 £* ☕. Belle maison georgienne avec jolies vues sur le massif des monts Mourne et élégant salon. Briocheries et confitures maison.

À COMBER

⊖⊖ **Anna's House** – *Tullynagee - 35 Lisbarnett Road - 5,5 km au sud-est par la A 22 - ☎ 028 9754 1566 - anna@annahouse.com - fermé Noël et 1er janv. - 🅿 - 3 ch. 80/90 £* ☕. Ferme avec salon cosy et chambres confortables disposant de jolies vues. La véranda, chauffée par géothermie, offre un beau panorama sur le lac. Petit-déjeuner « bio » à base de produits du jardin.

À PORTAFERRY

⊖⊖⊖ **Portaferry** – *10 The Stran - ✆ 028 4272 8231 - fax 028 4272 8999 - info@portaferryhotel.com - fermé 24-25 déc. - 14 ch. 79/110 £ ☕ - rest. 18/31 £.* La plupart des chambres de cet hôtel du 18e s. situé sur les rives de Strangford Lough, disposent de vues sur le lac. Les murs du salon sont ornés de peintures irlandaises et, au restaurant, la cuisine revendique le terroir.

Se restaurer

À NEWTOWNARDS

⊖ **Old Cross Inn** – *4 Castle Place - ✆ 028 9182 0212 - 17h-20h30 - autour de 10£.* Auberge traditionnelle servant une cuisine rustique de bon aloi.

À PORTAFERRY

⊖⊖ **The Narrows** – *8 Shore Road - ✆ 028 4272 8148 - réservation conseillée - 25 £.* Réputé pour sa cuisine familiale revisitée par la nouvelle gastronomie irlandaise et d'ailleurs. Délicate cuisine de la mer et bonne carte des vins. Quelques chambres confortables mais assez chères.

Loisirs

👁 **Bon à savoir** – En de nombreux endroits, Castle Espie, Delamont, Quoile Countryside Centre, Castle Ward et Mount Stewart, on peut voir évoluer les phoques et autres animaux marins, nidifier les oiseaux, notamment les colonies d'oiseaux aquatiques, et se familiariser avec la flore. L'aquarium de Portaferry présente la vie marine du fjord.

Agenda

Lough Lively – *www.ards-council.gov.uk.* En mai, les légendes et traditions de Strangford Lough reprennent vie pendant une semaine de festivités. Manifestations à Castle Espie, Mount Stewart et Exploris à Portaferry.

Festival d'Opéra de Castle Ward – *✆ 028 9263 9545 (rens.).* Un festival d'opéra se déroule en juin dans le domaine de cette magnifique résidence de campagne.

Galway Hookers'Regatta (Crinniú na mBád) – En juin, régates annuelles de voiliers traditionnels *(hourques)* sur le Strangford Lough.

L'OUEST DE L'IRLANDE DU NORD

Encadrée par trois vastes étendues d'eau, le Lough Neagh à l'est, le Lough Erne au sud-est et le Lough Foyle au nord-ouest, cette partie de l'Irlande du Nord est dominée par des paysages ruraux notamment dans le comté d'Armagh où foisonnent les vergers de pommiers. Ancienne capitale de l'Ulster, la ville d'Armagh, qui abrite à elle seule deux cathédrales St Patrick, l'une catholique, l'autre protestante, occupe une place de premier plan dans l'histoire de l'Irlande chrétienne. Un peu plus au nord, Dungannon et les bourgs qui l'environnent évoquent la période de la colonisation. Outre la visite de la célèbre cristallerie Tyrone, l'intérêt de cette contrée réside dans les nombreux vestiges de manoirs et châteaux qui sont à découvrir. À l'ouest, une belle région de lacs, de forêts et de collines s'étire jusqu'à la frontière de la république d'Irlande, c'est le Fermanagh. Enniskillen, sa « capitale », se niche entre deux parties du Lough Erne, parsemé de 154 îles boisées. Cet environnement est le paradis des amoureux de la nature, des promeneurs, des pêcheurs et des plaisanciers. En remontant vers le nord s'étendent sur une soixantaine de kilomètres, d'est en ouest, les monts Sperrin. La chaîne de montagnes anciennes qui culmine à 678 m est tapissée de landes et de tourbières. Elle enserre d'étroites vallées couvertes de forêts profondes où coulent des rivières poissonneuses. Sur l'autre versant du massif, au pied de la péninsule d'Inishowen, Londonderry borde la Foyle à une courte distance de son embouchure dans l'immense baie du Lough Foyle. La ville, tristement célèbre pour son lourd passé d'affrontements intercommunautaires, est devenue une cité agréable à visiter avec ses remparts et ses pubs chaleureux. C'est ici, dans ces somptueux paysages de campagne, lacs et montagnes, que s'est écrite une large part de l'histoire de l'Ulster.

- **Se repérer** – Armagh, Tyrone, Fermanagh et Derry sont les quatre comtés qui forment cette partie de l'Irlande du Nord. La M 1, qui relie Belfast à Dungannon, est la seule autoroute de cette zone. Armagh se trouve au sud de Dungannon sur la A 29. À l'ouest, Fermanagh et Enniskillen sont accessibles par la A 4. Les monts Sperrin sont bordés à l'ouest par la A 5 entre Londonderry et Armagh et coupés par la A 29 entre Armagh et Coleraine, et par la A 6 entre Londonderry et Belfast. Londonderry se situe près de la frontière avec le comté du Donegal au carrefour des routes A 2, A 5 et A 6.
- **À ne pas manquer** – Armagh, capitale spirituelle de l'Irlande du Nord et aux alentours le site néolithique de Navan Fort ; autour d'Enniskillen, la résidence de Castle Coole, les grottes de Marble Arch et les falaises de Magho ; à Londonderry la promenade sur les remparts et les pubs musicaux de Waterloo Street ; dans les monts Sperrin la résidence de Springhill, Roe Valley Country Park et les points de vue depuis la route du mont Sawel.
- **Organiser son temps** – Prévoyez une semaine pour découvrir cette partie de l'Irlande du Nord. Après avoir visité Armagh, Dungannon, Enniskillen et leurs alentours, passez deux jours en pleine nature au cœur des monts Sperrin. Réservez votre week-end pour Londonderry.
- **Avec les enfants** – Le planétarium et Navan Fort près d'Armagh ; Marble Arch Caves aux alentours d'Enniskillen ; Ulster-American Folk Park dans les monts Sperrin.
- **Pour poursuivre le voyage** – Voir aussi Lough Neagh, Newry, Portrush et, en république d'Irlande, Buncrana, Cavan, Donegal, Donegal Glens, Sligo.

La statue de la réconciliation à Londonderry.

Belfast (A6)
Coleraine
Buncrana A2
Moville
Bus Station
City Centre
Local Traffic and Shops
P Car Parks
P 130 Spaces
Tourist Coach
Setting Down Point

Armagh★★

14 590 HABITANTS – COMTÉ D'ARMAGH
CARTE MICHELIN N° 712 L/M 4 – CARTE GÉNÉRALE RABAT I C2

Bâtie comme Rome sur des collines, la capitale religieuse de l'Irlande règne sur une campagne prospère, émaillée de vergers de pommiers. Riche en belles constructions georgiennes, Armagh est dominée par ses deux cathédrales, sièges des archevêchés anglican et catholique irlandais. Longtemps chef-lieu du comté, Armagh a été élevée au rang de cité en 1994, hommage à son rôle unique dans la vie spirituelle du pays ; elle n'en reste pas moins une bourgade des plus paisibles.

- **Se repérer** – Armagh *(Ard Macha)* se trouve entre le Lough Neagh et la frontière, à 80 km au sud-ouest de Belfast par la M 1.
- **À ne pas manquer** – Les deux cathédrales St Patrick (anglicane et catholique) ; le domaine de Palace Demesne ; le site néolithique de Navan Fort ; The Argory et sa belle décoration intérieure.
- **Organiser son temps** – Compter une demi-journée pour visiter le centre-ville. Si vous y séjournez, pensez à arriver tôt au restaurant pour dîner, Armagh n'est pas une ville très animée le soir.
- **Avec les enfants** – Le planétarium d'Armagh ; Navan Fort.
- **Pour poursuivre le voyage** – Voir aussi Lough Neagh, Newry, monts Sperrin et, en république d'Irlande, Dungannon, Monaghan.

L'élégance en architecture

Dans l'ambiance paisible du 18e s. et du début du 19e s., l'agriculture et le commerce prospèrent. Armagh acquiert une partie de sa plus belle architecture sous le patronage bienveillant de son primat anglican Richard Robinson, plus tard lord Rokeby, qui devient archevêque en 1765. Il restaure la cathédrale, se fait bâtir un beau palais, construit une bibliothèque et d'autres bâtiments publics, fonde un observatoire et embellit le célèbre Mall, la grande avenue de la ville. Il fait travailler **Francis Johnston** (1761-1829), architecte né à Armagh, et l'aide à s'établir comme l'un des meilleurs concepteurs irlandais. Mais il échoue dans sa tentative de faire d'Armagh une ville universitaire et la capitale de l'Ulster.

Comprendre

Le nom d'Armagh, dérivé de *Ard Macha*, « les hauteurs de Macha », vient d'une reine païenne légendaire, qui a fait élever une forteresse sur une colline au milieu du comté. En 322, la destruction du fort de Navan, siège du pouvoir en Ulster pendant la période préchrétienne, a favorisé le développement du village d'Armagh.

Venu convertir l'Irlande au christianisme vers 445, **saint Patrick** fait d'Armagh le siège principal de la nouvelle religion. Il bâtit son église sur la colline de la cathédrale. Il déclare qu'elle aura préséance sur les autres églises d'Irlande. Depuis ce temps, Armagh est la capitale spirituelle de l'île.

Aux siècles suivants, Armagh acquiert un immense prestige comme grand centre d'enseignement. Des professeurs illustres y enseignent, comme le grand archevêque du 12e s. **saint Malachie**. Sa réputation est telle qu'en 1162 un synode ecclésiastique décrète que seuls les anciens étudiants d'Armagh pourront enseigner la théologie en Irlande. Le célèbre *Livre d'Armagh*, manuscrit du 9e s. aujourd'hui exposé à la bibliothèque de Trinity College *(voir p. 120)*, a été rédigé et enluminé ici.

Les vergers réputés de la région ont été plantés à l'origine par des colons anglais en provenance du vallon d'Evesham. Le comté d'Armagh a fait partie de la « Plantation » de l'Ulster au début du 17e s., mais la population irlandaise d'origine n'a pas été déplacée entièrement, loin de là. La ville d'Armagh avait déjà depuis longtemps des rues entièrement anglaises, écossaises et irlandaises. Aujourd'hui, le comté se divise en une partie nord à large majorité protestante et une partie sud à prédominance catholique.

Se promener

À L'OUEST

St Patrick's Trian A1

Abbey Street. 10h-17h, dim. 14h-17h. Fermé 25-26 déc. 3,75 £. ✆ 028 3752 1801.

Le Trian *(prononcer Tri-ane)* était une des divisions administratives de la cité. Outre l'office de tourisme, ce centre d'accueil moderne abrite une suite de présentations passionnantes. Elles retracent tout d'abord l'histoire religieuse et architecturale de la ville. Puis, dans *Land of Lilliput*, elles rappellent les aventures du héros des *Voyages de Gulliver*, de Jonathan Swift. Les enfants sont surpris de voir le géant Gulliver ficelé au sol par les minuscules Lilliputiens. **Swift** séjournait souvent dans le comté d'Armagh, où il avait plusieurs amis.

Shambles A1

Ainsi qu'il est inscrit au-dessus de l'entrée, les abattoirs ont été construits en 1827 par l'archevêque Beresford. Dessinés par Francis Johnston, ils sont toujours utilisés.

St Patrick's Cathedral★ A1

8h30-19h. Visite guidée sur demande auprès du sacristain. ✆ 028 3752 2638.

Bâtie au sommet d'une colline, la **cathédrale catholique** du 19e s. aux flèches jumelles est précédée d'un escalier monumental de 44 marches. Elle est flanquée par les statues des archevêques Crolly et McGettigan, sous l'égide desquels elle a été élevée. Cet impressionnant monument néogothique occupe la position la plus en évidence possible, symbole de la confiance croissante des catholiques et de leur foi. Elle a été bâtie avec des fonds récoltés au cours d'innombrables quêtes et loteries, avec les contributions de la couronne et de la papauté.

Sa construction débute en 1840 dans le style gothique « perpendiculaire » de Thomas J. Duff, mais la Grande Famine impose l'arrêt des travaux jusqu'en 1854. Elle sera achevée en 1873 dans le style gothique ornemental choisi par J. J. McCarthy. Les statues dans les niches de la façade principale représentent les apôtres.

L'**intérieur** richement décoré de la cathédrale vibre de couleurs, avec une magnifique voûte peinte, des vitraux et des mosaïques murales. Les écoinçons sont ornés de têtes de saints irlandais. Le sanctuaire a été rénové en 1981-1982 sous la direction de Liam McCormick.

Infirmary A1

L'hôpital, encore un bâtiment commandé par l'archevêque Robinson, a été dessiné par George Ensor et achevé en 1774 ; il est toujours en activité.

Armagh (Robinson) Public Library A1

Visite guidée (payante) tlj sf w.-end 10h-13h, 14h-16h. Fermé j. fériés. ✆ 028 3752 3142. www.armaghrobinsonlibrary.org

La bibliothèque publique fondée par l'archevêque Robinson en 1771 occupe un bâtiment conçu par Thomas Cooley ; l'inscription grecque de la façade signifie « l'apaisement de l'esprit ». Elle renferme une copie des *Voyages de Gulliver* annotée par **Swift**, et de nombreux autres livres anciens et manuscrits. Elle abrite également la collection Rokeby de gravures du 18e s. et des cartes historiques, notamment un jeu complet de cartes d'état-major des 32 comtés d'Irlande (édition de 1838).

Vicar's Row A1-2

La construction de ce rang de petites maisons, sur le côté ouest de l'enceinte de la cathédrale, a été entreprise vers 1720 pour loger les auxiliaires féminines du clergé.

St Patrick's Cathedral★ A2

♿ 9h-17h (hiver 16h), dim. 9h30-16h. Possibilité de visite guidée (20mn) 3 £. Pèlerinage à la Colline de Patrick : 17 mars (jour de la Saint-Patrick). ✆ 028 3752 3142.

La **cathédrale anglicane**, au sommet de la colline, date pour l'essentiel du Moyen Âge. Mais l'église a été très restaurée par l'archevêque Robinson en 1765, puis à nouveau, entre 1834 et 1837, quand l'archevêque Beresford l'a revêtue d'un parement de grès et en a fait démolir la flèche. C'est aujourd'hui un bâtiment sobre de style gothique perpendiculaire, avec une tour centrale trapue et crénelée.

L'**extérieur** est orné d'une série de têtes médiévales grotesques et d'un cadran solaire de 1706. Tués à la bataille de Clontarf en 1014 *(voir « Comprendre : histoire »)*, le roi Brian Ború et son fils Murchard sont enterrés à Armagh selon les vœux du monarque *(plaque sur le mur ouest du bras gauche du transept)*.

L'**intérieur** montre un exceptionnel ensemble de monuments du 18e s., œuvres de maîtres comme Roubiliac, Rysbrack, Nollekens et Chantrey, ainsi que des fragments d'une croix de marché du 11e s.

Old Market House A2

Un lycée technique est aménagé aujourd'hui dans l'ancien marché couvert, commandé en 1815 par l'archevêque Stuart à Francis Johnston. À l'origine, il ne comprenait que deux étages.

St Patrick's Fold B2

Cette maison occuperait, croit-on, le site de la première église de saint Patrick à Armagh, d'où son nom de « Bercail de saint Patrick ». Elle a été construite en 1812 par Francis Johnston pour Leonard Dobbin, député d'Armagh de 1833 à 1838. Les maisons (1811) de Dobbin Street, à proximité, lui sont également attribuées.

À L'EST

Armagh Planetarium B1

College Hill au nord-est du centre-ville. ♿ juil.-août : 11h30-17h ; janv.-juin et sept.-nov. : mar.-vend. 11h-17h, sam. 11h30-17h ; déc. : lun.-sam. : 13h-17h et nocturnes les merc., jeu. et vend. : 19h-21h30 : 6 £ ; exposition seule 1£. Astropark (20mn à pied). ✆ 028 3752 3689. Observatoire : fermé au public. www.armaghplanet.com

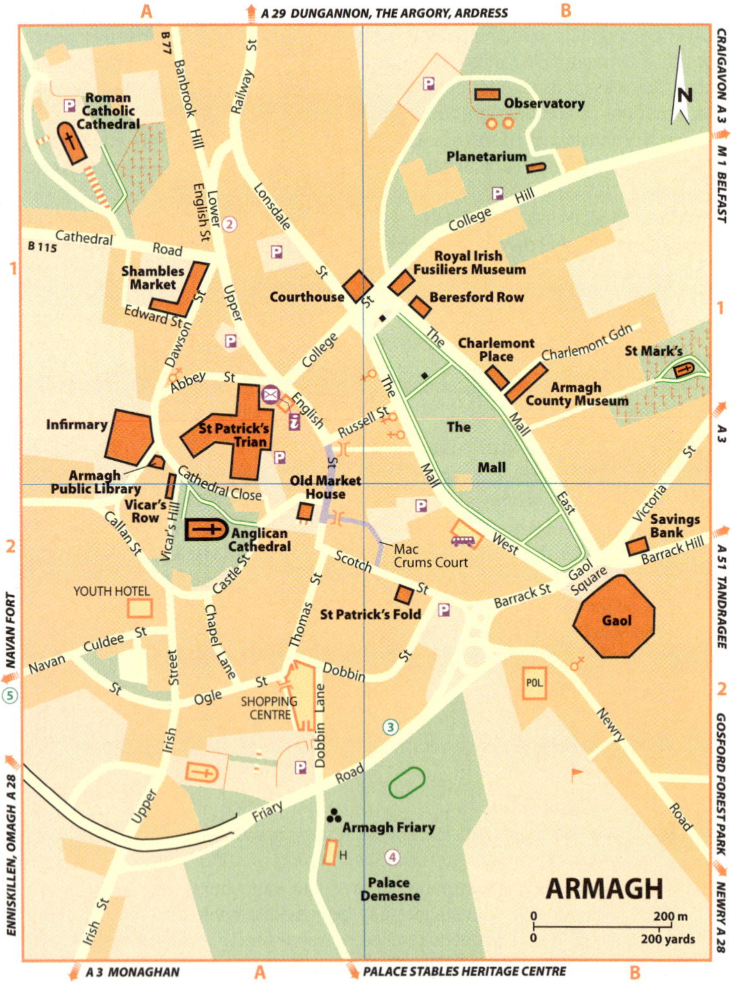

SE LOGER		SE RESTAURER	
Armagh City Hotel	3	Shambles	2
Fairylands Country House	5	Palace Stables	4

Le planétarium est installé sous une coupole (15 m de diamètre), un écran hémisphérique pour la projection d'images du ciel nocturne. Dans le hall de l'Astronomie, douze postes informatiques fournissent des précisions sur les planètes, les constellations et les vols spatiaux. L'**observatoire** a été fondé et offert à la ville en 1789 par l'archevêque Robinson. C'est l'une des plus anciennes stations météorologiques des îles Britanniques. Le planétarium a été créé en 1968 par son directeur, le Dr Lindsay, qui a invité l'astronome anglais Patrick Moore à diriger le nouvel établissement.

Road bowls

Ce sport très ancien est encore pratiqué le dimanche dans les comtés de Cork et d'Armagh : le **road bowling** consiste à faire parcourir à une boule en fer (18 cm-800 g) un tronçon de petite route de campagne sinueuse, avec le minimum de lancers possible. On peut projeter la boule à hauteur d'épaule. Les paris vont bon train. **All Ireland Intermediate Road Bowls Finals**, la Finale irlandaise du Road Bowls a lieu en août.

The Mall★ B1-2

Longue étendue d'herbe, avec un terrain de cricket et un pavillon, bordée d'élégantes maisons identiques, le Mall est un des endroits les plus séduisants de la ville. Au 8e s., comme son ancien nom *The Commons* l'indique, c'était le terrain de pâture communal. Il a été utilisé pour des courses de chevaux, des combats de taureaux et de coqs, jusqu'à ce que l'archevêque Robinson, en 1773, interdise ces jeux où les paris allaient bon train, et que l'espace soit transformé en promenade publique.

À l'extrémité nord se dresse le **palais de justice**, conçu en 1809 dans le style classique par Francis Johnston. La pierre qui restait a servi à construire **Sovereign's House**. L'office de « souverain » était équivalent à celui de maire, mais le titre est tombé en désuétude en 1850. Le bâtiment abrite aujourd'hui le remarquable **musée des Royal Irish Fusiliers★** et sa splendide collection de drapeaux, étendards, uniformes, médailles, armes, objets en argent, portraits et peintures évoquant l'histoire de ce régiment, formé à l'origine en 1793 pour combattre les Français. *Visite guidée (30mn) tlj sf dim. et j. fériés 10h-12h30, 13h30-16h. Fermé Noël et 12 juil. Entrée libre. ✆ 028 3752 2911. www.armagh.gov.uk.*

Poursuivre le long du côté est.

Les élégantes maisons de **Beresford Row**, dessinées par John Quinn entre 1810 et 1827, montrent de fins balcons de fer forgé. **Charlemont Place**, l'une des plus belles séries de maisons georgiennes, a été conçue par **Francis Johnston** en 1827. En retrait de la rue derrière sa pelouse, le bâtiment au beau portique ionique est une ancienne école également conçue par Francis Johnston. Il conserve les collections d'histoire locale, riches et diversifiées, du musée du comté **Armagh County Museum**. ♿ *Tlj sf dim. 10h-17h, sam. 10h-13h, 14h-17h. Fermé 12-13 juil., 25-26 déc. ✆ 028 3752 3070. www.armaghcountymuseum.org.*

Une longue promenade bordée d'arbres conduit à **St Mark's Church**, église dessinée par Francis Johnston en 1811. En 1838, son neveu, William Murray, a conçu la petite **banque d'épargne** dotée d'un portique sans fronton. L'extrémité sud de l'avenue est fermée par l'ancienne prison, érigée en 1780 à l'emplacement de la caserne.

Visiter

Palace Demesne★ B2

Friary Road au sud du centre-ville. ♿ *Juin-août : visite guidée (1h30) 10h-17h ; dim. 12h-17h ; avr., mai, sept. : w.-ends seulement. Fermé Noël. 5 £. ✆ 028 3752 9629. www.armagh.gov.uk*

Du 17e au 20e s., ce domaine a été la résidence de l'archevêque anglican d'Armagh. Les bâtiments qui entourent la cour logent désormais le **Palace Stables Heritage Centre**. L'exposition a pour thème un jour dans la vie du palais : le 23 juillet 1776, jour où l'archevêque Richard Robinson a reçu entre autres invités le célèbre agronome Arthur Young. Des figurants en costume font pleinement revivre l'ambiance de l'époque. Commandée par Richard Robinson, la **chapelle du Primat**, superbe édifice georgien néoclassique, a été entreprise en 1770 par Thomas Cooley et achevée en 1786 par Francis Johnston. Elle révèle des lambris de chêne élégamment sculptés et un plafond stuqué.

Tout près se trouvent la serre, une glacière et un passage souterrain à l'usage des serviteurs. Un sentier écologique sillonne le parc. Près de l'entrée s'étendent les ruines du 13e s. d'**Armagh Friary**, monastère franciscain remarquable pour sa nef particulièrement longue et étroite.

Aux alentours

Navan Fort★

3,2 km à l'ouest d'Armagh par la A 28. ♿ Site : tlj. Centre d'accueil : 10h-17h, sam. 11h-17h, dim. 12h-17h ; dernière visite 1h30 av. fermeture. Fermé Noël. Visite guidée du site (30mn) sur demande. 5 £, famille 15£. ☏ 028 3752 1801. www.ehsni.gov.uk

Le fort de Navan est un impressionnant ouvrage en terre, autour duquel sont éparpillés de nombreux sites sacrés et lieux d'implantation humaine. À la fin de l'âge du bronze, c'était l'endroit le plus important de l'Ulster. Certains pensent qu'il s'agit d'Emain Macha, la capitale légendaire de l'Ulster qui figure dans le cycle d'Ulster *(voir p. 101)*.

Les présentations multimédias du **Centre d'accueil**, à l'architecture bien intégrée, évoquent l'Irlande celtique et préchrétienne. Elles récapitulent les observations archéologiques effectuées au fort et sur les sites associés, et l'utilisation qu'en faisaient leurs bâtisseurs du néolithique. Elles font également revivre les héros et les épisodes de légende, tandis que dans l'habitat d'époque reconstitué un druide enchanteur évoque les us et coutumes de la société celtique. Le fort lui-même *(5mn à pied du centre d'accueil ou par la route ; parking)* se compose d'un épais remblai et d'un fossé intérieur, entourant un espace circulaire. Au point le plus élevé de la colline se dresse un grand tertre, flanqué d'un tumulus circulaire plus petit, lui-même ceint d'un fossé qui a été comblé.

Les fouilles du fort de Navan

Effectuées entre 1961 et 1971, elles ont révélé des traces d'activité humaine en cet endroit dès 2000 av. J.-C. Vers 400 av. J.-C., on y bâtit une maison de bois ronde avec une cour, remplacée à plusieurs reprises au cours des trois siècles suivants. Vers 100 av. J.-C., une immense construction en bois de 40 m de diamètre est érigée. Elle se compose d'un mur extérieur en troncs d'arbres et, à l'intérieur, de cinq anneaux concentriques faits de grands pieux. Elle est probablement couverte. Les vestiges de l'énorme pieu central ont permis de la dater. Peu après sa construction, elle a été comblée de blocs calcaires et incendiée. Ses ruines calcinées ont été recouvertes de terre pour former une butte, sans doute une pratique rituelle. Il semble en effet que le fort faisait partie d'un complexe religieux. On a trouvé au 18e s. dans l'eau du lac na Shade *(au nord-ouest du fort, derrière les carrières)* quatre trompettes de bronze (l'une est aujourd'hui conservée au Musée national de Dublin). Datant de l'âge du fer, elles pourraient avoir été déposées dans le lac en offrande aux dieux. Les fouilles réalisées en 1975 prouvent que les « écuries du Roi » King's Stables *(au nord-ouest du fort)* sont un ancien étang artificiel, utilisé à la fin de l'âge du bronze pour recevoir de telles offrandes.

Ardress House

11 km au nord-est d'Armagh par la B 77. ♿ (rez-de-chaussée) Manoir : visite guidée (30mn) juin-août, merc.-lun. et j. fériés ; de mi-mars à mai et sept. w.-end 14h-18h.

À son mariage en 1760, l'architecte **George Ensor** hérite de ce sobre manoir du 17e s., agrandi et embelli au 18e s., alignant cinq baies.

L'intérieur présente une collection de verrerie de Dublin, Cork et Belfast, ainsi que quelques belles pièces de mobilier, notamment des sièges Chippendale irlandais. La symétrie et les proportions de l'élégant **salon** sont soulignées par les beaux stucs ouvragés réalisés par Michael Stapleton sur les murs et le plafond.

La **cour de ferme** pavée, équipée en son milieu d'une pompe, est entourée de dépendances, dont une salle de traite et une laiterie équipée de pots en céramique, de plats en bois pour écrémer le lait, de bidons et mesures ; une forge ; une grange de battage ; et une exposition d'objets de ferme anciens, dont des paniers et des ruches en paille.

Gosford Forest Park

11 km au sud-est d'Armagh par la A 28 jusqu'à Markethill ; deux parkings, l'un près de l'entrée, l'autre entre le château et le jardin clos. ♿ De 10h au coucher du soleil. 1,50 £ ; 4 £ (voiture). Visite guidée (2h) sur demande. Contribution. ☏ 028 3755 1277 (administration). www.forestserviceni.gov.uk

Le parc forestier était autrefois le domaine de la famille Acheson, comtes de Gosford. Contemporains du château actuel, énorme édifice pseudo-normand dessiné par Thomas Hopper en 1819, l'**arboretum**, avec ses arbres magnifiques venus du monde entier, et les **jardins clos** plantés de fleurs et d'arbustes suscitent l'admiration générale. Dans les jardins se dresse un **rucher** en brique, avec des niches destinées à protéger de l'humidité les ruches en paille. **Jonathan Swift** était un habitué des lieux, mais agaçait parfois les propriétaires. Ainsi, il faisait modifier les jardins sans l'autorisation de ses hôtes ; il contraignait lady Acheson à faire de longues et fatigantes promenades en plein air. Une cascade porte le nom de fontaine de Swift *(Swift's Well)* ; et un petit cirque artificiel aménagé dans un talus, protégé par une haie d'ifs, orienté au sud pour capter les rayons du soleil, est appelé la **chaise du doyen** *(Dean's Chair)*. La **Gosford Heritage Poultry Collection** préserve dans leur environnement naturel les variétés de volailles que l'on élevait au 18e s. dans la basse-cour d'une grande propriété.

The Argory★

16 km au nord d'Armagh par la A 29, puis par une route secondaire sur la droite. ♿ Prêt de fauteuils roulants ; accès en fauteuil au rez-de-chaussée, aux promenades. Domaine - 10h-17h (oct.-avr. 16h). Entrée libre. Parking 3,50 £. Manoir - juil.-août : visite guidée (1h) 14h-17h ; reste de l'année : w.-end et j. fériés. Manoir et parking 5 £. Salon de thé. ✆ 028 8778 4753. www.nationaltrust.org.uk

Sur la berge de la Blackwater, cette belle résidence de campagne construite autour de 1824 dans le style néoclassique est restée de nombreuses années propriété de la famille McGeough-Bond. Ils ont décoré leur maison familiale avec un soin infini, en l'ornant de beaux meubles et d'objets de toutes sortes. Ils ont apporté une attention particulière au chauffage et à l'éclairage, faisant installer dans la cour un générateur d'acétylène. Peu de chose a changé depuis le début du 20e s. Visiter la maison évoque de manière fascinante la vie confortable que menaient ses résidents. L'objet le plus remarquable est un **orgue de Barbarie** de 1820, qui fonctionne toujours. Les **jardins**, qui s'étendent jusqu'à la Blackwater, montrent des parterres de roses anciennes entourés de petites haies de buis, un cadran solaire de 1820, des ifs taillés, un parc d'agrément, un bâtiment de jardin, un autre qui renferme une pompe, et une allée de tilleuls.

Armagh pratique

Adresse utile

ℹ *40 English Street - ✆ 028 3752 1800 - www.visitarmagh.com - juin-août : lun.-sam. 9h-17h, dim. 12h-17h ; sept.-mai : lun.-sam. 9h-17h, dim. 14h-17h.*

Se loger

⊖ **Fairylands Country House** – *25 Navan Fort Road - ✆ 028 3751 0315 - www.fairylands.net - info@fairylands.net - P - 5 ch. 50 £* ☕. Maison moderne construite dans le style georgien où vous trouverez des chambres claires, vastes, certes sans charme particulier mais très bien entretenues.

⊖⊖ **Armagh City Hotel** – *2 Friary Road - ✆ 028 3751 8888 - fax 028 3751 2777 - info@armaghcityhotel.com - fermé 25 déc. - P ♿- 82 ch. 75/90 £ ☕ - rest. 15/20 £.* Cet hôtel de chaîne a ouvert en 2002 à côté de l'Armagh Golf Club. Il dispose d'un club de loisirs branché, de tout l'équipement moderne dans les chambres, et d'une vaste salle à manger sur plusieurs niveaux. La carte est à thème irlandais.

Se restaurer

⊖ **Shambles** – *9 English Street Lower - ✆ 028 3752 4107 - autour de 10£.* Cuisine de pub classique dans une grande salle du rez-de-chaussée ou dans une petite salle plus tranquille à l'étage.

⊖ **Palace Stables** – *Palace Demesme - ✆ 028 3752 9629 - lun.-sam. 9h30-17h, 12h-17h - autour de 20£.* Le meilleur restaurant d'Armagh pour déjeuner dans un cadre historique. Cafétéria à midi.

Sports et loisirs

Armagh County Golf Club – *Newry Road - ✆ 028 3752 2501 - www.golfarmagh.co.uk - green fees : 17 £ en sem., 22 £ le w.-end.* 18 trous sur un parcours boisé classique.

Dungannon

11 139 HABITANTS – COMTÉ DE TYRONE
CARTE MICHELIN N° 712 L4 – CARTE GÉNÉRALE RABAT I C2

Au sommet d'une colline située au cœur d'une contrée rurale paisible, Dungannon a été pendant des siècles la résidence principale du clan O'Neill, une des grandes familles de l'Ulster gaélique. Aujourd'hui, c'est le centre animé d'une riche région de production laitière et fruitière, ainsi qu'un centre industriel relativement important. Une de ses plus anciennes activités, l'industrie textile, a rendu célèbre dans le monde entier le nom de Moygashel (fondé en 1875).

- **Se repérer** – Dungannon *(Dún Geanainn)* est à une courte distance du vaste plan d'eau du Lough Neagh, à 18 km au nord d'Armagh sur la A 29.
- **À ne pas manquer** – La visite de la cristallerie Tyrone ; Parkanaur Forest Park ; la tombe à couloir de Knockmany.
- **Organiser son temps** – Une journée suffit pour visiter les alentours de Dungannon.
- **Pour poursuivre le voyage** – Voir aussi Armagh, Lough Neagh, monts Sperrin.

Comprendre

Ville de la Plantation – Sous le clan O'Neill, Dungannon n'est guère qu'un ensemble de masures groupées autour de la colline du château, mais, dès le début du 17e s., les colons anglais et écossais commencent à édifier une ville moderne. Une charte est accordée en 1612 ; l'école royale fondée en 1614. Les Irlandais de la région se rebellent en 1641, d'abord avec succès : les demeures des colons sont brûlées, leurs fermes et leurs vergers détruits ; la population tombe à 130 habitants. En 1653, la paix retrouvée, arrive une nouvelle vague de colonisation. Après la bataille de la Boyne, Dungannon se développe rapidement. En 1692, la ville est acquise par Thomas Knox, dont l'administration expansionniste suit l'essor du bassin houiller de Drumglass et le creusement du canal local.

Visiter

Tyrone Crystal

Au nord-est, dans Killybrackey Road (A 45). ♿ Visite guidée de la cristallerie (40mn) tlj sf dim. ; lun.-vend. : visites à 11h, 12h et 14h. 5 £. Boutique : 9h-17h, sam. : 9h-17h, dim. 13h-17h. ✆ 028 8772 5335. www. tyronecrystal.com

La cristallerie du comté de Tyrone a ouvert en 1971, tout juste deux cents ans après une première verrerie, dirigée par Benjamin Edwards à Drumreagh, New Mills *(au nord)*. La nouvelle usine a manqué fermer dans la période de récession à la fin des années 1970. Mais après avoir trouvé un financement local, elle a été transférée en 1990 dans les bâtiments qu'elle occupe actuellement.

La **visite** montre les différentes étapes de la fabrication artisanale du verre soufflé : préparation du verre en fusion, soufflage pour lui donner sa forme, refroidissement, vérification des défauts, biseautage, marquage, coupe et polissage.

Aux alentours

Donaghmore

5 km au nord de Dungannon par la B 43.

Au centre de ce paisible village se dresse une croix en grès ancienne, composée de la base et du fût d'une première croix et du pilier et de la traverse d'une seconde. Elle est décorée de scènes bibliques tirées du Nouveau Testament sur sa face est, et de l'Ancien Testament sur sa face ouest. Elle appartenait à un monastère voisin, qui aurait été fondé par saint Patrick.

Cornmill Heritage Centre

Coalisland ; 7 km au nord-est de Dungannon par la A 45. ♿ Tlj sf w.-end 10h-16h (dernière entrée 15h), w.-end sur demande. 1,90 £. ✆ 028 8774 8532.

Le paysage autour de **Coalisland** est encore marqué par l'extraction du charbon et les activités industrielles qui s'y développaient autrefois : filatures, minoteries, briqueteries. Exploité dès le 17e s., le gisement a été abandonné à cause de la présence de failles ; la dernière mine a fermé en 1970. Le canal de Coalisland est le premier canal britannique à avoir été équipé d'un plan incliné. Le grand moulin de brique

Les victoires des O'Neill

Deux grandes batailles ont eu lieu au sud de Dungannon. En 1598, la **bataille de Yellow Ford** (« gué jaune ») sur les rives de la Callan, voit la victoire de Hugh O'Neill sur la troupe de Henry Bagnall : 1 500 survivants seulement parmi les 4 000 soldats anglais. En 1646, à Derrycreevy, au bord de la Blackwater, la **bataille de Benburb** se solde par la mort de 3 000 soldats écossais du général Monroe, vaincu par Owen Roe O'Neill.

qui domine le centre-ville a été construit en 1907 ; après avoir été entièrement rénové, il loge le centre du patrimoine, où une exposition relate le passé de cette région industrielle unique en Irlande.

Castlecaulfield

8 km au nord-ouest de Dungannon par la A 4 et une route secondaire vers le nord.

À l'extrémité sud-est du village s'élèvent les imposantes ruines d'un **manoir** construit entre 1611 et 1619 par un ancêtre des **comtes de Charlemont**, Toby Caulfield, qui commandait le fort de Charlemont. Ses armoiries sont encore visibles sur le corps de garde, vieil ouvrage défensif percé de meurtrières au-dessus de sa porte principale. La demeure a été incendiée par les O'Donnell en 1641, mais les Caulfield l'ont occupée une vingtaine d'années encore.

Moy

9 km au sud par la A 29.

« The Moy » est une belle ville de l'époque de la Plantation, établie vers 1760 par **James Caulfield**, comte de Charlemont, sur le modèle de Marengo, ville du Piémont qu'il avait visitée à l'occasion de son Grand Tour en Europe.

La rue principale est bordée de marronniers d'Inde à l'endroit où elle coupe la vaste pelouse centrale. Jadis s'y tenait une foire aux chevaux mensuelle, qui durait une semaine. Elle descend jusqu'à la Blackwater, en passant devant la grille et la porte d'entrée du château de Roxborough (détruit par un incendie en 1921), résidence au 19e s. des comtes de Charlemont.

En 1602, la rivière Blackwater formait la frontière entre les comtés d'Armagh et de Tyrone, entre les territoires dominés par le rebelle Hugh O'Neill et ses ennemis anglais, qui ont entrepris de la fortifier en construisant sur la rive sud une grande forteresse en forme d'étoile. Ce fort a été en grande partie détruit par un incendie en 1922, mais il reste le corps de garde à l'extrémité d'une courte allée bordée d'arbres.

Benburb

11 km au sud par la A 29 jusqu'à Moy, puis vers le sud-ouest par la B 106.

Les vestiges du **château de Benburb** *(accès à pied à partir du prieuré)* occupent un site grandiose, un rocher en saillie au-dessus de la Blackwater, qui cascade 37 m plus bas dans une gorge boisée. Construit par Richard Wingfield en 1611, il remplace une ancienne forteresse O'Neill. L'entrée est flanquée de deux tours rectangulaires où sont aménagées des salles à grandes cheminées. Percés de meurtrières à mousquets, les murs entourent un enclos rectangulaire irrégulier, au centre duquel s'élève une maison du 19e s. *(privée)*. Dans la tour ronde qui domine la rivière un escalier mène à une poterne.

Parkanaur Forest Park★

11 km à l'ouest de Dungannon par la A 4. ♿ De 8h au coucher du soleil. Visite guidée (1h) sur demande. ☎ 028 8775 9311.

La harde de **daims blancs** de Parkanaur descend directement d'un couple offert en 1595 par Elizabeth Ire à sa filleule, Elizabeth Norreys, qui avait épousé sir John Jephson, propriétaire du château de Mallow *(voir p. 235)*.

Autrefois propriété de la famille Burgess, Parkanaur est un vieux domaine planté de nombreuses essences rares. Deux hêtres tortillards aux branches torsadées poussent près de l'allée principale. Le bois est exploité comme chênaie. Les promenades et l'itinéraire aménagé permettent de découvrir un jardin à la française victorien, une arche et un pont de pierre, un lavoir et un barrage sur la rivière Torrent. Dans les bâtiments de la ferme est organisée une exposition de machines d'exploitation forestière.

Simpson-Grant Homestead

18 km à l'ouest de Dungannon par la A 4 ; juste avant Ballygawley, tourner à gauche vers Dergenagh. ♿ 9h-17h. Entrée libre. Visite guidée sur demande. ☎ 028 8555 7133.

Sur le côté ouest de la route se trouve le berceau de la famille d'Ulysses Simpson Grant, président des États-Unis de 1869 à 1877.

Le **centre d'accueil des visiteurs** présente l'histoire d'une plantation irlando-écossaise, celle de la famille Simpson, et les liens existant entre l'Ulster et l'Amérique. La maison a été restaurée pour retrouver l'aspect qu'elle avait au milieu du 19e s. Dans la basse-cour, les poules picorent et les canards évoluent dans la mare. La ferme de l'autre côté de la route exploite des champs et des pâturages.

Croix d'Errigal Keerogue

27 km à l'ouest de Dugannon par la A 4 ; 1,5 km après le rond-point de Ballygawley, prendre à droite vers Errigal Keerogue (fléché). Au croisement dans Ballynasaggart, continuer vers l'ouest ; 3,2 km plus loin, tourner à droite.

Dans le cimetière se dresse une croix à la décoration inachevée, sans doute à cause d'un défaut de la pierre. Deux ifs ont poussé dans les ruines de l'église médiévale, dont on pense qu'elle a été fondée par les franciscains en 1489, à la place d'un ancien monastère dédié à saint Kieran.

Augher

29 km à l'ouest par la A 4.

Le village est situé sur l'un des plus beaux parcours de la Blackwater, rendez-vous des pêcheurs. Au nord du lac, Spur Royal, aujourd'hui un hôtel, a été bâti en 1615 à l'emplacement d'une ancienne forteresse, restauré à la suite d'un incendie en 1689, puis agrandi en 1832.

Clogher Cathedral★

32 km à l'ouest de Dungannon par la A 4. Visite guidée sur demande uniquement - ✆ 028 8554 8946.

Clogher serait le plus ancien évêché d'Irlande : il aurait été fondé au 5e s. par **saint Macartan** ou **Macartin**, disciple de saint Patrick. La cathédrale domine le village du sommet d'une colline. Cet austère édifice néoclassique du milieu du 18e s., à tour massive, conserve un certain nombre de vestiges d'une époque bien plus ancienne. Dans le cimetière près du portail principal se dressent deux **croix de pierre** des 9e et 10e s. La **croix de pierre** du 7e s. du porche extérieur servait, croit-on, de cadran solaire pour indiquer les heures des offices de l'église celtique. Sur sa base est gravé un poisson, symbole des premiers chrétiens. Le nom irlandais de **Clogh-Oir**, la pierre dorée, célèbre à l'époque païenne pour les oracles qu'on y rendait *(sous le porche)*, pourrait être à l'origine de celui de Clogher.

Tombe à couloir de Knockmany★

34 km à l'ouest par la A 4 et, au nord, par la B 83 ; 2,5 km au-delà de ce croisement, tourner à droite dans un chemin. Parking.

20mn de marche AR. Le cairn en sommet de colline offre une superbe vue vers le sud, au-delà de la forêt de Knockmany, sur la vallée de Clogher. Un bunker de béton avec lucarne a été construit en 1959 pour le protéger des intempéries, mais les pierres de la chambre funéraire sont visibles à travers une grille. Les motifs qu'elles portent, cercles, spirales et zigzags, sont caractéristiques de ce type de sépulture.

Dungannon pratique

Adresse utile

Killymaddy Centre – *Ballygawley Road (bretelle de la M 1) - ✆ 028 8776 7259 - juil.-août : lun.-vend. 9h-18h, w.-end 9h-17h ; sept.-nov. et fév.-juin : lun.-vend. 9h-17h, w.-end 10h-16h ; déc.-jan. : lun.-vend. 9h-17h, w.-end 10h-15h.*

Se loger

Grange Lodge – *7 Grange Road - Moy - à 5 km au sud-est par la A 29 - ✆ 028 8778 4212 - fax 028 8778 4313 - stay@grangelodgecountryhouse.com - fermé 20 déc.-1er fev. - 5 ch. 85 £ - rest. 32/38 £.* Séduisante maison georgienne entourée d'un jardin bien entretenu et dégageant une atmosphère paisible. Hospitalité parfaite et meubles d'époque. Chambres décorées avec goût, vaste salle à manger meublée d'élégantes antiquités.

Loisirs

Moy Ridding School – *Moy - à 11 km au nord par la A 29 - ✆ 028 8778 4440.* Cette école classique spécialisée dans le jumping propose des démonstrations le vend. soir.

Enniskillen

13 599 HABITANTS – COMTÉ DE FERMANAGH
CARTE MICHELIN N° 712 J4 – CARTE GÉNÉRALE RABAT I B2

Pôle commerçant et culturel, la ville principale du comté de Fermanagh occupe un site stratégique sur une île, entre le lac Erne inférieur et le lac Erne supérieur. Au 17e s., elle a été l'un des bastions de la Plantation, colonisation de l'Ulster. Aujourd'hui, elle constitue une base idéale pour découvrir le Lough Erne, embarquer pour une croisière sur la voie Shannon-Erne, pêcher dans les lacs du Fermanagh et explorer les monts Sperrin. À proximité d'Enniskillen se trouvent deux des plus belles résidences de campagne d'Irlande, Castle Coole et Florence Court.

- **Se repérer** – Enniskillen *(Inis Ceithleann)* se trouve à 80 km à l'ouest de Dungannon par la A 4 et à 19 km de la frontière avec la république d'Irlande.
- **À ne pas manquer** – La résidence néoclassique et le parc de Castle Coole; les grottes de Marble Arch; le point de vue sur le lac Erne depuis le sommet des falaises de Magho.
- **Organiser son temps** – Si une demi-journée suffit pour découvrir Enniskillen et visiter Castle Coole, prévoir une journée entière pour partir à la découverte de Lough Erne.
- **Avec les enfants** – Marble Arch Caves; Lakeland Canoe Centre à Castle Island *(voir « Enniskilen pratique »)*.
- **Pour poursuivre le voyage** – Voir aussi monts Sperrin, et en république d'Irlande, Cavan, Donegal, Sligo.

Se promener

Partir du East Bridge (pont est) et remonter la rue principale jusqu'au West Bridge (pont ouest).

En 1688, East Bridge, dont l'aspect d'origine a pratiquement disparu sous les remaniements ultérieurs, remplace le pont basculant établi en 1614 par les colons à l'emplacement du gué.

Le **tribunal** *(à gauche)* à portique classique a été fortement modifié en 1821-1822 par William Farrell, architecte de Dublin.

Au centre-ville, la place en losange, The Diamond, est mise en valeur par l'**hôtel de ville** *(à droite)* dessiné par William Scott en 1898, avec une magnifique horloge néoRenaissance.

Dans le **marché au beurre** *(tourner à droite pour suivre Church Street)*, les bâtiments 19e de la cour ont été convertis en un remarquable centre d'artisanat et de métiers d'art.

La **cathédrale anglicane St Macartin** se dresse au milieu de son cimetière *(à droite)*. Elle n'a été achevée qu'en 1842, mais sa tour provient de l'ancienne église du 17e s. L'**église catholique St Michel**, en face, terminée en 1875, est une œuvre néogothique à la française de John O'Neill. Il manque la flèche qui devait couronner la tour. Le chevet (1921) aux nombreux arcs-boutants est impressionnant.

La rue descend en direction de **West Bridge** (achevé en 1892). On passe sur la droite les cantonnements de l'ancienne milice (1790). À gauche se dresse le château d'Enniskillen.

Enniskillen Castle

Juil.-août : 10h-17h, lun. non fériés et w.-end 14h-17h; mai-juin et sept. : tlj sf dim. 10h-17h, lun. non fériés et sam. 14h-17h; oct.-avr. : tlj sf w.-end 10h-17h, lun. non fériés 14h-17h; sujet à variations Noël et 1er janv. 2,50 £. ✆ 028 6632 5000.

Jusqu'au 18e s., le château d'Enniskillen se dressait sur une île. Aujourd'hui, c'est de l'autre rive qu'on en a la meilleure perspective, avec sa célèbre porte d'eau, le Watergate, qui se reflète dans l'Erne. À l'origine, c'était une forteresse du puissant clan Maguire, souverains du Fermanagh au 15e s., pour surveiller la route stratégique entre Ulster et Connaught, par-dessus l'impressionnante barrière de l'Erne. En 1607, le fort est octroyé au capitaine William Cole, un homme de la Plantation, dont la famille se déplace par la suite à Florence Court, non loin. Cole planifie une ville et endommage sérieusement le château. Enniskillen résistera au soulèvement des Irlandais de la région en 1641 et aux attaques jacobites de 1689. Le château propose toutes sortes d'expositions sur la région, et sur son passé souvent mouvementé. Le **centre du Patrimoine** *(Heritage Centre)* élabore des présentations sur l'histoire, les paysages et la faune de la

Portora Royal School

Cette célèbre école a été fondée en 1608 par Jacques Ier à Lisnakea, au sud d'Enniskillen. En 1643, elle a été transférée à Enniskillen, puis en 1777 près du **château de Portora** (17e s.), partiellement détruit par une explosion provoquée par les élèves en 1859. Parmi les étudiants célèbres de l'école figurent Oscar Wilde et Samuel Beckett.

région ; le donjon, qui a intégré des sections de l'ancienne forteresse du 15e s., présente l'évolution du monument et les péripéties du clan Maguire. Il abrite aussi le **musée des Royal Inniskilling Fusiliers**, prestigieux régiment formé à la fin du 17e s, en même temps que celui des dragons d'Inniskilling. ♿ *Juil.-août : 10h-17h, lun. et w.-end 14h-17h ; mai-juin et sept. : tlj sf dim. 10h-17h, lun. et sam. 14h-17h ; oct.-avr. : tlj sf w.-end, 10h-17h, lun. 14h-17h, billet combiné avec le château. ✆ 028 6632 5000. www.inniskilling.com.*

Dans le Watergate, des expositions font découvrir les châteaux et bâtiments anciens du Fermanagh, et le chemin des pèlerins de Devenish Island *(voir p. 495)*.

De retour à East Bridge, emprunter Belmore Street pour rejoindre Forthill Park.

Forthill Park

Au sud-est du centre-ville. De mi-mai à mi-sept. : 14h-18h. 1 £.

Le parc de la ville d'Enniskillen a repris le nom de la forteresse en forme d'étoile construite ici en 1689, pendant les guerres orangistes. Il possède un très charmant **kiosque à musique** victorien en fonte, d'allure orientale : son baldaquin octogonal est supporté par huit fines colonnes et surmonté d'une horloge. Le fort entoure aujourd'hui **Cole's Monument**, érigé entre 1845 et 1857 à la mémoire du général Galbraith Lowry Cole (1772-1842), frère du deuxième comte d'Enniskillen. Proche du duc de Wellington, il a combattu en Espagne et au Portugal. Une colonne dorique cannelée dévoile un escalier en spirale *(108 marches)*, qui monte jusqu'à une plate-forme d'où la **vue** s'étend sur Enniskillen et la contrée environnante.

Aux alentours

Castle Coole★★★

À 2,5 km au sud-est du centre-ville par la A 4. ♿ Parc - 10h-20h (oct.-mars 16h). Manoir - juil.-août : 12h-18h (dernière visite 17h) ; juin : merc.-dim. ; sept. et de mi-mars à mai : w.-end et j. fériés. 5,50 £. ✆ 028 6632 2690.

Couronnant une pente douce parmi de grands hêtres et chênes, au-dessus d'un lac, cette magnifique résidence néoclassique est sans doute la plus belle de tout le pays. Elle a été achevée en 1798, suivant les plans de **James Wyatt**, pour la famille Corry, comtes de Belmore, qui y a vécu jusqu'en 1951, année où le manoir a été confié au National Trust. Construit et meublé sans regarder à la dépense, il a été entièrement restauré pour retrouver une partie de son faste d'origine.

Un corps central regroupe les salles d'apparat, et deux ailes d'un seul niveau conduisent aux pièces d'habitation de la famille. La pierre de Portland au ton clair qui donne à la façade son cachet particulier a été importée du lointain Dorset, en Angleterre, via Ballyshannon, où un quai avait été aménagé tout exprès. Pour ne pas détruire l'harmonie de l'ensemble, les écuries ajoutées en 1817 par Richard Morrison ont été construites en contrebas et à l'écart, et reliées au château par une galerie souterraine. Tout l'intérieur donne une merveilleuse sensation d'espace et d'harmonie des proportions. Le remarquable style de James Wyatt se retrouve surtout dans la décoration et l'ameublement de la bibliothèque et de la salle à manger. Le salon ovale, pièce la plus importante de la résidence, s'orne de stucs raffinés ; ses portes courbes sont en acajou plaqué de citronnier. Entre 1807 et 1825, certaines pièces ont été réaménagées par Preston, un des tapissiers les plus en vue à l'époque ; son style plus flamboyant apparaît dans la couleur pourpre du vestibule, de l'escalier et du couloir du premier étage.

Les Corry de Coole

John Corry, commerçant de Belfast originaire du comté écossais de Dumfries, acquiert le manoir de Coole en 1656 et fait construire en 1709 une nouvelle demeure près du lac, englobant une partie du château du début du 17e s. En 1741, le domaine est transmis à Armar Lowry-Corry, fait comte de Belmore en 1797. Il commande à Wyatt les plans de la résidence actuelle. C'est son fils, le deuxième comte de Belmore, qui se charge de la décoration intérieure et de l'ameublement, de style Regency.

C'est lui qui a fourni les tentures et les meubles du petit et du grand salon. Il a aussi décoré la Bow Room, qu'utilisaient les dames et créé la somptueuse décoration or et écarlate de la chambre d'apparat en prévision de la visite de **George IV** en Irlande, en 1821.

Florence Court★★

13 km d'Enniskillen par la A 4, la A 32 et une route secondaire vers l'ouest. ♿ (rez-de-chaussée et jardins) Parc - 10h-20h (oct.-mars 16h). Manoir - visite guidée juil.-août : 12h-18h ; juin : tlj sf w.-end 13h-18h ; 17 mars, avr.-mai et sept. : w.-end et j. fériés. Manoir 5 £ ; parc 3,50 £ par voiture. ✆ 028 6634 8249. www.nationaltrust.org.uk

La deuxième grande résidence du Fermanagh se dresse au milieu d'un parc dans un cadre spectaculaire au pied du mont Cuilcagh. Revêtu de pierre d'un agréable ton gris doré, le bâtiment d'origine à trois niveaux, vraisemblablement construit dans les années 1740, est flanqué de colonnades à sept arches, et de pavillons aux toits incurvés ; ils ont probablement été conçus dans les années 1770 par le Sarde Davis Ducart, qui a travaillé la majeure partie de sa vie en Irlande. En 1955, la propriété a été cédée, quasiment inchangée, au National Trust.

La famille Cole

Les Cole arrivent du Devonshire sous Elizabeth Ire. Ils vivent d'abord au château d'Enniskillen, puis à celui de Portora. C'est John Cole (1680-1726) qui se fixe à Florence Court (sa femme, riche héritière originaire de Cornouailles, s'appelait Florence Wrey). Leur fils, un autre John (1709-1767), reçoit le titre de lord Mount Florence en 1760 et fait bâtir le corps central actuel. Les ailes sont ajoutées par son fils William Willoughby Cole (1736-1803), futur comte d'Enniskillen, qui effectue son « *Grand Tour* » en Europe en 1756-1757.

Le charmant intérieur est orné de portraits de famille, de photographies, dessins et autres souvenirs ; mais les joyaux de Florence Court sont ses exubérants **stucs rococo**, dont certains ont été restaurés après un incendie en 1956.

On en a un très bel exemple dans la **salle à manger**, avec un panneau central entouré d'une merveilleuse guirlande de feuillages. Au milieu, les quatre vents, figurés par des chérubins joufflus, soufflent sur un aigle. Mais c'est dans l'**escalier** que les stucs se déploient avec le plus d'exubérance. Les panneaux muraux débordent de volutes de feuillages entre une frise de torsades et une corniche ornementale.

Le **parc d'agrément** a, pour l'essentiel, été planté par le troisième comte au début du 19e s. Le jardin clos conserve sa partie ornementale d'origine, tandis que le potager a cédé la place à une pelouse parsemée d'arbustes et de bassins. Un pavillon d'été du 18e s. a été méticuleusement reconstruit ; on peut encore voir une étonnante glacière ovoïde revêtue de brique ainsi qu'une scierie en état de marche (restaurée).

Florence Court Forest Park – *Promeneurs : tlj. Voitures (sf 25 déc.) : 10h-19h (oct.-mars 16h). 3,50 £ par voiture en haute saison. ✆ 028 6634 8497.* Depuis 1975, le domaine est classé parc forestier. Les bois au sud-est de la maison abrite le fameux if de Florence Court, ou « Irish Yew », spécimen en forme de colonne qu'on ne peut reproduire que par bouturage, les semis retournant à l'espèce commune.

Plusieurs chemins, de longueurs différentes, sont balisés par des couleurs spécifiques ; le plus difficile est aussi le plus gratifiant : il s'étend vers le sud-ouest jusqu'à un paysage de landes et permet d'atteindre (en 9h de marche AR) le sommet du mont Cuilcagh (670 m).

Marble Arch Caves★★

18 km au sud d'Enniskillen par la A 4, A 32 et une route secondaire vers l'ouest. ♿ Visite guidée (1h15 ; sf en cas de forte pluie) juil.-août : 10h-17h ; avr.-juin et sept. : 10h-16h30. 8 £ ; réserv. recommandée (à partir de 9h). Spectacle audiovisuel (20mn). Se munir de bonnes chaussures et de vêtements chauds. ✆ 028 6634 8855. www.marblearchcaves.net

Le spectaculaire réseau de grottes a été creusé par trois rivières dans une couche de calcaire de Dartry. Elles se rejoignent sous terre pour former la Cladagh, qui réapparaît à Marble Arch pour se jeter dans le lac Macnean inférieur.

Le centre d'accueil propose une exposition consacrée à la spéléologie et un montage vidéo qui présente le circuit de la visite, bon substitut pour les personnes qui ne peuvent s'aventurer sur les pentes abruptes et les escaliers raides des grottes.

La visite des grottes comporte une courte promenade en bateau sur le lac souterrain, au milieu d'un décor fantastique : stalactites, stalagmites, piliers, rivières et cascades de pierre, draperies et rideaux portent des noms aussi pittoresques que « Porridge Pot » (plat de porridge), « Streaky Bacon » (lard maigre), « Cauliflowers » (choux-fleurs), « Tusks » (défenses d'éléphant) et « Organ Pipes » (tuyaux d'orgue). L'illumination de ces superbes formations est amplifiée par leurs reflets dans l'eau. La plus grande stalactite (2 m) s'appelle « Édouard Martel », en hommage au célèbre spéléologue français qui a exploré ces grottes en 1895. La réserve naturelle (parking à l'entrée des grottes et sur la route de Blacklion-Florence Court) s'étend jusqu'aux gorges boisées de la Cladagh, créées par l'effondrement du terrain au-dessus de grottes creusées par la rivière.

1h de marche AR. Un sentier longe la rive est. Il relie Marble Arch, arche naturelle de calcaire creusée par la résurgence des eaux brunes et turbulentes de la Cladagh, aux cascades où bouillonnent des eaux plus abondantes encore. La forêt est peuplée de frênes, de chênes, de hêtres, de quelques conifères. Au printemps, le sol est un tapis de jacinthes.

Circuit de découverte

LOUGH ERNE★★

Humide et boisé, le pays des lacs du Fermanagh était autrefois la région la plus isolée d'une province elle-même éloignée, qu'un voyageur du 16e s. décrit comme « pleine de brigands, de bois, de lacs et de marais ». Aujourd'hui elle est plus accessible, très fréquentée par les pêcheurs, et de plus en plus appréciée pour les activités autour de l'eau ; mais l'espace est si ouvert qu'on ne se sent jamais gêné par les autres visiteurs. Alimenté par l'**Erne**, le Lough Erne est divisé en deux par un goulet près d'Inniskillen ; le lac supérieur est un labyrinthe aquatique parsemé d'une multitude d'îles, parcouru de canaux sinueux ; le magnifique plan d'eau du lac inférieur, qui s'étale jusqu'à 8 km de large, montre un chapelet d'îles mieux ordonné ; il offre en général un choix plus vaste d'attractions. Le lac est beaucoup plus fréquenté pour la croisière fluviale depuis la réouverture, en 1994, de la voie navigable **Shannon-Erne** *(voir encadré p. 321)*.

LOWER LOUGH ERNE (LAC ERNE INFÉRIEUR)

Circuit de 106 km – Une journée.

Les mystérieux bâtiments anciens et les maisons fortifiées des colons de la Plantation soulignent les beautés naturelles du lac, de ses îles et ses rives boisées.

Quitter Enniskillen en direction du nord par la A 32. Après 5 km, tourner à gauche vers Trory Point.

Devenish Island★

Accès par bac (voir « Enniskillen pratique »).

Disposées autour d'un bel exemple de clocher rond, les ruines médiévales de l'**île Devenish** ont un charme qu'accentue encore leur cadre romantique en bord de lac. Au 6e s., **saint Molaise** choisit cette île pour y fonder un monastère. Dévasté par les Vikings, souvent pris en étau dans les conflits locaux, puis incendié au 12e s., il a pourtant survécu jusqu'au début du 17e s.

Le **musée** retrace l'histoire du monastère, avec des maquettes évoquant les activités saisonnières des moines. *Avr.-sept. : 10h-18h. Possibilité de visite guidée (1h30). Ferry et visite : 9 £. ☏ 028 6632 2882. www.ernetoursltd.com*

Au plus près de la jetée se dressent les vestiges de **Lower Church** *(Teampull Mór)*, église fondée au début du 13e s. et agrandie par la suite. Au sud, une chapelle mortuaire a été élevée pour la famille Maguire, dont les armoiries apparaissent près de l'entrée et sur le mur est. La pierre tombale la plus ancienne est une grande dalle *(angle sud-est)* rehaussée d'une croix à deux branches. La plus petite construction est aussi la plus ancienne : la **maison de saint Molaise** du 12e s. a été bâtie sur le site d'une première église en bois.

Le **clocher rond** (25 m de haut) date du 12e s. À l'étage supérieur *(demander la clé au gardien)*, la vue est encadrée par l'étroitesse des quatre ouvertures.

Le **prieuré Sainte-Marie** date du 15e s., mais la tour est plus tardive. Les deux portes du premier niveau ouvraient sur un jubé séparant le chœur, réservé aux moines, de la nef pour les laïcs. Des trous percés dans la voûte laissaient passer les cordes des cloches. Une très curieuse **croix** du 15e s. se dresse dans le cimetière.

Continuer vers le nord par la B 82 qui longe la rive est du lac.

Le cimetière de l'église de Killadeas renferme des croix anciennes.

Castle Archdale Country Park★

♿ Centre d'accueil et exposition - juil.-août : 11h-19h ; de Pâques à fin juin : dim. 12h-18h ; w.-end de Pâques et lun. férié de mai : 11h-18h ; sept. : sur demande. ☏ 028 6862 1588. www.ehsni.gov.uk

La résidence fortifiée bâtie au début du 17e s. par les Archdale, famille anglaise de la Plantation venue d'East Anglia, est depuis longtemps à l'abandon. Mais d'autres vestiges de leur présence demeurent, sous forme d'un bel arboretum, d'un parc d'agrément du 19e s., de bains froids et d'un sauna à l'ancienne et d'un vieux jardin clos. Dans l'anciennes dépendances sont aménagés le centre d'accueil *(Visitor Centre)* et une exposition d'outils agricoles. Les bâtiments plus récents occupent un jardin aux papillons et un jardin japonais. Un parc de caravaning occupe une ancienne base de la Seconde Guerre mondiale, d'où opéraient les hydravions britanniques et canadiens qui patrouillaient au-dessus de l'Atlantique, survolant au passage le territoire neutre de l'Irlande.

Le parc rural est riche d'un domaine boisé merveilleusement diversifié, peuplé d'une faune variée. Près de l'entrée nord-est *(accès en voiture par la route)*, les ruines de **Old Castle Archdale** comprennent le corps de garde d'origine du château fort, vestige assez exceptionnel.

White Island★

Juin-sept. : tlj sf lun. 10h-19h, dim. 14h-19h. Possibilité de visite guidée. 3 £. ☏ 028 6862 1156.

Dans le vaste enclos d'un monastère antérieur à la conquête normande se dressent les vestiges d'une église du 12e s. avec un beau portail roman. Les huit **statues de pierre** adossées au mur nord, sans doute du 9e ou 10e s., ont donné lieu à bien des conjectures ; de toute évidence chrétiennes, elles ont pourtant quelque chose de païen et comptent un modèle assez obscène de *Sheela-na-gig*.

Continuer vers le nord. Au nord de Kesh, prendre à gauche la A 47.

Près de la pointe ouest de l'île de Boa se trouve la célèbre **statue de Janus**★ *(propriété privée, accès interdit)*. L'ancienne figure de pierre trapue à deux visages remonte à l'âge du fer.

Poursuivre sur la A 47 en direction de l'ouest.

Castle Caldwell Forest Park

♿ *Parking*. Importante réserve d'oiseaux, la forêt couvre deux bandes de terre en forme de doigt à l'extrémité ouest du lac Erne. Le château en ruine a été construit en 1612 pendant la Plantation, puis est passé aux mains des Caldwell. En 1770, un violoniste jouait pour l'agrément de la famille au cours d'une promenade en bateau ; le musicien, qui était ivre, est tombé à l'eau et s'est noyé. À l'entrée du parc, **Fiddler's Stone, la Pierre du violoneux**, rappelle ce triste incident.

Continuer la A 47 vers l'ouest.

Belleek

Le village s'élève à l'endroit où les eaux de l'Erne s'écoulent rapidement en direction de l'ouest par un étroit chenal vers la frontière toute proche, avant de se jeter dans la mer dans la baie de Donegal.

Belleek Pottery – *Fabrique - visite guidée (30mn) tlj sf w.-end ttes les 30mn (dernière visite 15h). Centre d'accueil - avr.-sept. : 9h-18h, sam. 10h-18h, dim. 14h-18h (juil.-août 11h-18h) ; oct. : 9h-17h30, dim. 14h-18h ; nov.-mars : tlj sf w.-end 9h-17h30. 4 £. ☎ 028 6865 8501. www.belleek.ie.* La manufacture a acquis une réputation internationale pour ses *parians* (porcelaine imitant le marbre de Paros) richement décorés ; elle doit son nom au petit village frontalier de Belleek.

La **visite** commence par la préparation de la barbotine, mélange de feldspath, de kaolin, de fritte et d'eau. Pour la pâte à extruder servant aux ornements et aux croisillons tressés à la main, on ajoute de la gomme arabique. Par choix individuel, le façonnage est le travail des hommes, les femmes préférant la décoration à la main. Tous suivent un apprentissage de cinq ans. Les produits de leur art sont exposés et mis en vente au centre d'accueil.

Porcelaine de Belleek

Logée dans un beau bâtiment, la fabrique de céramique a été créée en 1857 par John Caldwell Bloomfield, qui venait d'hériter du château de Caldwell et avait besoin d'accroître ses ressources. Amateur éclairé de minéralogie, il s'aperçut que le domaine contenait tous les éléments nécessaires à la fabrication de porcelaine : feldspath, kaolin, silex, argile, schiste, tourbe et énergie hydraulique. Au début, la fabrique ne produisait que de la poterie simple. Les premiers *parians* ont été l'aboutissement de dix années d'expériences. Belleek a obtenu sa première médaille d'or à Dublin en 1865.

Quitter Belleek par la A 46 en direction de l'est.

La route longe la rive sud du lac Erne au pied des hautes falaises de Magho.

Après 16 km, tourner à gauche vers le château de Tully.

Tully Castle★

De Pâques à sept. : 10h-18h. ☎ 028 6862 1588. www.ehsni.gov.uk

Bel exemple de demeure fortifiée de la Plantation, le château, aujourd'hui en ruine, a été bâti en 1613 par sir John Hume, originaire du comté de Berwick, puis pris et abandonné au cours de la révolte de 1641.

L'enclos, en partie pavé, est défendu par des murs dont les tours d'angle, percées de meurtrières à mousquets, servaient d'habitation. Un jardin à la française y a été créé. La demeure compte trois niveaux : au rez-de-chaussée, une salle voûtée renferme la cheminée de la cuisine ; un escalier de largeur inhabituelle conduit au premier étage à la salle de réception, d'où un plus petit escalier, installé dans une tourelle, mène à l'étage supérieur. C'est de l'extérieur, en faisant le tour du château, qu'on voit le mieux les tourelles.

Retourner vers la A 46 ; prendre immédiatement à droite la B 81, puis encore à droite vers la route touristique du lac Navar. 5 km plus loin, tourner à droite en face du Correl Glen.

Cliffs of Magho Viewpoint★★★

Du lever au coucher du soleil. Parking gratuit. ☎ 028 6864 1256 (garde forestier).

Une route touristique à sens unique serpente en montant sur 11 km entre les arbres du **parc forestier** *(Lough Navar Forest Park)*, jusqu'au point de vue *(parking)* au sommet des falaises de Magho. Le panorama est infini, embrassant toute la partie nord du lac Erne inférieur et s'étendant jusqu'aux monts Blue Stack, au loin dans le Donegal.

Revenir sur la A 46 par le même itinéraire et continuer vers le sud.

Des sentiers longent la rive du lac au milieu d'un bois aux essences diverses, **Ely Lodge Forest**.

Continuer la A 46 vers le sud ; tourner à droite en direction de Monea.

Tourism Ireland

Le Mall à Armagh.

Tourism Ireland

Florence Court aux alentours d'Enniskillen.

B. Merz / Photononstop

Le Lough Erne (comté de Fermanagh).

Monea Castle

S'engager dans l'allée. 400 m plus loin, tourner à droite aux portes du château. Ce château en ruine, une des plus grandes maisons fortes du 17e s. et une des mieux conservées, a été construit sur un à-pic rocheux en 1618 par le colon Malcolm Hamilton, devenu par la suite évêque de Cashel. Pignons à redents et encorbellements des tours lui donnent un air écossais. En dépit de son allure impressionnante, il a été pris par les rebelles en 1641 et par les jacobites en 1689.

En quittant le château, prendre à gauche. À Monea, prendre la B 81 à gauche pour revenir sur Enniskillen.

UPPER LOUGH ERNE (LAC ERNE SUPÉRIEUR)

Crom Estate

34 km au sud d'Enniskillen par la A 4 et la A 34 ; à Newtownbutler, tourner à droite pour prendre une route secondaire. ♿ Centre d'accueil - juil.-août : 10h-20h, dim. 12h-20h ; avr.-juin et sept. : 10h-18h, dim. 12h-18h. 6 £ par voiture ou bateau. Promenades avec guide sur demande. ✆ 028 6773 8118. www.nationaltrust.org.uk

Classé **réserve naturelle nationale**, avec ses bois de chênes, ses roselières, ses prairies et son peuplement de hérons, le domaine permet d'approcher le lac supérieur, par ailleurs difficile d'accès. Le domaine de ce château de l'époque de la Plantation a appartenu à la famille Creighton. Venus d'Écosse, ils ont été faits ensuite comtes d'Erne et se sont bâti au 19e s. une demeure plus spacieuse *(privée)*. Le **Centre d'accueil** *(Visitor Center)* rappelle leur histoire et celle du domaine. Des sentiers mènent à travers bois et le long du lac, avec des vues sur le vieux château, les vestiges d'un jardin à la française et des bâtiments comme le hangar à bateaux, un pavillon d'été, un centre équestre et des écuries.

Enniskillen pratique

Adresse utile

Fermanagh Tourist Information Centre – *Wellington Road - ✆ 028 6632 3110 - www.fermanagh-online.com - tte l'année lun.-vend. 9h-17h30 ; juil.-août : lun.-vend. 9h-19h ; Pâques-sept. : lun.-vend. 9h-17h30, sam. 10h-18h, dim. 11h-17h ; oct. : lun.-vend. 9h-17h30, sam. 10h-14h, dim. 10h-14h ; j. fériés : 10h-17h - fermé Noël.*

Transports

Bac de l'île Devenish – *✆ 028 6862 1588 - dép. de Trory Point de Pâques à fin sept. : 10h-18h - 2,25 £.*

Bac de l'île White – *✆ 028 6862 1333, 028 6863 2159, portable 07836 787 123 - si le temps le permet, dép. de la marina de Castle Archdale (15mn) - avr.-juin : w.-end 14h-18h, ttes les heures ; juil.-août : 11h-18h, ttes les heures (sf 13h) ; vérifier auprès de la marina de Castle Archdale - max. 12 passagers - 3 £.*

Visites

Bon à savoir – Les grandes marinas bordent le lac inférieur à **Kesh** *(rive est)* et le lac supérieur à **Bellanaleck** *(rive ouest)* et **Carrybridge** *(rive est)*.

Croisières en bateau-bus sur le Lough Erne – *Waterbus Cruises - ✆ 028 6632 2882, portable 07753 936 692 - ✆ soir/fax 028 6632 4822 - www.discovernorthernireland.com/m.v.kestrel - dép. de Round 'O' Jetty dans Brook Park, sur la rive ouest de l'Erne (nord-ouest du centre) juil.-août : 10h30, 12h15, 14h15, 16h15 (le sam. 19h dîner-croisière jusqu'au Moorings Restaurant de Bellanaleck) ; juin : tlj 14h15 et traversées suppl. les j. fériés ; mai, sept. et oct. : mar. et w.-end 14h15. Durée 1h45 (arrêt 30mn sur Devenish Island). 9 £ ; dîner-croisière 25£ (€ acceptés).*

Croisières sur le Upper Lough Erne (1h30) – *✆ 028 677 22122 - www.sharevillage.org - dép. du Share Centre à Lisnakea (rive est du lac supérieur, Upper Lough Erne) - juil.-août : jeu.-dim. 14h30 ; de Pâques à fin juin et sept. : dim. 14h30. 10 £.*

Se loger

AUX ALENTOURS

⊖ Clareview House – *85A Crevenish Road - à 4 km au sud de Kesh par la Scenic Road - ✆ 028 6863 1455 - fermé de nov. à Pâques - 3 ch. 35/50 £ ☕.* Grande maison ancienne en hauteur, avec vue imprenable sur le lac. Chambres impeccables et très bon accueil.

⊖⊖ Rossahilly House – *7 km au nord d'Enniskillen par la A 32, en retrait de la B 82 - ✆ 028 6632 2352 - fax 028 6632 0277 - info@rossahilly.com - P - 3 ch. 40/70 £ ☕ - rest. 25 £.* Construite en 1930, cette maison tenue par une famille bénéficie d'un site remarquable, paisible et en hauteur, avec une vue sensationnelle sur le Lough Erne inférieur, où les clients vont pêcher. La cuisine prépare les produits régionaux et ceux du jardin du propriétaire.

⊖⊖ Dromard House – *Tamlaght - à 3,5 km à la sortie d'Enniskillen sur la droite en direction de Belfast - ✆ 028 6638 7250 - www.dromardhouse.com - 4 ch. 50 £ ☕.* Jolies chambres décorées avec goût dans les dépendances d'une belle maison du 19e s. située sur une hauteur dans la campagne, à 500 m du lac.

⊖⊖ **The Fiddlestone Guesthouse** – *15 Main Street - Belleek - ✆ 028 6865 8008 - 5 ch. 35 £* ☕. Charmante auberge-pub de village aux chambres coquettes et claires. Bon petit-déjeuner servi parmi une incroyable collection d'objets anciens.

⊖⊖ **Corralea Forest Lodge** – *Belcoo - à 4 km en direction de Garrison par la B 52, puis prenez une allée sur la gauche - ✆ 028 6638 6325 - fermé nov.-fév. - 4 ch. 50 £* ☕. Endroit paradisiaque en bordure du Lough Macnean Upper, dans un parc peuplé de biches en liberté. Toutes les chambres ont vue sur le lac et l'on peut prendre le petit-déjeuner sur une agréable terrasse en été.

Se restaurer

⊖ **Franco's** – *Queen Elizabeth Road - ✆ 028 6632 4424 - 12h-22h - autour de 15£.* Bonnes pizzas, copieuses assiettes de pâtes et cadre agréable.

AUX ALENTOURS

⊖ **Gallery** – *139 Irvinestown Road - Cross, Ferndale - 4 km au nord par la A 32 - ✆ 028 6632 8374 - fermé lun. midi, sam. midi, dim. - P - 13,95/24 £.* Dans ce restaurant de campagne, le chef marie sa robuste cuisine irlandaise à des influences contemporaines plus subtiles, rapportées de ses voyages aux antipodes. La salle attrayante au sol de marbre s'orne de peintures murales réalisées à la main. Il y a aussi des chambres modernes au bon rapport qualité-prix.

⊖ **Lusty Beg** – *Lusty Beg Island - près d'Ardshankill, fléché sur la gauche, prenez le bac pour piétons pour vous rendre dans l'île - ✆ 028 6863 1342 - 13h-21h - autour de 15£.* Très agréable restaurant sur une île aménagée en station de vacances. Spécialités de poisson.

Sports et Loisirs

Location de bateaux pour la pêche – *À la journée à Enniskillen - ✆ 028 6632 2882 (Erne Tours Ltd, Round 'O' Jetty, Brook Park, Belleek Road) ; à Killadeas - ✆ 028 6862 8100 (Manor House marina) ; ✆ 028 6862 1557 (B. Ternan, The Beeches, Killadeas) ; à Kesh - ✆ 028 6863 2328, 028 6632 2666 (G. Keown, Erinona Boats, Boa Island Bridge) ; à Belleek - ✆ 028 6865 8181 (Belleek Angling Centre, The Thatch, Main Street) ; à Newtownbutler - ✆ 028 6773 8118 (Crom Estate) ; à Teemore - ✆ 028 6774 8893 (Shannon-Erne Country Cottages & Cruisers) ; à Garrison - ✆ 028 6865 8194 (Sean Maguire) ; à Derrylin - ✆ 028 3834 4993 (Carrick Craft Knockninny Quay).*

Lakeland Canoe Centre – Sur Castle Island, le centre organise des activités de canoë.

Lakeland Forum – Installations de natation, squash, volley-ball, basket-ball, badminton, tennis de table, boules, tir à l'arc, football, judo et remise en forme.

Agenda

Le Festival **Lady of the Lake** (« La Dame du lac ») a lieu en juil. à Irvinestown.

Londonderry★

83 699 HABITANTS – COMTÉ DE LONDONDERRY
CARTE MICHELIN N° 712 K3 – CARTE GÉNÉRALE RABAT I C1

La deuxième ville d'Irlande du Nord se trouve près de la frontière avec la république, dans un cadre agréable au bord de la large rivière Foyle. C'est pratiquement la seule ville des îles Britanniques à avoir conservé ses murailles élevées au 17e s., quand l'ancienne implantation irlandaise de Derry a pris le nom de Londonderry. Aujourd'hui, l'appellation « Derry » est utilisée en république d'Irlande et dans les quartiers catholiques. Théâtre des soubresauts tragiques de la guerre civile (les « Troubles »), c'est ici qu'a eu lieu en 1972 l'épisode sanglant du « Bloody Sunday ». Depuis, la ville vit une véritable renaissance grâce à un renouveau économique et une vie commerçante active qui en font une localité touristique très agréable.

- **Se repérer** – Londonderry est au carrefour des routes A 2, A 5 et A 6, près de la frontière avec le comté du Donegal.
- **Se garer** – Derry se visite à pied ; si vous êtes en voiture, laissez-la au parking du Foyleside Commercial Centre, en prenant soin de vérifier l'heure de fermeture.
- **À ne pas manquer** – Une promenade sur les remparts ; Tower Museum ; les pubs musicaux de Waterloo Street ; les fresques du quartier du Bogside.
- **Organiser son temps** – Compter une demi-journée pour visiter l'intérieur des remparts et 2h pour les sites extra-muros. L'atmosphère de la ville et notamment l'ambiance nocturne méritent d'y séjourner.
- **Pour poursuivre le voyage** – Voir aussi Portrush, monts Sperrin et, en république d'Irlande, Buncrana, Donegal, Donegal Glens.

Comprendre

Fondation monastique – Selon la tradition, le monastère de Derry (en irlandais *Doire*, le bois de chênes) a été fondé en 546 par **saint Columba**. La ville a été occupée par les Anglais en 1565 et 1600. En 1608, au cours des quatre mois de rébellion menée par **Cahir O'Docherty**, ses troupes ont pris la ville, mais leur élan a été brisé par la mort de leur chef à Kilmacrenan.

The Irish Society – À l'époque de la Plantation *(voir p. 63)*, une charte royale crée en 1613 l'Honorable Société irlandaise, pour mettre en valeur le comté de Coleraine, rebaptisé comté de Londonderry. La majeure partie des terres est répartie entre les 12 principales corporations londoniennes. Seules les villes de Derry et de Coleraine restent propriétés de la Société, qui investit toujours les revenus de ses pêcheries et de ses biens fonciers dans des projets pour la collectivité.

Lundy

Le colonel écossais Lundy, donnant son avis militaire sur la tournure probable d'une bataille contre une armée supérieure en nombre, conseille aux habitants de Londonderry d'éviter la destruction et le bain de sang, et de se rendre à l'armée jacobite. En cela, il sous-estime totalement leur esprit de résistance ; démis de sa fonction, il doit fuir la ville sous un déguisement. Ses successeurs, le major Henry Baker et le révérend George Walker, rassemblent les protestants et organisent la résistance, qui sera victorieuse. Le nom de « Lundy » est depuis associé à lâcheté et trahison : à l'occasion de la parade des Apprentis, en août, on brûle en grande cérémonie une effigie du misérable colonel.

Le siège de Londonderry – En décembre 1688, dans le climat d'incertitude causé par la fuite en France de Jacques II et par le débarquement de Guillaume d'Orange dans le Devon, 13 apprentis de Derry ferment les portes de la ville à un régiment jacobite commandé par le comte d'Antrim, envoyé pour occuper Londonderry. Les habitants se déclarent en faveur de Guillaume et accueillent nombre de ses partisans, malgré le peu de vivres dont ils disposent. En mars 1689, **Jacques II** débarque en Irlande avec 20 000 hommes ; en avril, il assiège la ville. Il fait barrer la rivière, bloquant pendant sept semaines le passage des bateaux de ravitaillement. Le commandant écossais de la ville, **Robert Lundy**, opte pour la capitulation face à une puissance qu'il estime supérieure, mais les partisans de la résistance le destituent et prennent le commandement *(voir encadré ci-dessus)*. Le 10 juillet, les assiégeants tirent sur la ville un obus transportant les conditions de la reddition. Les défenseurs hissent sur le bastion royal un drapeau cramoisi pour signifier *No surrender*, « on ne se rend pas », slogan qui résonne toujours en écho auprès de la population protestante d'Irlande du Nord. Le siège dure quinze semaines, durant lesquelles les 30 000 personnes entassées derrière les murs sont réduites à manger chats, chiens, rats, souris et morceaux de cuir ; des milliers meurent de faim. Le 28 juillet 1689, le barrage est rompu, et les navires de secours peuvent atteindre le quai. Trois jours plus tard, l'armée de Jacques II bat en retraite.

Une ville sectorisée – Au 19e s., le caractère de la ville de la Plantation se modifie considérablement, avec l'arrivée massive d'immigrants de toute l'Irlande catholique. En 1900, les protestants sont devenus une minorité. Mais un découpage soigneux des circonscriptions électorales et l'attribution sélective des logements publics ôtent aux catholiques toute chance de contrôler la municipalité. L'industrie traditionnelle de confection de chemises emploie de nombreuses femmes, mais le chômage est très élevé pour les hommes. Les conditions de logement, en particulier dans le quartier catholique du Bogside, sont parmi les pires du Royaume-Uni. En 1968, la ville se soulève ; en 1969 se déroule la « bataille du Bogside » ; et le dimanche 30 janvier 1972, c'est le « Bloody Sunday » : une marche de protestation contre les lois d'exception permettant les internements sans jugement se déroule malgré l'interdiction des autorités. Les militaires britanniques tirent alors sur le cortège de 20 000 personnes, faisant 14 victimes. Dans les années suivantes, malgré un calme relatif, la séparation des quartiers s'accentue de plus en plus. Les protestants tendent à se retirer de la rive ouest de la Foyle et à s'installer dans le quartier du Waterside, sur la rive est.

Se promener

À L'INTÉRIEUR DES REMPARTS

City Walls and Gates★★ (remparts et portes)

♿ sf pour Bishop's Gate. Panneaux explicatifs. Possibilité de promenade guidée. ✆ 028 7126 7284 (TIC : office de tourisme). www.derryvisitor.com

Les murs (1,5 km de long) qui entourent la ville de la Plantation ont été élevés entre 1613 et 1618 par la Irish Society. Leur état de conservation est exceptionnel. Malgré leur efficacité démontrée au cours de plus d'un siège, ils ne représentent pas un prodige du génie militaire : ils sont trop exposés au feu des navires qui viendraient sur la Foyle. Aujourd'hui, on peut faire à pied le tour des fortifications, en admirant les différentes portes, bastions, tours de guet et pièces d'artillerie, et en profitant des vues magnifiques.

L'endroit le plus commode pour débuter la promenade sur les remparts se trouve sur le côté est, là où Newmarket Street coupe les murs ; marcher dans le sens des aiguilles d'une montre.

Ferryquay Gate est la porte que les 13 Apprentis ont fermée au nez des troupes jacobites au début du siège de 1688-1689.

De la promenade des remparts, on bénéficie d'une belle vue sur la cathédrale St Columb.

Pour y accèder emprunter Bishop's Gate.

St Columb's Cathedral★ B2

Été : tlj sf dim. 9h-17h. 3 £. Spectacles audiovisuels. ✆ 028 7126 7313. www.stcolumbs-cathedral.org

Quelques décennies après sa fondation, la ville fortifiée de la Plantation se dote d'une impressionnante cathédrale crénelée. La décision est prise en 1613, la construction débute en 1628 et, en 1634, est achevé l'édifice de style gothique « perpendiculaire » tardif, première cathédrale construite dans les îles Britanniques après la Réforme. La flèche de 58 m a été ajoutée au début du 19e s.

Le superbe **plafond de la nef**, à charpente apparente, est soutenu par des corbeaux de pierre sculptés qui représentent les évêques de Derry, de 1634 à 1867, ainsi que le révérend George Walker, gouverneur de la ville durant le siège. La cathédrale évoque de nombreux autres éléments d'intérêt historique local. Sous son porche est conservé l'**obus de mortier** tiré dans la ville pendant le siège pour transmettre les conditions de reddition.

Les vitraux, dans la sacristie du chœur *(à droite)* décrivent la fermeture des portes en 1688, les secours apportés à la ville en 1689, et les célébrations du centenaire de 1789. La **cathèdre** (ou trône de l'évêque) est une splendide chaise d'acajou de style Chippendale chinois (18e s.), sans doute offerte par le flamboyant comte-évêque *(voir encadré p. 470)*.

Sur l'arche du chœur, au-dessus de la chaire, la **Croix de la Passion**, symbole de paix et de réconciliation, a été offerte par la cathédrale de Coventry. La **salle capitulaire** *(demander l'accès au bedeau)*, construite en 1910, conserve plusieurs objets intéressants : les cadenas et les clés des anciennes portes de la ville ; l'épée du gouverneur Walker ; des fragments du drapeau cramoisi du colonel Michelburn ; une paire de pistolets de duel, qui appartenaient au comte-évêque.

Revenir sur les remparts par Bishop's Gate.

La **Bishop's Gate**, porte de l'Évêque, a été bâtie en 1789 à l'emplacement de la porte d'origine pour marquer le centenaire du siège. D'ici, une belle vue s'ouvre sur **Bishop's Street Within**, la rue la plus élégante de Londonderry, avec son groupe de beaux bâtiments de la fin du 18e et du début du 19e s. : le palais épiscopal en briques rouges (aujourd'hui temple franc-maçon), construit par le comte-évêque à l'emplacement de la maison du colonel Henry Baker ; le palais de justice néogrec, en grès clair ; le siège de l'Irish Society (1764) ; et l'élégant Doyenné.

Le **Royal Bastion** est l'endroit d'où le colonel Michelburn a hissé le drapeau cramoisi pour signifier « on ne se rend pas » au début du terrible siège. Du bastion la vue se déploie jusqu'au quartier du Bogside.

À l'emplacement des anciens abattoirs s'élève **Apprentice Boys' Hall**, siège de la Société des apprentis. **Butcher's Gate**, porte des Bouchers qui ouvre sur Butcher Street, mène au **Diamond**, place en losange traditionnelle qui marque le cœur des villes de la Plantation, où les quatre avenues principales se rejoignent. Autrefois site de l'hôtel de ville, le Diamond de Derry porte aujourd'hui un mémorial de guerre. La ville est disposée suivant un maillage légèrement courbe, et le tracé des rues a été bien préservé.

Emprunter Butcher Street pour rejoindre The Diamond Place et prendre la rue commerçante de Shipquay Street pour atteindre le Craft Village sur la gauche.

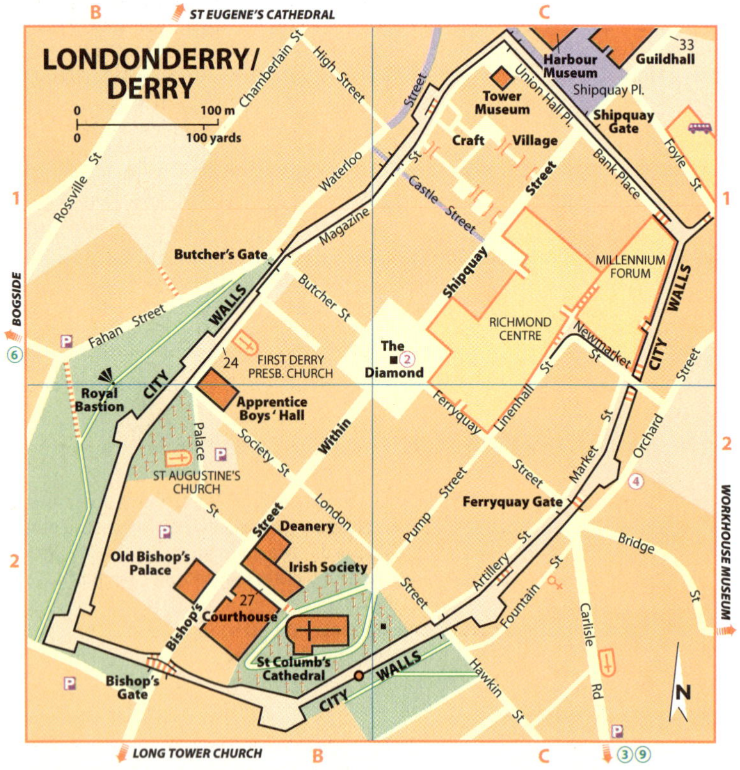

SE LOGER	SE RESTAURER	INDEX DES RUES
Arkle B&B ... (3)	Austins Roof Restaurant ... (2)	Magazine St Upper ... 24
Clarence House ... (6)	Badgers ... (4)	St Columb's Court ... 27
Killennan House ... (9)		Whittaker St ... 33

Le **Craft Village**, un ensemble de vieilles maisons et de ruelles entièrement reconstituées en 1996, est composé de cafés, restaurants et quelques boutiques de souvenirs. Le **Bridie's Cottage**, une chaumière du Donegal transplantée ici, propose des informations sur la musique traditionnelle.

L'une des boutiques de souvenirs, l'Irish Shop, s'ouvre sur une courette permettant d'accéder directement au Tower Museum dont l'entrée principale est sur Union Hall Place.

Tower Museum★ C1

Juil.-août : 10h-17h, dim. 14h-17h ; sept.-juin : tlj sf dim. 10h-17h. 4 £. ✆ 028 7137 2411.

Ce bâtiment moderne, reproduction d'une tour médiévale disparue, abrite une excellente présentation historique de la ville de Derry rassemblant objets anciens, panneaux muraux et techniques audiovisuelles et théâtrales. Le visiteur est mis en condition en pénétrant dans le musée par un tunnel en brique au sol pavé, reproduction des passages souterrains qui reliaient entre eux les bâtiments de la ville au 17e s. Les expositions retracent de manière très complète les origines monastiques de Derry, la Plantation au 17e s., le siège et ses conséquences, l'émigration au 19e s., la Partition de l'Irlande, la Seconde Guerre mondiale et les *Troubles* de l'après-guerre.

En sortant du Tower Museum, prendre à droite et sortir de la vieille ville par Shipquay Gate.

Shipquay Gate, la porte du Quai aux bateaux, est surmontée de cinq des canons qui ont défendu la ville pendant le siège. D'ici, la rue monte en forte pente vers le Diamond, bordée de plusieurs édifices imposants et de bars en sous-sol.

EN DEHORS DES REMPARTS

Guildhall★ C1

Face à Shipquay Gate. ♿ Tlj sf w.-end 9h-17h. Fermé lun. fériés. ✆ 028 7137 7335.

La maison des Guildes, sérieusement endommagée à deux reprises – en 1908 par le feu et en 1972 par des bombes – a été érigée en 1890 dans le style gothique tardif, grâce à un prêt de la Société irlandaise. La façade donnant sur la rivière est très ouvragée. La tour d'angle montre une grande horloge à quatre faces. Une reproduction du tableau de Follingby *La Délivrance de Derry* pare le vestibule recouvert de marbre. Les nombreux vitraux, œuvre d'artisans de l'Ulster, retracent en images presque toute l'histoire de Derry. Ils montrent des scènes londoniennes (dans les escaliers) et des vues anciennes de Derry dans la grande salle, lambrissée de chêne, au superbe plafond.

En sortant du Guidhall, contourner le pâté de maisons sur la droite pour atteindre le bâtiment du Harbour Museum.

Harbour Museum C1

Tlj sf w.-end 10h-13h, 14h-16h30. ✆ 028 7137 7331.

Le magnifique édifice du 19e s. qui servait pour les réunions des commissaires du port, est aujourd'hui un musée rassemblant peintures, maquettes et toutes sortes de souvenirs liés à la vie maritime. L'élément marquant de l'exposition est un *curragh*, le plus grand jamais conçu, construit en 1963 pour commémorer le légendaire voyage de saint Columba à Iona.

Depuis Waterloo Place, emprunter Strand Road et prendre à gauche Great James Street.

St Eugene's Cathedral

7h30-21h, sam. 8h30-21h, dim. 6h30-19h. ✆ 028 7126 2894, 7136 5712.

Au nord-ouest du centre-ville, entre un élégant quartier georgien et la verdure paisible du parc Brooke, se dresse la cathédrale catholique. Elle a été dédiée à saint Eugène en 1873 par l'évêque Keely, en mémoire duquel a été ajoutée la verrière du chevet. La construction du bâtiment néogothique, conçu par J. J. McCarthy, a débuté en 1853 pour s'achever en 1903 par la pose de la croix au sommet de la flèche.

Redescendre Graet James street, pour prendre à droite Rossville Street.

Rossville Street traverse le quartier du **Bogside** et ses façades ornées de fresques évoquant les *Troubles* et le mouvement nationaliste irlandais. Apercevez le fameux *You are now entering the Free Derry* (« Vous entrez maintenant dans le Derry libre »), inscrit ici en 1969 au plus chaud du soulèvement catholique. Non loin de là se trouve le Bloody Sunday Monument, à la mémoire des victimes du « Dimanche sanglant ».

Poursuivre sur Lecky Road et prendre à gauche Barrack Street. Long Tower Street se trouve sur la gauche.

Long Tower Church★

7h30-21h, dim. 8h-18h30. www.longtowerparish.com

L'**église de la Longue Tour** est la plus ancienne église catholique de Derry (1784-1786). Elle dévoile un charmant intérieur rococo, avec de grandes galeries en forte pente. Elle se dresse à l'emplacement de Templemore, grande église médiévale de 1164. Le nom de l'édifice vient de la grande tour (10e s.), le seul vestige de l'église du Moyen Âge qui subsistait après sa destruction en 1567 par une explosion. Du cimetière, belle vue sur le bastion royal.

Rejoindre le quartier protestant de Waterside sur l'autre rive en empruntant Craivagon Bridge. Longer la Foyle par Duke Street jusqu'au premier rond-point, puis prendre Simpson's Brae et Clooney Terrace jusque Glendermott Road.

Workhouse Museum

23 Glendermott Road, Waterside. Tlj sf vend. et dim. 10h-16h30 (juil.-août, vend.). ✆ 028 7131 8328 (James Coyle).

L'ancien hospice municipal, bâti en 1840 par George Wilkinson pour 800 pensionnaires, abrite une bibliothèque *(rez-de-chaussée)* et un musée *(étages)*. Le premier étage présente une série de photographies et de films sur le rôle important joué par Derry pendant la Seconde Guerre mondiale, notamment lors de la bataille de l'Atlantique. Le bout du couloir du deuxième étage recrée les conditions de vie sordides de l'hospice au 19e s. Dans le grenier aménagé, des objets mis en scène évoquent un parallèle entre la famine irlandaise de 1845-1849 et celles qui sévissent aujourd'hui dans la corne de l'Afrique.

Londonderry pratique

Adresse utile

ℹ *44 Foyle Street - ✆ 028 7126 7284 - www.derryvisitor.com - juil.-sept. : lun.-vend. 9h-17h, sam. 10h-18h, dim. 10h-17h ; avr.-juin et oct. : lun.-vend. 9h-17h, sam. 10h-17h.*

Transports

Aéroport de la ville de Derry – *Eglinton - à 11 km au nord-est de la ville par la A 2 - ✆ 028 7181 0784 - fax 028 7181 1426 - www.cityofderryairport.com.* Des bus assurent la liaison avec le centre-ville. Liaison également avec Limavady (voir monts Sperrin).

En train – *Waterside Railway Station - Duke Street (rive droite de la Foyle, quartier de Waterside) - ✆ 028 713 42228.* Une navette assure la liaison avec la gare routière.

En bus – *Gare routière sur Foyle Street - Ulsterbus (✆ 028 712 62261).*

Visites

Top Tours – *✆ 077 4024 9998 - www.opentoptour.com - dép. de l'office du tourisme - mars-oct. : tlj 10h-16h (durée 1h environ) - 12 €.* Visite commentée de la ville à bord d'un bus à ciel ouvert.

Promenade guidée des remparts – *✆ 028 7134 7176 - www.derrywalls.com - visite sur demande - 4 £.* Les guides sont des membres de la famille Hendersons, installée dans la ville depuis cinq générations.

Se Loger

⊜ **Arkle B&B** – *2 Coshquin Road - ✆ 028 7127 1156 - www.derryhotel.co.uk - 3 ch. 50 £* ☕. L'accueillante propriétaire propose de petites chambres au décor fleuri simples mais claires.

⊜⊜ **Clarence House** - *15 Northland Road - ✆ 028 7126 5342 - www.guesthouseireland.co.uk - 9 ch. 60 £* ☕. Joli B&B très coquet avec de confortables chambres au ton pastel. La propriétaire est charmante et très discrète. Si vous payez avec votre carte on vous facturera 4£ en plus.

AUX ALENTOURS

⊜ **Killennan House** – *40 Killennan Road - Drumahoe - à 7 km de Derry, fléché sur la gauche en direction de Belfast - ✆ 028 7130 1710 - www.killennan.co.uk - 3 ch. 50 £* ☕. Dans une agréable maison de ferme, chambres spacieuses et calmes avec vue sur la campagne et bon petit-déjeuner.

Se restaurer

⊜ **Badgers** – *16/18 Orchard Sreet - ✆ 028 7136 0763 - lun.-jeu. 12-19h, vend.-sam. 12h-21h, dim. 12h-16h - autour de 10£.* À l'est des remparts, un endroit très agréable au confortable décor de pub. Copieuse cuisine de brasserie d'un très bon rapport qualité-prix.

⊜ **Austins Roof Restaurant** – *The Diamond - ✆ 028 7126 1817 - autour de 10£.* Une cafétéria pour déjeuner correctement sur le pouce et pour pas cher du tout, en profitant de la belle vue sur la ville du 3e étage de l'Austins Department Store, un grand magasin au charme désuet.

En soirée

Millennium Forum – *Newmarket Street - ✆ 028 7126 4455, 028 7126 4426 - www.millenniumforum.co.uk.* Théâtre, danse, comédie, comédie musicale, distractions et spectacles pour enfants.

The Playhouse – *5-7 Artillery Street - ✆ 028 7126 8027.* Programmation de pièces de théâtre, spectacles de danse et exposition d'arts visuels régionaux, nationaux et internationaux.

Boire un verre

Peadar O'donnells – *59 Waterloo Street - ✆ 028 7137 2318.* Avec sa façade jaune et ses faux jambons séchés au-dessus du comptoir, c'est l'un des pubs les plus typiques de la ville. Musique traditionnelle tous les soirs.

The Castle bar – *26 Waterloo Street - ✆ 028 7126 7716.* Une bonne adresse pour écouter de la musique traditionnelle dans une ambiance authentique.

Achats

Village d'artisans – *En retrait de Shipquay Street.* Tout un maillage de ruelles pittoresques, bordées de toutes sortes de maisons de style traditionnel, abritant des cafés et des boutiques spécialisées, convergent sur une petite place.

Foyleside Commercial Centre – *Foyle Street - 7j/7.* Immense centre commercial construit en 1996, symbole du renouveau économique de la ville.

Sports et Loisirs

Culmore Road Riding Centre – *À 3 km au nord par la R 238 - ✆ 028 7135 9248 - tlj sf lun.* Les propriétaires, qui parlent français, organisent des promenades à cheval toute l'année.

Foyle International Golf Centre – *12 Alder Road - à 2 km au nord de la ville - ✆ 028 7135 2222 - www.foylegolfcentre.co.uk - green fees : 15 £ en sem., 18 £ le w.-end.* Sur les bords de la Foyle, 18 trous et 9 par 3.

Agenda

Jazz and big band Festival – *www.cityofderryjazzfestival.com.* Début mai.

Stages d'été Scoil Samhraidh Cholm Cille – *✆ 028 7126 4132 - www.blathanna.org.* Début juin. Stages avec pour thème la tradition irlandaise : histoire, arts et culture, cours de langue irlandaise, ateliers de musique traditionnelle, poésie, contes, peinture, promenades, circuits en car et découverte du Gaeltacht du Donegal, région de langue irlandaise.

Hallowe'en à Derry City – Feux d'artifice spectaculaires sur la rivière Foyle, et autres manifestations tournant autour du carnaval de Hallowe'en (31 octobre).

White Light Festival – *www.derryvisitor.com.* En janv., événement artistique électronique et contemporain avec projection d'images sur les façades architecturales et dans les rues de la ville.

Monts Sperrin★

Sperrin Mountains

COMTÉ DE TYRONE ET DE LONDONDERRY
CARTE MICHELIN N° 712 K/L 3 – CARTE GÉNÉRALE RABAT I C1-2

Ces monts isolés aux sommets lisses, qui séparent du nord-est de l'Ulster la plaine de Londonderry, trouvent leur point culminant au mont Sawel (678 m). Composés de schistes et de gneiss, ils étaient autrefois couverts de forêts magnifiques, mais leurs pentes supérieures sont aujourd'hui des pâturages à moutons, tapissés de tourbière de couverture et de bruyère violette ; les parties boisées n'occupent plus que les gorges profondes creusées par les torrents. Longtemps laissée à l'écart de la vie moderne et de la croissance économique, la région développe depuis quelque temps une activité touristique orientée vers une initiation à l'environnement. Plusieurs parcs naturels donnent l'occasion de faire plus ample connaissance avec l'écosystème local ; seul lieu d'Irlande où pousse la mûre des marais et où surgit parfois le rare busard Saint-Martin. Une destination idéale pour les amoureux de la nature.

- **Se repérer** – Les monts Sperrin sont bordés à l'ouest par la A 5 entre Londonderry et Armagh et coupés par la A 29 entre Armagh et Coleraine, et par la A 6 entre Londonderry et Belfast.
- **À ne pas manquer** – La décoration intérieure de Springhill ; Roe Valley Country Park ; la chute d'eau du Ness Wood Country Park ; la route panoramique du lac Oak ; les vues depuis la route du mont Sawel.
- **Organiser son temps** – Compter deux jours pour une découverte en voiture.
- **Avec les enfants** – Ulster-American Folk Park.
- **Pour poursuivre le voyage** – Voir aussi Dungannon, Londonderry, Lough Neagh, Portrush.

L'émergence d'une région

Au 17e s., une partie de la région est octroyée aux corporations de la ville de Londres : drapiers, peaussiers, épiciers et marchands de poissons. Ils font appel à des **colons**, souvent originaires d'Écosse, et les installent dans de nombreux nouveaux villages et villes créés de toutes pièces.

Les propriétaires poursuivent la pratique traditionnelle de parcellisation de la terre entre les fermiers ; le pays est surpeuplé dès le début du 19e s. Dans certains secteurs, ils changent alors de méthode, en reprenant la gestion directe de leurs champs, et en facilitant le déplacement des personnes ; les parcelles sont regroupées, bien délimitées par des haies, en exploitations de 8 à 12 ha. On crée des fermes modèles pour promouvoir les nouvelles méthodes d'agriculture, et on construit routes, ponts, églises, écoles et dispensaires.

Circuits de découverte

Les monts Sperrin couvrent une vaste région, qui a été divisée en quatre itinéraires : un circuit nord au départ de Londonderry, un circuit est au départ de Cookstown, et deux circuits sud et ouest au départ de Omagh.

HAUTES TERRES ET LITTORAL 1

Au départ de Londonderry, prendre la A 2 vers l'est ; tourner à droite.

Eglinton

Cet élégant petit village, avec son beau **palais de justice**, a été aménagé par la corporation des épiciers entre 1823 et 1825 autour d'une place bien ombragée à côté de la rivière Muff. Plus haut, la rivière cascade à travers **Muff Glen**, étroite vallée bordée d'arbres, propice à d'agréables promenades.

Ballykelly

Le village a été créé au début du 17e s. par la Compagnie des poissonniers qui y a installé une ferme modèle, toujours en activité sur le côté nord de la route. Un bâtiment à étage est relié à deux pavillons de plain-pied par de hauts murs, qui entourent une cour de ferme. En face se dresse l'église presbytérienne (1827). L'église anglicane (1795) occupe le sommet d'une petite colline cachée par des hêtres à l'est du village. C'est l'une de celles que le comte-évêque de Derry a fait construire.

Limavady

Ce nom vient de l'irlandais « saut de chien » : le village d'origine était situé à environ 3 km en amont, près du château O'Cahan du 13e s., dans l'actuel parc rural de la vallée de la Roe. Il a été rebaptisé Newtown-Limavady au 17e s. par sir Thomas Phillips, agent en chef de la Cité de Londres en Ulster. C'est une agréable ville de marché georgienne, et la patrie de la célèbre chanson *Danny Boy* ou *Londonderry Air*, transcrite en 1851 à partir d'une mélodie traditionnelle par Jane Ross (1810-1879). La musicienne a vécu au 51, Main Street *(plaque commémorative)*.

Prendre la B 68 vers le sud.

Roe Valley Country Park★

Centre d'accueil - été : 10h-18h ; hiver : tlj sf w.-end 10h-17h. ✆ 028 7772 2074 (responsable de l'environnement).

Le parc rural s'étend sur une partie (5 km) de la vallée sauvage et très boisée de la **rivière Roe**. Ses eaux rougies par la tourbe cascadent sur des rochers et au fond de gorges étroites, pour regagner la mer au nord. Le **centre d'accueil**, au pont de Dogleap, fournit des renseignements sur la flore et la faune locales, les anciennes industries et l'arrivée des colons au 17e s. Le parc protège des paysages de toute beauté, théâtre des exploits légendaires du clan O'Cahan, mais aussi les vestiges des premières activités industrielles : prés pour le blanchiment de la toile au soleil, barrages, biefs et moulins à eau du 18e s., destinés au sciage du bois et au treillage, à la filature et au maillochage du lin. Bâtiment inhabituel, la **centrale électrique** *(power house)* en pierre de 1896 témoigne de la production précoce d'hydroélectricité dans la région.

Prendre la B 192 vers le sud jusqu'à Burnfoot.

Bovevagh Church

Dans le cimetière d'une église médiévale en ruine se trouve un **édifice funéraire** semblable à celui de Banagher. Son état de délabrement permet de voir la cavité qui contenait le corps du défunt, ainsi que, à l'extrémité est, le trou par lequel le fidèle pouvait passer la main pour toucher les reliques.

Poursuivre vers le sud ; prendre à gauche la A 6 pour faire un détour vers l'est.

Glenshane Pass★

Le col de Glenshane, entre les sommets du **Mullaghmore** (555 m) au sud et du **Carntogher** (462 m) au nord, assure le passage de la route principale Belfast-Londonderry à travers les monts Sperrin. L'arrivée par le nord, au milieu d'un spectaculaire paysage de montagne, domine le *glen* de Benady, sur la Roe. Celle par le sud *(point de vue)* offre une **vue panoramique★★** par-delà le Lough Neagh, sur la plaine centrale de l'Ulster, jusqu'au Slemish *(voir p. 427)*.

Poursuivre vers l'est sur la A 6.

Maghera Old Church

À l'extrémité nord de la rue principale, tourner à droite vers Bank Square, puis à gauche vers le parking. Clé disponible à la réception du Recreation Centre, St Lurach's Road, vers l'est de Bank Square. Office de tourisme Magherafelt : ✆ 028 7963 1510.

Cette bourgade au pied du col de Glenshane possède une église en ruine qui date sans doute du 10e s. Son élément le plus remarquable est le magnifique portail ouest, ajouté environ deux siècles plus tard, avec ses jambages inclinés, sa merveilleuse ornementation florale et animalière et un linteau sculpté d'une crucifixion ouvragée. Dans le cimetière se dresse un pilier de pierre d'aspect rustique, gravé d'une croix celtique : la tradition veut que ce soit la tombe de saint Lurach, fondateur d'un grand monastère sur ce site au 6e s.

Tourner vers l'ouest dans la A 6.

Dungiven Priory

✆ 028 7772 2074.

Avant qu'elle ne soit octroyée à la confrérie des peaussiers pour y être aménagée, la petite ville de Dungiven était le fief du clan farouche des O'Cahan. Juste en dehors de la ville, un promontoire naturel imposant domine la Roe. C'est le site d'un monastère antérieur à la période normande et des vestiges du couvent augustin qui l'a remplacé. Les ruines de l'église sont impressionnantes en elles-mêmes, mais leur joyau est le

MALIN HEAD
LOUGH
R 238
Speenoge
N 13
Grianán of Aileach ★★
A 2
LONDONDERRY / DERRY
1
Eglinton
Muff Glen
Muff
LETTERKENNY
A 40
New Buildings
Faughan
A 6
Ervey Cross Roads
Ness Wood Country Park ★
Foyle
A 5
B 48
371
Claudy
R 265
LETTERKENNY
Burn Dennet
B 49
Dunnamanagh
Learmount Forest Park
B 49
B 48
N 14
Strabane
B 44
Wilson Ancestral Home
DONEGAL
A 5
3
635
Sion Mills
B 48
4
Plumbridge
B 47
Glenelly
3
Barnes Gap
Scotch Town
Mourne
Newtownstewart
Gortin
B 46
Owenkillew
Harry Avery's Castle
Oak Lough Scenic Road ★
Gortin Glen Forest Park
Ulster-American Folk Park
B 48
Mountjoy
Strule
4
A 5
3
A 505
3 4
OMAGH
298
A 32
ENNISKILLEN
ARMAGH

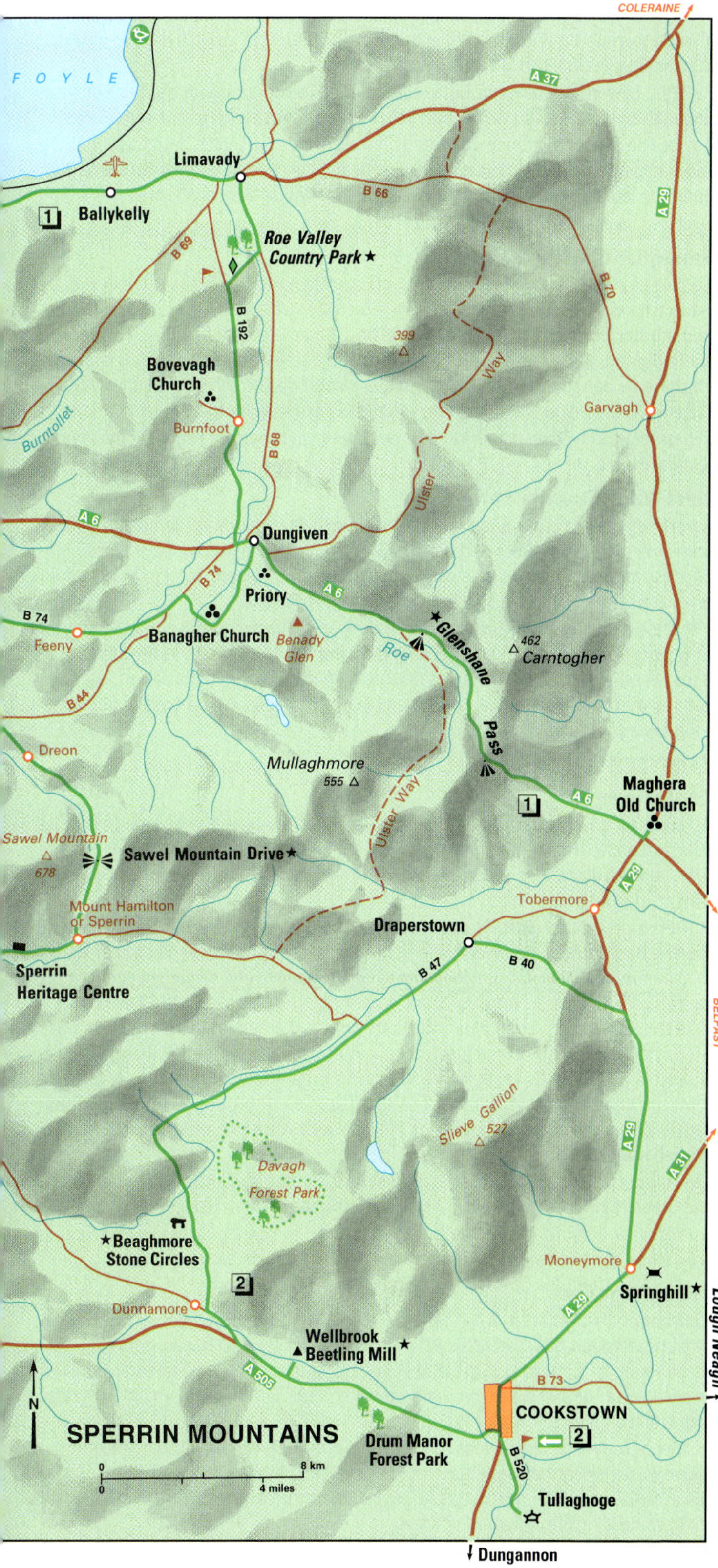
COLERAINE
FOYLE
A 37
Limavady
Ballykelly
1
B 66
A 29
B 69
Roe Valley Country Park ★
B 70
B 192
399
Way
Bovevagh Church
Garvagh
Burntollet
Burnfoot
B 68
Ulster
A 6
Dungiven
B 74
Priory
A 6
B 74
Feeny
Banagher Church
Benady Glen
Roe
★ Glenshane Pass
462 Carntogher
B 44
Dreon
Mullaghmore
555
Ulster Way
Maghera Old Church
A 6
1
Sawel Mountain
678
Sawel Mountain Drive ★
A 29
Tobermore
Mount Hamilton or Sperrin
Draperstown
Sperrin Heritage Centre
B 47
B 40
BELFAST
Slieve Gallion
527
A 29
Davagh Forest Park
A 31
★ Beaghmore Stone Circles
Moneymore
2
Springhill ★
★ Lough Neagh
Dunnamore
Wellbrook Beetling Mill ★
A 29
A 505
B 73
COOKSTOWN
N
SPERRIN MOUNTAINS
Drum Manor Forest Park
2
B 520
0
8 km
0
4 miles
Tullaghoge
Dungannon

magnifique tombeau d'un chef des O'Cahan, Cooey-na-Gal, mort en 1385. Il est conçu à la manière des édifices funéraires de l'Ouest écossais au 15e s. Il montre le défunt allongé sous un dais ornementé, mais aussi six statues de farouches *gallowglasses*, mercenaires écossais en kilt armés jusqu'aux dents.

Au 17e s., Edward Doddington, bâtisseur des murailles de Londonderry, s'est construit une maison dans l'enclos de l'église. Ses fondations ont été mises au jour en 1982.

Au nord du chemin se trouve un **bullaun**, pierre évidée qui servait autrefois à moudre le grain, mais qui aujourd'hui récupère l'eau de pluie. Les personnes qui souhaitent guérir de leurs verrues s'y rendent et accrochent des chiffons aux arbres.

Dans Dungiven, prendre une petite route à gauche.

Banagher Church

L'église en ruine date de la fin du 11e s. ou du début du 12e s. Dans le cimetière, un **édifice funéraire** a été construit en pierre de taille au début du 12e s., probablement pour abriter les reliques déplacées quand on a ajouté le chœur à l'église. Un panneau sur le pignon ouest représente un personnage qui tient une crosse levant la main en signe de bénédiction. Selon la légende, il s'agit de la tombe de saint Muiredach O'Heney. Le sable qui vient de cette sépulture porterait chance.

Retourner vers la A 6 ou prendre la B 74 vers l'ouest en traversant Feeny et Claudy pour rejoindre la A 6.

Ness Wood Country Park★

À partir du parc de stationnement, traverser l'aire de pique-nique et avancer dans le bois. La cascade (9 m) n'est pas protégée d'une barrière ; les enfants doivent être accompagnés. Une promenade en sous-bois longe le torrent sur chaque rive ; les deux chemins se rejoignent sur un pont, à 550 m du parc de stationnement.

L'impressionnante cascade (*an eas* en irlandais) et une succession de gorges, marmites de géants et rapides sont l'œuvre de la **rivière Burntollet**, qui s'est frayée un passage dans les schistes métamorphiques depuis la fin de la dernière glaciation. Les eaux brunes chargées de tourbes font entendre leur grondement au cœur d'une vaste forêt à la végétation luxuriante.

CONTREFORTS EST 2

Cookstown

Au cœur du paysage typique des monts Sperrin, cette agréable bourgade est une ville de marché animée. Implantation traditionnelle depuis la Plantation de l'Ulster au 17e s., elle offre un cadre approprié à un centre qui rappelle cette période et d'autres aspects de l'histoire locale.

Autrefois grand centre de l'industrie du lin, Cookstown sert aujourd'hui de ville de marché pour toute la région agricole environnante. Son élément le plus remarquable est sa grand-rue, exceptionnellement longue et large : elle s'étire, en prenant dix noms successifs, de la rivière Ballinderry au nord, jusqu'à la pente du **Slieve Gallion** (528 m). Résultat d'un des plus ambitieux projets d'aménagement urbain imposé au paysage irlandais, elle a été tracée vers 1750 par James et William Stewart, quand la première Cookstown de la Plantation a été détruite par la révolte de 1641. La nouvelle rue s'étirait vers le sud jusqu'à leur propre manoir, Killymoon Castle *(fermé au public)*, redessiné en 1803 par John Nash ; un terrain de golf occupe actuellement le parc.

Les édifices sans grand caractère, la plupart du 20e s., qui bordent la grandiose avenue des Stewart, ne sont guère à la mesure des aspirations de ses concepteurs.

Au départ de Cookstown, prendre la A 29 vers le sud ; prendre à gauche la B 520. Tourner à gauche dans un virage sans visibilité vers le parking ; 10mn de marche AR.

Tullaghoge Fort

Couronnés d'arbres, les murs en terre de ce fort de colline conservent le souvenir des anciens seigneurs de l'Ulster. Ils entouraient la résidence des O'Hagan, hauts juges du vieux royaume de Tyrone. C'est ici que les souverains du Tyrone étaient intronisés ; le dernier fut Hugh O'Neill *(voir Dungannon)* en 1593. En 1602, lord Mountjoy a brisé leur trône en pierre.

Le fort découvre de larges vues : au sud-ouest jusqu'au cimetière circulaire entouré de murs de Donaghrisk, sépulture des O'Hagan ; à l'est vers le Lough Neagh ; au nord jusqu'au Slieve Gallion, avec la Ballinderry coulant au premier plan et, parmi les arbres au bord de la rivière, Killymoon Castle.

Retourner à Cookstown ; rouler 4 km à l'ouest par la A 505.

Drum Manor Forest Park

♿ *De 8h au coucher du soleil (hiver 16h30).*

La vieille résidence de campagne Drum Manor est depuis longtemps en ruine. Mais ses jardins clos et son domaine arboré existent toujours, et offrent le cadre de ce très charmant parc forestier. Un des jardins s'est remarquablement prêté à une conversion en **jardin des papillons**, où les insectes volettent en liberté parmi les plantes : buddleias, violettes, asters, lavandes et aubriète, dont ils butinent le nectar. Un merveilleux **jardin de fleurs** a été créé dans les ruines de l'ancien manoir.

Poursuivre vers l'ouest sur la A 505 ; tourner à droite (panneau).

Wellbrook Beetling Mill★

Juil.-août : visite guidée 12h-18h ; de mi-mars à fin juin et sept. : w.-end et lun. fériés. 3,80 £. ✆ 028 8675 1715.

Le maillochage est la dernière phase de production de la toile de lin. Il consiste à battre la toile pour rapprocher les fibres et lui donner un aspect lisse et brillant. Le premier moulin de Wellbrook a été mis en service en septembre 1767. Cinq autres ont ouvert par la suite ; le présent moulin, portant le numéro six, date des environs de 1830. Il est resté en activité jusqu'en 1961. Le National Trust le maintient en état de marche. Le grenier-séchoir abrite une très intéressante présentation sur la production du lin et l'histoire de l'industrie linière irlandaise. À l'étage inférieur se trouvent sept **pilons** actionnés par une roue à aubes en bois, à l'extérieur, alimentée par l'eau venue du bief dans une gouttière en bois. Le vacarme créé par le fonctionnement de deux pilons, seulement quelques minutes, permet de comprendre pourquoi beaucoup d'ouvriers, qui travaillaient de l'aube jusqu'à neuf heures du soir, devenaient sourds.

Poursuivre vers l'ouest sur la A 505 ; au pont de Dunnamore, tourner à droite en traversant la rivière.

Beaghmore Stone Circles★

Cette partie médiane de l'Ulster est particulièrement riche en cromlechs, cercles de pierres préhistoriques. On en trouve sept ici, remontant à l'âge du bronze, sur un site déjà utilisé à l'époque néolithique. Ils sont constitués de pierres assez petites, disposées sur la terre plutôt qu'enfoncées. Six des cercles s'organisent par paires, avec un cairn et un alignement de pierres près du point d'intersection. La zone délimitée par le septième cercle, non rattaché, est parsemée de pierres rapprochées les unes des autres, dites « dents du dragon ». Les cromlechs pourraient avoir servi à calculer l'heure du lever et du coucher du soleil et de la lune.

Poursuivre vers le nord ; prendre à droite la petite route qui rejoint la B 47.

Draperstown

Cette ville est un centre de marché agréable et dynamique au cœur de la région des Sperrin. Le **musée de la Colonisation de l'Ulster** *(Ulster Plantation Centre)* conduit les visiteurs à travers une succession de décors. Là, des vidéo expliquent, grâce à des acteurs costumés, la défaite et la **fuite des comtes** de l'Ulster *(voir « Comprendre : histoire »)*, ainsi que les projets des Tudors et des Stuarts pour peupler la région de colons anglais et écossais. Puis une exposition retrace l'histoire de la colonisation, du 17ᵉ s. à nos jours, avec des présentations poignantes consacrées à la Grande Famine et à l'émigration, et montre l'influence de la corporation des drapiers *(drapers)* sur la vie et l'architecture de Draperstown. *Juil.-août : 10h-17h, dim. 13h-17h ; oct.-juin : tlj sf w.-end 10h-17h. ✆ 028 7962 7800. www.theflightoftheearlsexperience.*

Au départ de Draperstown prendre la B 40 vers l'est ; prendre à droite la A 29 jusqu'à Moneymore.

Springhill★

Juil.-août : 13h-18h ; mars-juin et sept. : w.-end et lun. fériés. Demeure 6£ ; jardins et collection de costumes 3 £. ✆ 028 7188 0055.

Sous son toit en forte pente, cette séduisante demeure de campagne à sept baies abrite la résidence familiale des Conyngham, arrivés de la région d'Ayr en Ulster au 17ᵉ s. Bâtie autour d'une cour profonde flanquée de dépendances, c'est un des rares exemples encore debout des habitations confortables que se construisaient les familles de la **Plantation**, en dépit de leurs conditions de vie difficiles et parfois dangereuses. La propriété a été transformée par les générations suivantes de Conyngham, dont beaucoup ont embrassé la carrière militaire. Elle a été transférée au National Trust en 1957.

Des portraits de famille parent toute la maison, avec du **beau mobilier des 18ᵉ et 19ᵉ s.** : le magnifique **escalier** est un de ses ornements remarquables, avec ses marches en chêne et une rampe en bois d'if. Les pièces d'origine contrastent avec les intérieurs spacieux ajoutés par la suite, comme le grand salon (18e s.) et la salle à manger (début 19e s.), habillée d'un manteau de cheminée en marbre d'Italie offert à la famille par le fameux comte-évêque de Londonderry *(voir encadré p. 470)*. Dans la salle où sont collectionnées les armes, on voit des fusils à pierre utilisés au siège de Derry et deux piques qui ont servi à la bataille de Vinegar Hill *(voir encadré p. 246)*.

Les dépendances de la cour comportent les logis du personnel, ainsi que les écuries, une buanderie, une brasserie, un abattoir et le magasin à tourbe. Elles accueillent aujourd'hui une **collection de costumes** rassemblant environ 2 300 pièces de vêtements masculins et féminins des 18e, 19e ou 20e s., exposées par roulement. Elle dispose de nombreuses pièces rares.

La **grange**, qui montre, comme la maison, une charpente de chêne local grossièrement taillé, est surmontée d'une cloche que l'on sonnait en cas de danger. Un **pigeonnier** rond se dresse entre la maison et la route.

Au départ de Moneymore, prendre la A 29 vers le sud pour retourner à Cookstown.

HAUTES TERRES DU CENTRE 3

Au départ de Omagh prendre la B 48 N.

Gortin Glen Forest Park

De 10h au coucher du soleil. Voiture 3£. Visite guidée (1h) sur demande. Terrain de camping. ✆ 028 8167 0666.

Ouvert en 1967, ce parc ne représente qu'une partie de la vaste forêt de Gortin, plantation de conifères destinée à l'exploitation du bois de construction. La route forestière *(8 km, sens unique)* offre de nombreuses belles perspectives sur les monts Sperrin. Des informations détaillées sont fournies au Centre de nature et le long des sentiers forestiers. L'enclos des daims permet de voir de près les daims sika du Japon. La mare attire les oiseaux aquatiques.

Au départ de B 48 tourner à droite.

La **route panoramique du lac Oak★** *(Oak Lough Scenic Road)* fait une boucle autour d'un groupe de lacs, paradis des amateurs de canoë, et découvre une superbe **vue** sur Gortin et la rivière Owenkillew.

Tourner à gauche sur la B 46. À Gortin, prendre à droite la B 48 ; traverser la rivière, puis prendre à droite une petite route ; dans Scotch Town, tourner à gauche.

Au Barnes Gap, brèche de Barnes, la route suit une étroite faille dans les collines, entre les vallées des rivières Owenkillew et Glenelly.

À l'embranchement en T, tourner à droite ; à l'embranchement suivant, prendre à gauche ; traverser la rivière au pont de Clogherny ; tourner à droite ; prendre à droite la B 47.

Sperrin Heritage Centre

Avr.-oct. : 11h30-17h30, sam. 11h30-18h, dim. 14h-18h (dernière entrée 45mn av. fermeture). 5 £. ✆ 028 8164 8142 (Strabane District Council). www.strabanedc.com

Le centre du Patrimoine occupe un emplacement idéal, sur la B 47 reliant Strabane à Draperstown par la très jolie vallée de la Glenelly, qui traverse le cœur des montagnes. Le bâtiment de style rustique a été conçu dans le respect de son environnement, et s'harmonise bien avec les trois cottages voisins. Vidéo, consoles et expositions permettent au visiteur de découvrir la faune et la flore des Sperrin, l'histoire et la culture de la région, ainsi que les projets d'aménagements en discussion.

À savoir – L'emblème du centre est le **busard Saint-Martin**, un rapace assez rare ailleurs dans le monde, qui prospère ici, sur les hauteurs des Sperrin.

Poursuivre vers l'est sur la B 47 ; dans Sperrin/Mount Hamilton tourner à gauche.

Sur le versant est du mont Sawel (679 m), point culminant des Sperrin, l'étroite **route du mont Sawel★** *(Sawel Mountain Drive)*, sans barrières, traverse une lande à la beauté austère et sauvage. Les **vues★★** sont remarquables.

Poursuivre vers l'est sur la B 47 ; à Sperrin/Mount Hamilton tourner à gauche. Après Dreen, prendre à gauche la B 44 ; puis de nouveau à gauche la B 48 pour retourner à Omagh via Plumbridge.

VALLÉES DE L'OUEST 4

Omagh

Ancien chef-lieu du comté de Tyrone, Omagh est en temps ordinaire une paisible bourgade de marché, établie sur un versant escarpé dominant le confluent de la Camowen et la Drumragh, qui se rejoignent pour former la Strule. Elle a fait malheureusement la une des informations mondiales en 1998, après le pire attentat jamais perpétré durant les *Troubles* d'Irlande du Nord : un groupe de républicains extrémistes a fait exploser une bombe au centre-ville, tuant 29 personnes.

Au départ de Omagh prendre la A 5 vers le nord.

The Irish Image Collectin/ Corbis

Les monts Sperrin en hiver.

IC/Axiom/Gettyimages

Beaghmore Stone Circles.

Ulster-American Folk Park

Ulster-American Folk Park.

Ulster-American Folk Park★

♿ *De Pâques à fin sept. : 10h30-18h, dim. et j. fériés, 11h-18h30 ; de déb. oct. à Pâques : tlj sf w.-end 10h30-17h (dernière entrée 1h30 av. fermeture). 5,50 £. ☎ 028 8224 3292. www.folkpark.com*

Parmi tous les musées irlandais qui retracent les liens particuliers entre l'Irlande et l'Amérique, ce vaste parc en plein air est sans doute le plus évocateur. Ouvert en 1976, dans le cadre des célébrations du bicentenaire américain, il s'organise autour du cottage d'origine de la famille Mellon, d'où **Thomas Mellon**, fondateur de la dynastie des banquiers, a émigré avec sa famille en 1818, à l'âge de cinq ans. Le centre d'études des migrations propose aussi sa bibliothèque, son importante base de données et des facilités pour la recherche généalogique.

La visite du parc commence par le **centre d'information** Matthew T. Mellon et l'exposition des Émigrants, qui rappelle le contexte historique de l'émigration. Il la fait revivre de manière très animée en racontant l'histoire d'individus particuliers, qui ont quitté la maison de leurs ancêtres pour le Nouveau Monde.

Vous découvrez ensuite toute une succession de bâtiments. Certains sont des reconstitutions fidèles, d'autres ont été déplacés de leur site d'origine en Ulster ou en Amérique, pour être reconstruits ici. Ils sont disposés par ordre chronologique, en commençant par les **constructions typiques de l'Ulster** des 18e et 19e s., comme l'humble cabane des Sperrin, et une « rue de l'Ulster » au grand complet, avec des magasins, des ateliers, et le pub-épicerie de Reilly. Le cottage où Thomas Mellon est né en 1813 a été construit par son père de ses propres mains ; il a été transporté ici en 1976 pour former le noyau du parc.

La **galerie des bateaux et des docks** marque la transition avec l'Amérique. On y voit le brick *Union*, amarré au quai de Belfast.

Après avoir assisté aux terribles conditions endurées par la plupart des émigrants, entassés les uns sur les autres pendant le voyage qui pouvait durer jusqu'à trois mois, passez dans American Street, rue américaine avec son incontournable General Store et une reconstitution de la première banque Mellon de 1870, à Pittsburgh. Derrière la rue, on découvre des cabanes en rondins et une résidence du milieu du 18e s. en pierre. Elle a été transférée au complet d'un lieu qui, à l'époque, était un territoire de la Frontière en Pennsylvanie, là où l'avait bâtie un émigrant du Donegal.

Dans les ateliers et les cottages, des gens en **costume d'époque** font la démonstration des vieilles pratiques : cuisine, filage, tissage, fabrication des bougies et du savon, tressage de paniers, travaux de la forge et de la menuiserie. Des feux de tourbe brûlent dans les foyers toute l'année, emplissant l'air de leur odeur suave.

Newtownstewart

Le village se trouve près du confluent de la Mourne et de la Strule. Sur le sommet d'une colline proche s'élève **Harry Avery's Castle**, deux tours semi-circulaires d'une forteresse du 14e s. des O'Neill. Une vue dégagée s'ouvre sur la campagne environnante.

Sion Mills

De larges bas-côtés en pelouse, des rangées de hêtres et de marronniers longent la rue principale de ce village modèle fondé par les trois frères Herdman, qui, en 1835, ont commencé par installer une filature de lin dans un vieux moulin à farine sur la Mourne. Vingt ans plus tard, ils en construisent une plus grande, qui fonctionne encore. Les bâtiments de la fabrique forment un assemblage assez charmant de cottages en *terrace* de style néogothique, en brique polychrome, d'édifices à colombages noir et blanc, dont le plus remarquable est Sion House, avec l'église du Bon-Pasteur *(Church of the Good Shepherd)*, magnifique bâtiment de style roman italianisant (1909). Par contraste, l'église catholique Ste-Thérèse montre un modernisme sans concessions (1963), avec sur toute sa façade principale un mural impressionnant sur ardoise, figurant la Cène.

Strabane

Cette petite ville s'est développée à l'endroit où les rivières Finn et Mourne se jettent dans la Foyle, qui sert de frontière entre les comtés de Londonderry, Irlande du Nord, et Donegal, république d'Irlande.

Strabane était au 18e s. un centre d'imprimerie animé. Deux apprentis de la région se sont fait un nom aux États-Unis : John Dunlap (1747-1812), qui a appris son métier à l'imprimerie Gray, a imprimé la déclaration d'Indépendance des États-Unis dans son journal, le *Pennsylvania Packet* ; James Wilson, émigré en 1807, est devenu directeur d'un journal de Philadelphie.

La tradition de cette ville d'imprimeurs est mise en valeur dans la devanture georgienne en bow-window de **Gray's Printery** *(49 Main Street)*, où l'imprimerie du 19e s. a été conservée, avec ses presses à main et à pied. *Avr.-sept. : tlj sf lun. 14h-17h ; le reste de l'année sur demande. Spectacle audiovisuel. Visite guidée (1h) sur demande. 028 7188 4094.*

À la limite sud de Strabane, emprunter une petite route allant vers l'est.

La **maison natale des Wilson** *(Wilson Ancestral Home)* est une chaumière blanchie à la chaux, où James Wilson est moins mis à l'honneur que son petit-fils, **Woodrow Wilson**, président des États-Unis de 1913 à 1922. La maison contient encore des meubles d'origine : un lit clos près du foyer de la cuisine, et des lits à rideaux dans la chambre principale. Des membres de la famille Wilson vivent toujours ici, dans la ferme moderne derrière le cottage. *13h-18h ; sonner.*

Poursuivre sur la même route ; dans Plumbridge, prendre à droite la B 48 pour retourner à Omagh.

Monts Sperrin pratique

Adresses utiles

À COOKSTOWN

The Burnavon – *Burn Road - 028 8676 6727 - www.cookstown.gov.uk - Juil.-août : lun.-sam. 9h-17h, dim. 14h-16h ; juin-sept. : lun.-sam. 9h-17h ; oct.-mai : lun.-vend. 9h-17h, sam. 10h-16h ; j.fériés : 10h-16h.*

À LIMAVADY

Council Offices – *7 Connell Street - 028 7776 0307 - juil.-août. : lun.-vend. 9h-17h45, sam. 9h30-13h ; sept.-juin : lun.-vend. 9h-17h.*

À OMAGH

Strule Arts Centre – *Townhall Square - 028 8224 7831 - www.discovernorthernireland.com - lun.-sam. 10h-18h - fermé 12 juil., 25-26 déc. et 1er janv.*

À STRABANE

1a Railway Street - 028 7138 4444 - www.strabanedc.com - juil.-août : lun.-sam. : 9h-17h30 ; jan.-juin et sept.-déc. : lun.-sam. 9h-17h.

Transport

Navette depuis l'aéroport de Londonderry pour Limavady *(voir « Londonderry pratique »).*

Se loger

Hawthorn House – *72 Old Mountfield Road - Omagh - 1,20 km vers le nord par la B 48 - 028 8225 2005 - fax 028 8225 2005 - info@hawthornhouse.co.uk - P - 5 ch. 40/60 £ - rest. 8/22,50 £.* À 10mn de marche du centre, une jolie maison ancienne de couleur rose abrite un bar accueillant et un salon au premier étage, avec des chambres propres et bien équipées. La salle à manger se partage en trois pièces et une véranda.

Tullylagan Country House – *40B Tullylagan Road - Sandholes - Cookstown - 6,40 km vers le sud par la A 29 - 028 8676 5100 - fax 028 8676 1715 - reservations@tullylagan.fsnet.co.uk - fermé 24-26 déc. - P - 15 ch. 49,95/90 £ - rest. 16,80 £/22,90 £.* La Tullylagan coule à travers le grand domaine qui entoure cette paisible résidence de campagne. L'intérieur conserve une allure georgienne et les chambres, dont deux avec des lits à baldaquin, ont toutes une décoration originale.

Streeve Hill – *1,5 km nord-est sur la A 2, tout de suite à droite au bout du mur du domaine - 028 7776 6563 - fax 028 7776 8285 - p.jwelsh@yahoo.co.uk - fermé 1er janv., lundi de Pâques et Noël - 3 ch. 55/90 £ - rest. 30 £.* Une saisissante façade palladienne des années 1730 se dresse au milieu d'un vaste domaine. La belle maison est meublée d'antiquités. Les clients prennent leur repas (copieux) autour d'une grande table. Tranquillité et vues campagnardes contribuent à l'ambiance relaxante.

Se restaurer

Lime Tree – *60 Catherine Street - Limavady - 028 7776 4300 - info@limetreerest.com - fermé 1 sem. fév., 1 sem. juil., 1 sem. nov., 25-26 déc., sam. midi, lun.-mar. - 19,50 £/28,50 £.* Les habitants du lieu s'y retrouvent volontiers pour déjeuner. L'ambiance est traditionnelle et la carte au bon rapport qualité-prix propose des produits locaux. Ceux qui souhaitent prendre leur repas assez tôt peuvent bénéficier du menu « early bird » bon marché.

Sports et Loisirs

Le sentier de grande randonnée **North Sperrin Trail** traverse les pentes est des monts entre Castlerock, sur la côte nord, et Dungiven.

Pêche – L'Owenkillew et la Glenelly sont deux bonnes rivières à truites. De nombreux cours d'eau excellents pour la pêche à la ligne coulent vers le nord et l'ouest pour se jeter dans la Roe et les affluents de la Foyle. D'autres se dirigent au sud-est vers le lac Neagh.

NOTES

INDEX

Dublin (RI) : villes, curiosités, régions touristiques et entrées thématiques.
Joyce, James : noms historiques et termes faisant l'objet d'une explication.
Les sites isolés (églises, châteaux, etc.) sont répertoriés à leur propre nom.
(RI) = République d'Irlande
(IN) = Irlande du Nord

A

B

C

D

E

F

G

H

I

J

K

L

M

N

O

P

Q

R

S

T

U

V

W

Y

CARTES ET PLANS

CARTES GÉNÉRALES

PLANS DE VILLES

RÉPUBLIQUE D'IRLANDE

IRLANDE DU NORD

CARTES THÉMATIQUES

RÉPUBLIQUE D'IRLANDE

IRLANDE DU NORD

SCHÉMAS DE CIRCUITS

RÉPUBLIQUE D'IRLANDE

IRLANDE DU NORD

VILLES ET SITES

À l'intérieur des deux rabats de couverture, la **carte générale** intitulée **« Les plus beaux sites »** donne :

- une **vision synthétique** de tous les lieux traités ;
- les **sites étoilés** repérables en un coup d'œil ;
- les **circuits de découverte**, en vert, autour des destinations principales.

Dans la partie **« Découvrir les sites »** :

- les **destinations principales** sont classées, dans chaque grande région, par ordre alphabétique ;
- les **destinations moins importantes** leur sont rattachées sous les rubriques « Aux alentours » ou « Circuits de découverte » ;
- les **informations pratiques** sont présentées dans un encadré vert à la fin de chaque chapitre.

Manufacture française des pneumatiques Michelin
Société en commandite par actions au capital de 304 000 000 EUR
Place des Carmes-Déchaux - 63000 Clermont-Ferrand (France)
R.C.S. Clermont-Fd B 855 200 507

Compogravure : Nord Compo à Villeneuve-d'Ascq
Impression et brochage : La Tipografica Varese S.p.a.
Dépôt légal 12/2008 – ISSN 0293-9436
Imprimé en Italie 05/2010